VERÖFFENTLICHUNGEN DER KOMMISSION FÜR ZEITGESCHICHTE

VERÖFFENTLICHUNGEN DER KOMMISSION FÜR ZEITGESCHICHTE

In Verbindung mit Ulrich von Hehl · Hans Günter Hockerts
Michael Kissener

Herausgegeben von Wilhelm Damberg

Reihe B: Forschungen · Band 122

JOSEPH KARDINAL HÖFFNER
(1906–1987)

BAND II
Seine bischöflichen Jahre
1962–1987

FERDINAND SCHÖNINGH
PADERBORN · MÜNCHEN · WIEN · ZÜRICH

NORBERT TRIPPEN

Joseph Kardinal Höffner (1906–1987)

II
Seine bischöflichen Jahre
1962–1987

2012

FERDINAND SCHÖNINGH
PADERBORN · MÜNCHEN · WIEN · ZÜRICH

Dieser Band wurde seitens der Kommission für Zeitgeschichte
redaktionell betreut von Ulrich von Hehl.

Bibliografische Information der Deutschen Nationalbibliothek

Die Deutsche Nationalbibliothek verzeichnet diese Publikation in der Deutschen
Nationalbibliografie; detaillierte bibliografische Daten sind im Internet über
http://dnb.d-nb.de abrufbar.

Umschlaggestaltung: Evelyn Ziegler, München

© 2012 Ferdinand Schöningh, Paderborn
(Verlag Ferdinand Schöningh GmbH & Co. KG, Jühenplatz 1, D-33098 Paderborn)

Internet: www.schoeningh.de

Alle Rechte vorbehalten. Dieses Werk sowie einzelne Teile desselben sind urheberrechtlich geschützt.
Jede Verwertung in anderen als den gesetzlich zugelassenen Fällen ist ohne vorherige schriftliche
Zustimmung des Verlages nicht zulässig.

Printed in Germany. Herstellung: Ferdinand Schöningh, Paderborn

ISBN 978-3-506-76841-4

Dem Andenken an
Dr. Paul Adenauer († 5. 8. 2007)
Hermann-Josef Lauter OFM († 12. 8. 2007),
den Kollegen und Weggefährten
am Kölner Priesterseminar 1976 – 1989
gewidmet

INHALTSVERZEICHNIS

Vorwort 11
Verzeichnis der Siglen und Abkürzungen 13
Einführung 15

I. Erhebung und Weihe zum Bischof von Münster 1962 17

II. Joseph Höffner als Konzilsvater (1962–1965) 23
   1. In der Vorbereitungszeit 23
   2. Höffners Beteiligung am Konzilsgeschehen 27
   3. »Moderator et Custos« des Schönstatt-Werks 45
   4. »Bischof Joseph schreibt aus Rom« 56

III. Joseph Höffner als Bischof von Münster (1962–1969) 59
   1. Kontaktaufnahme durch Konferenzen und Visitationen ... 59
   2. Erste Konflikte der Jahre nach dem Konzil 61
     a) Abendgottesdienste in St. Antonius in Münster 1965–1966 61
     b) Dürfen Theologiestudenten Vorlesungen an der evangelisch-theologischen Fakultät hören? 66
   3. Erste Schritte zur Reform der Priesterausbildung 69
     a) Das Collegium Borromaeum in den Jahren 1965–1968 70
     b) Die Einführung des Diakonatspraktikums im Bistum Münster .. 74
     c) Die Zölibatsdiskussion ab 1967 76
   4. Die Einführung des »Rätesystems« im Bistum Münster ... 78
     a) Dechantenkonferenz 79
     b) Diözesankomitee der Katholiken 83
     c) Priesterrat und Seelsorgerat 84
     d) Pfarrkomitees 86
   5. Das unruhige Jahr 1968 im Bistum Münster 88

IV. Koadjutor – Erzbischof – Kardinal (1968–1969) 93

V. Der nicht leichte Beginn in Köln 105
   1. Zwei Kardinäle unter einem Dach 105
   2. Die Reserve des jüngeren Klerus gegenüber dem neuen Erzbischof .. 107
   3. Vertrauensgewinn durch Visitationsreisen 107

VI. Problemfelder der frühen Kölner Jahre (1969–1975) 109
   1. Reform der Priesterausbildung 109

       a) Die Entwicklungen am Collegium Albertinum in Bonn bis
       zur Einführung der »Diplomstudienordnung« 1970 110
       b) Die Reform des Kölner Priesterseminars bis zur Einführung
       des Diakonatspraktikums 117
   2. Der junge Klerus und der Erzbischof......................... 121
       a) Begegnungen bei Fortbildungswochen 121
       b) Der »Aktionskreis Köln« 124
   3. Liturgische Neuerungen 126
       a) Kommunionausteilung durch Ordensleute und Laien 126
       b) Die »Samstag-Vorabendmesse«........................... 127
       c) Die Einführung der »Handkommunion«.................... 129
       d) Erste Forderungen nach der »Interkommunion« 130
   4. Sorge um die Entwicklung in den Niederlanden................. 131
       a) Der »Holländische Katechismus« von 1966 132
       b) Das niederländische »Pastoralkonzil« (1966–1970) 134

VII. Der Erzbischof und seine Beratungsgremien 145
   1. Domkapitel 146
   2. Erzbischöflicher Rat....................................... 146
   3. Dechantenkonferenz 147
   4. Die »nachkonziliaren« Räte: Priesterrat und Seelsorgerat 151
       a) Priesterrat 152
       b) Seelsorgerat... 157
   5. Die »Laiengremien«: Diözesanrat der Katholiken und
     Pfarrgemeinderäte... 161
       a) Der Diözesanrat der Katholiken im Erzbistum Köln.......... 161
       b) Pfarrgemeinderäte 165

VIII. Neue Mitarbeiter in der Seelsorge 173
   1. Die Erneuerung des »Ständigen Diakonates« 173
   2. Laien als Mitarbeiter in der Seelsorge......................... 180
       a) Pastoralreferent(inn)en.................................. 180
       b) Gemeindereferent(inn)en 193

IX. Höffners Anteil an der Würzburger Synode (1971–1975) 199
   1. Präludium zur Würzburger Synode: Das »Pastorale« 199
   2. Die Vorbereitung der Synode (1968–1970)..................... 202
   3. Die konstituierende Vollversammlung 1971 209
   4. Zweite Sitzungsperiode 1972................................ 213
   5. Dritte und vierte Sitzungsperiode 1973 217
   6. Die Sitzungsperioden 1974 und 1975 221
   7. Die Umsetzung der Beschlüsse der Würzburger Synode
     im Erzbistum Köln... 229

X. VORSITZENDER DER DEUTSCHEN BISCHOFSKONFERENZ (1976–1987).... 233
   1. Die Eröffnungsvorträge bei den Herbst-Vollversammlungen
      der Deutschen Bischofskonferenz in Fulda 235
   2. Die Errichtung der Berliner Bischofskonferenz 1976 und das
      Verhältnis der beiden deutschen Bischofskonferenzen zueinander.. 243
   3. Bemühungen um den suspendierten Erzbischof Marcel Lefebvre.. 254
   4. Entzug der kirchlichen Lehrbefugnis für Hans Küng 1979 262
   5. Einsatz für das »Ungeborene Leben« 276
   6. Gespräche mit Bundesregierung, Parteien und obersten
      Bundesorganen 289
      a) Gespräche mit den Bundeskanzlern Helmut Schmidt
         und Helmut Kohl 290
      b) Begegnungen zwischen Bischofskonferenz und den Parteien ... 295
      c) Gespräche mit Bundesverfassungsrichtern 296
      d) Gespräch mit Bundespräsident Richard von Weizsäcker
         am 17. Mai 1985 298
   7. Die Wiederwahl Kardinal Höffners zum Vorsitzenden der
      Deutschen Bischofskonferenz 1982 299

XI. ALS KARDINAL IM DIENST DER WELTKIRCHE 301
   1. Die Römische Bischofssynode 1971 301
      a) Joseph Höffners Eintreten für den Zölibat als Bischof
         von Münster und als Erzbischof von Köln bis 1971 302
      b) Die Vorbereitung der Bischofssynode 1971 305
      c) Kardinal Höffners Beitrag während der Synode 311
   2. Joseph Höffners Anteil an den weiteren Römischen
      Bischofssynoden bis 1985 317
      a) Die Synode 1974 »Die Evangelisierung der heutigen Welt« 318
      b) Die Synode 1977 »Die Katechese in unserer Zeit« 322
      c) Die Synode 1980 »Die christliche Familie« 326
      d) Die Synode 1983 »Versöhnung und Buße im Sendungs-
         bewusstsein der Kirche« 331
      e) Außerordentliche Bischofssynode 20 Jahre nach Abschluss
         des II. Vatikanischen Konzils 1985 335
   3. Kardinal Höffner als Mitglied der Päpstlichen Kommission
      für die Revision des CIC ab 1980 342
   4. Kardinal Höffner als Nothelfer in der Krise um die
      Vatikanbank ab 1982 353

XII. REISEN IN ALLE WELT 361
   1. Reisen als Erzbischof von Köln und als Kardinal 362
      a) Reisen nach Rom 362
      b) Pilgerfahrten ins Heilige Land 362

c) Japanreisen.. 363
2. Reisen als Vorsitzender der Deutschen Bischofskonferenz 367
   a) Kontakte nach Frankreich und Reisen nach Polen 367
   b) Reisen nach Afrika und Asien............................. 379
   c) Reisen nach Lateinamerika 382
3. Reisen im Auftrag des Papstes................................ 387

XIII. Erzbischof von Köln in den 1970er und 1980er Jahren 391
   1. Joseph Höffner als Lehrer seiner Diözese 391
   2. Übernahme und Gründung von Schulen in Trägerschaft
      des Erzbistums Köln 395
   3. Gespräche mit der Katholisch-Theologischen Fakultät Bonn und
      mit Professoren der Universitäten im Bereich des Erzbistums Köln.. 405
      a) Gespräche mit der Fakultät in Bonn...................... 405
      b) Gespräche mit Professoren der Universitäten im Bereich des
         Erzbistums Köln 407
   4. Gespräche mit Politikern und Behördenleitern aus dem
      Erzbistum Köln 410
      a) Gespräche mit den katholischen Bundestagsabgeordneten 411
      b) Gespräche mit den katholischen Landtagsabgeordneten 415
      c) Gespräche mit leitenden Kommunalbeamten und -politikern... 416
      d) Gespräche mit Präsidenten und Behördenleitern 417
   5. Kardinal Höffner und die Ökumene 419
   6. Problemfeld: Kirchliche Jugendarbeit......................... 433
   7. Krisenerscheinungen in der Hochschulseelsorge 444

XIV. Festliche Höhepunkte im Erzbistum Köln während der
     Bischofsjahre Kardinal Höffners............................. 465
   1. Das Kölner Domjubiläum 1980 465
   2. Der erste Besuch Papst Johannes Pauls II. in Köln und Bonn 1980 .. 473
   3. Der zweite Papstbesuch in Köln 1987 483
   4. Der 80. Geburtstag Kardinal Höffners 1986 487

XV. Der Mensch Joseph Höffner und die Beziehungen zu seiner Familie.. 493

XVI. Krankheit und Tod Joseph Höffners 1987...................... 501

Quellen- und Literaturverzeichnis................................. 509

Summary 517

Personen-, Orts- und Sachregister 519

Verzeichnis der Bildquellen 531

VORWORT

Als Joseph Höffner am 14. September 1962 in Münster zum Bischof geweiht wurde, lagen zwei Jahrzehnte der Lehrtätigkeit in Trier und Münster hinter ihm. Er hatte sich nicht nur als Sozialwissenschaftler profiliert, er hatte beim Neuaufbau des Sozialkatholizismus innerkirchlich viel geleistet und als Mitgestalter der Sozialgesetzgebung der jungen Bundesrepublik Deutschland mitgewirkt – eine ungewöhnliche Laufbahn für einen künftigen Bischof.

Für seine bischöfliche Wirksamkeit war von Bedeutung, dass wenige Wochen nach seiner Bischofsweihe in Rom das II. Vatikanische Konzil begann. Bischof Höffner kam als einer der jüngsten Konzilsväter zwar selten zu Wort, doch das Erlebnis des weltkirchlichen Aufbruchs in eine neue Zeit, der tägliche Kontakt zu Bischöfen und Ordensoberen, Missionaren und Theologen aus aller Welt waren die geradezu ideale Vorbereitung für das, was auf ihn zukam.

Es sollte Joseph Höffners Aufgabe in Münster und Köln, innerhalb der Deutschen Bischofskonferenz und auf Römischen Bischofssynoden sein, angemessene Antworten auf die Entwicklungen nach dem Konzil für die Kirche, aber auch auf die gesellschaftlichen Veränderungen der Jahre nach 1968 zu finden. Gerade für den letzteren Bereich kam ihm seine »Vorgeschichte« als Sozialwissenschaftler und der ihm vertraute Umgang mit Politikern und führenden Persönlichkeiten der Gesellschaft zustatten.

Der Versuch, Höffners Persönlichkeit und seine Mitgestaltung in den Prozessen der Veränderung nach 1965 darzustellen, wäre nicht möglich gewesen, ohne seinen umfangreichen schriftlichen Nachlass und die Akten seiner bischöflichen Wirksamkeit in Münster und Köln einsehen zu können. Mein erster Dank gilt deshalb dem Erzbischof von Köln, Joachim Kardinal Meisner, und dem Bischof von Münster, Reinhard Lettmann, die mir die Erlaubnis zur uneingeschränkten Nutzung dieser Aktenbestände vor Ablauf der Sperrfristen gewährten.

Ein so umfangreiches Projekt hätte ich nicht bewältigen können, wenn mir nicht vielseitige Hilfe zuteil geworden wäre. Im Historischen Archiv des Erzbistums Köln war nahezu jede/r bereit, mir bei der manchmal mühseligen Suche zu helfen. Neben dem Direktor, Dr. Ulrich Helbach, seien Stefan Plettendorf, Dr. Josef van Elten, aber auch Peter Schmitz erwähnt, der ständig neue Aktenstücke zusammentragen und mir vorlegen musste. Ähnliche Hilfsbereitschaft wurde mir im Bistumsarchiv Münster zuteil, das 2010 wegen Umbauarbeiten geschlossen war, mir jedoch unter freundlicher Assistenz von Dr. Heinz Mestrup alle erforderlichen Aktenstücke zugänglich machte.

Die Erzbischöfliche Diözesan- und Dombibliothek in Köln half mir oft, wenn ich seltene Streitschriftenliteratur der innerkirchlichen Auseinandersetzungen jener Jahre suchte. Prof. Dr. Heinz Finger, Prof. Dr. Siegfried Schmitt und Christoph Hutter habe ich für stete Hilfsbereitschaft zu danken.

Besonderen Dank schulde ich verschiedenen Kollegen der Kommission für Zeitgeschichte, die mir manches Material zur Verfügung stellten und mit ihrem Zeitzeugen-Wissen beisprangen. Das gilt insbesondere für den Vorsitzenden Prof. Dr. Wilhelm Damberg, der mir zum niederländischen Pastoralkonzil neueste Literaturhinweise verschaffte und entscheidende Passagen aus dem Niederländischen übersetzte. Ebenso kam mir Prof. Dr. Josef Pilvousek aus Erfurt mit dort lagernden Materialien zu Hilfe. Prof. Dr. Karl-Joseph Hummel hat mich verschiedentlich auf wichtige Dokumente hingewiesen, auf die er bei seinen eigenen Forschungen gestoßen war. Die Mitarbeiter der Geschäftsstelle halfen mir bei der Suche nach konkreten Angaben für die Fußnoten.

Es war für den Autor von besonderem Wert, dass die Geheimsekretäre und Generalvikare Joseph Höffners in Münster und Köln – Bischof Dr. Reinhard Lettmann, Dompropst Dr. Norbert Feldhoff und Weihbischof Manfred Melzer – bereit waren, das Manuskript sorgfältig zu lesen und den Aktenbefund durch ergänzende Hinweise und Erinnerungen zu beleben. Die größte Mühe über längere Zeit hat Dompropst Feldhoff dabei auf sich genommen. Doch auch den beiden Bischöfen gilt mein aufrichtiger Dank.

Schließlich ist ein Autor bei der Drucklegung auf hilfsbereite Zeitgenossen angewiesen, denen er Dank abzustatten hat: Susanne Schmitz hat – wie bei früheren Bänden – das Register erstellt. Brigitta Torsy hat die Druckfahnen auf Fehler durchgesehen. Stefan Plettendorf hat die Bildbeigaben mit dem Autor ausgesucht und für den Druck vorbereitet. Dr. Josef van Elten war für die Formatierung zuständig, vor allem aber bei PC-Problemen in langen Jahren ein zuverlässiger Helfer.

Seitens der Kommission für Zeitgeschichte wurde der Band von Prof. Dr. Ulrich von Hehl betreut. Ihm schulde ich für die angenehme Zusammenarbeit aufrichtigen Dank.

Köln, den 25. März 2012　　　　　　　　　　　　　　　　　*Norbert Trippen*

+ Joseph Card. Höffner

VERZEICHNIS DER SIGLEN UND ABKÜRZUNGEN

AAS	Acta Apostolicae Sedis
ACK	Arbeitskreis christlicher Kirchen
AD	Acta et Documenta concilio oec. Vaticano II apparando
AK	Arbeitskreis
AS	Acta Synodalia sacrosancti concilii oec. Vaticani II
BAM	Bistumsarchiv Münster
BBKL	Biographisch-Bibliographisches Kirchenlexikon
BDKJ	Bund der Deutschen Katholischen Jugend
BKU	Bund Katholischer Unternehmer
CAJ	Katholische Arbeiterjugend
can.	Canon des CIC
CELAM	Concejo Episcopal Latinoamericano
CIC	Codex Iuris Canonici
DBK	Deutsche Bischofskonferenz
Dep.	Depositum
DGB	Deutscher Gewerkschaftsbund
EFG	Ersatzschulfinanzgesetz des Landes NRW
EGV	Erzbischöfliches Generalvikariat Köln (Registratur)
EKD	Evangelische Kirche in Deutschland
EPD	Evangelischer Pressedienst
FAZ	Frankfurter Allgemeine Zeitung
FKZE	Forschungsstelle für kirchl. Zeitgeschichte in Erfurt
GS	Pastoralkonstitution Gaudium et spes
HAEK	Historisches Archiv des Erzbistums Köln
HBV	Gewerkschaft Handel, Banken und Versicherungen
HJb	Historisches Jahrbuch
Hrsg.	Herausgeber
hs.	handschriftlich
IATA	International Air Transport Organisation
IOR	Istituto per le Opere die Religione (Vatikanbank)
KAB	Katholische Arbeiterbewegung
KADM	Kirchliches Amtsblatt für die Diözese Münster
KARR	Katholische Arbeitsstelle Rhein-Ruhr, Essen
KDSE	Katholische Deutsche Studenteneinigung
KHG	Katholische Hochschulgemeinde
KJG	Katholische Junge Gemeinde
KNA	Katholische Nachrichtenagentur
Krs.	Kreis
KSG	Katholische Studentengemeinde

KuL	Kirche und Leben, Kirchenzeitung für das Bistum Münster
LThK	Lexikon für Theologie und Kirche
MSC	Missionarii Sanctissimi Cordis Jesu (Herz-Jesu-Missionare)
ndm	Nachrichtendienst Münster
NH	Nachlass Höffner
NRW	Nordrhein-Westfalen
OCist	Ordo Cisterciensis (Zisterzienser/Zisterzienserinnen)
OFM	Ordo Fratrum Minorum (Franziskaner; Minderbrüder)
OP	Ordo Fratrum Praedicatorum (Dominikaner)
OSB	Ordo Sancti Benedicti (Benediktiner)
OSC	Ordo Sanctae Crucis (Kreuzherren)
ÖTV	Gewerkschaft Öffentliche Dienste, Transport und Verkehr
PEK	Presseamt des Erzbistums Köln
PrK	Preußenkonkordat von 1929
RGG	Religion in Geschichte und Gegenwart
SAC	Societas Apostolatus Catholici (Pallottiner)
SBZ	Sowjetische Besatzungszone
SDB	Salesiani di Don Bosco (Salesianer Don Boscos)
SJ	Societas Jesu (Gesellschaft Jesu; Jesuiten)
SOG	Solidaritätsgruppen der Priester ab 1966
StGB	Strafgesetzbuch
stv.	stellvertretend
SVD	Societas Verbi Divini (Steyler Missionare)
TThZ	Trierer Theologische Zeitschrift
ULF	Schwestern Unserer Lieben Frau
VDD	Verband der Diözesen Deutschlands
VV	Vollversammlung
ZdK	Zentralkomitee der deutschen Katholiken
Zug.	Zugang

EINFÜHRUNG

Die wichtigste Quelle für die Biographie Joseph Höffners ist sein persönlicher Nachlass: Von seinen Studienjahren in Rom vor 1934 bis zu seinem Tod 1987 hat er alles ihm bedeutsam Erscheinende aufgeschrieben und aufbewahrt. Aus der bischöflichen Zeit sind das vor allem Gesprächsnotizen, Ausarbeitungen für Vorträge, für Vorlagen bei der Deutschen Bischofskonferenz, die »Rohmaterialien« zu Hirtenbriefen und Stellungnahmen zu kirchlichen und politischen Gegenständen. Bis zu seinem Lebensende las Joseph Höffner mit dem Stift und Papier: Er fertigte Exzerpte aus der Literatur zu Themen, die anstanden. Von daher hatte er keine Bedenken, Manuskripte zum Druck freizugeben. Das von Winfried Weyand in zwei Bänden erarbeitete »Schriftenverzeichnis Joseph Höffner« (1933–1983 und 1984–1988)[1] umfasst 2.454 Nummern (einschließlich aller veröffentlichten Predigten, Kirchenzeitungs-Artikel, Gruß- und Geleitworte). Höffner hatte so sorgfältig gearbeitet, dass er den Nachweis von Ungenauigkeiten sowie Missdeutungen nicht fürchtete.

Nach Höffners Tod wollte man die viele Monate dauernde Vakanz des Erzbischöflichen Stuhls nutzen, um das Erzbischöfliche Haus baulich zu überholen und für seinen Zweck sinnvoller umzugestalten. Innerhalb weniger Wochen musste der auf viele Schränke verteilte schriftliche Nachlass Höffners aus dem Erzbischöflichen Haus in das Historische Archiv des Erzbistums Köln umgelagert werden. Der damalige Archivar Wolfgang Schmitz hat die Bestände in der gebotenen Eile verzeichnet und nach Gruppen zu ordnen versucht: Insgesamt ca. 80 Regalmeter. Doch eine exakte Verzeichnung und Aufbereitung für eine Benutzung steht noch aus. Immerhin findet man in vier Karteikästen die chronologisch bzw. nach Stichworten geordneten Materialien auf Karten verzeichnet, die je ihre Nummer haben. Die Papiere liegen zum Teil noch in den von Höffner angelegten und mit Aufschriften versehenen Mappen, die inzwischen in den Aufbewahrungsmappen des Archivs geschützt sind. In späterer Zeit wurde der Bestand angereichert durch Nachträge und durch Familienunterlagen.

Höffner hat seine persönlichen Ausarbeitungen wie von ihm geführte Korrespondenzen in seinem Haus aufbewahrt. Schriftstücke, die das Erzbistum und Vorgänge im Erzbistum betrafen, hat er gewissenhaft an die Registratur des Generalvikariates abgegeben. So war die Benutzung der Erzbistumsakten unerlässlich. Seit 1990 wurden diese in größeren Reihen von Aktenordnern als »Zugänge« von der Registratur des Generalvikariates an das Historische Archiv des Erzbistums Köln abgegeben. Sie bedürfen noch der Verzeichnung und der Zuweisung einer endgültigen Signatur. Nachfolgend sind sie unter der Zugangsnummer des entsprechenden Aktenordners benannt. In einigen Fällen mussten noch nicht abgeschlossene Akten aus der Registratur des Erzbischöflichen Generalvikariates hinzugezogen werden.

---

[1] W. WEYAND, Schriftenverzeichnis Joseph Höffner 1933–1983, Köln 1986; DERS., Schriftenverzeichnis Joseph Höffner 1984–1988, Köln 1989.

Die Akten des Bistums Münster für die Münster'schen Bischofsjahre Höffners haben im dortigen Bistumsarchiv bereits eine Aufarbeitung erfahren und sind – bei entsprechender Benutzungserlaubnis – leicht zugänglich. Die Akten des Sekretariats der Deutschen Bischofskonferenz in Bonn befinden sich seit 2001 als Depositum im Historischen Archiv des Erzbistums Köln. Sie sind inzwischen entsäuert, durchpaginiert und archivgerecht verpackt. Doch bedarf es noch einer längeren Zeit der Katalogisierung und Aufbereitung dieses großen Bestandes, bevor er der Benutzung zugänglich gemacht werden kann. Für den vorliegenden Band konnte der Verfasser nur einzelne bereits aufgearbeitete Aktenbände aus dem Sekretariat Homeyer benutzen. Die Parallelarchivierung der Höffner betreffenden Vorgänge in dessen Nachlass konnte diesen Mangel jedoch weitgehend ausgleichen.

Joseph Höffner hatte bis in seine letzten Lebensjahre hinein eine gut lesbare, ja, schön zu nennende Handschrift. Wenn es schnell gehen musste, bediente er sich einer Stenographie, die zu entziffern bis heute nicht gelungen ist. Anlässlich der Feiern zum 100. Geburtstag von Kardinal Höffner sagte sein ehemaliger Sekretär in Münster, Bischof Lettmann: »Der Bischof schrieb Steno. Ich weiß nicht, bis heute nicht, ob das ›Stolze-Schrey‹ oder ›Gabelsberger‹ war. Ich hatte eine andere Stenographie. Er konnte die meinige nicht lesen und ich nicht die seinige. Wenn wir also etwas voreinander verbergen, aber doch schriftlich machen wollten, dann stenographierten wir.«[2]

Das galt schon für die Aufzeichnungen bei Hausbesuchen des Pfarrers Höffner in Hl. Kreuz in Trier 1943/44[3], das galt ebenso für die vorbereiteten Karten anlässlich von persönlichen Gesprächen des Erzbischofs in späten Jahren: Mit Schreibmaschine waren auf weißen Karten im Postkartenformat vor dem Gespräch die notwendigsten Daten über den Gesprächspartner vermerkt. Der Kardinal notierte dann – in seiner Kurzschrift – das Wichtigste über Gesprächsinhalte und -ergebnisse.

Eine Biographie, die so kurz nach dem Tod des Beschriebenen geschrieben wird, hat Vor- und Nachteile. Ein Vorteil war es, dass noch viele Zeitgenossen und Mitbeteiligte befragt werden konnten. Sie sind an entsprechender Stelle dankbar erwähnt. Bei so kurzem zeitlichem Abstand von aufregenden Veränderungen in Kirche und Gesellschaft muss andererseits berücksichtigt werden, dass nicht jeder noch lebende Beteiligte mit Namen erwähnt werden möchte. Deshalb werden nachfolgend oft handelnde Personen nur mit ihren Anfangsbuchstaben benannt.

Schließlich wird mancher, der noch persönliche Erinnerungen an Kardinal Höffner hat, seine Erlebnisse nicht erwähnt finden. Aus dem umfangreichen Tätigkeitsfeld des Kardinals konnten nur die wichtigsten Bereiche in Auswahl dargestellt werden, wobei es nicht um eine Darstellung des jeweiligen Gesamtkomplexes – etwa der Würzburger Synode –, sondern nur um Höffners Anteil daran ging. Der Verfasser hofft, mit diesem Band eine erste Schneise in ein noch weithin nicht erforschtes Feld der jüngsten kirchlichen Zeitgeschichte geschlagen zu haben.

---

[2] R. LETTMANN, Joseph Höffner als Bischof von Münster, S. 15.
[3] Dazu: N. TRIPPEN, Höffner I, S. 85f.

I. KAPITEL

ERHEBUNG UND WEIHE ZUM BISCHOF VON MÜNSTER 1962

Papst Johannes XXIII. ernannte am 9. Juli 1962 nach voraufgegangener Wahl durch das Domkapitel in Münster den Professor für Christliche Sozialwissenschaften an der katholisch-theologischen Fakultät Münster Dr. Joseph Höffner zum Bischof von Münster. Als Höffner sich am Tage seiner Bischofsweihe erstmals mit einem Hirtenbrief an seine Diözese wandte, begann er: »Als ich in der Frühe des 7. November 1961 erschüttert am Sterbebett meines Vorgängers, des gottseligen Bischofs Michael Keller, stand, konnte ich nicht ahnen, dass Gott den Hirtenstab des heiligen Ludger ... meiner Sorge anvertrauen werde. Die Bürde, die der Herr auf meine Schultern gelegt hat, ist unvergleichlich schwerer als alle Aufgaben, die ich bisher in meinem Priesterleben zu erfüllen hatte.«[1]

Höffners Name war wohl bei den üblichen Spekulationen der Vakanzzeit in Münster gelegentlich genannt worden. Doch dass er selbst nicht mit seiner Ernennung rechnete, wird schon daraus erkennbar, dass er gegen Ende der Vakanzzeit sein Professorenhaus in Münster renovieren ließ. Die seinen Haushalt versorgende Schwester Maria Höffner rühmte (und tadelte zugleich) seine Verschwiegenheit ihr gegenüber: Er habe die Arbeiten im Hause auch weitergehen lassen, als er selbst von seiner Wahl bereits wusste.[2] Anlässlich der Feiern zum 100. Geburtstag Joseph Höffners sagte Bischof Lettmann 2007 in Köln, Höffners Wahl durch das Domkapitel »sei nicht ganz unbemerkt« geblieben. »Man hatte ihn gewählt beim Dompropst in der Wohnung, musste aber in Erfahrung bringen, ob er annimmt. Es wurde jemand zur Universität geschickt, um Höffner herbei zu bitten. Er kam auch, was natürlich den scharfen Augen nicht unbemerkt blieb. Auffällig war, dass er danach zum Grab von Kardinal Galen und von Bischof Michael [Keller] ging. Da setzten die Spekulationen ein: Ist er es oder ist er es nicht?«[3]

Das Domkapitel gab am 10. Juli 1962 die Ernennung bekannt.[4] Anlässlich seiner letzten Vorlesung an der Universität wurde Höffner von den Mitarbeitern des Instituts für Christliche Sozialwissenschaften und den Studenten mit einem Blumenstrauß und abends mit einem Fackelzug bedacht.[5] Eines der ersten Glückwunschtelegramme an das Domkapitel zu Höffners Ernennung sandte am 11. Juli der Konsul von Paraguay in Münster. Darin heißt es: »Der Staatspräsident von Paraguay, General Alfredo Stroessner, beehrt sich durch mich, der Diözese Müns-

---

[1] KADM 96, 1962, Art. 175, S. 101–104, hier: S. 101.
[2] Persönliche Mitteilung von Frau Maria Höffner an den Verfasser vor 1987.
[3] R. LETTMANN, Joseph Höffner als Bischof von Münster, S. 13.
[4] Abschrift: BAM – A 08/04 (Domarchiv), A 13; vgl. KADM 96, 1962, Nr. 141, S. 77 (»Ernennung des neuen Bischofs«).
[5] Foto Höffners anlässlich der Abschiedsvorlesung: N. TRIPPEN, Höffner I, Nr. 22.

ter zu der Ernennung von Prof. Dr. Joseph Höffner zum Bischof von Münster seinen Glückwunsch auszusprechen. Das soziale Wirken des neuen Bischofs hat weltweite Wirkung und ist in Südamerika nicht unbekannt geblieben.«[6]

Neben Glückwünschen, die freudige Überraschung ausdrückten, standen andere, die die Lücken bedauerten, die Höffner in seinen bisherigen Tätigkeitsbereichen zurücklassen werde. Genannt seien die Gratulationen des BKU-Vorsitzenden Franz Greiß und des langjährigen BKU-Geschäftsführers Wilfrid Schreiber, mit dem Höffner in den Jahren 1955–1957 an der Ausgestaltung der Rentenreform beteiligt gewesen war.[7] Von den Kollegen der juristischen Fakultät in Münster, zu denen sich nach anfänglicher Skepsis[8] ein beinahe freundschaftliches Verhältnis entwickelt hatte und die Höffner noch 1958 in seiner Mitarbeit an einer Bodenrechtsreform im Bundeswohnungsbauministerium in Bonn beraten hatten[9], schrieb Professor Horst Jecht: »Ich erinnere mich mit Dank und Freude der jahrelangen Zusammenarbeit, die uns in Münster im Unterricht der Studierenden, in der gemeinsamen Betreuung der Doktoranden und in der persönlichen Diskussion verbunden hat. Auf Grund der einzigartigen Verbindung nationalökonomischen Fachwissens und theologischer Einsichten hat Ihr akademisches Wirken der sozialwissenschaftlichen Forschung und Lehre in Münster eine besondere Note gegeben.« Jecht befürchtete nun die »Schwierigkeit, wenn nicht Unmöglichkeit, einen kongenialen Nachfolger zu finden.«[10]

Die Sommerwochen 1962 dienten der Vorbereitung der für das Fest Kreuzerhöhung am 14. September angesetzten Bischofsweihe. Bereits am 16. Juli schrieb Höffner an den seit Konviktszeiten der Jugend und gemeinsamen Trierer Professorenjahren vertrauten Trierer Bischof Matthias Wehr: »Es wäre mir eine große Freude, wenn Sie mein Konsekrator sein könnten. Kardinal Frings [der eigentlich zuständige Metropolit] ist fast erblindet, und er bat mich, von ihm abzusehen ... Ich weiß zwar, ..., dass Sie noch der Schonung bedürfen ... Aber ich hoffe, dass es Ihnen Ihr Gesundheitszustand erlaubt, mein Konsekrator zu sein.« Bischof Wehr sagte zu.[11] Mitkonsekratoren sollten die Weihbischöfe in Münster Heinrich Baaken und Heinrich Tenhumberg[12] sein.

---

[6] Telegramm Konsul Dr. Otto Eulenbach an Domkapitel Münster, 11.7.1962: BAM – A 08/04 (Domarchiv), A 13.

[7] Franz Greiß an Höffner, 23.7.1962; Wilfrid Schreiber an Höffner, 22.7.1962 (handschr.): HAEK – NH 2546 – Zur Zusammenarbeit Höffners und Schreibers im Vorfeld der Rentenreform 1957: N. TRIPPEN, Höffner I, S. 267–277.

[8] Die Rechts- und Staatswissenschaftliche Fakultät Münster hatte 1947 zugestimmt, dass Höffner im Falle seiner Berufung nach Münster in der Nachfolge Heinrich Webers Prüfungs- und Promotionsrechte an der Fakultät erhalten sollte. Nach Höffners Amtsantritt kam es zu längeren Auseinandersetzungen zwischen Höffner und der Fakultät über Umfang und Ausgestaltung dieser Rechte: N. TRIPPEN, Höffner I, S. 130–135.

[9] Dazu: Ebd. S. 286f.

[10] Horst Jecht an Höffner, 21.8.1962: HAEK – NH 2546.

[11] Höffner an Wehr, 16.7.1962 (Durchschlag); Wehr an Höffner, 19.7.1962 (Original): HAEK – NH 2546.

[12] Heinrich Baaken (1900–1976), 1923 Priesterweihe, 1946 bzw. 1948 Pfarrer und Stadtdechant in Duisburg, 1952–1976 Weihbischof in Münster: W. DAMBERG, in: E. GATZ (Hrsg.), Bischofslexikon

I. Erhebung und Weihe zum Bischof von Münster 1962

Höffner war sich bewusst, durch seine Bischofsweihe in eine »Ahnenreihe« einzutreten, die durch die apostolische Sukzession bis zu den Aposteln zurückreichte. So ermittelte er – oder ließ ermitteln –, dass sein »Konsekrations-Stammbaum« vom 1954 heilig gesprochenen Papst Pius X. über Gaetano Kardinal de Lai (1911), Raffaele Kardinal Rossi (1920), Aloisius Kardinal Muench (1935) zu Höffners Konsekrator Bischof Wehr führte, den Nuntius Muench 1951 zum Bischof von Trier geweiht hatte.[13]

Sein bischöfliches Wappen wurde von dem Kölner Goldschmied Hein Wimmer entworfen. Auf dem Wappenschild des Bistums Münster weist das kleiner gestaltete persönliche Wappen Höffners unter einem Kreuz die griechischen Buchstaben Alpha und Omega aus. Über dem Kreuz schweben drei Feuerzungen.[14] Als Wahlspruch wählte Höffner *Iustitia et Caritas* – ein Rückgriff auf das Thema seiner römischen Dissertation von 1934.[15] Als Höffner dieses Wappen 1969 für Köln von dem Bildhauer Sepp Hürten überarbeiten ließ, wurde der Entwurf 1973 dem Heraldik-Spezialisten Erzbischof Bruno Heim, damals Nuntius in Kairo, zugespielt, der ein vernichtendes Urteil abgab: »Das Wappen des Erzbischofs von Köln hat nicht nur ›einige Fehler‹, es ist *ohne jedes* heraldische Gefühl gemacht ... Die Buchstaben sind verpönt in der Heraldik und gehören nicht in den Schild ... Der ganze Entwurf ist eben das Werk eines Nur-Graphikers und nichts weiter. Gute Heraldik fordert noch andere Voraussetzungen.«[16] Man darf davon ausgehen, dass Höffner den eindeutig christozentrischen Inhalt des Wappens selbst festgelegt hatte. Konnte man von dem nüchternen Sozialwissenschaftler und Nationalökonomen viel Sinn für die ästhetische und heraldisch-dekorative Umsetzung erwarten?[17]

Bischofsring und Pektorale – ebenfalls Arbeiten von Hein Wimmer – wurden Höffner am Vortag seiner Bischofsweihe von seinen Kollegen der katholisch-theologischen Fakultät (Ring) und vom Rektor der Universität (Pektorale) als Geschenke überreicht.[18] Der Rektor, der Mediziner Prof. Dr. Hermann Göcke,

---

1945–2001, S. 415f. – Heinrich Tenhumberg (1915–1979), 1939 Priesterweihe, 1958–1969 Weihbischof in Münster, 1966–1969 Leiter des Katholischen Büros in Bonn, 1969–1979 Bischof von Münster: W. DAMBERG, in: E. GATZ (Hrsg.), Bischofslexikon 1945–2001, S. 411–414 (Literaturangaben); W. DAMBERG, Heinrich Tenhumberg (1915–1979), in: ZEITGESCHICHTE IN LEBENSBILDERN 9, 1999, S. 135–148 u. 341f. (Literatur).

[13] »Konsekrationsliste« in nicht von Höffner stammender Maschinenschrift (Schriftbild), mit hs. Zusatzbemerkungen Höffners: HAEK – NH 2508.

[14] Großausdruck des Wappens Höffners als Bischof von Münster: HAEK – NH 2498.

[15] Zu Höffners römischer Dissertation 1934: N. TRIPPEN, Höffner I, S. 34f.

[16] Erzbischof Bruno Heim, Kairo, an Fritz Günter Böhme, Köln, 1.5.1973 (handschr.): HAEK – NH 2498.

[17] Zu einer sachlicheren und wohlwollenderen Würdigung von Höffners Bischofswappen kommt: T. DIEDERICH, Kirchliche Heraldik im 19. und 20. Jahrhundert, S. 44–46.

[18] So die nachfolgend zitierte Ansprache des Rektors der Universität Münster beim Festmahl nach der Bischofsweihe am 14.9.1962: BAM – A 08/04 (Domarchiv), A 13: »Als Ausdruck dieser dankbaren Gefühle durften wir Ihnen schon gestern von der Fakultät den Ring und von der Universität das Pektorale überreichen.« – Bischof Dr. Reinhard Lettmann schrieb dem Verfasser am 6.4.2009: »Kardinal Höffner hat mir sein Bischofskreuz vermacht, das er von der Universität Münster geschenkt bekam, als er Bischof wurde. Es trägt eine Reliquie des Heiligen Ludgerus.«

reihte sich auch in die Schar der Redner beim Festmahl nach der Bischofsweihe ein und stellte fest: »In der 1200jährigen Vergangenheit des Bistums Münster tritt mit Prof. Dr. Höffner zum erstenmal ein Angehöriger der katholisch-theologischen Fakultät unserer Universität das hohe Amt des Bischofs an. Auf Grund seiner wissenschaftlichen Arbeiten dürfte er in besonderem Maße über die sozialen Probleme seiner Diözese orientiert sein, mag es sich um Bergbau, Landwirtschaft, Handwerk oder Industrie handeln.« Die katholisch-theologische Fakultät – so der Rektor – habe Höffners Ernennung zu ihrem Honorarprofessor beantragt. »Der Kultusminister ... hat diesem Antrag entsprochen.«

Neben diesen Vorbereitungen zur Übernahme des Bischofsamtes standen für den von den Realitäten nie abgehobenen Joseph Höffner auch sehr praktische Fragen. Was sollte z. B. mit dem Haus geschehen, das er als Professor nach eigenen Vorstellungen mit der Adresse Rottendorfweg 15 hatte bauen lassen und das gerade frisch renoviert worden war? Die Antwort erhalten wir aus einem Glückwunschschreiben des Ministerialrates Dr. Klein im Düsseldorfer Kultusministerium vom 26. Juli 1962: »Nach dem Anruf von Präsident Dr. Pötter habe ich mich bereits vorgestern mit meinem Kollegen vom Kultusministerium in Mainz in Verbindung gesetzt, der zugesagt hat, den in Kürze zu erwartenden Antrag Ihrer Schwester, der Lehrerin Katharina Höffner, auf Versetzung von Trier nach Münster umgehend und wohlwollend zu bearbeiten, damit zum 1.9.1962 die Angelegenheit geregelt ist. Ich werde auch die zuständige Abteilung unseres Hauses bitten, das Erforderliche beschleunigt zu veranlassen ...«[19] Die Geschwister Höffner hatten sich also innerhalb weniger Tage für die Übersiedlung von Katharina Höffner von Trier nach Münster und ihren Einzug in Höffners Haus entschieden, und Höffner hatte seine Beziehungen in Münster und Düsseldorf für die Realisierung genutzt.[20]

Die Wochen der Vorbereitung auf Höffners Bischofsweihe waren für die Weltkirche die letzten Wochen vor Eröffnung des II. Vatikanischen Konzils am 11. Oktober 1962. An dem Konzil sollten Höffner und andere jüngst ernannte deutsche Bischöfe als Konzilsväter teilnehmen. So wurde Höffner schon vor seiner Bischofsweihe in die letzten Beratungen der deutschen Bischöfe einbezogen. Im »Nachrichtendienst Münster« (ndm) heißt es: »Als ernannter Bischof von Münster nahm Professor Dr. Joseph Höffner zum ersten Mal an der diesjährigen Fuldaer Bischofskonferenz teil, die unter dem Vorsitz von Kardinal Frings vom 28. bis 30. August stattfand. Neben ihm waren Bischof Graber von Regensburg und Bischof Volk von Mainz erstmalig Teilnehmer der Bischofskonferenz. Im Mittelpunkt standen Fragen des kommenden Ökumenischen Konzils. Von Fulda aus fährt Bischof Höffner nach Düsseldorf, wo er am Freitag [30. August] im

---

[19] Der Kultusminister, Ministerialrat Dr. Klein, an Höffner, 26.7.1962: HAEK – NH 762.
[20] Mitteilung von Elisabeth Wissel geb. Hesseler (Nichte von Joseph Höffner) an den Verfasser: Nach ihrer Pensionierung als Seelsorgehelferin in Berlin zog einige Jahre später auch Höffners Schwester Elisabeth in das Haus Rottendorfweg 15.

Hause des Ministerpräsidenten Dr. Meyers den feierlichen Eid vor dem Staat leisten wird.«[21]

An der Vereidigung nahm wegen des oldenburgischen Teils der Diözese Münster auch der niedersächsische Staatssekretär Müller teil.[22] Bei seiner Ansprache konnte Joseph Höffner den Sozialwissenschaftler nicht verbergen: »Wenn ich nach meiner Ernennung zum Bischof von Münster in feierlicher Weise vor dem Staat den Eid leiste, meinem Land die Treue zu halten und die verfassungsmäßig gebildete Regierung zu achten und von meinen Priestern achten zu lassen, so gebe ich damit einer bestimmten Auffassung über das Verhältnis zwischen Staat und Kirche Ausdruck. Staat und Kirche sind nach Ursprung, Ziel und Verfassung verschieden. Der Staat dient unmittelbar dem irdischen Gemeinwohl, die Kirche dient unmittelbar dem übernatürlichen Heil der Gläubigen. Daraus folgt, dass Staat und Kirche jeweils in ihrem Bereich eigenständig und einander nicht untergeordnet sind, weder die Kirche dem Staat noch der Staat der Kirche.

Aber bei aller Verschiedenheit sind Staat und Kirche dennoch in vielfacher Weise aufeinander bezogen. Beide gehen letztlich – wenn auch in verschiedener Weise – auf denselben Ursprung, auf Gott, zurück. Beide dienen denselben Menschen. In vielen Fällen, z. B. in der Feiertagsordnung, im Ehe- und Familienrecht, im Schulwesen und dergleichen, berühren sich ihre Aufgabenbereiche so eng, dass die frostige Trennung und das abweisende Sich-nicht-kennen unmöglich als das normale Verhältnis zwischen Staat und Kirche gelten können.«[23]

Am 13. September – dem Vortag der Bischofsweihe – legte Höffner dem versammelten Domkapitel die päpstliche Ernennungsurkunde vor und ergriff damit nach den Normen des Kirchenrechts Besitz von seiner Diözese. Bei dieser Gelegenheit bestätigte der neue Bischof den Generalvikar seines Vorgängers, Laurenz Böggering, im Amt, ebenso den Offizial Prof. Dr. Max Bierbaum und den Leiter des Bischöflichen Offizialates Vechta Heinrich Grafenhorst.[24]

Die Bischofsweihe am nächsten Tage wurde in der feierlichsten Form im St. Paulus-Dom durch Bischof Wehr erteilt. Höffners erste Predigt nach der Weihe hat bereits Wilhelm Damberg mit kurzen Worten gewürdigt: »Ausgangspunkt war die fundamentale Gleichheit aller Erlösten innerhalb der Kirche Christi, dem ›heiligen Volk‹. Dann leitete er zu der Funktion des Bischofs als ›Hirte, Lehrer, Priester‹ an der Stelle Christi über. Das entsprach dem später auch in [der Kirchenkonstitution des II. Vatikanischen Konzils] ›Lumen gentium‹ verwandten

---

[21] ndm 30.8.1962, S. 3: BAM – D 006, A 83 (Nachlass Tenhumberg).
[22] Ebd. S. 2: »Vereidigung von Bischof Höffner in Düsseldorf«.
[23] Ebd. S. 2: »Wortlaut der Ansprache Bischof Höffners in Düsseldorf«.
[24] Protokoll über die Überreichung des Apostolischen Schreibens durch den ernannten Bischof von Münster Se. Exzellenz den Hochwürdigsten Prof. Dr. Joseph Höffner, Münster, den 13. September 1962 (beglaubigte Abschrift): BAM – A 08/04 (Domarchiv), A 13; vgl. KADM 96, 1962, Nr. 185, S. 111: *Institutio Vicarii Generalis*; ebd. Nr. 186, S. 111: *Institutio Officialis pro districtu Oldenburgico*; ebd. Nr. 187, S. 111: *Constitutio et confirmatio Officialis et Vice-Officialis tribunalium Dioecesanorum*.

Schema.« Damberg vergleicht dann Höffners Weihepredigt mit einer Predigt Bischof Kellers aus dem Jahre 1956 über das Bischofsamt: »Zwar hatte auch Keller das Bischofsamt aus der Gemeinschaft abgeleitet (freilich dem ›Leib Christi‹, nicht dem ›Volk Gottes‹) ... Seine wiederholte Gehorsamsforderung an die Gläubigen findet bei Höffner keine Parallele mehr. Hier steht zunächst der Bischof im Gehorsam gegenüber dem offenbarenden Gott.«[25]

Das Amtsblatt der Diözese Münster veröffentlichte am 15. September den ersten Hirtenbrief des neuen Bischofs.[26] In der Beilage »Unsere Seelsorge« wurde Höffner in verschiedenen Beiträgen vorgestellt. Es ist bezeichnend, dass der erste Beitrag von Höffner selbst stammt: das Referat, das er am 16. Oktober 1958 unter dem Titel »Das Laienapostolat in der modernen Welt« vor der Diözesansynode Münster gehalten hatte.[27]

»Kaum war die Bischofsweihe am 14.9.1962 vollzogen, drängte das Konzil: Ganze 24 Tage standen Höffner zur Verfügung, um sich auf einer Rundreise im Bistum vorzustellen, bevor er am 9.10.1962 in Begleitung der Weihbischöfe Baaken und Tenhumberg nach Rom reiste.«[28] Eine Erfahrung, die Erzbischof Frings 1942 bei einer ersten Rundreise durch die Erzdiözese Köln machte[29], teilte 1962 Bischof Höffner im Bistum Münster: Die Menschen wollten möglichst bald den Bischof sehen und kennen lernen, dem sie ihr Vertrauen schenken sollten. Das Amtsblatt der Diözese Münster nannte nach Ablauf des Jahres 1962 Höffners erste Pontifikalhandlungen: »29. September Konsekration der Kirche und des Hochaltars *in hon[orem] S. Sebastiani M[artyris]* zu Münster. 7. Oktober: Konsekration der Kirche und des Hochaltars *in hon. S. Bernardi C[onfessoris]* zu Lowick bei Bocholt.«[30]

So bedeutsam die Teilnahme des neuen Bischofs am II. Vatikanischen Konzil war: Für seine Eingewöhnung in das Bischofsamt und in die Diözese waren die ersten Jahre belastend. Erst wenn die Sitzungsperioden des Konzils im Dezember zu Ende gingen, konnte Höffner in sein Bistum zurückkehren und die normalen Pflichten seines Amtes wahrnehmen.

---

[25] W. Damberg, Abschied vom Milieu, S. 239f.
[26] KADM 96, 1962, Art. 175, S. 101–104.
[27] Unsere Seelsorge, Nr. 5, September 1962, S. 1–4. – Zu Höffners Mitwirkung bei der Diözesansynode Münster 1958 und der Bedeutung seines Referates: N. Trippen, Höffner I, S. 217–222.
[28] W. Damberg, Abschied vom Milieu, S. 240.
[29] Dazu: N. Trippen, Frings I, S. 79–86.
[30] KADM 97, 1963, Art. 27, S. 21.

II. KAPITEL

JOSEPH HÖFFNER ALS KONZILSVATER
(1962–1965)

1. In der Vorbereitungszeit

Das II. Vatikanische Konzil begann für Joseph Höffner nicht erst am 11. Oktober 1962. Als Papst Johannes XXIII. am 25. Januar 1959 die Einberufung eines Konzils angekündigt und am Pfingstfest 1959 (17. Mai) mit der Berufung der *Commissio Ante-Praeparatoria* den Weltepiskopat, die römischen Kongregationen, aber auch die theologischen und kanonistischen Fakultäten in aller Welt zu Anregungen und Vorschlägen für das Konzil aufgefordert hatte, setzten in Münster wie vielerorts Überlegungen ein, was man als Anregungen für das Konzil nach Rom senden könnte.

Der Verfasser hat bereits anderenorts dargestellt, wie die Fuldaer Bischofskonferenz in einem längeren Prozess in Untergruppen an einer umfangreichen Eingabe gearbeitet hat, die der Konferenzvorsitzende Kardinal Frings – etwas verspätet, aber noch rechtzeitig und in Rom beachtet – am 27. April 1960 nach Rom senden konnte.[1] Die *Acta et Documenta* der Vorbereitungszeit des Konzils weisen aus, dass neben dieser gemeinsamen Vorlage die deutschen Bischöfe auch einzeln in unterschiedlicher Ausführlichkeit und mit je eigenen Akzenten nach Rom schrieben. Auch die in Rom wenig geschätzten staatlichen katholisch-theologischen Fakultäten in Deutschland erstellten Voten, darunter auch die in Münster.

Es überrascht kaum, dass Professor Höffner an solchen Vorschlägen für das II. Vatikanische Konzil beteiligt war. Schon an der Jahreswende 1959/60 erhielt Höffner von seinem Kollegen Gustav Gundlach SJ aus Rom ein Votum *De quaestionibus quoad vitam socialem*.[2] Es ist nicht erkennbar, wo Gundlach dieses Votum einbringen konnte. Für Höffner mag es Anstoß gewesen sein für eine Vorlage an seine Fakultät unter dem Titel »Katholische Soziallehre«.[3] Darin führte er aus: »In den letzten Jahrzehnten haben die katholischen Sozialwissenschaftler sich vor allem um die Deutung des *Naturrechts* gemüht, während die problemreiche Sozialtheologie erst in den Anfängen steht. Da in der protestantischen Sozialbewegung der Gegenwart das Schwergewicht auf der *sozialtheologischen* Betrachtungsweise liegt, könnte dem Ausbau der Sozialtheologie auch eine *ökumenische Bedeutung* zukommen. Aus sozialtheologischer Sicht wäre zu fragen,

---

[1] N. Trippen, Frings II, S. 215–227.
[2] *De quaestionibus quoad vitam socialem*, 2 Schreibmaschinenseiten, mit Bearbeitungsspuren von Höffner; Dankesschreiben Höffners an Gundlach, 14.1.1960: HAEK – NH 2969.
[3] Joseph Höffner, Betr.: Votum der Fakultät über mögliche Aufgaben des Konzils, Katholische Soziallehre, 3 Schreibmaschinenseiten: Ebd.

welche *soziale Bedeutung* der wurzelhaften Verbundenheit und Solidarität aller Menschen zukommt, wie sie sich aus der Lehre von der Schöpfung, der Erschaffung von Mann und Frau, der Erbsünde, dem Bundesverhältnis des alten Gottesvolkes, der Erlösung durch Jesus Christus, der Gotteskindschaft, der Eucharistie, dem Gottesvolk und dem mystischen Leibe Christi ergibt. Auch wäre die soziale Dimension der Sünde sowie die Bedeutung der Eschatologie für das Verständnis der Weltgeschichte darzutun.«

Weiter ging Höffner auf die Bedeutung des durch die industrielle Revolution hervorgerufenen Umbruchs für die katholische Soziallehre ein, auf Wert und Grenzen der Religionssoziologie und Religionssoziographie.

Es muss ihm schon bewusst gewesen sein, dass die Fakultät neben seinen Anliegen auch noch andere Wünsche in Rom einbringen wollte. Immerhin war in dem Votum der Fakultät »Wünsche und Anregungen der Fakultät für das angekündigte Konzil« vom 25. Februar 1960 eine von fünf Seiten der »Soziallehre« gewidmet. Man hatte Höffner die Gelegenheit gegeben, selbst seine wichtigsten Anliegen gestrafft zu formulieren.[4]

Anfang Mai 1960 hatte Bischof Keller ihm einen römischen Text *Consilia et vota communia* zur Durchsicht und Stellungnahme geschickt.[5] Höffner antwortete am 27. Mai und am 7. Juni.[6] Er machte kleinere Korrekturvorschläge zur Verdeutlichung des Textes und schrieb schließlich – historisch-rückschauend und zukunftsweisend zugleich: »In den 90 Jahren seit dem [I.] Vatikanischen Konzil hat sich eine besorgniserregende Entwicklung vollzogen: Die industrielle Revolution hat überall, wohin sie – die Erde umwandernd – vordringt, religiöse Krisen im Gefolge, von denen Volksreligionen und Weltreligionen, auch das Christentum, betroffen sind. Wenn auch die Arbeiterschaft zunächst und am stärksten von der religiösen Krise erfasst worden ist, bleiben doch auch Bürger und Bauern, die sich immer mehr den Lebensformen der industriellen Gesellschaft anpassen, nicht davon verschont. Ein Säkularisierungsprozess, der offensichtlich planetarischen Charakter annimmt, ist im Gange.«[7]

Inzwischen hatte Papst Johannes XXIII. durch das Motuproprio *Superno Dei nutu* vom 5. Juni 1960 zur näheren Vorbereitung des Konzils zehn Kommissionen eingesetzt, darunter eine für »Studien und Seminare«, zu deren Mitgliedern Bischof Michael Keller berufen wurde.[8] Wohl wiederum als Zuarbeit für Bischof Keller erstellte Höffner zwei Papiere, die in die Planungen dieser

---

[4] Katholisch-Theologische Fakultät der Westf. Wilhelms-Universität Münster, »Wünsche und Anregungen« der Fakultät für das angekündigte Konzil, 25.2.1960: HAEK – NH 2969; AD I, IV, 2, S. 796–803 (von Dekan Volk datiert auf den 12.3.1960).

[5] Höffner hat dieses Papier wohl Bischof Keller mit seinen Vorschlägen zurückgeschickt. Es findet sich nicht in seinen Akten.

[6] Höffner an Keller, 27.5.1960 und 7.6.1960 (Durchschriften): HAEK – NH 2969.

[7] Höffner an Keller, 7.6.1962; vgl. Anm. 6.

[8] J. A. KOMONCHAK, Kommission für Studien und Seminare, in: G. ALBERIGO-K. WITTSTADT (Hrsg.), Geschichte des Zweiten Vat. Konzils I, S. 213–217.

erst im November 1960 erstmals zusammengetretenen Kommission Einblick gewähren.

Ein erstes Papier ist überschrieben »Lateinische Sprache«. Die Kommission wollte dem Konzil vorschlagen, für die Vorlesungen der Seminare und theologischen Fakultäten die lateinische Unterrichtssprache vorzuschreiben. Der Vorschlag wurde nicht verabschiedet, weil Papst Johannes sich bereits am 22. Februar 1962 – vor Abschluss der Arbeiten der Studienkommission – zur Unterzeichnung der Apostolischen Konstitution *Veterum Sapientia* bewegen ließ – sehr zum Entsetzen von Hubert Jedin.[9] Höffner schrieb für seinen Bischof Keller mit ähnlichen Gedanken wie Jedin: »Während es eine unabänderliche Tatsache ist, dass die inspirierten Heiligen Schriften in hebräischer und griechischer Sprache verfasst sind, kann – aus theologischer Sicht – nicht behauptet werden, dass die Dokumente der Kirche – einschließlich der unfehlbaren Glaubensentscheidungen – für alle Zukunft nur in lateinischer Sprache formuliert werden können, noch auch, dass das Lateinische für alle Zukunft die liturgische und theologische Sprache der Kirche sein müsse.« Die Kirche müsse wohl die Frohbotschaft des Glaubens den Menschen in ihrer Muttersprache verkündigen. »In vielen Ländern, in denen die Kirche keinen entscheidenden Einfluss auf das mittlere Schulwesen auszuüben vermag, wird es praktisch unmöglich sein, den Kandidaten der Theologie so gründliche lateinische Kenntnisse zu vermitteln, dass sie lateinischen Vorlesungen folgen könnten ...«[10]

In dem zweiten Papier »Studium der Theologie« ging Höffner ganz offensichtlich auf eine Vorlage der Studienkommission ein. Zu deren *Normae generales* bemerkte er: »Die Allgemeinbildung und insbesondere die theologische Bildung der Priester muss den jeweiligen, nach Zeiten und Ländern verschiedenen Verhältnissen angepasst sein. Wesentlich ist, dass der Priester die Frohbotschaft Christi *allen* Schichten des Volkes zu verkündigen befähigt ist.« In den »fortgeschrittenen industriellen« Ländern sei eine Akademisierung der Ausbildungsgänge unübersehbar. »Wenn auch die ›soziale Geltung‹ nicht das für das priesterliche Wirken letztlich Entscheidende ist, darf sie doch – was die Wirkungsmöglichkeit in der modernen industriellen Gesellschaft betrifft – nicht unterschätzt werden. Aus diesem Grunde kann auf eine akademische Ausbildung in der Theologie nicht verzichtet werden. Als Folgerung ergibt sich, dass die im *Quaestionarium* vorgeschlagene Abstufung der Theologenausbildung in einen *cursus seminaristicus* und einen *cursus academicus* nicht angebracht sein dürfte.«[11] Höffner erinnerte dann an die in Deutschland gültigen Konkordate, die einen nicht akademisch ausgebildeten Priester nicht erlaubten. Auch würde diese Zweiklassengesellschaft die Einheit im Klerus gefährden und zu einer »Deklassierung« der katholischen Priester gegenüber »protestantischen Religionsdienern« führen.

---

[9] Dazu: N. TRIPPEN, Frings II, S. 259f.
[10] Manuskript (Durchschlag): J. Höffner, Lateinische Sprache: HAEK – NH 2969.
[11] Manuskript (Durchschlag): J. Höffner, Studium der Theologie: HAEK – NH 2969.

Die nicht-römischen, international angesehenen Theologen, die schon den vorbereitenden Konzilskommissionen zugeordnet wurden, waren nicht sehr zahlreich. Davon abgesehen, dass man ohnehin in Rom der Meinung war, die richtige Theologie sei nur in Rom zu Hause[12], wäre die Hinzuziehung internationaler Theologen in größerer Zahl viel zu kostspielig gewesen. So verwundert es nicht, dass Joseph Höffner nicht zu diesem Kreis gehörte. Seine Mitarbeit in der Vorbereitungsphase des Konzils beschränkte sich auf die geschilderten Empfehlungen an seine Fakultät in Münster und Bischof Keller.

Dagegen wurde er nach seiner Ernennung zum Bischof am 9. Juli 1962 sofort in die unmittelbaren Konzilsvorbereitungen einbezogen. Am 14. Juli machte er Nuntius Bafile einen Antrittsbesuch in Bonn[13] und erhielt bei dieser Gelegenheit einen am 30. Juni »An die in Deutschland wohnhaften Hochwürdigsten Herren Konzilsteilnehmer« gerichteten Rundbrief, dem im Auftrag des päpstlichen Staatssekretariates ein *Promemoria* für einen alsbald einzureichenden Meldebogen beigefügt war.[14] Neben den Personalien sollten ein kurzer Lebenslauf, sechs Fotos mit Unterschrift und die römische Adresse eingereicht werden. Außerdem sollten Ankunftstermin und Namen der Begleitpersonen benannt werden. Auch wurde diskret gebeten anzugeben, »ob Sie von sich [aus] für Ihre Unterkunft in Rom Sorge tragen wollen oder ob Sie beabsichtigen, von der Gastfreundschaft des Heiligen Stuhls Gebrauch [zu] machen« – was für die Missionsbischöfe eher als für den deutschen Episkopat gedacht war.

Für die Einschätzungen der Kurie unmittelbar vor Beginn des Konzils war ein Abschnitt im Begleitschreiben des Nuntius vom 30. Juni aufschlussreich: »Ferner schreibt das Staatssekretariat, dass das kommende Konzil voraussichtlich in zwei Zeitabschnitten verlaufen werde. Es erscheine die Empfehlung angebracht, dass nach Möglichkeit der Hochwürdigste Herr Auxiliarbischof am Bischofssitze verbleibe oder dass wenigstens seine Abwesenheit von der Diözese auf eine möglichst kurze Zeit eingeschränkt werde.«

Am 17. Juli – eine Woche nach Veröffentlichung seiner Ernennung zum Bischof von Münster – sandte Höffner die geforderten Angaben und Fotos an die Nuntiatur[15]: »... 5. Adresse in Rom: Generalat der Schwestern Unserer Lieben Frau, Roma, Via della Camilluccia. 6. Für meine Unterkunft in Rom trage ich selbst Sorge. 7. Ankunft in Rom: 9. Oktober 1962, mit dem Flugzeug. 8. Meine Begleiter: a) Univ.-Professor Dr. Emil Lengeling, Münster (Westf.)[16], b) Rektor Bernhard

---

[12] So etwa Kardinal Siri und die konservativen italienischen Kardinäle: N. TRIPPEN, Frings II, S. 315.
[13] Das ergibt sich aus dem Dankesschreiben Höffners an Bafile, 17.7.1962 (Durchschrift): HAEK – NH 2929.
[14] Bafile an die Konzilsteilnehmer, 30.06.1962 (hektographiert, mit dem *Promemoria*): Ebd.
[15] Betr.: Teilnahme am Konzil, Beantwortung des *Promemoria* (Durchschrift): HAEK – NH 2929.
[16] Emil Lengeling (1916–1986), 1941 Priester, seit 1959 Professor für Liturgiewissenschaft in Münster, 1962–1965 Konzilsperitus (u. Berater von Bischof Höffner), 1964 Konsultor des *Consilium ad exsequendam SC* und der Gottesdienstkongregation, Relator für mehrere Studiengruppen: K. RICHTER, in: LThK 6, ³1997, Sp. 811.

Niehues, Bischöfl. Privatsekretär. Beide wohnen in Rom bei mir im Generalat der Schwestern Unserer Lieben Frau ...«

Die beiden Weihbischöfe Baaken und Tenhumberg hatten wohl eigene Meldebögen an die Nuntiatur gesandt. Es fällt auf, dass Höffner sich schon gleich nach seiner Ernennung zum Bischof für den Liturgiker Lengeling als theologischen Berater während des Konzils entschieden hatte. Einen Bischöflichen Privatsekretär hatte Höffner dagegen noch nicht. Rektor Niehues war seit 1958 Sekretär Bischof Kellers gewesen und während der Vakanz zum Referenten im Generalvikariat für Fragen des Priesternachwuchses ernannt worden.[17] Während der ersten Sitzungsperiode des Konzils nahm Höffner Niehues noch einmal als Privatsekretär in Anspruch, um sich erst 1963 für eine dauerhafte Nachfolgeregelung zu entscheiden.

Wie bereits erwähnt, nahm Höffner noch vor seiner Bischofsweihe an der Fuldaer Bischofskonferenz vom 28. bis 30. August teil[18], bei der es überwiegend um letzte Informationen und Absprachen über das bevorstehende Konzil ging – für Höffner ein Einführungskurs in die Materien und bisherigen Vorüberlegungen der deutschen Bischöfe. In Höffners Nachlass findet sich eine Sammlung handschriftlicher Notizen unter dem Deckblatt »Concilium Vaticanum II. Besprechung Fulda, 28. 8. 62«.[19]

2. Höffners Beteiligung am Konzilsgeschehen

Der Abreise zum Konzil am 9. Oktober 1962 ging eine Andacht im Dom zu Münster am Vorabend voraus. Die münsterische Kirchenzeitung »Kirche und Leben« (KuL) berichtete darüber aus dem Abstand einiger Wochen: »Klar stellte der Oberhirte in seinen Ansprachen heraus, dass dieses Zweite Vatikanische Konzil ein Konzil neuen Typs sei, ein Konzil, das nicht Missstände abzustellen noch angezweifelte Glaubenswahrheiten festzustellen brauche, sondern ein Konzil, das die Kirche befestigen und ihre Stellung zur Gegenwart umreißen sollte.« Der Beitrag in KuL am 4. November 1962[20] konnte auf die Parallelen hinweisen, die Höffners Predigt am 8. Oktober zur Eröffnungsansprache Papst Johannes' XXIII. am 11. Oktober in St. Peter in Rom aufwies.

Bei den Schwestern U.L.F. auf der Via Camilluccia in Rom wohnte nicht nur die Gruppe um Bischof Höffner aus Münster. In seinem Tagebuch vermerkte Weihbischof Tenhumberg am 28. September 1963: »In unserer Villa Maria Regina

---

[17] Bernhard Niehues *15.4.1924, 1952 Priester, 1958–1961 Privatsekretär Bischof Kellers, am 24.1.1962 zum Diözesanreferenten für Fragen des Priesternachwuchses ernannt, Titel: Rektor. SCHEMATISMUS DES BISTUMS MÜNSTER 1961, S. 7; ebd. 1963, S. 39.
[18] Vgl. oben S. 20f. mit Anm. 21.
[19] HAEK – NH 2929.
[20] Zitat: M. HARTMANN, Bistumspresse, S. 46.

wohnen jetzt 32 Bischöfe, meist deutschsprachige und Anglo-Amerikaner aus den USA.«[21] Zu diesem Zeitpunkt – 1963 – hatte sich Bischof Höffner unter den Erfordernissen des Konzils für einen neuen Privatsekretär entschieden und damit eine seiner wichtigsten Personalentscheidungen für das Bistum Münster getroffen. Kaplan Reinhard Lettmann war 1960 zum Studium des kanonischen Rechts nach Rom beurlaubt worden, das er 1963 mit der Promotion abschließen konnte.[22] Von Heinz Mussinghoff erfahren wir ergänzend, »dass der junge Priester und Student des kanonischen Rechts ... während seines römischen Studiums für das Konzil lateinische Kurzschrift lernte, die allerdings nicht zum Einsatz kam, aber stattdessen [dazu führte, dass Lettmann] als ›*assignator locorum*‹ (Betreuer der Bischöfe) das gesamte Konzil miterlebte ...«[23]

Lettmann berichtete selbst bei der Zeitzeugenbefragung zu Höffners 100. Geburtstag 2007: »Als ich im Sommer 1963 von Rom zurückkehrte, lud Bischof Höffner mich zum Kaffee ein ... und eröffnete mir dabei, dass er vorhabe, mich zu seinem Kaplan und Sekretär zu bestellen. Ich solle ihn dann jeweils zu den Sitzungen des Konzils nach Rom begleiten.«[24]

Höffner hatte während der I. Sitzungsperiode in Rom zu spüren bekommen, welcher Wust an Vorlagen und sonstigen Papieren zu bewältigen war. Ein Sekretär, der die kurialen Kommunikationsstrukturen einschließlich der entscheidenden Zwischentöne, aber auch den römischen Straßenverkehr und die ganz praktischen Dinge des Alltags in Rom beherrschte, war für den in praktisch-organisatorischen Dingen eher unbeholfenen Höffner die genau richtige Wahl. Lettmann flog zu Beginn einer Sitzungsperiode nicht mit seinem Bischof nach Rom. Im Tagebuch Weihbischof Tenhumbergs lesen wir 1964, dass »Dr. Lettmann und Br. Ansgar [der bischöfliche Fahrer] ... mit unserem Mercedes über die Alpen gefahren sind und unser Gepäck nach hier gebracht haben.«[25]

Über die Arbeitsweise Höffners in Rom berichtete Lettmann 2007: »Bischof Höffner hat sich zu allen Vorlagen des Konzils schriftlich oder mündlich geäußert. Ich habe die Eingaben auf der Schreibmaschine geschrieben, da wir keine zusätzliche Sekretärin in Rom hatten. Der Bischof diktierte mir seine Texte ins Stenogramm. ...

Bischof Höffner hat auch an den freien Tagen viel für das Konzil gearbeitet, während die Weihbischöfe und ich diese Tage häufiger nutzten, um einen Ausflug

---

[21] Das Konzilstagebuch Weihbischof Heinrich Tenhumbergs ist im Besitz des Schönstatt-Werks in Vallendar. Prof. Joachim Schmiedl, Vallendar, gewährte dem Verfasser freundlicherweise Einblick in die von ihm erstellte Transkription.

[22] Reinhard Lettmann (*1933), 1959 Priesterweihe in Münster, 1960–1963 Kirchenrechtsstudium in Rom, 1963 Dr. iur. can., 1963–1967 Sekretär Bischof Höffners, 1967 Domkapitular und Generalvikar, 1973 Weihbischof in Münster, 1980–2008 Bischof von Münster: W. DAMBERG, in: E. GATZ (Hrsg.), Bischofslexikon 1945–2001, S. 414f.

[23] H. MUSSINGHOFF, Das Zweite Vatikanische Konzil aus der Perspektive des Bistums Münster, S. 60.

[24] R. LETTMANN, Joseph Höffner als Bischof von Münster, S. 14.

[25] Konzilstagebuch Heinrich Tenhumberg (vgl. Anm. 21), Eintrag vom 12.9.1964.

in die römische Umgebung zu machen. In unserem Auto hatten – sehr gedrängt – neben dem Fahrer vier Personen Platz. Höffners Aussage, er müsse noch arbeiten ... könnte durchaus auch aus Rücksicht auf die Weihbischöfe und auf mich erfolgt sein, damit wir mit dem Auto diese Ausflüge machen konnten.«[26]

Diese Sicht Bischof Lettmanns zu Höffners Verzicht auf die Ausflüge wird von Weihbischof Tenhumberg in dessen Tagebuch am 15. November 1963 realistischer korrigiert: »Bischof Joseph ist in dieser Session Tag für Tag mit Arbeit überlastet. Er muss wenigstens zweimal in der Woche zu einer Kommissions- bzw. Unterkommissionssitzung, ferner einmal zu den 18 Vertretern von Bischofskonferenzen aus aller Welt, die auf privater Basis ihre Ansichten und Arbeiten etwas koordinieren. (Bischof Joseph ist der Vertreter für die deutschen Bischöfe.) Außerdem wird er sowohl in der Aula wie in der Freizeit immer und immer wieder von ausländischen Bischöfen aus den Missionsländern aufgesucht, die ihn um Hilfe in ihren meist finanziellen oder personellen Angelegenheiten angehen. Darüber hinaus findet er noch Zeit, regelmäßig für ›Kirche und Leben‹ zu schreiben und seine umfangreiche Post zu erledigen.«[27] Wie wir bereits aus der früheren Lebensphase Höffners wissen, war er von frühester Jugend an von einer strengen Arbeitsdisziplin geprägt. Ausflüge und Mußestunden kamen kaum in Betracht.

Bei der Abstimmung über die Zusammensetzung der Konzilskommissionen, die nach den Aufsehen erregenden Interventionen der Kardinäle Liénart und Frings auf der 1. Generalkongregation um drei Tage auf den 16. Oktober 1962 verschoben wurde[28], erzielte Joseph Höffner mit 1.495 Stimmen den vierten Platz auf der Mitgliederliste der Kommission für die Seminarien, Studien und die katholische Erziehung.[29] Die entsprechende amtliche Mitteilung des Generalsekretärs des Konzils, Erzbischof Felici, erhielt Höffner unter dem 30. Oktober 1962.[30]

Die Wortmeldungen Höffners in der Konzilsaula waren nicht ganz so zahlreich, wie die Darstellung Lettmanns vermuten lässt. Grund dafür dürfte u. a. die Tatsache gewesen sein, dass man auf der Rednerliste der jeweiligen Generalkongregation nach der Anciennität aufgerufen wurde: Kardinal Frings als Mitglied des Konzilspräsidiums und Kardinal seit 1946 kam stets als erster oder zweiter zu Wort. Joseph Höffner als einer der jüngst ernannten Bischöfe erhielt bei seinen Wortmeldungen erst sehr spät das Wort oder musste sich mit einem Abdruck seines Votums unter *Animadversiones scripto traditae* im Anschluss an die Redetexte in den *Acta Synodalia* begnügen.

Für alle diese Beiträge in der Aula, die in den *Acta Synodalia* gedruckt vorliegen, sind hand- und maschinenschriftliche Entwürfe und sonstige Vorarbeiten in Höff-

---

[26] R. Lettmann, Joseph Höffner als Bischof von Münster, S. 15.
[27] Konzilstagebuch Heinrich Tenhumberg (vgl. Anm. 21), Eintrag vom 15.11.1963.
[28] Vgl. dazu: N. Trippen, Frings II, S. 317–323.
[29] Mitgliederliste *Pro Commissione »De Seminariis, de Studiis et de Educatione Catholica«* (einschließlich der Stimmenzahlen): AS I, 1, S. 87.
[30] Felici an Höffner, 31.10.1962: HAEK – NH 2942.

ners Nachlass erhalten. Bei Sichtung dieses Materials fällt auf, dass keine einzige Vorlage von Höffners »Konzilstheologen« Emil Lengeling sich findet, der neben der Möglichkeit des täglichen Austauschs im gemeinsamen Quartier an der Via della Camilluccia überwiegend nicht für Höffner persönlich, sondern als *Peritus* in der Liturgiekommission des Konzils gearbeitet hat. Man kann es mit Heinz Mussinghoff in die wenigen Worte fassen: »Mit seinem profunden liturgiehistorischen und -theologischen Wissen hat er [Lengeling] wesentlich Gestalt und Durchführung der Liturgiekonstitution ›*Sacrosanctum Concilium*‹ bestimmt.«[31]

Man gewinnt den Eindruck, dass Höffner – anders als der fast erblindete Kardinal Frings – seine Beiträge zum Konzil eigenständig erarbeitete. Lediglich zum Missionsschema ließ er sich von seinem bisherigen Münsteraner Kollegen, dem Missionswissenschaftler Josef Glazik MSC[32], einige Zuarbeiten leisten. In Sachen Priesterausbildung liegt eine Ausarbeitung Hubert Jedins in Höffners Akten.[33] Als in der III. und IV. Sitzungsperiode das Höffner bewegende, wenn auch keineswegs zufriedenstellende Schema »Die Kirche in der Welt von heute« zur Sprache kam, versuchten der BKU-Vorsitzende Franz Greiß und sein Stellvertreter Dr. Peter H. Werhahn auf das Konzilsverhalten Höffners und der deutschen Bischöfe Einfluss zu nehmen, wie noch darzustellen sein wird. Davon abgesehen agierte und argumentierte Joseph Höffner eigenständig, wobei ihm eine vorzügliche Gewandtheit in der lateinischen Konzilssprache zustatten kam. Innerhalb der *Acta Synodalia* fallen Höffners Beiträge dadurch aus dem Rahmen, dass sie in der Regel mit Fußnoten versehen sind, die den Wissenschaftler Höffner erkennen lassen: Er darf nur behaupten, was er in den Fußnoten belegen kann.

Fast 50 Jahre nach dem II. Vatikanischen Konzil ist die Auseinandersetzung um die Frage, ob Latein die einzig angemessene Sprache der Liturgie sei, noch nicht abgeschlossen. Deshalb können wir erstaunt feststellen, dass Bischof Höffner in seinem ersten Beitrag zur Konzilsdebatte über das Liturgie-Schema nach dem 29. Oktober 1962 das Thema Liturgiesprache von der ideologischen Ebene auf den Boden der Realitäten zurückholte: »Die Argumente, die in der Frage der liturgischen Sprache bisher von den Konzilsvätern beigebracht wurden, sind nicht aus der Offenbarung, sondern aus der Geschichte, aus der Soziologie oder aus der Psychologie geschöpft. Diesen Argumenten kann man keine theologische oder dogmatische Qualität zubilligen ... Theologisch und dogmatisch kann es mehrere liturgische Sprachen in der Kirche Christi geben ... Was das Schema bezüglich der

---

[31] H. MUSSINGHOFF, Das Zweite Vatikanische Konzil aus der Perspektive des Bistums Münster, S. 59.
[32] Josef Glazik MSC (1913–1997), 1939 Priester, 1958–1961 Professor für Missionswissenschaft in Würzburg, desgl. 1961–1970 in Münster, Konzilsberater des II. Vat. Konzils: G. COLLET, in: LThK 11, ³2001. Sp. 95 – Glazik schickte Höffner am 18.9.1963 eine Stellungnahme »Zum Schema-Entwurf ›De missionibus‹«: HAEK – NH 2917. Am 26.9.1964 schrieb Glazik aus Rom an Höffner über seine Unzufriedenheit mit dem Missionsschema. Eine Wortmeldung Höffners für die Aula liegt dabei, hat aber keine Spur in den AS hinterlassen: HAEK – NH 2855.
[33] Jedin an Höffner, 7.2.1964, Anlage: *Propositiones De Sacrorum alumnis formandis*: HAEK – NH 2910.

2. Höffners Beteiligung am Konzilsgeschehen

Volkssprachen vorschlägt, ist sehr moderat und intendiert nicht, die lateinische Sprache abzuschaffen ...«³⁴

Als Höffner am 26. November 1962 erstmals in der Konzilsaula zu Wort kam, beschäftigte man sich mit dem Schema über die sozialen Kommunikationsmittel. Angesichts des Pluralismus in der heutigen Gesellschaft – so stellte Höffner fest – müssten die Katholiken sorgfältig auswählen, was sie sich aus den Medien zumuteten. »Katholische Laien, die in der heutigen pluralistischen Gesellschaft das Amt eines Ministers oder Abgeordneten (›Senatoris vel deputati‹) ausüben oder in öffentlichen oder privaten Kommissionen zur kritischen Beurteilung der sozialen Kommunikationsmittel beteiligt sind, müssen in der Zusammenarbeit mit nichtkatholischen Mitgliedern tatkräftig und klug dafür sorgen, dass wenigstens jene fundamentalen Prinzipien der Moralordnung ... von allen anerkannt werden ...«³⁵

Schon bei seiner dritten Wortmeldung zum – missglückten – Schema über die Kirche am 7. Dezember 1962 musste Höffner sich wieder mit der Aufnahme seines Votums unter die *Animadversiones scriptae* begnügen.³⁶ Fast wie eine Überschrift erklärte Höffner: »Das Schema ist allzu juridisch angelegt!« Bei der heutigen Verkündigung des Evangeliums seien die Menschen »als unsere Brüder, nicht als Untergebene« anzusprechen. Das Schema nenne in den Missionen »die katholischen Brüder, die getrennten Brüder und die nicht getauften Brüder«. »Es wäre sehr zu wünschen, dass das Schema diese Brüder nicht nur juridisch, sondern mit Liebe, Güte, pastoraler Klugheit ansprächte. Außerdem, so scheint mir, sollten drei weitere Gruppen von Brüdern ... aufgenommen werden, nämlich: 1. Solche, die ich ›säkularistische Brüder‹ nennen möchte« – Getaufte, jedoch Abständige in unseren christlichen Ländern. »2. Sind die ›verlassenen Brüder‹ zu nennen, ... die in Lateinamerika wegen Priestermangels des Wortes Gottes und der Seelsorge entbehren müssen. 3. Nenne ich die ungeheure Masse unserer Brüder, die in weiten Regionen der Welt im eigentlichen Sinne des Wortes Hunger leiden.«

In einer zweiten *Animadversio* beklagte Höffner: »In dem vorliegenden Schema ist der Status des Laien in der Kirche fast ausschließlich unter dem Aspekt der Zusammenarbeit mit der Hierarchie betrachtet, dagegen wird nicht die besondere Aufgabe des Laien als ›Volk Gottes‹ in dieser Welt behandelt ...«.

Als Höffner diesen eingereichten Text für den mündlichen – nicht stattgefundenen – Vortrag in der Aula bearbeitete, fügte er handschriftlich eine dritte *Ani-*

---

[34] AS I, 1, S. 629f. – Höffner hatte sich offensichtlich für ein Votum in der Konzilsaula zu Wort gemeldet zum Vorwort und zum 1. Kapitel des Liturgieschemas. Der in seinen Papieren erhaltene, für den mündlichen Vortrag bestimmte Text schließt mit dem üblichen handschriftlichen Wort »Dixi«: HAEK – NH 2971. Da die Diskussion am 29.10.1962 abgebrochen wurde, druckte man Höffners Votum mit der Nr. 21 unter den *Animadversiones scipto traditae* im Anschluss an die Generalkongregation vom 29.10.1962 ab.

[35] AS I, 3, S. 505f. – Für den mündlichen Vortrag handschr. bearbeitetes Manuskript: HAEK – NH 2971.

[36] AS I, 4, S. 516f. – Als Redemanuskript handschr. bearbeiteter Text (»Venerabiles Patres ... Dixi«): HAEK – NH 2971.

madversio hinzu: »Ganz und gar wünschenswert ist es, dass ... ab der nächsten Sitzungsperiode des Konzils eine wohlgeordnete ›Summe‹ der Verhandlungsgegenstände vorliegt. Der hl. Thomas [von Aquin] schrieb sowohl die *Summa Theologica* wie auch *Quodlibeta*. Was wir bis jetzt in dieser Aula behandelt haben, waren eher *Quodlibeta* als irgend eine *Summa*«. Da Höffner nicht zu Wort kam, finden wir diese *Animadversio* nicht in den *Acta Synodalia*.

Gegen Ende der I. Sitzungsperiode des Konzils fragten sich viele Väter, wie lange das Konzil dauern würde, wenn weiterhin jeder Konzilsvater sich beliebig oft zu Wort melden könnte und die Diskussion nicht durch Sachthemen, sondern weiterhin allein durch die Anciennität der Redner bestimmt würde. Joseph Höffner, der Zeit seines Lebens seine Emotionen unter Kontrolle hatte, machte seinem Unmut über den Verlauf der Debatte während der I. Sitzungsperiode durch einen Rückgriff auf Thomas von Aquin in vornehmster Weise Luft.

Als Höffner im Dezember 1962 von der I. Sitzungsperiode des Konzils nach Münster zurückkehrte, mag er gehofft haben, sich nun neun Monate lang in seine Diözese einleben zu können. Er hat das mit der ihm eigenen Arbeitsdisziplin auch getan. Doch das Konzil ging auch während der *Intersessiones* weiter. Bereits am 24. Januar 1963 sandte er »einige Ausarbeitungen zu den Schemata der vorbereitenden Kommission ›Über die Schulen und die akademischen Studien‹ sowie ›Über die Ausbildung der Alumnen‹« an das Sekretariat der Kommission nach Rom. »Ich hoffe, dass meine Vorschläge ein wenig beitragen zum Ablauf der Arbeiten unserer Kommission.« Höffner war also gerade sechs Wochen aus Rom zurück, als er bereits eine umfangreiche Erarbeitung in lateinischer Sprache (9 Seiten) nach Rom senden konnte.[37]

Am 21. Mai 1963 kündigte Kardinal Döpfner im Auftrag von Kardinal Frings »ein zweites Treffen der Konzilsväter deutscher Sprache« für den 3. bis 5. Juli an. »Einstweilen möchte ich Dich schon herzlich bitten, bei der Vorbereitung der Beratungsgegenstände mitzuarbeiten. Meine Bitte geht an alle deutschen oder österreichischen Konzilsväter, die Mitglied einer Konzilskommission sind. Zu jedem Schema soll ein Entwurf gefertigt werden, der 1) eine kurze positive und negative Kritik, 2) formulierte Verbesserungsvorschläge und 3) einen kurzen begründeten Kommentar zu letzteren enthält. Dieser Entwurf soll möglichst noch einige Zeit vor der Konferenz ... allen Teilnehmern zugesandt werden. Nach Besprechung und Verbesserung in der Konferenz könnte er dann seine endgültige Fassung bekommen, die in Rom eingereicht wird ... Darf ich nun die Bitte aussprechen, dass Du Dich den beiden Schemata 1) *De Sacrorum Alumnis formandis*, 2) *De Scholis catholicis* annehmen möchtest?«[38] Höffner sagte am 27. Mai, noch vor dem Tod Papst Johannes' XXIII., zu.[39]

---

[37] Höffner an die Konzilskommission *De Studiis, de Seminariis et de Educatione Chistiana*, 24.1.1963: HAEK – NH 2942.
[38] Döpfner an Höffner, 21.5.1963 (Original): BAM – A 02, GV NA, A0 133 (Bischöfliches Seketariat).
[39] Höffner an Döpfner, 27.5.1963 (sign. Kopie): Ebd.

Doch der Pontifikatswechsel im Juni 1963 machte den Konferenztermin unmöglich. Man verlegte die Besprechung der deutschsprachigen Konzilsväter auf die reguläre Fuldaer Bischofskonferenz am 26. und 27. August 1963. Rechtzeitig vorher – am 10. August – versandte Höffner in hektographierter Form seine »Bemerkungen zu den Schemata I. *Constitutionis des Sacrorum Alumnis formandis*, II. *Constitutionis de Scholis catholicis.*«[40]

In den fünfseitigen (deutschen) *»Bemerkungen zum Schema Constitutionis De Scholis catholicis«* merkte Höffner an, dass in dem Schema der Eindruck erweckt werde, »als ob die katholische Schule ungebührlich in den Vordergrund gerückt und andere Formen der religiösen Unterweisung und Glaubensverkündigung übersehen würden ... In lobenswerter Weise wird im Schema ein moderner Ausbau und eine vorzügliche Ausstattung der katholischen Universitäten verlangt. Ein konkreter und gangbarer Weg zur Aufbringung der Kosten wird nicht gewiesen. Die Kosten einer modernen Universität sind ungeheuer. So werden z. B. zur Errichtung und Erstausstattung der neuen Ruhr-Universität Bochum (10.000 Studenten) 2 Milliarden DM benötigt.«

Die (lateinischen) Bemerkungen zum Schema *Constitutionis De Sacrorum Alumnis formandis* betonen: Es gehe nicht um die Beschreibung der zur Zeit gültigen Bestimmungen, sondern um eine Gesamtschau der Priesterausbildung. »Theologiestudium, aszetische Formung, Teilnahme am liturgischen Leben, pastorale Ausbildung sind in den Seminaren ›als eine einzige grundlegende Formung‹[41] zu betrachten ... In den Alumnen ist nicht allein der Geist des Gehorsams zu pflegen, sondern ebenso eine Haltung der Aktivität und des Pflichtbewusstseins, ›damit die Alumnen stufenweise sich selbst bestimmen und ihre Freiheit weise zu nutzen lernen‹.« Weiterhin hob Höffner anhand des Schemas die pastorale Ausrichtung der gesamten Ausbildung, die Hinführung zu Respekt gegenüber der Mitarbeit der Laien und den Sinn für die Ökumene hervor.

Konkret schlug Höffner vor, den nationalen Bischofskonferenzen Entscheidungskompetenzen einzuräumen, z. B. ob eine geistliche Ausbildungsphase vor oder während des Studiums, pastorale Praktika und weitere Ausbildungszeiten nach Abschluss der Seminarzeit vorgegeben werden.

Was aus diesen Vorschlägen Höffners für die deutschsprachigen Konzilsväter geworden ist, erfahren wir aus einem Brief Höffners an den Konferenzvorsitzenden Kardinal Frings vom 6. Januar 1964 – also nach Abschluss der II. Sitzungsperiode des Konzils[42]: »Im September vorigen Jahres habe ich zwei ausführliche Gutachten *De Scholis catholicis et de Universitatibus* und *De Sacrorum Alumnis formandis* bei der Konzilskommission eingereicht, in denen die von den deutsch-

---

[40] Der Bischof von Münster an die deutschsprachigen Konzilsväter, 10.8.1963: Ebd.
[41] Bei den durch Anführungszeichen markierten Textstellen handelt es sich um Zitate aus dem in Rom vorliegenden Schema.
[42] Höffner an Frings, 6.1.1964 (Durchschlag): BAM – A 02, GV NA, A0 133.

sprechenden Bischöfen mir übersandten Anregungen berücksichtigt sind.[43] Seitdem habe ich weitere Anregungen von den deutschsprachigen Bischöfen nicht erhalten. Meine beiden Gutachten sind allerdings in Fulda aus Zeitmangel nicht mehr besprochen worden, so dass ich sie nicht ausdrücklich im Namen der Bischöfe einreichen konnte. Während der letzten Sitzungsperiode des Konzils hat die Konzilskommission *De Scholis et Seminariis* eifrig gearbeitet. Es fanden wöchentlich vier Sitzungen statt. Alle in meinem Gutachten ausgesprochenen Wünsche wurden erörtert. Schwierigkeiten ergaben sich an zwei Stellen: 1. bei der Frage der Methode des hl. Thomas im philosophischen und theologischen Studium; 2. bei der Frage nach der lateinischen Sprache in den Vorlesungen. In beiden Fragen wird das Plenum entscheiden müssen.«

Doch ist nun zunächst Höffners Beteiligung an der II. Sitzungsperiode im Herbst 1963 darzustellen. Inzwischen hatte der neue Papst Paul VI. das Konzil erneut einberufen und eine überarbeitete Geschäftsordnung (*Rigolamento*) verfügt. Die Leitung der Generalkongregationen lag nicht mehr bei den Mitgliedern des Konzilspräsidiums, sondern bei vier Moderatoren, darunter Kardinal Döpfner.

Schon am 14. Oktober 1963 erhielt Höffner zum erstenmal das Wort zum II. Kapitel des Schemas *De Ecclesia*. Er machte akribisch aus den Quellen belegte Korrekturen am Text und Vorschläge zur Verdeutlichung.[44] Höffner mag bedauert haben, dass er zum Schema über die Laien am 25. Oktober wieder nur in den *Animadversiones scriptae* Platz fand.[45] Der in seiner Grundeinstellung konservative Joseph Höffner wollte dem versammelten Weltepiskopat sagen:

»1. Das Apostolat der Laien besteht vorzüglich und prinzipiell nicht in der Erfüllung von Aufgaben, die ihnen von der Hierarchie übertragen werden, sondern darin, das Beispiel eines wirklich christlichen Lebens zu geben, und in der Verantwortung, die Welt nach den Normen von Gerechtigkeit und Liebe zu gestalten ...

2. Das Apostolat, das diese weltliche Ordnung berührt, liegt eigenständig und ordnungsgemäß bei den Laien, so dass sie in dieser Aufgabe größeren Anteil (›*maiores partes*‹) haben als die Kleriker, denen vor allem die Verkündigung des Gotteswortes und die Spendung der göttlichen Mysterien anvertraut sind ...«

---

[43] Es handelt sich um folgende undatierte Schriftsätze in Höffners Nachlass: Joseph Höffner, Adnotationes ad Schema Constitutionis de Scholis catholicis: HAEK – NH 2940 sowie Joseph Höffner, Animadversiones ad Schema Constitutionis *De Sacrorum Alumnis formandis*: HAEK – NH 2944. In HAEK – NH 2928 ist von dem ersten Schriftsatz auch die deutsche Fassung vorhanden, die Höffner nach Rom gesandt hatte. Am 20. September bedankte sich P. Augustin Mayer OSB, der Sekretär der Kommission, bei Höffner für die eingesandten Schriftsätze. Er habe sie für die Kommissionssitzung am 28.9.1963 ins Lateinische übersetzen müssen, in Eile, hoffentlich in den Intentionen Höffners. Höffner hat seine lateinischen Exemplare unkorrigiert mit seinem Namen überschrieben.

[44] AS II, 2, S. 522f. – Hs. ergänzte Vorlage: HAEK – NH 2801.

[45] AS II, 3, S. 486 – Hs. um das Zitat aus der »*Allocutio Pii XII., 20.2.1946*« ergänzte Vorlage: HAEK – NH 2801.

2. Höffners Beteiligung am Konzilsgeschehen

Indem sich Höffner dafür auch noch auf eine Ansprache Pius' XII. aus dem Jahre 1946 berief, machte er seine Argumentation für die Vertreter der Kurie unangreifbar.

Am 21. November 1963 gelang es Höffner wieder einmal, das Wort in der Aula zum Thema *De Oecumenismo in genere* zu erhalten.[46] Er kam auf seine bereits erwähnten Anliegen zurück, nicht nur an die Rückgewinnung der von der Kirche getrennten Christen zu denken, sondern auch die Abständigen zu bedenken.

Von diesen beiden Wortmeldungen in der Aula abgesehen war Höffner während der II. Sitzungsperiode im Übermaß von Kommissionssitzungen der Studienkommission in Anspruch genommen. Außerdem wuchs ihm in diesen Monaten seine noch näher darzustellende Aufgabe bei der Konsolidierung des Schönstatt-Werks zu. Schließlich – so wurde das Tagebuch von Weihbischof Tenhumberg bereits zitiert[47] – nahm Höffner sehr regelmäßig an den Besprechungen einer informellen Gruppe von Vertretern der Bischofskonferenzen teil, die sich um eine Abstimmung über ihr Vorgehen auf dem Konzil verständigen wollten.

Zum Entstehen dieses Kreises während der I. Sitzungsperiode berichtet Giuseppe Ruggieri: »Diese Idee war am 4. November [1962] im Lauf einer Begegnung des Sekretärs der französischen Bischofskonferenz, Msgr. R. Echtegaray, des Brasilianers Helder Camara und des Chilenen E. M. Larraín ... geboren worden. Sie verfolgten damit die Absicht, eine Plattform zur Kommunikation zwischen einigen Vertretern der Bischofskonferenzen zu schaffen, ›nicht zu viele, aber repräsentativ genug für die verschiedenen Kontinente ...‹«[48]

In Höffners Nachlass findet sich eine von ihm handschriftlich bearbeitete Aktennotiz über die erste Sitzung am 9. November 1962 im Domus Mariae.[49] 14 Bischöfe nahmen teil. »Vertreten sind mehr als tausend Bischöfe aus Indien, Japan, Vietnam, Birma, Ceylon, Afrika, Lateinamerika, USA, Kanada, England, Frankreich und aus den deutschsprachigen Ländern [= Höffner]. Es wurde beschlossen, zur nächsten Sitzung ... am 13. November ... noch Vertreter Spaniens, Australiens und der Philippinen einzuladen.«[50]

Für den Generalsekretär des Konzils und die Kurialen musste eine solche Versammlung als bedrohliches »Nebenkonzil« erscheinen. Gleich auf der ersten Sitzung machte man für das Konzil wegweisende Vorschläge:

---

[46] AS II, 5, S. 670f. – Deutsches Manuskript: BAM – A 02, GV NA, A0 133.
[47] Vgl. oben S. 29 mit Anm. 27.
[48] G. Ruggieri, in: G. Alberigo/K. Wittstadt (Hrsg.), Geschichte des Zweiten Vat. Konzils II, S. 290–293.
[49] Aktennotiz über die erste Sitzung des Beratergremiums der Vertreter der Bischofskonferenzen am 9.11.1962 im Domus Mariae (von Höffner hs. überarbeitet, wohl ursprünglich von ihm diktiert): HAEK – NH 2971.
[50] Hektographierte Teilnehmerliste der Sitzung am 13.11.1962 mit Vertretern Spaniens, Italiens und der Philippinen: HAEK – NH 2917.

»I. Allgemeine Verfahrensfragen des Konzils.
Es wurde beschlossen, den Bischofskonferenzen zwei Vorschläge zu unterbreiten:
1. Vorschlag: Das Sekretariat *De Concilii negotiis extra ordinem* soll den Hl. Vater bitten, umgehend allen Konzilsvätern ein Verzeichnis aller Schemata aushändigen zu lassen, die auf dem Konzil erörtert werden sollen, damit die Konzilsväter einen Gesamtüberblick erhalten.
2. Vorschlag: Das Sekretariat *De Concilii negotiis extra ordinem* soll den Hl. Vater bitten, den Artikel 23 des *Ordo Concilii* insoweit zu ändern, dass
   1. – wie bisher – die Kardinäle und Patriarchen als erste berechtigt sind, das Wort zu ergreifen,
   2. Die Vertreter der *Episcopi in conferentiis uniti* sprechen, wobei es wünschenswert erscheint, dass der jeweilige Sprecher im Namen *mehrerer* Bischofskonferenzen das Wort ergreift.

Auch wird es sich von selbst ergeben, dass die Kardinäle nicht eine eigene Gruppe bilden, sondern auch selber im Namen der Bischofskonferenzen sprechen werden. Erst an dritter Stelle sind Einzelbischöfe oder die Vertreter etwaiger Minderheiten der Bischofskonferenzen berechtigt, das Wort zu ergreifen, wobei das Recht, den Schluss der Debatte zu beantragen, bestehen bleibt.«[51]

In einem Abschnitt II ging es um die weitere Behandlung des Liturgie-Schemas. Der Abschnitt III befasste sich mit dem Schema *De fontibus revelationis* und endete mit dem Satz: »Im Beratungsgremium der Vertreter der Bischofskonferenzen wurden einstimmig erhebliche Bedenken gegen das Schema erhoben.« In Abschnitt IV beschloss man, dem Papst vorzuschlagen, die nächste Sitzungsperiode im Mai 1963 mit dem Schema *De Ecclesia* zu beginnen.

Unter »Besprochen, aber nicht verabschiedet« vermerkte die Aktennotiz »die Frage, was die auf dem Konzil sich selbst darstellende Kirche zur Überwindung der Verelendung eines großen Teiles der Menschheit tun könne ... In den Entwicklungsländern, z. B. in Lateinamerika, hänge die Zukunft der Kirche mehr von der Lösung dieser Frage als von der Reform der Liturgie ab.«

Schloss sich an diese erste Zusammenkunft 1962 nur noch eine weitere an, so hat dieses informelle Gremium während der II. Sitzungsperiode wöchentlich getagt. Bischof Höffner gab am 29. November 1963 ein Fernseh-Interview, dessen Wortlaut er handschriftlich vorbereitet hatte: »Das Zweite Vaticanum wird in die Geschichte eingehen als jenes Konzil, auf dem die Bischöfe der ganzen Welt wie nie zuvor um ihr Selbstverständnis innerhalb der Kirche gerungen haben. Es hängt mit dieser Eigenart des Konzils zusammen, dass auch die Bischofskonferenzen eine neue Bedeutung erlangen. Unsere Versammlung hier im Domus Mariae kann man eine Konferenz der Bischofskonferenzen nennen. Es ergab sich nämlich schon bald nach der Eröffnung des Konzils im Herbst vorigen Jahres, dass gewisse Fragen, z. B. die Aufstellung der Listen für die Wahl der Mitglieder der Konzils-

---

[51] Aktennotiz vgl. Anm. 49.

2. Höffners Beteiligung am Konzilsgeschehen

kommissionen auf breiter Ebene, also über die einzelnen Bischofskonferenzen hinaus, geregelt werden mussten. Aus dieser Überlegung ist unsere Konferenz entstanden.

Wir vertreten die wichtigsten Bischofskonferenzen der Welt ... Ich selbst nehme an den Beratungen als Vertreter der deutschsprachigen Bischöfe teil.

Unsere Konferenz hat keinen amtlichen Charakter. Wir sind nicht vom Konzil errichtet, sondern gleichsam eine ›informelle Gruppe‹, die getragen wird vom Vertrauen unserer Bischofskonferenzen. Unsere Verhandlungen sind nicht geheim, nicht sekret, aber doch diskret.

Wir treffen uns jeden Freitag Nachmittag. Heute sind wir zu unserer letzten Beratung in dieser Sitzungsperiode zusammen gekommen. Wir werden heute überlegen, auf welche Weise wir während der Konzilspause – bis zum 14. September 1964 – Tuchfühlung miteinander halten können.«[52]

Bei einer der Besprechungen im November 1963 scheint Höffner den Bischöfen aus aller Welt in einer längeren (lateinischen) Ausführung dargelegt zu haben, wie die Fuldaer Bischofskonferenz geschichtlich entstand und wie sie bis in die Gegenwart der 1960er Jahre gearbeitet hat.[53] Wenn es in dem erhaltenen Text heißt: »Ein Sekretariat hat die Bischofskonferenz nicht«, so deutet das als Zeitpunkt des Vortrages auf die Tage 5. bis 15. November 1963 hin, als in der Konzilsaula über die weltweite Institutionalisierung der Bischofskonferenzen kontrovers verhandelt wurde.[54]

Neben dieser weltweiten inoffiziellen Gesprächsebene der Bischofskonferenzen gab es eine besondere Beziehung zwischen den Bischofskonferenzen Frankreichs und Deutschlands. Am 23. September 1964 schrieb der Straßburger Bischof Jean Julien Weber in deutscher Sprache an Kardinal Frings: »Ich muss zuerst Ihrer (!) Eminenz danken, dass Sie den Hochw. H. Bischof von Münster als Bindeglied zwischen dem deutschen und dem französischen Episkopat gegeben haben, sowie mein Koadjutor [Léon Arthur Elchinger] unser Stellvertreter bei Ihnen ist ... So wie Msgr. Elchinger nicht an Ihren offiziellen Versammlungen teilnimmt, aber an gewissen, so braucht auch Exc. Höffner nicht an (!) unseren Generalversammlungen beiwohnen. Es wäre dennoch gut, wenn er, im Einverständnis mit meinem Koadjutor, an gewissen unserer Treffen da sein könnte: wir wären ihm dafür dankbar.«[55] In Rom nahm Bischof Elchinger als Beobachter des französischen Episkopats häufiger an den Montagskonferenzen des deutschsprachigen Episkopats im Anima-Kolleg teil.

---

[52] Fernsehen Domus Mariae 29.11.1963: HAEK – NH 2917.
[53] Handschr. Manuskript *Conferentia Episcoporum Germaniae*: HAEK – NH 2917.
[54] J. Famerée, in: G. Alberigo/K. Wittstadt (Hrsg.), Geschichte des Zweiten Vat. Konzils III, S. 170–176; Kardinal Frings' Versuch, eine Institutionalisierung der Bischofskonferenzen zu verhindern: N. Trippen, Frings II, S. 389–391.
[55] Bischof Weber an »Hochwürdigste Eminenz« (= Frings), Rom, 23.9.1963: HAEK – NH 2917.

Während der *Intersessio* 1964 trafen sich die deutschsprachigen Bischöfe am 20. Mai zu einer Sitzung im Priesterseminar in Innsbruck. In einer nichtgezeichneten Protokollnotiz in Höffners Akten findet sich die Bemerkung zu dessen Vorlagen zum Schema über die Katholischen Schulen: »Man schließt sich im allgemeinen den ... Ausführungen von Bischof Dr. Höffner an.« Unter »Beschluss« heißt es: »Eventuelle Änderungsvorschläge sollen die Konzilsväter möglichst bald an Bischof Dr. Höffner geben. Dieser möge dann mit einigen *Periti* (möglichst unter Zuziehung eines Vertreters aus Österreich) das Schema neu bearbeiten und versuchen, in der Kommission das Bestmögliche daraus zu machen.«[56]

Welches Ansehen der bis zum Konzil im Weltepiskopat und an der Kurie unbekannte Bischof Höffner sich in den ersten beiden Sitzungsperioden des Konzils erworben hatte, wird daran erkennbar, dass er vor Beginn der III. Sitzungsperiode im Herbst 1964 einen evangelischen Landesbischof als Gast bei einer (oder einigen) Generalkongregation(en) ins Gespräch bringen konnte: den ihm freundschaftlich verbundenen oldenburgischen Landesbischof Gerhard Jacobi.[57] Wenn aus dessen Konzilsbesuch nichts wurde, so lag das nicht an den Konzilsautoritäten in Rom, sondern am damaligen Ratsvorsitzenden der Evangelischen Kirche in Deutschland (EKD), Präses Kurt Scharf in Berlin.[58] Am 7. September 1964 schrieb Landesbischof Jacobi an Höffner: »Nachdem Sie mich so freundlich nach Rom eingeladen hatten, habe ich Anfang Juni einerseits den evangelischen Beobachter in Rom, Professor Dr. Schlink, informiert, andererseits auch Präses D. Scharf als Vorsitzenden des Rates der EKD. Erst am 31. August erhielt ich von Präses Scharf die anliegende Antwort ...«[59]

Präses Scharf hatte am 28. August an Jacobi geschrieben: »Der Rat hat eindeutig dahin votiert, dass Sie nicht nach Rom fahren möchten. Er hat beschlossen, alle Bischöfe und Mitglieder der Kirchenleitungen in der Evangelischen Kirche in Deutschland davon zu unterrichten, dass er im gegenwärtigen Stadium des Konzils Besuche leitender Männer der evangelischen Kirche in Rom und beim Papst als Belastung des interkonfessionellen Gesprächs ansehe. Solche Besuche erschweren die Position des Beobachters der Evangelischen Kirche in Deutschland in Rom und stifteten Verwirrung in der evangelischen Christenheit in Deutschland und in der Öffentlichkeit.«[60]

---

[56] Betr.: Konzilsberatungen in Innsbruck; hier: *De Scholis catholicis*: HAEK – NH 2951.
[57] Gerhard Jacobi (1891–1971), Mitbegründer und führendes Mitglied der »Bekennenden Kirche« in Berlin, 1954–1967 Landesbischof in Oldenburg, 1966 Mitinitiator der regelmäßigen ökumenischen Gespräche zwischen der Oldenburgischen Landeskirche und dem Bischöflichen Offizialat in Vechta: C. Nicolaisen, in: RGG 4, ⁴2001, Sp. 344; M. Zirlewagen, in: BBKL 24, 2005, Sp. 887–892.
[58] Kurt Scharf (1902–1990), führendes Mitglied der »Bekennenden Kirche«, 1957–1960 Ratsvorsitzender der Ev. Kirche der Union, 1961–1966 Ratsvorsitzender der EKD, 1966–1970 Bischof der Evang. Kirche von Berlin-Brandenburg: C. Nicolaisen, in: RGG 7, ⁴2004, Sp. 867; Deutsche Biographische Enzyklopädie der Theologie und der Kirchen, hrsg. v. Bernd Moeller/Bruno Jahn, Bd. 2, München 2005, S. 1177.
[59] Landesbischof Jacobi an Höffner, 7.9.1964: BAM – A 02, GV NA, A0 326/7 (Konzil).
[60] D. Kurt Scharf an Landesbischof Jacobi, 28.8.1964 (Abschrift): Ebd.

Jacobi bemerkte dazu gegenüber Höffner: »Nun ist zwar der Rat keine vorgesetzte Stelle der Bischöfe. Aber ich habe mich stets darüber geärgert und meinem Ärger auch Ausdruck verliehen, wenn Generalsuperintendenten, Professoren und Pfarrer dem Rat entgegen zur Friedenskonferenz nach Prag oder nach Moskau gefahren sind. Da ich in diesem Fall meinem Unmut Luft gemacht habe, möchte ich mich jetzt über das Votum des Rates gegen meine Reise nach Rom nicht hinwegsetzen.«

Jacobi fügte noch hinzu: »Ich halte auch die Begründung, die der Rat im anliegenden Schreiben gibt, für verfehlt. Ein solcher Besuch würde gerade das interkonfessionelle Gespräch nicht belasten, sondern kann es meine Ansicht nach nur fördern.«

Bischof Lettmann weist darauf hin, dass Höffner auch seine Domkapitulare einlud, für einige Tage nach Rom zu kommen, um die weltkirchliche Atmosphäre des Konzils zu erleben und die Bedeutung des Konzilsgeschehens würdigen zu können.[61]

Die III. Sitzungsperiode des Konzils wurde am 14. September 1964 mit einer ersten feierlichen Konzelebration des Papstes mit 24 Konzilsvätern eröffnet.[62] Das Erlebnis mag für Bischof Höffner der Auslöser gewesen sein, nun auch anderenorts an die Möglichkeit der Konzelebration (statt des »Schlangestehens« unzähliger Einzelzelebranten vor wenigen Altären) zu denken. Weihbischof Tenhumberg vermerkte in seinem Tagebuch unter dem 19. September 1964: »Außerdem hat unser Bischof bei dieser internationalen Konferenz [der Vertreter der Bischofskonferenzen] einen von mir am Donnerstagabend ausgearbeiteten Vorschlag vorgetragen:

1. Die Konzilsväter mögen in ihren Quartieren die Erlaubnis zur Konzelebration erhalten.
2. Der Gottesdienst zu Beginn der Generalkongregationen soll geändert werden: gesungene Terz mit längerer Schriftlesung nach der Inthronisation des Evangeliums und kurzer Homilie, eventuell abwechselnd mit einer Eucharistiefeier in einem jeweils anderen Ritus.

Das Gespräch darüber hat unseren Bischof so angeregt, dass er am gleichen Abend noch Dr. Lettmann beauftragte, für Villa Regina [Via Camilluccia] einen Antrag auf Konzelebration an die zuständige nachkonziliare Kommission zu stellen und das gleiche bezüglich der Konzelebration im Bistum Münster zu tun.«[63]

Bei seiner ersten Wortmeldung während der III. Sitzungsperiode zum Schema *De apostolatu laicorum* am 12. Oktober 1964 nahm Höffner die römische Theologie kritisch ins Visier: »Was zur Erneuerung der weltlichen Ordnung gesagt wird, gefällt mir nicht, weil es zu optimistisch, zu triumphalistisch und wenig

---

[61] Mitteilung Bischof Lettmanns an den Verfasser am 2.9.2010.
[62] Vgl. dazu: N. TRIPPEN, Frings II, S. 417.
[63] Konzilstagebuch Weihbischof Heinrich Tenhumberg (vgl. oben Anm. 21), Eintragung vom 19.9.1964

biblisch klingt ... Ziel des christlichen Apostolats hinsichtlich der weltlichen Ordnung ist kein vollkommener Zustand, quasi paradiesisch und vom christlichen Geist vollkommen durchdrungen, sondern – nüchterner – ein solcher Zustand der weltlichen Ordnungen und Institutionen – im familiären, staatlichen wie ökonomischen Bereich –, dass der Mensch darin auf humane und christliche Weise leben und dem Willen Gottes leichter gehorchen kann.«[64]

In einem zweiten Abschnitt bemängelte Höffner, dass das Schema die Zusammenarbeit mit Christen und Nichtchristen zu unterschiedslos auf eine Stufe stelle: »Mit den getrennten christlichen Brüdern haben wir eine Einheit, die sich grundlegend von der allgemeinen Humanität des Menschengeschlechts unterscheidet auf Grund der Taufe und des Glaubens an unseren Erlöser Christus, woraus sich die Pflicht zum Zeugnis für Christus vor der gesamten nicht-christlichen Menschheit ergibt.«

Von den Beschlüssen des II. Vatikanischen Konzils hat keiner, auch über die kirchlichen Grenzen hinaus, soviel Beachtung gefunden wie die Pastoralkonstitution *Gaudium et spes* über »Die Kirche in der Welt von heute«. Im Konzil selbst war sie, unter dem Arbeitstitel »Schema 13«, heftig umstritten. Kardinal Frings erinnerte sich 1973: »Die Anregungen hierzu und die ersten Vorarbeiten gingen ohne Zweifel von französischen Kreisen aus, sie waren getragen von einer sehr optimistischen Auffassung über die Entwicklung der Welt ...«[65] Zu einem schärferen Urteil kam Hubert Jedin in seinen Lebenserinnerungen: »Schwere Bedenken hatte ich von Anfang an gegen das ›Schema 13‹, in seiner endgültigen, auf den Pariser Soziologen Haubtmann zurückgehenden Form die Pastoralkonstitution *Gaudium et spes*. Dass die auf dem Konzil vertretene Kirche verbindlich aussagt, dass sie die furchterregenden Menschheitsprobleme wie Krieg und Frieden, Überbevölkerung und Geburtenregelung, Hunger und Elend in den Entwicklungsländern als ihre eigenen Probleme betrachtet, war [richtig] ... Aber nicht billigen konnte ich, dass sich ein Ökumenisches Konzil auf einen soziologischen Traktat einlässt ...«[66] Es mag den Sozialwissenschaftler Joseph Höffner gekränkt haben, dass seine Wortmeldung zu diesem Schema keine Berücksichtigung fand und sein Votum nach der Generalkongregation vom 10. November 1964 als Nr. 57 nur unter den *Animadversiones scriptae* in die *Acta Synodalia* Aufnahme fand.[67]

Höffner nahm zunächst die Begriffssprache dieses einem Weltkonzil zur Beratung und Beschlussfassung vorgelegten Schemas kritisch auseinander: »Die Hin-

---

[64] AS III, 4, S. 191–194 – Maschinenschriftlicher Entwurf mit Höffners hs. Überarbeitung vom 27.9.1964: HAEK – NH 2874. Nach den Unterlagen dort hatte sich Höffner für den 5. Oktober angemeldet. Vgl. auch: H. Sauer, in: G. Alberigo/G. Wassilowsky (Hrsg.), Geschichte des Zweiten Vat. Konzils IV, S. 304.
[65] J. Kardinal Frings, Für die Menschen bestellt, S. 288f.
[66] H. Jedin, Lebensbericht. Mit einem Dokumentenanhang hrsg. v. Konrad Repgen, Mainz 1984, S. 216f.
[67] AS III, 7, S. 288–290 – Handschriftliches und maschinenschriftliches Manuskript: HAEK – NH 2874.

zufügung des Wortes »*verum*« ist ein Zeichen der Konfusion der Begriffe. Wir wollen wissen, was präzise gemeint ist mit ›vera‹ evolutio, ›vera‹ responsabilitas etc.« Dann ging Höffner auf die Aussage des Schemas ein: »Die Kirche ist keinem ökonomischen System verpflichtet.« Dazu Höffner: »Damit diese sehr allgemeine Aussage nicht missverstanden wird, ist zu beachten, dass das Wirtschaftssystem des Kollektivismus, das das Privateigentum leugnet, der kirchlichen Soziallehre widerspricht. Wenn einer oder wenn wenige Menschen mit voller und höchster Gewalt das ganze ökonomische System des Staates beherrschen, üben sie eine Diktatur aus, nicht nur im ökonomischen Bereich, sondern auch im Bereich von Erziehung, Kultur, Wissenschaft und Religion, so dass Freiheit und Würde der menschlichen Person in Gefahr geraten.« In ähnlicher Weise ging Höffner noch mit weiteren Aussagen des Schemas ins Gericht. Doch Höffners Ausführungen kamen den Konzilsvätern nicht zu Gehör.

Zwar hatte die Gruppe von Konzilsvätern, die das Konzil schon 1964 beendet sehen wollte (darunter Kardinal Döpfner), sich nicht durchgesetzt. Doch im November 1964 stand man mit der Liste der noch zu behandelnden Schemata trotzdem unter Zeitdruck. Für das Schema *De Sacrorum Alumnis formandis* standen die Tage 12. bis 17. November 1964 zur Verfügung, doch wurde praktisch nur an vier Vormittagen darüber in der Aula verhandelt.[68] Obwohl Bischof Höffner an der Erarbeitung und Entwicklung des vorab verteilten neuesten Textes maßgeblichen Anteil hatte und in ungezählten Sitzungen der Konzilskommission Zeit und Mühe darauf verwandte, erteilte man ihm in der Aula nicht das Wort. Er musste sich wieder mit der Aufnahme seines Votums unter die *Animadversiones scriptae* der *Acta Synodalia* begnügen. In zwei Abschnitten *Laudanda in schemate* und *Emendationes proponendae* legte Höffner noch einmal seine in den vorausgehenden Bearbeitungsphasen verfeinerten Positionen dar.[69]

Noch mehr unter Zeitdruck stand das zweite Schema, um das sich Höffner in vielen Sitzungen seiner Studienkommission bemüht hatte. Höffner rekapitulierte für sich selbst in einer Aktennotiz den bisherigen Verlauf der Arbeiten an diesem Schema:

»1. Im Oktober/November 1963 hat die Konzilskommission *de Scholis* unter Berücksichtigung der inzwischen eingetroffenen Vota der Väter den ursprünglichen Text des Schemas *De Scholis* völlig überarbeitet und einen neuen, kürzeren Text erstellt.
2. Am 23. 1. 1964 ordnete die *Commissio de Concilii Laboribus coordinandis* an, dass das Schema *De Scholis catholicis* auf ein *Votum* beschränkt werden solle, das die Bedeutung der katholischen Erziehung und der katholischen Schulen unterstreichen und die Grundsätze aufstellen solle, die in Erziehung und Un-

---

[68] N. TANNER, in: G. ALBERIGO/G. WASSILOWSKY (Hrsg.), Geschichte des Zweiten Vat. Konzils IV, S. 414–424.
[69] AS III, 7, S. 857–860 – Deutscher Entwurf (offenbar der Text für die Fuldaer Bischofskonferenz 1963): HAEK – NH 2928.

terricht zu beachten seien und bei der geplanten Codex-Reform berücksichtigt werden sollten.
3. Im März 1964 hat unsere Kommission das inzwischen allen Vätern zugesandte Kurz-Votum *De Scholis catholicis* erarbeitet, das naturgemäß recht allgemein gehalten ist. Es erhebt sich die Frage, ob es sinnvoll ist, dass das Konzil über eine so wichtige Frage lediglich ein fünfseitiges *Votum* veröffentlicht.
4. Bemerkungen zu diesem Votum sind bisher bei mir nicht eingetroffen. Ich selbst meine, dass man auf fünf Seiten kaum mehr sagen kann.«[70]

Die in der Studienkommission zu Beginn der III. Sitzungsperiode des Konzils im September 1964 beschlossene Ausweitung des Inhalts von *De scholis catholicis* zu *De educatione christiana* dürfte ganz im Sinne Höffners gewesen sein. Für die Diskussion des neuen Textes standen nur die Tage 17. bis 19. November 1964 zur Verfügung. Bereits am 19. November wurde in der Aula erstmals darüber abgestimmt.[71] Unter den 21 Konzilsvätern, die in der Aula zu Wort kamen, war Höffner wiederum nicht vertreten. Er musste sich – wie üblich – damit zufrieden geben, seinen Beitrag unter den *Animadversiones scriptae* unterzubringen. Auch in diesem Falle waren seine Ausführungen die Frucht sorgfältiger Vorarbeiten.[72]

Die Diskussion über die beiden zuletzt genannten Texte fielen bereits in die Konzilskrise der »Schwarzen Woche« vom 14. bis 21. November 1964.[73] Konfliktgegenstände waren die Kirchenkonstitution, die vom Papst dem Konzil auferlegte, der Kirchenkonstitution vorauszuschickende *Nota explicativa praevia*; es ging um das Schema *De Oecumenismo* und die aus ihm ausgegliederten Erklärungen über die Religionsfreiheit und die Nichtchristlichen Religionen, Themen, an denen sich Bischof Höffner nicht erkennbar beteiligt hat.

Aus den Monaten der *Intersessio* 1965 liegt ein aufschlussreiches Schreiben Höffners an sechs Verantwortliche in der Priesterausbildung des Bistums Münster vom 12. Februar 1965 vor. Das Schreiben richtete sich an den Regens des Priesterseminars, den Direktor des Borromäums, den Novizenmeister der Weißen Väter, den Instruktor der Jesuiten, Spiritual Bours und Rektor Niehues: »Der Konzilsentwurf *De institutione sacerdotali* ist in erster Lesung im vorigen Herbst mit überwältigender Mehrheit vom Konzil angenommen worden. Inzwischen haben jedoch zahlreiche Bischöfe Änderungswünsche eingereicht. Da ich Mitglied der zuständigen Konzilskommission bin, muss ich zu diesen Änderungswünschen Stellung nehmen. Zu diesem Zweck möchte ich in einem kleinen Ausschuss um Mithilfe bitten.«

---

[70] Maschinenschrift, nicht unterzeichnet: HAEK – NH 2951.
[71] J. POHLSCHNEIDER, in: LThK, Das Zweite Vatikanische Konzil II, S. 362f. (Einleitung zu »Über die christliche Erziehung«).
[72] AS III, 8, S. 994–997 – Vorarbeiten: Bemerkungen zum *Schema Constituionis de Scholis catholicis* (Fuldaer Bischofskonferenz 1963): HAEK – NH 2951; handschriftlicher Entwurf: Jos. Höffner, Votum *De Scholis Catholicis* vom 4.3.1964: Ebd.
[73] L.A.G. TAGLE, Die »Schwarze Woche« des Konzils, in: G. ALBERIGO/G. WASSILOWSKY (Hrsg.), Geschichte des Zweiten Vat. Konzils IV, S. 451–530.

Höffner fügte die neueste Fassung des Konzilsdokuments und die »wichtigsten Verbesserungsvorschläge« bei und bat um vertrauliche Behandlung mit Verweis auf das Konzilssekret.[74] Höffner, der auch sonst in der Zuziehung von Ratgebern zurückhaltend war, hat hier gegen Ende des Konzils ein einziges Mal in der Priesterausbildung den Rat der »Fachleute« in seiner unmittelbaren Umgebung gesucht.

Zu den unerledigten Aufgaben, die aus der III. Sitzungsperiode übriggeblieben waren, gehörte eine Überarbeitung des in vielfältiger Hinsicht noch unbefriedigenden »Schemas 13« über die Kirche in der Welt von heute. Obwohl auf sämtlichen Druckvorlagen für die Konzilsväter der Vermerk *Sub secreto* aufgedruckt war, hatte der deutsche »Bund katholischer Unternehmer« sich eine deutsche Übersetzung des Kapitels 3 (aus Teil II) »Die Wirtschaft« verschafft. Am 3. September 1965 schrieb der stellvertretende Vorsitzende Dr. Peter H. Werhahn an Höffner: »Der vorliegende Text ist gegenüber *Mater et Magistra* sehr viel weniger ausgewogen und als Verlautbarung einer so hohen kirchlichen Autorität, wie es das Konzil ist, zu unklar in seiner Konzeption und unter dem Niveau der bisherigen päpstlichen Verlautbarungen zu sozialen und wirtschaftlichen Problemen.« Der BKU habe in Erfahrung gebracht, dass der französische Episkopat zwar großenteils ebenfalls über den Text entsetzt sei, aber aus innenpolitischen Rücksichten sich nicht in der Konzilsaula exponieren werde. »Ich wende mich deshalb an Sie mit der Bitte, mitzuhelfen, um einen Rückschritt gegenüber der bisher entwickelten Soziallehre der Kirche zu verhindern, in der die Notwendigkeit der Autorität und der am Gemeinnutz orientierten Entscheidungsmacht des Unternehmers, wie überhaupt seine gesellschaftliche Bedeutung für eine prosperierende Wirtschaft nicht mehr in Frage gestellt wurde. Eine etwaige Intervention in der Aula würde wohl zweckmäßig eingeleitet durch einen Vergleich zwischen *Mater et Magistra* und dem vorliegenden Text ...«[75]

Höffner hatte Werhahn umgehend zugesagt, in der Aula das Wort zu ergreifen. Wenige Tage später hatten Werhahn und der BKU-Vorsitzende Franz Greiß in einer Besprechung mit Kardinal Frings festgestellt, dass auch dieser – wie Bischof Hengsbach von Essen – unzufrieden mit der Textfassung des Wirtschaftskapitels war. Bei der Abfassung eines förmlichen Antrages des BKU an die deutschen Konzilsväter, in der Aula zu intervenieren, war auch Professor Wilfrid Schreiber zugezogen worden.[76]

Joseph Höffner reichte bereits unter dem 5. September 1965 – also unmittelbar nach Erhalt der ersten Meldung von Werhahn – eine Wortmeldung an den

---

74 Höffner an die genannten Adressaten, 12.2.1965 (Durchschlag): BAM – A 02, GV NA, A0 133.
75 Werhahn an Höffner, 3.9.1965: HAEK – NH 2794.
76 Das ergibt sich aus den Schreiben: Werhahn an Höffner, 8.9.1965, Werhahn an Höffner, 10.9.1965, Bund katholischer Unternehmer: Antrag an die deutschen Bischöfe in ihrer Eigenschaft als Konzilsväter, 10.9.1965, Greiß an die »Hochwürdigsten deutschen Kardinäle, Erzbischöfe und Bischöfe, Rom«, 14.9.1965: HAEK – NH 2794.

Generalsekretär des Konzils zum Thema *De vita oeconomica-sociali* ein.[77] In den verschiedenen, sämtlich erhaltenen Bearbeitungsstadien seines Votums wird die Übereinstimmung Höffners mit der Argumentation des BKU deutlich.[78]

Um bei diesem ihm wichtig erscheinenden Beitrag wirklich Gehör zu finden und nicht wieder in die später zu druckenden »Anmerkungen« abgeschoben zu werden, berief sich Höffner am 4. Oktober 1965 in der Aula darauf, außer im eigenen Namen auch im Namen von 80 deutschsprachigen Konzilsvätern zu sprechen[79], denen er seine Gedanken bei einer Montagskonferenz im Anima-Kolleg vorgetragen hatte.

Das Votum Höffners ist von Gilles Routhier knapp, aber präzise zusammengefasst worden: »Die heftigste Kritik kam dabei von Höffner (Münster), der im Namen von achtzig Bischöfen deutscher Zunge sprach. Gleich zu Beginn seiner Erklärung betonte er, dass das Schema im Vergleich zu den drei letzten Enzykliken [*Rerum novarum, Quadragesimo anno, Mater et Magistra*] nichts Neues über die sozio-ökonomische Wirklichkeit aussage (»*Nova non dicuntur*«). Im Gegenteil, dieses dritte Kapitel erreiche nicht die Reife, Klarheit und gedankliche Präzision jener Enzykliken. Es begnüge sich vielmehr mit emphatischen Formeln und frommen Ermahnungen, simplifiziere und fliehe in den Moralismus.«[80] Höffner beschloss diese seine bedeutendste und vielbeachtete Intervention in der Konzilsaula mit dem Satz: »Ich schließe: Das Kapitel III muss grundlegend neugestaltet werden. Dixi.«[81]

Höffner war sich dabei bewusst, dass die französischen Verfasser der Vorlage unter dem besonderen Wohlwollen Papst Pauls VI. standen. Auf einer der von Höffner handschriftlich bearbeiteten und unterzeichneten Textfassungen seines Votums vermerkte er: »Redakteur: Prof. Haubtmann, Diözesan-Priester, Sekretär der französischen Bischofskonferenz.«

Höffners Kritik wurde anschließend noch von Bischof Hengsbach aufgegriffen und unterstützt. Gilles Routhier schreibt: »Die Kritik von Hengsbach (Essen), dem Vorsitzenden der für den Text verantwortlichen Unterkommission, war zwar konstruktiver, aber nicht weniger zersetzend und jedenfalls erstaunlicher.«[82]

---

[77] Handschriftlich bearbeitetes und unterzeichnetes Exemplar: HAEK – NH 2797.
[78] Handschriftlicher Entwurf (deutsch), maschinenschriftliche, lateinische Ausfertigung (s. o.) in mehreren Ausfertigungen und *Animadversiones*: Ebd.
[79] AS IV, 3, S. 288–291 – Dort S. 291 die Liste: »*Nomina Patrum conciliarium linguae Germanicae, qui interfuerunt Conventui die 27. m. septembris 1965 habito*«; Durchschlag der dem Konzilssekretariat eingereichten maschinenschriftlichen Liste: HAEK – NH 2797.
[80] G. ROUTHIER, in: G. ALBERIGO/G. WASSILOWSKY (Hrsg.). Geschichte des Zweiten Vat. Konzils V, S. 195.
[81] AS IV, 3, S. 290.
[82] G. ROUTHIER, in: G. ALBERIGO/G. WASSILOWSKY (Hrsg.), Geschichte des Zweiten Vat. Konzils V, S. 195.

3. »Moderator et Custos« des Schönstatt-Werks

Die Wirksamkeit Bischof Höffners auf dem II. Vatikanischen Konzil wäre unvollständig beschrieben, wenn nicht sein Anteil an der Konsolidierung, Verselbständigung und Neustrukturierung des Schönstatt-Werks dargestellt würde. Darüber findet man nichts in den *Acta Synodalia*, interessanterweise auch nichts in Höffners Nachlass. Die umfassendste Beschreibung enthält das Konzilstagebuch des Weihbischofs Heinrich Tenhumberg, an dessen Auswertung Joachim Schmiedl arbeitet.[83] Höffners Schriftverkehr mit allen Beteiligten während der Konzilsjahre ist im Bistumsarchiv Münster greifbar, einzelne wichtige Urkunden finden sich als Kopien im Nachlass Wilhelm Wissing im Archiv der »Frauen von Schönstatt«.

Der Pallottiner Joseph Kentenich SAC[84] hatte seit 1914 von Vallendar-Schönstatt bei Koblenz aus mit einer charismatischen Begabung um die Wallfahrtskapelle der »Dreimal wunderbaren Mutter« in Schönstatt einen Kranz geistlicher Gemeinschaften gegründet, die je für sich selbständig waren (und sind), doch unter Kentenichs Leitung föderativ in der »Schönstatt-Familie« zusammengeschlossen waren.[85] Durch Exerzitien- und Schulungskurse, durch Wallfahrten nach Schönstatt, durch Briefe und ein eigenes Schrifttum fand dieses Schönstatt-Werk schon in den 1930er Jahren weltweite Verbreitung, zu der das »Säkularinstitut der Schönstätter Marienschwestern«[86] mit anerkannt guter Arbeit und die in vielen Diözesen als Diözesanpriester tätigen »Schönstatt-Priester« wesentlich beitrugen. Dieses Schönstatt-Werk erlitt auf Grund der Eigenständigkeit seiner Gemeinschaften auch keinen Schaden, als der Gründer und Inspirator P. Kentenich von 1941 bis 1945 in Gestapo-Schutzhaft in Koblenz bzw. im Konzentrationslager Dachau inhaftiert war.

Die Schönstatt-Bewegung machte – wie nach der Armutsbewegung des hl. Franz von Assisi alle Neugründungen geistlicher Gemeinschaften – früh die Erfahrung skeptischer Beobachtung oder gar Anfeindung durch die »Normalseelsorge« und einzelne betroffene Bischöfe. Ein Schönstatt-Priester, der in seiner Pfarrei die Seelsorge nach den Prinzipien und der Spiritualität P. Kentenichs und in den der Erklärung bedürftigen Frömmigkeitsformen von Schönstatt ausrichtete, stieß nicht nur auf Zustimmung in seiner Gemeinde, zumal wenn die Anhän-

---

[83] Zu Tenhumbergs Anteil an den Bemühungen um das Schönstatt-Werk: W. DAMBERG, Heinrich Tenhumberg (1915-1979), in: Zeitgeschichte in Lebensbildern 9, 1999, S. 143.
[84] Joseph Kentenich (1885–1968), seit 1909 Pallottiner, 1910 Priester, seit 1914 Gründung und Aufbau des Schönstatt-Werks in Vallendar, 1941–1945 Gestapohaft und Konzentrationslager Dachau, 1947–1951 Weltreisen, 1951 Absetzung durch das Hl. Offizium, 1965 Rehabilitierung: P. WOLF, in: LThK 5, ³1996, Sp. 1398; J. SCHMIEDL, in: SCHÖNSTATT-LEXIKON, S. 191–196; E. MONNERJAHN, Pater Joseph Kentenich.
[85] J. SCHMIEDL, Schönstatt, Geschichte, in: SCHÖNSTATT-LEXIKON, S. 342–347; ebd. Beiträge zu den einzelnen Gemeinschaften des Schönstatt-Werks.
[86] M. P. BUESGE, Säkularinstitut der Schönstätter Marienschwestern, in: SCHÖNSTATT-LEXIKON, S. 335–338.

ger von Schönstatt ein Selbstbewusstsein besonderer Erwählung und Berufung erkennen ließen, das auf den Rest der Gemeinde abstoßend wirkte.

Engelbert Monnerjahn, der Biograph P. Kentenichs, ist auf die »Sonderideen« der Schönstätter eingegangen: »Im einzelnen zählte man zu den ›Sonderideen‹: 1. die Überzeugung von der ›lokalen Gebundenheit‹ der Gottesmutter an Schönstatt, das heißt: die Überzeugung, dass Maria, entsprechend der Erwartung der Gründungsurkunde vom 18. Oktober 1914, das Heiligtum in Schönstatt zu ihrem Gnadenort erwählt habe; 2. das Verständnis des Gründungsaktes vom 18. Oktober 1914 als gegenseitiger Vertrag zwischen der Gottesmutter und der Schönstattfamilie, als, wie Pater Kentenich später sagte, Liebesbündnis; 3. die ›Beiträge zum Gnadenkapital‹ und 4. den Glauben an die gottgewollte Sendung Schönstatts, an ... die ›übernatürliche Zeitsendung Schönstatts‹ ... oder mit den Worten [umschrieben], Schönstatt sei ein ›erlesenes Werk und Werkzeug Gottes und der Gottesmutter.‹«[87]

Schon in den Jahren 1935 bis 1938 kam es darüber zu ersten Auseinandersetzungen mit dem für Schönstatt zuständigen Bischof von Trier.[88] In den Jahren 1948/49 beschäftigte sich die Fuldaer Bischofskonferenz erstmals mit dem Schönstatt-Werk und seinen »Sonderideen«. Der Bamberger Weihbischof Artur Michael Landgraf ging so weit, die Einschaltung des Hl. Offiziums in Rom zu fordern.[89] In den 1950er Jahren waren nach Ausweis der Protokolle die Schönstatt-Theologie und -Spiritualität, vor allem ihre pastoralen Auswirkungen, häufiger Gegenstand der Fuldaer Bischofskonferenz. 1949 kam es zunächst zu einer Visitation der im Jahr zuvor als Säkularinstitut anerkannten Marienschwestern, die Erzbischof Bornewasser von Trier durch seinen Weihbischof Bernhard Stein durchführen ließ und die ein für Schönstatt nicht ungünstiges Ergebnis brachte.[90]

Monnerjahn gibt nicht zu erkennen, durch wen 1951 die Apostolische Visitation in Schönstatt zustande kam, die im Auftrag des Hl. Offiziums der Jesuit Sebastian Tromp[91] durchführte. Ihre Folge war, dass P. Kentenich Schönstatt verlassen und alle Funktionen in den Gemeinschaften des Schönstatt-Werkes aufgeben musste. Als Aufenthaltsort wurde ihm der Pallottinerkonvent in Milwaukee/USA angewiesen.[92]

Doch auch diese Exilierung P. Kentenichs unter der ihm auferlegten und von ihm beachteten Abstinenz von jeglicher Einflussnahme auf das Schönstatt-Werk behinderte dessen weitere Entfaltung nicht. Die wachsende Verselbständigung der Gemeinschaften vom Pallottiner-Orden unter gleichzeitiger geistlicher Führung

---

[87] E. MONNERJAHN, Kentenich, S. 161.
[88] Dazu: E. MONNERJAHN, Kentenich, S. 162–164.
[89] Ebd. S. 164.
[90] Ebd. S. 248–252.
[91] Sebastian Tromp SJ (1889–1975), 1929–1965 Professor für Fundamentaltheologie an der Gregoriana, Sekretär der Vorbereitenden und der theologischen Kommission des II. Vat. Konzils: S. ALBERTO, in: LThK 10, ³2001, Sp. 268.
[92] E. MONNERJAHN, Kentenich, S. 261–264.

von Mitgliedern des Ordens führte zu Spannungen, die nach einer Klärung drängten. Diese sollte am Rande des II. Vatikanischen Konzils möglich werden.

Das II. Vatikanische Konzil bot die Gelegenheit, dass Bischöfe, Ordensobere und Theologen aus aller Welt sich regelmäßig trafen – in der Konzilsaula, auf dem Petersplatz oder in den Quartieren. Eine bis dahin noch nie gegebene weltweite innerkirchliche Kommunikation – ohne den Umweg über die römische Kurie oder die Ordenszentralen – war möglich und wurde genutzt. So konnten Konzilsväter, die positive Erfahrungen mit dem Schönstatt-Werk gemacht hatten und sich seine Konsolidierung wünschten, sich austauschen und Kontakte zu amtlichen Stellen in Rom knüpfen, um die Situation um das Schönstatt-Werk einer Lösung zuzuführen.

In Deutschland waren die Bischöfe Adolf Bolte von Fulda[93] und Weihbischof Heinrich Tenhumberg in Münster die Fürsprecher des Werkes. Sie trafen in Rom auf Kardinal Raúl Silva Henriquez, den Erzbischof von Santiago de Chile[94] und andere lateinamerikanische Bischöfe, die sich aus guten Erfahrungen mit schönstättischen Pallottinern und Marienschwestern für das Werk einsetzten. Der Gesprächsprozess seit 1962 ist im Tagebuch Weihbischof Tenhumbergs minutiös festgehalten. Jeder der Beteiligten kannte weitere »Zeugen« für Schönstatt, die auf unterschiedlichen Wegen Zugang zum Präfekten der Religiosenkongregation, Kardinal Ildebrando Antoniutti, dem Sekretär des Hl. Offiziums, Kardinal Alfredo Ottaviani, und – über Kardinäle – sogar zum Papst (zunächst noch Johannes XXIII., ab 1963 Paul VI.) fanden. Dieser Gesprächsprozess erreichte 1963 einen ersten Höhepunkt.

Engelbert Monnerjahn weiß zu berichten, dass Kardinal Frings, unterstützt von den Kardinälen Döpfner, Silva Henriquez und Rugambwa, im November 1962 »eine Eingabe an den Hl. Vater Johannes XXIII. [sandte] mit der doppelten Bitte, die Schönstattsache vom Hl. Offizium in die Verantwortung der Religiosenkongregation zurückzugeben und unter Aufsicht der Religiosenkongregation ein neues Generalstatut für das Werk ausarbeiten zu lassen.«[95] Papst Johannes XXIII. griff das Anliegen – wie noch darzustellen ist – alsbald auf. Für die Durchführung wurde ein interemistischer Vermittler gesucht, der weder Pallottiner noch ein »Schönstätter« sein durfte. Bei der Suche nach einer solchen neutralen, von beiden Seiten akzeptierten Persönlichkeit war man auf Bischof Höffner gestoßen.

Am 3. Dezember 1963 erhielt Höffner ein Schreiben Kardinal Antoniuttis[96], in dem dieser auf Weisung Papst Pauls VI. mitteilte, für das Schönstatt-Werk

---

[93] Adolf Bolte (1901–1974), 1945–1959 Weihbischof, 1959-1974 Bischof von Fulda: E. GATZ (Hrsg.), Bischofslexikon 1945–2001, S. 228f. (RED.).

[94] Raúl Silva Henriquez SDB (1907–1999), 1959–1961 Bischof von Valparaiso, 1961–1983 Erzbischof von Santiago de Chile, 1962 Kardinal: E. VON LOE, in: LThK 9, ³2000, Sp. 585.

[95] E. MONNERJAHN, Kentenich, S. 289f. – Die nachfolgend aus den Akten geschilderten Ereignisse der Jahre 1963–1966 sind dargestellt ebd. S. 289–308.

[96] *S. Congr. de Religiosis*, Kard. Antoniutti, an Höffner, 3.12.1963 (Original): BAM – A 02, GV NA, A0 823.– Dem lateinischen Dokument liegt eine deutsche Übersetzung an, die nachfolgend zitiert wird.

werde der aus Oldenburg stammende kolumbianische Provinzial der Dominikaner, P. Hilarius Albers, zunächst als Delegat der Religiosenkongregation den Stand der Dinge um das Schönstatt-Werk erheben. »Eure Exzellenz werden zum Moderator und Custos des gesamten Schönstatt-Werkes ernannt bis zu dem Tage, da der dem ... Herrn P. Albers übertragene Auftrag zu Ende geführt ist.« Der das Katholische Büro in Bonn leitende Prälat Wilhelm Wissing[97] solle dabei »Assistent und Delegat« Höffners sein. Der bisher für die Schönstatt-Gemeinschaften beauftragte Pallottiner Schulte wurde von seiner Aufgabe entbunden. »Ernstlich werden die weiblichen Mitglieder, die in diesem Werk ein Amt ausüben, ermahnt, sich jeglicher Verbindung mit dem ... Herrn P. Kentenich SAC zu enthalten.«[98]

Höffner informierte schon am 6. Dezember die deutschen Bischöfe über diese neueste Entwicklung.[99] Kardinal Antoniutti teilte er am 10. Dezember mit, dass er noch vor Weihnachten die Verantwortlichen des Schönstatt-Werkes zusammenrufen wolle.[100] Eine Erkrankung von Prälat Wissing führte dazu, dass diese Besprechung erst am 8. Januar 1964 stattfinden konnte.[101] Höffner bereitete sich darauf sorgfältig vor. Sein handschriftliches Manuskript zur Einleitung beschreibt den neuesten Stand der Dinge[102]:

»1. Der Hl. Vater hat die Absicht, die sogenannte Schönstatt-Frage endgültig zu lösen.
2. Der Hl. Vater hat bestimmt, dass die Schönstatt-Bewegung der Religiosenkongregation unterstellt wird. Schon am 2.1.1963 teilte dies Kardinal Ottaviani dem Präfekten der Religiosenkongreagtion, Kardinal Antoniutti, mit. Der Kardinalstaatssekretär habe die *augusta disposizione del Santo Padre* [Johannes' XXIII.] bekanntgegeben, *per la quale tutto il movimento di Schönstatt viene posto alle dipendenze di codesta S. Congregazione.* Es sei Aufgabe der Religiosenkongregation, die *definitiva sistemazione* des Schönstatt-Werkes zu geben durch die Erarbeitung eines neuen Generalstatuts. Das z. Zt. geltende Generalstatut [von 1953] wird also nicht als endgültig betrachtet.«

Höffner teilte die Anordnungen Kardinal Antoniuttis vom 3. Dezember 1963 mit. Er befragte sodann die Gesprächsteilnehmer zu den entscheidenden Punkten: künftiges Verhältnis des Schönstatt-Werkes zu den Pallottinern, Gestaltung des neuen Generalstatuts. »Welche Priester übernehmen die geistlich-seelsorgliche

---

[97] Wilhelm Wissing (1916–1996), 1946 Priesterweihe, 1958–1966 Leiter des Katholischen Büros Bonn, 1970–1985 Leiter von MISSIO in Aachen: J. NIEMEYER, in: E. GATZ (Hrsg.), Bischofslexikon 1945–2001, S. 284.
[98] Diese Anordnung fand ihre Erfüllung in einer »Erklärung« der Vorsteher/innen der Schönstatt-Gemeinschaften vom 8.2.1964: BAM – A 02, GV NA, A0 823.
[99] Höffner an die Erzbischöfe und Bischöfe der Deutschen Bundesrepublik, 6.12.1963 (Durchschlag): Ebd.
[100] Höffner an Antoniutti (lateinisch), 10.12.1963 (Durchschlag): Ebd.
[101] Einladungsschreiben Höffners vom 23.12.1963 sowie Teilnehmerliste, »Protokoll der Besprechung des ... Herrn Bischofs Dr. Joseph Höffner, Münster, mit den Spitzen der Schönstattfamilie am 8. Januar 1964«: Ebd.
[102] »Schönstattfrage, Besprechung 8. Januar 1964, Münster«: Ebd.

Betreuung? Schönstatt-Priester? Pallottiner?« Erstmals schnitt Höffner auch das Thema »Zielsetzung und Organisation des Priesterbundes« an. Bis dahin waren die Schönstatt-Priester Diözesanpriester, am Ende des Prozesses sollten sie ein selbständiges Säkularinstitut sein.

Nach weiteren Abklärungen seiner Rechte als *Moderator et Custos* in Rom machte sich Höffner für die Frühjahrskonferenz der deutschen Bischöfe (17.–19.2.1964 in Hofheim) eine ausführliche Notiz über das Ergebnis seiner bisherigen Erhebungen[103]: »Papst Johannes XXIII. und Papst Paul VI. haben die Absicht bekundet, die sogenannte Schönstattfrage endgültig zu lösen.« Höffner zitierte wiederum das Schreiben Ottavianis vom 2. Januar 1963. »Ziel sei die *definitiva sistemazione ...* durch den Erlass eines neuen Generalstatuts ...«[104] Wiederum folgen die Anordnungen Antoniuttis vom 3. Dezember 1963. »Da die Ernennung zum *moderator et custos* inhaltlich unbestimmt ist und da es außerdem unklar war, wie es mit den vom Hl. Offizium dem Kardinal von Köln und dem Bischof von Trier erteilten Aufträgen bestellt sei, teilte mir Kardinal Antoniutti am 6.2.1964 folgendes mit:

»1. Alle Aufträge, die früher von der Kongregation des Hl. Offiziums oder von anderen Dikasterien für das Schönstatt-Werk bestanden, sind nunmehr für aufgehoben zu erachten.
2. Wenn auch das Schönstatt-Werk noch diözesanen Rechts ist, so legt der Hl. Stuhl dennoch in der Weise die Hand darauf, dass er für jetzt Eurer Exzellenz die Leitung des gesamten Werkes anvertraut, so dass der Trierer Ordinarius für jetzt keine andere Autorität über das Werk besitzt als jene, die allen Ordinarien vom Recht her zukommt.«[105]

Nach Klärung seiner eigenen Rechtsstellung ging Höffner zur Beschreibung der Situation über: »In zahlreichen Beratungen mit den Verantwortlichen des Schönstatt-Werkes und mit den zuständigen Oberen des Pallottinerordens ergab sich für mich folgendes Bild:

a) Das Verhältnis zwischen dem Schönstatt-Werk einerseits und dem General des Pallotinerordens sowie insbesondere der Limburger Pallottinerprovinz andererseits ist heillos zerrüttet. Die Zerrüttung ist nach menschlichem Ermessen irreparabel, weil nach Ansicht aller Befragten die Vertrauensgrundlage zerstört ist und weil beide Seiten eine durchaus verschiedene Auffassung über Wesen und Struktur des Schönstatt-Werkes haben.
b) Die Schönstattkrise ist zu einer Krise des Pallottinerordens geworden. Von den 10 Provinzen des Ordens stehen nämlich die Schweizer und die Chilenische Provinz auf Seiten Schönstatts (Gesamtorden = 1 340 Priester, Schweizer Provinz 75, davon 50 Schönstätter ..., Chile 50 Patres, davon 40 Schönstät-

---

[103] »Schönstattfrage – Die neue Lage« (6 S. hs.): Ebd.
[104] Bei dem Manuskript Höffners liegt ein maschinenschriftl. Manuskript »Generalstatut des Schönstattwerkes (Provisorium)«, auf dem Höffner hs. vermerkte: »Febr. 1964«: Ebd.
[105] Antoniutti an Höffner, 6.2.1964 (Original): Ebd.

ter ... In der Schweizer und Chilenischen Provinz sind starke Bestrebungen erkennbar, eine eigene Observanz zu bilden ... Weil die Stellung zu Schönstatt in den Ordensprovinzen der Pallottiner stark variiert, ist es zu separatistischen Bestrebungen innerhalb des Ordens gekommen.
c) Das *bonum commune* der Kirche verlangt eine baldige Lösung der Schönstattfrage. Die mehr als zehnjährigen Auseinandersetzungen haben viele Energien verbraucht, die dem Apostolat hätten dienen können. Wenn Gott 10 Talente gibt, dürfen nicht 7 davon zur gegenseitigen Verketzerung missbraucht werden, so dass nur noch drei Talente der missionarischen Arbeit dienen.«

Diesem Befund schloss Höffner einen Lösungsvorschlag an:
»1. Rechtliche Trennung des Schönstatt-Werkes vom Pallottinerorden.
2. Zusammenschluss der Schönstatt-Gemeinschaften zu einer Konföderation. Dieser Zusammenschluss ist nötig, weil sich die verschiedenen Schönstatt-Gemeinschaften zur besonderen Spiritualität Schönstatts bekennen. Die Konföderation würde folgende Gebilde umfassen:
   a) Die Gemeinschaft der Schönstattpriester, die zwar in den einzelnen Bistümern dem Bischof unterstellte Diözesangemeinschaften bilden, aber doch zur Pflege ihrer Spiritualität einen überdiözesanen Zusammenschluss besitzen müssen.
   b) Drei Säkularinstitute:
      – Schönstätter Marienschwestern
      – Frauen von Schönstatt
      – Schönstätter Marienbrüder
   c) Vier diözesanrechtliche Laiengliederungen des Apostolischen Bundes und der Apostolischen Liga:
      – Männersäule
      – Frauensäule
      – Familienwerk
      – Krankenapostolat
   d) Wallfahrtsbewegung.«

Höffner forderte dann ein neues Generalstatut. »Die Konföderation wird von einem Generalpräsidium geleitet.«[106] »Bis zur endgültigen Konsolidierung des Schönstatt-Werkes empfiehlt es sich, den Vorsitz (mit Vetorecht) ... einem deutschen Bischof zu übertragen.« Mit Verweis auf das Alter von P. Kentenich und die Notwendigkeit eines »religiösen Kerns« der Gemeinschaften empfahl Höffner, institutionell Vorsorge zu treffen. Zur Realisierung seines Vorschlags schrieb (sagte) Höffner: »Es könnten besonders tief von der Schönstattidee ergriffene Bistumspriester mit einigen ausgetretenen Patres eine ordensähnliche Kerngemeinschaft mit *vita communis* bilden. Für den Anfang dürften 12–20 Priester

---
[106] Erster definitiver Vorsitzender dieses Generalpräsidiums sollte Weihbischof Heinrich Tenhumberg werden.

genügen ...«. Mit diesen Überlegungen Bischof Höffners begann die Entwicklung, die 1965 zur Gründung eines Säkularinstituts der Schönstatt-Patres führte.

Das Ergebnis der Beratungen der Plenarkonferenz der deutschen Bischöfe in Hofheim nach diesem Referat Bischof Höffners ergibt sich aus einem Brief des Vorsitzenden Kardinal Frings an Kardinal Antoniutti vom 24. Februar 1964. Die Konferenz empfahl hinsichtlich des Schönstatt-Werkes:

»a) die organisatorische Trennung des Schönstatt-Werkes von der Gesellschaft der Pallottiner;

b) die Schaffung eines neuen Generalstatuts für alle Schönstattgemeinschaften;

c) bis zur endgültigen Konsolidierung des Schönstatt-Werkes die Ernennung eines deutschen Bischofs zum vorläufigen Vorsitzenden (mit Vetorecht) im *Concilium generale* und zum *Moderator* in allen Gliederungen des Schönstatt-Werkes.«[107]

In den ersten Wochen des Jahres 1964 hatte Prälat Wissing sowohl mit den Pallottinern als auch mit dem Visitator P. Albers Kontakt aufnehmen können. Wissing erstattete Höffner aus einem Sanatorium am 7. Februar Bericht.[108] Nach der Bischofskonferenz in Hofheim reiste Höffner Anfang März nach Rom, um an einer Sitzung der Studienkommission des Konzils teilzunehmen. Bei der Gelegenheit übergab er Kardinal Antoniutti einen ersten Bericht über die Schönstatt-Problematik, der sich mit den Inhalten seines Vortrages vor der Bischofskonferenz gedeckt haben dürfte. Höffner konnte mit Kardinal Antoniutti und P. Albers am 5. März 1964 in der Religiosenkongregation ein Gespräch führen. Höffner hielt handschriftlich fest: »Der Kardinal teilt mit: Der Hl. Vater hat entschieden:

1. Organisatorische Trennung der Schönstatt-Bewegung von SAC,

2. Erarbeitung eines neuen *Statutum generale*, in dem folgendes enthalten sein muss: den Vorsitz führt ein deutscher Bischof mit dem *ius decisionum* bei Ernennungen,

3. Für die einzelnen Zweige sind *Moderatores (sacerdotes assistentes)* zu ernennen: Auswahl obliegt Höffner, er wird sie durch Antoniutti ernennen lassen ...

4. Patres und Priester, die durch das Hl. Offizium abgesetzt worden sind ... sollen nicht beauftragt werden ... Es müssen andere gefunden werden.«[109]

Wie Höffner durch Kardinal Antoniutti am 15. Mai erfuhr, waren auch die Pallottiner inzwischen nicht untätig geblieben und hatten ihre eigenen Vorstellungen in Rom angemeldet.[110] Doch hoffte der Kardinal, bald den Abschlussbericht des P. Albers in Händen zu haben. Am 20. September 1964 übersandte Höffner Antoniutti eine *Relatio altera* zur Entwicklung der Schönstattfrage zwischen dem 1. März und dem 1. September 1964: Die Krise zwischen Schönstatt-Werk und Pallottinern hatte sich weiter zugespitzt. Höffner schlug vor, den Direktor des

---

[107] Frings an Antoniutti, 24.2.1964 (Durchschlag für Höffner): BAM – A 02, GV NA, A0 823.
[108] Wissing an Höffner, Bad Salzig, 7.2.1964: Ebd.
[109] Hs. Notiz: Gespräch Antoniutti, Albers, Höffner am 5.3.1964 in der Religiosenkongregation: Ebd.
[110] Antoniutti an Höffner, 15.5.1964: Ebd.

Wallfahrtswesens in Schönstatt, P. Neuber SAC, alsbald abzusetzen, das Schönstatt-Werk *quamprimum* vom Pallottinerorden zu trennen und die neue Version des Generalstatuts von P. Albers in Kraft zu setzen. Vorsichtig fragte Höffner an, ob er mit P. Kentenich wegen einiger Fragen des Generalstatuts und der Statuten für die einzelnen Gemeinschaften Kontakt aufnehmen dürfe. Ferner überreichte er die Petition einiger chilenischer Pallottiner, Rom möge gestatten, dass P. Kentenich zur 50-Jahr-Feier der Gründung am 18. Oktober 1964 nach Santiago de Chile kommen dürfe.[111]

Bereits am 12. Oktober 1964 konnte Kardinal Antoniutti Höffner mitteilen, Paul VI. habe am 6. Oktober Prälat Wissing zum Apostolischen Administrator des Schönstatt-Werkes ernannt, »damit er das von Ew. Exzellenz glücklich begonnene Werk bei den verschiedenen Zweigen des Schönstatt-Werkes zum Ziele führe.«[112] In dem Dekret für Wissing[113] wurde seine Aufgabe genauer umschrieben: »1. die Trennung des Schönstatt-Werkes von der Gesellschaft des katholischen Apostolats. 2. Ein neues Generalstatut zu erstellen nach Anhörung aller betroffenen Ortsordinarien. 3. Besondere Statuten für die einzelnen Gemeinschaften des Schönstatt-Werkes vorzubereiten, besonders für die Gemeinschaft der Schönstatt-Priester, unter denen, mit Zustimmung der Ortsordinarien für jeden einzelnen, einige auszuwählen sind, die *pars centralis et motrix* des Schönstatt-Werkes sein sollen. 4. Die Wahl des Oberen der Priestergemeinschaft ordnungsgemäß vorzubereiten. Zwischenzeitlich gilt das Interims-Statut, das vom Apostolischen Administrator dieser Kongregation vorgelegt wurde.« Schließlich wurde noch P. Neuber SAC in Vallendar seiner Ämter enthoben.

Joseph Höffner war damit nach einem arbeitsreichen Jahr von seiner Letztverantwortung für das Schönstatt-Werk befreit und hatte seine Vorstellungen von einer Verselbständigung der Priestergemeinschaft des Schönstatt-Werkes der Realisierung näher geführt. In einem Glückwunschschreiben an die Schönstatt-Familie zu deren 50-jährigem Jubiläum am 18. Oktober 1964 dankte Höffner Prälat Wissing für seine Mühen und hob hervor: »Zugleich hat der Heilige Vater bestimmt, dass die Schönstattbewegung von heute an als selbständiges und unabhängiges Werk zur Ehre Gottes und zum Heil der Seelen in unserer Kirche wirken und sich entfalten soll.«[114]

Mit dem Dekret vom 6. Oktober 1964 war die Grundsatzentscheidung gefallen, die nun der Umsetzung bedurfte. Das bedeutete vor allem: die Ordnung herstellen für das Verhältnis zwischen dem selbständigen Schönstatt-Werk und den Pallottinern in Schönstatt und für die Strukturierung des Werkes in einem endgültigen Generalstatut, vor allem aber die Gründung eines als *pars centralis et motrix* vorgesehenen Säkularinstituts von Priestern. Welche Schwierigkeiten sich

---

[111] *Relatio altera*, Rom 20.9.1964: Ebd.
[112] Antoniutti an Höffner, 12.10.1964: Ebd.
[113] *Sacra Congregatio de Religiosis, Decretum* (Duplikat): Ebd.
[114] Höffner: »Liebe Schönstattfamilie!«, Rom, 15.10.1964: Ebd.

3. »Moderator et Custos« des Schönstatt-Werks 53

dabei auftaten, erfahren wir aus einem Bericht des Apostolischen (Interims-) Administrators Wissing an Höffner vom 3. März 1965.[115]

Der Fortschritt in der Gründung des Säkularinstituts der – heute so genannten – Schönstatt-Patres läßt sich einem Brief Höffners an Kardinal Antoniutti vom 25. Juni 1965 entnehmen: »Mit großer Freude habe ich die Nachricht des ... Prälat[en] Wilhelm Wissing erhalten, dass die Hl. Religiosenkongregation entschlossen ist, auf Antrag des ... Herrn Erzbischofs von La Plata für das Schönstatt-Werk eine neue *pars centralis et motrix* in der Form eines eigenen Säkularinstituts zu gründen. Durch dieses Säkularinstitut, dem auch Patres aus der Gesellschaft der Pallottiner angehören können ..., soll den seelsorglichen Bedürfnissen des Schönstatt-Werks Rechnung getragen werden, da insbesondere die Diözesen Deutschlands wegen des herrschenden Priestermangels nicht in der Lage sind, genügend Weltpriester für das Schönstatt-Werk freizustellen. Daher bin ich bereit, das im Erzbistum La Plata zu gründende Säkularinstitut auch in meiner Diözese zuzulassen und es nach Kräften zu fördern ... Auf Grund meiner Erfahrungen, die ich als *Moderator et Custos* des Schönstatt-Werkes sammeln konnte, würde ich es außerdem begrüßen, wenn in jedem Lande einer Anzahl von dazu bereiten Pallottinerpatres gestattet würde, ihre Profess zu transformieren und diesem Säkularinstitut beizutreten ...«[116]

Schon am 7. Juli 1965 konnte Kardinal Antoniutti Prälat Wissing mitteilen, Paul VI. habe am 5. Juli die Errichtung des Säkularinstituts verfügt. Bis zur Regelung durch ein Statut wurde Wissing zum *Superior seu Director generalis* mit allen Vollmachten bestellt. Wissing möge mit Zustimmung der betroffenen Bischöfe Mitglieder aus verschiedenen Diözesen auswählen, die die *pars centralis et motrix* des Schönstatt-Werks bilden könnten.[117]

Bischof Höffner informierte am 12. Juli bereits den deutschen Episkopat über diese Entscheidung.[118] Wir erfahren aus Höffners Rundschreiben, dass außer Wissing auch Bischof Bolte von Fulda ein Schreiben Antoniuttis erhalten hatte: »Der ... Herr Bischof von Fulda ist berechtigt, ein *Institutum Saeculare* für Priester zu errichten, die bereit sind, hauptberuflich in den Dienst der Schönstattbewegung zu treten. Zu diesem Säkularinstitut können auch ... Ordenspriester, also auch Pallottinerpatres, übertreten, wenn folgende vier Bedingungen erfüllt sind: 1. Zustimmung des zuständigen Ordensobern, 2. Indult der Religiosenkongregation, 3. Zulassung durch den Leiter des neuen Säkularinstituts, 4. Inkardinierung durch einen *episcopus benevolus*.« Höffner wies ausdrücklich auf den Unterschied zwischen diesen später so genannten »Schönstatt-Patres« und der Gemeinschaft der Schönstatt-Priester aus dem Weltklerus hin, die weiterhin im Dienst ihrer Diözesen verblieben.

---

[115] Wissing an Höffner, 3.3.1965: BAM – A 02, GV NA, A0 824.
[116] Höffner an Antoniutti, 25.6.1965 (Durchschlag, deutsch): Ebd.
[117] Abschrift: Anoniutti an Wissing, 7.7.1965: Ebd.
[118] Abschrift: Rundschreiben an den deutschen Episkopat, 12.7.1965: Ebd.

Eine letzte zu lösende Frage blieb nun: Was sollte aus dem immer noch exilierten P. Joseph Kentenich werden? Welche Rolle sollte er in dem nun selbständigen Schönstatt-Werk spielen? Dem Tagebuch von Weihbischof Tenhumberg ist zu entnehmen, wie behutsam man auch unter Kardinalskollegen mit dem Sekretär des Hl. Offiziums, Kardinal Ottaviani, umging. P. Kentenich unterstand seit 1951 dem Hl. Offizium, und eine Rückkehr nach Schönstatt war nur *mit* dieser Behörde, *nicht ohne* sie möglich. Bischof Höffner hatte auf seine vorsichtige Anfrage an Kardinal Antoniutti vom 20. September 1964 nie eine Antwort erhalten.[119]

Die Lösung des Problems Kentenich kam ganz unverhofft ab September 1965. Monnerjahn berichtet: »Am Montag, dem 13. September 1965, wurde in Milwaukee Pater Kentenich der Text eines Telegramms der Generalleitung der Pallottiner durchgegeben, das ihn aufforderte, umgehend in die ewige Stadt zu kommen.«[120] Es ließ sich bis heute nicht klären, wer dieses Telegramm in Auftrag gegeben, wer es abgesandt hatte. Es hatte zur Folge, dass P. Kentenich am 17. September in Rom erschien und im Generalat seines Ordens Wohnung nahm. Das hatte zur Folge, dass er in die Überlegungen zu einer ihn betreffenden Regelung einbezogen war.

Zunächst jedoch löste das Erscheinen P. Kentenichs in Rom Ratlosigkeit und Verwirrung aus, vor allem bei den Konzilsvätern, die Kentenich wohl gesonnen waren. Monnerjahn berichtet: »Eine Vollversammlung der Kardinäle des Hl. Offiziums am 24. September, von der man noch vor kurzem gehofft hatte, sie werde eine für Pater Kentenich günstige Entscheidung treffen, meinte nicht daran vorbeikommen zu können, den fast 80-jährigen Gründer wieder an den Ort seines Exils zurückzuschicken ... Die Dinge standen wieder einmal auf des Messers Schneide.«[121] Doch dann ging auf einmal alles sehr schnell: »Am 20. Oktober 1965 entschied die Vollversammlung der Kardinäle des Hl. Offiziums, dass Pater Kentenich nicht nach Milwaukee zurückzukehren brauche. Auch sein Fall wurde, wie zuvor die Angelegenheit des Werkes ohne jede Auflage zur näheren Regelung in die Hände der Religiosenkongregation gelegt. Zwei Tage später, am 22. Oktober 1965, bestätigte Paul VI. den Beschluss der Kardinäle. Damit war das Exil Pater Kentenichs offiziell beendet.«

P. Kentenich selbst entschloss sich, in das neugeschaffene Säkularinstitut der Schönstatt-Priester einzutreten. Der Orden erwirkte ihm das erforderliche Indult der Religiosenkongregation mit Datum vom 15. November 1965.[122] Schon am 10. November hatte Kentenich Bischof Höffner gebeten, ihn als *episcopus benevolus* anzunehmen. Nach Vorliegen des Indults der Religiosenkongregation inkardinierte Höffner am 16. November 1965 Pater Kentenich an dessen 80. Geburtstag als Priester seiner Diözese Münster.

---

[119] Vgl. oben S. 52 mit Anm.111.
[120] E. MONNERJAHN, Kentenich, S. 303.
[121] E. MONNERJAHN, Kentenich, S. 304; dort auch das nachfolgende Zitat.
[122] Kopie: Nachlass Wissing, Archiv der Frauen von Schönstatt; dort auch die nachfolgend genannten Dokumente in Kopie.

Doch wo sollte der Diözesanpriester des Bistums Münster Joseph Kentenich nun bleiben, seinen definitiven Wohnsitz nehmen? Am 16. Dezember schrieb Bischof Höffner Kardinal Antoniutti: »Für Kentenich wäre es Anlass zu großer Freude, wenn Ew. Eminenz gestatten würden, dass er aus Anlass des Weihnachtsfestes wenigstens für einige Tage nach Deutschland zurückkehren dürfte.«[123] Er könne sich in Münster aufhalten. »Ich empfehle auch, wenn es Ew. Eminenz opportun erscheint, einen kurzen Besuch Kentenichs in Schönstatt.« Für diesen Fall werde er – Höffner – mit Provinzial Münz von den Pallottinern in Limburg beraten. Der General Möhler in Rom stehe positiv dazu.

Bevor Antoniutti Höffner antworten konnte, waren in Rom weitere Dinge geschehen. Monnerjahn berichtet: »... da kam wenige Tage vor dem Fest die Nachricht, der Hl. Vater wünsche Pater Kentenich am 22. Dezember in Audienz zu empfangen. Es war ein bewegender Augenblick, als Pater Kentenich in schwarzem Talar und in schlohweißen Haaren, aufrecht wie immer, vor Paul VI. stand, der zunächst von seinem Thronsessel aus eine kurze Ansprache an Pater Kentenich richtete. Dieser antwortete dem Papst in lateinischer Sprache ... Am Heiligen Abend traf Pater Kentenich auf dem Frankfurter Flughafen ein ... Die Fahrt nach Schönstatt wurde durch einen Besuch beim Provinzial der Pallottiner in Limburg unterbrochen.«[124] In der Heiligen Nacht konnte Kentenich in der Gnadenkapelle in Schönstatt die Weihnachtsmesse feiern. Am 2. Weihnachtstag fuhr er nach Münster weiter.

P. Kentenich war am 23. Dezember von Antoniutti angewiesen worden, nach Dreikönigen wieder nach Rom zurückzukehren. Nach den Weihnachtstagen berichtete Höffner an Kardinal Antoniutti: »Die Anwesenheit des H. H. Kentenich in meinem Bistum und auch in Schönstatt vollzog sich in völliger Ruhe ... Bevor H. H. Kentenich Schönstatt besuchte, machte er nach vorheriger Vereinbarung mit mir dem ... Herrn Provinzial der Pallottiner einen Besuch. Herr P. Provinzial Münz erklärte sich ausdrücklich damit einverstanden, dass H. H. Kentenich Schönstatt besuche und in der Gnadenkapelle das heilige Opfer feiere.«[125] In seinem Brief an Antoniutti fuhr Höffner fort, inzwischen hätten verschiedene Gespräche mit den Pallottinern über Schönstatt und Kentenich stattgefunden in Richtung einer guten weiteren Entwicklung. Auch »hat der Heilige Stuhl mich vor wenigen Tagen wissen lassen, er sei ›prädisponiert‹, H. H. Kentenich ganz nach Deutschland zurückkehren zu lassen und seine weitere Tätigkeit seinem zuständigen Ordinarius zu unterstellen. Es entspricht aber sowohl meinem Wunsch als auch den Intentionen des Heiligen Stuhles, dass ich davon die ... Herren Kardinäle und Erzbischöfe Deutschlands sowie den ... Herrn Bischof von

---

[123] Höffner an Antoniutti, 16.12.1965 (Durchschlag): BAM – A0 2, GV NA, A0 824.
[124] E. MONNERJAHN, Kentenich, S. 307f.
[125] Höffner zitiert seinen Brief an Antoniutti Ende 1965 in seinem Schreiben an die deutschen Kardinäle und Erzbischöfe sowie den Bischof von Trier, 24.1.1966: BAM – A0 2, GV NA, A0 824, dort auch die folgende Darstellung.

Trier – so lautet die diesbezügliche Anregung des Heiligen Stuhles – in Kenntnis setze und sie um gütige Mitteilung ihres Urteils über die endgültige Rückkehr des H. H. Kentenich nach Deutschland und über sein Tätigwerden zur Vollendung des Schönstatt-Werkes bitte.«

Diese Anregungen waren – wie die weitere Korrespondenz ergibt – von einer Autorität unterhalb Antoniuttis in der Religiosenkongregation ausgegangen. Höffner kam der Anregung aus Rom am 24. Januar 1966 durch einen Brief an die Metropoliten und den Bischof von Trier nach. Innerhalb weniger Tage antworteten sämtliche Angeschriebenen mit etwas unterschiedlichen Akzenten positiv.[126] Nach entsprechender Meldung Höffners an Kardinal Antoniutti am 11. März 1966 entschied dieser am 16. März 1966 durch einen Brief an Bischof Höffner: »Von Seiten dieser Kongregation steht nichts im Wege, dass Pater Kentenich sein Apostolat unter Führung und Aufsicht Ew. Exzellenz ausübt ...«. Am 19. April 1966 informierte Höffner die Metropoliten und den Bischof von Trier über diesen abschließenden Akt der Religiosenkongregation zur Rehabilitation und Rückkehr P. Kentenichs nach Deutschland.[127]

4. »Bischof Joseph schreibt aus Rom«

Um seine Diözese über das II. Vatikanische Konzil zu informieren und sie auf die Veränderungen durch das Konzil vorzubereiten, schrieb Bischof Höffner während der Sitzungsperioden im Abstand von 14 Tagen fortlaufend Berichte für seine Kirchenzeitung »Kirche und Leben«, die unter der Überschrift »Bischof Joseph schreibt aus Rom« veröffentlicht wurden. Hinzu kamen Vorträge und Ansprachen, die Höffner in den Konzilspausen aus gegebenem Anlass in Münster und anderswo hielt.

Der Vorzug dieser »Konzilsberichterstattung« lag darin, dass durch die Höffner seit je gegebene Fähigkeit, auch komplizierte Tatbestände in allgemein verständliche Sprache zu übersetzen, die Gläubigen des Bistums Münster über die Entwicklungen auf dem Konzil unterrichtet wurden. Eine Nebenfrucht dieser Konzilsberichte Bischof Höffners waren die Einblicke, die sie in Höffners eigene Einstellung zum Konzil ermöglichen, die sich zwischen 1962 und 1965 durchaus gewandelt hat.

Die Berichte für KuL haben Höffner während der Sitzungsperioden des Konzils Zeit, Mühe und Einfühlungsvermögen abverlangt. Die Manuskripte sind vollständig in seinem Nachlass erhalten.[128] Eine erste umfassende Auswer-

---

[126] Die Originalantworten finden sich in: BAM – A0 2, GV NA, A0 824; Kopien liegen im Nachlass Wissing, Archiv der Frauen von Schönstatt.
[127] Höffner an die Kardinäle und Erzbischöfe sowie den Bischof von Trier, 19.4.1966 (unterzeichnetes Exemplar): BAM – A0 2, GV NA, A0 823.
[128] HAEK – NH 2932–2934.

tung haben die Berichte durch Wilhelm Damberg erfahren.[129] Noch ausführlicher ist die neueste Darstellung von Maike Hartmann.[130] So erübrigt sich eine erneute Aufarbeitung an dieser Stelle. Lediglich Höffners sich wandelnde Einstellung zum Konzil, die schon an seinen eigenen Beiträgen in der Konzilsaula erkennbar wurde, soll hier in Anlehnung an Wilhelm Damberg dargestellt werden.

Damberg hebt den »Konzilsoptimismus« Höffners 1962 hervor. Höffner habe in seinem ersten Bericht von »überraschender und erfreulicher Offenheit« unter den Konzilsvätern geschrieben, unter denen es »keine Tabus« mehr gebe.[131] Nach seiner Rückkehr aus Rom hob Höffner hervor, es habe sich gezeigt, »dass die einen – eine Minderheit, wie sich zur allgemeinen Überraschung zeigte – von einer konservativen Grundhaltung geprägt und auf das Bewahren des Gegebenen bedacht sind, während die Mehrzahl der Bischöfe in fortschrittlicher Haltung die Frohbotschaft Christi in einer Sprache verkündigen will, die von den modernen Menschen verstanden wird.«[132]

Schon zu Beginn der II. Sitzungsperiode im Herbst 1963 – so Damberg – »mischten sich [bei Höffner] bereits zunehmend Bedenken in den weiterhin bekundeten Optimismus. Ernste Besorgnis liege auf dem Antlitz der meisten Konzilsväter. Viele Bischöfe berichten, ›dass der christliche Glaube in ihren Diözesen von äußeren und inneren Feinden hart bedrängt wird‹.«[133] In einem Bericht beschrieb Höffner den atmosphärischen Wandel: Während die Eröffnung des Konzils vom »Zauber« beherrscht war, den Johannes XXIII. ausübte, komme nun »mehr und mehr der nüchterne Arbeitsertrag des Konzils in Sicht«.

Der Eindruck Höffners während der III. Sitzungsperiode 1964 kam in einem Vortrag vor den Katholischen Akademikerverbänden in Münster im Dezember 1964 zum Ausdruck[134]: Ein Konzil sei ein Wagnis und eine Chance zugleich. Ein Wagnis sei die Einberufung eines Konzils schon deshalb gewesen, weil in einer solchen Versammlung »Kräfte entbunden werden, deren Richtung, Wucht und Auswirkung sich weder klar voraussehen, noch vorsorglich einplanen lassen«. Als im Oktober/November 1964 sich die Gegensätze auf dem Konzil zuspitzten, versuchte Höffner in seinen Berichten nach Münster den Medienwirbel zu entschärfen: »Ich selbst bin stets dafür eingetreten, die Minderheit nicht an die Wand zu drücken. Die Minderheit vermag nämlich zur Vertiefung der Fragen beizutragen und vor voreiligen Entschlüssen zu bewahren. Im übrigen scheint es mir

---

[129] W. DAMBERG, Abschied vom Milieu, S. 242–256.
[130] M. HARTMANN, Bistumspresse während des Zweiten Vatikanischen Konzils.
[131] W. DAMBERG, Abschied vom Milieu, S. 242.
[132] Ebd. S. 242 – Mit ähnlichen Worten äußerte sich Höffner bei seiner Neujahrsansprache im Dom zu Münster: KADM 97, 1963, S. 16–18.
[133] W. DAMBERG, Abschied vom Milieu, S. 243f.
[134] Ebd. S. 246f. – Bischof Dr. Joseph HÖFFNER, Wagnis und Chance des Zweiten Vatikanischen Konzils, in: UNSERE SEELSORGE (= Beilage zu KADM), Januar 1965, Nr. 1, S. 1–6.

misslich zu sein, Formen auf das Konzil anzuwenden, die dem politischen Raum entstammen, z. B. die Begriffe ›konservativ‹ und ›fortschrittlich‹.«[135]

Die »Konzilsstimmung« Bischof Höffners kam dann im Juni 1965 auf einer Dechantenkonferenz des Bistums Münster in einem Referat über »Die katholische Kirche Deutschlands im vierten Konzilsjahr« zum Ausdruck: Äußerlich sei die Kirche in der Bundesrepublik günstig gestellt. Dies dürfe aber nicht darüber hinwegtäuschen, dass die »Stellung der Kirche in der öffentlichen Meinung, d. h. im Bewusstsein breiter Schichten unseres Volkes, von Jahr zu Jahr problematischer wird.« Die Angriffe hätten zum Teil den Charakter eines »kalten Kulturkampfes« angenommen. Der innerkirchliche Zustand sei nicht nur durch das lautlose Abgleiten in die Abständigkeit gekennzeichnet, sondern auch durch »eine gewisse gärende Unruhe inmitten der sich am religiösen Leben beteiligenden Gläubigen. Es handelt sich um einen Gärungsprozess, der schon seit langem – wenn auch gestaut und verborgen – im Gange war, durch das Konzil jedoch zum Ausbruch gekommen ist ... Das alles hat eine Gärung und Unsicherheit bei vielen Gläubigen hervorgerufen, die zum Teil krisenhaften Charakter tragen.« Es springt ins Auge, dass Höffner schon während des Konzils eine Entwicklung bemerkte, die in den ersten Nachkonzilsjahren zu einer unübersehbaren Realität wurde.[136]

Während der IV. und letzten Sitzungsperiode des Konzils 1965 nahm Höffner – wie bereits dargestellt[137] – kritisch zu der in seinen Augen zu optimistischen und inhaltlich unzureichenden Vorlage für die Pastoralkonstitution *Gaudium et spes* Stellung.

In manchen seiner kritischen Ansichten zu den Entwicklungen der Kirche und der Welt während der Konzilsjahre fühlte sich Höffner nach Abschluss des Konzils bestätigt, als er endlich sich uneingeschränkt seiner Diözese zuwenden wollte und parallel an die Umsetzung zahlreicher Konzilsbeschlüsse gehen musste.

---

[135] Ebd. S. 248.
[136] Ebd. S. 250 f.
[137] Vgl. oben S. 43f. mit Anmerkungen 75–81.

III. KAPITEL

JOSEPH HÖFFNER ALS BISCHOF VON MÜNSTER
(1962–1969)

1. Kontaktaufnahme durch Konferenzen und Visitationen

»Trotz der Beanspruchung durch das Konzil besuchte der Bischof schon im ersten Jahr alle Pastoralkonferenzen in den Dekanaten des Bistums, um mit den Seelsorgern persönlichen Kontakt anzuknüpfen und die anstehenden pastoralen Fragen zu erörtern. Der Bischof bemühte sich, jährlich zwei bis drei Dekanate persönlich zu visitieren und in den Gemeinden das Sakrament der Firmung zu spenden.«[1]

Diese Schilderung seines damaligen Sekretärs Lettmann ließe sich anhand der erhaltenen Terminkalender Höffners belegen. Ein solches Pensum an Arbeit konnte Bischof Höffner nur auf Grund seiner robusten Gesundheit und einer früh eingeübten Arbeitsdisziplin bewältigen. Auch eine Fähigkeit zur Rationalisierung war ihm nicht fremd: Die in seinem Nachlass vorhandenen Visitationsunterlagen[2] enthalten neben den Verlaufsplänen handschriftliche Erhebungen über die zu visitierenden Gemeinden und persönliche Notizen über die Gespräche mit den einzelnen Priestern (in der von Lettmann als »Geheimschrift« gewürdigten Höffner'schen Stenographie), auch Stichwortkonzepte für die Predigten anlässlich der Firmgottesdienste. Eine flüchtige Durchsicht macht deutlich, dass Höffner keine Scheu hatte, die gleiche Firmpredigt mehrfach zu halten – wie er als Professor einmal sorgfältig ausgearbeitete Vorträge an verschiedenen Orten wiederholte.

Die bei Visitationen üblichen Gespräche des Bischofs mit den Gremien der Gemeinden – zunächst nur mit dem Kirchenvorstand, nach 1967 auch mit dem »Pfarrkomitee« – machten den allmählich einsetzenden Stilwandel im Gefolge des Konzils und der gesamtgesellschaftlichen Entwicklung jener Jahre deutlich: Die Gremien wollten dem Bischof nicht nur zuhören, sondern von ihnen gestellte konkrete Fragen mit dem Bischof besprechen. So teilte das Pfarrkomitee von St. Norbert in Münster-Coerde dem Bischof einen Monat vor der Visitation im Juni 1967 mit, man wolle mit dem Bischof über den geeigneten Zeitpunkt für Erstkommunion und -beichte der Kinder sprechen. »Soll oder muss [an Fron-

---

[1] R. Lettmann, Joseph Höffner als Bischof von Münster, S. 16.
[2] Firmung in den Dekanaten Moers, Ibbenbüren und Damme 1964: HAEK – NH 2548; Firmung im Dekanat Beckum 1965: HAEK – NH 2529; Firmung im Dekanat Vechta 1965: HAEK – NH 2530/2293; Diözesanversammlung/Firmung Dekanat Friesoythe 1966: HAEK – NH 2525; Firmung und Visitation im Dekanat Lüdinghausen 1966: HAEK – NH 2524; Firmung im Dekanat Kevelaer 1966: HAEK – NH 2521; Firmung im Dekanat Werne 1966: HAEK – NH 2527; Firmung im Dekanat Freckenhorst 1966: HAEK – NH 2526; Firmung in den Dekanaten Münster-Liebfrauen und Münster-St. Mauritz 1967: HAEK – NH 2528.

leichnam] eine Prozession stattfinden? ... Welche Ansatzpunkte sehen Sie zur Zusammenarbeit mit der evangelischen Gemeinde?«[3]

Am 24. Februar 1967 teilte das Pfarrkomitee von St. Erpho in Münster dem Bischof mit, welche Diskussionen der gerade verlesene Hirtenbrief über das Ehesakrament ausgelöst hatte. Es sei »wünschenswert und erforderlich, dass Hirtenworte zu grundsätzlichen Glaubens- und Lebensfragen in Wort und Inhalt so abgefasst sind, dass die gesamte Gemeinde weitmöglichst angesprochen wird.« Es sollten »glaubensfrohe und lebensnahe, gegenwartsbezogene Gesichtspunkte möglichst in den Vordergrund gestellt werden ... Insoweit ist insbesondere bei den an die Jugend gerichteten Teilen des Hirtenwortes über das Ehesakrament ernsthaft zu befürchten, dass Formulierungen wie ›Charakter, Edelmut und Stärke wiegen mehr als Geld und Schönheit‹ ... für die heutige Jugend keine Ausstrahlungskraft mehr besitzen.«[4] Höffner legte sich diese Mitteilung für die am 6. Mai 1967 angesetzte Visitation von St. Erpho zurück, um sich dem Gespräch mit dem Pfarrkomitee zu stellen. Aus solchen Zuschriften erfuhr Bischof Höffner, dass seine Aufforderung zum Dialog ernstgenommen wurde, wobei ein Stilwandel im Umgang zwischen Bischof und Laien nicht zu übersehen war.

Wie Bischof Höffner auch mit solchen kritischen Anfragen umging, können wir dem summarischen Bericht Reinhard Lettmanns entnehmen: »Seine schlichte und herzliche Art half ihm, leicht Kontakt mit den Priestern und Laien in den Gemeinden zu finden. Die ungezwungene und natürliche Art des Auftretens des Bischofs führte dazu, dass auch seine Gesprächspartner jegliche unangemessene Scheu ablegten und unbefangen mit ihm sprachen. Das zeigte sich vor allem in den Gesprächen mit den Verantwortlichen aus Kirchengemeinden, Pfarrgemeinderäten und Verbänden, die anlässlich der Visitationsreisen besondere Bedeutung bekamen.« Dem Verfasser gegenüber erwähnte Bischof Lettmann, dass Höffner auch im ersten Jahr begonnen habe, die neuernannten Pfarrer des Bistums zu einem Kaffee einzuladen. Das sei von den Pfarrern geschätzt worden; doch sei es problematisch gewesen, wenn Höffner auf Grund seiner vielfältigen Verpflichtungen solche Einladungen bis zu einem halben Jahr habe hinausschieben müssen.[5]

---

[3] Pfarrkomitee St. Norbert Coerde an Höffner, 13.6.1967: HAEK – NH 2528.
[4] Pfarrkomitee St. Erpho, Münster, an Höffner 24.2.1967: Ebd.
[5] Mitteilung Bischof Lettmanns an den Verfasser am 2.9.2010.

2. Erste Konflikte der Jahre nach dem Konzil

a) Abendgottesdienste in St. Antonius in Münster 1965–1966[6]

Eine erste Probe auf die Konfliktfähigkeit Bischof Höffners sollten die Auseinandersetzungen um Sonntagabendmessen in St. Antonius in Münster werden. Vom 5. Mai 1965 bis zum 20. März 1966 fand in der Pfarrkirche St. Antonius in Münster sonntags abends um 21 Uhr eine Abendmesse statt, die nicht nur durch ihre außergewöhnliche Stunde aus dem Rahmen fiel. Um die Gestaltung bemühten sich schließlich fünf zum Promotions- bzw. Habilitationsstudium freigestellte Priester: Dr. Werner Böckenförde, Assistent Prof. Ratzingers am Seminar für Dogmengeschichte in Münster aus dem Erzbistum Paderborn[7]; Dr. Paul Hoffmann, Habilitand für Exegese des Neuen Testaments, ebenfalls aus Paderborn[8]; Kaplan Franz Kamphaus, Assistent am Seminar für Pastoraltheologie und Lehrbeauftragter für Predigtausbildung am Priesterseminar in Münster, Priester des Bistums Münster[9]; Vikar Hans Kessler, Assistent am Seminar für Dogmatik aus dem Bistum Rottenburg[10]; Kaplan Paul Ketteler, Assistent am Seminar für Kirchenrecht aus dem Bistum Münster[11].

Diese fünf Priester sahen in der gerade verabschiedeten Liturgiekonstitution *Sacrosanctum Concilium* die Ermutigung zu einer freieren Liturgiegestaltung. Die sorgfältig vorbereiteten und nach dem Gottesdienst jeweils mit interessierten Besuchern besprochenen Predigten bezogen neuere Entwicklungen in der exegetischen und dogmatischen Diskussion ein, mit denen damit unvertraute, vor allem einfachere und ältere Gottesdienstteilnehmer aus dem konservativen Spektrum Münsters nicht leicht zurechtkamen.[12]

---

[6] Der Konflikt um die Abendmessen in St. Antonius ist umfassend dokumentiert in: BAM – A 03/101–138 ergänzt durch: HAEK – NH 2515 auf kirchlicher Seite. Aus Sicht der an St. Antonius engagierten Laien und mit dem ihnen zugänglichen Material ist die veröffentlichte Dokumentation erarbeitet: H. STÜMPER, Ärger mit der christlichen Freiheit. Die Abendgottesdienste in St. Antonius zu Münster, Greven-Graz-Köln 1967.

[7] Werner Böckenförde (1928–2003), 1956 Dr. jur., 1957 Priesterweihe in Paderborn, 1961–1966 Assistent von Prof. Dr. J. Ratzinger in Bonn bzw. in Münster, 1969 Dr. theol., 1970 Inkardination im Bistum Limburg, 1971 persönlicher Referent des Bischofs Kempf, 1976–1993 Domkapitular in Limburg: Todesanzeige des Limburger Domkapitels, in: N. LÜDECKE/G. BIER (Hrsg.), Freiheit und Gerechtigkeit in der Kirche. Gedenkschrift für Werner Böckenförde, Würzburg 2006, S. 187f.

[8] Paul Hoffmann (*1933), Dr. theol. 1959, Habilitation 1968, 1970 bzw. 1973 a.o. bzw. o. Professor für Neues Testament in Bamberg; KÜRSCHNER Bd.1, ¹⁵1987, Sp. 1878; ebd. Bd. 1, ²¹2007, Sp. 1475f.

[9] Franz Kamphaus (*1932), 1959 Priesterweihe in Münster, 1968 Dr. theol., 1972 Professor für Pastoraltheologie und Homiletik in Münster, 1973–1982 Regens des Priesterseminars in Münster, 1982–2007 Bischof von Limburg: H. SCHWEDT, in: E. GATZ (Hrsg.), Bischofslexikon 1945–2001, S. 321f.

[10] Hans Kessler (*1938), Dr. theol. in Münster 1969, ab 1973 Professor für Systematische Theologie in Frankfurt/M.: KÜRSCHNER ¹⁵1987, S. 2218f.

[11] Paul Ketteler (1934–1993), 1961 Priesterweihe in Münster, 1969 Prosynodalrichter am Offizialat in Münster, 1971 Offizialatsrat, 1972 Generalvikariatsrat (Abt. Kirchenrecht), 1973 Geistlicher Rat, 1979 Domkapitular: BAM, Kleruskartei, Paul Ketteler.

[12] H. STÜMPER, Ärger mit der christlichen Freiheit, dokumentiert verschiedene dieser Gottesdienste einschließlich der Predigten.

Diese Abendmesse in St. Antonius hatte bald großen Zulauf, zumal von Studenten, akademischem Mittelbau und Professoren der in Münster ansässigen Hochschulen. Heinz Stümper berichtet: »Das Verhältnis von Männern und Frauen war ausgeglichen, eher überwog die Zahl der Männer. Etwa drei Viertel der Besucher gehörten zur Altersgruppe zwischen 18 und 45 Jahren, also gerade zu der Altersschicht, die häufig in den Kirchen fehlt. Mehrere, namentlich jüngere Teilnehmer haben bekannt, nach Jahren des Fernbleibens oder der Entfremdung nähmen sie wieder an der Messfeier teil, einfach weil sie sich angesprochen fühlten.«[13] Stümper schildert dann, wie die fünf Priester sich erst allmählich zu einem Team zusammenfanden und die Gottesdienste zu größerer Einheitlichkeit führten, wobei auf Anregungen der Teilnehmer nach Möglichkeit Rücksicht genommen wurde.

Es ist davon auszugehen, dass nicht nur im Mittelstandsbürgertum der Stadt Münster und des Umlandes die Abendgottesdienste in St. Antonius besprochen wurden, sondern auch im Klerus und bei den kirchlichen Vorgesetzten im Gespräch waren. Joseph Höffner ist lebenslang nicht auf Gerüchte hin inquisitorisch tätig geworden. Wenn ihm allerdings konkrete Verstöße gegen kirchliche – in diesem Falle liturgische – Ordnungen schriftlich mitgeteilt wurden, fühlte er sich im Gewissen verpflichtet, die Tatbestände zu klären und zur Ordnung zu rufen.

Am 6. Oktober 1965 beschwerte sich eine ehemalige Studentin Höffners, nunmehr Gerichtsassessorin, in einem längeren Brief bei Höffner über den Abendgottesdienst am 20. September.[14] Höffner zitierte daraus in einem Brief an den Pfarrer von St. Antonius – er holte damit die Beschwerde auf die Ebene herunter, auf die sie nach den Weisungen Jesu im Evangelium gehört hätte. Höffner zitierte: »In dieser Messe wurde der Kanon einschließlich der Wandlungsworte – wahrscheinlich von einem Laien – in deutsch vom Altarraum aus laut vorgebetet: ›... der Du lebst und herrschest mit Gott dem Vater in Deiner Gemeinde.‹ Der zelebrierende Priester ersetzte das Ecce Agnus Dei durch den Ausspruch: ›Brot für das Leben der Welt‹. In der Predigt wurde darauf hingewiesen, dass die ›Geschichte‹ von der Auferweckung des Jünglings von Naim für den modernen Menschen eine schwere Zumutung darstelle und dass die Frage, ob es nun der Bericht über ein tatsächliches Ereignis sei oder nicht, eine ziemlich junge Fragestellung sei ...«[15] Höffner schrieb Pfarrer Tömmers dazu: »Ich möchte annehmen, dass sich die Schreiberin geirrt hat oder manches falsch verstanden hat. Andernfalls müsste ich Einspruch erheben ... Auch kann ich mir nicht vorstellen, dass eine Predigt des angesprochenen Inhalts gehalten worden ist. Es wäre verhängnisvoll, wenn wir das

---
[13] Ebd. S. 16.
[14] Der Brief ist selbst nicht erhalten. Datum und Inhalt ergeben sich aus dem nachfolgend zitierten Brief Höffners an den Pfarrer von St. Antonius.
[15] Höffner an Pfarrer Tömmers, Rom, 17.10.1965: BAM – A 03/101-138 – »Brot für das Leben der Welt« war das Motto des Eucharistischen Weltkongresses in München 1960 gewesen und hatte den Zelebranten fasziniert. Zelebrant und Prediger dieser Abendmesse am 20. September war Dr. Paul Hoffmann gewesen.

Wort Gottes den modernen Menschen ›zumutbar‹ machen wollten ... Aber wie gesagt, möchte ich annehmen, dass es sich um ein Missverständnis handelt.«

In St. Antonius bemühte sich Dr. Böckenförde, die Briefschreiberin zu einem Gespräch zu gewinnen, das diese nur in Gegenwart des Bischofs oder eines von ihm Beauftragten führen wollte.[16] Höffner selbst schrieb noch aus Rom an Pfarrer Tömmers: »Ihre Anregung greife ich gern auf; nach meiner Rückkehr nach Münster werde ich die junge Juristin bitten, sich mit Ihnen in Verbindung zu setzen. Es wäre ja ungut, wenn solche Unklarheiten ungelöst stecken blieben.« Für die fünf jungen Priester hatte der Vorfall zur Folge, dass sie alle Predigten auf Tonband aufnehmen ließen, um gegebenenfalls belegen zu können, was sie wirklich gesagt hatten.

Am 15. Januar 1966 führte Höffner mit den jungen Priestern an St. Antonius ein längeres Gespräch. Darüber berichtete er der Beschwerdeführerin am 18. Januar: »Der Gottesdienst wird sich an die Vorschriften der Konzilskonstitution über die Liturgie halten. Die Verkündigung des Wortes Gottes hat in der Lehre der Kirche ihre Richtschnur. Noch in diesen Tagen erhielt ich ein Schreiben des ZdK, in dem es heißt: ›So glücklich wir über die Neubewertung der Heiligen Schrift sind, so empfinden wir doch das beliebte Experimentieren mit exegetischen Hypothesen in der Predigt als große Belastung.‹«[17] Nach dem klärenden Gespräch vom 15. Januar 1966 kam es dann noch zu einer Korrespondenz über die Frage, ob Hirtenbriefe – etwa der Fastenhirtenbrief – die vom Konzil geforderte Predigt verdrängen dürfen und ob Hirtenbriefe in der vollen Länge zu verlesen seien.

Zum öffentlich, zumal in den Medien diskutierten Fall wurde der »Abendgottesdienst in St. Antonius« erst dadurch, dass der Generalvikar des Erzbischofs von Paderborn den zum Studium beurlaubten Paderborner Priestern Böckenförde und Hoffmann mitteilte, dass ihre Beurlaubung zum 31. März 1966 zuende gehe.[18] Nachdem sich Böckenförde am 8. Februar an Kardinal Jaeger gewandt hatte, antwortete dieser in einem langen Brief mit für Böckenförde nicht gerade schmeichelhaften Darlegungen am 18. Februar. Darin wurde zwar die Beurlaubung zum Studium letztmalig »bis zum 31. Dezember 1966« gewährt. Doch schrieb der Kardinal auch: »Besonderen Anstoß erregen Ihre liturgischen Eigenmächtigkeiten und Ihre Predigten, die Sie in einer münsterschen Pfarrkirche – ich glaube, es ist St. Erpho – halten (gemeinsam mit Herrn Dr. Hoffmann). Es hat der ... Herr Bischof auf den Pfarrer einwirken müssen, dass er diese destruktive Seelsorge aus seinem Gotteshaus verbannt ... Ich habe daraufhin dem ... Herrn Bischof Dr. Höffner zugesagt, dass ich Sie zu Ostern von Münster wegnehmen würde, damit das Ärgernis beseitigt sei.«

---

[16] Böckenförde an Gerichtsassessorin B. H., 10.12.1965 (Abschrift); B. H. an Böckenförde, 11.12.1965 (Durchschlag): BAM – A 03/101–138.
[17] Höffner an Gerichtsassessorin B. H., 18.1.1966: Ebd.
[18] So Kardinal Jaeger in seinem nachfolgend zitierten Brief an Böckenförde vom 16.2.1966 (Abschrift): BAM – A 03/101–138.

Bischof Höffner hat glaubhaft versichern können, dass er bei einer zufälligen Begegnung Kardinal Jaeger von den Vorgängen an St. Antonius berichtet habe, aber keineswegs auf der Rückberufung der Herren Böckenförde und Hoffmann bestanden habe. Böckenförde schrieb daraufhin am 6. März an Bischof Höffner: »Ich habe daraufhin Herrn Pfarrer Tömmers mitgeteilt, dass ich nach Ostern beim Abendgottesdienst in St. Antonius nicht mehr mitwirken werde.«[19]

Diesem Entschluss Böckenfördes schlossen sich die anderen vier jungen Priester an und erklärten nach dem Abendgottesdienst am 20. März 1966 ihre Mitwirkung für beendet. Über die daran sich anschließende Erregung der Gottesdienstgemeinde und spontane Aktionen sowie über eine erstmals in dieser Form inszenierte Medienkampagne gegen den Bischof von Münster könnte man ein eigenes Buch schreiben. Hier soll nur in aller Kürze ein Abschnitt aus einem Schlussbericht Weihbischof Tenhumbergs vom 18. April zitiert werden: »Am 20. März 1966 aber ließen die 5 Priester am Ende der Abendmesse die Erklärung verlesen, dass einigen von ihnen von den für sie zuständigen Stellen Schwierigkeiten gemacht worden seien und sie sich deshalb alle entschlossen hätten, den Abendgottesdienst in St. Antonius nicht mehr zu gestalten. Daraufhin kam es in der Kirche zu ungewohnten und unerfreulichen Missfallenskundgebungen, zu einer Art ›Protesterklärung‹ durch einen Laien, zu einer anschließenden Versammlung von Gottesdienstbesuchern, in der eine Unterschriftenaktion für eine Eingabe an den Bischof von Münster beschlossen wurde. Es kam zu einer ziemlich umfangreichen Pressekampagne, in der Wahres mit Falschem, Sachliches mit Unsachlichem gemischt war, wobei nicht zuletzt auch politische Affekte ins Spiel gebracht werden sollten. Die fünf Geistlichen setzten sich gegen bestimmte Verdächtigungen selbst zur Wehr und nahmen den Bischof von Münster gegen den Verdacht in Schutz, dass er die Weiterführung des Abendgottesdienstes verboten habe. Die nachfolgende Pressediskussion zeigte aber, dass diese Erklärung nicht verhindern konnte, dass der Bischof von Münster als der eigentliche Urheber der ›Rücktrittserklärung‹ der Priestergruppe doch immer wieder – direkt oder indirekt – teils in Pressepublikationen, teils in Leserbriefen, teils in offenen Briefen, teils in persönlichen Zuschriften verdächtigt wurde.«[20]

Tenhumberg spielte hier auf eine Zuschrift der fünf Geistlichen an die FAZ an: »Der Artikel ›Die Laien rühren sich‹ in der FAZ vom 24.3.1966 enthält Einseitigkeiten und einige Unrichtigkeiten, von denen sich die fünf Geistlichen distanzieren. Folgendes sei ausdrücklich klargestellt: 1. Weder der Bischof von Münster noch die Bischöfliche Behörde haben die Weiterführung des Abendgottesdienstes verboten. Andere Gründe waren Veranlassung, dieses Experiment einzustellen. 2. Der Artikel erweckt den Eindruck, als seien in den Predigten parteipolitische Äußerungen getan oder solche Ziele verfolgt worden. Das trifft nicht zu. 3. Die

---

[19] Böckenförde an Bischof Höffner, 6.3.1966: Ebd.
[20] Abschließendes Wort zur Diskussion um die Abendmesse in St. Antonius (Weihbischof Heinrich Tenhumberg, 18.4.1966): Ebd.

Bemerkung bezüglich der Dogmen kann missverstanden werden. Die Predigten suchten das Dogmenverständnis einem volleren Glaubensvollzug zu integrieren.« Die Zuschrift war unterschrieben: »Namens der fünf Geistlichen, die den Gottesdienst gestalteten Franz Kamphaus, Münster.«[21]

Für Höffner, der sich selbst mit Äußerungen zurückhielt, war ein Schlusspunkt gesetzt mit einem Schreiben an Pfarrer Tömmers von St. Antonius am 4. Mai 1966: »Ich danke Ihnen, dass Sie mit Ihren Mitbrüdern auch in den vergangenen Wochen alle seelsorgliche Mühe um die Abendmesse an Sonntagen in St. Antonius auf sich genommen haben, nachdem die fünf studierenden Priester seit dem 20. März ihre Mitarbeit eingestellt haben. Auch für die Zukunft bin ich damit einverstanden, dass Sie Priester, die nicht zu Ihrem Pfarrklerus gehören, zur Mitarbeit heranziehen. Ausdrücklich möchte ich das für die beiden zu meinem Bistum gehörenden studierenden Priester, Herrn Kaplan Kamphaus und Herrn Kaplan Ketteler, betonen ... Ich begrüße es auch, dass Sie und Ihre Mitarbeiter mit den Gottesdienstbesuchern Kontakt pflegen und Fragen der Liturgie, der Predigt und des religiösen Lebens mit ihnen besprechen.«[22]

Dass Höffner mit dem Problem des Gehorsams seines Klerus gegenüber geltenden liturgischen Bestimmungen innerlich noch nicht fertig war, zeigt eine Korrespondenz aus dem Sommer 1966. Das Consilium ad exsequendam Constitutionem de Sacra Liturgia hatte ihm auf Anfrage die wesentlichen Tendenzen Roms zur Gesetzgebungskompetenz im Bereich der Liturgie und insbesondere hinsichtlich der volkssprachlichen Übersetzungen mitgeteilt.[23] Höffner beabsichtigte, unter dem 15. August 1966 einen Brief an seinen Klerus zu richten, der vor allem eine Mahnung zum Gehorsam gegenüber den geltenden Bestimmungen sein sollte. Höffner hatte den Entwurf zur Vorsicht einigen Beratern zur Durchsicht übergeben. So antwortete ihm am 25. August 1966 sein Vize-Offizial Dr. Paul Wesemann: »Sie wissen, dass ich das Anliegen Ihres Briefes ganz vertrete. Trotzdem habe ich Bedenken, ob er bei unseren Priestern den erwünschten Erfolg haben wird, noch mehr aber, ob es im Augenblick gut ist, Ihre bischöfliche Autorität gerade jetzt, wo jeden Tag neue liturgische Bestimmungen kommen können, so betont für den status quo einzusetzen.«[24] Der Brief Höffners an seine Priester liegt ununterschrieben in den Akten Höffners. Der Bischof scheint dem Rat seines Vize-Offizials gefolgt zu sein.

---

[21] BAM – A 03/150, GV NA, A 015 (Pressestelle).
[22] Höffner an Tömmers, 4.5.1966: BAM – A 03/101–138.
[23] Consilium ad exsequendam ... an Höffner, 20.7.1966: HAEK – NH 2515.
[24] Wesemann an Höffner, 25.8.1966: Ebd. – Höffner hatte auch seinen Freund aus gemeinsamen Trierer Jahren, Johannes Wagner, angeschrieben. Dieser kam zu einem anderen Urteil als Wesemann: »Wir sind mit Dir der Meinung, dass in dieser Periode des Übergangs, so schwer es auch manchmal fallen mag, uns nichts nötiger ist, als dass der Klerus Disziplin hält«: Liturgisches Institut, Johannes Wagner, an Höffner, 11.9.1966: Ebd.

b) Dürfen Theologiestudenten Vorlesungen an der evangelisch-theologischen Fakultät hören?

An den Universitäten, an denen katholisch-theologische und evangelisch-theologische Fakultäten nebeneinander bestanden, war es bis zum II. Vatikanischen Konzil den Priesteramtskandidaten ausdrücklich untersagt, Vorlesungen der anderen Fakultät zu besuchen.[25] Das verhinderte nicht, dass es immer einzelne Studenten in Bonn oder Münster gab, die sich über dieses Verbot hinwegsetzten, ohne dafür geahndet zu werden. In Münster scheint die Berufung des Neutestamentlers Willi Marxsen[26] an die evangelisch-theologische Fakultät im Jahre 1961 und sein positives Echo bei den Studenten einerseits und die Berichterstattung über das Konzil, speziell zur Diskussion über das Ökumenismusdekret, andererseits dazu geführt zu haben, dass der Besuch der Vorlesungen Marxsens durch Priesteramtskandidaten des Collegium Borromaeum Ausmaße annahm, die nicht übersehen werden konnten. Bischof Höffner entschloss sich im Dezember 1964, den Priesteramtskandidaten seines Bistums im Collegium Borromaeum den Besuch der Vorlesungen an der evangelisch-theologischen Fakultät ausdrücklich zu untersagen.

Die Öffentlichkeit war unter den damaligen zeitgeschichtlichen Umständen nicht bereit, diese Maßnahme des Bischofs schweigend hinzunehmen. Es kam zu heftigen öffentlichen Auseinandersetzungen.[27] Höffner verfasste in den stillen Tagen um Weihnachten ein Exposé mit dem Titel »Die Formung und Erziehung der zukünftigen katholischen Priester und das ökumenische Anliegen«[28], das er am 28. Dezember 1964 Kardinal Augustin Bea mit der Bitte um Rückäußerung nach Rom sandte. Auch Professor Iserloh[29] von der katholisch-theologischen Fakultät erhielt ein Exemplar einschließlich der Antwort Kardinal Beas vom 4. Januar 1965.[30]

Höffners wesentliches Argument war: »Die Deutung und Auslegung der göttlichen Offenbarung durch die Professoren der Theologie ist Glaubensverkündigung im eigentlichen Sinn. Deshalb müssen Theologieprofessoren katholische Priester sein, die sich nicht nur durch ihre Wissenschaft auszeichnen, sondern durch ihre Haltung den jungen Theologen voranleuchten.« Nach Darlegung der

---

[25] So in Bonn zur Studienzeit des Verfassers 1956–1960.
[26] Willi Marxsen (1919–1993), D. theol. in Kiel 1948, 1949–1953 Vikar bzw. Pfarrer in Lübeck, Habilitation 1954, 1956–1961 Professor für Neues Testament in Bethel, 1961–1984 desgl. an der Universität Münster: KÜRSCHNER Bd. 2, ^{15}1987, Sp. 2912f.; ebd. Bd. 2, ^{16}1992, Sp. 2317f.
[27] Dazu die später noch zu erwähnende Presseverlautbarung »Keine Verwischung des Glaubensgutes«.
[28] Handschriftlicher Entwurf und mehrere Exemplare der Endfassung: HAEK – NH 2514.
[29] Erwin Iserloh (1915–1996), 1940 Priesterweihe in Münster, 1942 Dr. theol., 1951 Habilitation, 1954–1964 Professor für Kirchengeschichte in Trier, 1964–1967 Professor für Ökumenische Theologie in Münster, ab 1967 ebd. Professor für Kirchengeschichte, 1976 Domkapitular: K. GANZER, in: LThK 5, ^{3}1996, Sp. 615f.; K. REPGEN, Erwin Iserloh (1915–1996), in: ZEITGESCHICHTE IN LEBENSBILDERN 11, 2004, S. 285–299 u. S. 346f. (Literatur).
[30] Augustin Kardinal Bea an Höffner, 4.1.1965: HAEK – NH 2514.

2. Erste Konflikte der Jahre nach dem Konzil

konkordatären Vereinbarungen über die Besetzung der katholisch-theologischen Lehrstühle ging Höffner auf den ökumenischen Aspekt des Problems ein: »Das Konzilsdekret ›Über den Ökumenismus‹ bekennt sich zu derselben Grundauffassung ›Nichts liegt dem Ökumenismus ferner,‹ heißt es im Dekret, ›als jener falsche Irenismus, der die Reinheit der katholischen Lehre antastet und ihren echten und wahren Sinn verdunkelt.‹« Das Ökumenismusdekret weise anerkennend auf den ökumenischen Dialog zwischen den Fachprofessoren hin. »Das Konzilsdekret rechnet zu diesen ›wirklichen Fachleuten‹ keineswegs die Studenten der Theologie, die erst dabei sind, sich in die Geheimnisse der göttlichen Offenbarung gründlich zu vertiefen ...« Es stehe nicht in der Kompetenz des einzelnen Bischofs, in diesem Punkt etwas zu »gebieten« oder zu »verbieten«.

Kardinal Bea, der unumstrittene Fachmann für Ökumene auf dem Konzil und Leiter des von Papst Johannes XXIII. 1959 errichteten Einheitssekretariates, stimmte in seinem Brief an Höffner am 4. Januar 1965 diesem ausdrücklich zu: »Wenn ein junger Priester, der sich für ein Lehramt vorbereitet, die Auffassungen und Aussagen Andersgläubiger auch aus dem lebendigen Unterricht kennen lernen will, so steht gewiss nichts im Wege, dass er die Vorlesungen eines nicht-katholischen Professors besucht. Ich selbst habe in Berlin solche Vorlesungen mit großem Nutzen besucht; aber ich hatte bereits meine volle theologische Ausbildung hinter mir ... Ich würde aber nie billigen, dass jemand solche Vorlesungen während seiner ersten theologischen Ausbildung besuchte ... Was also die Frage für Münster betrifft, so möchte ich meinen, dass in der theologischen katholischen [sic!] Fakultät unbedingt ein ordentlicher katholischer Professor der neutestamentlichen Exegese sein muss und dass die Theologen nur dessen Vorlesungen besuchen dürfen.«

Erst im Juli 1964 war Erwin Iserloh als Professor für Ökumenische Theologie an die Fakultät in Münster berufen worden. Der Bitte Bischof Höffners um eine Stellungnahme zu seinem Exposé kam Iserloh umgehend nach. Er schrieb dem Bischof am 11. Januar 1965: »Ich brauche Ihnen nicht zu sagen, dass ich mit Ihrer Auffassung vollends übereinstimme.«[31] Noch vor Weihnachten habe er mit dem evangelischen Kollegen Kinder[32] gesprochen. »Ich habe betont, dass dieses Verbot im Collegium Borromaeum ausgesprochen wurde und damit für die Studenten gedacht ist, die in ihrem Grundstudium stehen. Herr Professor Kinder bestätigte mir, dass er darin eine verständliche, ja selbstverständliche pädagogische Maßnahme sehe. Er machte keinen Hehl daraus, dass auch die evangelische Kirchenleitung Westfalen sich erhebliche Sorge mache betreffs der Vorlesungen von Herrn Marxsen und dass sie ihn kürzlich noch als Leiter des Hermannstiftes[33] abgelehnt habe.« Man könne Höffner sicher nicht verdenken, wenn er angesichts

---

[31] Katholisch-Ökumenisches Institut, Iserloh, an Höffner, 11.1.1966: Ebd.
[32] Ernst Kinder (1910–1970), 1949 Professor für systematische Theologie in Neudettelsau, 1953–1970 desgl. in Münster: C. NICOLAISEN, in: RGG 4, ⁴2001, Sp. 972f.
[33] Konvikt für evangelische Pfarramtskandidaten in Münster.

dieser Einschätzung auf evangelischer Seite seine jungen Theologen nicht einem solchen Dozenten anvertrauen möchte. »Doch leider werden die Dinge heute ja nicht sachlich behandelt, sondern tendenziös publizistisch hochgespielt.«

Wenn es zu einer heftigen Pressekampagne – wie ein Jahr später im Falle der Abendgottesdienste in St. Antonius – nicht kam, lag das am mäßigenden Verhalten der unmittelbar Beteiligten. Die »Münstersche Zeitung« vom 15. Januar 1965 brachte ein Interview mit Dekan Marxsen, in dem dieser sagte: »Ich habe mich am selben Tag, als mir das Gerücht [über das Verbot meiner Vorlesungen] zu Ohren kam, an den Dekan der Katholisch-Theologischen Fakultät, Professor Dr. Hegel[34], gewandt und ihn um Auskunft gebeten. Nach Rücksprache mit Exzellenz Höffner hat mir der Dekan [Hegel] mitgeteilt: 1. Von einem Verbot könne nicht die Rede sein. Es handle sich um eine Routinemaßnahme rein pädagogischen Charakters, die verhindern solle, dass sich die Studenten durch wahlloses Hören fachfremder Vorlesungen im Studium verzetteln. 2. Auf die Frage von Herrn Kollegen Hegel, ob sich die Maßnahme gegen mich und meine Vorlesungen richte, habe der Bischof ausdrücklich erklärt, das sei nicht der Fall. 3. Von dieser Mitteilung dürfe ich öffentlichen Gebrauch machen.« Weiter sagte Marxsen: »Dass die Angelegenheit in diesem Sinne geklärt würde, durfte ich um so sicherer erwarten, als ich unter dem Datum des 2. Januar einen Brief von Exzellenz Höffner erhielt[35], in dem er seinerseits von bedauerlichen Missverständnissen sprach und der Hoffnung Ausdruck gab, dass das gute Verhältnis der beiden theologischen Fakultäten nicht getrübt werde.« Marxsen nannte als Beleg dafür, dass »ein gemeinsames Essen der beiden Fakultäten am 6. Januar in sehr herzlicher Atmosphäre stattgefunden hat«. In einer Vorlesung am 7. Januar betonte Marxsen vor den Studenten, dass er »für das pädagogische Grundanliegen des Bischofs, die Studenten vor einer Verzettelung des Studiums zu warnen, Verständnis habe«.

Inzwischen hatte Höffner durch seine Pressestelle eine Stellungnahme verbreiten lassen[36], in der er sein Exposé und den Brief Kardinal Beas zitierte und betonte, dass es erst nach dem Grundstudium sinnvoll sei, Vorlesungen anderer Fakultäten zu hören. Dagegen allerdings verwahrte sich Marxsen in seinem Interview mit der »Münsterschen Zeitung«.

Höffner hatte erst vor gut zwei Jahren seinen Lehrstuhl an der Universität mit dem Bischofsstuhl in Münster getauscht. Er muss empfunden haben, welchen Anstoß sein Verbot an die Studenten des Collegium Borromaeum für die Universität war. Das war nicht nur ein Eingriff in die Wahlfreiheit der Studenten, eines

---

[34] Eduard Hegel (1911–2005), 1937 Priesterweihe in Köln, 1933 Dr. phil., 1944 Dr. theol., 1948 Habilitation, 1949–1953 Professor für Kirchengeschichte in Trier, 1953–1966 desgl. in Münster, 1966–1976 desgl. in Bonn: HANDBUCH DES ERZBISTUMS KÖLN. Personaler Teil [28]1998, S. 61; E. HEGEL, Geschichte der Katholisch-Theologischen Fakultät Münster 1773–1964, Bd. 2, Münster 1971, S. 26–28.

[35] Handschriftlicher Entwurf, wegen der Höffner'schen Kurzschrift nicht entzifferbar: HAEK – NH 2514.

[36] »›Keine Verwischung des Glaubensgutes‹ Stellungnahme des Bischofs von Münster zur Ausbildung künftiger katholischer Priester – Irreführende Meldung der Deutschen Presseagentur«: Ebd.

der Grundprinzipien der Universität. Die Vorlesungen an der katholisch-theologischen Fakultät als Glaubensverkündigung ausschließlich durch Priester unter Aufsicht der Kirche zu bezeichnen, war schon zur damaligen Zeit eine Provokation. An diesem Konflikt wurde deutlich, dass Joseph Höffner von einem Universitätslehrer zum Bischof der Kirche geworden war. Man wird nicht bestreiten können, dass Höffner bei dem Versuch, den Schaden zu begrenzen, andere Akzente gesetzt hat als in seinem ursprünglichen Exposé und in seiner Presseerklärung.

3. Erste Schritte zur Reform der Priesterausbildung

Bis zum II. Vatikanischen Konzil waren die Ausbildungsordnungen für Priesteramtskandidaten in allen deutschen Diözesen mit geringen Unterschieden nach der von den Jesuiten für das Collegium Germanicum et Hungaricum in Rom im 19. Jahrhundert erstellten Ordnung geregelt. Eine Studienordnung legte die Vorlesungen und Prüfungen fest, eine Hausordnung bestimmte die äußere Disziplin und vor allem ein geistliches Programm, das vom gemeinsamen Morgengebet zu früher Stunde über die tägliche gemeinsame Feier der hl. Messe bis zur Komplet am Abend den Tagesablauf minutiös regelte und dem einzelnen Studenten wenig Freizeit und Entscheidungsspielraum ließ, zumal die Einhaltung der Ordnungen streng kontrolliert wurde.[37] In einem Universitätskonvikt wie dem Collegium Borromaeum in Münster waren Ausgänge am Nachmittag schon wegen der Teilnahme an Seminarübungen der Universität nicht zu umgehen und ungern geduldet. Kein Konviktorist oder Seminarist besaß bis 1962 einen Hausschlüssel.

Dieses Ausbildungskonzept, das nahezu ausschließlich die Studienleistungen und die spirituelle Formung der künftigen Priester im Blick hatte, war nicht allein durch das Konzilsdekret über die Ausbildung der Priester *Optatam totius*, an dem Bischof Höffner gestaltend mitgearbeitet hatte, überholt.[38] Dieses Konzilsdekret sah neben Studium und geistlicher Formung als Voraussetzung für die Zulassung zur Priesterweihe auch menschliche Reife und die rechtzeitige Hinführung zu pastoraler Praxis vor. Die gesamtgesellschaftliche Entwicklung der 1960er Jahre ließ bei jungen Menschen die Forderung nach Entscheidungsfreiheit und Selbstbestimmung laut werden. Bei Priesteramtskandidaten zeigte sich parallel die Forderung nach eigener Gestaltung des Zusammenlebens im Seminar ohne Kontrolle wie auch nach einer eigenen Gestaltung des geistlichen Lebens.

---

[37] Dazu: N. Trippen, Umbrüche in den Priesterseminaren während der Jahre 1965–1980, in: Pastoralblatt 60, 2007, S. 186–188.
[38] Dekret über die Ausbildung der Priester *Optatam totius* vom 28.10.1965: LThK, Das Zweite Vatikanische Konzil, Bd. 2, Freiburg u. a. 1967, S. 309–355 (Lateinischer Text und deutsche Übersetzung, Kommentar).

Da nach Abschluss des Konzils nicht sofort neue Ausbildungs- und Hausordnungen entsprechend dem Konzilsdekret vorlagen, kam es in allen deutschen Priesterseminaren und Theologenkonvikten zu einem mehrjährigen Gärungsprozess, in dem die Studenten sehr weitgehende Reformforderungen stellten, während Seminarvorstände und Bischöfe um Augenmaß und die Rettung wesentlicher Positionen in der Priesterausbildung besorgt waren. Es kann kaum überraschen, dass das Bistum Münster von solchen Bestrebungen nicht verschont blieb.

a) Das Collegium Borromaeum in den Jahren 1965–1968

Wenn Direktor Ludwig Averkamp[39] am 3. Januar 1967 im Franz-Hitze-Haus in Münster vor 50 Priestern mit dem Thema »Theologenerziehung im Umbruch« referierte und sein Referat im Mai in »Unsere Seelsorge« (Beilage zum KADM) veröffentlicht wurde[40], so ist das ein Hinweis auf das Interesse des älteren Bistumsklerus an dem, was man über die Entwicklungen in den Ausbildungshäusern hörte und nicht recht einzuordnen wusste.

Averkamp berichtete, dass bereits im WS 1965/66 im Collegium Borromaeum Vorstand und Theologen »Grundgedanken und praktische Vorschläge zur Theologenausbildung« erarbeitet hätten, »die im SS 1966 ins Experiment übergeleitet werden konnten und seitdem das Seminarleben bestimmen«. Vorstand und Theologen stünden sich nicht frontal gegenüber; man nehme ernst, dass es Charismen nicht nur bei Vorstehern gebe. »Für die Gliederung der Hausgemeinschaft wurden daher drei Grundsätze aufgestellt:
Erstens: Zur horizontalen Gliederung der Semesterkurse muss eine vertikale Gliederung durch alle Semester kommen.
Zweitens: Um eine Mitverantwortung in möglichst umfassendem Sinne verwirklichen zu können, muss zur Einzelverantwortung (der Gruppensenioren, der Semestersenioren u. ä.) in wichtigen Bereichen auch eine Gruppenverantwortung (der Gruppenversammlung, des Seniorenkonsults u. ä.) kommen.
Drittens: Aufgliederung und Mitverantwortung müssen so beschaffen sein, dass sie die Existenz und die Entfaltung bestehender lebendiger Zellen in der Gemeinschaft (Équipes u. ä.) nicht behindern, sondern möglichst als Aufbauelemente mit einbeziehen.«
Averkamp umriss seine Erwartungen an eine solche »Aufgliederung«: Ausbildung der Fähigkeit zum Dialog und zum geistlichen Gespräch, Einübung in die Verantwortung für andere und in die Aufgaben der Führung anderer, Einübung

---

[39] Ludwig Averkamp (*1927), 1954 Priesterweihe in Rom, 1965–1971 Direktor des Collegium Borromaeum, 1971–1973 Regens des Priesterseminars in Münster, 1973–1985 Weihbischof in Münster, 1985–1987 Koadjutor, 1987–1995 Bischof von Osnabrück, 1995–2002 Erzbischof von Hamburg: M. Nielen, in: E. Gatz (Hrsg.), Bischofslexikon 1945–2001, 260f.
[40] L. Averkamp, Theologenerziehung im Umbruch. Bericht aus dem Collegium Borromaeum in Münster, in: Unsere Seelsorge, Mai 1967, Heft 3, S. 1–4.

in die Teamarbeit als Form moderner Seelsorge. »Die Hausgemeinschaft von rund 160 Theologen ... wird in jeweils 12 Gruppen aufgeteilt ... Bestehende Équipes ... werden zum großen Teil geschlossen in die Gruppen übernommen. Die älteren Semester stellen (durch Wahl) die Senioren für diese Gruppen. Die Gruppen bilden Wohngemeinschaften und haben außer den Einzelzimmern jeweils ein gemeinsames Wohnzimmer ...« Averkamp beschrieb dann die Aufgabenstellungen der Gruppen intern und für die Hausgemeinschaft. Dazu gehörte eine wöchentliche hl. Messe in einer Pfarrei mit anschließenden kleineren pastoralen Aktivitäten.

In der Rückschau auf die Erfahrungen zweier Semester bekennt Averkamp: »Die Anfangsschwierigkeiten waren nicht zu übersehen. Wir bewegten uns alle auf ungewohntem Gelände. Der erste Versuch des Zusammenwachsens gelang je nach Gruppe sehr unterschiedlich ... Das Leben im kleinen Kreis der Gruppe machte andererseits auch rasch sichtbar, wo Kontaktarmut und Mangel an Verantwortungsbewusstsein und -bereitschaft ... aufzuarbeiten waren.«

Averkamp berichtete dann über »Die Lebensordnung der Theologen«: »An drei Wochentagen (Montag-Mittwoch-Samstag) feiert die Hausgemeinschaft die Eucharistie gemeinsam (am Mittwoch mit dem Bischof im Dom); an einem anderen Wochentag (gewöhnlich am Freitag) gestaltet die Gruppe den Gottesdienst in einer Pfarrei der Stadt; an den beiden verbleibenden Tagen (Dienstag-Donnerstag) müssen die einzelnen Theologen persönlich ... über Ort und Zeit ihrer Mitfeier der heiligen Messe entscheiden: Gottesdienstmöglichkeiten gibt es im Haus, in der Studentengemeinde, im Dom, in anderen Kirchen ...«

Zu den übrigen Lebensbereichen schreibt Averkamp: »Für das rechtzeitige Aufstehen am Morgen muss jeder Theologe selbst sorgen. Auch das private Studium ist seiner eigenen Planung anvertraut. Die freie Verfügung über die Abende wird nicht begrenzt, bis auf den Samstagabend mit Exhorte und Komplet ... Da eine solche Herausforderung der Selbstverantwortung nur möglich ist, wenn sie Hand in Hand geht mit einem kräftigen Vorschuss an Vertrauen, wird eine systematische Ordnungskontrolle vom Vorstand des Hauses abgebaut. Es ist aber klar, dass dem Theologen regelmäßige Hilfen gegeben werden müssen in der starken Beanspruchung seiner persönlichen Fähigkeit zu Initiative, Selbstdisziplin und Selbstkorrektur.«

In einem weiteren Abschnitt ging Averkamp auf erste Ansätze zu Praktika ein, die die Theologen auf die Realitäten des Seelsorgeralltags einstimmen sollten. Insgesamt war der Direktor des Borromaeums von der Richtigkeit seiner Konzeption und ihrem überwiegenden Erfolg überzeugt.

Wenige Wochen vor dieser Priesterkonferenz am 3. Januar 1967 hatte Bischof Höffner als Kontrastdarstellung einen langen Bericht eines Theologen aus dem Collegium Borromaeum erhalten.[41] Ein Student des 8. Semesters schrieb: »An

---

41 L. W. (4. Kurs) an Höffner, 30.10.1966 (5 Seiten): HAEK – NH 4047.

dem einzigen gemeinsamen Morgengebet in der Woche nun haben während des ganzen vergangenen Semesters [SS 1966] nur 40 % der Hausgemeinschaft teilgenommen, an dem Abendgebet lediglich 20–30%, an den wenigen gemeinsamen Messfeiern höchstens 80 % und an den Puncta-Vorträgen 70 % ... Das silentium religiosum [ab 21.30 Uhr] wurde eigentlich kaum beachtet. – Einige Theologen aus den ersten Semestern haben die meisten Abende außerhalb des Hauses verbracht ...« Weiterhin berichtete der Theologe über die geringe Beichtfrequenz. »Dort scheint auch der Grund zu liegen, dass man dem Zölibat kaum noch Verständnis entgegenbringt ...«

Bischof Höffner teilte wesentliche Abschnitte des Briefes ohne Namensnennung des Schreibers Direktor Averkamp am 9. November 1966 mit.[42] Er distanzierte sich dabei indirekt von dem übereifrigen Theologen, indem er schloss: »Ich bin mit Ihnen einig, lieber Herr Direktor, dass manches übertrieben ist. Natürlich stellt jede Neuordnung hohe Ansprüche, und nicht jeder wird einer breiten Selbstverantwortung sofort gewachsen sein. Vielleicht können wir demnächst – auf Grund Ihrer weiteren Erfahrungen in diesem Semester – das eine oder andere besprechen.«

Dass Direktor Averkamp eine so weitreichende Reform der Theologenausbildung im Collegium Borromaeum nur in Absprache mit Bischof Höffner und mit seinem Einverständnis wagen konnte, findet eine Bestätigung in Höffners persönlichen Akten: Am 25. Oktober 1966 notierte er handschriftlich (für ein Referat vor einer Konferenz?) Gedanken über »Die Ordnung des Gemeinschaftslebens« im Priesterseminar und im Collegium Borromaeum.«[43] Darin hieß es unter »3. Rücksichtnahme auf das gewandelte Bewusstsein:

a) Bereitschaft zur Eigenverantwortung: ›sponte agere‹, ›libertate sapienter uti‹, ›propria responsabilitate uti‹.
b) Streben nach Praxisnähe.
c) Streben nach überschaubaren Gemeinschaften: ›communitates parviores‹.«

Waren diese Maßstäbe Bischof Höffners dem Konzilsdekret Optatam totius (Nr. 11) entnommen, so notierte er zusätzlich: »Leitsätze der Fuldaer Konferenz 30.4.1966«.

Für Höffner war das der Versuch, in seinem Bistum einen Auftrag des Konzils zu erfüllen: In den Ländern und Regionen an einer Ratio Institutionis Sacerdotalis zu arbeiten. Am 29. April 1967 unterzeichnete er (für die Kommission für Priesterfragen der Deutschen Bischofskonferenz?) »Gedanken zu einer ›Ratio Institutionis Sacerdotalis‹«.[44] In sie sind offensichtlich Elemente aus Averkamps Referat vom 3. Januar eingeflossen, angefangen mit »Pastorale Ausrichtung der priesterlichen Berufung«. »4. Überwindung gewisser Antinomien, vor allem

---

[42] Höffner an Averkamp, 9.11.1966 (Durchschlag): Ebd.
[43] HAEK – NH 4047.
[44] Gedanken zu einer »Ratio Institutionis Sacerdotalis« (3 Seiten), 29.4.1967: Ebd.

a) der Antinomie zwischen einem passiven Mitlaufen und einem übersteigerten Autonomiestreben, das Gehorsam und Disziplin ablehnt ...
b) der Antinomie zwischen einer bloß humanistisch verstandenen Persönlichkeitsentfaltung und der Selbstverleugnung in der Nachfolge des Gekreuzigten,
c) der Antinomie zwischen einer ungeläuterten Hinwendung zur Welt und der christlichen Distanz von der Welt,
d) der Antinomie zwischen äußerer Geschäftigkeit und zuchtvoller Sammlung und Stille.«

Der Bischof ging dann auch auf das »gewandelte Bewusstsein der zukünftigen Priester« ein: »a) Streben nach Selbständigkeit und Eigenverantwortung, b) Streben nach Praxisnähe, c) Streben nach kleineren, überschaubaren Gemeinschaften im Seminarleben.« Die Folgerungen, die Höffner daraus zog, sind nahezu wörtlich die Averkamps. Wie sehr Bischof Höffner die Linie des Konzilsdekrets verinnerlicht hatte, lassen seine Bemerkungen zur Hausordnung der Seminare erkennen: »Die Ordnung eines Priesterseminars ist nicht eine Lebensordnung für Ordensleute, die in der Gemeinschaft des Klosters ihre dauernde Lebensform suchen, sondern eine Ordnung für künftige Bistumspriester, die sich später selbst eine Lebensform schaffen und sie persönlich durchtragen müssen. Deshalb muss die persönliche Initiative für ein je nach der Situation des Bistumspriesters neu konkret zu ordnendes Leben gefördert werden ... Es ist deshalb zu überlegen, ob im Priesterseminar die Ordnungspunkte des Tages und der Woche für die Gesamtgemeinschaft in ihrer Zahl auf wichtige Eckpunkte reduziert werden sollten, die freilich wegen ihrer Bedeutung für die Kommunität besonders hervorgehoben werden müssten. Zugleich muss die Bildung einer persönlichen Lebensordnung vor allem in den einzelnen Wohngemeinschaften und Équipes besonders gefördert und gepflegt werden.«

Zur pastoralen Ausrichtung einer Ratio Institutionis Sacerdotalis schrieb Höffner: »Nach den Weisungen des Konzils muss die pastorale Ausbildung erheblich erweitert werden. Damit ist nicht die theoretische Unterweisung gemeint; die Theologen sollen vielmehr das Apostolat ›auch praktisch erlernen und imstande sein ..., aus eigener Verantwortung und im Team zu arbeiten‹; deshalb ›sollen sie schon im Verlauf des Studiums und während der Ferien mit der pastoralen Praxis vertraut werden‹ (Nr. 21 [Optatam totius][45])«.

Höffner zählte dann beispielhaft einige der in Münster üblichen Praktika auf. »Im Bistum Münster sind alle Diakone verpflichtet, nach der Diakonenweihe für ein ganzes Jahr in ausgesuchten Pfarreien zu wirken.«

Auch in seinem letzten Jahr als Bischof von Münster blieb Höffner nach Ausweis mehrerer handschriftlicher Notizen mit dem Thema der Erstellung einer Ratio Institutionis Sacerdotalis befasst.[46] In einer Notiz unter dem Datum 27. Juni

---
[45] LThK, Das Zweite Vat. Konzil, Bd. 2, S. 351.
[46] Sämtliche hs. Notizen in HAEK – NH 4047.

1968 schrieb er: »Unsere Beratungen über die Ratio Institutionis Sacerdotalis sind in dreifacher Hinsicht vordringlich:
a) aus der Sicht des Bistums,
b) aus der Sicht der Bischofskonferenz: Beschluss 3.3.68: ›Die Kommission für Priesterfragen wird beauftragt, die Beratungen um eine Neuordnung der Priesterbildung beschleunigt zum Abschluss zu bringen und für die Vollversammlung im Herbst 1968 eine Vorlage zu erarbeiten.‹
c) aus der Sicht der Weltkirche: Die Congregatio pro Institutione Catholica ... erbittet dringend die Ratio Institutionis Sacerdotalis des deutschen Episkopats.«

Am 1. Juli 1968 hat Höffner sich Notizen für ein Gespräch – wohl im Priesterseminar – über die »Teilnahme des Priesterseminars an der Liturgie der Domkirche« gemacht. Wie später auch in Köln, so war auch im Priesterseminar in Münster bereits 1968 die sonntägliche Teilnahme am Kapitels- und Bischofsgottesdienst der Domkirche unbeliebt; zumal die Beteiligung am Choralgesang stieß auf Widerstand, weil die zusätzlichen Proben als belastend empfunden wurden. Höffner versuchte, mit Verweis auf Konzilstexte die Liturgie der Domkirche als maßgebend für die Liturgie der Diözese herauszustellen und die inneren Widerstände der jungen Herren zu überwinden.

b) Die Einführung des Diakonatspraktikums im Bistum Münster

Das Dekret des II. Vatikanischen Konzils über die Ausbildung der Priester *Optatam totius* sollte den Bischöfen die Entscheidung zusprechen, »ob es angebracht ist, die Alumnen nach Abschluss des theologischen Studiums noch eine angemessene Zeit den Weihediakonat ausüben zu lassen, bevor sie zur Priesterweihe zugelassen werden«.[47] Schon 1965, als das Dekret noch gar nicht verabschiedet war, begann man in Münster – gewiss auf Anweisung oder mindestens unter Zustimmung Bischof Höffners –, ein zunächst halbjähriges »Praktikum der Diakone« zu entwickeln. Seitens der Seminarleitung war der damalige Spiritual Bernhard Fraling[48] damit befasst. Über den ersten durchgeführten Versuch im Frühjahr und Sommer 1965 erstellten drei Kapläne, darunter Höffners späterer Sekretär Ulrich Zurkuhlen, einen kurzen, insgesamt sehr positiven Bericht »Gedanken zum halbjährigen Diakonat«[49], den sie am 9. September 1965 nach ihrer Priesterweihe dem Bischof zuleiteten.[50]

---

[47] *Optatam totius* 12: LThK, Das Zweite Vat. Konzil, Bd. 2, S. 357.
[48] Bernhard Fraling (*1929), Priesterweihe 1957 in Münster, 1962 Dr. theol. u. Beurlaubung zum Habilitationsstudium in München, 1965 Spiritual am Priesterseminar in Münster, ab 1968 Regens, 1971 Professor für Moraltheologie in Paderborn, 1980 desgl. in Würzburg, ab 1996 wieder in Münster: BAM – Klerusdatei, Bernhard Fraling.
[49] Gedanken zum halbjährigen Diakonat (2 engbeschriebene Seiten): BAM – A 02, GV NA, A0 174.
[50] K. H. Driessen, U. Zurkuhlen, K. Krämer an Bischof Höffner (handschriftlich), 9.9.1965: Ebd.

3. Erste Schritte zur Reform der Priesterausbildung 75

Bei einer Konferenz, zu der Höffner auf den 9. März 1966 die Pfarrermentoren der nächsten Gruppe von Diakonen einlud, legte er seine Konzeption für das Diakonatspraktikum dar.[51] Inzwischen war *Optatam totius* verabschiedet und zur Richtschnur für die Priesterausbildung geworden. Höffner legte den Pfarrern dar: »Während der 10 Studiensemester können die pastoralen Impulse zwar angeregt und gepflegt, aber nicht in ausreichendem Maße berücksichtigt werden. Diese Erkenntnis hat zur Einführung des Praktikums der Diakone geführt. Dieses Praktikum ist ein wichtiger Teil der Erziehung und Bildung der zukünftigen Priester.« Der Bischof legte dann seine Vorstellungen von Sinn, Zeitpunkt und Dauer und der Aufgabenverteilung zwischen den Verantwortlichen dar. Neben dem Pfarrer der vom Bischof ausgewählten Pfarrei[52] sollte ein geeigneter Lehrer als Schulmentor die jungen Diakone in die Erteilung des Religionsunterrichts – damals noch eine wesentliche Aufgabe der jüngeren Priester – einführen. Höffner schwankte in seiner Einschätzung noch, ob ein halbjähriges Praktikum nach dem 11. Semester oder ein ganzjähriges Praktikum nach dem 10. Semester angemessen und notwendig sei. Die Einwände aus dem Dozentenkollegium des Priesterseminars, das um den Erhalt der vertrauten Seminarordnung besorgt war, lassen sich erahnen.

Nach der zweiten Durchführung im Sommer 1966 erstellte Spiritual Fraling aus Höffners Referat vom 9. März 1966 und weiteren Erfahrungen eine Ordnung »Das Seelsorgepraktikum der Diakone in der Diözese Münster«, die er Höffner am 5. Dezember 1966 zusandte.[53] Inzwischen hatte sich die Tendenz zum ganzjährigen Praktikum durchgesetzt. Fraling schrieb: »Sicher werden Sie zu Beginn des Jahres 1967 wieder die ›Lehrherren‹ der Diakone einladen, um mit ihnen über das praktische Jahr zu sprechen; wenn es Ihnen recht ist, dass den Pfarrern die Ordnung für das Praktikum in der vorliegenden Form oder auch in einer Überarbeitung ausgehändigt wird, würde ich Sie um Ihr Plazet bzw. Ihre Wünsche für die Überarbeitung bitten.«

Die Aufgabe der Betreuung des Diakonatspraktikums sollte 1967 von Fraling auf den Subregens des Priesterseminars übergehen. Höffner bedankte sich bei Fraling für alle aufgewandte Mühe. »Ich bin damit einverstanden, dass er [der Vorschlag für die Ordnung] als Grundlage dienen soll. Das schließt nicht aus, dass die Erfahrung lehren könnte, das eine oder andere zu ändern.«[54]

Höffner sandte seine Ordnung für das Diakonatspraktikum auch an die Studienkongregation in Rom. Das geschah sicher in der Absicht, »Erfolgsmeldung« zu erstatten. In Rom war man etwas ungeduldig, dass die Bischofskonferenzen in

---

[51] Praktikum der Diakone. Referat des H. H. Bischofs bei der Konferenz der H. H. Pfarrer am 9. März 1966 im Priesterseminar Münster (5 Seiten): Ebd.; auszugsweise abgedruckt in: UNSERE SEELSORGE, Heft 4, Juni 1966, S. 6f.
[52] Vgl. Einladungsschreiben Höffners an die Diakonatspfarrer des Jahres 1968, 16.1.1968: BAM – A 02, GV NA, A0 174.
[53] Fraling an Höffner, 5.12.1966: Ebd. – Die Ordnung »Das Seelsorgepraktikum der Diakone in der Diözese Münster« liegt in der »2. Auflage 1968« bei.
[54] Höffner an Fraling, 7.12.1966 (Durchschlag): Ebd.

aller Welt in der Umsetzung ihrer Kompetenzen in Sachen Priesterausbildung sehr zurückhaltend waren. Man versuchte, die Bischofskonferenzen zu unterstützen durch Erlass einer Ratio fundamentalis Institutionis sacerdotalis 1970, die allgemeine Vorgaben für nationale Ausbildungsordnungen machte.[55] Auch in Deutschland kam es erst 1978 zu einer »Rahmenordnung für die Priesterbildung« durch die Bischofskonferenz.[56] Höffner war nicht frei von Stolz, dass er schon 1968 mit dem Diakonatspraktikum eine wesentliche Bestimmung von Optatam totius umgesetzt hatte. Andererseits entsprach es seiner Vorsicht, den Hl. Stuhl über so wesentliche Veränderungen in der Priesterausbildung zu informieren. Am 9. Juli 1968 antwortete Erzbischof Schröffer, der Sekretär der Studienkongregation, auf die Vorlage von Höffner vom 6. März 1968 mit einem großen Kompliment für den in Münster eingeschlagenen Weg. Man wünsche sich in der Kongregation, dass es doch mehr solcher Schritte in anderen Diözesen gebe.[57]

Das heute in allen deutschen Diözesen geforderte Diakonatspraktikum dürfte im Bistum Münster als erstem eingeführt und von Bischof Höffner gegen mancherlei Einwände und Widerstände durchgesetzt worden sein.

c) Die Zölibatsdiskussion ab 1967

Bischof Höffner lud einen Kreis von acht für kompetent erachteten Persönlichkeiten zu einem »Gespräch über die Hinführung zum Zölibat« für den 6. und 7. Januar 1968 nach Münster ein. Unter den Teilnehmern waren Direktor Averkamp und Spiritual Bours, aber auch Moraltheologen, Psychologen und Ärzte: Prof. Dr. Leonhard Weber, München; Prof. Dr. Wilhelm Heinen, Münster; Prof. Dr. Albert Görres, Unterföhring; Prof. Dr. Alois Müller, Fribourg; Dr. Franz R. Faber, Neuenkirchen/Oldenburg; Dr. J. Köhne, Münster. Ein 18 Schreibmaschinenseiten umfassendes Protokoll, das Höffner handschriftlich überarbeitete, liegt in seinen Akten.[58]

Über den Anlass dieses Gesprächs liest man zu Beginn aus dem Munde Höffners: »Die Bischofssynode im Herbst des vergangenen Jahres in Rom hat über die Institutio Sacerdotalis gesprochen, sie hat besonders gefragt nach der Priesterausbildung. Aber sie hat diese Fragen an die Bischofskonferenzen weitergegeben. Es soll ein Direktorium erarbeitet werden, zu dem auch die Deutsche Bischofskon-

---

[55] *Ratio fundamentalis Institutionis sacerdotalis*/Grundordnung für die Ausbildung der Priester, Kongreation für das katholische Bildungswesen, 6.1.1970: Nachkonziliare Dokumentation, Bd. 25, Trier 1974, S. 69–263.
[56] Rahmenordnung für die Priesterbildung v. 1.5.1978, Überarbeitung 1.12.1988, Römische Neuapprobation 1995, verabschiedet von der DBK 12.3.2003: Sekretariat der DBK 73.
[57] *Sacra Congregatio pro Institutione Catholica*, Erzbischof Schröffer, an Höffner, 9.7.1968: BAM – A 02, GV NA, A0 174; Höffners Schreiben nach Rom vom 6.3.1968 ist nicht in den münsterschen Akten erhalten, es wird in Schröffers Antwort erwähnt.
[58] Gespräch über die Hinführung zum Zölibat am 6.–7. Januar 1968 in Münster: HAEK – Zug. 629/92 – 14.

ferenz Vorschläge machen soll. In dieses Direktorium, das für die ganze Weltkirche gelten soll, muss die Frage des Zölibates integriert werden. Unsere Aufgabe ist es, eine gute und gültige Hinführung zum Zölibat zu erarbeiten.« Höffner verwies darauf, dass das Konzil zweimal – im Priesterausbildungsdekret und im Priesterdekret – den Zölibat bekräftigt hatte. »Eine dritte lehramtliche Äußerung aus neuerer Zeit ist die Enzyklika Pauls VI. über den Zölibat vom Juni 1967 ...«[59]

Die Diskussion unter den Teilnehmern war sehr offen, brachte die vor allem durch die Enzyklika aufgeheizte Stimmung in der Öffentlichkeit, aber auch in Kirchenkreisen und unter den Theologiestudenten zur Sprache. Alle Fragen um die theologische Begründung des Zölibates, die menschlich-psychische Reife junger Männer zum Zölibat, der Umgang mit am Zölibat gescheiterten Priestern, die Frage nach der Möglichkeit eines Nebeneinanders von zölibatären und verheirateten Priestern und viele weitere Themen wurden von den Fachleuten aus ihren je unterschiedlichen Perspektiven angesprochen, wobei Bischof Höffner sich jeweils einschaltete, um die Position der Kirche und speziell der Enzyklika Pauls VI. in Erinnerung zu rufen, an deren Stil und theologischem Niveau in noblem Ton, aber deutlich in der Sache Kritik geübt wurde.

Am Schluss der langen Aufzeichnung heißt es: »Es wird zum Schluss vereinbart, dass die Teilnehmer nach Möglichkeit kurz schriftlich Stellung nehmen sollten zu den Fragekomplexen, die leider nicht mehr behandelt werden konnten:
1. Welche positiven Kriterien gibt es in der Frage der Berufung zum zölibatären Priestertum?
2. Was müsste an humanen Werten in die Priestererziehung hereingebracht werden?«
Generalvikar Lettmann riet Bischof Höffner, diese an manchen Stellen schonungslos offene Gesprächsaufzeichnung allein den Teilnehmern, nicht aber weiteren Kreisen zugänglich zu machen.[60] Eine Reaktion darauf stellt ein Papier Direktor Averkamps vom 29. Januar 1968 dar: »Positive Kriterien für die Berufung zum priesterlichen Zölibat?«[61] Averkamp kam zu dem Schluss: »Es ist nicht zu erwarten, dass die Publizierung eines gelungenen Direktoriums über die Institutio Sacerdotalis aus sich viel helfen wird, die Priesterausbildung zu verbessern. Die Hauptschwierigkeit liegt in der fehlenden Ausbildung der Priestererzieher. Deshalb könnte der vielleicht fruchtbarste Satz im Direktorium so lauten (und vielleicht könnte man ihn schon rasch beschließen in der Deutschen Bischofskonferenz auch vor einem solchen Direktorium): ›Außer der bestehenden Jahreskonferenz der Regenten werden in jedem Jahr für alle Priestererzieher regional getrennte, wenigstens einwöchige Arbeitstagungen veranstaltet, zu denen erfahrene Pastoraltheologen, Pädagogen und Psychologen hinzugezogen werden.‹«

---

[59] Enzyklika *Sacerdotalis coelibatus*, in: AAS 59, 1967, S. 657–697.
[60] Aktennotiz Lettmanns, 10.1.1968: HAEK – Zug. 629/92 – 14.
[61] Ludwig Averkamp: »Positive Kriterien für die Berufung zum priesterlichen Zölibat?«: Ebd.

Averkamp wird sich bewusst gewesen sein, dass diese seine Idealvorstellung nicht zu verwirklichen war. Immerhin hat es seit den 1970er Jahren solche Studienwochen unter dem Titel »Essener Kurse« als Angebot der Deutschen Regentenkonferenz gegeben, an denen vor allem neuernannte Regenten, Konviktsdirektoren, Spirituale usw. teilnahmen.[62]

Als die Zölibatsdiskussion auch Ende 1968 nicht zur Ruhe kam, verfasste Bischof Höffner am 27. November 1968 – wenige Wochen vor seiner Übersiedlung nach Köln – für seine Kirchenzeitung KuL einen Artikel »Los-vom-Zölibat-Bewegung?«[63]

4. Die Einführung des »Rätesystems« im Bistum Münster

Als das II. Vatikanische Konzil 1965 zuende ging, war die Rätestruktur und damit die Voraussetzung für einen geordneten Dialog zwischen Bischof und Generalvikariat einerseits und Priestern und Laien des Bistums Münster andererseits unterentwickelt.[64] Während im Erzbistum Köln und in den meisten deutschen Diözesen seit 1946 ein System von Katholikenausschüssen bis hin zum 1952 gegründeten ZdK sich entwickelt hatte[65], war Bischof Keller von Münster für seine Diözese gegenüber diesem »Kölner Modell« auf Distanz geblieben. Es gab zwar seit 1951 in Münster eine von Heinrich Tenhumberg geleitete »Geschäftsstelle des Diözesankomitees«, die sich jedoch über Jahre darauf beschränkte, den »Diözesanführungskreis« aller im Bistum bestehenden Verbände einmal jährlich zusammenzurufen. Daneben organisierte Tenhumberg für Bischof Keller das »Herz-Jesu-Freitag-Konveniat«, zu dem sich die geistlichen Abteilungsleiter des Generalvikariates und die Diözesanpräsides der Verbände beim Bischof versammelten.[66]

Nicht ohne tatkräftige Förderung durch Professor Höffner hatte die Diözesansynode 1958 ein Rahmenstatut für die »Koordinierung des Laienapostolats« im Bistum Münster beschlossen und die Einrichtung von Pfarr- und Dekanatskomitees sowie eines Diözesankomitees vorgesehen.[67] Wilhelm Damberg hat geschildert, auf welche Schwierigkeiten die Umsetzung dieser Synodenbeschlüsse stieß, und kommt zu dem Schluss: »Priester und Laien standen dem Unternehmen

---

[62] Der Verfasser erinnert sich, an solchen Kursen unter Leitung des Pastoraltheologen und -psychologen Prof. Dr. Hermann Stenger CSsR 1978 und 1979 teilgenommen zu haben. Sie fanden in der Regel in Österreich statt, damit Kollegen aus der DDR daran teilnehmen konnten.

[63] KuL 8.12.1968; Nachdruck: Köln KA 109, 1969, S. 79–81.

[64] Zum Nachfolgenden: W. Damberg, Abschied vom Milieu, S. 257–277; Ders., Das Zweite Vatikanische Konzil und das Bistum Münster, S. 37–76, besonders: S. 47–59.

[65] Vgl. N. Trippen, Frings I, S. 504–532.

[66] Dazu: W. Damberg, Abschied vom Milieu, S. 195–196.

[67] Ebd. S. 195; zu J. Höffners Mitarbeit auf der Diözesansynode 1958: N. Trippen, Höffner I, S. 217–222.

in ihrer Mehrzahl immer noch ablehnend, distanziert, uninteressiert oder schließlich hilflos gegenüber.«[68] Als Beispiel kann ein Brief vom Recklinghausener Propst und Dechanten, Graf Droste zu Vischering an das Generalvikariat vom 2. Mai 1960 gelten. Gegen eine Anordnung von Berichten der Dechanten über die Gründung von Pfarrkomitees an die »Geschäftstelle des Diözesankomitees« im Amtsblatt wandte Droste ein: »Die ›Geschäftstelle des Diözesankomitees‹ ist nicht dienstlicher Vorgesetzter der Herren Dechanten. Infolgedessen ist es juristisch nicht möglich und psychologisch nicht zumutbar, der genannten Geschäftstelle einen dienstlichen Bericht vorzulegen«. Wenn eine neue Verhandlungsebene zwischen Pfarrkomitees und der Diözesanstelle geschaffen werde, werde dadurch »im Raum des kirchlichen Lebens ein zweiter Weg beschritten, der neben dem ersten, normalen Weg (Pfarrer, Dechant, Bischöfl. Behörde) parallel verläuft. Eine solche Zweigleisigkeit birgt erfahrungsgemäß große Gefahren in sich.«[69]

Höffner hatte schon auf der Diözesansynode 1958 angesichts des zurückgehenden direkten kirchlichen Einflusses in der Öffentlichkeit an den Beschlüssen zur Schaffung von Laiengremien mitgearbeitet. Inzwischen hatte er sich auf dem Konzil in ähnlicher Richtung eingebracht. Noch während des Konzils begann Höffner ab 1965 mit der Gründung der Gremien: Diözesankomitee, Priesterrat und Seelsorgerat, Pfarrkomitees. Ihm war dabei bewusst, dass es Überschneidungen zwischen diesen neuen Gremien und den seit langem bestehenden geben würde: Domkapitel, Geistlicher Rat und Dechantenkonferenz.

a) Dechantenkonferenz

Die jährliche Zusammenkunft der Dechanten mit dem Bischof und seinen Mitarbeitern im Generalvikariat hatte auch in Münster eine lange Tradition. Während in flächenmäßig kleineren Diözesen – etwa im Erzbistum Köln – auch halbtägige Dechantenkonferenzen aus gegebenem Anlass einberufen wurden, war im Bistum Münster, das sich von Wilhelmshaven bis Recklinghausen und Xanten auf dem linken Niederrhein erstreckte, eine langfristig angekündigte mehrtägige Dechantenkonferenz Tradition.[70]

Reinhard Lettmann schreibt: »Die Themen der Eröffnungsvorträge der Dechantenkonferenzen, die in seiner Zeit an drei Tagen in der Pfingstwoche stattfanden, lassen einige Schwerpunkte der pastoralen Tätigkeit Bischof Höffners deutlich werden. 1963 hielt Professor Dr. Ratzinger, damals [seit neuestem] in

---

[68] W. DAMBERG, Abschied vom Milieu, S. 199.
[69] Propst Graf Droste an Generalvikariat Münster, 2.5.1960: BAM – A 03, GV NA, A 101–243.
[70] Die Dechantenkonferenzen zur Zeit Bischof Höffners sind dokumentiert: BAM – A 02, GV NA, A0 163, A 03/101, GV NA, A 101–381, 382 sowie in Höffners persönlichen Akten: HAEK – NH 2673 (Freckenhorst 1963); HAEK – NH 2674 (Wangerooge 1964); HAEK – NH 2675 (Kevelaer 1965); HAEK – NH 2676 (Gemen 1966); HAEK – NH 2677 (Freckenhorst 1967); HAEK – NH 2678 (Kevelaer 1968).

Münster tätig, einen Rückblick und eine Vorschau auf die Arbeiten des Konzils. In den folgenden Jahren hielt der Bischof selbst das Einleitungsreferat. Die Themen waren:
1964: Der katholische Christ in der weltanschaulich-pluralistischen Gesellschaft[71];
1965: Die katholische Kirche Deutschlands im 4. Konzilsjahr[72];
1966: Das Priesterbild des II. Vatikanischen Konzils[73];
1967: Jahr des Glaubens[74];
1968: Ende der Volkskirche?[75]«
Nach diesen dankbar aufgenommenen Einleitungsreferaten folgten Berichte aus dem Generalvikariat: Über die finanziellen Verhältnisse, Vorhaben der Verwaltung, vor allem aber: Berichte der Referate des Seelsorgeamtes über ihre Arbeit. So verständlich es war, dass geistliche Referatsleiter den versammelten Dechanten über ihre Projekte berichten wollten, so ermüdend empfanden die von den gravierenden Veränderungen dieser Jahre in Kirche und Gesellschaft betroffenen Dechanten diese Folge von Reden ohne die Möglichkeit wirklicher Diskussion von Problemen oder auch nur des Austausches untereinander.

Auf welchem Niveau sich die nach einzelnen Vorträgen eingeräumten Diskussionen bewegten, lässt eine handschriftliche Notiz Höffners anlässlich der Dechantenkonferenz 1965 erkennen:
»Desiderata:
1. Trauung nachmittags mit Messe/samstags;
2. eigener Haushalt auch für die Neupriester, weil die Haushälterinnen der Pfarrer überlastet seien.
3. Liturgie: Frage: Ist es erlaubt, keinen Manipel zu tragen? b) auf Burse und Kelchvelum zu verzichten? c) den Kelch durch einen Messdiener nach der ablutio zur Kredenz bringen zu lassen?
4. Wie viele intentionsfreie Tage für die Kapläne, damit sie ihre persönlich übernommenen Intentionen persolvieren können?
5. An welcher Stelle der hl. Messe soll der Brautsegen erteilt werden?
6. Gottesdienst auf Zeltplätzen;
7. Höhe der Stipendien (4 DM?)«[76].

---

[71] Unter dem Titel »Unsere Sorge um die der Kirche Entfremdeten«: PASTORALBLATT 16, 1964, S. 306–311 u. 328–331.
[72] Unter dem Titel »Besser angefochten als verhätschelt« KuL 20, 1965, Nr. 26, S. 16.
[73] Gedrucktes Protokoll der Dechantenkonferenz: BAM – A 02, GV NA, A0 163 bzw. HAEK – NH 2676.
[74] Unter dem Titel »GLAUBENSBEKENNTNIS in unserer Welt«: KuL 22, 1967, Nr. 23, S. 10–11.
[75] PASTORALBLATT 20, 1968, S. 290–297 – Gesamtzitat: R. LETTMANN, Joseph Höffner (1962–1969), in: Alois SCHRÖER, Die Bischöfe von Münster. Biographie der Weihbischöfe und Generalvikare (= Das Bistum Münster, hrsg. v. Werner THISSEN, Bd. 1), Münster 1993, S. 320–327, hier S. 323.
[76] HAEK – NH 2675.

Man muss berücksichtigen, dass die allmählich umzusetzende Liturgiekonstitution des Konzils neue Freiheiten einräumte, die nicht jeder nach eigener Laune ausgestalten durfte. Dennoch darf man überrascht sein, wie gering demgegenüber das Problembewusstsein gegenüber den Entwicklungen der Zeit in Kirche und Gesellschaft gewesen zu sein scheint.

Im Vorfeld dieser Dechantenkonferenz 1965 in Kevelaer schrieb der Leiter der Geschäftsstelle des »Diözesankomitees der Katholiken im Bistum Münster«, Karl Hürten, am 14. Mai an Bischof Höffner: »Anlässlich einer Konferenz der Dechanten des Bezirkes Nördliches Münsterland, an der ich teilnahm, kam die Rede auf die bevorstehende Dechantenkonferenz. Hierbei ergab sich, dass alle Dechanten heftige Kritik am Inhalt und an der Form der bisherigen Dechantenkonferenzen übten. Auf meine Bitte hin wurde ich beauftragt, Ihnen hierüber zu berichten.

Mit großem Nachdruck beklagten die Dechanten die mangelnde Gelegenheit zur Diskussion und zum Erfahrungsaustausch. Zeit für die Aussprache würde überhaupt nur gegeben, um bestellte Fragen zu stellen ... Wiederholt sei auf der Dechantenkonferenz gefordert worden, in Arbeitskreisen zu tagen, um auf diese Weise genügend Gelegenheit zur Aussprache zu geben. Diesem Wunsch sei trotz gegenteiliger Versicherungen nie entsprochen worden. Die Dauer aller Berichte, Referate usw. sei auf höchstens 15 bis 20 Minuten zu begrenzen. Hierbei wurde Ihre Eröffnungsansprache ausdrücklich ausgenommen. Alle Details, die in dieser Zeit nicht behandelt werden könnten, sollten Gegenstand einer rechtzeitigen schriftlichen Vorbereitung sein. Nur so ließe sich in der Regel ermöglichen, dass die teilnehmenden Dechanten aus ihrem Erfahrungsbereich zu anstehenden Fragen fundiert Stellung nehmen könnten.

Wissenschaftliche Vorträge sollten auf der Dechantenkonferenz nicht gehalten werden. Dringend baten die Dechanten darum, dass in Zukunft der Verwaltungs- und Finanzbericht entfallen solle. Sie seien durchaus überzeugt, dass in den zuständigen Verwaltungsstellen korrekt verfahren würde ... Dieser Berichtsteil sei ›reine Zeitverschwendung‹. Statt dessen solle man sich lieber konkreten Fragen der Pfarrseelsorge zuwenden. Hier wurden genannt: Fragen der Jugendseelsorge, die sonntägliche Abendmesse und Fragen der Liturgiereform.«[77]

Hier wird ein Unterschied in der Auffassung über die Aufgaben einer Dechantenkonferenz deutlich: Während Bischof und Diözesanverantwortliche darin eine umfassende Information der leitenden Priester vor Ort durch Bischof und Generalvikariat sahen (ausschließlich »von oben nach unten«), wünschten die Dechanten ein Forum gegenseitiger Information zwischen Dechanten und Bistum »auf Augenhöhe« und des Austauschs untereinander. Es sollte einige Zeit dauern, bis sich das von den Dechanten gewünschte Konzept ihrer Konferenzen durchsetzen sollte.

---

[77] Diözesankomitee der Katholiken im Bistum Münster, Geschäftsstelle, an Höffner, 14.5.1965: BAM – A 03/101, GV NA, A 101–381.

Bischof Höffner griff das Anliegen der Dechanten, mit dem Bischof und untereinander in einen Dialog zu kommen, noch auf andere Weise auf. Beim Wechsel im Amt des Bischöflichen Kommissars für den Niederrhein in Wesel legte er am 2. September 1964 seine strukturelle Konzeption für das Bistum Münster dar: »Die Entwicklung in den deutschen Diözesen zeigte in den letzten Jahrzehnten immer klarer, dass die Einteilung des Bistums in Dekanate nicht mehr allen Anforderungen entspricht.« Städte und Landkreise überschritten die kirchlichen Dekanatsgrenzen. Dabei gebe es Themen, von denen Kommunalpolitik und Kirche gemeinsam betroffen seien. So habe man in Münster, Köln, Aachen und Essen »nicht im Widerspruch mit dem Kirchenrecht«, sondern in dessen Ergänzung für die Kontakte zu den Städten und Kreisen das Institut der Stadt- und Kreisdechanten geschaffen. »Das Bistum Münster hat noch einen weiteren Schritt zur Verwirklichung der Subsidiarität getan, einen Schritt, zu dem sich bisher andere Diözesen ... noch nicht entschlossen haben: Stadt- und Landkreise, die aus geschichtlichen, politischen, kulturellen, wirtschaftlichen oder soziologischen Gründen dergestalt verbunden sind, dass in ihnen ein gemeinsames Vorgehen in unmittelbar seelsorglichen oder die Seelsorge berührenden Fragen notwendig oder nützlich ist, sind zu Bezirken zusammengefasst. Dabei ist [sind] der oldenburgische, der niederrheinische und der westfälische Raum zu unterscheiden. Im oldenburgischen Anteil ... werden die Aufgaben des Bezirksdechanten vom Bischöflichen Offizial wahrgenommen; im niederrheinischen Anteil ... ist der Bischöfliche Kommissar zuständig; im westfälischen Raum ... bestehen vier Bezirke, die von Bezirksdechanten geleitet werden ...«. Für das Miteinander von Pfarreien, Dekanaten, Bezirken und dem Gesamtbistum müssten Einheit, Subsidiarität und Solidarität bestimmend sein. Zum Schluss zeichnete Höffner die Perspektive noch weiter aus: »Das Zweite Vatikanische Konzil hat uns gelehrt, nicht nur im eigenen Bistum nach der Verwirklichung der Prinzipien der Einheit, der Subsidiarität und der Solidarität zu suchen, sondern über die Grenzen des Bistums hinauszublicken. Das Kirchenrecht kennt seit alter Zeit den Zusammenschluss mehrerer Diözesen zur Kirchenprovinz, die vom Erzbischof als Metropoliten geleitet wird. Ein größeres Gebiet umfassen die nationalen Bischofskonferenzen, die erst durch das Zweite Vatikanische Konzil in ihrer Bedeutung für die Kirche unserer Zeit herausgestellt worden sind. In Zukunft werden nach meiner Überzeugung auch übernationale Konferenzen, etwa auf mitteleuropäischer Ebene, erforderlich werden.«[78]

Nach Ausweis seiner handschriftlichen Notizen hat Bischof Höffner selbst an den Bezirksdechantenkonferenzen teilgenommen bzw. sie geleitet.[79] Auch konnten in diesen überschaubaren, etwas häufiger tagenden Bezirksdechantenkonferenzen genau die seelsorgenahen Themen mit dem Bischof auf Augenhöhe ver-

---

[78] Höffners Ansprache vom 2.9.1964 in Wesel wurde am 7.9.1964 von Generalvikar Böggering allen Dechanten zugesandt: BAM – A 03/101, GV NA, A 101–189; HAEK – NH 2553.
[79] HAEK – NH 2679 (Bezirksdekanate).

handelt werden, wie es in der Kritik an der Bistumsdechantenkonferenz von 1965 angemahnt worden war. So stellte Höffner in seiner Notiz über die Konferenz der Bezirksdechanten am 17. Januar 1968 nicht ohne Stolz fest: »Die subsidiäre Aufgliederung des Bistums hat sich bewährt. Sie ist inzwischen von anderen Diözesen übernommen worden.«

b) Diözesankomitee der Katholiken

Wilhelm Damberg schildert die Situation vor Beginn der letzten Tagungsperiode des Konzils 1965: »Als nun Joseph Höffner im Mai 1965 beunruhigt zu konstatieren meinte, dass im Kirchenvolk eine ›totale Diskussion‹ in Gang gekommen sei, gab es [im Bistum Münster] immer noch keine institutionalisierten Kommunikationsstrukturen, in denen sich diese aufgestaute ›Gärung‹ hätte artikulieren können. Unmittelbar darauf sind jedoch – noch vor der letzten Sitzungsperiode des Konzils – mit einem neuerlichen und schließlich erfolgreichen Anlauf zum Ausbau des Systems der Laienräte die ersten Schritte in dieser Richtung unternommen worden ... Wenn nun auch ohne diese Substrukturen am 10. Juli 1965 das erste Diözesankomitee der Katholiken im Bistum Münster konstituiert wurde, kam Höffner damit dem am 18. November 1965 verkündeten Dekret über das Laienapostolat *Apostolicam actuositatem* zuvor, das die Einrichtung beratender Gremien für die Diözesen forderte, an denen Laien beteiligt werden sollten.«[80]

Höffner beauftragte mit der Konstituierung des Diözesankomitees Weihbischof Tenhumberg, der am 18. Juni die Mitglieder des seit langem bestehenden »Diözesanführungskreises« für den 10. Juli zu einer Tagung einberief. »Bei dieser Gelegenheit soll das Diözesankomitee der Katholiken im Bistum Münster konstituiert werden.«[81] Das Protokoll dieser Versammlung liegt ebenso vor.[82] In ihm sind die einleitenden Ausführungen Höffners festgehalten: »Er führt aus, dass die Kirche trotz innerer polarer Spannungen eine (innere) Einheit sei, dass Priester und Gläubige sich im Dialog begegnen müssen ... Die Kirche kann gerade durch die Laien in der heutigen Zeit Salz der Erde werden ... Darum ist es die Pflicht der Christen, in der Welt zu wirken ...« Bei der Beschreibung der Vielfalt des Apostolates sagte der Bischof: »Alle Gläubigen, Priester und Laien, nehmen teil am Dienst des Wortes, am Dienst des Heiligens, Am Dienst des Leitens und Führens.« Nach Höffners Einleitung beriet und beschloss man ein Statut und wählte einen Vorstand.

Damberg hat beschrieben, wie zögerlich trotzdem der von Höffner gewünschte Dialog im Bistum Münster in Gang kam. Bei der 2. Sitzung des Diözesanko-

---

[80] W. DAMBERG, Abschied vom Milieu, S. 257; DERS., Das Zweite Vatikanische Konzil und das Bistum Münster, S. 51–54.
[81] Die folgende Darstellung folgt W. DAMBERG, Abschied vom Milieu, S. 257–287, hier: S. 258.
[82] BAM – A 03/101, GV NA, A 101-242 (Diözesankomitee der Katholiken).

mitees am 23. April 1966[83] musste bereits ein neuer Vorsitzender gewählt werden, und es kam zu Satzungsänderungen. Zwar wurde für eine Tagung im September 1966 ein gegliedertes Programm für 8 Arbeitskreise zum missionarischen Apostolat vorgestellt, das auch bei der Tagung vom 22. bis 24. September Grundlage war. »Einleitend formulierte Höffner seine Erwartungen: ›Entscheidend ist ..., dass die nachkonziliare Pfarrei missionarisches Ausstrahlungszentrum werde ...‹«[84] Damberg kommt zu dem Schluss, dass es den angesprochenen Laien im Bistum Münster eher um liturgische und bistumsinterne Probleme als um missionarische Ausstrahlung der Seelsorge in den Gemeinden ging: »Das Engagement der Katholiken zielte im Jahr eins nach dem II. Vatikanum nach innen. Die Liturgie stand im Mittelpunkt des Interesses, und auch die darüber hinausgehenden, durch das Konzil aufgeworfenen Fragen wurden in ihrem Kontext ausgetragen.«[85]

c) Priesterrat und Seelsorgerat

Während das Diözesankomitee der Katholiken und die noch zu behandelnden Pfarrkomitees in einem weiteren Sinne als vom Konzil empfohlene Beratungsgremien des Bischofs und der Pfarrer zu gelten haben, waren Priesterrat und Seelsorgerat durch das Konzil und nachkonziliare päpstliche Entscheidungen angeordnete bzw. dringend angeratene Beratungsgremien des Bischofs. Heribert Schmitz stellt fest: »Der Priesterrat (consilium presbyterale) ist ein rechtsverbindlich für jede Diözese vorgeschriebenes, das Presbyterium repräsentierendes, eigengeprägtes Gremium von Priestern, das den Diözesanbischof als Senat in der Leitung der Diözese mit beratender Funktion unterstützen soll ... Die nähere rechtliche Ausgestaltung hat in den Statuten des Priesterrats zu erfolgen, die vom Diözesanbischof approbiert werden müssen; die Bischofskonferenz hat das Recht, dazu Normen zu erlassen.«[86] Als Schmitz diese Sätze niederschrieb (1983), hatte der neue CIC von 1983 die vorläufigen nachkonziliaren Regelungen in dauerhafte Gesetzesbestimmungen gefasst.

Am 17. Mai 1967 bereits verfügte Bischof Höffner für das Bistum Münster: »Entsprechend den Vorschriften der Konzilsdekrete *Christus dominus*[87] und *Presbyterorum ordinis*[88], des Motuproprio *Ecclesiae Sanctae*[89] und dem Beschluss der Plenarkonferenz der deutschen Bischöfe Nr. 15 vom 13. bis 16. Februar 1967 wird

---

[83] Protokoll: Ebd.
[84] W. Damberg, Abschied vom Milieu, S. 261; S. 261–267 Darstellung des Diskussionsverlaufs in den Arbeitskreisen.
[85] Ebd. S. 267.
[86] H. Schmitz, Die Konsultationsorgane des Diözesanbischofs, in: J. Listl/H. Müller/H. Schmitz (Hrsg.), Handbuch des katholischen Kirchenrechts, S. 352-364, hier S. 355f.
[87] Dekret über die Hirtenaufgabe der Bischöfe *Christus Dominus*: LThK, Das Zweite Vat. Konzil, Bd. 2, S. 148–247.
[88] Ebd. Bd. 3, S. 142–239.
[89] Motuproprio *Ecclesiae Sanctae* vom 6.8.1966: AAS 58, 1966, S. 757–787.

4. Die Einführung des »Rätesystems« im Bistum Münster

hiermit der Priesterrat des Bistums Münster errichtet. In der anschließenden Ordnung waren auf das Bistum Münster angepasste Regeln für Zusammensetzung und Wahl des Gremiums festgelegt. Zu den Aufgaben heißt es in § 8: »Aufgaben und Rechte des Priesterrates ergeben sich aus dem Motuproprio *Ecclesiae Sanctae*, insbesondere I,15 §§ 1 und 3.«[90]

Wie Höffner sich die Aufgabe des Priesterrats nach den römischen Bestimmungen vorstellte, ergibt sich aus einer Predigt, die er am 6. Juli 1967 vor der Priesterratswahl im Dom zu Münster hielt: »Der Priesterrat ... steht unter dem Zeichen des Ratgebens und Ratnehmens. Ratgeben und Ratnehmen sind etwas Tiefmenschliches ...« Seine eigene Unsicherheit über Ort und Befugnis des neuen Ratsgremiums ließ er dabei durchblicken: »Worüber wir im Priesterrat beraten werden, wird sich aus dem Kairos ergeben, den Gott uns in dieser Nachkonzilszeit geschenkt hat.« Höffner bezeichnete dann als Spezifikum des Priesterrats »1. Fragen des priesterlichen Lebens ... 2. Fragen des priesterlichen Dienstes.«[91]

Unter Berufung auf die gleichen Vorgaben aus Rom und von der DBK gründete Bischof Höffner gleichzeitig am 17. Mai 1967 den Seelsorgerat des Bistums Münster.[92] Dieser setzte sich aus Priestern und Laien zusammen. In der Ordnung des Seelsorgerates heißt es zu den Aufgaben des Seelsorgerates in der gleichen Formel wie beim Priesterrat: »§ 10 Aufgaben und Rechte des Seelsorgerates ergeben sich aus dem Motuproprio *Ecclesiae Sanctae*, insbesondere I,16 §§ 1 und 2.«

Während der Bischof zur Errichtung eines Priesterrats verpflichtet und in bestimmten Rechtsakten an dessen Zustimmung gebunden ist, sehen die nachkonziliaren Verfügungen und der neue CIC von 1983 nur eine dringende Empfehlung an den Bischof vor, einen Seelsorgerat (auch Pastoralrat genannt) einzurichten. Auch zu seiner Sicht des Seelsorgerates hat Höffner sich öffentlich geäußert: In »Unsere Seelsorge« erschien im November 1967 sein Beitrag »Zur Theologie des Seelsorgerates und des Priesterrates.«[93]

Schon Damberg hat auf die Problematik des neuen Rätesystems hingewiesen: »Was theologisch durchaus angemessen, ja von der Stunde gefordert zu sein schien, führte jedoch in der Praxis dazu, dass nunmehr zusammen mit den älteren Institutionen, die schon früher in der einen oder anderen Weise an der Leitung der Diözese beteiligt gewesen waren, eine Vielzahl von Gremien entstanden war, ›de-

---

[90] Konstituierung des Priesterrates im Bistum Münster: KADM 101, 1967, Art. 138, S. 87.
[91] Wahl zum Priesterrat. Ansprache des Bischofs Dr. Joseph Höffner am 6. Juli 1967 in Münster: KADM 101, 1967, Art. 160, S. 103–105.
[92] Konstituierung des Seelsorgerates im Bistum Münster: KADM 101, 1967, Art. 139, S. 88f.
[93] J. Höffner, Zur Theologie des Seelsorgerates und des Priesterrates, in: Unsere Seelsorge, 1967, Heft 6, November, S. 181–187. – Höffner wusste um die Schwierigkeiten, die der Einführung solcher Gremien wie Priesterrat und Seelsorgerat in den Jurisdiktionsbezirken der DDR entgegenstanden. Am 6. Oktober 1967 sandte er an den Westberliner Generalvikar Adolph zur Weitergabe an die ostdeutschen Bischöfe Exemplare seines Beitrages »Zur Theologie des Seelsorgerates und des Priesterrates«: BAM – A 03/101, GV NA, A 101-136. – In Höffners persönlichen Akten findet sich ein von ihm handschriftlich bearbeiteter Entwurf »Geschäftsordnung des Seelsorgerates«: HAEK – NH 1340.

ren Funktionen sich überschneiden und deren Zuständigkeit oft kaum genau zu bestimmen ist‹, wie Paul Wesemann bereits 1969 monierte. So stand beispielsweise die Dechantenkonferenz, die bisher faktisch von den Bischöfen als ›Vertretung des Presbyteriums‹ der Diözese im Hinblick auf die pastorale Arbeit betrachtet worden war, nun unvermittelt und in ihrem Gewicht beschnitten neben dem neuen Priesterrat. Beratungsfunktionen für den Bischof nahm aber der Klerus nicht nur über den Priesterrat und die Dechantenkonferenz wahr, sondern auch noch über den neugebildeten Seelsorgerat und zusätzlich das Diözesankomitee, das ja ebenfalls nach der vorläufigen Satzung von 1965 als gemeinsames Gremium von Laien und Priestern zusammengesetzt war, vom Domkapitel und dem Geistlichen Rat ganz zu schweigen ...«[94] Bischof Höffner sollte dieses Nebeneinander von gewachsenen und nachkonziliaren Gremien auch in Köln vorfinden.

d) Pfarrkomitees

Das letzte Glied in der Reihe der Räte im Bistum Münster sollten die Pfarrkomitees sein.[95] Wilhelm Damberg hat sich damit bereits 1997 ausführlicher befasst: »Im Februar 1967 hatte die Deutsche Bischofskonferenz Richtlinien für die Neuordnung des Laienapostolats verabschiedet, worauf das ZdK Mustersatzungen entwarf. In Anlehnung daran begannen im Bistum Münster die Arbeiten an einer eigenen Fassung, und unter dem 1.12.1967 konnte schließlich ein ›Rahmenstatut für die Pfarrkomitees im Bistum Münster‹ in Kraft gesetzt werden.«[96]

Bischof Höffner ordnete für alle Pfarreien die ersten Wahlen zu Pfarrkomitees für den 5. Mai 1968 an. Die Geschäftsstelle des Diözesankomitees versuchte, bei der Vorbereitung vor Ort Hilfestellung zu leisten.[97] Reste des alten Widerstandes gegen dieses neue Gremium in den Pfarreien kann man den Protokollen einzelner Bezirksdechantenkonferenzen entnehmen. So heißt es in einem Protokoll über die Konferenz der Dechanten im Bezirk des Bischöflichen Kommissariates für den Niederrhein am 19. Februar 1968 in Wesel: »Es ist darauf hinzuweisen, dass es sich bei den Wahlen um eine verpflichtende Anordnung des Bischofs handelt, und die Dechanten werden gebeten, sich in Zweifelsfällen um den Stand der Vorbereitungen in den Pfarreien ihres Dekanates zu kümmern.«[98] Der Dechant des

---

[94] W. DAMBERG, Abschied vom Milieu, S. 270; Damberg zitiert: P. WESEMANN, »Guter Rat und viele Räte«, in: UNSERE SEELSORGE 1969, Heft 3, S. 1–5.
[95] Zur Frühgeschichte der »Pfarrkomitees« bzw. der »Pfarrgemeinderäte« im Bistum Münster: H. LENICH, II. Formen der Zusammenarbeit: Der Pfarrgemeinderat, in: W. THISSEN (Hrsg), Das Bistum Münster, Band II: Pastorale Entwicklung im 20. Jahrhundert, S. 75–79.
[96] W. DAMBERG, Abschied vom Milieu, S. 272–277, hier: S. 272; Rahmenstatut für die Pfarrkomitees im Bistum Münster, 1.12.1967: KADM 101, 1967, S. 157f.
[97] Einschlägige Akten bzw. Beispiele: BAM – A 02, GV NA, A 0379; BAM – J 019, PfA Münster, St. Lamberti; A 323; BAM – R 001, Dekanat Dinslaken, A 10; BAM – J 168, PfA Mehr, St. Vincentius, A 33.
[98] BAM – R 001, Dekanat Dinslaken, A 10.

4. Die Einführung des »Rätesystems« im Bistum Münster 87

Dekanates Rees gab diese Nachricht mit Schreiben vom 5. März an die Pfarrer seines Dekanates weiter.

Eine Woche vor der Wahl richtete Höffner einen Wahlaufruf an die Gläubigen seines Bistums: »In den zurückliegenden Wochen seid Ihr immer wieder auf den Sinn und die Bedeutung der Pfarrkomitees hingewiesen worden. Eine lebendige Seelsorge und ihre missionarische Ausrichtung sind ohne verantwortliche Mitarbeit aller Gläubigen nicht zu erreichen ... Als ein wichtiges Mittel in diesem Sinne hat das Konzil in seinem Dekret über das Apostolat der Laien (Kapitel 5, Nr. 26) die Einrichtung beratender Gremien auf pfarrlicher, zwischenpfarrlicher und interdiözesaner Ebene empfohlen. Die Wichtigkeit, ja Notwendigkeit der Pfarrkomitees ist somit kirchlicherseits auf höchster Ebene klar und eindeutig herausgestellt worden.«[99] Höffner forderte eindringlich zur Teilnahme an der Wahl auf. Allerdings blieb die Wahlbeteiligung recht gering, in St. Lamberti in Münster lag sie bei 10 %.[100]

Damberg berichtet, dass der neuernannte Generalvikar Lettmann, Kanonist, bei der Dechantenkonferenz in Kevelaer Anfang Juni 1968 die Pfarrkomitees kritisch beurteilte[101]: »Die Konzeption des Pfarrkomitees sei theologisch nicht ausreichend reflektiert worden: Das Konzil habe auf allen kirchlichen Ebenen die Einrichtung von Gremien angestrebt, deren Kompetenz den gesamten Sendungsauftrag der Kirche umfasse, wobei sie ›eine Vertretung des gesamten Volkes Gottes sind, nicht ausschließlich der Laien‹«. Der Pfarrer müsse Vorsitzender sein. »Demgegenüber kritisierte Lettmann an der bundesdeutschen Mustersatzung, dass in ihr ›leider ... eine Akzentverschiebung eingetreten‹ sei: Der Ansatz des Konzils, die Repräsentanz des gesamten Volkes Gottes, ›ist in Deutschland bereits verengt worden auf eine institutionelle Neuordnung des Laienapostolates.‹« Man habe in Münster eine entsprechende Korrektur vorgenommen.[102]

Nach den Wahlen zu den Pfarrkomitees standen nun noch die Verfügungen über Dekanats-, Stadt-, Kreis- und Bezirkskomitees an, die im Sommer 1968 von Bischof Höffner nach Vorarbeiten des Diözesankomitees getroffen wurden.[103] Zu einer Neubestimmung des Diözesankomitees schreibt Damberg: »Das 1965 in der Tradition des ›Diözesanführungskreises‹ als gemeinsames Gremium von Klerus und Laien konstituierte Diözesankomitee erhielt zum 10.8.1968 in Anlehnung an die Entwicklung auf Bundesebene eine neue Satzung, die das Komitee nun als Spitzenorgan der Laien des Bistums Münster erscheinen ließ, das seinerseits Mit-

---

[99] Hirtenwort zur Wahl der Pfarrkomitees am 5. Mai 1968: KADM 102, 1968, Art. 84, S. 52.
[100] Mitteilungen des Pfarrkomitees St. Lamberti, Münster, 12.1.1969: BAM – J 019, PfA Münster, St. Lamberti, A 323.
[101] R. LETTMANN, Zur Theologie der Pfarrkomitees, in: Protokoll der Dechantenkonferenz vom 4. bis 6. Juni 1968, S. 23–26, hier: S. 24: BAM – A 03/101, GV NA, A 101–383 und HAEK – NH 2678.
[102] W. DAMBERG, Abschied vom Milieu, S. 273.
[103] Erlass über die Errichtung der Komitees auf den überpfarrlichen Ebenen im Bistum Münster: KADM 102, 1968, Art. 168, S. 111–116.

glieder in den 1967 begründeten ›Seelsorgerat‹ wählte, der konzeptionell eher dem Führungskreis/Komitee von 1965 entsprach.«[104]

Joseph Höffner muss als Begründer der Rätestruktur im Bistum Münster gesehen werden, die allerdings bei seinem Wechsel nach Köln noch in einer Fortentwicklung war und erst nach 1970 die von Damberg beschriebene Konsolidierung erreichte.[105]

Neben diesen institutionalisierten Gesprächskreisen innerhalb seiner Diözese pflegte Höffner schon in Münster informelle Gespräche auf zahlreichen Ebenen, an denen die Gesprächspartner ebenso wie Bischof Höffner interessiert waren. Noch in späteren Jahren rühmte er die vorzüglichen Kontakte zu dem evangelischen Landesbischof von Oldenburg Gerhard Jacobi, aus denen eine freundschaftliche Beziehung erwuchs. Die Kontakte waren wünschenswert, weil Oldenburg zum Bistum Münster gehörte, aber eine überwiegend evangelische Bevölkerung hatte.

Schon in Münster suchte Höffner das Gespräch zu den aus seinem Bistum stammenden Landtagsabgeordneten, kommunalen Spitzenvertretern und Behördenleitern. Diese Idee nahm er nach Köln mit und baute sie aus. Sie soll später eine Darstellung finden.[106] Wie Bischof Lettmann dem Verfasser berichtete, ging Höffner in Münster auch einmal im Jahr zu einer Theatervorstellung, um anschließend einen Empfang für die Schauspieler und Theaterleute zu geben[107] – ein Brauch, der in Köln keine Fortsetzung fand.

Die Mitwirkung Höffners als Bischof von Münster in der Glaubenskommission und in der Kommission für gesellschaftspolitische Fragen der Deutschen Bischofskonferenz soll an dieser Stelle übergangen werden.[108]

Im Umgang mit Politikern war Joseph Höffner durch seine Tätigkeit im Beirat von drei Bundesministerien zwischen 1951 und 1962 bestens geschult. Als ihn der Apostolische Nuntius 1965 in die Vorüberlegungen einer Neugestaltung des niedersächsischen Schulgesetzes einbezog, konnte er mühelos wichtige und vom Nuntius anerkannte Empfehlungen geben.[109] Als Erzbischof von Köln und zumal als Vorsitzender der DBK sollte Höffner in weit brisanteren Situationen mit der Politik zu tun bekommen.

5. Das unruhige Jahr 1968 im Bistum Münster

Für Bischof Höffner war das letzte Jahr seiner Tätigkeit in Münster wohl das schwerste. Die nach der Zölibatsenzyklika von 1967 ausgebrochene Diskussion,

---

[104] W. Damberg, Abschied vom Milieu, S. 275.
[105] »Flurbereinigung« 1969–1972: Ebd. S. 277–283.
[106] Vgl. unten, S. 410–419.
[107] Mitteilung Bischof Lettmanns an den Verfasser am 2.9.2010.
[108] Aktenmaterial: HAEK – Zug 619/92 – 22 (Fundamentalkatechetik v. H. Halbfas); HAEK – Zug. 517/90 – 53) (DBK, Kommission X Gesellschaftspolitische Fragen).
[109] Aktenmaterial: BAM – A 02, GV NA, A0-129.

die der Bischof zu Beginn des Jahres für sein Bistum zu steuern versuchte, wurde bereits dargestellt.[110]

Zu einem Paukenschlag wurde jedoch die Veröffentlichung der Enzyklika Humanae vitae über die rechte Ordnung der Weitergabe menschlichen Lebens am 25. Juli 1968. Man mag in Rom gehofft haben, dass dieses Dokument im »Sommerloch« weniger Aufmerksamkeit finde. Doch darin hatte man sich getäuscht. Weltweit hat eine päpstliche Enzyklika niemals solche heftigen, vor allem emotionalen Reaktionen ausgelöst wie Humanae vitae.[111] Hatte das Papsttum unter Johannes XXIII. wenige Jahre zuvor noch auf einem Höhepunkt weltweiten Ansehens gestanden, so brach nun eine Flut der Kritik über Paul VI. herein, die seltener sachlich, häufiger aggressiv-unsachlich ausfiel.

Für die deutschen Bischöfe war der Termin der Veröffentlichung besonders unglücklich, weil für Anfang September 1968 ein Katholikentag in Essen angesetzt war. Es war schon Ende Juli zu erwarten, dass die Diskussion über die Enzyklika alle vorbereiteten Themen des Katholikentags überlagern würde. Deshalb lud der Vorsitzende der DBK, Kardinal Döpfner, schon am 29. Juli die Mitglieder der Kommissionen für Glaubens- und Sittenfragen sowie der Pastoralkommission zu einer Sitzung ein, um eine später auf den 29. und 30. August angesetzte Sondervollversammlung der DBK in Königstein/Taunus vorzubereiten.[112]

Es scheint, dass Bischof Höffner mit der Tendenz der Sitzung der beiden Kommissionen am 2. August nicht recht einverstanden war. Am 15. August schrieb er an die Mitglieder der DBK: »Am 21. August 1968 werden Seelsorgerat und Priesterrat meines Bistums gemeinsam über die Enzyklika Humanae vitae beraten. Zur Vorbereitung dieser Besprechung habe ich einen Text zusammengestellt, der in einige Grundsatzfragen einführen soll ... Ich schicke Ihnen diese Ausarbeitung zu.«[113]

Nachdem Höffner in seiner 13 Schreibmaschinenseiten umfassenden Darstellung zunächst zahlreiche positive Rückmeldungen auf die Enzyklika aufgezählt hatte, stellte er knapp fest: »Die Massenmedien haben häufig unsachlich emotional und beleidigend reagiert. Aber auch viele gläubige Gatten, die eine andere Entscheidung erwartet hatten, und nicht wenige Seelsorger, die in ihrer Verkündigung und im Beichtstuhl in den letzten Jahren Grundsätze vertreten haben, die mit der Enzyklika nicht übereinstimmen, sind in große Gewissensbedrängnis geraten ... In dieser für die Kirche schweren und aufgewühlten Zeit gilt es, ruhig und besonnen zu bleiben und sich auf das Grundsätzliche zu besinnen ...« Wie

---

[110] Vgl. oben S. 76–78.
[111] Zur Reaktion der Gläubigen und der deutschen Bischöfe auf die Enzyklika *Humanae vitae*: N. TRIPPEN, Frings II, S. 533–540.
[112] Döpfner an die Mitglieder der DBK, 29.7.1968 (hekt. Schreiben): BAM – A 02, GV NA, A0 913.
[113] Höffner an die Mitglieder der DBK, 15.8.1968 (hekt. Schreiben); Der Bischof von Münster, Das Rundschreiben Papst Pauls VI. vom 25. Juli 1968 »über die rechte Ordnung der Weitergabe menschlichen Lebens«: Ebd. – Handschriftlicher Entwurf der Tagesordnung für die Sitzung Priesterrat/Seelsorgerat am 21.8.1968: HAEK – NH 1340.

seit frühen Professorenzeiten bot Höffner dazu »Fünf Grundsätze« an, die sich bemühten, griffig und anschaulich für die zahlreichen Leser zu sein:
»1. Das authentische Lehramt der Kirche ist für die Gläubigen auch dann verbindlich, wenn es nicht ›in einem endgültigen Akt‹ eine unfehlbare Entscheidung trifft (Lumen gentium, 25) ...
2. Das authentische Lehramt der Kirche erstreckt sich sowohl auf die göttliche Offenbarung als auch auf das natürliche Sittengesetz ...
3. Das natürliche Sittengesetz knüpft nicht bei der konkreten Natur dieses oder jenes Menschen an, sondern bei der Natur als dem Wesenskonstitutiv des Menschen als solchem ...
4. Wie es eine Kontinuität in der Verkündigung des Glaubens der Kirche gibt, so gibt es auch eine Kontinuität der katholischen Sittenlehre ...
5. Das Gewissen ist zwar die letzte subjektive Norm des sittlichen Verhaltens, aber keineswegs autonom, sondern an das Gesetz Gottes gebunden ...«

Höffner ging dann auf die Motive des Papstes und die Ernsthaftigkeit seines Anliegens ein. Die eheliche Hingabe müsse nach der Enzyklika offen bleiben für die Weitergabe des Lebens und zwar in jedem einzelnen Akt. Die inzwischen weithin bekannte Entstehungsgeschichte der Enzyklika wurde rekapituliert. In den »Folgerungen« am Schluss seiner langen Darlegungen schrieb Höffner: »Es ist richtig, dass die Enzyklika keine unfehlbare Verkündigung einer Glaubens- und Sittenlehre ist. Aber der gläubige Christ wird die Mahnung des Zweiten Vatikanischen Konzils beherzigen und dem authentischen Lehramt des Papstes, ›auch wenn er nicht kraft höchster Lehrautorität spricht‹, ›aufrichtige Anhänglichkeit‹ zollen (Lumen gentium, 25). Der katholische Glaubenssinn möge uns davor behüten, überstürzt zu urteilen und zu handeln. Statt dessen sollten wir uns bemühen, die Enzyklika als Ganzes und in ihrem eigentlichen Anliegen zu würdigen: nämlich die Liebe und das Leben zu schützen ...

Bei der Verwirrung, die heute herrscht, wird man freilich in der Frage der Geburtenregelung bei vielen Gläubigen mit einem unüberwindlich irrigen Gewissen rechnen müssen. Die Enzyklika mahnt die Priester und die Bischöfe, ›Geduld und Liebe‹ zu üben, ›für die der Herr selbst in seinem Umgang mit den Menschen ein Beispiel gegeben hat‹; denn ›er ist gekommen, nicht um zu richten, sondern um zu retten‹ (n. 29). Die Deutsche Bischofskonferenz wird am 29. und 30. August 1968 über die seelsorgliche Lage, die sich nach dem Erscheinen der Enzyklika ergeben hat, in ›Geduld und Liebe‹ beraten.«

Für diese Konferenz in Königstein hat Höffner unter dem Titel »Enzyklika Humanae vitae« einen »Alternativ-Vorschlag zum kürzeren Entwurf einer Erklärung der deutschen Bischöfe«[114] entworfen, der jedoch keine erkennbaren Spuren in der »Königsteiner Erklärung« gefunden hat. Im Protokoll der Kon-

---

[114] Enzyklika *Humanae vitae* – Alternativ-Vorschlag zum kürzeren Entwurf einer Erklärung der deutschen Bischöfe (Randvermerk von fremder Hand: »Entw. Exc. Höffner«): Ebd.

ferenz heißt es[115]: »Es wird eine Kommission gebildet (Bischof Hengsbach, Bischof Volk, Bischof Höffner, Weihbischof Angerhausen, Prof. Hirschmann, Dr. Forster), die beauftragt wird, die von der Vollversammlung vorgeschlagenen Änderungen und Ergänzungen in die Vorlage ›Wort der deutschen Bischöfe‹ einzuarbeiten ... Die Ausarbeitung ›Zur Würdigung der Enzyklika‹ [von Joseph Höffner[116]] wird nur als internes Arbeitspapier betrachtet und ist kein Dokument der Konferenz.«

Höffner hat unter der Kluft zwischen der Treue gegenüber der Enzyklika des Papstes einerseits und der Ablehnung dieser Enzyklika in weiten Teilen der Gläubigen für den Rest seines Lebens gelitten. Doch konnte er sich als Vorsitzender der DBK andererseits nicht darauf verstehen, deren Distanzierung von der »Königsteiner Erklärung« herbeizuführen.

Die »Königsteiner Erklärung« der Deutschen Bischofskonferenz konnte nicht verhindern, dass es auf dem Essener Katholikentag vom 4. bis 8. September 1968 zu einer für Katholikentage bis dahin ungewohnten revolutionären Stimmung und entsprechenden Ausschreitungen kam.[117] Höhepunkt war eine »Resolution« von 3.000 Teilnehmern des Ehe-Forums, in der Papst Paul VI. zu einer Revision der Enzyklika Humanae vitae aufgefordert wurde. Die Ende September fällige ordentliche Vollversammlung der DBK stand unter dem Eindruck der Erfahrungen von Essen. Danach spürte Bischof Höffner das Bedürfnis, einen Brief an seine Priester zu richten.[118]

In Fulda – so schrieb er – habe es keine sensationellen Beschlüsse gegeben, sondern (neben einem umfangreichen Regularien-Programm) eher »die ernste Besinnung auf die Lage unserer Kirche im Jahr 1968«. Ein vierfaches Spannungsverhältnis kennzeichne die Lage der Kirche in Deutschland:

o einerseits der hoffnungsvoll stimmende Aufbruch zahlreicher Gläubiger zur Mitte der Kirche; andererseits eine bedenkliche Autoritätskrise;
o ein lebendiges Bewusstsein von der Freiheit und Würde des Gewissens als Folge des Konzils, aber auch ein übersteigerter Subjektivismus unter Berufung auf das Gewissen;
o ein erstaunliches Interesse an theologischen Fragen, und zugleich Unsicherheit und Desorientierung im Glauben;
o schließlich eine »Christusinnigkeit« bei nicht wenigen, bei vielen hingegen eine »Gebetskrise«.

---

[115] Zitat: N. TRIPPEN, Frings II, S. 535f.
[116] J. HÖFFNER, Bischof von Münster, Zur Würdigung der Enzyklika »Humanae vitae«, Münster 1968 (Exemplar: BAM – A 02, GV NA, A0 914).
[117] Mitten in der Welt. 82. Deutscher Katholikentag vom 4. September bis 8. September 1968 in Essen, Paderborn 1968; N. TRIPPEN, Frings II, S. 538f.
[118] Der Bischof von Münster an seine Priester, 30.9.1968 (gedruckt): BAM – A 02, GV NA, A0 914; am 10.9.1968 hatte er mit dem Akademiedirektor des Franz-Hitze-Hauses, Albrecht Beckel, ein auswertendes Nachgespräch über den Essener Katholikentag gehalten: Hs. Notiz: HAEK – NH 1340.

Schließlich bemerkte Höffner in dem Brief an seine Priester: »Unser Auftrag in der nachkonziliaren Kirche ist nicht leicht. Er wird noch dadurch erschwert, dass für viele Priester die Frage nach dem priesterlichen Amt zu einem ernsten Lebensproblem geworden ist. Auch dieses Anliegen haben wir Bischöfe in Fulda ausführlich erörtert.« Nach der Zölibatsenzyklika begannen die bis dahin eher seltenen Amtsniederlegungen von Priestern zuzunehmen. Wohl deshalb fügte Höffner hinzu: »In dieser Sicht ist unsere Ehelosigkeit in der modernen Wohlstandsgesellschaft ein eschatologisches Zeichen und eine intensive Form des Christuszeugnisses.«

Bischof Höffner wusste zu dieser Zeit noch nicht von seiner bald anstehenden Übersiedlung nach Köln. Gerade vor diesem Hintergrund kann man diesen Brief an die Priester des Bistums Münster als ein Vermächtnis betrachten.

Wie sehr sich der innerkirchliche Umgangsstil innerhalb weniger Jahre gewandelt hatte, musste Bischof Höffner wenige Wochen vor seinem Abschied aus Münster anlässlich einer Predigt am 27. Oktober 1968 aus Anlass der dreihundertjährigen Zugehörigkeit des Oldenburger Landes zum Bistum Münster erfahren.[119] Innerhalb einer historisch aufgebauten Predigt im Dom zu Münster hatte er u. a. gesagt: »Die betenden Menschen sind ein größerer Segen für die Kirche als die protestierenden und kritisierenden. Auch ist es unbiblisch, immer nur den anderen zu kritisieren und nicht sich selbst. Wie viele sagen heute: ›Die Kirche hat sich verfehlt‹, ›Die Bischöfe haben versagt‹, ›Der Papst hat geirrt‹, ›Die ältere Generation ist an allem schuld‹, ›Die Jugendlichen gehen falsche Wege‹. Wer anklagt und sich dabei an die Hl. Schrift hält, wird nicht sagen ›Du hast dich verfehlt‹, ›Ihr habt euch verfehlt‹, sondern er wird sagen: ›Ich bin ein Sünder‹, ›Wir alle sind Sünder.‹«

Auf diese Predigt hin erschien im Informationsblatt der Katholischen Studentengemeinde Münster eine Stellungnahme, die unter der Überschrift »Was tun?« in der Aufforderung gipfelte: »Warum den Bischof in der Predigt nicht einfach unterbrechen, wenn er es wagen sollte, solche Predigten zu wiederholen? Warum nicht ihn zur Diskussion zwingen? – Wenn ein Amt in dieser Weise öffentlich missbraucht wird, muss man ihm bewusst und öffentlich Ungehorsam leisten! Auch mit ungewohnten Methoden! ...«[120] Dieses Informationsblatt löste zwar heftige Diskussionen in der Presse aus. Doch es war letztlich ein Signal für den Umgangsstil, der sich für einige Jahre in der Kirche einbürgern sollte.

---

[119] Allgemeine Sonntagszeitung, 13, 1968, Nr. 51 (22.12.68), S. 4.
[120] Höffners Predigt und das Informationsblatt der KSG sind dokumentiert in: Pamphlet gegen Bischofspredigt. Dokumentation: Ebd. S. 4; voller Text der Dokumentation: BAM – A 02, GV NA, A 101–136.

IV. KAPITEL

KOADJUTOR – ERZBISCHOF – KARDINAL
(1968–1969)

Die in Köln seit 1967 kursierenden Gerüchte und Spekulationen um einen Rücktritt von Kardinal Frings vom Amt des Erzbischofs von Köln[1] haben Bischof Höffner in Münster nicht auf den Gedanken gebracht, dass er der Nachfolger des hoch angesehenen Kölner Kardinals werden könnte. Höffner hatte bereits das 60. Lebensjahr überschritten und sich erst nach Abschluss des Konzils intensiv in seine Diözese einarbeiten und die geschilderten Weichenstellungen vornehmen können. Wenn er in seinem Abschiedswort an die Katholiken des Bistums Münster am 5. Januar 1969 schrieb: »Der Ruf nach Köln hat mich in arge Bedrängnis gebracht. Ich kann nur darauf vertrauen, dass es so Gottes Wille ist«, so war das nicht eine konventionelle Floskel, sondern ehrlicher Ausdruck seiner inneren Einstellung.[2]

Der Verfasser hat bereits im letzten Kapitel seiner Frings-Biographie beschrieben, wie Kardinal Frings nach Konzilsende bei abnehmenden Kräften unter der Last seines Amtes gelitten hat und über die unmittelbar nach dem Konzil einsetzenden revolutionären Tendenzen innerhalb der Kirche erschrocken war. Nicht zuletzt hat es Kardinal Frings bedrückt, dass er in der Bischofskonferenz nicht mehr Herr seiner Entschlüsse war, sondern – etwa bei der Gründung des »Verbandes der Diözesen Deutschlands« (VDD) oder der Gründung der katholischen Wochenzeitung »Publik« – unter erpresserischem Druck seines Generalvikars Joseph Teusch[3] stand. Das ging so weit, dass Teusch im November 1967 Kardinal Frings bedrohte, beide Generalvikare (Teusch und Jansen[4]) und der stellvertretende Generalvikar (Daniels[5]) würden von ihren Ämtern zurücktreten, wenn Kardinal Frings in Sachen VDD und »Publik« nicht ihre Linie in der DBK vertrete.[6]

---

[1] Dazu: N. TRIPPEN, Frings II, S. 521–530.
[2] »Liebe Katholiken des Bistums Münster!«, 5.1.1969 (handschriftlicher Entwurf): HAEK – NH 2021.
[3] Joseph Teusch (1902–1976), 1927 Priesterweihe in Köln, 1934 Domvikar und Leiter der NS-Weltanschauungs-Abwehrstelle, 1944–1952 Konviktsdirektor in Bonn, 1952–1969 Generalvikar des Erzbischofs von Köln: HANDBUCH DES ERZBISTUMS KÖLN, Bd. 1, ²⁶1966, S. 68; N. TRIPPEN, Joseph Teusch (1902–1976), in: RHEINISCHE LEBENSBILDER 15, 1995, S. 223–246 (Literaturübersicht); E. GATZ (Hrsg.), Bischofslexikon 1945–2001, S. 304–306 (Red.).
[4] Hermann Joseph Jansen (1904–1984), 1928 Priesterweihe in Köln, 1932 Dompfarrvikar, 1953–1963 Direktor der Rechnungskammer im Generalvikariat, 1963–1969 Generalvikar des Erzbischofs von Köln: HANDBUCH DES ERZBISTUMS KÖLN, Bd. 1, ²⁶1966, S. 68; U. HELBACH, in: E. GATZ (Hrsg.), Bischofslexikon 1945–2001, S. 306f.
[5] Hans Daniels (1906–1992), 1945–1963 Konviktsdirektor in Bonn, 1963 Domkapitular, 1965–1981 stellv. Generalvikar: HANDBUCH DES ERZBISTUMS KÖLN. Personaler Teil, ²⁷1985, S. 48.
[6] N. TRIPPEN, Frings II, S. 519–521 u. 525f.

Kardinal Frings hatte bereits an der Jahreswende 1966/67 über Nuntius Bafile mit Verweis auf das Motuproprio *Ecclesiae Sanctae* vom 6. August 1966 dem Papst seinen Rücktritt vom Amt des Erzbischofs von Köln angeboten. Wie der Nuntius Frings am 26. Januar 1967 – im Vorfeld des 80. Geburtstages des Kardinals – mitteilte, wünschte Papst Paul VI., dass Frings noch im Amt bleibe.[7]

Schon bald danach scheint Generalvikar Teusch Frings zur Beantragung eines Koadjutors geraten zu haben, zumal für die Wahrnehmung der Kölner Interessen in der DBK. Frings selbst hat eher an einen vollständigen Rückzug vom Amt des Erzbischofs gedacht, während in Rom größere Sympathien für die Koadjutor-Lösung bestanden. Zwar sind die Wahlrechte der Domkapitel im deutschen Sprachraum als Ausnahme von der freien päpstlichen Ernennung der Bischöfe in Rom nie beliebt gewesen. Doch wenn man Ende 1968 für Köln die päpstliche Bestellung eines Koadjutors cum iure successionis einem langwierigen Wahlverfahren für die Nachfolge von Kardinal Frings vorzog, ging es – wie noch darzustellen sein wird – nicht darum, das durch Art. 6 des Preußenkonkordats gegebene Wahlrecht des Kölner Domkapitels zu umgehen. Man fürchtete in Rom gerade für Köln öffentliche Diskussionen auf Grund der Forderungen von Priester-»Solidaritätsgruppen«, die sich schon breiter Resonanz in den deutschen Medien erfreuten und übereinstimmend eine Mitwirkung der Ortskirchen, vor allem der Priester, bei der Bestellung der Bischöfe forderten.[8] Auch in Köln hatte sich am 19. Juni 1968 eine spontan gebildete Priestergruppe mit einer von 72 Priestern unterzeichneten Petition an den Nuntius in Bonn gewandt und – nobel im Ton und moderat in der Forderung – eine Beteiligung an der Nachfolgeregelung für Kardinal Frings gefordert.[9]

Nach den heftigen öffentlichen Auseinandersetzungen um die Enzyklika Humanae vitae im Sommer 1968 wandte sich ein Teil des Medieninteresses im Herbst wieder der Nachfolge für Kardinal Frings in Köln zu. Am 17. Oktober 1968 schrieb der im allgemeinen gut informierte römische Korrespondent der FAZ, Josef Schmitz van Vorst: »Wie man aus unterrichteten Kreisen in Rom erfährt, steht die Ernennung eines neuen Kölner Erzbischofs unmittelbar bevor. Die Wahl soll auf einen residierenden Bischof aus einer nördlichen Diözese Deutschlands, die der Kölner Kirchenprovinz angehört, gefallen sein, der früher einen Lehrstuhl an der Theologischen Fakultät einer deutschen Universität hatte. Es wird von der Ernennung eines regelrechten Nachfolgers des 81jährigen Erzbischofs Kardinal Frings gesprochen. Frings hält sich seit Montag in Rom auf, wo er an der Sitzung der Studienkongregation teilnimmt.«[10]

---

[7] N. Trippen, Frings II, S. 521f.
[8] Zu den »Solidaritätsgruppen« der Priester nach dem II. Vatikanischen Konzil: N. Trippen, Entwicklungen im Klerus seit 1914, in: H. Jedin/K. Repgen (Hrsg.), Handbuch der Kirchengeschichte, Bd. 7, Freiburg u. a. 1979, S. 338–355.
[9] N. Trippen, Frings II, S. 528f.
[10] Die Nachfolge von Frings: FAZ 17.10.1968, in: HAEK – CR III 2.18, 45 – Vgl. N. Trippen, Frings II, S. 542f.

IV. Koadjutor – Erzbischof – Kardinal (1968–1969)

Deutlicher wurde Schmitz van Vorst einen Tag später: »Zunächst hatte man von Flatten, einem Juristen der Kirche, von Falke, gegenwärtigem Stadtdechanten in Neuss, oder von Luthe, dem Sekretär des Kölner Kardinals, gehört ... Nun ist keiner der drei, sondern der Bischof von Münster, Joseph HÖFFNER, als Nachfolger für Kardinal-Erzbischof Frings ausersehen.«[11]

Die Nachrichten aus Rom erfuhren eine – entscheidende! – Korrektur, als Kardinal Frings am 20. Oktober 1968 nach Köln zurückkehrte. Unter der Überschrift »Kardinal Frings tritt doch nicht zurück« berichtete der Kölner Stadt-Anzeiger am 21. Oktober: »Nach seiner Rückkehr aus Rom sagte Erzbischof Kardinal Frings gestern in einem Fernsehinterview, er hoffe, dass er bald einen Bischof als Koadjutor bekomme, um den er schon vor einem Jahr gebeten habe, und der dann eines Tages sein Nachfolger werde. Das bedeute nicht, dass er jetzt schon zurücktrete ...«[12]

In Köln hält sich seit 1969 das Gerücht, Bischof Höffner habe sich zur Übernahme des Koadjutor-Amtes nur unter der Bedingung bereit erklärt, dass das Kölner Domkapitel vorher befragt werde und seiner Berufung zustimme. Der Verfasser erinnert sich, dass er mit Kollegen im Sekretariat der Generalvikare Teusch und Jansen im Herbst 1968 in deren Terminkalendern für einen Donnerstagnachmittag die Eintragung las: »Kapitelssitzung in Bensberg«. Da seit 1825 die Sitzungen des Kölner Metropolitankapitels am ersten Dienstag eines jeden Monats im Kapitelsaal in Köln stattfinden, löste dieser »Sondertermin« Mutmaßungen aus.

In Köln kam es im Oktober und November 1968 noch einmal zu Aktivitäten des Priesterkreises wegen einer Beteiligung an der Bestellung des neuen Erzbischofs. Doch die Würfel waren in Rom bereits gefallen. Am 4. Dezember 1968 konnte Nuntius Bafile Bischof Höffner bereits mitteilen, dass die Landesregierung in Düsseldorf »gegen Ihre Ernennung zum Koadjutor mit dem Recht der Nachfolge des Erzbischofs von Köln keine Bedenken politischer Art hat«.[13] Die für den 10. Dezember vorgesehene Veröffentlichung der Ernennung im Osservatore Romano musste auf den 20. Dezember 1968 verschoben werden.[14]

In einem durch den »Kirchlichen Anzeiger« vom 24. Dezember 1968 bekannt gemachten Schreiben teilte Kardinal Frings am 22. Dezember »allen Priestern und Gläubigen der Erzdiözese Köln« mit, dass der Papst Bischof Höffner zu seinem Koadjutor mit dem Recht der Nachfolge ernannt habe. »Ich begrüße herzlich Bischof Dr. Joseph Höffner als meinen Koadjutor und bin fest davon überzeugt, dass er mir ein erfahrener Mitarbeiter und treuer Helfer ... sein wird.« In einem Willkommensgruß, den Frings mit seinen Weihbischöfen und dem Domkapitel

---

[11] Höffner-Foto, Bildunterschrift: FAZ 18.10.1968: Ebd.
[12] N. TRIPPEN, Frings II, S. 543.
[13] Bafile an Bischof Höffner, 4.12.1968: HAEK – NH 2069(1); während bei einer Erzbischofswahl der Dompropst vor Weiterleitung des Ergebnisses an den Nuntius bei der Landesregierung anfragen muss, ist bei einer Koadjutorernennung der Nuntius der Anfragende.
[14] Bafile an Bischof Höffner 17.12.1968: HAEK – NH 2067.

am gleichen Tage an Höffner richtete, hieß es: »Wir versichern Ihnen, dass wir Sie mit bereitem Herzen erwarten und dass Sie im Volke Gottes der Kölner Kirche treue Mitarbeiter in dem schweren Dienst finden werden, der heute einem Bischof auferlegt ist.«[15]

Höffner unternahm am 21. Dezember 1968 – am Tag nach der Bekanntgabe seiner Ernennung – eine Reise nach Bonn und Köln, um mit Nuntius Bafile und Kardinal Frings zu sprechen.[16] Tags darauf berichtete er dem Nuntius: »Der Herr Kardinal würde es begrüßen, wenn ich am 6. Januar meine Ernennungsurkunde ihm und dem Metropolitankapitel überreichen und damit meinen Dienst in Köln beginnen könnte ... In der Ernennungsurkunde sollte bezüglich der Stellung und der Aufgaben des Koadjutors auf die einschlägigen Bestimmungen des Konzilsdekrets *Christus Dominus* und der Ausführungsbestimmungen *Episcopale officium* verwiesen werden.«[17]

Der nach der Ernennung vom 20. Dezember 1968 fast hastig anberaumte Einführungstermin 6. Januar 1969 scheint auf Kardinal Frings zurückzugehen. Höffner berichtete dem Nuntius weiter: »Der Herr Kardinal sprach nicht vom Termin seines baldigen Rücktritts. Vielleicht empfiehlt es sich, in der Ernennungsurkunde zu bemerken, dass die genauere Umschreibung der Aufgaben des Koadjutors der Vereinbarung zwischen Eminenz und mir überlassen bleibt.«

Joseph Höffner übersah auch in erhabenen Augenblicken nicht die ganz praktischen Fragen des Lebens: »Nicht leicht zu lösen ist die Wohnungsfrage. Wahrscheinlich wird es drei Monate dauern, bis ich mit meinem Haushalt nach Köln umziehen kann. Eminenz lud mich liebenswürdigerweise ein, in der Zwischenzeit sein Gast zu sein.« Tatsächlich sollte der Koadjutor Höffner die ersten Monate in Köln in einem Flügel des Priesterseminars neben dem Erzbischöflichen Haus Wohnung nehmen. Er mag in diesen Wochen einen Vorgeschmack bekommen haben, was in diesem Haus an Reformen anstand.

Da Ernennungsurkunden für Bischöfe in Rom bis heute kalligraphisch auf Pergament gefertigt werden, ließ sich eine Originalurkunde bis zum 6. Januar 1969 nicht erstellen. Am 3. Januar teilte der Nuntius Höffner zunächst mit, »dass der Heilige Vater Sie zum Titularerzbischof von Aquileja ernannt hat. Diese Ernennung tritt am 6. d. M. in Kraft. Da Sie an demselben Tag Ihr neues Amt als Koadjutor mit dem Recht der Nachfolge ... übernehmen, sind Sie gleichzeitig von Ihrem Amt als Bischof von Münster entbunden ...«[18] Außerdem erhielt Höffner eine »Ersatzurkunde« des Nuntius, die er bei seiner Einführung am 6. Januar 1969 Kardinal Frings und dem Kölner Metropolitankapitel statt des noch ausstehenden päpstlichen Ernennungsdekrets vorlegen sollte.[19]

---

[15] Dazu: N. TRIPPEN, Frings II, S. 546.
[16] Handschriftliche Notizen über das Gespräch mit Kardinal Frings am 21.12.1968: HAEK – NH 2021.
[17] Höffner an Bafile, 22.12.1968 (Durchschlag): HAEK – NH 2068.
[18] Bafile an Höffner, 3.1.1969: HAEK – NH 2069(2).
[19] Original: HAEK – NH 2073; entsprechende Benachrichtigungen an Kardinal Frings und das Metropolitankapitel Köln (Abschriften): HAEK – NH 2066.

IV. Koadjutor – Erzbischof – Kardinal (1968–1969)

Für seine Verabschiedung vom Bistum Münster bestimmte Höffner den 5. Januar 1969. Neben seiner Predigt bei einem Pontifikalamt im Paulus-Dom richtete der scheidende Bischof Abschiedsbriefe an die Priester und an die Gläubigen des Bistums Münster unter dem Datum vom 5. Januar 1969.[20] Den Gläubigen schrieb er: »Die Bistümer Münster und Köln sind in den letzten Jahrhunderten durch ihre Bischöfe häufig miteinander verbunden gewesen. Im 16., 17. und 18. Jahrhundert waren fünf Münstersche Bischöfe zugleich Erzbischöfe von Köln.[21] Im Jahre 1912 wurde Bischof Felix von Hartmann von Münster nach Köln berufen. Vom Dreikönigsfest an werde auch ich als Koadjutor mit dem hochbetagten und beliebten Herrn Kardinal Josef Frings von Köln zusammenarbeiten, dessen Glaube und Eifer, Güte und Weisheit, Charme und Humor ich stets bewundert habe. Der Bischof steht, wie das Konzil sagt, nicht nur im Dienst der einzelnen Diözese, sondern des gesamten Gottesvolkes (Christus Dominus, 6). So hoffe ich, dass meine Übersiedlung nach Köln keine völlige Trennung bedeutet. In der gemeinsamen Liebe und Treue zu Christus und seiner Kirche sowie im Gebet füreinander bleiben wir verbunden.«

Höffner erhielt zum Weihnachtsfest 1968 und zum Jahreswechsel zahlreiche Briefe, die zugleich dankbare Rückschau auf seine Jahre als Bischof von Münster waren. Beispielhaft sei der Brief des neuen Regens des Priesterseminars in Münster, Bernhard Fraling, herausgegriffen.[22] Fraling berichtete vom positiven Echo der Seminaristen auf die letzte Weihnachtspredigt des Bischofs wie überhaupt von der Ausstrahlung seiner Verkündigung: »Sie wissen, dass es in den Reihen der Priester unserer Diözese viele gibt, die in strittigen Fragen nicht einer Meinung mit Ihnen sind; wir haben es ja auch in manchen Gesprächen schmerzlich erfahren, dass der gemeinsame Nenner nicht immer zu finden war. Bei einem so raschen Wandel des Zeit- und damit auch des Theologieverständnisses ist das wohl nicht zu vermeiden. Aber das konnte nie den Eindruck verwischen – ich glaube, dass ich hier im Namen aller Mitbrüder sprechen darf –, dass Sie ein Mann des Glaubens sind, ›an dem kein Falsch ist‹. Wenn Sie nun den nicht leichten Weg nach Köln antreten, möchten wir hoffen, dass Sie auch dort dieses wertvolle ›Kapital‹ voll einbringen, ohne gleich Verteidigungsstellungen beziehen zu müssen.«

Wenn Kardinal Frings bereits vier Tage nach Höffners Amtsantritt am 10. Januar 1969 den Papst erneut in kürzester Form bat, ut me quamprimum absolvat a munere meo Archiepiscopali Coloniae, hatte das nichts mit einem Misston am 6. Januar oder einer Spannung im Verhältnis zu Koadjutor Höffner zu tun. Auch waren keine neuen gesundheitlichen Probleme aufgetreten. Man darf davon aus-

---

[20] Der Brief an die Priester wurde möglicherweise einzeln verschickt. Ein Exemplar findet sich in: BAM – D 006, A 83 (Nachlass Tenhumberg).
[21] Es handelt sich um die Kölner Kurfürsten und Erzbischöfe Ernst von Bayern (1583–1612), Ferdinand von Bayern (1612–1650), Clemens August von Bayern (1723–1761), Maximilian Friedrich von Königseck-Rotenfels (1761–1784), Maximilian Franz von Österreich (1784–1801).
[22] Fraling an Höffner, 31.12.1968: HAEK – NH 2021.

gehen, dass dieser Zug um Zug durchgeführte Rückzugsprozess von Kardinal Frings im Oktober 1968 in Rom abgesprochen war, um einerseits Frings tatsächlich so schnell wie möglich die ihn drückende Last des Amtes abzunehmen, andererseits aber die Unabwägbarkeiten eines längeren Bischofswahlverfahrens nach den Unruhen des Sommers 1968 zu umgehen.[23] Doch auch die kurze Zeit zwischen der Ernennung Höffners zum Koadjutor und seiner Einführung als Erzbischof mag bei Frings wie bei Höffner erste Sorgen nicht verhindert haben, wie ein länger dauerndes Nebeneinander von Erzbischof und Koadjutor aussehen könnte: Wie sollte man die beiderseitigen Kompetenzen abgrenzen, wie verhindern, dass Erzbischof und Koadjutor gegen einander ausgespielt würden?

Um einer unerfreulichen neuen Gerüchtebildung vorzubeugen, entwarf Generalvikar Jansen am 20. Januar 1969 eine Mitteilung an die Presse, Kardinal Frings habe den Papst erneut um Entpflichtung von seinem Amt gebeten. »Wenn der Heilige Vater das Gesuch annimmt, wird er auch den Zeitpunkt bestimmen, an dem die Entpflichtung in Kraft tritt.« Diese Meldung erschien ab 21. Januar bundesweit in der Presse[24], was sofort unliebsame Spekulationen auslöste. Noch am 20. Januar 1969 warf der NDR in der Sendung »Echo des Tages« die Frage auf, ob das Rücktrittsgesuch von Frings »in einen terminlichen Stufenplan gehöre, nach dem das Vatikanische Staatssekretariat jene Konkordatsvereinbarung umgehe, nach der vor der Ernennung eines neuen Bischofs bei der zuständigen Landesregierung anzufragen sei ...«.[25] Wie Generalvikar Jansen in einer Verlautbarung unter dem Titel »Wie öffentliche Meinung manipuliert wird« darlegte und dem Bistumsklerus per Rundschreiben mitteilte[26], ging die Tendenz der Meldung darüber hinaus: »Damit ist nicht mehr und nicht weniger gesagt, als dass ›die Stufen‹: a) Ernennung eines Koadjutors, b) Rücktritt des Kardinals Frings, c) Übernahme des Erzbischofsamtes durch Exzellenz Höffner, ein abgekartetes Spiel seien, um die Konkordatsbestimmungen zu umgehen.« Jansen nannte dann die Daten der Anfrage bei der Landesregierung und deren Antwort im Dezember 1968 und rügte, dass man sich darüber nicht in Köln oder Düsseldorf vergewissert habe.

»Auch eine andere Vermutung des NDR« – so fuhr Jansen fort – »trifft nicht zu: Dass nämlich die Ernennung des Koadjutors sich im Herbst noch beträchtlich hingezogen habe, ›möglicherweise weil Höffner darauf bestanden haben mag, das Kölner Domkapitel solle an der Ernennung beteiligt sein wie an der Wahl des Erzbischofs im Falle der Vakanz des Sitzes‹. Diese Annahme ist völlig aus der Luft gegriffen. Bischof Höffner ermächtigt uns ausdrücklich mitzuteilen, dass er von seiner Kandidatur erst erfahren habe, als ihm offiziell das Wahlergebnis des Kölner Domkapitels schriftlich vorgelegt wurde«.

---

[23] N. Trippen, Frings II, S. 547.
[24] Ebd.
[25] So referierte Generalvikar Jansen in der nachfolgend zitierten Verlautbarung »Wie die öffentliche Meinung manipuliert wird« vom 27.1.1969: HAEK – Zug. 1116/00 – 1.
[26] Begleitschreiben Jansen an Bistumsklerus, 28.1.1969: Ebd.

IV. Koadjutor – Erzbischof – Kardinal (1968–1969)   99

Der Bescheid über die Annahme des Rücktrittsgesuchs von Kardinal Frings aus Rom scheint nur wenige Tage später eingetroffen zu sein. Als Kardinal Frings ein am 1. Februar von den Kanzeln zu verlesendes Abschiedwort schrieb, war die Annahme seines Rücktritts vom Amt des Erzbischofs von Köln zum 23. Februar 1969 der Ausgangspunkt.[27]

Es konnte nicht ausbleiben, dass die rasche Folge von Einführung des Koadjutors und Entpflichtung des Erzbischofs neue Spekulationen in der Öffentlichkeit auslöste. Über die Nervosität der Nuntiatur in Bonn gibt eine Notiz Generalvikar Jansens für Generalvikar Teusch und Dompropst Gielen vom 7. Februar 1969 Auskunft: »Eben rief der Apostolische Nuntius bei mir an und sagte folgendes: Es sei möglich, dass im Zusammenhang mit dem Verzicht des Herrn Kardinals auf das Amt des Erzbischofs von Köln und mit der Annahme dieses Verzichtes durch den Papst verbreitet würde, man habe diesen Weg gewählt, um bei der Bestellung des Nachfolgers die im Preußenkonkordat Artikel 6 vorgesehene Beteiligung des Kapitels auszuschalten.

Der Herr Nuntius erklärte ausdrücklich, wir seien berechtigt zu erklären, dass der Hl. Stuhl eine Vorschlagsliste des Metropolitankapitels eingeholt und dem Kapitel eine Liste von drei Personen zur Durchführung der Wahl eingesandt habe, ohne dabei allerdings auf das im Artikel 7 des Preußenkonkordates zugestandene Recht zu verzichten, wonach beim Koadjutor des Diözesanbischofs mit dem Recht der Nachfolge die Mitwirkung des Kapitels entfällt.«[28]

Das bedeutete: Der Papst hatte für dieses Mal auf sein Recht verzichtet, den Koadjutor des Erzbischofs von Köln ohne Mitwirkung des Kapitels zu ernennen. Das Kapitel hatte wie bei einer Erzbischofswahl eine Vorschlagsliste nach Rom eingereicht und eine Terna aus Rom erhalten, aus der es Höffner wählte. Das widersprach allen konkordatären Vereinbarungen des 20. Jahrhunderts und der Tendenz der Kurie, das Wahlrecht der Kapitel zurückzudrängen.

Doch darf daran erinnert werden, dass die »Koadjutorwahl« im älteren Recht der Kirche unbestritten war. Philipp Hofmeister stellte noch 1932 fest: »Da das Wiener Konkordat [von 1448] den deutschen Kapiteln das Wahlrecht zusicherte, so blieb ihnen auch das Recht, den etwaigen Koadjutor zu wählen, erhalten, ein Recht, das der Hl. Stuhl mehrfach dadurch bestätigte, dass er die Kapitel zur Wahl der Koadjutoren aufforderte.«[29] Als Beispiel nennt Hofmeister die Breven Pauls V.

---

[27] Verschiedene Entwurfs- und Bearbeitungsstadien, sign. Endfassung des Abschiedsworts: HAEK – CR III 2.18, 45; Druck: KA 109, 1969, Nr. 51, S. 51–54.

[28] Original für Generalvikar Teusch: HAEK – Zug. 1116/00 – 1; Signierter Durchlag in den Akten Generalvikar Jansens: HAEK – CR III 2.18, 45; darauf die handschriftliche Bemerkung Jansens: »Je 1 Ausfertigung gesandt an GVT[eusch], Dompropst, Sekretariat. 7.2.69«; unterzeichneter Durchschlag »für Sekretariat«: Ebd. Darauf handschriftlicher Vermerk Domvikar Barlage, Sekretariat: »GVJ[ansen] dazu: Bei Anrufen kann gesagt werden [zweiter Abschnitt der Telefonnotiz Jansen] K. 7.2.69«; Kopie für Dompropst Gielen: Akten des Metropolitankapitels Köln A III/11, darauf handschriftlich von GVJ: »H. H. Dompropst zur gefl. Kenntnisnahme. K. 7.2.69 Jansen«.

[29] P. HOFMEISTER, Von den Koadjutoren der Bischöfe und Äbte, in: Archiv für katholisches Kirchenrecht 112, 1932, S. 369–436, hier: S. 383; vgl. auch: G. HARTMANN, Wählt die Bischöfe. Ein Vorschlag zur Güte und zur rechten Zeit, Kevelaer 2010, S. 125.

Inter pastorale und Officii Pastoralis von 1611 an die Domkapitel von Paderborn und Münster, die den Kölner Koadjutor und Kurfürsten Ferdinand von Bayern auch für ihre Diözesen als Koadjutor postulieren durften.

Hofmeister weist allerdings darauf hin, dass die Koadjutorwahl schon im 19. Jahrhundert nicht mehr zugestanden wurde. Als Bischof Hefele von Rottenburg durch seine Haltung gegenüber den Dogmatisierungen des I. Vatikanischen Konzils in Bedrängnis geriet und einen Koadjutor erbitten musste, wurde 1886 das Rottenburger Domkapitel immerhin noch um seine Zustimmung zur Ernennung Wilhelm Reisers zum Koadjutor mit dem Recht der Nachfolge gebeten.[30]

Gerhard Hartmann hat in Quellen des Bistums Chur festgestellt, dass auch bei der Ernennung des Kaspar de Carl ab Hohenbalken zum Koadjutor des Bischofs von Chur 1843 das Churer Domkapitel um Zustimmung gebeten wurde.[31] »In den Konkordaten und konkordatären Vereinbarungen nach 1815 für die deutschsprachigen Länder fehlt der Begriff Koadjutor. Bei den Verträgen mit Preußen, Hannover und den oberrheinischen Vertragsstaaten wurde ... das Domkapitelwahlrecht im bisherigen Umfang vereinbart. Dabei war« – so meint Hartmann – »auch das Koajutorwahlrecht mit eingeschlossen.«[32] Ob die oben genannten Beispiele das nicht eher widerlegen als bestätigen? »In den Konkordaten nach 1918, die ein Kapitelwahlrecht vorsehen (...), wird jeweils die Ernennung eines Koajutors durch den Papst festgelegt (Art. 7 PrK ...). Somit ist die freie päpstliche Ernennung der Koadjutoren in diesen Ländern völkerrechtlich abgesichert.«

Dieser Exkurs in die Geschichte mag verdeutlichen, wie weit der Hl. Stuhl in der Gewährung einer Koadjutorwahl dem Kölner Domkapitel 1968 entgegen kam. Für den Verfasser gab es schon 1978 eine erkennbare Bestätigung der Wahl Höffners zum Koadjutor durch das Domkapitel: Aus dem Nachlass des damaligen Domkapitulars Adolf Wendel erhielt der Verfasser 1978 Joseph Höffners Werk »Kolonialismus und Evangelium. Spanische Kolonialethik im Goldenen Zeitalter«. Der Band enthält außer einer handschriftlichen Widmung Höffners vom 2. März 1969 einen Brief Höffners an Wendel vom 28. Februar 1969: »Für das Vertrauen, das Sie mir bei meinem Beginn in Köln geschenkt haben, danke ich Ihnen sehr ...«

Die Entpflichtung des Kölner Kardinals vom Amt des Erzbischofs war auf den 23. Februar 1969 terminiert. Für diesen Tag, den 1. Fastensonntag, war jedoch im Kölner Dom die Eröffnung der 11. Misereor-Aktion mit einem Pontifikalamt des »Gründers« vor zehn Jahren, Kardinal Frings, geplant. Damit Kardinal Frings bei diesem Anlass noch als Erzbischof von Köln fungieren konnte, vermittelte Nun-

---

[30] P. HOFMEISTER, Koadjutoren, S. 383; G. HARTMANN, Wählt die Bischöfe, S. 125 – Zu Wilhelm Reiser (1835–1898), 1886–1893 Koadjutor, 1893–1898 Bischof von Rottenburg: R. REINHARDT, in: E. GATZ (Hrsg.), Bischofslexikon 1785/1803 bis 1945, S. 606–608.

[31] Zu Kaspar de Carl ab Hohenbalken (1781–1859), 1843–1844 Koadjutor, 1844–1859 Bischof von Chur: E. GATZ, in: E. GATZ (Hrsg.), Bischofslexikon 1785/1803 bis 1945; S. 92f.

[32] G. HARTMANN, Wählt die Bischöfe, S. 125.

IV. Koadjutor – Erzbischof – Kardinal (1968–1969)

tius Bafile, dass die Annahme des Amtsverzichts erst am 24. Februar im Osservatore Romano veröffentlicht und damit wirksam wurde.³³ Die liturgischen Feiern zum Amtswechsel wurden auf den darauffolgenden Sonntag, den 2. März 1969, verlegt.

Doch war Joseph Höffner ab dem 24. Februar 1969, 14 Uhr, nicht mehr Koadjutor, sondern Erzbischof von Köln. Die spannendste Frage für das Erzbistum, aber auch für die Deutsche Bischofskonferenz, war: Würde Erzbischof Höffner – zumindest für eine Übergangszeit – die Generalvikare seines Vorgängers wiederernennen oder einen neuen Generalvikar berufen? Als Stimmung im Erzbistum hat Norbert Feldhoff, später selbst Generalvikar Höffners, anlässlich des 100. Geburtstages des Kardinals 2007 festgestellt: »Die beiden vorher amtierenden Generalvikare Jansen und Teusch führten ein strammes Regiment, wurden im Klerus geachtet, aber mehr noch gefürchtet.«³⁴

Höffner kannte selbst die Einschätzung von Generalvikar Teusch innerhalb der Bischofskonferenz. Der Konferenzvorsitzende (bis 1965) Kardinal Frings stand eindeutig unter dem bestimmenden Einfluss seines Generalvikars Teusch. Oft war der Widerstand der Konferenz bei kostenträchtigen, von Teusch angeregten Vorhaben gebrochen worden mit dem Argument: Von den Kosten trägt Köln die Hälfte, von der anderen Hälfte den auf Köln entfallenden Anteil. Generalvikar Teusch hatte den Verlust seines Einflusses auf die DBK nach 1965 nicht verkraftet und – wie bereits angedeutet – entscheidende Vorhaben der Bischofskonferenz über Kardinal Frings zu verhindern gesucht.

Feldhoff berichtete 2007: »Höffner hat mir gesagt: ›Wenn Teusch Generalvikar geblieben wäre, den hätte ich nicht lenken können.‹ Teusch hat mir [Feldhoff] zu Beginn meiner Amtszeit als Generalvikar [1975] einen Brief geschrieben, in dem stand: ›Ein Generalvikar hat ad mentem episcopi, also nach dem Sinn und Willen des Bischofs zu handeln, nachdem er die mens formiert hat.‹ Deshalb entschied Höffner sich – und das war die brutalste Personalentscheidung seiner ganzen Amtszeit; dazu war er nie mehr fähig – ohne Rücksprache mit beiden Herren, diese ... zu Bischofsvikaren zu ernennen. Die Ernennungsurkunden wurden ihnen durch Boten zugestellt; beide waren als Generalvikare nicht mehr im Amt, mussten also nicht abgesetzt werden. Der Kardinal [Höffner] hat mir gesagt: ›Wenn ich mit Teusch gesprochen hätte, weiß ich nicht, ob ich die Kraft gehabt hätte, das durchzustehen.‹«³⁵

Erzbischof Höffner ernannte (nach Absage eines vorher angesprochenen anderen Priesters) den Leiter des Seelsorgeamtes Peter Nettekoven³⁶ zum Generalvi-

---

³³ N. Trippen, Frings II, S. 549f.
³⁴ N. Feldhoff, Höffner als Erzbischof von Köln, S. 41.
³⁵ Ebd. S. 41f.
³⁶ Peter Nettekoven (1914–1975), 1940 Priesterweihe in Köln, 1958–1961 Leiter der Abteilung Landseelsorge in Köln, 1961–1966 Bundespräses der Frauenjugend, 1966–1969 Leiter des Seelsorgeamtes in Köln, 1969–1975 Generalvikar, 1975 Ernennung zum Weihbischof: U. Helbach, in: E. Gatz (Hrsg.), Bischofslexikon 1945–2001, S. 300f.

kar. Höffner kannte Nettekoven aus dessen Zeit als Bundespräses der Frauenjugend. Zu seinem Vorgänger Peter Nettekoven sagte Feldhoff 2007: »Für Peter Nettekoven war der Start als Generalvikar denkbar schwierig. Ein Platz im Domkapitel war nicht frei, er wohnte im Kölner Norden, und die Mehrzahl des Kapitels stand ihm ablehnend gegenüber. Das galt auch für weite Kreise im Generalvikariat. Beim Klerus war Peter Nettekoven außerordentlich angesehen und beliebt. Er war ein gewinnender und überzeugender Seelsorger. Unter dem Amt des Generalvikars hat er furchtbar gelitten ... Die Ernennung zum Weihbischof [1975] war für Peter Nettekoven eine wahre Erlösung, aber seine Gesundheit war schon so angeschlagen, dass er bekanntlich die Bischofsweihe nicht mehr erlebte.«[37]

Josef Teusch wurde zum Bischofsvikar für die weltkirchlichen Aufgaben ernannt. Höffner erkannte in seinem Ernennungsschreiben an: »Ohne Ihren Weitblick und Ihre Tatkraft wären die Werke ›Misereor‹ und ›Adveniat‹ nicht geschaffen worden.«[38] Teusch nahm seine »Entmachtung« diszipliniert zur Kenntnis. Er kümmerte sich in den ihm verbleibenden Jahren vorbildlich um die Weiterentwicklung der diözesanen und überdiözesanen Dienste für die Weltkirche. Höffner bat ihn häufiger auch um Stellungnahmen zu kirchlichen Entwicklungen in Deutschland und im Erzbistum Köln.

Dass ihm seine Zurücksetzung wenigstens unterschwellig zu schaffen machte, lässt ein Brief an einen jungen Kanonisten des Erzbistums in München erkennen. Dieser hatte Teusch aus Anlass seiner Ernennung zum Bischofsvikar geschrieben. Teusch antwortete am 3. Mai 1969: »Das Zweite Vatikanische Konzil hat die Rechtsfigur des Teil-, Halb- oder Semivikars geschaffen, weil die Weihbischöfe im Zuge ihrer Aufwertung Jurisdiktionsträger werden sollten ... Da es aber seit der Sünde Adams die schamhafte Verhüllung gibt, fügte man nicht dem Ausdruck Hilfsbischof auch noch den Ausdruck Halbvikar zu, sondern nannte diese Einrichtung Bischofsvikar. Nachdem die Rechtsfigur einmal geschaffen war, wurde auch für Nichtbischöfe die Möglichkeit gegeben, dass sie Teilvikare wurden ...«.[39]

Hermann Jansen hat für seine Umgebung sichtbarer unter dem Verlust seines Amtes als Generalvikar gelitten. Doch auch er hat sich mit der ihm eigenen Sorgfalt und Hingabe im Detail um die geistlichen, rechtlichen und auch wirtschaftlichen Probleme der damals noch mehreren tausend Ordensfrauen im Erzbistum Köln gekümmert.

Köln gehört zu den Metropolitansitzen der Weltkirche, deren neuernannte Inhaber beim nächsten Konsistorium in der Regel zum Kardinal erhoben werden. Das kann einige Jahre dauern, kann aber auch sehr schnell gehen. Noch innerhalb seines ersten Monats im Amt des Erzbischofs von Köln erhielt Erzbischof Höff-

---

[37] N. Feldhoff, Höffner als Erzbischof von Köln, S. 42.
[38] Kopie des Ernennungsschreibens: Höffner an Teusch, 24.2.1969: HAEK – Zug. 1518 – 7 – Druck: KA 109, 1969, Nr. 78 (Ernennung eines Generalvikars), Nr. 79 (Ernennung zweier Bischöflicher Vikare), S. 104f.
[39] Teusch an Dr. W. A., 3.5.1969 (Durchschlag): HAEK – Zug. 1518 – 7.

ner ein Handschreiben Papst Pauls VI. vom 28. März 1969, in dem der Papst ihm mitteilte, er werde ihn beim nächsten Konsistorium zum Kardinal erheben.[40] Das Konsistorium wurde auf die Tage 28. April bis 1. Mai 1969 festgesetzt.[41] Auf dem Programm des Konsistoriums vermerkte Höffner, dass er am 28. (oder 29.?) April um 12.30 Uhr in Bischofskleidung in der Mathilden-Kapelle des Vatikans das erzbischöfliche Pallium empfangen sollte.

Bei der Überreichung des Kardinals-Biretts am 30. April wurde Kardinal Höffner noch einmal an die Präzedenzordnung der lateinischen Kirche erinnert, die ihm als einem der jüngsten Konzilsväter zu schaffen gemacht hatte.[42] Die neuernannten Kardinäle traten vor den Papst in der Reihenfolge ihrer Ernennung auf das Amt, das sie zur Zeit innehatten: Höffners Doktorand in Münster, Stephen Kim Souhwan, war bereits seit 1968 Erzbischof von Seoul und deshalb vor dem erst 1969 in sein Amt eingetretenen Erzbischof Höffner von Köln »an der Reihe«.[43] Kardinal Kim schrieb dem Verfasser 2006: »Es war für mich eine unbeschreiblich große Überraschung. Ich war noch nicht ein Jahr Erzbischof von Seoul gewesen und nur 47 Jahre alt, und bis dahin [hatte es] kein[en] Kardinal in Korea [gegeben]. Darum habe ich nicht erwartet oder geträumt, Kardinal zu werden. Um so mehr habe ich nie mir vorgestellt, mit meinem Professor im gleichen Konsistorium zum Kardinal erhoben zu werden ... Dazu noch wurde ich sehr beeindruckt von seiner Demut und Simplizität während der Zeremonien des Konsistoriums.«[44]

Als Titelkirche bekam Kardinal Höffner S. Andrea della Valle zugewiesen[45] – nach römischem Brauch eine Titelkirche, die einen zahlungskräftigen Titular-Kardinal brauchte. In Höffners Nachlass findet sich eine umfangreiche Korrespondenz mit dem General der Theatiner oder anderen Vertretern des Ordens[46] um Geldhilfen für die Sanierungsarbeiten an der Kirche, aber auch um Fahrdienste der Theatinerpatres an S. Andrea della Valle, wenn Höffner in den folgenden Jahren nach Rom reisen musste und vom Flughafen Fiumicino zum Campo Santo Teutonico gebracht zu werden wünschte. Von seiner Titelkirche nahm Höffner am 4. Mai 1969 Besitz.

Anlässlich der Kardinalserhebung gab Kardinal Höffner ein abendliches Festessen im Hotel Quirinale, zu dem 39 Personen eingeladen wurden: Familienan-

---

[40] Kalligraphisches Schreiben, vom Papst unterzeichnet (Original): HAEK – NH 2081.
[41] *Prefettura delle Ceremonie Pontificie, Alcune Indicazioni pratiche per il Consistorio del 28 Aprile – 1 Maggio 1969*: HAEK – NH 867.
[42] Vgl. oben S. 27–44.
[43] Stephen Kim Sou-hwan, (1922–2009), 1951 Priesterweihe, 1966 Bischof von Masan, 1968–1998 Erzbischof von Seoul, 1969 Kardinal: ANNUARIO PONTIFICIO 2006, S. 56* – Zu Stephan Kims Promotionsprojekt bei Höffner in Münster ab 1956: N. TRIPPEN, Höffner I, S. 152. – S. KIM, Demut macht fähig zum Dialog, in: W. MOGGE/G. ZELLEKENS (Hrsg.), Begegnung und Erfahrung, Kevelaer 1986, S. 59–60.
[44] Kardinal Kim an N. Trippen, 22.10.2006: Original im Besitz des Verfassers.
[45] H. MICHEL, Der Kardinal und seine Titelkirche, in: W. MOGGE/G. ZELLEKENS (Hrsg.), Begegnung und Erfahrung, Kevelaer 1986, S. 61f.
[46] HAEK – NH 867 u. 2503.

gehörige, die Kölner Begleitung, aber auch Franjo Kardinal Šeper, Präfekt der Glaubenskongregation und Studiengefährte Höffners im Collegium Germanicum, Erzbischof Joseph Schröffer, Sekretär der Studienkongregation und ebenfalls Germaniker aus Höffners Zeit, Staatssekretär Dr. Hans Berger vom Bundespräsidialamt und der General der Theatiner.[47]

Für eine Audienz bei Papst Paul VI. am 27. April hatte sich Höffner in italienischer Sprache Besprechungspunkte entworfen: »La situazione: I. tendenze pericolose – II. tendenze consolanti«. Die flüchtigen, wegen der Stenographie nur teilweise lesbaren Notizen von der Audienz enthalten einen Abschnitt über »den dritten Weg zum Priestertum«.[48]

Bereits am 7. April hatte Höffner mit Weihbischof Cleven und Dompropst Gielen, den Dignitären des Kölner Domkapitels, überlegt, wie die Empfangsfeier in Köln nach der Rückkehr aus Rom aussehen könnte. Höffner verständigte sich mit seinen Gesprächspartnern auf ein Pontifikalamt an einem Sonntagnachmittag im Kölner Dom, einen anschließenden Empfang, auf die dazu einzuladenden Ehrengäste sowie die Rednerliste.[49] Man spürt die Tendenz des neuen Kardinals, nach allen Umbrüchen und Feiern des zurückliegenden halben Jahres in bescheidenem Rahmen zu bleiben.

---

[47] Schriftliche Unterlagen zu dem Festessen: HAEK – NH 867.
[48] Handschriftliche Notizen Höffners: Ebd.
[49] Handschriftliche Notiz Höffners vom 7.4.1969: Ebd.

V. KAPITEL

DER NICHT LEICHTE BEGINN IN KÖLN

Als Joseph Höffner 1969 – zunächst als Koadjutor, dann sehr bald als Erzbischof – seinen Dienst in Köln aufnahm, hatte der kulturgeschichtliche Umbruch begonnen, den man inzwischen die »68er Revolution« zu nennen pflegt und von dem die westeuropäische Gesellschaft ebenso betroffen war wie die katholische Kirche. Die über revolutionär anmutende Tendenzen in der Kirche erschrockenen, auf die Bewahrung des Glaubensgutes wie der Traditionen der Kirche bedachten Kreise unter den Gläubigen weisen die Schuld an der innerkirchlichen Entwicklung der späten 1960er und der 1970er Jahre bis heute allzu ausschließlich dem II. Vatikanischen Konzil zu. Doch die Forderungen nach umfassender Demokratisierung der Kirche, nach Mitbestimmung des »Gottesvolkes« bei kirchlichen Personalentscheidungen, bei der Gestaltung der Pastoral und selbst in Glaubensfragen auf weltkirchlicher, diözesaner und örtlicher Ebene waren zu einem erheblichen Teil nur das kirchliche Segment einer gesamtgesellschaftlichen Entwicklung in jenen Jahren.

Joseph Höffner hatte die Anfänge dieser Entwicklung schon als Bischof von Münster zu spüren bekommen: In den Auseinandersetzungen um die Abendmessen in St. Antonius 1965/66[1], in den Themenvorgaben von Pfarrkomitees für Gespräche anlässlich von Visitationen des Bischofs[2], zuletzt 1968 in der Kritik aus der Studentengemeinde Münster an seiner Predigt zur 300-Jahr-Feier der Zugehörigkeit Oldenburgs zum Bistum Münster[3]. In Köln sollten ihm die gleichen Themen bald umfassender zu schaffen machen. Doch auch die Eingewöhnung in eine neue Umgebung war eine Herausforderung.

1. Zwei Kardinäle unter einem Dach

Norbert Feldhoff, von 1969 bis 1975 Geheimsekretär, von 1975 bis zu Höffners Tod sein Generalvikar, hat anlässlich der Feiern zum 100. Geburtstag des Kardinals 2007 die zunächst einmal gewöhnungsbedürftigen Lebensverhältnisse im Kölner Bischofshaus beschrieben.[4] Um dem erblindeten Kardinal Frings seine vertrauten Wohnverhältnisse zu belassen, hatte Erzbischof Höffner entschieden, dass Kardinal Frings seinen bisherigen Wohnbereich nicht für den neuen Amtsinhaber räumen solle. Höffner mag erwogen haben, dass das nur für eine

---

[1] Vgl. oben S. 61–65.
[2] Vgl. oben S. 59f.
[3] Vgl. oben S. 92.
[4] N. Feldhoff, Höffner als Erzbischof von Köln, S. 38f. (»Zwei Kardinäle unter einem Dach«).

Übergangszeit von einigen Jahren ihn selbst sehr einschränken würde. Doch Kardinal Frings sollte noch fast 10 Jahre – mehr als die Hälfte der Amtszeit Kardinal Höffners in Köln – leben und sein Hausgenosse sein. »Im Bistum« – so stellte Feldhoff 2007 fest – »hat man dieses Entgegenkommen des neuen Erzbischofs zweifellos sehr positiv bewertet, und mir sind keine Spannungen zwischen den beiden Kardinälen bekannt geworden. Es war ein menschlich sehr gutes Verhältnis ... Kardinal Höffner hat immer mit großem Respekt von seinem Vorgänger gesprochen, und mir ist nicht ein Wort der Klage über die Wohnverhältnisse bekannt, welche für Kardinal Höffner wirklich sehr beengt gewesen waren.«

Der Verfasser erinnert sich selbst daran, dass Kardinal Höffner seinen Vorgänger zu Festfeiern im Dom, aber auch zu Begegnungen mit dem Klerus in der Kölner Industrie- und Handelskammer stets mitbrachte und ihm den Vortritt ließ. Der Klerus jubelte dann dem fortschreitend zur Legende werdenden Alterzbischof zu, während Kardinal Höffner bescheiden und weniger beachtet seitlich hinter ihm folgte.

Neben den beiden Kardinälen, zwei Kardinals-Schwestern und den Mitarbeitern des Erzbischöflichen Hauses musste man in diesem noch mit einem weiteren »Bewohner« fertig werden: mit dem Hund »Orly«. Vor Feldhoff hatte 2007 schon Bischof Lettmann dargestellt, wie dieser Hund seine Unternehmungslust in Münster auslebte und beim Einfangen durch die Polizei Kosten von jeweils 20 DM verursacht hatte.[5] Auch in Köln wollte der naturverbundene Kardinal Höffner nicht auf diesen Gefährten verzichten; später kam zu dem Hund noch eine Schar von Wildenten im großen Garten des Erzbischöflichen Hauses hinzu.[6] Feldhoff deutete 2007 leicht kritisch an, wie Höffner ihn bei seinem Einstellungsgespräch nicht auf »Orly« als Zusatzaufgabe hingewiesen habe. »Wir [Bruder Christophorus und Feldhoff] ließen ›Orly‹ nämlich nicht ... wie in Münster wieder zurückbringen, sondern Bruder Christophorus und ich liefen hinterher. Wir haben ihn auch immer wieder gefangen. Er [Kardinal Höffner] hat mir nicht gesagt, dass ich ›Orly‹, wenn er vom Auto überfahren würde, alle zwei Tage zur Tierärztin bringen müsste, dass ich beschimpft würde, wenn ich mit diesem trainierten, aber ungezogenen Hund Post zum Briefkasten brachte.«[7]

---

[5] R. Lettmann, Joseph Höffner als Bischof von Münster, S. 14f.
[6] N. Feldhoff, Menschlich-Persönliches, in: W. Mogge/G. Zellekens (Hrsg.), Begegnung und Erfahrung, Kevelaer 1986, S. 111–114.
[7] N. Feldhoff, Höffner als Erzbischof von Köln, S. 37. – Orly bekam in den 1980er Jahren noch einen Nachfolger, den ein Kind dem Kardinal zum Namenstag schenkte und der im Gegensatz zu Orly ein ganz ängstliches, nur auf seinen Herrn fixiertes Tier war, das außer zu Höffner nur noch zu den Wildenten im Garten Vertrauen hatte und auf den martialischen Namen »Hannibal« hörte: N. Feldhoff, Menschlich-Persönliches, S. 111.

2. Die Reserve des jüngeren Klerus gegenüber dem neuen Erzbischof

Wie die Priester des Erzbistums den neuen Oberhirten annahmen, kann niemand besser bezeugen als der Geheimsekretär, der bei allen Visitationen und Begegnungen an seiner Seite war. Feldhoff sagte 2007: »Die ersten Jahre in Köln waren für den neuen Erzbischof schwierig ... der Wechsel von dem als sehr volkstümlich und humorvoll geltenden Rheinländer zum nüchternen Professor und eher spröden Westerwälder war nicht einfach. Wesentlich belastender war aber die aufgewühlte Situation der damaligen Zeit in der Gesellschaft und in der Kirche. Der jüngere Klerus stand dem neuen Bischof durchaus reserviert gegenüber. Er [Höffner] hat auch anfangs Äußerungen getan, die nur schwer zu verdauen waren. Als Koadjutor sprach er im Bonner Münster über Küng: ›Mit dem könnte ich nie konzelebrieren.‹ Das konnte man zwar alles begründen, es wirkte aber auf den jüngeren Klerus arg hart. Bei den Gesprächen in den Priesterwerkwochen, die er wie in Münster regelmäßig besuchte, ging es drunter und drüber. In kontroversen Gesprächen in Glaubensfragen und in pastoral-praktischen Fragen wurde alles theologisch in Frage gestellt. Die Kluft zwischen dem Erzbischof und vor allem dem jüngeren Klerus war am Anfang sehr groß ...«[8]

3. Vertrauensgewinn durch Visitationsreisen

Feldhoff schilderte 2007 aus seiner unmittelbaren Anschauung der frühen Jahre: »In einer Ochsentour hat Kardinal Höffner das Bistum für sich gewonnen, indem er jährlich bis zu seiner Wahl zum Vorsitzenden der Bischofskonferenz [1976] drei Dekanate persönlich visitiert hat. Das nahm jährlich etwa zehn Wochen in Anspruch. Wir waren in dieser Zeit nicht in Köln, aber im Erzbistum, weil er von sonntags bis donnerstags im jeweiligen Dekanat wohnte, wenn es nicht gerade Köln-Mitte war. Er nahm sich Zeit für Einzelgespräche mit allen Priestern, Diakonen und Laien in der Seelsorge, er sprach mit jedem Kirchenvorstand und Pfarrgemeinderat einzeln, er besuchte die Schulen, die kirchlichen Einrichtungen ... Und immer war nach der Visitation vor Ort ein Ergebnis: ›Wenn man ihn so unmittelbar erlebt in seiner Bescheidenheit und Schlichtheit, dann ist es ja gar nicht so, wie wir gemeint hatten.‹ Dabei gab der Kardinal inhaltlich von seinen Überzeugungen und Positionen nichts auf. Er gewann vor allem durch seine menschlich-bescheidene Art und vielfach durch seine brillante Argumentation.«[9]

Auch in den 1970er und 1980er Jahren hätte der Erzbischof abends nach dieser Fülle von Gesprächen anlässlich einer Visitation innerhalb einer Stunde wieder in

---
[8] Ebd. S. 39 – Der Verfasser, von 1971–1973 Referent für Priesterfortbildung und Leiter der Werkwochen für die Kapläne, kann diese Darstellung Feldhoffs in allen Punkten bestätigen.
[9] N. Feldhoff, Höffner als Erzbischof von Köln, S. 40f.

seinem Haus in Köln sein können. Neben der Annehmlichkeit der gewohnten Umgebung wäre es möglich gewesen, dringende Vorgänge zu bearbeiten. Doch Kardinal Höffner hat bewusst auf sich genommen, während der Visitationsreisen »vor Ort« zu wohnen. Er bekam mit, was in den Pfarrhäusern, Krankenhäusern, Altenheimen vor sich ging, in denen er untergebracht war. Er nutzte Zufallsbegegnungen auf dem Weg durch die Häuser, um ins Gespräch zu kommen. Wo es möglich war, besuchte er Industriebetriebe, bei denen ein Großteil der Menschen im visitierten Bezirk arbeitete. Das Gespräch mit dem Vorstand war ihm ebenso wichtig wie das Zugehen auf Betriebsangehörige, wo möglich den Betriebsrat. Aus seiner Zeit als Sozialwissenschaftler wusste er um die Fragen, die die Menschen bewegten. Er strahlte gleichzeitig unkomplizierte Menschlichkeit wie fachliche Kompetenz aus. Wo es angebracht war, standen auch der Besuch des Bürgermeisters und das Gespräch mit Politikern auf dem Programm.

Doch dass auch die Visitationen nicht ohne Tücken sein konnten, macht Feldhoff an einem Beispiel klar: »So wollte das junge Lehrerkollegium einer Gesamtschule ihn beim dortigen Besuch richtig reinlegen und machte ihm – unvorsichtigerweise – den Vorwurf, die katholische Kirche habe zu Beginn der Bundesrepublik u. a. dadurch versagt, dass sie sich nicht für die Bodenreform eingesetzt habe ... Wahrscheinlich hatten sich diese Lehrer gedacht, den Erzbischof damit schachmatt setzen zu können. Sie hatten nicht genug recherchiert, denn Prof. Höffner war u. a. in einer Kommission der jungen Bundesrepublik, die sich mit der Bodenreform befasste[10], und aus dem Stegreif konnte er sie [die Lehrer] in Grund und Boden diskutieren. Da kannte er kein Erbarmen. Sportlich könnte man sagen, dass dieses Gespräch mit einem ... K. O. zugunsten des Erzbischofs endete.«

Höffners Schwierigkeit in Umgang mit Personen und Sachfragen war, dass er nicht hart sein konnte und klare Entscheidungen ihm zu schaffen machten. Aus seiner langjährigen Beobachtung aus der Nähe sagte Feldhoff 2007: »Seine Güte, aufgrund derer er schwer Nein sagen konnte, ist schwer zu bestreiten. Sie ließ ihn manchmal härtere Dinge so ausdrücken, dass sie fast wie eine Zustimmung wirkten. Ich behauptete immer, ich sei damals der einzige gewesen, der die verschiedenen ›Mmmh's‹ von Kardinal Höffner richtig deuten konnte. Da kam z. B. eines Tages ein Kaplan zu ihm mit einem Anliegen. Als er wieder aus dem Gespräch herauskam, sagte der Kaplan ...: ›Der Kardinal hat zugestimmt.‹ Ich sagte: ›Was hat er gesagt?‹ Er: ›Mmmh‹. Ich habe dann gebeten, er solle einmal genau sagen, wie er ›Mmmh‹ gesagt habe, und dann konnte ich ihm sagen, dieses ›Mmmh‹ heißt ›Nein‹. – Das ist das Problem der Güte.«[11]

---

[10] Zu Höffners Mitwirkung in Beratungsgremien des Bundeswohnungsbauministeriums zwischen 1957 und 1962, speziell im »Wissenschaftlichen Beirat für Fragen der Bodenbewertung«: N. TRIPPEN, Höffner I, S. 285-290.

[11] N. Feldhoff, Höffner als Erzbischof von Köln, S. 41.

VI. KAPITEL

PROBLEMFELDER DER FRÜHEN KÖLNER JAHRE (1969–1975)

1. Reform der Priesterausbildung

Joseph Höffner hatte als Bischof von Münster zu den Pionieren der Reform in der Priesterausbildung gehört. Was in der Haus- und Lebensordnung des Collegium Borromaeum seit 1965 sich entwickelt hatte, vor allem aber die Einführung eines einjährigen Diakonatspraktikums im Münsterschen Priesterseminar ab 1966, war ein Durchbruch, der nicht geheim bleiben konnte.[1] Durch die jährlichen Konferenzen der Regenten und Konviktsdirektoren wie auch der Seminarsprecher war man in der ganzen Bundesrepublik über den Reformdruck und erste Reformversuche in ständigem Austausch.

Schon 1966 hatten die Regenten der Deutschen Bischofskonferenz »Vorschläge zur Neuordnung der Priesterbildung« unterbreitet, die ganz auf der Linie des Bischofs von Münster lagen.[2] Sie gingen den Bischöfen im Vorfeld der Herbstvollversammlung 1966 zu.[3] Die Bischofskonferenz in Fulda vom 27. bis 30. September 1966 befasste sich ausführlich mit den Vorschlägen der Regenten und formulierte in 14 Punkte Beschlüsse, die zum nicht geringen Teil die Reformen in Münster zum Maßstab nahmen:

»... 4. Um eine persönliche Begegnung der Seminarvorstände mit den Priesterkandidaten zu ermöglichen, sollen in einer großen Hausgemeinschaft Gliedgemeinschaften gebildet werden ...
5. Die Heranziehung der Alumnen zur Gestaltung des Gemeinschaftslebens und ihre Hinführung zu einer gelebten persönlichen Verantwortung sind anzustreben. Hierin liegt auch ein Beitrag zur Erreichung der vom Konzil geforderten menschlichen Reife.

....

9. In der heutigen Zeit bedarf die wirksame Hinführung zur freien Übernahme des Zölibates einer besonderen Sorgfalt ...
10. Die Durchführung der vom Konzil angeregten Praktika, d. h. Schul- und Jugendarbeit, Betriebseinsatz und sozialpflegerische Dienste der Priesteramtskandidaten, ist anzustreben.

---

[1] Vgl. oben S. 70–76.
[2] »Vorschläge zur Neuordnung der Priesterbildung«, 8 Seiten, undatiert, doch auf der Herbstvollversammlung der DBK 27.–30.9.1966 Grundlage der Verhandlungen: HAEK – Zug. 935/98 – 9.
[3] Begleitschreiben Bischof Joseph Schröffers, Eichstätt, an die Mitglieder der DBK, 16.9.1966: Ebd.

11. Der Versuch eines ganz- oder halbjährigen Einsatzes nach der Diakonatsweihe zur schrittweisen Einführung in die Seelsorge ist zu empfehlen.«[4]

Der über den liturgischen Wildwuchs der ersten Nachkonzilsjahre und die Gärungserscheinungen im jungen Klerus zutiefst erschrockene Kardinal Frings war zu solchen, in seinen Augen umstürzenden Reformen in der Priesterausbildung nicht bereit. Von seinem Generalvikar Teusch, der selbst bis 1952 Konviktsdirektor in Bonn gewesen war und nach dem Konzil dazu neigte, allen »Auflösungserscheinungen« in der Kirche disziplinär-energisch entgegenzutreten, dürfte Kardinal Frings in seiner Abneigung gegen Reformen in der Priesterausbildung bestärkt worden sein. Der Versuch, es in Bonn und Köln bei der alten Ordnung zu belassen, stieß bei den Priesteramtskandidaten auf wachsenden Widerstand, den die den Erzbischof vor Ort repräsentierenden Leiter der Häuser, am Bonner Collegium Albertinum Direktor Dr. Klaus Dick[5] und in Köln Regens Rudolf Peifer[6], auszuhalten hatten.

a) Die Entwicklungen am Collegium Albertinum in Bonn bis zur Einführung der »Diplomstudienordnung« 1970

Die Situation, die der Erzbischof-Koadjutor Höffner am Collegium Albertinum in Bonn vorfand, ist am nüchternsten in der »Hausordnung im Collegium Albertinum« für das Wintersemester 1968/69 festgehalten: Der Tag wurde zwischen 6.15 Uhr am Morgen und 21 Uhr am Abend zwischen geistlichen Programmpunkten und Studium bei wenig Freizeit aufgeteilt, wie es seit Jahrzehnten Brauch war.[7] Erste »Lockerungen« wies der Mittwoch auf: Man durfte zur Betrachtung in den Kreuzgang oder sogar in den Rheingarten gehen. Abends war »Ausgehzeit«

---

[4] Protokoll der Konferenz, Anlage 5: »Zur Priesterbildung fasst die Bischofskonferenz folgende Beschlüsse ...«; im Protokoll selbst heißt es: »Um beim heutigen Theologiestudierenden das Bildungsziel zu erreichen, ist die Seminarreform ebenso dringlich wie die Studienreform. Der Bischof von Eichstätt legt der Konferenz in einem zusammenfassenden Bericht die Vorschläge der Regenten der Priesterseminarien und der Direktoren der Theologen-Konvikte zur Neuordnung der Priesterbildung dar. Die Plenarkonferenz dankt den Regenten und Direktoren für ihre Vorschläge. Sie beschließt einheitliche Richtlinien für die geistliche und pastorale Bildung der künftigen Priester in den deutschen Bistümern (Anlage 5)«: Ebd.

[5] Klaus Dick (*1928), Priesterweihe 1953, 1955–1957 Repetent am *Collegium Albertinum* in Bonn, 1957–1963 Studentenpfarrer in Bonn, 1963–1969 Direktor des Theologenkonvikts in Bonn, 1969–1975 Pfarrer in Bonn bzw. in Wuppertal-Barmen, 1975–2003 Weihbischof in Köln, 1978–2003 Domdechant: U. HELBACH, in: E. Gatz (Hrsg.), Bischofslexikon 1945–2001, S. 301.

[6] Rudolf Peifer (1906–1992), Priesterweihe 1931, 1931–1940 Kaplan in Euskirchen bzw. in Essen-Steele, 1941–1945 Kriegspfarrer, nach der Schlacht von Stalingrad in russischer Kriegsgefangenschaft bis 1949, 1950–1960 Pfarrer in Bonn-Dottendorf, 1960–1963 Pfarrer an St. Quirin und Stadtdechant in Neuss, 1963–1968 Regens des Priesterseminars in Köln, 1970–1981 Domkapitular in Köln: HANDBUCH DES ERZBISTUMS KÖLN. Personaler Teil, [27]1985, S. 116; vgl. R. PEIFER, Den Menschen ein Angebot.

[7] WS 1968/69 Hausordnung im Collegium Albertinum: HAEK – Zug. 935/98 – 3; zur Hausordnung des Albertinums nach 1945: W. EVERTZ, Das Konvikt zwischen Zweitem Weltkrieg und Zweitem Vatikanischen Konzil, in: W. EVERTZ (Hrsg.), Im Spannungsfeld zwischen Staat und Kirche. 100

bis 23 Uhr. Erst dann war das an den übrigen Tagen ab 21 Uhr gebotene Silentium zu beachten. Einen Hausschlüssel für die Theologen gab es nicht.

Da die jungen Theologen sich gegen diese als einengend empfundene Ordnung immer energischer auflehnten, kam es beim letzten offiziellen Besuch von Kardinal Frings am Albertusfest 1968 zu einem Eklat, als der Kardinal von der Gemeinschaft zwischen Vorstand und Kommunität sprach. Dem verunsicherten Kardinal wurde deutlich, dass eine neue Hausordnung mit mehr Bewegungsfreiheit und Selbstverantwortung für die Studenten wohl nicht mehr lange zu verhindern sei. Der Kardinal ließ sich auf ein Gespräch mit den Haus- und Semestersenioren ein, dessen Ergebnis eine Ende 1968 ausgehängte »Änderung der Hausordnung« war: »Für den Rest des Semesters tritt folgende Änderung der Hausordnung in Kraft:

Zusätzlich zum freien Mittwochabend ist montags und freitags nach dem Abendessen Ausgehmöglichkeit bis 23 Uhr.

Sonntags ist das Abendessen fakultativ. Den Abschluss des Sonntags bildet um 22 Uhr die Vesper bzw. die Komplet.

Während der Ausgangszeit ist es auch möglich, den Fernsehapparat im kleinen Speisesaal zu benutzen.

Außer montags und freitags bleibt die vorgesehene Betrachtungszeit wie bisher. Montags und freitags möge jeder eine entsprechende Zeit für sich festlegen ...«[8]

Doch war die Atmosphäre unter den Studenten so angespannt, dass begrenzte Zugeständnisse bei im übrigen aufrecht erhaltener alter Ordnung nicht mehr ausreichten.

Joseph Höffner führte noch als Koadjutor am 6. Februar 1969 ein Gespräch mit den drei Haussenioren, das diese protokollierten. Das Protokoll wurde ohne Rücksprache mit dem Vorstand am Schwarzen Brett ausgehängt und innerhalb der Hauskommunität verteilt.[9] Darin heißt es: »Das Gespräch wurde auf beiden Seiten sehr freimütig geführt und ließ – nicht zuletzt auf Grund der schlichten, persönlichen Art des neuen Erzbischofs – sehr schnell eine vertrauensvolle und herzliche Atmosphäre aufkommen« – was nicht verhinderte, dass Höffner in Punkten, die ihm wichtig waren, klare Positionen bezog. »Auch nach der Einführung der jüngsten Hausordnungsänderung haben sich das Verhältnis zum Vorstand und die Gesamtatmosphäre nicht zum Positiven entwickelt.«

Erzbischof Höffner machte – beinahe mit den gleichen Worten wie in Münster anlässlich der Reform am Collegium Borromaeum – auf drei Punkte aufmerksam, die ihm bei der Vorbereitung auf den Priesterberuf wichtig erschienen:

Jahre Priesterausbildung im Collegium Albertinum (= Studien zur Kölner Kirchengeschichte, Band 26), Siegburg 1992, S. 262–289, besonders: S. 277–288.
[8] Änderung der Hausordnung: Ebd.
[9] »Bericht über das Gespräch der Haussenioren mit dem Herrn Erzbischof-Koadjutor«, 6.2.1969; Stellungnahme zum »Bericht ...« durch Direktor Dr. Dick sowie die Repetenten Helfmeyer und Weber, 4.3.1969: Ebd.

»a) Das persönliche Ringen um Christus (Spiritualität)
b) Deutung und Zugang zum Wort Gottes (Studium)
c) Umsetzung der gewonnenen Erkenntnisse in die Praxis (praxisbezogene Ausbildung)
Der Herr Erzbischof wies darauf hin, dass es in allen Bereichen der Ausbildung darauf ankomme, zur Selbstverantwortung – besonders untereinander – angeleitet zu werden.«[10]

Höffner war nach diesem Gespräch davon überzeugt, dass ein Neubeginn am Collegium Albertinum nach dem Beispiel des Collegium Borromaeum in Münster dem bisherigen Hausvorstand nicht zuzumuten war, der im Auftrag von Kardinal Frings versucht hatte, die alte Ordnung durchzuhalten. Direktor Dick war bereit, eine Pfarrstelle zu übernehmen.[11] Zu seinem Nachfolger ernannte Höffner am 14. April 1969 den Kölner Studienrat Wolfgang Kraft.[12]

Kraft hatte zuletzt neun Jahre lang an öffentlichen Gymnasien Religionsunterricht erteilt und die Entwicklungen in der Mentalität junger Leute aus der Nähe erlebt. So konnte er mit dem neuen Erzbischof am Collegium Albertinum leicht Veränderungen in der Hausordnung umsetzen, die diesem aus Münster vertraut waren. Was sich konkret in Bonn veränderte, ist in einem Brief Direktor Krafts vom Mai 1969 an den Leiter des Seminars in Cordoba/Argentinien festgehalten, der sich mit der »Frage nach der inneren und äußeren Form unseres Gemeinschaftslebens im Collegium Albertinum« an Kraft gewandt hatte.[13] Kraft antwortete: »Unsere Grundsätze, die von den Theologiestudenten in dieser Form selbst so formuliert worden sind, lauten:
1. Hinführung zu menschlicher Reife, zu bewusstem gläubigen Vollzug und zu individuellem Entscheid für das Priestertum.
2. Radikale Öffnung nach außen mit gleichzeitiger Verarbeitung und Verinnerlichung aus dem Glauben.
3. Einheit und Integration von Studium, Spiritualität und Praxis.«
Bei den Erläuterungen fügte Kraft hinzu: »Jeder [Student] besitzt einen eigenen Hausschlüssel und muss sich selbst verantworten ...

---

[10] Protokoll der Haussenioren vom 6.2.1969 s. o.
[11] Mitteilung von Altbischof Dr. Hubert Luthe, Essen, an den Verfasser am 30. 10. 2010: »Klaus Dick und ich hatten, noch bevor der Name von Erzbischof Höffner bekannt wurde, vereinbart, dem neuen Erzbischof, wer er auch sei, unsere Ämter zur Verfügung zu stellen. In der damaligen Situation waren wir überzeugt, dass der neue Erzbischof in Sachen der Priesterausbildung völlig frei sein müsse.« Dick habe trotz eines anderen Angebotes »entschieden darum gebeten, ihm eine Pfarrei anzuvertrauen.«
[12] Wolfgang Kraft (1929-2009), Priesterweihe 1955, 1960-1969 Religionslehrer bzw. Studienrat in Köln-Deutz bzw. Düsseldorf-Stockum, 1969-1975 Direktor des Collegium Albertinum in Bonn, 1975-1990 Spiritual ebendort: HANDBUCH DES ERZBISTUMS KÖLN. Personaler Teil, [28]1998, S. 81 f.
[13] Abschrift eines [undatierten] Briefes an den Direktor und die Kommunität des Seminars von Cordoba in Argentinien auf deren Frage nach der inneren und äußeren Form unseres Gemeinschaftslebens im Collegium Albertinum: HAEK – Zug. 935/98 – 3.

II. Alle religiösen Veranstaltungen in der Woche sind freiwillig. Der Samstag und der Sonntag sind vorwiegend die Tage, an denen die Gemeinschaft in Gruppen und als ganze Erfahrungen austauscht, diskutiert, meditiert und miteinander betet. Samstagsabends findet sich die Kommunität zu einem besonders gestalteten Wortgottesdienst mit einer längeren Ansprache zu einem Schrifttext zusammen. Am Sonntagmorgen feiert die gesamte Gemeinschaft die heilige Eucharistie. Diese Veranstaltungen am Wochenende tragen verpflichtenden Charakter, was nicht heißt, dass nicht auch hier der Einzelne oder die Gruppe die Möglichkeit hätte, sich für eine Aufgabe, die im Augenblick wichtiger und verpflichtender ist, zu entscheiden.

III. Die Gliederung unserer Gemeinschaft (im Augenblick 105 Studenten) in Semester und Semestergruppen sehen wir als Organisationseinheit und Hilfskonstruktion an: d. h. aus diesen Semestern und Semestergruppen werden Senioren gewählt, die mit dem Vorstand jede Woche zusammenkommen und anstehende Fragen besprechen ... Die Bildung der [sonstigen] Gruppen erfolgte spontan in Ausrichtung auf einen bestimmten, zu bearbeitenden Gegenstand. So existieren theologische Arbeitskreise, Arbeitskreise, die der Vorbereitung einer praktischen Tätigkeit dienen, Bibel- und Meditationskreise ...«

Kraft äußerte dann »eine gewisse Skepsis gegenüber konventionellen ›Betrachtungspunkten‹ ... Wir haben darum auf feste Betrachtungszeiten in unserem Tagesplan verzichtet in der Hoffnung, dass jeder im Lebensraum der kleineren Gemeinschaft ... seinen Weg findet.« Hier habe der Spiritual eine wesentliche Aufgabe der Hilfestellung. Die Gottesdienste würden nicht von den Priestern, sondern von den Studenten gestaltet. »Wir haben in diesem Punkt die schönsten und erfreulichsten Erfahrungen gemacht ... Die Sorge, dass mit der ›freien Gestaltung‹ des Gottesdienstes der Willkür und individualistischer Frömmigkeit ... Tür und Tor geöffnet seien, hat sich bei uns bis jetzt als vollkommen unberechtigt erwiesen.« Kraft ging in seinem Brief nach Argentinien schließlich noch auf seine Sicht von Praktika während des Studiums ein.

Es konnte nicht ausbleiben, dass durch mehr oder minder begeisterte Berichte der Theologen in ihren Heimatgemeinden die Veränderungen am Collegium Albertinum zum Gesprächsstoff unter den Priestern des Erzbistums wurden und nicht selten zu der besorgten Frage führten: Wo soll das hinführen? Höffner, der diese Unruhe im Klerus bereits aus Münster kannte und dort am 3. Januar 1967 durch den Konviktsdirektor Averkamp vor 50 Priestern im Franz-Hitze-Haus Informationen aus erster Hand gewährte[14], verspürte in Köln 1969 ein ähnliches Bedürfnis. Direktor Kraft schrieb dem Kardinal am 28. Mai: »Bei einem Besuch von Ihnen sagten Sie mir, dass es u. U. gut sei, dem Klerus der Diözese eine Information über das Albertinum zugehen zu lassen.«[15] Kraft verwies auf die An-

---

[14] Vgl. oben S. 70f. mit Anm. 40ff.
[15] Kraft an Höffner, 28.5.1969: HAEK – Zug. 935/98 – 3.

frage seines Kollegen aus Argentinien und seine Antwort an diesen: »Ich habe die Antwort so abgefasst, dass sie gleichzeitig eine erste Information über die Veränderungen im Hause sein kann. Jedem Theologiestudenten habe ich eine Abschrift des Briefes [nach Cordoba] ... in die Pfingstferien mitgegeben. Ich hoffe, dass auf diese Weise nicht nur die Mitteilung, dass ›alles anders geworden ist‹, sondern auch die prinzipiellen Gedanken, die wir uns gemacht haben, von den Mitbrüdern zur Kenntnis genommen ..., besprochen werden u. U. ein weiterführendes Echo auslösen. Ich hoffe, dass Sie mit den Aussagen selbst und der Weise meines Vorgehens einverstanden sind.«

Ein weiteres Instrument Krafts, die Sorge des Klerus um die Entwicklungen im Collegium Albertinum abzubauen, sollten bald Einladungen an die Heimatpfarrer der Theologen zu einem Besuch im Konvikt werden. Der eigene Augenschein und die Möglichkeit von Information und Rückfrage sollten die Sorgen im Klerus bald abschwellen lassen.

War mit diesen Veränderungen der Hausordnung der Druck von der Atmosphäre des Gemeinschaftslebens im Albertinum gewichen, so bedurfte es zu einem verantworteten Neuanfang auch grundsätzlicher Überlegungen, die Direktor Kraft im Austausch mit Kollegen anstellte. Aus seinem Urlaub schrieb er am 25. Juli 1969 an Kardinal Höffner: »Wie ich Ihnen schon mündlich mitteilte, haben wir [Direktor, Spiritual und Repetenten] in diesem Semester regelmäßig mit dem Vorstand und dem Spiritual des Collegium Leoninum [für das Bistum Aachen] Gespräche über die psychologische Situation der Theologiestudenten gehabt. Die Ergebnisse dieser Gespräche haben wir schriftlich festgehalten und legen sie Ihnen hiermit vor. Erschrecken Sie bitte nicht. Es gäbe viel Erfreuliches zu berichten, was bei der Suche nach Gründen für die aufgetretenen Schwierigkeiten notwendigerweise zurücktritt und nicht zu Papier gebracht wird.«[16]

Der dem Erzbischof vorgelegte »Versuch einer Darstellung der psychologischen Situation der Theologiestudenten in den verschiedenen Phasen der Ausbildung an der Universität«[17] umfasste 12 Schreibmaschinenseiten und gab manche aus der Rückschau aufschlussreiche Einblicke in Denk- und Verhaltensweise junger Theologiestudenten der damaligen Zeit. Was die jungen Männer in das Konvikt mitbrachten und wie sie sich im Laufe der Studienjahre – im Konvikt, aber auch in den »Freisemestern« an einer anderen Universität – fortentwickelten, wurde differenziert dargestellt. Höffner hat diese Vorlage sorgfältig durchgearbeitet. Die einzig kritische Randbemerkung lautete: »Gibt es nur Extrovertierte – Introvertierte? Keine ›Normalen‹?« Zum Schluss versuchten die Bonner Konviktsdirektoren ein Fazit zu ziehen:

»1. Das Schwergewicht der Bemühungen aller Verantwortlichen muss auf einer Gestaltung des Studiums und des Gemeinschaftslebens liegen, die den ersten

---

[16] Kraft (aus Haus Lindenberg/St. Peter b. Freiburg) an Höffner 25.7.1969: HAEK – Zug. 935/98 – 3.
[17] Ebd.

4 Semestern mit ihrer besonderen Problemlage Rechnung trägt. Hier fallen der Zahl und der Qualität nach die Entscheidungen hinsichtlich des Priesterberufs.

2. Die Groß-Kommunität im konventionellen Sinn kann die differenzierende Aufgabe der Persönlichkeitsfindung und Berufsfindung nicht leisten. Es müssen in der Groß-Kommunität Substrukturen, d. h. kleinere Gemeinschaften gebildet werden, in denen diese Arbeit geleistet werden kann. Die Groß-Kommunität als solche wird dadurch nicht ohne weiteres überflüssig. Sie erfüllt eine wesentliche Aufgabe, indem sie für den Einzelnen und die kleinere Gruppe zum ekklesialen Einübungsfeld wird.

3. Die Universität bietet vor allem in den ersten 4 Semestern nicht das, was der Student braucht, um über ein Engagement am Studiengegenstand zu sich selbst und seinem Beruf zu finden. Sicher wird es immer eine Aufgabe der Kollegien [= Konvikte] sein, durch substituierende Veranstaltungen das zu ergänzen, was auf der Universität nur als Wissenschaft angeboten werden kann. Im gegenwärtigen Zustand aber ist es so, dass das Missverhältnis zwischen psychologischer Situation der Studenten und Universitätsangebot durch solche Maßnahmen einfach nicht voll ausgeglichen werden kann.«

Dass die Gedanken der Bonner Konviktsdirektoren sowie die Erfahrungen bei einer Neugestaltung des Gemeinschaftslebens in den Bonner Konvikten keine Besonderheit im deutschen Sprachraum darstellten, zeigt eine Darlegung des Rektors des Priesterseminars St. Georgen in Frankfurt/M. aus dem Herbst 1969. In einem »Offenen Brief« in der »Deutschen Tagespost« hatte Prof. Walter Hoeres (Freiburg/Frankfurt/M.) die Gestaltung des Gemeinschaftslebens in St. Georgen angegriffen. P. Georg Mühlenbrock SJ schrieb eine Erwiderung »Selbstverantwortung – ein Schwerpunkt heutiger Priesterausbildung«.[18] Ausgehend von den einschlägigen Bestimmungen des Konzilsdekrets *Optatam totius* wehrte sich Mühlenbrock gegen die Unterstellungen Hoeres', vor allem gegen die Verwechslung von Selbstverantwortung und Beliebigkeit.

Als zusätzliche Belastung der Bemühungen um eine neue Seminarordnung erwies sich in Bonn wie in anderen Universitätsstädten die Einführung der »Diplomstudienordnung«, die das Universitätsstudium der Theologen von 8 auf 10 Semester ausweitete und dem Priesterseminar lediglich die Einführung in die Seelsorgspraxis überlassen wollte. Sehr bald war für das Priesterseminar die neue Bezeichnung »Pastoralseminar« gefunden. Während bis dahin dem Priesterseminar noch zwei Semester in den zentralen theologischen Studienfächern Exegese, Dogmatik, Moraltheologie und Kirchenrecht zugewiesen waren, sollte das Theologiestudium nach der Diplomprüfungsordnung mit dem Diplomexamen an der Universität abgeschlossen sein. Dem Priesterseminar war damit eine neue Rolle zugewiesen, mit der sich vor allem die Seminarprofessoren nicht abfinden wollten.

---

[18] P. Georg Mühlenbrock SJ, Selbstverantwortung – ein Schwerpunkt heutiger Priesterausbildung, datiert: 6.10.1969: HAEK – NH 4047.

VI. Problemfelder der frühen Kölner Jahre (1969–1975)

Bereits am 14. August 1969 fand eine Konferenz Kardinal Höffners und Bischof Pohlschneiders von Aachen mit den Generalvikaren, Regenten und Konviktsdirektoren beider Diözesen in Köln statt, bei der die Auswirkungen der vorgesehenen Diplomstudienordnung auf die Priesterausbildung behandelt wurden. Im Protokoll heißt es: »Nach eingehenden Erörterungen wurden mit Zustimmung aller folgende Ergebnisse erzielt:

Beide Diözesen wünschen eine Neuordnung des Studiums und der Prüfungen für die Priesteramtskandidaten ... auf der Basis der Studiendauer von 10 Semestern. Die Theologiestudenten des Bistums Aachen verbringen 10 Semester in Bonn und schließen dort ihr wissenschaftliches Studium nach dem 10. Semester ab. Die Theologiestudenten des Erzbistums Köln verlassen nach dem 8. Semester die Universität Bonn und werden in das Priesterseminar in Köln aufgenommen. Dort werden die theologischen Studien bis zum 10. Semester nach der neuen Studienordnung fortgesetzt und nach dem 10. Semester durch entsprechende Prüfungen abgeschlossen ...«[19]

Bei Kardinal Höffner hatten sich also die Kräfte durchgesetzt, die das alte Seminar retten wollten. Am 12. August 1969 hatte der Erzbischof sich mit den Professoren des Kölner Priesterseminars getroffen.[20] Dabei war die Anerkennung der Seminarvorlesungen durch die Fakultät in der Vergangenheit angesprochen worden. Höffner notierte selbst: »Der Bischof erklärt, dass das Diplom nicht für die Priesterweihe nötig ist.« Am 3. August 1970 sollte der ehemalige Liturgieprofessor Theodor Schnitzler dem Kardinal vorschlagen, in Rom zu beantragen, dass das Priesterseminar den »Lic. theol.« verleihen dürfe. Um das Seminar aufzuwerten, so schlug Schnitzler vor, sollte Professor Flatten oder Professor Jedin, also ein anerkanntes Mitglied der Bonner Fakultät, Studienleiter am Priesterseminar werden. Auch sollten dort Gastprofessuren geschaffen werden.[21]

Doch das alles sollte sich nur vorübergehend durchhalten lassen. Es gab zwar Überlegungen und Vorschläge zu Übergangsregelungen, nach denen Kandidaten nach 8 Semestern Bonn verließen und nach 2 Semestern im Priesterseminar in Bonn ihr Examen ablegen sollten.[22] Doch sehr bald beendeten auch die Kölner Priesteramtskandidaten ausnahmslos ihr Studium in Bonn mit dem Diplomexamen nach dem 10. Semester. Die Reduzierung des Kölner Priesterseminars auf ein »Pastoralseminar« geschah in einem schmerzhaften Prozess in den frühen 1970er Jahren, wie nun dargestellt werden soll.

---

[19] Protokoll der Konferenz des Erzbistums Köln und des Bistums Aachen in Sachen Studienreform. Ort der Verhandlung: Priesterseminar Köln, Datum: 14.8.1969, Schriftführer: Direktor Kraft: HAEK – Zug. 935/98 – 9.
[20] Verschiedene handschriftliche Notizen Höffners: HAEK – Zug. 935/98 – 10.
[21] Handschr. Notiz Höffners: »Schnitzler 3.8.70«: HAEK – Zug. 935/98 – 10.
[22] »Vorschlag zur Studien- und Prüfungsordnung der Kölner Priesteramtskandidaten, die nach dem 8. Fachsemester in das Priesterseminar in Köln eintreten«, »Entwurf zu einer Übergangsregelung für das Studium der Kölner Priesteramtskandidaten«: Ebd.

b) Die Reform des Kölner Priesterseminars bis zur Einführung des Diakonatspraktikums

Die nachkonziliare Reform am Kölner Priesterseminar wurde bereits 1988 aus Anlass der 250-Jahr-Feier des Seminars von dem damaligen Seminardozenten Professor Karl Heinz Schmitt aus den Quellen des Seminararchivs dargestellt.[23] Schmitt war darüber hinaus Zeitzeuge als Seminarist der Jahre 1967 bis 1969. Schmitts Darstellung macht deutlich, dass auch im Priesterseminar in Köln in den letzten Amtsjahren des Erzbischofs Frings an eine Umsetzung der vom Konzil nahegelegten Reform nicht zu denken war. Daran konnte auch der von Schmitt sehr gerühmte Regens Rudolf Peifer nichts ändern. Über ihn schreibt Schmitt: »Unter seinem damaligen Regens, Prälat Rudolf Peifer (1963–1968), hatte dieses Haus den Ruf, ein Ort der ›Freiheit‹ zu sein. In der Tat war es eine neue Erfahrung auf dem Weg zum Priestertum, endlich als erwachsener Mann ernstgenommen zu werden. Offensichtlich in Erinnerung an seine eigene Seminarerfahrung in Bensberg[24] und nicht zuletzt auf Grund seiner Lebenserfahrungen in Krieg, Gefangenschaft und zuletzt als Pfarrer versuchte Regens Peifer, jedem einzelnen Seminaristen in seiner Eigenart und mit seinen Möglichkeiten gerecht zu werden ... ›Fuhrleute der Menschensorge‹ und nicht ›brave Seelsorger‹ wollte er aus uns machen. Doch sein Leitungsstil war offensichtlich der Zeit noch voraus. Nur wenige spürten schon den Umbruch der 68er Jahre. So sehr Regens Peifer deshalb von allen Seminaristen geschätzt und anerkannt war, so wenig wurde sein Leitungsstil von anderen Verantwortlichen des Erzbistums gestützt.«[25]

Kardinal Frings musste angesichts seines angestrebten Rücktritts vom Amt des Erzbischofs von Köln 1968 bestrebt sein, eine angemessene Aufgabe für seinen langjährigen, hochverdienten Geheimsekretär Dr. Hubert Luthe zu finden.[26] Doch die Ablösung Rudolf Peifers vom Amt des Regens und die Ernennung

---

[23] K. H. SCHMITT, Der Übergang zum Pastoralseminar nach 1965, in: N. TRIPPEN (Hrsg.), Das Kölner Priesterseminar im 19. und 20. Jahrhundert, S. 209–220. – Die von Schmitt benutzten Materialien aus Akten des Priesterseminars finden sich neben weiterem Material auch in den Bistumsakten. – Karl Heinz Schmitt (*1943), Priesterweihe 1969, 1974 Leiter des Referates Gemeindekatechese im Generalvikariat Köln, 1975 Lehrbeauftragter für Katechese und theol. Erwachsenenbildung am Kölner Priesterseminar, 1979–1983 Professor für Erziehungswissenschaft und Gemeindekatechese, 2003–2010 Rektor der Katholischen Hochschule NRW: D. FROITZHEIM, Personalchronik, S. 88; HANDBUCH DES ERZBISTUMS KÖLN. Personaler Teil [28]1998, S. 118.

[24] R. PEIFER, Den Menschen ein Angebot, S. 34. – Peifer schreibt dort über seine Seminarzeit im Bensberger Priesterseminar 1929–1931: »Ich empfand das Seminar als eine Art Kaserne mit strenger Kadettenerziehung oder auch als eine Art Gefängnis ... Wir hätten doch erzogen werden sollen zu selbst- und verantwortungsbewussten Priestern ... Wir wurden aber behandelt wie Kinder, die man an der Hand halten muss bis zum letzten Augenblick ...«

[25] K. H. SCHMITT, Übergang zum Pastoralseminar, S. 209.

[26] Hubert Luthe (*1927), Priesterweihe 1953, 1955–1957 u. 1959–1968 Erzb. Kaplan und Geheimsekretär bei Kardinal Frings, 1968–1970 Regens des Kölner Priesterseminars, 1969–1991 Weihbischof in Köln, 1991–2002 Bischof von Essen: U. HELBACH, in: E. GATZ (Hrsg.), Bischofslexikon 1945–2001, S. 199.

Luthes zum Nachfolger hatte auch mit der Kritik zu tun, die in der Umgebung des Kardinals an den Entwicklungen im Priesterseminar und an dessen Regens geübt wurde.

Die Ausgangssituation für Reformen am Seminar hat Schmitt in knappen Sätzen so umschrieben: »Die Studien- und Prüfungsordnung vom 11.11.1949 (mit wenigen Veränderungen bis zum 1.7.1964) bestimmte bis Mitte der 60er Jahre das Leben am Priesterseminar. Neben den für alle gemeinsam verpflichtenden Vorlesungen in den Fächern Hl. Schrift, Dogmatik, Moraltheologie, Kirchenrecht, Pastoral, Homiletik, Katechetik, Liturgik und Kirchenmusik gab es praktische Anleitungen und Übungen zur Predigt, zur Einführung in die Praxis des Religionsunterrichtes, zur Rubrizistik, Ritusübungen und Choralsingen. Schriftliche und mündliche Examen nach jedem Semester sollten sowohl den Besuch der Veranstaltungen garantieren wie auch der Leistungskontrolle dienen.«[27]

Bereits im Sommer 1966 wünschten die Seminaristen eine Reduzierung der theologischen Vorlesungen zugunsten einer intensiveren Vorbereitung auf die seelsorgerliche Praxis im Stundenplan: Im 1. Semester sollte die homiletische, im 2. Semester die katechetische Ausbildung, im 3. Semester die Vorbereitung auf konkrete Seelsorgsaufgaben den Schwerpunkt bilden. »Im 4. Semester sollten die Diakone die Arbeit in einer Pfarrei kennenlernen und ihr Amt dort ausüben. Dieser Vorschlag stieß jedoch auf taube Ohren.« Mit Verweis auf laufende Beratungen in der Deutschen Bischofskonferenz über die Priesterausbildung lehnte die Professorenkonferenz am 20. Oktober 1966 jede Änderung der Studienordnung des Priesterseminars ab.[28]

Durch die Berufung des erfahrenen Schulmannes Dr. Josef Haefner zum Professor für Katechetik[29] kam es in den folgenden Semestern immerhin zu einer qualitativen Verbesserung der Ausbildung für den schulischen Religionsunterricht einschließlich katechetischer Praktika an Kölner Schulen.

Doch, so berichtet Schmitt weiter: »Der Widerstand gegenüber der im übrigen weitergeltenden Studien- und Prüfungsordnung verschärfte sich deutlich seit dem Wintersemester 1966/67. So weigerte sich das 1. Semester im Jahre 1967, die Semesterexamina abzulegen ... Ob durch Einsicht oder unter Druck der Verhältnisse, kam es Ende Januar 1967 zu einem Beschluss der Professorenkonferenz, dass alle Vorlesungen in Zukunft fakultativ sein sollten. Lediglich die Teilnahme an Übungen und Besprechungen sowie die katechetischen, homiletischen und Ritusübungen waren weiterhin verpflichtend.«[30] Die Folge war, dass der Vorlesungsbesuch in den theologischen Disziplinen gegen null ging und zahlreiche Vorlesungen mangels

---

[27] K. H. SCHMITT, Der Übergang zum Pastoralseminar, S. 210.
[28] Ebd. S. 211.
[29] Josef Haefner (1910–1981), 1934 Priesterweihe in Trier, seit 1942 Studienrat bzw. Oberstudienrat am Dreikönigsgymnasium in Köln, 1969–1976 Professor für Katechetik und Pädagogik am Kölner Priesterseminar: D. FROITZHEIM, Personalchronik, S. 75.
[30] K. H. SCHMITT, Der Übergang zum Pastoralseminar, S. 211f.

1. Reform der Priesterausbildung

Teilnahme ausfielen. Der damalige Studienleiter, der Moraltheologe Heinrich Klomps[31], bemühte sich 1967 und 1968 um eine Weiterentwicklung der Studien- und Prüfungsordnung am Priesterseminar, in die bereits die Bonner Überlegungen zur Einführung des Diplomstudiengangs einflossen.

Die Stimmung der Studenten, auf die der neue Regens Luthe im Herbst 1968 stieß, hat Schmitt wohl zutreffend beschrieben: »Tradierte Ordnungen, Vorstellungen und Autoritäten wurden nicht mehr selbstverständlich hingenommen. Alter, Tradition und Gehorsamsforderung waren keine überzeugenden Argumente mehr. Vielmehr wurde der Austausch, das partnerschaftliche Gespräch, die gemeinsame Suche nach neuen Wegen zu einer zeitgemäßen Priesterausbildung verlangt.«[32] Ein Regens, der unter solchen Voraussetzungen eine verbindliche Ordnung des Studiums und des Gemeinschaftslebens im Priesterseminar vertreten musste, hatte keinen leichten Stand. Das haben außer Hubert Luthe (1968–1970) auch die Nachfolger Peter Schnell (1970–1976)[33] und der Verfasser ab 1976 erleben müssen. Für die von den Seminaristen vor allem geforderte Selbstbestimmung und »Freiheit« wurde der Hausschlüssel zum erkämpften Symbol.

Wie bereits erwähnt, wohnte Erzbischof Höffner als Koadjutor 1969 einige Wochen im Priesterseminar und konnte bald den Eindruck gewinnen, dass hier eine Reform anstand. »So sah sich die Kommunität des Priesterseminars veranlasst, am 5. Januar 1969 noch einmal in einem Brief an Kardinal Frings und Koadjutor-Erzbischof Höffner auf die dringend anstehende Reform der Ausbildung im Priesterseminar hinzuweisen.« Der Brief endete mit der bedrohlichen Ankündigung: »Nach all diesen Erfahrungen sieht sich die Kommunität am Ende des Wintersemesters 1968/69 veranlasst, mit allem Nachdruck darauf hinzuweisen, dass wir nicht bereit sind, im kommenden Semester die gleichen Studienbedingungen vorbehaltlos zu akzeptieren!«[34]

Zur Wirkung dieses Briefes berichtet Schmitt: »Aufgrund dieser Intervention lud Erzbischof Dr. Höffner Regens und Seminaristen zu einer Vollversammlung ein, in der die von den Seminaristen angemerkten und gewünschten Veränderungen der Haus- und Studienordnung ausführlich zur Sprache kamen.« Das Gespräch hatte außerdem zur Folge, dass künftig zwei Vertreter der Seminaristen

---

[31] Heinrich Klomps (1924–1978), Priesterweihe 1951, 1957–1969 Professor für Dogmatik am Kölner Priesterseminar, 1969–1978 Professor für Systematische Theologie an der Universität Köln und der Technischen Hochschule in Aachen: D. FROITZHEIM, Personalchronik, S. 53f.

[32] K. H. SCHMITT, Der Übergang zum Pastoralseminar, S. 214.

[33] Peter Schnell (*1929), Priesterweihe 1954, 1954–1966 Kaplan, 1966–1970 Pfarrer und Dechant in Remscheid, 1970–1976 Regens des Priesterseminars in Köln, 1976–1982 Bischöfl. Beauftragter für die Priester- und Ordensberufe, 1982–2008 Referent für die Orden und Geistlichen Gemeinschaften, 1982–1999 zugleich Spiritual am Diakoneninstitut, 2004 Ehrendomherr in Köln: D. FROITZHEIM, Personalchronik, S. 78; HANDBUCH DES ERZBISTUMS KÖLN. Personaler Teil [28]1998, S. 120.

[34] Die Kommunität des Erzb. Priesterseminars (Haussenior K. H. Schmitt) an Frings, 5.1.1969, Durchschrift für H. H. Erzbischof Koadjutor Dr. J. Höffner: HAEK – Zug. 935/98 – 9 – Vgl. K. H. SCHMITT, Der Übergang zum Pastoralseminar, S. 215.

an den Konferenzen der Professoren teilnehmen durften und Kardinal Höffner am 10. Mai 1969 eine neue Prüfungsordnung ad experimentum in Kraft setzte.

Geringe Mühe hatten die Seminaristen, den neuen Erzbischof für die Einführung eines Diakonatspraktikums zu gewinnen, das Kardinal Höffner 1969 in Köln – wie 1966 in Münster – zunächst auf ein halbes Jahr begrenzte. Als er seine Konzeption am 12. September 1969 erstmals den Pfarrern der künftigen Diakone vorstellte, griff er – beinahe wörtlich – auf die entsprechenden Vorlagen aus Münster im Jahre 1966 zurück.[35]

Wie in Münster, so hatte auch in Köln die Einführung des Diakonatspraktikums einschneidende Rückwirkungen auf Struktur und Studienplan des Priesterseminars. Die Zeit vor der Diakonatsweihe musste der Vorbereitung auf den ersten praktischen Einsatz in Seelsorgsfeldern dienen. Schon am 12. September 1969 kündigte Kardinal Höffner an, dass das Diakonatspraktikum bald auf ein ganzes Jahr ausgedehnt werde. »Nach Abschluss des Praktikums wird der Diakon noch für ein Semester zur unmittelbaren Vorbereitung auf die Priesterweihe ins Priesterseminar zurückkehren. Während des Praktikums werden die Erfahrungen, die der Diakon in seinem Dienst gemacht hat, immer wieder in Arbeitsgemeinschaften und Konferenzen theologisch durchdacht und vertieft werden müssen. Dieser Einbau des Studiums in das Praktikum berechtigt den Bischof, das diakonische Praktikum als ein Studiensemester zu werten, so dass beim ganzjährigen Praktikum die Gesamtstudiendauer 13 Semester betragen wird.«

Es sollte noch einige Jahre dauern, bis sich das Seminar auf die Veränderungen durch Einführung des Diakonatspraktikums, vor allem aber durch die in Bonn 1970 eingeführte Diplomstudienordnung, umgestellt hatte. Die bisherigen Seminarprofessoren für die theologischen Fächer zogen sich nach und nach – verbittert – aus dem Seminar zurück und wurden von Kardinal Höffner durch »Lehrbeauftragte« für die verschiedenen Felder der pastoralen Praxis ersetzt.[36]

Unter den Seminaristen blieb es unruhig – trotz der ihren Wünschen entgegenkommenden Reformen. Sie lehnten priesterliche Kleidung und auch die Teilnahme am Domgottesdienst an den Sonn- und Festtagen ab. Vordergründig argumentierten sie, das lateinische Hochamt im Dom kontrastiere zu der volkssprachlichen Liturgie in den Gemeinden, die sie alsbald gestalten müssten.[37] Daneben stand

---

[35] Referat des Erzbischofs beim Gespräch mit den H. Herren Pfarrern der Diakone am 12. September 1969 im Priesterseminar zu Köln: HAEK – NH 2550 und HAEK – Zug. 935/98 – 9; in HAEK – NH 337 findet sich als »Rohmaterial« der Text aus Münster, zerschnitten und für das Referat am 12.9.69 in Köln neu zusammengefügt, außerdem weitere Materialien zum Diakonatspraktikum aus Münster.

[36] Dazu: K. H. Schmitt, Der Übergang zum Pastoralseminar, S. 218.

[37] So die Argumentation nach der Aktennotiz von Generalvikar Nettekoven über ein Gespräch mit Regens und Seminaristen 15.5.1970. Lediglich an den Gottesdiensten mit dem Erzbischof an hohen Feiertagen wollten sie teilnehmen: HAEK – Zug. 935/98 – 9. Das verhinderte jedoch nicht, dass im SS 1975 die Seminaristen die Teilnahme an der Bischofsweihe der Weihbischöfe Dick und Plöger sowie an der Fronleichnamsprozession verweigerten (Mitteilung von Prälat Peter Schnell): HAEK – Zug. 935/98 – 9.

aber auch die Ablehnung von Tradition und »Triumphalismus«, die sich nach ihrer Meinung in der Domliturgie ausdrückten.

Wie schon angedeutet, hatten die Regenten der 1960er und 1970er Jahre zwischen den oft ungebärdig vorgebrachten Reformwünschen der Seminaristen und den Erwartungen des Erzbischofs, des Seminarkollegiums und der Außenbeobachter des Seminars im Klerus des Erzbistums einen schweren Stand. Nicht nur in Köln, in fast allen deutschen Diözesen glaubte man, durch einen Wechsel im Amt des Seminarregens oder des Konviktsdirektors die Probleme lösen zu können, was zu häufigem Wechsel auf diesen Stellen, aber nie zu einer raschen Lösung der Probleme führte.

Wie extrem Urteile über das Kölner Priesterseminar ausfallen konnten, macht eine Aktennotiz von Bischofsvikar Teusch über ein Gespräch mit dem Warschauer Studentenpfarrer Dr. Jerzy Dąbrowski[38] vom 21. Februar 1975 deutlich. Dąbrowski hatte Teusch wegen der Möglichkeiten für einen deutsch-polnischen Jugendaustausch auf kirchlicher Ebene und wegen Seminarkontakten befragt. Teusch referierte in der Aktennotiz seine Aussagen gegenüber dem Gast aus Polen: »Das Erzbistum Köln habe kein Seminar mehr, sondern nur ein Hotel. Ursprünglich als Seminar gebaut, [sei es] aber nur noch von neun ›Seminaristen‹ bewohnt. Diesen stünden neun Professoren und neun Ordensfrauen als Bedienung zur Verfügung. – Die Insassen des Hotels lebten fürstlich, hätten den Hausschlüssel, trügen Kleidung wie sie wollten, besäßen z. T. eigene Wagen, seien weder zum Gottesdienstbesuch noch zur Teilnahme an Vorlesungen verpflichtet, dazu hätten sie freie Station und Bewegungsgeld. Es sei gut, wenn die polnischen Theologen von diesem deutschen Hotelwesen nicht unmittelbare Kenntnis bekämen.«[39]

Teusch und zahlreichen anderen älteren Priestern des Erzbistums war nicht verständlich zu machen, was sich in den letzten zehn Jahren bei der jüngeren Generation – nicht nur innerhalb der Kirche – in Mentalität und äußeren Verhaltensweisen verändert hatte.

2. Der junge Klerus und der Erzbischof

a) Begegnungen bei Fortbildungswochen

Unter Erzbischof Höffners Anfangsschwierigkeiten in Köln nannte Dompropst Feldhoff 2007 – wie bereits erwähnt – die reservierte Reaktion der jungen Kaplä-

---

[38] Jerzy Dąbrowski (1931–1991), Priesterweihe 1956, Vertrauensmann Kardinal Wyszyńskis und später stellv. Sekretär der polnischen Bischofskonferenz, 1982–1991 Weihbischof in Gnesen und Warschau (Wikipedia).
[39] Visitenkarte Dr. Jerzy Dąbrowski und Aktennotiz Bischofsvikar Teuschs vom 21.2.1975: HAEK – Zug. 935/98 – 10.

ne auf den neuen Erzbischof, besonders anlässlich der Besuche Höffners bei Fortbildungswochen.[40]

Dabei waren die sogenannten »Werkwochen« durchaus vom größeren Teil des jungen Klerus geschätzt. Noch 1954 hatte die Kölner Diözesansynode in § 97 verfügt: »In den ersten drei Priesterjahren haben sich alle Geistlichen des Erzbistums in jedem Jahr dem durch can. 130 § 1 [des CIC von 1917] vorgeschriebenen Jungpriesterexamen zu unterziehen ... Jedes der genannten Examina besteht aus zwei Klausurarbeiten und einer mündlichen Prüfung.«[41] Das Bestehen des Examens war die Voraussetzung für die zunächst jeweils nur auf ein Jahr erteilte Vollmacht zur Predigt und zum Beichthören.

Diese Jungpriesterexamina ließen sich schon in den Konzilsjahren nicht mehr durchhalten. Der mit Kardinal Frings befreundete Leiter der Thomas-Morus-Akademie in Bensberg, Prälat Dr. Josef Steinberg[42], und Weihbischof Frotz[43], der als Regens des Priesterseminars bis 1963 die damaligen »Jungpriester« kannte, wussten es bei Kardinal Frings zu erreichen, dass ab 1964 die Jungpriesterexamina durch die Teilnahme an Fortbildungswochen für die betreffenden Weihejahrgänge in Bensberg ersetzt wurden.[44] Zwar wurde die Gesamtthematik der Kurse durch den Erzbischof festgelegt, doch Prälat Steinberg verstand es, durch die Beteiligung der betroffenen Jahrgänge an der Ausgestaltung des Programms und an der Referentenauswahl den »Werkwochen« Ansehen und hohe Frequenz zu verschaffen.[45]

Sie lebten von einem anregenden theologischen Niveau, von einer durchaus dichten spirituellen Atmosphäre. Zugleich bildeten sie eine »Börse« für neue katechetische und pastorale Methoden und deren Hilfsmittel, zugleich allerdings auch für neue liturgische Gesänge und Experimente, die kaum im Sinne des Erzbischofs sein konnten. Ein nicht unwichtiges Element der Werkwochen waren entlastende Abendgespräche der Teilnehmer über ihre ersten Erfahrungen und

---

[40] Vgl. oben S. 107.
[41] KÖLNER DIÖZESAN-SYNODE 1954, hrsg. v. Erzbischöfl. Generalvikariat Köln, Köln 1954, S. 33f.: § 97 Jungpriester- und Kuraexamen.
[42] Josef Steinberg (1904–1981), Priesterweihe 1929 in Köln, 1935 Dr. theol.,1945–1957 Studentenpfarrer in Bonn, ab 1957 Direktor der Thomas-Morus-Akademie zunächst in Bad Honnef, ab 1958 in Bensberg, nichtres. Domkapitular in Köln: HANDBUCH DES ERZBISTUMS KÖLN ²⁶1966, Bd. 2, S. 836.
[43] Augustinus Frotz (1903–1994), 1930 Priesterweihe in Rom, 1937–1942 Diözesanjugendseelsorger für die männliche Jugend, 1944–1963 Regens des Kölner Priesterseminars, 1957 Domkapitular, 1962–1983 Weihbischof in Köln: U. HELBACH, in: E. GATZ (Hrsg.), Bischofslexikon 1945–2001, S. 299f.
[44] Erzbischöfliche Verfügung vom 28.1.1964 »Jungpriester- und Kuraexamina 1964«: KA 104, 1964, Nr. 44, S. 54.
[45] Bei der Einführung der Jungpriesterwerkwochen konnte man auf gute Erfahrungen zurückgreifen, die man seit 1954 mit dem vier- bis fünf-wöchigen »Tertiat« gemacht hatte, einem Kurs, dem sich die Pfarrexamenskandidaten zu stellen hatten und der sehr positiv aufgenommen war: »Betr.: Pfarrexamen«, 16.5.1954: KA 94, 1954, Nr. 231, S. 158: »Dem diesjährigen Pfarrexamen wird ein wissenschaftlicher Fortbildungskursus (Tertiat) vorausgehen, der von Ende Juli bis Ende August dauern wird ... Die Teilnahme ist für alle, die in diesem Jahre das Pfarrexamen machen, verpflichtend.«

2. Der junge Klerus und der Erzbischof

Verunsicherungen. Die Kapläne reisten oft in angespannter Stimmung an und kehrten nach einigen Tagen des Zusammenseins gelassen und bisweilen heiter zu ihren Einsatzorten zurück.

Der neuralgische Punkt dieser Werkwochen war allerdings jedesmal der Gesprächsabend mit dem Erzbischof oder – vertretungsweise – mit seinem Generalvikar. Das lag nicht in den Personen von Kardinal Höffner oder Generalvikar Nettekoven begründet, sondern in dem zunehmenden Misstrauen und in der Distanzierung jener Jahrgänge von der »Amtskirche«. Der Verfasser hat als Referent für die Priesterfortbildung in den Jahren 1971–1973 jeweils am Ende des Jahres einen Bericht für Kardinal Höffner erstellt. Darin heißt es 1971: »Bei drei der fünf Kurswochen wurde der Besuch des Kardinals bzw. des Generalvikars deshalb zum Knoten, an dem sich die Emotionen auf- und entluden. In einer Vorüberlegung wurde jeweils mehr oder minder intensiv erarbeitet, welche Fragen man dem Bischof bzw. dem Generalvikar vorlegen wollte. Da der Fragenkatalog immer recht umfangreich ausfiel, stand das Gespräch dann ohnehin in der Gefahr, zum Hearing zu werden. Für die schließlich sich ergebende Härte des Gesprächs waren außerdem manche objektive und subjektive Ursachen auf beiden Seiten bestimmend ...

Bedenklich scheint mir ... die wachsende innere Distanz zwischen den jüngeren Priestern und der Bistumsleitung ... Nach meiner Beobachtung handelt es sich gar nicht so sehr um unterschiedliche Überzeugungsinhalte, sondern um eine verschiedene Mentalität. Die Gefahr liegt weniger in einer Revolution, sondern in einer enttäuschten Resignation ...: Es hat keinen Zweck mehr, etwas vom Bischof zu erwarten. Wir müssen uns selbst zurechtfinden.«[46]

Eine Kursgruppe wertete den Gesprächsabend mit Kardinal Höffner sofort aus und sandte dem Erzbischof ihre Darstellung über den Verlauf des Abends zu: »Wir meinen, dass das Gespräch einen Verlauf nahm, der unseren Anliegen nicht voll gerecht werden konnte. Es entstand der Eindruck, als ob unsere speziellen Fragen so verallgemeinert wurden, dass unsere eigentlichen Fragen unbeantwortet blieben. Zum anderen stellten Sie unseren Problemen meist lediglich Ihre gegenteiligen Erfahrungen entgegen ... Dass all das erst jetzt im Brief genannt wird, zeigt, dass Hemmungen da waren, uns Ihnen ganz ungeschützt und ohne reservierte Scheu zu öffnen und anzuvertrauen ... Es gibt mit dem Bischof noch nicht das Gespräch ohne psychologische Schranken.«[47]

Solche Äußerungen machten deutlich, dass die jungen Kapläne sehr hohe, wahrscheinlich zu hohe Erwartungen an den Bischof und sein Eingehen auf ihre Fragen hatten, Erwartungen, die nicht in Erfüllung gingen und deshalb Enttäuschung zurückließen. Andererseits musste Kardinal Höffner sich in Stil und Ton viel gefallen lassen. Dass er seine Überlegenheit in der Argumentation gelegentlich

---

[46] Bericht über den Verlauf der Werkwochen für die Jungpriester im Herbst 1971 (N. Trippen), 13.12.1971: HAEK – NH 665.
[47] 16 Herren des Fortbildungskurses für Priester vom 15.–19.11.71, Bad Honnef, 19.11.71, an Höffner (alle Namen sind am Ende aufgeführt, der Senior unterschrieb): HAEK – NH 2056.

ausspielte, war ihm kaum zu verdenken, wurde jedoch von den jungen Leuten durchschaut und verstärkte ihren Missmut.

b) Der »Aktionskreis Köln«

Unmittelbar nach dem II. Vatikanischen Konzil bildeten sich in zahlreichen deutschen Diözesen »Solidaritätsgruppen« meist jüngerer Priester, die in dem von ihnen oft beschworenen »Geist des Konzils« Mitwirkungsrechte auf allen Ebenen des kirchlichen Lebens im Sinne einer »Demokratisierung der Kirche« einforderten. Als 1968 die Rücktrittsabsichten des Erzbischofs Kardinal Frings diskutiert wurden, bildete sich auch im Erzbistum Köln aus einer spontanen Initiative ein solcher Kreis, der – höflich in den Umgangsformen und maßvoll in seinen Erwartungen – eine Mitwirkung des Kölner Presbyteriums bei der anstehenden Erzbischofswahl forderte.[48]

Möglicherweise war die Enttäuschung über die geringe Beachtung, die diese erste Aktion gefunden hatte, ein Anlass, dass man sich am 5. Mai 1969 in Bonn zur Gründung des »Aktionskreis[es] Köln« entschloss.[49] Nach Auskunft eines führenden Mitgliedes des Kreises aus der Rückschau 1988 wurde der Kreis gegründet, »weil ein Teil der Mitglieder [der alten Solidaritätsgruppen] sich mit der Grundhaltung der SOG und den relativ radikalen Forderungen nicht mehr identifizieren konnte.«[50]

Da unter den 34 Gründungsmitgliedern[51] des Kreises nicht wenige aus dem Amt ausgeschiedene Priester und einzelne Priesteramtskandidaten waren, hieß es in der Satzung[52]: »§ 1. Der Aktionskreis Köln ist ein Zusammenschluss kath. Christen der Erzdiözese Köln«. In § 2 wurde ausgeführt: »Der Aktionskreis will zu einer Reform des kirchlichen Lebens beitragen, indem er eine breiter gestreute Beteiligung an den Aufgaben der Kirche und der entsprechenden Meinungsbildung in unserem Bistum anstrebt.«

Bei der zweiten Zusammenkunft des Kreises am 23. Juni 1969 in Bonn wurde die Satzung und die Herausgabe eines »Informationsdienstes« beschlossen: »Wir wollen damit in erster Linie interne Informationen weitergeben, aber auch mit einigen Nachrichten eine Art Pendant zu ›Bistum intern‹ sein.«

Der Aktionskreis Köln wandte sich am 24. Oktober 1969 erstmals an den Erzbischof und übersandte ihm »unsere wichtigsten Papiere«: »Sie sollen die Mög-

---

[48] Dazu: N. Trippen, Frings II, S. 528–530 u. 544–546.
[49] Sämtliche nachfolgend zitierten Stücke zum »Aktionskreis Köln«: HAEK – Zug. 619/92 – 56.
[50] N. B. gegenüber Msgr. Matthias Baedorf: Schreiben Baedorf an Schwellenbach (Registratur), 21.9.1988: Ebd.
[51] Mitgliederliste des »Aktionskreises Köln« – Es handelt sich in Wirklichkeit um eine Teilnehmerliste der Versammlung am 5.5.1969 in Bonn; so ein von Regens Luthe zur Rede gestellter Seminarist, der glaubhaft machen konnte, nicht Mitglied des Kreises zu sein: Luthe an Höffner, 12.6.1969: Ebd.
[52] Satzungsentwurf vom 5.5.1969 und am 23.6.1969 beschlossene Fassung: Ebd.

lichkeit haben, sich direkt informieren zu können, da Sie vielleicht auch schon ›tolle Sachen‹ über den AK oder über Mitglieder des AK gehört haben ...«[53]

Wie relativ unsicher man über Ziele und Arbeitsweise noch war, zeigt der »Informationsdienst« Nr. 0 vom Oktober 1969: Er begann mit Nachrichten aus dem Aktionskreis München, Auszügen aus einem Schreiben der Arbeitsgemeinschaft deutscher Priestergruppen, Nachrichten aus dem Bistum Haarlem in den Niederlanden. Es folgte eine längere Abhandlung (3 Seiten) »Der Petrus-Dienst in der Kirche (Entwurf vom 26. September 1969)«, der mit »heißem Herzen« und begrenzter theologischer Kompetenz abgefasst war. Erst dann folgten Informationen aus dem Erzbistum Köln.

Unter den Kardinal Höffner übersandten »Papieren« des Aktionskreises Köln findet sich auch ein im Mai verhandeltes, allerdings noch nicht verabschiedetes Votum »Konkrete Zielsetzungen des Aktionskreises«. Darin heißt es: »Es soll ein Bewusstsein dafür geweckt werden, dass es in der Kirche eine Pluralität von Theologien, Frömmigkeitsformen und Pastoralmethoden geben muss. In den Entscheidungsgremien und in den Verwaltungsbehörden der Diözese müssen deshalb in angemessener Weise alle Richtungen vertreten sein. Zugleich muss das Prinzip der kollegialen Verantwortung und der partnerschaftlichen Zusammenarbeit auf allen Ebenen der Kirche zur Geltung kommen. In diesem Sinne soll eine recht verstandene Demokratisierung angestrebt werden. Die schon bestehenden Gremien (z. B. Diözesanrat, Priesterrat, Seelsorgerat, Pfarrgemeinderäte) müssen koordiniert werden. Sie müssen eine klar bestimmte Entscheidungskompetenz haben, die sukzessiv an die Stelle der Kompetenz bisheriger Entscheidungsgremien tritt, da diese für die gegenwärtige Kirche nicht mehr repräsentativ sind ...

Verantwortlichen Experimenten muss ein viel größerer Raum zugestanden werden in der Liturgie wie in der Verkündigung, in der Seelsorge wie in der ökumenischen Arbeit. Unser Kreis wird sich überall dort zu Wort melden, wo infolge autoritären Stils in kirchlicher Führung und Verwaltung Mitbrüdern oder Laien ungerechtfertigte Schwierigkeiten gemacht werden.«[54]

Ende des Jahres 1969 beklagte sich der Aktionskreis bei Kardinal Höffner darüber, nicht an der Auswahl des neuen Weihbischofs beteiligt worden zu sein[55] und schrieb den Mitgliedern des Priesterrates: »Der Arbeitskreis Köln beantragt, die Frage der neuen Leitung des Kölner Priesterseminars auf der nächsten Sitzung zu beraten.«[56]

---

[53] Aktionskreis Köln (H. J. K.) an Höffner, 24.10.1969: Ebd.
[54] Aktionskreis Köln: »Konkrete Zielsetzungen des Aktionskreises«: Ebd. – Nach einer Vorbemerkung war »die folgende Zusammenstellung noch nicht autorisiert. Sie fußt aber auf einem Entwurf des Freckenhorster Kreises, der am 5. Mai in Bonn in der Tendenz gebilligt wurde. Eingearbeitet wurden aktuelle Stichworte in Anlehnung an Forderungen der Königsteiner Priesterkonferenz vom 19./20. Januar.« Die Vorbemerkung lässt erkennen, wie stark der Arbeitskreis Köln von anderenorts formulierten Vorstellungen lebte.
[55] Aktionskreis Köln, Informationsdienst Nr. 1, Januar 1970: Abdruck: Aktionskreis an Höffner, 5.11.1969; Höffner an H. J. K., 18.11.1969: Ebd.
[56] Aktionskreis Köln an die Mitglieder des Priesterrates, 18.12.1969: Ebd.

Am 14. Mai 1970 befasste sich der Erzbischöfliche Rat mit dem Arbeitskreis Köln, nachdem Prälat Ferdinand Fischer anhand der dem Erzbischof übersandten »Papiere« das Unternehmen vorgestellt hatte.[57] Im Dezember 1970 suchte Generalvikar Nettekoven das Gespräch mit 5 Vertretern des Arbeitskreises. Nettekoven kam zu dem Schluss: »Das Gespräch verlief gut ... Die Zusammenarbeit [des AK] mit dem Generalvikariat, das Zusammenstehen mit dem Bischof war nicht in Frage gestellt.«[58]

Eine zweite Mitgliederliste des Kreises (Stand: Januar 1971) weist 42 Namen aus. Der Kreis hatte sich also innerhalb von fast zwei Jahren nicht wesentlich vergrößert und war selbst für die jüngeren Priester des Erzbistums nicht repräsentativ zu nennen. Eine nur einige Male im Jahr zusammentretende, wechselnd zusammengesetzte Mitgliederversammlung konnte die hoch gesteckten Ziele nicht verwirklichen. Hinzu kamen Überschneidungen mit der Aufgabenstellung des Priesterrates des Erzbistums. Insofern überrascht es nicht, dass der Aktionskreis Köln seine Tätigkeit im August 1972 wieder einstellte. Fast wie ein Nachruf wirkt eine nicht gezeichnete handschriftliche Notiz in der Akte: »Regionale Priestergruppe ›Aktionskreis Köln‹. Existierte etwa von Ende Oktober 1969 bis August 1972. Hervorgegangen bzw. verwandt mit der ›SOG‹ (= Solidaritätsgruppe katholischer Geistlicher). Der Aktionskreis diskutierte Probleme von Kirche und Gemeinden sowie Anliegen und Sorgen der Priester.«

Als sich bereits im Oktober 1969 die Kleruskongregation in Rom beim Vorsitzenden der Deutschen Bischofskonferenz, Kardinal Döpfner, nach dem Stand der Priestervereinigungen in Deutschland erkundigte, erhielt Weihbischof Frotz von Kardinal Höffner den Auftrag, den von Rom beigelegten Fragebogen für das Erzbistum Köln zu bearbeiten. Frotz nannte in seinem Schreiben an den Sekretär der DBK, Prälat Forster, nach den Piae Uniones älterer Art die meist informellen »Pastoralgruppen« und schließlich unter »Aktionsgemeinschaften« den Aktionskreis Köln. In den Erläuterungen hieß es: »Eine Gruppe von jüngeren und ›mittelalterlichen‹ Priestern. Ziel: Demokratisierung, Humanisierung, Solidarisierung (als Kampfmittel). Meist suchen sie ehrlich nach dem Gespräch mit dem Bischof und dem Priesterrat.«[59]

3. Liturgische Neuerungen

a) Kommunionausteilung durch Ordensleute und Laien

Sehr bald nach Ende des II. Vatikanischen Konzils kam in deutschen Diözesen der Wunsch auf, für gut besuchte Gottesdienste bei entsprechend zahlreichen Kommunikanten in Rom die Möglichkeit zu erwirken, die hl. Kommunion auch

---

[57] Ferdinand Fischer, Betr.: Arbeitskreis Köln, mit handschriftlichem Vermerk Fischers: Ebd.
[58] Aktennotiz Generalvikar Nettekovens vom 15.12.1970: Ebd.
[59] Kopie: Kleruskongregation, Kardinal Wright, an Döpfner, 25.10.1969; Frotz an Forster, 8.12.1969 (Kopie): Ebd.

durch Ordensschwestern oder Laien austeilen zu lassen, um die Dauer der Gottesdienste nicht allzu sehr auszudehnen.

So selbstverständlich uns das heute erscheint: Damals waren die Gläubigen noch daran gewöhnt, dass der Küster eine Monstranz nicht mit bloßen Händen, sondern mit einem weißen Tuch umfassend zum Altar trug. Kardinal Döpfner fragte Ende 1967 im Namen der deutschen Bischöfe bei der Sakramentenkongregation in Rom an und erhielt unter dem 14. Februar 1968 unter eng gefassten Bedingungen die erbetene Erlaubnis, Laien mit der Austeilung der hl. Kommunion zu beauftragen.[60] Die Erlaubnis war ad triennium erteilt. Der Nuntius in Bonn zitierte bei Übersendung des römischen Reskripts weitere römische Entscheidungen.[61] Vor allem galt die Erlaubnis nur absente sacerdote vel diacono. Wie wichtig Bischof Höffner in Münster (und später in Köln) diese Einschränkungen nahm, zeigt das von ihm intensiv bearbeitete Beauftragungsformular für Laien des Bistums Münster.[62]

Noch über Jahre gab es in den Gemeinden Auseinandersetzungen darüber, welche Laien, zumal welche Frauen, der Pfarrer dem (Erz-)Bischof für diesen Dienst an der Eucharistie vorschlug. Um die Frage der Gewandung – der liturgischen und zumal der zivilen – der »Kommunionhelferinnen und -helfer« wurde mancherorts heftig gestritten. Die Bischöfe mussten immer wieder daran erinnern, dass es kein »Recht« der Kommunionhelfer auf Ausübung ihres Dienstes bei hinreichend vorhandenen Priestern oder Diakonen gab.

b) Die »Samstag-Vorabendmesse«

Noch während des Konzils erbaten die in Rom vereinigten deutschen Bischöfe 1965 in casibus specialibus – was immer darunter verstanden wurde – die Vollmacht zur Genehmigung von Vorabendmessen. Es ging dabei vor allem um die Erfüllung der den Gläubigen damals noch bewussten »Sonntagspflicht« nach can. 1248 des CIC von 1917. Ein Dekret der Konzilskongregation vom 19. Oktober 1965 gestand den deutschen Bischöfen die erbetene Vollmacht zu.[63]

Wie zu erwarten war, gingen die einzelnen Bischöfe etwas unterschiedlich mit dieser Möglichkeit um. 1967 versuchte die Deutsche Bischofskonferenz, zu »Richtlinien und Kriterien für die Zulassung der Samstag-Abendmessen« zu kommen. Bischof Stangl von Würzburg hatte den Mitordinarien einen Erhebungsbogen über die damalige Praxis in den Bistümern zugesandt. Die Beantwortung

---

[60] Kopie des Reskripts an Kardinal Döpfner für die deutschen Diözesen, in dessen Einleitung der Antrag der deutschen Bischöfe zitiert ist (Datum: 14.2.1968): HAEK – Zug. 517/90 – 12.
[61] Kopie: Bafile an Döpfner, 23.2.1968: Ebd.
[62] »Beauftragung (in Erfurt verwendet)«, maschinenschriftliches Formular mit handschriftlichen Bearbeitungsspuren Bischof Höffners (Münster, den ...): Ebd.
[63] Kopie des Reskriptes der *Sacra Congregatio Concilii* an Döpfner, 19.10.1965: HAEK – Zug. 517/90 – 12.

durch Generalvikar Lettmann für das Bistum Münster vom 9. Januar 1968 lässt erkennen, dass Bischof Höffner, dem die Arbeits- und Lebensverhältnisse von Landwirten und Industriearbeitern in gleicher Weise vertraut waren, gegen Enge in der Zulassung von Samstag-Abendmessen war.[64] Lettmann schrieb an Bischof Stangl: »Wir haben noch zu wenig Erfahrungen, um die Notwendigkeit von Sicherungen und Einengungen begründen zu können, möchten aber dringend empfehlen, in den Richtlinien von großen Einengungen abzusehen.« Aus dem Bericht eines Dechanten aus dem Bistum Münster zitierte Lettmann: »Am 18.1.67 fand in St. Marien die genehmigte erste Sonntagsmesse am Vorabend statt. Die Besucherzahl war so groß, dass die Kirche sie nicht fassen konnte. Mit Genehmigung haben wir von dem darauf folgenden Sonntag an in allen 3 Pfarrkirchen die erste Sonntagsmesse am Vorabend eingeführt. In St. Sixtus sind seitdem etwa 1200 Teilnehmer anwesend, in St. Marien etwa 600, in St. Laurentius etwa 400. Die Frühmesse am Sonntag, bisher um 6.15 Uhr, entfällt ... Die 2. und 3. Messe am Sonntag sind gelichtet, die beiden letzten hl. Messen sind nach wie vor gut besucht. Wir haben den Leuten gesagt, dass die uralte Tradition, den Sonn- oder Festtag am Vorabend beginnen zu lassen, wieder aufgegriffen würde. Sie möchten daher wirklich am Sonnabend nachmittags die groben Arbeiten beenden und es wirklich Sonntag sein lassen.«

Der Dechant schilderte dann an verschiedenen Beispielen, wie dieser Vorabendgottesdienst dem gewandelten Lebensrhythmus der Menschen entgegenkomme. Da die Sportvereine zunehmend auf den Sonntagvormittag reflektierten, biete die Vorabendmesse auch zahlreichen Jugendlichen die Gelegenheit, ihrer Sonntagspflicht nachzukommen. Der Dechant schloss: »Ob wir etwas Böses getan haben mit der Einführung der Sonntagsmesse am Vorabend, weiß ich nicht; sie ist jedenfalls schon jetzt nicht mehr wegzudenken und auch nicht mehr aufzuheben. Ich sehe die Sonntagsmesse am Vorabend als etwas Positives an ...«

Seine Beantwortung des Erhebungsbogens an Bischof Stangl beschloss Lettmann mit der Bemerkung: »Wie mit der 1. Vesper der Sonn- und Feiertag beginnt, könnte der Sonntag auch mit der Samstag-Abendmesse beginnen und es so zu einem verlängerten Sonntag kommen. Wir würden es sehr begrüßen, wenn in den Richtlinien nicht so sehr auf die Pflicht, als vielmehr auf die echte Bejahung einer Sonntagsheiligung hingewiesen wird.«

Diese Einstellung brachte Bischof Höffner nach Köln mit. Auch hier sollte die Vorabendmesse über längere Jahre zur meistbesuchten Sonntagsmesse in den Gemeinden werden, wo sie mit erzbischöflicher Genehmigung eingeführt wurde.

---

[64] Alle Angaben ergeben sich aus der Antwort Generalvikar Lettmanns an Bischof Stangl vom 9.1.1968: Ebd.

c) Die Einführung der »Handkommunion«

Unmittelbar nach dem Konzil entwickelte sich der neue Brauch, die hl. Kommunion nicht mehr mit dem Mund zu empfangen, sondern dem Kommunionausteiler die offene Hand darzubieten. Es ist nicht zu ermitteln, wer zuerst auf diesen Gedanken gekommen ist: Waren es Priester, die die Gläubigen zu dieser Art des Kommunionempfangs einluden? Waren es Laien, die die bisherige Weise des Kommunionempfangs aus ästhetischen oder hygienischen Gründen als problematisch empfanden? Der Wechsel von der einen zur anderen Form breitete sich sehr rasch aus und regte Verantwortliche wie Ängstliche zu der Frage an, ob bei der bald so genannten »Handkommunion« die Ehrfurcht vor der Eucharistie gewahrt sei.

Bereits im Februar 1967 befasste sich die Deutsche Bischofskonferenz bei ihrer Frühjahrsversammlung in Bad Honnef mit der Frage der Erlaubtheit der »Handkommunion«.[65] Sie kam zu dem Beschluss, dass es »nicht gestattet ist, die hl. Kommunion in die Hand zu reichen«. Kardinal Frings sah sich angesichts der immer weiteren Verbreitung der Handkommunion Anfang 1968 veranlasst, das Verbot erneut in Erinnerung rufen zu lassen. Das Sekretariat der Kölner Generalvikare war noch mehr als ein Jahr damit beschäftigt, Übertretungen dieser Vorschrift – soweit sie bekannt wurden – zu bearbeiten, wobei selten sicher zu ermitteln war, ob einzelne Priester die Gläubigen zur »Handkommunion« aufforderten oder diese nur gewährten, weil ihnen die Kommunikanten die Hand hinhielten und eine Verweigerung durch den Kommunionspender unwürdige Auseinandersetzungen an der Kommunionbank verursacht hätten.[66]

Erst am 6. Juni 1969 räumte der Präfekt der Gottesdienstkongregation in Rom nach einem Gesuch der deutschen Bischöfe die Möglichkeit der Handkommunion ein[67], die Kardinal Höffner bereits am 19. Juli 1969 für das Erzbistum näher umschrieb.[68] Schon am 26. Juli 1969 hatte der Erzbischof in einem Rundbrief an seine Priester die in dem römischen Reskript enthaltenen Regeln und Abgrenzungen mit seinen eigenen Worten verdeutlicht: »Ich genehmige hiermit den neuen Ritus, bemerke jedoch, dass die Handkommunion nicht so eingeführt werden darf, als ob damit der bisherige Brauch, der grundsätzlich in der katholischen Kirche erhalten bleibt, aufgehoben sei. Jeder Gläubige hat nach wie vor das Recht, die heilige Kommunion mit dem Munde zu empfangen. Auch müssen Schockierung und Überraschung der Gläubigen sowie jede Gefahr der Ehrfurchtslosigkeit ... vermieden werden ... Ich bitte Sie deshalb, nichts zu übereilen

---

[65] So die nachfolgend zitierte Anweisung des Kölner Generalvikariates: KA 108, 1968, Nr. 4, S. 8. – Die Konferenz der deutschen Bischöfe in Bad Honnef fand vom 13.–15.2.1967 statt.
[66] Dazu: N. TRIPPEN, Frings II, S. 527.
[67] Kopie: *Sacra Congregation pro Cultu Divino* an Kardinal Döpfner, 6.6.1969: HAEK – Zug. 517/90 – 39.
[68] »Kommunionspendung und Kommunionempfang«: KA 109, 1969, Nr. 236, S. 261f.

und auf jeden Fall der Einführung des neuen Brauches eine geeignete Katechese vorauszuschicken ... Es muss vor allem jeder Anschein vermieden werden, als ob sich im Bewusstsein der Kirche ein Wandel im Glauben an die eucharistische Gegenwart [des Herrn] vollzogen habe. Nähere Anweisungen wird die Deutsche Bischofskonferenz auf ihrer nächsten Tagung am 29. August 1969 erteilen.«[69]

Dieses Rundschreiben an den Klerus zeigt einerseits den seelsorgspraktischen Realismus Höffners. Andererseits spiegelt es die Sorgen wider, die der neue Brauch bei den Verantwortlichen in Rom und in Deutschland auslöste.

d) Erste Forderungen nach der »Interkommunion«

Eine der Folgen des II. Vatikanischen Konzils war eine ökumenische Begeisterung, aus der man im Rheinland vereinfachend feststellte: »Wir glauben alle an denselben Herrgott. Warum gibt es die Spaltung der Kirchen? Warum dürfen Katholiken und Evangelische nicht in jeder Kirche zur Kommunion bzw. zum Abendmahl gehen?« Auch in diesem Bereich entwickelten sich – zunächst örtlich, dann übergreifend – Praktiken, die die Bischöfe nicht stillschweigend übergehen konnten.

Den Anstoß zu einer Diskussion über die »Interkommunion« gab Bischofsvikar Teusch durch einen Entwurf »Interkommunion – Zehn Fragen und Antworten«.[70] Er wurde (bereits in der zweiten Fassung) am 15. und am 22. Januar 1971 im Erzbischöflichen Rat verhandelt. Auch in der Konferenz der nordrhein-westfälischen Generalvikare wurde der Entwurf Teuschs mehrfach besprochen und mit Änderungswünschen versehen. Als Kardinal Höffner ihn den Generalvikaren für eine Besprechung am 25. Februar 1971 übersandte, bemerkte er: »Es ist versucht worden, die Änderungswünsche einzuarbeiten.«[71] In der Endfassung bestand der Text aus »Zwölf Fragen – Zwölf Antworten«. Er wurde im März 1971 im »Kirchlichen Anzeiger« veröffentlicht[72] und vom Presseamt des Erzbistums Köln unter dem Titel »Eucharistie – Zeichen der Einheit der Gläubigen – 12 Fragen und 12 Antworten zur Interkommunion« in vielen tausend Exemplaren verbreitet.

Der Text beginnt in Frage 1 mit einer Begriffserklärung: »Wann sprechen wir von Interkommunion?« Im zweiten Fragenkomplex wurde das neue Verlangen nach Kommuniongemeinschaft der Christen erklärt. Die dritte Frage lautete: »Was sagt das Zweite Vatikanische Konzil über die Interkommunion zwischen Katholiken und Orthodoxen?« In der oberflächlichen öffentlichen Diskussion war (und ist) die größere Nähe zwischen der Orthodoxie und der katholischen

---

[69] Höffner an den Bistumsklerus, 26.6.1969: HAEK – Zug. 517/90 – 39.
[70] Interkommunion. Zehn Fragen und Antworten, Exemplar mit handschriftlichem Vermerk Teuschs »2. Entwurf, im Erzb. Rat vorgelegen 15.–22. Jan. 1971«: HAEK – Gen II 23.43, 32.
[71] Höffner an die Generalvikare von Aachen, Essen, Köln, Münster und Paderborn, 17.2.1971: Ebd.
[72] KA 111, 1971, Nr. 111, S. 91–98.

Kirche im Gegensatz zu der geringeren Übereinstimmung zwischen der katholischen Kirche und den Reformationskirchen nicht bewusst. Im vierten Fragekomplex ging es darum zu erklären, dass es im Gegensatz zur grundsätzlich möglichen Eucharistiegemeinschaft mit den Orthodoxen für evangelische Christen »nur in bestimmten Ausnahmefällen« die Möglichkeit des Empfangs der hl. Kommunion gibt. Diese grundsätzlichen Positionen wurden in den weiteren Abschnitten konkretisiert und begründet.

Zum Verständnis der damals heftigen Diskussion um die Möglichkeit der »Interkommunion« ist das parallel laufende Ringen um die Neuordnung der Mischehen-Gesetzgebung in der katholischen Kirche und die unterschiedliche, bisweilen recht gewagte Beurteilung der Mischehen in ihrer Bedeutung für gelebte Glaubenspraxis zwischen den Kirchen wie auch unter ökumenisch engagierten Gläubigen beider Konfessionen in Deutschland zu berücksichtigen.

4. Sorge um die kirchliche Entwicklung in den Niederlanden

Wilhelm Damberg hat 1997 die Entwicklung der katholischen Kirche in den Niederlanden beschrieben: Von der der Propaganda Fide in Rom unterstehenden »Missionskirche« nach 1622 über die Errichtung der niederländischen Kirchenprovinz durch Pius IX. 1853 bis zur Emanzipation der niederländischen Katholiken ab der 2. Hälfte des 19. Jahrhunderts.[73] Sie bildeten in der »Versäulung« der niederländischen Gesellschaft eine eigene katholische »Säule« mit einer umfassenden Subkultur. Vor allem nach 1900 kam es zu einer alle Lebensbereiche umfassenden Vernetzung der Katholiken durch katholische Schulen, Sozialeinrichtungen, Vereine, Gewerkschaften und eine Partei der Katholiken. All das lebte nach der Zeit der deutschen Besatzung und Unterdrückung ab 1945 noch einmal auf. 1957 besuchten 90 % der katholischen Kinder eine kirchliche Schule, 90 % der katholischen Arbeiter gehörten einer der katholischen Gewerkschaften an. Nur 5,3 % der Niederländer gingen eine Mischehe ein. 70–80 % der niederländischen Katholiken nahmen an der Sonntagsmesse teil.[74] Die Autorität der Bischöfe war unbestritten. Sie leiteten ihre Diözesen ohne Mitwirkung von Laiengremien streng nach römischen Vorgaben. Eine »Kommunikationsstruktur« zwischen Bischöfen und Laien gab es – so Damberg – nicht.

Damberg beschreibt dann, wie diese geschlossene kirchlich geprägte Gesellschaft ab 1955 mit einer neuen Generation von Bischöfen allmählich aufbrach, die sich Rat und Unterstützung nicht aus dem Bereich der bisherigen »Säule« suchte, vielmehr Theologen und Intellektuelle in bestimmten Entscheidungsprozessen zuzog. Sehr planmäßig bereiteten die niederländischen Bischöfe ab 1961 ihre

---

[73] W. Damberg, Abschied vom Milieu, S. 521–553.
[74] Ebd. S. 556–567.

Gläubigen auf das Konzil vor, so dass allmählich die Erwartung auf einen Erneuerungsprozess stieg.[75]

a) Der »Holländische Katechismus« von 1966

Schon während der Konzilsjahre hatte ein Kreis niederländischer Theologen im Einvernehmen mit den Bischöfen an einem neuen Katechismus gearbeitet, der 1966 mit Druckerlaubnis des Vorsitzenden der Bischofskonferenz, Bernard Kardinal Alfrink[76], unter dem Titel »De nieuwe Katechismus« in Hilversum und Antwerpen erschien.[77] Einer der Mitautoren, Guus van Hemert SJ, schrieb dazu: »Zuerst muss gesagt werden, dass in diesem Buch die gedanklichen Einsichten keine scharfen Konturen haben. Der Katechismus will ja ein Volksbuch sein und vermeidet darum die reine Theorie. Er beschreibt vorwiegend. Seine Stärke liegt in der Nacherzählung ›der Dinge, die unter uns geschehen sind‹ (Lk 1,1).«[78] Wie Alfrinks Biograph van Schaik dargestellt hat, war man sich unter den Autoren zunächst nicht klar, ob man das Buch Katechismus oder etwa Glaubensbuch für Erwachsene nennen sollte. In seinem Stil lag der Charme dieses Buches, aber auch seine Gefahr: Statt spröder Fragen und dogmatisch formulierter Antworten bot der holländische Katechismus eine flüssige, eingängige Erzählung. Die Gefahr, die beinahe nicht zu vermeiden war, lag in einer Unschärfe der Aussagen, gelegentlich aber auch in Anpassungen an den – vermeintlichen – Verständnishorizont der avisierten Leser.

Dieser Katechismus wurde in kürzester Zeit zu einem Bestseller. Die niederländische Originalausgabe wurde bis 1968 in 500.000 Exemplaren verkauft. »Bereits im Herbst 1967 erschien in den USA eine englische Übersetzung.«[79] Selbstverständlich gab es auch in Deutschland einen Markt für das Buch, und der Verlag Herder in Freiburg hatte 1968 eine deutsche Übersetzung vorbereitet, die aber nicht erscheinen konnte, weil eine von Rom eingesetzte Kardinalskommission inhaltliche Bedenken formuliert hatte und die niederländischen Bischöfe (wie die deutschen) zu einer Druckerlaubnis für die deutsche Übersetzung nicht bereit waren.

Joseph Höffner wurde schon als Bischof von Münster mit dem Holländischen Katechismus befasst. Im Januar 1968 wandte sich ein Arbeitskreis der Studenten-

---

[75] Ebd. S. 584–588.
[76] Bernard Jan Alfrink (1900–1987), 1924 Priester, nach exegetischen Studien in Rom und Jerusalem ab 1933 Professor für Bibelwissenschaft in den Niederlanden, 1951–1975 Erzbischof von Utrecht, 1960 Kardinal: G. ALBERIGO, in: LThK 1, ³1993, Sp. 391; T. VAN SCHAIK, Alfrink.
[77] DE NIEUWE KATECHISMUS – GELOOFSVERKONDIGING VOOR VOLLWASSENEN, Hilversum, Antwerpen u. a. 1966 – Deutsche Ausgabe: GLAUBENSVERKÜNDIGUNG FÜR ERWACHSENE. Deutsche Ausgabe des Holländischen Katechismus, Freiburg 1968.
[78] Zitiert nach: J. DREIßEN, Diagnose des Holländischen Katechismus, S. 9.
[79] Nach einem Schreiben: Katholische Gesellschaft für Kirche und Demokratie an Höffner, 24.5.1968: HAEK – Zug. 510 – 51.

4. Sorge um die kirchliche Entwicklung in den Niederlanden 133

gemeinde an der Pädagogischen Hochschule Münster an ihn[80]; im Mai 1968 folgte die »Katholische Gesellschaft für Kirche und Demokratie« in Münster: »Wir sehen darin [= in der Verweigerung einer Druckerlaubnis für die deutsche Übersetzung] eine völlige Missachtung der Wünsche der Laien nach zeitgerechter und ansprechender Glaubensverkündigung.«[81]

Bischof Höffner wandte sich nach einem Rundschreiben des Herder-Verlages an die Buchhändler an den Verleger Dr. Herder persönlich.[82] Schon in der Einleitung vermerkte Höffner aus dem Rundbrief des Verlages, dass inzwischen ein niederländischer Verlag die deutsche Übersetzung des Katechismus publiziere.[83] Höffner wies dann zunächst darauf hin, dass keine Veröffentlichung oder Übersetzung des Textes ohne Genehmigung des niederländischen Episkopates statthaft sei, um die bisher – wie vom Verlag zugegeben – noch nicht gebeten worden sei. »Es ist Ihnen bekannt, dass der niederländische Episkopat als Inhaber der Urheberrechte bisher keine Genehmigung zur Veröffentlichung einer französischen, italienischen, portugiesischen oder sonstigen Übersetzung des holländischen Katechismus gegeben hat, und zwar deswegen, weil der Heilige Vater, der kraft seines Amtes die ›volle, höchste und universale Gewalt über die Kirche‹ hat (II. Vatik. Konzil, Dogmatische Konstitution über die Kirche, 22), auf Grund der Proteste vieler holländischer Katholiken eine Überprüfung des Katechismus angeordnet hat …«

Im Hintergrund dieser Mitteilung Bischof Höffners an den Verleger Herder stand ein Rundschreiben des Apostolischen Nuntius Bafile an die deutschen Bischöfe vom 25. Januar 1968: »Wie bekannt, sind die notwendigen Änderungen im Holländischen Katechismus noch nicht vorgenommen und infolgedessen Übersetzungen desselben Katechismus noch nicht genehmigt worden. Obwohl die mit der Prüfung befasste Kardinalskommission die im Holländischen Katechismus enthaltenen Werte anerkennt, erachtet sie einige bedeutende Verbesserungen für notwendig. Zu diesem Zweck sind die Verhandlungen im Gange.«[84]

Anderthalb Jahre später teilte der Nuntius Kardinal Döpfner zur Information der Bischofskonferenz mit: »Der Holländische Episkopat hat sich bereit erklärt, den Text der Veränderungen zu veröffentlichen, die seinerzeit von der Kardinal[s]-Kommission, die mit der Überprüfung des Holländischen Katechismus befasst war, angegeben wurden. Andererseits ist der Hl. Stuhl damit einverstanden, dass die entsprechenden Veränderungen im Anhang des Werkes gedruckt werden oder,

---

[80] Arbeitskreis der KSG PH Münster I an Höffner, 26.1.1968.
[81] Schreiben vom 24.5.1968 (s. o. Anm. 79) – Zur »Katholischen Gesellschaft für Kirche und Demokratie«: Wilhelm DAMBERG, Bernd Feldhaus und die »Katholische Gesellschaft für Kirche und Demokratie« (1968–1972), in: WESTFÄLISCHE FORSCHUNGEN 48, 1998, S. 319–338.
[82] Höffner an Dr. Herder, 4.6.1968: HAEK – Zug. 510 – 51 – In dem Schreiben referiert Höffner das Rundschreiben des Verlages an die Buchhändler.
[83] Der Herder-Verlag publizierte noch 1968 seinerseits die deutsche Übersetzung: Glaubensverkündigung für Erwachsene, Freiburg 1968 (s. o. Anm. 77)
[84] Bafile an die deutschen Ortsodinarien, 25.1.1968: HAEK – Zug. 510 – 51.

soweit das Werk bereits ohne Veränderungen veröffentlicht wurde, in einem Sonderheft. Dasselbe soll auch für die Übersetzungen des Katechismus gelten.«[85]

Fast hilflos klingt heute der Versuch des Nuntius, den Schaden zu begrenzen: »Ferner bittet der Hl. Stuhl die Hochwürdigsten Herren Bischöfe, die Gläubigen auf diese Veränderungen hinzuweisen, die beim Lesen des Katechismus und besonders der fraglichen Punkte vor Augen zu halten sind.« Der Holländische Katechismus hatte seinen Siegeszug auch in Deutschland angetreten, und es entsprach nicht dem Zeitgeist, für die Lektüre einschränkende Mahnungen der Bischöfe anzunehmen.

b) Das niederländische »Pastoralkonzil« (1966–1970)

Die Unruhe um den Holländischen Katechismus war nur ein Vorspiel zu einer tiefgreifenden Erschütterung der Kirche in den Niederlanden durch das Pastoraal Concilie, das am 27. November 1966 in Nordwijkerhout bei Haarlem eröffnet wurde und von 1968 bis 1970 in sechs mehrtägigen Plenarsitzungen tagte.[86] Schon 1972 stellten Michael Schmaus, Leo Scheffczyk und Joachim Giers fest: »Das holländische Pastoralkonzil ... hat auch außerhalb seines Stammlandes große Resonanz gefunden und besonders in Deutschland ein lebhaftes Echo hervorgerufen.«[87]

Wilhelm Damberg hat in aller Kürze versucht, den vielschichtigen Prozess dieser Kirchenversammlung zu beschreiben. Gleich zu Beginn stellt er mit Berufung auf den Niederländer Jan Roes[88] fest: »Im Rückblick stellt sich das Pastoraal Concilie zunächst als ›Experiment ... mit neuen Autoritätsstrukturen‹ dar. Insofern handelte es sich um ein neuartiges Phänomen: ›Die Einzigartigkeit dieses Experiments lag – abgesehen von den Themen, die auf diesem Konzil behandelt wurden – vor allem auch in seinem Entwurf und seiner Struktur. Man versuchte eine Form zu finden, in der die traditionelle hierarchische Kirchenstruktur mit der faktischen Situation der niederländischen Kirche vermittelt werden konnte, einschließlich der damit verbundenen Erwartungen und Forderungen hinsichtlich von Demokratisierung.‹«[89]

---

[85] Kopie: Bafile an Döpfner, 6.6.1969: Ebd.
[86] Dokumentation: PASTORAAL CONCILIE VAN DE NEDERLANDSE KERKPROVINCIE, hrsg. v. Katholiek Archief, 7 Bde., Amersfoort 1968–1970 – Zum Holländischen Pastoralkonzil 1966–1970: W. GODDIJN u. a., Holland – die riskante Kirche, Freiburg 1969; H. VAN DIJK, Hollands Kirche – wohin? Das »Pastoralkonzil« nüchtern betrachtet, Berlin 1970; aus Sicht der 1970er Jahre: M. SCHMAUS/ L. SCHEFFCZYK/J. GIERS (Hrsg.), Exempel Holland. Außerdem: W. DAMBERG, Abschied vom Milieu, S. 588–602; B. Janssens, Das Zweite Vatikanische Konzil und der »trotzige Katholizismus« in den Niederlanden.
[87] M. SCHMAUS u.a., Exempel Holland, S. 9.
[88] J. ROES, Het Pastoraal Concilie. Een experiment in kerkvernieuwing en kerkvinding, in: Ph. C. STOUTHARD/G. P. P. VAN TILLO (Red.), Katholiek Nederland na 1945. Opstellen aangeboden aan Prof. Dr. W. Goddijn, Baarn 1985, S. 18–37.
[89] W. DAMBERG, Abschied vom Milieu, S. 589.

4. Sorge um die kirchliche Entwicklung in den Niederlanden 135

Während die niederländischen Bischöfe bis zum II. Vatikanischen Konzil ohne Zuziehung von Laien und weitgehend auch von theologischen Fachleuten »regiert« hatten, gaben sie die Steuerung des Pastoralkonzils weitestgehend in die Hände von Theologen und Laienvertretern, denen es um die Erneuerung der Kirche in den Niederlanden ging. Vor allem die Laien argumentierten in Nordwijkerhout mit einem idealistisch-revolutionären Eifer, jedoch ohne historische oder gar dogmatische Sachkompetenz, was die »Beschlüsse« und »Empfehlungen« der Plenarversammlungen prägte.

Die entscheidende Gestalt des Pastoralkonzils wurde der Leiter des 1958 von den Bischöfen gegründeten Pastoraal Instituut van de Nederlandse Kerkprovincie, der Franziskaner und Religionssoziologe Dr. Walter Goddijn[90], dem die Bischöfe 1966 die Konzeption und organisatorische Umsetzung des Pastoralkonzils anvertrauten.

Die Themenvielfalt und die Radikalität der Reformwünsche des Pastoralkonzils können hier nicht beschrieben werden. Beispielhaft seien genannt: Demokratische Kirchenstrukturen, Aufhebung des Zölibates, Priesterweihe von Frauen, Eucharistie ohne Priester. Schon 1972 bemerkte der Roermonder Bischof Gijsen: »Auffallend hierbei war, dass man sich, der eigenen traditionellen Haltung getreu, nicht oder nur am Rande um die innere Richtigkeit der vorgetragenen Auffassungen und Vorschläge kümmerte, sondern vielmehr darauf zielte, ›praktisch‹ vorzugehen. Dass man auf diese Weise, ohne es vielleicht zu wissen oder zu wollen, bestimmte Grundlagen des Glaubens außer acht lassen oder beiseite schieben würde, sah man nicht ein; wurde von einigen Teilnehmern darauf hingewiesen, stellte man es in Abrede.«[91]

Das Interesse an Verlauf und Gegenständen des niederländischen Pastoralkonzils bei den deutschen, besonders aber bei den benachbarten nordrhein-westfälischen Bischöfen war ausgeprägter als im Umfeld des Holländischen Katechismus. Die NRW-Bischöfe hatten schon ab 1968 den Professor für Dogmatik am Essener Priesterseminar Gerhard Fittkau[92] als Beobachter nach Nordwijkerhout entsandt. Während des II. Vatikanischen Konzils war Fittkau als Leiter der deutschen Abteilung des Konzilspresseamtes in Rom tätig gewesen. Kardinal Höffner

---

[90] P. Walter Goddijn OFM (1921–2007), 1963–1972 Direktor des »Pastoraal Instituut van de Nederlandse Kerkprovincie«. 1965–1970 Generalsekretär des niederländischen Pastoralkonzils. 1972–1986 Professor für Religionssoziologie in Tilburg.

[91] J. M. Gijsen, Skizze der Geschichte des Katholizismus in Holland, in: M. Schmaus u. a., Exempel Holland, S. 15–42, hier: S. 41 – Dr. Johannes M. Gijsen sollte als Bischof von Roermond von 1972–1993 den – letztlich vergeblichen – Versuch machen, seine Diözese in Absonderung von den übrigen Diözesen der Niederlande ganz nach römischen Vorgaben zu führen und zu strukturieren: B. Janssens, Das Zweite Vatikanische Konzil und ein »trotziger Katholizismus« in den Niederlanden.

[92] Gerhard Fittkau (1912–2004), 1937 Priester des Bistums Frauenburg, ab 1962 Professor für Dogmatik am Priesterseminar des Bistums Essen, 1962–1965 Leiter der deutschsprachigen Abteilung des Konzilspresseamtes in Rom, 1968–1971 von den NRW-Bischöfen beauftragter Beobachter des Holländischen Pastoralkonzils: D. Berger, in: BBKL 24, 2005, Sp. 626–629.

kannte ihn noch als Germaniker aus den 1930er Jahren. Als Ende 1969 Fittkau aus Krankheitsgründen ausfiel, meldete Höffner bei Kardinal Alfrink den Kölner Priester Dr. Wilfried Paschen[93] als Beobachter an, der »durch verwandtschaftliche Beziehungen mit den Niederlanden verbunden (ist) und die holländische Sprache (versteht)«.

Paschen berichtete dann umfassend über die 5. Sitzungsperiode des Pastoralkonzils vom 4. bis 7. Januar 1970, bei der es um »Das Leben der Ordensleute« und »Überlegungen zur erneuerten und fruchtbaren Führung kirchlicher Ämter« ging.[94] Paschen berichtete aus der Diskussion in Nordwijkerhout: »Der Angelpunkt [des Ordenslebens] war ›das Funktionieren der Religiosen in der heutigen Gesellschaft‹ ... Kein Wort von der personalen Begegnung mit Gott, mit Christus. Kontemplation also im Sinne der Psychologie ... Abbau der (autoritären) Strukturen im Ordensleben und seine Demokratisierung ... Die Tendenz ist kurz zu beschreiben: Weg von weltweiten Gemeinschaften ... hin zur lokalen Gruppe!«

Am zweiten Tag wurde über das Priesteramt diskutiert. Paschen berichtete dazu: »Während die Frage, ob ein Gläubiger ohne Priesterweihe der Eucharistiefeier vorstehen könne, nur berührt, aber nicht näher behandelt wurde, kam bei der Erörterung der Priesterweihe der Frau der Trend der Inkompetenten und ... manipulierten Versammlung wieder ganz zum Durchbruch. Mit dem Schlachtruf Gleichberechtigung! ging es zum Thema. Die Frage nach unwandelbaren Traditionen wurde wenigstens von den Bischöfen und speziell nochmals vom Kardinal [Alfrink] gestellt; aber sie blieb Schall und Rauch.« Nachmittags ging es um den Zölibat der Priester. Paschen berichtete: »Schillebeekx erklärte, der theologische Wert des Zölibats sei von den Anwesenden unbestritten (!) – hier gehe es allein um die praktische Frage des Zölibatsgesetzes.« Der Vorsitzende der Versammlung habe das Zölibatsgesetz »als Verstoß gegen das Menschenrecht auf Ehe abgelehnt.«

Kardinal Höffner ließ sich nicht allein durch Paschen informieren. Er fragte auch bei seinem Studienfreund aus dem Germanikum, Dr. Franz Thijssen in Utrecht, an, der ihm am 17. März 1970 antwortete[95] und in seinem Urteil über das Pastoralkonzil noch härter war als Paschen: »Man muss annehmen, dass die Bischöfe der Niederlande sich weder vom Weltepiskopat noch von Rom lösen wollen.« Doch sie hätten keine über die Landesgrenzen hinausgehenden Kontakte, abgesehen von Kardinal Alfrink. »Innerhalb der holländischen Kirche herrscht jetzt:

---

[93] Wilfried Paschen (1928–2006), 1952 Priester, 1968 Dr. theol. in Bonn, ab 1979 Dozent am Priesterseminar Rolduc (Roermond): HANDBUCH DES ERZBISTUMS KÖLN. Personaler Teil [28]1998, S. 104 – Höffner an Alfrink, 1.1.1970 (Durchschlag): HAEK – Zug. 510 – 52; zustimmendes Telegramm Dr. Goddijn an Höffner, 2.1.1970: Ebd.
[94] Dr. W. Paschen, Bericht über die Diskussionen der 5. Tagung des »Pastoralkonzils« in Nordwijkerhout (5 Schreibmaschinenseiten): Ebd.
[95] Dr. Franz Thijssen, Utrecht, an Höffner, 17.3.1970 (6 Schreibmaschinenseiten): Ebd.

a) ein Chaos in der Liturgie ...
b) ein Chaos auf ökumenischem Gebiet. Hier wird einfach alles praktiziert unter dem Titel des ›Experiments‹, bis zur Interzelebration mit den Evangelischen. Die Bischöfe haben hier nichts mehr in der Hand ...
c) Es kommt mir vor, dass die Bischöfe nicht wissen, was die Professoren unserer katholischen theologischen Hochschulen lehren. Die Seminare sind aufgehoben. Also hier liegen die verheerenden Dinge. Hier dringt die Säkularisierung herein. Du verstehst wohl, dann ist der Zölibat eine winzige Sache.« Das Pastoralkonzil habe »die ganze Sache verdorben ... Da haben die Bischöfe versagt ... Nun geht es darum, so dachte ich, dass Ihr deutschen Bischöfe uns brüderlich zu Hilfe kommt.« Thijssen fügte eine ausführliche Schilderung der Situation um den Zölibat in den Niederlanden an.

Das von Thijssen empfohlene Gespräch zwischen niederländischen und deutschen Bischöfen war schon für den 23. März 1970 in Kevelaer vorgesehen.[96] An ihm nahmen von niederländischer Seite Kardinal Alfrink, Bischof Moors von Roermond, Bischof Bluyssen von s'Hertogenbosch und Bischof Möller von Groningen teil, von deutscher Seite Kardinal Höffner, Bischof Wittler von Osnabrück, Bischof Hengsbach von Essen, Bischof Stimpfle von Augsburg, Bischof Tenhumberg von Münster und Weihbischof Tewes aus München. Die Tagesordnung sah vor:
»1. Die Priesterfrage: Bericht über die Lage, Beratungen über notwendige Maßnahmen.
2. Beratungen über die Art und Weise der Abhaltung nachkonziliarer Synoden auf Bistumsebene und im Bereich von Bischofskonferenzen.
3. Beratungen über geeignete Methoden eines systematischen Austausches von Informationen zwischen den holländischen und den deutschen Bischöfen.
4. Teilnahme eines Vertreters der Deutschen Bischofskonferenz an der Schlusssitzung des Holländischen Pastoralkonzils vom 5.–8. April 1970«

Über den Gesprächsverlauf berichtete Höffner: »Zu Beginn des Gesprächs, das in mitbrüderlichem Geiste geführt wurde, wies Kardinal Höffner darauf hin, dass ein solcher Gedankenaustausch dringend notwendig sei. Es dürfe nicht zur Isolierung und zu Kontaktstörungen zwischen den Bischöfen kommen. Was in der Kirche Hollands geschehe, schlage hohe Wellen nach Deutschland herüber und umgekehrt ... Die Folge sei eine bedenkliche Verwirrung: Willkür in der Liturgie, Verwirrung im ökumenischen Bereich (Interzelebration und Interkommunion), Verwirrung in der Lehrauffassung mancher Theologieprofessoren in den Grundfragen des Glaubens- und Kirchenverständnisses, des Amtes, der Verkündigung usw.«

Man sei sich bewusst, dass manches von den Massenmedien aufgebauscht werde.

---

[96] Der Erzbischof von Köln, Vertraulich!, Bericht über das Gespräch zwischen holländischen und deutschen Bischöfen im Priesterhaus zu Kevelaer am 23. März 1970, 11.00–17.00 Uhr (6 Schreibmaschinenseiten): Ebd. – Diesen Bericht sandte Höffner an die Teilnehmer und an Nuntius Bafile (6.4.1970).

»Aber auch, wenn man das in Betracht ziehe, hätten doch manche in Holland vertretene Thesen breite Kreise der deutschen Katholiken tief bestürzt. Besonders gewisse Aussagen des zur Vorbereitung der fünften Plenarsitzung ... herausgegebenen ›Ontwerp-Rapports‹ hätten viele deutsche Katholiken und auch die deutschen Bischöfe sehr beunruhigt: Wird das priesterliche Amt von der Gemeinde übertragen? Kann jemand ohne Priesterweihe das Messopfer feiern? Können Frauen zu Priestern geweiht werden? ...«

Die Bischöfe sprachen dann über den rapiden Rückgang an Priesterweihen – vor allem in den Niederlanden, aber auch in Deutschland, und die vermuteten Gründe. »Was ist zu tun?« lautete ein nächster Komplex des Gesprächs. Zur Zölibatsthematik äußerten die niederländischen Bischöfe, »dass sie keineswegs den Zölibat abschaffen, sondern, wie Kardinal Alfrink in seinem Brief an die europäischen Bischöfe vom 22. Januar 1970 dargelegt habe, ›alles ihnen Mögliche‹ tun wollen, um ein ›gutes Funktionieren‹ des Zölibats des Bistumspriesters sicherzustellen.« Höffner bemerkte: »Im persönlichen Gespräch (unter vier Augen) habe ich Kardinal Alfrink geraten, mit dem Heiligen Vater ... zu sprechen und sich dabei nochmals vom ›Ontwerp-Rapport‹, soweit er Aussagen über das priesterliche Amt macht, zu distanzieren.«

Für die deutschen Bischöfe, die das Pastoralkonzil in den Niederlanden im Hinblick auf die in Aussicht genommene Würzburger Synode mit Sorge betrachteten, war der zweite Tagesordnungspunkt »Abhaltung nachkonziliarer Synoden« von Wichtigkeit. Höffner schrieb in seinem Bericht: »Es wurde ein Bericht über die Verfahrensweise des holländischen Pastoralkonzils gegeben und darauf hingewiesen, dass nicht alles, was in den Sitzungen gesagt worden sei, Meinung der Synode oder der Bischöfe sei. Die Publikationsmedien hätten nicht immer objektiv berichtet.«

Man verständigte sich auf gegenseitige Informationen. Die Niederländer waren mit der Teilnahme eines deutschen Bischofs an der Schlusssitzung des Pastoralkonzils einverstanden. Schließlich verständigte man sich, »das Gespräch fortzusetzen. Das nächste Treffen findet am 27. August 1970 in Holland statt.«

Wenige Tage nach diesem Gespräch der niederländischen und deutschen Bischöfe fand vom 5. bis 8. April 1970 die letzte Vollversammlung des Pastoralkonzils in Nordwijkerhout statt. Es ging vor allem um Verkündigung, Einheit der Kirche, um das Verhältnis zu den Juden und um den Frieden. Über die Verhandlungen liegen drei Berichte vor: von Wilfried Paschen[97], von dem als Vertreter der DBK nach Nordwijkerhout entsandten Trierer Weihbischof Karl Heinz Jacoby[98] und von Franz Thijssen[99].

---

[97] Dr. Wilfried Paschen: Bericht über die Diskussionen der VI. Vollversammlung des Niederländischen Pastoralkonzils (5.–8. April 1970), 9 Schreibmaschinenseiten: HAEK – Zug. 510 – 52.
[98] Weihbischof Karl Heinz Jacoby: Kurzer Bericht über die 6. Sitzung des holländischen Pastoralkonzils in Nordwijkerhout vom 5.–8. Juni 1970, 18.6.1970 (3 Schreibmaschinenseiten): HAEK – Zug. 510 – 53.
[99] Thijssen an Höffner, 21.4.1970: HAEK – Zug. 510 – 52.

4. Sorge um die kirchliche Entwicklung in den Niederlanden 139

Paschen kam wieder zu kritischen Urteilen, gleich am ersten Tag, als es um Verkündigung ging: »Die breiten Ausführungen zur Methode der Verkündigung konnten nicht verbergen, dass niemand wusste, welche Materie die Verkündigung zu vermitteln habe ... Der einzige, der klare Vorstellungen anbieten konnte, war Kaplan Dr. Simonis aus Den Haag[100], doch er sprach wie ein Rufer in der Wüste. Während bei den übrigen Stimmen aanwezige waarheid, wie mir scheint, eher als pragmatischer, empirischer oder auch situationsethischer Begriff genommen wurde, griff Dr. Simonis eine vorherige Äußerung auf und formulierte deutlich, dass gegeven waarheid der durch die Kirche übermittelte Lehrschatz über das Heilshandeln Gottes ist, das als aanwezige waarheid den einzelnen Menschen trifft und betrifft und als belofte waarheid Gegenstand der Hoffnung ist.«

Zur Diskussion des zweiten Tages über De eenheid welche de Heer maakt berichtete Paschen: »Die Preisgabe des katholischen Kirchenverständnisses kam aber nicht nur im Bereich der Leitungsgewalt, sondern auch der communio fidei et sacramentorum zum Ausdruck. Wenn schon die Katholiken keine einheitliche Eucharistieauffassung hätten und trotzdem kommunizieren dürften, warum dann die nichtkatholischen Christen ausschließen? (R. Reuten) Das facere id quod facit Ecclesia ist hier zugunsten einer intellektualisierenden Glaubensauffassung verlassen ...

Merkwürdigerweise entzündete sich die Diskussion um die Abstimmung nicht etwa am Thema »bekenntnisverschiedene Ehe«, sondern an der Interkommunion. Man dürfe die Leute nicht in der Kälte stehen lassen – diejenigen, die schon heute die Interkommunion pflegen –; man müsse positive Richtlinien geben, sonst sei der Wildwuchs unvermeidlich ... Für die kritisierte aanbeveling IX des ontwerprapports, die nur die Hoffnung aussprach, dass weitere Studien zur Zulassung der beschränkten offenen Kommunion führen, wurde eine konkrete Fassung vorgelegt ... Deren Kompromiss besteht darin, dass in ihr den Bischöfen die Meinung der Vollversammlung zur Kenntnis gegeben wird. Damit sind die Bischöfe eo ipso der Schwierigkeit, mit abzustimmen, enthoben.«

Paschen kam in einer Nachbemerkung zu dem Schluss: »Wer als mit der cathedra Petri verbundener Christ an der VI. Vollversammlung zu Nordwijkerhout teilnahm, empfand sich als Gast bei ›getrennten Brüdern‹. Dabei ist jeder der beiden Begriffe gleich ernst zu nehmen. Denn brüderliche Atmosphäre ... bezog den als kritisch bekannten Gast ebenso ein, wie es andererseits klar war, dass – um eine niederländische Stimme zu zitieren – die Auffassungen eines Dr. Simonis (wie des Unterzeichneten) und der meisten übrigen Beiträge ›zwei Welten‹ waren.«

Weihbischof Jacoby, der offenbar nicht mit Paschen vergleichbar der niederländischen Sprache mächtig war, berichtete kürzer und konzentrierter. Er kam zu dem Schluss: »Auch diesmal ist mir bewusst geworden, dass die Situation in Hol-

---
[100] Adrianus Johannes Simonis (*1931), 1957 Priester, 1970 Bischof von Rotterdam, 1983 Koadjutor, dann Erzbischof von Utrecht, 1985 Kardinal, 2007 als Erzbischof von Utrecht emeritiert: – ANNUARIO PONTIFICIO 2011, S. 93*.

land und besonders die Handlungsweise der Bischöfe nur zu verstehen ist, wenn man die Geschichte des holländischen Katholizismus in den letzten Jahrzehnten, insbesondere die überstürzte Entwicklung seit 1954, beachtet. Erschrecken muss der Beobachter immer wieder, wie sehr wirkliche Kenntnis der Probleme bei vielen Teilnehmern fehlte, dass Unterscheidungen, theologische Begründungen vom Tisch gewischt wurden, dass die ökumenische Ungeduld in dieser Weise überbordete. Man hörte alle Diskussionsredner an, aber nahm einfach nicht zur Kenntnis, was nicht zu den eigenen (festen, mitgebrachten?) Vorstellungen passte. Anscheinend hoffen die holländischen Bischöfe, durch weitgehendes Entgegenkommen die Entwicklung abfangen und in ruhigere Bahnen leiten zu können.«

Schon am 14. April 1970 hatte Kardinal Höffner seinen Freund Franz Thijssen in Utrecht gefragt: »Wie denkst Du über die letzte Sitzung Eures Pastoralkonzils?«[101] Thijssen musste bekennen, dass er aus »Gewissensgründen« sich entschlossen hatte, nicht an der Schlussversammlung teilzunehmen. Was er inhaltlich berichtete, unterschied sich nicht wesentlich von der Sicht Paschens oder Jacobys. Aufschlussreich sind auch bei Thijssen die Schlussbemerkungen: »Bei Abstimmungen haben die Bischöfe sich meistens vom Votieren enthalten. Was bedeutet denn dieses Pastoralkonzil? ... Warum denn dieses ungeheure Theater nicht nur für das holländische Publik[um], sondern auch für die Welt, wobei die Publizitätsmedia das ihrige beitrugen? Hat dieses Konzil nun wirklich etwas beigetragen, das ›Image‹ der Kirche besser zu gestalten? Oder war es nur ein Ausdruck einer bestehenden innerkirchlichen Situation, wo dann die schweigende Kirche und jetzt auch die leidende Kirche nicht zum Zuge kam? ...«[102]

In seiner Antwort an Thijssen ging Höffner auf das Gespräch mit den niederländischen Bischöfen in Kevelaer ein: »Das Gespräch in Kevelaer war in der Tat herzlich. Es wird am 27. August in Holland fortgesetzt. Ich selbst hatte in den letzten Jahren von Münster aus einen guten Kontakt zu den holländischen Bischöfen. Mit Kardinal Alfrink habe ich mich mehrmals in Münster, in Xanten und Kevelaer getroffen. Auch bin ich häufig anlässlich von Bischofsweihen und Bischofsbeerdigungen in Holland gewesen. Wir werden nunmehr das eigentliche theologische Gespräch vertiefen müssen.«[103]

Ob die zweite Zusammenkunft am 27. August 1970 stattgefunden hat, ist aus den Akten nicht zu ermitteln. Ein Protokoll – wie das Höffners über Kevelaer – ist jedenfalls nicht aufzufinden.[104]

---

[101] Höffner an Thijssen, 14.4.1970 (Durchschlag): HAEK – Zug. 510 – 52.
[102] Thijssen an Höffner, 21.4.1970: Ebd.
[103] Höffner an Thijssen, 29.4.1970 (Durchschlag): Ebd.
[104] Zum gegenseitigen Verständnis von Kirche und Katholizismus in Deutschland und in den Niederlanden nach dem Konzil: Katholiken, Milieu und Gesellschaft in Deutschland und den Niederlanden, in: H. LADEMACHER/R. LOOS/S. GROENWALD (Hrsg.), Ablehnung – Duldung – Anerkennung. Toleranz in den Niederlanden und Deutschland (= Studien zur Geschichte und Kultur Nordwesteuropas, Bd. 9), Münster u. a. 2004, S. 460–479.

4. Sorge um die kirchliche Entwicklung in den Niederlanden 141

Das Jahr 1971 war – wie noch darzustellen sein wird – für Höffner durch die von ihm als Relator entscheidend mitgeprägte Römische Bischofssynode über Priesteramt und Zölibat bestimmt. In einem Schreiben vom 22. Dezember 1971 erkannte der Präfekt der Kleruskongregation, Kardinal Wright, Höffners Rolle auf der Synode an. Er – Wright – habe insbesondere Höffners kluge und aus der nachbarschaftlichen Nähe geschöpften Aussagen zur Lage der Kirche in den Niederlanden geschätzt.[105]

Dass Höffner seine persönlichen Kontakte zu Kardinal Alfrink weiter gepflegt hat, zeigte sich u. a. darin, dass er im November 1973 seinem Mitbruder in Utrecht nicht ohne Stolz die Broschüre über die Arbeitstagung der Kölner Dechanten in Rom im Juni 1973[106] und die gerade erschienenen Lebenserinnerungen von Kardinal Frings[107] übersandte. Bei der Tagung in Rom hatte der Sekretär der Studienkongregation, Höffners Studienfreund aus dem Germanikum, Erzbischof Joseph Schröffer, den Kölner Dechanten ein ausführliches Referat über das Thema »Das Bild des Priesters von morgen« gehalten. Nur wenige Sätze befassten sich mit dem Priesternachwuchs in den Niederlanden: »Katastrophal – um zum Gegenteil zu kommen – ist die Situation in Holland. Dort gab es in einem Jahr nur vier Priesterweihen. Die Zahlen sind erschreckend zurückgegangen. Sie wissen, wie die Situation dort ist. Es gab 40 Studienhäuser zur Ausbildung der Priester, Ordens- und Weltpriester in den Diözesen zusammengenommen. Dann haben die Holländer sich – wobei der Gedanke an sich gut ist – gedacht, wir müssen konzentrieren, Kräfte konzentrieren, und haben sich auf fünf Studienzentren beschränkt. Aber sie haben die Seminarien geschlossen. Es gibt keine Priesterseminare dort, und das hat sich in katastrophaler Weise ausgewirkt.«[108]

Als Kardinal Alfrink sich am 20. November 1973 bei Kardinal Höffner für die Zusendung der beiden Veröffentlichungen bedankte, beklagte er sich über die Äußerungen Schröffers vor den Dechanten in Rom: »Allerdings bedaure ich es, dass S. E. Msgr. Schröffer so ausschließlich negativ und oberflächlich über die Situation der Priesterberufe in den Niederlanden gesprochen hat (S. 63–64). Zwar wäre ich der letzte, der über diese Situation keine Sorgen hätte, aber andererseits hätte es Freude gemacht, wenn die vatikanische Instanz – neben Besorgnis – auch irgendwelche positiven Bewertungen von sich gegeben hätte über unsere Versuche, in der heutigen Lage Wege zur Verbesserung zu suchen.«[109]

Es spricht für die Fairness Höffners, dass er Kardinal Alfrink anbot, ihm für die nächste Dechantenkonferenz, die schon für den 5.–7. Dezember vorgesehen war, »einen kurzen Bericht über Ihre Versuche, in der heutigen Lage Wege zur

---

[105] Wright an Höffner, 22.12.1971: HAEK – Zug. 510 – 55.
[106] IM ZENTRUM DER EINHEIT. Arbeitstagung der Dechanten des Erzbistums Köln vom 12. bis 19. Juni 1973 in Rom.
[107] J. Kardinal FRINGS, Für die Menschen bestellt.
[108] J. SCHRÖFFER, Das Bild des Priesters von morgen, in: IM ZENTRUM DER EINHEIT, S. 61–74, hier: S. 63f.
[109] Alfrink an Höffner, 20.11.1973: HAEK – Zug. 510 – 51.

Verbesserung zu finden, zu übersenden«.[110] Höffner wollte »der Dechantenkonferenz darüber Mitteilung machen«. Alfrink bedauerte, am 10. Dezember, wegen der Kürze der Zeit nicht dazu gekommen zu sein.[111]

Bei der Dechantenkonferenz im Dezember 1973 unter dem Thema »Ein Dienst in vielen Formen« hat Höffner ein ausführliches Einleitungsreferat mit dem Titel »Sorgen und Hoffnungen. Der Priesternachwuchs im Erzbistum Köln« gehalten.[112] Er erwähnte die Situation in Nachbarländern, nicht aber in den Niederlanden – wohl aus Rücksicht auf Kardinal Alfrink in Utrecht!

Das Verhältnis Höffners zu Kardinal Alfrink blieb äußerlich korrekt. Doch dass der Erzbischof von Utrecht über die Kritik deutscher Bischöfe an den kirchlichen Verhältnissen in den Niederlanden und insbesondere über die Konferenz in Kevelaer 1970 verstimmt war, lässt sein Biograph erkennen. Als am 22. Januar 1972 die Ernennung von Johannes M. Gijsen zum Bischof von Roermond bekannt wurde, kam es zu aufgeregten Reaktionen in der Diözese. In einem Telefongespräch eines Roermonder Priesters mit Alfrink machte der Kardinal Aussagen dazu: »Alfrink meinte, dass es gut wäre, wenn auf dieser Versammlung des Diözesanpastoralrates [in Roermond] etwas angemerkt würde über einen möglichen Einfluss von deutscher Seite beim Zustandekommen dieser Ernennung. Es hatte vor nicht langer Zeit eine schwierige Besprechung gegeben mit den deutschen Bischöfen von der Grenze, u. a. Kardinal Joseph Höffner aus Köln, und es war ein diffamierender Artikel erschienen von einem Prälaten mit Namen Gerhard Fittkau, der dem Pastoralkonzil als Beobachter beigewohnt hatte ... Dieser hatte in einem Anzeigenblatt für die deutsche Geistlichkeit die drei offiziellen Kandidaten des Kapitels von Roermond als Modernisten und halbe Ketzer geschildert. Alfrink war dies natürlich auch bekannt, genauso gut wie er wusste, wie groß der Einfluss Deutschlands im Vatikan war, vor allem der Einfluss von Höffner persönlich und der Einfluss des Nuntiaturrats Dyba [in Den Haag], der auch ein Kölner Priester war.«[113]

Eine länger währende Auswirkung der Sorge der NRW-Bischöfe vor Auswirkungen des Holländischen Pastoralkonzils war die bereits im Januar 1970 von Bischof Hengsbach angestoßene Gründung der »Katholischen Arbeitsstelle Rhein-Ruhr« in Essen. In einem Exposé Hengsbachs für die Beratung der NRW-Bischöfe vom 31. Januar 1970[114] heißt es: »Die Erfahrungen der letzten Jahre zeigen immer deutlicher, dass es für den einzelnen Bischof und auch für die Ge-

---

[110] Höffner an Alfrink, 27.11.1973 (Durchschrift): Ebd.
[111] Alfrink an Höffner, 10.12.1973: Ebd.
[112] J. Höffner, Sorgen und Hoffnungen. Der Priesternachwuchs im Erzbistum Köln, in: Ein Dienst in vielen Formen. Arbeitstagung der Dechanten des Erzbistums Köln vom 5. bis 7. Dezember 1973, Köln 1974, S. 9–32.
[113] T. van Schaik, Alfrink, S. 461 (Übersetzung des Zitats aus dem Niederländischen: W. Damberg).
[114] Betr. Gründung einer kirchlichen Arbeitsstelle, 31.1.1970, »Den Hochwürdigsten Herren Diözesanbischöfen in NRW vorgelegt«, Der Bischof von Essen: HAEK – Zug. 1190/01 – 40. – Das Exemplar trägt Höffners Bearbeitungsspuren.

4. Sorge um die kirchliche Entwicklung in den Niederlanden 143

meinschaft der Bischöfe immer unmöglicher wird, das gesamte theologische Schrifttum zu übersehen, die kirchenpolitischen Tendenzen und erst recht nicht die antikirchlichen Tendenzen in einem frühen Stadium zu erkennen. Ebenso wenig ist es für den einzelnen Bischof möglich, rechtzeitig entsprechende Entschlüsse zu fassen und Maßnahmen zu ergreifen.«

Unter den »Aufgaben« der von ihm vorgeschlagenen Arbeitsstelle nannte Hengsbach:

»1. Dokumentation der im Schrifttum erkennbaren sowohl positiven wie negativen theologischen und philosophischen Äußerungen.
2. Beobachtung der Entwicklungstendenzen auf dem gesamten kulturellen und kirchenpolitischen Gebiet.
3. Beratung der Bischöfe und Entwicklung von Vorschlägen zur positiven Darlegung der bedrohten Wahrheiten, zur Widerlegung der Irrtümer und zum Auffangen und Überwinden der das Vertrauen in die Kirche zersetzenden Angriffe.
4. Erarbeitung von Vorschlägen für geeignete Schritte, um neue Freude an der Kirche und an der Zugehörigkeit zu ihr zu wecken.«

Zwei weitere Vorschläge hat Höffner in seinem Exemplar gestrichen. Unter »Trägerschaft« hieß es im Exposé Hengsbachs: »Die Trägerschaft der kirchlichen Arbeitsstelle würde bei den fünf Bistümern in Nordrhein-Westfalen liegen. Zu diesem Zweck würde entweder ein eigener Rechtsträger zu gründen sein oder ein Bistum würde treuhänderisch für die anderen tätig werden ...«

Unter den für den Vorstand zahlreich vorgesehenen Persönlichkeiten fanden sich alle inzwischen als »konzilskritisch« profilierten Professoren: z. B. Fittkau, Iserloh, Jedin, Pieper u. a. Für die Geschäftsführung einigte man sich auf den Hamborner Prämonstratenser Augustinus Graf Henckel von Donnersmarck.[115]

Bei der Realisierung des Projekts zeigte sich bald, dass die »Katholische Arbeitsstelle Rhein-Ruhr« personell zu schwach besetzt war und für ihre umfangreichen Berichte nicht das erhoffte Interesse fand. Bereits am 14. Juni 1977 kritisierte Bischof Tenhumberg von Münster »die bisherige Tätigkeit der Arbeitsstelle Rhein-Ruhr« und insbesondere eine Ausarbeitung, durch die er sich persönlich angegriffen fühlte.[116] »Über diesen Einzelfall hinaus meldete Bischof Tenhumberg Zweifel an der Effizienz der Arbeit der KARR an. Die gegebenen Informationen hätten nur einen sehr beschränkten Wert; sie kämen meistens zu spät und seien inhaltlich längst bekannt. Die Analysen seien nicht verlässlich genug, und die Zukunftsprognosen reichten nicht aus. Es sei zu überlegen, ob die

---

[115] Augustinus Heinrich Graf Henckel von Donnersmarck O.Praem (1935–2005), Priesterweihe 1961, 1971–1986 Leiter der Katholischen Arbeitsstelle Rhein-Ruhr in Essen, 1986–2000 Leiter des Katholischen Büros in Düsseldorf, 1994 Ehrendomherr in Köln, ab 2004 Domprediger: HANDBUCH DES ERZBISTUMS KÖLN. Personaler Teil ²⁸1998, S. 27 u. 212.
[116] Ergebnisniederschrift über die Konferenz der H. H. Erzbischöfe, Bischöfe und Generalvikare am 14. Juni 1977, S. 7: HAEK – Zug. 1190/01 – 40.

Arbeitsstelle nicht mit einem wissenschaftlichen Institut zusammengebracht werden sollte, etwa mit dem Sozialwissenschaftlichen Institut in Mönchengladbach.«

Als 1986 der Leiter der Katholischen Arbeitsstelle Rhein-Ruhr, Augustinus Graf Henckel von Donnersmarck, zum Leiter des Katholischen Büros in Düsseldorf berufen wurde, war das für die nordrhein-westfälischen Bischöfe (und zumal für ihre Generalvikare) die willkommene Gelegenheit, die Arbeitsstelle in Essen zu schließen.[117]

---

[117] Aktenmaterial dazu: HAEK – Zug. 1190/01 – 40 u. 44.

VII. KAPITEL

DER ERZBISCHOF UND SEINE BERATUNGSGREMIEN

Als Erzbischof Höffner 1969 sein Amt in Köln antrat, fand er ein System von Beratungsgremien vor, das sich nur teilweise mit dem des Bistums Münster deckte, zum Teil aber auch eine ganz andere Geschichte und Bedeutung hatte.

In beiden Diözesen hatten die »vorkonziliaren Räte«: Domkapitel, Geistlicher Rat (in Köln »Erzbischöflicher Rat«) und Dechantenkonferenz eine im wesentlichen gleiche Stellung und Funktion. Dagegen hatte Bischof Höffner in Münster die Zuziehung von Laien bei der Beratung des Bischofs erst einführen müssen. Zwar gab es unter seinem Amtsvorgänger Keller seit 1951 eine »Geschäftsstelle des Diözesankomitees«. Sie war jedoch darauf beschränkt, einmal jährlich unter Vorsitz des Domkapitulars bzw. Weihbischofs Tenhumberg den »Diözesanführungskreis« aller im Bistum bestehenden Verbände zusammenzurufen. Daneben lud der Bischof ihm geeignet erscheinende Persönlichkeiten monatlich zum »Herz-Jesu-Freitag-Konveniat« ein, um mit ihnen anstehende Fragen zu besprechen. Die Einrichtung eines »Diözesankomitees der Katholiken« und von »Pfarrkomitees« nach dem II. Vatikanischen Konzil verdankten sich Bischof Höffner.[1]

In Köln gab es bereits seit 1946 in den großen Städten und Kreisen »Katholikenausschüsse« und ein »Diözesankomitee der Katholiken«, die 1969 ihre Funktion und ihr Selbstbewusstsein unter den Ratsgremien der Erzdiözese gefunden hatten.[2]

In Ausführung entsprechender Konzilsbestimmungen hatten Kardinal Frings in Köln und Bischof Höffner in Münster 1967 einen »Priesterrat« und einen »Pastoralrat« bzw. »Seelsorgerat« errichtet und mit Statuten versehen.[3] Diese »nachkonziliaren Räte« mussten in beiden Diözesen erst ihren Ort neben den fortbestehenden alten Gremien finden. Überschneidungen in den Aufgaben machten Kompetenzabgrenzungen notwendig, wobei die nachkonziliaren Gremien sich schwer taten und gegenüber den gewachsenen Ratsstrukturen nicht leicht ihren Platz fanden.[4]

---

[1] Zu den Räten des Bischofs in Münster und ihrer Neugestaltung durch Bischof Höffner vgl. oben, Kap. III, Abschnitt 4. Die Einführung des »Rätesystems« im Bistum Münster. S. 78–88.
[2] Dazu: N. TRIPPEN, Frings I, S. 504–537; DIOEZESANRATPUNKTDE. 60 Jahre Engagement für Kirche und Gesellschaft.
[3] Errichtung des Priesterrats und des Seelsorgerats im Erzbistum Köln s. unten S. 151–160; zur Errichtung dieser Räte im Bistum Münster s. o. Kapitel III, S. 84–86.
[4] Dazu: H. SCHMITZ, Der Bischof und die vielen Räte, in: TThZ 79, 1970, S. 321–344; K. NIENTIEDT, Die Crux mit der gemeinsamen Verantwortung des Volkes Gottes. Zur Diskussion über die kirchlichen Räte in der Bundesrepublik, in: HERDER-KORRESPONDENZ 40, 1986, S. 331–336.

1. Domkapitel

Das Kölner Metropolitankapitel wurde von den Veränderungen des Rätesystems im Gefolge des Konzils am wenigsten betroffen. Ihm oblag auch weiterhin die Verantwortung für Gottesdienst, Erhalt und Vermögen der Kathedralkirche und bei Erledigung des Erzbischöflichen Stuhles die Wahl eines neuen Erzbischofs gemäß Art. 6 des Preußenkonkordats von 1929.

Die Verpflichtung des Erzbischofs, das Domkapitel bei bestimmten vermögensrelevanten Rechtsgeschäften im Bereich des Erzbistums vorher anzuhören bzw. um Zustimmung zu bitten, fiel auf Grund von can. 502 § 1 des CIC von 1983 im Prinzip dem »Konsultorenkollegium« des Priesterrats zu. Doch hat die Deutsche Bischofskonferenz von der Möglichkeit des can. 502 § 3 Gebrauch gemacht und »die Aufgaben des Konsultorengremiums dem Kathedralkapitel übertragen«, so dass sich auch in diesem Punkt an der Stellung des Kölner Metropolitankapitels nichts änderte.[5]

2. Erzbischöflicher Rat

Es war bis zum II. Vatikanischen Konzil keinem Bischof vorgeschrieben, sich – abgesehen von seinem Domkapitel – von einem Gremium von Priestern (oder gar von Laien) beraten zu lassen. Doch hatte der Erzbischöfliche Rat in Köln eine lange Tradition. Der Erzbischof berief die leitenden Geistlichen seines Generalvikariates, zumal die dort tätigen Domkapitulare, und weitere ihm geeignet erscheinende Priester in seinen »Erzbischöflichen Rat«, der wöchentlich tagte und vom Erzbischof vorgelegte Themen besprach. Erzbischof Höffner schlug in der ersten Sitzung des Erzbischöflichen Rates unter seinem Vorsitz am 7. März 1969 eine Strukturierung der Arbeit dieses Gremiums vor. Im Protokoll heißt es:

»1. In Zukunft soll für jede Ratssitzung eine Tagesordnung aufgestellt werden. Entsprechende Wünsche mögen die Mitglieder des Erzbischöflichen Rates rechtzeitig dem Herrn Generalvikar eingeben.

2. Über jede Sitzung soll in Zukunft eine Niederschrift angefertigt werden. Prälat Fischer wurde vom Erzbischof gebeten, als ›Jüngster‹ das Amt des Protokollführers zu übernehmen.«[6]

Die seitdem erhaltenen Protokolle des Erzbischöflichen Rates geben Einblicke in die damals innerkirchlich sowie zwischen Kirche und Staat virulenten Themen.

---

[5] H. Schmitz, Domkapitel in Deutschland nach der Vatikanischen Wende. Vortragsfassung des Beitrages von ... zum Tag der Domkapitel am 10. September 1998 im Rahmen der 750-Jahrfeier der Hohen Domkirche Köln (als Ms. gedruckt), Köln 1998, S. 15: »Die Deutsche Bischofskonferenz hat diese Möglichkeit unverzüglich wahrgenommen und noch vor Inkrafttreten des CIC von 1983 zum 27. November 1983 durch Beschluss der Vollversammlung vom 19.–22. September 1983 die Aufgaben des Konsultorengremiums den Domkapiteln übertragen.«

[6] Niederschrift über die Sitzung des Erzbischöflichen Rates am 7.3.1969: HAEK – Zug. 1116/00 – 54.

Häufiger berichtete Kardinal Höffner über Diskussionen in überdiözesanen Gremien und besprach die dort verhandelten Gegenstände mit »seinem Rat«. Am 20. August 1971 schnitt der Leiter des Seelsorgeamtes erstmals das Thema »Zusammenarbeit der Räte« an: »Direktor Pock legt die durch die Vielfalt der Räte immer wieder auftretenden Schwierigkeiten bei der Durchführung praktischer Maßnahmen dar. Es ist dringend erforderlich:
a) den einzelnen Räten ihre jeweiligen ›Kompetenzen‹ und ihren Arbeitsbereich zu geben. Die Arbeitsbereiche müssen gegeneinander abgegrenzt sein und miteinander koordiniert werden (Allzuständigkeit aller Räte).
b) Die Aufgaben der nachkonziliaren Räte müssen gegenüber anderen Gremien klar umschrieben werden. Gleichzeitig ist eine praktikable Lösung der laufenden Arbeit im Bistum sicherzustellen.«[7]

Als der Rat beschloss, eine Kommission zur Klärung der Zuständigkeiten zu bilden, erhob Bischofsvikar Teusch Einspruch: »Herr Prälat Teusch stimmt gegen den Versuch der neuen Kommission, da diese Kommission nur Nichtbevollmächtigte umschließen werde und schon deswegen zur Unfruchtbarkeit verurteilt sei, sodann, dass das Konzil nun einmal keine Abgrenzung der Kompetenzen zwischen Priesterrat und Seelsorgerat verfügt habe. Er schlägt vor, durch ein besonderes Wort des Bischofs Priesterrat und Seelsorgerat darauf hinzuweisen, dass diese Räte auf den Bischof ausgerichtet sind. Dieser kann jederzeit bei den Gremien um Rat fragen. Es besteht aber für diese Räte kein Recht, in allen Dingen um Rat gefragt zu werden.«[8]

Es wäre eine eigene Untersuchung wert, welche Themen in den 18 Jahren der Wirksamkeit Kardinal Höffners in Köln Gegenstand der Beratung im Erzbischöflichen Rat wurden. Es ist verständlich, dass der Erzbischof in diesem geschlossenen Kreis seiner engsten Mitarbeiter am offensten sprechen und Anregungen aus dem Kreis annehmen konnte. Schon in der Dechantenkonferenz, der Repräsentanz des Seelsorgeklerus, war eine größere Öffentlichkeit gegeben und darum eine zurückhaltendere Sprechweise angebracht.

3. Dechantenkonferenz

Auch im Erzbistum Köln hatte die Dechantenkonferenz als Informations- und Beratungsgremium zwischen Bischof und Presbyterium der Erzdiözese eine Tradition, die allerdings anders strukturiert war als im Bistum Münster. Die geographische Situation des Erzbistums erlaubte es, selbst mit öffentlichen Verkehrsmitteln innerhalb eines Tages von allen Orten des Erzbistums nach Köln anzureisen

---
[7] Niederschrift über die Sitzung des Erzbischöflichen Rates vom 20.8.1971: HAEK – Zug. 1116/00 – 55.
[8] Als Bischofsvikar Teusch beim Protokollführer Pock die Erwähnung seines Votums anmahnte, sprach er von einem »bischöflichen Hoheitsakt«: Teusch an Pock 20.8.1971: Ebd.

und nach einer mehrstündigen Dechantenkonferenz abends heimzukehren. So fanden Dechantenkonferenzen bei Bedarf und auch nach kurzfristiger Ankündigung in Köln oder in seiner nächsten Umgebung statt. Als Beispiel sei die letzte Dechantenkonferenz unter Kardinal Frings am 16. September 1968 im damaligen »Karl-Joseph-Haus« genannt: Dechanten, Domkapitel, Priester- und Seelsorgerat sowie die Katholisch-Theologische Fakultät Bonn sollten auf die Enzyklika *Humanae vitae* eingestimmt werden. Die Konferenz war auf 15 Uhr angesetzt und nach wenigen Stunden beendet.[9]

Solche »Kurzkonferenzen« der Dechanten waren im Bistum Münster wegen der geographischen Ausdehnung der Diözese nicht möglich gewesen. Man traf sich dort einmal jährlich in der Pfingstwoche zu einer mehrtägigen Dechantenkonferenz in einem Tagungshaus der verschiedenen Regionen des Bistums.[10] Höffner brachte nach Köln die Erfahrung mit, welchen Wert dieses mehrtägige Zusammensein und die Möglichkeit der gegenseitigen Information für den Zusammenhalt des Bistums und die Beziehungen des Klerus zu Bischof und Diözesanverwaltung hatte.

So führte Höffner im Erzbistum Köln im Herbst 1969 beginnend die zweimal jährliche für drei Tage zusammentretende Dechantenkonferenz in der Pfingstwoche und im Spätherbst ein, die jeweils unter einem Schwerpunktthema stand.[11] Der Erzbischof nutzte die Dechantenkonferenzen regelmäßig zu einem ausführlichen Bericht aus der Weltkirche oder zu einem thematischen Vortrag, während zu den Schwerpunktthemen geeignete Referenten von auswärts eingeladen wurden. Kardinal Höffner lernte durch die Konferenzen und den zwanglosen Austausch am Rande die tragende Schicht der Seelsorger seines Erzbistums näher kennen. Dazu trugen vor allem die Exkursionen der Dechantenkonferenz bei, die in den 1970er Jahren noch mit Erstaunen und gelegentlicher Kritik im Erzbistum wahrgenommen wurden.

Höffners Generalvikar Peter Nettekoven war seit langen Jahren ein Freund des Heiligen Landes, Archimandrit der Melkitischen Kirche. In seiner Spiritualität lebte Nettekoven aus der Hl. Schrift und der Anschauung der biblischen Stätten. Es dürfte auf den Generalvikar zurückgehen, wenn die Herbstkonferenz der Dechanten 1970 beschloss, die Frühjahrskonferenz 1971 der Dechanten mit einer Wallfahrt in das Heilige Land zu verbinden.

Zu Weihnachten 1970 schrieb Nettekoven den Beteiligten: »Als Termin wurden die ›Kerzenferien‹ und dann einige Konferenztage vorgeschlagen ... Schon bei der letzten Konferenz, auf der wir diese Reise beschlossen hatten, haben einige von Ihnen gesagt, dass die Kosten für diese Wallfahrt von jedem selbst getragen werden

---

[9] Zu dieser Dechantenkonferenz am 16. September 1968: N. TRIPPEN, Frings II, S. 540 – Das »Karl-Joseph-Haus« war ein Altenheim im östlichen Flügel des Generalvikariatsgebäudes.
[10] Zu den Dechantenkonferenzen des Bistums Münster unter Bischof Höffner s. oben S. 79–83.
[11] Liste der Dechantenkonferenzen 1969–1982 mit den Themen: HAEK – Zug. 1116/00 – 99.

sollten ... Nur die direkten Konferenzkosten, die auch sonst anfallen würden, sollten vom Bistum übernommen werden. So soll es geschehen.«[12]

Während der Reise vom 20. April bis 1. Mai 1971[13] hielt Kardinal Höffner in Tiberias einen ausführlichen Vortrag über das Petrusamt in der Kirche und über das Priestertum.[14] Danach sah das Programm vor: »Gespräch: Unser Dienst in der Kirche, im Bistum und in den Gemeinden«. Die Wallfahrt einschließlich der Dechantenkonferenz wurde vom Presseamt des Erzbistums in einer durch Fotos illustrierten Broschüre dokumentiert und allen Priestern zugestellt. Eine ähnliche Pilgerreise der Dechantenkonferenz führte 1973 nach Rom unter dem Titel »Im Zentrum der Einheit«.[15] Noch einmal – vom 23. bis 28. Mai 1983 – ging die Dechantenkonferenz auf Reisen: Zu den ökumenischen Zentren in Chambésy und Genf, wobei es zu intensiven Begegnungen und Gesprächen mit Metropolit Damaskinos, Fr. Max Thurian aus Taizé und dem Generalsekretär des Ökumenischen Rates der Kirchen, Philipp Potter[16], kam.[17] Während der Tage in Genf fuhr man zu einem Pontifikalamt nach Fribourg an das Grab des hl. Petrus Canisius, der in Köln als erster Deutscher zum jungen Jesuitenorden gestoßen war und als Diakon einer der ersten gewesen war, der auf der heutigen Kanzel des Kölner Doms predigte. Ein weiterer geistlicher Akzent der Reise war die Wallfahrt nach Flüeli, wo dann auch die Konferenztage stattfanden.

Kardinal Höffner wusste bereits aus Münster, dass bei grundsätzlich positiver Aufnahme die Dechantenkonferenzen von den Teilnehmern nicht unkritisch hingenommen wurden. In Münster hatte sich die Kritik vor allem an dem Übergewicht von immer wiederkehrenden Berichten aus den Abteilungen des Generalvikariates festgemacht; man habe zu wenig Zeit zum Austausch über aktuelle Probleme der Seelsorge.[18] In Köln wurde bald deutlich, dass ein unstrukturiertes Frage- und Antwortspiel unter knapp 100 Teilnehmern die Effektivität der Konferenz minderte.

---

[12] Nettekoven an die Dechanten, 9.12.1970: HAEK – Zug. 1116/00 – 86 – Die »Kerzenferien« waren nach den Strapazen der Erstkommunionvorbereitung und -feier in der Vorstellung rheinischer Katholiken Ferientage der Pfarrer nach dem Weißen Sonntag, bei denen den Pfarrern unterstellt wurde, das Kerzengeld der Kommunionkinder auszugeben, das diese für ihre schon aus dem Pfarretat bezahlten Kerzen gespendet hatten.
[13] Programm: HAEK – Zug. 1116/00 – 86.
[14] Manuskript: Kirche und Petrusamt. Vortrag des Erzbischofs von Köln auf der Dechantenkonferenz im Heiligen Land (Tiberias am 22. April 1971): Ebd.
[15] Dokumentation durch das Presseamt des Erzbistums Köln: Konferenz der Dechanten des Erzbistums Köln Juni 1973 in Rom »Im Zeichen der Einheit«; Vorläufiges Programm für die Dechantenkonferenz in Rom vom 12.–19. Juni 1973: HAEK – Zug. 1116/00 – 87.
[16] Mitteilung von Dompropst Feldhoff am 22.12.2010: Potter hatte eine Reise verschoben, um in Genf zu sein. Kardinal Höffner war der erste Kardinal, der beim Ökumenischen Rat der Kirchen einen Besuch machte.
[17] Die Konferenz der Dechanten im Erzbistum Köln fand vom 23.–28. Mai 1983 statt. Kardinal Höffner berichtete darüber ausführlich am 5.8.1983 an das *Segretariato per l'unione dei Cristiani* in Rom: HAEK – Zug. 1116/00 – 98.
[18] Dazu, S. 81–83.

So entwarf nach Abstimmung mit zahlreichen anderen Dechanten Höffners Doktorand Paul Adenauer, Dechant in Bergisch Gladbach, einen Vorschlag »Zur Reform der Dechantenkonferenz«[19], den er seinem vertrauten früheren Lehrer Höffner am 16. November 1974 zusandte.[20] In einer Vorbemerkung schrieb Adenauer: »Die mehrtägigen, zweimal jährlich stattfindenden Dechantenkonferenzen werden allgemein als erfreulicher Fortschritt empfunden. Jedoch könnte und müsste ihre Wirkung für die Kommunikation zwischen Bistumsleitung und Klerus sowie zwischen älteren und jüngeren Priestern erheblich verbessert werden.« Im Einzelnen schlug Adenauer für die namentlich genannte Dechantengruppe vor:

»1. Die *Tagesordnung* der Dechantenkonferenz wird spätestens zwei Monate vorher im Kirchlichen Anzeiger mitgeteilt, dann hat jeder Seelsorger Zeit genug, sich auf die Besprechung beim nächsten Konveniat vorzubereiten.
2. Eine ergiebige *Besprechung im Konveniat* ist nur möglich, wenn außer dem Thema selbst auch alternative Lösungsvorschläge oder Vorüberlegungen zur Hand wären ...
3. *Auf der Dechantenkonferenz selbst* mit ihren über 100 Teilnehmern könnte auch derjenige, der nicht leicht vor einer solchen Versammlung spricht, doch in *Arbeitsgruppen* sich äußern. Nach allen Regeln heutiger Methodik wird man zu ergiebigen Beratungen nur kommen, wenn überwiegend in Arbeitsgruppen (max. 15 Pers.) und selten im Plenum beraten wird ...
4. Der Erzbischof (bzw. der Generalvikar) ist und bleibt der *Vorsitzende* der Dechantenkonferenz, auch wenn er selbst nicht die Rolle des *Gesprächsleiters* übernimmt. Sein Wort wird mehr wiegen, je seltener es ist. Auch tut sich manch einer nicht leicht zu sprechen, wenn er immer den Bischof am Rednerpult sieht. Daher sollte man geeignete Teilnehmer als Moderatoren bestellen (vgl. das Beispiel des Konzils, unseres Priesterrats und Seelsorgerats) ...«

Es folgten weitere, sehr konkrete Verfahrensvorschläge, dann allerdings auch eine realistische Einschätzung der Erfolgsaussichten der Petenten: »Da berichtet wurde, dass ähnliche Petitionen und Bemühungen bereits sehr häufig gestartet wurden und ebenso oft in den Akten versandet sind, sei zum Schluss der Wunsch geäußert, dieser Versuch möge mehr Glück haben!« Manches von diesen Vorschlägen wurde in der Tat umgesetzt, z. B. die Arbeitsgruppen vor einem Plenum, die Delegation der Verhandlungsleitung vom Erzbischof – zunächst auf den Generalvikar.

Kardinal Höffner nutzte die Dechantenkonferenzen regelmäßig, um über die römischen Bischofssynoden, an denen er stets gestaltend beteiligt war, präzise und zusammenfassend zu berichten. Da diese Synoden für den Fernstehenden oft sehr unübersichtlich und schwer einschätzbar waren, bieten Höffners Berichte vor der Kölner Dechantenkonferenz in den regelmäßig publizierten Protokollen einen

---

[19] Paul Adenauer, Zur Reform der Dechantenkonferenz, 3 Schreibmaschinenseiten, Bearbeitungsspuren Kardinal Höffners: HAEK – Zug. 1116/00 – 89.
[20] Adenauer an Nettekoven, 13.11.1974; Adenauer an Höffner, 16.11.1974: Ebd.

guten Überblick. Ähnliches gilt in den 1970er Jahren von Höffners Berichten über den Stand der Arbeiten bei der Würzburger Synode.

Obwohl es bei den Dechantenkonferenzen gelegentlich auch kritische Äußerungen einzelner Dechanten gab, waren die Konferenzen Orte, wo Kardinal Höffner sich verstanden fühlte und die er schätzte. Zuspitzungen und Konflikte erwuchsen gelegentlich – nicht zwischen Erzbischof und den Teilnehmern, sondern durch Provokationen auswärtiger Referenten. Beispielhaft sei die Frühjahrskonferenz 1985 genannt, als unter dem Thema »20 Jahre nach dem Konzil« auf Einladung Kardinal Höffners der Philosoph Nikolaus Lobkowicz, damals Präsident der Katholischen Universität Eichstätt[21], zwei Vorträge zum Thema »Die ›Folgen des Konzils‹« hielt, in denen er das Konzil für eine Kirchenkrise verantwortlich machte.[22] Verletzender noch als der Inhalt seiner Ausführungen war die sarkastisch-überhebliche Vortragsweise, die heftige Rückmeldungen der Konferenzteilnehmer provozierte, etwa: »Haben wir die gleiche Veranstaltung vor Augen, wenn wir vom Konzil sprechen?«[23] Als Generalvikar Feldhoff am 11. September 1985 das Protokoll der Konferenz seinen nordrhein-westfälischen Kollegen zuschickte, bemerkte er im Begleitschreiben: »Es könnte sein, dass man auch außerhalb des Bistums über die beiden Vorträge ... etwas hört. Zweifellos sind die beiden Referate provozierend gewesen, und ich habe eine Zeitlang befürchtet, dass es vielleicht zu einem Eklat auf der Konferenz kommen könnte. Die Aussprache war aber sehr ausgewogen. Man kann sie zeitweise sicher als ein geistliches Gespräch über die augenblickliche kirchliche Situation bezeichnen ...«[24]

4. Die »nachkonziliaren« Räte: Priesterrat und Seelsorgerat

Als Kardinal Frings am 30. März 1967 den Priesterrat und den Seelsorgerat errichtete[25], berief er sich in seinem Errichtungsdekret für den Priesterrat auf das Konzilsdekret *Presbyterorum ordinis*[26] und das Motuproprio *Ecclesiae Sanctae*

---

[21] Nikolaus Lobkowicz (*1931 in Prag), 1960–1967 Professor für Philosophie an der Notre-Dame-University in Indiana/USA, 1967 Professor in München, 1971–1975 Rektor der Universität München (1975–1982 Präsident), 1984–1996 Präsident der Katholischen Universität Eichstätt: KÜRSCHNER [15]1987, Sp. 2767f.

[22] Dokumentation des Presseamtes: 20 Jahre nach dem Konzil. Arbeitstagung der Dechanten des Erzbistums Köln vom 3. bis 4. Juni 1985 im Katholisch-Sozialen Institut, Bad Honnef. Dort S. 44–77: Professor Dr. Nikolaus Lobkowicz, Die »Folgen des Konzils« I und II.

[23] So nach den Erinnerungen des Verfassers Stadtdechant Josef Schmatz, Solingen.

[24] Feldhoff an die Generalvikare in Aachen, Essen, Münster und Paderborn, 11.9.1985: HAEK – Zug. 1116/00 – 101.

[25] Errichtung des Priesterrates und des Seelsorgerates im Erzbistum Köln: KA 107, 1967, Nr. 123, S. 468–472 – Das Datum der Errichtung von Priesterrat und Seelsorgerat ist bedingt durch die »Empfehlungen zur Konstituierung von Priesterrat und Seelsorgerat« der Deutschen Bischofskonferenz bei Ihrer Vollversammlung vom 13.–16.2.1967: Protokollauszug HAEK – Zug. 1116/00 – 33.

[26] Dekret über Dienst und Leben der Priester *Presbyterorum ordinis*: LThK, Das Zweite Vatikanische Konzil, Bd. III, S. 127–239.

vom 6. August 1966.²⁷ Die entsprechende römische Vorgabe für den Seelsorgerat bildete das Konzilsdekret über die Aufgabe der Bischöfe *Christus Dominus*.²⁸ Diese Texte wurden im Errichtungsdekret ausführlich zitiert.

Zum Priesterrat heißt es in *Ecclesiae Sanctae*: »In jeder Diözese soll in der Art und Weise, wie der Bischof es bestimmt, ein Priesterrat bestehen, d. h. eine Körperschaft oder ein Senat von Priestern, die die Geistlichkeit repräsentieren und den Bischof bei der Leitung der Diözese durch ihren Rat kräftig unterstützen können. In diesem Rat soll der Bischof seine Priester anhören und ihre Ansicht befragen und das mit ihnen besprechen, was die Bedürfnisse der Seelsorge und das Wohl der Diözese betrifft.«

Unter den »Aufgaben des Priesterrates« nannte Kardinal Frings die Beratung des Erzbischofs in den »eigentlichen Priesterfragen«: Priesterdienst und Priesterleben, Priesteraus- und -weiterbildung sowie Priesternachwuchsfragen, »seelsorgliche Planung« und »Mitarbeit bei der Vorbereitung einer Diözesansynode«.

Für den Seelsorgerat heißt es in *Christus Dominus*: »Es ist sehr zu wünschen, dass in jeder Diözese ein besonderer Seelsorgerat eingesetzt wird, dem der Diözesanbischof selbst vorsteht und dem besonders gewählte Kleriker, Ordensleute und Laien angehören. Aufgabe dieses Rates wird es sein, alles, was die Seelsorgsarbeit betrifft, zu untersuchen, zu beraten und daraus praktische Folgerungen abzuleiten.«

Die Besonderheiten des Seelsorgerates wurden in *Ecclesiae Sanctae* näher umschrieben: Er hat (wie der Priesterrat) nur beratende Stimme. »Der Bischof kann ihn einberufen, so oft er das für zweckmäßig hält ... Dem Seelsorgerat gehören Kleriker, Ordensleute und Laien an, die vom Bischof eigens ausgewählt sind.« Wohl im Hinblick auf die Kompetenz der Laienmitglieder – so das Motuproprio – »empfehlen sich vorbereitende Studien«.

Unter »Aufgabenstellung« für den Seelsorgerat nannte Kardinal Frings ein breites Spektrum pastoraler Felder. Schließlich ordnete er für Priesterrat und Seelsorgerat Wahlen an und nannte als Termine für die Konstituierung der Räte den 3. bzw. 10. Juli 1967. Die Wahlperiode sollte 5 Jahre betragen. Bei Sedisvakanz sollte nach *Ecclesiae Sanctae* Nr. 15, § 4 das Mandat des Priesterrats erlöschen. Doch trat beim Übergang des Erzbischofsamtes von Kardinal Frings auf Erzbischof Höffner eine Vakanz des Erzbischöflichen Stuhles nicht ein. Wie ist Kardinal Höffner mit den von seinem Vorgänger errichteten und personell besetzten Gremien umgegangen?

a) Priesterrat

In seinem ersten Quinquennalbericht anlässlich des Ad-Limina-Besuches in Rom 1973 schrieb Kardinal Höffner: »Der Priesterrat, der jetzt in seine zweite Wahl-

---

²⁷ Motuproprio *Ecclesiae Sanctae* vom 6.8.1966: AAS 58, 1966, S. 757–787.
²⁸ Dekret über die Hirtenaufgabe der Bischöfe *Christus Dominus*: LThK, Das Zweite Vat. Konzil, Bd. 2, S. 148–247.

4. Die »nachkonziliaren« Räte: Priesterrat und Seelsorgerat

periode eintrat, besteht aus sieben geborenen, 29 gewählten und vier ernannten Mitgliedern, zu denen ein Vertreter des Priesterseminars und einer des Theologenkonviktes Collegium Albertinum kommt. Er bemüht sich noch um die Findung seines Selbstverständnisses.«[29]

Hinter dieser vorsichtigen Andeutung verbirgt sich das von Wilhelm Damberg bereits für das Bistum Münster beschriebene Problem der fehlenden Abgrenzung von Aufgabenfeldern und Kompetenzen der gewachsenen, »vorkonziliaren« Räte und der neuen Räte, die in der Folge des Konzils geschaffen wurden.[30] Was Konzilsdekrete und nachkonziliare römische Ausführungsbestimmungen dem Priesterrat und dem Seelsorgerat zuschrieben, war in Köln (und in anderen Diözesen) seit langem durch Erzbischöflichen Rat und Dechantenkonferenz abgedeckt. In diesen alten Gremien suchte und fand Erzbischof Höffner Rat. Gegenüber den neuen Beratungsgremien verhielt er sich wohlwollend-korrekt, fühlte sich gegenüber dem Problem einer richtigen Koordination der Räte jedoch hilflos.

Als die Amtszeit des 1967 gewählten ersten Priesterrats 1972 abgelaufen war, wandte sich P. Hermann-Josef Lauter OFM, der dem Priesterrat als Delegierter der Orden angehört hatte, in einem persönlichen Schreiben an Kardinal Höffner.[31] Er verwies auf die kürzlich erschienene Dissertation von Paul-Josef Cordes über das Priesterdekret des Konzils[32]: »Das letzte Kapitel des Buches handelt über den Priesterrat. Ich halte diese Ausführungen für sehr erhellend für das Wesensverständnis des Rates. Wie sehr es daran noch mangelt, haben auch gewisse Erfahrungen in der abgelaufenen Amtsperiode des Priesterrates gezeigt, in denen sich die Tendenz zeigte, den Priesterrat als eine Interessenvertretung der Priester gegenüber dem Bischof und seiner Kurie aufzufassen. Auch in der komplizierten Frage der Zuordnung der verschiedenen Räte (Diözesanrat – Seelsorgerat – Priesterrat – Domkapitel) zueinander existieren unklare und zum Teil irrige Auffassungen, die zu falschen Schlussfolgerungen in der Praxis Anlass geben.« Lauter regte an, bei der konstituierenden Sitzung des neugewählten Priesterrates am 3. Oktober 1972 anhand von Auszügen aus dem Werk von Paul Josef Cordes über das Selbstverständnis des Priesterrates zu sprechen. Tatsächlich bildete das »Selbstverständnis des Priesterrates« bei der 2. Sitzung am 7. November 1972 einen Tagesordnungspunkt.[33] Nach Ausweis des Protokolls reichte jedoch die Zeit nicht, diesen Punkt zu behandeln.

Die Unzufriedenheit der Mitglieder und der Bistumspriester über die fehlende Kompetenz und Aufgabenstellung des Gremiums blieb ein Dauerproblem. Die einzige vom Konzil festgelegte Funktion des Priesterrates, die zu einer gelegent-

---

[29] Ad-limina-Bericht 1973, S. 4f., maschinenschriftliches Exemplar: HAEK – Zug. 451 – 24.
[30] Vgl. oben S. 85f.
[31] Lauter an Höffner, 3.8.1972: HAEK – Zug. 1116/00 – 36.
[32] P. J. CORDES, Sendung zum Dienst. Exegetisch-historische und systematische Studien zum Konzilsdekret »Vom Dienst und Leben der Priester«, Frankfurt 1972.
[33] Ankündigung der 2. Sitzung des Priesterrates am 7.11.1972 mit Tagesordnung: KA 112, 1972, Nr. 327, S. 344.

lichen Einberufung nötigte, bestand darin, dass er bei Neuumschreibung von Pfarreien vom Erzbischof gehört werden musste. Er tagte deshalb einige Male im Jahr. Termine und Tagesordnungen wurden durch das Amtsblatt bekannt gegeben.

In einer Vorlage für die Priesterratssitzung am 9. Dezember 1980 schrieb dessen Sekretär Johannes Schlößer: »Im Herbst 1977 hatte der Priesterrat Überlegungen mit dem Ziel einer Integration von Priesterrat und Dechantenkonferenz angestellt. In der Zwischenzeit war es jedoch nicht gelungen, die zwischen den Beteiligten bestehenden unterschiedlichen Vorstellungen ... zu konkretisieren.«[34] Eine ausführliche Diskussion des Themas hatte es bei der Priesterratssitzung am 13. März 1979[35] gegeben: Nach dem Recht der Gesamtkirche müsse der Priesterrat als wichtigstes Beratungsgremium des Bischofs gelten. Der Bischof müsse deutlich machen, »von welchem Gremium er in welchen Fragen Rat erbitte«. Generalvikar Feldhoff bemerkte, »dass eine einvernehmliche Regelung zwischen Dechantenkonferenz und Priesterrat erreicht werden müsse«. Mit deutlicher Mehrheit beschloss der Priesterrat am 13. März 1979: »Eine Kommission soll noch eine einvernehmliche Regelung zur Integration versuchen.«

Für eine weitere Diskussion anderthalb Jahre später in der Priesterratssitzung vom 9. Dezember 1980 erstellte Sekretär Schlößer eine Vorlage, in der er berichtete: »Die Kommission traf sich am 13. Mai 1980 unter Vorsitz von Dompropst Ketzer ... Die Möglichkeiten, zu einem Envernehmen zu kommen, schienen der Kommission sehr begrenzt.« Als Ergebnis schilderte Schlößer: »Der Priesterrat soll sich künftig zusammensetzen aus den Stadt- und Kreisdechanten, 12 vom Presbyterium nach Funktionen gewählten und 4 vom Herrn Erzbischof berufenen Mitgliedern ... Der künftige Priesterrat vereinigt die Aufgaben eines Priesterrates und der bisherigen Konferenz der Stadt- und Kreisdechanten ... Von dieser Integration unabhängig bleiben die Zusammensetzung und die Tagungsweise der Dechantenkonferenz.«[36] Es ist nicht erkennbar, wer diesen Vorschlag, die Dechantenkonferenz unangetastet zu lassen und stattdessen Priesterrat und Konferenz der Stadt- und Kreisdechanten zusammenzuführen, gemacht hatte.

Bei der Priesterratssitzung am 9. Dezember 1980[37] fand dieser Vorschlag »keine Befürwortung«, insbesondere, »weil die bisherige Konferenz der Stadt- und Kreisdechanten andere Themen beraten hat, als sie zum bisherigen Themenkreis des Priesterrates gehörten.« Zum Schluss des Protokolls heißt es: »Für die Annahme des erarbeiteten Lösungsvorschlages und damit für die Auflösung des jetzigen Priesterrates fand sich nur eine Stimme; mit Mehrheit war man für die Aufrechterhaltung des Status quo.«

---

[34] Priesterrat/Sekretär, Betr.: Sitzung des Priesterrates am 9.12.1980 – Anlage zu TOP 5: Integration von Priesterrat und Dechantenkonferenz: HAEK – Zug. 1116/00 – 38.
[35] Priesterrat: Protokoll über die 8. Sitzung des Priesterrates am 13.3.1979: Ebd.
[36] Vorlage Schlößer für die Priesterratssitzung am 9.12.1980 vgl. oben Anm. 34.
[37] Priesterrat: Protokoll über die 15. Sitzung des Priesterrates am 9.12.1980: HAEK – Zug. 1116/00 – 38.

Bei der Dechantenkonferenz vom 9.–11. Juni 1981 ging Generalvikar Feldhoff in seinem Bericht auf das Thema ein. Er berichtete von der Arbeit der Kommission 1980 und kam zu dem Schluss: »Dies war im eigentlichen Sinne kein Kompromiss zwischen bestehenden Vorschlägen, sondern ein völlig neuer Vorschlag. Sowohl der Priesterrat als auch die Konferenz der Stadt- und Kreisdechanten waren der Meinung, dass in diesem sogenannten Kompromissvorschlag völlig verschiedenartige Gremien miteinander verbunden worden wären. Die Sache des Priesterrates und die Sache der Konferenz der Stadt- und Kreisdechanten hätte höchst wahrscheinlich Schaden gelitten. Deshalb beschloss man in den beiden Gremien, die Angelegenheit zunächst auf sich beruhen zu lassen.«[38]

Die latente Missstimmung führte 1982 dazu, dass die Wahl zum Priesterrat 1982–1987 zwar ordnungsgemäß ausgeschrieben wurde.[39] Doch musste der Wahlausschuss im Juni 1982 im Amtsblatt mitteilen: »Unser Herr Kardinal und Erzbischof hat auf Vorschlag des Priesterrates das Verfahren der Kandidatenaufstellung für die Priesterratswahl 1982 wieder aufgehoben, da nicht in allen Wählergruppen eine hinreichende Anzahl von Kandidaten benannt worden war. Das Verfahren zur Wahl des Priesterrates soll im Herbst 1982 erneut eingeleitet werden. Bis zum Zusammentreten eines neu gewählten Priesterrates soll der bisherige die Aufgaben des Priesterrates wahrnehmen.«[40]

Wie der Sekretär des Priesterrates, Johannes Schlößer, bei Generalvikar Feldhoff in Erinnerung rief, war für die Monate Oktober bis Dezember 1982 das erneute Wahlverfahren vorgesehen.[41] Kardinal Höffner hatte der Priesterrat empfohlen, »mit einem persönlichen Brief u. a. die Priester zur Beteiligung an der Kandidatenaufstellung und der Priesterratswahl einzuladen. Der geschäftsführende Ausschuss hatte durch mich [= Johannes Schlößer] am 25. August dem Herrn Kardinal mit dem Bemerken, dass nach unserer Meinung die augenblickliche Krise des Priesterrates durch eine Neuwahl allein nicht behoben werden könne, noch einmal auf diese Empfehlung [eines persönlichen Briefes des Erzbischofs] hingewiesen. Ich persönlich hatte in diesem Brief zu erwägen gegeben, ob nicht das Erscheinen des neuen *Codex* [*Iuris Canonici*] mit seinen Bestimmungen über den Priesterrat eine günstigere Ausgangslage für Überlegungen für einen Neubeginn des Priesterrates und für Neuwahlen bieten könne.« Ausführlicher, aber im gleichen Sinne schrieb Schlößer dem Erzbischof am 23. September 1982, als eine für den 28. September angesetzte Sitzung des (alten) Priesterrates wegen Terminschwierigkeiten des Erzbischofs kurzfristig abgesagt worden war.[42] Höffner verfasste daraufhin am 30. September den erbetenen Brief an die Priester des Erzbis-

---

[38] Kirche und Weltkirche – Pfarrgemeinderäte, Arbeitstagung der Dechanten des Erzbistums Köln vom 9. bis 11. Juni 1981 im Katholischen Sozialinstitut in Bad Honnef; S. 73.
[39] Wahl des Priesterrates 1982: KA 122, 1982, Nr. 119, S. 84.
[40] Priesterratswahl 1982: KA 122, 1982, Nr. 191, S. 115.
[41] Schlößer an Feldhoff, 21.9.1982: HAEK – Zug. 1116/00 – 38; dort auch die nachfolgend berichteten Einzelheiten.
[42] Schlößer an Höffner, 23.9.1982: Ebd.

tums, in dem es einleitend hieß: »Ein erster Versuch, die Wahl durchzuführen, brachte nicht den erwünschten Erfolg. Das mag damit zusammenhängen, dass es einem neuen Gremium schwer fällt, sich in den Kreis vieler anderer Räte einzufügen. Dennoch bitte ich Sie herzlich um Ihre Mithilfe, dass der Priesterrat, dem das Zweite Vatikanische Konzil bedeutende Aufgaben übertragen hat, in unserem Erzbistum die ihm gebührende Stellung einnimmt.«[43]

Die von Höffner angekündigte Wahl fand im Spätherbst 1982 nicht statt. Im April 1984, nachdem der neue CIC veröffentlicht worden war, schrieb Kardinal Höffner erneut an die Priester und warb um Mitwirkung bei der Priesterratswahl: »Der Priesterrat, den das neue kirchliche Gesetzbuch verbindlich vorschreibt (Can. 495 § 1), ist neu zu wählen ... Der Priesterrat, ›ein Kreis von Priestern, der als Repräsentant des Presbyteriums gleichsam Senat des Bischofs ist‹, hat die Aufgabe ›den Bischof bei der Leitung der Diözese nach Maßgabe des Rechts zu unterstützen, um das pastorale Wohl des ihm anvertrauten Teiles des Gottesvolkes so gut wie eben möglich zu fördern‹ (Can. 495 § 1).«[44] Tatsächlich wurde im Sommer 1984 eine Priesterratswahl durchgeführt und ihr Ergebnis am 2. Oktober durch Kardinal Höffner bestätigt.[45] Die konstituierende Sitzung fand am 3. Dezember 1984 statt.[46]

Es sollte wohl der Aufwertung des Priesterrates dienen, dass der »Tätigkeitsbericht des IV. Priesterrats des Erzbistums Köln für die Zeit vom 3.12.1984 bis 21.10.1985«, den im Auftrag des Geschäftsführenden Ausschusses Domvikar Günter Assenmacher erstellt hatte, in das gedruckte Protokoll der Dechantenkonferenz im Dezember 1985 aufgenommen wurde.[47] Nach Darstellung der Rechtsbestimmungen des neuen *Codex* über den Priesterrat beschrieb Assenmacher die Schritte bis zur Wahl, an der immerhin 951 Priester – weit mehr als die Hälfte der Wahlberechtigten – teilgenommen hatten. Der Priesterrat hatte vom Dezember 1984 bis zum Oktober 1985 viermal getagt.

Dieser Priesterrat sollte nur bis zum September 1987 bestehen. Zum 14. September 1987 wurde der schwer kranke Erzbischof Kardinal Höffner durch Papst Johannes Paul II. von seinem Amt entpflichtet. Am 16. September teilte Höffners Generalvikar, der nun Ständiger Vertreter des Diözesanadministrators Weihbischof Luthe war, dem Priesterrat mit: »Gemäß can. 501 § 2 CIC hört der Priesterrat im Falle der Sedisvakanz auf zu bestehen. Seine Aufgaben werden vom Me-

---

[43] Höffner an die Priester des Erzbistums, 30.9.1982: Ebd.
[44] Höffner an die Priester des Erzbistums, 9.4.1984: HAEK – Zug. 1116/00 – 39. – Zur Rechtslage um den Priesterrat nach dem neuen CIC (mit Rückblicken auf die geschichtliche Entwicklung: R. ALTHAUS, Die Rezeption des CIC, S. 512–540.
[45] Wahl des Priesterrates (Ausschreibung vom 18.4.1984): KA 124, 1984, Nr. 127.
[46] Priesterrat – Bestätigung des Wahlergebnisses und konstituierende Sitzung (Erlass Kardinal Höffners vom 2.10.1984): Ebd. Nr. 256.
[47] Unsere Sorge – Der gescheiterte Mensch. Kirche und Arbeitswelt. Arbeitstagung der Dechanten ... vom 16.–18. Dezember 1985 im Katholisch-Sozialen Institut, Bad Honnef. Priesterrat Tätigkeitsbericht 1984/85 (S. 115–120).

tropolitankapitel wahrgenommen ... Zum Schluss darf ich noch darauf hinweisen, dass der neuernannte Erzbischof innerhalb eines Jahres nach Besitzergreifung den Priesterrat neu zu bilden hat (can. 501 § 2 CIC).«[48]

Als Feldhoff 1989 wieder Generalvikar des neuen Erzbischofs Joachim Kardinal Meisner war, erstellte er (wohl für den Erzbischof) einen Bericht über die »Tätigkeit des 4. Priesterrats des Erzbistums Köln (3.12.1984–14.9.1987)«.[49] Feldhoff kam zu dem Schluss: »In dem Zeitraum, in dem der Priesterrat etwa 18 Stunden getagt hat, hat die Dechantenkonferenz etwa 60 Stunden getagt ... Eine große Zahl der Themen der Priesterratssitzung[en] wurde auch auf der Dechantenkonferenz besprochen. Alle Themen hätten ohne Schwierigkeiten auf der Dechantenkonferenz besprochen werden können.

Thematischer Schwerpunkt im Berichtszeitraum war der Themenkreis ›Priesterliches Leben – Verhältnis des Bischofs zu den Priestern‹. Eigentlich kann man nur im Bereich dieses Themenkreises davon sprechen, dass der Priesterrat den Bischof in der Leitung der Diözese unterstützt habe. Die Bedeutung dieser Themen liegt darin, dass offen ausgesprochen werden konnte, was manche bedrückte.«

Kardinal Meisner sollte sehr bald aus Priesterrat und Dechantenkonferenz ein gemeinsames Gremium bilden, das im Respekt vor den Bestimmungen des Konzils und des neuen CIC »Priesterrat« heißt.[50]

b) Seelsorgerat

Sollte der Priesterrat »Senat des Bischofs« sein und ihn schwerpunktmäßig in Fragen des priesterlichen Lebens und Dienstes, aber auch in der Pastoral beraten, so sahen die konziliaren und nachkonziliaren römischen Bestimmungen für den Seelsorgerat die Beratung des Bischofs in Fragen der Seelsorge vor.[51] Das Besondere und Neue bei diesem Gremium stellte die bis dahin in der Kirche nicht vorgesehene Einbeziehung von Laien in die Beratung des Bischofs dar. Wie der Priesterrat litt auch der Seelsorgerat an einer nicht gegebenen genauen Festlegung seiner Aufgaben und seiner nur beratenden, nie entscheidenden Kompetenz.

Ein gewisser Vorzug des Seelsorgerates gegenüber dem Priesterrat lag darin, dass er nicht aus einzeln gewählten oder bestimmten Mitgliedern bestand, sondern aus Delegierten der älteren und neueren Gremien, mit denen der Seelsorgerat teilweise gleiche Aufgaben hatte. Im Quinquennalbericht für die Jahre 1977 bis

---

[48] Der Ständige Vertreter des Diözesanadministrators an die Mitglieder des Priesterrates, 16.9.1987: HAEK – Zug. 1116/00 – 39.
[49] HAEK – Zug. 1116/00 – 40.
[50] Zum neueren Stand der Diskussion um die Stellung des Priesterrats: H. KÜNZEL, Der Priesterrat. Theologische Grundlegung und rechtliche Ausgestaltung (= Beihefte zum Münsterischen Kommentar zum Codex Iuris Canonici 27), Essen 2000.
[51] Zum Pastoral- bzw. Seelsorgerat: H. KÜNZEL, Apostolatsrat und Diözesanpastoralrat; vgl. auch R. ALTHAUS, Die Rezeption des CIC, S. 540–552.

1981 heißt es: »Der Diözesan-Pastoralrat setzt sich zusammen aus 25 Mitgliedern: 3 geborene Mitglieder, 3 von den Dechanten gewählte Mitglieder, 3 vom Priesterrat gewählte Mitglieder, 1 vom Ordensrat gewähltes Mitglied, 8 vom Diözesanrat gewählte Mitglieder, Laien, 7 [vom Erzbischof] berufene Mitglieder, davon 4 Laien. Er tagt etwa zwei- bis viermal im Jahr.«[52]

Der Seelsorgerat wurde durch diese Zusammensetzung zur Kontakt- und Austauschstelle für die im Übrigen unabhängig nebeneinander existierenden Gremien, die für ähnliche oder gar gleiche Fragestellungen der Seelsorge nach Lösungen suchten. Eine Chance bot die Einbeziehung qualifizierter Laien in die Beratung und Entscheidungsfindung des Erzbischofs. Doch fand diese Möglichkeit eine technische Begrenzung: Qualifizierte Laien waren unter Umständen beruflich und gesellschaftlich so gebunden, dass sie sich nicht viermal im Jahr einen ganzen Nachmittag und Abend für eine Seelsorgeratssitzung frei nehmen konnten und sich häufiger entschuldigen mussten. Als Beispiele seien genannt die damalige Kölner Oberstudiendirektorin Hanna Renate Laurien, die sich am 14. September 1969 für ihre Nichtteilnahme an einer Sitzung entschuldigte.[53] Zwei Monate später ging der Neusser Rechtsanwalt und CDU-Landtagsabgeordnete Heinz Günther Hüsch noch einen Schritt weiter. Er schrieb Kardinal Höffner: »Seit der Gründung des Seelsorgerates gehöre ich diesem als durch den Diözesanrat gewähltes Mitglied an. Heute bitte ich, Eminenz, mich von diesem Amt zu befreien. Zwei Gründe veranlassen mich zu dieser Bitte:

Die Sitzungstermine fallen in einen Zeitraum, in dem ein Freiberufler diese Zeit für die Ausübung seines Berufs benötigt. Zudem kollidieren die Termine des Seelsorgerates fast stets mit Sitzungen des Landtags von NRW, in den ich 1966 entsandt wurde ... Ich möchte aber auch nicht verhehlen, dass mich die Arbeit im Seelsorgerat nur wenig zufriedengestellt hat. Ursprünglich glaubte ich, der Bischof würde dem Seelsorgerat von sich aus akute Fragen der Seelsorge vortragen, um den Rat von solchen Personen zu hören, die nicht hauptamtlich oder wegen ihrer Funktionen mit den Problemen der Seelsorge befasst sind, sondern im Leben stehend die Auffassungen und die Mentalität des ›religiösen Normalverbrauchers‹ oder gar Indifferenten bekennen.« Hüsch schrieb dann nicht ausdrücklich, dass die Kardinäle Frings und Höffner diesen seinen Erwartungen nicht entsprochen hätten. Doch betonte er: »Auch wenn ich hierzu einen Beitrag leisten könnte, meine ich jedoch, dass ich meine Bemühungen verstärkt in den parlamentarischen Bereich hinein konzentrieren sollte.«[54]

Dem Seelsorgerat als Informations-, Austausch- und Koordinationsgremium für seelsorgliche Initiativen im Erzbistum Köln fielen in den 1970er Jahren besondere Aufgaben zu. Da ist zunächst die Würzburger Synode der westdeutschen Diözesen zu nennen. Zu den Informationen und Empfehlungen an die Kölner

---

[52] Quinquennalbericht des Erzbischofs von Köln 1977–1981, S. 10: HAEK – Bibliothek.
[53] Laurien an Höffner, 14.9.1969: HAEK – Zug. 1116/00 – 47.
[54] Rechtsanwalt Dr. Heinz Günther Hüsch an Höffner, 7.12.1969: Ebd.

4. Die »nachkonziliaren« Räte: Priesterrat und Seelsorgerat 159

Synodalen während des Verlaufs kam ein umfassender Auftrag zum Abschluss der Synode. Am 8. August 1974 schrieb Kardinal Höffner dem Seelsorgerat, zu Händen von Prälat Pock: »Die Deutsche Bischofskonferenz hat auf ihrer Frühjahrsvollversammlung in Stuttgart-Hohenheim die Empfehlung ausgesprochen, der Diözesanbischof möge die auf der Würzburger Synode verabschiedeten Vorlagen im Priesterrat und im Pastoralrat beraten [lassen], bevor er über die Verwirklichung der Empfehlungen und Anordnungen der Synodenvorlagen entscheidet.

Die Gemeinsame Synode hat auf ihrer letzten Sitzungsperiode die ›Rahmenordnung für die pastoralen Strukturen und für die Leitung und Verwaltung der Bistümer in der Bundesrepublik Deutschland‹ in zweiter Lesung verabschiedet. Dieser Beschluss wird gemäß Art. 14 des Statutes der Gemeinsamen Synode ... vom Präsidenten, Herrn Kardinal Döpfner, bekanntgegeben. Ich bitte Sie, dafür zu sorgen, dass diese Vorlage in unserem Seelsorgerat beraten wird.«[55] Ähnlich sollten in den folgenden Jahren alle Synodenbeschlüsse dem Seelsorgerat (und dem Priesterrat) vorgelegt werden, bevor der Erzbischof sie im Amtsblatt veröffentlichte und damit für das Erzbistum Köln in Kraft setzte.

Darüber hinaus arbeitete das Seelsorgeamt des Erzbistums seit Ende der Synode, verstärkt seit 1977, an einem Schwerpunktprogramm der Seelsorge, das später den Titel tragen sollte »Kirche ist Gemeinschaft«. In Höffners Quinquennalbericht für die Jahre 1977–1981 heißt es dazu: »Auch die pfarrliche Seelsorge im engeren Sinne hat im Berichtszeitraum einige bedeutsame neue Akzente erhalten. Nach zwei Jahren gründlicher Diskussion unter den Priestern und Laien des Erzbistums Köln ist am 4. Dezember 1979 unter dem Titel ›Kirche ist Gemeinschaft‹ ein Schwerpunktprogramm der Seelsorge in Kraft gesetzt worden ... Hauptziel ist, aus den zur Zeit 815 Pfarrgemeinden im Erzbistum Köln im Laufe der kommenden Jahre Schritt für Schritt ›lebendige Gemeinden‹ wachsen zu lassen – in dem Sinne, dass das Leben dieser Gemeinden von möglichst vielen Mitgliedern, Familien und Gruppen mitgetragen wird ...«[56]

An den Beratungen über dieses Schwerpunktprogramm wurde der Seelsorgerat in den Jahren 1977–1979 regelmäßig beteiligt.[57] Als 1979 eine neue Periode des Diözesanpastoralrates begann, nutzte Kardinal Höffner die Gelegenheit, Ort und Aufgabenstellung des Gremiums aus seiner Sicht genauer zu definieren: »Der Pastoralrat wird sich also nicht darauf beschränken dürfen, religionssoziologische Studien oder statistische Erhebungen durchführen zu lassen oder die Tätigkeiten der katholischen Vereine zu koordinieren oder Informationen zu sammeln und weiterzugeben. Entscheidend ist vielmehr, dass missionarische

---

[55] Höffner an Seelsorgerat im Erzbistum Köln, z. Hd. Herrn Prälat Pock, 5.8.1974: HAEK – Zug. 1116/00 – 49.
[56] Quinquennalbericht des Erzbischofs von Köln 1977–1981, S. 19f.: HAEK – Bibliothek.
[57] Umfangreiches Aktenmaterial zur Erarbeitung des Schwerpunktprogramms »Kirche ist Gemeinschaft« 1974–1979: HAEK – Zug. 1200 – 1–3.

Impulse vom Pastoralrat ausgehen, die Ausdruck der apostolischen Sendung des Gottesvolkes sind und dazu beitragen, dass die Kirche immer mehr zum Zeichen unter den Völkern wird. Der Pastoralrat ist nicht statisch, sondern dynamisch. Er sollte das mahnende und drängende Gewissen für die Bistumsseelsorge sein.«[58]

Für den nüchternen Realismus des Sozialwissenschaftlers Höffner spricht, dass er hinzufügte: »Die Erfahrungen der letzten Jahre haben gezeigt, dass es nicht leicht ist, die Aufgaben des Diözesanpastoralrates von drei anderen Gremien abzugrenzen, die ebenfalls im Dienst der Seelsorge unseres Erzbistums stehen: Priesterrat, Diözesanrat und Dechantenkonferenz.«

Höffner stellte den Seelsorgerat gelegentlich auch in den Dienst konkreter Aufgaben – soweit ein drei- bis viermal jährlich zusammentreffendes Gremium dazu in der Lage war. 1982 hatten Bischofskonferenz und Zentralkomitee für 1983 zu einer Initiative »Wähle das Leben« aufgerufen. Der Erzbischof machte sie zum Thema für die erste Sitzung des Seelsorgerates am 11. Februar 1983. In einer Beschlussvorlage heißt es: »Der Diözesanpastoralrat begrüßt die von der Deutschen Bischofskonferenz und dem Zentralkomitee der Deutschen Katholiken getragene Initiative ›Wähle das Leben‹. Wir bitten alle Pfarrgemeinden, Verbände und Gruppierungen, Familien wie auch jeden einzelnen im Erzbistum Köln, mit dazu beizutragen, ›alle Kräfte der Kirche und der Gesellschaft zu mobilisieren, um die heute den Menschen insgesamt bedrohende Feindlichkeit dem Leben gegenüber ... zu überwinden‹ (Papst Johannes Paul II.)... Das Jahr 1983 soll in den Pfarreien, Verbänden und Gruppierungen dazu benutzt werden, die Initiative im Bewusstsein möglichst vieler zu verankern.«[59]

Der Appell an den guten Willen von möglichst vielen war wohl alles, was der Seelsorgerat leisten konnte. Was vor Ort geschah – außer einigen Großveranstaltungen in der Verantwortung von DBK und ZdK – stand nicht mehr unter dem Einfluss des Seelsorgerates des Erzbistums Köln.

Was den Seelsorgerat und den Priesterrat miteinander verband, war die Erfahrung, dass das Konzil keine mitentscheidenden, sondern ausschließlich den Bischof beratende Gremien gewollt hatte. Diese Einschränkung wurde durch die Canones 495–502 des CIC für den Priesterrat bzw. 511–514 für den Seelsorgerat zusätzlich verdeutlicht. Es blieb nicht aus, dass die Mitglieder dieser Gremien diese sehr eingeschränkte Gewichtung ihrer Mitarbeit bald erkannten und nicht wenige von ihnen sich zurückzogen.

---

[58] Joseph Kardinal Höffner, Die Aufgaben des Pastoralrats (handschriftlicher Randvermerk: Sitzung des Diözesan-Pastoralrates 4.9.1979): HAEK – Zug. 1116/00 – 50.
[59] Beschlussvorlage zur Initiative »Wähle das Leben«, Köln, den 11. Februar 1983: HAEK – Zug. 1116/00 – 52.

5. Die »Laiengremien«: Diözesanrat der Katholiken und Pfarrgemeinderäte

Im Konzilsdekret über das Apostolat der Laien heißt es in Art. 26: »In den Diözesen sollen nach Möglichkeit beratende Gremien eingerichtet werden, die die apostolische Tätigkeit der Kirche im Bereich der Evangelisation und Heiligung, im karitativen und sozialen Bereich und in anderen Bereichen bei entsprechender Zusammenarbeit von Klerikern und Ordensleuten mit den Laien unterstützen.« Außerdem weist das Laiendekret diesem diözesanen Gremium die Koordinierung der »verschiedenen Vereinigungen und Werke der Laien« zu. »Solche Gremien sollten,« – so heißt es weiter – »soweit wie möglich, auch auf pfarrlicher, zwischenpfarrlicher und interdiözesaner Ebene, aber auch im nationalen und internationalen Bereich geschaffen werden.«[60]

Für das Erzbistum Köln und die Kirche in Deutschland gab es diese genannten Gremien zum Teil schon länger: Den Diözesanrat der Katholiken, »Pfarrausschüsse« und das Zentralkomitee der Katholiken für die Bundesrepublik. Sie hatten ihre Tätigkeitsfelder und entsprechende Strukturen bereits gefunden, die aber durch die konziliaren und nachkonziliaren Bestimmungen, vor allem aber nach 1983 durch die Bestimmungen des neuen CIC zum Teil wieder in Frage gestellt wurden. Auch für diese Gremien unter Beteiligung von Laien gab es keine klare Abgrenzung zwischen Laienapostolat in der Welt und pastoraler Beratung von Bischof bzw. Pfarrer – weder in den vor dem Konzil gewachsenen Formen noch in den nachkonziliaren Bestimmungen. In pastoralen Fragen sollten Bischof und Pfarrer nur beraten werden und den Vorsitz der Gremien innehaben, in Fragen des Laienapostolats waren die Laien selbständiger und auch zum Vorsitz der Gremien berechtigt. Doch gerade in dieser Abgrenzung sollte es bald zu Problemen kommen.

a) Der Diözesanrat der Katholiken im Erzbistum Köln

Die Gründung von Katholikenausschüssen und des Diözesankomitees (später: Diözesesanrat) durch Kardinal Frings 1946 auf Betreiben von Prälat Wilhelm Böhler ist schon mehrfach dargestellt worden.[61] Böhler (und Kardinal Frings) ging es nach 1945 darum, Kirche und christliche Grundsätze in einer neu zu gestaltenden Gesellschaft präsent zu machen. Das gelang durch gut organisierte

---

[60] LThK, Das Zweite Vat. Konzil, Bd. 2, S. 683ff.
[61] Z.B. A. ROESEN, Eine Initiative der Laien zur Verchristlichung der Gesellschaft. Vom Diözesankomitee zum Diözesanrat, in: 25 Jahre Mitverantwortung der Laien in der Kölner Kirche. Festschrift zum 25jährigen Bestehen des Diözesanrates, Köln 1971, S. 9–18; N. TRIPPEN, Frings I, S. 506f.; DERS., Die Anfänge des »Kölner Modells« 1945–1947, in: DIOEZESANRATPUNKTDE. 60 Jahre Engagement für Kirche und Gesellschaft, S. 7–11.

Großkundgebungen und diözesane Katholikentage[62], an denen der nordrhein-westfälische Ministerpräsident und stets auch einige Minister gern teilnahmen und den Rückhalt der Kirche in der katholischen Bevölkerung zur Kenntnis nahmen.

Wilhelm Böhler erkannte auch, dass es nach zwölf Jahren der Unterbrechung während der NS-Zeit einer Schulung von jüngeren Menschen für dieses Öffentlichkeitsapostolat der Kirche bedurfte. So wurde bereits 1948 in der Trägerschaft des Diözesankomitees das »Diözesanbildungsheim« in Bad Honnef gegründet. 1953 ersetzte Kardinal Frings den etwas betulich klingenden Namen der Einrichtung durch die Bezeichnung »Thomas-Morus-Akademie«, die 1959 in das ehemalige Priesterseminar in Bergisch Gladbach-Bensberg umziehen und unter Leitung von Dr. Josef Steinberg und Hermann Boventer eine beachtliche Ausstrahlung erzielen konnte.[63] »Ihr Träger blieb das ›Diözesankomitee der Katholikenausschüsse im Erzbistum Köln‹, der heutige Diözesanrat. Damit ist die Thomas-Morus-Akademie die einzige in Deutschland ohne direkte kirchliche Trägerschaft.«[64]

Als Erzbischof Höffner 1969 sein Amt in Köln antrat, hatte Kardinal Frings zum 1. Dezember 1968 »zur Erprobung für drei Jahre« eine Neufassung der Satzung des Diözesanrates in Kraft gesetzt, in der die Aufgaben des Diözesanrates aufgezählt waren:

»1. Die Arbeit der Katholikenausschüsse und der kirchlich anerkannten Organisationen und Gruppen unter Wahrung ihrer Eigenständigkeit anzuregen, zu fördern und aufeinander abzustimmen.
2. Den Erzbischof und die Diözesanverwaltung zu beraten.
3. Die Durchführung gemeinsamer Aufgaben zu beraten und die dafür notwendigen Einrichtungen im Erzbistum zu schaffen, wenn kein anderer geeigneter Träger zu finden ist.
4. Für die Belange der Katholiken des Erzbistums in der Öffentlichkeit einzutreten.
5. Laienmitglieder für den Seelsorgerat und andere Gremien des Erzbistums zu benennen.
6. Die Katholiken des Erzbistums im Zentralkomitee der deutschen Katholiken zu vertreten.«[65]

Als Kardinal Höffner 1977 die nächste Satzungsrevision veröffentlichte, wurde unter den Aufgaben des Diözesanrates bereits an zweiter Stelle genannt, »die Dekanats- und Pfarrgemeinderäte bei der Durchführung ihrer Arbeit zu fördern

---

[62] 22.–24.7.1950 in Bonn, 13.–15.6.1953 in Wuppertal, 21./22.5.1960 in Neuss. Zu diesen Katholikentagen und den Großkundgebungen s. DIÖZESANRATPUNKTDE. 60 Jahre Engagement für Kirche und Gesellschaft; N. TRIPPEN, Frings I, S. 532–537.
[63] J. STEINBERG/H. BOVENTER, Aus der Freiheit des Dialogs, S. 19–22; N. TRIPPEN, Frings I, S. 524–532.
[64] J. STEINBERG/H. BOVENTER, Aus der Freiheit des Dialogs, S. 21.
[65] Satzung des Diözesanrates der Katholiken im Erzbistum Köln, 4.11.1968: HAEK – Zug. 1116/00 – 64; Druck: KA 108, 1968, Nr. 341, S. 417–420.

5. Die »Laiengremien«: Diözesanrat der Katholiken und Pfarrgemeinderäte

sowie in den Konfliktfällen seine Vermittlung anzubieten.«[66] Praktisch hat der Diözesanrat die Abfassung von Satzung und Geschäftsordnung der Pfarrgemeinderäte, die Pfarrgemeinderatswahlen in Planung und Durchführung begleitet. Seit den 1970er Jahren waren die Neujahrsempfänge von Erzbischof und Diözesanrat, dessen Vollversammlungen einmal jährlich und die von ihm organisierten Diözesantage der Pfarrgemeinderäte des Erzbistums mit großer Beteiligung aus der ganzen Diözese beinahe institutionelle Orte, die den Diözesanrat in Funktion zeigten und bekannt machten. Nicht alle »Erklärungen« des Diözesanrates zu gesellschaftlichen und politischen Tagesfragen hatten gleiches Gewicht. Doch er brachte sich dadurch in die öffentlichen Auseinandersetzungen ein. An kirchlichen Aktionen wie 1983 der Initiative »Wähle das Leben« oder an einem Projekt des Erzbistums gegen Jugendarbeitslosigkeit in den folgenden Jahren war der Diözesanrat aktiv beteiligt.

Der Diözesanrat der Katholiken im Erzbistum Köln hatte so von Anfang an konkrete Aufgaben und musste sie nicht erst suchen. Neben den statutengemäß ihm angehörenden Priestern und Verbandsvertretern zählte er immer auch einige Politiker, aus NRW wie aus Bonn, zu seinen Mitgliedern. Langjährige Vorsitzende wie die Rechtsanwälte Dr. Anton Roesen (1946–1961) und Dr. Bernd Petermann (1972–1986) gaben in Zusammenarbeit mit den Beauftragten des Erzbischofs (später: Bischöflichen Vikaren), den Weihbischöfen Wilhelm Cleven (1947–1969) und Hubert Luthe (1969–1992), dem Diözesanrat Profil und öffentliches Ansehen. Was das Laiendekret des II. Vatikanischen Konzils in Art. 26 angeregt hatte, war in Köln also schon seit zwei Jahrzehnten gewachsene und in der Nachkonzilszeit sich weiter entfaltende Wirklichkeit.

Kardinal Höffner hatte zum Diözesanrat ein unkompliziertes und unbelastetes Verhältnis. Er nahm nach Möglichkeit an den Vollversammlungen teil. Seine bei solchen Gelegenheiten gehaltenen Ansprachen enthielten stets Weisungen zu anstehenden Themen in Kirche und Gesellschaft.[67]

Die Trägerschaft des Diözesanrates für die Thomas-Morus-Akademie wurde gelegentlich in der Umgebung des Erzbischofs als problematisch empfunden, zumal wenn als anstößig empfundene Themen und Referenten im Programm auf die Akademie aufmerksam machten. Doch konnte der Diözesanrat stets die Trägerschaft der Akademie verteidigen und damit die notwendige Unabhängigkeit ihrer Arbeit wahren.

Als ab Ende der 1960er Jahre im staatlichen wie im kirchlichen Bereich die Bedeutung von Weiterbildung erkannt wurde und dafür finanzielle und organisatorische Voraussetzungen zu schaffen waren, kam vorübergehend eine Überlegung in die Diskussion, ob eine »Zentrale Bildungsstelle im Erzbistum Köln«

---

66 Satzung für den Diözesanrat der Katholiken im Erzbistum Köln, 28.11.1977: HAEK – Zug. 1116/00 – 65; Druck: KA 117, 1977, Nr. 351, S. 426–429.
67 Zum Thema Diözesanräte in Deutschland s. H. KÜNZEL, Apostolatsrat und Diözesanpastoralrat, S. 185–234.

beim Generalvikariat oder beim Diözesanrat der Katholiken anzusiedeln sei. Es war die Zeit, in der der Staat Gymnasien und Universitäten in großer Zahl gründete und die Finanzlage dafür kaum Einschränkungen aufzuerlegen schien. Auch in den kirchlichen Verwaltungen kam es damals zu erstaunlichen Ausweitungen der Stellenpläne. Wenn man keine selbständige »Weiterbildungsverwaltung« außerhalb des Generalvikariates wollte, lag das deshalb nicht allein an dem höheren Verwaltungsaufwand, sondern hing mit der Ablehnung einer Verselbständigung der Bildungsarbeit von der bischöflichen Aufsicht zusammen.

Einen Einblick in die Überlegungen gibt ein Brief der Oberstudiendirektorin Hanna Renate Laurien, die sich am 14. September 1969 bei Kardinal Höffner entschuldigte, weil sie an einer Sitzung des Seelsorgerates nicht teilnehmen konnte.[68] In Ihrem Brief nahm sie zu einer Vorlage für diese Sitzung Stellung: »Zur Gründung einer zentralen Bildungsstelle des Erzbistums Köln« schrieb sie: »Im Papier (V, 1, S. 3) wird die Möglichkeit, diese Zentralstelle beim Diözesanrat einzurichten, verworfen, da dadurch eine neue Dienststelle beim Diözesanrat entstehen könne, die – so fürchtet man – in Konkurrenz zum Seelsorgamt geraten könnte ... Die im Arbeitspapier vorgeschlagene Lösung bedeutet nichts anderes, als dem Diözesanrat auf einem wichtigen Teilgebiet seine Kompetenz zu nehmen ... Diese Kompetenz soll der Verwaltungshierarchie gegeben werden ... Eine solche Lösung bestürzt mich aufs tiefste, kann sie doch von unseren Gegnern als Beleg für die schrittweise Zurücknahme von ›Laienzuständigkeiten‹, als ›gegenkonziliare Tendenz‹ gewertet werden.« Frau Laurien sollte sich mit ihren Bedenken nicht durchsetzen.

Im Hintergrund steht die Tatsache, dass das Diözesankomitee bzw. der Diözesanrat der Katholiken neben verschiedenen katholischen Verbänden ein weitgehend in Laieninitiative betriebenes Bildungswesen seit 1947 begründet hatten, das nun in dem diözesanen Bildungswerk aufgehen sollte. Der Diözesanratsvorsitzende Dr. Petermann und Geschäftsführer Deckers wussten es in zähen Verhandlungen zu erreichen, dass das schließlich geschaffene Bildungswerk als e.V. gegründet wurde, in den der Diözesanrat zwei Mitglieder entsendet.

Wenn man den bald einsetzenden flächendeckenden Ausbau der Bildungswerke in den Städten und Kreisen des Erzbistums bedenkt, wäre eine Ansiedlung der zentralen Bildungsstelle beim Diözesanrat der Katholiken eine Überforderung gewesen und hätte zu einem für den Diözesanrat unangemessenen Behördenapparat geführt – so argumentierte man im Generalvikariat. Eine nicht offen ausgesprochene Absicht war auch, dass man ein zentral gesteuertes Bildungswerk in den Inhalten seiner Arbeit leichter überblicken konnte als die zahlreichen Vorgängereinrichtungen. Doch zeigt die Überlegung aus dem Jahre 1969, welches Selbstbewusstsein der Diözesanrat in dieser Zeit bereits entwickelt hatte.

---

[68] Laurien an Höffner, 14.9.1969: HAEK – Zug. 1116/00 – 47.

b) Pfarrgemeinderäte

Wie der Diözesanrat der Katholiken (bzw. das Diözesankomitee der Katholikenausschüsse) schon zwei Jahrzehnte vor dem Konzilsdekret über das Apostolat der Laien in Köln bestand, so hatten auch die 1968 in Münster wie in Köln vom Bischof eingeführten Pfarrgemeinderäte in Köln eine Vorgeschichte.[69] Hans Deckers berichtet dazu: »Die ersten Pfarrausschüsse bildeten sich Anfang der 1950er Jahre auf freiwilliger Basis ... Es zeigte sich damals mehr und mehr, dass die Arbeit der Katholikenausschüsse nicht ausreichend ›geerdet‹ war und oft ins Leere ging, weil ihre Initiativen die Pfarreien nicht erreichten, weil die entsprechenden Ansprechpartner oftmals fehlten.« Als das Diözesankomitee 1963 eine Erhebung über schon bestehende Pfarrausschüsse machte, war das Ergebnis, dass es bereits in 20 % der Pfarreien des Erzbistums ein solches Gremium gab. »Es dauerte aber bis zum 8. April 1964, bis der Erzbischof Josef Kardinal Frings eine mit dem Diözesankomitee abgestimmte Satzung für die Pfarrausschüsse in Kraft setzen konnte.[70] Der Pfarrausschuss war kein ›gewähltes Gremium‹, sondern er setzte sich zusammen aus je einem Vertreter der Laienorganisationen, vom Pfarrer berufenen Mitgliedern sowie allen Geistlichen der Pfarrei.« Schon die Satzung der Pfarrausschüsse von 1964 sah in § 5 vor: »Der Vorsitzende und sein Stellvertreter sowie der Schriftführer werden vom Pfarrausschuss im Einvernehmen mit dem Pfarrer gewählt. Der Vorsitzende ist ein Laie.«

Der erwartete Zuwachs an Pfarrausschüssen stellte sich trotz erzbischöflicher Anmahnungen nicht ein. »Von 794 Pfarreien meldeten [1965] 249 einen Pfarrausschuss.«[71] Das Diözesankomitee unterstützte das Anliegen auf seine Weise. »Auf Initiative der Geschäftsstelle wurden in den Jahren 1965, 1966 und 1967 insgesamt sieben Wochenendtagungen in der Thomas-Morus-Akademie in Bensberg durchgeführt, an denen 234 Mitglieder der Pfarrausschüsse, vornehmlich deren Vorsitzende, teilnahmen.«

Nachdem die Deutsche Bischofskonferenz auf ihrer Frühjahrsversammlung 1967 »Grundsätze und Empfehlungen zur institutionellen Neuordnung des Laienapostolats« beschlossen und das Zentralkomitee der Katholiken beauftragt hatte, Mustersatzungen und eine Musterwahlordnung zu entwerfen, kam es am 29. Januar 1968 zur Bestätigung der »Satzung der Pfarrgemeinderäte im Erzbistum Köln« durch Kardinal Frings.[72] Darin hieß es unter IV, 1: »Der Pfarrgemeinderat bildet einen Vorstand. Dieser besteht aus drei Laienmitgliedern, die vom Pfarrgemeinderat als Vorstandsmitglieder gewählt werden, und dem Pfarrer Kraft seines

---

[69] Zu den Pfarrgemeinderäten in Köln: H. Deckers, 25 Jahre Pfarrgemeinderäte; daraus die nachfolgenden Zitate.
[70] Faksimileabdruck: Dioezesanratpunktde. 60 Jahre Engagement für Kirche und Gesellschaft, S. 66f.
[71] H. Deckers, 25 Jahre Pfarrgemeinderäte, S. 4.
[72] KA 118, 1968, Nr. 35, S. 37–39.

Amtes. Aus diesen vier Personen wählt der Pfarrgemeinderat in einer eigenen Wahl den Vorsitzenden. Die Wahl des Vorsitzenden bedarf der Bestätigung durch den Pfarrer.«

Deckers beschreibt, wie in der 2. Jahreshälfte 1967 im Diözesankomitee an dieser Satzung gearbeitet worden war, bevor sie am 11. November 1967 in der Vollversammlung des Diözesankomitees einstimmig verabschiedet und dem Erzbischof vorgelegt wurde, der seinerseits noch kleine Veränderungen vornahm.[73]

Den Pfarrgemeinden wurden für die erste Pfarrgemeinderatswahl der 9. Juni oder der 20. Oktober 1968 zur Wahl gestellt. Deckers, der am 1. Oktober 1968 die Aufgabe des Geschäftsführers des Diözesankomitees übernommen hatte, berichtet, er habe es zusammen mit dem Leiter des Seelsorgeamtes, Prälat Nettekoven, übernommen, »die Wahlen auszurichten, d. h. für die Gemeinden die notwendigen Wahlunterlagen vorzubereiten und den Pfarreien zur Verfügung zu stellen. Jede Pfarrei erhielt eine Materialmappe, konnte jedoch ... weitere Materialien (Plakate und Handzettel) anfordern.«[74]

Ende des Jahres 1968 hatte man beim Diözesankomitee einen Überblick über das Ergebnis der Wahl: »8,1 % der Wahlberechtigten, das waren 20 % der regelmäßigen Kirchgänger, kamen zur Wahlurne. In 522 von 800 Gemeinden im Bistum wurde erstmals ein Pfarrgemeinderat gewählt.«

Bischof Höffner hatte schon in Münster die Erfahrung gemacht, dass Diözesankomitee und Pfarrkomitees keineswegs im Sinne des Konzilsdekrets über das Laienapostolat ihre Hauptaufgabe in einer apostolisch-missionarischen Ausstrahlung nach außen suchten, sondern sich mit den nachkonziliaren, vor allem liturgischen Veränderungen im Inneren der Kirche befassten. Die gleichen Tendenzen zeigten sich – zumindest für die Pfarrgemeinderäte – auch in Köln. Das neue Gremium musste zunächst einmal in der Pfarrei seinen Ort und sein Profil finden: Die Pfarrer mussten sich an Mitgestaltungswünsche ihrer Pfarrgemeinderäte gewöhnen, die Laien mussten lernen, dass der Pfarrgemeinderat häufiger ein Beratungs- als ein Beschlussgremium war. Das Nebeneinander des beschließenden Kirchenvorstandes (oft mit langjährigen Vertrauten des Pfarrers besetzt) und beratendem Pfarrgemeinderat musste geordnet und von den Beteiligten akzeptiert werden. Doch im Allgemeinen wurden die Pfarrgemeinderäte positiv aufgenommen. Sie fanden ihre den Pfarrer entlastenden Aufgaben z. B. in der Organisation von Großveranstaltungen wie Fronleichnamsprozession, Pfarrfesten, Weihnachtsbazar, Dritte-Welt-Initiativen und in der Öffentlichkeitsarbeit. Zu Reibungen kam es am ehesten in »Liturgieausschüssen«, wenn Laien Gestaltungswünsche für die Liturgie vorbrachten, die die Priester nicht mittragen wollten oder konnten. Die gegenseitige Abstimmung bei vielen Beteiligten musste erlernt werden und führte auch zu Konflikten und Kompetenzstreitigkeiten. Es gab noch

---

[73] H. Deckers, 25 Jahre Pfarrgemeinderäte, S. 8.
[74] Ebd. S. 9.

5. Die »Laiengremien«: Diözesanrat der Katholiken und Pfarrgemeinderäte

über längere Jahre einzelne Pfarrer, die sich der Einführung eines Pfarrgemeinderates widersetzten. Doch aus dem allgemeinen Bild der Pfarreien waren die Pfarrgemeinderäte schon bald nicht mehr wegzudenken.

Als am 14. März 1971 zum zweiten Mal Pfarrgemeinderatswahlen durchgeführt wurden, verzeichnete man im Erzbistum Köln nur eine geringe Steigerung der Wahlbeteiligung. »Verglichen mit der Wahlbeteiligung in den anderen nordrhein-westfälischen Bistümern war Köln schon 1968 das Schlusslicht.«[75] Kardinal Höffner richtete im April 1971 ein Grußwort an die Mitglieder der neuen Pfarrgemeinderäte: »Die Pfarrgemeinderäte gehen nun – gestützt auf die Erfahrungen seit 1968 – in ihre zweite Arbeitsperiode. Wir alle stehen in einem Lernprozess, der Geduld erfordert.« Höffner kam dann auf seine ursprünglichen, noch nicht aufgegebenen Erwartungen an die Pfarrgemeinderäte zurück: »Ich setze auch weiterhin große Hoffnungen auf die Arbeit der Pfarrgemeinderäte in unserem Erzbistum; in ihnen bemühen sich mit unseren Seelsorgepriestern schon etwa 10.000 Laien als ›Mitarbeiter an der Wahrheit‹ (3 Joh 8) um eine zeitgemäße Verkündigung des Glaubens und um das Gegenwärtigsein Christi in einer Umwelt, der religiöse Werte weithin gleichgültig sind.«

Am 4. Dezember 1971 richtete der Diözesanrat aus Anlass eines 25jährigen Bestehens erstmals einen »Diözesantag der Pfarrgemeinderäte« in der Kölner Messe aus, zu dem sich 1.200 Pfarrgemeinderatsmitglieder aus dem ganzen Erzbistum versammelten.

Eine Beunruhigung um Rechtsstellung und Aufgaben der Pfarrgemeinderäte ergab sich, als 1983 der neue *Codex Iuris Canonici* veröffentlicht wurde und in Kraft trat.[76] In ihm hieß es in can. 536:

»§ 1. Wenn es dem Diözesanbischof nach Anhörung des Priesterrates zweckmäßig erscheint, ist in jeder Pfarrei ein Pastoralrat zu bilden, dem der Pfarrer vorsteht; in ihm sollen Gläubige zusammen mit denen, die kraft ihres Amtes an der pfarrlichen Seelsorge Anteil haben, zur Förderung der Seelsorgetätigkeit mithelfen.

§ 2. Der Pastoralrat hat nur beratendes Stimmrecht und wird durch die vom Diözesanbischof festgesetzten Normen geregelt.«

Es springt in die Augen, dass hier den Pfarrgemeinderäten ein Anteil an der Seelsorge zugewiesen wird, während Kardinal Höffner noch 1971 die Aufgabe der Pfarrgemeinderäte vor allem im missionarischen Apostolat nach außen gesehen hatte. Durch einen Artikel in der Limburger (Fuldaer, Mainzer) Kirchenzeitung am 20. März 1983 stellte Domkapitular Werner Böckenförde in Frage, ob die Satzungen zahlreicher Bistümer für ihre Pfarrgemeinderäte, insbesondere der Vorsitz von Laien in ihnen, mit can. 536 vereinbar sei. Er erklärte deshalb die

---

[75] H. DECKERS, 25 Jahre Pfarrgemeinderäte, S. 15, dort auch das nachfolgende Zitat aus dem Grußwort Kardinal Höffners.
[76] Zur Rechtsstellung des Pfarrgemeinderates (des »pfarrlichen Pastoralrates«): R. ALTHAUS, Die Rezeption des CIC, S. 690–698.

Beantragung einer Sondergenehmigung für die Satzung der deutschen Pfarrgemeinderäte in Rom für notwendig.[77]

Schon am 15. April 1983 kam die »Gemeinsame Konferenz« von Mitgliedern der Deutschen Bischofskonferenz und des Zentralkomitees zu einer »Empfehlung«, die am 18. April eine Außerordentliche Vollversammlung der Deutschen Bischofskonferenz in ihr Protokoll übernahm: »Der Pfarrgemeinderat nimmt in den Bistümern der Bundesrepublik Deutschland auf Pfarrebene die Funktion eines Gremiums des Laienapostolates wahr. Der Pfarrer ist als Vorsteher der Gemeinde immer zugleich Vorsteher (geborener Vorsitzender) des Pfarrgemeinderates, da dieser auch Pastoralrat im Sinne des can. 536, § 1 des neuen Gesetzbuches ist. Er ist deshalb auch geborenes Mitglied des Vorstandes. Unbeschadet dessen kann nach jeweiligem Diözesanrecht ein Laie zum Vorsitzenden des Pfarrgemeinderates gewählt werden, da dieser auch ein Gremium des Laienapostolates ist. Der gewählte Vorsitzende leitet in der Regel die Sitzung.«[78]

Das war der erste Versuch einer Kompromissformel, um die nun vier Jahre gerungen wurde. Im Protokoll der Bischofskonferenz vom 18. April 1983 heißt es bereits einschränkend: »Die Vollversammlung bejaht mehrheitlich das Anliegen dieser Empfehlung, hält aber bessere Formulierungen des Sachverhaltes für möglich und geboten.«

Bei einer Vollversammlung des ZdK am 28./29 April 1983 votierte Dr. Wilhelm Pötter für eine »interpretative Lösung«, die unter Würdigung der deutschen Verhältnisse die Bestimmungen des can. 536 CIC mit den deutschen Pfarrgemeinderatssatzungen für vereinbar erklärte.[79] Kardinal Höffner sandte als Vorsitzender der Deutschen Bischofskonferenz am 9. September 1983 eine »Bitte um Approbation der nachfolgenden Interpretation von can. 536 ... des neuen Gesetzbuches der Kirche seitens der Deutschen Bischofskonferenz gemäß dem geltenden Diözesanrecht« an Kardinalstaatssekretär Casaroli nach Rom.[80] Nach Darlegung der Rechtslage der Kirche und der historischen Entwicklung der Pfarrgemeinderäte in Deutschland schrieb Höffner: »In Anbetracht der seit Jahrzehnten bewährten Tradition und der guten Erfahrungen mit der Arbeit des Pfarrgemeinderates soll dieses Gremium auch in Zukunft auf der Pfarrebene in seiner Doppelfunktion erhalten bleiben, insofern es sowohl die Aufgaben eines Gremiums des Laienapostolates wie auch die Aufgaben des im neuen Gesetzbuch der Kirche benannten Pastoralrates wahrnimmt. Wegen dieser Doppelfunktion kann nach jeweiligem Diözesanrecht ein Laie zum Vorsitzenden des Pfarrgemeinderates gewählt werden, da dieser auch ein Gremium

---

[77] Dazu: DEUTSCHE TAGESPOST 42/8.4.1983: Kein »Aus« für Pfarrgemeinderat.
[78] Auszug aus dem Protokoll der Außerordentlichen Vollversammlung der Deutschen Bischofskonferenz am 18.4.1983 im Exerzitienhaus Himmelspforten, Würzburg: EGV – 046–412.
[79] Redetext: Dr. Wilhelm Pötter, Pfarrgemeinderat und neues Kirchliches Gesetzbuch, ZdK Vollversammlung 29./30.4.1983: Ebd.
[80] Der Vorsitzende der Deutschen Bischofskonferenz an Kardinalstaatssekretär Casaroli, 9.9.1983: Ebd.

des Laienapostolates ist. Die besondere präsidiale Funktion des Pfarrers als Vorsteher der Gemeinde findet in der in den diözesanen Satzungen der Pfarrgemeinderäte festgelegten herausgehobenen Stellung des Pfarrers Ausdruck und gewährleistet seine besondere Verantwortung als Leiter der Gemeinde nach den kirchenrechtlichen Bestimmungen des neuen Gesetzbuches der Kirche. Soweit in den diözesanen Regelungen von Beschlüssen und Beschlussrechten gesprochen wird, können derartige Beschlüsse nicht gegen den Widerspruch des Pfarrers wirksam werden. Wir bitten den Heiligen Stuhl um Approbation dieser Interpretation des in Rede stehenden can. 536 des neuen Gesetzbuches der Kirche.«

Am 5. November 1983 meldete sich Nuntius Del Mestri aus Bonn bei Höffner.[81] Casaroli habe ihn beauftragt mitzuteilen, »dass die Angelegenheit mit der ihr gebührenden Sorgfalt geprüft wird«. Damit war deutlich, dass mit einer raschen Entscheidung aus Rom nicht zu rechnen war. Bei der Sitzung des Ständigen Rates der Deutschen Bischofskonferenz am 21. November 1983 (6 Tage vor Inkrafttreten des neuen CIC) kamen die deutschen Diözesanbischöfe zu dem salomonischen Beschluss: »Zur Frage des Vorsitzes im Pfarrgemeinderat/Pfarrpastoralrat ist es nach Auffassung des Ständigen Rates zweckmäßig, zunächst einmal eine Antwort [aus Rom] abzuwarten. Solange diese nicht vorliegt, gelten die gegenwärtigen Regelungen.«[82]

Auch bei der nächsten Sitzung des Ständigen Rates der DBK am 23. Januar 1984 lag noch keine Entscheidung aus Rom vor. Da die Diözesanbischöfe sich über eine Lösung der strittigen Frage des Vorsitzes im Pfarrgemeinderat nicht einigen konnten, verfielen sie auf einen Ausweg. Im Protokoll heißt es: »Da die Errichtung des Pastoralrates in die Kompetenz des jeweiligen Diözesanbischofs fällt, sind zunächst auf diözesaner Ebene Überlegungen anzustellen, in welcher konkreten Weise can. 536 erfüllt werden kann. Es bedarf eingehender Beratungen, in die auch die Überlegungen der CIC-Kommission [der DBK] eingebracht werden müssen, um eine den Verhältnissen der deutschen Diözesen angemessene und der Zielsetzung des can. 536 entsprechende Lösung zu finden.«[83]

Wie Kardinal Höffner über diesen Beschluss dachte, ergibt sich aus einem Brief Generalvikar Feldhoffs an Weihbischof Luthe, den Bischofsvikar für den Kölner Diözesanrat: »Ich habe den Herrn Kardinal gefragt, was er als Erzbischof von Köln auf Grund dieses Beschlusses zu tun gedenkt. Er hat diese Frage mit einigem Schmunzeln zur Kenntnis genommen und kommentierte den Beschluss damit, dass man sich auf der Bischofskonferenz nicht habe einigen können und deshalb das Problem auf die Diözesanebene verlagert habe ...

Der Herr Kardinal sieht zwei Lösungsmöglichkeiten:

---

[81] Nuntius Del Mestri an den Vorsitzenden der Deutschen Bischofskonferenz, 5.11.1983: Ebd.
[82] Auszug aus dem Protokoll der 49. Sitzung des Ständigen Rates am 21.11.1983: Ebd.
[83] Auszug aus dem Protokoll der Sitzung des Ständigen Rates der Deutschen Bischofskonferenz am 23. Januar 1984 in Würzburg-Himmelspforten: Ebd.

a) Der Vorsitz wechselt zwischen dem Pfarrer und dem Laien je nach Beratungsgegenstand. Der Herr Kardinal ist allerdings der Ansicht, dass dies ständig zu Schwierigkeiten führt und kaum realisierbar ist.
b) Der Pastor wird Vorsitzender des Pfarrgemeinderates, und ein Laie kann als Moderator gewählt werden, der die Sitzungen leitet.«[84]

Kardinal Höffner nahm in diesen Wochen die Gelegenheit eines Rom-Besuches zum Anlass, mit Erzbischof Silvestrini und Msgr. Lajolo das Thema zu besprechen. Er hielt in seinen Akten fest: »Es empfiehlt sich nicht, sofort beim Inkrafttreten des neuen Codex Dispensen zu erbitten. Die Deutsche Bischofskonferenz solle vielmehr eine Interpretation des can. 536 § 1 vorlegen und vom Apostolischen Stuhl approbieren lassen. Der Pfarrpastoralrat des neuen Codex ist nicht in jeder Hinsicht ein *aliud* des Pfarrgemeinderates; denn dem Pfarrgemeinderat obliegen Aufgaben, die im can. 536 genannt werden. Am saubersten wäre die Lösung, dass der Pfarrer den Vorsitz führt, wenn über pastorale Fragen gesprochen wird, und dass ein Laie den Vorsitz führt, wenn Fragen des Laienapostolates erörtert werden.«[85]

Auch die Jahre 1984 und 1985 brachten keine römische Entscheidung der strittigen Frage des Vorsitzes im Pfarrgemeinderat. Am 28. Juni 1985 teilte Generalvikar Feldhoff einem Fragesteller aus Bonn bezüglich der anstehenden Pfarrgemeinderatswahl mit: »Darüber hinaus habe ich den Dechanten auf der letzten Konferenz nach Pfingsten ausdrücklich mitgeteilt, dass zunächst noch die bisherige Pfarrgemeinderatssatzung und die entsprechende Wahlordnung Geltung hat. Wie unser Recht der Pfarrgemeinderäte mit dem Codex auf Dauer in Einklang zu bringen ist, kann Ihnen heute noch niemand verbindlich sagen.«[86]

Erst 1987, als Kardinal Höffner wegen seiner zum Tode führenden Krankheit bereits vom Vorsitz der Deutschen Bischofskonferenz zurückgetreten war, kam es bei ausstehender römischer Entscheidung zu einer bis heute praktizierten Lösung. Franz Kalde fasst sie im Handbuch des Katholischen Kirchenrechts zusammen: »Auf der außerordentlichen Sitzung der Gemeinsamen Konferenz von Deutscher Bischofskonferenz und Zentralkomitee der deutschen Katholiken am 11. September 1987, an der auch Mitglieder der Arbeitsgruppe Kirchenrecht der Deutschen Bischofskonferenz und der Arbeitsgruppe Neues Kirchenrecht des Zentralkomitees der deutschen Katholiken teilnahmen, wurde festgestellt, dass der Pfarrgemeinderat im Vergleich mit dem Pfarrpastoralrat des *Codex Iuris Canonici* ein *aliud* sei, wenn auch kein *totaliter aliud*; daher bestehe auch in der Frage des Vorsitzes im Pfarrgemeinderat kein Handlungsbedarf. Es wird ferner argumentiert, dass dem Pfarrer auf Grund seiner in den diözesanen Satzungen verankerten rechtlichen Stellung ein verdeckter Vorsitz, dem Vorsitzenden dage-

---

[84] Feldhoff an Luthe, 21.2.1984 (Durchschlag): Ebd.
[85] Handschriftlich von Höffner »Exc. Silvestrini, Msgr. Lajolo«, maschinenschriftlich: »III. Kirchenvorstand und Pfarrgemeinderat«: Ebd.
[86] Feldhoff an DDr. Ulrich Tammler, Bonn, 28.6.1985: Ebd.

gen eher Moderatorenfunktion zukomme; wegen des weitgehenden Vetorechts des Pfarrers sei der Pfarrgemeinderat bei pastoralen Fragen praktisch ein beratendes Gremium.«[87]

Diese interpretative Lösung des Problems ließ die in Deutschland gewachsenen Verhältnisse unangetastet, ohne dass der Heilige Stuhl dazu Stellung genommen hätte.

---

[87] F. KALDE, Der Pfarrgemeinderat, in: J. LISTL/H. SCHMITZ (Hrsg.), Handbuch des katholischen Kirchenrechts, ²1999, S. 529–533, hier: S. 531f.

VIII. KAPITEL

NEUE MITARBEITER IN DER SEELSORGE

Die Folgen eines nicht zu übersehenden Priestermangels weltweit und die Ausschau nach neuen Helfern in der Seelsorge war ein im Programm nicht thematisiertes, aber im Austausch des Weltepiskopats auf dem II. Vatikanischen Konzil viel besprochenes Thema. Einzig die Diskussion über die Wiedereinführung des »Ständigen Diakonats« in der lateinischen Kirche machte das Nachdenken über neue Helfer in der Seelsorge konzilsoffiziell.

Voll ausgebildete (und besoldete!) Laientheologen waren weltkirchlich noch nicht vorstellbar und bezahlbar. In Deutschland gab es bereits seit den 1930er Jahren an besonderen Instituten ausgebildete »Seelsorgehelferinnen«. Doch weil im Bistum Trier dafür auf Betreiben des Weihbischofs Mönch zunächst nur Ordensfrauen zugelassen wurden, musste Joseph Höffners Schwester Elisabeth nach Abschluss ihrer Ausbildung in Freiburg 1938 ihre erste Anstellung im Diasporabistum Berlin suchen.[1]

In den afrikanischen Missionsgebieten entwickelte man bereits damals den Stand der »Laien-Katechisten«, die nebenberuflich die Vorbereitung von Taufbewerbern und Wortverkündigung in den Gemeinden übernahmen. Aus der Rückschau überrascht es, wie schnell nach 1965 – zumal in Deutschland – »Ständige Diakone« und Laientheologen in die Seelsorge einbezogen wurden.

1. Die Erneuerung des »Ständigen Diakonates«

Der Verfasser hat die Entstehung der ersten »Diakonatskreise« und entsprechende Überlegungen in Deutschland seit den 1930er Jahren sowie die Diskussionen im Vorfeld und während des II. Vatikanischen Konzils bereits anderenorts beschrieben.[2] Es ist aufschlussreich, dass der Gedanke an die Erneuerung des Ständigen Diakonats mit in der Regel verheirateten Männern vor allem in den Missionen auf Zustimmung stieß, während konservative Konzilsväter Europas und römische Kuriale einwandten, die Zulassung verheirateter Männer zur Diakonenweihe stelle eine Gefährdung des Priesterzölibats dar. Es gehört zu den überraschenden Fakten, dass der Kölner Erzbischof Kardinal Frings, der vor dem Konzil gegen die Wiedereinführung des Ständigen Diakonats in der Zentralen Vorbereitungskommission Stellung genommen hatte – allerdings nicht aus Sorge um den Priesterzölibat –, am 28. April 1968 die weltweit ersten fünf verheirateten Männer

---

[1] Vgl. N. Trippen, Höffner I, S. 53.
[2] N. Trippen, Die Erneuerung des Ständigen Diakonats; Ders., Frings II, S. 251 u. S. 372.

durch seinen Weihbischof Augustinus Frotz im Kölner Dom zu Diakonen weihen ließ und dabei die Predigt hielt.

Frings hatte in der Zentralen Vorbereitungskommission des Konzils am 17. Januar 1962 gesagt: Ehelose ständige Diakone würden wohl immer den Schritt zur Priesterweihe anstreben oder unzufrieden bleiben. Der Nutzen der verheirateten ständigen Diakone sei in unseren Breiten nicht erkennbar, weil die ihnen zugedachten Dienste (Gottesdiensthilfe, Katechese, Hilfe in der Pfarradministration) auch von Laien wahrgenommen werden könnten. Es sei zu befürchten, dass bei Einsicht in diese Zusammenhänge manche dieser Diakone unzufrieden würden und sich in den Laienstand zurückversetzen ließen.[3] An der Konzilsdiskussion während der 2. Sitzungsperiode im Oktober 1963 hat Kardinal Frings sich nicht mehr beteiligt.[4] Nach weiteren Diskussionen in der Konzilsaula kam es am 21. November 1964 innerhalb der Kirchenkonstitution *Lumen gentium* (Nr. 29) zu der Entscheidung: »Weil diese für die Kirche in höchstem Maße lebensnotwendigen Ämter bei der gegenwärtigen Disziplin der lateinischen Kirche in zahlreichen Gebieten nur schwer ausgeübt werden können, kann in Zukunft der Diakonat als eigene und beständige hierarchische Stufe wiederhergestellt werden. Den zuständigen verschiedenartigen territorialen Bischofskonferenzen kommt mit Billigung des Papstes die Entscheidung zu, ob und wo es für die Seelsorge angebracht ist, derartige Diakone zu bestellen. Mit Zustimmung des Bischofs von Rom wird dieser Diakonat auch verheirateten Männern reiferen Alters erteilt werden können, ferner geeigneten jungen Männern, für die jedoch das Gesetz des Zölibats in Kraft bleiben muss.«[5]

Die Konzilsväter waren sich offensichtlich noch unsicher über die Aufgabenstellung für diesen neuen Berufsstand in der Seelsorge. Im Vorspann zu dem zitierten Text heißt es von den Diakonen, dass sie die Handauflegung »nicht zum Priestertum, sondern zur Dienstleistung empfangen«. Bei der Aufzählung konkreter Aufgaben heißt es zunächst allgemein, »sie dienen dem Volke Gottes in der Diakonie der Liturgie, des Wortes und der Liebestätigkeit in der Gemeinschaft mit dem Bischof und dem Presbyterium«. Bei der anschließenden Aufzählung einzelner Aufgaben überwiegen allerdings die liturgischen Funktionen: Taufspendung, Austeilung der Kommunion, Assistenz bei der Eheschließung, Wegzehrung für die Sterbenden, »vor den Gläubigen die Heilige Schrift zu lesen, das Volk zu lehren und zu ermahnen, dem Gottesdienst und dem Gebet der Gläubigen vorzustehen, Sakramentalien zu spenden und den Beerdigungsritus zu leiten«.[6]

Da Papst Paul VI. selbst an der Wiedereinführung des Ständigen Diakonats interessiert war, kam es alsbald nach dem Konzil zu Schritten der Umsetzung der Konzilsentscheidung. Am 18. Juni 1967 unterzeichnete Paul VI. das Motuproprio

---

[3] N. Trippen, Frings II, S. 251; Ders., Die Erneuerung des Ständigen Diakonats, S. 94.
[4] N. Trippen, Frings II, S. 372; Ders., Die Erneuerung des Ständigen Diakonats, S. 92.
[5] LThK, Das Zweite Vat. Konzil, Bd. 1, S. 256–259, hier: S. 259.
[6] Ebd. S. 257.

Sacrum Diaconatus ordinem, das Rahmenbestimmungen für die Weltkirche festlegte: Rechte und Pflichten der Bischofskonferenzen, jüngere ständige Diakone unter Zölibatsverpflichtung, »Diakone reiferen Alters« im Ehestande.[7] Nach dieser Vorgabe aus Rom beschloss die Deutsche Bischofskonferenz bei ihrer Vollversammlung im September 1967 bereits, den Ständigen Diakonat in den westdeutschen Diözesen einzuführen und um entsprechende Genehmigung in Rom nachzusuchen. Am 4. Dezember 1967 erteilte Papst Paul VI. dem Beschluss der Deutschen Bischofskonferenz seine Zustimmung.

Wenn dann nur wenige Monate bis zur Weihe der ersten ständigen Diakone in Köln vergehen sollten, hatte das einen geschichtlichen Hintergrund. Seit 1960 hatten sich unter geistlicher Begleitung des langjährigen Spirituals am Kölner Priesterseminar und Dechanten Johannes Blumentrath[8] nach einer Tagung in der Thomas-Morus-Akademie ein Kölner »Diakonatskreis« gebildet, der seitdem monatlich zusammenkam, die Literatur und die Diskussion um eine Erneuerung des Ständigen Diakonats verfolgt und sich daran beteiligt hatte.[9] Seit dem Konzil hatte der Kreis den langjährigen Regens des Priesterseminars und Kölner Weihbischof Augustinus Frotz als Protektor und Vermittler zu Kardinal Frings gewonnen. Gottfried Custodis, einer der ersten fünf Diakone, schildert aus eigenem Erlebnis: »Der KÖLNER DIAKONATSKREIS war an den Arbeiten für die Erneuerung des Diakonates maßgebend beteiligt. Es wurde jede Gelegenheit wahrgenommen, die erarbeiteten Grundsätze zur Erneuerung des Diakonates vorzutragen. Prof. K. Rahner S.J. war einmal zu Gast beim Kölner Diakonatskreis, um mit ihm die grundsätzlichen Aspekte einer Erneuerung des Diakonats zu besprechen. Bischöfe aus Lateinamerika und aus Indien informierten sich in Köln über die Gedanken zur Erneuerung des Diakonats. Die Mitglieder des Kölner Diakonatskreises waren zweimal zu einem langen und ausführlichen Gespräch bei Kardinal Frings, einmal vor Beginn des Konzils, einmal während des Konzils. Diese Gespräche dürften die Einstellung des Kardinals ... sicher beeinflusst haben. Ein Mitglied des Kreises nahm im Mai 1965 an einer Tagung über theologische und praktische Aspekte zur Erneuerung des Diakonats in Lyon (Frankreich) teil.«[10]

Die Diakonenweihe am 28. April 1968 war also ein überlegter und vorbereiteter Schritt. Dennoch blieben in Köln – wie bald auch in anderen Diözesen – entscheidende Überlegungen und Schritte auf die Zukunft hin zu bewältigen: Welche

---

[7] AAS 59, 1967, S. 697–704; lat. Text und von den deutschen Bischöfen approbierter Text: KA 107, 1967, S. 936–951 – Vgl. N. TRIPPEN, Die Erneuerung des Ständigen Diakonats, S. 94–96.

[8] Johannes Blumentrath (1909-1995), 1955 Spiritual am Priesterseminar des Erzbistums Köln, 1960 Pfarrer in Bensberg-Immekeppel, 1964 Dechant des Dekanates Bensberg, 1976 des Dekantes Overath. 1974 Monsignore. HANDBUCH DES ERZBISTUMS KÖLN. Personaler Teil [27]1985, S. 40.

[9] Berichte über den »Kölner Diakonatskreis«: G. CUSTODIS, Zehn Jahre Diakonat im Erzbistum Köln, in: RUNDBRIEF AN DIE KÖLNER DIAKONE. Ostern 1968, S. 3–11 (HAEK – Zug. 1157 – A 1/2); A. FROTZ, Der Ständige Diakonat im Erzbistum Köln, in: Diakone, Diener der Kirche Gottes. 25 Jahre erneuerter Diakonat im Erzbistum Köln (= Drei-Kronen-Reihe, Heft 19, Köln 1993), S. 12–24; vgl. N. TRIPPEN, Die Erneuerung des Ständigen Diakonats, S. 96f.

[10] G. CUSTODIS, Zehn Jahre, S. 5.

Aufgaben sollte man Ständigen Diakonen in der Seelsorge zuweisen? Sollte man Diakonen, die in ihrem Zivilberuf verblieben und nur nebenberuflich tätig wurden, den Vorzug geben oder sollten die Diakone im Hauptberuf in der Seelsorge eingesetzt werden? Davon hing ein Ausbildungskonzept ab. Wie lange sollte die Ausbildung dauern, wie viel an theologischem Wissen war für die Zulassung zur Weihe zu verlangen? Wie würden sich die bisher allein in der Seelsorge tätigen Priester und die Gläubigen auf den neuen Stand von Seelsorgern einstellen?

Schon vor der Diakonenweihe vom 28. April 1968 hatte Weihbischof Frotz am 7. April 1968 bei der Vollversammlung der Deutschen Bischofskonferenz den Beschluss über eine (vorläufige) »Grundordnung für die Ausbildung der Diakone« erreichen können, an deren Entstehung der Kölner Diakonatskreis neben anderen beteiligt war.[11] Doch das letzte Jahr der Amtszeit von Kardinal Frings war schon fortgeschritten. Die wesentlichen Entscheidungen blieben Kardinal Höffner vorbehalten. Als er am 20. Oktober 1969 mit Wirkung vom 1. November 1969 das »Erzbischöfliche Diakoneninstitut« errichtete, schickte er der Veröffentlichung der Urkunde im »Kirchlichen Anzeiger« einen werbenden Aufruf an seine Diözese voraus: »Ich hoffe, dass die Neugründung sich als lebendige Zelle im Organismus unserer Kölner Kirche entwickelt und vielen geeigneten Männern die Wege bereitet, sich nebenberuflich oder hauptberuflich als Diakon in den Dienst der Mitmenschen, besonders der Armen, der Vergessenen und Notleidenden zu stellen ... Sie nehmen in besonderer Verbundenheit Anteil am Dienst des Bischofs und des Priesters und sind bereit, dort die Sorge und Liebe Christi zu erweisen, wo sie am dringendsten notwendig ist ...«[12]

Kardinal Höffner ließ keinen Zweifel, dass er den Diakonen und ihrem Institut wohlwollend gegenüberstand, aber auch noch keine klaren Vorstellungen darüber besaß, wo der neue Stand von Seelsorgern seinen Ort und sein Profil finden sollte. Für Höffner scheint zu diesem Zeitpunkt noch der karitative Bereich Schwerpunkt der Aufgaben der Diakone gewesen zu sein. Höffner beschloss seine Werbung für das Diakoneninstitut mit dem Bemerken: »Der Diakonat ist ein neuer Beruf in unserer Erzdiözese. Sein Berufsbild wird erst durch kommende Erfahrungen geprägt werden.« Zum ersten Leiter des Diakoneninstituts ernannte Höffner am 20. November 1969 den Diakon und Caritasdirektor in Neuss, Joseph Völker[13], der schon zwei Jahre vorher von Kardinal Frings zum Mitglied der »Unterkommission für Fragen des Diakonates« im Kölner Priesterrat berufen worden war.[14]

---

[11] Vgl. N. Trippen, Die Erneuerung des Ständigen Diakonats, S. 99.
[12] Errichtung eines Erzbischöflichen Diakoneninstituts: KA 109, 1969, Nr. 332, S. 355f.; Diakoneninstitut des Erzbistums Köln, ebd. Nr. 333, S. 356f.
[13] Joseph Völker (1921–2010), 1965-1970 Caritasdirektor in Neuss, 1969–1981 Direktor des Diakoneninstituts: Handbuch des Erzbistums Köln. Personaler Teil ^{27}1985, S. 170 – Kopie der Ernennungsurkunde vom 20.11.1969: HAEK – Zug. 1157 – A 1/2.
[14] Kopie der Ernennungsurkunde vom 20.11.1967: HAEK – Zug. 1157 – A 5.

1. Die Erneuerung des »Ständigen Diakonates«

Als Höffner 1973 zu seinem ersten Ad-limina-Besuch nach Rom reiste, schrieb er in seinem Bericht über das Diakoneninstitut: »Sehr hoffnungsvoll hat sich das Institut der Diakone entwickelt. Die Erzdiözese zählt 34 ständige Diakone, von denen 16 hauptberuflich in der Pfarrseelsorge tätig sind. Weitere 37 Männer bereiten sich auf die Diakonenweihe vor. Zwei unverheiratete Herren aus dem Diakonenkreis wurden bereits zu Priestern geweiht.«[15]

Es ist überraschend, wie schnell die Diakone – nicht nur im Erzbistum Köln – ihren Platz in der Seelsorge fanden. Dabei braucht man die Anfangsschwierigkeiten nicht zu verschweigen. In den 1960er Jahren ertrugen die führenden Schichten mancher Gemeinden nicht einmal, dass statt des Pfarrers nur der Kaplan Trauungen, Taufen und Beerdigungen in ihren Familien vornahm. Dass nun Diakone für solche Dienste ihnen »zugemutet« wurden, stieß gelegentlich auf Unverständnis. In einer Zeit, als die jüngeren Priester die Priesterkleidung als in ihren Augen überlebtes Statussymbol ablehnten und Zivilkleidung bevorzugten, gab es einzelne Diakone, die am Sonntag in Soutane und mit Birett an der Seite ihrer Ehefrau über den Kirchplatz gingen. Die Pfarrer, die noch mitten in der Rezeption der Liturgiereform steckten, vergaßen bisweilen, dass dem Diakon der den Einsetzungsbericht im Kanon der Messe abschließende Zuruf »Geheimnis des Glaubens« zugesprochen war. So kam es gelegentlich zu einem Wettstreit um diese Worte am Altar und bald zu der liebevoll-ironischen rheinischen Bezeichnung »Geheimnis des Glaubens« für den Diakon. Eine ernsthaftere Hürde für die Entwicklung eines gesunden Selbstbewusstseins der Diakone entstand daraus, dass gleichzeitig mit ihnen die ersten theologisch voll ausgebildeten Laien ihren Dienst in der Seelsorge aufnahmen. Die Diakone standen durch die sakramentale Weihe über den Laien, waren ihnen aber oft in der theologischen Kompetenz unterlegen.

In der Deutschen Bischofskonferenz war auf der Herbstkonferenz 1973 ein Erfahrungsbericht über den Einsatz von Diakonen in den deutschen Diözesen Gegenstand der Verhandlungen: »In 17 der 22 Bistümer ist der ständige Diakonat bereits eingeführt ... Insgesamt sind in den Bistümern der Bundesrepublik zur Zeit 188 ständige Diakone tätig, von ihnen sind 165 verheiratet und 23 nicht verheiratet ... 588 Kandidaten bereiten sich zur Zeit auf den Empfang der Diakonatsweihe vor.« Nach Darstellung der etwas unterschiedlichen Ausbildungswege folgt unter »Aufnahme der Diakone von Seiten der Gläubigen«: »Von keinem Bistum werden negative Erfahrungen berichtet. Die meisten Bistümer schreiben, dass die Diakone von den Gläubigen gut oder sogar sehr gut aufgenommen werden.« Unter Schwierigkeiten wird an erster Stelle die »Unklarheit des Berufsbildes« genannt.[16]

Zwei Jahre später, im Sommer 1975, veranlasste der Sekretär der Bischofskonferenz eine Umfrage unter den Bischöfen über den Stand des Diakonats in den

---

[15] Ad-limina-Bericht 1973, S. 4: HAEK – Zug. 451 – 24.
[16] Bericht über den ständigen Diakonat in den Diözesen der Bundesrepublik Deutschland und in West-Berlin (»Stand vom 15. August 1973«): HAEK – Zug. 1157 – A 1/2.

einzelnen Diözesen. Die Auswertung der Rückmeldungen[17] schilderte zunächst die zahlenmäßige Fortentwicklung, um dann ausführlicher auf das »Profil des Ständigen Diakons« – weltkirchlich und in Deutschland – einzugehen. Die »Grundordnung«, die 1968 zunächst für drei Jahre in Kraft gesetzt worden war, hatte die Bischofskonferenz im Frühjahr 1975 endgültig bestätigt. Ein Überblick über die einzelnen Diözesen machte deutlich, dass die Entwicklung etwas unterschiedlich verlief und noch nicht zum Abschluss gekommen war.

Erst am 22. Januar 1979 verständigte sich der Ständige Rat der Deutschen Bischofskonferenz in Würzburg auf eine »Rahmenordnung für Ständige Diakone in den Bistümern der Bundesrepublik Deutschland«, die Kardinal Höffner unter dem 5. Oktober 1979 in seinem Amtsblatt publizierte: »Ich setze diese Rahmenordnung hiermit für das Erzbistum Köln in Kraft, und zwar mit der Maßgabe, dass die im Kölner Diözesanrecht geltenden Modifikationen zum Ständigen Diakonat gegebenenfalls den Vorrang vor der Rahmenordnung haben.«[18]

In Köln war die Entwicklung des Ständigen Diakonats am weitesten fortgeschritten. Es gab hier nicht nur – bis in die Gegenwart – die meisten Ständigen Diakone. Seit 1969 existierte das Diakoneninstitut, das allerdings im ersten Jahrzehnt seines Bestehens darunter gelitten hatte, kein eigenes Domizil zu besitzen und einen Diakon als Leiter, aber noch keinen theologisch qualifizierten Diakon als Studienleiter zu haben. Nachdem Kardinal Höffner am 22. November 1976 den in Dogmatik promovierten Priester Hermann Weber zum Studienleiter am Diakoneninstitut bestellt hatte[19], hat dieser sich um das Ausbildungs- und Anforderungsprofil der Ständigen Diakone intensiv und erfolgreich bemüht. Ein Konfliktfeld innerhalb der Leitung des Instituts war gelegentlich das Ausmaß der Belastungen für in Familie und Beruf stehende Männer durch ein anspruchsvolles, jedoch fast nur in Abendkursen zu bewältigendes Studium.

Für das Diakoneninstitut war es von außerordentlicher Bedeutung, dass im Jahre 1979 das Kölner Franziskanerkloster an der Ulrichgasse vom Orden aufgegeben werden musste und ab Herbst 1979 dem Diakoneninstitut als bleibendes Domizil übergeben wurde. Das Institut verfügte erstmals über genügend Raum, eine eigene Kirche und die Möglichkeit, auch die Familien der angehenden Diakone gelegentlich in sein Programm einzubeziehen.

Eine Anfrage des Präfekten der Glaubenskongregation in Rom an die Vorsitzenden der Bischofskonferenzen »über die bisherigen Erfahrungen mit der Ein-

---

[17] Umfrage des Sekretärs der Deutschen Bischofskonferenz bei den Bistümern der Bundesrepublik (Mitte 1975). Auswertung der Fragebogen zum Dienst der Ständigen Diakone von Hanspeter Heinz: HAEK – Zug. 1157 – A 6.
[18] Rahmenordnung für Ständige Diakone in den Bistümern der Bundesrepublik Deutschland: KA 119, 1979, Nr. 331, S. 321–326; Ordnung für den Ständigen Diakonat im Erzbistum Köln ebd. Nr. 332, S. 326f.
[19] Hermann Weber (*1934), 1961 Priesterweihe in Köln, 1971 Dr. theol., 1976–1996 Studienleiter am Erzbischöflichen Diakoneninstitut in Köln: HANDBUCH DES ERZBISTUMS KÖLN. Personaler Teil ²⁸1998, S. 137.

richtung des Ständigen Diakonats« vom 26. Juli 1982 führte zu einer intensiven Beratung der Kommission IV »Geistliche Berufe und Kirchliche Dienste« der DBK im Jahr 1983, deren Ergebnis Kardinal Höffner als Vorsitzender der Deutschen Bischofskonferenz am 23. Januar 1984 dem Präfekten der Glaubenskongregation, Kardinal Ratzinger, mitteilte:

»1. Die Bistümer bemühen sich weiterhin um eine Profilierung des Berufes des Ständigen Diakons ...
2. Schwierigkeiten bestehen weiterhin in der Auswahl und der Unterscheidung der Berufungen ...
3. Es zeigen sich vermehrt Anpassungsschwierigkeiten aufgrund der begrenzten Ausbildung, die zu Spannungen führen zwischen den Ansprüchen des Amtes und den Erwartungen der übrigen hauptamtlichen pastoralen Mitarbeiter (Priester, Pastoralreferenten und Gemeindereferenten) und der Kompetenz der Ständigen Diakone. Die Schwierigkeiten treten vermehrt auf für Ständige Diakone mit Zivilberuf, die größtenteils eine berufsbegleitende Ausbildung machen.
4. Viele Diözesen äußern verstärkt den Wunsch nach fundierter theologischer Ausbildung und einer Intensivierung der spirituellen Begleitung, unter Einbeziehung der Familien der Ständigen Diakone ...
5. Die weitere Zukunft des Ständigen Diakonats hängt sehr davon ab, ob der Diakon als Ersatz für fehlende Priester gesehen und eingesetzt wird. Dies erklärt den ausdrücklichen Wunsch einiger Diözesen, dem Ständigen Diakonat verstärkt ein eigenes Profil im Sinne des pastoralen Einsatzes im Bruderdienst zu geben.«[20]

Um diese Zeit – im Januar 1984 – war man in Köln mit den gleichen Fragen beschäftigt. Der als Bischofsvikar für die Diakone zuständige Weihbischof Frotz legte dem Erzbischof umfangreiche »Beobachtungen zur Entwicklung des Ständigen Diakonats« vor.[21] Gleichzeitig musste mit dem Land Nordrhein-Westfalen geklärt werden, wie bei Einsatz der Diakone in der Seelsorge mit den Bestimmungen des Preußenkonkordats von 1929 hinsichtlich der Ausbildungsvoraussetzungen für Seelsorger umzugehen sei. In einer Verbalnote des Chefs der Staatskanzlei des Landes NRW an den Apostolischen Nuntius vom 23. Januar 1984 wurde festgelegt, »dass von dem Erfordernis[:] Besitz eines zum Studium an einer deutschen Universität berechtigenden Reifezeugnisses (Artikel 10 Absatz 1, Artikel 9 Absatz 1 Buchstabe b des Vertrages des Landes Preußen mit dem Heiligen Stuhl vom 14. Juni 1929) abgesehen wird, wenn eine abgeschlossene Berufausbildung verbunden mit Berufserfahrung vorliegt.«[22]

---

[20] Der Vorsitzende der Deutschen Bischofskonferenz, Kardinal Höffner, an den Präfekten der Glaubenskongregation, Kardinal Ratzinger, 23.1.1984 (Kopie): HAEK – NH 332.
[21] Beobachtungen zur Entwicklung des Ständigen Diakonats von Weihbischof Dr. Augustinus Frotz, Köln, 18.1.1984 (8 Schreibmaschinenseiten): Ebd.
[22] Der Chef der Staatskanzlei des Landes Nordrhein-Westfalen an die Apostolische Nuntiatur, Verbalnote, 23.1.1984 (Kopie): Ebd.

Inzwischen waren auch im neuen *Codex Iuris Canonici* gesamtkirchliche Festlegungen über den Ständigen Diakonat getroffen worden.[23] Kardinal Höffner ließ sie in eine Neufassung der »Studienordnung des Erzbischöflichen Diakoneninstituts Köln« vom 17. Juni 1985 einarbeiten, die am 1. Oktober 1985 im »Amtsblatt des Erzbistums Köln« veröffentlicht wurde.[24]

Joseph Höffner blieb an der Entwicklung des Ständigen Diakonats interessiert. Am 30. November 1986 schrieb er den Diakonen einen Weihnachtsbrief, der ebenso auf den hl. – Diakon – Franziskus von Assisi wie auf die Rechtsstellung des Diakons und seine Aufgaben nach dem neuen CIC verwies. Der Brief des Erzbischofs – knapp ein Jahr vor seinem Tod – schloss mit den Worten: »Ihr Dienst, liebe Diakone – wir zählen inzwischen mehr als 170 ständige Diakone – ist eine unschätzbare Bereicherung der Seelsorge in unserem Erzbistum. Ich danke Ihnen herzlich für Ihren treuen, unermüdlichen Dienst.«

Studienleiter Dr. Weber warnte Kardinal Höffner im Februar 1987 vor dem Entwurf einer neuen »Rahmenordnung«, der der Bischofskonferenz bereits einige Wochen später zur Verabschiedung vorgelegt werden sollte. Der Diakon – so Weber – werde in dem Entwurf zu einseitig dem sozial-karitativen Dienst zugeordnet und damit dem protestantischen Verständnis des Diakonats angeglichen.[25] Kardinal Höffner teilte den Eindruck Webers und schrieb auf den Rand: »Statt dessen wird den nicht geweihten Laien das *pastorale* Amt übertragen.« Als Kardinal Höffner 1987 vom Amt des Erzbischofs von Köln entpflichtet wurde, hatte er die Weichen für eine gute Weiterentwicklung des Ständigen Diakonates als neuem Stand in der Seelsorge gestellt.

2. Laien als Mitarbeiter in der Seelsorge

a) Pastoralreferent(inn)en

Walter Kasper hat in seiner Einleitung zum Beschluss der Würzburger Synode »Die Pastoralen Dienste in der Gemeinde« die Vorgeschichte des Einsatzes von Laien mit theologischem Studienabschluss in den deutschen Diözesen zusammengefasst: »Seit den 20er und 30er Jahren gibt es im deutschsprachigen Raum das Phänomen des ›Laientheologen‹ bzw. der ›Laientheologin‹, d. i . des Studenten

---

[23] Zu den Bestimmungen des neuen CIC über den Ständigen Diakonat: R. Althaus, Die Rezeption des CIC von 1983, S. 424–456 – Einzelne kanonistische Fragen hatte Kardinal Höffner schon seit 1977 zum Anlass genommen, Rechtsgutachten einzuholen. Er notierte sich handschriftlich: »Gutachten Flatten: 1. Kann ein Diakon eine Pfarrei leiten? 2. Unterliegen Diakone Art. 14 des Reichskonkordats? 3. Gutachten *Listl* betr. Vereinbarkeit von Militärdienst u. Diak.-Weihe. 4. Gutachten *Flatten*: Mil.-Dienst u. Weihe.« Die Texte der Gutachten liegen bei: HAEK – NH 333.
[24] Studienordnung des Erzbischöflichen Diakoneninstituts: KA 125, 1985, Nr. 222, S. 215–217.
[25] Weber an Höffner, 27.2.1987: Ebd.

2. Laien als Mitarbeiter in der Seelsorge

und Absolventen eines mit Examen abgeschlossenen akademisch-theologischen Studiums ohne das Ziel der Priesterweihe. Die weitaus meisten der Laientheologen wurden nach ihrem Studium zunächst Religionslehrer an weiterführenden Schulen. Nach dem Zweiten Weltkrieg wurden solche Laientheologen immer mehr auch im kirchlichen Bereich angestellt, in der Jugend-, Akademie-, Sozial-, Erwachsenenbildungsarbeit u. a., zunehmend aber auch in der Gemeindearbeit, wo sie bei dem wachsenden Priestermangel viele Funktionen übernahmen, die früher vom Priester ausgeübt wurden. Vor allem für die letztere Gruppe bürgerte sich im Allgemeinen die Bezeichnung Pastoralassistent ein.«[26]

Ein Jahrzehnt später, als man in der Deutschen Bischofskonferenz immer noch um eine angemessene Aufgabenstellung und -begrenzung und um das Zueinander von geweihten und Laien-Mitarbeitern in der Pastoral rang[27], fragte Erzbischof Dyba aus Fulda beim Präfekten der Glaubenskongregation in Rom deswegen an. In einem Schreiben an Dyba vom 10. Januar 1985[28] berichtete der bis 1976 an den Universitäten Tübingen und Regensburg als Professor tätige und mit der Materie gut vertraute Ratzinger aus seiner Erfahrung: »Der Berufsstand des Pastoralassistenten wurde in der frühen Nachkonzilszeit ohne klares theologisches Konzept ins Leben gerufen. Die erste Generation der Pastoralassistenten sah ihn ohne Zweifel als Übergangsform bis zur Aufhebung des Zölibats an. Sie konnte aufgrund dessen, was vielfach gesagt wurde, der Meinung sein, sie bilde den Vortrupp der *Viri Probati*[29], der dann am Anfang einer neuen Regelung der Zölibatsfrage stehe ... Diese Anfänge wirken heute noch nach und belasten die Idee des Pastoralreferenten.«

Bereits im Dezember 1971 hatte der Vorsitzende der Kommission IV der Deutschen Bischofskonferenz »Geistliche Berufe und kirchliche Dienste«, Bischof Klaus Hemmerle, seinen Sekretär Hanspeter Heinz beauftragt, durch eine Umfrage bei den Diözesen eine »Bestandsaufnahme über den Einsatz von Laientheologen in den Diözesen« zu erstellen.[30] Der Rücklauf machte die Unterschiede von Diözese zu Diözese deutlich, zeigte aber im Anfangsstadium der Würzburger Synode, wie sich der hauptamtliche Einsatz von Laientheologen in verschiedenen kirchlichen Bereichen einschließlich der Gemeindeseelsorge bereits ausgebreitet hatte.

---

[26] GEMEINSAME SYNODE, S. 592.
[27] Umfassendste Darstellung der Frühphase des Ringens um die Laienmitarbeiter in der Pastoral: C. KOHL, Amtsträger oder Laie? Die Diskussion um den ekklesiologischen Ort der Pastoralreferenten und Gemeindereferenten, Frankfurt a.M. u. a. 1987.
[28] Ratzinger an Dyba, 10.1.1985 (Kopie): HAEK – NH 733 – Es ist davon auszugehen, dass Erzbischof Dyba diesen Brief in Kopie seinen Mitbrüdern in der DBK zukommen ließ und die Kopie so in Höffners persönliche Akten gelangte.
[29] Unter *Viri Probati* versteht man das ab Ende der 1960er Jahre diskutierte, von der Römischen Bischofssynode 1971 verworfene Modell, in Ehe und Beruf »bewährte Männer« zur Priesterweihe zuzulassen.
[30] Bestandsaufnahme über den Einsatz von Laientheologen in den Diözesen, 23.12.1971: Befragungsraster unter dem Absender »Zentralkomitee der Deutschen Katholiken«, dem Arbeitsplatz von Heinz. »Schicken Sie die Antworten bitte bis 15. Januar 1972 an die obige Adresse«: HAEK – Zug. 1394 – 9.

Eine Schlüssel- und Auslöserfunktion für die weitere Entwicklung sollte der bereits erwähnte Beschluss der Würzburger Synode über »Die pastoralen Dienste in der Gemeinde« einnehmen.[31] Er grenzte das Einsatzfeld der Laientheologen zwar im Allgemeinen auf kategoriale Seelsorgefelder ein, forderte für den »Notfall« jedoch auch die Beauftragung von Laien mit liturgischen und Leitungsfunktionen, die auch nach jüngsten Konzilsbeschlüssen dem in der sakramentalen Weihe verliehenen Amt vorbehalten waren.

Man wird nicht bestreiten können, dass es in den Jahren ab der Würzburger Synode eine Tendenz unter den Laientheologen gab, die Grenzen zwischen Weiheamt und Laienmitarbeit in der Seelsorge aufzuheben oder doch wenigstens zu relativieren. Kardinal Ratzinger schrieb darüber 1985 an Erzbischof Dyba: »Als die ersten Anläufe nicht zum Ziel kamen, hat man ziemlich verworrene Ersatzlösungen aufzubauen begonnen. Man hat gesagt, es handle sich um eine über Taufe und Firmung hinausgehende Beteiligung am *Ordo* ... In diesem Kontext hat man der ›Aussendung‹ der Pastoralreferenten sakramentenähnliche Züge gegeben oder sie sogar weitgehend mit der Priesterweihe kombiniert.[32] Gleichzeitig wurde in einer neuen Sprachregelung das Wort ›Priesterweihe‹ generell durch ›Ordination‹ ersetzt und der Bedeutungsgehalt von Ordination schwebend gehalten, so dass er auch nichtsakramentale Ordination umfassen konnte. So lief das Ganze darauf hinaus, die Grenzen zwischen Weihe und Beauftragung zu verwischen, was wiederum weder den Priestern noch den Pastoralreferenten dienen konnte ...

Die Egalisierung zwischen dem Priesterberuf und dem Dienst des Pastoralreferenten wurde in der Ausbildungszeit kräftigst fundiert, insofern man die Aspiranten beider Berufe zu einer einheitlichen Gruppe zusammenschloss, die keinerlei Proprium für die eine oder andere Seite erlaubte. Ich habe selbst in München erfahren müssen, dass jeder Versuch, den beiden Seiten ein Proprium zu schaffen und bei Anerkennung vieler Gemeinsamkeiten doch die beiden Wege deutlich zu unterscheiden, geradezu als Sakrileg abgewehrt wurde ...«

Im Erzbistum Köln waren in den letzten Amtsjahren von Kardinal Frings außer den seit vielen Jahren vertrauten »Seelsorgehelferinnen« keine Laien in der Seelsorge eingestellt worden. Das begann unter Kardinal Höffner ab Mitte der 1970er Jahre. Aus den Akten des Diakoneninstituts ist erkennbar, dass man dort nach der Gründung des Instituts 1969 die Hoffnung gehegt hatte, dass Absolventen des Theologiestudiums, die sich nicht zum Zölibat entschließen wollten, den Weg zum Diakoneninstitut suchen würden – eine Rechnung, die nicht aufging.

---

[31] GEMEINSAME SYNODE, S. 585–636.
[32] Der Autor erinnert sich einer Deutschsprachigen Regentenkonferenz im Priesterseminar Luzern in den 1980er Jahren, als am »Schwarzen Brett« des Hauses eine gedruckte Anzeige aushing, in der eine Gemeinsame Liturgie für Priesterweihe und Aussendung von Pastoralreferent(inn)en angekündigt wurde. Gleichzeitig erfuhren die versammelten Regenten, dass damals in Luzern die angehenden Priester und Laientheologen unter einem Dach wohnten.

Dass das Thema »Laientheologen im Pastoralen Dienst« in Köln aktuell war, zeigt eine Tagung der Thomas-Morus-Akademie unter diesem Thema vom 21. bis 23. April 1976.[33] Dass man in Köln noch in den Anfängen steckte und nach Orientierung suchte, zeigt die Referentenliste dieser Tagung: Mentoren für Laientheologen aus den Diözesen Münster, Trier, Basel, Würzburg, München. Das zentrale Referat »Was erwartet die Kirche vom Laientheologen? Welche Chance bietet sie ihm?« hielt Kardinal Döpfners Generalvikar Dr. Gerhard Gruber.

Generalvikar Feldhoff hielt seine Eindrücke nach dem Besuch einer abendlichen Plenumsdiskussion fest: »Einer der Laientheologen arbeitet im Augenblick an einer Befragung aller Pastoralassistenten, die ... in der Bundesrepublik Deutschland tätig sind. Dabei hat sich u. a. herausgestellt, dass 95 % der Befragten gegen den Empfang der Diakonenweihe sind, aber 80 % die Priesterweihe empfangen wollen. Der betreffende Laientheologe kommentierte dieses Ergebnis folgendermaßen: Die unserer Ausbildung angemessene Weihe ist nicht die Diakonatsweihe, sondern die Priesterweihe.«

Das war von der Besoldungsstufe her gedacht: Vollakademiker werden in Deutschland im höheren Dienst eingestuft, auch in der Kirche. Diakone ohne ein solches Studium erhalten (heute) Grundschullehrerbesoldung oder weniger. Feldhoff berichtete weiter: »An der Plenumsdiskussion habe ich mich nicht beteiligt, da ich die Arbeit des Vor- und Nachmittags nicht miterlebt hatte. Beim anschließenden Zusammensein und in Einzelgesprächen habe ich aber meine große Verwunderung über diese Argumentation zum Ausdruck gebracht. Sie gleicht der Argumentation bei Besoldungsfragen und hat nicht im entferntesten mehr eine Verbindung zum in der Nachfolge Christi begründeten Priestertum.«[34]

Um die Aufgabenzuweisungen für Laiendienste in der Seelsorge neben den Ständigen Diakonen und die entsprechenden Bewusstseinsbildungen nicht auseinander laufen zu lassen, war die Bischofskonferenz genötigt, durch ihre Kommission IV bald Rahmenordnungen erarbeiten zu lassen. Bereits bei ihrer Frühjahrsvollversammlung in Essen-Heidhausen am 3. März 1977 verabschiedeten die Bischöfe »Grundsätze zur Ordnung der pastoralen Dienste« und erteilten der Kommission IV den Auftrag, bis zur Herbstvollversammlung 1979 Rahmenstatuten und Ausbildungsordnungen zu erstellen.[35] Bereits bei der Herbstvollversammlung 1978 in Fulda konnten Rahmenordnungen für die Gemeindereferent(inn)en und Pastoralrefrent(inn)en verabschiedet werden. Die Rahmenordnung für die Ständigen Diakone verabschiedete der Ständige Rat der DBK am 22. Januar 1979 in Würzburg. Mehr Zeit erforderten die Rahmenord-

---

[33] Studienkonferenz *Laientheologen im pastoralen Dienst*. Standortbestimmung und Trends, 21. bis 23. April [1976] in der Thomas-Morus-Akademie, Bensberg (Einladung und Programm): HAEK – Zug. 1394 – 9; dort auch KNA-Berichte vom 23. und 24.4.1976 über die Tagung.
[34] Bemerkungen zur Bensberger Tagung »Laientheologen im pastoralen Dienst«, 26. März [richtiger wohl: April] 1976; Verteiler: Kardinal Höffner, Prälat Schöller, Prälat Henze, Bischof Hemmerle: HAEK – Zug. 1394 – 9.
[35] DIE DEUTSCHEN BISCHÖFE, Zur Ordnung der pastoralen Dienste, 2. März 1977.

nungen für die Ausbildung. Für die Pastoralreferent(inn)en wurde sie in Cloppenburg-Stapelfeld am 7. März 1979 verabschiedet, für die Gemeindereferent(inn)en am 29. September 1979 in Fulda.[36]

Schon in den Essener »Grundsätzen« von 1977 hatten die Bischöfe die Aufgaben der Pastoralreferenten zu beschreiben versucht.[37] Im Rahmenstatut für Pastoralreferent(inn)en von 1978 heißt es: »›Pastoralreferent‹ bezeichnet einen hauptberuflichen pastoralen Dienst. Taufe und Firmung ... sind auch die sakramentale Grundlage für die Beauftragung des Pastoralreferenten mit seinem Dienst. Dieser richtet sich primär auf bestimmte Sachgebiete bzw. bestimmte Lebensbereiche des christlichen Weltzeugnisses. Aufgabe des Pastoralreferenten ist es, die Glieder der Gemeinde zu einem christlichen Zeugnis in Familie, Kirche und Welt anzuregen und zu befähigen. Er soll mit den Gemeindegliedern klären, wie das Evangelium in den unterschiedlichen persönlichen und beruflichen Situationen bezeugt und gelebt werden kann.«[38]

So deutlich die intendierte Abgrenzung dieses Laiendienstes vom Weihepriestertum ist, so wenig konkret und in einen Stellenplan für die Seelsorge umsetzbar sind die Aufgaben der Pastoralreferenten beschrieben. Aus den bereits gesammelten Erfahrungen mit dem neuen Berufsstand in der Seelsorge wird anschließend das Anliegen einer angemessenen, vor allem geistlichen, Vorbereitung für diesen Dienst beschrieben: »Für seine Aufgaben bedarf er [der Pastoralreferent] entsprechender geistlicher Voraussetzungen, der spezifischen Kenntnis der verschiedenen Lebens- und Sachbereiche und einer theologischen Ausbildung.«

Als bei der Frühjahrsvollversammlung der Bischöfe im März 1979 die Ausbildungsordnung für die Pastoralreferenten zur Beschlussfassung vorlag, schrieb Sekretär Homeyer am 2. März 1979 an den Konferenzvorsitzenden Höffner: »Von verschiedenen Bischöfen höre ich beiläufig, dass die in der zur Beratung und Verabschiedung anstehenden Rahmenausbildungsordnung für die Pastoralreferenten vorgesehene geistliche Aus- und Fortbildung der Pastoralreferenten auf mancherlei Bedenken stößt. Bischof Hemmerle, der mir dies ebenfalls mitteilte, befürchtet (m. E. mit Recht), dass manche Bischöfe aus ihrer Umgebung dieserhalb ›bearbeitet‹ worden sind. Dies ergibt sich auch aus einer Reihe von Briefen von Laientheologen ...

Herr Bischof Hemmerle hält aber gerade die vorgesehene geistliche Ausbildung der Pastoralreferenten für grundlegend und unaufgebbar. Dies scheint mir äußerst berechtigt zu sein angesichts der Tatsache, dass in 10 Jahren neben 11.000 Priestern etwa 6.000 Laien hauptamtlich im pastoralen Dienst tätig sein werden. Wenn diese nicht durch eine intensive geistliche Ausbildung geformt sind – insbesondere

---

[36] Sämtliche genannten Beschlüsse: DIE DEUTSCHEN BISCHÖFE, Rahmenstatuten und -ordnungen für Diakone und Laien im pastoralen Dienst, 1978/1979.
[37] DIE DEUTSCHEN BISCHÖFE, Zur Ordnung der pastoralen Dienste 1977, S. 17f.
[38] DIE DEUTSCHEN BISCHÖFE, Rahmenstatuten und -ordnungen für Diakonie und Laien, S. 71.

hinsichtlich ihrer religiösen und kirchlichen Haltung –, müsste man doch wohl Angst bekommen ob der Zukunft der Kirche.«[39]

Die von der Bischofskonferenz beschlossenen Rahmenordnungen waren Vorgaben, die in den einzelnen Bistümern umgesetzt werden sollten. Das geschah mit unterschiedlichen Ansätzen und Ergebnissen. Das Grundproblem für alle Bischöfe war eine unerwartet hohe Zahl von Bewerbern mit Studienabschluss einerseits, die eine Anstellung bei der Kirche suchten. Andererseits konnten nur relativ wenige Mitglieder der »Bewerberkreise« als Pastoralreferent(inn)en angestellt werden, wenn man das mühsam umschriebene Berufsbild der Pastoralreferenten (kategorial, übergemeindlich) einhalten und eine zahlenmäßige Ausgewogenheit zwischen Priestern und Laiendiensten erreichen wollte.

Es ergab sich bald – nicht nur im Erzbistum Köln –, dass »Planstellen« für Pastoralreferenten nach den Vorgaben des Rahmenstatuts nur in sehr geringer Zahl vorhanden waren. Die Pfarrer kannten damals noch keine Zusammenarbeit über die Pfarrgrenzen hinaus und lehnten diese in ihrer großen Mehrheit ab. Diese pfarrübergreifende Seelsorge war jedoch Vorbedingung für den Einsatz von Pastoralreferenten in kategorialen Aufgabenfeldern. Wer einen Einsatz im Schuldienst auf Grund entsprechender Staatsexamina bewusst abgelehnt und einen Einsatz in der Seelsorge auf der Basis eines theologischen Vollstudiums angestrebt hatte, wollte als Pastoralreferent nicht in der Schule eingesetzt werden. Vereinzelt kam ein Einsatz in der Krankenhausseelsorge, in der Verbändearbeit oder in der Militärseelsorge in Betracht.

Bereits 1981 lief der Einsatz von Pastoralreferenten deutlich auf Gemeinde zu. Auf Grund »mannigfacher Kritik am Einsatz von Pastoralreferenten« stellte der Leiter der Hauptabteilung Seelsorge-Personal im Kölner Generalvikariat, Prälat Hubert Henze, für Kardinal Höffner detaillierte Überlegungen an, die auf die Frage zuliefen: »Wo und in welchen Bereichen der Seelsorge sollen Pastoralreferenten im Erzbistum Köln zum Einsatz kommen?«[40] In Henzes Auflistung ist schon die Reihenfolge bezeichnend:

»1. *In der Gemeindeseelsorge als Pastoralreferenten*, wenn auf Grund der (differenzierten) Situation die Zuweisung von Sachgebieten und/oder kategorialen Aufgaben möglich ist?
   1.1 In großen Pfarrgemeinden ab ... Katholiken;
   1.2 für mehrere Pfarrgemeinden, wenn diese *einem* Pfarrer zugewiesen sind;
   1.3 in einem Pfarrverband, der im Rahmen der vom Erzbischof genehmigten Verfassung tätig ist.

---

[39] Sekretär Dr. Homeyer, Note für den Vorsitzenden, 2.3.1979: HAEK – NH 734.
[40] Aktennotiz, Betr.: Einsatz von Pastoralreferenten im Erzbistum Köln, hier: Problem des beruflichen Arbeitsbereiches, Bezug: Mannigfache Kritik am Einsatz der Pastoralreferenten, 23.3.1981 (abgezeichnet: 13.5.1981): HAEK – NH 733 – Hubert Henze (1925–1985), Priesterweihe 1951 in Köln, 1957–1967 Stadtjugendseelsorger in Köln, 1967–1973 Pfarrer in Köln-Vingst, 1973–1984 Leiter der Hauptabt. Seelsorge-Personal im Kölner Generalvikariat, 1979 Domkapitular, 1984 Dompropst: HANDBUCH DES ERZBISTUMS KÖLN. Personaler Teil ^{27}1985, S. 73.

2. *Als Referenten und Berater* in Dekanaten, Stadt- und Kreisdekanaten, auf Diözesanebene?
   2.1 Theologische Referenten für einzelne Aufgaben der Seelsorge ... im Rahmen der bestehenden Stellenpläne ...
   2.2 Berater in der Telefonseelsorge, in Erziehungs-, Ehe-, Lebensberatung ...
   2.3 Referenten in Verbänden, Diözesanstellen, insbesondere in der Bildungsarbeit.
   2.4 Referenten in den Bildungsstätten der Jugend-, Erwachsenen- und Familienbildung.
3. *Als Pastoraler Dienst in Einrichtungen* der Caritas und Sozialarbeit?
   3.1 In Krankenhäusern;
   3.2 in Strafvollzugsanstalten;
   3.3 in der Militärseelsorge.«

Diese Vorlage von Prälat Henze scheint Grundlage intensiver Besprechungen und Planungen im Jahr 1981 gewesen zu sein. Am 23. März 1982 schrieb Generalvikar Feldhoff an Henze im Sinne einer Ergebniszusammenstellung: »In den letzten Monaten haben wir mehrmals ausführlich über den zukünftigen Einsatz von Pastoralreferenten in unserem Erzbistum gesprochen. Dabei mussten die verschiedensten theologischen und praktischen Gesichtspunkte berücksichtigt werden ... Oberstes Ziel aller Überlegungen war, einen für unser Bistum verantwortbaren Stellenplan für Pastoralreferenten zu entwickeln, um möglichst bald und möglichst genau den Laientheologen sagen zu können, mit wie viel Stellen sie in Zukunft in der Pastoral des Erzbistums Köln rechnen können ... Nachdem die Bischofskonferenz Anfang 1977 die Ordnung für die pastoralen Dienste verabschiedet hatte, wurde auch in unserem Erzbistum im Auftrag der Deutschen Bischofskonferenz eine Bedarfserhebung durchgeführt. Zum damaligen Zeitpunkt gab es noch keinen differenzierten Stellenplan für Priester, Gemeindereferenten und Pastoralreferenten ... Erfahrungen mit dem Beruf des Pastoralreferenten, wie er von der Bischofskonferenz entwickelt worden war, gab es noch nicht.«[41]

Man habe dennoch zunächst einen Bedarf von 93, später von 110 Stellen für Pastoralreferenten ermittelt unter der Voraussetzung, dass es zur Schaffung von »Gemeindeverbänden im ganzen Bistum« und zur Einwilligung »aller betroffenen Pfarrer zum Einsatz von Pastoralreferenten« komme. Diese Erwartung habe sich als unrealistisch erwiesen, und man sei auf eine Gesamtzahl von höchstens 76 Stellen gekommen. »Die tatsächliche Entwicklung in den Gemeinden lief noch wesentlich langsamer, so dass heute nur 25 Stellen zur Verfügung stehen, die den Bedingungen der Ordnung der Bischofskonferenz entsprechen. Tatsächlich sind derzeit aber im Bistum endgültig bzw. zur Vorbereitung 35 Pastoralreferenten angestellt.«

---

[41] Feldhoff an Henze, 23.3.1982: HAEK – NH 733 (Verteiler des Schreibens: Kardinal Höffner, Weihbischöfe Luthe, Dick, Plöger und verschiedene Abteilungsleiter des Generalvikariates).

Der Generalvikar ging dann von der Vergangenheit auf die zukünftigen Planungen über: »Nachdem sich verschiedene Gremien in unserem Erzbistum mit der Frage befasst haben, hat Herr Kardinal Höffner in der Sitzung des Erzbischöflichen Rates am 12. März 1982 entschieden, dass in den kommenden sechs Jahren jährlich fünf Pastoralreferenten angestellt werden können. Damit ist gewährleistet, dass wenigstens einige qualifizierte Kandidaten eine Anstellungsmöglichkeit im Erzbistum Köln erhalten. Die Hauptabteilung Seelsorge-Personal müsste im Einzelnen noch festlegen, unter welchen Voraussetzungen eine Anstellung im Einzelfall möglich ist, wenn nicht alle Anstellungsbedingungen der Ordnung der Bischofskonferenz sofort zu erfüllen sind. Das Ziel sollte sein, dass nach und nach alle Pastoralreferenten tatsächlich in Stellen eingesetzt werden, die den Bestimmungen der Bischofskonferenz entsprechen ... Wie es nach sechs Jahren weitergeht, kann man im Augenblick noch nicht übersehen. Dabei muss auch berücksichtigt werden, welche Entwicklung die Ausbildung der Gemeindereferenten nimmt, die wir als nächstes sorgfältig analysieren müssen.«[42]

Am 30. März 1982 richtete Feldhoff einen ausführlichen, wohlabgewogenen Brief »An die Studenten/Studentinnen der Theologie im Bewerberkreis des Erzbistums Köln«, in dem er diese Zukunftsplanungen des Erzbistums Köln darlegte.[43] Als er diesen Brief Kardinal Höffner zur Kenntnis gab, bemerkte er: »Zur Zeit gehören gut 160 Studenten zum Bewerberkreis. Auf Grund unserer Entscheidung vom März d. J. können nur 30 Pastoralassistenten in den nächsten 6 Jahren eingestellt werden. Es ist damit zu rechnen, dass diese Entscheidung, die mit dem Brief mitgeteilt und begründet wird, auf einigen Widerstand bei den Laientheologen stößt. Möglicherweise löst dieser Brief bei allen Laientheologen eine gewisse Beunruhigung aus. Wir haben auch von anderen Bistümern gehört, dass Laientheologen dort nicht angestellt worden sind. Nach Aussagen von Pfarrer Ludwikowski gibt es eine Reihe Laientheologen, die von einem Bistum zum anderen gehen, um eine Stelle zu finden.«[44]

Einige Wochen später wandte sich der Sekretär der Bischofskonferenz, Josef Homeyer, in Abstimmung mit Kardinal Höffner an den Kanonisten Professor

---

[42] Dr. Robert Kümpel, damals für den Einsatz der Priester zuständiger stellv. Leiter der Hauptabteilung Seelsorge Personal, berichtete dem Verfasser am 25.1.2011: »Tatsächlich sah der am 29.9.1982 von Kardinal Höffner veröffentlichte ›Stellenplan 1987‹ für die Pfarr- und Sonderseelsorge im Erzbistum Köln 69 (!) Pastoralreferenten für die Pfarrseelsorge und nur 65,5 Stellen für die Sonderseelsorge vor.« Es war schon verwunderlich, dass der Vorsitzende der Bischofskonferenz – wie fast alle seine Kollegen – die entsprechenden Beschlüsse der Bischofskonferenz umging. Der damalige Generalvikar Feldhoff meint sich zu entsinnen, dass er – Feldhoff –, Kümpel und Pfarrer Ludwikowski im Gespräch mit dem Sekretär der Kommission IV der Bischofskonferenz Heinz (Kursgenossen des Kölner Weihejahrgangs 1965) damals festgestellt hätten: Nur im Bistum Aachen, dem Bistum des Kommissionsvorsitzenden Hemmerle, würden die Beschlüsse der Bischofskonferenz konsequent eingehalten.
[43] Der Generalvikar des Erzbischofs von Köln an die Studenten/Studentinnen der Theologie im Bewerberkreis des Erzbistums Köln, 30. März 1982: In verschiedenen Akten, hier: HAEK – NH 810.
[44] Feldhoff an Höffner, 30.3.1982: Ebd.

Flatten.⁴⁵ Sein Brief lässt die Situation über das Erzbistum Köln hinaus erkennen: »Sie wissen, dass die Einführung der pastoralen Dienste für Laien, insbesondere der Beruf der ›Pastoralreferenten‹ und ›Gemeindereferenten‹, sich in einer Experimentierphase befindet, aber zu unterschiedlichen Praktiken in den einzelnen Diözesen und entsprechend zu unterschiedlichen Meinungen über diese Berufe geführt hat. Das entscheidende Problem scheint mir darin zu bestehen, dass die Beschreibung dieser Berufe und ganz besonders die Art und Weise des Einsatzes in manchen Diözesen faktisch zumindest die Aufgabe des ›Gemeindeleiters‹ tangiert. Dass es zudem Eindrängen [gemeint ist wohl: ein Drängen] mancher dieser Berufsträger zur Gemeindeleitung gibt, ist bekannt.«

Der Bonner Kanonist Hubert Müller – so fuhr Homeyer fort – sei der Meinung, man solle ein Angebot der römischen Kongregation für Sakramente und Gottesdienst von 1977⁴⁶ aufgreifen und für die Pastoralreferenten in Rom die Anerkennung eines speziellen Laiendienstes (*ministerium*) beantragen. In seiner Antwort an die Kongregation als Vorsitzender der Bischofskonferenz 1978 habe Höffner zwar geschrieben, dass die deutschen Bischöfe einen solchen Antrag nicht stellen wollten.⁴⁷ »Einer Tendenz würde Vorschub geleistet, die den pastoralen Dienst der Kirche nur dadurch gewährleistet sieht, dass möglichst allen, die sich an ihm beteiligen, die Priesterweihe nicht länger vorenthalten wird.« Doch Homeyer kam Flatten gegenüber zu einer anderen Auffassung: »Ich möchte nicht verhehlen, dass ich persönlich die Beantragung einer offiziellen Errichtung dieser pastoralen Dienste beim Apostolischen Stuhl deswegen befürworten würde, da ich eine völlige Abschaffung dieser Laiendienste nicht als realistisch ansehe, unter der Voraussetzung aber den Rang eines Gesetzes der Deutschen Bischofskonferenz dieser Rahmenordnung eben wegen des Charakters der größeren Verbindlichkeit für richtiger halte.«

Professor Flatten stellte sich jedoch in seiner Antwort ganz auf die Seite des Beschlusses der Bischofskonferenz von 1978 entsprechend dem Schreiben Höffners: Das Rahmenstatut der deutschen Bischöfe von 1978 bedürfe keiner römischen Verstärkung. Seine Verbindlichkeit ergebe sich aus dem allgemeinen Recht der Kirche. »II. Die Zuerkennung eines spezifischen *ministerium* ist nicht ungefährlich im Blick auf die Gewinnung von Priesternachwuchs.«⁴⁸

Homeyer hatte seine Anfrage bei Flatten auch dem Kölner Generalvikar zur Kenntnis gegeben.⁴⁹ Feldhoff nutzte die Gelegenheit seiner Antwort⁵⁰, dem

---

⁴⁵ Homeyer an Flatten, 15.4.1982 (Kopie): Ebd sowie HAEK – Zug. 1394 – 13 – Heinrich Flatten (1907–1987), 1934 Priesterweihe in Köln, 1949–1955 Professor für Kirchenrecht am Priesterseminar in Bensberg, 1955–1963 desgl. an der Universität Tübingen, 1963–1975 desgl. an der Universität Bonn, 1975 Offizial in Köln, 1966 nichtres. Domkapitular in Köln: HANDBUCH DES ERZBISTUMS KÖLN. Personaler Teil ²⁷1985, S. 58.
⁴⁶ S. Congregatio pro Sacramentis et Culto Divino an Höffner als Vors. der DBK, 27.10.1977 (Kopie): HAEK – Zug. 1394 – 13.
⁴⁷ Der Vors. der DBK an den Präfekten Kardinal Knox, 12.5.1978: Ebd.
⁴⁸ Flatten an Homeyer, 29.4.1982 (Kopie): HAEK – Zug. 1394 – 13.
⁴⁹ Homeyer an Feldhoff, 15.4.1982: Ebd.
⁵⁰ Feldhoff an Homeyer, 20.4.1982 (Kopie): Ebd.

Sekretär der Bischofskonferenz seine Sicht der Dinge darzulegen: »Zunächst möchte ich festhalten, dass ich die von der Bischofskonferenz verabschiedete Ordnung trotz aller Schwierigkeiten, die aus meiner Sicht von Anfang an zu erkennen waren, als die zum damaligen Zeitpunkt beste Lösungsmöglichkeit ansehe. Ob wir allerdings auf Dauer mit dieser Lösung leben können, weiß ich nicht ...«

Die Diskussion der letzten Monate im Erzbistum Köln sei zwiespältig. Die positiven Erfahrungen mit den Seelsorgehelferinnen ließen sich nicht auf die Pastoralreferent(inn)en übertragen. »Die Seelsorgehelferinnen verstehen sich als ein Dienst, der dem Amt zuarbeitet. Das Amt selbst war in seiner zentralen Stellung unbestritten. Heute haben nicht nur die Hochschulabsolventen und nicht nur die Männer, sondern auch die Frauen ein höheres Bedürfnis nach selbständigem Arbeiten. Es kommt hinzu, dass auch eine beachtliche Minderheit von Frauen in das Amt hineindrängt. Von daher wird m. E. die große Zahl der Laien im pastoralen Dienst zunehmend zu einer Anfrage an das Amtsverständnis der Kirche.« Feldhoff fuhr fort: »Selbst wenn man die Ordnung der Bischofskonferenz streng einhält, wird es in Zukunft Faktoren geben, die die Frage nach der Weihe der Laien im pastoralen Dienst immer lauter werden lassen. Pfarrhäuser stehen leer. Ganz gleich, ob in diesem Pfarrhaus ein Laie im pastoralen Dienst wohnt oder ob er an zentraler Stelle seines Pfarrverbandes eingesetzt wird und das Pfarrhaus an irgendjemand vermietet wird, viele Gemeinden werden gerade bei guten Gemeindereferenten und Pastoralreferenten fragen, warum weiht man nicht diesen Mann oder diese Frau, damit wir wieder einen Pfarrer am Ort haben?«

Feldhoff ging dann auf die grundlegende Problematik des Berufsbildes der Pastoralreferenten ein: »M. E. hat das Berufsbild des Pastoralreferenten, wie die Bischofskonferenz es dargestellt hat, in hohem Maß einen künstlichen, konstruierten Charakter. Es ist kein griffiger, plausibler Beruf. Indem man den Schwerpunkt auf die sogenannten kategoriellen Dienste legt, entfernt man sich von dem natürlichen Verständnis der pastoralen Dienste, die den Menschen nicht in einer jeweiligen Funktion oder Lebenslage sehen, sondern als Person in all ihren Bindungen. Die Stärke unserer Pastoral bestand und besteht doch darin, dass hier ein Ort ist, wo der Mensch sich als Ganzer angenommen fühlt ... Wenn es jetzt einige Dienste gibt, die den Menschen nur in bestimmten Lebenslagen oder in bestimmten Funktionen sehen, entfernt sich dies aus dem sonstigen Verständnis des pastoralen Dienstes ...« Nach Gedanken über weitere Problemfelder kam Feldhoff zu dem Schluss: »So leid es mir tut, ich komme beim Durchdenken der gesamten Problematik immer wieder auf die Fragestellung zurück, die Weihbischof Cordes bei den damaligen Überlegungen mit Nachdruck in Erinnerung gerufen hat: Entwickeln wir nicht tatsächlich durch die allgemeine Praxis in unseren Bistümern zunehmend eine Situation, in der es eine Fülle von faktischen Amtsträgern ohne Weihe gibt? Welche Folgen hat es für die Kirche?«

Pfarrer Hubert Ludwikowski, der Ausbildungsleiter für die Pastoralreferenten im Generalvikariat[51], und das Mentorat für die Laientheologen in Bonn hatten in diesen Wochen einige Mühen, die zum Teil emotionalen Wogen innerhalb des Bewerberkreises nach dem Brief des Generalvikars vom 30. März 1982 zu glätten. Am 5. Mai 1982 fühlte sich Ludwikowski gedrängt, Kardinal Höffner zu schreiben: »Wenn mehrere Jahre lang in der Bedarfsplanung für Köln von 10–12 Einstellungen pro Jahr ausgegangen wurde ..., so bedeutet eine Anstellung von fünf Berufsanfängern jährlich eine Halbierung der Berufsaussichten.« Höffner habe seinerzeit erklärt, »dass diese Bedarfszahlen zwar keine Anstellungsgarantie bieten, aber doch eine zuverlässige Orientierung ermöglichen sollten. Dass dies nun nicht mehr gilt, führt zu Irritationen und verbitterten Reaktionen auf Seiten der Studenten.«[52]

Neben den Anstellungsaussichten waren es auch von Pastoralreferenten beanspruchte liturgische Funktionen, die 1982 zu Auseinandersetzungen führten, zumal der Versuch einiger Pastoralreferenten, ein »Recht zur Predigt« innerhalb der Eucharistiefeier zu beanspruchen. Kardinal Höffner notierte sich am 9. September 1982: »Pastoralreferent A. F. schreibt: ›Tagesgebet und sonstige dem Priester vorbehaltene Gebete geben dem Zelebranten die Möglichkeit, sich als Vorsteher der Eucharistiefeier *einzugeben* [Hervorhebung von Höffner].‹ Zu diesem Zweck liest der Priester auch das Evangelium, ›wenn ich die Predigt halte.‹ In der Beurteilung der Messfeier [durch wen?] heißt es: ›Die Auslegung des Evangeliums war die am stärksten hervortretende Tätigkeit des Pastoralreferenten während der Messe.‹ ... Dechant Herweg ... schreibt: ›Wie bei vielen Pastoralreferenten liegt der Schwerpunkt seiner Tätigkeit in Bereichen, die mehr dem Gemeindereferenten zugeordnet sind ... Erstrebtes Ziel ist die Predigt in der heiligen Messe ...‹«[53]

Für die bald anstehende Fuldaer Bischofskonferenz notierte sich Kardinal Höffner: »Der neue Kodex behält in Kanon 722 die Predigt in der Eucharistiefeier dem Priester oder Diakon vor.

Für die Deutsche Bischofskonferenz ergeben sich zwei Fragen:

1. Die Bischöfe können einen Laien mit der Predigt in der Messfeier beauftragen, wenn es dem Zelebranten physisch oder moralisch unmöglich ist, selber zu predigen, oder wenn in besonderen Situationen, zum Beispiel am Fest der heiligen Familie, am Caritas-Sonntag, am Missions-Sonntag, Laien mit speziellen Fähigkeiten vorhanden sind, deren Ansprache für sehr nützlich gehalten wird.
2. Inzwischen hat sich eine neue Form der Laienpredigt in der Messfeier herausgebildet: Pastoral- und Gemeindereferenten sind der Meinung, dass ihnen Kraft

---

[51] Hubert Ludwikowski (*1940), Priesterweihe 1965 in Köln, 1971–1980 Militärpfarrer bzw. -dekan; 1980–1985 Leiter der Abt. Aus- und Weiterbildung sowie Ausbildungsleiter für die Pastoralreferenten im Generalvikariat Köln, 1985–2010 Pfarrer und Dechant in Pulheim: HANDBUCH DES ERZBISTUMS KÖLN. Personalteil 28 1998, S. 91.
[52] Ludwikowski an Höffner, 3.5.1982: HAEK – NH 810.
[53] Predigt der Pastoral- und Gemeindereferenten (»Aus den Akten, die ich zur Vorbereitung des Skrutiniums am 6.9.1982 durchsah«), 9.9.1982: HAEK – NH 829.

ihres Amtes das Recht zur Predigt in der Eucharistiefeier zustehe. Auf diese Form der Laienpredigt bezieht sich weder der Beschluss der Würzburger Bischofssynode [sic!] noch das Reskript der Kleruskongregation [von 1973]. Es hat sich vielmehr ein neues Predigt-Dienstamt herausgebildet ... Kardinal Ratzinger, mit dem ich am 11. September die Frage der Laienpredigt in der Eucharistiefeier besprochen habe, hält diese Entwicklung eines neuen Predigt-Dienstamtes für bedenklich. Eine Genehmigung Roms ist kaum zu erwarten.«[54]

Die Erlaubnis der Laienpredigt in genau umschriebenen Ausnahmefällen war den deutschen Bischöfen erstmals 1973 durch Reskript der Kleruskongregation für vier Jahre eingeräumt worden. Wie 1977 hatte Kardinal Höffner auch am 16. Mai 1981 um Verlängerung der Erlaubnis gebeten. Am 22. Februar 1982 übersandte Nuntius Del Mestri dem Vorsitzenden der Deutschen Bischofskonferenz das Reskript der Kleruskongregation vom 23. Januar 1982, »womit die erbetene Verlängerung nach Art und Form vom 1977 bis zur Promulgierung des neuen *Codex Iuris Canonici* ... gewährt wird. Zugleich unterstreicht der Herr Kardinal-Präfekt den außergewöhnlichen Charakter dieser Ermächtigung wie auch die Notwendigkeit, den kommenden *Codex* dann ohne Aussicht auf Dispens beobachten zu müssen.«[55]

Es gab aber in den frühen 1980er Jahren nicht nur bei den Bischöfen und Generalvikaren Sorgen um die Zukunft der Laien im Dienst der Seelsorge. Auch zwischen Pfarrern und Laientheologen herrschte noch »vorsichtige Distanz«, die beiderseits eingehalten wurde. Als Beispiel sei der Brief des Neusser Stadtdechanten Karl Franssen an Prälat Henze vom 6. September 1981 zitiert: »Die Sorge um das Selbstverständnis und die Spiritualität der Pastoral- und Gemeindereferenten und ihre Integration in den Kreis der in der Pastoral tätigen Geistlichen beschäftigt mich schon lange. Mir scheint, dass dieser Kreis der Mitarbeiter von uns tatsächlich vernachlässigt wird. Wir müssen uns ... sehr eingehend darüber Gedanken machen. Wenn ein Pastoral- oder Gemeindereferent Glück hat, findet er einen Pastor, der ihn geschickt und behutsam in die ihm spezifische Art der Gemeindearbeit einführt. Sonst aber steht er oder sie im Dekanat, im Stadt- oder Kreisgebiet recht isoliert da. Zu dieser Isolation tragen aber m. E. dieser Kreis der Mitarbeiter und die Art ihrer Zuweisung an die einzelnen Pfarreien mit bei. Hier bei uns beobachte ich, dass kaum einer der Gemeindereferenten und -innen an der Pastoralkonferenz oder der Recollectio teilnehmen, obwohl sie regelmäßig eingeladen werden.«[56]

Die Ordnungen für die Laien im Pastoralen Dienst von 1978/79 waren nur befristet beschlossen worden. 1984 sollte nach entsprechenden Erhebungen in den

---

[54] Laienpredigt, 13.9.1982: Ebd.
[55] Nuntius Del Mestri an Höffner (als Vors. d. DBK), 22.2.1982, Dekret 23.1.1982: Ebd.
[56] Stadtdechant Karl Franssen, Neuss, an Prälat Henze, 6.9.1981: EGV – 741–1 – Es fällt auf, dass beim Besuch von Konferenzen und Recollectionen ein Unterschied zwischen Pastoralreferenten und Gemeindereferenten gemacht ist: Nur die letzteren scheinen den Zusammenkünften ferngeblieben zu sein.

Diözesen eine Überprüfung stattfinden. Doch im Protokoll der Kommission IV der DBK vom 21./22. Januar 1985 liest man die Feststellung, selbst bis zum Herbst 1986 sei der Auftrag der Überarbeitung nicht zu leisten. Man müsse die Vollversammlung der Deutschen Bischofskonferenz bitten, die Frist bis zur Frühjahrsvollversammlung 1987 zu verlängern.[57]

Die Frühjahrs-Vollversammlung der Bischofskonferenz vom 25. bis 28. Februar 1985 in Köln widmete dem Thema einen Studientag und stellte fest, »dass die Essener Grundsatzbeschlüsse von 1977 nicht in allem genügend realisiert worden sind. Sie bekräftigt nachdrücklich die theologische Grundlegung, wie sie in den genannten Essener Beschlüssen ... gegeben ist. Sie empfiehlt, beim Einsatz der verschiedenen pastoralen Dienste, das dort gezeichnete theologische Profil sorgfältig zu beachten.« Bei der Überarbeitung der Ausbildungsordnungen sollte »insbesondere die geistliche Orientierung und Formung berücksichtigt werden«.[58]

Als zwei Jahre später am 10. März 1987 – bei der letzten Bischofskonferenz unter Höffners Vorsitz – in Cloppenburg die überarbeiteten »Rahmenstatuten und -ordnungen für Gemeinde- und Pastoral-Referenten/Referentinnen« verabschiedet wurden, hat man sich an die Vorgabe von 1985 gehalten.[59]

Wenige Tage nach der Bischofskonferenz im Februar 1985 fand am gleichen Ort – im neuerbauten Maternushaus in Köln – ein »Tag der pastoralen Dienste« statt.[60] Kardinal Höffner hielt ein ausführliches, von ihm sorgfältig erarbeitetes Referat[61], das von seinen eigenen Seelsorgeerfahrungen und seinen Eindrücken von der jüngsten Entwicklung ausging. Höffner formulierte dann für die Zukunft »10 Wünsche«: »1. Es ist mein Wunsch, dass die pastoralen Dienste die je eigene Sendung erkennen und vertiefen. Es gibt ›eine Verschiedenheit des Dienstes, aber eine Einheit der Sendung‹, sagt das Zweite Vatikanische Konzil. Die Dienste dürfen nicht verwischt werden. Der Dienst des Priesters ist unersetzbar. Andererseits ist der hauptamtliche Dienst der Laien in der Kirche keine Notlösung, auf die man wieder verzichten könnte, wenn es genügend Priester gibt. Es handelt sich vielmehr um einen eigenständigen Auftrag.« So hatte das die voraufgehende Bischofskonferenz nicht gesehen und formuliert! In einem 2. Wunsch betonte Höffner, »dass alles Tun im Sein gründen« müsse. »Im Dreiklang ›Theologiestudium – apostolisches Engagement – Spiritualität‹ ist die Spiritualität ... das Wichtigste.«

---

[57] Protokoll der Sitzung der Komm. VI der Deutschen Bischofskonferenz »Geistliche Berufe und kirchliche Dienste« 21.–22. Januar 1985 in Würzburg-Himmelspforten, S. 2.

[58] Protokoll der Frühjahrs-Vollversammlung der Deutschen Bischofskonferenz vom 25.–28. Februar in Köln, Maternushaus, S. 8–10.

[59] DIE DEUTSCHEN BISCHÖFE, Rahmenstatuten und -ordnungen für Gemeinde- und Pastoral-Referenten/Referentinnen, 10. März 1987, hrsg. v. Sekretariat der Deutschen Bischofskonferenz, Heft 41, Bonn 1987.

[60] Einladung: Der Erzbischof von Köln an alle Priester, Diakone und hauptamtlichen Laien im pastoralen Dienst, 28.1.1985, Programm und Plan für 18 Arbeitskreise: HAEK – NH 733.

[61] Tag der pastoralen Dienste, Köln, 12. März 1985, Ansprache des Kardinals Joseph Höffner – Maschinenschriftliches Manuskript mit handschriftlichen Ergänzungen und Bearbeitungsspuren des Kardinals: Ebd.

In einem 4. Wunsch erinnerte der Kardinal dann an die Essener Grundsätze von 1977. Für die Pastoralreferenten gelte weiterhin: »Der Schwerpunkt ihres Dienstes liegt in bestimmten Sach- und Lebensbereichen des christlichen Weltzeugnisses.« Im 6. Wunsch erinnerte Höffner daran: »Im Brief, den ich am 19. September 1978 an die Mitarbeiter im pastoralen Dienst gerichtet habe, betone ich ausdrücklich, dass es möglich und oft notwendig ist, Laien auch ›mit einzelnen Aufgaben des kirchlichen Amtes‹ zu beauftragen. Ich habe jedoch hinzugefügt, dass der Schwerpunkt des Dienstes nicht hier liegt ...« In den weiteren Punkten ging der Kardinal auf die Gemeindereferenten und die ehrenamtlichen Dienste ein.

Man kann diese Ansprache im März 1985 als das Vermächtnis Kardinal Höffners an die Laienmitarbeiter in der Seelsorge betrachten. Weder die Bischofskonferenz noch der Erzbischof von Köln konnten die Entwicklung aufhalten, dass Pastoralreferent(inn)en immer häufiger von den Beschlüssen der Bischofskonferenz abweichend in der umfassenden Gemeindepastoral eingesetzt wurden. Inzwischen hat der Priestermangel in ganz Deutschland dazu geführt, dass mehrere Pfarrgemeinden zusammen nur noch einen Pfarrer haben, der von einem »Pastoralteam« mit zahlreichen Laien unterstützt wird. Insofern kommt der Einsatz der Pastoralreferent(inn)en heute den Beschlüssen der Deutschen Bischofskonferenz von 1977 bzw. 1987 näher, als man damals erhoffen konnte. Gleichzeitig haben die gegenseitigen Ängste und Vorbehalte der frühen Jahre abgenommen. Eine Pastoral ohne Laienmitarbeiter ist jedenfalls nicht mehr denkbar.

b) Gemeindereferent(inn)en

Waren an der Universität ausgebildete Laientheologen in der Seelsorge ab den 1970er Jahren ein neues Phänomen, so konnten die »Seelsorgehelferinnen«, die zu »Gemeindereferentinnen« – und nach Zulassung von Männern zu diesem Beruf auch zu »Gemeindereferenten«– aufgewertet wurden, auf eine 50jährige erfolgreiche und anerkannte Wirksamkeit in der Kirche in Deutschland zurückblicken.[62]

Die Seelsorgehelferinnen verstanden ihre Arbeit als Dienst und als Zuarbeit für die Priester, zumal in der Diaspora. Da eine Priesterweihe für die Frau bis dahin noch nicht im Blick war, gab es keinerlei Sorgen um eine Verwischung der Grenzen zwischen Weiheamt und Laien-Mitarbeit in der Seelsorge, wie sie die Einführung des neuen Standes der Pastoralreferent(inn)en begleiten sollten. Der Einsatz

---

[62] Überblicke bieten: J. HOCHSTAFFL (Hrsg.), Von Beruf Gemeindereferent. Aufnahme eines Bestandes – Perspektive einer Zukunft, Paderborn 1985, darin besonders: F.-J. WOTHE, Von der Seelsorgehelferin zur Gemeindereferentin – über Ursprung und Entwicklung der Seminar- und Fachschulausbildung, S. 169-186; R. BIRKENMAIER (Hrsg.), Werden und Wandel eines neuen kirchlichen Berufs. Sechzig Jahre Seelsorgehelferinnen/Gemeindereferent(inn)en, Freiburg 1989, darin besonders: C. KOHL, Zwischen Laien und Amtsträgern? Zum ekklesiologischen Ort der Gemeindereferent(inn)en, S. 29–69.

der Seelsorgehelferinnen und später der Gemeindereferentinnen in der Pfarrgemeinde in Zuordnung zu einem Pfarrer war der Normalfall.

Der Stand der Seelsorgehelferinnen hatte sich ab den 1920er Jahren aus dem Caritasverband in Freiburg und später mehr unter Diaspora-Bedürfnissen durch den Bonifatiusverein in Paderborn entwickelt. Aus der Freiburger Wurzel entstand 1928 das dortige Seelsorgehelferinnen-Seminar[63], mit dessen Leiter, P. Wilhelm Wiesen OSC, Joseph Höffner während seiner Freiburger Studienjahre 1937–1939 engen Kontakt hatte. Höffner arbeitete in dessen »Freier Vereinigung für Seelsorgehilfe« mit und besserte durch kleinere Veröffentlichungen in P. Wiesens Zeitschrift seine damals finanziell sehr bescheidenen Möglichkeiten etwas auf.[64] Höffners Schwester Elisabeth bereitete sich, wie bereits erwähnt, von 1936 bis 1938 in diesem Freiburger Seminar auf den Beruf einer Seelsorgehelferin vor. Vierzig Jahre später bekannte sie ihrem Bruder in einem Brief: »Ich selbst hatte mich für den Schuldienst innerlich entschieden. Das NS-Regime hat mir diese Wahl verleidet. Heute bin ich froh darum und immer wieder dankbar, dass ich in der Kirche arbeiten darf.«[65]

Der Paderborner Bonifatiusverein war Pate bei der Gründung des Seelsorgehelferinnen-Seminars in Elkeringhausen (Sauerland) 1946. Zu diesen »Vorläufern« kamen bald weitere diözesane Seminare hinzu: 1948 in Erfurt und Magdeburg für die ostdeutschen Diözesen, 1952 gründete Kardinal Frings für das Erzbistum Köln ein Seelsorgehelferinnen-Seminar auf dem Venusberg in Bonn.[66] Für das Bistum Essen entstand das Seminar St. Bonifatius in Bottrop. Auch in Münster wurde ein Seelsorgehelferinnen-Seminar gegründet.

Die Ausbildung in diesen Seminaren umschloss theologisches Grundwissen, Hinführung zu seelsorglicher Praxis und zu einer den Beruf tragenden Spiritualität. Die Seminare waren nicht nur Ausbildungsstätten, sondern wie ein Konvikt aufgebaut, das unter Leitung einer Frau stand. Franz-Josef Wothe berichtet, man habe sich auch schon früh die Mitarbeit von Männern in der Seelsorge vorstellen können. »Aber man sah keinen Weg zur Verwirklichung, und so ging man zunächst ausschließlich auf die unverheiratete Frau zu. Man erwartete von ihr, dass sie sich ganz dem Beruf hingab und nicht durch eheliche und familiäre Pflichten gebunden war. Ein Gegenstück war etwa [bis in die 1930er Jahre] die zölibatäre Lehrerin. In einer Zeit, in der ein Großteil der Frauen nicht zur Ehe kommen konnte, weil sich kein geeigneter Partner fand, war das kein Problem.«[67]

---

[63] Dazu: M. RUCKMICH, Die berufliche Mitarbeit der Frau in der kirchlichen Seelsorge (= Neue Schriften zur Seelsorgehilfe 1), Freiburg 1950.
[64] Vgl. N. TRIPPEN, Höffner I, S. 62–64.
[65] Elisabeth Höffner an Joseph Höffner, 13.3.1976: HAEK – NH 537.
[66] Zum Seelsorgehelferinnen-Seminar in Bonn-Venusberg: U. HELBACH, Wie alles begann – Vorgeschichte und die Gründungsphase der Pfarrei Heilig Geist (1952–1961/62), in: 1957–2007. 50 Jahre Heilig-Geist-Kirche Bonn-Venusberg, Bonn 2007, S. 75–104, hier: S. 76f.
[67] F.-J. WOTHE, Von der Seelsorgehelferin zur Gemeindereferentin, S. 169f.

2. Laien als Mitarbeiter in der Seelsorge

In seinen letzten Wochen als Bischof von Münster schrieb Höffner einen Brief an die Seelsorgehelferinnen seines Bistums: »Nach einer mehrjährigen Fachausbildung sind Sie mit einem ausdrücklichen bischöflichen Auftrag in die Gemeinde gesandt, um den Priestern in ihrer pastoralen Aufgabe als Mitarbeiterinnen zur Seite zu stehen.« Höffner berichtete dann: »Wir Bischöfe haben uns in Fulda mit der Bedeutung und Stellung Ihres Berufes im pastoralen Dienst der Kirche beschäftigt. Wir freuen uns, dass der Beruf der Seelsorgehelferin, der vor rund einem halben Jahrhundert in der deutschen Kirche entstanden ist, inzwischen von mehr als zweitausendfünfhundert Frauen ausgeübt wird. Die Kirche kann auf Ihre Mitarbeit nicht mehr verzichten ... Die verantwortliche Mitarbeit der Frau in der Seelsorge ist so dringlich wie nie zuvor. Wenn sie heute noch mancherorts in ihrer Bedeutung nicht recht erkannt wird, haben wir doch die feste Zuversicht, dass sich die Gesamtsituation ständig, auch durch unsere Mithilfe, verbessern wird. Voraussetzung ist allerdings, dass wir alle miteinander jenen Familiengeist unter uns pflegen, der die Frucht der eucharistischen Mahlgemeinschaft sein sollte, die uns täglich zusammenführt.«[68]

Gleich nach seinem Amtsantritt in Köln erhielt Höffner einen Brief seiner Schülerin Barbara Albrecht, die inzwischen Leiterin des Seminars in Bottrop geworden war: »Wie Sie wissen, erstreben die Seminare für Seelsorgehilfe und Katechese angesichts der ständig steigenden Anforderungen, die sich aus der seelsorglichen und katechetischen Situation ergeben, und angesichts der dringend notwenigen Vergleichbarkeit des Berufes der Seelsorgehelferin mit dem der Sozialarbeiterin und Jugendleiterin eine Ausbildungsreform.«[69] Frau Albrecht bat Höffner um seine Unterstützung in der Bischofskonferenz, zumal die Ausweitung der Ausbildung eine Kostensteigerung für Räumlichkeiten und Lehrpersonal mit sich bringe: »Das Bonner Seminar hat sich, wie mir die Direktorin, Frau Meures, gerade mitteilte, vorläufig bereits entschließen müssen, die zweijährige Ausbildung weiterzuführen. Ich nehme an, dass dabei Dozenten- und Raumfragen eine nicht unerhebliche Rolle mitgespielt haben. Das Dozentenproblem ist ja wahrlich nicht nur ein finanzielles, sondern auch ein fachliches, menschliches und nicht zuletzt ein ›geistliches‹ Problem! Angesichts der Ihnen bekannten Problematik des Seminars in Münster, angesichts der Tatsache, dass mit dem neuen Seminar für Katechetik in Paderborn vier Seminare mit fast identischem Ausbildungsgang und Lehrplan allein in NRW existieren und nur halb gefüllt sind, und angesichts der grundsätzlich notwendigen Ausbildungsreform, drängt sich der Gedanke an eine Zusammenlegung von Seminaren geradezu auf.«

Auf einen weiteren Brief von Frau Albrecht antwortete Höffner am 21. April 1969: »Die Pläne mit dem zentralen Seminar in Münster müssen nun umgestaltet werden. Ich möchte noch in diesem Jahr die auf dem Venusberg Studierenden (12

---

[68] Bischof Höffner an die Seelsorgehelferinnen des Bistums Münster, 3.10.1988: HAEK – NH 4088.
[69] Barbara Albrecht an Koadjutor Höffner, 21.1.1969: Ebd.

im Haus, 11 Praktikantinnen) nach Bottrop oder Münster schicken. Mit Frau Direktorin Meures werde ich sprechen. Die zuständigen Bischöfe sind sich über die Zusammenlegung der Seminare grundsätzlich einig.«[70]

Das Problem der Ausbildungsqualifizierung spitzte sich in den 1970er Jahren zu, als auch Männer in diesen bisherigen Frauenberuf drängten. Der Staat begann, für zahlreiche Berufe, für die bisher Fachschulen ausgebildet hatten, »Fachhochschulen« zu gründen. Mit der dadurch bedingten Qualifizierung der Ausbildungsgänge und Abschlüsse war bei einer späteren Anstellung eine Besoldungsstruktur verbunden, die das Ansehen und die Attraktivität dieser Berufe steigerte. Für die Bischöfe in Nordrhein-Westfalen stellte sich das gleiche Problem im Hinblick auf die Kindergärtnerinnen und Heimerzieher/innen, aber dann auch für den Beruf der Seelsorgehelferin bzw. neuerdings auch des »Seelsorgehelfers«. Bereits 1971 gründeten die nordrhein-westfälischen Bischöfe mit staatlicher Genehmigung (und Refinanzierungszusage) die »Katholische Fachhochschule NW« mit Standorten/Abteilungen in Aachen, Köln, Münster und Paderborn.[71] Dabei wurde der Abteilung Paderborn ein Fachbereich Theologie zur Ausbildung von Gemeindereferent(inn)en angeschlossen.

Wie Kardinal Höffner 1976 von seiner Schwester Elisabeth erfuhr, waren einzelne der bisherigen Seelsorgehelferinnen-Seminare, z. B. Freiburg, durch einen Ansturm von Bewerberinnen überfordert. Elisabeth Höffner betrachtete den Beruf weiterhin als einen Frauenberuf. »Die Praxis zeigt aber, dass überall Männer und Frauen gemeinsam auf diesen Beruf vorbereitet werden«. Sie fügte dann hinzu: »Ich möchte auch noch auf die Berufsbezeichnung eingehen. Angestrebt wird eine Bezeichnung, die in allen Diözesen gelten soll. Weitgediehene Vorüberlegungen gehen dahin, dass alle, die von Fachschulen und Fachhochschulen kommen, sich Gemeindeassistentin und nach einem Anerkennungsjahr oder einer 2. Prüfung Gemeindereferentin nennen.«[72]

Weder in der Deutschen Bischofskonferenz noch erst recht im Erzbistum Köln hat es um die Gemeindereferent(inn)en vergleichbare Spannungen und Auseinandersetzungen gegeben wie gleichzeitig um den neuen Berufsstand der Pastoralreferent(inn)en. Als die neuen Pastoralreferenten in die Gemeindeseelsorge drängten, hatte man bei den verantwortlichen Stellen Sorge, die

---

[70] Höffner an Barbara Albrecht, 21.4.1969: Ebd. – Der Zusammenschluss der Seelsorgehelferinnen-Seminare in NRW zum Regionalseminar in Münster erfolgte 1970. Aus diesem Anlass schloss Kardinal Höffner das Seminar auf dem Venusberg: Erzbischöfl. Seminar für Seelsorgehelferinnen und Katechetinnen, Bonn-Venusberg, in: Das Historische Archiv des Erzbistums Köln. Übersicht über seine Geschichte, Aufgaben und Bestände, bearb. v. Toni DIEDERICH/Ulrich HELBACH, Köln 1998, S. 215f.

[71] Mitteilung des Kanzlers der Katholischen Hochschule NRW, Bernward Robrecht, aus den Akten der Hochschule: Notarielle Beurkundung über die Gesellschaftsgründung der KFH gGmbH: 25.6.1970; 1. Ordentliche Gesellschafterversammlung: 3.5.1971; Staatlicher Anerkennungsbescheid zum Betrieb der FH: 30.8.1971; Beginn des Lehrbetriebs: 1.9.1971 – Der erste Kurs für angehende Gemeindereferent(inn)en zählte 31 Studierende.

[72] Elisabeth Höffner an Joseph Höffner, 13.3.1976: HAEK – NH 537.

Pastoralreferent(inn)en könnten auf Dauer die Gemeindereferent(inn)en verdrängen. Die bereits zitierte längere Ansprache Kardinal Höffners an die Pastoralen Dienste am 12. März 1985 richtete sich ganz ausführlich an die Pastoralreferenten und ließ die Sorgen um diesen Berufsstand noch einmal anklingen. Den Gemeindereferent*innen* (die er fast ausschließlich im Blick hatte) widmete der Kardinal nur einen Abschnitt, der allerdings seine ganze Wertschätzung ausdrückte: »In den letzten 80 Jahren haben in Deutschland etwa dreitausend Frauen als Seelsorgehelferinnen ihren hauptamtlichen Dienst in den Pfarreien, besonders in der Diaspora, mit erstaunlichem Erfolg getan. Es ist mein Wunsch, dass der Dienst der Frau in den Pfarreien nicht zurückgedrängt wird ... Das Zweite Vatikanische Konzil hat erklärt: ›Da heute die Frauen eine immer aktivere Funktion im ganzen Leben der Gesellschaft ausüben, ist es von großer Wichtigkeit, dass sie auch an den verschiedenen Bereichen des Apostolates der Kirche wachsenden Anteil nehmen.‹«[73]

Wie die weitere Entwicklung zeigte, sollten sich Gemeindereferent(inn)en und Pastoralreferent(inn)en in der Gemeindeseelsorge nicht im Wege stehen. Ein ungelöstes Problem blieb bei vergleichbarer Tätigkeit der Unterschied in der Besoldung, der allein durch die unterschiedlichen Ausbildungsgänge (Fachhochschule bzw. Universität) bedingt ist.

---

[73] Tag der pastoralen Dienste, Köln, 12. März 1985. Ansprache des Kardinals Joseph Höffner: HAEK – NH 733.

IX. KAPITEL

HÖFFNERS ANTEIL AN DER WÜRZBURGER SYNODE
(1971–1975)

Als die deutschen Bischöfe Ende 1965 aus Rom zurückkehrten, standen sie vor der Aufgabe, die Beschlüsse des Konzils in ihren Diözesen umzusetzen. Von ersten Versuchen von Diözesansynoden berichtet Stefan Voges: »Unmittelbar nach Ende des Konzils setzte im erweiterten deutschen Sprachraum der gewünschte ›Synodenfrühling‹ ein: Am 27. November 1966 eröffnete Kardinal Bernard Alfrink das *Pastoraal Concilie* der niederländischen Kirche, 1968 begannen Diözesansynoden in Hildesheim und Salzburg, 1969 in Meißen und Wien. ... Der entscheidende Impuls für die Gemeinsame Synode der Bistümer in der Bundesrepublik Deutschland ging im September 1968 vom Essener Katholikentag aus, der in nicht geringem Maße von der allgemeinen gesellschaftlichen Unruhe geprägt war.«[1]

Unter dem Druck der bald sichtbar werdenden Unruhe der ersten Nachkonzilsjahre wollten die deutschen Bischöfe in der für die sorgfältige Vorbereitung eines solchen Großunternehmens notwendigen Zeit nicht ganz untätig bleiben: Sie beauftragten 1968 die Konferenz der deutschsprachigen Pastoraltheologen, unter dem Titel »PASTORALE – Handreichung für den pastoralen Dienst« in einer Reihe von 12 Einzelfaszikeln zu Themen der Seelsorge erste Anregungen für eine künftige Gestaltung der Seelsorge zur Diskussion zu stellen.[2]

1. Präludium zur Würzburger Synode: Das »Pastorale«

Als nach manchen Auseinandersetzungen zwischen Bischöfen und Verfassern 1970 der Einleitungsfaszikel unter dem Titel »Die Heilssendung der Kirche in der Gegenwart« erschien[3], schrieb Kardinal Döpfner, der Vorsitzende der Deutschen Bischofskonferenz, am 12. April 1970 im Vorwort: »Die Deutsche Bischofskonferenz hat vor einigen Jahren dem Beirat der deutschsprachigen Pastoraltheologen den Auftrag erteilt, eine Handreichung für den pastoralen Dienst zu erstellen ... Es ist der Versuch einer Antwort auf Fragen, die sich in der gegenwärtigen Lage des seelsorglichen Dienstes stellen. Zielrichtung und Inhalt dieser Anregungen

---

[1] St. Voges, Testfall Ökumene, S. 204.
[2] Die Entstehungsgeschichte des Pastorale rekapitulierte die Vorlage »Das Pastorale – Handreichung für den pastoralen Dienst« für die Vollversammlung der Deutschen Bischofskonferenz in Bad Honnef 24. bis 27. Februar 1969: HAEK – Dep. DBK, Sekretariat, 20, S. 165–176.
[3] Einleitungsfaszikel: Die Heilssendung der Kirche, Autor: W. Kasper, Bearbeitung: K. Lehmann, Mainz 1970.

bedürfen der Erprobung und der Diskussion ... An der Erstellung der Texte haben einzelne Bischöfe durch Diskussionsbeiträge zu den Entwürfen der einzelnen Faszikel, bei der Endredaktion kleine – von der Bischofskonferenz bestellte – bischöfliche Kommissionen mitgewirkt. Wenn das PASTORALE aber nicht von der Deutschen Bischofskonferenz, sondern vom Beirat der deutschsprachigen Pastoraltheologen herausgegeben wird, so soll darin zum Ausdruck kommen, dass nicht hinter jedem Faszikel und schon gar nicht hinter jeder These die volle Autorität eines einzelnen Bischofs oder der Deutschen Bischofskonferenz steht.«[4]

Dieses Vorwort Kardinal Döpfners lässt erkennen, dass die Bischöfe mit dem Ergebnis ihres Auftrages an die Pastoraltheologen nicht uneingeschränkt glücklich waren, dass es in der Bischofskonferenz bzw. in einzelnen ihrer Kommissionen Auseinandersetzungen über einzelne Faszikel gegeben hatte, die sich in vorhandenen Protokollen und Korrespondenzen spiegeln.[5] Höffner hatte bereits als Bischof von Münster – wohl 1968 – kritische »Anmerkungen« zum Einleitungsfaszikel gemacht[6], die er als Erzbischof von Köln 1969 weiterführte und bei der Frühjahrs-Vollversammlung vom 24. bis 27. Februar 1969 in Bad Honnef vortrug:

»I. Der Einleitungsfaszikel behandelt als ›Theologische Einführung‹ Fragen, die thematisch den Rahmen einer pastoralen Handreichung überschreiten und grundsätzlich in ein *Lehrschreiben* [der Bischöfe] gehören ...

II. Der Entwurf trägt gewisse Züge einer ›politischen Pastoral‹. Es fragt sich, ob die Bischofskonferenz sich dieser Moderichtung anschließen soll ...«

Höffner konkretisierte seine Kritik an einzelnen Aussagen des Faszikel-Entwurfs. Hier sei nur ein Punkt erwähnt, der den Sozialwissenschaftler Höffner besonders provozierte: »Auf S. 11 [des Entwurfs] wird behauptet, die kirchliche Verkündigung sei ›im Verlauf der Neuzeit‹ häufig in einen ›einseitigen Supernaturalismus und Spiritualismus‹ geraten; sie habe sich immer mehr auf das ›Übernatürliche‹ und ›rein Innerliche‹ zurückgezogen und, wie auf S. 7 gesagt wird, ›Beruf‹ und ›Öffentlichkeit‹ vernachlässigt. Diese Aussagen sind geschichtlich anfechtbar. Besonders die Kenner des *deutschen* Sozialkatholizismus werden sich an solchen Verallgemeinerungen stoßen. Männer wie Adam Müller, Görres, Reichensperger, Ritter von Buß, Ketteler, Baron von Vogelsang, Windthorst, Hitze usw. haben keinen Rückzug in einen ›einseitigen Supernaturalismus‹ angetreten. Von der Weltverantwortung gerade des deutschen Katholizismus zeugen auch im 19. Jahrhundert gegründete Bewegungen und Institutionen wie die Christlich-sozialen Arbeitervereine, das Kolpingwerk, die Zentrumspartei, die Christlichen Gewerkschaften, der Volksverein, der Caritasverband usw. Auch sei an die Entfaltung der katholischen Soziallehre erinnert ...«

---

[4] Ebd. S. 5f.
[5] Akten Kardinal Höffners: HAEK – Zug. 517/90 – 12–19.
[6] Der Bischof von Münster, Anmerkungen, o. D. – Maschinenschriftliches Manuskript mit handschriftlichen Bearbeitungsspuren Bischof Höffners: HAEK – Zug. 517/90 – 18.

1. Präludium zur Würzburger Synode: Das »Pastorale« 201

Wie sehr Erzbischof Höffner die Thematik des Einleitungsfaszikels beschäftigte, zeigt die Tatsache, dass er seine Honnefer Ausführungen am 12. März 1969 dem Sekretär der Bischofskonferenz nach München sandte[7] und am 8. April eine Fortführung nachreichte:

»1. Die geschichtlichen und soziologischen Aussagen erwecken den Eindruck einer globalen Schwarz-Weiß-Malerei. Die Geschichte der Kirche bis zum Zweiten Vatikanischen Konzil wird als Fehlentwicklung dargestellt ...
Die Geschichte der Kirche wird in zwei Epochen eingeteilt: die düstere Epoche bis zum Heute, dem Punkt Null, und die heute endlich beginnende Blütezeit der Kirche, in der alles anders wird. ›Wir sollten deshalb nicht fragen: Was können wir heute noch halten?, sondern: Was können wir heute schon tun (S. 9, Z. 32f.)?‹ Ist das nicht eine allzu statische Betrachtungsweise, die der Dynamik des Geschichtlichen und dem Wirken des Heiligen Geistes in *allen* Epochen der Kirchengeschichte nicht gerecht wird? Ich frage mich, ob sich die Bischofskonferenz eine solche Deutung der Kirchengeschichte zueigen machen kann ...

2. Der *theologische* Ansatz scheint mir in manchen Punkten fragwürdig zu sein. Bei der Darstellung des Priesteramtes wird zwar das Neue Testament befragt, die weitere unter dem Wirken des Heiligen Geistes erfolgte Lehrentwicklung über die Priesterweihe als Sakrament und den Zusammenhang zwischen Priestertum und Messopfer wird nicht erörtert. Wenn schon ausführlicher über den Dienst der Leitung und den ›Dienst an der Einheit‹ gesprochen wird (S. 35, Z. 4), warum wird dann das Petrusamt nicht erwähnt? Darf eine pastorale Weisung der Bischöfe an ihre Priester den Eindruck erwecken, als sei das bisherige Priesterbild mehr oder weniger *illegal* gewesen, so dass es nunmehr – nach dem Null-Punkt – gelte, ›in schöpferischer Weise neue Formen zu finden‹ (S. 28, Z. 1–2) und ›ein neues Priesterbild zu schaffen‹ (S. 38, Z. 4)?«[8]

Diese Stellungnahmen Höffners zum Entwurf des Einleitungsfaszikels des PASTORALE können nur als Beispiel gelten. Zu den Faszikeln über »Ehe und Familie«[9] und »Buße und Bußsakrament in der heutigen Zeit«[10] liegen in Höffners Akten vergleichbare kritische Äußerungen vor.

Es zeigte sich, dass Bischöfe und Pastoraltheologen aus unterschiedlichen Gründen mit dem Auftrag zur Erstellung des PASTORALE Schwierigkeiten hatten. Die Bischöfe mussten zur Kenntnis nehmen, dass die Theologen ihre Aufgabe nicht mehr ausschließlich in der Auslegung und Vermittlung der *traditio fidei*,

---

[7] Höffner an Prälat Dr. Karl Forster, 12.3.1969; Anlage: Anmerkungen zum 1. Faszikel (Theologische Einführung) der »Pastoralen Handreichung«: HAEK – Zug. 517/90 – 12 und 18 – Die Konferenz in Bad Honnef begann am Tage nach der Übernahme des Amtes des Erzbischofs von Köln durch Höffner.
[8] Unterschriebenes Exemplar: Bemerkungen zur »Theologischen Einführung« zum »Pastorale«, 8.4.1969: HAEK – Zug. 517/90 – 18.
[9] Ehe und Familie, Autoren: Paul Adenauer, Franz Böckle, Johannes G. Gerhartz, Josef Köhne, Johanna Rüberg, Georg Scherer, Mainz 1973 – Kölner Akten: HAEK – Zug. 517/90 – 19.
[10] Buße und Bußsakrament in der heutigen Kirche, Autor: Ludwig Bertsch, Mainz 1970 – Kölner Akten: HAEK – Zug. 517/90 – 14.

sondern unter dem Eindruck des Konzils und speziell der Pastoralkonstitution *Gaudium et spes* auch im Eingehen auf die Fragestellungen der Menschen und ihre Probleme in der modernen Welt sahen. Die Theologen mussten sich umgekehrt daran erinnern lassen, dass die *traditio fidei* nicht durch das II. Vatikanische Konzils außer Kraft gesetzt und der Glaube nicht neu zu erfinden war.

Zeigen Höffners Bemerkungen zum Entwurf des Einleitungsfaszikels ein prominentes Beispiel der bischöflichen Argumentation, so wird in einer Eingabe der Pastoraltheologen vom 18. Januar 1970 an die Deutsche Bischofskonferenz deren Position greifbar[11]: Sie wollten – nach Möglichkeit – noch 1970 alle geplanten 12 Faszikel des PASTORALE erscheinen lassen. »Es soll unbedingt am bisher vorgesehenen *Charakter des* PASTORALE *als Handreichung* festgehalten werden im Unterschied zu einem ›Lehrschreiben‹ oder ›kirchenamtlichen Direktorium‹.« Nach Vorschlägen über den Modus der Kooperation zwischen den Bischöfen und den Verfassern folgt die Bitte, bei der Behandlung dieses Antrages durch die Bischofskonferenz die Leitung der Pastoraltheologenkonferenz zu beteiligen.

»6. Sollte es der Bischofskonferenz *nicht möglich erscheinen*, ihr Einverständnis zu den vorstehenden Punkten zu geben, *dann sehen wir keine andere befriedigende Lösung, als die Bischöfe zu bitten, nach dem von der Vollversammlung der Konferenz der deutschsprachigen Pastoraltheologen zu Innsbruck vom 2.–5.1.1970 verabschiedeten Beschluss, die Herausgabe des* PASTORALE *vollverantwortlich der Konferenz der deutschsprachigen Pastoraltheologen anzuvertrauen.*«[12]

In der Tat lautet das Impressum der letzten Faszikel, z. B. »Ehe und Familie«, das 1973 erschien, nur noch »Herausgegeben von der Konferenz der deutschsprachigen Pastoraltheologen« ohne den früheren Zusatz »im Auftrag der Deutschen Bischofskonferenz«. Das Ringen zwischen Professoren und Bischöfen um das PASTORALE machte letzteren schon vor Beginn der Würzburger Synode deutlich, dass der Stil des Miteinander-Umgehens zwar weit von den Umgangsformen in Nordwijkerhout entfernt sein würde, aber auch in Deutschland erhebliche Wandlungen gegenüber vorkonziliaren Verhältnissen eingetreten waren.

2. DIE VORBEREITUNG DER SYNODE (1968–1970)

Die Vorbereitungsphase der Würzburger Synode ist bereits mehrfach kurz dargestellt worden[13], so dass hier eine Aufzählung der entscheidenden Daten genügen kann. Schon auf dem Essener Katholikentag 1968 war die Forderung nach einem

---

[11] Der Antrag des Beirates der deutschsprachigen Pastoraltheologen vom 18.1.1970 ist wörtlich aufgenommen in die Vorlage von Weihbischof Ernst Tewes für die Vollversammlung der DBK in Essen-Heidhausen vom 16.–19. Februar 1970 (den Mitgliedern der DBK übersandt am 5.2.1970): HAEK – Dep. DBK, Sekretariat, 22, S. 170–174.

[12] Die Hervorhebungen im hektographierten Text dürften von Weihbischof Tewes stammen.

[13] Z. B. K. LEHMANN, Allgemeine Einleitung, in: GEMEINSAME SYNODE, S. 21–67; R. ALTHAUS, Die Rezeption des Codex, S. 120–129.

2. Die Vorbereitung der Synode (1968–1970)

»Nationalkonzil« laut geworden. Bereits am 9. Oktober 1968 wandte sich die CAJ-Leitung an Bischof Hengsbach mit einem Antrag an die Deutsche Bischofskonferenz, bald eine »Pastoralsynode« einzuberufen. Diesem Antrag schloss sich die Hauptversammlung des BDKJ in Altenberg am 9. November 1968 an und fand dafür die Unterstützung des ZdK. Am gleichen 9. November 1968 kamen in Essen-Werden unter dem Vorsitz von Kardinal Döpfner, Bischof Hengsbach und ZdK-Präsident Albrecht Beckel[14] Vertreter der Bischofskonferenz und des ZdK zu einer ersten Besprechung zusammen und bildeten eine »Studiengruppe«. Diese »empfahl der Bischofskonferenz eine *Gemeinsame Synode der Bistümer in der Bundesrepublik Deutschland*, da die pastorale Situation der Kirche in der Bundesrepublik eine Beratung verlange und die anstehenden Fragen und Folgerungen aufgrund ihres bistumsübergreifenden Charakters nicht allein einzelne Diözesen oder Diözesansynoden beträfen ...«[15]

Es überrascht, dass die Bischofskonferenz schon bei ihrer Vollversammlung Ende Februar 1969 beschloss, »eine gemeinsame Synode der Diözesen in der Bundesrepublik Deutschland vorzubereiten und die dafür erforderlichen Voraussetzungen zu schaffen«. Man beauftragte Kardinal Döpfner als Vorsitzenden, »die Voraussetzungen für die Genehmigung durch den Hl. Stuhl zu klären ... Eine Studiengruppe unter Vorsitz des Bischofs von Essen wird beauftragt, bis zur Herbstvollversammlung 1969 beschlussreife Vorschläge für Arbeitsprogramm, Statut und Geschäftsordnung der Synode sowie für die Zusammensetzung der zu berufenden Vorbereitungskommission vorzulegen ...«[16]

Die Studiengruppe, die bereits für die Bischofskonferenz im Februar 1969 erste Entwürfe erstellt und an die Bischöfe verteilt hatte, bestand aus dem Generalsekretär des ZdK Friedrich Kronenberg, den Bonner Professoren Hubert Jedin und Heinrich Flatten, dem Sekretär der Bischofskonferenz Karl Forster und Professor Paul Mikat. Die Zusammensetzung dieser »Studiengruppe« lässt erkennen, dass man der beabsichtigten Synode klare rechtliche Strukturen geben und ein Risiko vermeiden wollte, wie es das Niederländische Pastoralkonzil seit 1966 eingegangen war. Karl Lehmann, damals junger Professor in Freiburg, schrieb dazu 1975 in der Einleitung zum Dokumentationsband der Würzburger Synode: »Ausgangspunkt [des niederländischen Pastoralkonzils] waren die Konzilsergebnisse, die auf die Situation der Niederländischen Kirche angewandt werden sollten. Ziel dieser Versammlung war die Beratung der Bischöfe in pastoralen Fragen. Weil man kein gesetzgeberisches Organ sein wollte, war es leichter, die kirchenrecht-

---

[14] Albrecht Beckel (1925–1993), 1953 Leiter der Sozialen Seminare im Bistum Münster, 1954–1988 Leiter des Franz-Hitze-Hauses in Münster, 1964–1972 Oberbürgermeister in Münster, 1968–1972 Präsident des ZdK: M Hermanns, Sozialethik, S. 259 Anm. 1012.
[15] R. Althaus, Die Rezeption des Codex, S. 120f.
[16] Protokoll der Vollversammlung der Deutschen Bischofskonferenz in Bad Honnef vom 24. bis 27. Februar 1969, S. 7 (HAEK – Dep. DBK, Sekretariat, 16).

lichen Probleme einer solchen Versammlung hintanzustellen und auch viele Themen über die Rezeption des Konzils hinaus anzugehen.«[17]

Die niederländischen Bischöfe waren demnach »Beratene« des Pastoralkonzils, nicht »Gesetzgeber« auf einer herkömmlichen Synode. Sie schienen in Nordwijkerhout öfter mehr am Rande als im Zentrum des Geschehens zu stehen.[18] Die deutschen Bischöfe wollten von Anfang an Inhalte und Strukturen der geplanten Synode bestimmen, ohne den Mitgestaltungswillen der (Laien-)Synodalen auszuschließen.

Nach einer außerordentlichen Vollversammlung der Bischofskonferenz am 29. August 1969 in Königstein wurden am 2. September die neuesten Entwürfe für Statut und Geschäftsordnung veröffentlicht und zur Diskussion gestellt.[19] Joseph Höffner – seit je nüchtern und jeder Euphorie des Augenblicks fern – notierte sich:

»I. Mitglieder

1. Art. 2, 3 u. 4 des Statuts werden dazu führen, dass die überwältigende Mehrheit der Mitglieder und Berater (und Gäste) zu den sog. Intellektuellen gehören werden. Die Zusammensetzung der Synode wird nicht repräsentativ sein für das gläubige Kirchenvolk. Die *wirklichen* Arbeiter, Bauern, Handwerker, Hausfrauen werden entweder ganz fehlen oder ihrem Anteil am Kirchenvolk entsprechend *nur minimal* oder durch intellektuelle Manager vertreten sein ... Die Intellektuellen werden der Synode eine Prägung geben, die dem Bewusstsein der überwältigenden Mehrheit des Kirchenvolkes nicht entspricht. Wenn heutzutage mit solcher Emphase vom demokratischen Prinzip gesprochen wird, sollte man nicht unterlassen, die Zusammensetzung der Synode *repräsentativ* zu gestalten.

1. Die Orden sind – angesichts ihrer Bedeutung in der Kirche Deutschlands – zu gering vertreten, die Ordensbrüder überhaupt nicht.

II. *Kommissionen (Art. 8, Abs. 5)*
Sollte der Vorsitz nicht *Bischöfen* übertragen werden?

III. *Leitung der Vollversammlung (Art. 11)*
im Wechsel ein Mitglied des Präsidiums. Besser: der Vorsitzende.«[20]

Zur sorgfältigen Diskussion der Entwürfe und eingehender Diskussionsbeiträge wurde eine weitere außerordentliche Bischofskonferenz in Königstein für den 10. und 11. November 1969 angesetzt.[21] Noch in den letzten Tagen vorher ging eine

---

[17] K. Lehmann, Allgemeine Einleitung, S. 31.
[18] Vgl. oben S. 135.
[19] Ankündigung: Sekretariat der DBK an die Mitglieder der DBK, 30.8.1969: HAEK – Dep. DBK, Sekretariat, 19, S. 182f.
[20] Handschr. Notiz Höffners »Gemeinsame Synode der Diözesen Deutschlands«, o. D.: HAEK – Zug 301 – 1.
[21] Protokoll: HAEK – Dep. DBK, Sekretariat, 16.

2. Die Vorbereitung der Synode (1968–1970)

Stellungnahmen von den deutschen Kanonisten[22] ein. Bei der Konferenz wurden Statut und Geschäftsordnung sowie Verhandlungsgegenstände nach den eingegangenen Voten diskutiert und entsprechende Beschlüsse gefasst.

Am Tag nach der Königsteiner Konferenz vom 10./11. November 1969 legte Kardinal Höffner einer Konferenz von Religionspädagogen in Altenberg ausführlich seine Sicht über den Stand der Synodenvorbereitungen dar: »In den letzten Monaten hat sich die Diskussion ... fast nur mit dem Statut der Synode befasst: wie sie zusammengesetzt sein solle, welche Entscheidungsbefugnisse ihr zustehen sollten und dergleichen mehr, während die Diskussionsbeiträge zur *Thematik* der Synode nicht einmal fünf Prozent der Einsendungen ausmachten. Dazu kommt, dass seit einigen Wochen – trotz der großen Zahl der Einsendungen – keine inhaltlich neuen Vorschläge zum Statut der Synode mehr eingetroffen sind. Angesichts dieser Lage und im Bestreben, das Gespräch über die Sachfragen endlich zu beginnen, hat die deutsche Bischofskonferenz vorgestern das Statut der Synode angenommen und dem Heiligen Vater zur Zustimmung vorgelegt ...«[23]

Höffner kam zu zwei Folgerungen:

»Erstens: Die gemeinsame Synode der deutschen Bistümer muss das ganze Gottesvolk darstellen: Bischöfe, Priester, Ordensleute und Laien. Nach bisher geltendem Recht konnten Laien nicht Mitglieder einer Synode sein. Schon diese Tatsache legt es nahe, die Stellung des Laien in der Kirche neu zu überdenken ... Alle Schichten und Gruppen der deutschen Katholiken müssen, so weit es nur möglich ist, auf der gemeinsamen Synode vertreten sein. Bei den Wahlen und Berufungen zur Synode ist deshalb darauf zu achten, dass zum Beispiel die Frauen und die Jugendlichen in ausreichender Zahl vertreten sind ... Das Kirchenvolk besteht in seiner überwältigenden Mehrheit aus jenen, die weder in den Zeitungen schreiben noch im Rundfunk reden, aber in den Kirchen beten und sich mühen, in Familie und Beruf ihre Pflicht zu erfüllen ... Allerdings dürften wegen der beruflichen Pflichten dieser Frauen und Männer die Sitzungen der Synode nicht wochenlang dauern. Auch müsste der Lohnausfall erstattet werden. Es werden deshalb in allen Bistümern Fragebogen verteilt werden, um den Gläubigen die Möglichkeit zu geben, ihre Gedanken zu den Themen der Synode zur Geltung zu bringen ...

---

[22] Stellungnahme und Vorschläge zum Statut der Gemeinsamen Synode der Bistümer in der Bundesrepublik Deutschland, vorgelegt in Einzelschreiben an die Mitglieder der DBK, an Kardinal Höffner: Audomar Scheuermann an Höffner, 27.10.1969: HAEK – Zug. 301 – 2.

[23] In Höffners Akten findet sich ein aus dem Herbst 1969 stammendes Manuskript mit dem Titel »Erwägungen zur gemeinsamen Synode der westdeutschen Bistümer«, über das Höffner handschriftlich eintrug »Kardinal Joseph Höffner«. Es ist nicht erkennbar, aus welchem Anlass Höffner den Text verfasste: HAEK – Zug. 301 – 3 – Eine Fortschreibung und Aktualisierung dieses Textes (Kopf: Der Erzbischof von Köln, am Ende datiert: 12. November 1969) ist von Höffner als Redemanuskript bearbeitet und mit entsprechenden Zeichen versehen: HAEK – Zug. 301 – 34 – Höffners Terminkalender weist für den 12.11.1969 den Eintrag aus: »9⁰⁰ Rel.päd. Konferenz Altenberg (Begrüßung – Erzbischof)«: HAEK – NH 2176 – Höffner hat diese Konferenz von Multiplikatoren des Synoden-Gedankens offenbar statt einer kurzen Begrüßung zu einer ausführlichen Darstellung der Synoden-Vorbereitung genutzt.

Dazu kommt ein Zweites:

Auf der gemeinsamen Synode der deutschen Bistümer muss die von Christus selber der Kirche gegebene *hierarchische Grundordnung* in Erscheinung treten. Ohne Anerkennung der Stellung der Bischöfe und des ihnen von Christus übertragenen Dienstes kann die Synode nicht wirksam werden. Im Statut der Synode heißt es deshalb mit Recht, dass eine Beschlussfassung der Vollversammlung der Synode über eine Vorlage nicht möglich ist, wenn die Deutsche Bischofskonferenz erklärt, dass sie dieser Vorlage ›aus Gründen der verbindlichen Glaubens- und Sittenlehre der Kirche nicht zustimmen kann.‹ ...

Aus der hierarchischen Grundordnung der Kirche ergibt sich, dass die Synode der deutschen Bistümer nicht schlechthin und in jeder Hinsicht nach den Regeln einer politischen Demokratie verfahren kann, wie es überhaupt misslich ist, politische Formeln unkritisch auf die Kirche anzuwenden, z. B. die Begriffe ›konservativ‹, ›progressiv‹, ›liberal‹, ›reaktionär‹, ›monarchisch‹, ›demokratisch‹, ›traditionalistisch‹ und dergleichen. Erst recht hilft uns ein heute weit verbreiteter *schwärmerischer* Begriff von Demokratie nicht weiter. Die Kirche ist wesentlich mehr als das Ergebnis demokratischer Abstimmungen. Sie ist die Gemeinschaft derer, die weder aus eigener Leistung noch durch Mehrheitsbeschlüsse, sondern durch den Tod Christi gerechtfertigt ist.«

Das Jahr 1970 war mit der unmittelbaren Vorbereitung der Synode nach den in Königstein beschlossenen Rahmenbedingungen ausgefüllt. Zunächst wurde die Fragebogen-Aktion unter den deutschen Katholiken organisiert. Höffner gab den zu versendenden Fragebögen einen werbenden Begleitbrief für die Empfänger im Erzbistum Köln bei, an dessen Formulierung er intensiv gearbeitet hatte: »... Diese Umfrage, die sich an alle Katholiken ab 16 Jahren richtet, wird in Zusammenarbeit mit dem demoskopischen Institut in Allensbach durchgeführt.« Nach einigen Sätzen an die kirchlich beheimateten Katholiken folgte eine besondere Einladung an die Kirchenkritiker unter ihnen, die zeigt, dass Kardinal Höffner nicht realitätsfremd war und wusste, in welchem Ton man diese Schicht ansprechen musste: »Sollten Sie persönlich – aus welchen Gründen auch immer – der katholischen Kirche kritisch gegenüber stehen, würde es ein Zeichen von großzügiger Gesinnung sein, wenn Sie bereit wären, den Fragebogen auszufüllen.«[24]

Die Sammlung und Auswertung der überraschend zahlreich zurückfließenden Fragebögen durch die diözesanen Synodalbüros und das Institut in Allensbach nahmen Monate in Anspruch. Als ein Zwischenbericht aus dem Erzbistum Köln mag ein Brief von Höffners Sekretär Feldhoff an den Sekretär der Bischofskonferenz, Prälat Karl Forster, vom 2. Juni 1970 verstanden werden. Feldhoff stellte Forster zwei Fragen:

---

[24] Entwurf mit handschr. Bearbeitungsspuren des Kardinals und Exemplar des Ausdrucks: HAEK – Zug. 301 – 2.

»1. Können Sie eine Begründung uns mitteilen, warum auf der 4. Seite des Fragebogens gefragt wird, wer in der Familie kocht? Diese Frage hat sehr viel Ärgernis erregt; manche haben uns wegen dieser Frage die Bogen unbeantwortet wieder zurückgeschickt.
2. Täglich treffen bei uns etwa 12–20 mehr oder weniger ausführliche Stellungnahmen zur Fragebogenaktion und zum Themenkatalog der Synode ein. Haben Sie vom Sekretariat [der DBK] aus schon grundsätzlich einmal überlegt, wie diese ausführlicheren Stellungnahmen am besten verwertet werden können? ...«[25]

Die von Feldhoff angemahnte Auswertung der zahlreichen Anfragen mussten vom diözesanen Synodalbüro – nach dessen Möglichkeiten – vorgenommen werden. Erst Ende Januar 1971 konnte der Leiter des Kölner Synodalbüros, Klaus Arnolds, seine Auswertungsergebnisse Kardinal Höffner mitteilen.[26]

Im Jahr 1970 fanden in den Diözesen auch die Wahlen der sieben Synodalen, die für jedes Bistum vorgesehen waren, statt. Von einer früheren Mitarbeiterin an seinem Lehrstuhl in Münster erhielt Höffner am 21. August 1970 einen Brief, der ihm Einblicke in die Realitäten seines früheren Bistums gewährte und seinen eigenen Anliegen entgegenkam. Es ging Frau Elisabeth Lammers um den Frauen-Anteil unter den Synodalen: »Die abgeschlossenen Wahlen in den Bistümern haben mehr als nur einen Achtungserfolg gebracht. Häufig sind von den vier wählbaren Laienvertretern zwei Frauen gewählt worden ... Aber trotzdem bleiben wir Frauen wegen der vorgeschriebenen drei Priester sehr in der Minderheit. Ich habe die Bitte, dass bei den Synodalen, die von der Bischofskonferenz ernannt werden, diese Ungleichheit – soweit es eben möglich ist – ausgeglichen wird.«[27]

In seiner Antwort stimmte Höffner dem Anliegen der Schreiberin durchaus zu: »Sowohl das Zentralkomitee als auch die Bischofskonferenz werden überlegen müssen, in welcher Zahl weitere Frauen in die Synode zu berufen sind.«[28] Wie in Münster, so wurden auch in Köln auf zwei der vier Laien-Synodalen-Stellen Frauen gewählt.

Die Vorbereitung der Synode beschäftigte die ordentlichen und außerordentlichen Vollversammlungen der Deutschen Bischofskonferenz 1970. Schwerpunktthema war die Vorbereitung der Synode bei der außerordentlichen Bischofskonferenz in Königstein vom 16. bis 18. November 1970, sechs Wochen vor der für den 3. bis 5. Januar 1971 angesetzten Eröffnungssitzung im Würzburger Dom.

Unmittelbar vor dieser Königsteiner Konferenz gab es noch einmal einen Paukenschlag: Eine »Aktionsgemeinschaft Synode« in Frankfurt forderte für die Synode die »uneingeschränkte Möglichkeit der Selbstbestimmung (Freiheit)«. »Deswegen muss die Vollversammlung der Synode das Recht haben, Statut und

---

[25] Feldhoff an Forster, 2.6.1970 (Durchschlag): HAEK – Zug. 301 – 3.
[26] Synodalbüro, Arnolds, an Höffner, 28.1.1971: Ebd.
[27] Elisabeth Lammers an Höffner, 21.8.1970: Ebd.
[28] Höffner an Lammers, 28.8.1970: Ebd.

Geschäftsordnung neu zu beschließen bzw. deren [von der Bischofskonferenz vorgegebene] vorläufige Fassung zu verändern ... Aus dem Prinzip der Freiheit der Synode folgt notwendig die grundsätzliche Gleichstellung aller Synodalen. Die besondere Stellung der Bischöfe ist gewahrt durch die Möglichkeit der Bischofskonferenz, den Beschlüssen der Synode die amtliche Geltung zu versagen ... Alle Vollmacht liegt bei der Vollversammlung der Synode. Bestimmte Funktionen können von ihr an die Organe der Synode ... delegiert werden. Sämtliche Organe der Synode sind der Vollversammlung ... deutlich unterzuordnen ...«[29] Das kam den Verhältnissen in Nordwijkerhout nahe.

Zu dieser »Frankfurter Resolution« nahm Professor Ratzinger Stellung und kam zu dem Schluss: »Mit diesem Begriff von Synode ist der Boden des katholischen Glaubens verlassen. Weder gibt es nach katholischem Glauben in der Kirche ein Volk, bei dem alle Gewalt ruht, noch kann eine Versammlung, die als Repräsentanz der in der Kirche lebendigen Kräfte zu gemeinsamer Beratung von den mit der Leitung der Kirche beauftragten Bischöfen berufen wurde, sich im Besitz einer solchen Gewalt erklären. Für die Kirche ist es nach katholischem Glauben wesentlich, dass sie nicht eine Vereinigung menschlichen Rechts ist, in der die einzelnen Vereinsmitglieder ihr Recht in bezeichnete Organe deklinieren, aber prinzipiell selbst die eigenen Träger dieser Rechte bleiben. Kirche wird vielmehr allein dadurch, dass sie von oben, vom Herrn her berufen wird, und er ist es auch, der als bleibender Herr der Kirche die Aufträge der Leitung zuteilt, die nicht auf Delegation von unten, sondern auf der sakramentalen Zuweisung von ihm her beruhen ...«[30]

Bei der Bischofskonferenz in Königstein vom 16. bis 18. November 1970 wurde aus den zahlreich von allen Seiten bei der Bischofskonferenz eingegangenen Vorschlägen zunächst eine Kandidatenliste von 80 Namen für die 40 von der Bischofskonferenz zu bestimmenden Mitglieder der Synode aufgestellt. In zwei Wahlgängen wurden dann 22 Priester und 18 Laien gewählt. Sodann wurde die Tagesordnung für die konstituierende Vollversammlung der Synode vom 3. bis 5. Januar 1971 festgelegt.[31]

Für das Erzbistum Köln ergab sich am »Vorabend« der Synoden-Eröffnung eine die 7 auf jedes Bistum entfallenden Synodalen erheblich übersteigende Vertreterzahl.[32] Die sieben gewählten Synodalen waren:
Professor Dr. Franz Böckle, Bonn
Diözesan-Caritasdirektor Dr. Ulrich Brisch, Köln

---

[29] Resolution des Frankfurter Kongresses der »AG Synode« vom 6. bis 8.11.1970: HAEK – Zug. 301 – 34.
[30] Schreibmaschinentext ohne Überschrift und Datum von gut 2 Seiten, handschriftl. Überschrift Höffners: Stellungnahme Prof. Ratzinger zur »Frankfurter Resolution«.
[31] Protokoll der außerordentlichen Vollversammlung der Deutschen Bischofskonferenz in Königstein vom 16. bis 18. November 1970: HAEK – Dep. DBK, Sekretariat, 30.
[32] Vom Synodalbüro Köln erstellte Liste: Die im Erzbistum Köln ansässigen Synodalen – »Vom Bistum gewählte Synodale ... – Von den Ordensoberen gewählte ... – Ergänzungswahlen des Zentralkomitees der Deutschen Katholiken ... – Von der Bischofskonferenz Berufene«.

Pfarrer Engelbert Ippendorf, Düsseldorf
Realschullehrerin Resi König, Köln
Arbeitersekretär Willi Pilgram, Opladen
Studentin Hermengild Verhaag, Köln
Studentenpfarrer Gottfried Weber, Düsseldorf.

Hinzu kamen 15 Synodale, die von den Ordensoberen, vom ZdK oder der Deutschen Bischofskonferenz gewählt und im Erzbistum Köln ansässig waren. Darunter fanden sich z. B. der Generalpräses des Kolpingwerkes Msgr. Heinrich Fischer, Dr. Alois Mertes (vom ZdK entsandt) und Professor Flatten, der Geistliche Direktor des ZdK Dr. Klaus Hemmerle, der Präsident der Görres-Gesellschaft Professor Dr. Paul Mikat sowie der Leiter des Katholischen Büros in Bonn Wilhelm Wöste (von der DBK entsandt).

Die nach Würzburg einberufene Synode der Bistümer in der Bundesrepublik Deutschland war in einem nicht zu langen Prozess sorgfältig vorbereitet worden. Die letzte Entscheidung in diesem Prozess hatte immer bei der Bischofskonferenz gelegen, ohne die Mitwirkung des ZdK und breitester Laienkreise in Deutschland auszuschließen. Nun kam es auf den Verlauf der Synode selbst an.

3. Die konstituierende Vollversammlung 1971

Schon am 7. November 1970 hatte Bischof Hengsbach den Mitgliedern der Bischofskonferenz über die gerade abgeschlossene Arbeit der Vorbereitenden Kommission berichtet und die Anregung gegeben: »Um bei der konstituierenden Sitzung einen gangbaren Weg zu haben für die Verteilung der Synodalen auf die einzelnen Sachkommissionen, wäre es hilfreich, wenn die ... Diözesanbischöfe die Synodalen aus ihrem Bistum bald einmal zu sich einladen würden. Dabei könnte die beigefügte Ordnung der Themenkreise und Kommissionen (die auch alle Synodalen in den nächsten Tagen erhalten) besprochen und überlegt werden, wer von den Synodalen des jeweiligen Bistums sich für welche Sachkommission interessiert. Das Sekretariat der Synode wird noch vor der konstituierenden Sitzung der Synode an alle Synodalen mit der Bitte herantreten mitzuteilen, in welcher Sachkommission sie mitarbeiten möchten und welche Kommission ersatzweise infrage kommt, falls sich das Interesse der Synodalen auf die eine oder andere Kommission besonders konzentriert.«[33]

Kardinal Höffner lud die Kölner Synodalen zu einer solchen Vorbesprechung für den 19. Dezember 1970 ein.[34] Ein erhaltenes handschriftliches Stichwort-Manuskript Höffners lässt seine bekannte Sorge um die richtige Zusammensetzung der Synode erkennen: »Die Synode versteht sich als Selbstdarstellung des

---

[33] Der Bischof von Essen an die Mitglieder der Deutschen Bischofskonferenz: HAEK – Zug. 301 – 4.
[34] Teilnehmerliste: Synodalbüro, Arnolds, an Höffner 14.12.1970: Ebd.

pilgernden Gottesvolkes in Deutschland.« Doch die wichtigsten Gruppen des Kirchenvolkes seien unterrepräsentiert. »Daraus folgt: 1. Wir müssen Kontakt zur Basis halten ... 2. In der Basis selbst, im Kirchenvolk, muss die Synode und ihre Thematik lebendig werden.« Für die Besprechung mit den Synodalen notierte sich Höffner u. a.: »Für welche Kommissionen haben Sie sich angemeldet? Ist die Diözese überall vertreten?«[35]

Kardinal Höffner ging auch beim Silvesterempfang in seinem Hause am 31. Dezember 1970 noch einmal auf die bald beginnende Synode ein: »Die Kirche in Deutschland lebt in der Erwartung der gemeinsamen Synode der deutschen Bistümer. Die hohe Beteiligung bei der Ausfüllung der Fragebögen hat gezeigt, dass die Gläubigen Großes von der Synode erhoffen. Die Synodalen sollten deshalb nicht vergessen, dass das gläubige Kirchenvolk in seiner überwältigenden Mehrheit aus jenen besteht, die weder in den Zeitungen schreiben noch im Rundfunk reden, aber in den Kirchen beten und sich bemühen, in Familie und Beruf ihre Pflicht zu erfüllen. Wenn in den nächsten Jahren die Fragen des Glaubens und der christlichen Lebensordnung nicht nur in der Synode, sondern in unseren Pfarreien, Pfarrgemeinderäten, Verbänden, Gemeinschaften und Familien in ernsthaftem Bemühen und bereitem Herzen durchdacht und vertieft werden, wäre die Synode der Impuls zu einer umfassenden christlichen Erwachsenenbildung. Während der Synode darf ja das Leben in den Pfarreien und Familien nicht gleichsam in den einstweiligen Ruhestand treten.«[36]

Die konstituierende Vollversammlung der Synode vom 3. bis 5. Januar 1971 im Würzburger Dom war ganz überwiegend mit Wahlen für das Präsidium (neben Kardinal Döpfner als Präsidenten) und die Kommissionen sowie einige andere Gremien befasst. Erste inhaltliche Schwerpunkte für die Arbeit der Synode wurden festgelegt. Karl Lehmann hat diesen Prozess knapp zusammengefasst: »Die Konzeption der Synode ging davon aus, dass jedes Mitglied in einer Sachkommission mitarbeitet und die Zahl der Kommissionen überschaubar bleibt ... Nach einer Einführung in die Thematik und einer ausführlichen Diskussion ... nahm die Vollversammlung den Themenvorschlag grundsätzlich an ... und beschloss die Zahl und den Aufgabenbereich der Sachkommissionen ... Schon vor der konstituierenden Vollversammlung hatte jedes Mitglied der Synode dem Sekretariat auf einem Formular mitgeteilt, in welcher Sachkommission es primär und in welcher es gegebenenfalls ersatzweise mitarbeiten wollte ... So wurde jedem Synodenmitglied ermöglicht, in der Kommission mitzuarbeiten, für die es die größte Bereitschaft bezeugte. Die Folge war eine beträchtliche Differenz in der Größe der Kommissionen ... Die Konstituierung der einzelnen Sachkommissionen fand in einer eigenen Sitzung statt ...«[37]

---

[35] Handschr. Manuskript Höffners »Gespräch mit Synodalen, 19. Dez. 1970«: Ebd.
[36] Auszug aus der *Silvesteransprache* des Erzbischofs von Köln Kardinal Joseph Höffner beim Empfang am 31. Dezember 1970: Ebd.
[37] K. Lehmann, Allgemeine Einleitung, S. 46f.

3. Die konstituierende Vollversammlung 1971

Es konnte nicht ausbleiben, dass einzelne Synodale schon bei dieser konstituierenden Vollversammlung versuchten, für die weitere Arbeit Maßstäbe zu setzen. Beispielhaft sei hier eine Kontroverse zwischen Heinrich Flatten und Karl Rahner (damals Dogmatiker in Münster) angeführt, in die sich Kardinal Höffner einschaltete. Flatten hatte bereits am 3. Januar 1971 mit Verweis auf eine Fernsehsendung am 27. Dezember 1970 unter dem Titel »Bischöfe antworten Journalisten« zunächst bestätigt, auf der Synode müssten »Verketzerungen« vermieden werden.[38] Dann jedoch führte Flatten aus: »Denn die Warnung vor der Verketzerung, vor der vorschnellen und unberechtigten Verdächtigung der Glaubensverfälschung, darf uns nicht Sand in die Augen streuen, als ob es nicht auch eine wirkliche Glaubensverfälschung gäbe, die klar beim Namen genannt werden muss.«

Flatten verwies dann auf eine jüngere Äußerung Höffners, die er zitierte: »Wer sagt: ›Ich glaube nicht, dass Jesus Christus wahrer Gott ist‹, ›Ich glaube nicht, dass Jesus vom Heiligen Geist empfangen worden ist‹, ›Ich glaube nicht, dass Jesus Christus von den Toten auferstanden ist‹, ›Ich glaube nicht, dass die sakramental geschlossene Ehe kraft göttlichen Willens unauflöslich ist; ich behaupte vielmehr, dass die Unauflöslichkeit der Ehe nur ein Ideal, nur ein Zielgebot sei, das im konkreten Fall die kirchliche Trauung Geschiedener zulasse‹, der gehört nicht mehr zur Gemeinschaft der katholischen Kirche ...«[39]

Flatten zog daraus die Konsequenz für die Synode: »Die Arbeit der Synode kann nur Frucht tragen, wenn sie unter diesen beiden Leitlinien ihre Aufgabe anpackt. Einmal unter der Bereitschaft, ohne voreilige Verketzerung aufeinander in Geduld zu hören. Und zum anderen mit dem Mut und der Entschlossenheit, ein volles und uneingeschränktes Ja zum Ganzen unseres Glaubens zu geben. Viele Gläubige draußen warten auf eine solche Synode, auf diese offene und mutige Synode.«

Rahner ließ sich die Gelegenheit einer Erwiderung nicht entgehen und sagte: »Ich muss Ihnen ehrlich gestehen, dass ich meine, dieses Votum von Herrn Flatten ist einfach zu einfach, als dass es eine Leitlinie für unsere Verhandlungen [ab]geben könnte ... Ich kann z. B. einfach nicht finden, dass die konkreten Fragen, wie sie heute, *heute* konkret über die Unauflöslichkeit der Ehe gegeben sind, so einfach zugedeckt werden können, wie das eben in dem Votum von Herrn Flatten geschehen ist. Ich würde sagen, so einfach ist es eben nicht ... Wer nicht Jesus von Nazareth als unseren Herrn und Heiland bekennt, der gehört nicht in diese Synode als mitstimmendes Mitglied hinein. Das ist auf der einen Seite selbstverständlich. Aber wenn ich sage: Jesus ist Gott, dann muss ich mir heute erst genauer überle-

---

[38] Wortlaut der Erklärung, die Prof. Dr. Dr. Heinrich Flatten, Universität Bonn, am 3. Januar 1971 in Würzburg bei der Eröffnungssitzung der Gemeinsamen Synode der Bistümer in der Bundesrepublik Deutschland abgegeben hat: HAEK – Zug. 301–33; Rheinischer Merkur Nr. 3, 29.1.1971: »So begann die Kontroverse auf der Synode – Die Stellungnahme Heinrich Flattens und die Antwort Karl Rahners«: Ebd.
[39] Für das Zitat Höffners nennt Flatten die Quelle: KA 109, 1969, S. 217.

gen, was ich damit eigentlich gemeint habe, und ich muss überlegen, ob nicht viele Leute unter einem solchen Satz etwas verstehen, was alles andere als ein katholisches kirchliches Dogma ist.«[40]

Ob Kardinal Höffner in Würzburg nicht mehr zu Wort kam oder ob er die Kontroverse Flatten-Rahner erst noch einmal überdenken wollte, sei dahingestellt: Am 9. Januar 1971 schrieb er Rahner einen Brief, in dem er nach der Versicherung, »dass ich nicht den geringsten Zweifel an Ihrer persönlichen Glaubensüberzeugung hege«, Position bezog:

»*Erstens*: Wenn ich bekenne, dass Jesus Christus *Gott* ist, so bekenne ich nicht irgend etwas, sondern den Glauben der Kirche an Gottes eingeborenen Sohn, der ›Gott von Gott‹ ist, ›Licht vom Lichte, wahrer Gott vom wahren Gott, gezeugt, nicht geschaffen, eines Wesens mit dem Vater‹ ...

Was mit dem einen Bekenntnis zu Jesus Christus, dem wahren Gott vom wahren Gott, gemeint ist, sagt mir unsere Kirche, die durch ihr Lehramt die Frohbotschaft Christi verkündigt und auslegt ...

Zweitens: Ich bekenne mich zum Glauben der Kirche, dass die sakramental geschlossene und vollzogene Ehe unauflöslich ist ...

In meinem Bekenntnis zur Unauflöslichkeit der sakramental geschlossenen und vollzogenen Ehe weiß ich mich verbunden mit dem Heiligen Vater und mit dem Kollegium der Bischöfe der ganzen Welt ...«

Höffner schloss: »Da Sie Ihren Diskussionsbeitrag öffentlich in der Vollversammlung der Synode und im Beisein der Presse vorgetragen haben, schicke ich eine Abschrift dieses Briefes an alle Synodalen und übergebe den Text der Presse.«[41]

Die Kontroverse Flatten-Rahner-Höffner brachte dem Kardinal eine Flut von 77 Zuschriften, überwiegend zustimmend, aber auch kritischen Inhalts.[42] Ein besonderes »Lob« erhielt Höffner von seinem Bischofsvikar Teusch, der ihm am 16. Januar 1971 schrieb: »Nunmehr bringt Ihr Brief die erwartete bischöfliche Stellungnahme und rettet die Ehre des gesamten Episkopates. Ohne diesen Brief wäre die Situation ohne Trost. Man kann jetzt sogar sagen, dass es gut war, dass Sie auf der Synode selbst nicht mehr zu Wort kamen. Denn dann wäre Ihre Äußerung nur eine Phase eines Streitgespräches gewesen. Jetzt aber ist Ihr Brief, besonders in der Form der Versendung an jeden einzelnen Synodalen, ein hoheitlicher Akt.«[43]

Karl Rahner ließ die Belehrung durch Kardinal Höffner nicht unwidersprochen. In einem offenen, von »Publik« abgedruckten Brief vom 13. Januar 1971 antwortete er dem Kardinal. Sein wesentliches Argument lautete: »Es handelt sich in Wirklichkeit um eine Frage, die nur *zwischen* den Zeilen sowohl des Diskussions-

---

[40] Der Text der Stellungnahme Rahners ist – außer in der Zeitschrift SYNODE – in dem oben genannten Artikel des Rheinischen Merkur vom 29.1.1971 abgedruckt.
[41] Höffner an Rahner, 9.1.1971: HAEK – Zug. 301 – 33.
[42] PEK – Artikel und Reportage, Nummer 18/11.2.1971: »Sehr gefragt: Deutliche Worte«.
[43] Teusch an Höffner, 16.1.1971: HAEK – Zug. 301 – 33.

beitrages von Herrn Flatten wie auch Ihres Briefes steht; es handelt sich um die Frage, ob mit einer einfachen Zitation kirchenlehramtlicher Erklärungen, die nicht nur Sie, sondern auch ich als verbindlich betrachten, die Fragen schnell erledigt werden können, die der Kirche von heute in Lehre und Praxis aufgegeben sind ...

Mit diesen wenigen Bemerkungen soll gar nichts als dies gesagt werden: Die Sache ist nicht so einfach, wie sie manchmal dargestellt wird; es muss vieles neu geprüft und diskutiert werden. Es gibt nach meiner Meinung *in concreto* kein ›chemisch‹ reines Dogma. Ein solches wird immer unter ganz bestimmten Voraussetzungen geistesgeschichtlicher und gesellschaftlicher Art formuliert. Es ist immer unweigerlich amalgamiert mit Meinungen, die gar nicht zu ihm gehören, die aber unter Umständen erst in einem weiteren Reflexionsprozess ausdrücklich von ihm unterschieden werden.«[44]

Diese von den Medien aufmerksam verfolgte und nicht immer sachgerecht vermittelte Kontroverse machte gleich zu Beginn der Würzburger Synode deutlich, dass dort nicht nur Randfragen, sondern fundamentale Fragen des Glaubensverständnisses und der Kirchendisziplin kontrovers diskutiert werden sollten.

4. Zweite Sitzungsperiode 1972

Aus der Rückschau mag es überraschen, dass zwischen der konstituierenden Vollversammlung der Würzburger Synode im Januar 1971 und der 2. Sitzungsperiode vom 10.–14. Mai 1972 fast anderthalb Jahre vergingen. Doch die zu bearbeitenden Themen und die dafür vorgesehenen Kommissionen waren erst bei der konstituierenden Sitzung im Januar 1971 festgelegt worden. Danach erst konnten die Kommissionen mit der Arbeit beginnen und Vorlagen zur Beratung für die nächste Vollversammlung der Synode erstellen. »Ein gutes Jahr brauchten die Sachkommissionen, um die Prioritäten ihrer Aufgaben festzulegen und erste Arbeitsergebnisse vorlegen zu können.«[45]

Welche Schwierigkeiten einzelne Kommissionen zu überwinden hatten, bevor sie zu Vorlagen für die Vollversammlung der Synode kamen, lässt ein Zwischenbericht Kardinal Höffners vor der Bischofskonferenz im April 1972 über die Arbeit der Kommission V (Gesellschaftliche Fragen) vom 11. April 1972 erkennen: »Die Kommission ist in ihrer Zusammensetzung heterogen. Das führte anfänglich zu Schwierigkeiten. Es bildeten sich verschiedene Gruppen, die mit unterschiedlichen Erwartungen und Fragestellungen in die Diskussion eintraten. Die Verständigung über die Priorität der zu behandelnden Fragen und über die Zielvorstellungen gelang erst nach mehreren Anläufen. Die erste Phase hatte die positive Wirkung, dass ein latentes Misstrauen der einen gegen die anderen und

---

[44] Rahner an Höffner, 13.1.1971: Ebd.
[45] K. LEHMANN, Allgemeine Einleitung, S. 48.

insbesondere gewisse Sprachbarrieren überwunden wurden. Es zeigte sich, wie notwendig der Dialog war. Inzwischen ist die Zusammenarbeit gut.«[46]

Diese Beobachtungen Höffners machen deutlich, dass die Synodalen mit sehr unterschiedlichen Zielvorstellungen und sachlichen Kompetenzen für die zu verhandelnden Themen nach Würzburg kamen.

Bei der Synoden-Vollversammlung im Mai 1972 mussten die Teilnehmer feststellen, dass Kardinal Höffner – wie wahrscheinlich nur wenige andere Synodale – die vorher zugesandten Vorlagen sorgfältig und kritisch durchgearbeitet hatte und mit Abänderungsanträgen nicht zurückhielt. Dafür können hier nur wenige Beispiele angeführt werden: Zur Vorlage der Kommission VIII »Beteiligung des Gottesvolkes an der Sendung der Kirche« beantragte er: »Zu Ziff. I.3 – Der Abschnitt muss neu formuliert werden auf der Grundlage des Dekretes des Vat. Konzils über das ›Apostolat der Laien‹. Dort wird bestimmt, dass die einzurichtenden Gremien *beratenden* Charakter haben. Die Synode eines einzelnen Landes ist nicht berechtigt, die Beschlüsse des Konzils zu ändern.«[47]

Ein heißes Thema war gleich bei dieser ersten Arbeitssitzung der Synode »Die Beteiligung der Laien an der Verkündigung im Gottesdienst«. Höffner beantragte – gewiss nicht zur Freude der Laien-Synodalen – folgende Änderung der Vorlage: »Die Synode erklärt [so die Forderung Höffners], dass die Predigt in der Eucharistiefeier ein liturgischer Vorgang und darum Sache des geweihten Priesters oder Diakons ist. Die Laien finden ein breites Feld der Verkündigung in der Familie, im Kindergarten und in Schulen aller Art, in Gruppenarbeit und Erwachsenenbildung, in der Vorbereitung der Kinder auf den Empfang der hl. Sakramente und in der religiös-pädagogischen Betreuung der Eltern dieser Kinder, in Vorträgen außerhalb der Eucharistiefeier und ähnlichem.«[48]

Die Jahre der Synode waren die Zeit, in der die Berechtigung der Kindertaufe – auch auf ökumenischer Ebene – heftig diskutiert wurde. Davon war auch eine Vorlage der Sachkommission II »Taufpastoral« beeinflusst. Kardinal Höffner legte Wert auf die Feststellung: »Wenn die Taufe deutlicher auf die Gemeinde hin gesehen werden soll, muss zuerst von der Kindertaufe gesprochen werden. Denn sie ist die Normalform. Für viele Gemeinden ist sie der fast ausschließliche Fall der Taufspendung, da jahrelang keine Erwachsenentaufe stattfindet ... Jeder Christ, dem an seinem Glauben liegt, wird seine Kinder möglichst bald in die Gemeinschaft der Kirche eingegliedert wissen wollen. Auch ist zu beachten, dass 1969 in der BRD in den ersten 27 Lebenstagen 16 179 Säuglinge gestorben sind (Stat. Jahrbuch der BRD 1971, S. 53).«[49]

---

[46] Der Erzbischof von Köln, Stand der Arbeit in der Sachkommission V der gemeinsamen Synode, 11.4.1972: HAEK – Dep. DBK, Sekretariat, 38, S. 202 – Vom 10. bis 13.4.1972 fand eine außerordentliche Vollversammlung der DBK in Essen-Heidhausen statt.
[47] Antrag Höffners (auf Antragsformular, Kopie für die eigenen Akten): HAEK – Zug. 301 – 6.
[48] Antrag Höffners (auf Antragsformular, Kopie für die eigenen Akten): Ebd.
[49] Der Erzbischof von Köln, Änderungsvorschläge zur Vorlage der Sachkommission II, Taufpastoral, 24.4.1972: Ebd.

Auch die Ersetzung des Begriffs Kirche durch (Lokal-)Gemeinde fand nicht Höffners Zustimmung: »Durch die Taufe wird der Mensch an erster Stelle nicht in die einzelne Gemeinde eingegliedert, sondern in die Kirche. Die Gemeinde kann der Gläubige beliebig wechseln, die Kirche nicht.«

Der Kölner Erzbischof kam dann zu dem Schluss: »Die Vorlage leidet u. a. daran, dass sie allzu sehr bis in Einzelheiten hinein Regulierungen vornehmen möchte. Schwerwiegender aber ist, dass sie die Kindertaufe nicht als die reguläre Art ansieht, in der man in unseren Landen in die Kirche aufgenommen wird.«

Höffner konnte gelegentlich auch zu ironischem Spott greifen, wenn ihn »tierischer Ernst« mancher Synodalen in Themen wie der Laienpredigt im Gottesdienst provoziert hatte. So sagte er zum Thema verständliche Sprache in der Verkündigung: »Die Sprachbarriere verläuft keineswegs so, dass nur die Priester eine unverständliche Sprache reden, die Laien jedoch eine verständliche Sprache. Sie läuft auch nicht so, dass unsere Pfarrer und Kapläne in den konkreten Pfarreien nicht mehr verstanden werden, während z. B. die Theologieprofessoren allen verständlich wären. (Heiterkeit)

Der Sprache Neu-Kanaans begegnen wir heute überall. Ein Beispiel: Im Grundsatzprogramm der KDSE, das ja sehr viel besprochen worden ist, heißt es – nicht zu Unrecht – auf Seite 13, dass ›auch heute noch in der Kirche eine Sprache üblich ist, die von vielen nicht verstanden wird‹. Als ich das las, reizte es mich, mir die Sprache des Grundsatzprogramms näher anzusehen. Ich stieß auf ›das privatistisch-konsumptiv ausgerichtete Grundverhalten‹, auf ›die systembedingten Konsum- und Statusnormen‹, auf ›die Erfordernisse des Kapitalverwertungsprozesses und der technokratischen Rationalität‹ und auf ›die Integration der Basis in die Entscheidungsstrukturen‹. (Heiterkeit) Ich frage, ob das eine sehr lebensnahe Sprache ist.«[50]

Bisweilen sprach Kardinal Höffner nicht nur im eigenen Namen, sondern gab eine »Stellungnahme der Deutschen Bischofskonferenz« ab: »In der Vorlage der Sachkommission IX ›Rahmenordnung für die pastoralen Strukturen im Bistum‹ wird versucht, die pastoralen Strukturen neu zu ordnen und dadurch einen Rahmen für eine zeitgemäße Pastoral zu schaffen. Dabei wird die Notwendigkeit des überschaubaren Raumes und des menschlichen Kontakts für die Seelsorge betont. Die Bischofskonferenz erhebt ernste theologische und kirchenrechtliche Bedenken gegen den in der Vorlage entwickelten Gemeindebegriff. Eine gründliche Überprüfung und entsprechende Umarbeitung der Vorlage sind erforderlich.«[51]

Der Sozialwissenschaftler *und* Theologe Höffner fügte noch eigene Erläuterungen an: »Theologisch ist der Satz kritisch zu hinterfragen, der so lautet: ›Glaubensvermittlung setzt in der Regel menschliche Kontakte voraus‹ (1.22). Die Verkündigung der Frohbotschaft ist als solche nicht an die Sympathie einer sich

---

[50] Maschinenschr. Entwurf, darüber handschriftlich: Kardinal Joseph Höffner, 12.5.1972: Ebd.; Abdruck des Beitrages: Protokoll der Vollversammlung 10.–14.5.1972, S. 255.
[51] Höffner in der Synodenaula: Protokoll der Vollversammlung 10.–14.5.1972: S. 400f.

zusammengehörig fühlenden Gruppe gebunden, sondern sie wendet sich, wie es in der Schrift heißt, an Juden und Hellenen und setzt in dieser Hinsicht eine gewisse Objektivität voraus. Es sollte auch der leiseste Anschein einer Absonderung vermieden werden, etwa in Sondergemeinden für Progressive, für Konservative, für Intellektuelle, für Arbeiter und dergleichen ... Das pastoral durchaus berechtigte Anliegen der durch persönlichen Kontakt verbundenen Gruppe sollte *innerhalb* der Pfarrgemeinde in zahlreichen kleinen Gemeinschaften verwirklicht werden, z. B. in den Kreisen junger Familien, in Caritaskonferenzen, in der Frauengemeinschaft, in Jugendgruppen, in Kolping und KAB; auch in Gruppen der Messdiener und Lektoren, im Kirchenchor usw.«[52]

Damit sind nur beispielhaft einige Änderungsanträge und Äußerungen Kardinal Höffners zu Synoden-Vorlagen zu Wort gekommen.

Wie er die Vollversammlung im Mai 1972 persönlich erlebt und gedeutet hat, wird aus einem Bericht deutlich, den er wenige Tage nach der Würzburger Vollversammlung vor der Kölner Dechantenkonferenz abgegeben hat: »Was manche vorausgesagt hatten, ist in Würzburg nicht eingetreten. Die Synode mit ihren 321 Synodalen und 79 Beratern platzte nicht. Sie blieb beieinander, obwohl zwei Themen auf der Tagesordnung standen, die mit Emotionen beladen waren: PUBLIK und ›Priesterweihe verheirateter Männer‹ ... In Essen-Heidhausen hatte die Bischofskonferenz am 10. bis 13. April 1972 mit 40 Ja-Stimmen gegen 3 Nein-Stimmen und einer Enthaltung folgendes beschlossen:

1. Die Bischofskonferenz ›stellt sich hinter das Ergebnis der letzten Römischen Bischofssynode‹.[53]
2. Sie erachtet es ›als nicht angezeigt und sinnvoll, sich in absehbarer Zeit mit der Bitte um Zulassung verheirateter Männer zum Priestertum an den Heiligen Vater zu wenden‹.
3. ›Nach der bisherigen Erfahrung‹ ist ›nicht damit zu rechnen, dass sich zum gegenwärtigen Zeitpunkt in einer Diskussion neue Argumente ergeben‹.
4. ›Viel wichtiger‹ ist es, sich ›anderen pastoralen Möglichkeiten zuzuwenden‹: Diakonat, Entwicklung des Laiendienstes in den Gemeinden, planvollere und engere Zusammenarbeit der Priester, Verbesserung der pastoralen Strukturen.
5. ›Insbesondere sieht die Bischofskonferenz in der Intensivierung von Glaube, Hoffnung und Liebe in der Kirche eine notwendige Voraussetzung dafür, wieder mehr Männer zu gewinnen, die bereit sind, in der Ehelosigkeit um des Himmelreiches willen den priesterlichen Dienst in der Kirche zu leisten‹ (Prot. Nr. 15).«[54]

---

[52] Höffner hatte im gleichen Sinne bereits bei der Bischofskonferenz in Essen-Heidhausen vom 10. bis 13.4.1972 berichtet. Der Erzbischof von Köln, Sachkommission IX: »Pastorale Strukturen«, 13.4.1972: HAEK – Zug. 301 – 8.
[53] Die Römische Bischofssynode 1971, bei der Höffner »Relator« war, hatte nach ausführlicher Diskussion ein Votum an den Papst zur Beibehaltung des Zölibats und gegen die Zulassung in Beruf und Ehe bewährter Männer (*viri probati*) zur Priesterweihe beschlossen. Dazu s. unten S. 311–317.
[54] Presseamt des Erzbistums Köln – Dokumente 33/29.5.1972: Zur Vollversammlung der Gemeinsamen Synode der deutschen Bistümer in Würzburg, Bericht von Kardinal Joseph Höffner bei der

Höffner fuhr fort: »Am Abend des 13. Mai kam es im Würzburger Dom zu einer leidenschaftlichen Aussprache über diese Stellungnahme der Bischöfe. Die einen nennen jenen Abend die ›Sternstunde‹ der Synode. Andere ... befürchten, dass ›die Fundamente dieser wiederentdeckten Gemeinsamkeit nicht sehr tragfähig‹ seien. Es zeuge kaum von Dialogbereitschaft, ›dass im Kiliansdom vernehmlich gescharrt wird, noch bevor bestimmte Synodenmitglieder das Wort ergriffen haben: allein die Namensnennung genügt‹ ... Sehr kritisch beurteilt Professor Karl Forster das geistige Klima der Synode. Ein ›nicht unerheblicher Teil der Diskussionsbeiträge‹ seien eine ›öffentliche Bischofsbeschimpfung‹ gewesen, ›bei der ein Bischof sich sogar der öffentlichen Verhöhnung‹ ausgesetzt sah. ›Spott, Zorn und verhöhnender Beifall‹ seien ›kein Zeichen der Brüderlichkeit, eher der Intoleranz und Unmenschlichkeit‹ (KNA – 72/V/339)«.

Der Kardinal ging dann vor den Dechanten auf die einzelnen Synoden-Vorlagen ein und referierte seine in Würzburg vertretenen Standpunkte.

Der Verlauf der ersten Arbeitssitzung der Vollversammlung zeigte deutlich, dass in der Würzburger Synode hohe, zum Teil unrealistische Erwartungen mit emotionaler Heftigkeit vorgetragen wurden und für Spannungen sorgten. Während man zunächst noch an eine zweite Vollversammlung im Jahre 1972 gedacht hatte, zeigte sich bald, dass man mehr Zeit benötigen würde bei der Überarbeitung bereits besprochener und der Vorbreitung neuer Vorlagen.

5. Dritte und vierte Sitzungsperiode 1973

Während der Vollversammlungen der Würzburger Synode wohnten die Bischöfe in Würzburg im Exerzitienhaus Himmelspforten. Das gab ihnen die Möglichkeit, sich am Rande der Synodensitzungen kurzfristig als Bischofskonferenz zu versammeln und Absprachen für ihr Vorgehen auf der Synode zu treffen. So setzte der Vorsitzende, Kardinal Döpfner, bereits vor Beginn der 3. Sitzungsperiode (3.–7. Januar 1973) eine Sondersitzung der Bischofskonferenz an.[55] Eine durch den Nuntius übermittelte Weisung des Präfekten der Kleruskongregation, Kardinal Wright, zur Laienpredigt in der Messe ließ Emotionen in der Synodenaula erwarten. Auch wollte man Berichterstatter der Bischofskonferenz und bischöfliche Diskussionsteilnehmer für die Verhandlungsgegenstände der Synode vorher festlegen.[56] Die für den 3. Januar, 17 Uhr, angesetzte Sondersitzung der Bischofs-

---

Konferenz der Dechanten des Erzbistums Köln vom 23. bis 26. Mai 1972 in Bad Honnef; hektographiertes Manuskript (10 Seiten): HAEK – Zug. 301 – 8; Höffners Vortrag vor den Kölner Dechanten fand auch Aufnahme in die deutsche Ausgabe des L'OSSERVATORE ROMANO, Nr. 24, 16.6.1972 (HAEK – Zug. 301 – 36).

[55] Tagesordnung und Protokoll: HAEK – Zug. 301 – 9.
[56] Anlage: Sondersitzung der Deutschen Bischofskonferenz am 3. Jan. 73 in Würzburg, Exerzitienhaus Himmelspforten. Betr.: Berichterstatter der Bischofskonferenz zu den einzelnen Vorlagen und die bischöflichen Diskussionsteilnehmer (2 Seiten): Ebd.

IX. Höffners Anteil an der Würzburger Synode (1971–1975)

konferenz musste durch die Eröffnung der Synoden-Vollversammlung unterbrochen werden und konnte erst abends fortgesetzt werden.

Für das Thema »Die Beteiligung der Laien an der Verkündigung im Gottesdienst« wurde Bischof Wetter von Speyer zum Berichterstatter bestimmt. Diskussionsteilnehmer von Seiten der Bischofskonferenz sollten außer Wetter Bischof Volk von Mainz und Weihbischof Saier von Freiburg sein. Es fällt auf, dass auf der zwei Seiten umfassenden Liste der Berichterstatter und Diskussionsteilnehmer für die 3. Vollversammlung Kardinal Höffner von Köln nicht vertreten war.

Der Pressedienst der Synode veröffentlichte noch am 4. Januar 1973 die am Vormittag von Bischof Wetter vorgetragene Position der Bischofskonferenz zum Thema Laienpredigt in der Messe: »Am 22. Dezember 1972 traf beim Vorsitzenden der DBK ein Brief des Herrn Nuntius [vom 19. 12. 1972] ein, in dem dieser die Meinung des Präfekten der Römischen Kleruskongregation Kardinal Wright wie folgt zur Kenntnis gibt: ›Seine Eminenz Kardinal Wright hat mich beauftragt, Euer Eminenz als dem Vorsitzenden der Deutschen Bischofskonferenz und der Gemeinsamen Synode folgendes mitzuteilen:

a) Gesetze über den Laienprediger im allgemeinen zu erlassen, gehört nicht in die Zuständigkeit der Ortskirche, auch nicht der zu einer gemeinsamen Synode versammelten Ortskirche; ein solches Problem muss auf der Ebene der Gesamtkirche verhandelt werden und ist deshalb kraft seiner Natur den zuständigen Organen eben derselben Gesamtkirche vorbehalten.

b) Im besonderen verstößt die Entscheidung über die Möglichkeit, dass ein Laie die Homilie *intra missam* hält, gegen eine deutliche Erklärung des Heiligen Stuhles, insofern die päpstliche Kommission für die Interpretation der Dekrete des II. Vatikanischen Konzils eine authentische Antwort gegeben hat, die eine solche Möglichkeit ausschließt. Die Antwort ist vom Heiligen Vater am 11. Januar 1971 bestätigt und in den AAS vom darauffolgenden 30. April verkündet worden (Band LX III, S. 329).

Es erübrigt sich hinzuzufügen, dass, wollte die Gemeinsame Synode eine Norm aufstellen, die der oben genannten zuwiderläuft, diese keine juristische Gültigkeit hätte, insofern sie von einem nicht zuständigen Organ stammt und zudem in einer Sache, die außerhalb seines Zuständigkeitsbereichs liegt.

Aus dem oben Gesagten folgt, dass auch die ›Regelung für die Erlaubnis der Laienpredigt‹, erlassen vom [deutschen] Episkopat am 18.11.1970 – d. h. vor der unter b) zitierten Antwort –, auf Grund eben dieser Antwort geändert werden muss. Jedoch ist der Heilige Stuhl nicht abgeneigt – falls der Episkopat das für opportun und notwendig hält, die Frage von neuem aufzugreifen – im Geist verständnisvoller Zusammenarbeit, das Problem noch [ein]mal zu prüfen.‹«[57]

Bischof Wetter referierte dann die Position, die die Bischofskonferenz zu diesem Bescheid aus Rom eingenommen hatte: Man sehe keinen Anlass, die bisherige

---

[57] Pressedienst der Gemeinsamen Synode, Dokumentation, Nr. 4/73: Ebd.

Stellungnahme der Bischofskonferenz zur Vorlage der Sachkommission I der Synode vom November 1972 zu ändern.

»2. Sie begrüßt das Angebot des Apostolischen Stuhles, die von Kardinal Wright geäußerten Bedenken im Gespräch zu klären.
3. Für dieses Gespräch geht die Bischofskonferenz davon aus, dass unbeschadet vielleicht notwendiger Abänderungen die Substanz ihrer Regelung vom 16./18. November 1970 erhalten bleibt; dies entspricht dem Sinn und Wortlaut des Briefes des Herrn Nuntius vom 19.12.1972.[58]
4. Sollte sich bei diesem Gespräch herausstellen, dass Teile der Vorlage der Synode der gesamtkirchlichen Regelung vorbehalten sind, wird die DBK sich für diese Teile nachdrücklich im Sinne eines Votums verwenden.«

Die Bischöfe rechneten mit emotionalen Äußerungen der Synodalen zu der römischen Weisung. Im Hinblick darauf fügte Bischof Wetter seinem Bericht in der Aula die versöhnlich stimmenden Worte an: »Schließlich darf ich feststellen, dass die Bischöfe dankbar zur Kenntnis genommen haben, mit welcher Gründlichkeit und Umsicht die Sachkommission I die Stellungnahme der DBK und die Anträge zur Vorlage bearbeitet und berücksichtigt hat. Ich habe den Eindruck – und das stelle ich mit Genugtuung fest –, dass unsere gemeinsame Synode mit dieser Vorlage einen guten Beitrag leistet für die Meinungsbildung in der Gesamtkirche in dieser Frage.«

Wie der Pressedienst der Synode berichtete, hatte es über die Vorlage der Kommission I und die Weisung aus Rom noch einmal eine Diskussion gegeben, ehe es am Nachmittag zu einer Abstimmung und Verabschiedung kam. »Damit hat die Gemeinsame Synode ihre erste Vorlage als *Empfehlung* verabschiedet. Über diesen Verbindlichkeitscharakter der Vorlage hatte es noch einmal eine Debatte gegeben, in der Prof. Heinrich Flatten erklärte, die erarbeitete Fassung stehe eindeutig im Widerspruch zur kirchenrechtlichen Lage. Zwar spreche er, Flatten, sich im Blick auf die seelsorglichen Belange für die Laienpredigt aus ... Aber die notwendige Ausnahmeregelung müsse von Rom erbeten werden und von der Synode daher in Form eines Votums verabschiedet werden.«[59]

Welche Spannungen innerhalb der Synodenaula und in den Medien sich aus dieser Kontroverse entwickelten, lässt die Presseerklärung Kardinal Döpfners am 7. Januar 1973 erkennen. Döpfner führte u. a. aus: »Lassen Sie mich noch ein paar Sätze zur Diskussion um die erste verabschiedete Vorlage der Synode zur Frage der Verkündigung durch Laien sagen. Den Meldungen in der Presse zu Folge soll ein Unterschied zwischen ›der offiziellen Meinung des Vatikans‹ und der inoffiziellen bestehen, die, wenn man verschiedenen Gerüchten glauben würde, in einem zweiten Brief von Nuntius Bafile enthalten seien. Ich muss diese Mel-

---

[58] Wie bereits weiter oben (S. 190f.) berichtet, kam es noch 1973 zu einer Erlaubnis der Kleruskongregation an die deutschen Bischöfe, die Predigt von Laien innerhalb der Eucharistiefeier in eng umgrenzten Ausnahmefällen zuzulassen. Diese Erlaubnis musste alle drei Jahre neu beantragt werden und entfiel durch den neuen CIC von 1983.
[59] Pressedienst der Gemeinsamen Synode, Synoden-Nachrichten, Nr. 4/1973

dungen und die Gerüchte klar und eindeutig dementieren, von einem Konflikt mit Rom kann nicht gesprochen werden ...«[60]

Die in der Presseerklärung Döpfners nur angedeuteten Hintergründe werden in einem Brief des Kardinals als Präsident der Synode an den Herausgeber der Süddeutschen Zeitung vom gleichen Tage deutlicher: »Das Präsidium der Gemeinsamen Synode hat den in Ihrer Zeitung erschienenen Kommentar ›Konflikt um einen Brief aus Rom‹, gezeichnet mit ›H. B.‹, mit außerordentlichem Befremden zur Kenntnis genommen ...

Im letzten Absatz wird unverhüllt die Behauptung aufgestellt, Kardinal Höffner und sein ›Haustheologe Flatten‹ seien ›römische Feuermelder‹, die den Vatikan bzw. den Nuntius in Deutschland ›als Notbremse benutzt‹ hätten, um damit ›einen Synodenbeschluss in letzter Minute zu torpedieren‹. Diese Behauptung ist durch keine Tatsache belegt; sie ist, wie eine Befragung der Beteiligten unschwer erwiesen hätte, unwahr, auf der anderen Seite aber geeignet, die Betroffenen schwer zu verunglimpfen.

Dem Präsidium ist es selbstverständlich, jede noch so scharfe negative Kommentierung eines Synodenvorgangs als Ausdruck journalistischer Freiheit, manchmal sogar als berechtigte Kritik zu akzeptieren, es ist aber nicht bereit, dieses ›Erraten‹ von Tatsachen als Ersatz für sorgfältiges Recherchieren hinzunehmen.«[61]

Am Vorabend hatte sich zwischen 21 und 22 Uhr die Bischofskonferenz in Himmelspforten noch einmal zu einer außerordentlichen Vollversammlung eingefunden. Das Protokoll lässt die positive Grundeinstellung der Bischöfe zur Synode ebenso wie die Nachwirkungen der jüngsten Turbulenzen erkennen: Alle zwischen Bischofskonferenz und Synoden-Präsidium ausgehandelten weiteren Beratungsgegenstände wurden einstimmig gebilligt. »... 2. Die Vollversammlung empfiehlt, möglichst früh den einzelnen Sachkommissionen der Gemeinsamen Synode die Vorstellungen der Deutschen Bischofskonferenz zu bestimmten Beratungsgegenständen mitzuteilen. Die einzelnen Kommissionen der Bischofskonferenz werden gebeten, die Beratungsgegenstände der Gemeinsamen Synode zu überdenken und der Vollversammlung der Bischofskonferenz im März entsprechende Vorschläge zu unterbreiten.

3. Ebenfalls soll von den Kommissionen der Deutschen Bischofskonferenz geprüft werden, welche Fragen bei welchen Beratungsgegenständen mit Rom abgesprochen werden sollen.«[62]

Die 4. Sitzungsperiode der Gemeinsamen Synode war für den 21. bis 25 November 1973 angesetzt, musste aber vorzeitig am späten Nachmittag des 24. No-

---

[60] Abschrift: Presseerklärung des Präsidenten der Gemeinsamen Synode der Bistümer zum Schluss der 3. Sitzungsperiode am 7.1.1973 in Würzburg: HAEK – Zug. 301 – 9.
[61] Der Präsident der Gemeinsamen Synode, Döpfner, an Dr. Hans Heigert, München, 7.1.1973 (Durchschrift für Kardinal Höffner »mit der Bitte um Kenntnisnahme«): Ebd.
[62] Protokoll der außerordentlichen Vollversammlung der Deutschen Bischofskonferenz vom 6. Januar 1973, 21.00–22.00 Uhr, in Würzburg-Himmelspforten: HAEK – Zug. 301 – 9.

vember abgebrochen werden, weil für Sonntag, den 25. November, wegen der damals aktuellen »Ölkrise« bundesweit ein Fahrverbot mit nur geringen Ausnahmen erlassen worden war.[63] Wiederum hatten sich die Bischöfe vor der Eröffnung der Synode zu einer Bischofskonferenz versammelt, um anstehende Entscheidungen zu treffen.[64] Das Synodenprogramm scheint auf Grund der Verkürzung mehrfach geändert worden zu sein. In Höffners Synodenunterlagen findet sich nichts, was auf eine persönliche Beteiligung des Kölner Kardinals an dieser Synoden-Vollversammlung schließen lässt. Dagegen war Höffner intensiv an den Auseinandersetzungen der Synoden-Vollversammlungen der Jahre 1974 und 1975, vor allem über die Vorlage »Kirche und Arbeiterschaft« der Synodenkommission III, beteiligt.

6. Die Sitzungsperioden 1974 und 1975

Die 5. Sitzungsperiode der Vollversammlung der Gemeinsamen Synode hat in Höffners Akten nur eine Spur hinterlassen, die allerdings für seinen nüchternen Realismus kennzeichnend ist.

Seit der 2. Sitzungsperiode im Mai 1972 hatte man an Vorlagen für eine Rahmenordnung für die pastoralen Strukturen wie für eine Angleichung der Strukturen der Bistümer gearbeitet, die zu einer gemeinsamen »Rahmenordnung für die pastoralen Strukturen und für die Leitung und Verwaltung der Bistümer in der Bundesrepublik Deutschland« führte. Diese sollte in der 5. Sitzungsperiode im Mai 1974 in 2. Lesung beraten und verabschiedet werden. Philipp Boonen berichtet in seiner Einleitung zum verabschiedeten Text: »Die nunmehr kombinierte ›Rahmenordnung ...‹, zu der noch 71 Anträge der Synodalen erfolgten, wurde am Sonntag, dem 26. Mai 1974, in der 5. Vollversammlung der Synode nach einer sehr lebhaften Debatte beschlossen ...« Boonen weist dann zum Schluss selbst auf eine die Rechtskraft einschränkende Vorbemerkung des beschlossenen Textes hin: »Die gemeinsame Synode der Bistümer in der Bundesrepublik Deutschland empfiehlt nachdrücklich, diese Rahmenordnung in den Bistümern anzuwenden, sofern nicht ganz besondere örtliche Gegebenheiten dem entgegenstehen.«[65]

Es war die Bischofskonferenz gewesen, die sich gegen Festlegungen in der Bistumsverwaltung bis in die Details zur Wehr gesetzt und Höffner beauftragt hatte, ihre Position vor der Synode zu vertreten. Höffners handschriftlicher Entwurf für diese Stellungnahme der Bischofskonferenz vor der Synode ist erhalten:

---

[63] Programm-Vorschlag: HAEK – Zug. 301 – 10; Vollversammlung der Synode muss ihre Arbeit vorzeitig beenden: Pressedienst der Gemeinsamen Synode, Synoden-Nachrichten, Nr. 3/73 vom 21.11.1973: HAEK – Zug. 301 – 10.
[64] Einladung des Vorsitzenden Döpfner an die Mitglieder der Bischofskonferenz, 14.11.1973, für den 21.11.1973, 16.30 Uhr: Ebd.
[65] Ph. Boonen, Einleitung (zu Rahmenordnung für pastorale Strukturen ...), in: Gemeinsame Synode, S. 681 bzw. 689.

»Der Beschluss der Bischofskonferenz, die Vorschläge des Entwurfs als *Empfehlungen* anzunehmen, wendet sich nicht gegen die einzelnen Vorschläge, sondern gegen die Tendenz, alle Regelungen bis ins Einzelne für alle Bistümer vorzuschreiben, ohne dass die Notwendigkeit dazu einsichtig wäre, z. B. dass der Regionaldekan auf fünf Jahre gewählt werden *muss*, nicht etwa auf 4 oder 6 Jahre, dass ein Generalvikariat in Hauptabteilungen, Abteilungen und Referate eingeteilt werden muss; wir haben in Köln z. B. auch noch Stabsstellen und weitere Untergliederungen. *Muss* wirklich *alles* in *allen* deutschen Bistümern bis in diese Kleinigkeiten gleichgeschaltet werden?

Mir scheint das dem Grundsatz der Subsidiarität zu widersprechen, d. h.: Was in sinnvoller Weise in einzelnen Bistümern nach den jeweiligen örtlichen Gegebenheiten geregelt werden kann, soll nicht gleichgeschaltet werden. Ich wende mich nicht nur als Bischof, sondern auch als ehemaliger Sozialwissenschaftler gegen das *Alles-Reglementieren*. Wenn eben gesagt worden ist, ›Rahmenordnung‹ meine das nicht, so bitte ich, das im Text zu sagen. Denn der Satz auf S. 25, ›der Regionaldekan wird auf 5 Jahre gewählt‹ ist keine *Soll-Vorschrift*, sondern eine Muss-Vorschrift. Wenn Rahmenordnung etwas anderes bedeutet, muss eine klare *Begriffsbestimmung* der Rahmenordnung in den Text aufgenommen werden. Sonst entsteht Rechtsunsicherheit, was nun verbindlich und was nicht verbindlich ist.«[66]

Höffner bzw. die Bischofskonferenz erreichten nicht, dass der Beschluss nur als Empfehlung qualifiziert wurde. Der Kompromiss bestand in der schon zitierten *Nota explicativa praevia*, die im Dokumentenband der Synode dem Text vorausgeht.[67] In einem Vorabdruck im Organ der Würzburger Synode SYNODE hatte diese *Nota* noch gefehlt, was Heinrich Flatten am 13. März 1975 zu einer Anmahnung bei Kardinal Höffner veranlasste: »Dieser Satz ist integrierender Bestandteil des Synodenbeschlusses und für dessen Verständnis gerade unerlässlich. Denn damit ist allen Bestimmungen der ganzen Rahmenordnung ausdrücklich der Anordnungscharakter genommen. Das war die bewusste Absicht bei der Einfügung dieses vorangestellten Satzes ...«[68] Man darf davon ausgehen, dass Kardinal Höffner dafür gesorgt hat, dass in der offiziellen Ausgabe der Synodendokumente diesem Anliegen entsprochen wurde.

Bereits 1973 hatte die Sachkommission III der Synode (Christliche Diakonie) an einer Vorlage »Kirche und Arbeiterschaft« gearbeitet, die seit dem 7. Januar 1974 vorlag.[69] Die erste Stellungnahme dazu ging nach einer Sitzung der Sachkommission V (Gesellschaftliche Aufgaben der Kirche) am 9. Februar 1974 in

---

[66] Handschr. Ms. Höffners ohne Überschrift und Datum. Das Votum gehört aber eindeutig in diesen Zusammenhang: HAEK – Zug. 301 – 13.
[67] GEMEINSAME SYNODE, Bd. 1, S. 689.
[68] Flatten an Höffner, 13.3.1975: HAEK – Zug. 301 – 13.
[69] Über die problematische Entstehungsgeschichte der Vorlage »Kirche und Arbeiterschaft« berichtet Wilhelm Wöste: GEMEINSAME SYNODE, Bd. 1, S. 313: »Die Synodenvorlage ›Kirche und Arbeiterschaft‹ stand während der ganzen Zeit ihrer Erarbeitung unter keinem guten Stern.«

Würzburg ein. Sie lässt erkennen, dass die Vorlage noch unausgereift war und wohl zu heftigen Auseinandersetzungen in der Synodenaula führen werde. In der Stellungnahme der Sachkommission V hieß es:

»Die Sachkommission V empfiehlt dringend, den vorliegenden Entwurf grundlegend zu überdenken. Der Entwurf geht von Ansätzen aus, die nach Auffassung der Sachkommission weder der gesellschaftlichen Bedeutung der Arbeitnehmerschaft noch den Bedingungen der Arbeitnehmerpastoral zu entsprechen scheinen. Die Sachkommission ist deshalb der Meinung, dass lediglich Korrekturen am vorliegenden Text nicht ausreichen.« Zur Begründung wurde u. a. angeführt: »Die Vorlage sollte eingehender und umfassender die Situation der modernen Arbeitswelt darzustellen versuchen, um daraus gesicherte Ansatzpunkte für Empfehlungen an die Kirche, an die Arbeitnehmer und an gesellschaftliche und wirtschaftliche Institutionen gewinnen zu können. Im Forschungsbericht und im Kommentarband zur Allensbacher Synodenumfrage finden sich wertvolle Orientierungshilfen für die Bearbeitung der Themen der Vorlage. Eine ihrer Bedeutung gemäße Auswertung und Einarbeitung der Umfrageergebnisse erscheint unverzichtbar.« Schließlich hieß es: »Aussagen der Synode sollten nicht nur für die unmittelbare Gegenwart, sondern auch für einen längeren Zeitraum Gültigkeit haben. Auch sollte sich die Synode in Fragen zurückhalten, in denen die christliche Gesellschaftslehre Raum für unterschiedliche politische Lösungsvorschläge lässt. Da die Synode die Einbeziehung der Arbeitnehmerschaft in die Gesamtkirche und in die Gesamtgesellschaft zu berücksichtigen hat, können ihre Vorlagen nicht denselben Inhalt wie Aktionskonzepte katholischer Verbände haben.«[70]

Ob Höffner, der Mitglied der Sachkommission V war, auf diese Stellungnahme Einfluss genommen hat, war nicht festzustellen.

Am 10. Oktober 1974 wandte sich der Leiter der Katholischen Sozialwissenschaftlichen Zentralstelle in Mönchengladbach, Professor Anton Rauscher, in einer kritischen, sehr ausführlichen Auseinandersetzung mit der Vorlage »Kirche und Arbeiterschaft« im Hinblick auf die Tagesordnung der bevorstehenden 6. Sitzungsperiode der Synode an deren Mitglieder.[71] Der Hauptautor der Vorlage, P. Oswald von Nell-Breuning SJ, erarbeitete am 25. Oktober eine ebenso ausführliche Gegendarstellung, die er wenige Tage vor Beginn der Synoden-Vollversammlung an die Mitglieder der Synode verschicken ließ.[72]

Die 6. Vollversammlung der Synode vom 20. bis 24. November 1974 begann jedoch mit der 1. Lesung einer Vorlage »Missionarischer Dienst an der Welt«, zu der Kardinal Höffner zukunftsorientierte Aussagen machte, die ihm angesichts

---

[70] Sachkommission V, Stellungnahme zur Vorlage »Kirche und Arbeiterschaft«, 9.2.1974 (unterzeichnet vom Sekretär der Kommission Dr. Paul Becher): HAEK – Zug. 301 – 13.
[71] Rauscher an die Mitglieder der Gemeinsamen Synode, 10.10.1974: HAEK – Zug. 301 – 20.
[72] Gegendarstellung Nell-Breuning »als Berater der Sachkommission III und Berichterstatter zu Teil I der Vorlage«, 25.10.1974; Dekan Erlemann als Vorsitzender der Sachkommission III an die Mitglieder der Synode: HAEK – Zug. 301 – 20.

seiner konservativen Grundeinstellung vielleicht mancher Synodale nicht zugetraut hatte und die noch nach 40 Jahren höchst aktuell sind: »Die letzte Römische Bischofssynode [1973] hat gezeigt, dass die Ortskirchen in der Dritten Welt eine erstaunliche Eigenständigkeit und ein gesundes Selbstbewusstsein erlangt haben, eine Erscheinung, die deutlich macht, dass sich auch in der Kirche eine allmähliche Verlagerung der Gewichte von Europa und Nordamerika nach dem Süden, nach Afrika, Asien und Lateinamerika, vollzieht. Man hat diese Entwicklung eine ›Lektion der Demut‹ für die Christen in der westlichen Welt genannt. Die Vorlage sollte deshalb nachdrücklicher auf folgendes hinweisen:
1. Damit der christliche Glaube in den Völkern und Kulturen eingewurzelt werde, müssen die Bilder und Symbole, die Sprache, die Dichtung und die Kunst der einzelnen Völker bei der Darstellung und Deutung des Inhalts der Frohbotschaft verwandt werden. Die Kirche wird auf diese Weise durch die jeweilige Ortskirche im Volk und in seiner Kultur heimisch werden, wobei selbstverständlich der Inhalt der Frohbotschaft derselbe bleibt.
2. Wir sollten die auf der Römischen Bischofssynode wiederholt vorgetragene Bitte verschiedener Kirchen der Dritten Welt beachten, ›die rechtgläubige, im Evangelium und im Lehramt der Kirche gründende Glaubensbotschaft zu verkünden‹ und die Katholiken der Dritten Welt vor der Glaubensverwirrung zu bewahren ...
3. Die Vorlage sollte noch deutlicher betonen, dass auch unsere Ortskirchen vieles von den Ortskirchen der Dritten Welt lernen können, z. B. den Aufbau eines erstaunlichen Werkes der Laienkatecheten und der ehrenamtlichen Dienste. Ausdruck der wechselseitigen Verbundenheit ist auch die große Zahl der Ordensschwestern, die bei uns Dienst tun ...«[73]

Erst am 21. November 1974 kam es im Würzburger Dom zu dem absehbaren heftigen Schlagabtausch über die Vorlage »Kirche und Arbeiterschaft«. Der Pressedienst der Synode berichtete über die Vormittagssitzung: »Zahlreiche Anträge und fast alle Wortmeldungen des Vormittags befassten sich mit diesem oft als ›Gewissenserforschung‹ bezeichneten Teil, in dem nach den Worten von P. von Nell-Breuning die Kommission der Frage auf den Grund zu gehen versucht hatte, welche Fehler die Kirche in der Vergangenheit gegenüber der Arbeiterschaft begangen habe, wie diese Fehler sich noch heute auswirken und welche Fehler heute noch begangen werden könnten. P. von Nell-Breuning verteidigte als Berichterstatter der Sachkommission III diese ›Gewissenserforschung‹ und bezeichnete es als ein fundamentales Missverständnis, wenn man glaube, dass hier ein geschichtlicher Rückblick auf Leistungen und Versagen des sozialen Katholizismus in Deutschland geboten werden sollte ...«[74]

---

[73] Kardinal Joseph Höffner, Zur Vorlage Missionarischer Dienste in der Welt, Würzburg, den 20. November 1974: HAEK – Zug. 301 – 12; Druck: Presseamt des Erzbistums Köln (PEK), Dokumente Nr. 87/27.11.1974.
[74] Pressedienst der Gemeinsamen Synode, Synoden-Nachrichten 5/VV, 21.11.1974.

Nell-Breuning hatte sich vier Jahrzehnte vorher gegen den historischen, angeblich zu wenig systematischen und nicht prospektiven Ansatz des jungen Sozialwissenschaftlers Joseph Höffner kritisch geäußert.[75] Nun hatte er sich als beinahe ahistorischer, deduktiv aus dem Naturrecht argumentierender Systematiker auf historisches Glatteis begeben. Joseph Höffner, der frei von Ressentiments wegen so lange zurückliegender Dinge war, konnte sich im Interesse einer ausgewogenen Beschlussvorlage für die Synode einer fundamentalen Kritik an der vorgelegten »Gewissenserforschung« nicht enthalten: »Die Vorlage steht unter dem Zeichen der Gewissenserforschung. Gewissenserforschung heißt: Sein *eigenes* Gewissen erforschen. Die Synodenvorlage erforscht das Gewissen der Bischöfe, Priester und Laien, die im vorigen Jahrhundert gelebt und inzwischen schon vor Gottes Richterstuhl gestanden haben. Hier müssen wir objektiv sein. Die Aussage, dass die Arbeiterfrage ›der Aufmerksamkeit nicht nur der Hierarchie, sondern auch eines großen Teils des Seelsorgeklerus und des Kirchenvolkes‹ des 19. Jahrhunderts entgangen sei, ist einseitig.
Einige Hinweise:
I. Eine breite Bewegung unter den deutschen Katholiken, zu der Bischöfe, Priester und Laien gehörten, stand der kapitalistischen Wirtschaftsweise ... sehr skeptisch gegenüber. Man forderte eine Wiedervereinigung von Kapital und Arbeit ...
II. Es sollte nicht schweigend übergangen werden, dass im 19. Jahrhundert Zusammenschlüsse katholischer Arbeitnehmer entstanden sind, die für damalige Verhältnisse durchaus bedeutsam waren. Man darf ja nicht übersehen, dass damals die Zahl der Arbeiter noch verhältnismäßig gering war. Im Jahr 1852 zählte man in Preußen 446.000 Gesellen und 618.000 Arbeiter.«
Höffner nannte beispielhaft Adolf Kolpings Gesellenvereine mit 1864 »mehr als 60.000 Mitgliedern« sowie die »Christlich-sozialen Arbeitervereine« an Rhein, Ruhr und Saar. »Dem damals in London lebenden Karl Marx war diese katholische Arbeiterbewegung ein Dorn im Auge. Als er im Herbst 1869 auf einer Deutschlandreise von den Fortschritten der ›Christlich-sozialen Arbeitervereine‹ erfuhr, schrieb er am 25. Februar 1869 aus Hannover an Friedrich Engels: ›Bei dieser Tour durch Belgien, Aufenthalt in Aachen und Fahrt den Rhein herauf habe ich mich überzeugt, dass energisch, speziell in den katholischen Gegenden, gegen die Pfaffen losgegangen werden muss. Ich werde in diesem Sinne durch die Internationale wirken. Die Hunde kokettieren (z. B. Bischof Ketteler in Mainz, die Pfaffen auf dem Düsseldorfer Kongress usw.), wo es passend erscheint, mit der Arbeiterfrage‹ (Briefwechsel Marx-Engels IV, 1972). Die ›Christlich-sozialen Vereine‹ fielen dem Kulturkampf zum Opfer. Sie zählten in ihrer Blüte Zehntausende von Mitgliedern.«
Bei der Schilderung der Entwicklung nach dem Kulturkampf erwähnte Höffner: »Zu Beginn des 20. Jahrhunderts zählten die katholischen Arbeitervereine etwa 450.000 Mitglieder.« Der Volksverein für das katholische Deutschland habe es bis

---

[75] Vgl. N. Trippen, Höffner I, S. 45f. u. S. 67f.

1914 auf 805.000 Mitglieder gebracht. Schließlich konnte Höffner auf eigene Erfahrungen zurückgreifen: »Es ist zu einseitig zu sagen, die Kirche habe *die* Arbeiterschaft verloren. Ich habe als junger Priester die Bergarbeiterpfarrei Überherrn an der Saar kennen gelernt. Diese Pfarrei wurde – wie die anderen Bergarbeiterpfarreien an der Saar – nicht nur von den Arbeitern getragen, sondern die Bergarbeiter nahmen fast geschlossen regelmäßig am religiösen Leben der Pfarreien teil.«

Schließlich rügte Höffner noch Unschärfen in der Begriffssprache der Vorlage: »In der Vorlage wird nicht klar gesagt, was mit dem Ausdruck ›Die Kirche‹ gemeint ist. Im Gewerkschaftsstreit[76] standen nicht auf der einen Seite die Bischöfe und Priester, auf der anderen Seite die Arbeiter, sondern es fanden sich in diesem bedauerlichen Bruderkampf auf beiden Seiten Bischöfe, Priester und Arbeiter. Bruderkämpfe sind den deutschen Katholiken leider nicht fremd. Wenn Gott uns fünf Talente gibt, so brauchen wir drei, um uns gegenseitig zu bekämpfen, so dass nur noch zwei Talente für das Werk der Evangelisierung übrig bleiben.«[77]

Die scharfe Auseinandersetzung zwischen Gegnern und Befürwortern der Vorlage samt »Gewissenserforschung« ging am Nachmittag des 21. November 1974 weiter. Der Berliner Prälat Erich Klausener und Prof. Karl Forster beantragten den Abbruch der 1. Lesung der Vorlage. Doch: »Mit einer klaren Mehrheit von 198 Stimmen hat die 6. Vollversammlung der Synode bei ihrer dritten Sitzung ... die von der Sachkommission III (Christliche Diakonie) erarbeitete Vorlage ›Kirche und Arbeiterschaft‹ nach kontroverser Debatte als Arbeitsgrundlage für die weiteren Beratungen in erster Lesung angenommen. Gegen die Vorlage stimmten 50 Synodale, 17 enthielten sich der Stimme.«[78]

Es war den Akten nicht zu entnehmen, ob der nachfolgend von dem Augenzeugen Norbert Feldhoff geschilderte Vorfall sich am 21. November 1974, in einer der nachfolgenden Sitzungsperioden der Vollversammlung der Synode oder im Rahmen einer Sitzung der Sachkommission III der Synode abgespielt hat: »Auf der Synode kam es auch zu durchaus heftigen Auseinandersetzungen zwischen ihm [Höffner] und Karl Rahner, der einmal über eine historische Frage abstimmen lassen wollte, ob nämlich die katholische Kirche im 19. Jahrhundert gegenüber der Arbeiterfrage versagt habe. Dazu meinte Höffner, dass er das als Professor nicht verstehe, dies sei eine historische Aussage, und über die Richtigkeit einer solchen Aussage könne man nicht abstimmen.«[79]

---

[76] Zur als »Gewerkschaftsstreit« bezeichneten Auseinandersetzung zwischen den integral ausgerichteten Katholischen Arbeitervereinen (»Berlin-Trierer Richtung«) und den interkonfessionellen Christlichen Gewerkschaften (»Kölner Richtung«) in den Jahren 1900–1914: R. Brack, Deutscher Episkopat und Gewerkschaftsstreit 1900–1914 (Bonner Beiträge zur Kirchengeschichte, Band 9), Köln-Wien 1976.
[77] Kardinal Joseph Höffner, Zur Vorlage: Kirche und Arbeiterschaft, Würzburg, den 21.11.1974 (erstes Manuskript mit hs. Ergänzungen und Korrekturen Höffners): HAEK – Zug. 301 – 20; Reinschrift: HAEK – Zug. 301 – 12; Druck: PEK Dokumente, Nr. 87/27.11.1974.
[78] Pressedienst der Gemeinsamen Synode, Synoden-Nachrichten, Nr. 8/VV, 21.11.1974.
[79] N. Feldhoff, Joseph Kardinal Höffner als Erzbischof von Köln, S. 43.

6. Die Sitzungsperioden 1974 und 1975

Mit der Abstimmung über die Vorlage »Kirche und Arbeiterschaft« am 21. November 1974 war der Text zur weiteren Bearbeitung an die Sachkommission III zurückverwiesen. Es kam nun sehr darauf an, ob man die Kritik der 6. Sitzungsperiode aufgreifen würde.

An der 7. Sitzungsperiode der Synode vom 7. bis 11. Mai 1975 hat Kardinal Höffner sich nicht durch größere Interventionen beteiligt. Seine Aufmerksamkeit galt 1975 dem Prozess der Überarbeitung der Vorlage »Kirche und Arbeiterschaft« durch die Sachkommission III. Die laufend informierte Bischofskonferenz bestellte Höffner im Herbst 1975 zum Berichterstatter in der Aula über die zur 2. Lesung und Verabschiedung vorbereitete Vorlage bei der Schlusssitzung der Synode im November 1975.

Die inzwischen wohlwollende Sicht der Bischofskonferenz bezüglich der Entwicklung der Vorlage und die Bestellung Höffners zum Berichterstatter veranlasste Oswald von Nell-Breuning am 30. September 1975 zu einem Brief an Höffner: »Der Vorsitzende der Sachkommission III, Dekan Erlemann, und seine beiden nächsten Mitarbeiter, die Berichterstatter Oelinger und ich, sind hocherfreut über die Stellungnahme der Bischofskonferenz zu der umgearbeiteten Synodenvorlage ›Kirche und Arbeiterschaft‹ und ganz besonders darüber, dass die Bischofskonferenz Sie zu ihrem Berichterstatter bestellt hat; wir entnehmen daraus, dass die so günstige und wohlwollende Stellungnahme maßgeblich von Ihnen geprägt ist und Sie dieselbe in besonders eindrucksvoller Weise in der Aula vertreten werden.«[80]

Nach diesem Vorschusslob folgten dann allerdings kritische Anmerkungen zu einigen Änderungsanträgen, die die Bischofskonferenz noch eingebracht hatte und auf die Höffner in der Aula eingehen sollte. Nell-Breuning schloss: »Wir wären Ihnen ... sehr zu Dank verbunden, wenn Sie einen Weg fänden, auch diesen unseren letzten Kummer zu beheben.«

Kardinal Höffner kam vor der letzten Vollversammlung der Würzburger Synode (18.–23. November 1975) als Berichterstatter der Bischofskonferenz am 20. November zu Wort.[81] Er begann – wie Nell-Breuning in seinem Brief am 30. September – mit einer *captatio benevolentiae*: »Die Deutsche Bischofskonferenz erkennt dankbar an, dass die neue Vorlage durch eine klarere Gliederung, durch neu eingefügte Abschnitte und durch zahlreiche Textverbesserungen gewonnen hat. Insbesondere dankt die Bischofskonferenz der Sachkommission dafür, dass in einem eigenen Teil die Bemühungen der katholischen Soziallehre und der katholischen Sozialbewegung um die Integration der Arbeiterschaft anerkannt werden.«

Höffner schilderte dann noch einmal die Entwicklung von Soziallehre und Sozialarbeit der Kirche in Deutschland von ihren Anfängen im frühen 19. Jahrhundert bis in die Gegenwart und ging dann auf letzte Änderungsanträge der

---

[80] Nell-Breuning an Höffner, 30.9.1975: HAEK – Zug. 301 – 21.
[81] Gemeinsame Synode der Bistümer in der Bundesrepublik Deutschland, Protokoll 18.–23. November 1975, S. 60f. (HAEK – Zug. 301 – 15).

Bischofskonferenz ein, die für Nell-Breuning anstößig gewesen waren: »Erstens. Die [Bischofs-]Konferenz würde es begrüßen, wenn *keine* Partei in ihrem Programm und in ihrer Politik mit den Grundauffassungen der katholischen Kirche, in der Glaubens- und Sittenlehre in Widerspruch geraten würde ... Wenn das, wie die Bischofskonferenz es wünscht, bei *allen* Parteien der Fall ist, glaubt die Bischofskonferenz, die Formel ›Äquidistanz‹ verwenden zu können. Der Sache nach besagt der modifizierte Text der Sachkommission dasselbe, so dass die Bischofskonferenz ihm zustimmt.

Das *zweite Anliegen* der Bischofskonferenz ist folgendes: Es darf nicht der Eindruck entstehen, als ob die Kirche in der Vergangenheit etwa nur wegen entgegengesetzter Auffassungen in der Eigentumsfrage, zum Beispiel in der Frage der Zulässigkeit von Enteignungen, in Gegensatz zu bestimmten Parteien geraten wäre. Letztlich ging es vielmehr um die Vereinbarkeit oder Nichtvereinbarkeit der Parteiprogramme mit den Grundauffassungen des katholischen Glaubens. Die Bischofskonferenz begrüßt es deshalb, dass im neuen Text ausdrücklich auf diese Zusammenhänge hingewiesen wird ...

Im Übrigen – und das möchte ich nachdrücklich betonen – würde es die Deutsche Bischofskonferenz sehr bedauern, wenn die Synodenvorlage nur zu Auseinandersetzungen über Versagen oder Nichtversagen in der Vergangenheit führen würde. Was nützt es, längst gefallene Festungen zum Spaß noch einmal zu belagern? Es geht doch darum, dass heute und morgen etwas geschieht, das heißt, dass vom zweiten und vom dritten Teil der Vorlage neue Impulse ausgehen.«

Höffner kam schließlich zu den Erwartungen der Bischöfe an einen Beschluss »Kirche und Arbeiterschaft«: »Die Deutsche Bischofskonferenz begrüßt es, dass – der Eigenart der Vorlage entsprechend – keine Anordnungen getroffen, sondern Empfehlungen ausgesprochen werden. Bewusstseinsänderungen und Hinwendung zu einem bestimmten Verhalten können mit Befehlen nur unzulänglich erreicht werden.

Von der zweiten Lesung erhofft sich die Bischofskonferenz eine nochmalige Verbesserung des Textes, so dass von dieser Vorlage ein wirksamer Anruf an die Kirche als ganze, an die Gemeinden und jeden einzelnen ausgeht, ein Anruf, sich mehr als bisher um die Beheimatung der arbeitenden Menschen in Gesellschaft und Kirche zu bemühen.«

Höffner notierte sich auf dem Deckblatt der Vorlage: »Schlussabstimmung 21.11.75: Zustimmung: 216, Ablehnung: 29, Enthaltung 22«.[82] Der Beschluss war gewiss nicht in allen Abschnitten für alle Synodalen gleich zufriedenstellend; er trägt die Spuren des Kampfes um seine Gestalt. Doch er war das erreichbare Ergebnis in einer Auseinandersetzung zwischen unterschiedlichen Gruppen zu einem problembeladenen Thema.

---

[82] HAEK – Zug. 301 – 21: SYNODE 4–75–33.

Da Kardinal Döpfner, der Vorsitzende der Deutschen Bischofskonferenz und Präsident der Würzburger Synode, am 24. Juli 1976 plötzlich verstarb, hatte er nicht mehr die Möglichkeit, die Entwicklung nach Abschluss der Synode zu beeinflussen. Am 21. Juli – wenige Tage vor seinem Tode – hatte er das Geleitwort zum 1. Band der offiziellen Dokumentation der Synoden-Texte unterschrieben, in dem er feststellte: »Rückblickend darf man dankbar feststellen: Das Wagnis hat sich gelohnt. Nicht die Pessimisten haben Recht behalten, sondern jene, die auf das offene, wenn nötig auch harte Gespräch vertraut haben. Das Aufeinanderzugehen und das Miteinanderreden, gegenseitiges Sichverstehen und Wachsen im gemeinschaftlichen Beten und Glauben haben dazu geführt, dass wir vieles gemeinsam sagen und formulieren konnten – mehr, als mancher außerhalb und innerhalb des Würzburger Domes uns zutraute. Die achtzehn Synodenbeschlüsse sind ein Zeugnis dafür.«[83] Döpfner wies für die Rechtsverbindlichkeit der Synodenbeschlüsse darauf hin: »Soweit die Synodenbeschlüsse Anordnungen enthalten, erlangen diese erst durch die Veröffentlichung in den Amtsblättern der Bistümer Rechtskraft (vgl. Statut Art. 14 Abs. 2).«

7. DIE UMSETZUNG DER BESCHLÜSSE DER WÜRZBURGER SYNODE IM ERZBISTUM KÖLN

Wenige Tage nach Abschluss der Würzburger Synode fand in Bad Honnef vom 2. bis 4. Dezember 1975 eine Dechantenkonferenz des Erzbistums Köln unter dem Titel statt »Beschlüsse der Synode im Erzbistum aneignen«.[84] Bevor Kardinal Höffner selbst[85], anwesende Teilnehmer der Synode und andere Dechanten einzelne Synodenbeschlüsse vorstellten, sagte Kardinal Höffner in der Begrüßung: »In den letzten Jahren ist hin und wieder gesagt worden, dass die Gemeinsame Synode der Deutschen Bistümer ein Tummelplatz einander widersprechender Meinungen gewesen sei. Das mochte manchmal so scheinen. Wer die Synode miterlebt hat, wird jedoch sagen müssen, dass die entscheidenden Kräfte der Synode nicht zentrifugal, sondern zentripetal gewesen sind. Die Synode ist nicht nur zusammengeblieben, sondern sie hat sich immer mehr in der Einheit des Herrn und seiner Kirche gefunden.«[86]

Kardinal Höffner hat sämtliche Beschlüsse der Synode für das Erzbistum Köln in Kraft gesetzt, indem er sie im Kirchlichen Anzeiger (seit 1978 Amtsblatt des

---

[83] GEMEINSAME SYNODE, Bd.1, S. 7.
[84] Dokumentation: Arbeitstagung der Dechanten des Erzbistums Köln vom 2. bis zum 4. Dezember 1975 im Katholischen Sozialinstitut in Bad Honnef »Beschlüsse der Synode im Erzbistum aneignen« (HAEK – Bibliothek).
[85] Bericht von Kardinal Höffner »Kirche und Arbeiterschaft«: Ebd. S. 9–14.
[86] Die Einheit wahren. Begrüßung durch den Erzbischof von Köln, Kardinal Joseph Höffner: Ebd. S. 5–7.

Erzbistums Köln) veröffentlichte. Wenn er in der Veröffentlichung hinzufügen ließ: »Die in diesem Kirchlichen Anzeiger ... veröffentlichten Beschlüsse ... erlangen damit für die Erzdiözese Köln noch keine Gültigkeit ...«[87], so wollte er – einer Empfehlung der Synode folgend – zunächst Priesterrat und Seelsorgerat hören, bevor er die Texte für Köln in Kraft setzte. In dem schon erwähnten Brief vom 13. März 1975 wies Heinrich Flatten Kardinal Höffner auf die kanonistische Unkorrektheit dieses Vorgehens hin: »Das vom Heiligen Stuhl approbierte Statut der Synode sagt jedoch in Art. 14 Abs. 2: ›Beschlüsse der Synode, die Anordnungen enthalten, treten in den einzelnen Bistümern mit der Veröffentlichung im Amtsblatt des Bistums als Gesetz der Deutschen Bischofskonferenz oder – je nach der Zuständigkeit – als Diözesangesetz in Kraft.«[88] Doch war es dem Erzbischof offenbar ein Anliegen, Priesterrat und Seelsorgerat in die Umsetzung der Würzburger Beschlüsse einzubeziehen.

Da Kardinal Höffner im September 1976 auch zum Vorsitzenden der Deutschen Bischofskonferenz gewählt wurde, hatte er sich in der Nachfolge Kardinal Döpfners auch um die Beschlüsse zu kümmern, die nur »Empfehlungen« waren, weil sie wegen ihrer gesamtkirchlichen Dimension der Zustimmung des Heiligen Stuhls bedurften. Schon am 18. Oktober 1976 wandte sich der neue Konferenzvorsitzende an Papst Paul VI. mit einem solchen Synoden-Votum: »Die Vollversammlung der Gemeinsamen Synode hat nach ausdrücklicher Zustimmung der Deutschen Bischofskonferenz folgendes Votum an den Heiligen Vater verabschiedet: ›Die Synode bittet den Heiligen Vater, jedem Diözesanbischof die Vollmacht zu geben, in seinem Jurisdiktionsbereich Priester seiner Wahl zur Firmspendung zu delegieren.‹«[89]

Im Oktober 1977 nutzte Höffner seine Anwesenheit in Rom zur Bischofssynode, um dort mit entscheidenden Kardinalpräfekten und Kurialen über die »Voten der Würzburger Synode« zu sprechen. Er notierte sich:

»1. Ich habe in Rom Gespräche geführt mit: Villot, Caprio, Casaroli, Felici, Knox (Gottesdienstkongr.), Wright (Kleruskongr.)

2. Ich habe am 24. Okt. 77 nochmals brieflich mich an Villot gewandt

3. Antwort Villot 11. Nov. 77[90]

4. *Ergebnis*:

   a) Vieles berührt Ordnungen der Weltkirche; eine einzelne Ortskirche muss Rücksicht nehmen.

   b) Die Fragen werden in den zuständigen Kongregationen gründlich besprochen, z. B. Congr[egatio] pro instit[utione] cath[olica] (Garrone, Schröffer), *alle* Bischofskonferenzen werden angeschrieben; Prozess der Meinungsbildung z. B. *ratio fundamentalis* [für die Priesterausbildung] dauerte 4 Jahre ...«

---

[87] KA 105, 1975, S. 127.
[88] Flatten an Höffner, 13.3.1975: HAEK – Zug. 301 – 13.
[89] Der Vorsitzende der Deutschen Bischofskonferenz an Paul VI., 18.10.1976: HAEK – Zug. 301 – 16.
[90] Villot an Höffner, 11.11.1977 (Kopie): HAEK – Zug. 301 – 16.

7. Die Umsetzung der Beschlüsse der Würzburger Synode im Erzbistum Köln 231

Höffner gab bei der Frühjahrs-Vollversammlung der Bischofskonferenz im Februar 1978 in Ludwigshafen unter der Überschrift »Nachlese zur Gemeinsamen Synode« einen Bericht über die »Antworten des Apostolischen Stuhls auf die übersandten Voten der Gemeinsamen Synode«[91]: »Die Gemeinsame Synode der Bistümer in der Bundesrepublik Deutschland hat insgesamt 16 Voten an den Apostolischen Stuhl verabschiedet, die damals sofort nach Rom weitergeleitet worden sind ... ‹Vier seien definitiv beantwortet worden, zu zwei weiteren lägen Zwischenbescheide vor.› Nachdem ich während der Bischofssynode den Kardinalstaatssekretär [Villot] und die Präfekten einzelner Kongregationen verschiedentlich mündlich und schriftlich um weitergehende Auskunft wegen der übrigen Voten gebeten hatte, hat mir der Kardinalstaatssekretär nunmehr mit Schreiben vom 11. November erneut mitgeteilt, dass der größere Teil der Voten – es handelt sich um die übrigen 10 Voten – Berücksichtigung finden werden im Rahmen der CIC-Reform, dass dafür aber umfangreichere Studien erforderlich seien, die auch die Voten der übrigen Bischofskonferenzen berücksichtigen müssten. (Tatsächlich arbeitet die päpstliche Kommission für die Reform des CIC seit Jahren und wird ohne Zweifel bei der schwierigen Materie noch Jahre gebrauchen. Man kann nicht gut ›Vorab-Entscheidungen‹ hinsichtlich unserer Voten erwarten!)
1. Ausdrücklich versichert der Kardinalstaatssekretär, dass die Voten der Gemeinsamen Synode mit größter Aufmerksamkeit entgegengenommen worden sind und beachtet werden.
2. Er empfiehlt, mit der päpstlichen Kommission für die Reform des CIC bzw. mit den tangierenden Kongregationen weiterhin Kontakt zu halten (was natürlich geschieht).
3. Der Kardinalstaatssekretär wiederholt den Wunsch des Heiligen Vaters in seiner Botschaft zum Abschluss der Gemeinsamen Synode, dass die Gemeinsame Synode zur tiefen Erneuerung des religiösen Lebens beitragen und in allen Diözesen reiche Früchte bringen möge.«

Zehn Monate später, am 18. Dezember 1978, wandte sich Höffner mit einem »Zwischenbericht« auch »An die ehemaligen Mitglieder und Berater der Gemeinsamen Synode«: »Mit diesem Brief an Sie wird auch die Öffentlichkeit unterrichtet. Ich danke Ihnen für alle Mühe, die Sie in den letzten Jahren, seit dem Abschluss der Gemeinsamen Synode, für die Realisierung der Beschlüsse auf sich genommen haben. Wir werden auch in Zukunft auf Ihre Hilfe angewiesen sein.«[92]

Zum 1. Adventssonntag 1983 trat der neue *Codex Iuris Canonici* in Kraft, der grundsätzlich alle älteren gesamt- und ortskirchlichen Rechtsbestimmungen ablöste. Seitdem gibt es eine Diskussion darüber, welchen Verbindlichkeitsgrad oder

---

[91] Betr.: Nachlese zur Gemeinsamen Synode, hier: Antworten des Apostolischen Stuhles auf die übersandten Voten der Gemeinsamen Synode: Ebd.
[92] Betr.: Zwischenbericht über die Antworten des Apostolischen Stuhles hinsichtlich der Voten der Gemeinsamen Synode an die Mitglieder und Berater der Gemeinsamen Synode, Bonn, den 18. November 1978; Begleitbrief Höffners, 18.12.1978: Ebd.

gar Rechtscharakter die Beschlüsse der Würzburger Synode für Gegenwart und Zukunft der Kirche in Deutschland noch haben. Rüdiger Althaus ist in der ihm eigenen Kürze und Präzision dieser Frage nachgegangen.[93] Die Kleruskongregation hat in einem Dekret für das Bistum Regensburg vom 10. März 2006 erklärt: »Da die Beschlüsse der Gemeinsamen Synode der Promulgation des kanonischen Rechts von 1983 vorausgehen, sind diese aufgehoben (can. 5 § 1 CIC).«[94] Trotz dieser kanonistischen Position wird man mit den Kardinälen Döpfner und Höffner sagen dürfen, dass die Würzburger Synode der Kirche in Deutschland geholfen hat, sich sowohl mit dem II. Vatikanischen Konzil als auch mit den eigenen Zukunftsperspektiven intensiv zu beschäftigen sowie Bischöfe, Priester und Laien miteinander in ein intensives Gespräch zu bringen.

---

[93] R. ALTHAUS, Die Rezeption des Codex Iuris Canonici, S. 156–165.
[94] Dekret der Kleruskongregation vom 10. März 2006, Prot. Nr. 20060224. www.bistum-regensburg.de/download/bormedia0308705.pdf (Stand: 22. Mai 2012). Den Hinweis verdanke ich Stefan Voges, Haltern.

X. KAPITEL

VORSITZENDER DER DEUTSCHEN BISCHOFSKONFERENZ (1976–1987)

Es war nicht ohne symbolische Bedeutung, dass der Präsident der Würzburger Synode und Vorsitzende der Deutschen Bischofskonferenz, Kardinal Döpfner, drei Tage nach Unterzeichnung des Vorwortes zur Publikation der Synodendokumente am 24. Juli 1976 plötzlich verstarb. Döpfner hatte die Synode durch sein Temperament und seinen Leitungsstil geprägt. Nicht selten hatte Kardinal Höffner aus nüchterner Relativierung der Reformeuphorie in der Synode eine Gegenposition zum Präsidenten eingenommen. So sehr Höffner selbst solche Klassifizierungen ablehnte: Innerhalb der Bischofskonferenz galt er als Haupt des »konservativen« Flügels. Würde er nach dem damals noch nicht hinterfragten Wechsel im Vorsitz der Bischofskonferenz zwischen Köln und München (bis 1945 zwischen Köln und Breslau) als Kardinal Döpfners Nachfolger zum Vorsitzenden gewählt werden?

Dompropst Feldhoff ist sich ziemlich sicher, dass Höffner nicht schon im 1. Wahlgang am 21. September 1976 die erforderliche Zweidrittel-Mehrheit der Stimmen erhielt.[1] Bei der Zeitzeugenbefragung anlässlich des 100. Geburtstages von Höffner 2007 drückte Bischof Homeyer sich etwas vorsichtiger aus: »Innerhalb – und auch außerhalb – der Bischofskonferenz gab es Bedenken, Kardinal Höffner zum neuen Vorsitzenden zu wählen. Vor der Wahl des Vorsitzenden ist innerhalb der Vollversammlung eine Personaldiskussion nicht vorgesehen. Darum kann ich nur mit aller Vorsicht versuchen, die damalige Stimmung, soweit sie mir in Erinnerung ist, wiederzugeben. Kardinal Höffner galt damals in manchen kirchlichen und außerkirchlichen Kreisen als zurückhaltend gegenüber allzu stürmischen Neuerern. Seine entschiedene Ablehnung einer selektiven Rezeption des II. Vatikanischen Konzils wurde mancherorts als einseitiges Verständnis des Konzils seinerseits missdeutet. Hinzu kam, dass Kardinal Höffner aus seiner Skepsis gegenüber manchen Optionen der ›68er‹ auch öffentlich nie ein Hehl gemacht hatte. Vielleicht bereitete einigen Bischöfen auch der andere ›Diskussionsstil‹

---

[1] Im Protokoll der Herbst-Vollversammlung der Deutschen Bischofskonferenz vom 20. bis 23. September 1976 in Fulda heißt es lediglich: »Die Vollversammlung wählt den Erzbischof von Köln, Joseph Kardinal Höffner, als neuen Vorsitzenden und Prälat Dr. Josef Homeyer als neuen Sekretär der Deutschen Bischofskonferenz, jeweils nach dem Statut für die Dauer von sechs Jahren«: HAEK – Zug. 1089/00 – 76 (Gedrucktes Protokoll: S. 38f.). Im Vorfeld der Konferenz war bei Prof. Flatten abgeklärt worden, dass eine Neuwahl auf 6 Jahre, nicht eine Wahl für die Restlaufzeit der nicht gegebenen »Legislaturperiode« von Kardinal Döpfner fällig sei: Vorlage für die Bischofskonferenz vom 1.9.1976: HAEK – Zug. 1089/00 – 77. Diese Sicht hatte sich der Ständige Rat der DBK bei seiner Sitzung am 30.8.1976 zu Eigen gemacht: Protokoll der 13. Sitzung des Ständigen Rates der DBK am 30. August 1976, S. 56.

Kardinal Höffners Sorge – er kam schnell auf den Kern der Sache und brachte sofort Gegenargumente – gegenüber der Art Döpfners, der lange zuhörte, durch Rückfragen das eigentliche Anliegen zu verstehen suchte, um erst dann Gegenfragen zu stellen, in denen seine Meinung deutlich wurde.«[2]

Homeyer hatte in den Synodenjahren dem Vorsitzenden Döpfner als Sekretär der Bischofskonferenz zugearbeitet. Es ist aufschlussreich, wie er seine Erfahrungen mit dem neuen Vorsitzenden beschreibt: »Manche Mitarbeiter im Sekretariat der Bischofskonferenz waren am Anfang ein wenig skeptisch ob des neuen Vorsitzenden, aber sehr bald waren alle überrascht über seine freundliche und einfach gütige Art, auch über seinen gelegentlichen Humor. Wir alle aber haben ihn sehr schnell wirklich verehrt.

Die Zentralstellenleiter waren erstaunt, verblüfft, als Kardinal Höffner von jedem einen schriftlichen Lagebericht erbat und mit dem einzelnen kurz darüber diskutierte. Besonders erfreut war die Pressestelle, die bald jedem erzählte: Kardinal Döpfner zögerte bei jedem erbetenen Interview, Kardinal Höffner geht auf die Journalisten zu: Möchten Sie vielleicht ein Interview?

Insgesamt zeigte sich sehr schnell, dass der neue Vorsitzende unbedingt auf Kontinuität bedacht war, seine Hochschätzung Kardinal Döpfners wiederholt bekundete und ihn häufig zitierte. Als ich Kardinal Höffner an seine verschiedentlich geäußerte Kritik an dem vielen ›Papier‹ aus dem Sekretariat erinnerte und ihm einen Vorschlag über dessen Eindämmung unterbreitete, meinte er: Lieber nicht, sonst meint man noch, wir wollten den Bischöfen etwas vorenthalten, und das haben sie nicht so gern.«[3]

Bei einem Vergleich der persönlichen Stile von Döpfner und Höffner hob Homeyer hervor: »Er [Höffner] konnte die Gesprächspartner recht schnell mit Gegenargumenten und verbindlichen Lehraussagen konfrontieren. Die Gesprächspartner fühlten sich dann manchmal nicht verstanden. Allerdings blieb Kardinal Höffner immer entwaffnend freundlich. Man konnte sich seinen Argumenten, seinem persönlichen Charme, seiner Klarheit, seiner Bescheidenheit und Liebenswürdigkeit nicht entziehen. Man respektierte ihn sehr wohl, manche bewunderten ihn ... Aufgefallen ist mir auch dieser Unterschied: Kardinal Döpfner blieb immer eng an der Sache, gab häufig aber auf Drängen hin seine Meinung kund und verlieh dieser dann Nachdruck, indem er gern von seiner ›ganz persönlichen Überzeugung‹ sprach. Kardinal Höffner dagegen sah jede wichtige Frage im größeren zeitgeschichtlichen Kontext, stellte geschichtliche Zusammenhänge her, um dann seine Meinung ausführlich zu begründen, nicht ohne sie mit Zeugnissen von Autoritäten aus Gegenwart und Geschichte zu untermauern ...

Sehr nachdrücklich betonte er immer wieder die alle Bischöfe – also auch ihn – verpflichtende Kollegialität, die doch in der Bischofsweihe gründe. *Collegialitas*

---

[2] J. HOMEYER, Joseph Kardinal Höffner als Vorsitzender der Deutschen Bischofskonferenz, in: 100. GEBURTSTAG VON JOSEPH KARDINAL HÖFFNER, S. 24.
[3] Ebd. S. 25.

affectiva (im Empfinden also) und *effectiva* (also in der Arbeit), so sagte er wiederholt, müsse doch die Atmosphäre und die Arbeit der Konferenz bestimmen. Wie wichtig ihm das war, zeigte dann u. a. seine wiederholte Betonung der Wichtigkeit der Arbeit in den Kommissionen der Bischofskonferenz. Dort geschähe doch weithin die eigentliche Arbeit und dürfe nicht einfach den Beratern aufgebürdet und überlassen werden. Entsprechend trat er nachdrücklich ein für die Veröffentlichung der Arbeitsergebnisse der Kommissionen, allerdings jeweils nach Kenntnisnahme und Zustimmung der Vollversammlung, zumindest des Ständigen Rates. Kein Zufall, dass in seiner 10-jährigen Amtszeit mehr als 40 Arbeitshilfen der Kommissionen erschienen, während es in den 10 Jahren vorher gerade sieben gewesen waren.«[4]

Es ist im Rahmen einer Biographie Höffners nicht möglich, eine Geschichte der Deutschen Bischofskonferenz für die Jahre 1976 bis 1987 zu schreiben. Um Höffners Wirken als Vorsitzender zu würdigen, seien nachfolgend einige Vorgänge dargestellt, in denen er sich in besonderer Weise eingesetzt und profiliert hat.

1. Die Eröffnungsvorträge bei den Herbst-Vollversammlungen der Deutschen Bischofskonferenz in Fulda

Die Fuldaer Bischofskonferenz hatte sich bis in die Nachkriegszeit nur einmal jährlich in der letzten August-Woche getroffen. Nach 1945 war das im Frühjahr – u. U. auch öfter im Jahr – an wechselnden Orten tagende »Konveniat der nordwestdeutschen Bischöfe« hinzugekommen, als ständig Absprachen im Hinblick auf den Wiederaufbau und die politische Neuordnung in Deutschland notwendig waren. Aus diesem Konveniat entwickelte sich seit dem II. Vatikanischen Konzil die »Frühjahrs-Vollversammlung«, die nicht in Fulda, sondern in einer der Diözesen in der 1. Fastenwoche stattfand, während die Herbstkonferenz in der letzten September-Woche weiterhin stets nach Fulda einberufen wurde.[5]

Es ergab sich wie von selbst, dass nach dem Eröffnungsgottesdienst im Fuldaer Dom der Vorsitzende der Konferenz als erster das Wort ergriff und einen Überblick über die aktuelle Situation der Kirche in Deutschland gab. Doch Joseph Höffner hat in den Jahren seines Vorsitzes diese Gelegenheit benutzt, um in einem sorgfältig ausgearbeiteten, anderthalbstündigen Vortrag aus seinem reichen Fundus als Sozialwissenschaftler und Theologe zu einem ihm aktuell erscheinenden Thema das Wort zu ergreifen.[6]

---

[4] Ebd. S. 26f.
[5] N. Trippen, Von den »Fuldaer Bischofskonferenzen« zur »Deutschen Bischofskonferenz« 1945–1976, in: HJb 121, 2001, S. 304–319; Ders., Frings I, passim.
[6] Diese »Eröffnungsvorträge« sind ausführlicher dargestellt durch A. N. Desczyk, Höffners Sozialverkündigung, S. 129–206.

Diese Eröffnungsvorträge in Fulda waren die Frucht der Urlaubswochen des Kardinals im Kurheim St. Ulrich des Augsburger Priesterseminars in Füssen-Bad Faulenbach. Der »Urlaub« Höffners bestand neben einigen Kneipp'schen Anwendungen in einem zweimal täglichen Spaziergang um den kleinen Alertsee, während er den größeren Teil des Tages u. a. damit verbrachte, aus den reichlich aus den heimischen Schätzen mitgenommenen Materialien den Vortrag für Fulda zu erstellen.[7] Das Studium der später sämtlich veröffentlichten Fuldaer Vorträge lässt anhand der Fußnoten erkennen, dass Höffner aus der Literatur und den Vorlesungs- und Vortragsmaterialien seiner Professorenzeit in Trier und Münster schöpfte, jedoch zu den ihn aktuell beschäftigenden Themen auch auf neueste Literatur der 1970er Jahre zurückgreifen konnte. Was Joseph Höffner einmal gelesen und exzerpiert hatte, stand geordnet in seinem persönlichen Archiv und war jederzeit abrufbar. Er hatte auch keinerlei Bedenken, einmal sorgfältig ausgearbeitete Texte auf neue Situationen und Fragestellungen auszuweiten und erneut zu verwenden.

Wie haben die bischöflichen Mitbrüder in Fulda diese ausgefeilten, hoch akademischen Vorträge zu Beginn der Herbstkonferenzen aufgenommen? Sie kamen mit einem umfangreichen Konvolut von Vorlagen zu den anstehenden Beratungen nach Fulda. Ob sie über die Eröffnungsvorträge des Vorsitzenden glücklich und manchmal überhaupt dafür aufnahmefähig waren, darf bezweifelt werden.

Doch durch die kurzfristig nach den Konferenzen erfolgende Veröffentlichung erreichte der Vorsitzende des deutschen Episkopats für ein aktuelles Thema, das in der Regel Kirche und Gesellschaft gemeinsam betraf, eine über die Teilnehmer der Bischofskonferenz und den kirchlichen Binnenraum hinausgehende Beachtung.

Die erste umfassendere Arbeit über Joseph Höffner, die 2004 erschienene Trierer Dissertation von Andrej Nikolai Desczyk »Joseph Kardinal Höffners Sozialverkündigung im Bischofsamt« hat sich in einiger Ausführlichkeit mit Höffners Fuldaer Vorträgen befasst und soll hier nicht neu geschrieben werden. Doch seien wenigstens die Themen der Fuldaer Vorträge genannt:
o 1977: Bischof Kettelers Erbe verpflichtet[8]
o 1978: Die Wahrung der Einheit in der Kirche[9]
o 1979: Pastoral der Kirchenfremden[10]

---

[7] Zur »Urlaubsgestaltung« machen Höffners Sekretär Dompropst Norbert Feldhoff und Weihbischof Manfred Melzer sehr ähnliche Aussagen.
[8] Bischof Kettelers Erbe verpflichtet. Eröffnungsreferat bei der Herbstvollversammlung der Deutschen Bischofskonferenz 1977 in Fulda (= Der Vorsitzende der Deutschen Bischofskonferenz 5), Bonn 1978.
[9] Die Wahrung der Einheit in der Kirche. Eröffnungsreferat bei der Herbstvollversammlung der Deutschen Bischofskonferenz 1978 in Fulda (= Der Vorsitzende der Deutschen Bischofskonferenz 6), Bonn 1978.
[10] Pastoral der Kirchenfremden. Eröffnungsreferat bei der Herbstvollversammlung der Deutschen Bischofskonferenz 1979 in Fulda (= Der Vorsitzende der Deutschen Bischofskonferenz 7), Bonn 1979.

1. Die Eröffnungsvorträge bei den Herbst-Vollversammlungen   237

o 1980: Mensch und Natur im technischen Zeitalter[11]
o 1981: Das Friedensproblem im Lichte des christlichen Glaubens[12]
o 1982: Dimensionen der Zukunft[13]
o 1983: Die Weltkirche nimmt Gestalt an[14]
o 1984: Soziallehre der Kirche oder Theologie der Befreiung?[15]
o 1985: Wirtschaftsordnung und Wirtschaftsethik[16]
o 1986: Der Staat – Diener der Ordnung[17]

Von diesen Fuldaer Vorträgen sei beispielhaft der von 1980 herausgegriffen, der den Titel trug: »Mensch und Natur im technischen Zeitalter«.[18] Durch die um 1980 noch junge politische Partei der »Grünen«, durch »Greenpeace« und ähnliche Gruppierungen wurde die Gefahr der Zerstörung der Natur und – neben den Atomwaffen – die Gefahr betont, die auch von der »friedlichen Nutzung« der Kernenergie durch den damals von der Politik geförderten Bau von Atomkraftwerken ausging.

Bereits im Januar 1980 hatten die Bischöfe das Sekretariat und das Katholische Büro beauftragt, »ein Symposium mit Umweltexperten durchzuführen, auf dessen Grundlage ein Wort der Bischöfe erstellt werden sollte. Das Symposium fand im Juni 1980 in München unter Vorsitz des Bischofs von Aachen, Klaus Hemmerle, statt. Bischof Hemmerle erstellte auf dieser Grundlage einen Textentwurf, der nach der Berücksichtigung von Modi der Herbstvollversammlung zur Verabschiedung vorgelegt wurde.«[19] Höffner kannte den jeweiligen Stand der Arbeiten an der Beschlussvorlage Hemmerles und sandte diesem umgekehrt bereits im August den Entwurf seines Vortrages in Fulda. Doch auch Dagmar Nellessen-

---

[11] Mensch und Natur im technischen Zeitalter. Eröffnungsvortrag auf der Vollversammlung der Deutschen Bischofskonferenz 1980 in Fulda, in: Zukunft der Schöpfung – Zukunft der Menschheit. Erklärung der Deutschen Bischofskonferenz zu Fragen der Umwelt und der Energieversorgung (= Die deutschen Bischöfe 28), Bonn 1980, S. 22–45.
[12] Das Friedensproblem im Lichte des christlichen Glaubens. Vortrag zur Eröffnung der Vollversammlung der Deutschen Bischofskonferenz in Fulda, 21.9.1981 (= Der Vorsitzende der Deutschen Bischofskonferenz 8), Bonn 1981.
[13] Dimensionen der Zukunft. Eröffnungsreferat bei der Herbstvollversammlung der Deutschen Bischofskonferenz, Fulda, 20.9.1982 (= Der Vorsitzende der Deutschen Bischofskonferenz 9), Bonn 1982.
[14] Die Weltkirche nimmt Gestalt an. Eröffnungsreferat bei der Herbstvollversammlung der Deutschen Bischofskonferenz, Fulda, 19.9.1983 (= Der Vorsitzende der Deutschen Bischofskonferenz 10), Bonn 1983.
[15] Soziallehre der Kirche oder Theologie der Befreiung? Eröffnungsreferat bei der Herbstvollversammlung der Deutschen Bischofskonferenz, Fulda, 24.9.1984 (= Der Vorsitzende der Deutschen Bischofskonferenz 11), Bonn 1984.
[16] Wirtschaftsordnung und Wirtschaftsethik. Richtlinien der katholischen Soziallehre. Eröffnungsreferat bei der Herbstvollversammlung der Deutschen Bischofskonferenz, Fulda, 23.9.1985 (= Der Vorsitzende der Deutschen Bischofskonferenz 12), Bonn 1985.
[17] Der Staat. Diener der Ordnung. Eröffnungsreferat bei der Herbstvollversammlung der Deutschen Bischofskonferenz (= Der Vorsitzende der Deutschen Bischofskonferenz 13), Bonn 1986.
[18] Dazu: A. N. DESCZYK, Höffners Sozialverkündigung, S. 158–164.
[19] Freundliche Mitteilung von Frau Dr. Dagmar Nellessen-Strauch, Referentin für ökologische Fragen im Sekretariat der DBK, an den Verfasser vom 8.7.2011.

Strauch kommt zu dem Schluss: »Beide Texte entstanden demnach unabhängig voneinander.«

In seinem Vortrag vor der Bischofskonferenz beschrieb Höffner, wie das technische Zeitalter das Verhältnis des Menschen zur Natur verändert und rationale, auf Gewinnsteigerung bedachte Lebensstrukturen herbeigeführt hatte. Er sprach vom »Maßlosen, verschwenderischen Verbrauch der Bodenschätze«, von der »Verwüstung und Verschmutzung der Natur«, der »drohenden Vernichtung der Menschheit«: »Bereits in den 40er und 50er Jahren hat Papst Pius XII. immer wieder vor den ›unermesslichen unmittelbaren Schäden‹ und vor ›biologischen Folgen, vor allem erbmäßiger Art‹ gewarnt.« Schließlich beschrieb Höffner die »unheilvollen Auswirkungen auf die Lebensbezüge des Menschen«.[20]

Auf diese Beschreibung der krisenhaften Entwicklung folgte ein zweiter Abschnitt »Mensch und Natur aus christlicher Sicht«. »Die Natur ist Gottes Geschöpf und ›Gottes Spur‹«. »Der Auftrag ›Macht euch die Erde untertan‹ (Gen 1,28), bedeutet: Macht euch die Erde – in Ehrfurcht vor der Natur – zu einem menschenwürdigen Lebensraum.« Aus theologischen Aussagen über Vergänglichkeit und Erlösungsbedürftigkeit der Schöpfung folgerte Höffner dann: »Bei aller Liebe zur sichtbaren Schöpfung wird der Christ die Natur nicht zum Götzen machen ... Zerstörung und Schändung der Natur widersprechen dem christlichen Verständnis der sichtbaren Schöpfung ... Bei der Beherrschung und Gestaltung der Natur wird der Mensch die Rangordnung der Werte achten ... Das Verantwortungsbewusstsein aller Menschen und Völker der Natur gegenüber muss geweckt und gestärkt werden.«[21]

Schließlich stellte Höffner sechs Folgerungen für den »Einsatz der Kernenergie« auf.[22] Zunächst sagte er mit Berufung auf Nr. 80 von *Gaudium et spes*, der Atomkrieg sei als »Verbrechen gegen Gott und gegen die Menschen ... fest und entschieden zu verwerfen«. Höffner machte dann Aussagen zum Bau von Atomkraftwerken, die bis heute nicht überholt sind: »Bei der Beurteilung des Baus von *Kernkraftwerken* ist folgendes zu beachten:

Erstens: Es ist Aufgabe der Fachwissenschaft, festzustellen, ob der Bau von Brütern und Aufbereitungsanlagen, ob der Transport und die Ablagerung des Atommülls nach dem heutigen Stand der Wissenschaft und Technik auf eine Art und Weise möglich sind, dass *mit Sicherheit* Explosionen, Strahlenschäden und sonstige Katastrophen ausgeschlossen sind.

Zweitens: Es genügt nicht, dass die Fachwissenschaft erklärt, es sei *wahrscheinlich*, dass durch Sicherheitskontrolle und Überwachungstechnik Schäden verhindert werden könnten ... Ob diese Sicherheit erreicht werden kann, vermag ich als Bischof nicht zu sagen. Hier sind die Fachleute zuständig und verantwortlich.

---

[20] Zukunft der Schöpfung – Zukunft der Menschheit (vgl. Anm. 11), S. 24–30.
[21] Ebd. S. 30–38.
[22] Ebd. S. 39–45.

1. Die Eröffnungsvorträge bei den Herbst-Vollversammlungen   239

Falls katastrophen*sichere* Kernkraftwerke gebaut und betrieben werden können, wäre eine ›Dämonisierung‹ der Kernenergie unsachlich.

Drittens: Der Schutz der Menschheit vor den zerstörerischen Auswirkungen der Kernenergie ist eine Aufgabe *aller* Staaten. Es müssen deshalb in allen Ländern die eben genannten Grundsätze anerkannt und verwirklicht werden. Sonst kommt es zu Rivalitäten und Unterbietungen ...

Viertens: Wissenschaft und Technik stehen vor der Aufgabe, Ausschau nach neuen, möglichst umweltfreundlichen Energien zu halten. Das gilt auch für den Fall, dass gefährliche Auswirkungen der Kernenergie nach dem jetzigen Stand der Forschung mit Sicherheit verhütet werden können. Es ist nämlich nicht ausgeschlossen, dass die Atomenergie, die man mit Recht die risikoreichste Technik genannt hat, bisher unbekannte Schädigungen verursachen könnte.

Fünftens: Der Einwand, der Verzicht auf Kernkraftwerke führe für die Industriestaaten und für die Länder der Dritten Welt zu schweren politischen, sozialen und gesamtwirtschaftlichen Notständen, ist zwar ernst zu nehmen, aber, falls kein *sicherer* Betrieb der Kernkraftwerke garantiert werden kann, nicht stichhaltig. Genetische und sonstige Schädigungen der jetzt lebenden Menschen und späterer Generationen dürfen nicht aus noch so dringlichen Nützlichkeitserwägungen in Kauf genommen werden. Es ist Aufgabe der Wirtschaftspolitik, Arbeitslosigkeit und Wirtschaftskrisen mit Maßnahmen zu überwinden, die nicht zu jenen katastrophalen, nicht mehr wiedergutzumachenden Schädigungen führen.«[23]

Solche Aussagen eines Vorsitzenden der Deutschen Bischofskonferenz zu einer neuen Herausforderung im technisch-naturwissenschaftlichen Bereich waren auffällig. Sie waren – wie immer bei Höffner – gründlich durchdacht und belegt und machen einen eindeutigen Standort des Kardinals erkennbar.

Norbert Feldhoff, der sechs Jahre als Sekretär und Hausgenosse, dann zwölf Jahre als Generalvikar in ständigem Kontakt zu Höffners Denken stand, aber auch zu biographischen Hintergründen von manchen Äußerungen Höffners Einblicke hatte, berichtete 2007 aus Anlass des 100. Geburtstages des Kardinals, einen Minister, der zu einem Gespräch mit Höffner über die friedliche Nutzung der Kernenergie gehen wollte, habe er gewarnt: »Der Kardinal ist Erzbischof, Priester, er ist auch Professor, aber im Wesentlichen ist er auch Westerwälder Bauer – in dieser Frage. Wenn er zum Arzt geht und der Arzt verschreibt ihm Medikamente, dann dürfen Sie nicht damit rechnen, dass er diese dann auch nimmt. Das gestand er auch – wenn man ihn fragte –, dass er die Tabletten nicht nahm, weil diese ja auch immer negative Nebenwirkungen hätten und irgendwelches Gift für den Körper enthielten.«[24]

---

[23] Ebd. S. 43–45.
[24] N. Feldhoff, Joseph Kardinal Höffner als Erzbischof von Köln, S. 44f.

Feldhoff berichtete dann 2007 über seine eigenen Erfahrungen bei Gesprächen mit Kardinal Höffner über die friedliche Nutzung der Kernenergie: »Hinsichtlich der friedlichen Nutzung der Kernenergie vertrat er die Auffassung, dass diese erst dann erlaubt sei, wenn eine hundertprozentige Sicherheit garantiert werden könne. Ich habe oft mit ihm über diese Frage diskutiert und ihm zu erklären versucht, dass es im Leben und zumal im technischen Bereich niemals eine hundertprozentige Sicherheit geben könne. Man könne nur dafür sorgen, dass die Sicherheit möglichst groß sei. Dies stellte ihn aber nicht zufrieden und deshalb war er, wenn ich mich recht erinnere, bis zu seinem Lebensende immer gegen die friedliche Nutzung der Kernenergie.«

Das von Höffner 1980 mit großem Ernst und sehr differenziert behandelte Thema wurde in Höffners vorletztem Lebensjahr durch die Katastrophe im ukrainischen Atomkraftwerk Tschernobyl am 26. April 1986 höchst aktuell. Höffner nutzte die Dechantenkonferenz des Erzbistums am 2. Juni 1986 dazu, seine Stellungnahme zur Problematik der Kernkraftwerke mit unveränderten Aussagen aus seinem Fuldaer Vortrag von 1980 erneut darzulegen. »Ich sehe keinen Anlass, mein Urteil über die Kernenergie zu ändern. Die Grundsätze, die ich 1980 vor der Vollversammlung der Deutschen Bischofskonferenz aufgestellt habe, gelten auch heute.«[25]

Die Stellungnahme vor der Kölner Dechantenkonferenz am 2. Juni 1986 war nur die erste öffentliche Äußerung des Kölner Kardinals nach Tschernobyl. Der Pressedienst der Deutschen Bischofskonferenz verbreitete neben der Kölner Äußerung vom 2. Juni weitere Texte: Einen Auszug aus einem Interview Höffners mit der Illustrierten »Quick« vom 24. Juli 1986 sowie einen Auszug aus einem Interview mit RTL vom 14. September 1986.[26] Auch scheint Höffner sich bei der Pressekonferenz anlässlich des Katholikentags in Aachen am 12. September zur Kernenergie geäußert zu haben.[27]

In den letzten Septembertagen meldete »Der Spiegel« von den Reaktionen Bundeskanzler Kohls und seiner »Kleinen Lage« am Montagmorgen auf Höffners Äußerungen.[28] Man habe dort versucht, Übereinstimmung zwischen Höffners Position und der der Regierung festzustellen. Doch: »Dass ausgerechnet der Oberhirte aus Köln den gerade beginnenden Wahlkampf [für die Bundestagswahl Anfang 1987] anheizt, indem er bei seinen Schäfchen ... Zweifel an der allein-

---

[25] Dokumentation: Öffentlichkeitsarbeit in den Pfarrgemeinden. Arbeitstagung der Dechanten des Erzbistums Köln am 2. Juni 1986 im Maternushaus, Köln, Eröffnungsvortrag von Kardinal Joseph Höffner, I. Atomangst, S. 5f.; vgl. PEK-Nachrichten Nr. 849 vom 3. Juni 1986.

[26] W. WEYAND, Schriftenverzeichnis Joseph Höffner 1984–1988, Nr. 2320: Dokumentation der Äußerungen 1. zu den »Grünen«, 2. zur Kernenergie.

[27] So meldete der nachfolgend zitierte Spiegel-Artikel. In den Dokumentationsbänden des Katholikentages: 89. Deutscher Katholikentag vom 10.–14. September 1986 in Aachen, 2 Bände, Paderborn 1987, ist die Äußerung Höffners auf der Pressekonferenz nicht erwähnt.

[28] Warnungen des Kölner Kardinals Joseph Höffner vor der Kernenergie werten die Christdemokraten als Bestätigung ihrer Atompolitik: DER SPIEGEL 39/1986.

1. Die Eröffnungsvorträge bei den Herbst-Vollversammlungen

wärmenden Kraft des Atoms weckt, hatten Kohl und Strauß nicht erwartet. Entsprechend chaotisch fielen die Bemühungen des Kanzlers ... aus, die schädlichen Auswirkungen der christlichen Worte zu begrenzen.«

Eine gewisse Bestätigung dieser sarkastischen Bemerkungen des »Spiegel« erhielt der Verfasser durch Staatssekretär a. D. Michael Mertes, Wachtberg, der 1986 Büroleiter des ersten Bundesumweltministers Walter Wallmann war: Es sei 1986 zu einem »faszinierenden Gespräch zwischen Kardinal Höffner und Umweltminister Wallmann« gekommen. »Politischer Anlass für Wallmanns Bitte um eine Begegnung mit Höffner war ein entsprechender Auftrag von Bundeskanzler Kohl, der die Befürchtung hatte, Kardinal Höffners atomkraftkritische Äußerungen könnten sich negativ auf den (Vor-)Wahlkampf zur Bundestagswahl 1987 auswirken. Ich habe seinerzeit ... Wallmann begleitet und ein Gesprächsprotokoll verfasst, das umgehend an Bundeskanzler Kohl weitergeleitet wurde.«[29]

Das Gespräch fand am 1. Oktober 1986 im Erzbischöflichen Haus in Köln statt. Mertes vermerkte einleitend, dass Höffner auf das einstündige Gespräch gut vorbereitet gewesen sei. Mertes referierte dann: »Er war sichtlich beeindruckt davon, dass Herr Bundesminister Dr. Wallmann das Thema von der ethischen Problematik her anging und Wirtschaftlichkeitsüberlegungen als nicht entscheidend einstufte.«

Zunächst habe dann Kardinal Höffner seine Position dargelegt: »Kardinal Höffner eröffnete das Gespräch mit der Bemerkung, er orientiere sich bei seinen Aussagen zur friedlichen Nutzung der Kernenergie lediglich an Feststellungen, die unter sämtlichen Fachleuten unbestritten seien. Er selbst maße sich keine Fachkompetenz an, sondern ziehe lediglich Schlüsse aus solchen fachlich abgesicherten Prämissen. Zu diesen Feststellungen gehörten:

o die Aussage, dass bei der friedlichen Nutzung der Kernenergie immer ein Restrisiko bleibe;
o die Aussage, dass der Reaktorunfall von Tschernobyl schwere Schäden hervorgerufen habe, die auch künftige Generationen im betroffenen Gebiet belasten werden (Schädigungen der Erbanlage[n]).

Diese unbestreitbaren Risiken, die sich im Falle von Tschernobyl realisiert hätten, veranlassten ihn als Theologen zu der Aussage, Politik, Wissenschaft und Technik stünden vor der Aufgabe, Ausschau nach neuen, weniger gefährlichen, umweltfreundlichen Energien zu halten. Er denke hier etwa an Erdwärme oder Sonnenenergie. In diesem Sinne sei Kernenergie für ihn allenfalls als *Übergangsenergie* hinnehmbar. Er habe jedoch – dies betonte Kardinal Höffner im weiteren Verlauf

---

[29] Staatssekretär a. D. Michael Mertes, Wachtberg, an den Verfasser, 20.3.2011 – Herr Mertes war so freundlich, dem Verfasser aus seinen Privatakten das Protokoll dieser Besprechung zur Verfügung zu stellen: Vermerk (Gedächtnisprotokoll) über das Gespräch zwischen Herrn Kardinal Höffner und Herrn Bundesminister Dr. Wallmann zu Fragen der friedlichen Nutzung der Kernenergie am 1. Oktober 1986, 18.00 bis 19.00 Uhr in Köln, 6.10.1986 – Dompropst Feldhoff bestätigte, dass der von ihm – Feldhoff – erwähnte Minister (s. o. S. 239) Wallmann gewesen sei.

des Gesprächs – stets ausdrücklich offengelassen, wie lange diese Übergangszeit dauere ...« Kardinal Höffner referierte dann abermals seine fünf Fuldaer Thesen von 1980.

Minister Wallmann – so Mertes' Protokoll – begann seine Erwiderung mit der Feststellung, »dass die energiepolitischen Überzeugungen und Überlegungen der Bundesregierung mit denen Kardinal Höffners übereinstimmten. Kardinal Höffner nahm diese Aussage zustimmend zur Kenntnis.

Auch für ihn [Wallmann] sei die ethische Dimension der Frage die entscheidende. Wirtschaftlichkeitsüberlegungen müssten demgegenüber zurücktreten.« Wallmann schilderte dann die umweltpolitischen Bemühungen der Regierung Kohl seit 1982. Der Minister kam dann seinerseits auf die ethische Dimension des Themas Kernenergie zurück: Zu der ethischen Dimension des Problems gehöre, dass er stets auch die Risiken eines Ausstiegs aus der Kernenergie mitbedenken müsse. Man müsse dieses Problem im weltweiten Maßstab sehen. Unter diesem Blickwinkel könne keine Rede davon sein, dass ein Ausstieg der Bundesrepublik aus der Kernenergie ein nachahmenswertes Beispiel wäre. Würde man weltweit auf die friedliche Nutzung der Kernenergie kurz- oder langfristig verzichten, dann würden die fossilen Energieträger unerschwinglich für die Länder der Dritten Welt; auf diese Weise würden der Dritten Welt Entwicklungschancen verbaut. »Auf diese Weise würden zudem Rohstoffe sinnlos vergeudet, die für eine bloße Verfeuerung eigentlich zu schade sind. (Diesem Gedanken stimmte Kardinal Höffner nachdrücklich zu).«

Am Ende markierte Kardinal Höffner seine Position noch einmal sehr deutlich: »Er »erklärte, er sei sich darüber im klaren, dass es eine gefahrlose Technik grundsätzlich nicht geben könne. Sogar elektrische Küchengeräte stellten ein Risiko für Leben und Gesundheit dar. Das Besondere der Kernenergie sei indes die Größe des potentiellen Schadens, insbesondere auch die Gefährdung künftiger Generationen (zum Beispiel durch Veränderung der Erbanlagen). Deshalb seien an die Kerntechnik besonders strenge Anforderungen zu stellen und deshalb sei Kernenergie als Übergangsenergie nur verantwortbar, wenn sie mit einer ernsthaften Suche nach alternativen Energiearten und einem permanenten Abbau verbleibender Restrisiken verbunden bleibe.«

Durch die Atomkatastrophe im März 2011 in Japan gewannen Kardinal Höffners frühe Warnungen aus den Jahren 1980 und 1986 neue Aktualität. Die gelegentlich erkennbare Reaktion der Menschen auf den Namen Höffner ließ erkennen, dass man 2011 mit diesem Namen schon fast nichts mehr anzufangen wusste. Das liegt nicht an der Bedeutung der Aussagen Höffners. Eher ist es die Folge davon, dass Joseph Höffner in seiner menschlichen Bescheidenheit zeit seines Lebens nicht auf Publikumswirkung bedacht war und sich nicht »medienwirksam« präsentierte.

2. Die Errichtung der Berliner Bischofskonferenz 1976 und das Verhältnis der beiden deutschen Bischofskonferenzen zueinander

Die Errichtung der Berliner Bischofskonferenz durch Entscheidung Papst Pauls VI. vom 10. April 1976 und ihre Abgrenzung von der Deutschen Bischofskonferenz war eines der ersten Probleme, denen sich der – noch kommissarische – Vorsitzende der Deutschen Bischofskonferenz Joseph Höffner im Sommer 1976 zuwenden musste.

Das Problem lag in dem bei der Frühjahrsvollversammlung unter Vorsitz von Kardinal Döpfner verabschiedeten Statut der Deutschen Bischofskonferenz[30], nach dem die Apostolischen Administratoren in den Teilen westdeutscher Diözesen auf dem Gebiet der DDR rechtlich noch zur Deutschen Bischofskonferenz gehörten, wenn sie auch schon lange nicht mehr an ihren Sitzungen teilnahmen und sich regelmäßig in der »Berliner Ordinarien-Konferenz« trafen.

Die Verselbstständigung der Jurisdiktionsbezirke in der DDR und damit ihre Trennung von den westdeutschen Diözesen war von der DDR-Führung seit 1972 verstärkt betrieben worden, nachdem der Grundlagenvertrag zwischen der Bundesrepublik und der DDR abgeschlossen war und die DDR-Führung ihre nun anerkannte Souveränität auch auf kirchlichem Gebiet untermauern wollte.[31] Kardinal Meisner stellte bei der Zeitzeugenbefragung aus Anlass von Höffners 100. Geburtstag fest: »Es fehlte nur noch die Anerkennung der katholischen Kirche. Darum sollten die Diözesanteile in der DDR ... zu selbständigen kirchenrechtlichen Territorien innerhalb der DDR errichtet werden.

Papst Paul VI. sah in der Schaffung neuer Bistümer in der DDR ein wichtiges Instrument seiner Ostpolitik. Er und seine Hauptberater, namentlich Erzbischof Casaroli, betrachteten den Ostblock als Einheit und meinten, dass dementsprechend auch die Politik des Vatikans gegenüber dem ganzen Raum einheitlich sein müsse ...«[32]

Josef Pilvousek schildert zusammenfassend, wie ein Memorandum des Zentralkomitees der SED vom 18. Juli 1972 »eine Verselbständigung der Jurisdiktionsbezirke in der DDR forderte«. Als nächsten Schritt nennt Pilvousek: »Am 24. August 1972 empfing Willi Stoph, Vorsitzender des Ministerrates der DDR, Alfred Kardinal Bengsch im Haus des Ministerrates, übergab ihm ein dem ›Staats-

---

[30] Hinweis auf den Beschluss der Frühjahrs-Vollversammlung vom 8. bis 11.3.1976 in Augsburg sowie weitere Bearbeitungsgeschichte im Ständigen Rat 1976: Protokoll der Herbst-Vollversammlung 20.-23.9.1976 in Fulda, S. 39.

[31] Dazu: J. Pilvousek, Vatikanische Ostpolitik, S. 113–134; K.-J. Hummel, Der Heilige Stuhl, S. 79–106 sowie J. Pilvousek, Die katholischen Bischöfe in der SBZ/DDR, besonders S. 458f. Zeitzeugenbericht von Joachim Kardinal Meisner bei der Feier des 100. Geburtstages von Kardinal Höffner: J. Kardinal Meisner, Joseph Höffner. – Für die bereitwillige Unterstützung seiner Recherchen dankt der Verfasser Prof. Dr. Josef Pilvousek, Erfurt. Die folgende Darstellung wertet u. a. in der Forschungsstelle für kirchliche Zeitgeschichte Erfurt (FKZE) verwahrte Materialien (Politika II, Sammlung P) aus.

[32] J. Kardinal Meisner, Joseph Höffner, S. 78.

sekretariat Seiner Heiligkeit‹ vorgelegtes Memorandum über die Auffassung der Regierung der DDR, bat den Kardinal, sich beim Vatikan für die Durchsetzung der rechtmäßigen Interessen der DDR zu verwenden und erläuterte, nach Erklärungen und Ergänzungen des Kardinals, die Position der DDR.[33] Mit Abschluss des Grundlagenvertrages und seiner Ratifizierung sei nach Meinung der DDR die Souveränität und die endgültige Teilung Deutschlands in zwei Staaten anerkannt. Daraus folgere sie die Verselbständigung der Jurisdiktionsgebiete und die Schaffung einer eigenen Bischofskonferenz.«[34]

Wie Karl-Joseph Hummel berichtet, hatte der Vatikan schon einige Wochen vorher ein erstes Faktum geschaffen, das diese Sicht Stophs zu stützen schien: »Mit der in der Verlautbarung vom 28. Juni 1972 [im Gefolge der Errichtung der polnischen Diözesen jenseits von Oder und Neiße] errichteten Apostolischen Administratur Görlitz, die aus dem Gebiet der Erzdiözese Breslau ausschied, hatte der Vatikan erstmals in einem kirchenrechtlichen Akt von der Deutschen Demokratischen Republik Kenntnis genommen.«[35] Hummel schildert dann, wie Deutsche Bischofskonferenz, ZdK, verschiedene Politiker von CDU/CSU »in enger Abstimmung mit Kardinal Bengsch und teilweise mit dem Auswärtigen Amt sowie mit intensiver Medienunterstützung« auf die weitere Entwicklung Einfluss nahmen. Es formierte sich ein beeindruckender, massiver Widerstand gegen die tatsächlichen oder für möglich gehaltenen Bestrebungen, eine nationale Bischofskonferenz und neue Bistümer in der DDR einzurichten, gegebenenfalls sogar einen Nuntius in Ost-Berlin zu ernennen. Es sei zu einer Missstimmung zwischen Rom und den deutschen Katholiken gekommen. »Die Bischöfe in der Bundesrepublik wiesen im Februar 1973 den Heiligen Stuhl schriftlich ›in aller Ehrerbietung, aber auch in aller Feimut auf seine alleinige Verantwortung hin, wenn er gegen den Willen der deutschen Bischöfe in Ost und West dem Regime der DDR Zugeständnisse macht, die nach ihrer Überzeugung über das hinausgehen, was pastoral für die Kirche notwendig ist.‹[36] Auf dem Höhepunkt der Auseinandersetzungen bescheinigte Alois Mertes dem Papst ›volle Irrtumsfähigkeit in politischen Fragen‹ ...«

In die Stimmung bei Kardinal Bengsch in Ost-Berlin gewährt eine Aktennotiz des Kölner Generalvikars Nettekoven über einen Besuch bei Bengsch und seinem Geistlichen Rat am 20. Februar 1973 Einblick[37]: »In dem sehr intensiven Ge-

---

[33] Aktennotiz über das Gespräch Stoph-Bengsch am 24.8.1972 (6 Seiten), Text des Memorandums Stoph für Rom (3 Seiten), Bengsch an Nuntius Bafile, 26.8.1972 (mit der Aktennotiz über den 24.8.1972), Promemoria der Berliner Ordinarienkonferenz für Bengsch vom 14.9.1972, Aktennotiz von Prälat Otto Groß über ein Gespräch mit Kardinal Döpfner am 4.9.1972: FKZE, Politika II, Sammlung P.
[34] J. Pilvousek, Vatikanische Ostpolitik, S. 125f.
[35] K.-J. Hummel, Der Heilige Stuhl, S. 101f.; vgl. auch J. Kardinal Meisner, Joseph Höffner, S. 78f.
[36] Es handelt sich um das weiter unten erwähnte Memorandum der Deutschen Bischöfe vom 23.2.1973: Vgl. unten S. 246 mit Anm. 9.
[37] Aktennotiz Betr.: Besuch bei Kardinal Bengsch und dem Geistlichen Rat, Ost-Berlin am 20. Februar 1973 (3 Seiten, datiert: 22.2.1973): HAEK – Zug. 517/90 – 51.

2. Die Errichtung der Berliner Bischofskonferenz 1976

spräch kamen wir bald auf die besonderen Sorgen des Kardinals und seines Rates zu sprechen. Man befürchtet, dass der Vatikan zu Kompromissen bereit ist, nicht nur die Bistümer in der DDR verselbständigt, sondern auch bereit sein könnte, einen Nuntius nach Ost-Berlin zu schicken. Das würde verheerende Auswirkungen haben ...

Bisher habe der Kardinal in kluger Taktik die Distanz zwischen Kirche und Staat halten können. Zu keinem einzigen Empfang der DDR sei er [er]schienen, er habe sich so die Freiheit bewahrt und sei nicht eingekauft worden ... Die Position der Katholischen Kirche sei z. Zt. nicht schlecht. Er sei auch glaubwürdig geblieben in seinem Klerus. Distanz habe sich als heilsam erwiesen. Wenn der Vatikan hingehe und einen Nuntius ernenne, sei es selbstverständlich, dass dieser von Rom beauftragte Prälat bei allen Feierlichkeiten der DDR mit aufmarschieren müsse, eine Distanz sei nicht mehr möglich; und wenn der Nuntius dies tun würde, könnte kein Bischof der DDR und schließlich kein Dechant und kein Pfarrer sich bei den örtlichen DDR-Veranstaltungen distanziert verhalten, er müsse das Regime mit fördern und in der Öffentlichkeit bejahen. Dadurch kämen Verwirrungen bei den Gläubigen zustande, und die Glaubenssubstanz sei gefährdet.

Ich habe den Kardinal noch nie so besorgt gesehen wie bei der Darlegung dieser Punkte. Er hat nur noch eine Hoffnung, dass die Kardinäle Deutschlands bei der nächsten Möglichkeit solidarisch mit ihm zusammen zum Hl. Vater gehen, um ihm persönlich ihre Not darzulegen und ihn inständig zu bitten, nur ja nicht zu einem solchen Kompromiss bereit zu sein. Man weiß aus vielen Äußerungen des Hl. Vaters, dass er zu außergewöhnlichen Schritten auf den Kommunismus bzw. auf kommunistische Staaten hin bereit ist. Wenn dadurch ein Kreuz aufgeladen würde, müsse man das Kreuz tragen. Kardinal Bengsch bat mich, Kardinal Höffner davon zu informieren und ggf. auch den übrigen Kardinälen Deutschlands eine entsprechende Information zukommen zu lassen ...«

Diese Aktennotiz des Kölner Generalvikars dürfte von Einfluss gewesen sein auf die Reise der damals fünf deutschen Kardinäle (Bengsch, Döpfner, Höffner, Jaeger, Volk) nach Rom Anfang März 1973. Auf Grund ihres unmittelbaren Zugangs zum Papst als Kardinäle erhielten sie am 7. März 1973 eine Audienz bei Paul VI. Noch am gleichen Tage in Rom bedankte sich Kardinal Döpfner bei Paul VI., markierte aber auch noch einmal deutlich den Standpunkt der fünf Kardinäle[38]:

»Auf Grund dieser Aussprachen kamen die zur Zeit in Rom weilenden deutschen Kardinäle ... zusammen, um noch einmal gemeinsam die anstehenden Probleme zu erörtern. Wir haben dabei Ihre tiefe Sorge um die Zukunft der Kirche in der DDR und Ihre Vorstellungen dazu gründlich bedacht. Besonders bedrückt hat uns dabei, dass wir in dieser für die Kirche in der DDR und in der Bundesrepublik

---

[38] Döpfner an Paul VI, Rom, 7.3.1973 (»Abdruck Nr. 3 für Herrn *Kardinal Höffner* zur vertraulichen und persönlichen Kenntnisnahme«, handschriftlich signiert): HAEK – Zug. 517/90 – 58; »Abdruck für Herrn *Kardinal Bengsch* zur persönlichen und vertraulichen Kenntnisnahme«: FKZE, Politika II, Sammlung P.

Deutschland so wichtigen Frage nicht in voller Übereinstimmung mit dem Oberhaupt der Kirche sind. Umso ernster haben wir alle damit zusammenhängenden Fragen überlegt und sind zu folgenden Ergebnissen gekommen, die ich Eurer Heiligkeit im Namen der deutschen Kardinäle unterbreiten darf. Wir sehen uns im Gewissen verpflichtet, unsere nach wie vor äußerst schweren Bedenken dem Oberhaupt der Kirche mitzuteilen.

1. Apostolische Administratoren.
Alle Kardinäle sehen die Notwendigkeit der Ernennung von Apostolischen Administratoren ein ... Die Kardinäle aus der Bundesrepublik vertreten die Ansicht, dass mit der Ernennung bis nach der Ratifizierung des Grundlagenvertrages gewartet werden sollte. Die Gründe dafür haben die deutschen Bischöfe in ihrem Aide-Memoire vom 23. Februar 1973[39] dargelegt.«

Die fünf Kardinäle seien sich einig, dass der Hl. Stuhl jetzt lediglich eine Ankündigung dieses Schrittes an die DDR abgeben sollte. »Wir halten es jedoch für dringend erforderlich,
o dass diese Ankündigung einseitig durch den Heiligen Stuhl geschieht und
o dass vorher keine Verhandlungen mit der DDR-Regierung stattfinden,
o dass der Heilige Stuhl in diesem Schreiben der Regierung der DDR mitteilt, er gehe bei seiner Entscheidung davon aus, dass die von Kardinal Bengsch in seinem Pro memoria [für die DDR-Regierung] vom 20. September 1972 genannten Bedingungen bezüglich des Status der Kirche und der Katholiken von der Regierung der DDR gewährleistet werden ...

2. Vertretung des Heiligen Stuhles bei der Regierung der DDR.
Die deutschen Kardinäle sind übereinstimmend der Meinung, dass eine solche Vertretung unter keinen Umständen errichtet werden sollte.

Wir weisen mit Nachdruck auf die Gründe hin, die im Schreiben von Kardinal Bengsch vom 3. Februar und im Aide-Memoire vom 23. Februar 1973 dargelegt sind (unvermeidbarer Eindruck der Sanktionierung eines Unrechtssystems, Verschlechterung der Situation der Kirche in der DDR, Strategie des Weltkommunismus) ...«

Die Intervention der deutschen Kardinäle bei Papst Paul VI. hatte immerhin zur Folge, dass es von den seitens der DDR geforderten Maßnahmen zur Verselbstständigung der katholischen Kirche in der DDR dabei blieb, dass die bisherigen »Bischöflichen Kommissare« der westdeutschen Diözesen Fulda, Paderborn und Osnabrück zu Apostolischen Administratoren (des Papstes) in Erfurt, Magdeburg und Schwerin am 20. Juli 1973 – wenige Tage nach Ratifizierung des Grundlagenvertrages durch den Bundestag – ernannt wurden. Dagegen kam es

---

[39] Vgl. oben S. 244 mit Anm. 36. Es handelt sich um das noch häufiger erwähnte Aide-Memoire der deutschen Bischöfe für den Papst vom 23.2.1973: Von Döpfner unterzeichnetes Exemplar »Herrn Kardinal Höffner zur streng vertraulichen persönlichen Kenntnisnahme«: HAEK – Zug. 517/90 – 58.

2. Die Errichtung der Berliner Bischofskonferenz 1976

nicht zu von den westdeutschen Bistümern unabhängigen »Apostolischen Administraturen« oder gar Diözesen in den drei Städten. Die Errichtung einer eigenen Bischofskonferenz für die DDR und vor allem die Errichtung einer Nuntiatur in Berlin unterblieben – vorerst.

Da der Papst und vor allem sein »Außenminister« Casaroli von der Richtigkeit ihrer »Ostpolitik« nach wie vor überzeugt waren, musste mit weiteren Schritten gerechnet werden. Dass sich die deutschen Bischöfe, zumal der Berliner Kardinal Bengsch, gegen solche Schritte sperrten, mag ein Grund gewesen sein, weshalb in den folgenden Jahren der Vatikan häufiger Kontakte mit der DDR-Regierung aufnahm, ohne darüber die deutschen Kirchenvertreter rechtzeitig zu informieren.

Der nächste Schritt erfolgte 1976 mit der Entscheidung Papst Pauls VI. vom 10. April 1976, eine eigenständige »Berliner Bischofskonferenz« zu errichten.[40] Es kam wieder zu intensiven Auseinandersetzungen über das Vorgehen Roms, die zunächst noch Kardinal Döpfner führte, die aber nach dessen Tod ab Sommer 1976 Kardinal Höffner zufielen.

Zu diesem Zeitpunkt ist der Höhepunkt der »Vatikanischen Ostpolitik« anzusetzen. Sowohl das SED-Regime in Ost-Berlin als auch Erzbischof Casaroli in Rom hatten die Kontakte anlässlich der Helsinki-Konferenz genutzt, um über das Ziel der DDR, die ostdeutschen Jurisdiktionsbezirke der katholischen Kirche zu verselbstständigen, ins Gespräch zu kommen. Am 27. Juni 1975 hielt Kardinal Döpfner in einer Denkschrift fest: »Es ist offenkundig, dass die DDR-Regierung, nicht die Bischöfe und die Gläubigen in der DDR, vom Apostolischen Stuhl die Abtrennung der Jurisdiktionsbezirke und die Errichtung von Diözesen erwartet. In der Tat wäre es nicht verständlich, wenn der Apostolische Stuhl diesem, gewiss nicht pastoralen Motiven entspringenden, Grund der DDR-Regierung nachkommen würde, ohne die Bereitschaft der DDR-Regierung, vorher die bei Errichtung eines Bistums notwendigen und dem Grundrecht der Religionsfreiheit entsprechenden Voraussetzungen zu schaffen.«[41]

Die sehr vielseitigen Beratungen und Verhandlungen, die ab Herbst 1975 zwischen Casaroli und der DDR-Regierung (gelegentlich auch mit dem Vatikanbotschafter der Bundesrepublik) einerseits und zwischen römischen Stellen und Kardinal Bengsch, Kardinal Döpfner, den Sekretären der Bischofskonferenz und der Berliner Ordinarienkonferenz andererseits geführt wurden, können hier nicht im Einzelnen dargestellt werden. Es ging immer um die gleichen Themen: Die Verselbstständigung der kirchlichen Territorien in der DDR (Großbistum Berlin für die ganze DDR, Einzeldiözesen einer Berliner Kirchenprovinz) oder wenigstens die um eine Aufwertung der »Berliner Ordinarienkonferenz« von einer Regionalkonferenz innerhalb der DBK zu einer eigenständigen, von der Deutschen

---

[40] Die Ausführung dieser päpstlichen Entscheidung erfolgte erst im September 1976.
[41] Auszug aus der Denkschrift des Vorsitzenden der Deutschen Bischofskonferenz, Julius Kardinal Döpfner, zur Frage von Verhandlungen zwischen dem Apostolischen Stuhl und der DDR-Regierung vom 27. Juni 1975: HAEK – Zug. 1089/00 – 77.

Bischofskonferenz zu trennenden »Berliner Bischofskonferenz«, die weder von den Bischöfen der DDR noch von der westdeutschen Bischofskonferenz gewünscht wurde.

Im Januar 1976 verhandelte Erzbischof Casaroli darüber mit der DDR-Regierung in Ost-Berlin, ohne dass Kardinal Bengsch davon wusste. Am 31. März 1976 nahmen Kardinal Döpfner und Sekretär Homeyer an einer Sitzung der Berliner Ordinarienkonferenz teil.[42] Homeyer berichtete dort über das Ergebnis der innerkirchlichen »Arbeitsgruppe«, die von Dezember 1975 bis zum 6. März 1976 in Rom an Lösungsmöglichkeiten gearbeitet hatte. Als Ergebnis gab Homeyer den Eindruck wieder, »der Apostolische Stuhl könne seinerseits an eine stille Errichtung einer Bischofskonferenz in der DDR durch einen administrativen Akt denken: Die Approbation des neuen Statuts der Deutschen Bischofskonferenz könnte vom Apostolischen Stuhl verbunden werden mit der Feststellung eines neuen Geltungsbereiches dieser Statuten, nämlich nur für die Diözesen der Bundesrepublik Deutschland. Zugleich könnte der Apostolische Stuhl die Berliner Ordinarienkonferenz auffordern, den Entwurf eines Statuts der ›Bischofskonferenz in der DDR‹ zur Approbation einzureichen.«

In der anschließenden Darstellung der einzelnen Wortmeldungen wird Kardinal Döpfner zitiert: »Unter keinen Umständen wollten wir Euch [die Bischöfe in der DDR] herausdrängen, sondern unsererseits entgegenkommen. Dies ist uns wahrhaftig nicht leicht gefallen.« Kardinal Bengsch sagte: »Es muss nüchtern gesehen werden, dass es verschiedene Anzeichen gibt für die Absicht Roms, eine eigene Bischofskonferenz in der DDR möglichst bald zu errichten: Bereits im Juni 1974 habe der Kardinalstaatssekretär [Villot] im Zusammenhang mit der Bischofssynode die Aufforderung gleichsam ausgesprochen, das Statut einer Bischofskonferenz in der DDR zur Approbation nach Rom einzureichen. Außerdem habe er über die Vertretung der Bundesrepublik in Ostberlin erfahren, dass der neue Nuntius in Bonn nicht mehr für die DDR zuständig sei.«

Der Papst entschied am 10. April 1976, dass die »Berliner Bischofskonferenz« errichtet werden sollte. Man war in Rom bereit, die rechtlichen Schritte und vor allem die Veröffentlichung hinauszuschieben, damit ein Einfluss auf die für den 3. Oktober 1976 angesetzte Bundestagswahl ausgeschlossen wurde.

Neben den vom Heiligen Stuhl geplanten Veränderungen und parallel dazu wurden von Seiten der Deutschen Bischofskonferenz in Abstimmung mit Kardinal Bengsch um die Neuformulierung eines Status gerungen, die bezüglich der Mitgliedschaft der DDR-Bischöfe zwar die beabsichtigte neue Konferenz in Ost-Berlin berücksichtigen, aber keine totale Abgrenzung der beiden Konferenzen fixieren sollte. Am 13. Juli – wenige Tage vor Döpfners Tod – hatte Kardinal Villot an Kardinal Döpfner einen längeren Brief geschrieben, in dem er Döpfners

---

[42] Ergebnis-Protokoll – Betr.: Besuch von Kardinal Döpfner in der Berliner Ordinarienkonferenz am 31.3.1976 (5 Seiten, datiert: 2.4.1976): HAEK – Dep. DBK, Sekretariat, 347, S. 37–41.

2. Die Errichtung der Berliner Bischofskonferenz 1976

bisherige Eingaben nach Rom in seinem – Villots – bzw. in Casarolis Sinn uminterpretiert hatte.[43] Kardinal Bengsch fühlte sich zu einer entschiedenen Richtigstellung gedrängt. Am 10. September 1976 schrieb er an Villot: »Mein Mitbruder und Freund, Kardinal Döpfner, ist kurz nach Empfang dieses Schreibens von Gott abberufen worden, so dass er keine Möglichkeit mehr hatte, die grundsätzlichen Darlegungen Ew. Eminenz zu würdigen. Da ich von den deutschen Bischöfen vielleicht am besten die Sorgen und Intentionen des Kardinals Döpfner in der Frage der kirchlichen Neuordnung in der DDR kannte – Besorgnisse, die er in seinem letzten Brief an den Heiligen Vater mit dem Begriff ›Gewissensnot‹ bezeichnete –, fühle ich mich veranlasst, Ew. Eminenz mitzuteilen, was er mit großer Wahrscheinlichkeit geschrieben hätte.«

Fast bitter ging der Berliner Kardinal dann auf die in seinen Augen untragbare Informationspolitik der Kurie gegenüber den Bischöfen vor Ort ein: »Dann aber ist auch die seit Jahren immer wieder – mündlich und schriftlich – angesprochene Frage der Information der Bischöfe durch den Heiligen Stuhl mit der Feststellung Ew. Eminenz, es handele sich um eine unbegründete Klage, leider nicht erledigt … Seitens der Mitarbeiter des Rates für die öffentlichen Angelegenheiten [im Staatssekretariat des Papstes] ist in den vergangenen vier Jahren … nie klar, nie rechtzeitig gesagt worden, welcher konkrete Schritt jetzt getan werden soll, wann Kontakte stattfanden mit Vertretern der DDR oder der BRD, noch weniger, was verhandelt ist, welche Position der Partner vertritt …

Ich wurde, um nur das letzte Beispiel zu nennen, am 11. August 1976 vom Staatssekretär für Kirchenfragen in der DDR um Auskunft ersucht über die ›Normalisierung‹ des Verhältnisses Vatikan – DDR. Ich wusste nicht, welche Position der Vertreter der DDR im Gespräch vom 14. Juli 1976 eingenommen hat, ob die DDR der Konferenzlösung zustimmt, ob sie Bereitschaft zeigt, Konzessionen zu machen, ob sie bezüglich der Errichtung der Diözesen drängt, ob der Heilige Stuhl in dieser letzteren Frage zu schneller oder verzögerter Behandlung neigt – kurz alles, was in meiner Lage wichtig gewesen wäre, um *im Sinne des Heiligen Stuhles* zu antworten und Schaden für die Kirche in der DDR zu vermeiden …«

Inzwischen waren – unter dem »Kommissarischen Vorsitzenden« Höffner – die Auseinandersetzungen um den Art. 2 des neuen Statuts der Deutschen Bischofskonferenz an ihren Höhepunkt gelangt. Im Hinblick auf die Sitzung des Ständigen Rates der Deutschen Bischofskonferenz am 30. August 1976 hatte Nuntius Del Mestri am 18. August Höffner geschrieben: »Ohne der Diskussion in der bevorstehenden Ratssitzung vorgreifen zu wollen, aber auch in Erinnerung an die intensive Beratung des kürzlich verstorbenen Vorsitzenden [Döpfner] mit dem Apostolischen Nuntius … erlaube ich mir, Eurer Eminenz beiliegenden Gegenvorschlag [zu Art. 2 des Statuts] für die Ratssitzung zu machen, in der sicher ge-

---

[43] Das ergibt sich aus dem nachfolgend ausführlich zitierten Brief Bengsch an Villot vom 10.9.1976 (Kopie): HAEK – Zug. 1089/00 – 77.

meinsamen Sorge, in Fulda das neue Statut in einer für den Apostolischen Stuhl annehmbaren Form verabschieden zu lassen.«[44] Der Vorschlag des Nuntius lief auf eine eindeutige Formulierung des Ausscheidens der DDR-Bischöfe aus der Deutschen Bischofskonferenz hinaus.

Im Protokoll der Sitzung des Ständigen Rates vom 30. August 1976 (unter Höffners Vorsitz) liest man: »Der Ständige Rat sieht sich nach ausführlicher Abwägung aller Gesichtspunkte außerstande, einer Formulierung [nach den Vorschlägen des Nuntius] zuzustimmen, die als Initiative der Deutschen Bischofskonferenz hinsichtlich des Ausschlusses bisheriger Mitglieder verstanden werden könnte.«[45]

Die Wochen zwischen dieser Sitzung des Ständigen Rates am 30. August und der Herbst-Vollversammlung in Fulda vom 20. bis 23. September 1976 waren von innerkirchlichen Verhandlungen zwischen Rom, Köln und Berlin ausgefüllt, die man als hektisch bezeichnen muss.[46] Außer dem bereits zitierten Brief von Kardinal Bengsch an den Kardinalstaatssekretär kam es zu Verhandlungen in Rom zwischen Homeyer und Verantwortlichen des Staatssekretariates wie der Bischofskongregation. Das Feilschen um Formulierungen des Art. 2 des Statuts der Deutschen Bischofskonferenz, die beide Seiten das Gesicht wahren ließen – den Heiligen Stuhl gegenüber der DDR, die deutschen Bischöfe gegenüber ihren Gläubigen und den staatlichen Stellen in Bonn – glichen gelegentlich den Gebräuchen auf einem orientalischen Basar.

Das Ergebnis im Protokoll der Herbst-Vollversammlung der Deutschen Bischofskonferenz lautete für Art. 2, Abs. 1 des neuen Statuts: »Gegenwärtig sind Mitglieder der Deutschen Bischofskonferenz

a) alle Ortsoberhirten eines jeden Ritus mit Ausnahme der Generalvikare
b) die Koadjutoren
c) die Weihbischöfe und die anderen Titularbischöfe, die ein besonderes, vom Apostolischen Stuhl oder von der Bischofskonferenz übertragenes Amt bekleiden

in den Kirchenprovinzen Bamberg, Freiburg, Köln, München-Freising und Paderborn sowie der Ortsoberhirte von Berlin.

Kraft Entscheidung des Apostolischen Stuhles bilden die Mitglieder der bisherigen Berliner Ordinarienkonferenz die Berliner Bischofskonferenz als auctoritas territorialis mit eigenem Statut.«[47]

---

[44] Del Mestri an Höffner, 18.8.1976: Ebd.
[45] Protokoll der 13. Sitzung des Ständigen Rates der Deutschen Bischofskonferenz am 30. August 1976, S. 56.
[46] Besuch Homeyers bei Kardinal Bengsch am 4.9.1976; Note Homeyers für Kardinal Höffner, 6.9.1976; Besprechungen in Rom am 14. Sept. 1976; Note Homeyers für Herrn Kardinal Höffner, 15.9.1976; Besprechung mit Herrn Kardinal Bengsch am 17.9.1979; Note Homeyers für Herrn Kardinal Höffner, 18.9.1976; Telefongespräch (Homeyers) mit Msgr. Sodano am 17. Sept. 1976: HAEK – Zug. 1089/00 – 77.
[47] Protokoll der Herbst-Vollversammlung der Deutschen Bischofskonferenz vom 20. bis 23. September 1976, S. 57.

2. Die Errichtung der Berliner Bischofskonferenz 1976

Am 25. September 1976 unterzeichnete der Präfekt der Bischofskongregation in Rom, Kardinal Baggio, das Dekret zur Genehmigung des Statuts der Berliner Bischofskonferenz.[48] Die Errichtung der Berliner Bischofskonferenz wurde am 26. Oktober – also lange genug nach der Bundestagswahl vom 3. Oktober – in Rom, Bonn und Berlin der Öffentlichkeit mitgeteilt.[49]

Am 29. September wandte sich Kardinal Höffner – inzwischen gewählter Vorsitzender der Deutschen Bischofskonferenz – mit der Bitte um Approbation des Statuts der Deutschen Bischofskonferenz an Baggio. In seinem Schreiben betonte Höffner: »Die Vollversammlung hat nach sehr ausführlicher und mehrmaliger Abwägung aller Gesichtspunkte, auch der Wünsche des Heiligen Stuhles, die der Apostolische Nuntius in der Vollversammlung dargelegt und erläutert hat, einstimmig festgestellt, keiner Formulierung zustimmen zu können, die als Initiative oder auch nur Beteiligung der Deutschen Bischofskonferenz an der Verselbständigung der Berliner Ordinarienkonferenz als auctoritas territorialis und somit als Ausschluss bisheriger Mitglieder der Deutschen Bischofskonferenz verstanden werden könnte.

Diese Haltung ist begründet in der wiederholt bekundeten Überzeugung aller deutschen Bischöfe, dass sie sich zu *einer* Konferenz gehörend verstehen und dass der bisherige Status den pastoralen Bedürfnissen entspricht und genügt. Die Haltung ist aber auch darin begründet, dass die deutschen Bischöfe durch ihren Amtseid auf das Grundgesetz der Bundesrepublik Deutschland verpflichtet sind, in dem das Gebot der Wiedervereinigung des deutschen Volkes verankert ist.«[50]

Am 18. Oktober 1976 wandte sich Höffner an Papst Paul VI. selbst. Zur Gründung der Berliner Bischofskonferenz bemerkte Höffner: »Namens der Deutschen Bischofskonferenz darf ich Ihnen mitteilen, dass wir diese Entscheidung Eurer Heiligkeit [zur Errichtung der Berliner Bischofskonferenz] im Gehorsam annehmen. Sosehr wir die Gründe für die Entscheidung Eurer Heiligkeit zu würdigen wissen, kann ich allerdings nicht verschweigen, dass diese Entscheidung die Mitglieder der Deutschen Bischofskonferenz und nicht minder alle Priester und Gläubigen in den deutschen Diözesen mit Schmerz und Traurigkeit erfüllt.

Für Bischöfe, Priester und Gläubige bleibt die Tatsache bestehen, dass die dieser ganzen Entwicklung zugrundeliegende Teilung Deutschlands und deren Fortbestehen entgegen dem Willen des deutschen Volkes erfolgt ist und aufrecht erhalten wird. Darum erfüllt uns die ausdrückliche Erklärung des Apostolischen Stuhles anlässlich der Approbation des Statuts der Berliner Bischofskonferenz mit großer Dankbarkeit, in der festgestellt wird, dass die Existenz zweier paralleler Bischofskonferenzen nicht die in Deutschland offenen Fragen – insbesondere die nationale Frage selbst – berührt.

---

[48] *Sacra Congregatio pro Episcopis: De Statutorum Conferentiae Episcopalis Berolinensis Recognitione*, 25.9.1976 (unterschriebenes Exemplar): HAEK – Dep. DBK, Sekretariat, 347, S. 128.
[49] Pressedienst des Sekretariats der Deutschen Bischofskonferenz 27/76 vom 25.10.1976: Ebd. S. 183.
[50] Der Vorsitzende der Deutschen Bischofskonferenz, Höffner, an Kardinal Baggio, 29.9.1976: Ebd. S. 198–200.

Darum kann auch die jetzt erfolgte Errichtung der Berliner Bischofskonferenz die bleibende Verbundenheit des ganzen deutschen Episkopates wie auch der Priester und Gläubigen nicht beeinträchtigen. Auch weiterhin wird unsere Sorge und Liebe den durch die widernatürliche Teilung Deutschlands getrennten Bischöfen, Priestern und Gläubigen gelten ...«[51]

Am 13. Oktober hatte Höffner auch an Kardinal Bengsch geschrieben: »Nach Rücksprache in der Herbst-Vollversammlung ... und mit ausdrücklicher einstimmiger Zustimmung dieser Vollversammlung stelle ich hiermit fest, dass die gegenwärtigen Mitglieder ... nach wie vor die Deutsche Bischofskonferenz – unabhängig vom Wortlaut ihres Statuts und dessen formellem Geltungsbereich – als Zusammenschluss *aller* deutschen Bischöfe verstehen, einschließlich des Bischofs von Meißen und des Bischofs von Görlitz, die nicht zu den in dem Text unseres Statuts aufgeführten Kirchenprovinzen gehören. Auf Grund unserer gemeinsamen Überlegungen ist der Ausdruck ›Kirchenprovinzen‹ eingefügt worden, um die politischen Bezeichnungen im Statut der Deutschen Bischofskonferenz und im Statut der Berliner Bischofskonferenz zu vermeiden.«[52]

Die Antwort Kardinal Bengschs an Höffner vom 27. Oktober 1976 lag auf der gleichen Linie: »Seit Kriegsende, also über 30 Jahre hinweg, haben die Bischöfe in Ostdeutschland sich bemüht, um auch in der uns auferlegten Trennung die Einheit der Kirche in Deutschland zu wahren, im vollen Einverständnis mit den Priestern und Gläubigen, auch mit Zustimmung des Heiligen Stuhles. Mit herzlichem Dank möchte ich in diesem Brief bestätigen, dass die Deutsche Bischofskonferenz ihrerseits mit vielfältiger und nicht ermüdender Hilfsbereitschaft den Gemeinden und Jurisdiktionsbezirken in der DDR zur Seite gestanden hat, die neben der Last der Trennung die verschärfte Diaspora einer atheistischen Umwelt zu ertragen hatten.«[53]

Aus seinen persönlichen Begegnungen mit Kardinal Bengsch konnte Kardinal Meisner 2007 bei der Zeitzeugenbefragung aus Anlass des 100. Geburtstages von Kardinal Höffner berichten: »Für Kardinal Bengsch ... waren diese Auseinandersetzungen mit dem Heiligen Stuhl eine größere Belastung als die tägliche Auseinandersetzung mit dem atheistischen Regime. Ich habe diesen harten Mann, der den ganzen Krieg als Soldat mit durchgestanden hatte, ein einziges Mal weinen sehen, als er von seiner letzten Begegnung mit Papst Paul VI. berichtete, um ihn zu beschwören, von seinem festen Vorhaben, die katholische Kirche in der DDR kirchenrechtlich zu verselbständigen, abzusehen. Er meinte dabei, er wäre so erregt gewesen, dass er wahrscheinlich die Ehrfurcht gegenüber dem Papst verletzt habe.«[54]

---

[51] Der Vorsitzende der Deutschen Bischofskonferenz, Höffner, an Paul VI., 18.10.1976 (Kopie): Ebd. S. 347–349.
[52] Der Vorsitzende der Deutschen Bischofskonferenz, Höffner, an Bengsch, 13.101976: Ebd. S. 81–82.
[53] Bengsch an Höffner, 27.10.1976: Ebd. S. 66–69.
[54] J. KARDINAL MEISNER, Joseph Höffner, S. 79.

2. Die Errichtung der Berliner Bischofskonferenz 1976 253

Schon am 28. Oktober 1976 machte Kardinal Höffner einen ersten, kurzen, aber von diesem dankbar aufgenommenen Besuch bei Kardinal Bengsch.[55] Dieser kurzen Visite folgte innerhalb weniger Monate ein offizieller Antrittsbesuch vom 8. bis 10. Januar 1977 – nicht nur beim Vorsitzenden der Berliner Bischofskonferenz, sondern auch bei Bischof Schaffran in Dresden und bei Bischof Aufderbeck in Erfurt.[56] Kardinal Meisner sagte zum politischen Hintergrund dieser Reise Höffners in die DDR: »Die DDR-Regierung hatte das damals genehmigt mit der Absicht, Kardinal Höffner für eine kirchenrechtliche Verselbständigung der katholischen Kirche in der DDR zu gewinnen.«[57] Denn auch die Errichtung der Berliner Bischofskonferenz hatte aus den Anteilen westdeutscher Diözesen auf dem Gebiet der DDR noch keine eigenständigen Diözesen gemacht!

Wie in der Deutschen Bischofskonferenz war Kardinal Höffner auch für die Kontakte zur Kirche in der DDR auf Kontinuität bedacht: Über das Büro des Caritasdirektors Thiel in Westberlin tauschte man die Protokolle der Bischofskonferenzen und wichtige Papiere zur gegenseitigen Information aus. Zweimal jährlich fuhr bzw. flog Sekretär Homeyer bzw. ab 1983 sein Nachfolger Schätzler nach Berlin, um sich mit seinem Kollegen aus Ost-Berlin zu treffen und über aktuelle Entwicklungen zu sprechen. Kardinal Meisner sagte dazu 2007: »Besonders hervorzuheben ist die Vereinbarung über das ›Katholische Kommissariat Berlin‹, die von den Kardinälen Höffner und Bengsch 1978 unterzeichnet wurde und unter anderem besagte, dass das Kommissariat künftig die Verbindungen und Kontakte zwischen der Deutschen Bischofskonferenz und der Berliner Bischofskonferenz in Zusammenarbeit mit den Sekretariaten beider Konferenzen, aufrechterhalten und stärken sollte.«[58]

Die bis zum Tode Papst Pauls VI. am 6. August 1978 weiterverfolgten Absichten der DDR-Regierung, in Rom die Gründung selbstständiger Diözesen in der DDR und die Errichtung einer Nuntiatur in Ost-Berlin zu erreichen, sollen hier nicht weiter verfolgt werden. Josef Pilvousek fasst die weitere Entwicklung in wenigen Sätzen zusammen: »Der Vatikan informierte im Herbst 1977 die DDR-Bischöfe, dass der Hl. Stuhl die Diözesangrenzen verändern wolle. Zwar sei seit einigen Monaten kein förmlicher Druck seitens der DDR-Regierung ausgeübt worden, aber es gebe aus Gründen der Glaubwürdigkeit des Vatikans eine nicht aufgebbare Verpflichtung.«[59] Im Frühjahr 1978 musste Bengsch noch einmal in aller Form die Meinungen seiner bischöflichen Mitbrüder zur Verselbständigung ihrer Sprengel erfragen. Es zeigte sich, dass innerhalb der Berliner Bischofskonferenz keine ganz geschlossene Auffassung mehr gegeben war. An anderer Stelle schildert

---

[55] Homeyer: Note für Herrn Kardinal Höffner, Betr.: Ihr Besuch bei Kardinal Bengsch am 28. Oktober 1976 in Ost-Berlin (Datiert: 10.11.1976): HAEK – Dep. DBK, Sekretariat, 347, S. 30.
[56] Homeyer: Note für Herrn Kardinal Höffner, Betr.: Reise in die DDR vom 8. bis 10. Januar 1977, hier: Einige Erinnerungen, 7.1.1977: Ebd. S. 2–6.
[57] J. Kardinal Meisner, Joseph Höffner, S. 79.
[58] Ebd. S. 82.
[59] J. Pilvousek, Die katholischen Bischöfe in der SBZ/DDR, S. 459.

Pilvousek: »Von Mai bis Juli 1978 brachten DDR-Diplomaten zu verschiedenen Anlässen und auf unterschiedlichen Ebenen gegenüber Casaroli die Forderungen der DDR zur Sprache ... Am 2. Juli 1978 traf Paul VI. die Entscheidung über die Umwandlung der drei Bischöflichen Ämter in Apostolische Administraturen. Am 6. August starb der Papst, ohne die vorbereiteten Dokumente unterschrieben zu haben.«[60]

Papst Johannes Paul II. umging zunächst eine Entscheidung und schien in der Kontinuität Pauls VI. zu verbleiben. »Aber bereits nach einem Jahr Pontifikat deutete sich an, dass es eine neue ›Linie‹ des Papstes gegenüber den Ostblockstaaten geben würde.«[61] Der Papst aus Polen hatte hinreichend lange eigene Erfahrungen mit dem Kommunismus gemacht und agierte deshalb wesentlich zurückhaltender als Paul VI. und sein »Außenminister« Erzbischof Casaroli.

3. Bemühungen um den suspendierten Erzbischof Marcel Lefebvre

Zu den Materien, um die sich Joseph Höffner schon vor seiner Wahl zum Vorsitzenden der Deutschen Bischofskonferenz im Sommer 1976 kümmern musste, gehörte eine Stellungnahme des Ständigen Rates der Konferenz zu Marcel Lefebvre, der am 29. Juni 1976 entgegen allen römischen Warnungen und Verboten in Ecône im schweizerischen Wallis Diakone und Priester geweiht hatte und daraufhin am 12. Juli 1976 durch Papst Paul VI. suspendiert worden war.

Der sich seit 1974 zuspitzende Konflikt zwischen Lefebvre und dem Papst[62] hatte in Köln eine Vorgeschichte. Als am 6. Mai 1975 durch die römische Kardinalskommission und den zuständigen Bischof von Fribourg der Bruderschaft Pius' X. in Ecône die (vorläufige) kirchliche Anerkennung entzogen wurde, fühlte sich der Kölner Bischofsvikar Josef Teusch – ohne Rücksprache mit dem in Urlaub weilenden Erzbischof Höffner – veranlasst, für das Seminar in Ecône tätig zu werden. Es wurde weiter oben bereits dargestellt, wie kritisch-verurteilend Teusch zu dieser Zeit der Entwicklung in den deutschen Priesterseminaren, speziell in Köln, gegenüberstand.[63]

Am 15. Juli 1975 schrieb Teusch an Bischof Graber[64] in Regensburg: »Drei Fakten sind geschehen und können nicht rückgängig gemacht werden: 1. die

---

[60] Ders., Vatikanische Ostpolitik, S. 132.
[61] Ebd. S. 133.
[62] Dazu: A. Schifferle, Marcel Lefebvre – Ärgernis und Besinnung. Fragen an das Traditionsverständnis der Kirche, Kevelaer 1983; Ders., Bewahrt die Freiheit des Geistes. Zur kirchlichen Kontroverse um Tradition und Erneuerung, Freiburg 1990; Ders., Die Pius-Bruderschaft; neustens: W. Damberg, Priesterbruderschaft St. Pius X., S. 69-122.
[63] Vgl. oben S. 121 mit Anm. 39.
[64] Rudolf Graber (1903–1992), 1941 bzw. 1946 Professor für Kirchengeschichte, Fundamentaltheologie, Aszetik und Mystik in Eichstätt, 1962–1981 Bischof von Regensburg: K. Hausberger, in: E. Gatz (Hrsg.), Bischofslexikon 1945–2001, S. 457–460.

3. Bemühungen um den suspendierten Erzbischof Marcel Lefebvre 255

Aufhebung des Seminars in ausdrücklicher Verfügung durch unseren Heiligen Vater; 2. das Schreiben des Erzbischofs Lefebvre vom 21. November 1974, mit dem er nicht nur sich selbst unmöglich gemacht hat[65], sondern mit dem er auch sein eigenes Werk vernichtet hat ... 3. (hier bin ich nicht so ganz sicher und muss mich auf mein Gedächtnis verlassen): die Weigerung der Schweizer und der französischen Bischöfe, Seminaristen aus Ecône als Priester ihrer Bistümer aufzunehmen.[66] Und jetzt meine Frage: Würden Sie, Exzellenz, es auf sich nehmen, den Seminaristen von Ecône Unterkunft zu gewähren?«[67]

Teusch war sich des Ungewöhnlichen an seinem Vorgehen durchaus bewusst. Deshalb schrieb er im weiteren Verlauf seines längeren Briefes: »Wenn Exzellenz mich fragen, warum ich mich nicht an den Kölner Erzbischof wende: Regensburg liegt viel näher an der Schweiz als Köln. Herr Kardinal Höffner ist gerade in Ferien, sonst würde ich ihn vor Absendung des Briefes um seine Meinung gefragt haben. Ich weiß, dass Ew. Exzellenz meinen Vorschlag ernstnehmen und dass Sie gute Gründe haben, wenn Sie ihm nicht nähertreten.«

Bischof Graber war nüchterner als der Kölner Bischofsvikar und antwortete postwendend: »Ich sehe gegenwärtig in der ganzen Sache nur einen Ausweg, nämlich Ihren Brief – Ihr Einverständnis vorausgesetzt – an Erzbischof Schröffer [Sekretär der Studienkongregation] weiterzuleiten.«[68] Schröffer antwortete Bischof Graber innerhalb weniger Tage: »Eine Übernahme des Seminars von Ecône mit Professoren und Alumnen in den deutschen Raum und in eine deutsche Diözese scheint mir sehr problematisch, nicht nur aus sprachlichen Schwierigkeiten.«[69]

Nach Höffners Rückkehr aus dem Urlaub suchte Teusch das Gespräch mit seinem Erzbischof. Wie hart und unnachgiebig Teusch in seinem letzten Lebensjahr geworden war, kommt in einem Brief an Höffner vom 4. August 1975 zum Ausdruck. Ein Moment der »Beglückung und des Trostes im Hinblick auf die Zukunft der Kirche« sei Ecône gewesen. »Wenn dieses Werk abstirbt und als nicht zur Entfaltung kommendes Glied dem Körper der Kirche eingesenkt bleibt, besteht die Gefahr, dass an seiner Stelle Verwesung eintritt. Der Heilige Vater hat selbst seiner Autorität harte Schläge versetzt (den härtesten wohl durch das jahrelange Hinschleppen der Entscheidung betr. *usus matrimonii*). Man müsste dem Heiligen Vater helfen, das neue Selbsttor ... rückgängig zu machen.«[70]

---

[65] Dazu: A. SCHIFFERLE, Die Pius-Bruderschaft, S. 36–38.
[66] In der »Erklärung der Schweizer Bischofskonferenz zum Fall Ecône« vom 7. Juli 1976 (HAEK – Zug. 935/98 – 31) heißt es: »Die in Ecône ohne kirchliche Zustimmung geweihten Priester und Diakone, denen jeder kirchliche Auftrag fehlt, haben jederzeit die Möglichkeit, mit den kirchlichen Instanzen Kontakt aufzunehmen, um eine Lösung für ihre Zukunft zu finden.«
[67] Teusch an Graber, 15.7.1975 (sign. Durchschrift): HAEK – Zug. 935/98 – 31.
[68] Graber an Teusch, 17.7.1975: Ebd. – Joseph Schröffer (1903–1983), 1941–1948 Generalvikar in Eichstätt, 1948–1968 Bischof von Eichstätt, 1968–1983 Sekretär der Kongregation für das Katholische Bildungswesen, 1976 Kardinal: L. BRANDL, in: E. GATZ (Hrsg.), Bischofslexikon 1945–2001, S. 156–159.
[69] Schröffer an Graber, 27.7.1975 (Kopie): HAEK – Zug. 935/98 – 31.
[70] Teusch an Höffner, 4.8.1975: Ebd.

Am 28. Oktober 1975 wandte sich Kardinalstaatssekretär Villot in einem Schreiben an Kardinal Döpfner (und wohl auch an andere Vorsitzende von Bischofskonferenzen), in dem er Verlauf und Zuspitzung des Konflikts um Lefebvre und Ecône aus römischer Sicht darlegte und die Bischöfe aufforderte. »die Inkardinierung in ihre Diözesen jenen jungen Menschen nicht zu gewähren, die erklären sollten, sich für den Dienst in der ›Bruderschaft‹ [Pius' X.] zu verpflichten.«[71]

Bischofsvikar Teusch gab auch 1976 keine Ruhe. Am 4. Mai 1976 sprach er zum Thema »Spaltung in der Kirche?« im Deutschlandfunk. Den Text veröffentlichte er auch in der »Deutschen Tagespost«.[72] Am 19. Mai übersandte er eine französische Übersetzung des Textes an Lefebvre und Papst Paul VI..[73] Lefebvre antwortete Teusch am 18. Juni 1976 mit einer freundlichen Eingangsbestätigung.[74] Weniger freundlich klang die Antwort von Erzbischof Benelli im Staatssekretariat des Papstes: »Dass Sie als Geistlicher in einflussreicher Stellung dabei das öffentliche Forum eines Radio wählten, ohne sich hinreichend über die Hintergründe des Falles zu informieren, ist jedoch bedauerlich.«[75]

Teusch antwortete Benelli am 30. Juni 1976, um sich zu verteidigen.[76] Auf die Durchschrift zu den eigenen Akten ließ Teusch einen Vermerk schreiben: »Der oben erwähnte Brief von Exz. Benelli ist in einem unangenehmen paternalistischen Ton geschrieben. Er bringt 1. ein Monitum, das ich zurückweisen muss; 2. Belehrungen, die in ihrer Art kränkend sind. Ich gehe auf diese Belehrungen nicht ein und verzichte darauf, Exz. Benelli meinerseits Belehrungen zu erteilen. Lieber als Belehrungen wären Informationen gewesen; 3. einen guten Rat, der beinahe noch einmal einen Tadel einschließt. Ich habe diesen guten Rat mit einem guten Rat meinerseits beantwortet. Bei der Art dieses Briefes glaube ich zu spüren, ein wie schlechter Vermittler Exz. B[enelli] zwischen dem Heiligen Vater und Erzbischof Lefebvre sein mag.«

Teusch hatte eine Kopie seines Briefes an Benelli auch an Kardinal Höffner nach Füssen in den Urlaub gesandt. Inzwischen wurde in den Medien die Möglichkeit einer Audienz für Erzbischof Lefebvre bei Papst Paul VI. diskutiert. Höffner schrieb Teusch am 5. Juli 1976 eine Briefkarte.[77] Darin hieß es: »Ich selbst habe vor 14 Tagen Exz. Benelli gesagt, dass ich eine Papstaudienz nur für angebracht halte, wenn Erzb[ischof] Lefebvre vorher erklärt, dass er Papst Paul VI. nicht für einen

---

[71] Villot an Döpfner, 28.10.1975 (Kopie): Ebd. – Homeyer sandte je eine Kopie am 26.11.1975 an die Mitglieder der Deutschen Bischofskonferenz.
[72] Manuskript »Spaltung der Kirche heute?« Dienstag, den 4. Mai 1976, 22.05, in gekürzter Form über den Deutschlandfunk gesprochen; hs. Vermerk Teuschs für Höffner: »Dieses habe ich ungekürzt der Presse übergeben.«: HAEK – Zug. 935/98 – 31 – Glückwunsch zum Artikel in der Deutschen Tagespost: Graber an Teusch, 13.5.1976: Ebd.
[73] Teusch an Lefebvre, 19.5.1976 (französisch, Durchschrift); Teusch an Papst Paul VI., 19.5.1976 (italienisch, Durchschrift): Ebd.
[74] Lefebvre an Teusch, 18.6.1976 (Briefkarte): Ebd.
[75] Erzbischof Benelli an Teusch, 22.6.1976 (Original): Ebd.
[76] Teusch an Benelli, 30.6.1976 (Durchschrift): Ebd.
[77] Höffner an Teusch, 5.7.1976 (hs. Briefkarte): Ebd.

3. Bemühungen um den suspendierten Erzbischof Marcel Lefebvre 257

Häretiker halte. Im Übrigen hat die Bewegung in unserem Bistum kaum Anhänger. Wir sollten sie nicht hochspielen. Es ist ein Nachkömmling der *Action française*.«[78] Wenige Tage nach Kardinal Döpfners Tod am 24. Juli 1976 hatte Höffner es nicht mehr mit seinem Bischofsvikar Teusch zu tun: Am 26. Juli schrieb er bereits an die Mitglieder der Deutschen Bischofskonferenz: »Der Hochwürdigste Herr Apostolische Nuntius bittet mich, Ihnen mitzuteilen, dass der Apostolische Stuhl am 22. [richtig: 12.] Juli 1976 über den Alt-Erzbischof Marcel Lefebvre die Kirchenstrafe der ›suspensio a divinis‹ verhängt hat. Alt-Erzbischof Lefebvre war ›de speciali mandato Summi Pontificis‹ und unter Hinweis auf Can. 2373,1 aufgefordert worden, keine Priesterweihen vorzunehmen. Er hat sich am 29.6.1976 über dieses Verbot hinweggesetzt.

Alt-Erzbischof Lefebvre ist nicht wegen der ›lateinischen Messe‹, sondern wegen seiner Ablehnung des II. Vatikanischen Konzils, wegen seiner Missachtung des Leitungsamtes des Papstes und wegen seines Verstoßes gegen die Einheit der Kirche suspendiert worden.«[79]

Der Brief des Nuntius hatte sich am 24. Juli, an Döpfners Todestag, noch an diesen gerichtet.[80] Zwei Tage vor der Sitzung des Ständigen Rates der Bischofskonferenz am 30. August 1976 gab Nuntius Del Mestri Höffner zu bedenken, »auf welche Weise von Seiten der deutschen Bischöfe dazu ehestens Stellung genommen werden könnte, zumal sich bereits die Episkopate der Schweiz und Frankreichs in diesem für die Einheit der Kirche so schmerzlichen Falle mit dem Papst solidarisch erklärt haben.«[81] Auch regte der Nuntius an, »dass zunächst vielleicht der von Eurer Eminenz präsidierte Rat aus Würzburg eine entsprechende telegrafische Ergebenheitsadresse an den Heiligen Vater richtet. Dies würde, dessen bin ich sicher, für Papst Paul VI. in dieser für ihn überaus schweren Prüfung einen großen Trost bedeuten.«

Der Ständige Rat kam am 30. August 1976 der Bitte des Nuntius durch eine »Erklärung« nach, deren entscheidende Sätze lauteten: »Die Tradition der Kirche bezeugt einhellig, dass die Einheit der Kirche Einheit mit dem Papst und den Bischöfen ist. Wer diese Einheit bricht, der bricht mit der Tradition der Kirche. Aus diesem Grunde musste der Papst gegen Erzbischof Lefebvre einschreiten. Er hat es nicht getan, ohne vielfältige Versuche der Verständigung und der Vermittlung. Wir deutschen Bischöfe stehen uneingeschränkt hinter der Entscheidung des Heiligen Vaters.«[82]

---

[78] Zu diesen politisch-geistesgeschichtlichen Hintergründen Lefebvres s. vor allem: W. Damberg, Priesterbruderschaft St. Pius X.
[79] Höffner (Erzbischof von Köln) an die Mitglieder der Deutschen Bischofskonferenz, 26.7.1976 (unterzeichnete Durchschrift): HAEK – Zug. 935/98 – 31.
[80] Kopie mit der Paraphe des Nuntius: Ebd.
[81] Del Mestri an Höffner, 28.8.1976: Ebd. – Die Erklärung der Schweizer Bischofskonferenz wurde bereits erwähnt: s. oben Anm. 66.
[82] Erklärung des Ständigen Rates der Deutschen Bischofskonferenz, Würzburg, 30.8.1976: Protokoll 1976, S. 67. – Die Vollversammlung der DBK in Fulda 20.-23.9.1976 beschäftigte sich erneut mit

Gleichzeitig richteten die deutschen Ortsordinarien ein Telegramm an den Papst: »Der Ständige Rat der Deutschen Bischofskonferenz weist mit Entrüstung den Vorwurf des Erzbischof Marcel Lefebvre zurück, seit dem II. Vatikanischen Konzil sei die katholische Kirche eine ›von der Tradition abgewichene Kirche‹ und ›die Kardinäle, die Bischöfe und selbst der Papst‹ seien ›der Ketzerei‹ verfallen. Die in Würzburg zur Sitzung des Ständigen Rates versammelten Bischöfe danken Eurer Heiligkeit für das brüderliche Bemühen, Erzbischof Lefebvre doch noch zum Einlenken zu bewegen, und gedenken Eurer Heiligkeit in dieser schweren Prüfung im Gebet.«[83]

Die Ansprache, mit der Höffner vor dem Ständigen Rat am 30. August die Bischöfe auf diese Beschlüsse einstimmte, ist im Manuskript erhalten.[84] Sie begann mit einem Rückblick in die Biographie Lefebvres: »Lefebvre studierte als Alumne des *Seminaire fan[çais]* an der Gregoriana 1923–1930. Die *Action fr[ançaise]* erhitzte die Gemüter im *Sem. français*. Der Rektor wurde entlassen. Lefebvre stand dieser Bewegung als Seminarist nahe.[85] Die elsässischen Alumnen nannten ihn damals ›Die versteinerte *sana doctrina*‹.«

Was Höffner in Würzburg am 30. August 1976 vortrug, prägte auch den Brief, den er wenige Tage später am 6. September 1976 Erzbischof Lefebvre selbst schrieb – versöhnlich im Ton, eindeutig in der Sache.[86] Darin hieß es: »Die Deutschen Bischöfe verschließen keineswegs die Augen vor gewissen bedenklichen Entwicklungen in unserer Kirche seit dem Zweiten Vatikanischen Konzil. Auch bestreiten wir nicht, dass manche Fehlentwicklungen zu spät erkannt worden sind. Ich selbst bin wiederholt Irrlehren entgegengetreten, die unseren Glauben an die Gottheit Jesu Christi, an seine Auferstehung, an die Jungfräulichkeit Mariens, an das Dasein der Engel und Teufel, an die Päpstliche Unfehlbarkeit, die Priesterweihe, die kirchliche Ehelehre leugnen oder verfälschen ... Umso mehr bin ich betrübt und erschrocken darüber, dass Sie in Ihrem Interview, das am 9. August im ›SPIEGEL‹ veröffentlicht worden ist, den Papst mit ›Ketzerei‹ in Verbindung bringen und den Weg des Zweiten Vatikanischen Konzils einen ›Weg des Verderbens‹ nennen. Garant der Wahrheit unseres Glaubens ist die Cathedra des Heiligen Petrus und nicht die Meinung eines einzelnen Bischofs ... Es ist deshalb meine ernste brüderliche Bitte, die ich Ihnen im Namen der deutschen Bischöfe vortrage: Bewahren Sie die Einheit der Kirche, die Einheit mit dem Heiligen Vater und mit dem Kollegium der Bischöfe in aller Welt. Tun Sie bitte alles, um die volle Einheit wiederherzustellen.« Höffner schloss mit einem versteckten Angebot an Lefebvre: »Gern würde ich auf Ihre Sorgen und auch auf Ihre Vorwürfe

---

Lefebvre und gab eine weitere Erklärung ähnlichen Inhalts ab: Protokoll 1976, S. 46 bzw. S. 79f.
[83] Telegramm des Ständigen Rates an Papst Paul VI., Würzburg, 30.8.1976: Ebd. S. 68.
[84] Endfassung: Kardinal Joseph Höffner, Die Sorge der Bischöfe um die Einheit der Kirche (o. D.): HAEK – Zug. 935/98 – 31; für den mündlichen Vortrag zusammengeklebte Fassung mit handschriftlichen Einschüben (»Lefebvre TOP I.6«): HAEK – Zug. 1098/00 – 78.
[85] Vgl. W. DAMBERG, Priesterbruderschaft St. Pius X., vor allem S. 75ff.
[86] Höffner an Lefebvre, 6.9.1976: HAEK – Zug. 935/98 – 31 und HAEK – Zug. 1089/00 – 78.

3. Bemühungen um den suspendierten Erzbischof Marcel Lefebvre 259

näher eingehen. Sollten Sie es wünschen – vielleicht auch in einer persönlichen Begegnung – so bin ich dazu bereit.«

Wohl um diesem Angebot eines Gesprächs Nachdruck zu verleihen, beschloss der Ständige Rat der Deutschen Bischofskonferenz am 13. Dezember 1976, diesen Brief Höffners an Lefebvre gegebenenfalls zu veröffentlichen.[87] Am 6. Juli 1977 teilte Sekretär Homeyer den Mitgliedern der Bischofskonferenz mit: »Der Vorsitzende hält es für richtig, nunmehr diesen Brief an Erzbischof Lefebvre zu veröffentlichen und darauf hinzuweisen, dass dieser Brief bis heute unbeantwortet geblieben ist.«

Es ist denkbar, dass die Veröffentlichung des Briefes im Juli 1977[88] dazu beigetragen hat, dass es am 20. Dezember 1977 zu einer mehrstündigen Begegnung zwischen Höffner und Lefebvre im Kloster Maria Hilf in Bühl/Baden gekommen ist.[89] Im Vorfeld gab es im Oktober 1977 einen Briefwechsel, in dem beide Gesprächspartner ihre Ausgangspositionen für das Gespräch umschrieben. Höffner erklärte: »Es ist nach meiner Überzeugung unhaltbar anzunehmen, dass die Lösung des uns alle bedrückenden Problems beim Heiligen Vater liegt. Sie liegt ohne allen Zweifel bei Ihnen, insofern Sie die Gültigkeit des II. Vatikanischen Konzils bestreiten, die nachkonziliare Kirche in mehrfacher Hinsicht in Frage stellen und die Autorität des Heiligen Stuhles bestreiten.«[90]

Nach einer längeren Darlegung seines theologischen Standortes kam Höffner zu dem Schluss:

»1. Das II. Vatikanische Konzil und seine Beschlüsse sind rechtens und stehen nicht im Widerspruch zur vorher gelehrten Doktrin der Kirche.
2. Die gegenwärtig gültige Liturgie ist voll und ohne Einschränkung das eine Messopfer, das Jesus Christus eingesetzt hat, und es enthält die Schätze, die im Laufe der Jahrhunderte gesammelt und erarbeitet worden sind.
3. Zur Einheit der Kirche gehört die Einheit mit dem Heiligen Vater ebenso sehr wie die Einheit mit der Tradition. Es besteht in unserer aktuellen Situation kein Grund, diese so verstandene Einheit in Frage zu stellen oder zu gefährden.«

Über das Gespräch mit Lefebvre in Bühl am 20. Dezember 1977, das einschließlich eines Mittagessens von 10 bis 15 Uhr dauerte, diktierte Höffner am 21. Dezember ein Gedächtnisprotokoll, das er am 23. Dezember sowohl Lefebvre wie auch

---

[87] Homeyer an die Mitglieder der DBK, 6.7.1977 (HAEK – Zug. 935/98 – 31): »Der Ständige Rat hat sich auf seiner 14. Sitzung am 13.12.1976 damit einverstanden erklärt, dass dieser Brief veröffentlicht werden kann, wenn die Umstände dies als sinnvoll erscheinen lassen«.
[88] Pressedienst des Sekretariats der Deutschen Bischofskonferenz XV/77, 6.7.1977: HAEK – Zug. 935/98 – 31; Münchener Kath. Kirchenzeitung, 17.7.1977 »Kardinal Höffner schrieb an Lefebvre«: HAEK – Zug. 935/98 – 24.
[89] Vermittlung des Tagungsortes durch Kapitularvikar Gnädiger, Freiburg; Korrespondenz mit dem Kloster etc: HAEK – NH 1473.
[90] Höffner an Lefebvre, o. D., voll unterschrieben: HAEK – NH 1473 – Eingangs schreibt Höffner: »... möchte ich Ihnen noch danken für ihren Brief vom 6. Oktober 1977 und für die beigefügten Erwägungen zu meinem Brief vom 6. September vorigen Jahres«.

durch Sekretär Homeyer den deutschen Bischöfen zustellen ließ.[91] An Lefebvre schrieb er: »Wenn mich Ihre Äußerungen zu den Grundfragen auch ein wenig traurig gestimmt haben, war es doch gut, dass wir die grundlegenden Differenzen offen erörtern konnten.«

Den 11 Seiten umfassenden »Aufzeichnungen über das Gespräch des Vorsitzenden der Deutschen Bischofskonferenz, Kardinal Joseph Höffner, mit Erzbischof Lefebvre am 20.12.1977« schickte Sekretär Homeyer informative Vorbemerkungen voraus: »Das Gespräch fand ›unter vier Augen‹ statt. Daran nahmen weder von Seiten Kardinal Höffners, noch von Seiten Alt-Erzbischof Lefebvres Mitarbeiter teil ... «

Kardinal Höffner ging in seiner Gesprächsführung von einem vorbereiteten Papier mit sechs Hauptthesen aus. Sie sind in der folgenden Aufzeichnung wiedergegeben. Alt-Erzbischof Lefebvre erhielt nach dem Gespräch das Manuskript dieser Thesen, um sie noch einmal im Einzelnen zur Kenntnis nehmen zu können. »Der in der folgenden Aufzeichnung wiedergegebene Gesprächsbeitrag Lefebvres richtet sich manchmal nicht exakt an die Thesen [sic!], sondern greift, wie sich das bei Diskussionen ergibt, manchmal thematisch vor oder zurück. Das Gespräch begann mit einem gemeinsamen Gebet und verlief in einer freundlichen und offenen Atmosphäre. Die Diskussion wurde in italienischer Sprache geführt.«

Höffners erster Themenkomplex waren »Ekklesiologische Anfragen«. Sie spitzten sich auf Levebvres 1976 erhobenen Vorwurf der Häresie gegen Papst Paul VI. zu. Lefebvre erwiderte: »Er habe nie Papst Paul VI. einen Häretiker genannt. In Ecône werde für den Heiligen Vater täglich gebetet ...«

Bezüglich der »Missbräuche in der Kirche« (Höffners zweites Thema) ging der Kardinal von einem Brief des Papstes an Lefebvre vom 11. Oktober 1976 aus und erklärte: »Das Werk der Erneuerung wird jedoch gestört, wenn ein einzelner Bischof sich gegen die Autorität des Papstes und der Bischöfe der gesamten Kirche stellt.« Lefebvre erwiderte: »Seine Reserven gegenüber den Ergebnissen des II. Vatikanums lägen bei folgenden Punkten: 1. Religionsfreiheit, 2. Ökumene, 3. Einige Passagen in *Gaudium et spes* ... Wenn er diese Kritik äußere, sei er kein Häretiker. Schließlich habe sich die Französische Bischofskonferenz ja auch gegen *Humanae vitae* gewandt. Und auch die Deutsche Bischofskonferenz habe sich zu *Humanae vitae* nicht eindeutig geäußert (Königsteiner Erklärung). Beide Bischofskonferenzen seien von Rom nicht getadelt worden. Warum also sei Rom so hart gegen ihn? Die Professoren Küng und Haag hätten die Chancen jahrelanger Prozesse und Verhandlungen erhalten. Er, Lefebvre, werde ohne Prozess verurteilt ...

Auf den Vorwurf, er greife ständig in die Rechte von Ortsbischöfen ein, meinte Lefebvre, auf den Ankauf eines ehemaligen Klosters im Bistum Regensburg

---

[91] Aufzeichnung über das Gespräch des Vorsitzenden der Deutschen Bischofskonferenz, Kardinal Joseph Höffner, mit Alt-Erzbischof Lefebvre am 20.12.1977: HAEK – NH 1473; Höffner an Lefebvre, o. D. (doch: 23.12.1977, mit handschr. Überarbeitung Höffners): Ebd.; Begleitschreiben Homeyers an Diözesanbischöfe, 23.12.1977: Ebd.

3. Bemühungen um den suspendierten Erzbischof Marcel Lefebvre 261

eingehend, er gebe zu, das Kloster in Zaitzkofen durch einen Mittelsmann gekauft zu haben, weil ihm selbst ja durch kirchliche Stellen nichts mehr verkauft werde. Es sei noch nicht entschieden, ob dort ein Priesterseminar oder ein Exerzitienhaus eingerichtet würde.

An dieser Stelle äußerte Lefebvre noch, er warte auf einen späteren Papst, der manches ändern werde, was in den letzten 10 Jahren geschehen sei.«

In einem dritten Themenkomplex ging es um »Das Römische Messbuch«. Höffner bezog sich auf die Vorwürfe der Traditionalisten gegen das neue Messbuch. Lefebvre erklärte: »Er, Lefebvre, behaupte nicht, die nach dem neuen Messbuch gefeierte Messe sei ungültig oder häretisch. Wohl aber sei er der Meinung, einzelne Texte des neuen Messbuchs ließen das Geheimnisvolle der Eucharistie zurücktreten. Das bisherige Messbuch sei, besonders was den Opfer- und Sühnecharakter anlange, tiefer gewesen. Es sei für ihn bedenklich, dass Protestanten erklärt hätten, mit dem tridentinischen Messbuch hätten sie das Abendmahl nicht feiern können. Das aber sei mit dem neuen Messbuch jetzt möglich ...«

Im vierten Gesprächskomplex ging es um die »Religionsfreiheit«. Höffner legte die wichtigsten Aussagen von *Dignitatis humanae* dar. »Man hat gesagt, die Anerkennung der bürgerlichen Toleranz durch das Zweite Vatikanum widerspreche der kirchlichen Überlieferung«. Höffner widerlegte das durch Zitate aus Äußerungen Pius' XII. Lefebvre erwiderte, er halte es »für bedenklich, wenn das II. Vatikanum es ein Naturrecht nenne, öffentlich eine falsche Religion kundzutun. Das widerspreche den traditionellen Aussagen der Päpste.«

In einem fünften Komplex ging Höffner auf »Das Kollegium der Bischöfe« ein. Äußerungen Lefebvres dazu hat Höffner nicht notiert.

Der sechste und letzte Themenbereich war der »Ökumenismus«. Höffner begann mit seinem eigenen Beitrag: »Alt-Erzbischof Lefebvre schrieb im Oktober 1974: ›Wir weisen einen Ökumenismus zurück, der unseren Glauben und unsere heilige Religion verrät, der die katholische Kirche mit den Irrtümern der Welt und den protestantischen Häresien vereinigen will.‹ (Lettre aux amis et bienfaiteurs, Nr. 7, Okt. 1974). Einen solchen Ökumenismus weise auch ich zurück. Auch leugne ich nicht, dass es bedauerliche Missbräuche gab und gibt, die man jedoch dem Konzil nicht unterschieben darf.« Lefebvres Antwort lautete, »es bedränge ihn sehr, was auf ökumenischem Gebiet geschehe. Er befürchte eine Abflachung der Glaubensunterschiede«.

Der Systematiker Höffner schloss sein Protokoll nicht, ohne »Ergebnisse des Gesprächs« festzuhalten:

»1. Lefebvre drückte mehrmals den Wunsch aus, in vollem Frieden mit der Kirche und dem Papst zu leben. Er möchte gerne die von ihm ausgebildeten Priester den Bischöfen zur Verfügung stellen.

Gäbe es in Frankreich ein Ecône, könnten fünf Priesterseminare gefüllt werden. Lefebvre bat die Deutsche Bischofskonferenz, sie möge den Papst bitten, wenigstens einem Bischof die Erlaubnis zu geben, Priester aus Ecône *ad experimentum* anzustellen.

Darauf Höffner: Folgende Hindernisse stehen dem im Weg:
a) Ablehnung der Messzelebration nach dem Missale Pauls VI.
b) Fehlende Anerkennung des II. Vatikanums
c) Der Ungehorsam gegenüber dem Papst, dessen Jurisdiktionsprimat sich auch auf Fragen der Disziplin erstrecke (Vatikanum I).
2. Lefebvre äußerte den Wunsch, die Deutsche Bischofskonferenz solle Paul VI. bitten, wenigstens einem Bischof die Erlaubnis zu geben, in seinem Bistum in der einen oder anderen Kirche oder Kapelle die tridentinische Messe unter Aufsicht des Bischofs feiern zu lassen. Manche Priester zelebrierten selbstgemachte Messen, die sich weit mehr vom Missale Pauls VI. entfernten als die Tridentinische Messe. Diese Priester würden nicht suspendiert. Warum er?
Darauf Höffner: Der Papst könne eine solche Erlaubnis nicht geben, da hinter dieser Bitte der Vorwurf stehe, das neue Messbuch sei, wenn nicht häretisch, so doch weniger tief. ...
4. Auf Höffners Vorschläge, a) die Messe in Ecône nach dem neuen Missale zu feiern, b) das II. Vatikanum vorbehaltlos anzuerkennen, c) in jedem konkreten Fall den Jurisdiktionsprimat des Papstes anzuerkennen, glaubte Lefebvre nicht eingehen zu können, wenn er auch ausdrücklich wie oben noch einmal erklärte, dass das neue Messbuch gültig sei, dass er das II. Vatikanum in den wesentlichen Aussagen als orthodox anerkenne und dass er den Jurisdiktionsprimat des Papstes nicht leugnen wolle ...«

Höffners wohlgemeinter Versuch von 1977, durch geduldiges Gespräch mit Lefebvre zur Verhinderung eines Schismas beizutragen, sollte erfolglos bleiben. Durch die Weihe von vier Bischöfen entgegen päpstlichem Verbot am 30. Juli 1988 war das Schisma vollzogen, wie Papst Johannes Paul II. bereits am folgenden Tage feststellte. Lefebvre und die vier von ihm geweihten Bischöfe waren durch die Weihehandlung ohne weiteres der Exkommunikation verfallen.

4. Entzug der kirchlichen Lehrbefugnis für Hans Küng 1979

Die Auseinandersetzungen der Deutschen Bischofskonferenz und der römischen Glaubenskongregation mit dem Tübinger Dogmatiker Hans Küng über Aussagen in seinen mit hohen Auflagen veröffentlichten Werken erstreckten sich über das Jahrzehnt von 1970 bis 1980. Küng erreichte nicht nur über diese Bücher, sondern auch über die geschickt von ihm genutzten Medien ein breites Publikum in Deutschland und durch Übersetzungen in andere Sprachen weit darüber hinaus. Man darf sagen, dass ein Großteil der praktizierenden Theologen, vor allem aber des nachkonziliar-kritischen Katholizismus in Deutschland und in Westeuropa für Küng eingenommen war.

Da seine Auseinandersetzungen mit der Bischofskonferenz und der Glaubenskongregation zeitnah durch die Medien und aktuelle Literatur in die Öffentlichkeit getragen wurden, kam es schon früh zu Solidarisierungen mit Küng und zu emotionalen Angriffen gegen die »Hierarchie«, die durch den Entzug der kirchlichen Lehrbefugnis an der Jahreswende 1979/80 ihren Höhepunkt erreichten.

Eine Biographie Joseph Höffners ist nicht der Ort für eine umfassende Darstellung dieses komplexen Vorgangs, zumal der Kardinal erst mit der Übernahme des Vorsitzes der Deutschen Bischofskonferenz 1976 in den Prozess einbezogen wurde. Hans Küng hat im Übrigen selbst eine detaillierte Darstellung der Ereignisse – aus seiner Sicht, in seiner Auswahl und mit seinen oft einseitigen Beurteilungen – veröffentlicht.[92] Die entscheidenden Schriftwechsel mit der Glaubenskongregation in Rom wie mit den Kardinälen Döpfner und Höffner hat zudem Anfang 1978 der Freund und Weggefährte Küngs, Walter Jens, als »Dokumentation« veröffentlicht.[93] Es kann hier nur um den Anteil Joseph Höffners an der Schlussphase des Verfahrens, um einige Ergänzungen und Richtigstellungen der Küng'schen Darstellung anhand der Quellen gehen.

In der ersten Phase der Auseinandersetzung um Küngs Orthodoxie ging es um seine Veröffentlichungen »Die Kirche« (1967)[94] und »Unfehlbar? Eine Anfrage« (1970)[95]. Nachdem Küng mehrere klärende Stellungnahmen zu beiden Werken gegenüber der Glaubenskongregation abgelehnt und auf ein Gesprächsangebot der Kongregation 1974 nicht eingegangen war[96], gab die Kongregation am 15. Februar 1975 eine Erklärung zu beiden Werken Küngs ab, in der sie Küng gravierende Irrtümer bezüglich der Lehre über die Unfehlbarkeit und die Kirche vorwarf, allerdings ihn nicht verurteilte, sondern lediglich auf Weisung Papst Pauls VI. ermahnte, »solche Lehrmeinungen nicht weiter zu vertreten«. Bei einer Pressekonferenz, die Kardinal Döpfner wenige Tage später anlässlich der Frühjahrs-Vollversammlung der Deutschen Bischofskonferenz in Bad Honnef gab, teilte er mit: »Die Deutsche Bischofskonferenz fordert darum Prof. Küng auf, seine Äußerungen an der in der Erklärung [der Glaubenskongregation vom 15.2.1975] dargelegten Grundwahrheit des Glaubens auszurichten.«[97]

Es war kaum zu erwarten, dass Küng sich an solche Ermahnungen halten werde. Am 24. Dezember 1975 schrieb der Präfekt der Glaubenskongregation, Kardinal Šeper[98], an Kardinal Döpfner: »Schon seit einem Jahr gelangen an die Kongregation für die Glaubenslehre Anfragen wegen des Buches ›Christ sein‹ von

---

[92] H. KÜNG, Umstrittene Wahrheit, vor allem ab S. 299.
[93] W. JENS (Hrsg.), Um nichts als die Wahrheit.
[94] H. KÜNG, Die Kirche, Freiburg u. a. 1967.
[95] H. KÜNG, Unfehlbar?, Zürich u. a. 1970.
[96] So in der nachfolgend behandelten Erklärung der Glaubenskongregation vom 15.2.1975. In deutscher Übersetzung: W. JENS (Hrsg.), Um nichts als die Wahrheit, S. 142–145.
[97] Pressekonferenz des Vorsitzenden der Deutschen Bischofskonferenz nach der Frühjahrs-Vollversammlung vom 17. bis 20.2.1975 in Bad Honnef: HAEK – Zug. 1089/00 – 70.
[98] Franjo Kardinal Šeper (1905–1981), 1924–1931 Studium an der Gregoriana in Rom (von daher mit Höffner bekannt und der deutschen Sprache mächtig), 1930 Priesterweihe, 1960 Erzbischof von Zagreb, 1965 Kardinal, 1968–1981 Präfekt der Glaubenskongregation: G. GÄNSWEIN, in: LThK 9, ³2000, Sp. 472f.

Prof. Hans Küng. Ich wäre Ihnen dankbar, wenn Sie mitteilen könnten, ob die Deutsche Bischofskonferenz oder eine ihrer Kommissionen sich zu dem Buch ›Christ sein‹ zu äußern gedenkt.«[99]

Döpfner antwortete dem Präfekten der Glaubenskongregation am 3. März 1976, die Deutsche Bischofskonferenz habe schon in ihrer Erklärung vom 27. Februar 1975 in Bad Honnef neben »Die Kirche« und »Unfehlbar?« das damals bereits vorliegende Werk »Christ sein« einbezogen. Döpfner zitierte aus der Erklärung der Bischofskonferenz vom Februar 1975: »So finden sich auch im neuen Buch von Professor Küng ›Christ sein‹ (München 1974), dessen theologische Bemühung und pastorale Zielsetzung anerkannt werden, eine Reihe von Aussagen, die nicht erkennen lassen, wie sie mit den eben erklärten Grundsätzen in Einklang zu bringen sind (vgl. besonders die Christologie, die Trinitätslehre, die Theologie der Kirche und der Sakramente, die heilsgeschichtliche Stellung Marias).«[100]

Nach Darstellungen der Bemühungen der Glaubenskommission der DBK und sonstigen Aktivitäten in der Sache im zurückliegenden Jahr kam Kardinal Döpfner zu dem Schluss: »Wenn wir im Augenblick eine neue ›Erklärung‹ abgeben wollten, so müssten wir einerseits schon Gesagtes wiederholen, andererseits würden wir ungewollt den ›Markt‹ wieder in Bewegung bringen. Im Augenblick findet das Buch nämlich keine große Aufmerksamkeit mehr. Das darf freilich nicht dazu verleiten, den Einfluss des Buches gering zu schätzen. Dankbar wäre ich zu erfahren, ob die Glaubenskongregation ihrerseits beabsichtigt, eine Stellungnahme zu ›Christ sein‹ abzugeben.«

Am 21. April 1976 antwortete Kardinal Šeper nach München: »Meine große Sorge ist einfach die Tatsache, dass Küng weiterhin von Priesteramtskandidaten, auch aus nichtdeutschen Diözesen, gehört werden kann. Dies ist das große Gewissensproblem für Sie und für uns ... Die Kongregation hat noch kein Verfahren zu dem Buch ›Christ sein‹ eröffnet. Die Deutsche Bischofskonferenz hat in jedem Falle die Vollmacht, unabhängig von Rom zu handeln.«[101]

Wir begegnen hier erstmals dem Versuch der Glaubenskongregation, die Initiative zu einem von der Kongregation für notwendig gehaltenen Verfahren der Deutschen Bischofskonferenz zu überlassen.

Am 23. Juli 1976 ließ Kardinal Döpfner einen Brief an Küng schreiben, den er durch seinen Tod am 24. Juli nicht mehr unterschreiben konnte.[102] Darin sollte es heißen: »Inzwischen hat sich die Glaubenskommission der Deutschen Bischofskonferenz entsprechend meiner Bitte mit der neu entstandenen Situation befasst. Auf Grund der mir zugekommenen Anregungen schlage ich darum ein Gespräch vor, das einige zentrale theologische Fragen von ›Christ sein‹ klären sollte. Ich

---

[99] Šeper an Döpfner, 24.12.1975: HAEK – Dep. DBK, Sekretariat (5792).
[100] Döpfner an Šeper, 3.3.1976: Ebd.
[101] Šeper an Döpfner, 21.4.1976: Ebd.
[102] Ursprünglicher Entwurf vom 15.8.1976: Ebd.

1 | Ansprache nach der Bischofsweihe am Dom in Münster am 14. September 1962.

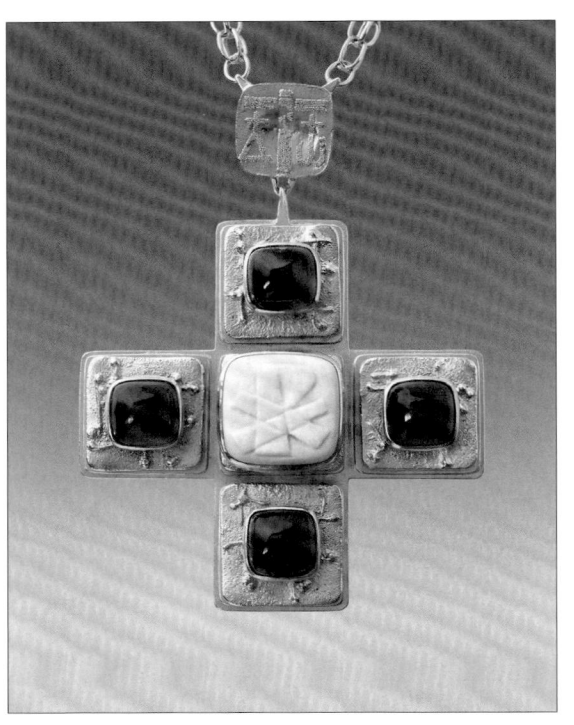

2 | Pektorale, von Hein Wimmer geschaffen. Geschenk der Katholisch-Theologischen Fakultät Münster anlässlich der Bischofsweihe.

3 | Das von der Familie Höffner zur Bischofsweihe geschenkte Pektorale. Die römische Münze mit Kaiserportrait hatte Joseph Höffner als Pfarrer von Hl. Kreuz in Trier nach 1945 in den Trümmern gefunden.

4 | Joseph Höffner als Bischof von Münster.

5 | Bischof Höffner und sein Sekretär Reinhard Lettmann während des II. Vatikanischen Konzils auf dem Petersplatz in Rom.

6 | Bischof Höffner bei einer Visitation in Rees.

7 | Bischof Höffners Einführung als Koadjutor von Kardinal Frings am 6. Januar 1969 im Kölner Dom.

8 | Aufnahme in das Kollegium der Kardinäle durch Papst Paul VI. am 28. April 1969.

9 | Kardinal Höffner mit seinem Nachfolger in Münster, Bischof Heinrich Tenhumberg, und Kardinal Frings bei einem festlichen Anlass in Köln.

10 | Kardinal Höffner und Papst Paul VI.

11 | Mit der Kölner Dechantenkonferenz im Frühjahr 1971 auf der Via Dolorosa in Jerusalem (Rechts neben Kardinal Höffner: Prälat Carl Sauer und Sekretär Norbert Feldhoff).

12 | Ein wichtiger Arbeitsplatz des Kardinals: Sein Schreibtisch.

13 | Kardinal Höffner nach seiner Wahl zum Vorsitzenden der Deutschen Bischofskonferenz am 21. September 1976 unter dem Porträt seines Vorgängers Kardinal Döpfner.

14 | Höffner am Vorstandstisch der Deutschen Bischofskonferenz. Rechts von ihm: Nuntius Guido Del Mestri, hinter ihm (verdeckt): Kardinal Volk, links: Erzbischof Schäufele (Freiburg).

15 | Kardinal Höffners »Antrittsbesuch« bei den Bischöfen der Berliner Bischofskonferenz 1977, hier: bei Bischof Hugo Aufderbeck im Ursulinenkloster in Erfurt (Kardinal Höffner, Bischof Aufderbeck, Weihbischof Meisner).

16 | Als Vorsitzender der Berliner Bischofskonferenz besuchte Kardinal Meisner, so oft es möglich war, den Vorsitzenden der Deutschen Bischofskonferenz in Köln.

17 | Besuch einer Delegation der Polnischen Bischofskonferenz in Deutschland im September 1978, hier: in Köln. Vor den Domportalen Kardinal Höffner, Kardinal Wojtiła (Krakau), im Hintergrund: Dombaumeister Arnold Wolff, hinter Weihbischof Dick (Köln) verdeckt: Sekretär Homeyer.

18 | Die polnische Bischofsdelegation bei der Deutschen Bischofskonferenz in Fulda: Kardinal Wojtiła, Primas Wyszyński, Kardinal Höffner, Kardinal Volk.

19 | Die Kardinäle Ratzinger und Höffner im Gespräch mit Johannes Paul II. anlässlich des ersten Besuchs des Papstes in Deutschland im November 1980.

20 | Der Konflikt zwischen der Bonner Hochschulgemeinde und dem Erzbistum: Eine Seite aus dem »Zentralorgan« der Gemeinde Januar 1982.

21 | Kardinal Höffner und Ministerpräsident Bernhard Vogel beim 87. Deutschen Katholikentag 1982 in Düsseldorf.

22 | Anlässlich seines ersten Japan-Besuchs weihte Kardinal Höffner am 27. März 1973 die »Kurzuniversität« in Hadano ein. Hier: Mit P. Franz-Josef Mohr SJ, Tokyo, vor dem Modell eines der geplanten Bauprojekte.

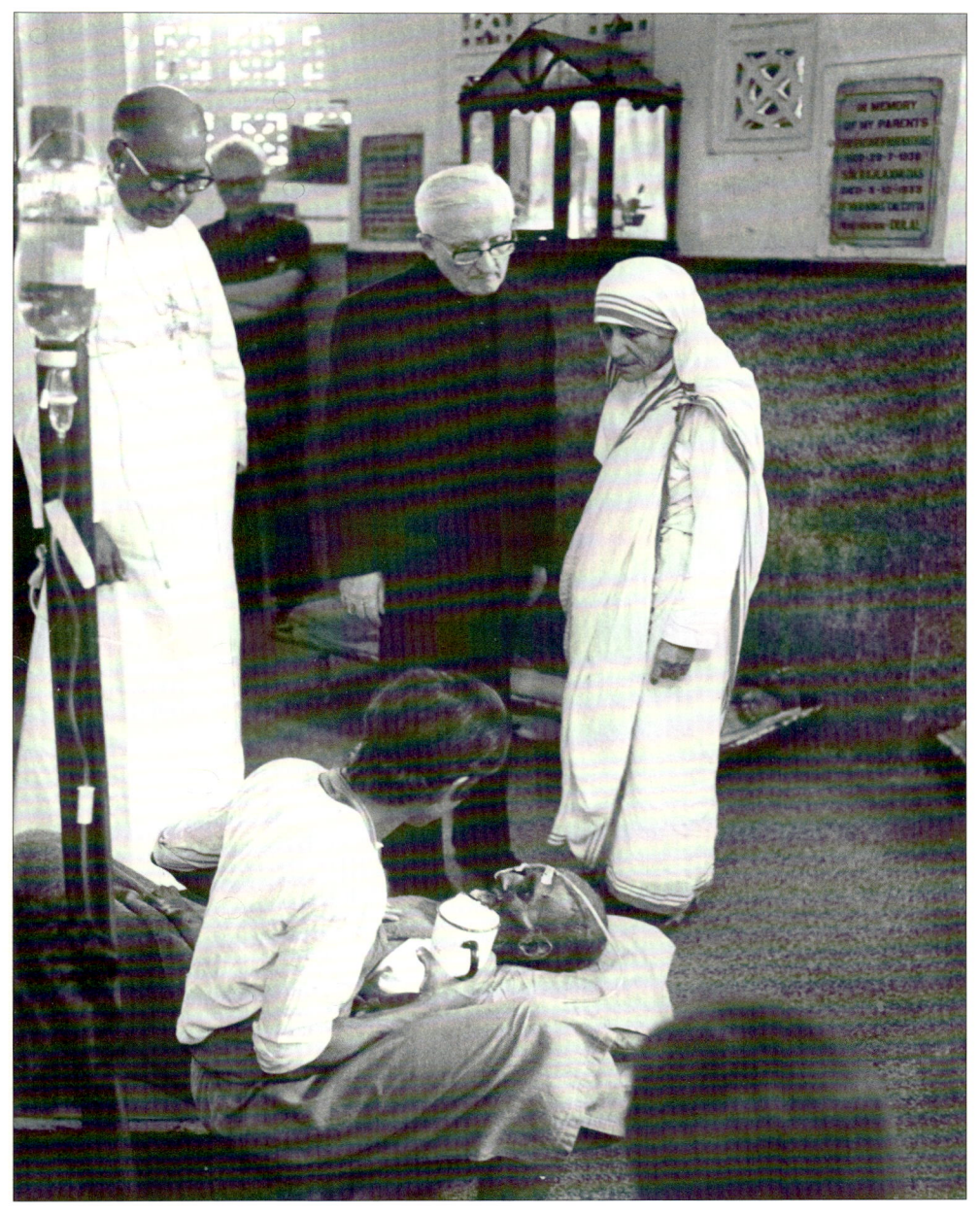

23 | Kardinal Höffner mit Mutter Theresa von Kalkutta beim Rundgang durch deren Einrichtungen für Sterbende Ende Februar 1978.

24 | Höffner auf seiner letzten Weltreise im Dezember 1986 nach Mittelamerika und zu den Philippinen, hier: im Gespräch mit dem Präsidenten Ortega in Nicaragua.

25 | Einweihung von Radio Veritas in Manila im Dezember 1986 (im Hintergrund: Kardinal Sin und philippinische Bischöfe).

26 | Aus Anlass des 80. Geburtstages von Kardinal Höffner gab Bundespräsident Richard von Weizsäcker am 22. Januar 1987 ein Festessen in der Villa Hammerschmidt mit 40 Gästen (v.l.n.r. Kardinal Wetter, der Bundespräsident, der SPD-Politiker Georg Leber, Kardinal Höffner, hinter ihm: Kardinal Macharski/Krakau, rechts außen Kardinal Lustiger/Paris).

27 | Kardinal Höffners Verhältnis zu Kindern: Nach einem Malwettbewerb eine Kaffeetafel für die Preisträger/innen im Erzbischöflichen Haus.

28 | Kardinal Höffner im Kreise seiner großen Familie an einem 28. Dezember (Fest der Unschuldigen Kinder).

29 | Höffners Verhältnis zur Natur: Fütterung von Wildenten in seinem Garten.

30 | Die letzte Krankheit: Besuch der Schwestern Elisabeth und Maria im Hildegardis-Krankenhaus Köln im September 1987.

31 | Bischof Lehmann gratuliert zum 25. Jahrestag der Bischofsweihe am 14. September 1987.

32 | Bundeskanzler Kohl gratuliert am 14. September 1987 im Krankenzimmer.

33 | Abschied der Gläubigen von dem verstorbenen Erzbischof in St. Gereon.

34 | Exequien für Kardinal Höffner im Kölner Dom am 24. Oktober 1987.

hoffe, dass dieses Gespräch zu einem klaren Einvernehmen in der gemeinsamen Sache unseres Glaubens führen und einige Verwirrungen beseitigen wird, die im Zusammenhang Ihres Buches entstanden sind.«

Kardinal Höffner leitete den Text dieses nie abgesandten Briefes als kommissarischer Vorsitzender der Deutschen Bischofskonferenz am 31. August 1976 an Küng weiter und fügte hinzu: »Nach Rücksprache mit Herrn Kardinal Volk [dem Vorsitzenden der Glaubenskommission der DBK] schlage ich vor, dass das Gespräch, so wie von Kardinal Döpfner angeregt, stattfindet.«[103]

Dieser Brief ist die erste Spur Kardinal Höffners in dem Verfahren um Küng. Dieser gibt in seiner eigenen Darstellung nach hohen Komplimenten für Kardinal Döpfner seiner geringen Wertschätzung für Kardinal Höffner mehrfach Ausdruck: »Dieser bereits 70jährige frühere Münsteraner Bischof, ein dogmatisch völlig festgelegter Germaniker, spezialisiert auf Sozialwissenschaften, ist seit 1969 als Nachfolger von Kardinal Frings Erzbischof von Köln.«[104] Einige Seiten weiter schreibt Küng: »Ohne es zu merken, ist er theologisch auf dem Niveau der Gregoriana-Theologie seiner 1930er Jahre stehen geblieben. Einen ›Denzinger-Theologen‹ hätte man ihn nach Karl Rahners Sprachgebrauch nennen können ...«[105]

Daran ist zutreffend, dass Joseph Höffner seine theologische Prägung durch gründliche Studien in den Jahren 1926 bis 1934 in Rom erhalten hat. Schon die bisherige Darstellung hat vielfältig belegt, dass Höffner theologische Texte sorgfältig studierte und mit der Nüchternheit des – von Küng anscheinend verachteten – Sozialwissenschaftlers stets direkt auf den entscheidenden Punkt zuzusteuern pflegte. Der Versuchung, die für jüngere Theologen und nachkonziliar-kritische Intellektuelle anstößigen Kernaussagen des nicäno-konstantinopolitanischen Credos durch sprachlich gewandte Interpretation und ideenreiche Spekulation um ihren Kern und ihren Wesensgehalt zu bringen, hat Höffner wohl nie zu schaffen gemacht. Da der Kardinal auch nicht von Zustimmung und Bestätigung des Publikums und der Medien abhängig war, legte er es auch nicht darauf an, deren Applaus zu finden.

Es sollte einige Monate dauern, bis eine Verständigung über Termin und Teilnehmer dieses Gesprächs zustande kam. Es fand am 22. Januar 1977 in der Katholischen Akademie in Stuttgart-Hohenheim statt. Teilnehmer von Seiten der Bischofskonferenz waren Kardinal Höffner, Kardinal Volk, Bischof Moser (Rottenburg-Stuttgart), Sekretär Homeyer sowie die Professoren Karl Lehmann und Otto Semmelroth SJ. Küng brachte seinen Tübinger Kollegen, den Kanonisten Johannes Neumann[106], mit. Es wurde vereinbart, das Gespräch auf Tonband auf-

---

[103] Höffner (als Kommissarischer Vorsitzender der DBK) an Küng, 31.8.1976: HAEK – Zug. 1089/00 – 138 u. HAEK – Dep. DBK, Sekretariat (5792); Druck: W. JENS, Um nichts als die Wahrheit, S. 216f.
[104] H. KÜNG, Umstrittene Wahrheit, S. 461.
[105] Ebd. S. 467.
[106] Johannes Neumann trat im April 1977 aus der katholischen Kirche aus und verzichtete auf die Tübinger Professur: H. KÜNG, Umstrittene Wahrheit, S. 483–485.

zunehmen und nach dem Tonband ein wörtliches Protokoll zu erstellen – was sich als komplizierter und langwieriger herausstellte, als ursprünglich vermutet.[107]

Bei der Frühjahrsvollversammlung der Deutschen Bischofskonferenz in Essen-Heidhausen vom 28. Februar bis 3. März 1977 wurde nach dem Bericht von Kardinal Volk über das Gespräch am 22. Januar beraten. In der Presseerklärung vom 3. März heißt es zusammenfassend: »In diesem Gespräch anerkannte Professor Küng, dass einige christologische Ausführungen in seinem Buch der Ergänzung bedürfen. Die Bischöfe hielten die Ergänzungen für dringend geboten, weil sie zentrale Aussagen des christlichen Glaubens betreffen. Professor Küng erklärte, ›in angemessener Weise‹ zur Klärung der besprochenen Fragen beitragen zu wollen. Dazu reicht nicht aus, was er bisher dargelegt hat.

Trotz der Verständigungsansätze hält die Deutsche Bischofskonferenz die unzureichenden und missverständlichen Aussagen von Professor Küng für so gravierend, dass sie eine richtigstellende Präzisierung und Ergänzung erneut verlangen muss.«[108]

Höffner schrieb Küng dazu am 4. März 1977: »Ich bedaure sehr, dass die Bischofskonferenz – auch nach meiner Überzeugung – mit dem Ergebnis unseres Gespräches vom 22. Januar 1977 wie auch mit dem Inhalt Ihres genannten Schreibens [vom 21. Febuar 1977] nicht zufrieden sein konnte ...

Weiter hat die Bischofskonferenz mich beauftragt, Ihnen jene Fragen mitzuteilen, die sich bezüglich ›Christ sein‹ aus der Ihnen bekannten Erklärung vom 17. Februar 1975 ergeben.«[109]

Erst am 22. April 1977 kam Höffner dazu, Küng in einem ausführlichen Schreiben die Bedenken und Anfragen der Bischöfe vorzulegen.[110] Der Kardinal antwortete gleichzeitig auf das Schreiben Küngs vom 21. Februar.[111] Der Kardinal behandelte zunächst die zentralen Themenkomplexe:

»1. Sie erklären in Ihrem Brief vom 21. Februar 1977 in Nr. 6 ..., dass Sie nie daran gedacht hätten, die Gottessohnschaft Jesu oder die Trinität zu bezweifeln. Wir anerkennen diese und einige andere hilfreiche Äußerungen. Dennoch bleiben Ihre diesbezüglichen Aussagen sowohl in Ihrem Buch als auch in Ihrem Brief vom 21. Februar 1977 zweideutig.«

Höffner belegte das mit Zitaten aus »Christ sein« und schloss mit einer ersten Frage: »Darum möchte ich Ihnen zusammenfassend die folgende *erste Frage* stel-

---

[107] Gespräch der Deutschen Bischofskonferenz mit Professor Dr. Hans Küng, 22. Januar 1977 in Stuttgart-Hohenheim (Maschinenschrift 68 S.): HAEK – Zug. 1089/00 – 80 und HAEK – Dep. DBK, Seketariat (5792); Druck: W. Jens, Um nichts als die Wahrheit, S. 225–313.
[108] Frühjahrsvollversammlung der Deutschen Bischofskonferenz vom 28.2.–3.3.1977 in Essen Heidhausen, Presseerklärung der Deutschen Bischofskonferenz zum Gespräch mit Professor Küng: HAEK – Zug. 1089/00 – 68 und 138.
[109] Höffner an Küng, 4.3.1977: HAEK – Dep. DBK, Sekretariat (5792).
[110] Höffner an Küng, 22.4.1977: HAEK – Zug. 1190/01 – 77 und HAEK – Dep. DBK, Sekretariat (5792); Druck: W. Jens, Um nicht als die Wahrheit, S. 335–340.
[111] Küng an Höffner, 21.2.1977: HAEK – Zug. 1089/00 – 68 und HAEK – Dep. DBK, Sekretariat (5792); Druck: W. Jens, Um nichts als die Wahrheit, S. 316–327.

4. Entzug der kirchlichen Lehrbefugnis für Hans Küng 1979   267

len: *Ist Jesus Christus der unerschaffene, ewige Sohn Gottes, gleichwesentlich mit dem Vater?«*

Den zweiten Fragenkomplex begann Höffner mit der Feststellung: »Sie behandeln auf Seite 434ff. von ›Christ sein‹ die gottmenschliche Formel ›wahrer Gott und wahrer Mensch‹. Ein entschiedenes Bekenntnis ist jedoch nicht zu finden.«

Höffner setzte sich wieder mit Küngs Argumentation auseinander und schloss: »Daher formuliere ich zusammenfassend meine *zweite Frage: Stimmen Sie* – immer mögliche und notwendige Erläuterungen bzw. Vertiefungen vorausgesetzt – *letztlich vorbehaltlos dem Bekenntnis der Kirche zu, dass Jesus Christus wahrer Mensch und wahrer Gott ist?...«*

Höffner ging dann auf einen dritten Komplex ein: »3. Ich will weitere christologische Themen im Augenblick übergehen, aber noch ein zentrales methodisches Problem zur Sprache bringen, das freilich engstens mit den bisher genannten Fragen zusammenhängt. Sie sprechen öfter davon, dass Sie Christologie ›aus der Perspektive der ersten Jünger Jesu‹ ... entwerfen möchten. Insofern damit die Normativität des apostolischen Urzeugnisses gemeint sein kann, ist etwas Unaufgebbares gesagt. Sie erklären jedoch zugleich, ›kirchliche und auch konziliare Tradition (sei) an der in der Heiligen Schrift ursprünglich bezeugten christlichen Botschaft, ja an Jesus Christus selber, als dem primären Kriterium jeglicher Theologie, zu messen ...

Darum darf ich an Sie die *dritte Frage* stellen, die ich jedoch in zwei Momenten entfalten möchte (wobei ich hier die hermeneutisch-historischen Probleme im engeren Sinne ausklammere):

a) *Verlangt eine Rückkehr zur ›Perspektive der ersten Jünger‹* – wenigstens im theologischen Sinne – *nicht eine Vermittlung durch das lebendige Glaubensbewusstsein der Kirche?*

b) *Ist das Bekenntnis der Kirche (z. B. zur Gottessohnschaft Jesu) das Vorgegebene, das der Theologe mit Hilfe aller seiner methodischen Möglichkeiten auszulegen hat? Oder stellt in Ihren Augen eine historische Rekonstruktionshypothese allein und für sich einen ausreichenden Zugang zum theologischen Verständnis Jesu Christi dar?«*

Nach Äußerungen zu weiteren Aussagen Küngs bei dem Gespräch am 22. Januar fasste der Kardinal zusammen: »Sie haben im Gespräch am 22. Januar 1977 Gelegenheit gehabt, Vertretern der Deutschen Bischofskonferenz die Überzeugung zu vermitteln, dass Sie in grundlegenden christologischen Fragen mit dem Glauben der Kirche übereinstimmen. Trotz einiger wichtiger Gesprächsbeiträge Ihrerseits war das Gesamtergebnis nicht hinreichend ... Darum bitte ich Sie, trotz mannigfacher Aufgaben eines laufenden Semesters, diese Fragen bis zum *15. Juni 1977* schriftlich zu beantworten. Sie werden verstehen, dass Ihre Antwort für die Deutsche Bischofskonferenz von entscheidender Bedeutung ist.«

Küng ließ sich mit der Antwort an Höffner bis zwei Tage vor Ablauf der gesetzten Frist Zeit. Am 13. Juni 1977 schrieb er nach Köln: »Ich komme von einem längeren USA-Aufenthalt und einem theologischen Kongress mitten ins Tübinger Sommersemester zurück und habe alle Mühe, den ordentlichen Pflichten eines Universitätslehrers nachzukommen ...

Mit dem Stuttgarter Gespräch und vor allem mit meinem mehrseitigen Schreiben vom 21.2.1977 habe ich auch nach Meinung vieler Fachkundiger mehr getan, als man billigerweise erwarten konnte ... Jedenfalls muss ich Sie jetzt, sehr geehrter Herr Kardinal, erneut dafür um Verständnis bitten, dass ich Ihren Brief nicht sachgemäß beantworten kann, bevor ich mein Buch zur Gottesfrage abgeschlossen und den Festvortrag zur 500-Jahr-Feier der Universität Tübingen im Oktober dieses Jahres gehalten habe.«[112]

Höffner antwortete darauf am 8. Juli 1977: »Die Fragen, um deren Beantwortung ich Sie gebeten hatte, wurden Ihnen schon im Gespräch mit den Vertretern der Deutschen Bischofskonferenz am 22. Januar 1977 in Stuttgart-Hohenheim gestellt ... Seit zweieinhalb Jahren warten die Bischöfe vergebens auf die Klärung einiger dringender und grundsätzlicher Fragen, besonders auch zu ›Christ sein‹ ... Das Buch ›Christ sein‹ wird ungeachtet der Ihnen bekannten Unklarheiten und Mängel weiterhin im In- und Ausland unverändert verbreitet. Die so oft Ihnen gegenüber geübte Rücksichtnahme stößt darum an Grenzen.«[113]

Höffner bat Küng im Hinblick auf die Herbstvollversammlung der Bischöfe um eine Beantwortung seines Briefes vom 22. April bis zum 10. September 1977.

Küng steigerte sein provokatives Verhalten gegenüber der Bischofskonferenz, indem er dieses Mal nicht zwei Tage vor Ablauf der Frist, sondern zwei Tage nachher antwortete: »Schon in meinem Brief vom 13. Juni 1977 habe ich versucht zu erklären, dass ich in einer Zeit außerordentlicher Belastungen stehe, in der der Abschluss meines Buches zur Gottesfrage und der Festvortrag zur 500-Jahr-Feier der Universität Tübingen, an der unter zahlreichen Persönlichkeiten des öffentlichen Lebens auch der Herr Bundespräsident teilnehmen wird, die absolute Priorität haben ...«[114]

Nach Verweis auf das angekündigte Werk zur Gottesfrage im Umfang von 900 Seiten fuhr Küng fort: »Ich meine, dass durch eine solche Lozierung Ihrer Fragen in einem weiteren theologischen Kontext der Klärung der Sachlage besser gedient ist. Ich erlaube mir, sehr geehrter Herr Kardinal, Ihnen ein Exemplar dieses Buches unmittelbar nach seinem baldigen Erscheinen zuzuschicken.«

Höffner blieb nur die Feststellung: »Sie waren nach den Grundwahrheiten des katholischen Glaubens gefragt. Die Fragen wären einfach mit dem unaufgebbaren Bekenntnis dieses Glaubens zu beantworten gewesen. Ich bedaure es sehr, dass Sie dies unterlassen haben. Damit haben Sie zum Ausdruck gebracht, dass ein

---

[112] Küng an Höffner, 13.6.1977: HAEK – Zug. 1190/01 – 77 und HAEK – Dep. DBK, Sekretariat (5792).
[113] Höffner an Küng, 8.7.1977: HAEK – Dep. DBK, Sekretariat (5792); W. JENS, Um nichts als die Wahrheit, S. 342f.
[114] Küng an Höffner, 12.9.1977: HAEK – Dep. DBK, Sekretariat (5792); W. JENS, Um nichts als die Wahrheit, S. 344f.

4. Entzug der kirchlichen Lehrbefugnis für Hans Küng 1979

eindeutiges Ja zu Grundaussagen des katholischen Glaubens von der in Ihrem Buch vertretenen Theologie aus nicht möglich ist.«[115]

Dieser Brief Höffners an Küng vom 21. September 1977 war das Ergebnis der Beratungen der Fuldaer Bischofskonferenz vom 19. bis 21. September 1977. Im Protokoll heißt es darüber hinaus: »Außerdem beauftragt die Vollversammlung den Vorsitzenden der Glaubenskommission [Kardinal Volk], den Entwurf eines pastoralen Wortes an die Gemeinden bezüglich des Buches ›Christ sein‹ von Prof. Küng zu erstellen, das vom Ständigen Rat auf dessen Sitzung am 14.11.1977 verabschiedet werden soll, und zwar mit einer Dokumentation aller schriftlichen Vorgänge zwischen Prof. Küng einerseits und dem Ortsordinarius, der Deutschen Bischofskonferenz und der Glaubenskongregation andererseits, die vom Sekretariat erstellt werden soll.«[116]

Küng antwortete Höffner am 7. November 1977 mit einem ausführlichen Schreiben in einerseits empörtem, andererseits herablassendem Ton.[117] Der Ständige Rat befasste sich dann am 14. November 1977 in Würzburg-Himmelspforten ausführlicher mit der Causa Küng. Im Protokoll heißt es: »Weiter verabschiedet der Ständige Rat ein *Wort der deutschen Bischöfe an die in der Glaubensverkündigung Stehenden. Erklärung zu dem Buch ›Christ sein‹ von Professor Dr. Hans Küng ...*

Das Antwortschreiben des Vorsitzenden [auf Küngs Brief vom 7.11.] soll Herrn Professor Küng am 17.11.1977 mit dem Text der ›Erklärung‹ und mit einer Dokumentation aller schriftlichen Vorgänge zwischen Professor Küng und der Deutschen Bischofskonferenz betreffend das Buch ›Christ sein‹ zugesandt werden.«[118]

In dem vom Ständigen Rat beschlossenen Brief des Vorsitzenden an Küng heißt es: »In Ihrem Schreiben vom 7.11.1977 ... betonen Sie, dass Sie nie daran gedacht haben, die unaufgebbaren Bekenntnisse unseres Glaubens zu leugnen und dass wir auf dem Boden des gemeinsamen katholischen Glaubens stehen. Dieses persönliche Bekenntnis respektiere ich ohne Vorbehalt und mit Dankbarkeit. Allerdings beziehen sich die großen Bedenken der Bischöfe nicht auf Ihren persönlichen Glauben – dies habe ich wiederholt betont –, sondern darauf, dass es Ihnen offensichtlich nicht gelungen ist, diese von Ihnen hervorgehobene gemeinsame Glaubensüberzeugung in Ihrem Buch ›Christ sein‹ auch hinreichend zum Ausdruck zu bringen ... Da Sie eine Präzisierung dieser Aussagen verweigern, sehen sich die Bischöfe verpflichtet, ihrerseits diese notwendigen Klarstellungen in einem Schreiben an alle, die in der Glaubensverkündigung stehen, zu geben.«[119]

---

[115] Höffner an Küng, 21.9.1977: HAEK – Zug. 1089/00 – 80 und HAEK – Dep. DBK, Sekretariat (5792); W. JENS, Um nichts als die Wahrheit, S. 345f.

[116] Auszug aus dem Protokoll der Herbst-Vollversammlung der Deutschen Bischofskonferenz vom 19. bis 22. Sept. 1977 in Fulda: HAEK – Dep. DBK, Sekretariat (5792).

[117] Küng an Höffner, 7.11.1977: HAEK – Dep. DBK, Sekretariat (5792); W. JENS, Um nichts als die Wahrheit, S. 346–348.

[118] Protokoll vom 17.11.1977: HAEK – Zug. 1089/00 – 138.

[119] Höffner an Küng, 17.11.1977: HAEK – Zug. 1089/00 – 138.

Die Erklärung der deutschen Bischöfe »An die in der Glaubensverkündigung Stehenden«[120] wurde in hoher Auflage gedruckt und durch die Bischöfe an alle Seelsorger, Religionslehrer und in der Erwachsenenbildung Tätigen versandt. Küng war empört über die Veröffentlichung seiner Briefe und zumal des Protokolls über das Gespräch am 22. Januar 1977 und veranlasste seinerseits die Veröffentlichung eine Dokumentation durch Walter Jens.

Homeyer hatte das Lehrschreiben der Bischöfe und die Dokumentation vom 17. November 1977 auch der Glaubenskongregation in Rom zur Kenntnis gegeben. Der Präfekt, Kardinal Šeper, wandte sich daraufhin am 28. Februar 1978 an den Vorsitzenden der Deutschen Bischofskonferenz: »Diese Kongregation ist nun der Überzeugung, dass das schon seit langer Zeit gespannte Verhältnis zwischen Prof. Hans Küng und dem kirchlichen Lehramt einem Dauerkonflikt gleichkommt, der durch das Verhalten von Küng immer wieder von neuem belastet wird. Wir glauben deshalb, dass es aus diesen Gründen nicht länger angeht, dass Prof. Hans Küng immer als ein amtlich befugter Lehrer der Kirche auftreten kann, kraft der *Missio canonica*, und dass er von der Kirche bestellt wird, ihre zukünftigen Priester auszubilden ... Wir möchten daher in diesem schon viele Jahre währenden Problem bald zu einer klärenden Lösung kommen. Deshalb wären wir Ihrer Eminenz dankbar, Ihre Meinung und Stellungnahme zu diesem dringenden und schwierigen Fall hören zu können, wenn es möglich wäre, in einem mündlichen Gespräch und Meinungsaustausch.«[121]

Ein Jahr später, am 23. März 1979, schrieb Kardinal Höffner an den Präfekten der Glaubenskongregation: »Die Glaubenskommission [der DBK] ist nach langer Erörterung zunächst zu der Auffassung gekommen, dass im Augenblick die psychologischen Voraussetzungen für einen Missio-Entzug durch den Ortsordinarius äußerst bedenklich sind. Das Buch ›Existiert Gott?‹ enthält keine neuen Verstöße gegen die katholische Glaubens- und Sittenlehre, sondern dämpft eher frühere Aussagen, auch wenn kein Zweifel daran sein kann, dass die Positionen von Küng in der Sache unverändert sind. Nachdem aber die Unfehlbarkeitsfrage mit einer Art ›Waffen-Stillstand‹ abgeschlossen und der Disput um ›Christ sein‹ so lange hinausgezogen wurde, dass an meinen letzten Brief das neue Buch ›Existiert Gott?‹ zeitlich ziemlich unmittelbar anschließend erschien, wäre schwer zu verstehen, warum jetzt plötzlich eingeschritten wird ...«[122]

Höffner gab in seinem längeren Schreiben zu, dass die theologischen Bedenken gegen Küngs Veröffentlichungen nicht ausgeräumt seien, wollte jedoch die Initiative des Handelns nicht bei der Deutschen Bischofskonferenz, sondern bei der Glaubenskongregation in Rom sehen: »Der Schlüssel für die Behandlung des

---

[120] Die Deutschen Bischöfe an die in der Glaubensverkündigung Stehenden. Erklärung zu dem Buch »Christ sein« von Professor Dr. Hans Küng, 17. November 1977 (= Die Deutschen Bischöfe, Heft 13). Bonn 1977; W. Jens, Um nichts als die Wahrheit, S. 349–361.
[121] Šeper an Höffner, 28.2.1978: HAEK – Dep. DBK, Sekretariat (5793).
[122] Höffner an Šeper, 23.3.1979: Ebd.

Problems liegt bei der Glaubenskongregation in Rom. Auf Grund dieser Überzeugung ist die Glaubenskommission der Deutschen Bischofskonferenz hinsichtlich des Modus procedendi zu folgendem Ergebnis gekommen: Sie hält es den Proportionen des Falles nicht für adäquat, dem Bischof von Rottenburg einen Missio-Entzug zu empfehlen. Sie hält es aber für angebracht, dass von Seiten der Glaubenskongregation in Rom überprüft wird, ob die Voraussetzungen noch gegeben sind, das in Sachen Unfehlbarkeit angestrengte Verfahren als ruhend zu betrachten.

Meinerseits möchte ich mich dieser Überlegung anschließen, zumal diese inzwischen durch die Mitteilung von Prof. Küng an den Bischof von Rottenburg insofern eine Bestätigung gefunden hat, dass Herr Prof. Küng beabsichtigt, einem demnächst erscheinenden Buch von Hasler ›Wie der Papst unfehlbar wurde‹ eine längere Einleitung voranzustellen, in der er seine bisherigen Thesen zum Unfehlbarkeitsdogma wiederholen wird. Gern bin ich bereit, die ganze Angelegenheit bei meinem anstehenden Besuch Anfang April in Rom mit Ihnen noch einmal zu erörtern.«

In seinem Antwortschreiben vom 31. Mai 1979 spielte Kardinal Šeper den Ball in das Spielfeld der Deutschen Bischofskonferenz zurück: »Es ist zuerst vonnöten, dass wir die Frage der Zuständigkeit genauer klären. Die in Ihrem Schreiben vom 23.3.1979 ausgesprochene Meinung der Glaubenskommission der Deutschen Bischofskonferenz, nach der der Fall Hans Küng ›zu einem gesamtkirchlichen Fall und in diesem Sinne zu einer Causa maior geworden sei‹, kann diese Kongregation nicht in einem uneingeschränkten Maße teilen. Unserer Meinung nach kann man den Casus Küng nicht als eine ›Causa maior‹ im Sinne von Canon 220 [des CIC von 1917] bezeichnen. Denn Hans Küng ist Professor an einer deutschen Universität, seine Hörer stammen größtenteils aus deutschen Diözesen; er bildet zukünftige Priester und Laientheologen aus. Für die Priesterausbildung sind ja die zuständigen Bischöfe verantwortlich. So hat auch die Deutsche Bischofskonferenz mit ihrer Erklärung vom 17. November 1977 auf das Buch ›Christ sein‹ im richtigen Sinne selbständig und nicht nach dem Prinzip ›Causa maior‹ reagiert ...«[123]

Nach einem ausführlicheren Rückblick auf das Verfahren gegen Küng schrieb Kardinal Šeper allerdings: »Diese Kongregation möchte nun, der Anregung Ihres Briefes vom 23.3.1979 folgend, zum Ausdruck bringen, dass sie durchaus einverstanden ist, das Verfahren in der Causa Küng weiterzuführen. Das Erscheinen des Buches von August Hasler ›Wie der Papst unfehlbar wurde‹, zu dem Hans Küng das Vorwort schreibt, hat die Lage verschärft[124] ... Außerdem publiziert Hans Küng zum gleichen Zeitpunkt eine eigene Schrift unter dem Titel ›Kirche – gehalten in der Wahrheit?‹[125] ... In beiden Veröffentlichungen wiederholt Küng seine

---
[123] Šeper an Höffner, 31.5.1979: HAEK – Dep. DBK, Sekretariat (5793).
[124] A. B. Hasler, Wie der Papst unfehlbar wurde. Macht und Ohnmacht eines Dogmas, München 1979.
[125] H. Küng, Kirche – gehalten in der Wahrheit?, Zürich u. a. 1979.

alten Thesen über Unfehlbarkeit bzw. Fehlbarkeit der Kirche und des Papstes in aller Schärfe. Damit hat er die im päpstlichen Monitum vom 15.2.1975 ausgesprochenen Bedingungen gebrochen. Die Glaubenskongregation wird das Lehrverfahren gegen ihn wieder aufnehmen. Sie ersucht die Deutsche Bischofskonferenz um ihre moralische Unterstützung und Mitarbeit.«

Über das weitere Vorgehen kam es zu einem längeren Gespräch zwischen Prälat Homeyer und dem Sekretär der Glaubenskongregation, Erzbischof Hamer, in Rom am 25. Juni 1979.[126] Das weitere Procedere wurde so skizziert: Rom wird feststellen, dass Küng sich an das Monitum vom 15. Februar 1975 nicht gehalten hat. Durch die beiden neuesten Veröffentlichungen hat sich Küng »unmissverständlich gegen das I. und II. Vatikanische Konzil ausgesprochen. Somit kann Professor Küng nicht weiterhin als Lehrer der katholischen Theologie gelten.« Die Deutsche Bischofskonferenz soll diese römische Entscheidung mit einer eigenen Erklärung unterstützen. Der Ortsordinarius von Rottenburg soll dann anschließend die *missio canonica* entziehen. »Zur Vorbereitung dieser Schritte sollte – etwa im November – ein Gespräch in der Glaubenskongregation stattfinden mit dem Vorsitzenden der Deutschen Bischofskonferenz, mit dem Vorsitzenden der Glaubenskommission der Deutschen Bischofskonferenz und mit dem Ortsordinarius.«

Anfang Oktober scheint Kardinal Höffner einen Romaufenthalt zu Gesprächen mit Kardinal Šeper genutzt zu haben, deren Ergebnisse er am 12. Oktober 1979 festhielt.[127] Nach Einschätzung des Rückhalts von Küng in der deutschen Öffentlichkeit ging es um die Folgen einer Verurteilung seiner Thesen: »Eine Verurteilung der Thesen von Küng dürfte gegenwärtig in einigen Kreisen eine intensive Solidarisierung bewirken. Sicherlich würde Küng, der sich als Luther dieses Jahrhunderts zu verstehen scheint, veranlassen, ›Sendschreiben‹ zu publizieren. Eine über Deutschland hinausreichende Enttäuschung ist gewiss zu erwarten. Manche vermuten Kirchenaustritte, vielleicht auch eine gewisse Abspaltung. Insgesamt dürfte eine Verurteilung der Thesen von Prof. Küng so verstanden werden, dass der Papst eine Grundsatztreue und entschiedene Haltung verficht und daraus sich ergebende Konsequenzen zu tragen gewillt ist.

Persönlich neige ich nach Abwägung aller Gesichtspunkte zu der Empfehlung, seitens der Glaubenskongregation die Thesen von Prof. Küng zu verurteilen, um die Entschiedenheit der Kirche zu bekunden, ihrem Heilsauftrag ›ob gelegen oder ungelegen‹ gerecht zu werden. Dies entspricht nach meinem Eindruck der Meinung des Präfekten der Glaubenskongregation. Auf Grund meiner Gespräche mit Kardinal Šeper gehe ich von folgendem Stand hinsichtlich der causa Küng aus:

---

[126] Aktennotiz Homeyer: Weiteres Vorgehen bezüglich Prof. Küng – hier: Besprechung mit Erzbischof Hamer am 25.6.1979: HAEK – Dep. DBK, Sekretariat (5793).

[127] Der Vorsitzende der Deutschen Bischofskonferenz, Betr.: »Prof. Küng«, 12.10.1979: HAEK – Dep. DBK, Sekretariat (5793).

1. Die Glaubenskongregation hält es für unzumutbar, dass Prof. Küng nach wie vor das *nihil obstat* besitzt.
2. Tatsächlich hat Prof. Küng selbst insofern eine neue Situation geschaffen, als er nach der diesbezüglichen Erklärung der Glaubenskongregation [von 1975] zum ersten Mal öffentlich seine bekannten Thesen zur Unfehlbarkeit wiederholt hat, nämlich im Vorwort zu dem Buch von Hasler.
1. Die Entscheidung in der causa Küng kann weder dem Ortsordinarius von Rottenburg-Stuttgart noch der Deutschen Bischofskonferenz überlassen werden, da die Angelegenheit Küng längst weltkirchliche Dimension erreicht hat. Selbstverständlich würden sowohl der Ortsordinarius als auch die Deutsche Bischofskonferenz eine diesbezügliche Entscheidung der Glaubenskongregation nachdrücklich unterstützen, durch den Entzug des *nihil obstat* durch den Ortsordinarius und durch eine entsprechende Erklärung der Deutschen Bischofskonferenz.
2. Nach meiner Erinnerung war in diesem Zusammenhang seitens der Glaubenskongregation folgendes Vorgehen in Aussicht genommen:
   1. Die Glaubenskongregation fordert Prof. Küng für einen relativ kurzfristigen Termin zur Zurücknahme seiner Äußerungen auf.
   2. Im Falle der Nicht-Rücknahme seiner Äußerungen bzw. im Falle einer – zu vermutenden – ausweichenden Erklärung von Prof. Küng erfolgt seitens der Glaubenskongregation eine öffentliche Verurteilung der Thesen von Prof. Küng.
   3. Daraufhin Entzug des *nihil obstat* durch den Ortsordinarius und entsprechende Erklärung der Deutschen Bischofskonferenz.«

Ob es zu einer weiteren Absprache zwischen Šeper, Höffner, Volk, Ratzinger (inzwischen Kardinal und Vorsitzender der Glaubenskommission der Deutschen Bischofskonferenz) nach dem Vorschlag von Höffner gekommen ist, war den eingesehenen Akten nicht zu entnehmen. Auch die nochmalige Befragung Küngs hat wohl nicht stattgefunden. Unter dem 15. Dezember 1979 veröffentlichte die Glaubenskongregation eine »Erklärung über einige Hauptpunkte der theologischen Lehre von Professor Hans Küng«[128], deren entscheidender Schlussabschnitt lautete: »Die Kongregation hat 1975 in dem genannten Dokument für damals von einem weiteren Vorgehen gegen die oben angeführten Lehrmeinungen Professor Küngs abgesehen, und zwar unter der Voraussetzung, dass Professor Küng von jenen Thesen Abstand nehmen wird. Da diese Voraussetzung nicht mehr gegeben ist, sieht sich die Kongregation entsprechend ihrer Aufgabe verpflichtet, nunmehr folgendes zu erklären: Professor Küng weicht in seinen Schriften von der vollständigen Wahrheit des katholischen Glaubens ab. Darum kann er weder als katholischer Theologe gelten noch als solcher lehren.

---

[128] *Declaratio de quibusdam capitibus doctrinae theologicae Professoris Ioannis Küng*, von Kardinal Šeper unterschriebenes Original (bzw. Kopie davon): HAEK – Dep. DBK, Sekretariat (5793); amtliche deutsche Übersetzung: Pressedienst 37/79 des Sekretariats der Deutschen Bischofskonferenz vom 18.12.1979: Ebd.

Diese Erklärung, die in der ordentlichen Sitzung der Kongregation beschlossen worden ist, hat Papst Johannes Paul II. am 15. Dezember in einer Audienz, die er dem unten genannten Präfekten der Kongregation gewährte, approbiert und ihre Veröffentlichung angeordnet.«

Am 18. Dezember 1979 wurde diese Erklärung der Glaubenskongregation in lateinischer Originalfassung und in deutscher Übersetzung zusammen mit einer »Stellungnahme des Vorsitzenden der Deutschen Bischofskonferenz zum Entzug der kirchlichen Lehrbefugnis Professor Dr. Hans Küngs« und einer »Erklärung des Bischofs von Rottenburg-Stuttgart« der Presse übergeben.[129]

Küng selbst erhielt diese Schriftstücke mit einem persönlichen Brief Kardinal Höffners zugestellt. Darin heißt es: »Um der Kirche und um Ihrer Person willen bedaure ich es sehr, dass es zu dieser Entscheidung kommen musste. Sie wurde aber notwendig durch Ihr nicht nur für mich unbegreifliches Verhalten seit nunmehr einem Jahrzehnt. Die Entscheidung des Apostolischen Stuhles bedeutet für Sie persönlich eine sehr harte Prüfung. Eindringlich bitte ich Sie, Ihre theologischen Meinungen und Ihr bisheriges persönliches Verhalten vor Gott zu prüfen und zu überdenken.

Ich vertraue und hoffe auf Ihre auch von mir nie bestrittene katholische Grundüberzeugung, der Kirche und den Menschen dienen zu wollen. In dieser Überzeugung bitte ich Sie herzlich, diese Entscheidung des Apostolischen Stuhles, so schmerzlich diese nicht nur für Sie ist, demütig anzunehmen und sich um Übereinstimmung mit der kirchlichen Lehre zu bemühen.«[130]

Küng hatte offenbar darauf vertraut, dass auf Grund seines Rückhalts in der intellektuellen, über die Grenzen der katholischen Kirche hinausgehenden deutschen Öffentlichkeit und seiner Unterstützung durch die Medien Rom und die deutschen Bischöfe vor einer solchen Maßnahme zurückschrecken würden. Als sie erfolgt war, zeigte er sich tief betroffen. Am Abend des 4. Adventssonntags, am 23. Dezember 1979, führte er ein langes Gespräch mit Bischof Moser, bei dem er jedoch keine ausreichenden Zugeständnisse machte.[131] Zu der gleichen Auffassung kam man in Rom, nachdem am 28. Dezember eine kurzfristig einberufene Besprechung der Glaubenskongregation mit den deutschen Kardinälen, Bischof Moser und Erzbischof Saier von Freiburg als dem zuständigen Metropoliten stattgefunden hatte. In der »Presseerklärung des Heiligen Stuhles am 30. Dezember 1979« heißt es: »Die Erklärung der Glaubenskongregation über einige Punkte der theologischen Lehre von Professor Küng am 15. Dezember 1979 war unausweichlich geworden, um das Recht der Gläubigen gebührend zu schützen, die von der Kirche gelehrte Wahrheit vollständig übermittelt zu erhalten. Alle voraufge-

---

[129] Vgl. die Stellungnahme des Vorsitzenden der Deutschen Bischofskonferenz zum Entzug der kirchlichen Lehrbefugnis Professor Hans Küngs (in: Pressedienst 35/79 des Sekretariats der Deutschen Bischofskonferenz vom 18.12.1979) und die Erklärung des Bischofs von Rottenburg-Stuttgart vom 18.12.1979, ebenfalls in: HAEK – Dep. DBK, Sekretariat (5793).
[130] Höffner an Küng, 18.12.1979: HAEK – Dep. DBK, Sekretariat (5793).
[131] Das ergibt sich aus einem Brief Mosers an Küng vom 24.12.1979: Ebd.

henden Bemühungen des Heiligen Stuhles, der Deutschen Bischofskonferenz und des Ortsbischofs, Herrn Professor Küng zur Überwindung seiner irrigen Auffassungen zu bewegen, waren ergebnislos geblieben.«[132]

Die Weihnachts- und Silvesterausgaben der Zeitungen, Fernseh- und Rundfunkinterviews zahlreicher Sender boten hinreichend Gelegenheit zur Solidarisierung mit Küng und zur Verunglimpfung der »Hierarchie«. Bei Küng selbst, aber auch bei Bischof Moser, bei Höffner und im Sekretariat der Bischofskonferenz gingen Tausende von Briefen – Einzelschreiben und Sammeleingaben – ein, die nicht selten mehr von emotionaler Erregung und von Zorn als von angemessener Problemkenntnis zeugten.

Höffner ließ den Ständigen Rat der Deutschen Bischofskonferenz für den 7. Januar nach Würzburg-Himmelspforten einladen.[133] Unter den Anlagen der Einladung fand sich eine Ausarbeitung des Subregens am Kölner Priesterseminar, P. Hermann-Josef Lauter OFM, der mit zahlreichen Theologen – vor allem mit Hans Urs von Balthasar und Joseph Ratzinger – in regelmäßigem Kontakt stand und die Gabe besaß, komplizierte und komplexe theologische Tatbestände in einer verständlichen Sprache Seelsorgern und theologisch Interessierten zu vermitteln. Seine Ausführungen »Zum ›Fall Küng‹ – Wie kam es zum Entzug der Lehrbefugnis?« gipfelten in der Feststellung: »Es ist klar, dass es sich hierbei nicht um eine theologisch-begriffliche Spitzfindigkeit handelt. Die Frage interessiert mich nicht primär als Theologe, sondern ganz fundamental und existentiell als Christ. Darf ich vor Jesus mein Knie beugen und bekennen: ›Mein Herr und mein Gott!‹ (Joh 21,28; vgl. Phil 2,11)? Man könnte die Frage auch so stellen: ›Darf ich *an* Jesus glauben, so wie ich *an* Gott glaube?‹, d. h. darf ich mich ihm total anvertrauen und übereignen, ihm meine Person und mein Leben hingeben? Eben das fordert er doch mit den Worten: ›Ihr glaubt an Gott – so glaubt auch an mich!‹ (Joh 14,1). Nur wer die so gestellten Fragen mit Ja beantwortet, teilt den Christusglauben der Kirche. Darum geht es letztlich in der Auseinandersetzung mit Hans Küng. Alles andere (Trinitäts-, Erlösungs-, Gnaden-, Kirchen-, Sakramentenlehre u. a. m.) hängt davon ab.«[134]

Die deutschen Ortsbischöfe tauschten sich bei der Sitzung des Ständigen Rates am 7. Januar 1980 über die inzwischen eingetretene Lage aus.[135] Sie beschlossen einerseits einen »Kanzelaufruf der deutschen Bischöfe«, andererseits eine »Gemeinsame Erklärung der deutschen Bischöfe«.[136] Doch auch Küng blieb nicht

---

[132] Presseerklärung des Heiligen Stuhles am 30. Dezember 1979: Ebd.
[133] Einladung Homeyers an die Ortsordinarien, 3.1.1980: Ebd.
[134] H. J. LAUTER OFM, Zum »Fall Küng« – Wie kam es zum Entzug der Lehrerlaubnis?: Manuskript: HAEK – Zug. 1089/00 – 147 und HAEK – Dep. DBK, Sekretariat (5793); später veröffentlicht in: PASTORALBLATT für die Diözesen Aachen, Berlin, Essen, Köln, Osnabrück 32, 1980, S. 34–37.
[135] Protokoll der außerordentlichen 30. Sitzung des Ständigen Rates der Deutschen Bischofskonferenz am 7. Januar 1980 in Würzburg-Himmelspforten: HAEK – Zug. 1089/00 – 147.
[136] Zum Entzug der kirchlichen Lehrbefugnis Professor Dr. Hans Küngs. Gemeinsames Kanzelwort der deutschen Bischöfe. Erklärung der deutschen Bischöfe 7. Januar 1980 (= Die deutschen Bischöfe, Heft 25), Bonn 1980.

untätig. »Im Januar 1980« sandte er einen Rundbrief an seine Freunde: »Überwältigend waren die vielen Bekundungen Ihrer Solidarität aus aller Welt: Gegen 5000 Briefe, Telegramme, die vielen mündlich ausgesprochenen Ermutigungen gar nicht mitgezählt, von Menschen aus allen Berufen und Altersstufen. Von ganzem Herzen möchte ich Ihnen heute mit diesem Brief meinen Dank sagen. Sie können sich denken, dass die letzten Wochen für mich und meine Mitarbeiter hier in Tübingen nicht leicht waren. Vieles ging an die Grenze unserer physischen und psychischen Belastbarkeit. Doch vor allem Ihre Unterstützung war es, die uns trotz allem durchhalten ließ. Sie gab uns das Gefühl, nicht allein zu sein im Kampf für einen christlichen Umgang mit Menschen in unserer Kirche und eine Erneuerung, die sich orientiert an der Botschaft Jesu Christi selber!«[137]

Es wird hier im Rahmen einer Biographie Joseph Höffners bewusst auf eine detaillierte Darstellung der Nachwirkungen des Entzugs der Lehrbefugnis von Hans Küng verzichtet. Eine umfangreiche literarische Auseinandersetzung und nicht zuletzt Küng selbst – aus seiner Sicht – geben jede gewünschte Information.[138]

5. Einsatz für das »Ungeborene Leben«

Die späten 1960er Jahre waren nicht allein durch die »Kulturrevolution« in Westeuropa nach 1968 und den nachkonziliaren Umbruch in der Kirche gekennzeichnet. In Deutschland kam Ende 1969 nach zwanzig Jahren CDU-geführter Regierungen ein politischer Umbruch unter der SPD-geführten sozialliberalen Koalition hinzu. Die Regierung Brandt-Scheel hatte neben dem außenpolitischen Ziel einer Regelung der Beziehungen zur UdSSR, Polen und der DDR für die Innenpolitik eine Reform des seit 1871 geltenden Strafrechts zu ihrem Ziel erklärt. Dabei ging es vor allem um eine möglichst weitgehende Freigabe der bis dahin durch § 218 StGB strafbaren Abtreibung ungeborener Kinder. Es kam sehr bald zu einer verräterischen Begriffssprache: Man sprach nicht von Abtreibung, sondern von »Schwangerschaftsunterbrechung« – als ob man gegebenenfalls einen unterbrochenen Prozess fortsetzen könnte!

Frauenverbände, Gewerkschaften, SPD und FDP traten von Anfang an für eine möglichst ersatzlose Streichung des § 218 ein. Ihr Argument war vor allem das »Selbstbestimmungsrecht der Frau«, für das sich die vergröbernde Parole einbürgerte: »Mein Bauch gehört mir!«. Die deutschen Bischöfe – weitgehend unterstützt von der EKD – traten dagegen für den Schutz des ungeborenen Lebens ein, schlossen jede Tötung menschlichen Lebens grundsätzlich aus und lehnten daher eine Lockerung der Strafbestimmungen des § 218 ab.

---
[137] Küng an »Liebe Freunde«, im Januar 1980: HAEK – Zug. 1089/00 – 92.
[138] H. Küng, Umstrittene Wahrheit, S. 623–665.

5. Einsatz für das »Ungeborene Leben« 277

Man konnte an Kardinal Höffner in seinem ganzen Leben beobachten, dass er bei aller Klarheit und Deutlichkeit in seinen Grundsätzen sich stets um eine verbindliche Form der Vermittlung bemühte. Der einzige Bereich, in dem er mehrfach zu scharfen Formulierungen und auch zu persönlich verletzenden Aussagen griff, waren die Auseinandersetzungen um die Reform des § 218.

Bereits 1971 erarbeitete das Katholische Büro Bonn – in Kenntnis der Pläne der Politiker für die nächste Zukunft – eine »Stellungnahme zum Schutz des werdenden Lebens«.[139] Prälat Wöste[140] sandte den Entwurf den bischöflichen Ordinarien mit der Bitte um kurzfristige Stellungnahme zu. »Ich bitte ferner um Ihr Einverständnis, dass wir das fertiggestellte Papier dem Justizminister als *Stellungnahme des Kommissariats der deutschen Bischöfe* zuleiten.« Bereits am 25. September 1970 hatte die Deutsche Bischofskonferenz in Fulda zur geplanten Strafrechtsreform Stellung genommen. Höffner sandte den Entwurf aus Bonn an den Moraltheologen Prof. Dr. Johannes Bökmann in Rhöndorf[141] und übernahm dessen Korrekturvorschläge in seine Antwort an Prälat Wöste.[142]

Im August 1971 gab Höffner dem Presseamt des Erzbistums Köln ein Interview »Das ungeborene Kind, ein ›Niemand ohne Rechte‹?«[143] Am 4. August 1971 fand in München eine Besprechung mit der EKD statt, an der von evangelischer Seite der Ratsvorsitzende Landesbischof Dietzfelbinger, Militärbischof Kunst und Oberkirchenrat Wilkens, von katholischer Seite Kardinal Höffner, Prälat Wöste und der Sekretär der Deutschen Bischofskonferenz Forster teilnahmen. Nach Höffners handschriftlichen Notizen[144] sprach man über die von SPD und FDP vorgesehene »Dreimonatsfrist« sowie die Definition von »Indikationen« für Abtreibungen, anderseits über gleiche und in Einzelpunkten unterschiedliche Auffassungen in den Kirchen. Das Ergebnis dieser Besprechung scheint der Entwurf »Gemeinsame kirchliche Vorstellungen zur Reform des § 218 StGB«[145] gewesen zu sein.

---

[139] Stellungnahme des Kommissariates der deutschen Bischöfe zum Schutz des werdenden Lebens; Begleitbrief Prälat Wöste an die deutschen Ordinarien, 19.5.1971: HAEK – NH 4097.
[140] Wilhelm Wöste (1911–1993), Priesterweihe in Münster 1936, 1950–1969 Diözesan- bzw. Verbandspräses der KAB, 1969–1977 Leiter des Kommissariats der Deutschen Bischöfe (»Katholisches Büro«) in Bonn, 1976–1986 Weihbischof in Münster: W. DAMBERG, in: E. GATZ (Hrsg.), Bischofslexikon 1945–2001; S. 416f.
[141] Johannes Bökmann (1926–1998), 1952 Priesterweihe in Köln, seit 1970 Professor für Moraltheologie am Priesterseminar in Köln, später Lehraufträge am Studienhaus Lantershofen und am Erzb. Diakoneninstitut in Köln: HANDBUCH DES ERZBISTUMS KÖLN. Personaler Teil, ²⁸1998, S. 37.
[142] Prof. Dr. Joh. Bökmann: Betr.: Stellungnahme zum Schutz des werdenden Lebens, 2.6.1971; Höffner an Wöste, 8.6.1971: HAEK – NH 4097.
[143] Interview um den § 218 mit Kardinal Joseph Höffner: PEK Das Gespräch, 1971 Nr. 4, 11.8.1971.
[144] Bericht über die Besprechung mit dem Ratsvorsitzenden der EKD zur Frage des § 218 StGB, München 4.8.1971 (handschr., teilweise stenographisch): HAEK – Zug. 1190/01 – 89 – Hermann Dietzfelbinger (1908–1984), 1955–1975 Landesbischof der Evangelisch-Lutherischen Kirche in Bayern, 1967–1973 Ratsvorsitzender der EKD: J. SEIDEL, in: BBKL 24, 2005, Sp. 509–514.
[145] Entwurf: Gemeinsame kirchliche Vorstellungen zur Reform des § 218 StGB, von Höffner hs. mit dem Datum »9. Sept. 1971« versehen: HAEK – Zug. 1190/01 – 89.

1972 lagen die Pläne der SPD-FDP-Koalition für eine »Fristenlösung« vor, d. h. für die Freigabe der Abtreibung innerhalb der ersten zwölf Schwangerschaftswochen. Höffner gab mehrfach Interviews und nutzte Gelegenheiten zu öffentlichen Stellungnahmen. Für die Schärfe des Tons sind Überschriften kennzeichnend wie »Für einen gläubigen Katholiken nicht wählbar«[146] oder »Befürworter der Abtreibung sind nicht wählbar«[147]. In einem Interview mit KNA am 9. November 1972 unterstellte der Kardinal den Befürwortern der Fristenlösung als Motivation: »Es wird sowieso abgetrieben. Da soll es von sachkundigen Ärzten geschehen, aber so, dass diese Ärzte nicht mit dem Strafgesetz in Konflikt geraten. Das nenne ich eine offenkundige Anwendung des Satzes: ›Der Zweck heiligt die Mittel.‹ Ist die Vernichtung ungeborenen Lebens ein Mittel zur Abwehr sozialer Härten?«[148]

Einige Monate später gab Höffner am 21. März 1973 eine Erklärung zur Fristenlösung ab, die er von allen Kanzeln des Erzbistums Köln verlesen ließ: »Es wäre verhängnisvoll, wenn dem ungeborenen Leben in den ersten drei Monaten der Schwangerschaft der Rechtsschutz entzogen würde. Bei der Abtreibung entscheidet die Frau nicht über ihren Körper, sondern über fremdes, eigenständiges Leben. Abtreibung ist keine Befreiung, sondern eine der brutalsten Formen der ›Herrschaft des Menschen über den Menschen‹. Der Schutz des menschlichen Lebens, zumal des wehrlosen ungeborenen Lebens, ist eine unabdingbare Pflicht des Staates. Der straffrei bleibende Kindesmord an den Ungeborenen wird sich für ein Volk katastrophal auswirken. Denn wer meint, durch Gesetz festlegen zu können, wann der Schutz des menschlichen Lebens zu *beginnen* hat, kann ebenso kühn durch Gesetz bestimmen, wann dieser Schutz *enden* soll.«[149]

Das Jahr 1973 war die Zeit der Auseinandersetzungen über die beiden Entwürfe zur Reform des § 218 StGB: SPD und FDP zielten die »Fristenlösung« an, die CDU/CSU ein »Indikationsmodell«, das eine Abtreibung nur bei Vorliegen extremer, vor allem für die Mutter des Ungeborenen lebensbedrohlicher Notlagen zulassen sollte. Schon bisher hatte der Gesetzgeber Schwangerschaftsabbrüche bei Lebensgefahr der Mutter toleriert.

In der Strafrechtsreform ließ Kardinal Höffner – schon vor seiner Zeit als Vorsitzender der Deutschen Bischofskonferenz – sich nicht vom Sekretariat der DBK zuarbeiten, sondern nahm die Hilfe des Katholischen Büros Bonn in Anspruch,

---

[146] Artikel in FRANKFURTER RUNDSCHAU, Jg. 28, 1972, 28.2.1972 (vgl. W. WEYAND, Schriftenverzeichnis Joseph Höffner 1933-1983, Nr. 608).
[147] DIE WELT, Jg. 27, 1972, Nr. 44, 22.2.1972 (Ebd.).
[148] Uns ist mehr eingefallen als eine »Hilfe durch Tötung«. Interview der Katholischen Nachrichtenagentur mit Kardinal Höffner: KNA Nr. 33, 10.11.1972 (HAEK – Zug. 1190/01 – 90).
[149] Presseamt des Erzbistums Köln, 21.3.1973: Verhängnisvolle Entscheidung. Kardinal Höffner, Erzbischof von Köln, zur Fristenlösung; der stellv. Generalvikar Dr. Daniels versandte Sonderdrucke am 21.3.1973 an alle Pfarrämter: »Auf eine Anregung aus dem Kreis der Seelsorger hin bitten wir, die vorstehende Erklärung unseres Herrn Kardinal am kommenden Sonntag in allen Gottesdiensten zu verlesen.«: HAEK – Zug. 1190/01 – 90.

5. Einsatz für das »Ungeborene Leben« 279

das in ständigem Kontakt zu Bundesregierung und Parteien den jeweils neuesten Diskussionsstand kannte. Eine zentrale Funktion hatte dabei der im Kölner Generalvikariat wie im Katholischen Büro Bonn tätige Jurist Dr. Karl Panzer, der für das Katholische Büro manche Schriftsätze und für Kardinal Höffner Briefe und Stellungnahmen entwarf. Ihm schrieb Höffner am 20. Mai 1973: »Den Entwurf des Kommissariats [der Deutschen Bischöfe] zu den Gesetzentwürfen zu § 218 StGB habe ich durchgesehen. Die Kirche kann unmöglich Kompromisse billigen, die gegen das Gesetz Gottes sind. Ich werde öffentlich gegen solche Entwürfe protestieren und entsprechende Entscheidungen von CDU-Abgeordneten nicht ›respektieren‹.«[150]

Vor der Abstimmung im Deutschen Bundestag am 26. April 1974, die eine knappe Mehrheit für das SPD-FDP-Modell Fristenlösung ergab, nahm die Schärfe in der öffentlichen Auseinandersetzung noch einmal zu. Am 11. Februar 1974 berichtete Dr. Panzer Kardinal Höffner über ein Gespräch zwischen Prälat Wöste und dem damaligen Bundesjustizminister Jahn: »Herr Minister Jahn hat sich zu Beginn des Gesprächs beklagt über Ihr letztes Interview, insbesondere über Ihre Ausführungen zur Reform des Ehe- und Familienrechts. Prälat Wöste, Dr. Niemeyer und der Unterzeichner haben die Vorwürfe von Herrn Bundesjustizminister Jahn energisch zurückgewiesen. Wir haben ihm sehr deutlich gesagt, dass Sie als Bischof das Recht haben, zu Reformvorhaben kritisch Stellung zu nehmen.«[151]

Am 18. April 1974 – also unmittelbar vor der Abstimmung im Bundestag – hatte Wöste noch einmal Kontakt zu dem ihm zugänglich erscheinenden damaligen Bundesfinanzminister Helmut Schmidt aufgenommen. Doch Schmidt antwortete ihm am 30. April: »Ich habe mich erstmals im Jahre 1947 und seither immer wieder für eine Regelung eingesetzt, die heute unter der Bezeichnung ›Fristenlösung‹ diskutiert wird. Zu dieser Überzeugung bin ich aus eigener Lebenserfahrung gekommen. Soweit mein eigenes Erkenntnisvermögen reicht, habe ich für mich selber nie einen unüberwindlichen Konflikt mit meiner christlichen Grundüberzeugung erblicken können. Ich habe aber Verständnis für all jene Menschen, die aus ihrer eigenen christlichen Grundüberzeugung zu einer anderen Schlussfolgerung gelangen.«[152]

Am 3. Mai 1974 wandte sich Kardinal Höffner im Namen der nordrhein-westfälischen Bischöfe an Ministerpräsident Heinz Kühn: »Die Bischöfe Nordrhein-Westfalens haben die Entscheidung des Deutschen Bundestages zur Änderung des § 218 StGB mit Bestürzung zur Kenntnis genommen. Angesichts der bevorstehenden Beratungen im Bundesrat erinnern wir die Landesregierung von Nordrhein-Westfalen an ihre Pflicht, für den uneingeschränkten Schutz der ungeborenen Kinder durch die Gesetzgebung einzutreten. Die vom natürlichen Sittengesetz und vom Grundgesetz der Bundesrepublik Deutschland aufgegebene

---

[150] Höffner an Panzer, 20.5.1973: Ebd.
[151] Panzer an Höffner, 11.2.1974: HAEK – Zug. 1190/01 – 91.
[152] Helmut Schmidt an Wöste, 30.4.1974 (Kopie): Ebd.

Verpflichtung, das menschliche Leben in allen seinen Phasen zu schützen, darf nicht missachtet werden. Sie bitten daher die Landesregierung, alles daran zu setzen, dass eine andere Lösung gefunden wird, die den Schutz der ungeborenen Kinder gewährleistet.«[153]

Doch auf Antrag der Landesregierung von Baden-Württemberg entschied das Bundesverfassungsgericht einen Tag vor dem Inkrafttreten des neuen Gesetzes am 21. Juni 1974 durch »Einstweilige Anordnung«, dass die Neuordnung des § 218a »einstweilen nicht in Kraft« tritt.[154] Am 8. November 1974 forderte Kardinal Höffner die Priester und Diakone des Erzbistums Köln im Hinblick auf die Hauptverhandlung des Bundesverfassungsgerichts am 18. und 19. November 1974 zum Gebet mit den Gemeinden auf: »Bekanntlich haben 192 Abgeordnete des Deutschen Bundestages sowie die Länder Baden-Württemberg, Bayern, Saarland, Rheinland-Pfalz und Schleswig-Holstein den Antrag gestellt, das Änderungsgesetz für verfassungswidrig zu erklären. Somit liegt die letzte Entscheidung, ob dieses Gesetz in Kraft tritt, beim Bundesverfassungsgericht.

In dieser Stunde, die für das Leben unseres Volkes und für die Entwicklung unserer Rechtsordnung von geschichtlicher Bedeutung ist, bitte ich Sie, mit den Gläubigen darum zu beten, dass in unserem Volke dem ungeborenen Leben der ihm zukommende Schutz nicht versagt wird.«[155]

Das Urteil des Bundesverfassungsgerichts über die Verfassungwidrigkeit der »Fristenlösung« erfolgte am 25. Februar 1975. Noch am gleichen Tag gab die Deutsche Bischofskonferenz dazu eine Erklärung ab, in der es hieß: »Das Bundesverfassungsgericht hat in seinem Urteil vom 25. Februar 1975 die Fristenregelung und damit den straffreien Schwangerschaftsabbruch während der ersten drei Schwangerschaftsmonate für verfassungswidrig erklärt. Die Deutsche Bischofskonferenz begrüßt diese Entscheidung des höchsten deutschen Gerichts. Mit diesem Urteil hat das Gericht die unheilvollen Auswirkungen abgewendet, die ein Inkrafttreten der Fristenregelung für den Schutz des ungeborenen Lebens und für das Rechtsbewusstsein unseres Volkes zur Folge gehabt hätte.«[156]

Andererseits hatte das höchste Gericht in der Urteilsbegründung den Weg zu einer Ausweitung des »Indikationsmodells« gewiesen. Die Bischöfe erklärten dazu: »Das Gericht hat jedoch in der Begründung des Urteils angeführt, dass ein Schwangerschaftsabbruch aufgrund verschiedener Konfliktsituationen nach unserer Verfassung straffrei bleiben kann. Das bedeutet, dass das Rechtsgut des ungeborenen Lebens gegenüber geringerwertigen Rechtsgütern hintangesetzt werden kann. Dadurch wird dem ungeborenen Leben in vielen Fällen ein wirk-

---

[153] Die NRW-Bischöfe an Kühn (Entwurf, mit hs. Vermerk »Abgesandt 3.5.74«): Ebd.
[154] Bundesgesetzblatt, Teil I, 1974, Nr. 64, 22.6.1974, S. 1309.
[155] Der Erzbischof von Köln an alle Priester und Diakone, 8.11.1974: HAEK – Zug. 1190/01 – 91.
[156] Der Erzbischof von Köln: Erklärung der Deutschen Bischofskonferenz zum Urteil des Bundesverfassungsgerichts über die Änderung des § 218 StGB, 25.2.1975; Fußnote: »Diese Erklärung ist in allen Gottesdiensten am 2. März 1975 sowie in den Vorabendmessen des 1. März 1975 zu verlesen.«: Ebd.

samer Schutz versagt. Die deutschen Bischöfe bekräftigen ihre wiederholt begründete Auffassung, dass die Tötung menschlichen Lebens kein Weg sein kann, solche Konfliktsituationen zu lösen. Wir Bischöfe appellieren daher erneut mit aller Eindringlichkeit an alle Abgeordneten, den Schutz des ungeborenen Lebens uneingeschränkt zu gewährleisten.«

Am 21. April 1975 befasste sich der Ständige Rat der Deutschen Bischofskonferenz mit der neuen Lage.[157] Am 1. Juni veröffentlichten die deutschen Bischöfe eine Broschüre unter dem Titel »Das Lebensrecht des Menschen und die Euthanasie«.[158] Am 13. Juni schrieb Prälat Wöste an die deutschen Ortsbischöfe: »Soeben ist aus der CDU/CSU-Fraktion des Deutschen Bundestages der Entwurf eines neuen Gesetzes zur Reform des § 218 StGB vorgelegt worden. Der Entwurf wird zur Zeit in unserem Hause überprüft. Nach einer ersten Durchsicht müssen wir feststellen, dass schwerwiegende Bedenken gegen diesen Entwurf bestehen.«[159]

Im Katholischen Büro Bonn arbeitete man alsbald an einer »Stellungnahme ... zu dem Entwurf der Regierungskoalition zur Änderung des § 218 StGB«, die am 7. Oktober 1975 der Öffentlichkeit übergeben wurde.[160] Sie schloss mit der Feststellung: »Der Gesetzentwurf bedarf erheblicher Änderungen, um nicht dem Vorwurf ausgesetzt zu werden, es handele sich um einen Etikettenschwindel und durch die Hintertür wolle man die Strafbarkeit der Abreibung abschaffen bzw. eine der Fristenlösung vergleichbare Lösung einführen.

Das Kommissariat der Deutschen Bischöfe appelliert erneut an alle Politiker, eine Regelung zu finden, die sich an der Wertordnung unserer Verfassung orientiert und dem ungeborenen Leben einen umfassenden Schutz gewährt. Es wäre für das Rechtsbewusstsein unseres Volkes und für das Ansehen unserer parlamentarischen Demokratie unerträglich, wenn das Bundesverfassungsgericht in dieser für Staat und Gesellschaft so bedeutsamen Frage ein zweites Mal ein vom Deutschen Bundestag verabschiedetes Gesetz für verfassungswidrig erklären müsste.«

Über den weiteren Verlauf des Gesetzgebungsverfahrens wurden die deutschen Bischöfe durch einen Bericht des Katholischen Büros vom 7. Dezember 1976 – inzwischen war Joseph Höffner Vorsitzender der Deutschen Bischofskonferenz – unterrichtet: »Am 21. Juni 1976 ist das 15. Strafrechtsänderungsgesetz betr. Reform des Abtreibungsrechts in Kraft getreten ...

Das Bundesverfassungsgericht hat in seinem Urteil [vom 25.2.1975] ausgeführt, dass die Straffreiheit des Schwangerschaftsabbruchs auf Grund medizinischer Indikation, auf Grund ethischer Indikation, auf Grund eugenischer Indikation

---

[157] Vorlage: 7. Sitzung des Ständigen Rates der DBK am 22. April 1975 in Würzburg-Himmelspforten: HAEK – Zug. 1190/01 – 92.
[158] Das Lebensrecht des Menschen und die Euthanasie. 1. Juni 1975 (= Die deutschen Bischöfe 4), Bonn 1975.
[159] Wöste an die Erzbischöfe und Bischöfe der Diözesen in der Bundesrepublik Deutschland, 13.6.1975: HAEK – Zug. 1190/01 – 92.
[160] Kommissariat der deutschen Bischöfe, Stellungnahme des Kommissariates der deutschen Bischöfe zu dem Entwurf der Regierungskoalition zur Änderung des § 218 StGB, 7.10.1975: Ebd.

und auch auf Grund sozialer Indikation (schwerwiegende Notlage) mit dem Grundgesetz vereinbar sei. Mit dieser Urteilsbegründung war der Weg für den Gesetzgeber vorgezeichnet. Dementsprechend enthält das am 21. Juni 1976 in Kraft getretene 15. Strafrechtsänderungsgesetz die Straffreiheit des Schwangerschaftsabbruchs in den vorbezeichneten vier Indikationen. Alle unsere Bemühungen, zumindest einen Schwangerschaftsabbruch auf Grund sozialer Indikation nicht straffrei zu stellen, sind gescheitert.«[161]

Für den damals noch gegebenen Rückhalt christlich-ethischer Grundsätze in der CDU/CSU spricht die Feststellung des Berichts: »Im Deutschen Bundestag hat die CDU/CSU-Fraktion geschlossen gegen das Gesetz gestimmt. Im Bundesrat haben die CDU/CSU-regierten Bundesländer Einspruch gegen das Gesetz erhoben. Da jedoch das Gesetz nicht zustimmungspflichtig ist, wurde der Einspruch des Bundesrates mit der absoluten Mehrheit der Stimmen des Deutschen Bundestages zurückgewiesen, so dass das Gesetz in Kraft treten konnte.«

Joseph Höffner war auch nach der nunmehr gegebenen Gesetzeslage nicht zu stiller Zurückhaltung in Sachen Schutz des ungeborenen Lebens bereit. Zunächst kam es zu einer Auseinandersetzung mit den evangelischen Präsides in Nordrhein-Westfalen. Dem Präses der Westfälischen Landeskirche, Hans Thimme, schrieb Höffner mit Verweis auf eine Verlautbarung der EKD-Synode in Braunschweig vom 11. November 1976, dort sei gesagt worden, »dass es ›konkrete Situationen‹ gebe, ›in denen man auch durch die Verweigerung eines Schwangerschaftsabbruchs schuldig werden könne‹ (EPD 12.11.76). In den ›Evangelischen Bemerkungen zur Neufassung des § 218‹ vom 23. November 1976[162] heißt es: ›Mütter in ausweglloser Situation müssen dessen gewiss sein können, dass evangelische Krankenhäuser Ärzte und Schwestern haben, die allein ihrem Gewissen verpflichtet sind, die alle im Gesetz zugelassenen Möglichkeiten prüfen und im Einzelfall den Abbruch vornehmen werden‹.

Für mich sind diese Aussagen bestürzend. In den gemeinsamen Gesprächen, die wir in den letzten Jahren über die Probleme des § 218 geführt haben, ging es um die Frage, ob der Staat unter bestimmten Voraussetzungen im Fall einer Abtreibung auf die strafrechtliche Ahndung verzichten könne. Auf der Braunschweiger Synode wurde das Problem jedoch von der strafrechtlichen auf die moralische Ebene verlagert. In ›konkreten Situationen‹ sei es nicht nur sittlich erlaubt, sondern sittlich geboten, einen Schwangerschaftsabbruch vorzunehmen ... Die Braunschweiger Formulierung von den ›konkreten Situationen‹ ist ungeschützt und könnte im Sinn des breiten Katalogs verstanden werden, der im neuen § 218 vorliegt.«[163]

---

[161] Auszug aus Bischofs-Bericht des Kath. Büros Bonn, 7.12.1976, Reform des § 218 StGB: Ebd.
[162] Text: Evangelische Bemerkungen zur Neufassung des § 218, 23.11.1976 (unterzeichnet von Karl Immer): Ebd.
[163] Der Erzbischof von Köln an Präses D. Hans Thimme, 18.12.1976 (Durchschlag mit Unterschrift): Ebd.

Präses Thimme antwortete am 22. Dezember 1976: »Ich war selbst bei der Diskussion und Beschlussfassung über die entsprechenden Sätze nicht mehr in Braunschweig und konnte deswegen nicht eingreifen. Der inkriminierte Satz der Braunschweiger Erklärung, dass auch die Nichtvornahme einer Abtreibung schuldig machen könne, muss zwar im Kontext des Ganzen gelesen werden und verliert dann einiges von seiner provokativen Einseitigkeit. Doch ist keine Vorsorge getroffen, den isolierenden Missbrauch dieses Satzes zu verhindern.«[164]

Thimme wie Präses Karl Immer von der Rheinischen Landeskirche wollten im Rahmen der regelmäßigen Gespräche mit den NRW-Bischöfen über das Thema im Gespräch bleiben.[165]

Mit Ministerpräsident Johannes Rau führte Höffner im Frühjahr und Sommer 1979 eine ausführliche Korrespondenz, als die SPD-Vorsitzende des Fachausschusses »Jugend, Gesundheit und Soziales« die Fraktionsvorsitzenden der SPD in den Kommunalparlamenten in NRW gewarnt hatte, »den anerkannten Beratungsstellen nach § 218 StGB öffentliche Mittel zur Verfügung zu stellen, weil damit ein Schwangerschaftsabbruch verhindert werden könnte.«[166]

Schon 1977 hatte das Presseamt des Erzbistums Köln in 8. – »überarbeiteter« – Auflage (326.–375. Tausend) Höffners Schrift »Nicht töten – sondern helfen!« herausgebracht. Am 15. August 1979 ließ Kardinal Höffner unter dem Titel »Schutz des ungeborenen menschlichen Lebens« zehn Leitsätze veröffentlichen, in denen er sich mit der Problematik des Gesetzes von 1976 auseinander setzte.[167]

Am 12. September 1979 schrieb der Kardinal einen zwölfseitigen Brief an Bundesjustizminister Dr. Hans-Jochen Vogel.[168] Zunächst verwahrte er sich energisch gegen die Unterstellung, er habe in einem Interview für den Deutschlandfunk am 31. Juli 1979 »die Ausrottung von Millionen jüdischer Mitbürger durch Hitler mit der Reform des § 218« gleichgesetzt. Minister Vogel bekam dann Höffners sorgfältige Sammlung von Zitaten zu spüren: »In diesem Zusammenhang sei mir der Hinweis erlaubt, dass der frühere sozialdemokratische Bundestagsabgeordnete Dr. Claus Arndt in der Zeitschrift ›Neue Generation‹, Heft 3 vom Mai 1956, folgende sicher nicht nur rhetorisch gemeinte Frage gestellt hat: ›Welcher Unterschied besteht zwischen einem Staat, der die Geisteskranken und Krüppel vergast, weil sie eine Last sind, und jenem, der sich seiner Verpflichtung, auch dem schwächsten Glied seiner Gemeinschaft, auch dem Proletariersäugling, ein menschenwürdiges Dasein zu garantieren, dadurch entzieht, dass er den Mord an jenem unschuldigen Leben gesetzlich gestattet?‹«. Es folgte eine Auseinanderset-

---

[164] Thimme an Höffner, 22.12.1976: Ebd.
[165] Höffner hatte seinen Brief vom 18.12.1976 auch an den Präses der Evangelischen Kirche im Rheinland, Karl Immer, gerichtet. Immer an Höffner, 4.1.1977: Ebd.
[166] Höffner an Rau, 2.4.1979; Rau an Höffner, 23.4.1979; Höffner an Rau, 14.5.1979; Rau an Höffner, 12.6.1979: HAEK – Zug. 1089/00 – 146.
[167] Schutz des ungeborenen menschlichen Lebens. Zehn Leitsätze von Kardinal Joseph Höffner: PEK Dokumente, 15.8.1979 (Ebd.).
[168] Höffner an Vogel, 12.9.1979 (unterschriebene Kopie): HAEK – Zug. 1190/01 – 91.

zung mit der Fragwürdigkeit der Argumentation zur »Notlagen-Indikation« und eine ausführliche Belehrung über die Pflicht des Staates, das menschliche Leben in allen Phasen zu schützen.

Im Juli 1980 begann für Kardinal Höffner neben der Auseinandersetzung mit den Politikern die mit der römischen Glaubenskongregation über die Problematik des »Beratungsscheins«, den auch katholische Beratungsstellen einer Schwangeren ausstellen mussten, die sich bei ihnen der vom Gesetz vorgeschriebenen Beratung gestellt hatte. Der Schein bildete die Voraussetzung für einen Abbruch der Schwangerschaft, falls die Schwangere trotz Beratung sich dazu entschloss.

Der Präfekt der Kongregation, Kardinal Šeper, gab dem Vorsitzenden der Deutschen Bischofskonferenz zu bedenken, es »würde sich für die Ausstellung des Scheins selbst, unabhängig vom Tenor des geführten Gesprächs, die schwerwiegende Frage einer Mitwirkung [der Kirche] an der Abtreibung stellen. Auf diesem Hintergrund möchte ich Sie also bitten, der Glaubenskongregation jegliche nützliche Information zukommen zu lassen sowohl über die genaue legislative Lage in der Bundesrepublik als auch über die Struktur kirchlicher Beratungsstellen und eventueller kirchlicher Richtlinien bezüglich der Beratung in Abtreibungsfragen.«[169]

Höffner antwortete am 16. September 1980, indem er zunächst die Rechtslage in Deutschland beschrieb. Dann ging er auf die eigentliche Frage des Präfekten ein: »Für die Kirche wurde die Frage aufgeworfen, ob sie sich an dieser Schwangerschaftskonfliktberatung beteiligen sollte oder nicht. So wurde schon bald nach der Verabschiedung des Gesetzes die Befürchtung geäußert, dass eine Beteiligung katholischer Beratungsstellen an der Schwangerschaftskonfliktberatung in der Öffentlichkeit missverstanden und unsere katholischen Beratungsstellen unter den Stellen eingeordnet werden, die den Schwangerschaftsabbruch als Ausweg in Konfliktsituationen im Sinne des neuen Gesetzes bejahen.

Diese Befürchtung teilen die deutschen Bischöfe nicht. Die Bischöfe der Bundesrepublik Deutschland haben so oft und so eindeutig ihren Standpunkt zur Reform des § 218 StGB und ihre Einstellung zum Schutze des ungeborenen Lebens geäußert, dass niemand ernsthaft Zweifel an der Haltung der Bischöfe in dieser Frage haben kann. Zum Zeitpunkt der Verabschiedung des Gesetzes haben die deutschen Bischöfe im Mai 1976 ein pastorales Wort sowie Empfehlungen für Ärzte, für medizinische Fachkräfte in Krankenhäusern sowie für Seelsorger und Religionslehrer veröffentlicht.«[170]

Diese Korrespondenz zwischen den Kardinälen Šeper und Höffner war der Beginn einer mehrjährigen Auseinandersetzung der deutschen Bischöfe mit der Glaubenskongregation um den »Beratungsschein«, die erst nach Höffners Tod durch die Anweisung Papst Johannes Pauls II. an den Vorsitzenden der Deutschen

---

[169] Šeper an Höffner 22.7.1980: HAEK – Zug. 1190/01 – 93.
[170] Höffner an Šeper, 16.9.1980 (8 Schreibmaschinenseiten, Entwurf Dr. Panzer, Briefkopf: Der Erzbischof von Köln, unter Höffners Unterschrift »Vorsitzender der Deutschen Bischofskonferenz«): Ebd.

Bischofskonferenz vom 20. November 1999 beendet wurde, »keinen Beratungsnachweis mehr auszustellen«.[171]

Kardinal Ratzinger hatte als Nachfolger Kardinal Šepers am 15. Juli 1982 noch geschrieben: »Nach gründlicher Beratung wird vonseiten der Kongregation anerkannt, dass es sich bei der genannten Mitwirkung um eine *cooperatio materialis remota* handelt, welche nach der Lehre der katholischen Moraltheologie erlaubt sein kann, wenn die Handlung der Mitwirkung selbst nicht in sich schlecht ist und wenn entsprechend schwerwiegende und als ausreichend erkannte Gründe dafür vorhanden sind. Es kommt nun nicht in erster Linie der Kongregation zu, darüber zu befinden, ob in diesem konkreten Fall solche Gründe ausreichend und eindeutig gegeben sind, sondern dem Ortsepiskopat, der auf Grund seiner genaueren Kenntnis der Situation auch besser dazu in der Lage ist ...

Die Deutschen Bischöfe möchten deshalb, für den Fall, dass sie sich für die Beibehaltung der öffentlich anerkannten Schwangerenberatungsstellen entscheiden, die Gelegenheit wahrnehmen, um der Öffentlichkeit auf geeignete Weise die Motive für ihre Entscheidung zu erklären und auch die Kriterien, nach denen diese Beratungsstellen geführt werden.«[172]

Die katholischen Beratungsstellen wurden daraufhin bis 1999 in der bis dahin bestehenden Weise, d. h. mit Ausstellung des »Beratungsscheins«, fortgeführt.

1984 erneuerten die Gewerkschaften ÖTV und HBV die alte Gewerkschaftsforderung nach völliger Freigabe der Tötung ungeborenen Lebens. Der Ständige Rat der Deutschen Bischofskonferenz beschloss daraufhin am 19. November 1984 eine Erklärung dazu: »Mit Bestürzung hat der Ständige Rat der Deutschen Bischofskonferenz zur Kenntnis genommen, dass mit der Gewerkschaft Handel, Banken und Versicherungen (HBV) nach der ÖTV eine weitere DGB-Einzelgewerkschaft für die völlige strafrechtliche Freigabe der Tötung ungeborener Kinder eintritt ... Der Beschluss der ÖTV und HBV missachtet menschliches Leben und stellt es zur Disposition ... Dieser Beschluss steht nicht in Übereinstimmung mit dem Urteil des Bundesverfassungsgerichtes und verletzt das Grundgesetz. Zahlreiche Mitglieder dieser Gewerkschaften haben an uns die Frage gestellt, woher die Delegierten des Gewerkschaftstages der ÖTV und der HBV das Recht nehmen, einen solchen menschenverachtenden Beschluss zu fassen und von wem diese Delegierten den Auftrag dazu haben. Den Mitgliedern dieser Gewerkschaften, die die Tötung ungeborener Kinder aus ihrem Gewissen heraus als einen Verstoß gegen Gottes Ordnung ablehnen, drängt sich die Frage auf, ob sie einer solchen Organisation noch angehören können, die einen solch menschenverachtenden Beschluss gefasst hat. Das Eintreten für Frieden und Umweltschutz ist unglaubwürdig, wenn man über 200.000 Tötungen ungeborener Kinder jährlich einfach hinnimmt bzw. dies

---
[171] Dazu: C. HOPING, Schwangerschaftskonflikt, in: LThK 9, ³2000, Sp. 320–322.
[172] Ratzinger an Höffner, 15.6.1982: HAEK – Zug. 1089/00 – 158.

sogar unterstützt. Eine Gesellschaft, die dies auf die Dauer hinnimmt, wird keinen Bestand haben.«[173]

Noch auf der letzten von Kardinal Höffner geleiteten Vollversammlung der Bischofskonferenz in Stapelfeld vom 9. bis 12. März 1987 war die Haltung des DGB zur Freigabe der Abtreibung Gegenstand der Verhandlung. Der Sekretär, Prälat Wilhelm Schätzler, schrieb in einer Vorlage: »In den letzten Jahren haben verschiedene Einzelgewerkschaften, ÖTV, Handel und Banken, Postgewerkschaft und IG-Metall, bei ihren Gewerkschaftstagen beschlossen, für die Streichung des § 218 einzutreten ... Von unserer Seite wurde bei einem Gespräch mit dem Vorsitzenden des DGB, Ernst Breit, diese Entwicklung angesprochen. Er hat damals resignierend festgestellt, dass sie [wer?] solche Beschlüsse nicht mehr verhindern können. Beschlüsse solch weltanschaulicher Natur würden in Zukunft sicher noch öfter von Einzelgewerkschaften gefasst werden.« Schätzler fügte hinzu: »Wir müssen uns mit dieser Entwicklung in den Gewerkschaften auseinandersetzen, weil sich doch die Frage erhebt, inwieweit einem gläubigen Christen noch empfohlen werden kann, Mitglied einer solchen Gewerkschaft zu werden. Der Bischof von Hildesheim [Homeyer] wird die Vorlage der Kommission VI erläutern.«[174]

Das Thema Abtreibung sollte Kardinal Höffner bis in seine letzten Lebensjahre herausfordern. Während der »16. Bitburger Gespräche« qualifizierter Juristen vom 8. bis 10. Januar 1986 zum Thema »Biotechnologie und Recht« äußerte sich der damalige Präsident des Bundesverfassungsgerichts, Professor Dr. Wolfgang Zeidler, in einem zehnminütigen frei gesprochenen Beitrag. Er machte dabei folgende – von ihm später bestätigte – Aussagen:

»1. Das Verbot der Tötung auf Verlangen (§ 216 StGB) sei ›eine Insel der Inhumanität als Folge kirchlichen Einflusses auf unsere Rechtsprechung‹.
2. Er befürchte im Zusammenhang der Beurteilung von Gen-Technologie und Menschenwürde einen ›Rückzug auf das Religiöse‹.
3. Es sei ein Fortschritt, dass das Religiöse in den vergangenen Jahren aus der Rechtsordnung verdrängt worden sei.
4. Eine befruchtete Eizelle sei ein ›himbeerähnliches Gebilde‹, eine ›wuchernde Substanz der ersten Stunden‹.«[175]

Diese Äußerung des Atheisten Zeidler wurde, beginnend mit der »Rheinischen Post« in Düsseldorf, in den nächsten Tagen in einigen Zeitungen aufgegriffen und kommentiert.[176] Am 15. Januar 1986 gab Höffner durch das Sekretariat der Deut-

---

[173] Erklärung des Ständigen Rates der Deutschen Bischofskonferenz zur Forderung der DGB-Gewerkschaften ÖTV und HBV nach völliger Freigabe der Abtreibung. Würzburg, den 19. November 1984: HAEK – Zug. 1089/00 – 169.
[174] Zu TOP VI.1: Betr.: Gewerkschaften – § 218, Bonn, 5. März 1987: HAEK – Zug. 1089/00 – 121.
[175] Zitiert nach der Pressemitteilung des Sekretariats der DBK vom 16. 1. 1986, die nachfolgend noch ausführlich behandelt wird.
[176] Tischvorlage: 60. Sitzung des Ständigen Rates am 27. Januar 1986 in Würzburg-Himmelspforten: »2. Über diese Äußerungen berichtete am Samstag, dem 11. Januar 1986, als einzige Zeitung die Rheinische Post ..., deren Redakteur Rudolf Bauer an den ›Bitburger Gesprächen‹ teilgenommen

schen Bischofskonferenz eine Stellungnahme ab[177], die ab 16. Januar zunächst in KNA[178] und dann in zahlreichen Zeitungen erschien. Zu Zeidlers Äußerungen in Bitburg erklärte Kardinal Höffner: »Diese Äußerungen sind ungeheuerlich, ihnen muss ganz entschieden widersprochen werden.
1. Das Verbot der Tötung auf Verlangen ist Ausdruck der Achtung vor der Würde des Menschen. Es bewahrt den Sterbenden vor der Verfügbarkeit durch Dritte. Die katholische Kirche hat immer wieder betont, dass es zwischen dem Sterbenlassen und dem aktiven Herbeiführen des Todes keinen fließenden Übergang gibt. Im ersten Fall handelt es sich um passive Sterbehilfe, im zweiten um absichtliche Tötung.
2. Die Würde des Menschen findet ihre unüberbietbare Fundierung und Erhöhung in den Grundsätzen der christlichen Ethik. Diesen ist auch das Grundgesetz für die Bundesrepublik Deutschland verpflichtet, das in ›Verantwortung vor Gott und den Menschen‹ erlassen wurde und die ›Würde des Menschen‹ als ›unantastbar‹ garantiert.
3. Wenn das Religiöse in den vergangenen Jahren aus der Rechtsordnung verdrängt worden ist, bedeutet dies einen Verlust, einen Rückschritt. Der Zusammenhang zwischen Recht, Gesetz und Sittlichkeit ist unaufgebbar.
4. Am 25. Februar 1975 hat das Bundesverfassungsgericht festgestellt, dass ›das sich im Mutterleib entwickelnde Leben ... als selbständiges Rechtsgut unter dem Schutz der Verfassung (Art. 2 Abs. 2 Satz 1, Art. 1, Abs.1 GG)‹ steht. Die Verpflichtung des Staates sei es, das sich entwickelnde Leben in Schutz zu nehmen. Der Mensch ist ›Mensch von Anfang an‹. Diese Tatsache ist keine juristische oder speziell katholische Aussage, sondern durch Erkenntnis der zuständigen Wissenschaften vorgegeben. Die Behauptung, die befruchtete Eizelle sei ein ›himbeerähnliches Gebilde‹, ist Ausdruck einer bemerkenswerten Ignoranz.«

Besonderen Anstoß sollte Höffners Schlussbemerkung erregen: »Mit diesen Äußerungen hat der Präsident des obersten deutschen Verfassungsschutzorgans den Boden des Grundgesetzes nicht nur verlassen, sondern grundgesetzwidrige Aussagen gemacht. Hieraus müssen Konsequenzen gezogen werden. Unsere Verfassung ist durch Artikel 20 (4) des Grundgesetzes geschützt.«

Schon am 16. Januar 1976 erfuhr Dr. Panzer durch einen Verfassungsrichter vom Entsetzen »in Richterkreisen des Bundesverfassungsgerichts«: »Die Äußerungen von Zeidler seien unmöglich gewesen und Herr Kardinal Höffner habe nach seiner Auffassung und nach Auffassung mehrerer seiner Richterkollegen das

---

hatte. Am 13.1. griff das ›Handelsblatt‹ die Meldung der Rheinischen Post inhaltlich auf und druckte einen redaktionellen Beitrag ab. »Die Allgemeine Zeitung Mainz zog in ihrer Ausgabe vom 14.1. nach ...«: HAEK – NH 1269.
[177] Manuskript: Pressestelle der Deutschen Bischofskonferenz, Pressemitteilung, Bonn 15.1.1986: HAEK – Zug. 1089/00 – 173.
[178] KNA, Dokumentation, Nr. 2, 16.1.1986: Ebd. u. HAEK – NH 1269.

Recht und auch die Pflicht gehabt, die Äußerungen von Zeidler zurückzuweisen ... Dabei müsse man berücksichtigen, dass Zeidler die beanstandeten Äußerungen *nicht* in seiner Eigenschaft als Präsident des Bundesverfassungsgerichtes in einer Rede oder in einer Stellungnahme gemacht habe, sondern in einem kleinen Kreis von Juristen im Rahmen der Diskussion, wobei Zeidler die Äußerungen als seine persönliche und private Meinung gekennzeichnet habe.«[179]

Vier Tage später regte der Richter bei Dr. Panzer ein Gespräch zwischen Höffner und Zeidler an.[180] Am 27. Januar 1976 beschäftigte sich der Ständige Rat der Deutschen Bischofskonferenz mit dem Vorgang und stellte sich hinter die Erklärung des Vorsitzenden vom 15. Januar.[181]

Am 25. Januar hatte Kardinal Höffner vor einer größeren Öffentlichkeit ein Statement abgegeben und zu seiner Kontroverse mit Zeidler – ohne dessen Namen zu nennen – erneut Stellung genommen.[182] Dabei stellte er fest: »Heute vertreten nicht wenige – bewusst oder unbewusst – die These, dass nur die Anhänger liberalistischer, sozialistischer, humanistischer oder sonstiger säkularisierter Richtungen berechtigt seien, politisch aktiv zu werden, nicht jedoch die Anhänger des christlichen Glaubens, jedenfalls nicht nach den Grundsätzen ihres Glaubens; wenn katholische Abgeordnete sich politisch betätigen wollten, müssten sie ihren Glauben gleichsam in der Garderobe des Bundestages abgeben und nach säkularisierten Leitbildern handeln. Eine durch den christlichen Glauben geprägte politische Betätigung katholischer Staatsbürger sei ›politischer Klerikalismus‹.

Auf diesen kränkenden Vorwurf ist zu erwidern, dass in der modernen weltanschaulich pluralistischen Gesellschaft auch der Christ berechtigt und verpflichtet ist, *aus seinem Glauben* an der politischen Gestaltung des Staates, der Gesellschaft und der Wirtschaft mitzuwirken. Der weltanschauliche Indifferentismus darf Gesetzgebung und Verwaltung nicht ausschließlich bestimmen wollen. Ein solches Verhalten würde zur laizistischen Intoleranz führen und die neue ›Konfession‹ des Säkularismus zur Staatsreligion erheben.«

Das atmosphärisch unbedingt notwendige Gespräch zwischen Höffner und Zeidler fand am 1. Mai 1986 im Privathaus des rheinland-pfälzischen Ministerpräsidenten Bernhard Vogel in Speyer statt. Teilnehmer waren außer den beiden Genannten der Gastgeber Vogel, Minister a. D. Dr. Otto Theisen und Dr. Panzer, der ein vertrauliches Protokoll fertigte.[183]

Bernhard Vogel berichtete anlässlich des 100. Geburtstages von Joseph Höffner 2007: »Und ich habe es gewagt, Herrn Zeidler und Kardinal Höffner zu mir nach

---

[179] Aktenvermerk Dr. Panzer, 16.1.1986: HAEK – NH 1269.
[180] Aktenvermerk Dr. Panzer, 21.1.1986: Ebd.
[181] Vgl. oben Anm. 177.
[182] Manuskript: Kardinal Joseph Höffner, Staat und Kirche. Ein Thema mit neuer Aktualität: HAEK – NH 1269 und HAEK – Zug. 1089/00 – 173, dort auf dem 1. Blatt der hs. Eintrag des Kardinals »Köln, 25.1.86«.
[183] Aktenvermerk über ein Gespräch mit dem Präsidenten des Bundesverfassungsgerichts am 1. Mai 1986 in Speyer, unterzeichnet: gez. Dr. Panzer: HAEK – NH 1269 und HAEK – Zug. 1089/00 – 173.

Hause – es war Spargelzeit, es gab Spargel – zum Mittagessen einzuladen ... Sie haben sich in der Sache ... beide gegenseitig nichts geschenkt. Sie waren vorbereitet, als ob ein Examen anstünde, aber dass das Gespräch in einem Geist stattfand und in einem beachtlichen Niveau – ich habe ja nur für den Spargel gesorgt ..., führte dazu, dass man von dem Tage an wieder in den notwendigen Formen miteinander umging.«[184]

Die Tendenz, Werte und Normen des Christentums aus dem staatlichen und gesellschaftlichen Leben, vor allem aber aus der Rechtsordnung zu verdrängen, erreichte in den Jahren 1972–1986 in der Debatte um die Gestaltung des § 218 StGB nur einen ersten Höhepunkt. Sie ist seitdem fortgeschritten und noch nicht abgeschlossen.

6. Gespräche mit Bundesregierung, Parteien und obersten Bundesorganen

Die Kontakte des Vorsitzenden der Deutschen Bischofskonferenz zur Bundesregierung und höchsten Staatsorganen hatten seit 1949 eine gewachsene Tradition. Ausgangsbasis waren die persönlichen Beziehungen des Konferenzvorsitzenden Kardinal Frings zum früheren Kölner Oberbürgermeister Konrad Adenauer. Den regelmäßigen Kontakt zwischen beiden pflegte der Kölner Prälat Wilhelm Böhler.[185] Frings und Adenauer korrespondierten miteinander, so oft das angebracht erschien. Man begegnete sich bei Empfängen und festlichen Anlässen in Bonn und Köln.

Dieser unmittelbare Kontakt zwischen dem Vorsitzenden der Bischofskonferenz und den Bundeskanzlern veränderte sich, als durch den Rücktritt und Tod Bundeskanzler Adenauers 1963 bzw. 1967 und den Rücktritt Kardinal Frings' vom Vorsitz der Bischofskonferenz Ende 1965 sich durch neue Persönlichkeiten eine mehr sachliche Ebene der Kommunikation wie von selbst ergab. Kardinal Döpfner hat in den 1970er Jahren mit den Bundeskanzlern der sozialliberalen Koalition korrespondiert und bei Bedarf Gespräche geführt, zumal als man in Bonn die Reform des Strafgesetzbuches anging. Erst relativ spät kam es zu Aussprachen zwischen Vertretern der Deutschen Bischofskonferenz und der Bundesregierung und den Parteien.

Für die regelmäßigen Kontakte zwischen Bischöfen und Bundesregierung wie Parteien war das »Katholische Büro Bonn« zuständig, das offiziell als »Kommissariat der deutschen Bischöfe« firmierte. Von Wilhelm Böhler seit 1951 aufgebaut und bis zu dessen Tod 1958 geleitet, stand es auch unter den Nachfolgern Wilhelm

---

[184] B. Vogel, Joseph Kardinal Höffner als Erzbischof von Köln aus der Sicht der Laien, in: 100. Geburtstag von Joseph Kardinal Höffner (1906–1987), S. 66–74, hier: S. 70f.
[185] Dazu: N. Trippen, Frings I, S. 343–394.

Wissing (1958–1966), Heinrich Tenhumberg (1966–1969), Wilhelm Wöste (1969–1977) und ab 1977 Prälat Paul Bocklet in ständigem Kontakt zu Regierung, Parteien und Politikern in Bonn und informierte den Episkopat über Entwicklungen und Vorhaben bei den in Bonn Verantwortlichen.[186]

a) Gespräche mit den Bundeskanzlern Helmut Schmidt und Helmut Kohl

Nicht alle Kontakte zwischen Kardinal Höffner und den Bundeskanzlern können in dieser zusammenfassenden Darstellung beschrieben werden. Zu den bedeutenderen und nicht ganz konfliktfreien gehören die Verhandlungen zwischen der Bischofskonferenz und der Bundesregierung um den ersten Besuch Papst Johannes Pauls II. in Deutschland im November 1980.

Karl-Joseph Hummel hat sie bereits ausführlicher dargestellt[187]: Schmidt hatte nach einer Audienz am 9. Juli 1980 bei Johannes Paul II. in einem Interview mit dem »Rheinischen Merkur« den Besuch des Papstes begrüßt. »Die dann im Verlauf des zweiten Halbjahres 1980 eingetretene nachhaltige Verstimmung, die das Verhältnis des Bundeskanzlers zum Papst und zum Kölner Kardinal gleichermaßen beschädigte, war nach dieser Einlassung nicht unbedingt zu erwarten.« Zu den Hintergründen schreibt Hummel: »Zunächst führte der Hirtenbrief der deutschen Bischöfe zur Wahl des Deutschen Bundestages am 5. Oktober 1980, der am 21. September in allen Gottesdiensten verlesen werden sollte, zu einer öffentlichen Kontroverse zwischen den deutschen Katholiken und der Bundesregierung ...
›Eine andere Quelle des Ärgers in der Sache‹ war für Helmut Schmidt Kardinal Höffner selbst, mit dem ›die Zusammenarbeit deutlich schwieriger‹ gewesen sei als mit Kardinal Döpfner. Die damit verbundene atmosphärische Trübung hielt an, zumal, so Helmut Schmidt, Kardinal Höffner meinte, ›mich brieflich‹ ›nebst ausführlicher Begründung‹ in einer Frage der katholischen Soziallehre ›belehren zu sollen‹, in der Schmidt glaubte, sich gar nicht geäußert zu haben.«[188]

Hinzu kamen protokollarische Fragen und auf den Staat zukommende Auslagen anlässlich des Papstbesuches. Hummel fasst zusammen: »Das Problem wurde schließlich pragmatisch gelöst: Die Reise des Heiligen Vaters galt offiziell als Pilgerreise, die zeitweise den Charakter eines Staatsbesuchs annahm. Bundespräsident Carstens erwies dem Gast mit dem Empfang auf dem Flughafen Köln/Bonn und der Verabschiedung in München eine ganz besondere protokollarische Geste. Der Papst unterbrach seine Pilgerreise auf Einladung des Bundespräsidenten für einen Staatsempfang auf Schloss Augustusburg. Dort kam es auch zu einem persönlichen Gespräch zwischen dem Papst und dem verspätet eintreffenden Bundeskanzler.«

---

[186] Zum »Kommissariat der deutschen Bischöfe (Katholisches Büro) Bonn/Berlin« und den genannten Leitern: E. GATZ (Hrsg.), Bischofslexikon 1945–2001, S. 281–286.
[187] K.-J. HUMMEL, Seelsorgepolitik für eine versöhnte Zukunft, S. 943–946.
[188] Hummel stützt sich für die wörtlichen Zitate Schmidts auf: H. SCHMIDT, Weggefährten. Erinnerungen und Reflexionen, Berlin 1996, S. 382f.

Dass Bundeskanzler Schmidt trotz der genannten Irritationen den Kontakt zu Kardinal Höffner suchte, sollte sich anlässlich der noch darzustellenden Kooperation zwischen Bundesregierung und Bischofskonferenz bei Hilfsmaßnahmen anlässlich der politischen und wirtschaftlichen Krise in Polen ab 1981 zeigen.[189] Schon im Januar 1981 hatte der neue Staatssekretär im Bundeskanzleramt, Manfred Lahnstein, Prälat Bocklet im Katholischen Büro aufgesucht. Bocklet berichtete darüber am 29. Januar an Höffner.[190] Gegenstände des Gesprächs seien gewesen:
»1. Ein Gespräch zwischen Ihnen [Höffner] und dem Bundeskanzler
2. Eine Zusammenkunft zwischen der Deutschen Bischofskonferenz und der Bundesregierung
3. Das Luther-Jahr 1983«
Lahnstein versprach sich von dem Gespräch zwischen Schmidt und Höffner, »dass Vertreter der Bischofskonferenz und Mitglieder der Bundesregierung in absehbarer Zeit im wahlfreien Jahre 1981 ein Gespräch über bestimmte Sachthemen führen. Beide Seiten könnten dazu jeweils mehrere Teilnehmer benennen.« Der Staatssekretär machte für eine solche Begegnung auch thematische Vorschläge: Der Nord-Süd-Dialog, Probleme der äußeren und inneren Sicherheit, die Fortsetzung der Grundwertediskussion, die gegenwärtige Situation von Staat und Gesellschaft.

Angesichts der Vorbereitungen auf das »Luther-Jahr 1983« skizzierte Lahnstein das Unbehagen der Bundesregierung gegenüber der sichtbar werdenden »Vereinnahmung« Luthers durch die DDR-Propaganda: »Der Staatssekretär richtete an die katholische Kirche die Frage, in welcher Form man bei diesem Problem mithelfen und wie das Luther-Jahr positiv für ökumenische Bestrebungen genutzt werden könnte.«

Kardinal Höffner antwortete Prälat Bocklet am 31. Januar:
»1. Ich würde es sehr begrüßen, wenn sich ein persönliches Gespräch zwischen dem Herrn Bundeskanzler und mir ermöglichen ließe. Es sollte, wie Sie vorschlagen, ohne Presseveröffentlichungen stattfinden ...
2. Das Gespräch zwischen Vertretern der Bundesregierung und der Deutschen Bischofskonferenz, wie es bereits früher stattgefunden hat, sollte fortgesetzt werden. Mit den Gesprächsthemen, die Sie nennen, bin ich einverstanden.
3. Über das Lutherjahr habe ich im Jahre 1980 mehrere Gespräche, auch mit Bischof Lohse und Bischof Schönherr, geführt. Man sagte mir, dass die Regierung der DDR den 500-jährigen Geburtstag Luthers 1983 in großer Form feiern wolle ...«[191]
Bocklet vereinbarte daraufhin im Februar 1981 mit Lahnstein, dass das Gespräch im Bundeskanzleramt stattfinden solle, dass Höffner Bischof Hengs-

---
[189] Vgl. dazu unten S. 378f.
[190] Bocklet an Höffner, 29.1.1981: HAEK – Zug. 1088 – 158.
[191] Höffner an Bocklet, 31.1.1981: Ebd.

bach mitbringen werde, während der Bundeskanzler den Regierenden Bürgermeister von Berlin, Hans-Jochen Vogel, zuziehen werde.[192] In seiner persönlichen Einladung an Kardinal Höffner zum 3. April 1981 schrieb Bundeskanzler Schmidt: »Das Gespräch wird Gelegenheit geben, vielfältige Fragen zu behandeln, auch solche, welche Sie in Ihrem Schreiben vom 2. Oktober 1980 angeschnitten haben.«[193]

In der Notiz über ein »Nachgespräch« im Katholischen Büro mit Höffner und Hengsbach heißt es: »... 2. Die beiden staatlichen Gesprächspartner legten großen Wert darauf, Meinungsverschiedenheiten nicht über die Massenmedien auszutragen, sondern eher im direkten Gespräch ... 4. Die kirchlichen Gesprächsteilnehmer betrachteten das Gespräch als notwendig und nützlich. Es habe sich viel aufgestaut. Jene wenigen Worte über die Staatsverschuldung [im Wahlaufruf der Deutschen Bischöfe] haben tiefgreifende Wirkungen hinterlassen.«[194]

Zu dem zwischen Staatssekretär Lahnstein und Prälat Bocklet im Januar 1981 angeregten Gespräch zwischen Vertretern von Bischofskonferenz und Bundesregierung scheint es nicht gekommen zu sein. In den Akten hat es jedenfalls keine Spuren hinterlassen.

Als Helmut Schmidt am 1. Oktober 1982 durch ein konstruktives Misstrauensvotum das Amt des Bundeskanzlers an Helmut Kohl verloren hatte, schrieb ihm Kardinal Höffner am nächsten Tage: »In Wahrnehmung Ihres hohen Amtes haben Sie mit rastlosem Einsatz Ihre ungewöhnlichen Fähigkeiten in den Dienst des Volkes gestellt. Dafür danke ich Ihnen persönlich und im Namen der Deutschen Bischofskonferenz. Sie wissen, dass es nicht wenige Sachfragen zwischen uns gab, in denen unsere Auffassungen schwer in Einklang zu bringen waren. Immer aber haben Sie das Gespräch gesucht, und Sie waren bemüht zu überzeugen, aber auch zu verstehen. Für diese Ihre Offenheit und für Ihr faires Bemühen danke ich Ihnen.«[195]

Es entsprach der größeren Nähe in den Grundauffassungen zwischen Kardinal Höffner und Bundeskanzler Helmut Kohl, aber ebenso dessen spontaner Gesprächsbereitschaft, dass es zwischen beiden häufiger zu – inoffiziellen – Kontakten kam, die in Höffners Akten in handschriftlichen (teils stenographischen) Notizen ihren Niederschlag fanden. Ein »Vieraugengespräch« fand z. B. am

---
[192] Aktennotiz Bocklet für Dr. Niemeyer und Domvikar Melzer, 19.2.1981: Ebd.
[193] Schmidt an Höffner, 13.3.1981: Ebd.
[194] Kanzlerbesuch am 3.4.1981, hier: Nachgespräch mit Kardinal Höffner und Bischof Hengsbach (Aktennotiz Kath. Büro): Ebd. – Im »Wort der Bischöfe zur Bundstagswahl 1980« (das in seinem Duktus Höffners Handschrift trägt), hatte es geheißen: »Seit Jahren stehen wir in der Bundesrepublik Deutschland in der Gefahr, über unsere Verhältnisse zu leben und damit die Lebenschancen unserer Kinder zu belasten. Die Ausweitung der Staatstätigkeit, die damit verbundene Bürokratisierung und die gefährliche Staatsverschuldung müssen jetzt korrigiert werden«: KA 120, 1980, Nr. 210, S. 157f. Nach der Äußerung gegen die Atomkraftwerke war das die zweite Äußerung Kardinal Höffners aus dem Jahr 1980 mit prospektiver Bedeutung bis in die Gegenwart!
[195] Höffner (Der Vorsitzende der deutschen Bischofskonferenz) an Schmidt, 2.10.1982 (Kopie): Archivmaterial des Katholischen Büros Bonn Nr. 10-203/10.

20. September 1984 statt. Zwei Jahre nach der Regierungsübernahme mit der Ankündigung einer grundlegenden »Wende« in der Politik überreichte Höffner dem Bundeskanzler ein sechsseitiges Manuskript »Überlegungen zu einer politischen Gesamtkonzeption«.[196] Ausgehend von der Entstehungsgeschichte der »Rothenfelser Denkschrift« zur Sozialreform 1955[197] warnte Höffner vor einem konzeptionslosen »Fall zu Fall Pragmatismus«[198] in der Politik.

»I. *Sittliche Grundlegung*
  1. Seit Jahren breitet sich in unserem Volk eine bedrohliche Verwirrung der sittlichen Wertüberzeugungen aus, was nicht ohne Folgen für den politischen Bereich geblieben ist ...
  2. In unserem Volk ist seit der Katastrophe des Zweiten Weltkrieges und seit dem Zusammenbruch des Nationalsozialismus die Liebe zum Vaterland in Verruf geraten ...

II. *Das Ordnungsgefüge*
Die sittlichen Grundwerte müssen sich im konkreten Ordnungsgefüge der Gesellschaft und des Staates verwirklichen. Ich nenne acht Bereiche.
  1. Ehe und Familie ...
  2. Arbeit und Beruf ...
  3. Die Wirtschaft als das Insgesamt der Einrichtungen und Verfahren zur planmäßigen, dauernden und gesicherten Deckung des menschlichen Bedarfs an Sachgütern und Diensten ...
  4. Soziale Sicherheit ...
  5. Wissenschaft und Kultur ...
  6. Schule und Erziehung ...
  7. Massenmedien ...
  8. Völkergemeinschaft ...«

Diese Überlegungen hatte Höffner für eine Begegnung zwischen Vertretern der Bischofskonferenz und der Bundesregierung am 15. November 1984 ausgearbeitet.[199] An ihr nahmen acht Bischöfe und auf staatlicher Seite neben dem Bundeskanzler der Bundestagspräsident Jenninger sowie fünf Bundesminister teil.[200] Den Gesprächsablauf hatte Prälat Bocklet mit dem Bundeskanzleramt und den beteiligten Bischöfen vorher abgestimmt. Bocklet teilte den Bischöfen am 7. November 1984 mit[201]: »Zum Gesprächsablauf gab es zunächst unterschiedliche Ausgangs-

---
[196] Kardinal Joseph Höffner, Überlegungen zu einer politischen Gesamtkonzeption, 18.9.1984: HAEK – NH 2049; handschr. Randvermerk Höffners: »Herrn Bundeskanzler Kohl überreicht am 20.9.1984.
[197] »Rothenfelser Denkschrift« ist der Kurztitel zu: H. ACHINGER/J. HÖFFNER/H. MUTHESIUS/L. NEUNDÖRFER, Die Neuordnung der sozialen Leistungen. Denkschrift erstattet auf Anregung des Herrn Bundeskanzlers von ..., Köln 1955 – Zur Entstehungsgeschichte: N. TRIPPEN, Höffner I, S. 260–267.
[198] Von Höffner handschriftlich in das Manuskript eingetragen: Ebd.
[199] Die nachfolgend zitierten Unterlagen dazu: HAEK – NH 2048.
[200] Auf der Liste des Kath. Büros Bonn mit den kirchlichen Teilnehmern trug Höffner handschriftlich die tatsächlichen teilnehmenden Bundesminister und staatlichen Vertreter ein: Ebd.
[201] Bocklet an die teilnehmenden Bischöfe und kirchlichen Vertreter, 7.11.1984: Ebd.

punkte. Der Herr Bundeskanzler hatte am Schluss der Begegnung vom 25. Mai 1984[202] den Wunsch nach einer baldigen Fortsetzung bekundet und dabei erkennen lassen, dass er es vorziehen würde, ohne eine feste Tagesordnung ein allgemeines Gespräch zum Thema ›Geistige Erneuerung‹ zu führen. Auf unserer Seite ist von mehreren Bischöfen neben der Bereitschaft, ausführlich über die geistige Erneuerung zu sprechen, die Notwendigkeit zum Ausdruck gebracht worden, auch wichtige konkrete politische Punkte aus bischöflicher Sicht anzusprechen. Konkret wurde die Krankenhausfinanzierung, die Verbreitung von Videokassetten und die Ausländerfrage genannt. Darüber hinaus könnten auf unserer Seite der Lebensschutz, die Familienpolitik und auch die Entwicklung der neuen Medien nicht unerwähnt gelassen werden.«

Als Tagesordnung für das Gespräch teilte Bocklet den Bischöfen mit:
»I. Begrüßung durch den Bundeskanzler
   Erwiderung durch den Vorsitzenden der Bischofskonferenz mit einer kurzen Würdigung der Regierungsarbeit als Gesprächsanleitung
II. Aktuelle Stunde mit den Themen
   1. Krankenhausfinanzierung (Erzbischof Saier)
   2. Verbreitung von Videokassetten (Erzbischof Wetter)
   3. Familiennachzug von Ausländern (Weihbischof Dick)«

Der tatsächliche Gesprächsverlauf hatte dann doch ein etwas ausführlicheres Programm.[203] Die einzelnen Desiderata der Bischöfe wurden, wie geplant, von einzelnen Bischöfen vorgestellt. Den Teilnehmern der Konferenz wurden vom Katholischen Büro vorab Höffners »Überlegungen zu einer politischen Gesamtkonzeption« zur Verfügung gestellt.

Dass die Begegnung zwischen Bischofskonferenz und Bundesregierung nicht ohne Nachwirkungen blieb, verrät eine Vorlage zur Sitzung des Ständigen Rates der Bischofskonferenz am 24. Juni 1985: »Der Bundeskanzler hat in Erwägung gezogen, eine Gesprächsrunde zu bilden, die sich mit dem Problem der Geistigen Erneuerung befasst. Es soll keine offizielle Kommission sein; vielmehr sollten sich Personen aus Politik, Wissenschaft und Kirche in gewissen Abständen zusammensetzen und ihre Gedanken zu dem Thema der Geistigen Erneuerung austauschen. Das Ergebnis ihres Nachdenkens sollen sie dem Bundeskanzler und den am Thema interessierten Politikern zuleiten.«[204]

---

[202] Kardinal Höffner schrieb neben dieses Datum »Brasilien«. Das Gespräch muss an einem anderen Tag stattgefunden haben, da Höffner am 24.5. im Auftrag des Papstes zu einer Visitation des Erzbistums Sao Paulo nach Brasilien flog. Dazu s. unten S. 387–390.

[203] Definitive Tagesordnung mit hs. Bearbeitungsspuren Höffners: Gespräch mit der Bundesregierung am 15. November 1984: HAEK – NH 2048.

[204] 57. Sitzung des Ständigen Rates, 24.6.1985, Vorlage zu TOP 0.5 Betr.: Gesprächsrunde »Geistige Erneuerung«: Ebd.

6. Gespräche mit Bundesregierung, Parteien und obersten Bundesorganen 295

b) Begegnungen zwischen Bischofskonferenz und den Parteien

Am 22. Dezember 1983 kam es zu einem Gespräch zwischen Kardinal Höffner und dem Parteivorsitzenden der FDP, Hans-Dietrich Genscher.[205] Prälat Bocklet hatte vorab geklärt, dass der Kardinal ihn und seine Mitarbeiter Dr. Niemeyer und Dr. Panzer mitbringen würde.[206] »Bundesminister Genscher wird von der Generalsekretärin der FDP, Frau Irmgard Adam-Schwaetzer, und Herrn Vortragenden Legationsrat Dr. Michael Jansen (dem Sohn des hochgeschätzten katholischen Botschafters Josef Jansen) begleitet.« Als Themen des Gesprächs vereinbarte Bocklet mit der FDP:
1. Ausländerfrage (als kurzer Auftakt)
2. Liberalismus und Kirche (Hauptthema)
3. Geschichtsbild (Vereinnahmung der deutschen Geschichte durch die DDR)
4. Lage in Polen (insbesondere das Landwirtschaftsprojekt)
5. Vereinbarung weiterer Gespräche mit der Bundestagsfraktion und dem Präsidium der FDP, insbesondere über Fragen der Gesetzgebung und der Rechtspolitik.

Aus Bocklets Information für Kardinal Höffner ergibt sich, dass Höffner bereits »am 23.2.1981 zunächst mit dem Parteivorsitzenden allein und danach mit Mitgliedern des FDP-Präsidiums« gesprochen hatte. Zur Einstimmung in das Gespräch am 22. Dezember 1983 dienten auch Ausführungen von Frau Adam-Schwaetzer zur »Weiteren Entwicklung des Verhältnisses zwischen Kirche und Staat« anlässlich des Luther-Jubiläums. In der »Freien Demokratischen Korrespondenz« wurde am 10. November 1983 berichtet: »Sie forderte die Kirchen auf, über die bereits vor einigen Jahren verabschiedeten und seinerzeit viel diskutierten F. D. P.–Thesen[207] erneut nachzudenken. Ziel der F.D. P.–Vorstellungen sei es, die gegenseitige Unabhängigkeit von Kirche und Staat zu verstärken und dem Verfassungsgrundsatz der weltanschaulichen Neutralität des Staates besser Rechnung zu tragen. Dieses Ziel wolle die F. D. P. nicht gegen, sondern mit den Kirchen erreichen. Kooperation sei schon deshalb geboten, weil die Leistungen der Kirchen vor allem im sozialen Bereich gar nicht hoch genug gewürdigt werden könnten und die Kirchen eine große Zahl von Aufgaben wahrnehmen, die sonst auf den sowieso überlasteten Staat zukommen würden ...«[208]

Über den Verlauf des Gesprächs am 22. Dezember 1983 finden sich in den Kölner Akten keine Nachrichten.

Am 18. September 1985 fand ein länger abgesprochenes und vorbereitetes Gespräch zwischen Vertretern der Deutschen Bischofskonferenz und dem Präsidium

---

[205] Unterlagen dazu: HAEK – NH 2051.
[206] Bocklet an Höffner, 15.12.1983: Ebd.
[207] Gemeint ist: Freie Kirche im freien Staat. Thesen der FDP zum Verhältnis von Staat und Kirche, Beschluss des 25. Bundesparteitages der F.D.P. in Hamburg, 30.9. – 2.10.1974.
[208] fdk-freie demokratische korrespondenz, Ausgabe 259, 10.11.1983.

der CDU im Bonner Kanzlerbungalow statt.[209] Prälat Bocklet teilte den Bischöfen am 11. September die Teilnehmer von der CDU-Seite und die abgesprochenen Themenbereiche mit:
1. Wertorientierung und Wertevermittlung in einer Zeit des gesellschaftlichen und technologischen Wandels. Einführung: Joseph Kardinal Höffner
Die Wirtschafts- und Sozialpolitik der Bundesregierung. Bilanz und Perspektive. Einführung: Bundesminister Dr. Norbert Blüm und Bundesminister Dr. Heiner Geißler
2. Aktueller Stand der Europäischen Einigung nach dem Mailänder Gipfel und politische Perspektiven. Einführung: Bundeskanzler Dr. Helmut Kohl[210]
In erläuternden Hinweisen zu den Gesprächsthemen schrieb Bocklet: »Herr Kardinal Höffner wird in das Thema [Wertorientierung] einführen. Es wird wichtig sein, dass die Diskussion dann nicht überwiegend den Politikern überlassen bleibt. Deshalb wäre es gut, wenn die Gesichtspunkte des Herrn Kardinals von anderen bischöflichen Teilnehmern wieder aufgenommen, ergänzt und nachdrücklich unterstützt würden ...«
Man spürt aus diesen Hinweisen und dem erhaltenen Einleitungsreferat Höffners zum Thema Wertorientierung[211], dass es den Bischöfen um eine Anregung der CDU-Poliker zu einer Besinnung auf ihre christlichen Wurzeln ging.

c) Gespräche mit Bundesverfassungsrichtern

Schon vor dem bereits dargestellten Krisen-Gespräch Kardinal Höffners mit dem Präsidenten des Bundesverfassungsgerichts, Dr. Wolfgang Zeidler, am 1. Mai 1986[212] gab es Begegnungen zwischen Vertretern der Bischofskonferenz und Richtern des Bundesverfassungsgerichts.[213]
Als Höffner die der CDU nahestehenden Verfassungsrichter zu einem Gespräch im Erzbischöflichen Haus für den 12. April 1984 einlud, schrieb er: »Aus dem Kreis der Bundesverfassungsrichter ist an mich die Bitte herangetragen worden, einmal ein Gespräch über das Verhältnis Staat/Kirche miteinander zu führen.«[214] Mit dem Vizepräsidenten des Gerichts, Prof. Dr. Roman Herzog, meldeten sich weitere vier Richter aus Karlsruhe an. Von kirchlicher Seite nahmen neben Kardinal Höffner Generalvikar Feldhoff, Domvikar Melzer, Prälat Bocklet und seine Mitarbeiter Dr. Niemeyer und Dr. Panzer an dem Gespräch teil.[215] Im

---

[209] Unterlagen: HAEK – NH 2047.
[210] Bocklet an die Teilnehmer an dem Gespräch Deutsche Bischofskonferenz/Präsidium der CDU, 11.9.1985: Ebd.
[211] Manuskript mit hs. Korrekturen Höffners: Ebd.
[212] Vgl. oben S. 288f.
[213] Erhaltene Schriftwechsel, Notizen und Redemanuskripte: HAEK – NH 515.
[214] Höffner an die Verfassungsrichter, 19.3.1984: Ebd.
[215] So im Vermerk von Dr. Panzer »Gespräch mit den Bundesverfassungsrichtern am 12.4.1984«: Ebd.

6. Gespräche mit Bundesregierung, Parteien und obersten Bundesorganen 297

Vorfeld hatte Dr. Panzer mit einem der Verfassungsrichter ausgemacht: »Es möge bei der Einladung an die Bundesverfassungsrichter bleiben, die der CDU nahe stehen. Nur so sei sicherzustellen, dass es zu einem offenen Gespräch kommt.«[216]

In seiner Eröffnungsansprache bei dieser Begegnung sagte Höffner: »Die Entscheidungen des Bundesverfassungsgerichts haben zur Stärkung des Rechtsstaates und zur Festigung des Rechtsbewusstseins in unserem Volk entscheidend beigetragen. Die Bischöfe, die sich für ein friedliches Zusammenleben der Bürger und der gesellschaftlichen Gruppen in unserem Staat mitverantwortlich fühlen, danken Ihnen für diesen Dienst an unserem Volk ...

Wichtige Entscheidungen des Bundesverfassungsgerichts berühren das Verhältnis der Kirche zum Staat unmittelbar. Die deutschen Bischöfe haben mit großer Aufmerksamkeit diese Rechtsprechung verfolgt und anerkannt, dass die Urteile zu einer zeitgemäßen Fortentwicklung des Verhältnisses von Kirche und Staat beigetragen haben. Dafür danke ich Ihnen und Ihren Kolleginnen und Kollegen im Namen der Deutschen Bischofskonferenz vielmals. Ich denke etwa an das Urteil über die Verfassungswidrigkeit der sogenannten Fristenregelung (25.2.1975), an das Urteil in der Angelegenheit des Wilhelm-Anton-Hospitals in Goch mit grundsätzlichen Ausführungen zum Selbstbestimmungsrecht der Kirchen und Ihrer Einrichtungen (11.10.1977), an das Urteil zum Sexualkundeunterricht und zum Elternrecht (21.12.1977), an den Beschluss über die Zulässigkeit des Schulgebets in öffentlichen Schulen (16.10.1979), an das Urteil über die Autonomie kirchlicher Krankenhäuser (25.3.1980), an das Urteil über die Rundfunkfreiheit (13.1.1982) und an den Beschluss des Bundesverfassungsgerichts vom 13.12.1983 zum Konkursausfall-Geld – ein Beschluss, der wiederum grundsätzliche Ausführungen zur Autonomie der Kirche und zum Verhältnis des Staates zur Kirche enthält.«[217]

An einem weiteren Gespräch, das am 20. November 1986 im Katholischen Büro in Bonn stattfand, nahmen 8 Mitglieder der Deutschen Bischofskonferenz und 11 Verfassungsrichter teil.[218] Mit dem Direktor des Bundesverfassungsgerichts Dr. Zierlein hatte Dr. Panzer als Gesprächsthemen vereinbart:
1. Institution Ehe und Familie (Einführung: Kardinal Joseph Höffner)
2. Aktuelle Asylanten- und Ausländerfragen (Einführung: Weihbischof Dr. Klaus Dick)
3. Falls die Zeit es zulässt: Verhältnis zwischen Staat und Kirche (unter besonderer Berücksichtigung der Probleme des Islam) (Einführung: Bischof Dr. Franz Hengsbach)[219]

---

[216] Aktennotiz von Domvikar Melzer, 9.3.1984, über ein Telefongespräch mit Dr. Panzer: Ebd.
[217] Handschriftlicher Entwurf und ausgedrucktes Manuskript: Kardinal Joseph Höffner, Gespräch mit Bundesverfassungsrichtern, 12.4.1984: Ebd.
[218] Teilnehmerliste, erstellt vom Kath. Büro Bonn: Ebd.
[219] Bocklet an Zierlein, 3.11.1986: Ebd.

Da diese größere Zusammenkunft nicht geheim bleiben konnte, beschloss man einvernehmlich eine kurze Presse-Verlautbarung durch das Bundesverfassungsgericht.[220]

Kardinal Höffners Begrüßungsansprache deckte sich inhaltlich weitgehend mit der vom 14. April 1984.[221] Die Gäste aus Karlsruhe wollten der Einführung in die Gesprächsthemen den Bischöfen überlassen. Dr. Panzer hatte im Vorfeld Dr. Zierlein geschrieben: »Die Bischöfe sind selbstverständlich damit einverstanden, dass an die jeweiligen Einführungen aus dem Kreis der Bischofskonferenz nicht noch zusätzlich ›Korreferate‹ einzelner Mitglieder des Bundesverfassungsgerichts vorgesehen sind.« Kardinal Höffner nutzte seine Ausführungen zum Thema »Institution der Ehe und Familie« zu einer deutlichen Markierung der kirchlichen Auffassung über Ehe und Familie und seiner Sicht der aktuellen Gefährdungen.[222]

Gerade nach dem persönlichen Konflikt zwischen Kardinal Höffner und dem Bundesverfassungsgerichts-Präsidenten Dr. Zeidler im Frühjahr 1986 diente das umfassendere Gespräch zwischen Vertretern der Bischofskonferenz und den Verfassungsrichtern (einschließlich ihres Präsidenten Dr. Zeidler) einer »Normalisierung« der Beziehungen.

d) Gespräch mit Bundespräsident Richard von Weizsäcker am 17. Mai 1985

Während der Jahre, in denen Kardinal Höffner Vorsitzender der Deutschen Bischofskonferenz war, kam es nur zu diesem einen Gespräch von Vertretern der Bischofskonferenz mit dem Bundespräsidenten.[223] An ihm nahmen 13 Bischöfe, dazu der Westberliner Generalvikar, Prälat Tobei, Prälat Bocklet und der Sekretär der Bischofskonferenz, Prälat Schätzler[224], auf staatlicher Seite neben dem Bundespräsidenten der Chef des Bundespräsidialamtes, Staatssekretär Dr. Blech, und zwei Referenten[225] teil.

Das Gespräch wurde vom Katholischen Büro und dem Bundespräsidialamt vorbereitet. Das Katholische Büro teilte den Bischöfen mit: »Herr Bundespräsident von Weizsäcker legt, wie auch seine Vorgänger, auf ein offenes und ungezwungenes Gespräch Wert. Er geht gern von den Eindrücken aus, die in den letzten Gesprächen oder auf der jeweils letzten Auslandsreise gewonnen hat. Dies vorausgeschickt, sind aber doch von ihm einige Punkte gewünscht worden, die zusammen mit den Wünschen auf unserer Seite nach Abstimmung mit Kardinal Höffner etwa die nachstehende Themenfolge ergeben: a) Der Herr Bundepräsi-

---

[220] Text »Verlautbarung der Pressestelle des Bundesverfassungsgerichts« vom 18.11.1986: Ebd.
[221] Kardinal Joseph Höffner, Begrüßungsansprache beim Gespräch mit den Bundesverfassungsrichtern am 20. November 1986 in Bonn, Redemanuskript mit handschr. Überarbeitungen: Ebd.
[222] Handschriftlicher Entwurf des Kardinals und gedrucktes Manuskript: Ebd.
[223] Die nachfolgend zitierten Unterlagen dazu: HAEK –NH 2049.
[224] »Zusagen zum Gespräch mit Herrn Bundespräsident von Weizsäcker am 17. April 1985«: Ebd.
[225] »Aus dem Bundespräsidialamt werden an dem Gespräch am 17. April 1985 teilnehmen: ...«: Ebd.

dent wird das Gespräch mit der Bitte an die Bischöfe eröffnen, die wesentlichen Fragen zu skizzieren, denen sich die katholische Kirche gegenübersieht; damit sind sowohl die innerkirchlichen Fragen gemeint als auch solche, die sich auf das Verhältnis der Kirche zu Staat, Gesellschaft und Politik beziehen.

Wir [= das Katholische Büro] möchten gerade zu diesem Punkt natürlich den Bischöfen nicht vorgreifen in dem, was sie aus ihrer Erfahrung und ihrer Diözese dabei einbringen wollen. Es sei lediglich bemerkt, dass die Frage des Lebensschutzes, so schwierig sie auch zur Zeit ist, nicht ausgespart werden sollte.«[226]

Als weitere denkbare Themen benannte das Katholische Büro: Problem der Erstarrung der Gesellschaft durch die Neigung der Fixierung von Besitzständen, Medien einschließlich des Sonntagsschutzes, Lage der katholischen Kirche in Polen, Anmerkungen zur ökumenischen Situation. Wiederum hatten sich einzelne Bischöfe bereiterklärt, zu diesen Themen eine Einführung vorzubereiten.

Über dieses Gespräch, das mit einem Abendessen auf Einladung des Bundespräsidenten verbunden war, gab es verständlicherweise kein Protokoll. Der Bonner Generalanzeiger wusste am 18. April 1985 zu berichten, das Treffen der Bischöfe mit dem Bundespräsidenten sei »auf Initiative der deutschen Bischöfe zustande« gekommen.[227]

7. DIE WIEDERWAHL KARDINAL HÖFFNERS ZUM VORSITZENDEN DER DEUTSCHEN BISCHOFSKONFERENZ 1982

War die erste Wahl Höffners zum Vorsitzenden der Deutschen Bischofskonferenz 1976 nicht ohne Gegenstimmen erfolgt, so scheint seine nach sechs Jahren fällige Wiederwahl 1982 ganz ohne Probleme gewesen zu sein. Höffner hatte bereits das 75. Lebensjahr vollendet und war nur durch Nichtannahme seines Verzichts auf das Amt des Erzbischofs von Köln durch Papst Johannes Paul II. noch in diesem Amt. Zum »TOP 0.2 Wahl des Vorsitzenden« machte er sich für die Herbst-Vollversammlung der Deutschen Bischofskonferenz vom 20. bis 23. September 1982 in Fulda eine persönliche Notiz.[228] In ihr liest man: »3. Presse KNA ›Es gilt als sicher ...‹. 4. Einige Mitbrüder fragten, ob ich im Hinblick auf einige nicht besetzte Bischofsstühle bereit sei, einer Wiederwahl zuzustimmen.« Höffner fügte dann seine Einwände an: »a) Ich gehöre zur Generation derer, die sich bald davon machen ... b) Dienst in Köln ... c) Wechsel Köln-München [im Vorsitz der DBK] ... d) Dennoch bin ich bereit, bis auf weiteres, unter der Voraussetzung, dass ich nicht [Stenographie nicht entzifferbar: auf Köln] verzichten

---

[226] (Unvollständiges) Schreiben des Kath. Büros (Prälat Bocklet?) an die teilnehmenden Bischöfe: Ebd.
[227] »Deutsche Bischöfe bei Weizsäcker«, Bonner Generalanzeiger vom 18.4.1985: Ebd.
[228] Wahl des Vorsitzenden (hs. Notiz Höffners): HAEK – Zug. 1089/00 – 101.

muss, mich der Wahl zu stellen.« Die Wiederwahl Höffners und seines Sekretärs Homeyer ging ohne Einwände vonstatten.[229]

Doch schon am 25. August 1983 wurde Josef Homeyer zum Bischof von Hildesheim ernannt und ließ sich von Höffner die Bischofsweihe erteilen, so dass auf der Herbst-Vollversammlung der Bischofskonferenz vom 19. bis 22. September in Fulda ein neuer Sekretär gewählt werden musste.[230] Nachdem mehrere Vorschläge erwogen worden waren[231], wählte man den Regensburger Priester Wilhelm Schätzler, der schon seit 1976 als Leiter der Zentralstelle Medien bei der Bischofskonferenz tätig war, zum neuen Sekretär.[232]

---

[229] Protokoll der Herbst-Vollversammlung der Deutschen Bischofskonferenz vom 20. bis 23. September 1982 in Fulda: S. 52.
[230] Protokoll der Herbst-Vollversammlung der DBK in Fulda, S. 33.
[231] Homeyer: Note für den Vorsitzenden, 14. 9. 1983: HAEK – Zug. 1089/00 – 106.
[232] Wilhelm Schätzler (*1929), 1957 Priesterweihe in Regensburg, nach Tätigkeiten in der Seelsorge des Bistums Regensburg und bei der Kirchlichen Hauptstelle für Bild- und Filmarbeit in Köln seit 1976 Leiter der Zentralstelle Medien im Sekretariat, 1983-1996 Sekretär der Deutschen Bischofskonferenz, seit 1996 Dekan des Stiftskapitels der Basilika U. L. Frau zur Alten Kapelle in Regensburg: E. GATZ (Hrsg.), Bischofslexikon 1945-2011, S. 139f. – Protokoll der Herbst-Vollversammlung der Deutschen Bischofskonferenz in Fulda vom 19.–22. September 1983, S. 33.

XI. KAPITEL

ALS KARDINAL IM DIENST DER WELTKIRCHE

Joseph Höffner wurde im April 1969, wenige Wochen nach seiner Einführung als Erzbischof von Köln, zum Kardinal erhoben. Seit jeher hatten die Kardinäle als Mitglieder verschiedenen römischen Kongregationen angehört und waren gelegentlich zu deren Vollversammlungen nach Rom eingeladen worden. Das II. Vatikanische Konzil hatte nach Anregungen der Konzilsväter ab 1967 das Institut der »Bischofssynode« zur Folge: In dreijährigem Rhythmus – oder aus gegebenem Anlass auch häufiger – lädt der Papst die Vorsitzenden der Bischofskonferenzen, von den Konferenzen zusätzlich gewählte Mitglieder und je nach der Themenstellung von ihm berufene Bischöfe zu einer Bischofssynode ein.[1] Das ständige Synodensekretariat in Rom ermittelt zunächst das vom Papst zu genehmigende Thema, lässt längerfristig vorher *Lineamenta* und (später) ein *Instrumentum laboris* erstellen und an die Mitglieder versenden, um sich vor Beginn der Synode vorzubereiten und den Ablauf der Synode zu strukturieren. Das Ergebnis der Synode wird nach Abschluss durch den Papst veröffentlicht.

Kardinal Höffner war als von der Deutschen Bischofskonferenz gewählter Vertreter des deutschen Episkopats schon ab 1971 Mitglied der römischen Bischofssynoden, bevor er ab 1976 als Vorsitzender der DBK ständiges Mitglied wurde. Gleich die erste Synode 1971 über das Priestertum und die Gerechtigkeit in der Welt hat er maßgeblich mitgestaltet. Später sollte Höffner in der Nachfolge der verstorbenen Mitglieder Frings und Döpfner der Kardinalskommission für den neuen *Codex Iuris Canonici* angehören und in den 1980er Jahren bei der Überwindung der Krise der Vatikanbank mitwirken.

1. Die Römische Bischofssynode 1971

Seit der Enzyklika Pauls VI. *Sacerdotalis caelibatus* von 1967 war die Diskussion über das Zölibatsversprechen als Voraussetzung für die Erteilung der Priesterweihe in der Weltkirche nicht zur Ruhe gekommen. Ab dem Jahre 1968 hatte die Zahl der Amtsniederlegungen von Priestern und der Laisierungsgesuche an die Glaubenskongregation bis dahin nicht gekannte Dimensionen angenommen, so dass eine Bischofssynode über das Weihepriestertum und seine Bindung an das Zölibatsversprechen ein weltkirchliches Bedürfnis war. Kardinal Höffner wurde in Rom – auf Weisung von Papst Paul VI. selbst – in die Vorbereitung der Synode einbezogen und zum *Relator* für den ersten Teil des Schemas über das priesterliche

---

[1] W. Aymans, Bischofssynode, in: LThK 2, ³1994, Sp. 502–504.

Dienstamt am 1. Oktober 1971 bestimmt, hat aber auch in die weitere Diskussion der Synode 1971 mehrfach eingegriffen. Höffners Eintreten für die Beibehaltung des priesterlichen Zölibats hat jedoch eine längere Vorgeschichte, die hier kurz dargestellt werden soll.

a) Joseph Höffners Eintreten für den Zölibat als Bischof von Münster und als Erzbischof von Köln bis 1971

Wie weiter oben dargestellt wurde[2], hatte Bischof Höffner bereits zum 6. und 7. Januar 1968 eine kompetent besetzte Konferenz von Verantwortlichen der Priesterausbildung und Fachleuten aus der Wissenschaft zu einem »Gespräch über die Hinführung zum Zölibat« in Münster eingeladen. Schon damals kam ein Nebeneinander von zölibatären und verheirateten Priestern zur Sprache. Allerdings ging es bei dieser Konferenz mehr um Kriterien und Hinführung zum zölibatären Leben für Priesteramtskandidaten.

Fast ein Jahr später, als Bischof Höffner unmittelbar vor der Übersiedlung nach Köln stand, veranstaltete im Dezember 1968 eine »Arbeitsgemeinschaft von Priestergruppen in der Bundesrepublik Deutschland und in Österreich« eine Fragebogenaktion »Umfrage zum Pflichtzölibat«.[3] Dem anonymen Rundbrief lag eine Liste von »Literatur zur Diskussion um den obligatorischen Zölibat« aus den letzten fünf Jahren mit 39 Titeln bei. Generalvikar Jansen übersandte dazu den Priestern des Erzbistums Köln am 6. Januar 1969 – dem Tag der Einführung von Bischof Höffner als Koadjutor von Kardinal Frings – eine dreiseitige Stellungnahme, in der er ausführlich das »Wort der Deutschen Bischofskonferenz zu Fragen des Glaubens und des kirchlichen Lebens« vom 28. Dezember 1968 zitierte. »Alle Priester und Priestergruppen, die sich gegen die Zölibatsverpflichtung wenden, sollen ehrlich sagen, wie sie weiterhin zu ihrem persönlichen Entschluss der Ehelosigkeit stehen.«[4]

Zwei Anstöße von außen verstärkten Anfang 1969 die Sorgen der Bischöfe um die Zukunft des Zölibats: Einmal die Tendenzen des niederländischen Pastoralkonzils, andererseits eine Anfrage des Düsseldorfer Kultusministeriums vom 22. Januar 1969 an das Katholische Büro Düsseldorf: »Wie bereits fernmündlich mitgeteilt, mehren sich in letzter Zeit Fälle, in denen laisierte Priester um Übernahme in das Beamtenverhältnis als Studienrat an einer berufsbildenden Schule bitten. Die Voraussetzungen der Übernahme in das Beamtenverhältnis richten sich hierbei nach § 79 der Laufbahnverordnung. Da die Vorschrift einen doppelten Weg des Zugangs zur Laufbahn vorsieht, ist darüber zu entscheiden, ob die lai-

---

[2] Vgl. oben S. 76f.
[3] Arbeitsgemeinschaft von Priestergruppen in der Bundesrepublik Deutschland und Österreich, Frankfurt im Dezember 1968; Literatur zur Diskussion um den obligatorischen Zölibat; Fragebogen: Umfrage zum Pflichtzölibat: HAEK – Zug. 609/92 – 11.
[4] Generalvikar Jansen an die Priester des Erzbistums Köln, 6.1.1969: Ebd.

sierten Priester noch als Priester oder als Laientheologen eingestellt werden können.«[5]

Die nordrhein-westfälischen Bischöfe befassten sich auf ihrer Konferenz am 27. Januar 1969 mit dem Thema und ließen den Leiter des Katholischen Büros, Prälat Paul Fillbrandt, dem Kultusministerium am 30. Januar antworten: »Die Bischöfe unseres Landes sind übereingekommen, dass dem Betroffenen [laisierten Priester] mit der Aushändigung der Urkunde über die Rückversetzung in den Laienstand gleichzeitig schriftlich mitgeteilt wird, dass ihm die *missio canonica* entzogen ist. Ich darf darauf hinweisen, dass der Entzug der *missio canonica* ggfs. auch schon vorher erfolgen kann.«[6]

Ende des Jahres 1969 war das »Schreiben der deutschen Bischöfe über das priesterliche Amt«[7] erschienen, das Kardinal Höffner seinen Priestern mit einem Weihnachtsbrief zusandte.[8] Darin ging es allerdings nicht um den Zölibat, sondern um die biblisch-dogmatische Grundlegung des Weihesakramentes, indirekt um eine Abwehr der Einebnung des Unterschiedes zwischen dem allgemeinen Priestertum aller Gläubigen und dem besonderen Priestertum aus dem Weihesakrament.

An der Jahreswende 1969/70 erhielten die nordrhein-westfälischen Bischöfe Kenntnis über den »Ontwerp-Rapport« zur Vorbereitung der nächsten Sitzungsperiode des niederländischen Pastoralkonzils. Nach einer Besprechung der nordrhein-westfälischen Bischöfe im Januar 1970 schrieb Höffner in ihrem Auftrag an Kardinal Alfrink in Utrecht: »Breite Kreise der deutschen Katholiken und auch wir Bischöfe sind über gewisse Thesen, die im ›Ontwerp-Rapport‹ vertreten worden sind, tief bestürzt. Besonders die Aussagen über das priesterliche Amt beunruhigen uns sehr, nicht zuletzt auch deswegen, weil hier Lehren vorgetragen werden, die der Grundhaltung des ›Schreibens der deutschen Bischöfe über das priesterliche Amt‹ (Dezember 1969) widersprechen, so dass ein Gegensatz zwischen den Auffassungen der Kirche Hollands und Deutschlands offenkundig wird. Können Männer oder Frauen ohne Priesterweihe der Eucharistie vorstehen? Wird das priesterliche Amt von der Gemeinde übertragen? Können Frauen die Priesterweihe empfangen? ...

Wie ein Schock hat in weiten Kreisen der deutschen Katholiken die Stellungnahme des [niederländischen Pastoral-] Konzils zur Zölibatsfrage gewirkt. Gerade in der modernen Wohlstandsgesellschaft ist die Ehelosigkeit um des Himmelreiches willen ein eschatologisches Zeichen, das der gläubigen Gemeinde zeigen soll, wohin sie eigentlich unterwegs ist ... Noch ein Wort zur ›Entkoppelung‹: Die ›Entkoppelung‹ von Priestertum und Ehelosigkeit wird zur ›Koppelung‹ von Priestertum und Ehe führen. Die Erfahrungen der lutherischen, calvinistischen,

---

5 Der Kultusminister des Landes NRW, Dr. Gerwinn, an den Leiter des Kath. Büros, Prälat Fillbrandt, 22.1.1969 (Kopie): HAEK – Zug. 629/92 – 2.
6 Fillbrandt an Gerwinn, 30.1.1969: Ebd.
7 Schreiben der deutschen Bischöfe über das priesterliche Amt. Eine biblisch-dogmatische Handreichung, hrsg. v. Sekretariat der Deutschen Bischofskonferenz, Trier 1969.
8 Der Erzbischof von Köln an die Priester des Erzbistums, Weihnachten 1969: HAEK – Zug. 629/92 – 12.

reformierten und orthodoxen Kirchen sowie der zahlreichen Freikirchen zeigen, dass es nach der ›Entkoppelung‹ in etlichen Jahrzehnten auch in der katholischen Kirche keine ehelosen Bistumspriester mehr geben wird ...«[9]

Am 5. Februar 1970 verständigten sich die Bischöfe und Weihbischöfe Nordrhein-Westfalens auf eine öffentliche Erklärung: »Als Nachbarbischöfe der holländischen Kirchenprovinz von vielen Seiten um eine Stellungnahme gebeten, geben wir sechzehn Diözesan- und Weihbischöfe der Bistümer Nordrhein-Westfalens folgende Erklärung ab: Am 7. Dezember 1965 hat sich das Zweite Vatikanische Konzil mit der überwältigenden Mehrheit von 2390 Ja-Stimmen gegen vier Nein-Stimmen für die Beibehaltung der priesterlichen Ehelosigkeit in der lateinischen Kirche entschieden. Die deutschen Bischöfe haben sich am 28. Dezember 1968 erneut zu diesen Beschlüssen des Konzils bekannt. Wir stehen nach wir vor zu diesem Beschluss und stellen uns einmütig hinter die Erklärung Papst Pauls VI. zur Frage des Priesterzölibats.«[10]

Ergänzend publizierte Kardinal Höffner am 7. Februar 1970 über KNA, einige Tage später auch in der vom Presseamt des Erzbistums Köln veröffentlichten Broschüre »Um des Himmelreiches willen – Über den Zölibat der Priester« 10 Thesen: »Die Ehelosigkeit um des Himmelreiches willen«.[11] Sie enthielt auch die Erklärung der Frühjahrs-Vollversammlung der Deutschen Bischofskonferenz in Essen-Heidhausen vom 19. Februar 1970, die Höffner in Nachdrucke seiner 10 Thesen einarbeitete. Ein letzter Anstoß für diese Erklärung der Bischofskonferenz dürfte die Eingabe von 84 Professoren an die Vorsitzenden der Deutschen, Österreichischen und Schweizerischen Bischofskonferenzen vom 6. Februar 1970 gewesen sein.[12] Bischofsvikar Teusch schrieb am 9. Februar dazu an Kardinal Höffner: »Es ist damit zu rechnen, dass die Verbreitung über die Nachrichtenagenturen im Gange ist und die Presse morgen entsprechend berichtet. Dennoch darf m. E. die Eingabe der Professoren nicht allzu ernst genommen werden.« Teusch hatte den Unterschreibern aus der Katholisch-Theologischen Fakultät Bonn nachgeforscht und ermittelt, dass die Unterschriften zum Teil unter fragwürdigen Überredungsversuchen zustande gekommen waren.

Wenige Wochen später ging in einem persönlichen Brief an Höffners Generalvikar Nettekoven P. Hermann-Josef Lauter OFM auf die absehbare, mit statistischen Erhebungen belegte Zunahme des Priestermangels ein. Sein Brief endete mit dem damals vielerorts erwogenen Gedanken an ein nebenberufliches Priester-

---

[9] Höffner an Alfrink, 17.1.1970 (unterschr. Kopie): HAEK – Zug. 629/92 – 16.
[10] Text enthalten in: Höffner an die Diözesanbischöfe und Weihbischöfe Nordrhein-Westfalens, 5.2.1970: HAEK – Zug. 629/92 – 16.
[11] J. Kardinal Höffner, Die Ehelosigkeit um des Himmelreiches willen. Zehn Thesen, in: KNA Dokumentation Nr. 10, 7.2.1970; Um des Himmelreiches willen. Über den Zölibat der Priester. Zehn Thesen des Erzbischofs von Köln, Kardinal Joseph Höffner, und die Erklärung der Deutschen Bischofskonferenz vom 19.2.1970, hrsg. v. Presseamt des Erzbistums Köln, 1970.
[12] Stellungnahme von Bischofsvikar Teusch an Höffner, 9.2.1970: HAEK – Zug. 629/92 – 16, dort auch weitere Korrespondenz dazu.

tum: »Eine Lösung sehe ich nur in der Einführung des nebenberuflichen Presbyterates für bewährte, verheiratete Männer. Das ist bekanntlich auch die Meinung der deutschsprachigen Pastoraltheologen. Auch der Papst hat diese Möglichkeit für seelsorgerliche Notstandsgebiete in seinem Brief an den Kardinalstaatssekretär angedeutet. Der starke Zudrang zum Diakonat lässt erwarten, dass sich viele Berufe dieser Art finden würden.«[13]

Die Zeit der unmittelbaren Vorbereitung der römischen Synode über das priesterliche Dienstamt und die Gerechtigkeit in der Welt hatte längst begonnen, als der Präfekt der Studienkongregation in Rom, Kardinal Garrone, Mitte 1971 den Vorsitzenden der Bischofskonferenzen und den Kardinälen einen »Entwurf eines Direktoriums zur Erziehung zum Zölibat« mit der Bitte um Stellungnahme übersandte. Kardinal Höffner bat Bischofsvikar Teusch um eine Stellungnahme: »Das Direktorium soll für die Priestererzieher bestimmt sein. Kardinal Garrone bittet um meine Stellungnahme bis zum 24. Juni 1971. Darf ich Sie bitten, den Text kritisch zu würdigen?«[14] Dass Teusch von dem Entwurf nicht viel hielt, kam schon in der Fristüberschreitung – trotz der genannten Entschuldigungen – zum Ausdruck. In seiner Zusammenfassung schrieb Teusch: »Wenn schon von Rom aus eine allgemeine Weisung an alle Seminarregenten und Spirituale erfolgen sollte, dann möge sie sein

o in der Sprache nüchtern (wie etwa die Zehn Thesen zum Zölibat von Kardinal Höffner);
o eingebaut in die Gesamterziehung zum guten Priester;
o eingehend auf die heute anstehenden Fragen (speziell auf den die Seminaristen von heute stark berührenden Einsatz in der sog. Horizontalen);
o in strittigen Punkten klar in der Weisung oder wenigstens in den Ratschlägen;
o das Ganze reduziert auf ein Fünftel des bisherigen Umfanges, unter Verzicht auf alle Deklamationen, die ja Seminarregenten und Spiritualen gegenüber unnötig und zudem unwirksam sind.«[15]

Die Vorlage Kardinal Garrones zeigte immerhin, dass man sich der Brisanz der Zölibatsthematik in der öffentlichen Diskussion bewusst war und sich über geeignete Wege der Hinführung zu dieser Lebensform Gedanken machte.

b) Die Vorbereitung der Bischofssynode 1971

Schon im Oktober 1970 war Kardinal Höffner im Vorfeld der Synode in Rom an einem Gespräch über die Situation der geistlichen Berufe beteiligt gewesen.[16] Am 13. November 1970 schrieb ihm Nuntius Bafile: »Vor einiger Zeit hatte ich die

---

[13] Lauter an Nettekoven, 20.3.1970: HAEK – Zug. 629/92 – 13.
[14] Höffner (handschriftlich) an Teusch, 10.6.1971: Ebd.
[15] Teusch an Höffner, 7.7.1971; Stellungnahme zum Direktorium bzw. Erziehung zum Zölibat: Ebd.
[16] Die Akten enthalten ein 7 Seiten umfassendes Papier Höffners: *Introductio in disceptationem de vocationibus ecclesiasticis*, datiert »Romae, 16.–17. Oct. 1970«: HAEK – NH 2727 (mit einer handschriftlichen Notiz »*Crisis identitatis*: Statusverlust«) und HAEK – Zug. 1089/00 – 39.

Ehre, Eure Eminenz zu fragen, ob Sie bereit wären, die führende Rolle einer Kommission zu übernehmen, die das Schema einer Urkunde über das Amtspriestertum für die nächste Versammlung der Bischofssynode vorbereiten soll. Ich habe Ihre Bereitschaft dem Heiligen Stuhl mitgeteilt, und der Heilige Vater ist Eurer Eminenz dafür sehr dankbar. Nun bittet mich der Generalsekretär der Bischofssynode, Ihnen mitzuteilen, dass diese Kommission zu einer 1. Sitzung in Rom vom 2. bis 5. Dezember d. J. einberufen ist.«[17]

Am gleichen Tag übersandte der Generalsekretär der Synode, Bischof Ladislaus Rubin, eine erste, von seinem Stab erarbeitete Fassung der *Lineamenta* für die Kommissionsberatungen.[18] An die Vorsitzenden der Bischofskonferenzen teilte Rubin am 8. Dezember 1970 die päpstliche Entscheidung über die Beratungsgegenstände der Synode mit:

1. Der priesterliche Dienst.
2. Die Gerechtigkeit in der Welt.

Außerdem – so der Wunsch des Papstes – solle ein Austausch de ›Lege fundamentali Ecclesiae‹ folgen.[19]

Inzwischen hatte Anfang Dezember die Kommissionssitzung in Rom stattgefunden. Bischof Rubin schaute am 11. Dezember dankbar zurück: »Sehr lebhaft bleibt in meinem Gedächtnis die angenehme Gestalt Eurer Eminenz, der so vortrefflich die Arbeiten unserer Kommission geleitet hat. Ich möchte Eurer Eminenz dafür im Namen des Sekretariats der Synode noch einmal den besten Dank ausdrücken.«[20]

Zu dem von Rubin übersandten Ergebnis der Sitzung, dem Text *de sacerdotio ministeriali*, bemerkte Kardinal Höffner in seiner Antwort: »Nach meinem Urteil gibt der Text die Meinung der Kommission richtig wieder. Es empfiehlt sich, bei der Überreichung des Textes [an den Papst] darauf hinzuweisen, dass der Entwurf als Arbeitsgrundlage für den *Synodus Episcoporum* gedacht ist, nicht als Entwurf eines an alle Priester zu richtenden Schreibens über das *sacerdotium ministeriale*. Da der Heilige Vater erklärt hat, dass der *Synodus Episcoporum* ausdrücklich die Frage des Zölibats beraten wird, könnte überlegt werden, ob dieser Teil ... nicht ausführlicher sein sollte.«[21]

Einen Monat später bestätigte Rubin die Überarbeitung des Textes im Sinne Höffners.[22]

Dieser wurde bei der Frühjahrs-Vollversammlung der Deutschen Bischofskonferenz in Bad Honnef Anfang März 1971 zum Mitglied der römischen Synode gewählt.[23] Die Konferenz beschloss auf Vorschlag Höffners »eine Sonderkommis-

---

[17] Bafile an Höffner, 13.11.1970: HAEK – NH 2727.
[18] Rubin an Höffner, 13.11.1970: Ebd.
[19] Hekt. Rundschreiben Rubin an die Vorsitzenden der Bischofskonferenzen (Döpfner): Ebd.
[20] Rubin (auf pers. Briefbogen) an Höffner, deutsch, 11.12.1970: Ebd.
[21] Höffner an Rubin, 23.12.1970: Ebd.
[22] Rubin an Höffner, 21.1.1971 (italienisch): Ebd.
[23] »Bestätigung« des Vorsitzenden der DBK für Rom vom 17.9.1971: Ebd.

sion zu bilden, die im Hinblick auf die römische Synode im Herbst 1971 Fragen des priesterlichen Amtes und des Priesterbildes berät und Vorschläge für die Deutsche Bischofskonferenz erarbeitet«.[24]

Einige Tage später erreichte die Vorsitzenden der Bischofskonferenzen der von Rubin bereits am 24. Februar 1971 versandte Text der *Lineamenta* in der endgültigen Fassung.[25] Man darf es als eine »konziliare Neuerung« betrachten, dass die Bischöfe von Rom aufgefordert wurden, die Priester ihrer Diözesen über die *Lineamenta* zu befragen und die Ergebnisse der Befragung durch die Bischofskonferenzen zu sammeln. Der stets praktisch denkende Höffner schlug dem Konferenzvorsitzenden Döpfner nach einer Sitzung des europäischen Bischofsrates vor:

»1. Das Schema ›*De sacerdotio ministeriali*‹ möge in die jeweilige Landessprache übersetzt werden ... und allen Priestern überreicht werden. Das gründliche Studium des Schemas wird für jeden Priester von persönlichem Nutzen sein.

2. Zur Meinungsbildung soll das Schema auf Diözesanebene in den einzelnen Dekanaten und im Priesterrat sowie auf der Ebene der Bischofskonferenz in der Priesterkommission (Kommission V) besprochen werden. Dabei könnte von der Bischofskonferenz ein Fragenkatalog vorgelegt werden.

3. Der Hl. Vater hat bestimmt, dass 24 Priester aus aller Welt als ›*Observatores*‹ am *Synodus Episcoporum* teilnehmen ...«[26]

Die deutsche Übersetzung der *Lineamenta* »Das priesterliche Dienstamt« lag Anfang April 1971 vor.[27] Die Sonderkommission der Bischofskonferenz trat am 17. April 1971 zur ersten Arbeitssitzung zusammen. Der damalige Vorsitzende der Deutschen Regentenkonferenz, Dr. Anton Arens (Trier), sandte im Vorfeld der Sitzung den Mitgliedern ein aus seinen eigenen Erfahrungen und Beobachtungen und Desiderata erstelltes Papier von 12 Seiten »Zur Behandlung der Priesterfrage auf der Synode 1971« zu.[28] Dieser Text dokumentiert die Spannungen, in denen die damals in der Priesterausbildung Verantwortlichen zwischen der Mentalität ihrer Kandidaten und den unveränderten Vorgaben der Kirche standen. Regens Dr. Arens befürwortete die Zulassung von in Ehe und Beruf bewährten

---

[24] Vollversammlung der Deutschen Bischofskonferenz Bad Honnef, 1. bis 4. März 1971, Vorlage: TOP V Priesterfragen (von Höffner am 8.2.1971 dem Sekretariat vorgelegt): HAEK – Zug. 1089/00 – 40.
[25] Rubin an Döpfner, 24.2.1971 (Eingangsstempel Erzb. Sekretariat München: 17.3.1971): HAEK – NH 2727.
[26] Höffner an Döpfner, 26.3.1971: HAEK – Zug. 1089/00 – 40.
[27] Höffners Handexemplar: Das priesterliche Dienstamt. Eine Arbeitsgrundlage für die Diskussion in der allgemeinen Bischofssynode, München 1971.
[28] Dr. Anton Arens an die Mitglieder und Berater der Kommission V der Deutschen Bischofskonferenz, Betr.: Sondersitzung in der Osterwoche, 8.4.1971: Die Beratung der Priesterfrage auf der Bischofssynode 1971: HAEK – Zug. 1089/00 – 40 – Anton Arens (1926–1993), Priesterweihe in Trier 1953, 1961 Dr. theol., 1964–1981 Regens des Priesterseminars in Trier, 1984 Domkapitular: M. Embach, in: H. Monz (Hrsg.), Trierer Biographisches Lexikon, Trier 2000, S. 7; E. Sauser, in: BBKL 18, 2001, Sp. 88f.; M. Persch, Der Diözesanklerus und die neuen pastoralen Laienberufe, in: B. Schneider/M. Persch (Hrsg.), Geschichte des Bistums Trier, Bd. 5, Trier 2005, S. 174–215, hier: S. 214.

Männern zur Priesterweihe. Um für seine Idee zu werben, hatte er eine verlockende, aber nicht unproblematische Argumentation: »Es wäre durchaus denkbar, dass das Ansehen des zölibatären Priesters gerade dann wieder gewinnt, wenn auch dem, der eine Ehe eingehen möchte, der Weg zum Priesteramt offen steht, und wenn man erfährt, wie sehr die Wirkmöglichkeiten des verheirateten Priesters durch Familie und Beruf faktisch doch eingeschränkt sind. Für das Berufsbild des zölibatären Priesters würden sich viel stärker als bisher missionarische Züge ergeben, so dass die Ehelosigkeit um des Himmelreiches willen neu begründbar wäre und so vielleicht gerade für besonders qualifizierte Kandidaten ein neuer Anreiz zu dieser Lebensform gegeben sein könnte.«

Die Sitzung der Sonderkommission der Bischofskonferenz am 17. April 1971 beschloss einen Musterbrief der Bischöfe an ihre Priester, dem die Übersetzung der *Lineamenta* beigelegt werden sollte. Die Rückläufe aus der Priesterschaft sollten in den Diözesen ausgewertet und die Auswertung bis zum 20. Juni 1971 dem Sekretariat der Bischofskonferenz zugeleitet werden.[29]

Kardinal Höffner sandte seinen Rundbrief an die Kölner Priester am 3. Mai ab.[30] Da schon die ersten Rückmeldungen erkennen ließen, dass die Frage der Zulassung von verheirateten Männern zur Priesterweihe breit gestellt, wenn auch unterschiedlich beantwortet wurde, erstellte der Kardinal am 5. Juni 1971 einen Text mit seiner später auch während der Synode vertretenen Auffassung unter dem Titel »Priesterweihe verheirateter Männer, die sich in Familie und Beruf bewährt haben«.[31]

Zunächst beschrieb Höffner den Diskussionsstand:

»*Erstens*: Der hohe Wert der priesterlichen Ehelosigkeit wird anerkannt.

Zweitens: Bewährte verheiratete Männer sollen zur Priesterweihe zugelassen werden.

Drittens: Die Dispensvollmacht soll dem einzelnen Bischof übertragen werden, der sie auf Grund einer Rahmenordnung der zuständigen Bischofskonferenz erteilt.«

Als seine Position in der Sache führte der Kardinal dann aus:

»1. *Die Zulassung verheirateter Männer zur Priesterweihe würde auch für die katholische Kirche das Ende des Zölibats bedeuten.*

Jede Ausnahmeregelung wirkt als Initialzündung ... Die Erfahrung wird zeigen, dass jede Lockerung des Zölibats – auch die Zulassung verheirateter Männer zur Priesterweihe – langsam aber sicher zum Verschwinden des ehelosen Priesters führen wird ...

2. *Die Zulassung verheirateter Männer zur Priesterweihe wird unter unseren Seminaristen eine große Verwirrung hervorrufen. ...*

---

[29] Sekretariat der DBK, Forster, an die Mitglieder der Deutschen Bischofskonferenz, 21.4.1971: HAEK – Zug. 1089/00 – 40.
[30] Höffner an die Priester des Erzbistums Köln, 3.5.1971: Ebd.
[31] HAEK – NH 2721 (samt hs. Skizze »Priesterweihe der *viri probati*«) und HAEK – Zug. 629/92 – 17.

1. Die Römische Bischofssynode 1971

3. *Wenn die einzelnen Bischofskonferenzen über die Zulassung verheirateter Männer zur Priesterweihe entscheiden können, wird eine vierfache Pression die Folge sein*:
   a) Pression der Öffentlichen Meinung auf die einzelne Bischofskonferenz, verheiratete Männer zur Priesterweihe zuzulassen,
   b) Pression auf die Nachbar-Bischofskonferenzen, wenn die Bischofskonferenz eines Landes die Zulassung ausgesprochen hat,
   c) Pression zur Ausweitung des Kreises der Zuzulassenden,
   d) Pression auf die Gesamtkirche (Papst), die Priesterehe allgemein zuzulassen.
4. *Das Institut des ständigen Diakonats verheirateter Männer wird zu Ende sein, bevor es kaum begonnen hat.*«

Im Anschluss an eine außerordentliche Vollversammlung der Bischofskonferenz vom 1. bis 3. Juni teilte Kardinal Höffner einer von dieser berufenen Arbeitsgruppe mit: »Die Vollversammlung der Deutschen Bischofskonferenz vom 1.–3. Juni 1971 hat eine Arbeitsgruppe gebildet, die der nächsten Vollversammlung (2.8.1971) den Entwurf einer Stellungnahme der Deutschen Bischofskonferenz zur Situationsanalyse (Das priesterliche Dienstamt, S. 5–9) vorlegen soll. Der Arbeitsgruppe gehören an: der Erzbischof von Köln (Federführung), Bischof Wittler, Bischof Brems und Weihbischof Moser sowie beratend Prälat Forster (P. Simmel) und Regens Arens.«[32]

Höffner lud zur ersten Sitzung am 29. Juni nach Frankfurt-St.Georgen ein. Bevor man zusammentrat, erhielt Höffner von Bischof Rubin die Nachricht, dass Paul VI. die Absicht habe, ihn – Höffner – zum *Relator* über die *Pars doctrinalis* der Vorlage über das priesterliche Dienstamt zu berufen.[33] Zur Hilfe bei der Vorbereitung dieser *Relatio* werde der Papst einen »Spezialsekretär« berufen. Der Text der *Relatio* solle dem Generalsekretär der Synode in den letzten Augusttagen übersandt werden. Als Spezialsekretär für Höffner wurde Msgr. Jorge Medina, Professor an der Katholischen Universität Santiago de Chile, Mitglied der Internationalen Theologenkommission, benannt, der Höffner schon aus früherer Zusammenarbeit gut bekannt war.[34]

Inzwischen hatte man in Köln die eingegangenen Stellungnahmen der Priester des Erzbistums zu den *Lineamenta* ausgewertet.[35] Es waren 31 Voten von Einzelpriestern, Dekanatskonferenzen und Priestergruppen. Die Auswertung kam

---
[32] Höffner an die Mitglieder der Sonderkommission, 9.6.1971: HAEK – Zug. 1089/00 – 40.
[33] Rubin an Höffner, 15.6.1971: HAEK – NH 2727.
[34] Jorge Arturo Medina Estévez (*1926), 1954 Priesterweihe in Santiago de Chile, 1962–1965 Peritus beim II. Vatikanischen Konzil, 1965–1984 Richter am Offizialat in Santiago und in der Leitung der Katholischen Universität Santiago de Chile, 1984 Titularbischof, 1987 Bischof von Rancagua, 1993–1996 Bischof von Valparaíso, 1998 Kardinal und Präfekt der Gottesdienstkongregation. Als Kardinalprotodiakon teilte Medina nach dem Konklave 2005 vom Balkon der Peterskirche dem Volk die Wahl Joseph Ratzingers zum Papst mit: Annuario Pontificio 2011, S. 67*.
[35] Schriftlich eingegangene Stellungnahmen von Priestern des Erzbistums Köln zur Arbeitsunterlage für die Diskussion in der allgemeinen Bischofssynode (2 Seiten), 19.6.1971: HAEK – Zug. 1089/00 – 40; dort auch die gesammelten Stellungnahmen.

zu dem Schluss: »Das Erzbistum Köln hat 1469 Bistumspriester. Demnach haben sich nur etwa 10 % der Priester zu dem römischen Papier geäußert. Die Stellungnahmen der Dekanate sind ausgewogen, die Einzelvoten nehmen in der Regel eindeutig für oder gegen die Grundtendenz des Papiers oder den Zölibat und die Weihe verheirateter Männer Stellung. 8 dieser Voten sprechen sich gegen das Papier aus, teils sehr emotional und polemisch. Die Mehrheit der Voten (13 von 21) bejaht die Grundtendenz.«

Doch auf die Mitarbeiter des Kölner Kardinals kam eine noch viel weiter reichende Aufgabe zu: Am 23. August 1971 übersandte Bischof Rubin den römischen Rücklauf der Bischofskonferenzen aus aller Welt – nicht nur zur Information – nach Köln.[36] Das Synodensekretariat Rubins war eine noch junge Einrichtung der Kurie ohne den für solche Großprojekte erforderlichen Mitarbeiterstab. Deshalb schrieb Rubin vier Tage später an Höffner: »Unser Sekretariat verfügt nicht über kompetente Leute, die diese Arbeit [der Auswertung] leisten könnten. Ew. Eminenz können deshalb einem Ihrer theologischen Mitarbeiter die Aufgabe übertragen, diese Analyse und diese Synthese der Einsendungen vorzunehmen.«[37]

Höffner antwortete Rubin am 6. September: »Ich habe einen meiner Mitarbeiter gebeten, eine Analyse und Synthese der Stellungnahmen anzufertigen, und hoffe, dass die Arbeit bald geleistet werden kann.«[38]

Der Kardinal beauftragte Professor Dr. Matthäus Bernards, den Dogmatiker seines Priesterseminars[39], der jedoch des Spanischen nicht mächtig war und deshalb Dr. Wilfried Paschen als Unterstützung erhielt. Beide haben innerhalb kurzer Zeit nicht nur sämtliche Einsendungen der Bischofskonferenzen aus aller Welt nach Rom durchgearbeitet und in kurzen Sätzen zusammengefasst, sondern die Ergebnisse auch in ein verständliches Latein für die Synodenväter übersetzt.[40]

Am brisantesten war das Ergebnis zu der Frage, ob verheiratete Männer unter bestimmten Voraussetzungen zur Priesterweihe zugelassen werden sollten. Das Ergebnis wurde in einer Tabelle festgehalten.[41] Es lautete: Von 40 Voten aus der Weltkirche stimmten 20 gegen die Zulassung von *viri probati*, 20 für die Zulas-

---

[36] Rubin an Höffner (italienisch), 23.8.1971: HAEK – NH 2727.
[37] Rubin an Höffner (italienisch), 27.8.1971: Ebd.
[38] Höffner an Rubin, 6.9.1971: HAEK – Zug. 1089/00 – 36.
[39] Matthäus Bernards (1912–1975), Priesterweihe 1938 in Köln, Promotion 1950, 1958–1975 Professor für Dogmatik am Kölner Priesterseminar: D. FROITZHEIM, Personalchronik, S. 56–62.
[40] Das Ergebnis sind ca. 25 Schreibmaschinenseiten, ohne Seitenzahlen: HAEK – Zug. 1089/00 – 36. – Am 4.9.1971 schrieb Höffners Sekretär Feldhoff an Paschen: »Die beiliegenden Stellungnahmen der Bischofskonferenzen spanischer und portugiesischer Zunge sende ich Dir mit der Bitte, den Heiligen Geist anzurufen, damit Du den Inhalt in deutscher Sprache wiedergeben kannst ... Professor Bernards arbeitet an einer Zusammenstellung der Texte aller Bischofskonferenzen der Welt, erklärte jedoch, dass er des Spanischen nicht mächtig sei.«
[41] *Vota Conferentiarum Episcopalium, quae admissionem virorum uxuratorum ad sacerdotium aut omnino reiciunt aut tantummodo sub certis conditionibus admittunt* (2 Seiten): HAEK – Zug. 1089/00 – 36.

sung, allerdings unter zum Teil erheblichen Einschränkungen (»jetzt nicht, später und im Falle der Notwendigkeit zu entscheiden«, »bei uns nicht, in anderen Regionen können verheiratete Männer zugelassen werden« ...).

Die beiden Kölner Bearbeiter stellten große Unterschiede in der Qualität der Voten und in der Art ihres Zustandekommens fest. Nach einer Datenangabe auf einer der zahlreichen, allerdings nicht nummerierten Seiten muss die Auswertung erst am 29. September 1971 – einen Tag vor Beginn der Bischofssynode in Rom – abgeschlossen gewesen sein.

Schon am 1. September hatte Höffner Rubin fast fristgerecht den lateinischen Text seiner *Relatio de parte doctrinali* übersandt. »Ich ... wäre Ihnen dankbar, wenn Sie ihn kritisch durchsehen könnten.«[42] Rubin dankte am 8. September, deutete allerdings seine durch die Belastungen der Vorbereitung bedingte Verhinderung einer sorgfältigen Prüfung an.[43]

Schon am 25. August 1971 hatte der Generalsekretär der Synode die Liste der Relatoren und ihrer Spezialsekretäre übersandt.[44] Höffner war zum Priesterschema als erster Relator für die *Pars doctrinalis*, Kardinal Enrique y Tarancon von Toledo für die *Pars practica* eingetragen. Für das Schema *De iustitia in mundo* sollte der Vorsitzende der philippinischen Bischofskonferenz, Erzbischof Alberto, Relator sein.

c) Kardinal Höffners Beitrag während der Synode

Die Römische Bischofssynode 1971 dauerte vom 30. September bis 6. November. Kardinal Höffners *Ralatio* zur *Pars doctrinalis* des Schemas über die Priester eröffnete die Verhandlungen der Synode am 1. Oktober. Anhand der Unterlagen in den Akten lassen sich alle Stadien der Erarbeitung dieser *Relatio* verfolgen.[45]

Höffner hatte sich auch für diesen Text von Matthäus Bernards zuarbeiten lassen. Der Text umfasste einleitende Vorbemerkungen, Einwände gegen die *pars doctrinalis* und dann zehn Positionen dogmatischer Art zum Priesteramt. Für die ersten Abschnitte liegt eine von Höffner selbst bearbeitete deutsche Übersetzung aus dem Planungsstadium vor, die hier zitiert werden soll.[46] Unter den »Vorbemerkungen« heißt es: »Es ist weder das Ziel der *pars doctrinalis*, Fragen über das Priestertum, die unter Theologen strittig sind (*quaestiones disputatas*) zu erörtern, noch ein neues, umfassendes Dokument über das priesterliche Amt vorzulegen, wie es das Zweite Vatikanische Konzil getan hat. Ziel und Aufgabe ist vielmehr, den Glauben der Kirche über das priesterliche Amt klar und eindeutig in einer

---

[42] Höffner an Rubin, 1.9.1971: HAEK – NH 2727.
[43] Rubin an Höffner, 8.9.1971 (italienisch): Ebd.
[44] *Relatores et Secretarii speciales qui collustrabunt argumenta in secundo Generali Coetu Episcoporum*, 25.8.1971: Ebd.
[45] Die Unterlagen sind gesammelt in: HAEK – NH 2718–2728 und in HAEK – Zug. 1089/00 – 36 – 39.
[46] HAEK – NH 2718.

kurzen Zusammenfassung darzustellen. Es gibt eine Lehre der Kirche über das priesterliche Amt. Die Kirche hat das Recht und die Pflicht, diese Lehre zu verkünden.«

Unter »Einzelfragen, auf die ausdrücklich hingewiesen werden muss« erwähnt Höffner:

»2. ... Es muss versucht werden, das allgemeine Priestertum der Gläubigen klar vom Amtspriestertum zu unterscheiden. Dabei muss beachtet werden, dass manche Theologen vom *Amt der Kirche* ausgehen, das von der Kirche selbst in viele Ämter aufgefächert werden müsse ...

4. Die Anerkennung des Geschichtlichen und der *maturatio structurarum Ecclesiae* darf nicht zum Wandel im Wesentlichen führen.

5. Es sollte darauf hingewiesen werden, dass die christologische Begründung des priesterlichen Amtes den Priester nicht von der Gemeinde isoliert.

6. Es muss gesagt werden, dass eine Eucharistiefeier ohne Priesterweihe nicht die ursprüngliche und vollständige Wirklichkeit, ›substantia des Eucharistiemysteriums‹ bewirkt (Dekret über den Ökumenismus 22).«

In den nächsten Tagen gingen verschiedene Synodenväter auf Höffners *Relatio* ein.[47] Kardinal Wojtiła von Krakau äußerte am 2. Oktober: »Für die weiteren Arbeiten der Bischofssynode können die 10 ›Sätze‹, die Kardinal Höffner in seiner *Relatio* vorgelegt hat, sehr hilfreich sein. Deshalb wird empfohlen, diese Sätze als Grundlage für die ganze weitere Arbeit zu nehmen.«[48]

Für das Ergebnis der Synode zum Priesterthema – die Beibehaltung des Zölibates – waren noch wichtiger als die *Relatio* die Wortmeldung des Kölner Kardinals am 10. Oktober innerhalb der Diskussion über den praktischen Teil der Vorlage, in der er »zehn kurze Sätze« vortrug.[49] In enger Anlehnung an die bereits am 5. Juni 1971 formulierten Aussagen vertrat Höffner z. B. seinen Zweifel an einem Wachstum der Priesterzahlen durch die Aufhebung des Zölibates. »Hier wird vorausgesetzt, was erst bewiesen werden müsste ... Niemand wird zum Zölibat gezwungen ... Niemand hat ein subjektives Recht auf die Priesterweihe ... Bei uns ... wird ein starker Druck gegen den Zölibat ausgeübt. Zwang ist aber die schlechteste Methode, ein Problem zu lösen.« Jede Ausnahme vom Zölibat wirke »als Initialzündung, so dass der Zölibat in kurzer Zeit entweder ganz verschwinden oder sich in die Klöster zurückziehen wird.«

Höffner wandte sich dann – wie schon am 5. Juni – gegen die Entscheidungsvollmacht der Bischofskonferenzen über die Zulassung verheirateter Männer zur Priesterweihe. Mit den gleichen Worten wie am 5. Juni schilderte er den vierfachen

---

[47] Die *Relatio* von Kardinal Höffner in den Voten der Väter (2 Seiten): HAEK – NH 2719 – Es werden 11 Synodenväter aufgezählt und in ihren Aussagen regestenartig referiert.

[48] Text auf Wojtiłas Briefbogen: HAEK – NH 2725 – Das Zitat ist hier der Aufstellung (s. vorige Anm.) entnommen.

[49] Deutscher Entwurf: HAEK – NH 2721; dort auch das lateinische, handschriftlich überarbeitete Redemanuskript Höffners – Druck: PEK Nachrichten aus Rom, Nummer R 2/15.10.1971: Zur Frage des Zölibats von Kardinal Joseph Höffner (HAEK – Zug. 629/92 – 13 und HAEK – NH 2721).

Druck, dem die Bischofskonferenzen dann ausgesetzt wären.[50] Neu brachte Höffner am 10. Oktober ein:

»IX. Obwohl heute viele das allgemeine Priestertum aller Gläubigen betonen, verhalten sie sich jedoch, wenn es um den Zölibat geht, so, als ob nur die Priester das Evangelium verkünden könnten. Gerade in der modernen säkularisierten Gesellschaft, in der viele Katholiken nicht mehr an der heiligen Messe teilnehmen, müssen alle Christen apostolisch wirken, zum Beispiel bei den Kollegen im Betrieb oder bei den Nachbarn in demselben Haus. Der Islam hat sich ohne Priester in Afrika ausgebreitet.«

Höffner hat sich noch häufiger in die Diskussion über das Priesterschema eingeschaltet, aber auch aufmerksam die Beiträge anderer Synodenväter verfolgt. Offenbar nach einem Beitrag eines Synodalen aus der Dritten Welt notierte er sich: »*Neo-Colonialismus theologicus: Philosphia idealistica et existentialistica Europae imponitur totae Ecclesiae catholicae.*«[51]

Zum wirklichen Austausch unter den Synodalen kam es weniger in der Aula als in den *circuli minores*, die zu verschiedenen Themen gebildet wurden und deren Ergebnisse in der Aula in zusammenfassenden Berichten vorgetragen wurden. Höffner selbst hatte eine solche Zusammenschau am Ende der Diskussion über den dogmatischen Teil der Priester-Vorlage nach Absprache im Synodenpräsidium gegeben.[52] Nach den Diskussionen über den praktischen Teil der Vorlage (Priesterlicher Dienst und priesterliches Leben) war es Kadinal Tarancon, der als *Relator* auch den Bericht über die Ergebnisse der *circuli minores* erstattete.

Im nach der Synode mit päpstlicher Genehmigung veröffentlichten endgültigen Text der Vorlage heißt es in Nr. 15: »Das in der lateinischen Kirche geltende Gesetz des priesterlichen Zölibats soll uneingeschränkt beibehalten werden.«[53]

Hans Urs von Balthasar[54] wie auch Bischof Klaus Hemmerle vermerken in einer Fußnote: »Ausgang der Abstimmung: 168 Ja-, 10 Neinstimmen. Für Verbesserung des Textes 21, Enthaltungen 3.« Dieses Ergebnis macht deutlich, welcher Stimmungswandel sich unter den Synodenvätern zwischen der Umfrage bei den Vorsitzenden der Bischofskonferenzen im Frühjahr 1971 und dem Ende der Diskussion in der Aula am 20. Oktober 1971 vollzogen hatte.

Bei der speziellen Abstimmung über eine Zulassung von *viri probati* zur Priesterweihe konnten die Synodalen ihre Entscheidung zwischen der Alternative:

---

[50] Vgl. oben S. 308f.
[51] Handschriftliche Notiz Höffners: HAEK – NH 2720.
[52] *Relatio post disceptationem de parte doctrinali habita* (von Höffner handschriftlich überarbeitetes Originalmanuskript): HAEK – NH 2720.
[53] H. U. von Balthasar (Hrsg.), Bischofssynode 1971. Das Priesteramt, Einsiedeln 1972, S. 76f., Deutsche Bischofskonferenz (Hrsg.), Römische Bischofssynode 1971, S. 64f.
[54] Hans Urs von Balthasar (1905–1988), 1929 Eintritt in den Jesuitenorden, 1940 Studentenseelsorger in Basel, 1949 Austritt aus dem Orden und Leiter des Säkularinstituts »Johannesgemeinschaft«, freier Schriftsteller und Seelsorger in Basel, wenige Tage vor seiner Erhebung zum Kardinal am 26.6.1988 in Basel verstorben: P. Henrici, in: LThK 1, ³1993, Sp. 1375–1378.

Völliger Ausschluss der Weihe von *viri probati* und Zustimmung zu einer Entscheidungsvollmacht des Papstes in dieser Frage treffen. Das Ergebnis war nicht ganz so eindeutig: 107 Väter wollten die Zulassung von *viri probati* zur Priesterweihe ganz ausschließen, 87 waren für eine päpstliche Entscheidungsvollmacht in dieser Frage offen (bei 2 Enthaltungen und 2 ungültigen Stimmen).

Die Diskussion über das Priester-Schema hatte die Bischofssynode vom 1. bis 20. Oktober 1971 beschäftigt. Für die zweite Vorlage über »Die Gerechtigkeit in der Welt« blieben die Tage vom 21. Oktober bis 6. November 1971. Das waren – abzüglich der Sonn- und Feiertage und der Synodenabschlussfeier – ganze 8 Arbeitstage.

Schon die Vorbereitung durch die *Lineamenta* stand unter keinem guten Stern. Im Vorfeld der außerordentlichen Vollversammlung der Deutschen Bischofskonferenz Anfang Juni 1971 teilte der Sekretär Forster den Mitgliedern mit: »Der Vorsitzende der Deutschen Bischofskonferenz und der Vorsitzende der Kommission für gesellschaftspolitische Fragen [Höffner] haben vereinbart, dass über diese Arbeitsunterlage wegen ihres späten Eintreffens nicht ausführlich verhandelt werden soll. Es sollen zunächst der Arbeitskreis für Entwicklung und Frieden, das Katholische Büro Bonn und das Zentralkomitee der Deutschen Katholiken um Stellungnahmen gebeten werden. Auf der Grundlage dieser Stellungnahmen soll die Kommission X den Entwurf einer Stellungnahme der Bischofskonferenz erarbeiten.«[55]

In Höffners Papieren findet sich seine Korrespondenz mit dem ZdK und dem »Katholischen Arbeitskreis für Entwicklung und Frieden« im Juni und Juli 1971 sowie der eigenhändige Entwurf von Höffners »Stellungnahme der Deutschen Bischofskonferenz zur Arbeitsunterlage des *Synodus Episcoporum De iustitia in mundo*«.[56] Höffners Text zeigt besonders eindrucksvoll seine Arbeitsweise in solchen Fällen: Er hatte die bei ihm eingegangenen Stellungnahmen kopiert, die Kopien zerschnitten und ihm geeignet erscheinende Abschnitte aufgeklebt, um dazwischen seine eigenen Überlegungen einzutragen, die hier von besonderem Interesse sind: »Die Deutsche Bischofskonferenz hat in ihrer Außerordentlichen Vollversammlung in Frankfurt/Main am 2.–3. VIII. 1971 wie folgt Stellung genommen:

A. *Allgemeine Beurteilung*
1. Die Arbeitsunterlage bringt in ihren wesentlichen Aussagen keine neuen Aspekte. In wichtigen Fragen bleibt sie hinter *Gaudium et spes, Mater et magistra, Pacem in terris* und *Populorum progressio* zurück ...
3. Die Arbeitsunterlage enthält formale Unzulänglichkeiten, insbesondere hinsichtlich des Sprachstils, der Verwendung von Texten der Hl. Schrift und der unterschiedslosen Zusammenstellung kirchlicher Lehraussagen ...

---

[55] Sekretariat der Deutschen Bischofskonferenz, Forster, an die Mitglieder der Bischofskonferenz, 27.5.1971, Betr.: Außerordentliche Vollversammlung vom 1. bis 3. Juni 1971 in Bad Honnef: HAEK – Zug. 1089/00 – 37.
[56] Ebd.

8. Zu den bisher genannten Punkten hat eine Sonderkommission im Auftrage der Deutschen Bischofskonferenz nähere Ausführungen erarbeitet, die als *Anlage* beigefügt sind.«
Unter »Besondere Hinweise« vermerkte Höffner:
»1. Das theologische Fundament des Entwurfs ist unklar und missverständlich, besonders hinsichtlich der beiden Begriffe Freiheit und Gerechtigkeit ...
2. Falsch verstanden werden könnte der besonders an die Jugend gerichtete Hinweis, dass die Anwendung von Gewalt rechtmäßig sein kann ...«
Höffners Stellungnahme bzw. der Entwurf für die Bischofskonferenz endete mit einer »Abschließenden Erklärung«: »Die Deutsche Bischofskonferenz ist der Meinung, dass die Bischofssynode kein neues soziales Rundschreiben erlassen, sondern *konkrete Vorschläge* für die Verwirklichung der Gerechtigkeit in der Welt machen soll. In dieser Hinsicht ist die Arbeitsunterlage nicht verabschiedungsreif.«
Für die Beratung in der Synode hatte Höffner seinen Schüler und Nachfolger auf dem Lehrstuhl in Münster, Wilhelm Weber, gebeten, sein Berater zu sein.[57] Am 13. Oktober 1971 bedankte sich Höffner für Webers Bereitschaft, diese Aufgabe zu übernehmen.[58] Höffner trug in Rom in gekürzter Fassung die Stellungnahme der Deutschen Bischofskonferenz zu dem vorliegenden Text vor.[59]

In der Einleitung zu dem von der Synode schließlich verabschiedeten Text über die Gerechtigkeit in der Welt, der mit Genehmigung des Papstes am 9. Dezember 1971 der Öffentlichkeit übergeben wurde, schreibt Wilhelm Weber: »[Die Synode] hat allen Beteiligten mit großer Deutlichkeit vor Augen geführt, wie schwierig und nahezu unmöglich es ist, in einer solchen Versammlung von Bischöfen aus aller Welt und vielen Kulturkreisen ein auch nur einigermaßen rundes und umfassendes Wort zu dem dornenvollen Problem der Gerechtigkeit in der Welt zu sagen ... Der am 9. Dezember 1971 vom Generalsekretär der römischen Bischofssynode, Bischof L. Rubin, der Öffentlichkeit übergebene Text verdient sicher nicht die beste Note. Er bleibt weit unter dem Niveau der großen sozialen Botschaften des letzten Jahrzehnts – die Enzykliken *Mater et magistra* (1961), *Pacem in terris* (1963), *Populorum progressio* (1967), die Pastoralkonstitution *Gaudium et spes* (1965) und das Apostolische Schreiben *Octogesima adveniens* (1971). Das wird von niemandem ernsthaft bestritten werden können.«[60] Weber versuchte dann, die vor der Synode gesammelten Voten aus der Weltkirche, den Diskussionsver-

---

[57] Wilhelm Weber (1925–1983), Studium der Philosophie und Theologie in Rom, der christlichen Sozialwissenschaften und der Nationalökonomie in Münster bei J. Höffner, 1964 Habilitation in Mainz und Nachfolger J. Höffners in Münster: A. RAUSCHER, in: LThK 10, ³2001, Sp. 995; zu Webers Studien in Münster und seiner Promotion: N. TRIPPEN, Höffner I, S. 350 (Reg.).
[58] Höffner an Weber, Rom, 13.10.1971: HAEK – Zug. 1089/00 – 37 (»Lieber Herr Kollege!«).
[59] Original Redemanuskript (handschriftlich von Höffner ergänzt und bearbeitet, ohne Datum): HAEK – NH 2728.
[60] W. WEBER, Einleitung zum Dokument: Gerechtigkeit in der Welt, in: SEKRETARIAT DER DBK (Hrsg.), Römische Bischofssynode 1971, S. 71f.

lauf während der Synode und das Abschlussdokument dennoch zu würdigen und positiv zu bewerten.

Zwei Tage nach Abschluss der Synode begann in Kloster Langwaden bei Grevenbroich die Herbstkonferenz der Dechanten des Erzbistums Köln. Höffner nutzte die Gelegenheit, um unter dem frischen Eindruck des von ihm Erlebten über die Synode zu berichten[61]: »Sie erwarten von mir einen ersten Rechenschaftsbericht über die eben abgeschlossene Römische Bischofssynode. Das ist wegen der unmittelbaren Nähe des Geschehens nicht leicht. Was ich Ihnen sage, hat deshalb weithin Erlebnischarakter.«

Höffner schilderte dann zunächst das menschlich-geistliche Klima während der Synode: »Die Diskussionen auf der Synode waren, auch in Gegenwart des Papstes, erfrischend offen, was übrigens nur deshalb möglich war, weil wir uns im tiefsten verstanden. In manchen praktischen Fragen zeigten sich Meinungsverschiedenheiten, die in der Bereitschaft, aufeinander zu hören, ausgetragen wurden und die Einheit der Synode nicht gefährdeten. Ich möchte mir deshalb die bittere Klage nicht zu eigen machen, die Gregor von Nazianz (330–390) im 4. Jahrhundert ausgesprochen hat: Wenn ich die Wahrheit sagen soll, ›so möchte ich am liebsten vor jeder Bischofsversammlung die Flucht ergreifen; denn ich habe noch auf keiner Synode ein erfreuliches und glückliches Ergebnis erlebt ... Nichts als Streit und Herrschsucht.‹«

Der Erzbischof ging dann auf die Ergebnisse der Synode ein: »Sie werden fragen, welche Ernte wir auf der Synode eingebracht haben. Der Heilige Vater hatte der Synode, die ja ihrem Auftrag gemäß den Papst beraten soll, zwei Fragen vorgelegt, die, wenn auch in verschiedener Weise, in die Mitte des Sendungsauftrags der Kirche reichen: die Frage nach dem priesterlichen Amt und die Frage nach der Gerechtigkeit in der Welt von heute. Bei den Beratungen über das priesterliche Amt sahen wir uns vor die Aufgabe gestellt, einerseits die Glaubenslehre der Kirche über das sakramentale Priestertum klar und unzweideutig zu verkünden und andererseits auf jene Sorgen und Fragen um Amt und Dienst des Priesters einzugehen, die nicht nur die Priester, sondern den Papst, die Bischöfe und alle Gläubigen heute bedrängen.«

Nach längeren Ausführungen über »Das priesterliche Amt im Glauben der Kirche« ging der Kardinal auf »Leben und Dienst des Priesters in der Welt von heute« ein. Dabei sagte er zum Thema Zölibat: »Die Frage nach der Weihe verheirateter Männer, die man den neuralgischen Punkt der Bischofssynode genannt hat, wurde einer besonderen Abstimmung unterworfen. Dabei hätte der Vorschlag, die Entscheidung den einzelnen Bischofskonferenzen zu überlassen, von vornherein keine Aussicht auf Annahme gehabt, weil damit eine Institutionalisie-

---

[61] Original-Manuskript für den Vortrag: Bericht über die Römische Bischofssynode von Kardinal Joseph Höffner (hs. Zusatz Höffners: Dechanten-Konf. Langwaden, 8.–10. Nov. 1971): HAEK – Zug. 1116/00 – 86; auch: HAEK – NH 2722; Druck: J. KARDINAL HÖFFNER, Die Bischofssynode in Rom, in: Aufgaben der Kirche an der Gesellschaft. Arbeitstagung der Dechanten des Erzbistums Köln vom 8. bis 10. November 1971 im Zisterzienserkloster Langwaden, S. 7–12.

rung der Weihe verheirateter Männer eingeführt worden wäre ... Die Meinung, im Mittelpunkt der Synode habe die Zölibatsfrage gestanden, ist falsch. Natürlich ist die Diskussion um den Zölibat nunmehr nicht beendet. Sie wird fortgesetzt werden und wahrscheinlich nie aus der Kirche verschwinden. Die Geschichte berichtet von Diskussionen um den Zölibat bereits im 4. und 5. Jahrhundert. Im 11. Jahrhundert, zur Zeit der gregorianischen Reform, wurde der Streit um den Zölibat heftig und emotional ›in breiter Öffentlichkeit‹ ausgetragen. Damals wurden die Haupteinwände formuliert, die ›von da an mit nur geringer Abwandlung immer wieder vorgetragen worden‹ sind. Im 16. Jahrhundert wandten sich die Reformatoren und Humanisten gegen die priesterliche Ehelosigkeit. Die Neuzeit kennt vier Vorstöße: Aufklärung, französische Revolution, Modernismus und die Nachkonzilszeit. Der heutige Kampf wird nicht der letzte sein. Denn die um Christi willen gelebte Ehelosigkeit wird niemals dem Ärgernis des Kreuzes entgehen und deshalb stets von der Welt nur schwer verstanden werden.«[62]

Wesentlich kürzer fiel Höffners Bericht zum Thema »Gerechtigkeit in der Welt von heute« aus.

Nachdem der Papst bereits am 24. November 1971 während einer Audienz das Schlussdokument der Synode »Der priesterliche Dienst« gutgeheißen hatte, dachte Kardinal Höffner an eine baldige Veröffentlichung und breite Streuung des Textes. In seinen Papieren findet sich ein Brief an Hans Urs von Balthasar vom 4. Januar 1972: »Ihre Übersetzung und Ihr Kommentar sind ausgezeichnet. Da fällt es mir schwer, eine Einleitung vorauszuschicken. Ich habe es dennoch versucht ... Dem Sekretariat der Bischofskonferenz habe ich wegen einer *einheitlichen* Ausgabe, die die Ihre sein sollte, geschrieben. Für die Erzdiözese Köln bestelle ich 2500 Exemplare. Es wäre sehr gut, wenn die Auslieferung noch im Januar erfolgen könnte.«[63]

Das Sekretariat der Bischofskonferenz ließ wenige Wochen später eine Veröffentlichung beider Synodendokumente im Paulinus-Verlag in Trier erscheinen. In dieser Ausgabe schrieb Bischof Hemmerle von Aachen die Einleitung zum Priesterdokument, Wilhelm Weber zu »Gerechtigkeit in der Welt«.[64]

2. Joseph Höffners Anteil an den weiteren Römischen Bischofssynoden bis 1985

Die Bischofssynode 1971 war in besonderem Maße von Kardinal Höffner mitgestaltet und geprägt. Deshalb musste ihr ein größerer Abschnitt gewidmet werden. Doch kann die Biographie Höffners nicht der Ort sein, eine Geschichte der Römischen Bischofssynoden in den 1970er und 1980er Jahren zu entfalten. Deshalb

---

[62] Höffner zitiert hier: B. Kötting, Diskussion um den Zölibat (Mskr.), Münster/W. 1971, S. 9ff.
[63] Höffner an H. U. v. Balthasar, 4.1.1972: HAEK – Zug. 1089/00 – 39.
[64] Sekretariat der DBK (Hrsg.), Römische Bischofssynode 1971.

sollen die weiteren Synoden, an denen Höffner bis 1985 teilnahm, nur summarisch, d. h. vor allem in Höffners persönlichen Anteilen, dargestellt werden.

a) Die Synode 1974 »Die Evangelisierung der heutigen Welt«

Bereits im ersten Halbjahr 1972 suchte man in Rom nach einem Thema für die nächste Bischofssynode 1974. Am 12. Juni 1972 schrieb Kardinal Döpfner als Vorsitzender der Deutschen Bischofskonferenz an deren Mitglieder: »Der Generalsekretär der Bischofssynode, Bischof Ladislaus Rubin, hat mich im Auftrag des Heiligen Vaters um Themenvorschläge für die nächste Bischofssynode gebeten. Es sollen Themen vorgeschlagen werden, die für die Gesamtkirche wichtig sind, jedoch nicht nur Themen, sondern auch besondere Gesichtspunkte, Argumente, aus denen die Bedeutung des Themas ersichtlich wird.«[65]

Für Kardinal Höffner bedurfte es keiner langen Überlegungen. Schon am 16. Juni schrieb er nach München: »Als Thema für die nächste Römische Bischofssynode schlage ich vor: Ehe und Familie, Sexualmoral. Auch das ›Consilium Synodi‹ hat auf seiner letzten Sitzung dieses Thema an die erste Stelle gerückt.«[66] Doch in Rom entschied man sich für das Thema »Die Evangelisierung der heutigen Welt« und legte 1973 in verschiedenen Weltsprachen eine »Handreichung für die Bischofskonferenzen«, die *Lineamenta*[67], vor.

In einer Zeit, als Befreiung der unterdrückten Völker vom Kolonialismus und »Entwicklungshilfe« zentrale, zum Teil ideologisch besetzte Themen waren, gaben dagegen allergische Männer der Kirche wie Bischofsvikar Josef Teusch in Köln zu dem gewählten Synodenthema ihre eigenen Vorgaben. Am 30. Juni 1973 hielt Teusch im Deutschlandfunk eine Ansprache unter dem Titel »Befreiung als Botschaft Christi und als Auftrag der Kirche«.[68] Teusch kam zu dem Schluss:

»1. Befreiung als Botschaft Christi und Aufgabe der Kirche ist die Befreiung von der Sünde und das Freimachen zur Gemeinschaft mit Gott.
2. Indem die Kirche den einen wahren Gott als einzigen Herrn verkündet, schiebt sie den ganzen ›Spuk‹ beiseite und bringt Befreiung von der ›Heidenangst‹. – Indem die Kirche vom Wort des Herrn her Würde und Wert jedes einzelnen Menschen und die Bruderschaft kündet, bringt sie Befreiung von Eigen- und Fremd-Geringschätzung und von engem Egoismus.
3. Wo die Kirche indirekt oder direkt entwicklungshelferisch tätig wird, trägt sie mit bei zu Befreiung von Armut, Unwissenheit und Ungerechtigkeit.«

---

[65] Döpfner an die Mitglieder der Deutschen Bischofskonferenz, 12.6.1972: HAEK – Zug. 1089/00 – 48.
[66] Höffner an Döpfner, 16.6.1972: Ebd.
[67] Die Bischofssynode – Die Evangelisierung der heutigen Welt (Eine Handreichung für die Bischofskonferenzen), Vatikanstadt 1973 (persönliches Exemplar Höffners): Ebd; ebenso: HAEK – NH 2709.
[68] J. TEUSCH, Befreiung als Botschaft Christi und als Auftrag der Kirche – Ansprache gehalten am 30. Juni 1973 im Deutschlandfunk, hrsg. vom Presseamt des Erzbistums Köln 1973.

2. Höffners Anteil an den weiteren Römischen Bischofssynoden bis 1985 319

Zu den *Lineamenta* merkte Teusch gegenüber Kardinal Höffner kritisch an: »Dieses Mal haben Sie mir ein Stück eigener Arbeit zur Stellungnahme gegeben. Es wird nicht nur ein Text dargeboten, sondern auf 23 Seiten häufen sich die Fragen[69], die beantwortet werden wollen. Die Fragen sind von unterschiedlicher Gewichtigkeit, einige von ihnen bedürften zur Beantwortung einer Abhandlung. Der Schwierigkeit und der Bedeutung der gestellten Aufgabe würde man wohl am ehesten gerecht werden, wenn sich jemand finden ließe, der sich wenigstens eine Woche von allem zurückzöge und sich nur mit dieser Handreichung beschäftigte.«[70]

Die Deutsche Bischofskonferenz bildete bei ihrer Herbstkonferenz 1973 in Fulda eine »Vorbereitende Kommission ›Bischofssynode 1974‹«[71] unter Vorsitz Kardinal Höffners, die am 16. Januar 1974 im Kölner Priesterseminar zusammentrat.[72] Höffner stellte der Kommission die Aufgabe, »der Deutschen Bischofskonferenz eine Stellungnahme zu dieser [römischen] Handreichung abzugeben, die auf der Vollversammlung der Bischofskonferenz Anfang März in Stuttgart[-Hohenheim] beraten und dann an das Sekretariat der Synode in Rom weitergeleitet wird«.

Die Kommission setzte sich dann vier Stunden lang mit dem römischen Text auseinander, teilweise durchaus kritisch, angefangen mit der Begriffsklärung, was man unter »Evangelisierung« zu verstehen habe. Verschiedene Professoren-Mitglieder der Kommission wurden um Ausarbeitung von Vorschlägen zu einzelnen Abschnitten für die Vollversammlung der Bischöfe gebeten, die P. Dr. Hans Waldenfels SJ zu einer gemeinsamen Fassung redigieren sollte. Am 17. Februar konnte Waldenfels Kardinal Höffner diese »Endredaktion« übersenden.[73] Höffner bedankte sich am 22. Februar für das »ausgezeichnete Manuskript«.[74] »Ich habe es sofort mit großer Zustimmung gelesen ... Der Text wird allen Bischöfen sofort zugeschickt, damit sie ihn noch vor der Vollversammlung (3. – 7. III. 1974) studieren können.«

In seiner Vorlage für die Bischofskonferenz in Stuttgart-Hohenheim[75] schilderte Höffner die Entstehungsgeschichte des Entwurfs von Waldenfels:

---

[69] In einer hs. Fußnote bemerkt Teusch: »57 Fragen, davon einige Doppel- und Mehr-Fragen.«; es handelt sich um das Begleitschreiben Teuschs zu einem 27seitigen Exposé Teuschs über die Lage von Kirche und Welt aus der skeptischen Sicht des Verfassers: HAEK – NH 2709: »Handreichung ›Evangelisierung‹ – Antwort auf Fragen«.
[70] Teusch an Höffer, 27.10.73: HAEK – Zug. 1089/00 – 48.
[71] Protokollauszug mit dem Beschluss (Nennung der Kommissionsmitglieder): HAEK – NH 2708.
[72] Protokoll (9 Seiten, Protokollführer: N. Feldhoff, von Höffner unterschrieben am 17.1.1974): HAEK – Zug. 1089/00 – 48; vorausgehende Korrespondenz, Mitgliederliste etc.: HAEK – NH 2708, dort auch ausführliche hs. Arbeitsunterlage Höffners zur Sitzung am 17.1.1974.
[73] Anschreiben Waldenfels an Höffner, 17.2.1974; Text: »Eingabe der Deutschen Bischofskonferenz an das Sekretariat der Römischen Bischofssynode: Die Evangelisierung der heutigen Welt«: Ebd.
[74] Höffner an Waldenfels, 22.2.1974 (Durchschlag): HAEK – Zug. 1089/00 – 48.
[75] Betr.: Stellungnahme zu den *Lineamenta* des Sekretariats der Römischen Bischofssynode, von Höffner unterzeichnet am 21.2.1974: Ebd.

»... 2. Die Vollversammlung [Fulda 1973] bat alle Mitglieder der Deutschen Bischofskonferenz, bis zum 1. November 1973 Stellungnahmen zu den *Lineamenta* an den Erzbischof von Köln zu schicken. Unter Berücksichtigung dieser Stellungnahmen sollte die Vorbereitungskommission einen Entwurf erarbeiten und der Frühjahrs-Vollversammlung vorlegen (Prot. Nr. 10).
3. Kein Mitglied der Deutschen Bischofskonferenz hat eine Stellungnahme zu den *Lineamenta* eingereicht. Es trafen jedoch – vor allem auf Veranlassung von Herrn Weihbischof Angerhausen – Stellungnahmen ein von Prälat Wissing, Bischofsvikar Teusch[76], P. Waldenfels SJ, P. Kuhl SVD, Professor Glazik, P. Dr. Wiedemann SJ, Dr. Schückler, Professor Willeke OFM.[77] Da keine Stellungnahmen der Mitglieder der Bischofskonferenz vorlagen, befand sich die Vorbereitungskommission in einer misslichen Lage. Die Meinung der Bischöfe war ihr nicht bekannt. Deshalb entschloss sich die Vorbereitungskommission, unter Berücksichtigung der von den oben genannten Experten eingereichten Stellungnahmen einen Entwurf zu erarbeiten, der zwar die *Lineamenta* zugrunde legt, im übrigen jedoch eine neue Ausarbeitung darstellt. Der Text liegt als Anlage bei.
4. Die Stellungnahmen der Bischofskonferenzen sollten bis zum 28.2.1974 beim Sekretariat der Römischen Bischofssynode eingereicht werden. Soll die Stellungnahme der Deutschen Bischofskonferenz bei den weiteren Vorbereitungsarbeiten des *Consilium Synodi* berücksichtigt werden, muss der Text auf der Frühjahrs-Vollversammlung am 3.–7. März 1974 verabschiedet werden.«
Diesem Antrag Kardinal Höffners hat die Vollversammlung in Stuttgart-Hohenheim entsprochen.[78]

Die Synode fand vom 30. September bis 29. Oktober 1974 in Rom statt. Wahrscheinlich hatte man weder in Rom noch unter den deutschen Bischöfen geahnt, welchen Sprengstoff das Synoden-Thema »Die Evangelisierung der heutigen Welt« enthielt. KNA berichtete am 4. Oktober von einer der ersten Sitzungen am 2. Oktober 1974: »Am Vortag [2. Oktober] hatte sich der zairische Kardinal Joseph Malula vor der Synode für eine entschiedenere Afrikanisierung der Kirche in Afrika eingesetzt. Diese Afrikanisierung dürfe sich nicht nur in den Riten der Liturgie auswirken, sondern müsse bereits bei der Ausbildung der Priester ansetzen, forderte Malula. Ein weiteres Thema, das bisher nur in Umschreibungen in der Synodenaula zur Sprache gekommen war, nannte Bischof Caesar Gatimu aus Kenia in derselben Sitzung beim Namen: Den vielen Hilfskräften der afrika-

---

[76] Das Votum Teuschs s. o. Anm. 69.
[77] Eine Übersicht über die bei Höffner eingegangenen Voten der genannten Verfasser von Geheimsekretär Feldhoff: HAEK – NH 2708.
[78] Protokoll der Vollversammlung der DBK vom 3.-7.3.1974 in Stuttgart-Hohenheim, S. 7f.: »Der Erzbischof von Köln erläutert den Entwurf einer Stellungnahme der DBK zu den *Lineamenta* der Bischofssynode. Der Entwurf wird von der Vollversammlung angenommen. Er soll nach Einarbeitung weiterer Modi der hinzugezogenen Experten an das Sekretariat der Bischofssynode geschickt werden.«

nischen Kirche im Laienstand wie auch den Ordensleuten, die mit der Betreuung ganzer Gemeinden betraut sind, sollte die Weihe gegeben werden.«[79]

Kardinal Höffner erstellte eine schriftliche Eingabe zum Thema »Evangelisierung und Befreiung«, die von seiner argumentativen Nähe zu seinem Bischofsvikar Teusch zeugt: »Wer von heutiger Evangelisierung spricht, darf nicht übersehen, dass es ein ›Anti-Evangelium‹ gibt, das propagandistisch und auch unter der Anwendung äußeren Druckes verbreitet wird. Dieses Anti-Evangelium verheißt allen Völkern ein kommunistisches irdisches Paradies, in dem es angeblich weder Armut noch Unterdrückung noch Unrecht gibt, sondern vollendete Freiheit, Brüderlichkeit, Gleichheit und Glückseligkeit für alle Menschen und für immer. Wirtschaftlich-technischer Optimismus und revolutionärer Messianismus reichen sich die Hand ... Frohbotschaft Christi entlarvt diesen Messianismus als säkularisierte, utopische Pseudo-Eschatologie. Nach christlicher Geschichtstheologie ist das Weltgeschehen keine unaufhörlich fortschreitende Emporentwicklung zu einem irdischen Paradies. Trotz aller Propheten aus dem Osten und dem Westen wird es zwischen der Himmelfahrt des Herrn und seiner Wiederkunft kein solches Paradies geben. Unsere Hoffnung ist Christus, von dem wir das ewige Leben, die ewige Zukunft, die ewige Jugend erwarten. Es ist eine unzerstörbare Hoffnung. Aber gerade diese Hoffnung auf das ›ganz Andere‹ ist für den gläubigen Christen der stärkste Antrieb, für die Gerechtigkeit und die Liebe unter den Menschen und unter den Völkern einzutreten.«[80]

In den Akten des Kardinals findet sich eine undatierte, sorgfältig ausformulierte handschriftliche Notiz, die seine bei der Synode vertiefte Einstellung zum Thema Evangelisierung festhielt: »Zahlreiche Bischöfe legten in der Synode dar, dass Evangelisierung keineswegs die Übernahme der abendländischen Zivilisation bedeutet. Die Kirche Christi ist nicht abendländisch und nicht gleichsam Eigentum der europäischen Völker oder der Weißen Rasse. ›Christus und die Kirche‹, so sagt das Konzil, ›überschreiten alle Besonderheit der Rasse oder der Nation und können deshalb von niemand und nirgendwo als fremd erachtet werden‹ (Missionsdekret 8). Die Kirche ist ›kraft ihrer Sendung und Natur an keine besondere Form menschlicher Kultur und an kein besonderes wirtschaftliches oder gesellschaftliches System gebunden‹ (G[audium et] S[pes] 42). Sie soll durch die jeweiligen Ortskirchen in allen Völkern und Kulturen Wurzeln schlagen. Indem sie in verschiedenen Kulturen Gestalt annimmt, empfängt sie als Braut Christi ›von vielfältiger Pracht umflossen‹ (Ps. 44,10) neuen Reichtum und Schmuck.«[81]

Wenige Tage nach Abschluss der Römischen Bischofssynode, am 1. November 1974, gab Kardinal Höffner im »Rheinischen Merkur« einen Rückblick auf die

---

[79] KNA, Aktueller Dienst Vatikan, Nr. 230/4.10.1974: HAEK – Zug. 1089/00 – 46.
[80] *Synodus Episcoporum, Assemblea Generale* – 1974, Presseinformation 15/b, I. Teil, 15.10.1974, Schriftliche Eingaben: HAEK – Zug. 1089/00 – 47.
[81] Handschriftlicher Text Höffners o. D.: HAEK – NH 2710.

Synode.⁸² Darin berichtete er aus seinen frischen Eindrücken: »Das Eigentliche, das viele Bischöfe, auch mich, überrascht hat, war nicht die in den westlichen Ländern hochgespielte Spannung zwischen ›Progressiven‹ und ›Konservativen‹, auch nicht die Auseinandersetzung mit den uns bedrängenden Fragen des Säkularismus, der religiösen Gleichgültigkeit und des Atheismus. Charakteristisch für diese Bischofssynode war vielmehr die erstaunliche Eigenständigkeit und das gesunde Selbstbewusstsein der Bischöfe aus der Dritten Welt, eine Erscheinung, die deutlich zeigt, dass sich auch in der Kirche eine allmähliche Verlagerung der Gewichte von Europa und Nordamerika nach dem Süden, nach Afrika, Asien und Latein-Amerika vollzieht ... Es hat mich nachdenklich gemacht, als mir ein Bischof der Dritten Welt sagte: ›Ihr seid in der alten christlichen Welt nicht nur durch Materialismus und Überfluss krank geworden, und ihr seid nicht nur durch den Säkularismus verunsichert, sondern ihr leidet auch im religiösen Bereich an euren eigenen Zweifeln und an einer selbstzerstörerischen Kritik.‹ Demgegenüber gewann ich den Eindruck, dass die meistens noch jungen Bischöfe der Dritten Welt voller Vitalität sind und mit großem Eifer nach dem Selbstverständnis ihrer Lokalkirchen suchen ...«

Höffner äußerte sich dann auch zum menschlich-geistigen Klima der Synode und zu ihren Ergebnissen: »Der Austausch der Meinungen geschah auf der Synode in großer Freiheit und Brüderlichkeit, aber auch in außergewöhnlicher Breite. Kein Wunder, dass es am Ende der Synode nicht glückte, den Reichtum der vorgetragenen Gedanken in ein Dokument zu fassen. Es wurde zwar der Versuch gemacht, aber die Bischöfe fanden sich im vorgelegten Text nicht wieder und lehnten ihn deshalb ab. Dennoch wäre es falsch, von einem Scheitern der Bischofssynode zu sprechen. Die Synode ließ sich nicht unter Leistungsdruck setzen. Sie endete nicht mit einer Resignation. Es wurde eine Botschaft an alle Priester und Gläubigen verabschiedet, die in reicher Fülle und großer Dichte das enthält, was die Synode bewegte. Auch wurden die während der Synode erstellten Texte mit einer Zusammenstellung der wichtigsten Themen dem Papst übergeben.«

Papst Paul VI. machte dieses Material ein Jahr später zur Ausgangsbasis für sein Apostolisches Schreiben *Evangelii nuntiandi* vom 8. Dezember 1975.⁸³

b) Die Synode 1977 »Die Katechese in unserer Zeit«

Die Römische Bischofssynode 1977 sollte die erste sein, an der Kardinal Höffner – ein Jahr nach seiner Wahl in dieses Amt – als Vorsitzender der Deutschen Bischofskonferenz und damit als »geborenes« Mitglied teilnahm. Die Vorbereitungen für die Synode fielen noch in die letzten Lebensjahre Kardinal Döpfners.

---

[82] J. Höffner, Einheit in der Vielfalt. Zum Abschluss der römischen Bischofssynode: Rheinischer Merkur Nr. 44, 1.11.1974: Ebd.
[83] Paul VI., Apostolisches Schreiben an den Episkopat, den Klerus und alle Gläubigen der Katholischen Kirche über die Evangelisierung der Welt von heute vom 8. Dezember 1975 mit Einführung und Kommentar von A. Brandenburg (= Nachkonziliare Dokumentation, Bd. 57), Trier 1976.

2. Höffners Anteil an den weiteren Römischen Bischofssynoden bis 1985 323

Schon bei der Sitzung des Ständigen Rates der DBK am 23. Juni 1975 wurde nach Aufforderung von Bischof Rubin über eine mögliche Thematik der Synode 1977 gesprochen. Rubin hatte mitgeteilt: »Im Rat der Bischofssynode wurden bisher vorgeschlagen: Jugend, Familie, Glaube und Lehramt, Katechese, objektive Normen der Moral. Das Thema soll möglichst mit dem Thema der letzten Bischofssynode ›Evangelisation‹ zusammenliegen.«[84] Die Entscheidung fiel in Rom für das Thema »Die Katechese in unserer Zeit«.

Im Auftrag von Kardinal Döpfner versandte Sekretär Homeyer am 20. April 1976 die aus Rom eingetroffenen *Lineamenta*. »Eine Stellungnahme der Deutschen Bischofskonferenz ist dazu bis 30. November dieses Jahres erbeten.«[85] Döpfner habe die Kommission für Erziehung und Schule um einen Entwurf für die Herbst-Vollversammlung gebeten. So lag ein Entwurf der Kommission in Fulda zur Beschlussfassung durch die Bischöfe vor.[86]

Im Juni 1977 übersandte Homeyer im Auftrage des neuen Vorsitzenden Höffner an die Bischöfe die »Vorlage für den Panorama-Bericht, den er als Vorsitzender der Deutschen Bischofskonferenz nach Rom geschickt hat«.[87] Die Vollversammlung in Fulda 1977 – wenige Tage vor der Synode in Rom – beriet erneut über den Stand der Vorbereitungen. Für die Stimmung unter den deutschen Bischöfen ist ein Brief bezeichnend, den der sonst Rom gegenüber stets loyale Höffner am 26. September 1977 an Nuntius Del Mestri schrieb: »Die KNA berichtete am 16. September 1977, dass Herr Professor Exeler[88] als Berater zur Römischen Bischofssynode berufen worden sei. Auf der Vollversammlung der Deutschen Bischofskonferenz in Fulda (19. bis 23. September 1977) haben mehrere Bischöfe mir gegenüber ihr Befremden darüber ausgesprochen, dass vor dieser Berufung weder die Bischofskonferenz noch ihr Vorsitzender befragt worden sind.«[89]

Gleich am ersten Arbeitstag der Synode, am 1. Oktober, ergriff Höffner in der Aula das Wort[90]:

»*Erstens*: In vielen Gegenden gibt es nicht wenige Jugendliche, die sich, auch wenn sie katholisch getauft sind, vom Glauben und von der Kirche distanziert haben, teils, weil sie die Kirche nicht interessiert, teils, weil sie einen Gegensatz

---

[84] 8. Sitzung des Ständigen Rates ... am 23. Juni 1975, Vorlage zu Top 0.1: Thematik der nächsten Bischofssynode: HAEK – Zug. 1089/00 – 49.
[85] Der Sekretär der DBK an die Bischöfe, 20.4.1976: Ebd.
[86] Vorlage zu Top VII.1 (1): Herbst-Vollversammlung der DBK vom 20.–23.9.1976 in Fulda: Die Katechese in unserer Zeit mit besonderer Berücksichtigung der Kinder- und Jugendkatechese – *Lineamenta* für die Bischofssynode 1977 in Rom, hier: Antwortentwurf: Ebd.
[87] Begleitbrief Homeyer an die Bischöfe, 24.6.1977 samt Höffner-Text: Ebd, ebenso: HAEK – NH 989.
[88] Adolf Exeler (1926–1983), 1951 Priesterweihe in Münster, ab 1965 Professor für Religionspädagogik und Pastoraltheologie in Freiburg, ab 1969 in Münster, 1970–1983 Vorsitzender des Deutschen Katechetenvereins: G. Bitter, in: LThK 3, ³1995, Sp. 1103f.
[89] Höffner an Nuntius Del Mestri, 26.9.1977 (Durchschlag): HAEK – Zug. 1089/00 – 49.
[90] Text der Synoden-Ansprache vom 1.10.1977: Presseamt des Erzbistums Köln, Dokumente 125/5.10.1977: Ebd.

zwischen Jesus und der Institution Kirche voraussetzen, teils, weil sie unter Berufung auf ihre Freiheit und Kreativität die Sittenlehre der Kirche, besonders in Fragen der geschlechtlichen Moral, ablehnen.

Zugleich stellt man jedoch fest, dass dieselben Jugendlichen leidenschaftlich mit der Frage nach dem letzten Sinn ihres Lebens ringen und dass sie bereit sind, schwere und harte Folgerungen aus der Beantwortung der Sinnfrage auf sich zu nehmen.

Auf diese Widersprüchlichkeit muss in der Jugendkatechese geachtet werden. Die Bischofssynode bietet für Bischöfe und Fachleute eine einmalige Gelegenheit, ihre Erfahrungen in dieser Frage auszutauschen, nach den Ursachen des widersprüchlichen Verhaltens zu forschen und nach Lösungen zu suchen.

Zweitens: Das allgemeine katechetische Direktorium vom Jahre 1971 macht darauf aufmerksam, dass sich die Jugendlichen heute von der Denk- und Lebensweise der älteren Generation viel weiter distanzieren als es in früheren Zeiten der Fall war. Ähnliches lässt sich auch im Bereich des Glaubens erkennen ...

Drittens: Alle, denen es obliegt, den Glauben an die junge Generation weiterzugeben ... müssen auf die Jugendlichen zugehen und sie dort abholen, wo sie sich befinden: In ihren konkreten Lebensverhältnissen, in ihrer Verwirrung und Bedrängnis, in ihrem Suchen und Ringen. Aber der Verkündiger des Glaubens wird nicht dort stehen bleiben und sich nicht dort niederlassen, wo die Jugendlichen sind, sondern er wird sie heimführen zu Jesus Christus und zur Kirche. Der Glaube ist nämlich eine Standortverlagerung des Menschen; der glaubende Mensch bleibt nicht dort stehen, wo er vorher war, sondern er bricht auf und kehrt heim zum Vater.

Die Jugendlichen sind nicht selten für Ideologien anfällig; aber es handelt sich nicht um die Ideologien der Jugendlichen selber, sondern der Erwachsenen, von denen die Jugendlichen indoktriniert werden. Der Glaube besitzt eine befreiende Kraft; er vermag alle Ideologien zu überwinden.

Viertens: Die Verkündigung des Glaubens muss *alle* Jugendlichen erreichen, auch die gleichgültig Gewordenen ...

Fünftens: Der Jugend liegt Kreativität und Aktivität, besonders wenn es gilt, Unrecht und Unterdrückung zu überwinden. Dieses Ringen steht durchaus mit den päpstlichen Sozialenzykliken ... sowie mit der Pastoralkonstitution des Zweiten Vatikanischen Konzils *Gaudium et Spes* in Einklang. Es ist deshalb dafür zu sorgen, dass in der Jugendkatechese auch die katholische Soziallehre besprochen wird.

Dabei wird den jungen Menschen klar werden, dass es zwischen Pfingsten und dem Jüngsten Tag kein Paradies auf Erden geben wird, trotz aller Propheten aus dem Osten und aus dem Westen ...«

Am 6. Oktober gab Höffner in Rom vor der Presse einen Bericht über den Beginn der Synode.[91] Er benannte zunächst »Erfreuliches« und nannte darunter die damals neu entwickelte »Gemeindekatechese«: »Die Gemeindekatechese, so

---

[91] Weltbischofssynode 1977 in Rom. Bericht des Erzbischofs von Köln, Kardinal Joseph Höffner, vor der Presse am 6. Oktober 1977: Presseamt des Erzbistums Köln, Dokumente 126/11.10.1977: HAEK – Zug. 1089/00 – 49 und HAEK – NH 980, dort auch hs. Stichworte und Originalmanuskript.

legten zahlreiche Bischöfe dar, muss in die Gesamtseelsorge eingefügt werden und auf die Familienkatechese und die schulische Katechese bezogen sein. Ein erfreulicher Aufbruch, an dem sich viele ehrenamtliche Mitarbeiterinnen und Mitarbeiter beteiligen, ist in zahlreichen Gemeinden unverkennbar. Die Gemeindekatechese hat nach Meinung der Bischöfe die Chance, besondere Bezugsgruppen anzusprechen, in denen die Teilnehmer gemeinsam ihren Glauben vertiefen und voreinander bezeugen können.«

Unter den bei der Synode zur Sprache gekommenen »Schwierigkeiten« im katechetischen Bereich nannte er: Säkularismus, Behinderung der Katechese durch atheistische Staaten, krisenhafte Züge in der Kirche: »Manche Religionsbücher seien keine Glaubensbücher, sondern ein horizontales Gemisch aus Psychologie und Soziologie. Unkirchliche Theorien führten zur Verunsicherung des Glaubens ... Nicht wenigen imponieren die Schlagwörter: ›Freiheit und Kreativität statt Ordnung und Stabilität!‹, ›Jesus und Intuition statt Kirche und Institution!‹, ›Orthopraxie statt Orthodoxie!‹. Die Versuchung zur Teilidentifikation mit der Kirche nimmt zu ...«

Seine eigene Frage »Was tun?« beantwortete Höffner vor der Presse mit den (erläuterten) Stichworten: Die Treue zur Botschaft Christi ... Den Menschen dort abholen, wo er steht ... Die rechte Methode: »Wer die Menschen dort abholt, wo sie stehen, wird die induktive Methode nicht vernachlässigen. Denn Glaubenserkenntnis ist ein Erkennen auf dem Weg über Zeichen. Der Glaube, der immer derselbe bleibt, muss in einer Weise seinen Ausdruck finden die anspricht ...«

Dass Höffner sich inzwischen ein hohes Ansehen im Weltepiskopat erworben hatte, machte am 27. Oktober 1977 eine Meldung des Kölner Presseamtes deutlich: »Der Erzbischof von Köln und Vorsitzende der Deutschen Bischofskonferenz, Kardinal Joseph Höffner, wurde von den Delegierten der Römischen Bischofssynode in den Bischofsrat gewählt. Aufgabe dieses Rates ist es, die Durchführung der Beschlüsse und Anregungen der bis Ende Oktober im Vatikan tagenden Bischofssynode zu überwachen und die nächste Vollversammlung der Synode in drei Jahren vorzubereiten.«[92]

Im Gegensatz zur Synode 1974 hatte sich die Synode 1977 an ihrem vorletzten Tag (28. Oktober) auf ein Schlussdokument, eine »Botschaft an das Volk Gottes«, verständigt, in der die wesentlichen Themen der Synode zum Bereich Katechese zusammengefasst waren. Kardinal Höffner ließ den Text noch im November 1977 im »Kirchlichen Anzeiger« veröffentlichen.[93] Aus dem Abstand von zwei Jahren ließ der Papst – inzwischen Johannes Paul II. – am 16. Oktober 1979 das Apostolische Schreiben *Catechesi tradendae* folgen.[94]

---

[92] Kardinal Höffner in Bischofsrat gewählt: Presseamt des Erzbistums Köln, Nachrichten 314/27.10.1977: Ebd.; KNA, Aktueller Dienst Vatikan, Nr. 248, 25.10.1977.
[93] Die Katechese in unserer Zeit unter besonderer Berücksichtigung der Kinder- und Jugendkatechese, Botschaft an das Volk Gottes, in: KA 117, 1977, Nr. 334, S. 406–414.
[94] Apostolisches Schreiben *Catechesi tradendae* Seiner Heiligkeit Papst Johannes Pauls II. über die Katechese in unserer Zeit 16. Oktober 1979, hrsg. v. Sekretariat der Deutschen Bischofskonferenz (= Verlautbarungen des Apostolischen Stuhls 12), Bonn 1979.

c) Die Synode 1980 »Die christliche Familie«

Schon am 1. Dezember 1977 begannen mit der Umfrage bei den Bischofskonferenzen nach Themenvorschlägen für die Bischofssynode 1980 die üblichen Vorbereitungen.[95] In Höffners Unterlagen finden sich erstmals auch Einladungen und Korrespondenz zu den Sitzungen des *Consilium Synodi* zur Vorbereitung der kommenden Synode.

Auf der Frühjahrs-Vollversammlung der deutschen Bischöfe in Ludwigshafen (13.–16.2.1978) folgten die Bischöfe dem Vorschlag ihres Ständigen Rates vom 16. Januar, »das Thema ›Ehe und Familie‹ (für die Bischofssynode) vorzuschlagen, das weltweit Schwierigkeiten bereitet und bereits von der Internationalen Theologenkommission bearbeitet worden ist.«[96] Im Beschlussvorschlag des Sekretärs vom 20. Januar 1978 heißt es ergänzend: »Damit sollten nach Meinung der deutschen Bischöfe die dogmatischen, moraltheologischen und pastoralen Aspekte von Ehe und Familie behandelt werden ... Nach Überzeugung der deutschen Bischöfe stehen Ehe und Familie in allen Ländern der Erde unter besonderen Belastungen und Herausforderungen, die von der Kirche eine Antwort verlangen. In der gesamten Pastoral dürften Ehe und Familie überall höchste Priorität zukommen.«[97]

Am 11. Juni 1979 konnte Sekretär Homeyer den Bischöfen die *Lineamenta* zusenden. »Herr Erzbischof Rubin bittet bis zum 1. Dezember d. J. um die Stellungnahme der Bischofskonferenz zu diesen *Lineamenta*, insbesondere zu den dort genannten Fragen.« Der Vorsitzende Höffner wolle bereits bei der Sitzung des Ständigen Rates am 18. Juni 1979 mit den Ordinarien darüber sprechen.[98]

Am 18. Juni wurde »eine ad-hoc-Arbeitsgruppe mit der Vorbereitung der Römischen Bischofssynode zum Thema ›Die Aufgaben der Familie‹ beauftragt.« Vorsitzender dieser Kommission war der Paderborner Weihbischof Paul Josef Cordes, Redaktor der Vorlage für die Herbst-Vollversammlung in Fulda (24.–28.9.1979) Prof. Dr. Karl Lehmann. In der Beschlussvorlage für den Ständigen Rat am 18. Juni 1979 hatte es geheißen: »Zur Vorbereitung der Römischen Bischofssynode zum Thema ›Die Aufgaben der Familie‹ und zur Weiterentwicklung der kirchlichen Ehe- und Familienarbeit auf Diözesan- und Bundesebene wird eine ad-hoc-Arbeitsgruppe eingesetzt. Ihr sollen neben Mitgliedern der Pastoralkommission je ein Mitglied der ›Glaubenskommission‹ und der ›Kommission für gesellschaftliche und sozial-caritative Fragen‹ an[gehören]. Mit der Federführung wird die Zentralstelle Pastoral beauftragt.«[99]

---

[95] Unterlagen und Korrespondenz: HAEK – Zug. 1089/00 – 50 sowie HAEK – NH 990, 966–972.
[96] Frühjahrs-Vollversammlung der DBK vom 13. bis 16.2.1978, Zu TOP 0.1: Vorschläge für die Thematik der 5. Bischofssynode, hier: Empfehlung des Ständigen Rates: HAEK – Zug. 1089/00 – 50.
[97] Ebd.
[98] Sekretär Homeyer an die deutschen Bischöfe; 11.6.1979: Ebd.
[99] Beschlussvorschlag für den Ständigen Rat am 18.6.1979 vom 5.6.1979: Ebd.

2. Höffners Anteil an den weiteren Römischen Bischofssynoden bis 1985   327

In Fulda konnte man die 1. Fassung des Entwurfs einer Stellungnahme der Deutschen Bischofskonferenz für Rom diskutieren. Danach gingen weitere Vorschläge im Sekretariat ein. Die 2. Fassung des Entwurfs konnte Homeyer am 5. November 1979 für die nächste Sitzung des Ständigen Rates am 12. November versenden.[100] Für die Qualität der römischen *Lineamenta* sowie deren Einschätzung durch die deutschen Bischöfe ist die Einleitung der 2. Fassung des Entwurfs einer Stellungnahme nach Rom bezeichnend: »Die ›Handreichung‹ [= *Lineamenta*] erfasst sowohl im Blick auf die Situationserhellung als auch in theologisch-pastoraler Sicht wohl alle Probleme und Fragen der heutigen Sicht der Familie. Man spürt, dass sehr viele Überlegungen und Bemühungen in dieses Dokument eingegangen sind. So ist es auch begreiflich, dass die Sorgen und Nöte vor allem der industrialisierten Länder berücksichtigt worden sind. Zweifellos werden die Berichte anderer Länder und Kontinente das Gesamtbild bereichern.

Auch wenn der Adressat des Dokuments nicht das Volk Gottes ist, sondern die jeweiligen Bischofskonferenzen angesprochen sind, so bleibt die sprachliche Darstellung nicht selten zu abstrakt. Die Situationsanalysen könnten noch differenzierter ausfallen und vor allem die einzelnen Motive für die Wandlungen der Familie schärfer beleuchten ... Dies könnte auch ein pastoraler Gewinn sein. Die Darstellung der Lehre ... entspricht nicht immer den pastoralen Erfordernissen unserer Zeit. Sonst würde man nicht einfach mit der Verantwortung des Lehramtes für die eheliche und familiäre Gemeinschaft beginnen ... Man müsste in dieser Frage doch mehr vom konkreten Menschen ausgehen. Die Verantwortung der Kirche wird den Menschen einsichtiger, wenn er ihre Sorge als einen echten Dienst an sich begreift ...«

Nach dieser pauschalen Einschätzung der *Lineamenta* verwundert es nicht, dass die Pastoralkommission weiter und konkreter dachte. In einer Vorlage für die Sitzung des Ständigen Rates am 28. April 1980 liest man: »Die Pastoralkommission hat sich am 4./5. Dezember 1979 und am 14. April 1980 mit der Vorbereitung der Bischofssynode beschäftigt. Sie schlägt dem Ständigen Rat zur weiteren Vorbereitung der Synode vor:

1. Vertreter der Institutionen und Verbände im Familienbereich zu einem Gespräch anlässlich der Sitzung der Pastoralkommission am 1. Juli 1980 in Fulda einzuladen.
2. Die gewählten Vertreter der Deutschen Bischofskonferenz bei der Bischofssynode werden gebeten, an diesem Gespräch teilzunehmen.
3. Darüber hinaus werden die Diözesanbischöfe gebeten, das unmittelbare Gespräch mit Ehepaaren und Familien sowie mit Beauftragten der verschiedenen Bereiche der kirchlichen Familienarbeit in den Diözesen zu suchen.«[101]

---

[100] Beschlussvorlage Homeyers an die Mitglieder des Ständigen Rates für die Sitzung am 12.11.1979, dazu Text des 2. Entwurfs: Ebd. sowie HAEK – NH 969.
[101] Vorlage zur Sitzung des Ständigen Rates am 28.4.1980: Römische Bischofssynode, hier: Gespräche mit Verantwortlichen der Familienarbeit: HAEK – Zug. 1089/00 – 50.

Die Unterlagen Kardinal Höffners verraten durch mancherlei – in Qualität und Tendenz unterschiedliche – Einzelzuschriften, dass das Synoden-Thema auch an der kirchlichen Basis diskutiert wurde. Am 14. September 1980, kurz vor der Herbst-Vollversammlung der deutschen Bischöfe und dem Beginn der Synode in Rom, schrieb ihm der hochangesehene und kirchlich engagierte Bonner Mediziner August Wilhelm von Eiff, der schon auf der Würzburger Synode zu den Ehezwecken und den Methoden der Empfängnisregelung Thesen vertreten hatte, die mit der Enzyklika *Humanae vitae* nicht in Einklang zu bringen waren: »Darf ich Ihnen die Kopie eines Vortrages schicken, den ich kürzlich dem Hl. Vater geschickt habe?«[102] Eine Veröffentlichung dieses Vortrages konnte nicht ausfindig gemacht werden. Doch hat von Eiff darin für die Bischofssynode seine bekannten Einstellungen formuliert, die er zwei Jahre später in den »Stimmen der Zeit« aktualisiert nochmals mit Berufung auf die Beschlüsse der Würzburger Synoden veröffentlichte.[103] Höffners Antwort zeugt vom hohen Respekt vor der Autorität von Eiffs, aber auch von dem Willen zur Klarstellung: »Für Ihren Brief vom 14. September und für Ihren Beitrag zur diesjährigen Bischofssynode danke ich Ihnen sehr. Wie Sie wissen, hat sich Papst Johannes Paul II. eindeutig – auch in der Frage der Methode – zur Enzyklika *Humanae vitae* bekannt. Ich hoffe, dass die Synode zu guten Ergebnissen gelangt. Dabei werden Ihre Ausführungen auch mir persönlich sehr wertvoll sein.«[104]

Über seinen eigenen Anteil an den Vorbereitungen der Synode 1980 und seine Erwartungen an sie äußerte sich der Kardinal wenige Tage vor Beginn in einem Interview für die Kölner Kirchenzeitung[105]: »Die letzte Römische Bischofssynode des Jahres 1977 hat einen Rat von 12 Bischöfen gewählt, die zu je drei Bischöfen aus den vier Erdteilen stammten. Zusammen mit dem damaligen Kardinal Woityła von Krakau, dem jetzigen Papst, und dem Erzbischof von Marseille wurde ich als einer der drei europäischen Vertreter in diesen Rat gewählt. Wir haben im Dezember 1978 Papst Johannes Paul II. mehrere Themen für die Römische Bischofssynode 1980 vorgeschlagen.[106] Der Papst wählte das Thema: ›Die Aufgaben der christlichen Familie in der Welt von heute‹. Daraufhin hat der Rat der Synode einen mit Erläuterungen versehenen Fragenkatalog erarbeitet und allen Bischofskonferenzen der Welt am 14. Mai 1979 zur Stellungnahme zugesandt ... Im Februar 1980 hat der Rat der Synode die Stellungnahmen der Bischofskonferenzen erörtert und ein Diskussionspapier [= *Instrumentum laboris*] erstellt, das

---

[102] A. W. von Eiff handschriftlich an Höffner, 14.9.1980: Ebd.; Text des nach Rom und an Höffner übersandten Referates: HAEK – NH 969.
[103] A. W. VON EIFF, Schutz des Lebens und personale Würde des Menschen als Grundlage der Geburtenkontrolle, in: STIMMEN DER ZEIT 200, 1982, S. 507–520.
[104] Höffner an von Eiff, 18.9.1980: HAEK – Zug. 1089/00 – 50.
[105] Höffners Korrespondenz mit dem Chef-Redakteur Hajo Goertz und maschinenschriftlicher Text »Interview über die Römische Bischofssynode für die Kirchenzeitung«: Ebd.
[106] Zu dieser ersten Begegnung zwischen dem *Consilium Synodi* und Johannes Paul II. liegt der hs. Entwurf Höffners zu einer Begrüßungsansprache an den Papst vor: HAEK – NH 990.

den inzwischen benannten Mitgliedern der Römischen Bischofssynode schon vor Monaten zugesandt worden ist. Dieses Papier ist kein Text, über den auf der Synode abgestimmt wird, sondern lediglich eine Anregung für die Beratungen der Synode ...«

Auf die Frage nach den sich abzeichnenden Tendenzen der Synode antwortete Kardinal Höffner: »Die Stellungnahmen der Bischofskonferenzen legen es nahe, dass die Römische Bischofssynode sich zunächst einen Überblick über die Lage der Familie in aller Welt verschaffen wird. Die soziale, wirtschaftliche, politische und kulturelle Dynamik hat sich nachhaltig auf die Familie ausgewirkt. Die Familie wird in weiten Teilen der Welt nicht nur von Hunger, Wohnungsnot, Arbeitslosigkeit, Mütterarbeit und dergleichen bedrängt. Auch die sittlichen Werte sind vielfach ins Wanken geraten. Die Berichte der Bischofskonferenzen weisen auf steigende Zahlen der Ehescheidung, der Abtreibung oder des Zusammenlebens ohne Trauschein hin. Jedoch ist die Lage keineswegs überall in der Welt gleich. Viele Bischofskonferenzen weisen auf ein neues Verständnis für die personale Liebe in der Ehe und auf erfolgreiche Bemühungen um die Anerkennung der Würde der Frau hin. Ohne Zweifel wird die Römische Bischofssynode nach der Erörterung der Lage der Familie die Frohe Botschaft Jesu Christi über Ehe und Familie verkündigen und sich mit heute brennenden Fragen der Familienpastoral befassen.«

An der Synoden-Diskussion hat sich Höffner 1980 mehrfach beteiligt. Bereits am 29. September meldete er sich zu Wort: »Bei der Analyse der Lage der Familie ist nicht nur die Veränderung der gesellschaftlichen Verhältnisse zu beachten. Von entscheidender Bedeutung ist der *Wandel im Denken*, das sog. ›moderne Bewusstsein‹.

1. Vieles wirkt sich *positiv* aus: Die Anerkennung der Würde der Frau, das Verständnis der Familie als ›Schule der Liebe‹, als Geflecht von Zuneigungen.
2. Drei moderne Ideologien sind familienschädlich:
   a) Die *maßlose Emanzipation*. Es gibt eine berechtigte Emanzipation. Verderblich ist es jedoch, wenn der Mensch alle Bindungen und jede Geborgenheit abwirft, die Sexualität hedonistisch versteht, Einheit und Unauflöslichkeit der Ehe ablehnt, die Abtreibung verherrlicht usw.
   b) Die Feindschaft gegen die *Institution*. An die Stelle der Institution der Ehe und Familie tritt der anonyme, von Funktionären beherrschte ›Apparat‹.
   c) Die Ideologie der schrankenlosen ›Staatstätigkeit‹, mit den Eingriffen in den Erziehungsauftrag der Familie.
3. Was tun? Drei Aufgaben:
   a) Verkündigung der Frohbotschaft von der Ehe und Familie, ›sei es gelegen, sei es ungelegen‹.
   b) Bildung von Zellen Gleichgesinnter.
   c) Hoffnung auf die innere Erneuerungskraft der Familie.«[107]

---

[107] Die Synodalen gaben bei ihrer Wortmeldung ein *Compendium interventionis in disceptatione* ab, das hier für Höffners Intervention am 29.9.1980 wiedergegeben ist: handschriftlich in HAEK – NH 972, dort auch der vollständige Text in hs. Entwurf und die deutsche Übersetzung in Maschinenschrift.

Schon zwei Tage später, am 1. Oktober 1980, meldete sich der Kölner Kardinal erneut zu Wort. Seine Themen waren dieses Mal die Empfängnisverhütung und die Nichtzulassung wiederverheirateter Geschiedener zu den Sakramenten.[108] Wiederum sei das kürzere *Compendium interventionis* zitiert:

»I. Die eheliche Liebe ist ein selbstloses Sich-Verschenken, das einen Wert in sich selbst hat und zugleich auf die ›Mitwirkung mit der Liebe des Schöpfers und Erlösers‹ ausgerichtet ist (GS 50). Daraus folgt, dass dieses Sich-Verschenken verdunkelt wird, wenn die Mitwirkung mit dem Schöpfer ausgeschlossen wird. Die Päpste Paul VI. und Johannes Paul II. handeln ihrem prophetischen Auftrag gemäß, wenn sie für die Würde des Menschen und gegen jede Manipulation eintreten.

II. Die Kirche schließt die wiederverheirateten Geschiedenen weder von ihrem fürsprechenden Gebet noch von ihrer pastoralen Sorge aus. Indem sie die Unauflöslichkeit der Ehe verkündet, handelt sie weder juridisch noch legalistisch, sondern gemäß dem Willen Gottes, kraft dessen die gültig geschlossene und durch die eheliche Hingabe vollzogene sakramentale Ehe unauflöslich ist. Über diesem Gebot Gottes kann nicht die sittliche Verpflichtung stehen, der zweiten Ehe die Treue zu halten. Dann wäre Gott in sich selber uneins. Der Wille Gottes ist nicht gegen sich selber aufrechenbar ...«[109]

Bei einem Pressegespräch mit den deutschen Synodenteilnehmern am 23. Oktober wurde das Ergebnis der Synode besprochen: »Einen Katalog mit insgesamt 50 Vorschlägen werden die Mitglieder der Welt-Bischofssynode zum Abschluss ihrer Beratungen am Wochenende dem Papst überreichen. Die über 200 Synodalen verbinden damit gleichzeitig die Bitte an Johannes Paul II., auf Grund dieser Vorschläge ein Apostolisches Schreiben zu erarbeiten ...«[110]

Am 15. Januar 1981 – einige Wochen nach Abschluss der Synode und dem Papstbesuch in Deutschland – schrieb Höffner den Priestern und Diakonen des Erzbistums Köln: »Der Heilige Vater hat während seines Pastoralbesuches in Deutschland Wesentliches über Ehe und Familie gesagt. Auch die Römische Bischofssynode hat sich im Oktober 1980 eingehend mit der Spiritualität und den Aufgaben der Ehe und Familie in der Welt von heute befasst ...

Kardinal Joseph Ratzinger, der Relator der Römischen Bischofssynode, hat eine ›Authentische Information über die Römische Bischofssynode‹ veröffentlicht, die ich meinem Brief beilege.

Ich selbst habe gegen Ende der Römischen Bischofssynode vor italienischen Priestern einen Vortrag über die Identität der christlichen Ehe und Familie gehalten. Den deutschen Text ›Nur Du – und Du für immer‹ füge ich bei.«[111]

---

[108] *Compendium interventionis* handschriftlich, Redemanuskript, maschinenschriftlich mit hs. Korrekturen Höffners: Ebd.
[109] Vgl. auch KNA Nr. 241 vom 15.10.1980: Ebd.
[110] Kardinal Höffner betont die Rolle der Ärzte bei Synode. Bischöfe überreichten 50 Vorschläge für Schreiben des Papstes: KNA Nr. 249, 24.10.1980 (HAEK – NH 969).
[111] Der Erzbischof von Köln an die Priester und Diakone im Erzbistum Köln, 15.1.1981; J. HÖFFNER, Nur Du – und Du für immer. Die Identität der christlichen Ehe und Familie, Köln 1980.

Kardinal Höffner wollte hinter den Anliegen der Synode 1980 und den Äußerungen des Papstes in Deutschland nicht zurückbleiben. Am 15. Februar 1981 ließ der Kardinal im »Amtsblatt des Erzbistums Köln« die »Botschaft der Welt-Bischofssynode an die christlichen Familien in der heutigen Welt« folgen.[112] Am 22. November 1981 veröffentlichte Papst Johannes Paul II. als Ergebnis der Synode das Apostolische Schreiben *Familiaris consortio*.[113]

d) Die Synode 1983 »Versöhnung und Buße im Sendungsbewusstsein der Kirche«

Bereits in der Herbst-Vollversammlung der Deutschen Bischofskonferenz 1980 – also noch vor Beginn der 1980er Synode – hatte man in Fulda weitergedacht: »Die Vollversammlung macht sich den Vorschlag zu eigen, in geeigneter Weise darum zu bitten, dass eine der nächsten Bischofssynoden sich mit dem Thema ›Ökumene‹ befasst.«[114] Dieser Wunsch war aus deutscher Perspektive verständlich: Zu den Eigenmächtigkeiten, die nicht wenige Priester und Laienvertreter in Deutschland mit Berufung auf den »Geist des Konzils« – oft ohne ausreichende Kenntnis der Konzilstexte – sich erlaubten, gehörten auch Grenzüberschreitungen im Bereich der Ökumene. Die deutschen Bischöfe mögen im Herbst 1980 gehofft haben, für das Ökumene-Thema Unterstützung bei den Bischöfen der USA, Kanadas, Australiens und anderer gemischt-konfessioneller Länder zu finden, die ähnliche Erfahrungen machten.

Doch nach der üblichen Themen-Wunsch-Anfrage des neuen Generalsekretärs der Bischofssynode, Erzbischof Josef Tomko, vom 24. November 1980[115] fiel in Rom für die Synode 1983 die Entscheidung zugunsten des Themas Versöhnung und Buße. Ein Jahr später, am 11. Januar 1982, versandte Tomko an die Vorsitzenden der Bischofskonferenzen die *Lineamenta* zum Thema »Versöhnung und Buße im Sendungsauftrag der Kirche« mit der Bitte um Stellungnahmen. Der Ständige Rat der DBK erbat auf seiner Sitzung am 25. Januar 1982 für diese Stellungnahme um eine Fristverlängerung bis zum 1. Oktober 1982.

Bei der Frühjahrs-Vollversammlung der deutschen Bischöfe in Freising (1.–4. März 1982) bestellten die Bischöfe eine besondere Arbeitsgruppe unter Vorsitz des Trierer Bischofs Hermann-Josef Spital, die aus einigen Weihbischöfen und Theologie-Professoren sowie Mitarbeitern der Zentralstelle Pastoral in Bonn bestand.[116] Wie Bischof Spital Kardinal Höffner am 10. Mai 1982 berichten musste,

---

[112] Liebe und Leben. Botschaft der Welt-Bischofssynode an die christlichen Familien der heutigen Welt: KA 121, 1981, Nr. 56, S. 51–53.

[113] Apostolisches Schreiben *Familiaris consortio* von Papst Johannes Pauls II. über die Aufgaben der christlichen Familie in der Welt von heute. 22. November 1981, hrsg. v. Sekretariat der Deutschen Bischofskonferenz (= Verlautbarungen des Apostolischen Stuhls 33), Bonn 1981.

[114] So referierte Sekretär Homeyer in einer Vorlage für die Sitzung des Ständigen Rates am 19. Januar 1981: HAEK – Zug. 1089/00 – 51.

[115] Ebd.; dort auch die nachfolgend zitierten Schriftstücke.

[116] Protokoll der Frühjahrs-Vollversammlung in Freising 1983, S. 7.

war diese Kommission am 23. April 1982 erstmals zusammengetreten und hatte sich nur mit Mühe auf einen 2. Sitzungstermin am 2. Juli verständigt. Eine Aussprache im Ständigen Rat über einen Entwurf für Rom komme erst am 30. August in Betracht.[117]

Zu dem von Abt Christian Schütz OSB (Schweiklberg) und dem Münsteraner Weihbischof Ludwig Averkamp erarbeiteten Entwurf einer Stellungnahme zu den römischen *Lineamenta* heißt es in einer Beschlussvorlage von Sekretär Homeyer für die Herbst-Vollversammlung 1983 in Fulda (20.–23. September): »Die Vollversammlung der Deutschen Bischofskonferenz berät den von der dafür berufenen Arbeitsgruppe ... unter Leitung des Bischofs von Trier erstellten Entwurf einer Stellungnahme der Deutschen Bischofskonferenz zu den *Lineamenta* ›Versöhnung und Buße im Sendungsauftrag der Kirche‹ für die Bischofssynode 1983. Die Vollversammlung nimmt den Entwurf an und bittet, ihn nach Rom weiterzuleiten.«[118]

Das *Instrumentum laboris* lag Anfang März 1983 vor und wurde vom Sekretariat der DBK in deutscher Übersetzung veröffentlicht.[119] Inzwischen hatte der Papst nach entsprechenden Rückmeldungen von Synodalen der Synode 1980 entschieden, dass statt der »Panorama-Berichte« der einzelnen Bischofskonferenzen über die Lage der Kirche in ihren Bereichen »zum Beginn der nächsten Bischofssynode ein Bericht vorgelegt werden soll über die Initiativen der Familienpastoral nach der Synode 1980 ...«[120] Dieser für Anfang Juni 1983 geforderte Bericht nach Rom konnte wegen der Sitzungstermine für Ständigen Rat und Pastoralkommission erst einen Monat später nach Rom gesandt werden. In der Vorlage Homeyers für die Sitzung des Ständigen Rates am 27. Juni 1983 heißt es: »Die Pastoralkommission hat einen Entwurf ihrer Unterkommission ›Familie‹ in der letzten Sitzung vom 11.–13. April ausführlich beraten und legt den überarbeiteten Text dem Ständigen Rat zur Verabschiedung vor ... Wie in der Vorbemerkung des Entwurfes erläutert, kam die Pastoralkommission zu der Meinung, dass die erbetene Darlegung der ›Initiativen im Anschluss an die Bischofssynode 80‹ im Zusammenhang mit Ehe- und Familienpastoral, wie sie seit vielen Jahren im Bereich der Deutschen Bischofskonferenz üblich ist, erfolgen soll. Ebenso sollen in der gebotenen Kürze die Probleme benannt werden, wie sie sich den pastoralen Bemühungen der Kirche in den deutschen Diözesen stellen.«

Darin war zwischen den Zeilen angedeutet, dass man auch ohne Anstoß der Römischen Synode 1980 sich in Deutschland längst mit den in Rom angestoßenen Problemen befasste. Angesichts der materiellen und personalen Ausstattung der

---

[117] Spital an Höffner, 10.5.1982: HAEK – Zug. 1089/00 – 51.
[118] Vorlage Homeyers für die Herbst-Vollversammlung der DBK vom 20.–23.9.1982 in Fulda: Ebd.
[119] Instrumentum laboris, hrsg. vom Sekretariat der Deutschen Bischofskonferenz (= Verlautbarungen des Apostolischen Stuhls 47) Bonn 1983.
[120] Vorlage Homeyers für die Sitzung des Ständigen Rates am 27. Juni 1983 vom 8.6.1983: HAEK – Zug. 1089/00 – 51.

Zentralstelle Pastoral in Bonn und der Seelsorgeämter in den meisten deutschen Diözesen war dies nicht mehr als recht, wenn man die Armut der Bischofskonferenzen und der Diözesen in der Dritten Welt zum Vergleich heranzog! Der Ständige Rat billigte am 27. Juni 1983 die Vorlage der Pastoralkommission, die umgehend nach Rom weitergeleitet werden sollte.

Es war ein ganzes Bündel nachkonziliarer, aber auch gesamtgesellschaftlicher Phänomene, die in den zurückliegenden 20 Jahren nach dem Konzil das Schuldbewusstsein der Menschen und die Bußpraxis der Katholiken hatten schwinden lassen. Die Bereitschaft zur persönlichen, sakramentalen Beichte war seit 1968 – nicht allein als Folge der Enzyklika *Humanae vitae* – eingebrochen. Eine Bestandsaufnahme hatte offenbar am Beginn der Synodenberatungen im Oktober 1983 gestanden.

Kardinal Höffner hat sich nach seinen persönlichen Unterlagen zweimal gleich zu Beginn in die Debatten der Synode eingeschaltet. Am 3. Oktober 1980 sagte er u. a.:

»*Erstens*: Die Spannungen und Spaltungen, die heute den Menschen, die Familie, die Gesellschaft, die Wirtschaft und die internationale Ordnung bedrängen, dürfen nicht ausschließlich aus europäischer Sicht beurteilt werden. Von den 800 Millionen Katholiken leben noch 270 Millionen in Europa, aber 300 Millionen in Lateinamerika und 130 Millionen in Afrika ... Gewiss, viele in sittlicher Hinsicht bedenkliche Bewegungen sind von Europa in alle Welt ausgegangen: Der Kolonialismus, der Säkularismus, der Konsumismus, eine maßlose Emanzipation ... Aber in der südlichen Hemisphäre, in der Dritten Welt, gibt es auch zahlreiche einheimische Probleme: mörderische Kämpfe zwischen den Stämmen, die oft unwürdige Stellung der Frau ...

Zweitens: Mit Recht wird die ständige Verminderung des Sündenbewusstseins beklagt. Diese Minderung dürfte auch damit zusammenhängen, dass bei vielen – auch bei Theologen – die Moralprinzipien verdunkelt sind. Manche haben ein gestörtes Verhältnis zur Metaphysik. Sie behaupten z. B., die sittlichen Normen seien menschliche Artefakte. Übertretungen der 2. Tafel der 10 Gebote seien keine in sich schlechten Handlungen. Ihre sittliche Qualität hänge von der Güterabwägung, d. h. von den voraussehbaren Folgen des Handelns ab.

Andere stehen unter dem Einfluss der Ideologien von Freud und Marx und erklären, dass das sittliche Verhalten des Menschen durch psychische oder gesellschaftliche Zwänge bestimmt werde ...

Drittens: Die Versöhnung mit Gott ist für den Christen der stärkste Antrieb zur Überwindung ungerechter Strukturen. Aber über die *Art und Weise*, wie gesellschaftliche Erneuerung zu verwirklichen ist, sind auch unter gläubigen Christen verschiedene Meinungen möglich ... Die Versöhnung mit Gott bringt nicht ohne weiteres eine konkrete Form gesellschaftlicher Versöhnung hervor. Bei der konkreten Gestaltung der gesellschaftlichen und wirtschaftlichen Verhältnisse ist eine legitime ›Autonomie der zeitlichen Dinge‹ anzuerkennen, um nochmals das II. Vaticanum zu zitieren (GS 36). – Im übrigen wird es zwischen Pfingsten und dem Jüngsten Tag keine paradiesischen Gesellschaftsverhältnisse geben, trotz aller Pseudo-Propheten aus dem Osten und dem Westen ...«[121]

Zwei Tage später, am 5. Oktober 1983, meldete sich Höffner erneut in der Synodenaula zu Wort. Dabei ging es ihm vor allem um die strukturelle Sünde in der alten Welt, im Kommunismus und in der Dritten Welt.[122]

Nach den ersten Synodentagen gab Kardinal Höffner am 6. Oktober 1983 in Rom eine Pressekonferenz, bei der er – aus seinen eigenen Voten der letzten Tage schöpfend – über die ersten Synodentage berichtete.[123]

Nach den Unterlagen des Kardinals zu urteilen, hat er sich am weiteren Verlauf der Synode nicht durch weitere ausführlichere Beiträge an der Diskussion beteiligt. Dass er dennoch engagiert am Geschehen der Synode teilgenommen hat, ergibt sich aus seinen zahlreichen, zum Teil ausführlichen Aufzeichnungen und durch seine Bereitschaft zu Interviews.[124]

Nach Abschluss der Synode gab er seinem Presseamt in Köln ein ausführliches Interview mit den frischen Eindrücken vom Gesamtgeschehen der Synode.[125] Darin sagte er: »Das Wort Sünde ist in der Tat heute für viele Menschen zu einem Fremdwort geworden. Es wird zwar kaum bestritten, dass der Mensch schuldig werden kann: Schuldig gegenüber einem anderen Menschen, schuldig gegenüber der Gesellschaft und ihrer rechtlichen Ordnung. Aber leidenschaftlich wehren sich nicht wenige dagegen, dass dieses Schuldigwerden Sünde sei ... Die Sünde ist in der Tat nur von Gott her zu begreifen. In ihr offenbart sich das widergöttliche ›Geheimnis der Bosheit‹ (2 Thess 2,7). Sünde ist Schuld vor Gott.« Auf die Frage danach, wie es zu diesem geschwächten Gespür für die Sünde gekommen sei, erwiderte Höffner:

»1. Das Gespür für die Sünde ist durch das weltanschaulich pluralistische, permissive, in seiner Grundtendenz säkularisierte Milieu der modernen Gesellschaft entscheidend geschwächt worden. Die öffentliche Meinung will die Sünde nicht mehr wahrhaben. Ist nicht die Sünde der Unzucht fast völlig ›hinwegdisputiert‹ worden?

2. Auch die emanzipatorische Betonung der persönlichen Autonomie hat die Einsicht in die Sünde verdunkelt. Nicht wenige verharmlosen die Sünde und hängen ihr allerhand Mäntelchen um: Die Sünde sei mangelhafte Selbstverwirklichung, Schwäche gegen das bessere Ich. Das biblische Bekenntnis: ›Ich habe gesündigt‹ sprechen viele nur noch nach einer überreichen Mahlzeit aus ...

---

[121] Versöhnung und Buße im Sendungsauftrag der Kirche. Stellungnahme des Kardinals Joseph Höffner in der Römischen Bischofssynode am 3. Oktober 1983 (Maschinenschrift): HAEK – NH 769.
[122] *Compendium interventionis* und handschriftliches, lateinisches Manuskript: Ebd.
[123] KNA Nr. 233 vom 7.10.1983: HAEK – Zug. 1089/00 – 51.
[124] In seinen Papieren findet sich eine handschriftliche Liste »Wortmeldungen, Presse-Konferenzen« mit 12 Terminen: HAEK – NH 769.
[125] Versöhnung und Buße im Sendungsauftrag der Kirche. Ein Interview nach Abschluss der Römischen Bischofssynode 1983 mit Kardinal Joseph Höffner, Erzbischof von Köln: Presseamt des Erzbistums Köln, Zeitfragen 23, Köln 1983.

2. Höffners Anteil an den weiteren Römischen Bischofssynoden bis 1985

In einem zweiten Komplex ging das Interview auf Gebot und Gewissen ein, wobei Höffner feststellte: »Im Bereich des Sittlichen herrscht heute eine verwirrende Vielfalt und Gegensätzlichkeit der Anschauungen. Es droht die Gefahr, dass der Mensch die gängige Öffentliche Meinung unkritisch übernimmt. Die Folge ist ein geschwächtes und verwirrtes Gewissen, das sich stumm und taub gegen den Anruf Gottes sperrt. Unser Gewissen bedarf der Führung und Formung. Es muss sich an Jesus Christus orientieren ...«

Höffner bekräftigte dann noch einmal mit Berufung auf die Synode von 1980 die Ehemoral der Kirche auf der Basis von *Humanae vitae*.

In den Jahren nach dem II. Vatikanischen Konzil waren in Deutschland und in anderen Ländern »Bußandachten« üblich geworden, an deren Ende nicht wenige Priester eine »Generalabsolution« ohne vorheriges persönliches Sündenbekenntnis erteilten. Höffner sagte dazu in seinem Interview: »Das Konzil von Trient lehrt, dass es zur Vergebung der schweren Sünde ›nach göttlichem Recht notwendig ist, im Bußsakrament alle Todsünden einzeln zu bekennen, deren man sich nach schuldiger und sorgfältiger Erforschung erinnert‹. Die Vollmacht zur Generalabsolution erteilt die Kirche nur für besondere Notlagen ... Es wäre ein Missbrauch, wenn die Generalabsolution mit der Begründung erteilt würde, die Gläubigen seien zur persönlichen Beichte nicht bereit.«

Wie nach den voraufgehenden Synoden veröffentlichte der Papst am 2. Dezember 1984 wie von den Syodenvätern erbeten in einem Apostolischen Schreiben *Reconciliatio et paenitentia* die Ergebnisse der 1983er Synode für die Weltkirche.[126]

e) Außerordentliche Bischofssynode 20 Jahre nach Abschluss des II. Vatikanischen Konzils 1985

Das Sekretariat der Bischofssynode hatte am 7. November 1983 die Vorsitzenden der Bischofskonferenzen noch um Vorschläge für die nächste ordentliche Bischofssynode gebeten, die für 1986 vorgesehen war. Die Frühjahrs-Vollversammlung 1984 der Deutschen Bischofskonferenz hatte daraufhin in Altötting (12.–15. März) noch Vorschläge gesammelt. »Die Vorschläge werden umgehend dem Sekretariat der Bischofssynode zugeleitet.«[127]

Doch ein Jahr später war die Entscheidung Papst Johannes Pauls II. gefallen, den 20. Jahrestag des Abschlusses des II. Vatikanischen Konzils zum Anlass einer Außerordentlichen Bischofssynode vom 24. November bis 8. Dezember 1985 zu

---

[126] Apostolisches Schreiben im Anschluss an die Bischofssynode Reconciliatio et paenitentia von Papst Johannes Paul II. an die Bischöfe, Priester und Diakone und an alle Gläubigen über Versöhnung und Buße in der Sendung der Kirche heute. 2. Dezember 1984, hrsg. v. Sekretariat der Deutschen Bischofskonferenz (= Verlautbarungen des Apostolischen Stuhls 60), Bonn 1985.
[127] Vorlage des Sekretariates der DBK für die Frühjahrs-Vollversammlung der Deutschen Bischofskonferenz vom 12.–15. März 1984 in Altötting: HAEK – Zug. 1089/00 – 52.

nehmen, zu der außer den Vorsitzenden der Bischofskonferenzen weitere Vertreter des Weltepiskopats durch den Papst eingeladen wurden.

Die Vorbereitung seitens der Deutschen Bischofskonferenz wurde auf einer Sitzung des Ständigen Rates am 29. April 1985 eingeleitet. Im Protokoll heißt es: »Zur Vorbereitung der außerordentlichen Bischofssynode 1985 beschließt der Ständige Rat die Einsetzung einer Arbeitsgruppe: Bischof von Essen [Hengsbach], Bischof von Mainz [Lehmann][128], Prof. Dr. Walter Kasper und Prof. Dr. Hermann J. Pottmeyer. Die Arbeitsgruppe wird gebeten, auf der Grundlage der vorliegenden Ausarbeitungen von Prof. Kasper und Prof. Pottmeyer und unter Berücksichtigung der vom Synodensekretariat übersandten Fragen eine kurze Stellungnahme zu erarbeiten, die bei der Sitzung des Ständigen Rates (58. Sitzung am 26. August 1985) verabschiedet werden kann, um sie dem Synodensekretariat zuzuleiten. Hinweise und Anregungen zu dieser kurzen Stellungnahme können an das Sekretariat [der DBK] bis zum 1. Juli gesandt werden.«[129]

Die Vorlage des Synodensekretariates in Rom[130] hatte die vier Konstitutionen des Konzils über die göttliche Offenbarung, über die Kirche, über die Kirche in der Welt von heute und über die Liturgie »zu den bedeutsamsten Dokumenten des II. Vatikanischen Ökumenischen Konzils« gezählt und dann gesagt: »In Anbetracht der kurzen Zeit, die bis zur nächsten Versammlung noch verbleibt, wird die Anregung ausgesprochen, dass bei der Prüfung des Zustandes der Kirche im Blick auf die Durchführung der Bestimmungen des Zweiten Vatikanischen Konzils diese zentrale Erkenntnis ... im Hinblick auf die Katholische Kirche nach innen und nach außen das Kriterium bilden soll, durch das alle Überlegungen zusammengefasst und bestimmt werden mit der Maßgabe, dass den oben genannten Konstitutionen das Hauptgewicht zukommt, jedoch auch diejenigen Probleme nicht ausgeschlossen werden sollen, die in den übrigen Dokumenten enthalten sind und denen im Leben der Teilkirche Bedeutsamkeit zukommt.«

Für die Beantwortung der angefügten Einzelfragen gab die römische Instruktion den Hinweis: »Bei der Erarbeitung der Antworten zu den Einzelfragen soll in der Weise vorgegangen werden, dass in allen Fällen dargelegt werden sollen sowohl die bereits erfolgten günstigen Auswirkungen als auch die Mängel und Schwierigkeiten bei der Ausführung der Bestimmungen des Konzils und schließlich die neuen Initiativen, die zu ihrer Verwirklichung ergriffen werden sollen.«

Wie vom Ständigen Rat am 29. April 1985 gefordert, lag am 26. August der Entwurf einer »Stellungnahme der Deutschen Bischofskonferenz zur Vorberei-

---

[128] Karl Lehmann (*1936) war 1983 als Nachfolger von Kardinal Hermann Volk zum Bischof von Mainz gewählt, ernannt und geweiht worden: F. JÜRGENSMEIER, in: E. GATZ (Hrsg.), Bischofslexikon 1945–2001, S. 361f.
[129] Protokollauszug: Vorlage des Sekretariates der DBK zur Sitzung des Ständigen Rates der DBK am 26. August 1985: Ebd.
[130] Deutsche Übersetzung mit Bearbeitungsspuren Höffners: HAEK – NH 958.

2. Höffners Anteil an den weiteren Römischen Bischofssynoden bis 1985 337

tung der Außerordentlichen Bischofssynode 1985« vor.[131] In der Vorlage für den Ständigen Rat hatte Bischof Lehmann zur Entstehungsgeschichte berichtet: »Herr Prof. Kasper, der inzwischen die Aufgabe eines Theologischen Sekretärs der Außerordentlichen Bischofssynode erhalten und angenommen hat, hatte ›Gesichtspunkte für die Außerordentliche Bischofssynode 1985‹ (10 Seiten) zur Verfügung gestellt. Von Herrn Prof. Pottmeyer lag ein Artikel aus den Stimmen der Zeit vor: ›Ist die Nachkonzilszeit zu Ende?‹[132] Schließlich lag der Arbeitsgruppe ein Vortrag von Herrn Kardinal Martini aus Mailand vor, den dieser Ende Mai 1985 vor der Italienischen Bischofskonferenz ... gehalten hat.«[133]

Die Diskussion der Ordinarien am 26. August ergab kleine Veränderungswünsche an der von Lehmann zusammengestellten Vorlage. Am 28. August konnte Lehmann den Mitgliedern der Deutschen Bischofskonferenz schreiben: »Die letzte, von mir selbst durchgeführte Überarbeitung umfasste folgende Aufgaben:
o Einarbeitung aller mündlich geäußerten Modi während der Sitzung des Ständigen Rates vom 26. August;
o Berücksichtigung aller Zuschriften von Bischöfen nach der Ausarbeitung des ersten Entwurfs ...
o Aufnahme der Anregungen der Mitglieder der von der Deutschen Bischofskonferenz eingesetzten Arbeitsgruppe (Bischof von Essen, Prof. H. J. Pottmeyer).
... Da ich alle Modi, gelegentlich mehr oder minder modifiziert, einarbeiten konnte, ergeben sich wohl keine Probleme mehr.«[134]

Kardinal Höffner kannte nicht nur die Strömungen und Tendenzen innerhalb der Deutschen Bischofskonferenz. Als Mitglied des *Consilium Synodi* in Rom erfuhr er auch von den Eingängen aus anderen Bischofskonferenzen der Weltkirche im Synodensekretariat. Das ist erkennbar in einem Artikel Höffners, den KNA am 9. Oktober 1985 veröffentlichte.[135] Darin heißt es: »Die Auswirkungen des II. Vatikanischen Konzils sind größer, als Papst und Bischöfe während des Konzils selbst ahnen konnten. Die Kirche bleibt zwar immer die eine und einzige Kirche, so dass es falsch wäre, von einer Vorkonzils- und Nachkonzils-Kirche zu sprechen. Aber Gott hat ein neues Blatt in der Geschichte seiner Kirche aufgeschlagen. Tore wurden aufgestoßen, die in Neuland führten. Die Kirche wurde sich ihrer weltweiten Dimension bewusst. Von den 840 Millionen Katholiken leben heute noch 270 Millionen in Europa, 70 Millionen in Nordamerika, die übrigen 500 Millionen in Lateinamerika, Afrika und Asien. Die Gewichte verla-

---

[131] Text (Vorlage des Sekretariates der DBK für die Sitzung des Ständigen Rates am 26.8.1985): HAEK – Zug. 1089/00 – 52.
[132] H. J. POTTMEYER, Ist die Nachkonzilszeit zu Ende?, in: STIMMEN DER ZEIT 203, 1985, S. 219–230.
[133] Vorlage Lehmann für den Ständigen Rat 26.8.1985: HAEK – Zug. 1089/00 – 52.
[134] Der Bischof von Mainz an die Mitglieder der DBK, 28.8.1985; vgl. auch Lehmann an Höffner, 28.8.1985: Ebd.
[135] J. HÖFFNER, Ein neues Blatt in der Geschichte der Kirche. Zwanzig Jahre nach dem II. Vatikanischen Konzil, in: KNA. Am Wege der Zeit, Nr. 4, 9.10.1985: Ebd.

gern sich immer mehr in die südliche Hemisphäre. Wahrscheinlich wird einer der nächsten Päpste kein Europäer mehr sein.

Die Beschlüsse eines Konzils sind auch früher schon nicht von heute auf morgen, sondern oft erst im Laufe vieler Jahrzehnte verwirklicht worden. So ist es auch beim II. Vatikanischen Konzil. Einige Beschlüsse haben eine überraschend schnelle und gute Aufnahme gefunden ... Andere Konzilsbeschlüsse, wie zum Beispiel die dogmatische Konstitution über die göttliche Offenbarung, sind in ihrer theologischen Tiefe vielfach noch nicht erfasst worden ...«

Höffner zog aus seinem Befund folgende Schlüsse: »Bei allem Erfreulichen, das das II. Vatikanische Konzil gebracht hat, lässt es sich nicht leugnen, dass auch schwere Krisen in die Kirche eingebrochen sind. Nach meiner festen Überzeugung ist die Misere der Kirche eigentlich keine Krise, die innerkirchlich aus dem Ringen um den rechten Glauben entstanden wäre, wie es etwa bei den christologischen und trinitarischen Auseinandersetzungen der ersten christlichen Jahrhunderte oder im Streit um die Ikonenverehrung oder in den Auseinandersetzungen um die Rechtfertigung zur Reformationszeit der Fall gewesen ist. Die gegenwärtige Krise der Kirche ist vielmehr weithin durch das Hereinholen der säkularisierten Welt in die Kirche, vor allem in der Form einer maßlosen Emanzipation, des Subjektivismus, des Horizontalismus, des Verharmlosens der Sünde zum ›abweichenden Verhalten‹ und des Kommunismus bedingt, wenn auch hinter diesem Verhalten ein gestörtes Verhältnis zu Gott steht ...

Zwanzig Jahre nach dem Ende des II. Vatikanischen Konzils sehe ich die katholische Kirche in Deutschland vor folgende Aufgaben gestellt:
1. Wahrung des Bestandes. Die Kirchenfernen werden nur dann zurückgewonnen werden können, wenn von den Kerngemeinden eine missionarische Kraft ausgeht.
2. Treue zur Sendung der Kirche ...
3. Gemeinschaften Gleichgesinnter bilden ...
4. Eine Zelle der Erneuerung sollte die katholische Familie sein ...
5. Kinder und Jugendliche sind die Zukunft der Kirche ...
6. Begeisterung ...
7. Umfassendes Apostolat ...«

Neben diesem zusammenhängenden Beitrag gab Höffner vor der Synode KNA auch noch ein ausführliches Interview.[136] Auf der Synode selbst ergriff Höffner gleich zu Beginn, am 26. November 1985, das Wort, um einen Bericht über die Lage der Kirche in Deutschland nach dem Konzil zu geben:

»I. *Erfreuliches*
1. Viele sind im Aufbruch zur Mitte der Kirche hin. Die Katholiken, die heute regelmäßig an der sonntäglichen Eucharistiefeier teilnehmen (etwa ein Drittel aller Katholiken), tun es nicht aus Gewohnheit, sondern aus Glauben und Entschiedenheit ...

---
[136] Textentwurf (10 Seiten): HAEK – NH 954.

2. Immer mehr Katholiken sind bereit, ihre Kraft und ihre Zeit *ehrenamtlich* in den Dienst der Kirche zu stellen, besonders in den Pfarrgemeinden und in den katholischen Verbänden und Gemeinschaften.
3. Die Erneuerung der Liturgie ist fast allgemein dankbar angenommen worden, was zu einer ›tätigen Teilnahme‹ der Gläubigen geführt hat ...
4. Besondere Impulse sind vom II. Vatikanischen Konzil im Blick auf die Weltkirche ausgegangen. Das Konzil hat den deutschen Katholiken das Bewusstsein brüderlicher Verbundenheit mit allen Teilkirchen in der ganzen Welt gestärkt und die Bereitschaft geweckt, den Kirchen in der Dritten Welt zu Hilfe zu kommen.

II. *Krisenhaftes*

Es lässt sich nicht leugnen, dass sich in der katholischen Kirche Deutschlands auch Krisenhaftes und Bedauerliches zeigt.
1. Durch den schweren Traditionsbruch Ende der sechziger und Anfang der siebziger Jahre sind bei vielen Katholiken die religiösen und sittlichen Überzeugungen und Verhaltensweisen verunsichert worden. Die Zahl der Kirchenbesucher ist gesunken. Der religiöse Indifferentismus greift um sich.
2. Das kritische Hinterfragen der Glaubens- und Sittenlehre der Kirche, das nicht selten in unverantwortlicher Weise geschah und von den Massenmedien häufig sehr oberflächlich aufgegriffen wurde, hat nicht wenige Gläubige verwirrt. Manche fragen traurig: ›War denn alles falsch, was wir bisher geglaubt haben?‹
3. Die Weitergabe des Glaubens von der älteren an die jüngere Generation ist gestört, teils weil viele Familien hier versagen, teils weil auch der Religionsunterricht und die Katechese in eine Krise geraten sind.
4. Durch die Auseinandersetzungen zwischen den sogenannten ›Progressiven‹ und ›Konservativen‹ wurde die missionarische Ausstrahlungskraft der Kirche geschwächt.
5. Nicht wenige Katholiken identifizieren sich nur zum Teil mit der Kirche und ihrer Lehre. Sie sagen: ›Ich glaube an das Wort Gottes, aber nur teilweise; ich bin katholisch, aber nicht ganz.‹ ...
6. Die Krise der Kirche ist nicht an erster Stelle eine Krise, die innerkirchlich aus dem Ringen um den rechten Glauben entstanden wäre ... Die gegenwärtige Krise der Kirche ist vielmehr weithin durch das Hereinholen der säkularisierten Welt in die Kirche ... bedingt ...
7. Die Krise zeigt sich auch darin, dass viele ihre Hoffnung auf die Änderung der Strukturen und Zuständigkeiten setzen, während die wahre Erneuerung der Kirche in der Bekehrung der Herzen und der Hinwendung zu Gott besteht. Man könnte mit Wilhelm Busch sagen: ›Die Strukturen sind anders, die Formen sind neu. Der alte Adam ist auch dabei.‹«[137]

---

[137] Handschriftlicher lat. Entwurf des Votums am 26.11.1985: HAEK – NH 955; Original-Redemanuskript mit hs. Bearbeitungsvermerken und deutsche Übersetzung: Ebd.

Höffner formulierte dann noch zusammenfassend die Erwartungen der deutschen Bischöfe an die Synode.

In Höffners Unterlagen findet sich wieder eine Liste, auf der er handschriftlich 17 »Interview-Bitten« zur Bischofssynode 1985 registrierte.[138] Er ließ sich überraschend bereitwillig auf solche Bitten ein, forderte allerdings von den Bittstellern, dass sie rechtzeitig vor dem Termin ihre beabsichtigten Fragen zur Verfügung stellten. So konnte er sich auf seine Aussagen vorbereiten und journalistische Oberflächlichkeiten vermeiden.[139]

Zu einer nicht in dieser Weise vorbereiteten Pressekonferenz stellten sich Kardinal Höffner und Prof. Kasper im Kolleg am *Campo Santo Teutonico* am 28. November 1985, als gerade die »Generaldebatte« der Synode zuende gegangen war.[140] Höffner stellte z. B. fest: »Alle Synodenväter danken Gott für das Konzil, aber auch Krisenhaftes kommt durchaus zur Sprache.« Der Kardinal gab dann kurze Informationen über den bisherigen Synodenverlauf. Die Journalisten waren ihrem Beruf entsprechend mehr an kritischen und pessimistischen Äußerungen in der Synodenaula interessiert. Doch Prof. Kasper, der im 2. Teil der Pressekonferenz Rede und Antwort stehen musste, bestätigte die Aussagen Höffners: »Alle Synodalen stimmten dem Konzil zu ... Dem naiven Optimismus und dem frustrierten Pessimismus vieler, die sich zu den Ereignissen äußerten, stellen wir den Realismus der christlichen Hoffnung gegenüber.«

Über das Katholische Büro in Bonn gelang es, die Kopie eines Berichtes der Deutschen Botschaft beim Heiligen Stuhl an das Auswärtige Amt vom 10. Dezember 1985 über die Bischofssynode zu erhalten.[141] Es ist davon auszugehen, dass der Geistliche Botschaftsrat – also ein »Insider« – Verfasser der »Rückschau und Bewertung« war. Dennoch ist die positive Bewertung der Synode in staatlichen Akten bemerkenswert: »Die Außerordentliche Bischofssynode, die der Papst einberufen hatte, um das II. Vatikanische Konzil zu feiern, seine Auswirkungen zu prüfen und die Verwirklichung weiter voranzutreiben, ist am 8. Dezember 1985 mit der Verabschiedung einer Botschaft und eines Schlussberichts zu Ende gegangen.

104 der 166 Synodenväter kamen aus den jungen Kirchen der Dritten Welt. Beim Konzil vor 20 Jahren kamen nur je 10% der Bischöfe aus Afrika und Asien (jetzt 23% bzw. 19%).

---

[138] »Interview-Bitten: Bi. Synode 85«: HAEK – NH 869.
[139] Nach dem Interview ließ er sich von dem Gesprächspartner das Manuskript der Sendung zusenden, z. B. Interview mit Norbert Kutschki vom Bayerischen Rundfunk am 4. Dezember 1985 (Sendung am 8.12.1985): HAEK – NH 968.
[140] Bericht im Osservatore Romano, Wochenausgabe in deutscher Sprache, 6.12.1985: HAEK – NH 869.
[141] Kopie: Botschaft der Bundesrepublik Deutschland beim Heiligen Stuhl an Auswärtiges Amt, 10.12.1985, Betr.: Außerordentliche Bischofssynode vom 24.11. bis 08.12.1985 in Rom, hier: Rückschau und Bewertung: HAEK – Zug. 1089/00 – 52.

2. Höffners Anteil an den weiteren Römischen Bischofssynoden bis 1985

Zu den deutschen Synodenmitgliedern gehörten die Kardinäle Höffner (Köln), Meisner (Berlin), Wetter (München und Freising), Volk (Mainz) sowie Ratzinger und Mayer[142] (als Präfekten einer römischen Kongregation). Sondersekretär war Prof. Walter Kasper aus Tübingen.

Nach fünftägiger Generaldebatte über die kirchliche Situation 20 Jahre nach dem II. Vatikanischen Konzil wurde die Arbeit in Sprachgruppen fortgesetzt. Das Ergebnis der Beratungen wurde in einem Schlussbericht zusammengefasst und mit Billigung des Papstes veröffentlicht ... Gleichzeitig mit dem Schlussbericht wurde eine ›Botschaft an alle Christen in der Welt‹ veröffentlicht, die den Menschen Zuversicht, Hoffnung und Trost in dieser von Ängsten geschüttelten Welt geben will. Alle Synodenbischöfe haben voll und ganz das II. Vatikanische Konzil bejaht, mit überwiegender Mehrheit sich für die Veröffentlichung der beiden Synodendokumente ausgesprochen und sich – entgegen vorausgegangener Pressestimmen hinsichtlich angeblicher Konflikte und Spaltungen innerhalb der Hierarchie – zur vollen kirchlichen Einheit untereinander und mit dem Papst bekannt. Die zweite Sondersynode ist ein Erfolg für Papst Johannes Paul II. Es bleibt jedoch die Frage offen, inwieweit auf Dauer die Einheit der Gläubigen gewahrt und langfristig das Schlussdokument der Synode in die Wirklichkeit umgesetzt werden kann.«

An der Jahreswende 1985/86 veröffentlichte das Sekretariat der Deutschen Bischofskonferenz das Schlussdokument der Synode und ihre Botschaft an die Christen der Welt.[143] Höffner stellte diesen Texten der Synode selbst in der Veröffentlichung durch sein Presseamt einen eigenen Bericht über die Außerordentliche Bischofssynode voran.[144] Er ist eine Dokumentation des systematisierenden Denkens und Schreibens des ehemaligen Universitätslehrers Höffner am Ende seines Lebens:

»*Erstens:* Ich habe die weltweite Dimension der Kirche erlebt. Seit fünfzehn Jahren habe ich an allen Römischen Bischofssynoden teilgenommen. Von Jahr zu Jahr trat die Katholizität der Kirche immer deutlicher in Erscheinung. Ich erlebte sie in der deutschen Sprachgruppe, zu der die Bischöfe aus Litauen (Sowjetunion), aus den nordischen Ländern, aus Korea, Polen, Holland und Österreich gehörten.

---

[142] Paul Augustin Mayer OSB (1911–2010), 1939–1966 Professor bzw. Rektor der Benediktinerhochschule S. Anselmo in Rom, maßgeblich an der Vorbereitung des II. Vatikanischen Konzils beteiligt, zumal am Dekret über die Priesterausbildung *Optatam totius*, 1966 Abt von Metten, 1968 Abtpräses des Benediktinerordens in Rom, 1972 Titularerzbischof, 1984 Pro-Präfekt, 1985 Präfekt der Gottesdienstkongregation und Kardinal: Annuario Pontificio 2010, S. 64*; vgl. auch N. Trippen, Frings II, S. 232 u. S. 286f.

[143] Schlussdokument der Außerordentlichen Bischofssynode 1985 und Botschaft an die Christen der Welt, hrsg. v. Sekretariat der Deutschen Bischofskonferenz (= Verlautbarungen des Apostolischen Stuhls 68), Bonn 1986.

[144] Kirche unter dem Wort Gottes feiert die Geheimnisse Christi zum Heile der Welt. Bericht des Erzbischofs von Köln Kardinal Joseph Höffner über die Außerordentliche Bischofssynode 25. November bis 8. Dezember 1985 – Als Dokumentation: Botschaft an alle Christen der Welt und das Schlussdokument der Synode: Presseamt des Erzbistums Köln, Zeitfragen 35, Köln 1986 (HAEK – Zug. 1089/00 – 52).

Zweitens: Es hat mich mit tiefer Freude erfüllt, dass die Bischöfe aus aller Welt sich einmütig und entschieden zur Einheit der Kirche bekannt haben. Das ist in einer durch Gegensätze und Widersprüche zerrissenen Welt nicht selbstverständlich ...
Drittens: Die Außerordentliche Bischofssynode war ein Bekenntnis zur Kollegialität. In seiner ersten Ansprache nach dem Konklave bat der Papst die Kardinäle um die ›affektive und effektive Kollegialität‹. Die Mitarbeiter des Papstes in den Römischen Kongregationen, Räten und Sekretariaten stammen aus allen Ländern der Welt. Es ist ein Ausdruck der Kollegialität, dass der Papst die Ortskirchen überall auf Erden besucht ...
Viertens: Inkulturation. Die Außerordentliche Bischofssynode war sich bewusst, dass die menschlichen und kulturellen Werte aller Völker ... bei der Verkündigung der Frohen Botschaft, das heißt in Predigt, Liturgie und Theologie zur Geltung kommen müssen. Nur auf diese Weise wird der christliche Glaube in den Völkern und Kulturen eingewurzelt ...
Fünftens: Die Außerordentliche Bischofssynode hat der Kirche und der Welt Mut zugesprochen. In den Wochen vor der Römischen Bischofssynode klangen in deutschen Zeitungen und Zeitschriften pessimistische Töne an ... Auf der Bischofssynode haben in den ersten fünf Tagen 136 Bischöfe das Wort ergriffen. Es hat mich beeindruckt, dass alle Bischöfe Hoffnung und Mut ausstrahlten. Weder der Pessimismus noch der Optimismus sind christliche Haltungen. Die Grundhaltung des Christen ist die Hoffnung ...
Sechstens: Aufbruch zur Mitte. Im Mittelpunkt der Beratungen ... stand das Geheimnis der Kirche. In den vergangenen zwanzig Jahren ist die Kirche als Volk Gottes von nicht wenigen allzu soziologisch verstanden worden. Man rückte zu einseitig die Bildung von Gremien und Ausschüssen in den Vordergrund und setzte übertriebene Hoffnungen auf die Demokratisierung der Kirche. Zur religiösen Wiedergesundung ist das umfassende Verständnis der Kirche, wie es sich in der Konzilskonstitution *Lumen gentium* findet, notwendige Voraussetzung ...«

Höffner ging dann – ebenso in Punkten gegliedert – auf die Anregungen der Synode ein, über die vor allem in den *circuli minores* diskutiert worden war.

Joseph Höffner konnte nicht ahnen, dass die Sondersynode 1985 seine letzte Römische Bischofssynode war. Die auf 1987 angesetzte nächste Ordentliche Synode hat er nur noch in den Anfängen der Vorbereitung mitgestaltet.

3. Kardinal Höffner als Mitglied der Päpstlichen Kommission für die Revision des CIC ab 1980

Schon bei der Ankündigung des II. Vatikanischen Konzils am 25. Januar 1959 hatte Papst Johannes XXIII. neben einer Römischen Diözesansynode auch die Revision des CIC angekündigt. Am 26. März 1963 hatte er dazu eine Kommission von 30 Kardinälen eingesetzt. Paul VI. berief am 17. April 1964 erstmals Konsultoren, also kanonistische Fachleute, für diese Kardinalskommission. Doch während der Konzilsjahre konnte diese Kommission ihre Arbeit nicht aufnehmen. Kurz vor Abschluss des Konzils, am 20. November 1965, »eröffnete Papst Paul VI. ... mit der bedeutenden, richtungweisenden Ansprache über die Prinzipien und Kriterien der CIC-Reform ... die Arbeit der CIC-Reformkommission.«[145]

Heribert Schmitz hat die dann einsetzende Entstehungsgeschichte des neuen CIC in aller Kürze beschrieben:
1. Phase: Erarbeitung von Einzelentwürfen (1965–1977)
2. Phase: Konsultationsphase (1972–1980). Die Bischofskonferenzen, Kurienbehörden, katholischen Universitäten und Fakultäten und die Ordensoberen konnten Stellung nehmen.
3. Phase: Revisionsphase (Juni 1980–April 1982). Die von Papst Paul VI. um 18 Kardinäle und 18 Bischöfe erweiterte Revisionskommission sichtete die Entwürfe und gab am 16. Juli 1981 eine *Relatio* ab. Die erweiterte Revisionskommission versammelte sich vom 20. bis 29. Oktober 1981 zu einer Plenarversammlung. Deren Ergebnisse wurden dann in das Schema für einen CIC eingearbeitet, das zudem noch einer stilistischen Überarbeitung bedurfte, ehe es dem Papst am 22. April 1982 übergeben werden konnte.

In einer 4. Phase wurde eine letzte sorgfältige Überarbeitung vorgenommen, »in die der Papst sich persönlich eingeschaltet hat und in der noch wichtige Sachentscheidungen (*potestas sacra*) getroffen worden sind ... Sogar die wirkliche Endredaktion ... hat Sachentscheidungen getroffen (Eliminierung des Militärordinariates aus dem CIC).«[146] Am 25. Januar 1983 setzte Papst Johannes Paul II. mit Wirkung vom 1. Adventssonntag 1983 (27. November 1983) durch die Apostolische Konstitution *Sacrae Disciplinae Leges* das neue Gesetzbuch in Kraft.

Mit den Arbeiten am neuen CIC kam Kardinal Höffner erstmals als Mitglied der Deutschen Bischofskonferenz in der Konsultationsphase ab 1972 in Berührung. Zwei umfangreiche Aktenordner mit römischen Vorlagen samt Bearbeitungsspuren Höffners in seinen Akten[147] verraten, dass er sich in die Materie einarbeitete. Da er kein Kanonist war, bat er seinen Offizial Prof. Heinrich Flatten oder auch den Leiter der kirchenrechtlichen Abteilung seines Generalvikariates Heinrich Barlage häufiger um Stellungnahmen. In der Bischofskonferenz bildete man eine Sonderkommission unter Leitung des Kanonisten Oskar Saier, zunächst bis 1978 Weihbischof, dann Erzbischof von Freiburg[148].

---

[145] H. SCHMITZ, Die Revision des CIC, in: J. LISTL/H. MÜLLER/ H. SCHMITZ (Hrsg.), Handbuch des katholischen Kirchenrechts 1983, S. 38–40, hier: S. 38 – Die nachfolgende Darstellung folgt den Angaben von H. SCHMITZ.
[146] Aus einem Brief von Prof. Dr. Winfried Aymans an den Verfasser, 20.9.2011. – Herrn Kollegen Aymans sei für die Durchsicht dieses Abschnitts und einzelne Korrekturen aufrichtig gedankt.
[147] HAEK – Zug. 1089/00 – 55 u. 56.
[148] Oskar Saier (1932–2008), 1957 Priesterweihe in Freiburg, 1970 Promotion zum Dr. jur. can. bei Klaus Mörsdorf in München und Regens des Freiburger Priesterseminars, 1972 Weihbischof, 1978–

In der römischen Revisionskommission war Deutschland zunächst gut vertreten durch die drei Kardinäle Frings, Döpfner und Bengsch. Doch nachdem alle drei zwischen 1976 und 1979 verstorben waren, merkte man in Rom, dass die Stimme des deutschen Episkopats in der Revisionskommission fehlte. Am 16. Juli 1980 übersandte der Vorsitzende der Kommission, Kardinal Pericle Felici[149], Höffner das Schema des neuen Codex. Der Papst – so teilte Felici mit – lasse es den bisherigen Mitgliedern der Kommission und zusätzlich berufenen Vätern zur Prüfung zugehen, zu denen auch Höffner bestimmt worden sei.[150]

Einige Wochen später, am 25. September 1980, schrieb der »Konsultor« der Revisionskommission, Prof. Winfried Aymans, aus München dem Sekretär Homeyer in Bonn: »Mich würde interessieren, ob Ihnen etwas davon bekannt ist, dass die inzwischen schon längst verstorbenen deutschen Mitglieder der Kommission, die Kardinäle Frings, Döpfner und Bengsch, durch neue Mitglieder ersetzt worden sind. Entsprechende Hinweise hatten Herr Kollege Mörsdorf und ich in Rom bei der Kommission gegeben, und man hatte dort eine Zuziehung neuer deutscher Mitglieder in Aussicht gestellt. Aus dem deutschen Sprachbereich sind derzeit nur die Kardinäle König und Schröffer Mitglieder der Kommission. Ich würde es für wichtig erachten, wenn die Eminenzen von Köln und München, mit denen ich über diese Frage schon einmal gesprochen habe, in der ja nur befristet tätigen Kommission Mitglieder wären.«[151]

In einer »Note für den Vorsitzenden« gab Homeyer am 2. Oktober das Anliegen an Höffner weiter.[152] Am 27. November berichtete Aymans dem Kardinal, er habe »in Dublin an einem Treffen teilgenommen, das Berater einiger englischsprachiger Kardinäle für die Stellungnahme zum *Schema Codicis Iuris Canonici* veranstalteten. Dieses Treffen war eine weitere Folge der Zusammenkunft, an der im Jahre 1977 der damalige Weihbischof Dr. Lettmann und ich im Auftrage der Deutschen Bischofskonferenz teilgenommen hatten und über das wir auf die nun vorliegende Fassung des *Schema CIC* einen bemerkenswerten Einfluss nehmen konnten.«[153] Aymans fuhr fort: »Bei dem Treffen in Dublin ging es darum, die Ansichten über wichtigere Verbesserungswünsche gegenüber dem *Schema CIC* auszutauschen und möglicherweise zu koordinieren. Mein Hauptanliegen war es, die vorgesehenen Regelungen bezüglich der *potestas sacra* und des Systems der *personalen Teilkirchen* zu diskutieren. Im Ergebnis haben wir darin übereinge-

---

2003 Erzbischof von Freiburg, 1987–1999 stellv. Vorsitzender der Deutschen Bischofskonferenz: E. Gatz (Hrsg.), Bischofslexikon 1945–2001, S. 221.

[149] Pericle Felici (1911–1982), Kanonist. 1960 Titularerzbischof, 1962–1965 Generalsekretär des II. Vatikanischen Konzils, 1967 Kardinal und Präses der Revisionskommission für den CIC, 1977 Präfekt der Apostolischen Signatur: F. Kalde, in: LThK ³3, 1995, Sp. 1215.

[150] Felici an Höffner, 16.7.1980: HAEK – Zug. 1089/00 – 55.

[151] Aymans an Homeyer, 25.9.1980: HAEK – NH 871.

[152] Homeyer an Höffner (Note für den Vorsitzenden), 2.10.1980: Ebd.

[153] Aymans an Höffner, 27.11.1980: HAEK – NH 2104 – Winfried Aymans (*1936), 1962 in Köln zum Priester geweiht, wirkte 1975–1978 als Ordinarius für Kirchenrecht an der Katholisch-Theologischen Fakultät in Bonn.

3. Mitglied der Päpstlichen Kommission für die Revision des CIC ab 1980

stimmt, dass diese beiden Fragen die allergrößte Beachtung verdienen und dringend einer Änderung bedürfen. Ich wurde damit beauftragt, die entsprechende Stellungnahme vorzubereiten. Dies ist inzwischen geschehen; die Ergebnisse sind den anderen Teilnehmern für die Beratung ihrer Kardinäle zugestellt worden.

Da ich davon ausgehe, dass Sie um Ihre Stellungnahme zum *Schema CIC* gebeten worden sind, möchte ich Ihnen meine Ansichten zu diesen wichtigen Fragen beiliegend zur Kenntnis bringen und Ihrer Aufmerksamkeit empfehlen. Unterdessen hat Herr Kardinal Ratzinger mich um ein Gutachten zum *Schema CIC* gebeten. Dieses ist fertiggestellt. Meine Ihnen heute zur Kenntnis gebrachten Einzelstellungnahmen sind Teil dieses Gutachtens.«

Leider sind diese Stellungnahmen Aymans' für Höffner und Ratzinger in Höffners Akten nicht greifbar. Ihre inhaltliche Tendenz dürfte jedoch nachfolgend zur Sprache kommen.

Am 14. Februar 1981 übersandte Höffner seine »Anmerkungen zum Schema CIC« an Kardinal Felici: »Meine beiliegende Stellungnahme erörtert drei Fragen:
I. Bedenkliche Auswirkungen von Gesetzeslücken durch die Übergangsbestimmungen in can. 6 § 1.
II. Die Beteiligung von Laien an der *potestas sacra* in den cann. 126, 244, 1373 § 2 des Schemas CIC.
III. *Praelaturae personales.*«[154]

Höffner entschuldigte sich bei Felici für die verspätete Einsendung zwar mit den Belastungen durch den Besuch Papst Johannes Pauls II. in Deutschland im November 1980. Doch dürfte für die Absendung am 14. Februar 1981 auch eine Stellungnahme von Heinrich Flatten für Höffner vom 6. Februar 1981[155] entscheidend gewesen sein: Kardinal Höffner hatte für das Konzept seiner Stellungnahme vom 14. Februar nach Rom[156] Flattens Stellungnahme vom 6. Februar in Abschnitte zerschnitten und aufgeklebt.[157] Flattens ersten Abschnitt hatte Höffner überschrieben »I. Bedenkliche Auswirkungen von Gesetzeslücken durch die Überleitungsbestimmungen in can. 6 § 1«. Daran hatte Höffner nur minimale stilistische Überarbeitungen vorgenommen. Auch der Abschnitt »II. Die Beteiligung von Laien an der *potestas sacra* in den cann. 126, 244, 1373 § 2 des Schemas CIC« war von Flatten fast wörtlich übernommen bzw. unwesentlich gekürzt und stilistisch überarbeitet sowie ergänzt worden.

Dagegen hatte Kardinal Höffner den Abschnitt »III. *Praelaturae personales. Animadversiones ad Canones 335 § 2, 337 § 2, 339 Schematis CIC*« handschriftlich selbst formuliert, ohne Flattens Stellungnahme auch nur zu zitieren. Flatten hatte Kardinal Höffner mit Verweis auf eine – in Höffners Akten nicht auffindbare –

---

[154] Höffner an Felici, 14.2.1981: HAEK – Zug. 1089/00 – 55.
[155] Flatten an Höffner, 6.2.1981: HAEK – NH 2105.
[156] HAEK – NH 2105.
[157] Maschinenschriftliche Endgestalt: HAEK – Zug. 1089/00 – 55 und HAEK – NH 2102.

Stellungnahme von Prof. Aymans geschrieben: »Auch hier verdienen die Anregungen von Aymans volle Unterstützung.
1. Dass mit der geplanten Gestaltung der *Praelaturae personales* eine *umstürzende Neuerung* eingeführt wird, ist verdeckt durch eine *irreführende Terminologie*. Mit dem auch bisher schon bekannten Terminus *Praelatura personalis* wird unter der Hand ein völlig anderer Sinn verbunden: Bisher (M[otu]P[roprio]) *Ecclesiae Sanctae* Papst Pauls VI. vom 6. August 1966 I n. 4) ist die *Praelatura personalis* eine Art Inkardinationsverband für Weltgeistliche außerhalb der Diözesanstruktur zur besseren Verteilung von Priestern in priesterarmen Gebieten; sie war aber keineswegs selbst eine Art Diözese mit eigenem Kirchenvolk. Jetzt aber soll unter dem gleichen Namen etwas völlig anderes geschaffen werden: eine unter personalen Gesichtspunkten (etwa nach Beruf, Bildung, Sprache, persönlicher Neigung usw.) gebildete Quasi-Diözese unter völliger Ausklammerung des so erfassten Kirchenvolkes aus der üblichen Territorialdiözese.

Diesen total andersartigen Sinn der künftigen *Praelatura personalis* gegenüber der *Praelatura personalis* des MP *Ecclesiae Sanctae* muss man sich vor Augen halten, um die folgenschwere Tragweite der fast unter der Hand einschleichenden Neuerung zu erfassen.

2. Vor dieser Entwicklung kann man nur *warnen*. Bisher kennt das kanonische Recht nur zwei Teilkirchen personaler Art neben der normalen Form der territorialen Teilkirche (Diözese), nämlich das Militärvikariat und die Ritus-Teilkirche. Diese beiden Sonderfälle sind aus der Natur der Sache her gerechtfertigt. Aber dabei sollte man es auch bewenden lassen ...

3. Wenn man im künftigen CIC überhaupt an der *Praelatura personalis* festhalten will, sei dazu auf den konkreten *Vorschlag für seine Neufassung* verwiesen, wie er von Aymans entwickelt ist. Zweierlei ist dabei grundsätzlich zu beachten:

a) Inhaltlich soll es eine *Praelatura personalis* nur im Sinne des MP *Ecclesiae Sanctae* geben. Also nicht mit dem Charakter einer eigenständigen personalen Teilkirche mit eigenem Kirchenvolk, das aus der Diözese ausgeklammert wäre.

b) Gesetzgeberisch müsste dementsprechend eine andere Lozierung im künftigen CIC erfolgen: Nicht in *Liber II Pars II Sectio II* (bei den Partikularkirchen), sondern in *Liber II Pars III* (beim Verbandsrecht), und zwar in dieser *Pars III* als eigene *Sectio*.«

Kardinal Höffner folgte in diesem Punkt seinem Berater Flatten nur sehr eingeschränkt. Nach Darlegung der bisherigen Rechtslage nach den Aussagen des Lehramtes, des Konzilsdekrets *Presbyterorum Ordinis* Nr. 10 und des MP *Ecclesiae Sanctae* Nr. 6, stellte Höffner die Frage: »Sind *Praelaturae personales* opportun?« Er kam dabei zu Ergebnissen, die gewisse Bedenken Flattens (und Aymans') berücksichtigten, andererseits aber den Personalprälaturen sehr entgegenkamen:

»1. Es wäre eine Aushöhlung der vom Bischof geleiteten Territorial-Diözese, wenn man unter *Praelatura personalis* eine nach personalen Gesichtspunkten

– etwa nach Beruf, Bildung oder Neigung – gebildete Quasi-Diözese unter Ausklammerung der so erfassten Gläubigen (Priester und Laien) aus dem Ortsbistum sehen wollte.

2. In der gegenwärtigen Lage der Kirche vermag die *Praelatura personalis* eine sinnvolle Aufgabe in folgender Hinsicht zu erfüllen: Seit einigen Jahrzehnten sind in der katholischen Kirche Bewegungen (z. B. Schönstatt, Focolari, Opus Dei) entstanden, auf die folgende Charakteristika zutreffen:

   a) Die Bewegungen erfassen Jugendliche und Erwachsene, Männer und Frauen, Verheiratete und Unverheiratete, Priester und Laien.

   b) Die Bewegungen üben ein umfassendes Apostolat in allen Bereichen der Gesellschaft aus: in Wissenschaft, Kultur, Kunst, im Erziehungswesen, im Wirtschaftsleben, im Gesundheitswesen, in Politik und Verwaltung, in den Massenmedien usw.

   c) Zur Pflege der Spiritualität der Bewegung und zur Ausübung der priesterlichen Dienste (Glaubensverkündigung, Eucharistiefeier, Sakramentenspendung) haben sich in der Mitte der Bewegungen Priestergemeinschaften gebildet.

   d) Charakteristisch für die genannten Bewegungen ist die marianische Geisteshaltung.

3. Es empfiehlt sich, den genannten Bewegungen innerhalb der Kirche eine rechtliche Ordnung zu geben. Das geltende Diözesan- und Ordensrecht reicht nicht aus. Die Errichtung von *Praelaturae personales* könnte eine geeignete Rechtsform sein, und zwar in folgender Weise:

   a) Mitglieder der *Praelaturae personales* sind die *Priester*.

   b) Laien können *conventionibus cum Praelatura initis* in den Dienst der *Praelatura* treten. Den Priestern obliegt diesen Laien gegenüber die Pflege der Spiritualität.

   c) Die *Praelatura personalis* ist berechtigt, Seminare zu errichten ...

4. Nach meiner Meinung bestehen keine Bedenken, dass die Frage der *Praelaturae personales* in *Pars II CIC* behandelt wird. Es wäre gesetzestechnisch unschön, wenn die *Praelatura personalis castrensis* [Militärseelsorge] in *Pars II* und die übrigen *Praelaturae personales* in *Pars III* des *Liber II* [Verbandsrecht] dargestellt würden.«

Neben den Themen *Potestas sacra* und *Praelatura personalis* waren angesichts der Liturgiereform des Konzils und ihrer Auswirkungen die gesetzlichen Regelungen im Umfeld der Liturgie ein zentrales Thema für die Revision des CIC. In Trier hatte sich eine »Internationale Arbeitsgemeinschaft der liturgischen Kommissionen im deutschen Sprachgebiet« gebildet, die Kardinal Höffner am 25. März 1981 »Verbesserungsvorschläge zum neuen CIC« übersandte.[158] Höffner vermerkte auf dem Rand: »Von der Liturgiekommission [der DBK] am 21.9.1981 der Deutschen

---

[158] Internationale Arbeitsgemeinschaft der liturgischen Kommissionen im deutschen Sprachgebiet an Höffner, 25.3.1981: HAEK – NH 2105.

Bischofskonferenz vorgelegt«, also bei der Herbst-Vollversammlung 1981. Am 22. August 1981 lud Kardinal Felici die Mitglieder der Revisionskommission für den 20. Oktober 1981 zu einer zehntägigen Plenarversammlung der Kommission ein.[159]

Über den neuesten Stand im Vorfeld dieser *Plenaria* wurde Kardinal Höffner durch einen Brief Prof. Aymans' vom 1. Oktober 1981 informiert: »Für die am 20.10. in Rom beginnende Sitzung der Codex-Kommission hat Herr Kardinal Ratzinger mich darum gebeten, die entsprechenden Unterlagen zu sichten und für das weitere Vorgehen entsprechende Vorschläge zu machen. Bei einer ersten Durchsicht bin ich zu der Auffassung gelangt, dass die wichtigste Frage diejenige über das rechte Verständnis der *potestas sacra* sein wird ...

Weiter scheint mir die Frage der sog. personalen Teilkirchen nach wie vor eine verfassungsrechtlich höchst bedenkliche Angelegenheit, die eine gründliche Diskussion in der CIC-Kommission verdient. Gelegentlich eines Gastvortrages vor der Österr. Gesellschaft für Kirchenrecht habe ich dieses Thema erneut aufgegriffen und versucht, die Kriterien, die für das rechte Verständnis dieser ganzen Problematik bedacht werden müssen, noch etwas deutlicher herauszuarbeiten ...[160] Herr Kardinal Ratzinger hat mir die Frage vorgelegt, ob ich nicht bereit sei, ihn auf der Reise nach Rom zu begleiten, um dabei behilflich zu sein, bei anstehenden Einzelfragen aus den vielfältigen Beratungsgegenständen der Kommission schneller und flexibler reagieren zu können ...«[161]

Kardinal Höffner hat bei dieser Plenarkonferenz vom 20. bis 29. Oktober 1981 eine größere Zahl von Verbesserungsvorschlägen für einzelne Canones des Schemas CIC eingebracht.[162] Er hat sie handschriftlich datiert und unterzeichnet. Häufiger hatte er für seine Vorschläge auch die Unterschriften anderer Kardinäle gesammelt – wohl um ihnen mehr Nachdruck zu verleihen.[163] Die weiteren Arbeiten am Schema für den CIC im Jahre 1982 wurden einleitend bereits aus der Darstellung von Heribert Schmitz erwähnt. Papst Johannes Paul II. unterzeichnete am 25. Januar 1983 die Apostolische Konstitution *Sacrae Disciplinae Leges* zur Inkraftsetzung des neuen CIC.[164]

Nach den geschilderten Einwänden von Flatten und Aymans gegen die im Schema 1980 vorgesehenen Bestimmungen über die Personalprälatur und Höffners Eingabe vom 14. Februar 1981 war (und ist) man wohl gespannt, was sich

---

[159] Felici an Höffner, 22.8.1981: HAEK – NH 2102.
[160] W. AYMANS, Kirchliches Verfassungsrecht und Vereinigungsrecht in der Kirche. Anmerkungen zu den revidierten Gesetzentwürfen des kanonischen Rechtes unter besonderer Berücksichtigung des Konzeptes der personalen Teilkirchen, in: ÖSTERREICHISCHES ARCHIV FÜR KIRCHENRECHT 32, 1981, S. 79–99.
[161] Aymans an Höffner, 1.10.1981: HAEK – NH 2104.
[162] Datiert auf »Romae, 20. oct. 1981«: HAEK – NH 2105.
[163] Zahlreiche Beispiele: HAEK – NH 2175.
[164] Lateinischer und deutscher Text: Codex Iuris Canonici/Codex des kanonischen Rechtes – Lateinisch-deutsche Ausgabe, Kevelaer 1983, S. VIII–XXVII.

3. Mitglied der Päpstlichen Kommission für die Revision des CIC ab 1980 349

auch nach der Debatte der Revisionskommission im Oktober 1981 im CIC 1983 durchgesetzt hatte.

Wenn man die einschlägigen Canones 294–297 des CIC 1983 studiert, wird deutlich, dass die Warnungen Flattens und Aymans' die Verankerung dieses neuartigen Instituts Personalprälatur im neuen Gesetzbuch der Kirche nicht verhindert hatten. Andererseits waren im Sinne Höffners und seiner Berater für Personalprälaturen als Mitglieder nur Priester und Diakone aus dem Weltklerus vorgesehen (c. 294). »Auf Grund von mit der Prälatur getroffenen Vereinbarungen können Laien sich apostolischen Werken der Personalprälatur widmen; die Art dieser organisatorischen Zusammenarbeit und die hauptsächlichen Pflichten und Rechte, die damit verbunden sind, sind in den Statuten in angemessener Weise festzulegen« (c. 296). Das Recht, für Personalprälaturen Statuten zu *erlassen*, war wie die Gründung der Personalprälatur »nach Anhören der betreffenden Bischofskonferenzen« dem Heiligen Stuhl vorbehalten (c. 295). Die Statuten sollten nach c. 297 auch »das Verhältnis der Personalprälatur zu den Ortsordinarien ... bestimmen, in deren Teilkirchen die Prälatur ihre seelsorglichen oder missionarischen Werke nach vorausgehender Zustimmung des Diözesanbischofs ausübt oder auszuüben beabsichtigt«.

Die bis heute einzige Personalprälatur der Weltkirche ist die des Opus Dei. Winfried Aymans stellt fest, dass diese am 28. November 1982, also wenige Wochen vor der Promulgation des neuen CIC, durch Johannes Paul II. errichtete »Internationale Personalprälatur vom Heiligen Kreuz und Werk Gottes« »eine von dem kodikarischen Recht abweichende Struktur« hat.[165] »Errichtungsdokument ist die *Constitutio Apostolica ›Ut sit‹*. Die Konstitution ist nicht vom Papst selbst, sondern von Kardinal Augustinus Casaroli (*a publicis Eccl. negotiis*) und Kardinal Sebastianus Baggio (*Sacrae Congregaionis pro Episcopis Praefectus*) unterzeichnet ...«

Nach Darstellung der Gründungsdokumente und der sich daraus ergebenden Strukturen des Opus Dei kommt Aymans zu der Bewertung: »Die Personalprälatur Opus Dei hat eine ebenso einmalige wie eigenwillige Struktur. Teils trägt sie Züge einer personalen Teilkirche, teils die eines kanonischen Lebensverbandes. Der teilkirchliche Aspekt kommt nicht nur in der kurialen Zuordnung zur Bischofskongregation, sondern namentlich dadurch zum Ausdruck, dass die angehörigen Kleriker und Laien nicht ›sodales‹ oder ›membra‹ genannt, sondern mit den Begriffen ›*Presbyterium*‹ und ›*Fideles Praelaturae*‹ erfasst werden.«[166]

Aymans kommt dann zu dem Schluss: »Es ist offensichtlich, dass die Struktur der Personalprälatur Opus Dei von der kodikarischen abweicht. Das betrifft in

---

[165] W. AYMANS, IV. Abschnitt: Apostolischer Inkardinationsverband, § 106. Personalprälatur (cc. 294-297), in: AYMANS – MÖRSDORF, Kanonisches Recht, Bd. II: Verfassungs- und Vereinigungsrecht, Paderborn u. a. 1997, S. 736–755, hier: S. 747f. und 736; die nachfolgende Darstellung folgt AYMANS, S. 747–755; vgl. auch: M. BENZ, Die Personalprälatur. Entstehung und Entwicklung einer neuen Rechtsfigur vom Zweiten Vatikanischen Konzil bis zum Codex von 1983, St. Ottilien 1988.
[166] W. AYMANS, Kanonisches Recht II, S. 753f.

erster Linie sowohl die Zielsetzung wie die Mitgliedschaft. Bei der kodikarischen Personalprälatur steht im Vordergrund die Bereitstellung von Priestern für priesterarme Teilkirchen; bei der Prälatur Opus Dei kommt dieser Aspekt nur gleichsam als Nebeneffekt zur Geltung. Die kodikarische Personalprälatur ist ein Inkardinationsverband, der durch spezifische apostolische Werke spezifiziert sein kann, an denen Laien auf vertraglicher Basis mitwirken können. Die Prälatur des Opus Dei ist ein unter priesterlicher Leitung stehender, apostolisch ausgerichteter und in seiner Apostolatsmethode eigengeprägter Verband von Gläubigen, der Inkardinationsrecht hat ... Da beide Formen der Personalprälatur in der Autorität des obersten Gesetzgebers gründen, kann an der formalen Legitimität nicht gezweifelt werden. Es ist aber unglücklich, dass zwei verschiedenartige Einrichtungen unter derselben Bezeichnung firmieren. Jedenfalls sollten künftige Personalprälaturen nicht nach dem Vorbild des Opus Dei, sondern auf der Grundlage des allgemeinen Rechts ausgestaltet werden.«

Wer hat Papst Johannes Paul II. beraten, einige Wochen vor der Inkraftsetzung des neuen Codex abweichend von dessen Bestimmung in den cc. 294–297 am 28. November 1982 das Opus Dei als Personalprälatur zu errichten? Es ist nicht auszuschließen, dass Joseph Höffner zu denen gehörte, die den Papst dazu ermutigten. Höffner stand in Köln dem Opus Dei sehr wohlwollend gegenüber. Dessen Vertreter versichern bis heute, dass sie Kardinal Höffner ihren heutigen Rechtsstatus verdanken. Dompropst Feldhoff, der Höffner als Geheimsekretär und später als Generalvikar am genauesten kennt, versichert: Höffner habe darauf hingewiesen, dass alle geistlichen Neuaufbrüche in der Kirche zunächst auf Ablehnung des Weltklerus stießen: die Bettelorden im 13. Jahrhundert in der Stadt Köln[167], die Jesuiten weltweit bis zu ihrer päpstlichen Aufhebung 1773. Auch die Schönstatt-Bewegung des frühen 20. Jahrhunderts war zunächst auf Ablehnung der Bischöfe und des Klerus gestoßen, bis Höffner – wie oben bereits dargestellt – die Kontaktmöglichkeiten des II. Vatikanischen Konzils nutzte, um den Gründer des Werkes, P. Kentenich, zu rehabilitieren und eine Lösung des Schönstatt-Werkes vom Pallottinerorden zu erwirken.[168] Auch das Opus Dei – so meinte Höffner – müsse seine Chance bekommen. Persönlich glaubte Kardinal Höffner im Opus Dei vieles von der Spiritualität und der Kirchentreue wieder zu finden, die er während seiner Ausbildungszeit im römischen Germanicum an den Jesuiten geschätzt hatte.

Das Jahr 1983 war dann von der Einführung bzw. Bekanntmachung des neuen CIC geprägt. Bereits am 13. Januar 1983 schrieb Kardinalstaatssekretär Casaroli an Höffner: »Durch die bevorstehende Veröffentlichung des neuen Kirchenrechtskodex stellt sich die Frage nach der Übersetzung des betreffenden lateinischen Textes in die verschiedenen modernen Sprachen. Dieses Rechtsbuch

---

[167] Dazu exemplarisch: E. HEGEL, St. Kolumba in Köln. Eine mittelalterliche Großstadtpfarrei in ihrem Werden und Vergehen (= Studien zur Kölner Kirchengeschichte 3), Siegburg 1996, S. 81–85.
[168] Vgl. oben S. 45–56.

3. Mitglied der Päpstlichen Kommission für die Revision des CIC ab 1980   351

müsste ja allen Gläubigen, insbesondere allen Geistlichen, zugänglich sein; im Hinblick auf die unzureichenden gegenwärtigen Lateinkenntnisse wird dies jedoch ohne Übersetzung in die meistgebrauchten modernen Sprachen nicht möglich sein. Solche Übersetzungen werden allerdings keinen rechtsverbindlichen Wert haben; verbindlich bleibt allein der lateinische Text (Es dürfte deshalb angebracht sein, dass in den einzelnen Ausgaben der lateinische Text den jeweiligen Übersetzungen beigefügt wird).«[169]

Die deutsch-lateinische Ausgabe, die von deutschsprachigen Kanonisten erstellt wurde, lag schon zum Inkrafttreten des CIC am 27. November 1983 vor.[170] Das erste Exemplar wurde Höffner am 25. November im Kreis der beteiligten Kanonisten in seinem Bischofshaus in Köln überreicht.[171]

Bereits am 24. Januar 1983 hatte der Ständige Rat der Deutschen Bischofskonferenz eine Erklärung zum neuen Gesetzbuch mit einer Einführung von Aymans veröffentlicht.[172] Die Frühjahrs-Vollversammlung im Februar hatte das Redaktionskomitee für die deutsche Ausgabe aus deutschsprachigen Kanonisten unter der Leitung von Winfried Aymans eingesetzt.[173]

In einer »Note für den Vorsitzenden« vom 24. November 1983 berichtete Prälat Schätzler[174], der Nachfolger des zum Bischof von Hildesheim geweihten Josef Homeyer: »Diesen Auftrag der Bischofskonferenz hat die Übersetzergruppe in vorzüglicher Weise erfüllt. Dem Ständigen Rat lag bereits für seine Sitzung vom 29.8.1983 das Manuskript der deutschen Übersetzung vor. Es sind sodann Änderungsanregungen von Mitgliedern der Bischofskonferenz im Lauf des Monats September eingearbeitet worden, und der Leiter der Übersetzergruppe, Prof. Aymans, hat dem Vorsitzenden der Deutschen Bischofskonferenz mit Schreiben vom 27.9.1983 mitteilen können, dass der zu diesem Zeitpunkt vorliegende Text seitens der Übersetzergruppe und des Redaktionskomitees für die Drucklegung freigegeben werde.«

Neben der Greifbarkeit des gedruckten Textes des neuen CIC kam es für die Umsetzung auf unterstützende »Aufklärung« über den Inhalt des neuen Gesetzbuches an. Die Herbstkonferenz der Bischöfe in Fulda setzte für den 20. September 1983 einen Studientag über den neuen Codex an, den die Professoren Aymans,

---

[169] Casaroli an Höffner, 13.1.1983: HAEK – NH 872.
[170] Vgl. oben Anm.164.
[171] Dazu: Sekretär der Deutschen Bischofskonferenz, Schätzler, an Höffner (Note für den Vorsitzenden), 24.11.1983: HAEK – NH 871.
[172] Erklärung des Ständigen Rates der Deutschen Bischofskonferenz vom 24. Januar 1983 zum neuen Gesetzbuch der lateinischen Kirche und Einführung von Prof. Dr. Winfried Aymans, hrsg. v. Sekretariat der Deutschen Bischofskonferenz (= Arbeitshilfen 31), Bonn 1983.
[173] So in der Note Schätzlers für Höffner vom 24.11.1983 (vgl. oben Anm. 171).
[174] Wilhelm Schätzler (*1929), 1957 Priesterweihe in Regensburg, seit 1976 im Sekretariat der Bischofskonferenz tätig, 1983–1996 Sekretär der Deutschen Bischofskonferenz, 1996 Dekan des Stiftskapitels Unserer Lieben Frau zur Alten Kapelle in Regensburg: E. GATZ (Hrsg.), Bischofslexikon 1945–2001, S. 139f.

Flatten, Mörsdorf und Schmitz gestalteten.[175] Auf der Herbstkonferenz der Kölner Dechanten (22.–24. November 1983) bestritt Professor Flatten am 23. November einen Studientag über den neuen Codex.[176]

Eine Aufgabe, die sich für Kardinal Höffner nach Inkrafttreten des Codex als Vorsitzenden der Deutschen Bischofskonferenz stellte, war die Beschlussfassung der Bischofskonferenz über die im neuen CIC vorgesehenen Partikularnormen. Am 8. November 1983 schrieb Kardinal Casaroli Höffner – wie wohl auch den übrigen Vorsitzenden der Bischofskonferenzen:

»1. Die partikulare Gesetzgebung, die der Kodex den Bischofskonferenzen anvertraut hat, ist Ausdruck apostolischer Hirtensorge für die Partikularkirchen, welche die jeweilige Konferenz bilden; vor allem aber ist sie ein wirklicher Dienst am Volke Gottes, der darin besteht, dass durch Anpassung an die konkreten Situationen am Ort die kirchliche Rechtsordnung genauer bestimmt wird ...
2. Der Heilige Vater bittet deshalb, mit allem Nachdruck dafür zu sorgen, dass diese Gesetzgebung eingehend beraten und zügig erarbeitet wird. Dabei soll man sich gegebenenfalls der Hilfe von Experten bedienen ... Wenn es die Bedeutung des Gegenstandes und die der Konferenz eigene Arbeitsmethode nicht zulassen sollten, mit größerer Schnelligkeit voranzugehen, so darf man diese Aufgabe doch nicht über die notwendige Zeit hinaus verzögern; man soll ihr vielmehr die Präzedenz vor anderen weniger dringlichen einräumen ...«[177]

Wie Casaroli erkennen ließ, ahnte man in Rom, dass die Erstellung der »Partikularnormen« durch die Bischofskonferenzen nicht allzu rasch und in den einzelnen Regionen in unterschiedlicher Geschwindigkeit geschehen würde. Kardinal Höffner ließ zwei Listen mit jeweils über 20 Canones erstellen, »in denen die Bischofskonferenzen ergänzende Partikularnormen zum Kirchenrechtskodex erlassen können« bzw. »müssen, falls sie es nicht schon früher getan haben oder die erlassenen Normen im Widerspruch zu den Canones des neuen Kodex stehen«.[178] Für Deutschland sollte es – wie bereits dargestellt – noch einige Jahre vor allem um die Laienpredigt in der Eucharistiefeier[179] sowie um die durch deutsches Staatskirchenrecht bedingte Trennung des (vermögensverwaltenden) Kirchenvorstandes von dem nach CIC 1983 vorgesehenen »Laienrat« gehen.[180]

---

[175] Homeyer teilte den (Erz)bischöfen Höffner, Saier und Lettmann am 30.3.1983 mit, dass er mit Aymans, Flatten, Mörsdorf und Schmitz am 12.4.1983 ein vorbereitendes Gespräch führen werde: HAEK – NH 871, dort auch Vortragsmanuskripte an Aymans und Schmitz vom 20.9.1983.
[176] Das neue kirchliche Gesetzbuch. Arbeitstagung der Dechanten des Erzbistums Köln vom 22. bis 24. November 1983 im Katholisch-Sozialen Institut Bad Honnef-Selhof, darin: H. FLATTEN, Einführung in des neue Kirchenrecht, S. 28–64.
[177] Casaroli an Höffner, 8.11.1983 (deutsch): HAEK – NH 871.
[178] Ebd.
[179] Vgl. oben S. 190–193.
[180] Zur Sonderstellung des in Deutschland staatskirchenrechtlich bestehenden »Kirchenvorstandes« (oder etwas anders benannter Gremien) gegenüber dem vom neuen Kodex geforderten »Pfarrlichen Vermögensverwaltungsrat« vgl. R. ALTHAUS, Die Rezeption des Codex Iuris Canonici von 1983, S. 699–706.

4. KARDINAL HÖFFNER ALS NOTHELFER IN DER KRISE UM DIE VATIKANBANK AB 1982

Als 1982 die Mailänder Privatbank *Banco Ambrosiano*, die im Untertitel als »katholische Bank« firmierte, zusammenbrach und ihr Inhaber Roberto Calvi in London und seine Sekretärin Graziella Corocher auf mysteriöse Weise zu Tode kamen, wurde daraus ein von der Presse in Italien, aber auch in Deutschland genüsslich ausgebreiteter Skandal mit wuchernden Spekulationen.[181] Hauptgrund war, dass der Leiter des *Istituto per le Opere di Religone* (IOR), der im Vatikanstaat angesiedelten Bank der Orden und kirchlichen Institutionen, aber auch der Hausbank des Vatikans, Erzbischof Paul Casimir Marcinkus, in nahem Kontakt zu Calvi gestanden hatte und in die dubiosen, letztlich in den Bankrott führenden Geschäfte des *Banco Ambrosiano* verwickelt war. Es hatte problematische Geldtransaktionen zwischen der IOR und dem *Banco Ambrosiano* gegeben. Marcinkus hatte Calvi und seiner Bank durch »Patronatsbriefe« (über deren rechtliche Verbindlichkeit die Juristen stritten) weltweites Vertrauen verschafft. Das IOR fand sich (ohne davon zu wissen?) in der Mehrheitsbeteiligung an Unternehmungen der *Banco Ambrosiano*-Holding in Luxemburg wieder. Es wurde in den Medien darüber spekuliert, in welchem Umfang das IOR für die mehr als 1 Milliarde US-Dollar an Schulden des *Banco Ambrosiano* in Haftung genommen werden könnte.

Höffner wurde darauf erstmals angesprochen durch eine Information Homeyers am 19. Juli 1982: Eine erste Bank habe »offensichtlich die Nerven verloren und ihren Durchgriffs-Anspruch in Luxemburg geltend gemacht«. »Da nach Vermutungen der Bankiers die Vatikanbank mit 1 bis 1,5 Milliarden Dollar hafte, sei man auch um diese besorgt. Dabei spielten in den Spekulationen« – so Homeyers Informant – »die Sorgen um die Beeinträchtigung der ›letzten moralischen Autorität‹ (Vatikan) eine erhebliche Rolle.«[182]

Noch in den Sommerwochen 1982 bildete der Papst eine zehnköpfige Kardinalskommission zur Aufarbeitung der Finanz- und Vertrauenskrise um das IOR, dem die Erzbischöfe von Philadelphia in den USA und Köln, die Kardinäle John Joseph Krol und Joseph Höffner, angehörten. Nach einer ersten Sitzung (oder Besprechung) mit dem Kardinalstaatssekretär schrieb Höffner am 14. September 1982 an Kardinal Casaroli: »Nach meiner Rückkehr aus Rom habe ich mit Herrn Abs[183] Verbindung aufgenommen. Er hat sich sofort bereit erklärt, in der Angelegenheit IOR-*Banco Ambrosiano* als Berater mitzuwirken. Herr Abs ist nicht nur in Deutschland, sondern auch in der europäischen Finanzwelt als Fachmann

---

[181] Umfangreiche Sammlung von Zeitungsausschnitten: HAEK – NH 883, 884, 886.
[182] Note für den Vorsitzenden, 19.7.1982: HAEK – NH 884.
[183] Hermann Josef Abs (1901–1994), Bankier, 1957–1967 Vorstandssprecher der Deutschen Bank, 1968–1971 Mitglied des ZdK, 1971–1985 Statthalter der Deutschen Statthalterei des Ritterordens vom Heiligen Grab: K. FUCHS, in: BBKL 16, 1999, Sp. 2–6.

anerkannt und hoch geachtet. Ich bin überzeugt, dass sein Rat sehr hilfreich sein wird.«[184]

Casaroli hatte bereits im Juli 1982 ein Fachleutegremium aus Laien eingesetzt, dem der US-Amerikaner Joseph C. Brennan aus New York, der Italiener Carlo Cerutti von der Italienischen Telephongesellschaft und aus der Schweiz Philippe de Weck, ehemaliger Aufsichtsratsvorsitzender der Schweizerischen Bankgesellschaft, angehörten.[185] Sie hatten bereits – in englischer Sprache – am 31. Juli, am 13. August und am 7. September 1982 Zwischenberichte über die Situation des IOR erstellt, die man Hermann J. Abs offenbar von Rom aus zur Verfügung stellte.[186] Abs verfasste unter dem Datum 27. September 1982 nach Durchsicht dieser drei Zwischenberichte ein »Memorandum«, in dem er – wie die bisherigen Berichterstatter – feststellte, dass wesentliche Prüfungsunterlagen des IOR nicht zur Verfügung standen: von den Gründungsdokumenten und Statuten des IOR über die Listen der Zeichnungsberechtigten des Instituts, die Bilanz 1981 bis zur Liste der Sicherheiten. Abs mahnte die Abklärung der Rechtsnatur des IOR an, die Klärung über die Verbindlichkeit der von Marcinkus ausgestellten »Patronatserklärungen« sowie die Klärung der Beziehungen zwischen IOR und *Banco Ambrosiano*. In seinem Begleitbrief an Höffner hatte Abs bereits den Hinweis gegeben: »Für die weitere Entwicklung der Zukunft des IOR halte ich es für wesensnotwendig und sachlich erforderlich, die nächsten Schritte sowohl im Hinblick auf die Aufklärung der Vergangenheit als auch auf die zukünftige Gestaltung des IOR in enger und offener Abstimmung mit den zuständigen Stellen der italienischen Devisenbehörden und der *Banca d'Italia* vorzunehmen.«[187]

Anfang Oktober 1982 konnte Höffner in Rom mit dem Papst und Kardinal Casaroli sprechen und Abs' »Memorandum« übergeben.[188] Am 13. Oktober schrieb Höffner an Abs: »Ich habe Ihre Stellungnahme sowohl dem Heiligen Vater als auch Herrn Kardinalstaatssekretär Casaroli persönlich übergeben. Beide danken Ihnen vielmals. Der Heilige Vater wies darauf hin, es gelte zunächst die jetzigen Schwierigkeiten mit IOR zu lösen und dann eine neue Ordnung für das Institut zu schaffen. Näheres wird Ihnen der Herr Kardinalstaatssekretär schriftlich mitteilen. Wie er mir sagte, würde er es sehr begrüßen, wenn Sie zum Studium sämtlicher Unterlagen nach Rom kommen könnten. Während meines Aufent-

---

[184] Höffner an Casaroli 14.9.1982 (Durchschrift): HAEK – NH 884.
[185] So Höffner in einer handschriftlichen, undatierten Notiz nach einem Gespräch mit Dr. Peter H. Werhahn, Königsdorf: Ebd.
[186] Abs referiert diese Zwischenberichte in seinem nachfolgend dargestellten »Memorandum« für Kardinal Höffner vom 27.9.1982: Ebd.
[187] Abs an Höffner, 27.9.1982: Ebd.
[188] Handschriftliche Notizen Höffners zu den Gesprächen mit Johannes Paul II. am 5.10. und mit Casaroli am 6.10.1982: Ebd.

haltes in Rom wurde die Lage durch scharfe Äußerungen des italienischen Schatzministers Andreatta noch verschärft ...«[189]

Casaroli schrieb eine Woche später selbst an Abs und bat ihn, mit den drei bisherigen Beratern sich für eine Lösung der Probleme zur Verfügung zu stellen. Casaroli bot die Einsichtnahme in die Bilanz 1981 des IOR in Rom an.[190]

Am 18. November 1982 konnte Abs Kardinal Höffner berichten, dass er bei Casaroli in Rom und bei dem Schweizer Berater de Weck gewesen war und die fehlenden Dokumente bis auf drei inzwischen besitze.[191] Abs stand nach wie vor zu seinen am 27. September geäußerten Vorschlägen. Sehr aufschlussreich waren Abs' Überlegungen zum Umgang mit dem italienischen Staat in dieser Angelegenheit: »Die in der zweiten Oktoberwoche d. J. getätigten Äußerungen des damaligen italienischen Schatzministers Andreatta haben erkennen lassen, dass wie in meinem Brief an Ew. Eminenz vom 27.9.1982 ... formuliert, ›die Aufklärung der Vergangenheit und die zukünftige Gestaltung des IOR in enger und offener Abstimmung‹ mit den zuständigen staatlichen Stellen und der *Banca d'Italia* erfolgen muss. Dabei sollte allerdings auch beachtet werden, dass nicht die eventuelle Vornahme der Zahlung eines Geldbetrages zur Abdeckung der Verpflichtungen des IOR durch den Vatikan die Beziehungen zwischen dem Vatikan und der italienischen Republik bereinigen kann. Vielmehr muss grundsätzlich über die zukünftigen Beziehungen zwischen dem Vatikanstaat und dem Italienischen Staat nachgedacht werden. Ich bin mir darüber im klaren, dass dies die Lateranverträge unmittelbar berührt. Ich bin jedoch gleichfalls der festen Überzeugung, dass man auf diese Art und Weise zukünftige Probleme, wie sie uns jetzt anhand des IOR aufgegeben sind, vermeiden kann.«

Wie sehr der Skandal um den *Banco Ambrosiano* und das IOR den Papst beschäftigte, lässt die Tatsache erkennen, dass Johannes Paul II. für den 26. November 1982 eine Vollversammlung des Kardinalskollegiums einberief. Kardinalstaatssekretär Casaroli gab dabei einen ausführlichen, für die Presse bestimmten Bericht über den Stand der Dinge aus Sicht der Kurie.[192]

Ein Jahr später legte die Beratergruppe der Kardinalskommission Casaroli am 10. Januar 1984 ein Memorandum vor[193]: Die Gruppe fühle »sich verpflichtet, das zu tun, was sie in der gegebenen Situation für richtig« halte. »Der weitere Fortgang in der Angelegenheit ist von höchster Bedeutung für die Gläubiger des IOR wie

---

[189] Höffner an Abs, 13.10.1982 sowie deutsche Übersetzung eines Artikels von Bruno Costi in »Il Giornale Nuovo« vom 9.10.1082: HAEK – NH 883.
[190] Kopie: Casaroli an Abs, 20.10.1982: HAEK – NH 884.
[191] Abs an Höffner, 18.11.1982: Ebd.
[192] Deutsche Version des Textes, der der Presse in verschiedenen Sprachen angeboten wurde: HAEK – NH 883; veröffentlicht: KNA Dokumentation Nr. 27, 30.11.1982 (4 Seiten): HAEK – NH 884, dort auch NEUE ZÜRCHER ZEITUNG 270/30.11.1982 »Vatikanische Stellungnahme zum Ambrosiano-Skandal«.
[193] Memo for His Eminence Cardinal Casaroli, Secretary of State, einzeln unterzeichnet von den vier Beratern: HAEK – NH 883.

für die Reputation des Heiligen Stuhls und der universalen Kirche ... Angesichts der Möglichkeit, dass Rückzahlungsforderungen an das IOR gestellt werden, ist es für das IOR und den Heiligen Stuhl ... erforderlich, klare und ausgewogene Alternativen zu entwickeln, bevor Forderungen anerkannt werden und irgendwelche Lösungen eingeleitet werden.«

Wie zurückhaltend das IOR – vielleicht auch der Kardinalstaatssekretär – immer noch in der Gewährung von Einsicht in wichtige Unterlagen des IOR, selbst für die Berater der Kardinalkommission, waren, lässt der folgende Abschnitt des Memorandums erkennen: »Bevor Entscheidungen über solche Maßnahmen getroffen werden können, muss eine absolut klare und aussagekräftige Dokumentation vorliegen über die relevanten Transaktionen zwischen IOR und der Banco-Ambrosiano-Gruppe und – was von großer Bedeutung ist – sind die Drittel-Forderungen von außerhalb der Banco-Ambrosiano-Gruppe zu bewerten.«

Schließlich kamen die Berater zu einer weiteren entscheidenden Voraussetzung für den Neuanfang des IOR: Die im März 1983 geschehene Revision des Statuts des IOR könne erst ihre Wirkung entfalten, »wenn Persönlichkeiten des richtigen Kalibers für die vorgesehenen Stellen im Management und im Aufsichtsrat [des IOR] gefunden werden können«.

Am 16. Januar 1984 konnte Abs mit Kardinal Höffner in Köln sprechen. Offensichtlich aus diesem Gespräch liegt in Höffners Akten ein in der – Höffner nicht sehr vertrauten – englischen Sprache von Höffner handschriftlich aufgezeichnetes Organogramm für das künftige IOR vor: »*It must be established* a consultation committee of IOR.

I. Members: *1. Persons with professional competence in financial questions; 2. several delegates of the opere religiose.*

II. Duties: *1. Deliberation about the administration of IOR; 2. prevent disreputable business-methods: Financial methods forbidden the priests by canon law, must not applicate the Holy See.*

It must be established a board of supervisors, a Control Council, an examination board.

I. Members: *1. differents from the members of the Consultation Committee; 2. independents of the administration.*

II. Duties: *1. examine the business-methods, the book-keeping; 2. propose motions of corrections of the administration.*«[194]

Unter der Überschrift »Kardinal Krol: Vatikanbank zahlt 250 Millionen Dollar. Der Betrag deckt alle Forderungen der ›Ambrosiano‹-Gläubiger« berichtete KNA am 9. März 1984: »Der Vatikan soll nach Angaben des amerikanischen Kardinals John Joseph Krol zur Zahlung von 250 Millionen Dollar in drei Raten an die 88 Gläubigerbanken des zusammengebrochenen *Banco Ambrosiano* bereit sein. Wie Krol gegenüber der amerikanischen katholischen Nachrichtenagentur, NC-News

---

[194] Handschriftliche Aufzeichnung Höffners ohne Datum in zwei Kolumnen: HAEK – NH 883.

Service, erklärte, soll die Summe durch ein Darlehen aufgebracht werden, das aus künftigen Erlösen und Einnahmen gedeckt werden soll. Eine Einigung zwischen dem IOR und den Gläubigern des in Konkurs geratenen privaten Bankhauses sollte nach den Worten des Erzbischofs von Philadelphia sehr schnell unterzeichnet werden können.«[195]

In die Überlegungen zur Aufbringung dieser dem IOR nicht zur Verfügung stehenden Summe gewährt eine Aktennotiz des Finanzdirektors des Erzbistums Köln, Schmelz, für Kardinal Höffner vom 29. April 1984 Einblicke.[196] Schmelz dachte an einen Kredit »von 5 deutschen kirchlichen Banken ... an VDD oder Bistüm(er) zur Weitergabe an Vatikan. 8 % [Zinsen] + 7 % Tilgung (Laufzeit 9,3 Jahre) statt 15 % Zins am Euromarkt ohne Tilgung. Absicherung durch Abtretung von Beteiligungserträgen ...« In den Kontakten zwischen Höffner und Abs ist auch von einem »Mannheimer Konsortium« die Rede, das Abs für solide hielt.

In Höffners Akten findet sich ein handschriftliches lateinisches Vortragsmanuskript Höffners unter dem Titel *De Instituto Operibus Religionis curandis et tutandis* aus dem Jahre 1984.[197] Höffner berichtet (oder gibt eine Vorlage) – auf einer Vollversammlung der Kardinäle? – von einer Sitzung der Kardinalskommission »in der vergangenen Woche«. Es darf einzigartig genannt werden, wie Höffner in edelstem klassischem Latein über Geschichte und gegenwärtigen Stand des Finanzskandals um das IOR berichtete. Der Kardinal legte zunächst die Geschichte des IOR ab 1887 dar. Dann ging er darauf ein, wie die Bank zunächst solide gearbeitet hatte und wie es schließlich zu dem die Öffentlichkeit beschäftigenden Skandal gekommen war. »Zur gegenwärtigen Stunde kann gesagt werden, dass die Leiter des Instituts voll Vertrauen oder allzu vertrauensvoll gegenüber dem *Banco Ambrosiano* gehandelt haben, der den Titel einer ›katholischen Bank‹ trägt ... Außerdem kann gesagt werden, dass der *Banco Ambrosiano* dieses Vertrauen missbraucht hat. Doch die Dinge scheinen noch genauer überprüft werden zu müssen. In Deutschland gibt es ein Sprichwort: ›Wenn es um Geld geht, sind selbst Vater und Sohn verschiedener Nation.‹«

Höffner ging dann auf das Problem der »Patronatsbriefe« für zwei auswärtige Gesellschaften ein. »Doch das IOR wusste nicht, dass mit diesen zwei Gesellschaften acht weitere verbunden sind (Holding). Diese zehn Gesellschaften sind in einen finanziellen Ruin gestürzt, so dass die Schulden eine Milliarde US-Dollars übersteigen, welche Summe vom IOR mit Berufung auf die ›Patronatsbriefe‹ zurückgefordert wird. Doch zu Unrecht. Denn die Schulden sind vor den Patronatsbriefen entstanden. Kommt hinzu, dass die Patronatsbriefe – nach Meinung von im Bankenrecht Sachverständigen – keine rechtliche Verpflichtung bewirken. Sie haben nicht das Gewicht von Bürgschaften.«

---

[195] KNA Nr. 59, 9.3.1984 (HAEK – NH 883).
[196] Handschriftliche Notiz Direktor Schmelz' für Höffner. Randbemerkung Höffners: »Vorschlag Dir. Schmelz, 29.4.84«: HAEK – HN 883.
[197] *De Instituto Operibus Religonis curandis et tutandis* (4 Seiten), ohne Datum: Ebd.

Höffner kam schließlich zu *Conclusiones*: 1. Die Nachforschungen zumal der drei oder vier Sachverständigen in Rom müssen fortgesetzt werden. »Ziel muss sein die volle Aufklärung der Sache.« 2. »Da gewisse Meinungsverschiedenheiten zwischen dem IOR und der Regierung Italiens entstanden sind, ist zu wünschen, dass es zu einem Gespräch zwischen der Kommission des Apostolischen Stuhls und der italienischen Regierung kommt, um die Schwierigkeiten zu lösen.« Für uns heute selbstverständlich, aber damals wohl kaum gern gehört war Höffners dritte *Conclusio*: »Der Status des IOR muss heutigen Notwendigkeiten und Erfahrungen angepasst werden. Dreierlei kann vorgeschlagen und betrachtet werden:« Es folgen die von Abs am 16. Januar 1984 vorgeschlagenen Instrumente:

»*Erstens*: Es wird eine Kommission von Sachverständigen in Finanzfragen eingerichtet, die die Geschäftsführung in der korrekten Verwaltung von Kapitalien berät, ferner über die Vermeidung von jedweder Form von ›Spekulation‹, über den Ausschluss jedweder Art von Skandal (*Consultation Committee*).

Zweitens: In geeigneter Form wird ein Überwachungsorgan (*organo di controllo*) der Aufsicht (*Examination Board*) eingerichtet, das zu bestimmten Zeiten die Geschäftsführung des Instituts überprüft.

Drittens: Es muss eine Entscheidung fallen, ob die Geschäftsführung des Instituts (IOR) in Finanzfragen sachverständigen Laien übertragen werden kann.«

Im Vorfeld dieses Vortrages bzw. dieser Vorlage notierte sich Höffner 1984 nach einem Gespräch mit Abs:

»1. Es fehlen wesentliche Unterlagen, ohne die eine Beurteilung nicht möglich ist.
2. *Letters of patronage*: ›that we directly or indirectly control‹ bedeutet, dass IOR wenigstens 51 % der Aktien der genannten (kontrollierten) Gesellschaften besitzt (direkt oder indirekt).
3. Das *italienische* Recht ist weithin in den vorliegenden Fällen maßgeblich.
4. Sind die Einlagen der Gläubiger (Ordensgemeinschaften usw.) gesichert?
5. Der Anwalt des *Banco Ambrosiano nuovo* ist Abs bekannt. Er ist gut, vertritt jedoch *Banco Ambrosiano* gegen IOR.
6. Vorschläge Abs:
   a) *neues* IOR gründen
   b) Treuhänder einsetzen
   c) die jetzige Direktion IOR sollte nur noch zu Auskünften zur Verfügung stehen, nicht mehr die *Leitung* haben.«[198]

Obwohl Kardinal Höffner Mitglied der vom Papst eingesetzten Kardinalskommission war, scheint auch er nicht alle Informationen besessen zu haben. Aus 1984 (vielleicht auch 1987) findet sich in seinen Akten eine handschriftliche Notiz:

»1. IOR hat im Sommer 1984 an die Luxemburger Holding des Ambrosiano-Konzerns 240,8 Millionen $ überwiesen, *ohne* damit eine Verantwortung für den Ambrosiano-Bankrott zu übernehmen.

---

[198] Handschriftliche Notiz Höffners o. D. »IOR«: HAEK – NH 886.

2. Woher stammen die Mittel?
Vielleicht: Reserven in den 97 Jahren seit der Gründung angesammelt: Liegenschaften, Beteiligungen, *vielleicht*: Kredite, *keine Mittel* von Seiten der Verwaltung des Apostolischen Stuhles.«[199]
Darüber hätte Kardinal Höffner aus seiner Mitgliedschaft in der Kardinalskommission zur Verwaltung der Güter des Heiligen Stuhles gewusst!

Die Bemühungen um die Sanierung des IOR waren noch lange nicht zuende. Die letzte handschriftliche Notiz Höffners über ein Gespräch mit Hermann J. Abs datiert vom 21. März 1987 – ein halbes Jahr vor Höffners Tod.[200] Zu einer endgültigen Regelung für den künftigen Vorstand des IOR konnte es erst 1989 kommen, als nach diplomatischen Verhandlungen mit der Republik Italien es möglich wurde, dass der Haftbefehl der italienischen Justiz gegen Erzbischof Marcinkus bei dessen Verlassen des Vatikanstaates auf dem Wege zum Flughafen nicht vollstreckt würde.[201] Marcinkus verbrachte seine letzten Lebensjahre zurückgezogen in Kalifornien.

---

[199] HAEK – NH 883.
[200] »IOR. Abs, Köln 21.3.87«: HAEK – NH 886.
[201] Dompropst Norbert Feldhoff erinnert sich eines Gesprächs mit dem päpstlichen »Reisemarschall« Marcinkus anlässlich des Papstbesuches 1980 in Köln, bei dem Marcinkus sich rühmte, aus dem gleichen Stadtviertel von Chicago zu stammen wie Al Capone.

XII. KAPITEL

REISEN IN ALLE WELT

Bis zum II. Vatikanischen Konzil waren Reisen von Bischöfen in ferne Länder nicht vorgesehen. Ausnahmen waren die alle fünf Jahre fälligen *Ad-limina*-Besuche der Bischöfe beim Papst, Eucharistische oder Marianische Weltkongresse und vor allem die Reisen der Kardinäle zu den Kongregationssitzungen in Rom.

Zur 700-Jahr-Feier der Grundsteinlegung des Kölner Domes hatte Kardinal Frings 1948 Kardinäle und Bischöfe der Nachbarländer eingeladen.[1] Doch auch bei einer solchen außerordentlichen Bischofszusammenkunft war der Papst durch seinen Legaten vertreten.

Als mit Genehmigung Pius' XII. 1954 die Partnerschaft der Erzbistümer Köln und Tokyo begründet wurde – die erste dieser Art in der Weltkirche –, wurde Kardinal Frings schon 1957 zu einem Besuch der Kirche in Japan nach Tokyo eingeladen. Es entsprach nicht nur der damaligen Auffassung von der Außergewöhnlichkeit einer solchen »Weltreise« eines Bischofs, sondern darüber hinaus der Gewissensängstlichkeit von Kardinal Frings, dass er am 3. März 1957 beim Apostolischen Nuntius in Bonn um die Vermittlung einer Genehmigung dieser Reise nachsuchte. Der Nuntius antwortete am 21. März: »Nachdem der Hl. Vater selbst die Reiserlaubnis gewährt hat, halte ich die erbetene Sondererlaubnis für Euer Eminenz und Begleitung nicht mehr für erforderlich.«[2]

Dieser restriktive Umgang mit »Bischofsreisen« war nach Abschluss des Konzils schlagartig überholt. Beim Konzil hatten die Bischöfe der Welt vier Jahre lang zu regelmäßigen Kontakten gefunden. Die Projekte der inzwischen überall in Europa und in Nordamerika entstehenden Hilfswerke für die Dritte Welt machten Austausch und Besuche unter den beteiligten Episkopaten selbstverständlich. Auch hatte die Partnerschaft Köln-Tokyo zahlreiche Nachahmer gefunden und führte zu gegenseitigen Besuchen.

Joseph Höffner, der bis zu seinem Todesjahr für seinen privaten Urlaub mit dem Kurheim St. Ulrich in Füssen-Bad Faulenbach auskam, hatte schon als Professor in Münster keine »Reisescheu« vor weiten Zielen, die sich aus seinem jeweiligen Amt ergaben, gezeigt. Der »Bund Katholischer Unternehmer« bewegte ihn schon 1961 zu einer Reise durch mehrere lateinamerikanische Staaten, die Höffner über den Auftritt vor wirtschafts- und sozialpolitischen Foren hinaus zu kirchlichen Begegnungen und zur Vermittlung erster Anliegen an das im Entstehen befindliche Bischöfliche Werk Adveniat nutzte.[3] Seine bis dahin auf die nähere westdeutsche Umgebung sich beschränkenden Seminar-Exkursionen mit

---

[1] Dazu: N. Trippen, Frings I, S. 215–226.
[2] N. Trippen, Frings II, S. 57.
[3] N. Trippen, Höffner I, S. 183 u. 252–254.

Studenten ließ er 1960 zu einer Romreise auswachsen, die vom BKU organisiert wurde und neben Industriebesichtigungen und Begegnungen auch eine Audienz bei Johannes XXIII. einschloss.[4]

Höffner war also aus gegebenem Anlass durchaus zu weiteren Reisen bereit. Das war die geeignete Voraussetzung für das immense Reisepensum, das ihm seine Ämter als Erzbischof von Köln, als Vorsitzender der Deutschen Bischofskonferenz und als Kardinal der Weltkirche bis zu seinem Tode abverlangen sollten.

1. Reisen als Erzbischof von Köln und als Kardinal

a) Reisen nach Rom

Der häufigste Anlass für Kardinal Höffner, das Flugzeug zu besteigen, waren Verpflichtungen in Rom.[5] Die Kardinalskongregationen kamen zweimal im Jahr – bei Bedarf häufiger – zu mehrtägigen Plenarversammlungen zusammen, die Höffner nach Ausweis handschriftlicher Notizen auch zu sonstigen Kontakten in Rom nutzte. Er flog mit kleinem Gepäck und wohnte stets im Priesterkolleg am *Campo Santo Teutonico*. Für die Fahrt vom und zum Flughafen stellten die Theatiner an *S. Andrea della Valle*, der Titelkirche des Kardinals, einen Wagen zur Verfügung: eine Anerkennung für die Hilfestellung, die Kardinal Höffner bzw. das Erzbistum Köln für die Instandhaltung bzw. Restaurierung der großen Kirche leisteten. Für die mehrwöchigen Romaufenthalte aus Anlass der bereits dargestellten Bischofssynoden schickte Höffner seinen Dienstwagen, gelegentlich mit seinem Sekretär, vor allem aber mit der erforderlichen Büroausstattung, nach Rom voraus, während er selbst mit kleinem Handgepäck im Flugzeug folgte.

Außerordentliche Anlässe zu Flügen nach Rom boten die beiden Konklaven des Jahres 1978 zur Wahl der Päpste Johannes Pauls I. und Johannes Pauls II. sowie die *Plenaria* der Kardinalskommission zur Revision des CIC im Oktober 1981.[6]

b) Pilgerfahrten ins Heilige Land

Als Erzbischof von Köln war Kardinal Höffner Präsident des »Deutschen Vereins vom Heiligen Lande«. Eine gelegentliche Pilgerfahrt zu den heiligen Stätten gehörte beinahe zu seinen Dienstpflichten. Ein erster Besuch ergab sich bereits im Oktober 1969.[7] Wenn Höffner schon im April 1971 mit den Kölner Dechanten

---

[4] Ebd. S. 147f.
[5] Unterlagen und handschriftliche Notizen Höffners: HAEK – NH 739–749.
[6] Vgl. oben S. 348f.
[7] 5.–15. Oktober 1969: HAEK – NH 212.

eine Pilgerfahrt ins Heilige Land unternahm, dürfte sein Generalvikar Peter Nettekoven den Anstoß gegeben haben: Nettekoven war Archimandrit der Melkitischen Kirche und dem Hl. Land sehr verbunden.[8] Schon ein Jahr später, vom 11. bis 22. April 1972, fand eine »Konferenz und Wallfahrt für Pfarrer« im Heiligen Land statt.[9]

Am 23. Mai 1982 konnte Kardinal Höffner die vom Heilig-Land-Verein erstellte und vom Erzbischöflichen Bauamt in Köln betreute Brotvermehrungs-Kirche in Tabgha am See Genesareth einweihen.[10]

c) Japanreisen

Die Partnerschaft der Erzbistümer Köln und Tokyo war seit 1954 ein Herzensanliegen von Kardinal Frings gewesen. Neben der materiellen Förderung des Priesterseminars in Tokyo sowie sozialer Projekte hatte von Anfang an der Ausbau der vom Jesuitenorden getragenen Sophia-Universität gestanden.[11] Schließlich konnte 1964 die vom japanischen Architekten Kenzo Tange mit Kölner Unterstützung gebaute Marien-Kathedrale in Tokyo geweiht werden. Vom Konzil erschöpft und geschwächt hatte Kardinal Frings zur Weihe der Kathedrale nicht mehr nach Tokyo reisen können und wurde von seinem Generalvikar Joseph Teusch, dem Promotor der Köln-Tokyo-Partnerschaft, vertreten.[12] Wie wichtig für Kardinal Frings die Beziehung Köln-Tokyo war, kann man daran erkennen, dass er sein liebstes und am häufigsten getragenes Pektorale von der Kölner Künstlerin Hildegard Domizlaff testamentarisch dem jeweiligen Erzbischof von Tokyo vermachte.

Der »Antrittsbesuch« des neuen Kölner Erzbischofs Höffner in Tokyo wurde für die Tage 23. März bis 3. April 1973 von P. Franz-Josef Mohr SJ in Tokyo minutiös vorbereitet.[13] Der Reisetermin sei durch die anstehende Einweihung der Sophia-Kurzuniversität (*Junior College*) am 27. März 1973 bedingt gewesen, so erinnert sich P. Mohr.[14] Von einer Predigt bei der in Tokyo anstehenden Priesterweihe am ersten Besuchstag[15] über Begegnungen mit dem Tokyoter Klerus und der japanischen Bischofskonferenz, Besichtigungen und Besuchen der Kathedra-

---

[8] Dazu ausführlicher s. o. S. 148f.
[9] Programm und sonstige Unterlagen: HAEK – NH 2057.
[10] Umfangreiches Material: HAEK – NH 212.
[11] Zu den Anfängen der Partnerschaft Köln-Tokyo: N. Trippen, Frings II, S. 23–103.
[12] Ebd. S. 91–102.
[13] Reiseprogramm, Schriftverkehr, Predigt- und Ansprachentexte des Kardinals, Presseberichterstattung zur Japanreise 1973: HAEK – NH 222, 224 u. 4077, 4078.
[14] Brief P. Franz-Josef Mohrs SJ an den Verfasser, 22.9.2011.
[15] Dazu P. Mohr: »Ursprünglich war vorgesehen, dass der Kardinal [Höffner] die Priesterweihe des Jahrgangs 1973 vornehmen sollte. Einer der Weihkandidaten, ein *young turk*, wie wir die damals nannten, soll daraufhin einen wütenden Brief an den Kardinal geschrieben haben: das sei Simonie usw. Der Kardinal hat das aber nicht weiter übelgenommen und zugunsten von Erzbischof Shirayanagi verzichtet.«

le, verschiedener Gemeinden, Klöster und kirchlicher Einrichtungen in und um Tokyo, vor allem aber der Sophia-Universität war alles eingeplant, was die Kirche in Japan, aber auch Kunst und Kultur in Tokyo, dem hohen Besucher aus Köln bieten konnten. Bei der Einweihung der Sophia-Kurzuniversität am 27. März kam es zu einem besonderen Vorfall, so P. Mohr SJ: Als sich die Festgäste einschließlich des Kölner Kardinals auf dem Gelände versammelt hatten, ereignete sich eines der in Japan nicht seltenen heftigen Erdbeben, »das erste Erlebnis dieser Art für Kardinal Höffner«.

Höhepunkte bildeten die Ehrenpromotion Höffners (zusammen mit seinem Generalvikar Nettekoven und dem Apostolischen Pro-Nuntius Bruno Wüstenberg[16]) durch die Sophia-Universität am 28. März 1973 und der Empfang durch Kaiser Hirohito am 30. März. Höffner registrierte handschriftlich auf seinem Reiseverlaufsplan über 20 Predigten und Ansprachen, die er während der Tage in Japan zu halten hatte. Bei der Akademischen Feierstunde anlässlich der Ehrenpromotion stellte er sich das Thema »Menschheits-Solidarität – Ein Appell an das Weltgewissen«.[17] Die letzten Tage der Reise nutzte der Kardinal zu einem Besuch der Nanzan-Universität der Steyler Missionare in Nagoya und reiste noch weiter nach Kyoto und einigen anderen Orten.

Am Tage nach seiner Heimkehr stellte sich Kardinal Höffner in Köln einer von Bischofsvikar Teusch sorgfältig vorbereiteten Pressekonferenz[18]: »Seit 1959 [richtig: 1954] hat das Erzbistum Köln für Initiativen der Katholiken Japans 71 Millionen DM bereitgestellt ... Nach den Angaben des Kardinals werden durch die von 360.000 Katholiken betriebenen kirchlichen Einrichtungen, von Kindergärten, Schulen, Sozialzentren bis hin zu elf katholischen Universitäten, jährlich rund 500.000 Japaner erreicht. Als Beispiel für die Beliebtheit der kirchlichen Einrichtungen nannte Kardinal Höffner die Anmeldungen bei den Universitäten. An der von Jesuiten gegründeten Sophia-Universität in Tokyo, die im vergangenen Jahr 9.000 Studenten zählte, hatten sich in diesem Jahr [1973] 23.000 angemeldet, wovon nur 2.000 angenommen werden konnten. Bei der von der Steyler Missionsgesellschaft unterhaltenen Nanzan-Universität in Nagoya, die 5.000 Studenten zählt, hätten sich jetzt 10.000 Studenten angemeldet. Das Verhältnis von Kirche und Staat in Japan kennzeichnete Höffner mit den Worten ›liebenswürdige Toleranz‹ ...« In den Inhalt der Gespräche zwischen den beiden Erzbischöfen Höffner und Shirayanagi gibt ein Brief Höffners an den Mitbruder in Tokyo vom 25. September 1973 Einblick: »Vor allem denke ich gern an die Gespräche zurück, die wir miteinander führten. Waren es doch meist die gleichen Sorgen, die Sie als

---

[16] In seinem Brief an den Verfasser vom 22.9.2011 zitiert P. Mohr Pro-Nuntius Wüstenberg: »Es gehöre sich doch wohl, auch dem Vertreter des Hl. Vaters ...«

[17] J. Höffner, Menschheits-Solidarität – Ein Appell an das Weltgewissen. Vortrag in der Sophia-Universität in Tokyo am 28. März 1973, hrsg. v. Presseamt des Erzbistums Köln, Köln 1973.

[18] KNA. Aktueller Dienst Inland Nr. 82, 6.4.1973: Erzbistum Köln gab 71 Millionen für Japan (ebd. die nachfolgenden Zitate).

Erzbischof von Tokyo und mich hier in Köln bedrücken. Sehr gefreut habe ich mich über den Reichtum an geistlichen Berufen, insbesondere an Priesternachwuchs. Denn wenn auch bei Ihnen die Zahlen nicht mehr an die von vor zehn Jahren heranreichen, so sind sie doch nach wie vor erstaunlich hoch ...«[19]

Höffner ging dann noch auf die in Köln eingeleitete Reform der Priesterausbildung, insbesondere auf das Seelsorgspraktikum der Diakone ein: »Wenn sie ins Seminar zurückkommen, um sich auf die Priesterweihe vorzubereiten, erkennt man sie fast nicht wieder. Sie haben das priesterliche Leben aus der Nähe kennen gelernt. Sie wissen, warum sie Priester werden wollen und Priester werden müssen und dass die Gläubigen sie brauchen. Den Pfarrern sind sie eine echte Hilfe.«[20]

Der Brief Höffners an Shirayanagi schloss mit der Ankündigung, dass »wir Kölner vom Jahr 1974 an den letzten Sonntag im Januar als Tag der geistlichen Verbundenheit und Gebetsgemeinschaft mit dem Erzbistum Tokyo feiern. Das ist nämlich der Tag, an dem wir unsere Kollekte für die Tokyo- und Japanmission durchzuführen pflegen.«

Bereits vor der Japanreise Höffners hatte Bischofsvikar Teusch am 13. März 1973 dem Kardinal mitgeteilt: »Der Priesterrat der Erzdiözese Tokyo hat beschlossen, jedes Jahr am Fest Allerheiligen einen ›Kölner Tag‹ zu begehen. An diesem Tag wird in allen Kirchen des Erzbistums Tokyo für die Erzdiözese Köln gebetet, besonders um die Weckung geistlicher Berufe. Zugleich erneuern die Gläubigen der Erzdiözese Tokyo ihr Missionsversprechen.«[21]

Der nächste Anlass zu einer Japanreise ergab sich 1979. Die 25-Jahr-Feier der Partnerschaft Köln-Tokyo war würdig zu begehen. Zum Kölner Tokyo-Sonntag Ende Januar kam Erzbischof Shirayanagi nach Köln. Wie Kardinal Höffner 1973 in Tokyo, so hielt Shirayanagi am 2. Februar 1979 in Köln eine Predigt bei der Priesterweihe. Der Verfasser, damals Regens des Kölner Priesterseminars, ist der Überzeugung, dass auch die Kölner Weihekandidaten 1979 ablehnend reagiert hätten, wenn ein fremder Erzbischof ihnen die Priesterweihe gespendet hätte. Der Verdacht von Simonie hätte zwar nicht aufkommen können. Doch die persönliche Bindung an den eigenen Ordinarius in der Priesterweihe wollte man diesem selbst gegenüber vollziehen.

War der Erzbischof von Tokyo zum Tokyo-Sonntag Ende Januar nach Köln gekommen, so reiste Kardinal Höffner vom 26. Oktober bis 5. November – also zum Gebetstag für Köln in Tokyo am Allerheiligentag – nach Japan.[22] Mit ihm flogen Weihbischof Dick, Generalvikar Feldhoff und dessen Nachfolger als Geheimsekretär, Domvikar Melzer. Außerdem nahm Kardinal Höffner seine Schwester Maria, die ihm seit 1939 – also seit 40 Jahren – den Haushalt führte, mit auf

---

[19] Höffner an Shirayanagi, 25.9.1973: HAEK – NH 4078.
[20] Zur Reform der Priesterausbildung in Köln ab 1969: Vgl. oben S. 109–120.
[21] Aktennotiz Teuschs für Kardinal Höffner und Generalvikar Nettekoven: »Betr.: Kölner Tag im Erzbistum Tokyo«, 13.3.1973: HAEK – NH 4077.
[22] Unterlagen zur Japanreise 1979: HAEK – NH 223.

die Reise. Für Höffners persönliche Anspruchslosigkeit und Korrektheit spricht der Hinweis P. Mohrs: »Der Kardinal insistierte, dass alle Kosten für seine Schwester separat abgerechnet wurden, da sie sein persönlicher Gast war und nicht Mitglied der Kölner Delegation.«[23] Höffner hatte schon als Professor in Münster stets mehrere Termine mit einer Dienstreise verbunden. So hängte er an die Japanreise einen kurzen Aufenthalt in Taiwan an.

Der nächste Besuch Kardinal Höffners in Tokyo erfolgte 1983 vom 30. November bis 5. Dezember. Von Tokyo aus flog der Kardinal noch bis zum 8. Dezember nach Manila auf den Philippinen weiter.[24] Konkrete Anlässe zu dieser Reise waren die Einweihung der zentralen Bibliothek der Sophia-Universität in Tokyo am 3. Dezember und die Grundsteinlegung für eine neue Sendeanlage von *Radio Veritas* in Manila am 7. Dezember 1983. Am Vorabend hatte die *Ateneo de Manila University* Höffner die Ehrendoktorwürde verliehen.

Am 20. Dezember 1983 veröffentlichte das Presseamt des Erzbistums Köln unter der Überschrift »Partnerschaften dürfen keine Einbahnstraßen sein«[25] eine ausführliche Nachbetrachtung zu der Reise, die vor allem auf die Unterschiede der kirchlichen Situation in Japan und auf den Philippinen hinwies: Japan mit einem verschwindend geringen Bevölkerungsanteil der Katholiken, aber einer beachtlichen Ausstrahlung der Kirche: »Gerade an diesem Beispiel zeigt sich die Notwendigkeit der Verbundenheit der Ortskirchen untereinander. Die Erfahrung der älteren Ortskirchen in Europa und die oft mitreißende Lebenskraft der jüngeren Kirchen in den anderen Erdteilen müssen sich gegenseitig ergänzen und befruchten. Auch 30 Jahre Partnerschaft Köln-Tokyo waren für den Kölner Erzbischof Anlass, die Reise nach Asien zu machen, denn ›Partnerschaften dürfen keine Einbahnstraßen sein. Partnerschaft bedeutet Begegnung, Kennenlernen, Austausch.‹«

Die Philippinen hatten (und haben bis heute) eine zu 80% katholische Bevölkerung bei erschreckendem Priestermangel und erheblichen sozialen und politischen Problemen. »Für Kardinal Höffner war mit diesem Besuch auf den Philippinen die Verleihung der Ehrendoktorwürde durch die *Ateneo de Manila University* verbunden. In einer viel beachteten Ansprache beim Festakt in der Universität wies er auf die Bedeutung der Kommunikationsmittel für Welt und Kirche hin und unterstrich dabei die Notwendigkeit der Meinungsfreiheit, auf die die Kommunikationsmittel angewiesen sind. ›Auch für den Staat ist die Kritik und Kontrolle durch die öffentliche Meinung von großem Nutzen. Denn auf diese Weise kann verhütet werden, dass Unrecht geschieht‹, sagte Kardinal Höffner. Er zeigte aber auch die Verpflichtung des Publizisten zu einem hohen Berufsethos auf, der ›die Versuchbarkeit und Verführbarkeit des Menschen nicht missbrau-

---

[23] Brief von P. Mohr an den Verfasser vom 22.9.2011 (vgl. oben Anm. 14).
[24] Programm und sonstige Unterlagen: HAEK – NH 91, 94, 221.
[25] PEK. Artikel und Reportage 203, 20.12.1983 (HAEK – NH 221); die nachfolgenden Zitate sind diesem Artikel entnommen.

chen‹ dürfe und echte humane Werte verbreiten werde ... Kardinal Höffner nahm auch die Segnung eines Grundsteins für eine neue Sendeanlage dieser Rundfunkstation [*Radio Veritas*] vor, die 1969 mit deutscher Hilfe gegründet worden war. Die Finanzierung einer neuen Sendeanlage von *Radio Veritas* war durch die Kollekte anlässlich des Goldenen Priesterjubiläums von Kardinal Höffner [1982] im Erzbistum Köln und durch einen Beitrag der Deutschen Bischofskonferenz ermöglicht worden. Mit Hilfe dieses Senders will man verstärkt die Länder des asiatischen Raums zu erreichen suchen. Schon heute überträgt *Radio Veritas* täglich Programme in 13 Sprachen.«

2. REISEN ALS VORSITZENDER DER DEUTSCHEN BISCHOFSKONFERENZ

a) Kontakte nach Frankreich und Reisen nach Polen

Wie die Japanreisen für Kardinal Höffner als Erzbischof von Köln einen besonderen Stellenwert hatten, so waren auch Verbindungen nach Frankreich und die Reisen nach Polen (mit Delegationen der Deutschen Bischofskonferenz) für Kardinal Höffner als Vorsitzenden der Deutschen Bischofskonferenz von großer Bedeutung.

Jedes Jahr in der letzten Januar-Dekade trafen sich bald nach dem II. Vatikanischen Konzil deutsche und französische Bischöfe in einer westdeutschen oder ostfranzösischen Bischofsstadt, um über anstehende pastorale Fragen miteinander zu sprechen.[26] Obwohl Deutschland während des II. Weltkrieges auch in Frankreich Schuld aufgehäuft hatte, belastete diese Schuldgeschichte die Gespräche zwischen den Bischöfen beider Länder nicht. Der Versöhnungsprozess auf kirchlicher Ebene hatte schon beim Kölner Domfest 1948 begonnen, als Kardinal Suhard von Paris im Köln-Müngersdorfer Stadion eine zentrale Ansprache über die gewachsenen Beziehungen zwischen den Städten Paris und Köln seit den Zeiten der Hochscholastik im 13. Jahrhundert gehalten hatte.[27]

Auf der ersten Generalkongregation des II. Vatikanischen Konzils erreichten die Kardinäle Liénart von Lille und Frings von Köln als Mitglieder des Konzilspräsidiums durch ihre außerplanmäßige Intervention, dass die Wahl der Mitglieder der entscheidenden Konzilskommissionen verschoben wurde.[28] Der der deutschen Sprache mächtige Koadjutor von Straßburg, Léon Arthur Elchinger,

---

[26] Die Termine und Tagungsorte lassen sich anhand von Höffners Terminkalendern in seinem Nachlass verfolgen.
[27] Dazu: N. TRIPPEN, Frings I, S. 222; allgemein: M. KISSENER, Boten eines versöhnten Europa? Deutsche Bischöfe, Versöhnung der Völker und Europaidee nach dem Zweiten Weltkrieg, in: H. Duchhardt/M. Morawiec (Hrsg.), Die europäische Integration und die Kirchen. Akteure und Rezipienten, Göttingen 2010, S. 53-72.
[28] Dazu: N. TRIPPEN, Frings II, S. 317–323.

nahm häufig an den Montagskonferenzen des deutschsprachigen Episkopats in Santa Maria dell'Anima teil und war offiziell dazu beauftragt, zwischen dem französischen und deutschen Episkopat zu vermitteln.[29] Die Kontakte in den Jahren nach Konzilsende zwischen den Episkopaten Frankreichs und der Bundesrepublik Deutschland waren von der Schuldgeschichte zwischen beiden Ländern immer weniger belastet.

Man wird berücksichtigen müssen, dass Polen aus der Geschichte mehrerer Jahrhunderte großes Misstrauen zu seinen Nachbarn im Westen wie im Osten hegte. Die Kirche war in den Zeiten der polnischen Teilungen vom 18. bis 20. Jahrhundert Hort der Einheit und des Zusammenhalts der polnischen Nation gewesen. Das machte Taktgefühl und Behutsamkeit im Aufbau normal-nachbarschaftlicher Beziehungen zwischen den Bischofskonferenzen Deutschlands und Polens nach 1965 erforderlich.

Das Verhältnis der deutschen und polnischen Bischöfe zueinander seit 1965 ist jüngst durch Karl-Joseph Hummel erforscht und dargestellt worden.[30] Die nachfolgende Darstellung von Höffners Reisen nach Polen und des Gegenbesuchs polnischer Bischöfe in Deutschland 1978 folgt Hummels Ausführungen, die durch Funde im Nachlass Höffners ergänzt werden.

Wie alle – vor allem die politischen – Kontakte zwischen Deutschland und Polen waren auch die Kontakte zwischen deutschen und polnischen Bischöfen durch die Schuld des NS-Regimes in Polen vor 1945 sowie die Umstände und Folgen der Vertreibung der Deutschen aus den Gebieten jenseits von Oder und Neiße nach 1945 belastet. Auf polnischer Seite schien das Misstrauen unüberwindbar, Deutschland werde die Grenzziehung nach 1945 nicht anerkennen und zu revidieren suchen. In Deutschland schauten die Verbände der Heimatvertriebenen argwöhnisch, welche Zugeständnisse hinsichtlich der Ostgrenzen Deutschlands von staatlicher wie von kirchlicher (vatikanischer) Seite den Polen gemacht würden.

Die ersten Konferenzkontakte zwischen deutschem und polnischem Episkopat ergaben sich während des II. Vatikanischen Konzils. Gegen Ende des Konzils »1965 luden die polnischen Bischöfe Amtsbrüder aus 57 Ländern ein, ein Jahr später zur Millenniumsfeier der Christianisierung nach Polen zu kommen. An die deutschen Bischöfe erging am 18. November 1965 eine besondere Einladung, die den unerwarteten Satz enthielt, der nicht nur die deutschen Bischöfe, sondern aus unterschiedlichen Gründen auch die Gläubigen in beiden Ländern und die politische Öffentlichkeit in Bonn, wie in Ost-Berlin und in Warschau aufhorchen ließ: ›In diesem allerchristlichsten und zugleich sehr menschlichen Geist strecken wir unsere Hände zu Ihnen hin in den Bänken des zu Ende gehenden Konzils, gewähren Vergebung und bitten um Vergebung. Und wenn Sie, die deutschen Bischöfe

---

[29] N. Trippen, Frings II, S. 356 u. 462.
[30] K.-J. Hummel, Seelsorgepolitik für eine versöhnte Zukunft, S. 917–960.

2. Reisen als Vorsitzender der Deutschen Bischofskonferenz 369

und Konzilsväter, unsere ausgestreckten Hände brüderlich erfassen, dann erst können wir wohl mit ruhigem Gewissen in Polen auf ganz christliche Art unser Millennium feiern.‹³¹ Die polnische Einladung«, so fährt Hummel fort, »stellte die deutschen Bischöfe vor eine schwierige Situation, in der vor allem Improvisation gefragt war. Wegen einer organisatorischen Panne bei der Postzustellung standen für eine Reaktion faktisch nur wenige Stunden zur Verfügung, in denen ohne inhaltliche Vorbereitung quasi aus dem Stand heraus, eine Antwort formuliert und beschlossen werden musste.«

Hummel zitiert dann aus der Antwort der deutschen Bischöfe an die polnischen Mitbrüder: »Furchtbares ist von Deutschen und im Namen des deutschen Volkes dem polnischen Volk angetan worden. Wir wissen, dass wir die Folgen des Krieges tragen müssen, die auch für unser Land schwer sind ... So bitten auch wir zu vergessen, ja wir bitten zu verzeihen. Vergessen ist eine menschliche Sache. Die Bitte um Verzeihung ist ein Anruf an jeden, dem Unrecht geschah, dieses Unrecht mit den barmherzigen Augen Gottes zu sehen und einen neuen Anfang zuzulassen ... Mit brüderlicher Ehrfurcht ergreifen wir die dargebotenen Hände.«³²

Dieser Briefwechsel hatte für die polnischen Bischöfe böse Folgen von staatlicher Seite und stieß auch bei Teilen der polnischen Bevölkerung auf Unverständnis. Zu den Millenniumsfeiern 1966 erhielt kein westeuropäischer Bischof eine Einreiseerlaubnis des polnischen Staates. Doch hat Kardinal Döpfner, der am 5. Dezember 1965 in Rom als gerade gewählter neuer Vorsitzender der Deutschen Bischofskonferenz den Polen die Antwort der deutschen Bischöfe überreicht hatte, die Kontakte nicht abreißen lassen. Hummel berichtet:»Vom 23. bis 27. Oktober 1973 besuchte Kardinal Döpfner in Begleitung des Sekretärs der Deutschen Bischofskonferenz erstmals Polen. Die Reise habe, resümierte die KNA, spürbar gemacht, ›dass zwischen der Kirche in Polen und Deutschland keine Eisbarrieren mehr stehen. Sie ließ erfahren, dass im katholischen Polen der innige Wunsch besteht zu guter Nachbarschaft, zur Überwindung der Vergangenheit und dass auch das Verständnis zu finden ist für die Sorgen der Kirche in Deutschland, insbesondere auch für die Millionen Deutschen, die ihre Heimat verloren haben.‹«³³

Inzwischen hatte die SPD/FDP-Regierung Brandt/Scheel am 7. Dezember 1970 mit der polnischen Regierung den »Warschauer Vertrag« unterzeichnet, der nach langen Auseinandersetzungen erst am 17. Mai 1972 vom Deutschen Bundestag ratifiziert worden war. Darin wurde die seit 1945 bestehende deutsch-polnische Grenze – ohne Vorgriff auf einen noch ausstehenden Friedensvertrag – anerkannt. Die Bischöfe Polens und Deutschlands waren insofern betroffen, als der Heilige

---

[31] Ebd. S. 917f.
[32] Ebd. S. 918 – Zum Briefwechsel der polnischen und deutschen Bischöfe am Ende des Konzils vgl. auch N. TRIPPEN, Frings II, S. 490–499.
[33] K.-J. HUMMEL, Seelsorgepolitik für eine versöhnte Zukunft, S. 929.

Stuhl noch 1972 polnische Diözesen jenseits von Oder und Neiße errichtete und aus dem Rest des früheren Erzbistums Breslau westlich von Oder und Neiße die Apostolische Administratur Görlitz auf dem Gebiet der DDR errichtete.

In dieser politischen wie innerkirchlichen »Gemengelage« blieb das Verhältnis zwischen den deutschen und polnischen Bischöfen bei gutem Willen auf beiden Seiten eine höchst sensible und delikate Angelegenheit. Ein neuer Abschnitt begann, als 1976 Kardinal Döpfner plötzlich verstarb und Kardinal Höffner zu seinem Nachfolger als Vorsitzender der Deutschen Bischofskonferenz gewählt wurde. »Primas Wyszyński war sehr daran gelegen, den neuen Vorsitzenden bald nach seiner Wahl in Polen begrüßen zu können, um mit ihm eine ganze Liste anstehender Probleme zu besprechen. Anlässlich der Erinnerungsfeierlichkeiten zu Ehren des hl. Adalbert, der 997 im Land der Pruzzen den Märtyrertod gefunden hatte, reiste Kardinal Höffner vom 23. bis 27. April 1977 erstmals nach Polen. Höffner besuchte bei dieser Gelegenheit auch das Kloster Niepokalanow, in dem Maximilian Kolbe bis zu seiner Verhaftung gelebt hatte, das Vernichtungslager Auschwitz und in Krakau Kardinal Wojtiła.«[34]

Im Januar 1977 hatte der Sekretär der Deutschen Bischofskonferenz, Josef Homeyer, mit seinem polnischen Kollegen, Weihbischof Bronisław Dąbrowski, die Reise vorbesprochen.[35] Höffner sagte in einem Brief am 1. Februar 1977 an Primas Wyszyński den Besuch zu, nicht ohne die Einladung zu einem Gegenbesuch polnischer Bischöfe in Deutschland auszusprechen.[36] Kurz vor Beginn der Reise Höffners nach Polen bemerkte Homeyer gegenüber Höffner: »Nach den verschiedenen Besuchen von Kardinal Döpfner in Polen und nach Ihrem ersten Besuch in Polen wird die Frage immer lauter, warum der Primas noch nicht nach Deutschland gekommen ist. Gerade in diesen Tagen, als Ihr Besuch publik wurde, gab es in Gesprächen, bei Besuchen und in Anfragen von Journalisten immer wieder peinliche Fragen: Hat der Primas etwas gegen die Deutschen? Verbietet die polnische Regierung seinen Besuch in Deutschland?«[37]

Über den Verlauf der Gespräche zwischen den polnischen und deutschen Bischöfen berichtet Hummel: »Die Gespräche der Bischöfe kreisten bei diesem Besuch zunächst um eine ganze Reihe von Einzelproblemen der Seelsorge in beiden Ländern, der Kriegsgräberfürsorge, sowie der Heimatvertriebenen und ihrer Verbände. Kardinal Höffner überbrachte die Bitte des Ratsvorsitzenden der EKD Claß, die katholische Kirche in Polen möge auf die evangelische Kirche einwirken, um diese von der intensiveren Zusammenarbeit mit der kommunistischen Regierung abzubringen. Der Primas bedauerte seinerseits sehr, dass in den deutschen Medien so wenig adäquat über die Kirche in Polen im allgemeinen und über seine Person im speziellen berichtet werde ... Die größten Differenzen zeigten

---

[34] Ebd. S. 929.
[35] Homeyer an Höffner (»Note für Herrn Kardinal Höffner«), 31.1.1977: HAEK – NH 203.
[36] Höffner an Wyszyński, 1.2.1977 (unterzeichnete Kopie): Ebd.
[37] Aktennotiz Homeyer für Höffner, 21.4.1977: Ebd.

sich in dem Bereich der finanziellen und wirtschaftlichen Unterstützung. Weihbischof Dąbrowski lehnte es rundweg ab, zu einzelnen Projekten des Europäischen Hilfsfonds Stellung zu nehmen, und verbat sich, dass die Ostpriesterhilfe von P. Werenfried van Straaten an den polnischen Bischöfen vorbei Projekte fördere. ›Manche Pfarrer zitterten bereits, von der Ostpriesterhilfe eine Zusendung zu erhalten, da dies Verfolgung seitens der Behörden bedeute‹ ... Abschließend fand man in dem Entwurf einer gemeinsamen Erklärung ›Ein Wort zu Europa‹ wenigstens einen wichtigen Punkt, in dem man übereinstimmte. Der Primas schlug vor, diesen Entwurf während der Bischofssynode im Oktober 1977 in Rom weiter zu erörtern.«[38]

Auf deutscher Seite – politisch wie kirchlich – gab es wie gegenüber Israel, so auch gegenüber Polen eine Bereitschaft, angesichts deutscher Schuld der Vergangenheit wenigstens in finanziellen Hilfen großzügig zu sein, während die polnischen Amtsbrüder aus einem ausgeprägten Nationalstolz es ablehnten, »Almosenempfänger« zu sein. Schon bei der Vorbesprechung mit Homeyer im Januar 1977 hatte Weihbischof Dąbrowski den versteckten, aber durchaus verstehbaren Hinweis gegeben: »Das Wichtigste in den Beziehungen zwischen der Kirche in Deutschland und Polen seien nicht einmal die finanziellen Hilfen, sondern die moralische Unterstützung.«[39]

Nach diesem Besuch Höffners und deutscher Bischöfe in Polen fand sich Primas Wyszyński 1978 zu einem Gegenbesuch mit einer Delegation der polnischen Bischöfe in Deutschland bereit.[40] »Primas Wyszyński hatte von 1945 bis zu diesem Tag [1978] Polen ausschließlich verlassen, um den Vatikan und Italien zu besuchen, und kam jetzt bei seiner ersten ›Auslandsreise‹ ausgerechnet in die Bundesrepublik Deutschland. Bei der Reisedramaturgie« – so Hummel – »hatten beide Seiten peinlich darauf zu achten, dass dieser Besuch zu einem Besuch des Primas wurde. Der Erzbischof von Krakau, der seit dem Tod von Kardinal Kominek [Erzbischof von Breslau] 1974 immer deutlicher die Rolle des Meinungsführers in der Gruppe der jungen polnischen Bischöfe übernommen hatte, musste sich in diesen Tagen bewusst im Hintergrund halten.«[41]

War der als Pilgerfahrt konzipierte Besuch zunächst gemeinsam mit Mutter Teresa von Kalkutta beim Katholikentag in Freiburg (13.–17. September 1978) geplant, so führte die Möglichkeit einer Begegnung bei der Herbstvollversammlung der Deutschen Bischofskonferenz zu einer Verlegung auf den 20. bis 25. September und begann in Fulda.

Am 22. September, einem Freitag, schloss sich der Besuch in Köln an. Der Verfasser erinnert sich hoher Nervosität im Vorfeld des Kölner Besuchs der polnischen Gäste. Die zum Festessen im Börsensaal der Industrie- und Handelskam-

---

[38] K.-J. HUMMEL, Seelsorgepolitik für eine versöhnte Zukunft, S. 930f.
[39] Homeyer an Höffner, 31.1.1977: HAEK – NH 203.
[40] Verlaufsplan, Redemanuskripte Höffners etc.: HAEK – NH 208.
[41] K.-J. HUMMEL, Seelsorgepolitik für eine versöhnte Zukunft, S. 932f.

mer eingeladenen Priester wurden verpflichtet, in Soutane zu erscheinen – was damals für manche Verlegenheiten mit sich brachte. Kardinal Wyszyński lehnte beim Pontifikalamt im Kölner Dom abends die Konzelebration mit Kardinal Höffner ab: Er konzelebriere nur mit dem Papst! Der Primas nahm auf einem *Faldistorium* hinter einer mit Brokat verhangenen Betbank neben dem Vierungsaltar Platz. Konzelebrant von polnischer Seite war Kardinal Wojtiła von Krakau – wenige Tage später Papst Johannes Paul II.

Weitere Stationen waren eine Wallfahrt in Deutschland lebender Polen nach Neviges (Erzbistum Köln), wo auch ein Gespräch mit dem Ratsvorsitzenden der EKD, Landesbischof Claß, stattfand, und schließlich ein Besuch am Grab Kardinal Döpfners in München. Seine Abschiedsadresse an Primas Wyszyński und die polnische Bischofsdelegation in München am 25. September in Gegenwart der Presse hatte Kardinal Höffner bis in letzte Umformulierungen ausgefeilt: »Wir wissen um die tragische Verstrickung des Schicksals unserer Völker, um die schrecklichen Untaten, die uns in der Vergangenheit getrennt haben. Wir werden und dürfen diese schmerzlichen Erfahrungen nicht verdrängen. Millionen von Polen haben nach 1939 ihr Leben verloren; ein Viertel der Bischöfe und der Priester wurden in Konzentrationslagern ermordet. Nach dem Krieg verloren Millionen von Deutschen und Polen ihre Heimat. Trotz dieser schmerzlichen Wunden haben sich die polnischen und deutschen Bischöfe in den Bänken der Konzilsaula die Hände gereicht. Dafür danken wir Gott. Wir haben uns gegenseitig geschworen: Nie wieder darf der Ungeist des Hasses unsere Hände trennen.

Damals – 1965 – begannen wir mit dem denkwürdigen Briefwechsel den Bau der Brücke der Versöhnung. Durch den Besuch von Herrn Kardinal Döpfner 1973 und durch meinen Besuch Anfang letzten Jahres wurde dieses Werk fortgesetzt. Mit Ihnen, sehr verehrter Herr Primas, kam der Repräsentant des gläubigen polnischen Volkes zu uns. Wir wissen alle, was das bedeutet. Durch Ihren jetzigen Besuch wurde der Bau der Brücke vollendet. Die Versöhnung wurde besiegelt: Sie ist längst zu einer herzlichen und brüderlichen Verbundenheit der Kirche in unseren beiden Völkern geworden, dank der Güte Gottes und auf die Fürsprache der Königin des Friedens.«[42]

Bereits zwei Jahre später fuhr Kardinal Höffner zum zweiten Mal nach Polen.[43] »Vom 11. bis 15. September 1980 reiste die bis dahin prominenteste bischöfliche Pilgergruppe aus Deutschland zum ersten gemeinsamen Treffen der beiden Bischofskonferenzen nach Polen. Die deutsche Delegation kam als erste große Delegation aus dem Westen nach den August-Streiks von Werft-Arbeitern

---

[42] Abschlusserklärung des Vorsitzenden der Deutschen Bischofskonferenz, Kardinal Joseph Höffner, zum Besuch des Primas von Polen, Kardinal Stefan Wyszyński, am 25. September 1978 vor der Presse: HAEK – NH 208 (Original-Redemanuskript mit hs. Zeichen und Verbesserungen); weiteres Exemplar: HAEK – NH 1474; Erklärung des Primas von Polen ... zum Abschluss der Reise in die Bundesrepublik Deutschland, Köln am 25. September 1978: HAEK – NH 202 und 1474.

[43] Reiseprogramm, Rede- und Predigtmanuskripte etc.: HAEK – NH 201–205.

an der Ostseeküste, die den Anstoß zu dem Systemwandel gegeben haben, der schließlich das Ende der Volksrepublik Polen bewirken sollte.«[44] Die Teilnehmerliste der deutschen Bischöfe nennt die Kardinäle Höffner, Volk und Ratzinger, dazu die (Erz-)Bischöfe Degenhardt, Hengsbach, Schick, Moser und Stimpfle – ferner Sekretär Homeyer und einige Mitarbeiter seines Sekretariates.[45]

Im Vorfeld des Besuchs hatte es Irritationen gegeben. Am Berliner Katholikentag vom 4. bis 8. Juni 1980 hatten erstmals keine prominenten Vertreter der Laien aus Polen teilgenommen. Die Hintergründe schildert uns Hans Maier, damals bayerischer Kultusminister und Präsident des ZdK: »Es ging um die Grenzfrage, um die Oder-Neiße Linie. Diese war im Warschauer Vertrag vom 7. Dezember 1970 als westliche Staatsgrenze der Volksrepublik Polen festgestellt worden – die endgültige Festlegung blieb jedoch nach Artikel I Absatz I des Vertrages einer friedensvertraglichen Regelung vorbehalten. Solange diese ausstand, war nach meiner Meinung auch in den Schulbüchern und Atlanten der ganze komplexe Sachverhalt zu vermitteln: der de-facto-Tatbestand der jetzigen Grenze – aber auch der de-jure-Vorbehalt des Friedensvertrags. Diese Ansicht vertrat ich in einem Interview mit dem ›Spiegel‹ vom 11. Dezember 1979 im eigenen Namen und zugleich im Namen der Unions-Kultusminister, um deren Koordination ich bemüht war ... In Polen fand das Interview weite Verbreitung und stieß auf heftige Kritik. Am 25. Februar 1980 schrieb Stefan Kardinal Wyszyński, der polnische Primas, an Joseph Kardinal Höffner, seinen deutschen Amtsbruder, und verlangte eine ›Überprüfung‹ meiner Erklärungen. ›Ihr Aufrechterhalten mit gleichzeitiger Bekleidung der Stellung des Präsidenten im Zentralkomitee würde uns eine äußerste Schwierigkeit bedeuten für die Erhaltung der sonst so nützlichen Kontakte zwischen den Vertretern des polnischen Laikats ... und dem Verband, der alle Organisationen des deutschen Laikats einbeschließt.‹«[46]

Maier berichtet auch von Höffners Reaktion: »Kardinal Höffner wies in seiner Antwort vom 1. April darauf hin, dass ich – als Kultusminister, nicht als ZdK-Präsident – nur die Tatsache wiederholt hatte, ›die im Urteil des Bundesverfassungsgerichts der Bundesrepublik Deutschland zum Grundvertrag (mit der DDR) festgestellt worden ist, dass es nämlich einen Friedensvertrag noch nicht gibt ... Diesen staatsrechtlichen Tatbestand kann Prof. Maier als Kultusminister eines Bundeslandes der Bundesrepublik Deutschland nicht ignorieren, wie auch ich ihn nicht ignorieren kann.‹«

Maier erhielt im Vorfeld des Berliner Katholikentages einen Brief führender Laienvertreter der ZNAK-Gruppe im polnischen Parlament. Absender war Prof. Dr. Stanisław Stomma, Mitunterzeichner waren die Herren Bartoszewski, Mazowiecki und Turowicz. Maier kam erst am 29. Juli 1980 dazu, den Brief zu beant-

---

[44] K.-J. HUMMEL, Seelsorgepolitik für eine versöhnte Zukunft, S. 941.
[45] Teilnehmerliste: HAEK – NH 205.
[46] H. MAIER, Böse Jahre, gute Jahre. Ein Leben 1931ff., München 2011, S. 277f.

worten. Er versuchte, die polnischen Sorgen vor Revisionismus unter den deutschen Katholiken zu zerstreuen:

»1. Weder das Zentralkomitee noch ich persönlich denken daran, die bestehenden Grenzen zwischen Deutschland und Polen zu ändern und ihre Änderung zu propagieren. Diese Grenzen sind nicht nur ein Faktum, sondern durch den Warschauer Vertrag ... auch rechtlich festgestellt. An dieser Feststellung wollen wir als deutsche Katholiken nichts ändern.
2. Die staatsrechtliche Lage in der Bundesrepublik Deutschland ist so, dass durch den Warschauer Vertrag eine friedensvertragliche Regelung der Grenzen nicht vorweggenommen werden konnte. Dies bedeutet nach unserem Verständnis jedoch nicht, dass in einem späteren Friedensvertrag eine andere Grenze zwischen Deutschland und Polen festgelegt werden soll. Der Friedensvertragsvorbehalt besagt lediglich, dass die jetzt bestehenden Grenzen einer Bestätigung durch den Friedensvertrag bedürfen ...
3. Die Meinungsbildung über die kartographische Darstellung der Grenzen ist unter den Ländern der Bundesrepublik Deutschland noch nicht völlig abgeschlossen. Das innerdeutsche Staatsrecht gebietet, dass bei der Darstellung auch die Grenze von 1937 kenntlich gemacht wird ... Diese Kennzeichnung der ehemaligen Grenze soll lediglich anzeigen, dass die Bundesrepublik Deutschland allein rechtlich nicht zu einer das ganze Deutschland bindenden vertraglichen Regelung befugt ist ...«[47]

In den Absprachen der Sekretäre der Bischofskonferenzen im September 1980 erfuhr Homeyer von Dąbrowski zu seiner Überraschung: »Dies [der Friedensvertragsvorbehalt des Warschauer Vertrages] sei weder dem Primas noch den polnischen Bischöfen und noch weniger dem polnischen Volk bekannt. Dort sei man tatsächlich der Überzeugung gewesen, der Warschauer Vertrag sei ein definitiver Friedensvertrag ... Wenn die polnischen Bischöfe nunmehr von einem Friedensvertragsvorbehalt aus dem Munde deutscher Bischöfe hören würden, wären diese äußerst erschreckt.«[48] Obwohl Papst Johannes Paul II. am 27. Juli 1980 in Castel Gandolfo geäußert hatte, »er hoffe sehr, dass man in der leidigen ›Grenzfrage‹ eine Verständigung erreiche«, vereinbarten Homeyer und Dąbrowski in ihren vorbereitenden Gesprächen für den Polenbesuch der deutschen Bischöfe, »den Komplex ›Grenzfrage‹ bei dem Besuch 1980 noch auszusparen und erst 1981 in einem ausführlichen Gespräch – z. B. in Rom – zu erörtern«.

Der Reiseplan[49] führte 1980 vom Warschauer Flughafen direkt zum Tagungsort der polnischen Bischofskonferenz in das Kloster Jasna Gora in Tschenstochau. Unterwegs hielten die deutschen Bischöfe am Minoritenkloster Niepokalanow an, wo Maximilian Kolbe bis zu seiner Verhaftung durch die NS-Schergen gelebt

---

[47] Kopie: Maier an Prof. Stomma, 29.7.1980: HAEK – NH 205.
[48] K.-J. HUMMEL, Seelsorgepolitik für eine versöhnte Zukunft, S. 942.
[49] Programm für den Besuch der Delegation der Deutschen Bischofskonferenz vom 11.–15. September 1980 bei der Konferenz des polnischen Episkopats: HAEK – NH 205.

und gearbeitet hatte. Der Besuch hier wie später in der Todeszelle Kolbes in Auschwitz hing mit der bevorstehenden Heiligsprechung Kolbes zusammen.

Die auf einen Vormittag beschränkte Teilnahme der deutschen Bischöfe an der polnischen Bischofskonferenz begann mit der Überreichung einer Bonifatius-Reliquie durch Kardinal Höffner.[50] Thematisch beschränkte man sich auf die Jugend- und Familienpastoral[51] sowie auf die Europa-Thematik, die auch Papst Johannes Paul II. in Castel Gandolfo hervorgehoben hatte. Statt sich also an der Vergangenheitsbewältigung, näherhin der Grenzfrage, abzuarbeiten, wollte man in die Zukunft blicken.

Über Trebnitz, wo man das Grab der hl. Hedwig besuchte, ging die Reise weiter nach Breslau. Beim feierlichen Pontifikalamt war Kardinal Höffner Hauptzelebrant, während Kardinal Volk predigte.[52] Im Mittelpunkt des dritten Tages stand der Besuch des Konzentrationslagers Auschwitz, wo Höffner in der Todeszelle Maximilian Kolbes ein Gebet sprach. Der große Gottesdienst fand an diesem Tage in Krakau statt, wobei Kardinal Ratzinger die Predigt hielt. Am letzten Tag in Warschau predigten die beiden Vorsitzenden Wyszyński und Höffner. Vor dem Abflug am 15. September gaben beide Presseerklärungen ab.[53] Höffner ging dabei – nach dem bei solchen Besuchen in Polen stets von deutscher Seite erwarteten Bekenntnis zur deutschen Schuld in der Vergangenheit – vor allem auf die gemeinsame Konferenz der Bischöfe im Kloster Jasna Gora ein: »Diese gemeinsamen Beratungen gehören bereits seit Jahren zum festen Bestandteil unserer gegenseitigen Beziehungen. Es besteht ein ständiger und breiter Erfahrungsaustausch in theologischen und pastoralen Fragen. Diesmal ging es uns insbesondere um die Jugendpastoral und um Fragen von Ehe und Familie. In beiden Ländern steht die Kirche hier in einer Herausforderung.« Höffner schloss: »Der bewegende Abschluss unseres Besuches war gestern der gemeinsame Gottesdienst in der Kathedrale von Warschau. In dieser Kathedrale haben vor genau 36 Jahren Deutsche und Polen gegeneinander gekämpft, gestern haben an der gleichen Stelle Deutsche und Polen miteinander gebetet. Dies gibt uns die Gewissheit: Der Geist Christi schafft Frieden.«

Kardinal Wyszyński ging noch einmal auf den Besuch in Auschwitz ein: »Ich danke Kardinal Höffner für die Worte, die er in der Todeszelle des sel. Maximilian Kolbe zum Ausdruck brachte – am Ort des Golgotha des 20. Jahrhunderts, wie es der Hl. Vater Johannes Paul II. genannt hat, und für das Gebet, um die baldige Heiligsprechung des sel. Maximilian Kolbe als Märtyrer der Liebe zu erwirken.«

---

[50] Manuskript der Ansprache Höffners »bei der Überreichung der Bonifatiusreliquie« am 12.9.1980 in Jasna Gora: HAEK – NH 201.
[51] In Höffners Papieren findet sich ein Manuskript: Kasimierz Majdański, Bischof, Familienpastoral in Polen (deutsch): HAEK – NH 201.
[52] Predigtmanuskript Volks: Ebd.
[53] Originalmanuskript Höffners (mit Zeichen für den Vortrag): HAEK – NH 204, dort auch »Presserklärung des Primas von Polen, Stefan Kardinal Wyszyński, am Ende des Pilgerbesuches der Delegation der Deutschen Bischofskonferenz, am 15. September 1980«.

Dann wandte sich der Primas der Evangelisierung Europas zu, über die man in Tschenstochau miteinander gesprochen hatte: »Besonders die Kirche in Polen möchte mit allen im Geiste der Konzilserneuerung und Evangelisierung Europas zusammenarbeiten, damit es zur Wiege des Zusammenlebens in Frieden und Liebe werde. Unsere bisherigen Gespräche in Fulda vor zwei Jahren und zuletzt auf der Jasna Gora betonen viele gemeinsame Interessen, besonders wenn es geht um das Familienleben, die Erziehung der Jugend sowie um Probleme, die mit einer gesicherten Zukunftsentwicklung der Kirche, dem friedlichen Zusammenleben und der allseitigen Zusammenarbeit unter unseren Völkern zusammenhängen. Ich möchte behaupten, dass der gegenwärtige Pilgerbesuch der Delegation der Deutschen Bischofskonferenz in Polen die Überzeugung vertieft, dass solche Begegnungen nützlich sind und fortgeführt werden müssen.«

Wie sich das Verhältnis Kardinal Höffners zu Primas Wyszyński inzwischen entspannt hatte, kam in einer telegraphischen Kondolenz des Kardinals zum Tode Wyszyńskis am 28. Mai 1981 zum Ausdruck. Dem stellvertretenden Vorsitzenden der polnischen Bischofskonferenz, Kardinal Macharski in Krakau, schrieb Höffner: »Gott hat Kardinal Wyszyński der Kirche und dem polnischen Volk in schwerer geschichtlicher Stunde geschenkt und durch ihn großen Segen vermittelt und vielen Hoffnung gegeben, weit über Polen hinaus. Wir werden nicht vergessen, was Kardinal Wyszyński vor fast drei Jahren im Kölner Dom ausgerufen hat: ›Wir suchen nach einer Sprache des Evangeliums, mit welcher die Bischöfe Europas ihre Völker ansprechen können, um sie im Geist der Liebe, der Gerechtigkeit und des Friedens zu bewahren. Es ist eine schwierige Sprache, eine feinfühlige, eine umsichtige Sprache; sie ist aber unentbehrlich, damit wir unserer gemeinsamen Aufgabe, Europa wieder zum Evangelium zu bekehren, gerecht werden können.‹«[54]

Dass der Austausch zwischen den Bischofskonferenzen Deutschlands und Polens Züge einer guten Routine angenommen hatte, mag man daran erkennen, dass bereits vom 3. bis 5. Juni 1982 erneut eine Delegation deutscher Bischöfe zur Konferenz ihrer polnischen Mitbrüder nach Polen reiste.[55] Inzwischen waren dort wesentliche Veränderungen eingetreten: Auf den 1981 verstorbenen Kardinal Wyszyński war Jozef Glemp als Primas gefolgt. In einer Nachbetrachtung zur Reise der deutschen Bischöfe 1982 in KNA stellte Martin Thull fest: »In der polnischen Bischofskonferenz hat damit ein Generationswechsel stattgefunden, der der deutschen Bischofskonferenz für die nächsten vier Jahre erst noch bevorsteht. Und dieser Besuch hat eines gezeigt: Dieser Generationswechsel hat der Verständigung zwischen den Bischöfen, dem Verständnis in gemeinsam bewegenden Fragen nicht geschadet. Im Gegenteil: Der Besuch im Juni 1982 hat gezeigt, dass diese Atmosphäre gegenseitigen Verstehens bereits tiefer geht.«[56]

---

54 Entwurf eines Telex Höffner an Macharski mit hs. Korrekturen und Unterschrift Höffners: HAEK – NH 201.
55 Reiseprogramm und sonstige Unterlagen: HAEK – NH 200.
56 J. Thull, Pastoralbesuch – mit Politik vermischt: KNA Korrespondenzbericht Nr. 197, 7.6.1982.

Doch wichtiger und einschneidender als die Veränderungen in der polnischen Bischofskonferenz waren die seit dem letzten Besuch 1980 eingetretenen politischen Veränderungen und Zuspitzungen in Polen. Hummel schreibt: »Die Auseinandersetzungen um soziale Reformen und politische Freiheit in Polen, die zunächst zur Gründung der freien Gewerkschaft ›Solidarität‹ führten, hatten sich binnen kurzem zu einer Protestbewegung großer Teile des polnischen Volkes ausgeweitet, der die Regierung am 13. Dezember 1981 nur noch durch die Ausrufung des Kriegsrechts Herr zu werden glaubte.«[57] Innerhalb von Tagen wurden 3.000 Regimegegner, darunter die Symbolgestalt Lech Wałęsa, interniert. Die politische Krise wurde zugleich eine Versorgungskrise, die »bei den deutschen Katholiken zu einer in diesem Ausmaß einmaligen Solidaritätswelle und intensiven Gebets- und Solidargemeinschaft« führte.

Zur Reise der deutschen Bischofsdelegation im Juni 1982 schreibt Hummel: »Die polnischen Bischöfe hatten vorab eine Liste mit dringend benötigten Medikamenten und medizinischen Geräten übermittelt. Die deutschen Katholiken hatten in einer Sonderkollekte 24 Millionen DM gesammelt. Der Deutsche Caritasverband lieferte zwischen Dezember 1981 und Mai 1982 11.455 t Lebensmittel nach Polen.«[58]

Es mag mit der Sorge vor Sympathien der Polen gegenüber den Deutschen angesichts solcher Hilfsbereitschaft zusammenhängen, dass die kommunistische Führung acht Tage vor dem Besuch der deutschen Bischöfe die Deutsche Bischofskonferenz mit dem Vorwurf angriff, sie akzeptiere die Oder-Neiße-Grenze nicht.

Die Reise führte wiederum von Warschau über Posen, Gnesen, Tschenstochau und Auschwitz nach Krakau. In Auschwitz unterzeichneten Primas Glemp und Kardinal Höffner eine gemeinsame Petition an Papst Johannes Paul II., Maximilian Kolbe am 10. Oktober 1982 heiligzusprechen. Zum Inhalt des Reiseprogramms bemerkt das Ergebnisprotokoll: »In allen Ansprachen kehrten folgende Schwerpunkte wieder: 1. Gottvertrauen und Vertrauen auf die Gottesmutter, 2. Verbundenheit der Episkopate und der Kirche in beiden Ländern, 3. gemeinsame Verantwortung für Europa im Blick auf das Jahr 2000 post Christum natum, 4. Polens Beitrag in der Entstehung und Gestaltung der europäischen Kultur.«[59]

Die Polenreise der deutschen Bischofsdelegation im Juni 1982 fiel auch in eine Phase politischer Aktivitäten mit dem Ziel, Polen aus der Zwickmühle zwischen internationaler Kritik wegen des Kriegsrechts und der Internierungen einerseits und der Wirtschaftskrise andererseits herauszuhelfen. Der polnischen katholischen Kirche als einziger von den Polen anerkannter Autorität dachten manche Politiker dabei eine nicht unerhebliche Rolle zu. In Höffners Akten findet sich eine unter dem Datum 11. Juni 1982 von ihm zusammengestellte Liste von Gesprächsnotizen anlässlich eines Empfangs bei der Tagung des NATO-Rats am

---

[57] K.-J. HUMMEL, Seelsorgepolitik für eine versöhnte Zukunft, S. 952f.
[58] Ebd. S. 954.
[59] »Ergebnisprotokoll« vom 7.6.1982 ohne Verfasserangabe: HAEK – NH 200.

9. Juni 1982 auf Schloss Augustusburg in Brühl.[60] Höffner konnte aus diesem Anlass mit dem US-Präsidenten Reagan, mit Bundeskanzler Schmidt, mit Außenminister Genscher, mit dem belgischen Europapolitiker Leo Tindemans je unter vier Augen sprechen. Der Kardinal beschloss seine Notizen mit der Feststellung: »Alle Gesprächspartner interessierten sich dafür, dass nicht nur das Verhältnis der deutschen und polnischen Bischofskonferenz zueinander sehr brüderlich geworden ist, dass sich vielmehr auch das Verhältnis der polnischen Bevölkerung zu den Deutschen vertieft hat.

Beachtung fand auch meine Bemerkung, dass die Pfarrer vor einer neuen pastoralen Not stünden, der *Traurigkeit* der jungen Generation, einer Traurigkeit, die nicht wie bei uns Ausdruck der Langeweile ist, sondern durch die gewaltsame Unterdrückung der Freiheitsbewegung entstanden ist.«

Den Gegenstand der Gespräche Höffners in Polen und mit den Politikern in Deutschland hat Hummel knapp zusammengefasst: »Im Verlauf der Beratungen im Juni 1982 spielte der Plan eines privaten Landwirtschaftsprogramms mit einer Größenordnung von 5 Milliarden DM in fünf Jahren eine wichtige Rolle. Kardinal Höffner hat sich dafür bei der Bundesregierung, bei verschiedenen Außenministern der Europäischen Gemeinschaft und beim amerikanischen Präsidenten Reagan persönlich, aber im Ergebnis ohne Erfolg eingesetzt.«[61]

Im Laufe des Juni 1982 ließ Bundeskanzler Schmidt Höffner über seine Kontakte zu polnischen Politikern durch Staatsminister Wischnewski und Prälat Bocklet (Katholische Büro Bonn) informieren.[62] Schmidt hatte bei einem Besuch der UNO in New York mit dem polnischen Außenminister Cyrek gesprochen und ließ darüber Kardinal Höffner mitteilen:

» ... 5. Der Kanzler sagte, dass die Bundesregierung ausgeht von den Forderungen, die auch im Bundestag am 18. Dezember 1981 durch den Bundeskanzler formuliert wurden, nämlich die Forderungen:
1. Aufhebung des Kriegsrechts,
2. Freilassung der Internierten,
3. Nationaler Dialog mit allen Kräften, besonders mit der Kirche.

...

8. Der Kanzler weist weiter darauf hin: Beim nationalen Dialog müsste unmittelbar zwischen [Präsident] Jaruzelski und Erzbischof Glemp der Dialog Staat und Kirche verbessert werden.

...

---

[60] Kardinal Joseph Höffner, Hilfe für Polen, 11.6.1982 (3 Seiten): Ebd.
[61] K.-J. Hummel, Seelsorgepolitik für eine versöhnte Zukunft, S. 954.
[62] Wischnewski an Höffner, 18.6.1982 (Kopie eines Briefes des stellv. polnischen Ministerpräsidenten Rakowski an Bundeskanzler Schmidt); Prälat Bocklet (Kath. Büro Bonn), Betr.: Polen – Anruf von Herrn Ministerialdirektor von der Gablentz, Bundeskanzleramt, 24.6.1982 (3 Seiten), »N.B. Der Bundeskanzler lässt ausrichten, dass er die Bitte hat, diese Nachricht an Herrn Kardinal Höffner weiterzugeben«: HAEK – NH 200.

11. Der Kanzler weist auf die Paketaktion der deutschen Bevölkerung hin, insbesondere der Kirchen und caritativen Verbände, aber auch die Ermäßigung der Postgebühren in der Bundesrepublik – er nennt auch dem Außenminister die Zahlen –, die als Hilfe gegeben wurden. Darauf habe der Außenminister nichts gesagt. Man vermutet, dass man das weiß und duldet, aber eigentlich nicht gern sieht.«

Solche Rückmeldungen aus der Politik lassen erkennen, dass die Politiker in Polen wie in Deutschland sich 1982 bewusst waren, dass eine Lösung der damaligen polnischen Krise nicht ohne Einbeziehung der in Polen starken katholischen Kirche möglich war.

Gut ein Jahr vor seinem Tode reiste Kardinal Höffner vom 25. bis 27. August 1986 noch einmal mit einer Delegation deutscher Bischöfe nach Polen, um neben der Teilnahme an einem feierlichen Gottesdienst in Tschenstochau dort an einer Sitzung des Ständigen Rates der polnischen Bischofskonferenz teilzunehmen.[63] Primas Glemp und Höffner hielten dabei eine Ansprache, an deren Ende Höffner die polnischen Bischöfe zum Papstbesuch in Deutschland Anfang Mai 1987 und zum Marianischen Kongress in Kevelaer im September 1987 einlud – an dem Höffner selbst wegen seiner fortschreitenden Erkrankung schon nicht mehr teilnehmen konnte.[64]

Über das Gespräch der polnischen und deutschen Bischöfe in Tschenstochau berichtete Höffner bei einer Pressekonferenz am 27. August 1986 in Frankfurt. In der KNA-Meldung darüber hieß es: »›Als Christen haben wir eine gemeinsame Verantwortung für diesen Lebensraum in Mitteleuropa‹, betonte der Kardinal. Immer wieder sei in den vergangenen Jahrhunderten versucht worden, das christliche Menschenbild in Europa zu vernichten. Die deutschen und polnischen Bischöfe seien sich einig, dass alles getan werden müsse, um dieses gefährdete Menschenbild zu verteidigen und zu erneuern, wenn es zu einer wirklichen Erneuerung des Christentums in Mitteleuropa kommen solle ... Trotz der unterschiedlichen gesellschaftlichen Bedingungen in Polen und in der Bundesrepublik haben die Bischöfe in beiden Ländern nach den Worten Höffners doch viele gemeinsame pastorale Sorgen. Auch in Polen werde der Prozess der Säkularisierung immer spürbarer. Die Zahl der Ehescheidungen und der Abtreibungen nähme erheblich zu. Zur Frage der deutschsprachigen Gottesdienste in Polen stellte der Kardinal fest, die polnischen und deutschen Bischöfe seien sich darin völlig einig, dass alle Christen ein Recht auf muttersprachlichen Gottesdienst hätten.«[65]

b) Reisen nach Afrika und Asien

Musste Kardinal Höffner den Reisen nach Polen (und den regelmäßigen Kontakten mit der französischen Bischofskonferenz) aus nachbarschaftlichen und histo-

---

[63] Reiseprogramm und sonstige Unterlagen: HAEK – NH 199.
[64] Handschriftlicher Vermerk Höffners auf dem Reiseprogramm 1986: Ebd.
[65] KNA Aktueller Dienst Inland Nr. 199, 29.8.1986: Ebd.

risch bedingten Gründen besondere Aufmerksamkeit schenken, so erwarteten die Bischöfe der »Dritten Welt« – in Afrika und Asien – nicht nur materielle Hilfe von Deutschland, sondern auch den mitbrüderlichen Respekt der deutschen Bischöfe, der in gelegentlichen Besuchen des Vorsitzenden oder gar größerer Delegationen der Deutschen Bischofskonferenz seinen Ausdruck fand.

So machte Kardinal Höffner 1981 innerhalb einer Woche (1.–6. Juni) eine Reise in vier afrikanische Länder: Angola, Kongro-Brazzaville, Zaire und Äthiopien.[66] Für das einzelne Land blieb jeweils ein halber Tag, der mit einem Gottesdienst und einer Begegnung mit der jeweiligen Bischofskonferenz reichlich ausgefüllt war. Außer Prälat Homeyer und einigen seiner Mitarbeiter bildeten Vertreter von KNA und MISEREOR seine Begleitung.

Schon 1978 hatte Höffner vom 23. Februar bis 6. März eine ähnliche »Blitzreise« nach Asien unternommen.[67] Sie führte ihn nach Ägypten, Indien, Thailand, den Philippinen, Hongkong, Taiwan, Korea und Japan. Wie Höffner selbst diese Reise gesehen hat, erläuterte er bei einer Pressekonferenz in Köln nach seiner Rückkehr am 7. März 1978: »In zehn Tagen habe ich acht Länder besucht ... Meine Reise galt jeweils den Bischofskonferenzen und den Ortskirchen der betreffenden Länder. Sinn und Ziel der Reise war es, die vielen Kontakte, die bereits zwischen der Kirche in Deutschland und der Kirche in Asien bestehen, durch persönliche Begegnungen und geistigen Austausch zu vertiefen. Deshalb habe ich durch meine Reise erneut meine Überzeugung bekunden wollen – wie übrigens Kardinal Döpfner genauso vor zwei Jahren bei seiner Reise nach Afrika –, dass wir nicht nur die Gebenden sind, sondern dass wir viel von der Kirche in Asien lernen können. Ich habe mich bemüht, zu sehen, hinzuhören und so zu lernen.«[68]

In Kairo kam es – neben der Begegnung mit den Bischöfen – zu einem Gespräch mit Scheich Abdelhaben von der Al-Azhar-Universität, in Indien zu einem Gang mit Mutter Teresa von Kalkutta durch Elendsquartiere. In Manila auf den Philippinen besuchte Höffner mit Kardinal Sin ebenfalls ein Elendsviertel und hielt einen Vortrag vor asiatischen Bischöfen.

In Korea begegnete er seinem früheren Doktoranden, dem Erzbischof von Seoul, Kardinal Stephen Kim[69]: »Die Kirche in Korea macht einen ausgesprochen vitalen Eindruck. Man sieht die Probleme und geht mit großer Energie und Umsicht, aber auch mit viel Geschick an die Lösung ...«

Am 8. März 1978 formulierte Höffner »Aufgaben, die sich aus dieser Reise ergeben«:

»1. Der *Austausch von Informationen* ...

---

[66] Reiseplan und sonstige Unterlagen: HAEK – NH 214.
[67] Umfangreiches Material, vor allem Rede- und Predigtmanuskripte: HAEK – NH 209 und (für den Besuch auf den Philippinen) 206.
[68] Redemanuskript mit handschriftlichen Korrekturen und Ergänzungen Höffners: Ebd. – Diesem Bericht vor der Presse sind die nachfolgend geschilderten Details der Reise entnommen.
[69] Zu Kims Projekt einer Dissertation bei Höffner in Münster s. N. TRIPPEN, Höffner I, S. 152.

2. Immer wieder haben die besuchten Bischöfe und Bischofskonferenzen gebeten, dass *deutsche Bischöfe diese Länder besuchen ...*
3. *Besuche ausländischer Bischöfe in Deutschland*: Die Bischöfe betonten in allen Gesprächen, dass die finanzielle Hilfe der Kirche in Deutschland äußerst wertvoll sei, diese aber eingebettet sein sollte in einen wachsenden geistigen und geistlichen Austausch der Kirche in Europa und in den asiatischen Ländern ...
4. Verschiedene Bischofskonferenzen, z. B. in Indien, Thailand und auf den Philippinen, betonen die Notwendigkeit, die *Partner der bischöflichen Werke MISEREOR und MISSIO* in diesen Ländern in einen engeren Kontakt mit der jeweiligen Bischofskonferenz zu bringen. Dies ist erforderlich, da diese Partner-Einrichtungen zum Teil vor der Konstituierung der Bischofskonferenzen entstanden sind ...
5. Zu bedenken ist auch die von verschiedenen Bischöfen geäußerte Bitte, seitens der Kirche in Europa die Grundsätze katholischer Soziallehre in die Weltwirtschaftsordnung einzubringen, um mehr Gerechtigkeit und Solidarität zu erreichen auch und gerade hinsichtlich der Entwicklungsländer ...
6. Entsprechend der Anregung der indischen Bischöfe soll 1979 – während des ad-limina-Besuches der indischen Bischöfe – eine *Konferenz in Deutschland stattfinden, an der etwa 10 indische und 10 deutsche Bischöfe teilnehmen* sollten, um pastorale und theologische Fragen zu erörtern.«

Höffner konnte seine Reiseeindrücke und Zukunftsperspektiven bei der Sitzung des Ständigen Rates der Deutschen Bischofskonferenz am 10. April 1978 vortragen.[70]

Folge der von den indischen Bischöfen angeregten und 1979 in Maria Laach durchgeführten Konferenz war die Reise einer Delegation der Deutschen Bischofskonferenz und Kardinal Höffners nach Indien vom 12. bis 23. Januar 1982.[71] Außer Höffner nahmen teil: Erzbischof Kredel, die Bischöfe Spital und Stimpfle, die Weihbischöfe Angerhausen, Pieschl, Dicke, Müller, Tewes und Kleinermeilert. Die Reise war sorgfältig von den indischen Gastgebern geplant: Nach einem Kolloquium in Tiruchirapalli zu Beginn waren Exkursionen von drei Gruppen in die Gebiete von Bombay, Kalkutta und in die Malabarische Region geplant.

Vom Kolloquium in Tiruchirapalli ist ein gemeinsames Schlusskommuniqué erhalten[72]: »Zu einem zweiten Kolloquium trafen sich Delegationen der Indischen und der Deutschen Bischofskonferenz vom 14. bis 16. Januar [1982] in Tiruchirapalli (Indien). Die erste Begegnung dieser Art fand vom 9. bis 13. Juni 1979 in Maria Laach (Deutschland) statt. Diese Kontakte zwischen den Bischöfen aus Indien und Deutschland sind Ausdruck der Kollegialität, wie sie vom II. Vatikanischen Konzil bekräftigt worden ist. Grundlage der Diskussionen bildeten Referate über die Kirche im Nord-Süd-Dialog und über die Familie ...«

---

[70] Vorlage zur 21. Sitzung des Ständigen Rates am 10. April 1978, TOP X.3: HAEK – NH 209.
[71] Material zu dieser Reise: HAEK – NH 207.
[72] Gemeinsames Schlusskommuniqué der Delegation der Indischen und der Deutschen Bischofskonferenz (Durchschlag): Ebd.

Ein großer Teil des Kommuniqués (wie des Kolloquiums) ist der Friedensthematik gewidmet: »Unser Treffen fand im Land Mahatma Gandhis, Indiens großem Botschafter des Friedens, statt ... Frieden ist nicht möglich ohne die innere Umkehr in unseren Herzen. Diese Umkehr muss gründen auf der Anerkennung der Würde aller Menschen als Schwestern und Brüder unter der Vaterschaft Gottes ...

Für die Kirche in Indien ist die Hilfe der deutschen Katholiken ein Zeichen gelebten Christentums Dieses Beispiel zeigt uns, dass man auch im Wohlstand Christ sein kann, ohne der Heilsbotschaft untreu zu werden. Die Kirche ist heute mehr denn je verantwortlich für die gesamte menschliche Entwicklung der Völker. Entwicklung ist ein anderer Name für Frieden ...«

Die Indienreise der deutschen Bischofsdelegation erhielt durch äußere Umstände eine Brisanz, die sich in den Akten nicht niedergeschlagen hat, für die sich der Verfasser auf mündliche Berichte des 2002 verstorbenen Kölner Prälaten Herbert Michel[73] stützt: Um der damals häufiger geäußerten Kritik an den Kosten solcher bischöflichen Reisen die Spitze zu nehmen, hatte man statt Maschinen der in der IATA zusammengeschlossenen führenden Fluggesellschaften »Billigflüge« kleinerer Fluggesellschaften gebucht. Schon auf dem Hinflug mussten am Persischen Golf eine Zwischenlandung und ein reparaturbedingter Aufenthalt eingelegt werden. Als die deutschen Bischöfe in Indien landeten, hatte sich die indische Bischofskonferenz bereits aufgelöst und nur die Delegation zum Empfang zurückgelassen. Das Missgeschick wiederholte sich bei der Rückreise. Die von Kardinal Höffner in Qatar schließlich bestiegene IATA-Maschine konnte wegen dichten Nebels keinen deutschen Flughafen ansteuern, so dass Kardinal Höffner in Paris landete und das letzte Stück der Reise bis Köln in einem französischen Taxi bewältigen musste.[74]

c) Reisen nach Lateinamerika

Schon vom 4. bis 15. September 1977 trat Kardinal Höffner seine erste Reise nach Lateinamerika an: nach Mexiko und Brasilien.[75] Anlass war der Besuch bei deutschen Gemeinden und Militäreinrichtungen, die dort stationiert waren. Begegnungen mit Bischöfen und Politikern der besuchten Länder waren eher Begleitprogramm.

Gleich am ersten Tag in Mexiko-Stadt war eine Firmfeier der deutschen Gemeinde vorgesehen. Am zweiten Tag besuchte Höffner das Wallfahrtsheiligtum

---

[73] Herbert Michel (1934–2002), Priesterweihe 1960 in Köln, 1976–2002 Leiter der Hauptabteilung Weltkirche/Weltmission im Kölner Generalvikariat, 1985 Domkapitular und stellv. Generalvikar: HANDBUCH DES ERZBISTUMS KÖLN. Personaler Teil [28]1998, S. 96.
[74] Die sehr ausgeschmückte Darstellung Michels ist hier auf das Tatsachengerüst beschränkt. Michels Angaben werden von Weihbischof Melzer bestätigt.
[75] Programm, Unterlagen und Materialien: HAEK – NH 217 u. 218.

in Guadalupe, wo er den Vorsitzenden und Vertreter der mexikanischen Bischofskonferenz traf. An den nächsten Tagen in Mexiko standen deutsche Militärstützpunkte und deren Seelsorge auf dem Programm.

In Brasilien steuerte der Kardinal am 9. September 1977 Fortaleza an: seit 1961 Partnerbistum der Erzdiözese Köln. Der dortige Erzbischof, der deutschstämmige Franziskaner Aloísio Lorscheider, war seit 1971 Vorsitzender der brasilianischen Bischofskonferenz und seit 1976 Kardinal.[76] So kam es nach einer Begegnung mit den Bischöfen des Staates Ceará zu Begegnungen und Besichtigungen in von ADVENIAT bzw. von Köln geförderten Einrichtungen.

In Brasilia machte Kardinal Höffner dem Apostolischen Nuntius und dem Präsidenten, General Ernesto Geissel, seine Aufwartung. Die letzten Tage in Brasilien führten ihn nach Sao Paulo und Rio de Janeiro, wo jeweils ein Besuch der deutschen Gemeinde vorgesehen war – neben der Begegnung und dem Austausch mit Kardinal Arns.[77] Über das Katholische Büro in Bonn erhielt Höffner Kenntnis von einem Bericht, den der deutsche Botschafter Lewalter in Brasilia über den Besuch Höffners an das Auswärtige Amt erstattet hatte.[78] Nach einer Verlaufsbeschreibung berichtete Lewalter: »Am 14. September gab Kardinal Höffner in Gegenwart des Präsidenten der brasilianischen Bischofskonferenz, Kardinal Lorscheider, eine Pressekonferenz. Soweit von hier aus verfolgt werden konnte, fand diese ein außerordentlich positives Echo ... Aus den Gesprächen mit Kardinal Höffner gewann ich den Eindruck, dass das Verhältnis zwischen Kirche und Staat in Brasilien z. Z. von beiden Seiten dahingehend beurteilt wird, dass ernsthafte Belastungen nicht bestehen. Die Kirche sehe sich in seelsorgerischen Aktivitäten nicht eingeschränkt. Sozialkritische Stimmen aus den Reihen des Klerus seien, insbesondere bezüglich der Verhältnisse im Nordosten Brasiliens, verstärkt an ihn herangetragen worden. Die Gespräche mit den Regierungsvertretern, besonders mit dem Justizminister und Präsident Geissel, seien offen und freimütig gewesen.«

Eine zweite Reise nach Mittelamerika (und anschließend zu den Philippinen) unternahm Kardinal Höffner vom 2. bis 10. Dezember 1986 – wenige Tage vor seinem 80. Geburtstag, ein knappes Jahr vor seinem Tod.[79] Über seine Reise berichtete Höffner in einer Vorlage für sein Gespräch mit dem Vorsitzenden der

---

[76] Aloísio Lorscheider (1924–2007), 1942 Franziskaner, 1971–1979 Vorsitzender der brasilianischen Bischofskonferenz, 1962 Bischof von Santo Angelo, 1973 Erzbischof von Fortaleza (Ceará), 1973–1976 Vorsitzender der CELAM, 1995 Erzbischof von Aparecida (Sao Paulo). »Aus pastoraler Erfahrung heraus entschiedener Befürworter von Befreiungschristentum und Befreiungstheologie gegenüber Rom und staatlicher Öffentlichkeit.«: H. GOLDSTEIN, in: LThK 11, ³2001, Sp. 174f.

[77] Paulo Evaristo Arns (*1921), deutschstämmig, 1939 Franziskaner, 1970–1998 Erzbischof von Sao Paulo, 1973 Kardinal, »entschiedener Vertreter der Befreiungstheologie und befreiender Pastoral«: H. GOLDSTEIN, in: LThK 11, ³2001, Sp. 10; ANNUARIO PONTIFICIO 2011, S. 35*.

[78] Botschaft der Bundesrepublik Deutschland, Brasilia, an Ausw. Amt, Bonn, 20.9.1977 (Kopie): HAEK – NH 217.

[79] Umfangreiches Material: HAEK – NH 210 u. 216 – Von Höffner handschriftlich auf Ringbuchblättern detailliert aufgeführtes Programm der Reise: HAEK – NH 216.

französischen Bischofskonferenz am 13./14. Januar 1987: »Die Reise nach Zentralamerika Anfang Dezember 1986 kam auf Einladung der zentralamerikanischen Bischofskonferenzen zustande. Die Absicht, diese Reise durchzuführen, bestand schon seit einigen Jahren. Meistens werden diese zentralamerikanischen Länder und Bischofskonferenzen bei Besuchen aus Europa ausgeklammert, wenn man einmal von Nicaragua absieht. Vorbereitet wurde diese Reise von Bischof Stehle[80], dem Geschäftsführer von ADVENIAT, der sich auch aus den bereits genannten Gründen besonders für den Besuch dieser zentralamerikanischen Bischofskonferenzen einsetzte.«[81]

Außer Bischof Stehle nahmen Prälat Schätzler, der Sekretär der Deutschen Bischofskonferenz, und Höffners Sekretär Domvikar Melzer an der Reise teil. Höffner hatte 10 Predigten und Ansprachen in deutsch und spanisch vorbereitet.[82] Er besuchte Kuba, Nicaragua, Costa Rica, Honduras, El Salvador und Guatemala. Bei seiner Rückkehr stellte er fest: »Ich kehre mit vielen Eindrücken zurück. Ich habe Not, Elend und soziales Unrecht gesehen, aber gleichzeitig habe ich gespürt, wie die Kirche in den Ländern Zentralamerikas Verantwortung für die Würde und die Rechte der Menschen übernimmt und in dieser Verantwortung erstarkt und sogar gefestigt erscheint.«[83]

In der Auswertung der Reise stellte KNA fest: »Mit seinem Besuch in Zentralamerika wollte Höffner ... die Solidarität der deutschen Kirche sichtbar machen. In seinen Gesprächen mit den Staatspräsidenten von Nicaragua, Honduras, El Salvador und Guatemala sprach Höffner die Lage der Menschenrechte an und trug auch Fragen und Bedenken der deutschen wie auch der jeweiligen Ortskirche vor. Die Akzente seines Besuchs hatte der Kardinal mit den jeweiligen Bischofskonferenzen abgestimmt. Vier deutliche ›Abneigungen‹ der Völker Mittelamerikas machte Höffner aus: ›Die Menschen hier wollen weder afghanisiert noch kubanisiert, weder proletarisiert noch kolonisiert werden.‹«[84]

Am deutlichsten schilderte Höffner seine Absichten anlässlich der Reise durch Mittelamerika gegenüber dem Vorsitzenden der französischen Bischofskonferenz im Januar 1987[85]: »Die mit dem Besuch in Nicaragua [nach einem Zwischenaufenthalt in Kuba] beginnende Reise sollte Solidaritätsbezeugung für die Bischofs-

---

[80] »Emil Stehle war schon seit 1969 hauptamtlicher Berater der Bischöflichen Kommission [ADVENIAT] mit Sitz in Bogotá, seit 1972 Zweiter Geschäftsführer, [von 1977–1988 Geschäftsführer von ADVENIAT], seit 1983 zugleich Weihbischof von Quito, seit 1987 Bischof von Santo Domingo de los Colorados«: M. HUHN, Aus der Gründungs- und Frühgeschichte der Bischöflichen Aktion ADVENIAT, in: D. SPELTHAHN/M. P. SOMMER/C. LIENKAMP (Hrsg.), Gelebte Solidarität. 40 Jahre Adveniat, Mainz 2002, S. 49–76, hier: S. 60 Anm. 39.
[81] Begegnung des Vorsitzenden der Französischen Bischofskonferenz mit dem Vorsitzenden der Deutschen Bischofskonferenz vom 13. bis 14. Januar 1987, zu TOP 2 (7 Seiten): HAEK – NH 216.
[82] Liste: HAEK – NH 210.
[83] Ein Solidaritäts-Besuch: Kardinal Höffner in Zentralamerika: KNA Im Gespräch Nr. 225, 16.12.1986: Ebd.
[84] Ebd.
[85] Vgl. oben Anm. 81.

konferenzen dieser Länder sein, die sich alle mehr oder minder in einer schwierigen Situation befinden ... Die Beeinträchtigung der Arbeit der katholischen Kirche durch die Regierung Nicaraguas ist beträchtlich. Neben der Einstellung des Rundfunksenders *Radio Catolica* wurden die kirchlichen Druckereianlagen beschlagnahmt. Es gibt keine kirchliche Publikation. Die Arbeit von Priestern wird behindert. Priester und Ordensleute werden des Landes verwiesen. Diese Behinderungen wurden von der Nicaraguanischen Bischofskonferenz in einem Brief an die Bischofskonferenzen der Welt festgehalten. Beim Gespräch mit dem Präsidenten von Nicaragua, Ortega, das auf Anregung der Nicaraguanischen Bischofskonferenz zustande kam, wurden diese Behinderungen auch angesprochen und vorgebracht. Präsident Ortega betonte immer wieder, dass diese Behinderungen beseitigt werden könnten. Allerdings müsste zuerst eine grundsätzliche Vereinbarung zwischen Regierung und Kirche getroffen werden ... Weltanschauliche Probleme und Konflikte wollte er nicht sehen, da die Sandinisten wohl verschiedene Lehren des Marxismus übernommen hätten, nicht aber dessen Einstellung zur Religion. Bemerkenswerterweise sprach er nicht von Kirche, sondern von Religion und betonte auch, dass Schwierigkeiten in Nicaragua nur mit der katholischen Kirche vorlägen, nicht aber z. B. mit den evangelischen Religionsgemeinschaften und Sekten ...«

Nach Schilderung seiner Gespräche mit Staatspräsidenten und Politikern der übrigen Staaten stellte Kardinal Höffner abschließend gegenüber seinem französischen Kollegen fest:

»In all diesen Staaten stellen sich der Kirche zwei große Aufgaben:

a) Sie muss ihre Gläubigen zu einer lebendigen Anteilnahme am kirchlichen Leben führen. Sie muss, mit anderen Worten, ›missionarische‹ Kirche werden. Nur dann wird sie auch erfolgreich gegen die sehr besorgniserregende Ausbreitung und Entwicklung der Sekten in diesen Staaten bestehen können. In einzelnen Staaten haben sich bereits 20 bis 25 % der ursprünglich katholischen Bevölkerung diesen Sekten angeschlossen (z. B. Guatemala).

b) Im politischen Bereich hat die Kirche die Aufgabe, bei der Herstellung demokratischer Verhältnisse mitzuwirken. Dabei kann und wird sie sehr oft in Konflikt mit Militärs, eventuell auch mit der Regierung kommen. Von dieser Aufgabe kann sie sich aber nicht dispensieren ...«

An den Besuch in Mittelamerika schloss Höffner noch einen Kurzbesuch auf den Philippinen vom 13. bis 15. Dezember 1986 an. Anlass war vor allem die Einweihung des Senders *Radio Veritas*. Dem Vorsitzenden der Französischen Bischofskonferenz schilderte Höffner im Januar 1987[86]: »Hier stand ... die Einweihung der neuen Sendeanlage von *Radio Veritas* auf dem Programm. Aufgrund der Bedeutung dieser Radiostation für die Evangelisierung des asiatischen Raumes haben sich die deutschen Katholiken in besonderer Weise finanziell für den Aufbau und

---

[86] Vgl. oben S. 384 mit Anm. 81.

den Ausbau dieser Radiostation eingesetzt ... Ich konnte mich bei dieser Gelegenheit erneut überzeugen, dass diese Radiostation hervorragend geführt wird. Bei unserem Gespräch mit der Präsidentin, Frau Aquino, konnten wir [Kardinal Sin und Höffner] zwar feststellen, dass die Lage nach Marcos immer noch nicht voll stabilisiert ist ...«

Auf seinem Heimflug machte der Kardinal noch in Hongkong Station. Als er am 16. Dezember 1986 in Köln wieder ankam, hatte er in seinem letzten Lebensjahr eine Reise rund um die Erde gemacht.

Über die Beobachtungen und Erfahrungen in Mittelamerika kam es nach der Reise auch zu einem Austausch mit Hans-Jürgen Wischnewski, dem früheren Staatsminister im Bundeskanzleramt. Höffner schrieb Wischnewski: »Bei unserem Gespräch hatten Sie auch um Hinweise gebeten, welche Sorgen die Bischöfe in Nicaragua bewegen und welche Forderungen sie an die sandinistische Regierung stellen. Ich komme dieser Bitte gern nach, zumal ein Wort Ihrerseits gegenüber den Sandinisten sicher seine Wirkung nicht verfehlen wird aufgrund des hohen Ansehens, das Sie gerade in dieser zentralamerikanischen Region genießen.«[87]

Höffner berichtete dann aus seinen Gesprächen mit der nicaraguanischen Bischofskonferenz und deren *Gravamina* gegen die antikirchliche Politik des Präsidenten Ortega. Höffner schloss: »Ihre Frage, ob es möglich sei, die Entwicklungshilfe der Bundesrepublik Deutschland über MISEREOR abzuwickeln, ist grundsätzlich zu bejahen. Bei vielen Entwicklungsprojekten geschieht dies ohnehin schon heute. Es wäre natürlich zu prüfen, ob eine solche Ausschließlichkeit, diese Mittel von MISEREOR verwalten und vergeben zu lassen, zweckmäßig ist. Dies müsste noch besprochen werden. Ich wäre Ihnen sehr dankbar, wenn Sie mich über den Ausgang der Gespräche mit Vertretern der Sandinisten, die Sie in den nächsten Tagen führen, informieren würden.«

In seiner Ausarbeitung für das Gespräch mit dem Vorsitzenden der französischen Bischofskonferenz im Januar 1987 kam Höffner zu sehr grundsätzlichen Überlegungen bezüglich der Kontakte zwischen europäischen und überseeischen Bischofskonferenzen: »Die Kontakte zu anderen Bischofskonferenzen weiten sich immer mehr aus. Wenn man alle Einladungen wahrnehmen würde, die an die Konferenz bzw. an den Vorsitzenden der Konferenz ergehen, dann wäre man fast das ganze Jahr auf Reisen unterwegs. Die Bischofskonferenzen der Länder der Dritten Welt brauchen aber diese Kontakte mit den Bischofskonferenzen in Europa, und dies nicht nur wegen der materiellen Hilfe, die sie von den Bischofskonferenzen Europas erhalten. Auch die Stellung der Kirche im jeweiligen Land gegenüber der herrschenden Regierung bzw. in der Gesellschaft wird durch solche

---

[87] Höffner an Wischnewski, o. D.: HAEK – NH 210 – Höffner, der die Durchschriften für seine Akten in der Regel voll zu unterschreiben pflegte, konnte die Kopie des Briefes an Wischnewski nur noch mit einer gekritzelten Linie abzeichnen. War das ein Vorbote des einige Monate später sich meldenden Gehirntumors?

Kontakte verbessert und gestärkt ... Auf der anderen Seite ist auch festzustellen, dass wir an Grenzen unserer Möglichkeiten im Hinblick auf die Wahrnehmung solcher Kontakte kommen. Gerade die Bischofskonferenzen Mitteleuropas müssen zunehmend zu Absprachen kommen, wie sie solche Kontakte gemeinsam wahrnehmen können. Auf Dauer sollte die Planung solcher Kontakte gemeinsam vorgenommen werden, damit nicht die einen Länder bevorzugt und die anderen benachteiligt werden. Außerdem kann dadurch eine zu große Belastung der einzelnen Bischofskonferenzen vermieden werden.«

Hier zeigt sich der Systematiker Höffner: Die zunächst spontan und mehr zufällig zustande gekommenen Kontakte und Besuche zwischen Bischofskonferenzen Europas und der Dritten Welt müssen abgesprochen und vernetzt sein, damit einzelne Bischofskonferenzen in Europa nicht überfordert und einzelne Regionen der Dritten Welt nicht übergangen werden.

3. Reisen im Auftrag des Papstes

Als Beispiel für solche Sonderaufträge des Papstes sei die Teilnahme Kardinal Höffners an der Konsekration der Kathedrale von Stockholm am 25. März 1983 genannt.[88] Höffner erhielt einen ausdrücklichen päpstlichen Auftrag, an der Feier in Gegenwart von Vertretern des schwedischen Königshauses teilzunehmen.[89] Ihr schloss sich eine Sitzung der Nordischen Bischofskonferenz an[90], bei der Höffner sich handschriftliche Notizen machte.

Bei den Reisen in zahlreiche Länder der Erde nahm Papst Johannes Paul II. gern neben Vertretern seiner Kurie auch Kardinäle der Weltkirche in seiner Begleitung mit. Kardinal Höffner wurde einige Male zur Teilnahme an solchen Papstreisen eingeladen. Der Verfasser erinnert sich, dass Kardinal Höffner sich wegen einer solchen Begleitung des Papstes in den frühen 1980er Jahren einmal für sein Fernbleiben von der Patroziniumsfeier (St. Petrus Canisius, 27. April) des Kölner Priesterseminars entschuldigte. Als er dann doch zur Pontifikalvesper im Priesterseminar erschien, teilte er der Festgemeinde mit, er habe den Papst um Nachsicht gebeten, dass er mit Rücksicht auf sein fortgeschrittenes Alter sich die Strapazen einer solchen weiten Reise nicht habe zumuten wollen.

Eine außerordentliche Reise im Auftrag des Papstes hat in Höffners Papieren keine Spuren hinterlassen: 1984 erhielt der Kardinal von Papst Johannes Paul II. den Auftrag, eine Apostolische Visitation des Erzbistums Sao Paulo in Brasilien vorzunehmen. Nachrichten über in den Augen Roms bedenkliche Entwicklungen theologischer und pastoraler Art in Lateinamerika, speziell im Erzbistum von

---

[88] Bericht: Katholische Kathedrale in Stockholm eingeweiht: KNA Aktueller Dienst Ausland Nr. 72, 26.3.1983 und sonstiges Material über die Reise nach Schweden: HAEK – NH 219.
[89] Originalauftrag des Papstes vom 14.3.1983: Ebd.
[90] Protokoll vom 29.3.1983 und hs. Notizen Höffners: Ebd.

Kardinal Arns, hatten zu diesem Auftrag geführt, dem sich Kardinal Höffner – gewiss nicht leichten Herzens – vom 24. Mai bis 3. Juni 1984 stellte.[91]

Weihbischof Melzer, Höffners damaliger Sekretär, erinnert sich der Reise und eines ausführlichen, in italienischer Sprache abgefassten Berichts, den der Kardinal als »Vollzugsmeldung« nach Rom schicken musste. Zum Hintergrund der Visitation in Sao Paulo verweist Melzer auf die Instruktion der Glaubenskongregation »Über einige Aspekte der ›Theologie der Befreiung‹« vom 6. August 1984.[92] Lothar Roos hat damals in zwei Beiträgen[93] den Weg zu dieser von Rom schließlich missbilligten Strömung in der lateinamerikanischen Theologie dargelegt: Von einer sehr erwünschten pastoralen Öffnung der Kirche in Lateinamerika nach dem II. Vatikanischen Konzil, die zu den damals viel bewunderten »Basisgemeinden« und einer sozialen Ausrichtung der Kirche Lateinamerikas führte, kam es in der Folge bei einigen Theologen zu einer marxistischen Überfremdung der Theologie. Exponent war Gustavo Gutiérrez, der schließlich die These vertrat: »Jedes Bemühen um eine gerechte Gesellschaft hat heute notwendigerweise den Weg über die bewusste und tätige Mitwirkung am Klassenkampf zu nehmen.«[94] Noch radikaler war der nikaraguanische Dichter, Priester und Politiker Ernesto Cardenal: »Diese revolutionären Christen haben sich in Lateinamerika für den Sozialismus entschieden, und zwar für den authentischen Sozialismus, d. h. für den Sozialismus im marxistischen Sinn ... In einem meiner Gedichte habe ich einmal die folgende Zeile geschrieben: ›Kommunismus oder das Reich Gottes auf Erden, was dasselbe bedeutet‹. Damit will ich ausdrücken, dass der Kommunismus und der Zustand der ›kommunistischen Endgesellschaft‹, die noch nicht verwirklicht ist, noch nirgendwo auf der Welt ..., dass diese kommunistische Gesellschaft auch Gottes Reich auf Erden selbst sein wird.«[95]

Die Instruktion der Glaubenskongregation befasste sich ausdrücklich nur mit »solchen Ausformungen dieser Gedankenrichtung ..., die unter dem Namen ›Befeiungstheologie‹ eine Deutung des Glaubensinhaltes und der christlichen Existenz vorlegen, die in Wirklichkeit ganz neu ist und schwerwiegend vom Glauben der Kirche abweicht, mehr noch, die dessen praktische Leugnung bedeutet.« (VI,9)[96]

---

[91] Das genaue Datum konnte Weihbischof Melzer in seinem Terminkalender 1984 feststellen. Höffners Terminkalender war zwar nur einem begrenzten Personenkreis zugänglich. Dennoch trug er in seinen Terminkalender 1984 nur ein: am 24.5. »Abflug Frankfurt/Main« und am 25.5. »9.40 Brasilia an«. Für die Tage bis zum 2.6. einschließlich strich er alle vereinbarten Termine – darunter ein Gespräch Bischofskonferenz – Bundesregierung – mit Rotstift aus.
[92] Instruktion der Kongregation für die Glaubenslehre über einige Aspekte der »Theologie der Befreiung«: Verlautbarungen des Apostolischen Stuhls 57, hrsg. vom Sekretariat der Deutschen Bischofskonferenz, Bonn 1984.
[93] L. Roos, Befeiungstheologien und Katholische Soziallehre I; Ders., Befeiungstheologien und Katholische Soziallehre II, in: Kirche und Gesellschaft, hrsg. v. d. Katholischen Sozialwissenschaftlichen Zentralstelle Mönchengladbach, Nr. 119 sowie Nr. 120, Köln 1985.
[94] Hier zitiert: L. Roos, Befreiungstheologien und Katholische Soziallehre I, S. 6.
[95] Hier zitiert nach: L. Roos, Befreiungstheologien und Katholische Soziallehre I, S. 6f.
[96] Hier zitiert: Ebd. S. 3.

Kardinal Höffner selbst hatte etwa zur gleichen Zeit die These vertreten: »Richtig verstanden ist die Theologie der Befreiung ein *Teil* der Soziallehre der Kirche.«[97] Angesichts der sozialwissenschaftlichen Kompetenz Höffners mag Papst Johannes Paul II. ihn als Visitator in Sao Paulo vorgesehen haben. Melzer erinnert sich, damals in Rom erfahren zu haben, dass Johannes Paul II. sich für Höffner entschieden habe, weil er überzeugt war, Kardinal Arns werde ihn als Visitator akzeptieren.[98] Zweites Mitglied der vom Papst ernannten Delegation war der argentinische Koadjutor und spätere Erzbischof von Paraná, Estanislao Esteban Karlic, von der Herkunft seiner Familie her ein Kroate, der 2007 nach seiner Emeritierung als Erzbischof von Paraná von Papst Benedikt XVI. zum Kardinal erhoben wurde.[99] Zum dritten Mitglied der Visitationskommission wurde ein an der Gregoriana in Rom lehrender Professor ernannt, dessen Name nicht publiziert wurde.

Über die Visitation in Sao Paulo berichtete Weihbischof Melzer dem Verfasser: »Um die Eigenständigkeit als Visitator zu wahren und nicht nur Einzelpersonen und von Kardinal Arns ausgewählten Zeugen zu begegnen, lehnte Höffner eine Unterbringung im Palais von Kardinal Arns ab und hatte im Vorfeld der Reise dafür gesorgt, dass wir zu viert Aufnahme im Pfarrhaus der deutschsprachigen Gemeinde San Bonifacio fanden.«

Es spricht für Kardinal Höffners Diskretion, dass diese Reise im Auftrag des Papstes, die in Köln niemanden etwas anging, keine Spuren in den Bistumsakten, aber auch nicht in seinem persönlichen Nachlass hinterlassen hat. Melzer vertritt die Meinung: »Es ist kaum ein Zweifel daran möglich, dass der vertrauliche Bericht, den Kardinal Höffner nach seiner Rückkehr nach Deutschland an den Papst und an die Glaubenskongregation sandte, einen Niederschlag in zwei Dokumenten gefunden hat, die 1986 veröffentlicht wurden. Einmal handelt es ich um die zweite Instruktion der Glaubenskongregation *Libertatis conscientiae* vom 21. März 1986[100], die von gegenseitigen Ergänzungen in der Beurteilung der Befreiungstheologie spricht, zum anderen um einen Brief Johannes Pauls II. vom 9. April an die Brasilianische Bischofskonferenz mit dem vielzitierten Satz, unter bestimmten Voraussetzungen könne die Befreiungstheologie »nicht nur opportun ..., sondern nützlich und notwendig sein.«[101] Lothar Roos berichtet dazu: »In

---

[97] J. Höffner, Soziallehre der Kirche oder Theologie der Befreiung? Eröffnungsreferat bei der Herbstvollversammlung der Deutschen Bischofskonferenz. (Der Vorsitzende der Deutschen Bischofskonferenz 11), hrsg. vom Sekretariat der Deutschen Bischofskonferenz, Bonn 1984, S. 31.
[98] Mitteilungen Weihbischof Manfred Melzer an Verfasser, 29.1.2012.
[99] Estanislao Esteban Karlic (*1926), 1977–1986 Weihbischof bzw. Koadjutor, 1986–2003 Erzbischof von Paraná, 2007 Kardinal: Annuario Pontificio 2011, S. 58*.
[100] L. Scheffczyk (Hrsg.), Instruktion über die christliche Freiheit und die Befreiung (Kongregation für die Glaubenslehre. Mit einem Kommentar von L. S.). Amtliche vatikanische Fassung, Stein am Rhein 1986.
[101] »Die Herausforderung annehmen«. Ein Brief des Papstes an die Brasilianische Bischofskonferenz, in: Herder-korrespondenz 40, 1986, S. 277–282; vgl. L. Roos, Freiheit und Befreiung im Lichte der Soziallehre der Kirche, in: Kirche und Gesellschaft, Nr. 133, Köln 1986, S. 3.

einem ›Offenen Brief‹ an Kardinal Joseph Ratzinger stellten Leonardo Boff und Clodovis Boff unter Berufung auf diesen Satz triumphierend fest: ›Rom ist für die Befeiung‹. Sie weisen gleichzeitig eine, wie sie sagen, ›künstliche und befremdende Opposition zwischen einer ›marxistischen Befreiungstheologie‹ – die angeblich die wirklich vorhandene sei – und einer ›christlichen Befreiungstheologie‹, die es in Rom geben soll‹, zurück und stellen erstaunlicherweise fest: ›Nun, Rom hat sich nie in diesem Sinn geäußert. Solch eine Unterscheidung findet in den römischen Dokumenten keine Unterstützung.‹« Roos kommt zu dem Schluss: »Hier kann man nur fragen: Haben die Brüder Boff die Dokumente wirklich studiert oder haben sie ihre eigenen Schriften vergessen?«[102] Weihbischof Melzers Vermutung dürfte zutreffend sein, dass bei den römischen Verlautbarungen von 1986 zur Befreiungstheologie Kardinal Höffners Visitationsbericht von 1984 einen Einfluss hatte.

---

[102] L. Roos, Freiheit und Befreiung, S. 3f.

XIII. KAPITEL

ERZBISCHOF VON KÖLN IN DEN 1970ER UND 1980ER JAHREN

Wenn man die Akten Kardinal Höffners zu seinen überdiözesanen Aufgaben – als Vorsitzender der Deutschen Bischofskonferenz oder als Kardinal und Mitglied der Römischen Bischofssynoden – studiert, gewinnt man den Eindruck: Damit wäre auch ein disziplinierter Arbeiter voll beschäftigt gewesen. Es gibt keine Vorlage, die der Kardinal nicht mit dem Rotstift durchgearbeitet und mit Randbemerkungen versehen hätte, dazu fertigte er eine Fülle von handschriftlichen Notizen und Exzerpten aus der einschlägigen Literatur zum jeweiligen Gegenstand an. Doch kaum war Joseph Höffner von weiten Reisen nach Köln heimgekehrt, hatte er die Vorlagen seiner Mitarbeiter bereits durchgesehen und mit Entscheidungsvermerken an die Autoren zurückgegeben. Bei aller Gewissenhaftigkeit in weltkirchlichen und überdiözesan-deutschen Aufgaben: Kardinal Höffner war zunächst und vor allem Erzbischof von Köln.

Neben dem dichten Sitzungs- und Gesprächsprogramm in seinem Hause standen Besuche zu gegebenen Anlässen in der Diözese – abgesehen von den bis in sein letztes Lebensjahr durchgehaltenen Visitationen. Bis 1976 visitierte der Erzbischof jährlich zwei Dekanate, nach seiner Wahl zum Vorsitzenden der Deutschen Bischofskonferenz immerhin noch jährlich ein Dekanat des Erzbistums. Es zeugte von seiner inneren Disziplin, dass er auf den einzelnen Gesprächspartner ausgeglichen und geduldig wirkte. Zur Vorbereitung ließ er sich auf weißen DIN-A-6-Karten Namen und wesentliche Daten zu seinem jeweiligen Gesprächspartner zusammenstellen. Damit nichts Entscheidendes aus solchen Gesprächen verloren ging, schrieb er die wichtigsten Inhalte des Gesprächs und eventuelle Zusagen stichwortartig, häufiger in seiner persönlichen Stenogramm-Schrift, auf diese Karte.

Es würde den Umfang dieser Biographie sprengen, alle Bereiche der Arbeit Höffners als Erzbischof von Köln zu untersuchen und zu beschreiben. Nur einige für seinen persönlichen Stil und die Probleme seiner bischöflichen Jahre in Köln kennzeichnende Teilbereiche seien beispielhaft herausgegriffen.

1. Joseph Höffner als Lehrer seiner Diözese

Schon als Professor für Christliche Sozialwissenschaften in Münster hatte Höffner sorgfältig erstellte Vorträge über Grundsatzfragen wie aktuelle Themen zur Veröffentlichung freigegeben.[1] Nach der Errichtung bischöflicher Pressestellen in

---

[1] Sämtliche Veröffentlichungen Höffners sind registriert in: W. Weyand, Schriftenverzeichnis Joseph Höffner 1933–1983, bzw. 1984–1988.

den Diözesen während der 1960er Jahre wurde es üblich, die Fastenhirtenbriefe des Bischofs neben den Amtsblättern der Diözesen (die den Gläubigen in der Regel nicht zugänglich waren) von den Pressestellen in Sonderdrucken zu veröffentlichen, die durch Auslage an den Kirchtüren einer breiteren Schicht der Gläubigen die sorgfältige Lektüre des Bischofswortes ermöglichen sollten.

Wahrscheinlich ist nur in wenigen Diözesen von dieser Möglichkeit ein so weitreichender Gebrauch gemacht worden wie im Erzbistum Köln. Das »Presseamt des Erzbistums Köln« war erst in den letzten Amtsjahren von Kardinal Frings eingerichtet worden. Kardinal Höffner nutzte seine Dienste von Anfang an als erweiterte »Lehrkanzel« für sein Erzbistum, aber auch weit darüber hinaus.

Es waren nicht nur die Fastenhirtenbriefe, die jährlichen Hirtenbriefe zum Fest der hl. Familie und zu besonderen Anlässen, die als »Sonderdrucke« in hoher Auflage vom Presseamt veröffentlicht wurden. Auch zahlreiche Predigten mit thematischen Aussagen aus gegebenem Anlass wurden in dieser Weise zur Verfügung gestellt.

So wenig Kardinal Höffner dafür übrig hatte, selbst »Schlagzeilen« zu machen, so sehr war er andererseits darauf bedacht, durch bereitwillig der Presse, dem Rundfunk oder dem Fernsehen gewährte Interviews auf die Diskussion um aktuelle und ihm wichtig erscheinende Themen Einfluss zu nehmen. Damit das gehörte Wort den Augenblick überdauerte, wurden solche Interviews anschließend vom Presseamt des Erzbistums Köln gedruckt veröffentlicht. Als Beispiele seien genannt:
o Ungeborenes Leben – rechtlos? Interview mit Kardinal Joseph Höffner, Erzbischof von Köln, 1972[2]
o Der Christ in Staat und Gesellschaft. Zwei Interviews über gesellschaftspolitische Perspektiven, 1974[3]
o ...geh' hin zu deinem Bruder. Der Hunger in der Welt. Ein Gespräch mit dem Erzbischof von Köln, Kardinal Joseph Höffner, 1975[4]
o Grüne wählbar? Fragen an den Kölner Erzbischof ..., 1986[5]

Ein besonderes Anliegen Joseph Höffners seit seinen Briefen aus Rom als Bischof von Münster während des Konzils[6] war es, Ereignisse der Weltkirche, zumal die Römischen Bischofssynoden, den Gläubigen nahe zu bringen. Wiederum beispielhaft seien genannt:
o Die Evangelisierung der heutigen Welt. Einführung in die Thematik und Aufgabe der Vierten Römischen Bischofssynode 1974[7]
o Der Katechismus in der heutigen Welt. Einführung in die Aufgaben der Fünften Bischofssynode 1977 (Sendung im Bayerischen Rundfunk am 25. September 1977)[8]

---

[2] W. WEYAND, Schriftenverzeichnis Joseph Höffner 1933-1983, Nr. 608.
[3] Ebd. Nr. 730, 5.
[4] Ebd. Nr. 833.
[5] W. WEYAND, Schriftenverzeichnis Joseph Höffner 1984-1988, Nr. 2328.
[6] Vgl. oben S. 56.
[7] W. WEYAND, Schriftenverzeichnis Joseph Höffner 1933-1983, Nr. 767.
[8] Ebd. Nr. 1072.

Auch Vorträge und Stellungnahmen zu kirchlichen, aber auch politischen und gesellschaftlichen Themen ließ Kardinal Höffner durch sein Presseamt verbreiten:
o Die Religion im dialektischen Materialismus. Vortrag zur Festakademie der Thomas-Morus-Akademie in Bensberg, 1. Oktober 1972[9]
o Das Petrusamt in der Kirche. Sieben Fragen und sieben Antworten zum »Fall Küng«, 1974[10]
o Die katholische Soziallehre gestern und heute. Ihre Dynamik und Herausforderung, Ansprache auf dem St. Michaels-Jahresempfang des Kommissariates der deutschen Bischöfe in Bonn am 30. September 1975[11]

Um die Fülle der Broschüren und Hefte zu gruppieren und zu gliedern, richtete das Presseamt zahlreiche Reihen ein. Den ursprünglich undifferenziert, mit Nummern versehenen, unter dem Titel »Sonderdrucke« erscheinenden Heften folgten bald »Artikel und Reportagen«, »Dokumente«, »Das Gespräch«, »Ökumenischer Dienst«, »PEK-DIN-A-5-Reihe«. Für ausführlichere theologische Abhandlungen wurden die »Kölner Beiträge« aufgelegt. Das Presseamt veröffentlichte darin keineswegs nur Äußerungen des Erzbischofs. Auch thematische Vorträge und Predigten der Weihbischöfe, Vorträge von Professoren in der Thomas-Morus-Akademie, bei Dechantenkonferenzen, in der Priesterfortbildung oder in regionalen Bildungswerken wurden durch die Veröffentlichung in den »Kölner Beiträgen« oder in einer der anderen Reihen des Presseamtes weiteren Kreisen zugänglich gemacht.

Eine besondere Bedeutung als »Lehrkanzel« des Erzbischofs erlangte die Reihe »Themen und Thesen«. Höffner griff in den Heften je ein ihn bedrängendes Thema zum Glauben oder zur christlichen Lebensgestaltung auf. Die beispielhaft aufgezählten Hefte verraten, welche Anliegen und Sorgen den Erzbischof besonders beschäftigten:
o Die Ehelosigkeit um des Himmelreiches willen. Zehn Thesen (Themen und Thesen, Heft 1, 1970)[12]
o Von der Liebe ergreifen lassen. Fünfzehn Sätze über Buße und Vergebung (Themen und Thesen, Heft 3, 1971)[13]
o Unbehagen an der Kirche? Sechzehn Fragen und sechzehn Antworten (Themen und Thesen, Heft 4, 1971)[14]
o Sexualmoral im Licht des Glaubens. Zehn Leitsätze (Themen und Thesen, Heft 5, 1972)[15]

---

[9] Ebd. Nr. 631,4.
[10] Ebd. Nr. 817, 2 III.
[11] Ebd. Nr. 870.
[12] Ebd. Nr. 470.
[13] Ebd. Nr. 540.
[14] Ebd. Nr. 541.
[15] Ebd. Nr. 597.

o An den Quellen der Evangelisierung. Neun Fragen und neun Antworten (Themen und Thesen, Heft 7, 1974)[16]

Diese »Thesen« wurden den Pfarrämtern unangefordert in einer Zahl zugeschickt, die nach der Seelenzahl (oder nach der Kirchenbesucherzahl?) der Pfarreien berechnet war. Sie sollten für die Gläubigen an den Ausgängen der Kirchen ausgelegt werden. Bei Kleruskonferenzen, zumal bei Jungpriester-Werkwochen, erhielt Kardinal Höffner auf Grund dieser von ihm verfassten Thesen oder Leitsätze den Spitznamen »Theseus I.«. Man stöhnte über die allzu zahlreich zugesandten und von den Gläubigen häufig liegen gelassenen Broschüren.

Nicht nur »Themen und Thesen«, auch andere Verlautbarungen des Erzbischofs wurden in Auflagen bis zu mehreren 100.000 Exemplaren gedruckt und versandt. Wenn auch die in Pfarrhauskellern sich stapelnden Reste die Auflagenzahlen etwas relativieren: Kardinal Höffner erreichte mit ihm wesentlich erscheinenden Aussagen eine große Leserschar. Sein Schriftenverzeichnis registriert darüber hinaus für zahlreiche Veröffentlichungen des Kölner Kardinals die Übersetzungen in fremde Sprachen, so dass Höffner über seine »Lehrkanzel« weit über die Grenzen des Erzbistums hinaus wahrgenommen wurde.

Joseph Höffner war ohne Zweifel ein konservativer Theologe, für den die Überlieferung des Glaubens durch die Kirche Ausgangspunkt und Fundament seiner Verkündigung war. Doch wenn er zu modernen Fragestellungen sich äußerte, hatte er in der Regel auch die neueste Literatur und den Diskussionsstand zur Kenntnis genommen. Er hatte die Menschen der Gegenwart und ihre Probleme im Blick. Er spekulierte nicht abgehoben von der Wirklichkeit dieser Welt. Der Sozialwissenschaftler hatte ihn dazu erzogen, die Realitäten der aktuellen Gesellschaft – oft genug eingefangen in statistischen Zahlen – in seine Argumentation einzubeziehen.

Höffners Predigten wie öffentliche Stellungnahmen und Vorträge zeichneten sich zudem durch eine saubere, nachvollziehbare Gliederung und eine nüchterne, klare Sprache aus, die fast allen Zuhörern verständlich war. Seine innere Disziplin bewahrte ihn davor, sich provozieren zu lassen. Es machte ihm allerdings sichtlich Freude, unqualifizierte Angriffe mit besseren Argumenten aus dem Fachgebiet des Angreifers richtig zu stellen und diesen damit in Verlegenheit zu bringen.

Mit diesem Zusammenspiel von konservativem Fundament und realistischer Einbeziehung gegenwärtiger Entwicklungen beeindruckte Kardinal Höffner zahlreiche Gesprächspartner in kirchlichen Gremien, in Hochschulgemeinden (die damals oft genug von den Realitäten abhoben!), aber auch in Gesellschaft und Politik.

---

[16] Ebd. Nr. 776.

2. Übernahme und Gründung von Schulen in Trägerschaft des Erzbistums Köln

Bis zu ihrer Schließung durch den Nationalsozialismus und Enteignungen im Zuge des »Klostersturms« seit 1941 hatte es im Rheinland und in Westfalen zahlreiche katholische Schulen in der Trägerschaft von Ordensgemeinschaften gegeben. Nach 1945 gelang es den meist noch lebenden Konventen, ihre Kloster- und Schulgebäude zurück zu erhalten und den Schulbetrieb wieder aufzunehmen.

Erst in den Jahren der Weimarer Republik hatten vor allem die privaten Mädchenschulen weiblicher Ordensgenossenschaften mit Unterstützung der »Katholischen Schulorganisation« in Düsseldorf (unter der Leitung Wilhelm Böhlers) ihr Leistungsniveau und das Anforderungsprofil für das Lehrpersonal so angehoben, dass diese Schulen mit entsprechenden staatlichen Schulen vergleichbar waren und dadurch die staatliche Anerkennung und staatliche Zuschüsse zur Finanzierung erhielten.[17] Wilhelm Böhler, der diese Entwicklung bis 1935 gesteuert hatte, war nach 1946 an der Gestaltung der Verfassung des Landes Nordrhein-Westfalen und des »Ersten Gesetzes zur Ordnung des Schulwesens im Lande Nordrhein-Westfalen« vom 8. April 1952 beteiligt.[18] In § 42 dieses Gesetzes heißt es: »Ersatzschulen haben Anspruch auf die zur Durchführung ihrer Aufgaben und zur Erfüllung ihrer Pflichten erforderlichen öffentlichen Zuschüsse. Diese Zuschüsse sind zur Sicherung der Gehälter und zur Altersversorgung der Lehrer sowie der unterrichtlichen Leistungsfähigkeit der Schule zu verwenden.«[19]

Waren damit die Rahmenbedingungen für den Wiederaufbau und die weitere Qualifizierung der zahlreichen katholischen Privatschulen gegeben, so bedurfte es der konkreten Ausgestaltung durch das »Gesetz über die Finanzierung der Ersatzschulen (Ersatzschulfinanzgesetz EFG)« vom 27. Juni 1961.[20] Es ist davon auszugehen, dass der am 25. Juli 1958 verstorbene Prälat Böhler an der Ausarbeitung des Gesetzestextes noch beteiligt war, das den Ersatz- und Privatschulen eine weitestgehende staatliche Finanzierung ihrer *laufenden* (nicht ihrer investiven) Kosten sicherte.

Solange die Ordensgemeinschaften ihre Schulen noch selbst tragen konnten, kam das Erzbistum Köln nur ausnahmsweise als Schulträger in Betracht. So begründete Kardinal Frings 1949 das »Erzbischöfliche Abendgymnasium« in Neuss.[21] »Ziel der Schule war es zunächst, Spätberufenen das Theologiestudium

---

[17] Vgl. N. Trippen, Frings I, S. 94.
[18] Ebd. S. 356–394.
[19] Erstes Gesetz zur Ordnung des Schulwesens im Lande Nordrhein-Westfalen vom 8. April 1952: Gesetz- und Verordnungsblatt für das Land NRW, Ausgabe A, 6, 1952, 61–65, hier: S. 65.
[20] Gesetz- und Verordnungsblatt für das Land NRW, Ausgabe A, 15, 1961, S. 230–232.
[21] Die folgenden Angaben über die einzelnen Schulen des Erzbistums Köln sind entnommen: Schul- und Internatsverzeichnis für das Erzbistum Köln, hrsg. v. d. Hauptabteilung Schule/Hochschule ... des Erzbischöflichen Generalvikariats Köln, Stand: August 1983. – Zum Erzbischöflichen Abendgymnasium in Neuss: Ebd. S. 123–125.

zu ermöglichen.« Die Abendgymnasiasten arbeiteten halbtags, um sich ihren Lebensunterhalt zu verdienen, und hatten in den Abendstunden den zur allgemeinen Hochschulreife führenden Unterricht an der Schule. Sie wohnten im *Collegium Marianum* in Neuss. Von den Absolventen dieses Abendgymnasium fanden sich dann tatsächlich jedes Jahr nicht wenige als Priesteramtskandidaten in den Bonner Konvikten wieder.

Das Modell »Abendgymnasium« stellte an seine Schüler in der Kombination von Berufsarbeit, Schule und Studium – nicht nur in Neuss – hohe Anforderungen. Als in den 1960er Jahren das »Kolleg-Modell« entwickelt wurde, wurde es sehr bald zu einer Konkurrenz für die Abendgymnasien, auch in Neuss. Das Kolleg bot jungen Leuten, die schon im Beruf gestanden hatten und entsprechende Qualifikationen nachweisen konnten, die Möglichkeit, innerhalb von 6 Semestern (= drei Jahren) bei Tagesschulbetrieb und staatlicher Studienförderung die allgemeine Hochschulreife zu erwerben. So gründete Kardinal Frings 1963 – wiederum mit dem Ziel, vor allem Spätberufenen den Zugang zum Priesterberuf zu ermöglichen – in ähnlicher Anlehnung an das *Collegium Marianum* in Neuss das »Erzbischöfliche Friedrich-Spee-Kolleg«, das allerdings nicht ausschließlich jungen Männern offen stehen sollte, die den Priesterberuf oder einen kirchlichen Beruf anstrebten.[22]

Über diese auf den Zugang zum Priesterberuf ausgerichteten Schulgründungen in Neuss hinaus hat Kardinal Frings, der in jungen Priesterjahren eine Ausbildung zum Religionslehrer abgebrochen hatte[23], nur noch eine Schule gegründet: das 1979 nach ihm benannte Kardinal-Frings-Gymnasium in Bonn-Beuel.[24] Nach verschiedenen Provisorien konnte die 1964 gegründete Schule 1968 in ein eigenes Gebäude am Beueler Rheinufer einziehen, das Kardinal Frings in den letzten Wochen seiner erzbischöflichen Amtszeit am 7. Dezember 1968 einweihen konnte.

Dagegen begann schon 1962 unter Kardinal Frings die Übernahme der ersten Schulen von Ordensgemeinschaften in die Trägerschaft des Erzbistums: 1962 mussten die Ursulinen in Brühl ihr Gymnasium und ihre Realschule an das Erzbistum übergeben, weil sie zur Fortführung der Trägerschaft nicht mehr in der Lage waren.[25] Im letzten Jahr des Erzbischofs Frings 1968 musste das Erzbistum von den Armen Schulschwestern U. L. Frau aus gleichen Gründen die St. Anna-Schule in Wuppertal-Elberfeld übernehmen.[26] Dieser Prozess, der in Brühl und Wuppertal begonnen hatte, sollte sich unter den Nachfolgern von Kardinal Frings, Joseph Höffner und Joachim Meisner, ausweiten. Vor allem die weiblichen Ordensgemeinschaften konnten ihre Schulen aus einem doppelten Grund nicht hal-

---

[22] Zum Erzbischöflichen Friedrich-Spee-Kolleg in Neuss: Schul- und Internatsverzeichnis, S. 126–128.
[23] Dazu: N. TRIPPEN, Frings I, S. 31.
[24] Schul- und Internatsverzeichnis, S. 114–116.
[25] Zur St. Ursula-Schule in Brühl: Schul- und Internatsverzeichnis, S. 60–62; zur Elisabeth-von-Thüringen-(Real-)Schule in Brühl: Ebd. S. 34–35.
[26] St. Anna Schule in Wuppertal: Schul- und Internatsverzeichnis, S. 81–83.

ten. Durch den Nachwuchsmangel der Orden ging die Zahl der in den Schulen lehrenden Schwestern so stark zurück, dass sie mit ihrer Spiritualität und der auf dem christlichen Menschenbild basierenden Pädagogik ihre Schulen nicht mehr prägen konnten. Sobald die letzte Schulleiterin aus dem Orden sich dem Pensionsalter näherte, wandte sich die Gemeinschaft mit der Bitte um Schulübernahme an das Erzbistum Köln.

Mit diesem »Personalproblem« war stets ein finanzielles verbunden: Solange noch zahlreiche Schwestern – oder Ordensmänner entsprechend – an ihren Schulen als Lehrer/innen wirkten, stellten die nach dem Ersatzschulfinanzgesetz durch den Träger zu erbringenden Eigenleistungen von 6% der laufenden Kosten kein Problem dar. Doch wenn nur noch vier oder drei Schwestern/Ordenspriester als Lehrer an den Schulen tätig waren und ein Gehalt einbringen konnten, reichten die Einkünfte kaum noch für den Lebensunterhalt des schrumpfenden Ordenskonvents.

Das Erzbistum Köln hat durch Übernahme der Eigenleistungen für die Schulen die Orden ermutigt, ihre Schulen so lange wie möglich selbst zu führen. Die Schulabteilung des Kölner Generalvikariates musste für die Funktionen als Schulträger und Schulaufsicht in bis 1960 ungewohnten Dimensionen ausgeweitet und in ihre neuen Aufgaben eingearbeitet werden. Auch kamen für das Erzbistum mit jeder Schulübernahme vorher nicht erkennbare Kosten hinzu: In die Schulgebäude war nach der ersten Instandsetzung nach 1945 selten noch etwas investiert worden. Mädchenschulen verfügten allenfalls über einen »Gymnastiksaal«, jedoch nicht über eine modernen Ansprüchen genügende Turnhalle für mehrere hundert Schülerinnen. Das Problem verschärfte sich in den 1980er Jahren, als nicht wenige ehemalige Mädchenschulen auf Koedukation umgestellt wurden.

Kardinal Höffner hatte als Konzilsvater in der »Konzilskommission für Seminare, Studien und christliche Erziehung« mitgearbeitet. An der Konzilserklärung »Über die christliche Erziehung«, der ein vorbereitendes Schema *De scholis catholicis* vorangegangen war, war Bischof Höffner von Münster in der bereits beschriebenen Weise beteiligt gewesen.[27]

Diese biographische Vorgeschichte machte Bischof Höffner zugänglich für die Entwicklung von Schulversuchen an kirchlichen Schulen des Bistums Münster durch einen Kreis qualifizierter Pädagogen, denen er Vertrauen schenkte. Es handelte sich neben anderen um Prof. Dr. Aloysius Regenbrecht, Oberstudiendirektor Joachim Dikow und Geistl. Rat Josef Homeyer. Dikow berichtet: »Im Bistum Münster wird für die Schulen in freier katholischer Trägerschaft ein Modell-Entwicklungsprogramm diskutiert, das in mehreren Stufen die Möglichkeiten von Integration und Differenzierung im Schulwesen erproben soll, um neue Wege zu einer schülergerechten Schule zu entwickeln. Als erste Stufe des Programms wird die Erich-Klausener-Schule in Herten/Krs. Recklinghausen errichtet. Sie ist Re-

---
[27] Vgl. dazu oben S. 41f.

alschule in Ganztagsform für Jungen und Mädchen und erprobt Möglichkeiten der schulforminternen Differenzierung unter Einsatz neuer Arbeitsmittel.

Als zweite Stufe des Programms« – so berichtet Dikow weiter – »wird die Fürstenberg-Schule in Recke/Krs. Tecklenburg errichtet. Sie ist kooperative Gesamtschule aus Realschule und Gymnasium in Ganztagsform für Jungen und Mädchen ...«[28]

Gleichzeitig beginnen die ersten Planungen für die von Höffners Nachfolger Tenhumberg 1970 eröffnete »Friedensschule Münster« als Gesamtschule in der Trägerschaft des Bistums Münster. Höffner bestellte 1967 die Planungsgruppe. Zwischen Herbst 1967 und Frühjahr 1968 verhandelte das Bistum Münster mit dem Land NRW über eine Genehmigungsfähigkeit einer solchen Schule. »September 1968: Auf Vorschlag des Beirats gibt der Geistliche Rat des Bistums Münster der Schule den Namen Friedensschule.« Noch unter Bischof Höffner beginnen die Planungen für den Bau der Schule.

In CDU-Kreisen, aber auch unter Kirchenleuten war das damals von linken Kreisen propagierte Modell Gesamtschule keineswegs unumstritten. Der Bischof musste sich zahlreiche kritische Anfragen gefallen lassen. Doch stand er zu dem Vertrauen, dass er seit 1966 in die Pädagogengruppe seines Bistums gesetzt hatte. Schon seit dem Projekt der Dissertation von Alfons Weyand über »Formen religiöser Praxis in einem werdenden Industriezentrum« war ihm am Beispiel von Marl-Hüls bewusst geworden, dass das religiöse Milieu in einem Prozess der Korrosion begriffen war.[29] Bischof Höffner war deshalb bereit, sich auf pastorale und pädagogische Experimente einzulassen, die die Kirche bei den Menschen bleiben lassen konnten.

Das waren geradezu ideale Voraussetzungen für Erzbischof Joseph Höffner in Köln, dem von 1969 an zahlreiche Anträge auf Übernahme ehemaliger Ordensschulen, aber auch auf Umwandlung bisheriger Mädchenschulen oder Jungenschulen[30] in koedukative Schulsysteme vorgelegt wurden. Bereits am 3. Februar 1970 fand im Katholischen Büro Düsseldorf eine gemeinsame Konferenz aller am Schulproblem interessierten Kreise statt. Daran nahmen neben den (Erz-)Bischöfen von Köln und Aachen, dem Katholischen Büro, den NRW-Schulabteilungsleitern die Vertreter der Lehrer-, Eltern- und Familienverbände sowie die Vorsitzenden der Diözesanräte der Katholiken der Bistümer in NRW teil. Höffner hielt

---

[28] J. Dikow, Planungsbericht, in: A. Regenbrecht und J. Dikow (Hrsg.), Friedensschule – Programm einer Gesamtschule. Rahmenrichtlinien, Forschungsprogramm und Planungsbericht, München 1970, S. 139–154, hier: S. 141 – Die zur »Friedensschule Münster« führende Entwicklung ist auch dargestellt in: A. Alder (Hrsg.), Friedensschule Münster 1969–1989. Festschrift zum zwanzigjährigen Bestehen der Friedensschule Münster, Münster 1989, darin vor allem: Kurze Chronologie der Friedensschule, S. 12f. sowie zahlreiche Fotos der obengenannten Pädagogen und »Gründungsväter«.

[29] Vgl. N. Trippen, Höffner I, S. 149.

[30] Das gilt für das Kardinal-Frings-Gymnasium in Bonn-Beuel, das 1964 als Jungengymnasium gegründet wurde und 1988 die Koedukation einführte.

2. Übernahme und Gründung von Schulen in Trägerschaft des Erzbistums Köln

das einleitende Referat mit dem Titel »Die Zukunft der katholischen Schule«.[31] Darin heißt es:

»1. Angesichts der zunehmenden Säkularisierung und des immer mehr um sich greifenden weltanschaulichen Pluralismus werden katholische Bekenntnisschulen in staatlicher Trägerschaft auf die Dauer kaum zu halten sein.
2. Das System der Schulen in freier katholischer Trägerschaft, das sich bisher auf Gymnasien, Realschulen, Fachschulen, Berufsaufbauschulen und dgl. beschränkt hat, ist weiter auszubauen und insbesondere auf den Bereich der Grund- und Hauptschulen auszudehnen ...«

Kardinal Höffner ließ sich für diese Einsichten durch die Übernahme zahlreicher bisher von Orden getragener Schulen in die Pflicht nehmen. Sie seien nachfolgend nur mit knappen Zusatzbemerkungen aufgezählt:

o 1969 übernahm das Erzbistum Köln von den Olpener Franziskanerinnen die Theresien-(Real-)Schule für Mädchen in Hilden.[32]

o 1971 ging das St. Angela-Gymnasium in Bad Münstereifel von den seit 1594 dort tätigen Ursulinen in die Trägerschaft des Erzbistums Köln über. Gleichzeitig wurde auch die Koedukation an der Schule eingeführt und vom Erzbistum Köln ein den neuen Dimensionen angepasster Schulneubau errichtet – in der Nachbarschaft des Erzbischöflichen Konvikts *Collegium Josephinum*, während die Ursulinen ihr Mädcheninternat noch bis 1981 weiterführten.[33]

o Die 1974 in die Trägerschaft des Erzbistums Köln überführten »Berufsbildenden Schulen am Sachsenring« gingen auf eine 1921 von Kölner Bürgerinnen gegründete »Privatschule für Haustöchter« zurück. Seit 1926 wurden an ihr Kindergärtnerinnen ausgebildet. 1946 wurde das Institut als »Staatlich anerkannte hauswirtschaftliche Berufsfachschule« neu gegründet. In verschiedenen Stufen vervollständigte sich in den 1960er Jahren das Programm der Schule um immer neue Fach(ober)schulzweige, die der Ausbildung von Kindergärtnerinnen und Heimerzieherinnen/-erziehern diente.[34]

o 1975 wurde von den Schwestern Unserer Lieben Frau (Mülhausen) die erste »Liebfrauenschule« in Bonn in die Trägerschaft des Erzbistums übernommen.[35]

o 1976 folgte das Irmgardis-Gymnasium der Töchter vom hl. Kreuz in Köln-Bayenthal. Von den Schwestern als Mädchengymnasium geführt, wurde mit Beginn des Schuljahres 1983/84 die Koedukation an der Schule eingeführt[36], da Pläne des Erzbistums, in Köln ein Jungengymnasium (neben Ursulinen-, Lieb-

---

[31] Handschriftliches Manuskript: Die Zukunft der kath. Schule, Konferenz, Düsseldorf, Kath. Büro, 3. Febr. 1970: HAEK – NH 2053; dort auch – weitgehend gleichlautend – »Ergebnis der Vorbesprechung am 12. Januar 1970 im Kath. Büro, Düsseldorf« (Maschinenschrift).
[32] Zur Theresienschule in Hilden: Schul- und Internatsverzeichnis, S. 39–41.
[33] Zum St. Angela-Gymnasium in Bad Münstereifel: Ebd. S. 57–59; zum *Collegium Josephinum* in Bad Münstereifel: Ebd. S. 219; zum St. Angela-Internat: Ebd. S. 216.
[34] Berufsbildende Schulen des Erzbistums Köln »Am Sachsenring«: Ebd. S. 145–151.
[35] Zur Liebfrauenschule Bonn: Ebd. S. 84–86.
[36] Zum Irmgardis-Gymnsium in Köln: Ebd. S. 69–72.

frauen- und Irmgardis-Schule für Mädchen) zu übernehmen oder zu gründen, sich nicht realisieren ließen.
o 1979 übernahm das Erzbistum die erste Schule der Schwestern vom armen Kinde Jesus in Düsseldorf-Kaiserswerth, das Suitbertus-Gymnasium, in seine Trägerschaft. Erst 1960 hatte dort die 1. Reifeprüfung stattgefunden. Auch an dieser Schule führte das Erzbistum Köln 1983 die Koedukation ein. Schon vor der Schulübernahme hatte das Erzbistum mit dem Bau eines Schulzentrums zwischen der Kaiserpfalz und dem »Rheinhaus«, einem ehemaligen Kapuzinerkloster aus der Barockzeit, begonnen. Im »Rheinhaus« hatten die Schwestern 1923 ihr Kloster und die erste Schule begründet.[37]
o 1985 ging das St. Adelheid-Gymnasium in Bonn-Beuel (Pützchen) aus der Trägerschaft der Genossenschaft der Ordensfrauen vom Heiligsten Herzen Jesu (Sacré Cœur) in die Trägerschaft des Erzbistums Köln über, eine Schule, die durch Absolventinnen aus gehobenen Bürgerschichten im Rheinland, in Westfalen und darüber hinaus hohes Ansehen genoss.[38]
o Doch dass Kardinal Höffner von solchen Rücksichten gesellschaftlicher Art unabhängig war, zeigte seine letzte Schulübernahme: 1985 übernahm das Erzbistum von der Kongregation der Armen Schulschwestern U.L. Frau (Kloster Brede) die Trägerschaft der Schule Dönberg in Wuppertal, eine frühere »Volksschule« für Jungen und Mädchen mit Internat, die bald zu einer Grund- und Hauptschule ohne Internat umgewandelt wurde.[39]

Neben diesen Schulübernahmen, die einen erheblichen Verwaltungsaufwand und eine bedeutende Ausweitung des Bistumshaushalts verursachten, unterstützte das Erzbistum Köln unter Kardinal Höffner zahlreiche katholische Schulen, die nicht in seiner Trägerschaft standen. Um schwache Schulträger zu stützen, gewährte das Erzbistum – vor allem Ordensträgern – den vom Ersatzschulfinanzgesetz vorgesehenen Eigenanteil an den laufenden Kosten. Auch notwendige Bausanierungen oder Erweiterungsbauten wurden vom Erzbistum bezuschusst oder ganz getragen. Das war selbst in Zeiten noch reichlicher vorhandener Mittel nur bei mittelfristiger Finanzplanung möglich.

Als Beispiel sei das *Collegium Josephinum* des Redemptoristen-Ordens in Bonn herausgegriffen.[40] Das Jungengymnasium in einem Schulgebäude aus dem Anfang des 20. Jahrhunderts stieß in den 1970er Jahren an die Grenzen seines Fassungsvermögens. Der Orden traf sich mit Kardinal Höffner in der Vereinbarung: Der Orden wird auch in Zukunft einige Ordensmitglieder für den Schuldienst bereitstellen; das Erzbistum Köln übergibt dem Orden den Neubau eines Schulzentrums. Kardinal Höffner, der offenbar den Eindruck hatte, es gebe in Bonn hinreichend katholische Gymnasien; die Kirche sei dagegen zu wenig in den bür-

---

[37] Zum Suitbertus-Gymnasium in Düsseldorf-Kaiserswerth: Ebd. S. 63–65.
[38] Zum St. Adelheid-Gymnasium in Bonn-Beuel: Ebd. S. 90–92.
[39] Zur Tagesschule Dönberg in Wuppertal: Ebd. S. 17–19.
[40] Zum *Collegium Josephinum* der Redemptoristen in Bonn: Ebd. S. 108–110.

2. Übernahme und Gründung von Schulen in Trägerschaft des Erzbistums Köln 401

gerlichen Mittelschichten präsent, machte für seine Zusage zur Bedingung, dass die Redemptoristen zu ihrem Gymnasium auch eine Realschule gründeten. Diese Realschule für Jungen am *Collegium Josephinum* in Bonn wurde deshalb zum 1. August 1976 gegründet. »Bis zur Fertigstellung des Neubaus 1980 war die Schule in der katholischen Hauptschule St. Hedwig untergebracht.«[41] Der Orden bekundete seine Dankbarkeit gegenüber Kardinal Höffner, indem er im zentralen Schulforum 1991 eine Höffner im Halbportrait darstellende Plastik von Walter Habdank anbringen ließ.

In seinem vorletzten Lebensjahr sollte Joseph Höffner auch noch zum Schulgründer werden: Am 27. Juni 1986 ließ er dem Kultusministerium in Düsseldorf mitteilen, dass die Kölner Domsingschule, Erzbischöfliche Grundschule für Jungen und Mädchen, »den Schulbetrieb zum 1.8.1986 aufnehmen« werde. Dieses Schreiben war der Schlusspunkt einer dornenreichen Vorgeschichte.[42]

Bis in die frühen 1980er Jahre begab sich der jeweilige Kölner Domkapellmeister alljährlich auf eine Rundreise zu den katholischen Grundschulen der Stadt Köln, um Jungen für den Eintritt in den Knabenchor des Kölner Domes zu gewinnen. Für die Stimmbildungs- und Probenarbeit dieses Chores gab es eine »Kölner Domsingschule« in der Steinfelder Gasse bei St. Gereon. Doch die Nachwuchsrekrutierung und die Arbeit dieser »Ergänzungsschule« an den Nachmittagen waren nicht zufriedenstellend. So förderte Kardinal Höffner schon in den 1970er Jahren Überlegungen zur Gründung einer Grundschule für Domsingknaben, wie sie für den Aachener Domchor bereits bestand. Es wurden zunächst Informationen über vergleichbare bestehende Schulen im In- und Ausland gesammelt, nach einem geeigneten Standort in Köln gesucht und die zu erwartenden Kosten kalkuliert. Anfang 1981 hielt man die Überlegungen für hinreichend ausgereift. Generalvikar Feldhoff richtete für das Erzbistum Köln am 15. Januar 1981 über den Kölner Regierungspräsidenten den Antrag auf staatliche Genehmigung zur Errichtung einer »Musischen Grundschule« des Erzbistums Köln an den Kultusminister des Landes NRW.[43] Nach Rekapitulation der in den zurückliegenden Jahren bereits geführten Gespräche schrieb der Generalvikar: »Nunmehr können wir als Schulstandort den Bereich Brucknerstraße/Klosterstraße in Köln-Lindenthal nennen. Da es sich um die Gründung einer Grundschule handelt, beziehen wir uns mit unserem Antrag auf Errichtung dieser Privaten Ersatzschule auf Art. 8 Abs. 4 der Landesverfassung NW sowie auf Art. 7 Abs. 4 u. 5 des Grundgesetzes der Bundesrepublik Deutschland. Nach Art. 7 Abs. 5 GG ist eine Private Volksschule nur zuzulassen, wenn die Unterrichtsverwaltung ein besonderes pädagogisches Interesse anerkennt. Das Erzbistum Köln bittet Sie um die

---

[41] Zur Realschule der Redemptoristen in Bonn: Ebd. S. 50–52.
[42] Die Akten zur Gründung der »Kölner Domsingschule« finden sich in 3 Bänden der Akte EGV – D 27157/85 des Generalvikariates Köln; das Schreiben Erzbistum Köln an Kultusminister NRW, 27.6.1986: EGV – D 27157/85^{III}.
[43] Erzbistum Köln, Generalvikar Feldhoff, an Kultusminister NRW, 15.1.1981: EGV – D 27157/85^{I}.

Anerkennung eines besonderen pädagogischen Interesses für die von uns geplante Musische Grundschule ...«

Schon in einem ersten Gespräch mit der Kölner Bezirksregierung am 5. Februar 1981[44] wurde deutlich, dass man in Düsseldorf dem Antrag zurückhaltend gegenüberstand. Besonders der Titel »Musische Grundschule« werde das Tor zu weiteren Anträgen dieser Art eröffnen. Mit »Domsingschule« wollte man sich eher abfinden. Unter den Verantwortlichen des Erzbistums war in diesen Monaten die Frage umstritten, ob die Domsingschule nur für Jungen (mit Rücksicht auf die bisherigen Strukturen der Domchöre) oder auch für Mädchen eingerichtet werden müsste. Oberschulrat Nolte äußerte in einem Aktenvermerk vom 27. März 1981 über die Gesamtplanungen für die Schulen in Köln-Lindenthal (einschließlich der Liebfrauenschule, damals noch in der Trägerschaft des Ordens): »... 5. Grundsätzlich und nach den gegebenen Rechtsvorschriften ist eine nicht koedukativ geführte Grundschule zwar nicht unmöglich ...

6. Im vorliegenden Fall ist die Koedukation für die Domsingschule sozusagen eine Voraussetzung für den Erfolg, wenn man vom Kultusminister die Genehmigung erlangen will. Die Koedukation wurde bislang in internen Gesprächen im Ministerium und bei der Regierung in Köln als unabdingbar bezeichnet.«[45]

In einer den staatlichen Einwänden entgegenkommenden Fassung erneuerte der Generalvikar am 14. April 1981 seinen Antrag.[46] Die Überlegungen über die Gestalt der Domsingschule gingen indes weiter. Am 27. April 1981 lud Kardinal Höffner die Verantwortlichen und die Sachverständigen für das Projekt aus Köln und – wegen der Erfahrungen mit der dortigen Domsingschule – aus Aachen zu einer Konferenz in sein Haus ein, bei der er selbst mit Verweis auf die Chorverhältnisse an seiner römischen Titelkirche S. Andrea della Valle und sicher sehr im Sinne des damaligen Domkapellmeisters P. Ralph S. March OCist. die Möglichkeit der Jungen-Grundschule und daneben der »Ergänzungsschule« für die Probenarbeit an der Steinfelder Gasse nicht ganz ausschließen wollte.[47] Andererseits rechnete er mit Einwänden des Staates, wenn nur ein geringerer Teil der Schüler der »Domsingschule« tatsächlich in den Domchor eintrat. Doch in den Anträgen an das Kultusministerium vom 15. Januar und 14. April 1981 war die Koedukation für die Domsingschule bereits vorgesehen. Daraufhin erteilte der Kultusminister am 9. Juli 1981 die »Vorläufige Erlaubnis zum Betrieb einer privaten Grundschule (Ersatzschule) in Köln mit Wirkung vom 1.8.1981«.[48] Am 24. Juli stellte der Leiter der Schulabteilung des Erzbistums, Prälat Carl Sauer, in einer Vorlage für Kardinal Höffner fest:

---

[44] Aktenvermerk Oberschulrat Nolte, Generalvikariat, 5.2.1981: EGV – D 27157/85[II].
[45] Aktenvermerk OSR Nolte, 27.3.1981: HAEK – NH 624.
[46] Erzbistum Köln, Feldhoff, an Kultusminister NRW, 14.4.1981: EGV – D 27157/85[II].
[47] Handschriftliches Manuskript Höffners »Domsingschule, 27.4.1981«: HAEK – NH 624.
[48] Der Kultusminister des Landes NRW an Generalvikariat Köln, 9.7.1981 (Original): EGV – D 27157/85[II].

2. Übernahme und Gründung von Schulen in Trägerschaft des Erzbistums Köln

»... 2. Die ministerielle Genehmigung für die Errichtung der Domsingschule wurde am 15.7.1981 dem Erzbistum in Form einer vorläufigen Erlaubnis zugestellt. Der Genehmigungserlass entspricht nicht dem Antrag des Erzbistums vom 14.4.1981 auf Errichtungsgenehmigung einer Kölner Domsingschule:
a) Anstelle einer Vollgenehmigung wurde nur die vorläufige Erlaubnis mit einer entsprechenden Minderung der staatlichen Zuschüsse mit Wirkung zum 1.8.1981 erteilt.
b) Der vom Erzbistum vorgesehene Fächerkanon der geplanten Kölner Domsingschule wird im Genehmigungserlass nicht berücksichtigt. Der Kultusminister fordert vielmehr: ›Der Unterricht ist nach den derzeit gültigen Richtlinien und Lehrplänen für die Grundschule in NRW zu erteilen.‹
3. Es besteht die Möglichkeit, gegen den ministeriellen Erlass entweder im Wege der *Klage* oder im Wege einer *Remonstration* (ablehnender Brief an den KM) vorzugehen ...«[49]

Das Erzbistum entschied sich zu einer Klageerhebung, die am 21. August 1981 über eine Kölner Anwaltskanzlei vollzogen wurde.[50] Der erste Rektor der Domsingschule, Gregor Kugelmeier, fasst das Ergebnis kurz zusammen: »Das Erzbistum klagte gegen diese Entscheidung beim Oberverwaltungsgericht in Münster. Nach Jahren des Wartens fiel das Urteil zu unseren Gunsten aus. Es war allerdings verbunden mit der Auflage, die Schule innerhalb eines Jahres zu errichten.«[51]

In der Folge dieses Urteils setzten im Herbst 1985 die konkreten Planungen ein. Das Erzbistum erwarb von der Stiftung »Haus vom Guten Hirten« ein größeres Grundstück für den Bau der Domsingschule, in deren Planungen von Anfang an Übungsräume für die Chöre des Domes einbezogen wurden. Als Kardinal Höffner im Mai 1986 das Dekanat Köln-Lindenthal visitierte, kam es zu einem Gespräch mit der Oberin der Schwestern des Hauses vom Guten Hirten. Die Schwestern, die sich auf Dauer wegen ihrer geringer werdenden Zahl zu der sie überfordernden Erziehungsaufgabe an gefährdeten jungen Frauen nicht mehr in der Lage sahen, boten Kardinal Höffner die Überlassung des größeren Teils ihrer Gebäude und des Geländes an. Der Verfasser musste als damaliger Verwaltungsratsvorsitzender der Stiftung »Haus vom Guten Hirten« den Erzbischof darauf hinweisen, dass dieses Angebot der Schwestern nicht realisierbar war: »Die Statuten für das Haus vom Guten Hirten bei Melaten bestimmen, dass die hier bestehende Anstalt ›sich der Pflege und Unterweisung von gefallenen Frauenspersonen und der Leitung und Pflege sittlich gefährdeter Personen weiblichen Geschlechts‹ zu widmen hat. Diesen satzungsmäßigen Bestimmungen muss sich

---
[49] Vorlage für Herrn Kardinal Joseph Höffner, Direktor Sauer, 24.7.1981: Ebd.
[50] Erzbistum Köln, Hauptabteilung Schule/Hochschule, an Rechtsanwälte Lenz, Johlen u. a., 27.8.1981: Ebd.
[51] G. KUGELMEIER, Vom Traum zur Idee. Die Kölner Domsingschule und ihre Entstehungsgeschichte, in: 1986–2011 – 25 Jahre Kölner Domsingschule. Erzbischöfliche Grundschule für Jungen und Mädchen, Köln 2011, S. 10–15, hier: S. 10f.

die gesamte Arbeit der Stiftung unterordnen, über die Einhaltung der Satzungsbestimmungen wacht zum einen das Erzbischöfliche Generalvikariat als kirchliche Stiftungsaufsicht sowie speziell auch bei Satzungs- und Zweckänderungen die staatliche Stiftungsaufsicht durch den Regierungspräsidenten ...«[52]

Zwischenzeitlich hatte es weitere Besprechungen zwischen der Schulabteilung des Erzbistums und dem Kultusministerium in Düsseldorf gegeben. Dabei hatten die Vertreter des Erzbistums am 20. September 1985 im Kultusministerium in Düsseldorf erfahren,»dass die Genehmigung für den Schulbeginn 1986/87 gegeben ist«. Daraufhin teilte das Erzbistum am 27. Juni 1986 dem Kultusminister mit: »... dass wir den Schulbetrieb zum 1.8.1986 aufnehmen werden ...

4. *Angabe über Koedukation*: Die Schule soll entsprechend dem Genehmigungsbescheid 2-zügig geführt werden. Bis zur Fertigstellung des Schulneubaus voraussichtlich zum Schuljahr 1988/89 wird die Schule aus räumlichen Gründen 1-zügig geführt. Es werden Jungen und Mädchen aufgenommen ...

6. *Angabe über Lage, Zahl und Größe der Schulräume*: Das Erzbistum Köln beabsichtigt, auf dem Gelände der Stiftung des Guten Hirten in Köln-Lindenthal, Clarenbachstraße/Brucknerstraße einen Schulneubau zu errichten.

Bis zur Fertigstellung werden auf dem Grundstück der Liebfrauenschule in Köln-Lindenthal, Brucknerstraße 15, 3 Klassenzimmer einschließlich der erforderlichen Nebenräume in Raumzellenbauweise aufgestellt. Der Bauantrag liegt der Stadt Köln zur Genehmigung vor. Die entsprechenden Unterlagen zur schulfachlichen und bautechnischen Prüfung sind dem Regierungspräsidenten in Köln eingereicht worden ...«[53]

Mit Beginn des Schuljahres 1986/87 wurde die Domsingschule am 8. September 1986 eröffnet.[54] Kardinal Höffner sollte die Einweihung des von vielen Seiten anerkannten, ja, bewunderten Schulgebäudes samt der »Kleinen Philharmonie« für die Probenarbeit der Chöre nicht mehr erleben. Bei einem Planungswettbewerb gab es zwei 1. Preise: Für den Architekten Walter von Lom (Köln) und das Team Manfred König und Hans-Peter Geyer aus Leverkusen. Das Erzbistum entschied sich unter pädagogischen Gesichtspunkten für den Entwurf König-Geyer. »Ohne wesentliche Abstriche wurde diese Planung dann in 14 Monaten Bauzeit realisiert und zum 7. August 1989 in Benutzung genommen.«[55] Das inzwischen nicht mehr nur für die Domsingschule bestimmte Gebäude erhielt den Namen »Kardinal-Höffner-Haus«, konnte am 7. August 1989 bezogen[56] und am

---

[52] Haus vom Guten Hirten, Trippen, an Kardinal Höffner, 9.6.1986: EGV – D 27157/85[III].
[53] Erzbistum Köln, stellv. Generalvikar Henrichs, an Kultusminister NRW, 27.6.1986: Ebd.
[54] Hekt. Einladungsschreiben der Schulabteilung des Erzbistums zum 8.9.1986: Ebd.
[55] Freundliche Mitteilung von Herrn Erzdiözesanbaumeister Martin Struck an den Verfasser vom 10.11.2011.
[56] Aus einer Broschüre der Domsingschule: »Nach drei Jahren des Provisoriums nimmt am 7. August 1989 die Domsingschule ihren Unterrichtsbetrieb unter Leitung von Gregor Kugelmeier im neu errichteten Kardinal-Höffner-Haus auf«: Ebd.

2. Dezember 1989 durch Höffners Nachfolger, Kardinal Meisner, seiner Bestimmung übergeben und geweiht werden.[57]

Mit der Vorentscheidung für eine koedukative »Domsingschule« war jedoch zugleich die Beschränkung der Domchöre auf Jungen- und Männerstimmen von 1863 (unter Erzbischof Kardinal von Geissel) aufgehoben.[58] Der 1987 eingestellte neue Domkapellmeister Eberhard Metternich gründete bereits 1989 den »Mädchenchor am Kölner Dom«. Die »Kleine Philharmonie« und andere Räumlichkeiten des »Kardinal-Höffner-Hauses« dienten seitdem dem Knabenchor, dem Mädchenchor und auch der wenig später gegründeten »Musikschule des Kölner Domchores« für die Ausbildung an Instrumenten. So wurde das ursprünglich für die Domsingschule vorgesehene Kardinal-Höffner-Haus zum Ausgangspunkt einer neuen Kultur der *Musica Sacra* am Kölner Dom.

3. Gespräche mit der Katholisch-Theologischen Fakultät Bonn und mit Professoren der Universitäten im Bereich des Erzbistums Köln

a) Gespräche mit der Fakultät in Bonn

Der Erzbischof von Köln – nicht sein Generalvikar – ist nach dem Kirchenrecht und entsprechenden Vereinbarungen zwischen Staat und Kirche kirchliche Dienstaufsicht und Ansprechpartner für die Katholisch-Theologische Fakultät in Bonn. Er muss vom Kultusministerium um das *Nihil obstat* bei der endgültigen Anstellung von Professoren gebeten werden. Zu Promotionen und Habilitationen hat die Fakultät vorher das Einverständnis des Erzbischofs von Köln einzuholen. Dieser genehmigt die über das Rektorat der Universität ihm zugeleiteten Vorlesungs- und Examenspläne und nimmt durch einen Vertreter an den mündlichen Abschlussexamen teil.

Aus gegebenem Anlass kam es außerdem zu Besprechungen zwischen Erzbischof und Fakultät – so etwa anlässlich der bereits dargestellten Verhandlungen über die Einführung der Diplom-Studien- und -Prüfungsordnung und die dadurch bedingte Umstrukturierung des Theologiestudiums zwischen Universität und Priesterseminar in Köln.[59]

Es entsprach der Biographie Höffners und seiner noch ausführlicher darzustellenden Gesprächsbereitschaft nach vielen Seiten, dass er zu Beginn des Winterse-

---

[57] Einladung und Programm der Feier in der gleichen Broschüre: Ebd.
[58] Zum Streit Kardinal Geissels mit dem Domkapitel um die Dommusik unter Domkapellmeister Leibl 1854, der 1863 zur Neuordnung der auf Knaben- und Männerstimmen beschränkten Domchöre unter Domkapellmeister Könen führte: N. TRIPPEN, Domkapitel und Erzbischofswahlen in Köln 1821–1929, Köln-Wien 1972, S. 129.
[59] Vgl. dazu oben S. 115f.

mesters 1970/71 der Fakultät in Bonn seine Absicht bekundete, sich »mit allen Professoren und Dozenten«[60] zu einem Gespräch zu treffen. Generalvikar Nettekoven ermittelte bei einem Gespräch mit dem Dekan, dem Neutestamentler Heinrich Zimmermann, dass die Professoren »von der Einladung sehr angetan (waren) und ihrerseits vor(schlugen), dafür Mittwoch, den 2. Dezember 1970, zu nehmen.«

Die Begegnung sollte im Haus Venusberg in Bonn zunächst mit einem Abendessen beginnen. »Professor Zimmermann wies darauf hin, dass er es für notwendig halte, dass Kardinal Höffner zunächst eine Einführung gebe, etwa in der Art seines Vortrages auf der ersten Dechantenkonferenz ›Situation der Kirche‹. Er möge als Bischof mit dem Blick auf die Theologen ... davon sprechen, ›was erwartet der Bischof von der katholischen Fakultät in seinem Erzbistum für die Priesteramtskandidaten?‹ Es sollte nicht zu einem Gegenüber werden, sondern zu einem Miteinander. Die Fakultät sollte den Eindruck gewinnen, dass der Bischof sie braucht. Animositäten sollten ausgeräumt werden, und es dürfe nicht so sein, dass man gewissermaßen in dem Gegenüber den geborenen Feind sehe. Es müsse dazu kommen, neues Vertrauen zueinander zu gewinnen. Prof. Zimmermann sprach ausführlich über die theologische Situation der Universität und war der Meinung, dass im Vergleich zu Münster oder Rottenburg, Tübingen, eine solche Vertrauensbasis durchaus geschaffen werden könnte ...«

Für die inneren Verhältnisse in der Bonner Fakultät waren die weiteren Ausführungen des Dekans gegenüber Generalvikar Nettekoven bezeichnend: »Prof. Zimmermann wies noch einmal darauf hin, dass bisher die Professoren der Bonner Universität untereinander nur wenig Kontakt hätten. Er verspricht sich von diesem Abend mit dem Herrn Kardinal auch eine stärkere Verbindung untereinander. Er hielt es für sehr gut, wenn diese gemeinsamen Überlegungen von Zeit zu Zeit stattfinden könnten. Das sei wichtig für die Fakultät, vielleicht auch für Köln.« Es ist nicht erkennbar, ob dieser Begegnungsabend mit Kardinal Höffner am 2. Dezember 1970 tatsächlich stattgefunden hat[61] oder auf den 13. Januar 1971 verschoben wurde.[62] Dass das Projekt sich zwischenzeitlich weiterentwickelt hatte, ist schon daran erkennbar, dass zu diesem neuen Termin auch der Bischof von Aachen und sein Generalvikar eingeladen wurden.

Generalvikar Nettekoven führte wiederum am 2. Januar 1971 mit Dekan Zimmermann ein Vorgespräch: »Er wies auf die Situation der Professoren an den Universitäten hin. Auf der einen Seite würden sie von den Studenten außerordentlich scharf angegriffen ..., auf der anderen Seite befürchteten sie, von den Bischöfen abgeschrieben zu werden und als ein Gegenüber bezeichnet zu werden, das

---

[60] Aktennotiz Generalvikar Nettekovens über ein Gespräch mit Dekan Zimmermann am 7.11.1970, 9.11.1970: HAEK – Zug. 792/95 – 21.
[61] Der Termin ging darauf zurück, dass die Fakultät sich am 1. Mittwoch eines jeden Monats während des Semesters zu ihren Fakultätssitzungen traf.
[62] Da am 6. Januar (Epiphanie) keine Fakultätssitzung stattfand, ist auch dieser 13.1.1971 das Datum einer Fakultätssitzung.

sie nicht sein könnten. Prof. Zimmermann bittet darum, die Gelegenheit der Zusammenkunft zu benutzen, um diese innere Zuordnung deutlicher zum Ausdruck zu bringen.«[63] Von den »Häusern«, dem *Albertinum* wie dem *Leoninum*, gehe »eine sehr starke Betonung der Praxis schon in den theologischen Studienjahren« aus, so dass die theologischen Bemühungen in den Hintergrund träten. »Prof. Zimmermann bittet darum, diese Anliegen bei der Zusammenkunft ins Gespräch zu bringen, damit in möglichst großem Umfang eine innere Verbundenheit zwischen den Ordinarien und der Theologischen Fakultät erreicht werde.«

Die Begegnung zwischen der Fakultät und den Ordinarien von Köln und Aachen verlief in der vorgesehenen Form und bildete den Anfang der künftig zweimal jährlich stattfindenden Gespräche. In einer das erste Gespräch rekapitulierenden Aktennotiz Generalvikar Nettekovens heißt es: »Als nächster Termin wurde Mittwoch, der 26. Mai, vorgeschlagen und angenommen. Die Zusammenkunft soll in dem Priesterhaus der Diözese Aachen stattfinden.«[64]

In den folgenden Jahren traf man sich im Sommersemester in Aachen, im Wintersemester in einem Haus des Erzbistums Köln, zunächst gelegentlich im Katholisch-Sozialen Institut in Bad Honnef (was den Professoren entgegenkam), später häufiger im Kölner Priesterseminar bzw. – ab 1983 – im Maternushaus.[65]

Die Themen für diese Begegnungen zwischen den Bischöfen und der Bonner Fakultät gingen nicht aus: Auf die Einführung des Diplom-Studiengangs und der Diplom-Prüfungsordnung 1970–1972 folgten ab 1973 Gespräche über die Ausbildung und die Berufsperspektiven der immer zahlreicher in Bonn inskribierten Laientheologen im kirchlichen Dienst.[66] Daneben waren Prüfungsordnungen, speziell die Sprachanforderungen in Hebräisch, Griechisch und Latein, bei den nachwachsenden Studenten Dauerthemen. Erst allmählich fand man auch Zeit für theologische Themen und aktuelle kirchliche Entwicklungen.

Der Teilnehmerkreis wurde sehr bald auf die beiden Bischöfe, ihre Generalvikare und die *Ordinarien* der Fakultät eingeschränkt. Die Professoren fühlten sich zunehmend von den Bischöfen ernstgenommen, zumal wenn sie von Kardinal Höffner, später auch von Bischof Hemmerle, als »Kollegen« angesprochen wurden.

b) Gespräche mit Professoren der Universitäten im Bereich des Erzbistums Köln

Joseph Höffner war aus der Professorenschaft der Universität Münster hervorgegangen. Er hatte nicht nur zu seinen theologischen Kollegen einen unkompli-

---

[63] Einzelheiten in dem Brief Nettekoven an Höffner, 4.1.1971: HAEK – Zug. 792/95 – 21.
[64] Aktennotiz Nettekoven, 14.1.1971: Ebd.
[65] Einladungen und Korrespondenz um die Begegnungen zwischen den Bischöfen von Köln und Aachen und der Theologischen Fakultät Bonn: HAEK – Zug. 792/95 – 21–23.
[66] Zu einem Gespräch, das am 27. Juni 1973 in Aachen stattfand, existiert eine Vorlage »Zum Gespräch über Laientheologen mit den Ordinarien der Bonner Fakultät«. Höffner hat sein Exemplar vor und während des Gesprächs intensiv handschriftlich bearbeitet: HAEK – Zug. 792/95 – 22.

zierten Kontakt. Auch in der Rechts- und Staatswissenschaftlichen Fakultät war er zu Hause. Durch das Engagement in den Universitätsgremien war er mit zahlreichen Kollegen aus allen Fakultäten verbunden.[67] Das zeigte sich auch in der Beteiligung der Universität an seiner Bischofsweihe.[68] Deshalb mussten in Münster besondere Begegnungen des Bischofs mit den Hochschullehrern nicht eigens organisiert werden.

Im Erzbistum Köln fand Höffner vier Universitäten vor. Außer den amtlichen Kontakten zur Universität Bonn wegen ihrer katholisch-theologischen Fakultät hatte es – zumal bei den neueren Universitäten Köln, Düsseldorf und Wuppertal – kaum Berührungspunkte gegeben. Den Gedanken an Begegnungen des Erzbischofs mit den Universitätsprofessoren hat 1976 Weihbischof Luthe bei Kardinal Höffner vorgebracht. Nach einem Gespräch zwischen Luthe, dem Rektor der Kölner Universität, Professor Dr. Clemens Menze, dem damals in Köln tätigen Historiker Rudolf Lill, dem Bonner Hochschulpfarrer Gottfried Weber und dem Geschäftsführer des Diözesanrates der Katholiken, Hans Deckers, schrieb Luthe an Kardinal Höffner: »Alle Beteiligten waren einmütig der Ansicht, es habe keinen Sinn, die Hochschullehrer aller Universitäten und Hochschulen unseres Erzbistums gemeinsam einzuladen. Ein solcher Kreis werde viel zu groß. Unser Vorschlag ist deshalb, dass der Erzbischof in angemessenen Abständen am jeweiligen Universitätsort das Gespräch mit den Professoren sucht. Wir meinen, man sollte in Köln beginnen, und zwar mit einem Empfang in der Papst-Johannes-Burse ... Den einzuladenden Personenkreis würden von Universitätsseite die Professoren Menze und Lill ermitteln.«[69]

Der Kölner Hochschulpfarrer, Msgr. Dr. Wilhelm Nyssen, äußerte am 15. Oktober 1976 dem Erzbischof gegenüber seine »Betroffenheit« darüber, an dem Gesprächskreis des Weihbischofs nicht beteiligt worden zu sein.[70] Doch luden der Diözesanratsvorsitzende Petermann und Nyssen gemeinsam zu einem Empfang des Erzbischofs für die Kölner Professoren und Dozenten am 6. Dezember 1976 in die Papst-Johannes-Burse der Kölner Hochschulgemeinde ein.[71]

1977 lud der Stadtdechant von Bonn, Msgr. Walter Jansen, »die katholischen Hochschullehrer der Universität Bonn« im Anschluss an den Semestereröffnungsgottesdienst in der Münsterkirche am 3. November »zu einem kleinen Umtrunk und Beisammensein mit dem Vorsitzenden der Deutschen Bischofskonferenz und Erzbischof von Köln Joseph Kardinal Höffner« in die Räume der Münsterpfarre ein.[72] In Bonn war nicht der Hochschulpfarrer über seine Nichtbeteiligung betroffen, sondern offenbar die Katholisch-Theologische Fakultät:

---

[67] Dazu: N. Trippen, Höffner I, passim.
[68] Vgl. oben S. 19f.
[69] Luthe an Höffner, 8.7.1976: HAEK – Zug. 792/95 – 18.
[70] Nyssen an Höffner, 15.10.1976: Ebd.
[71] Gedruckte Einladung: Ebd.
[72] Hektogr. Einladung auf Briefbogen »Katholisch-Theologische Fakultät«: Ebd.

3. Gespräche mit der Katholisch-Theologischen Fakultät Bonn

Zum Empfang des Kardinals nach dem Semestereröffnungsgottesdienst am 24. Oktober 1978 in der Minoritenkirche St. Remigius lud nicht mehr der Stadtdechant, sondern der Dekan der Katholisch-Theologischen Fakultät in den Kapitelsaal der Remigiuskirche ein.[73]

Doch waren solche Empfänge mit dem Austausch von Freundlichkeiten auf Dauer wohl nicht der richtige Weg, zu einem ernsthaften Gespräch zwischen Erzbischof und Professorenschaft zu kommen. Die zahlreichen Gesprächskreise, zu denen Kardinal Höffner seit den frühen 1970er Jahren Politiker, Behördenleiter und Wirtschaftsfachleute nach Köln einlud, hatten in den 1980er Jahren auch bei Hochschullehrern den Wunsch nach solchen Begegnungen und Gesprächen mit Kardinal Höffner hervorgerufen. Als dieser zu einer ersten Begegnung zum 15. September 1983 in das Kölner Priesterseminar einlud, schrieb er: »Auf vielfachen Wunsch möchte ich nunmehr auch eine Gesprächsrunde mit katholischen Professoren der rheinischen Universitäten Köln, Bonn, Düsseldorf und Wuppertal einrichten.«[74]

Nach den erhaltenen Unterlagen nahmen 19 Professoren an dieser ersten Begegnung teil. Thema waren »Aktuelle bildungs- und hochschulpolitische Fragen«, zu denen Bundesministerin Dorothee Wilms aus Sicht der Bundesregierung und der Düsseldorfer Landtagsabgeordnete Prof. Dr. Wolfgang Brüggemann aus der Landesperspektive einleitende Statements gaben. Höffner machte sich – wie auch bei den folgenden Gesprächen – handschriftliche Notizen und ließ ein Protokoll erstellen.

Zum nächsten Gespräch am 24. Oktober 1984 kamen bereits 30 Professoren. Höffner begann selbst mit einem Kurzreferat über die Finanzen des Vatikans. Der Kölner Philosoph Albert Zimmermann referierte über »Entfremdung von der Kirche – Überlegungen eines Laien«. Das Thema Entfremdung von der Kirche war auch Gegenstand des dritten Gesprächs mit 30 Teilnehmern am 14. Oktober 1985, vor dem die Bonner Professoren Wolfgang Kluxen und Konrad Repgen die einleitenden Referate hielten.

Die nächste Einladung Höffners erfolgte zum 11. Juni 1986 unter dem Thema »Medizinische Aspekte zum Naturbegriff«, in das der Bonner Mediziner August Wilhelm von Eiff einführte. Die Teilnehmerzahl betrug inzwischen 43. Ein für November 1987 geplantes weiteres Treffen sollte unter dem nach dem Reaktorunglück von Tschernobyl im April 1986 höchst aktuellen Thema »Kernenergie« stehen. Höffner wollte selbst einleitend über »Mensch und Natur« sprechen. Nach ihm sollten ein Naturwissenschaftler, ein Arzt und ein Politiker zu Wort kommen.[75] Der Tod des Kardinals am 16. Oktober 1987 verhinderte die Realisierung dieses Plans.

---

[73] Hektogr. Einladung: »Der Dekan der Katholisch-Theologischen Fakultät ...«: Ebd.
[74] Der Erzbischof von Köln, 17.8.1983 (hekt. Einladungsschreiben): HAEK – NH 526; dort auch die Unterlagen für sämtliche »Professorengespräche«.
[75] Handschr. Notiz Höffners, wohl am Ende des Gesprächs am 11. Juni 1986 aufgezeichnet: Ebd.

Höffner wurde von den Professoren zu ihrer eigenen Zunft gerechnet. Er war als – inzwischen inaktives – Mitglied der Nordrhein-Westfälischen Akademie der Wissenschaften geschätzt, galt als einer der Gründungsväter der Ruhr-Universität Bochum. Seine 1980 erstmals vorgebrachten Argumente gegen Kernkraftwerke[76] hatten beim letzten Gespräch im Juni 1986 eine neue Aktualität gewonnen. Die Teilnehmer an diesen »Professorengesprächen« erwarteten über den Austausch von Freundlichkeiten hinaus ein anregendes Gespräch über aktuelle Themen zwischen Kirche und Wissenschaft. Das erklärt die in den wenigen Jahren wachsende Teilnehmerzahl.

4. Gespräche mit Politikern und Behördenleitern aus dem Erzbistum Köln

Joseph Höffner hatte schon als Professor in Münster über den Bund katholischer Unternehmer und über die damalige »Kohlenbergbauleitung« in Essen Kontakte zu Persönlichkeiten von Wirtschaft und Industrie gefunden, die er bei Bedarf zum Nutzen seiner Studenten – etwa für Betriebsbesichtigungen seiner Seminare und bei der Vermittlung von Praktikumsstellen – nutzbar machte.[77] Durch das Sozialreferat beim ZdK[78], vor allem aber als Mitglied der wissenschaftlichen Beiräte von drei Bundesministerien[79], war Höffner an offenen Austausch mit Politikern jeder Couleur gewöhnt und hatte die Erfahrung gemacht, welche Bedeutung bei der Verhandlung komplizierter Sachfragen voraufgehende zwanglose Kontakte der Beteiligten hatten. Sie schufen eine Atmosphäre des gegenseitigen Verstehens und des Respekts voreinander, die die Verhandlungen über kontroverse Themen erleichterte.

So brachte der Koadjutor und Erzbischof Höffner schon von Münster die Gewohnheit mit nach Köln, sich mit bestimmten Kreisen von Politikern, Behördenleitern und Verbandsfunktionären ein- oder zweimal jährlich zu treffen. Die Themen der Gespräche waren von den im Bundestag, im NRW-Landtag oder in der Kommunalpolitik aktuellen Themen – je nach dem gerade zusammenkommenden Kreis – bestimmt. Bei Lücken im Bereich des politisch Aktuellen nutzte der Kardinal die Gelegenheit, um die je in ihrem Bereich einflussreichen Persönlichkeiten über theologische Positionen, Enzykliken des Papstes oder deutungsbedürftige Vorgänge in der Weltkirche zu informieren. Die Vorbereitung der Begegnungen lag bei der »Kirchenpolitischen Abteilung« des Generalvikariates, die sich selbst wohl in etwa als »Katholisches Büro Köln« verstand. Prälat Ferdinand Fischer erledigte mit Hingabe die logistische Vorbereitung der Treffen.

---

[76] Vgl. dazu oben S. 237–239.
[77] Dazu: N. Trippen, Höffner I, S. 145.
[78] Ebd. S. 185–200.
[79] Ebd. S. 257–290.

4. Gespräche mit Politikern und Behördenleitern

Die inhaltliche Vorbereitung lag – nach den beim jeweils letzten Treffen der Gruppe geäußerten Wünschen der Teilnehmer oder den von Kardinal Höffner für notwendig erachteten Gegenständen – stärker bei dem auch im Katholischen Büro Bonn tätigen Juristen Dr. Karl Panzer.

Die Teilnehmer schätzten diese Begegnungen mit dem Kölner Erzbischof je nach ihrer größeren Nähe oder Distanz zur Kirche mehr oder weniger. Für einige von ihnen war es eine Prestigefrage, zu einem der Kreise zu gehören, andere entschuldigten sich häufiger. Von einem der Teilnehmer erhielt der Verfasser am 10. Dezember 2010 die rückblickende Schilderung seiner persönlichen Erfahrungen mit den Gesprächskreisen: »An solchen Gesprächen habe ich als Bundestagsabgeordneter teilgenommen. Sie waren in der Form und der Freundlichkeit sehr angenehm, inhaltlich aber substanzlos. Es gelang weder dem Kardinal noch dem meist wortführenden Generalsekretär [?], die Themen so zu stellen, dass nun auch ein Dialog hätte zustande kommen können und eine wechselseitige Beratung erfolgt wäre. Ich weiß, dass auch andere Abgeordnete das ähnlich sahen und den Einladungen mehr aus dem Gesichtspunkt der politischen Freundlichkeit als aus dem Wunsch gefolgt wurde, dem inhaltlichen Auftrag der Kirche Hilfe zu leisten.«[80]

Der Berichterstatter kommt zu der Einschätzung, dass Kardinal Höffner bei den Gesprächen wohl auch etwas anderes suchte: »Sicherlich war Kardinal Höffner in seiner Denk- und Sprechweise akademischer als sein Vorgänger. Wahrscheinlich auch geübter und auch bereiter, Strömungen in solchen Diskussionen wahrzunehmen – aufzugreifen und zumindest für sich gedanklich zu verwenden. Leider ist es aber nie zu wirklich klarstellenden oder abgrenzenden Beschlusslagen gekommen. An eine solche Beschlusslage ist nun einmal ein Abgeordneter gewohnt und daraufhin ausgerichtet. Weil ja letztendlich im Parlament mit Ja/Nein oder Enthaltung jede ihm gestellte Frage beantwortet werden muss.«

In der Tat betrachtete Kardinal Höffner – wie bereits dargestellt – seine Gesprächskreise nicht als Beschlussgremien, sondern als Kontaktebene zur gegenseitigen Information und zum Aufbau einer menschlichen Atmosphäre, die im Falle von sachlich kontroversen Verhandlungen nützlich sein sollte.

a) Gespräche mit den katholischen Bundestagsabgeordneten

Die für Kardinal Höffner wichtigste Adressatengruppe seiner Gesprächseinladungen waren die mit den aus dem Erzbistum Köln stammenden bzw. in ihm wohnenden katholischen Bundestagsabgeordneten aller Parteien.[81] In den späteren Jahren wurden auch die Abgeordneten des Europäischen Parlaments hin-

---

[80] Dr. H. G. H., Neuss, an den Verfasser, 10.12.2010.
[81] Einladungen, Korrespondenz, Protokolle (mit Teilnehmerlisten): HAEK – NH 4091 und 4092, HAEK – NH 516, 517, 519.

zugenommen. Die Treffen fanden in der Regel einmal jährlich statt. Gelegentlich musste der Kardinal ein schon länger geplantes Treffen wegen anderer Verpflichtungen absagen; auch fiel ein Treffen wegen zu geringer Zahl von Zusagen aus dem Kreis der Abgeordneten aus. Im Allgemeinen kamen in den 1970er Jahren zwischen 12 und 15 Abgeordnete, später wurden es 20 oder mehr Teilnehmer aus Bonn, die in das Kölner Priesterseminar kamen, das auch nach Fertigstellung des Maternushauses 1983 Tagungsort blieb. Dieses war meist zu den für Kardinal Höffner verfügbaren Terminen bereits ausgebucht. Auch war die Tagungshausatmosphäre des Maternushauses den »Kardinalsgesprächen« nicht immer förderlich und wegen der Einsehbarkeit für Außenstehende nicht diskret genug.

Von kirchlicher Seite nahmen neben dem Erzbischof sein Generalvikar, sein Geheimsekretär, häufiger die Leiter der Katholischen Büros in Bonn und Düsseldorf, die Herren der Kirchenpolitischen Abteilung des Kölner Generalvikariates, Prälat Fischer und Dr. Panzer, an den Gesprächskreisen teil. Hinzu kamen Referenten und Fachleute zu den jeweils behandelten Themen. Dr. Panzer fertigte ein Protokoll, dass nach Programm und Teilnehmerliste eine Darstellung der vorgetragenen Statements und namentlich genannte Äußerungen der Teilnehmer enthielt.

In den frühen 1970er Jahren war die von der sozialliberalen Bundesregierung eingeleitete Reform des Strafgesetzbuches und des Familienrechts häufiger Thema für die Gespräche des Erzbischofs mit den Bundestagsabgeordneten:

o Am 23. November 1970 hielt Dr. Karl Panzer das einleitende Referat über »Probleme der vorgesehenen Strafrechtsreform«.[82]
o Am 26. Februar 1971 gab die Abgeordnete Maria Jacobi »zunächst einen Bericht über das Hearing über Fragen des Sexualstrafrechts im November 1970 vor dem Sonderausschuss des Deutschen Bundestages für Strafrecht«.[83]
o Am 23. Januar 1974 waren nur die katholischen CDU-Abgeordneten aus dem Erzbistum Köln eingeladen. Thema war die »Novellierung des § 218 StGB«.[84]
o Am 28. November 1975 sprach Bundesminister a. D. Dr. Bruno Heck erneut über die »Novellierung des § 218 StGB«, danach Rechtsanwalt Turowski vom Katholischen Büro Bonn über »Problematik und gegenwärtigen Stand der Ehe- und Familienrechtsreform«.[85]
o Am 30. Januar 1976 sprachen Prof. Dr. Paul Mikat über »Rechtssoziologische und rechtspolitische Probleme künftiger Ehe- und Familienpolitik«, Kardinal Höffner selbst über »Gedanken zum strafrechtlichen Schutz des ungeborenen Lebens aus der Sicht der christlichen Sittenordnung«.[86]

---

[82] Themen für die Gespräche mit dem Kardinal: ... 23.11.1970 Kath. Bundestagsabgeordnete: Probleme der vorgesehenen Strafrechtsreform (Dr. Panzer Köln): HAEK – NH 4092.
[83] Protokoll mit Teilnehmerliste: Ebd.
[84] Einladung und Teilnehmerliste: HAEK – NH 4091.
[85] Einladung, Protokoll (mit Teilnehmerliste): HAEK – NH 519.
[86] Einladung (mit handschr. Notizen Höffners), Protokoll (mit Teilnehmerliste): Ebd.

o Am 9. Dezember 1977 referierte Kardinal Höffner zum Thema »Der Beitrag der Kirche beim Aufbau eines geeinten Europa«, Prof. Dr. Fritz Burgbacher schloss sich an mit Ausführungen über »Die Europafrage aus staatlicher Sicht«.[87]
Zu diesem Treffen kamen 12 Bundestagsabgeordnete bzw. Vertreter der staatlichen Seite. Der CDU-Abgeordnete Dr. Erich Mende schrieb anschließend an Prälat Fischer: »Es war ein interessanter Nachmittag! Um so bedauerlicher war[en] die Beteiligung und das Verhalten mehrerer Kollegen.«[88] Eine »im Zorn« verfasste »Glosse« sandte Mende – statt sie zu veröffentlichen – Prälat Fischer zu. Darin heißt es: »Ein Kardinal höchsten Ranges hatte die katholischen Bundestagsabgeordneten aller Parteien seines Erzbistums vor Monaten zu einer Aussprache über Europafragen eingeladen. Sie begann am Ende einer Sitzungswoche des Deutschen Bundestages im Dezember um 13 Uhr mit einem gemeinsamen Mittagessen und sollte um 16 Uhr – so war es in der Einladung vermerkt – beendet sein. Man hätte daher annehmen müssen, dass alle Teilnehmer darauf eingerichtet wären, doch weit gefehlt: Der erste Parlamentarier verschwand gleich nach dem Essen, der Zweite folgte ihm wenig später, der Dritte, nachdem er seinen Diskussionsbeitrag erbracht hatte, ohne die Erwiderung abzuwarten, der Vierte verschwand wenigstens mit dem Hinweis, er habe abends noch eine Veranstaltung in seinem Wahlkreis, der Fünfte folgte seinem Beispiel – so ging es weiter! Schließlich waren nur noch weniger als die Hälfte der erschienenen Mitglieder des Hohen Hauses anwesend, als kurz nach 16.30 Uhr das sehr interessante Gespräch durch ein Schlusswort des Kardinals beendet wurde ...«
Erich Mende sprach dann von einer »peinlichen Selbstdarstellung von Mitgliedern des Deutschen Bundestages« und stellte zum Schluss die Frage: »Warum wundern wir uns eigentlich über das Schwinden des Ansehens des Deutschen Bundestages in den letzten Jahren in der deutschen Öffentlichkeit?«
o Das Europa-Thema war auch Hauptgegenstand des Treffens am 16. März 1979. Nach einer Übersicht Höffners über »1978 – Das Drei-Päpste-Jahr« sprachen Dr. van Aerssen und Prälat Bauer (Brüssel) über »Die christlichen Werte in einem vereinten Europa«. Da man auch noch das Thema »Probleme der ausländischen Arbeitnehmer« mit zwei Kurzreferaten anfügte, blieb für eine Aussprache nicht viel Zeit, was der Abgeordnete Dr. H. G. H als ein Grundproblem der Treffen angesprochen hat.[89]
Das für Juni 1980 vorgesehene Treffen musste abgesagt werden, weil man sich nicht auf einen Termin verständigen konnte.
o Am 20. Februar 1981 begann Kardinal Höffner das Gespräch mit einem Rückblick auf den Papstbesuch im November 1980. Nach einem »Rückblick und Ausblick in der Rechtspolitik« durch den Abgeordneten Dr. Carl Otto Lenz

---

[87] Einladung, Protokoll (mit Teilnehmerliste): Ebd.
[88] Erich Mende an Prälat Fischer, 15.12.1977: Ebd.
[89] Einladung und Protokoll (mit Teilnehmerliste): HAEK – NH 519 – Vgl. oben S. 411 mit Anm. 80.

war wiederum ein drittes Thema »Europäische Perspektiven« mit einem Statement der Europa-Abgeordneten Marlene Lenz vorgesehen.[90]

o Am 24. März 1982 referierte Kardinal Höffner über die Enzyklika *Laborem exercens*. Danach kam zu »Aktuellen politischen Fragen« der Fraktionsvorsitzende der CDU/CSU im Bundestag, Dr. Helmut Kohl, zu Wort.[91]

Schon am Rande dieses Gesprächs wurde Kardinal Höffner von Teilnehmern auf die Problematik der schriftlich versandten Protokolle angesprochen, durch die Äußerungen der Teilnehmer nach außen getragen würden.[92] Im April 1982 sprach deswegen Dr. Panzer mit Professor Mikat. Panzer berichtete darüber an Kardinal Höffner: »Herr Professor Mikat vertritt den Standpunkt, dass man über Ihre Gespräche mit den Politikern ein Protokoll nicht anfertigen, zumindest ein solches nicht versenden sollte. Wenn jedoch ein Protokoll verschickt wird, sollte nach Auffassung von Herrn Mikat nur das Referat oder das vorgetragene Statement versandt werden. Herr Mikat vertrat den Standpunkt, dass die Gespräche vertraulich sein sollten und jeder Abgeordnete auch offen und freimütig seine Meinung sagen sollte, ohne Gefahr zu laufen, dass sein Diskussionsbeitrag formuliert werde und in fremde Hände komme.«[93]

Panzer schlug dem Erzbischof vor, beim nächsten Treffen mit den Abgeordneten über die Zweckmäßigkeit des Protokolls zu sprechen.

o Am 27. Januar 1984 referierten Bundesinnenminister Dr. Zimmermann und Weihbischof Dr. Dick über »Aktuelle Probleme der Ausländerpolitik«. Kardinal Höffner sprach im Hinblick auf ein Wort der Deutschen Bischöfe zur »Friedenssicherung«.[94]

o Zentrales Thema des Treffens am 2. Oktober 1985 war der Schutz des ungeborenen Lebens in Deutschland und innerhalb der EG. Referenten waren der Abgeordnete Dr. Herbert Czaja und die Europa-Abgeordnete Lenz.[95]

Kardinal Höffner hatte sich für einen Novembertermin 1987, der wegen seines Todes nicht mehr zustande kam, notiert: »Thema ›Aids‹:
1. Höffner: Theologische Einführung ›Aids‹
2. Die Lage: Prof. [Dr. Heinz] Pichlmaier
3. Was tun?«[96]

Da die Teilnehmerzahl in den 1980er Jahren bis auf 25 anstieg, darf man davon ausgehen, dass das Gesprächsangebot Kardinal Höffners von den Bundestagsabgeordneten geschätzt wurde, was unterschiedliche Qualität der Referate und eine nicht immer gleiche Zufriedenheit der Teilnehmer mit dem Verlauf der Treffen nicht ausschloss.

---

[90] Einladung und Protokoll (mit Teilnehmerliste): HAEK – NH 517.
[91] Einladung und Protokoll: Ebd.
[92] Handschr. Notiz Höffners: Ebd.
[93] Panzer an Höffner, 29.4.1982: Ebd.
[94] Einladung und Protokoll: Ebd.
[95] Einladung (mit handschr. Notizen Höffners), Protokoll etc.: HAEK – NH 516.
[96] Handschr. Notiz Höffners: »Termin 9., 10., 12. Nov. 1987«: Ebd.

b) Gespräche mit den katholischen Landtagsabgeordneten

Kardinal Höffner legte Wert auf diese Gespräche mit Politikern und Behördenleitern, auch wenn Teilnehmer oder eigene Mitarbeiter über deren Wert anderer Meinung waren. Es gelang dem Erzbischof nur mit Mühe, in den Frühjahrsmonaten, die weithin durch Visitationen belegt waren, und im Spätherbst (nach den Römischen Bischofssynoden im Oktober) eine Dekade für diese Gespräche frei zu halten. Die dann im Verlauf weniger Tage aufeinander folgenden Gespräche wurden oft unter das gleiche (innerkirchliche) Thema gestellt, sofern die Teilnehmer nicht bei der letzten Zusammenkunft Wünsche geäußert hatten oder die Mitarbeiter des Kardinals für bestimmte Gruppen aktuelle Themen aus der Politik für dringlich hielten.

So sollen hier nur die Gespräche mit katholischen Landtagsabgeordneten Erwähnung finden, die sich mit landespolitischen und für die Kirche(n) kostenrelevanten Themen befassten[97]:

o So ging es am 13. November 1975 um Probleme der Erwachsenenbildung, um verbindliche Festlegung von Unterrichtsinhalten, um ein anstehendes Schulmitbestimmungsgesetz und um Probleme der Krankenhäuser. Senatspräsident a. D. Bruno Splett vom Diözesan-Caritasverband referierte insbesondere über Krankenhäuser in freier Trägerschaft.

o Bei einem Treffen am 7. November 1977 ging es u. a. um die Schulpolitik des Landes NRW. Der SPD-Abgeordnete R. K. hatte recht freimütig Kritik an der Schulpolitik der SPD-Landesregierung geübt, was Prälat Fischer und Dr. Panzer veranlasste, den entsprechenden Passus des Protokolls löschen zu lassen und nur Kardinal Höffner zur Kenntnis zu bringen: »Landtagsabgeordneter K. (SPD) stellte die gesamten Schulreformen der letzten 10 Jahre in Frage. Er betonte, dass die Schulreform ... nur Unruhe in die Bevölkerung und in die Schule gebracht habe. Ein messbarer Bildungs- oder Ausbildungserfolg sei nach den durchgeführten Schulreformen nicht festzustellen. Im Gegenteil müsse festgestellt werden, dass die Einführung der Hauptschule sich überhaupt nicht bewährt habe. Herr K. räumte ein, dass die meisten ... vorgetragenen Bedenken auch nach seiner Auffassung berechtigt seien; er räumte weiterhin ein, dass bei einigen Ideologen seiner Fraktion die integrierte Gesamtschule im Hintergrund stehe. Herr K. räumte ebenfalls *expressis verbis* den Bischöfen das Recht zur Stellungnahme in diesen Fragen ein.«

o Auch bei dem Gespräch mit den Landtagsabgeordneten am 15. März 1979 ging es u. a. um »Schulpolitische Entwicklung im Lande Nordrhein-Westfalen nach dem Volksbegehren« (Referent: Dr. Franz Weibels, Kath. Büro Düsseldorf).

o Am 19. Februar 1981 stand die »Geplante Einführung der Gesamtschule als Regelschule im Lande Nordrhein-Westfalen« auf dem Programm (Referent:

---

[97] Einladungen, Protokolle (mit Teilnehmerlisten), sonstiger Schriftverkehr zu allen nachfolgend erwähnten Gesprächen: HAEK – NH 521 und 520.

Dr. Otmar Pohl), außerdem »Ausländerprobleme (insbesondere Asylantenfragen und Probleme des Islams)« (Referent: Rechtsanwalt Herbert Becher, Kath. Büro Bonn).

o Am 1. Oktober 1981 kamen neben der Ausländerpolitik die »Auswirkungen der Sparbeschlüsse der Bundesregierung und der Landesregierung auf die freien Träger« zur Sprache.

o Am 18. Juni 1982 ging es – nach einem Referat Kardinal Höffners über *Laborem exercens* – um die »Klage gegen das durch das Haushaltsstrukturgesetz geänderte Ersatzschulfinanzgesetz [NRW]« (Referent: Dr. Bernd Petermann) und um »Haushaltsvollzug 1982 und Landeshaushalt 1983« (Dr. Otmar Pohl).

o Bei der vorletzten Begegnung Höffners mit den Landtagsabgeordneten am 16. April 1986 ging es unter anderem um die Ersatzschulfinanzierung. Auf der Einladung vermerkte Höffner: »1. Das nächste Mal: Thema Sonntag – 2. Wann?«

o Das letzte Treffen sollte dann am 5. November 1986 stattfinden. In einem Schreiben Dr. Panzers an die Teilnehmer hieß es: »Wie im letzten Gespräch vereinbart, sollen die Probleme des Feiertagsgesetzes und die anstehenden Medienfragen (Gesetz Nordrhein-Westfalen) erörtert werden.« Von der Vorbereitung Höffners auf das Thema zeugt eine Materialsammlung aus seiner eigenen »Lehrgeschichte« als Erzbischof von Köln, u. a. »Der Tag des Herrn. Hirtenwort zur Fastenzeit 1975«, »Vom Beten in der Familie. Hirtenwort zum Fest der Heiligen Familie am 28. Dezember 1975«, »Unser Sonntag. Hirtenbrief zum Familiensonntag 1985«. Das Einleitungsreferat ließ der Kardinal jedoch den Abgeordneten Dr. Bernhard Worms halten.

Die Teilnehmerzahl bei den Gesprächen mit den Landtagsabgeordneten bewegte sich zwischen 10 und 20 Abgeordneten und richtete sich offensichtlich nach dem angekündigten Thema: Kirchliche und theologische Themen interessierten zumal SPD- und FDP-Abgeordnete weniger als im Landtag umstrittene Vorhaben der Landesregierung.

c) Gespräche mit leitenden Kommunalbeamten und -politikern

Als Kardinal Höffner erstmals diesen Kreis zu einem Treffen am 10. November 1970 einlud, schrieb er: »Bei gelegentlichen Begegnungen mit Frauen und Männern, die im kommunalen Bereich an verantwortlicher Stelle stehen, ergab sich, dass es wünschenswert wäre, wenn über Fragen, die Kommune und Kirche gemeinsam angehen, ein Gedankenaustausch erfolgen könnte. Ich greife die Anregung gern auf und wende mich mit dieser Einladung an die katholischen Persönlichkeiten, die im Erzbistum Köln im kommunalen Leben leitende Verantwortung tragen.«[98]

---

[98] Einladungsschreiben vom 13.10.1970: HAEK – Zug. 1190/01 – 66 – Die Unterlagen zu den Gesprächen mit den Kommunalbeamten und -politikern finden sich: HAEK – NH 527–529 sowie HAEK – Zug. 1190/01 – 66–69.

Es ging bei diesen Treffen vor allem um die Umsetzung von Landesgesetzen auf die Ebene von Kreisen und Kommunen. So referierte Oberkreisdirektor Dr. Gierden am 5. Mai 1971 über »Sozialarbeit im Landkreis eines Ballungsraumes«[99], am 9. November 1972 der Bonner Beigeordnete Dr. Streck über »Kommune – Schule – Kirche«[100], am 8. Oktober 1973 der Neusser Beigeordnete Dr. Happe über »Randgruppen der Gesellschaft – eine Aufgabe für Kommunen und Kirche«[101]. Die Begegnung am 20. Mai 1974 war dem neuen Jugendhilferecht gewidmet. Am 15. Mai 1976 waren »Schulreformen im Lande NRW« das Thema, ein halbes Jahr später »Neugliederung im kommunalen und kirchlichen Raum«[102]. Am 13. April 1978 ging es um »Auswirkungen der Reformen des § 218 StGB« auf Krankenhäuser und Beratungsstellen sowie um die »Auswirkungen der Schulreformen der letzten Jahre in NRW«. Am 17. April 1980 standen die »Auswirkungen des Schulmitwirkungsgesetzes auf die Kommunen und auf die Schulen in freier Trägerschaft«, aber auch die Auflösung kleiner Grund- und Hauptschulen, die Überfremdung durch ausländische Kinder und die Zulassung nichtkatholischer Kinder zu katholischen Bekenntnisschulen auf der Tagesordnung.

Häufiger – bei fehlenden aktuellen Themen zwischen Kirche und Kommunalbereich – hielt Kardinal Höffner Referate über innerkirchliche Ereignisse und päpstliche Enzykliken – wie auch in den anderen Gesprächskreisen. Die Planungen für diese Gespräche mit den Kommunalbeamten und -politikern reichen bis zum 9. November 1987.[103]

Eine Liste der »Katholischen Spitzenpolitiker und -beamten innerhalb des Erzbistums Köln (Stand: 1.7.1977)«[104] zählt 36 Namen. Wie in den anderen Kreisen kamen zu den einzelnen Gesprächen nicht alle Eingeladenen. Doch die Bodenständigkeit der Kirche wie Kommunen betreffenden Themen führte zu einem guten Besuch der angebotenen Gesprächsnachmittage im Kölner Priesterseminar.

d) Gespräche mit Präsidenten und Behördenleitern

Der heterogenst zusammengesetzte Gesprächskreis Kardinal Höffners umfasste »Präsidenten und Behördenleiter«. Höffner suchte neben den Politikern und leitenden Kommunalbeamten auch Kontakte zu den zum Teil sehr einflussreichen Spitzenvertretern der Verwaltung aller Art.[105] Eine von Prälat Fischer zusammengestellte Liste »Katholischer Präsidenten innerhalb des Erzbistums Köln« aus

---

[99] Einladungsschreiben (mit Programm), 29.3.1971: HAEK – Zug. 1190/01 – 66.
[100] Einladungsschreiben (mit Programm), 5.10.1972: Ebd.
[101] Einladungsschreiben (mit Programm), 10.9.1973: Ebd.
[102] 1975 hatte das Land NRW eine einschneidende Reform der Kreis- und Kommunalgrenzen durchgeführt, der sich das Erzbistum Köln (vor allem durch die Schaffung der Stadt- und Kreisdekanate) angeschlossen hatte.
[103] Hinweis: HAEK – NH 527.
[104] HAEK – Zug. 1190/01 – 67.
[105] Akten zu diesen Gesprächen: HAEK – NH 523–525; HAEK – Zug. 1190/01 – 61–65.

1973[106] zählt 33 Persönlichkeiten auf, z. B. den Kölner Regierungspräsidenten und den Direktor des Landschaftsverbandes Rheinland, den Düsseldorfer Generalstaatsanwalt und den Kölner Oberfinanzpräsidenten, einen Landgerichtspräsidenten und den Präsidenten der Landeszentralbank NRW, aber ebenso den Hauptgeschäftsführer der IHK Düsseldorf, den Präsidenten der Handwerkskammer Köln und den Präsidenten der Landwirtschaftskammer Rheinland ...

Was nahezu alle diese Persönlichkeiten miteinander verband, war der Präsidententitel. Im Übrigen waren sie von ihren Ausbildungsvoraussetzungen und ihren beruflichen Arbeitsfeldern her so verschieden, dass man sich fragen muss: Welches Thema konnte Kardinal Höffner mit diesen Männern – Frauen waren nicht auf der Präsidentenliste zu finden – besprechen, so dass alle Teilnehmer davon etwas mitgenommen hätten? Das Themenspektrum reichte von »Probleme(n) des Rauschgiftgenusses« über »Fragen des künftigen Strafvollzuges« bis zur »Mitverantwortung in der Beteiligung des Personals im öffentlichen Dienst« oder bis zum »Problem der Jugendarbeitslosigkeit«. Auch »Innere Sicherheit und Zivilverteidigung« oder der Weltfrieden kamen zur Sprache. Zwischen diese Themen, für die man Interesse bei den Teilnehmern voraussetzte, schob der Erzbischof kirchliche Themen ein, für die er Interesse bei den Behördenleitern wecken wollte: von der »Christlichen Gesellschaftslehre« bis zu den neuesten Enzykliken des Papstes und den Umgang mit Kirchenfinanzen.

Wie haben die Behördenleiter auf die Einladung des Kardinals reagiert? Das Protokoll der Zusammenkunft am 10. Oktober 1973 z. B. weist zehn »Präsidenten« als Teilnehmer aus.[107] Zehn Jahre später teilte Dr. Panzer dem Regens des Priesterseminars mit: »Es wird [am 7. Juni 1983] mit ca. 50 Personen [einschließlich der Teilnehmer von kirchlicher Seite] gerechnet.«[108] Der Regens musste den Generalvikar darauf hinweisen, dass nur der wenig komfortable Speisesaal des Priesterseminars eine solche Personenzahl fasse. »Auch tut sich Schwester Oberin schwer, 100 ansehnliche Teller für die Gäste bereitzustellen. Ich bin einigermaßen überrascht, dass der Erzbischof wirklich nach Fertigstellung des Maternushauses mit seinen reichlichen Möglichkeiten noch auf die sehr begrenzten Kapazitäten unseres Priesterseminars zurückgreifen möchte.«[109] Dr. Panzer musste erwidern, dass das Maternushaus »ausgebucht« sei, »so dass wir wohl auch in Zukunft in Einzelfällen immer wieder auf das Priesterseminar zurückgreifen müssen«. Es

---

[106] Katholische Präsidenten innerhalb des Erzbistums Köln (Stand: Oktober 1973: HAEK – Zug. 1190/01 – 62.
[107] Protokoll über die Besprechung mit den katholischen Behördenleitern in der Erzdiözese Köln am 10. Oktober 1973: HAEK – Zug. 1190/01 – 61 – Aktennotiz Prälat Fischer, 9.11.1973: »Ich habe mit Dr. Panzer abgesprochen, dass von den Protokollen ... der Kardinal und der Generalvikar je zwei Exemplare erhalten ... Außerdem sollen die kirchlichen Vertreter, die an den Gesprächen teilnehmen, auch ein Protokoll erhalten. Den Adressaten muss ich *expressis verbis* erklären, dass diese Protokolle als streng vertraulich gelten und außer den Kirchenvertretern niemand zugesandt werden.«
[108] Dr. Panzer an Regens Prof. Trippen, 16.5.1983: HAEK – Zug. 1190/01 – 65.
[109] Trippen an Generalvikar Feldhoff, 24.5.1983: Ebd.

sollte bis 1987 nicht bei Einzelfällen bleiben, sondern die Regel sein, dass die Gesprächskreise des Erzbischofs im Priesterseminar stattfanden, so auch das letzte Gespräch Höffners »mit den Herren Präsidenten, Behördenleitern und Generälen« am 4. November 1986. Bundesminister Dr. Heinz Riesenhuber referierte über »Aktuelle Fragen der Gen- und Biotechnologie«.[110]

5. Kardinal Höffner und die Ökumene[111]

Die ökumenischen Begegnungen und Kontakte während des II. Vatikanischen Konzils, vor allem aber das Ökumenismusdekret *Unitatis redintegratio*[112] hatten die Beziehungen zwischen den christlichen Kirchen auf eine neue Ebene gehoben und zu einer Aufbruchsstimmung mit hohen Erwartungen geführt – nicht nur innerhalb der katholischen Kirche, sondern (vor allem in Deutschland) auch bei den Reformationskirchen, wie weiter oben bereits kurz erwähnt wurde.[113]

Insbesondere auf Gemeindeebene führte das alsbald nach dem Konzil zu einer ökumenischen Euphorie, die nach der Schaffung von Fakten drängte. Rücksichten auf die Identitäten und Realitäten der katholischen Kirche wie der evangelischen Kirchen, die den Gläubigen kaum noch bewusst waren, gab es dabei oft nicht. Katholische wie evangelische Gemeinden waren mehr von vorwärts drängender Begeisterung bestimmt als von inhaltlicher Kenntnis der theologischen und praktischen Probleme, die aus ihren Forderungen erwuchsen. Die Unterschiede im Kirchenverständnis, im Eucharistieverständnis, in der Einschätzung des kirchlichen Amtes, zumal des Weihesakramentes, besonders aber in der Bedeutung des Papsttums und der apostolischen Sukzession des Bischofsamtes für die katholische Kirche, war den ökumenisch Drängenden jener Jahre auf Grund zurückgehenden theologischen Wissens nicht bewusst.

Man forderte – vor allem auf evangelischer Seite – die »Interkommunion«, die man später »eucharistische Gastfreundschaft« nannte. Man sprach nicht mehr von der »Mischehe«, sondern von der »konfessionsverbindenden Ehe«, für die bald die Möglichkeit der Trauung in einem ökumenischen Gottesdienst geschaffen wurde. Die konfessionsverschiedenen Eheleute – so forderte man – sollten in jeder der beiden Kirchen am Abendmahl bzw. dem Kommunionempfang teilnehmen dürfen. Regelmäßige ökumenische Wortgottesdienste sollten selbstverständlich auch (oder vor allem) am Sonntag stattfinden und die Katholiken von der Teilnahme an der sonntäglichen Eucharistiefeier dispensieren. Der Unterschied zwi-

---

[110] Einladung Kardinal Höffners an die Teilnehmer mit Programm, 6.10.1986: Ebd.
[111] Die nachfolgenden Ausführungen beschränken sich nicht auf Kardinal Höffner als Erzbischof von Köln, sie beziehen seine ökumenischen Kontakte zur EKD als Vorsitzender der DBK nach 1976 mit ein.
[112] LThK, Das Zweite Vat. Konzil, Bd. 2, 1967, S. 40–123.
[113] Vgl. oben S. 130.

schen einem auf die Wortverkündigung beschränkten ökumenischen Gottesdienst und einer sakramentalen Eucharistiefeier (in Verbindung mit der Wort-Gottes-Feier) war damals vielen Katholiken bereits nicht mehr bewusst.

Diese Einstellung zur Ökumene hatte sich weit entfaltet, als Joseph Höffner 1969 als Erzbischof nach Köln kam. Er brachte von Münster Erfahrungen aus ökumenischen Gesprächskreisen mit, vor allem aber die Freundschaft zu dem inzwischen im Ruhestand lebenden oldenburgischen Landesbischof Gerhard Jacobi, den er 1964 zur Teilnahme an den Diskussionen in der Konzilsaula für einige Tage nach Rom eingeladen hatte.[114] Man darf davon ausgehen, dass dieser führende Vertreter der »Bekennenden Kirche« im Dritten Reich und Höffner aus je ihrer eigenen Identität und im Respekt vor den Überzeugungen des anderen miteinander sprachen.

Als Erzbischof von Köln leitete Kardinal Höffner die mehrmals jährlich tagende Konferenz der nordrhein-westfälischen Bischöfe im Katholischen Büro in Düsseldorf, die sich zunächst mit den die Kirche(n) betreffenden Bereichen der Landespolitik befasste: Religionsunterricht, Schulen in freier Trägerschaft, Erwachsenenbildung, Sozialarbeit der Kirchen und deren staatlicher Mitfinanzierung. Die erhaltenen Akten belegen, dass die Bischöfe sich in Düsseldorf oft auch mit Auswirkungen des II. Vatikanischen Konzils befassten. Sehr früh erkannten sie, dass sie sich in krisenhaften Entwicklungen nicht durch unterschiedliches Verhalten gegeneinander ausspielen lassen durften.

Zweimal im Jahr trafen sich die fünf Bischöfe an wechselnden Orten mit den Präsides der evangelischen Landeskirchen in NRW: Rheinland, Westfalen und Lippe.[115] In Fragen des Religionsunterrichtes an den Schulen, aber auch bezüglich der staatlichen Leistungen im Ersatzschul- und Sozialbereich mussten die Kirchen gegenüber dem Staat mit einer Stimme sprechen und sich deshalb regelmäßig abstimmen. Doch neben diesen kirchenpolitischen Themen standen stets auch die angedeuteten Probleme der ökumenischen Entwicklung nach dem II. Vatikanischen Konzil. Bereits 1971 bedurfte es einer Grenzziehung zur »Interkommunion«, wie weiter oben bereits dargelegt wurde.[116]

Es fehlte nicht an gutem Willen auf beiden Seiten. Die Korrespondenz Kardinal Höffners mit dem Präses der Evangelischen Kirche im Rheinland, Karl Immer, ist bisweilen von einer menschlich-herzlichen Sprache geprägt. Ab 1972 entstand zum Austausch über ökumenische Fragen auf breiterer Ebene die »Arbeitsgemeinschaft christlicher Kirchen« (ACK).[117] 1973 konnte der Kölner Ökumenereferent, Prälat Johannes Hüttenbügel, zusammen mit Oberkirchenrat Schröer aus der rheinischen Landeskirche eine gemeinsame Fortbildungswoche katholischer und evangelischer Seelsorger zustande bringen. Präses Immer schrieb danach an

---

[114] Dazu s. oben S. 38f.
[115] Akten dazu: HAEK – NH 4070 und 4071.
[116] Dazu s. oben S. 130.
[117] Einige Aktenstücke dazu: HAEK – NH 4070.

5. Kardinal Höffner und die Ökumene

Kardinal Höffner: »Heute schreibe ich Ihnen in Sonderheit, um Ihnen zu danken für Ihr Verständnis im Blick auf die Tage der Begegnung von katholischen und evangelischen Seelsorgern vom 24.–28. September 1973 im Haus Blegge [Bergisch Gladbach]. Ich habe von unseren Mitarbeitern so viel gute Urteile über diese Tage bekommen, dass ich in unserer Kirchenleitung die Anregung bekommen habe, wir möchten doch solche Tage der Begegnung auch in den nächsten Jahren durchführen. Das Thema der Tage hieß: ›Verkündigung des Glaubens und Glaube des Verkündigers‹ und es ist in theologischer Arbeit und geistlicher Meditation so fruchtbar für die Diener unserer Kirchen gewesen, dass die Teilnehmer sehr dankbar und erfüllt gewesen sind.«[118]

Wenige Tage später lud Immer den Kardinal zur Teilnahme an der Landessynode im Januar 1974 in Bonn-Bad Godesberg ein.[119] Höffner antwortete auf beide Briefe: »Vor einigen Tagen hat Herr Prälat Hüttenbügel mir ausführlich über die Begegnung katholischer und evangelischer Seelsorger im Haus Blegge berichtet. Auch er sprach sich sehr begeistert aus. Für die freundliche Einladung zur Tagung ihrer Landessynode danke ich Ihnen sehr. Herr Prälat Hüttenbügel wird wiederum als mein Vertreter an der Synode teilnehmen.«[120]

Hüttenbügel erstattete sofort nach Abschluss der Synode einen Bericht an den Erzbischof, der erkennen lässt, wo es bei grundsätzlichem Wohlwollen und aller Aufgeschlossenheit füreinander auch zu Spannungen kommen konnte.[121] Für den Staat war die Aufteilung der Schülerinnen und Schüler nach Konfessionen für den Religionsunterricht mit Verwaltungsaufwand und vor allem mit erheblichen Kosten verbunden. Auf staatliche Vorschläge, doch wenigstens in der Sekundarstufe II den Religionsunterricht interkonfessionell zu erteilen, schien die evangelische Seite zu Konzessionen an den Staat bereit, worüber in Bad Godesberg Oberkirchenrat Nieland berichtete. Prälat Hüttenbügel konnte auf der Synode vortragen: »Es liegt den [katholischen] Bischöfen an zweierlei: Dass zuerst die Abiturienten eine vertiefte Kenntnis ihrer eigenen Kirche und des eigenen Glaubens erhalten, was angesichts des Glaubensschwundes eine verständliche Sorge ist, und dass zweitens durch eine quantitativ gleiche Verteilung des Unterrichts auf beide Konfessionen einer falschen Vereinheitlichung Vorschub geleistet wird. Übereinstimmung bestehe auf beiden Seiten darin, dass getrennter Religionsunterricht im

---

[118] Immer an Höffner, 19.11.1973: Ebd. – Die Planung und Durchführung der Tagung in Haus Blegge hatte in den Händen des Verfassers als damaligem Referenten für Priesterfortbildung im Erzbistum Köln gelegen. Die Stimmung war so harmonisch, dass die evangelischen Pfarrer zum Schluss eine gemeinsame Abendmahlsfeier wünschten, die nur mit einiger Geduld und der Bitte um Verständnis verhindert werden konnte. Einer der reformierten Pfarrer vom Niederrhein hatte mitgeteilt, er sei stolz darauf, sein Presbyterium dafür gewonnen zu haben, dass die Taufe nicht mehr als ein frommer Brauch sei; seine eigene Aufgabe sehe er vor allem darin, junge Männer zur Wehrdienstverweigerung anzuleiten. Der Verfasser fragte dann die evangelischen Teilnehmer: Möchten Sie mit diesem Kollegen wirklich zusammen Eucharistie feiern?
[119] Immer an Höffner, 30.11.1973: Ebd.
[120] Höffner an Immer, 5.12.1973: Ebd.
[121] Hüttenbügel an Höffner, 12.1.1974: Ebd.

Prinzip beibehalten werden soll, womit nicht ausgeschlossen sein soll, dass stundenweise Vertreter anderer Kirchen zu den Schülern sprechen.«[122]

In die Diskussion der Synode über eine »neue Ordinationsagende« der Evangelischen Landeskirche im Rheinland konnte Hüttenbügel sich mit einer Darstellung des katholischen Verständnisses des Weihesakramentes und des daraus erwachsenden Amtsverständnisses der katholischen Kirche einbringen.

Noch verwaltungsaufwendiger und den Schulbetrieb störender als getrennter Religionsunterricht waren Schulendtage und Schülerexerzitien – getrennt nach Konfessionen und terminlich durch die zur Verfügung stehenden Tagungshäuser bestimmt. Hier hatte der Staat schon 1972 interkonfessionelle Schülerfreizeiten vorgeschlagen und war bei den evangelischen Landeskirchen auf offene Ohren gestoßen. Prälat Hüttenbügel hatte daraufhin in der ökumenischen Bistumskommission und abgestimmt mit Prälat Sauer von der Schulabteilung sowie dem Diözesanjugendseelsorger Norbert Herkenrath eine »Stellungnahme der Ökumenischen Bistumskommission im Erzbistum Köln zur Durchführung von gemischt-konfessionellen Schülerfreizeiten«[123] erarbeitet, die er Kardinal Höffner am 18. April 1972 vorlegte.[124] Darin heißt es: »Je geschlossener sich der Teilnehmerkreis nach Alter, Geschlecht und Konfessionszugehörigkeit zusammensetzt, desto günstiger sind die Voraussetzungen für den Erfolg solcher Tage. Aus mancherlei Gründen insbesondere schulorganisatorischer Art wird eine solche homogene Zusammensetzung immer seltener möglich sein ...« Für gemischt-konfessionelle Schülerfreizeiten wurden dann jedoch aus katholischer Sicht konkrete Forderungen gestellt: nach Konfessionen getrennte Veranstaltungen, besonders getrennte Eucharistie- bzw. Abendmahlsgottesdienste. »Ein Priester sollte möglichst die ganze Zeit über anwesend sein.«

Die Durchsicht der Akten über die gemeinsamen Konferenzen der Bischöfe und Präsides in NRW lässt erkennen, dass die Bischöfe häufiger auf die Wahrung der Identität der Konfessionen dringen mussten, während auf evangelischer Seite die Bereitschaft, den entsprechenden Gegenwartsströmungen entgegenzukommen, eher gegeben war.

Kardinal Höffners Bemühungen um die Beziehungen zur evangelischen Kirche erreichten eine neue Dimension, als er 1976 zum Vorsitzenden der Deutschen Bischofskonferenz gewählt wurde und seine Gesprächspartner nicht mehr nur die rheinischen und westfälischen Präsides, sondern auch die Ratsvorsitzenden der EKD waren. Ratsvorsitzender von 1979 bis 1985 war der Neutestamentler und – seit 1971 – Landesbischof in Hannover Eduard Lohse.[125] Nach Ausweis der Akten schätzten sich Höffner und Lohse in besonderer Weise.

---

[122] Zitat aus Hüttenbügel an Höffner, 12.1.1974.
[123] Stellungnahme der Ökumenischen Bistumskommission im Erzbistum Köln zur Durchführung von gemischt-konfessionellen Schülerfreizeiten: HAEK – NH 4071.
[124] Hüttenbügel an Höffner, 18.4.1972 (Durchschlag): Ebd.
[125] Eduard Lohse (*1924), 1953 Habilitation für Neues Testament, 1956–1964 Professor in Kiel, 1964–1971 Professor in Göttingen (zuletzt Rektor der Universität), 1971–1988 Landesbischof der Evan-

5. Kardinal Höffner und die Ökumene

Am 12. September 1979 machte der neue EKD-Ratsvorsitzende Lohse einen Besuch bei Kardinal Höffner in Köln. Der Sekretär der Bischofskonferenz Homeyer hatte Höffner für das Gespräch mit Lohse die anstehenden Themen aufgelistet und kommentiert.[126] Der Kardinal machte sich auf der Vorlage Homeyers beim Gespräch seine Notizen und formulierte am folgenden Tag bereits eine »Note« über den Verlauf des Gesprächs.[127]

Homeyer hatte zu einem ersten Punkt »Die neue Bibelübersetzung« dem Kardinal aufgeschrieben: »Einerseits haben verantwortliche Vertreter der evangelischen Kirche entscheidend bei der [Einheits-] Übersetzung mitgearbeitet, andererseits ist der Eindruck entstanden, dass die neue Übersetzung in der evangelischen Kirche nur sehr zögernd angenommen wird.«

Höffner schrieb in seiner »Note« nach dem Gespräch: »Landesbischof Lohse bemerkte folgendes:

a) Die Zuständigkeit der einzelnen Landeskirchen und darüber hinaus der einzelnen Kirchengemeinden ist so groß, dass die EKD die neue Übersetzung nicht für den Gottesdienst vorschreiben kann, übrigens auch nicht das ökumenische Vaterunser und Credo. Das Vaterunser habe sich mehr eingebürgert als das Credo.

b) Die Lutherbibel wird vorerst im Gottesdienst vorherrschend bleiben, die neue Übersetzung sich nur langsam durchsetzen.«

Homeyer hatte zu dem Projekt eines »Ökumenischen Kirchentages« den Kardinal gewarnt: »Herr Dr. Kronenberg hat mir in den letzten Tagen berichtet: Dr. [Klaus] von Bismarck[128] solle in letzter Zeit wiederholt geäußert haben, er strebe nach wie vor einen ›gemeinsamen/ökumenischen Kirchentag‹ an. Dr. Kronenberg weiß noch nichts genaues, ist aber über zu vermutendes Aufflackern dieser Diskussion ziemlich besorgt ...«

Höffner bemerkte in seiner »Note« nach dem Gespräch mit Lohse: »Ich habe darauf hingewiesen, dass Herr von Bismarck in der Herder-Korrespondenz (September 1979) auf den Seiten 451 bis 452 erkläre, ›die Zielsetzung eines neuen Augsburg‹[129] dürfe man nicht aufgeben‹, auch wenn dieses Ziel in absehbarer Zeit nicht erreicht werden könne. Herr Landesbischof Lohse stimmt mir zu, dass die Frage eines ökumenischen Kirchentages vorerst nicht erörtert werden soll.«

---

gelisch-Lutherischen Landeskirche Hannover, 1979–1985 Ratspräses der EKD: KÜRSCHNER [15]1987, S. 2788f.

[126] Mehrseitiger Schriftsatz, von Höffner handschriftlich überschrieben: »Gespräch mit Landesbischof Dr. Eduard Lohse, Vorsitzender des Rates der EKD, 12.9.1979«. Auch Zwischenüberschriften und Randbemerkungen Höffners aus dem Gesprächsverlauf: HAEK – NH 2086.

[127] Note – Gespräch mit Landesbischof Dr. Eduard Lohse am 12. September 1979, 13.9.1979 (von Höffner unterschrieben): Ebd.

[128] Klaus von Bismarck (1912–1997), Offizier im II. Weltkrieg, 1950–1992 Mitglied des Präsidiums des Deutschen Evangelischen Kirchentages, 1977–1979 dessen Präsident, 1961–1976 Intendant des WDR: GENEALOGISCHES HANDBUCH DES ADELS, Adelige Häuser A 16, 1981, S. 34.

[129] Anspielung auf den Reichstag in Augsburg 1530, bei dem sich die evangelischen Stände auf das gemeinsame Bekenntnis *Confessio Augustana* verständigten.

Außer einigen weiteren denkbaren Gesprächsthemen zwischen Höffner und Lohse hatte Homeyer bemerkt: »Verschiedene Vorgänge darüber hinaus sind katholischerseits mit Bedauern zur Kenntnis genommen worden, etwa
1. das permanente Drängen auf ökumenische Gottesdienste an Sonn- und Feiertagen, obschon man evangelischerseits wissen sollte, dass die katholischen Bischöfe hier keine andere als die bekannte Stellungnahme abgeben können.
2. ...
3. Die Gedächtnisfeier in einem Kloster im Bistum Fulda anlässlich der 25jährigen [Wiederkehr des Tages der] Weihe Deutschlands an Maria[130] soll Anlass für ungute Äußerungen evangelischerseits und sogar einen Brief der EKD-Kirchenkanzlei an die Landeskirchen gegeben haben.
4. ...«

In Höffners »Note« nach dem Gespräch heißt es dazu:
»Der Landesbischof erkennt an, dass für eine katholische Pfarrei die Eucharistiefeier eine andere Bedeutung habe als für eine evangelische Gemeinde. Von daher sei es freilich auch verständlich, dass von evangelischer Seite der Wunsch nach ökumenischen Gottesdiensten an den Sonntagen immer wieder geäußert werde. Die Evangelische Kirche werde jedoch die Auffassung der Katholischen Kirche in dieser Frage respektieren ... Herr Landesbischof Lohse hat mit Herrn Bischof Schick [Fulda – wegen der Marienweihe] gesprochen. Die kritischen Äußerungen zur Marienweihe seien während der Urlaubszeit ohne seine Mitwirkung erfolgt. Eine Weihe in dem Sinn, dass ein ganzes Volk oder die ganze Menschheit der Fürbitte der Gottesmutter empfohlen werde, sei nicht zu beanstanden.«

Für die Presse übersandte Kardinal Höffner noch am 12. September eine »Mitteilung« an sein Presseamt und den Pressereferenten Dr. Hammerschmidt im Sekretariat der Bischofskonferenz: »Der Vorsitzende des Rates der EKD, Landesbischof Dr. Eduard Lohse, und der Vorsitzende der Deutschen Bischofskonferenz, Kardinal Joseph Höffner, trafen sich am 12. September 1979 in Köln zu einem längeren Gedankenaustausch. Es wurde vereinbart, die Zusammenarbeit zwischen den Kirchen, die gerade in jüngster Zeit zu erfreulichen Ergebnissen geführt hat – es sei an die Einheitsübersetzung der Heiligen Schrift erinnert, die am 1. Oktober 1979 in Bonn der Öffentlichkeit vorgestellt wird – fortzusetzen und zu vertiefen, nicht zuletzt durch das gemeinsame Mühen um die Auslegung der Heiligen Schrift. Gemeinsame Stellungnahmen der Kirchen zu sittlichen Gegenwartsfragen sind Ausdruck des christlichen Glaubenszeugnisses. Sie werden, wie die Erfahrung lehrt, von vielen Menschen dankbar begrüßt und sollen fortgesetzt werden.«[131]

---

[130] Am 4. September 1954 hatte anlässlich des Katholikentages in Fulda Kardinal Frings die Weihe Deutschlands an das Unbefleckte Herz Mariens vollzogen, was damals zu heftigen ökumenischen Irritationen führte: N. TRIPPEN, Frings I, S. 483–487.

[131] Mitteilung an Herrn Nunner [Presseamt des Erzbistums Köln] und Herrn Dr. Hammerschmidt, 12.9.1979: HAEK – NH 2086.

Es entsprach nicht nur der Höflichkeit, sondern auch dem erfreulichen Verlauf dieser ersten Begegnung zwischen Höffner und Lohse, dass der Kardinal bald zu einem Gegenbesuch bei dem Landesbischof nach Hannover fuhr. Der Termin am 13. März 1980 wurde so vereinbart, dass Kardinal Höffner nicht nur Bischof Lohse zu einem längeren Gespräch treffen, sondern auch für einige Stunden an der gerade tagenden Landessynode teilnehmen konnte. Sekretär Homeyer hatte Höffner auf 5 Seiten Material zu den Themenvorschlägen für das Gespräch zusammengestellt:

»1. Abstimmung (Kriterien) betreffend Verantwortung von Einladungen zu gemeinsamem Auftreten des EKD-Vorsitzenden und des Vorsitzenden der DBK ...
2. ›Gemeinsame Bibellesung‹ ...
3. Abstimmung betreffend Überarbeitung ›Gemeinsame kirchliche Empfehlungen für die Seelsorge an konfessionsverschiedenen Ehen und Familien‹ ...
4. Ehe und Familie, insbesondere Abtreibungsproblematik ...
5. Ökumenische Gottesdienste an Sonn- und Feiertagen ...
6. Situation der Kirchen in der DDR ...
7. Rheinischer Merkur/Christ in der Welt ...
8. Jubiläumsjahr des Kölner Domes ...«[132]

In weiteren Punkten sollte das Verhältnis der Kirchen zur Orthodoxie, zum Judentum und zum Islam angesprochen werden. Schließlich sah das Programm noch das »Gemeinsame Vorgehen angesichts des zunehmenden Wandels der Werte-Auffassungen des Grundgesetzes« und den Austausch über die – gerade alles beherrschende – Erregung wegen des »Falles Küng« vor.

Kardinal Höffner machte sich während des Gesprächs mit Bischof Lohse zahlreiche Notizen auf Homeyers Vorlage und diktierte am 15. März 1980 eine ausführliche Notiz über das Gespräch. Darin hieß es z. B.:

»1. Es wurde vereinbart, bei Einladungen, die an den Vorsitzenden der EKD und an den Vorsitzenden der Deutschen Bischofskonferenz gerichtet sind, sich abzusprechen, ob beide teilnehmen, ob beide ablehnen oder ob einer der beiden die Einladung annimmt.

...

5. Ökumene.
   a) Herr Landesbischof Lohse zeigte Verständnis für die Haltung der Katholischen Kirche im Hinblick auf ökumenische Gottesdienste an Sonn- und Feiertagen. Er fragte, ob es nicht möglich sei, zu ökumenischen Wortgottesdiensten abwechselnd einzuladen. Ich wies darauf hin, dass das bereits geschehe ... Gedacht ist an ökumenische Wortgottesdienste an Werktagen oder aus besonderen Anlässen ...«[133]

---

[132] Betr.: Besuch beim Vorsitzenden des Rates der EKD am 13. März 1980 in Hannover, hier: Erinnerungen zu den einzelnen Themenvorschlägen: HAEK – NH 2086.
[133] Besuch beim Vorsitzenden des Rates der EKD, Herrn Landesbischof Lohse, am 13. März 1980 in Hannover (von Höffner diktiert und unterzeichnet): Ebd.

Das Gespräch ging dann offenbar ausführlicher auf das zum 500. Geburtstag Martin Luthers für 1983 geplante Jubiläum ein, vor allem auf die Tendenz der DDR-Regierung, Luther nach der bisherigen Distanz des Regimes zum Reformator als »Vorbild für die Konsolidierung der DDR« zu vereinnahmen. Unter aktuellen Gesichtspunkten ist dann die folgende Bemerkung Höffners aufschlussreich: »10. Die EKD hat gewisse Bedenken gegen eine Anerkennung von Muslimgruppen als Körperschaften des Öffentlichen Rechts, weil man zur Zeit noch nicht sehe, ob diese Gruppen wirklich Glaubensgemeinschaften oder politische Bewegungen seien.«

Höffner schloss seine Notiz über das Gespräch mit Lohse mit der Feststellung: »Das Gespräch verlief in sehr brüderlicher Weise. Auch der Besuch bei der Landessynode fand in herzlicher Atmosphäre statt.«

Höffner berichtete in seinem Grußwort vor der Synode am 13. März 1980: »Als ich mit Herrn Bischof Lohse ... den Termin meines Gegenbesuches vereinbarte, war es für mich eine frohe Überraschung, dass Herr Bischof Lohse mich einlud, der in Hannover tagenden Landessynode einen Besuch zu machen. Ich danke sehr herzlich für dieses Zeichen brüderlicher Verbundenheit. Wir stehen uns heute – auch gefühlsmäßig – so nahe, wie es seit der Trennung wohl noch nie der Fall gewesen ist. Wie tief uns das Bekenntnis zum gemeinsamen christlichen Erbe eint, habe ich beglückend immer wieder erfahren bei meinen Begegnungen in den sechziger Jahren als Bischof von Münster mit dem zu Gott heimgegangenen Bischof Jacobi von Oldenburg, bei den regelmäßigen Kontaktgesprächen auf Bundes- und Landesebene und nicht zuletzt bei den herzlichen und brüderlichen Begegnungen mit Ihnen, sehr verehrter Herr Ratsvorsitzender.

Wie sehr sich das Verhältnis unserer Kirchen zueinander in den letzten Jahrzehnten geändert hat, ist mir beim nochmaligen Meditieren des Hirtenwortes ›Dein Reich komme‹ erneut bewusst geworden, das die Deutsche Bischofskonferenz zu Beginn der diesjährigen Weltgebetsoktav veröffentlicht hat ... Es war für mich eine große Freude, als ich erfuhr, dass Papst Johannes Paul II. sich diesen Text unseres Hirtenwortes zu eigen gemacht hat, als er kürzlich an die Vollversammlung des Einheitssekretariats ein Grußwort richtete ... Gott helfe uns, dass wir durch unser gemeinsames Zeugnis und durch unseren gemeinsamen Dienst zum gemeinsamen Glauben zurückfinden.«[134]

Ein brisantes Thema zwischen Höffner und Lohse war das Verhältnis der evangelischen Kirche in der DDR zu den dortigen Staatsorganen gewesen. Bei einem Besuch im Sekretariat der Bischofskonferenz hinterließ der Sekretär der Berliner Bischofskonferenz, Prälat Paul Dissemond, am 14. April 1980 eine »Note« für Kardinal Höffner[135], in der er von einem Besuch Lohses beim »Bund Evangelischer Kirchen in der DDR« und dem aus diesem Anlass stattgefundenen Empfang Lohses durch den Staatssekretär der DDR-Regierung für Kirchenfragen Gysi berichtete.

---

[134] Pressemeldung des Presseamtes des Erzbistums Köln vom 12.3.1980 (Sperrfrist: 13.3.1980, 12.00 Uhr): Ebd.
[135] Note für Eminenz Höffner, Bonn, den 14.4.1980: Ebd.

Diese Note und weiteres Material übersandte Sekretär Homeyer Kardinal Höffner für ein Gespräch mit dem Ostberliner Ratsvorsitzenden Bischof Schönherr am 18. April 1980.[136] In seiner Vorlage kam Homeyer zu dem Schluss: »Nach meinem Eindruck gibt es eben zwei grundverschiedene Auffassungen der evangelischen und der katholischen Kirche in der DDR über die Zusammenarbeit mit der DDR-Regierung:
1. Evangelische Kirche: Vorsichtiges Gespräch und vorsichtige Zusammenarbeit mit der DDR-Regierung mit dem Ziel, wenigstens einen gewissen Freiraum für die Kirche zu schaffen; zu manchen, auch bedenklichen Kompromissen bereit (politische Äußerungen), aber doch Freimut, den eigenen kirchlichen Standpunkt zu bekunden und zu vertreten.
2. Katholische Kirche: Grundsätzliche Trennung, um nicht vereinnahmt zu werden und den kirchlichen Freiraum nicht weiter einzuengen.
NB: ›Grundsatztreue‹ und ›Gesprächsbereitschaft‹ (sowohl gegenüber der Evangelischen Kirche wie auch gegenüber der Regierung) werden gewiss zu Recht von der katholischen Kirche vertreten, wenn auch manche – meines Erachtens nicht ganz zu Unrecht – in der Praktizierung der ›Gesprächsbereitschaft‹ etwas mehr Geschick wünschten.«

Über den tatsächlichen Verlauf des Gesprächs Kardinal Höffners mit Bischof Schönherr am 18. April 1980 liegen keine Aufzeichnungen vor.

Wie sensibel und wenig belastbar die Beziehungen zwischen katholischer und evangelischer Kirche in Deutschland trotz solcher guten Kontakte zwischen den leitenden Bischöfen immer noch waren, sollte sich wenige Monate später zeigen, als Papst Johannes Paul II. zu seinem als »Pilgerreise« deklarierten ersten Besuch nach Deutschland kam.[137] Schon die Ankündigung der Papstreise nach Deutschland wurde auf evangelischer Seite als Provokation empfunden: Deutschland ist in evangelischer Sicht das Land Martin Luthers und der Reformation. Der Besuch eines Papstes mit entsprechender Prachtentfaltung erschien für evangelische Christen schwer erträglich. Die in den Medien aus ganz anderen Gründen – vor allem wegen der Kosten und der Involvierung des Staates in ein kirchliches Ereignis – geschürte kritische Stimmung erhielt für die evangelisch-kirchlichen Kreise ihre Zuspitzung durch die im Vorfeld des Papstbesuches veröffentlichte »Kleine deutsche Kirchengeschichte«.[138] Der als Luther-Forscher durchaus kompetente Freiburger Kirchenhistoriker Remigius Bäumer hatte darin auf 27 Seiten »Das Zeitalter der Glaubensspaltung«[139] behandelt und ein in der Kürze allzu scharf-kantiges Luther-Bild gezeichnet. Es war z. B. nicht geschickt, bei nur we-

---
[136] Homeyer: Note für den Vorsitzenden, 16.4.1980: Ebd.
[137] Zum Besuch Papst Johannes Pauls II. vom 15. bis 19. November 1980 s. unten S. 473–483.
[138] Kleine deutsche Kirchengeschichte, hrsg. v. Bernhard Kötting mit Beiträgen von Remigius Bäumer, Eduard Hegel, Erwin Iserloh, Bernhard Kötting, Georg Schwaiger, Ludwig Volk, Freiburg u. a. 1980.
[139] Ebd. S. 53–79.

nigen inhaltlichen Referaten über Luthers Schriften ausgerechnet seine heute schwer vermittelbaren Aussagen zum Bauernaufstand der 1520er Jahre auszuwählen. Bäumer referierte etwa: »Eitel Teufelswerk treibe jetzt die Bauern. Sie raubten und tobten wie die rasenden Hunde. Darum soll hier würgen und stechen, wer kann ... Man soll die Bauern totschlagen wie tolle Hunde.«[140] Die Erregung über diesen Bäumer-Beitrag beschäftigte die Medien, vor allem Zeitungen und Zeitschriften, über Wochen. Evangelische Theologen und Bischöfe steigerten den Unmut durch scharfe Reaktionen und Beiträge.

Ein zweiter Stolperstein im Vorfeld des Papstbesuches war die Frage: In welcher Form wird es eine Begegnung des Papstes mit Vertretern der anderen christlichen Kirchen, zumal mit der evangelischen Kirche, geben? In einem Gespräch, das Sekretär Homeyer aus einigem Abstand im März 1981 mit dem Präsidenten der Kirchenkanzlei der EKD Walter Hammer führte, rekapitulierte Homeyer: »In der ersten Kontaktnahme zwischen Bischof Scheele und Bischof Harms ist Übereinkunft erzielt worden, dass die ökumenische Begegnung mit dem Papst wie in allen Ländern auch in Deutschland auf der Ebene des ACK stattfinden solle. Dies hat der ACK-Vorstand einmütig bestätigt. Dies ist auch im anschließenden evangelisch-katholischen Kontaktgespräch von den anwesenden evangelischen Bischöfen nachdrücklich vertreten worden, wenn auch Vizepräsident Löwe [von der Kirchenkanzlei] darauf hingewiesen habe, dass die evangelische Kirche als Träger und größte Kirche der Reformation glaube, eine besondere Stellung in der Begegnung mit dem Papst erwarten zu dürfen. Anschließend habe sich die EKD in einem undurchschaubaren Gerangel und in gerade nicht sehr ökumenischer Weise eine eigene Begegnung mit dem Papst ertrotzt, aber durch unbestreitbare Manipulation seitens der EKD-Kirchenkanzlei in der Öffentlichkeit den Eindruck erweckt, die Protestanten in Deutschland hätten sich von den katholischen Bischöfen eine Begegnung mit dem Papst ertrotzen müssen.«[141]

Kardinal Höffner hatte bereits am 27. Dezember 1980 seinem Freund Kardinal Volk nach Mainz geschrieben: »Mitte Oktober baten mich Bischof Lohse und Präses Immer, ihre Bitte um ein eigenes EKD-Gespräch mit dem Papst weiterzugeben. Das habe ich getan. Ich hörte allerdings, dass man in der Arbeitsgemeinschaft der christlichen Kirchen mit dieser Regelung nicht sehr zufrieden war.«[142]

Die Begegnung Johannes Pauls II. mit den Vertretern der Evangelischen Kirche (aber auch den übrigen christlichen Gemeinschaften in Deutschland) fand am 17. November 1980 im »Haus am Dom« in Mainz statt und nahm einen überraschend harmonischen Verlauf.[143] Der Kölner Ökumenereferent Johannes Hütten-

---

[140] Ebd. S. 62.
[141] Homeyer: Note für den Vorsitzenden, Gespräch mit dem Präsidenten der Kirchenkanzlei der EDK, Walter Hammer, am 16. März 1981, 17.3.1981: HAEK – NH 2086.
[142] Höffner an Volk, 27.12.1980 (unterschriebener Durchschlag): HAEK – NH 1465.
[143] Foto, das neben evangelischen Bischöfen auch orthodoxe Würdenträger zeigt: O. Neisinger, Mit dem Papst durch Deutschland, Würzburg 1980, S. 52.

bügel stellte in einem Rückblick am 21. Januar 1981 fest: »Nach dem Besuch ist von der ›Krise‹ [der Ökumene] kaum noch etwas übrig geblieben; die Atmosphäre hat sich fast restlos zum Positiven hin gewandelt ... Dafür sind zwei Gründe zu nennen: Zunächst die ›ungeheure, durch nichts zu erschütternde Positivität (mit der der Papst gesprochen hat) ...‹ (Hans Urs von Balthasar) ... Der zweite Grund ist die Nachdrücklichkeit, mit der der Papst die Notwendigkeit eines entschiedenen und schnellen Weitergehens auf dem Weg der ökumenischen Verständigung unterstrichen hat ...«[144]

Für seine Einschätzung zitierte Hüttenbügel prominente Stimmen aus evangelischen Kreisen: »Der Rat der EKD hat am 5./6. Dezember 1980 in Hannover das Bemühen des Papstes um ein brüderliches Gespräch und sein ökumenisches Engagement hervorgehoben. Er habe die bestehende Gemeinschaft unter den Kirchen in der Bundesrepublik gestärkt. Der Rat ermutigt alle evangelischen Gemeinden, ihre bestehenden Kontakte zu katholischen Gemeinden in ihrer Nachbarschaft zu vertiefen und neue Möglichkeiten der Begegnung zu suchen.« Hüttenbügel ging dann auf einzelne der Ökumene förderliche Äußerungen des Papstes in Mainz und sonst während seiner Rundreise ein: »Auffallend ist der vielfache Bezug auf Martin Luther. Der Papst beginnt das Gespräch im Anschluss an das Zeugnis des Römerbriefs, jener Schrift, die für Martin Luther schlechterdings entscheidend war; er erinnert daran, dass Luther 1510/11 als Pilger zu den Gräbern der Apostelfürsten nach Rom kam: ›Heute komme ich zu Ihnen, zu geistlichen Erben Martin Luthers, ich komme als Pilger.‹ Er sagt weiter, ›dass wir alle der Umkehr bedürfen. Es gibt kein christliches Leben ohne Buße‹ – eine fast wörtliche Übernahme der ersten der 95 Thesen Martin Luthers. Schließlich legt er seine Auffassung von Ökumene unter ausdrücklichem Bezug auf die Römerbrief-Vorlesungen Luthers 1516/17 dar, wozu allerdings später kritisch vermerkt wurde, dass der Papst hier einen noch ganz katholischen Luther zitierte, der mit der Römischen Kirche noch nicht gebrochen habe (Reinhard Frieling, Bensheim, und andere).

Der Papst hat die Bitte um Vergebung vorbehaltlos ausgesprochen und alle einbezogen. ›Wir wollen uns nicht gegenseitig richten. Wir wollen aber einander unsere Schuld eingestehen. Auch hinsichtlich der Gnade der Einheit gilt: Alle haben gesündigt.‹ ›... dann wird uns bewusst, dass unser Versagen immer wieder Schritte zur Einheit behindert, die möglich sind‹ (aus der Rede in Mainz am 17. November 1980) ...«

Hüttenbügel verschweigt dann allerdings auch die kritischen evangelischen Stimmen in der Rückschau auf den Papstbesuch nicht: »So positiv all dies zu bewerten ist, so ist doch verschiedentlich – namentlich von evangelischer Seite – kritisch vermerkt worden, dass der Papstbesuch keine Fortschritte in der ökume-

---

[144] »Ökumene nach dem Papstbesuch« von J. HÜTTENBÜGEL, Referent für Ökumene im Erzbistum Köln (Referat gehalten vor den Mitarbeitern in der Hauptabteilung Seelsorge des Erzb. Generalvikariates Köln am 20. Januar 1981) (8 Seiten): HAEK – NH 2086.

nischen Theologie gebracht hat, dass er keine neuen Perspektiven aufgewiesen und keine neuen Wege eröffnet hat. Alle seine Äußerungen zu ökumenischer Ermutigung werden begleitet von der Forderung nach ›unverbrüchlicher Treue zur Wahrheit ... Der Kompromiss zählt nicht; nur jene Einheit trägt, die der Herr selbst gestiftet hat, die Einheit in der Wahrheit und in der Liebe‹ (Ansprache am 17. November 1980 in Fulda).«

Wie kritisch die Stimmung »hinter den Kulissen« auch nach dem Papstbesuch noch war, verrät ein Brief Kardinal Volks an Höffner vom 22. Dezember 1980: »Inzwischen hat die eintägige Besprechung im EKD-Kontaktkreis in Mainz stattgefunden ... Die Sitzung ist wohl etwas anders verlaufen, als die evangelischen Partner sich das gedacht haben. Sie haben sich zunächst sehr lange – wohl über eine Stunde – über den Artikel von Bäumer aufgeregt und auch über den Titel ›Deutsche Kirchengeschichte‹, weil damit der Eindruck entstehe, sie [die evangelische Kirche] gebe es nicht. Es wurde dann allerdings gefragt, was dann in evangelischen Kirchengeschichten Deutschlands über uns stände ... Ich erklärte unzweideutig, dass wir nicht gewillt seien, uns auf eine Anklagebank setzen zu lassen, so als ob wir [die katholischen Bischöfe] die einzigen Hindernisse für die Einheit wären. Denn ich empfand es doch als ein ziemlich starkes Stück, dass der Ratsvorsitzende die drei Forderungen: Interkommunion, Anerkennung des [ökumenischen] Wortgottesdienstes als Erfüllung unserer Sonntagspflicht und konfessionsverschiedene Ehe ohne jede Bedingung massiv vortrug ohne eigentliche Kritik an der eigenen Position ...«[145]

Der Papst hatte am 17. November in Mainz angeregt, eine Kommission von katholischen Bischöfen und Vertretern der evangelischen Kirchen zu bilden, um den inhaltlichen Dialog fortzuführen. Kardinal Volk berichtete Höffner, dass der Ratsvorsitzende in dieser Kommission mitwirken wolle. »Ich kann mir denken, dass die Evangelischen mich nicht gern sehen bei der Kommission ...«

Höffner antwortete Kardinal Volk am 27. Dezember 1980: »Dein Bericht über das Kontaktgespräch in Mainz ist spannend ... Mir scheint die Aussage des Papstes in Mainz, dass für die Ökumene ›Wahrheit und Liebe‹ gelten müssen, für unsere weiteren Kontakte wichtig zu sein. Man kann nicht aus ökumenischer Begeisterung die Wahrheit verwischen. In diesem Zusammenhang hat mich Dein Hinweis, dass auf evangelischer Seite die Heilsbedeutung der Menschheit Jesu Christi nicht voll anerkannt wird, nachdenklich gemacht.«[146]

Wie sehr die durch den Papstbesuch geweckten Empfindlichkeiten und alte Ressentiments auf evangelischer Seite noch einer längerfristigen Heilung bedurften, wurde bei dem bereits erwähnten Gespräch zwischen dem Sekretär der DBK Homeyer und dem Präsidenten der Kirchenkanzlei der EKD Hammer am 16. März 1981 deutlich. Homeyer hielt in seiner Note für Kardinal Höffner als

---

[145] Volk an Höffner, 22.12.1980: HAEK – NH 1465.
[146] Höffner an Volk, 27.12.1980: Ebd.

Äußerungen Hammers fest: »Es sei ... unbestreitbar, dass in den Vorgängen vor dem Papstbesuch evangelischerseits ganz bestimmte und uralte Ressentiments gegenüber der katholischen Kirche aufgebrochen und wirksam geworden seien, z. B.
1. es sei breite evangelische Überzeugung, dass die katholischen Bischöfe die Ökumene zu bremsen bemüht seien ...
2. Evangelischerseits sei man der Überzeugung, dass in der katholischen Kirche das ›Protokoll‹ höchste Bedeutung habe und jede Aussage, Maßnahme und Handlung sehr wohl überlegt sei und gezielt erfolge, um die Evangelische Kirche ›heimzuholen‹ ...
N.B. Als äußerst wohltuend habe man es empfunden, dass bei der Begegnung des Papstes mit den EKD-Vertretern der Papst keinen erhöhten Sitz gehabt habe, doch offensichtlich, damit die ›gleiche Ebene‹ zu bekunden!
3. Die EKD fühle sich eben in der Minderheit und Verteidigung gegenüber der starken Weltkirche. Noch immer fürchte man, dass die katholische Kirche unter Ökumene die bedingungslose Rückkehr der Protestanten in den Schoß der katholischen Kirche verstehe.
4. Letztlich entscheidend wäre der Anspruch der katholischen Kirche in der Ämterfrage, die von vielen als Anmaßung und verletzend empfunden werde ...
Präsident Hammer hält es für dringend geboten, diese tiefsitzenden Ressentiments gegenseitig deutlicher beim Namen zu nennen, da sie auch deutlich machen könnten, wie in solchen Vorstellungen heute so gern heruntergespielte Differenzen wirksam sind und werden.«[147]

Doch durfte es nicht bei der Rückschau und bei »Trauerarbeit« bleiben. Am 21. Januar 1981 schrieb Kardinal Höffner als Vorsitzender der Deutschen Bischofskonferenz an den Ratsvorsitzenden der EKD in Hannover: »Der Ständige Rat der Deutschen Bischofskonferenz hat in seiner 36. Sitzung am 19. Januar 1981 die Konstituierung der bei der Begegnung des Heiligen Vaters mit Vertretern des Rates der EKD am 17. November 1980 in Mainz vereinbarten Kommission beschlossen, natürlich unter Voraussetzung eines entsprechenden Beschlusses des Rates der EKD. Ebenfalls hat der Ständige Rat die Mitglieder dieser Kommission seitens unserer Bischofskonferenz gewählt.«[148] Nach dem Beschluss des Ständigen Rates[149] sollten das sein: Hermann Kardinal Volk, Joseph Kardinal Ratzinger, Bischof Dr. Friedrich Wetter, Bischof Dr. Paul Werner Scheele (Geschäftsführung) und Msgr. Dr. Alois Klein vom Einheitssekretariat des Papstes.

Bischof Lohse antwortete Kardinal Höffner am 27. Januar 1981 und benannte als evangelische Mitglieder der Kommission: Bischof D. Hans Heinrich Harms, Prof. D. Hans-Helmut Eßer, Landesbischof Dr. Gerhard Heintze, Bischof Dr. Martin Kruse und Landesbischof D. Eduard Lohse. Bischof Lohse beschloss

---

[147] Homeyer, Note für den Vorsitzenden, 17.3.1981 (vgl. oben S. 428 mit Anm. 141).
[148] Höffner an Lohse, 21.1.1981: HAEK – NH 2086.
[149] Auszug aus dem Protokoll der 36. Sitzung des Ständigen Rates der DBK am 19.1.1981 (dem Brief an Bischof Lohse beigefügt): Ebd.

seinen Brief an Höffner mit dem sehr versöhnlichen Abschnitt: »Der Rat der Evangelischen Kirche ist sehr glücklich darüber, dass wir beiderseitiges Einvernehmen über die Bildung der Gemeinsamen Kommission erzielt haben. Wir sind zuversichtlich, dass unsere Bemühungen dem Ziel dienen werden, das gemeinsame christliche Zeugnis in unserer Zeit deutlicher als bisher auszurichten.«[150]

Am 22. Februar 1981 trafen sich Kardinal Höffner und Landesbischof Lohse zum nächsten ausführlichen Gespräch in Düsseldorf, bei dem es vor allem um die Aufgabenstellung für die am 6./7. Mai 1981 in München zu konstituierende Gemeinsame Kommission ging.[151] Kardinal Höffner hielt von dem Gespräch in Düsseldorf fest:

» ... 2. Bischof Lohse erklärt, dass es die Hauptaufgabe der Gemeinsamen Kommission sein müsse, das gemeinsame christliche Zeugnis besser als bisher zu realisieren.
3. Im Hinblick auf [die Konzilien] Ephesus (431) und Konstantinopel (381) empfehle es sich, dass die Gemeinsame Konferenz ein gemeinsames Bekenntnis zum Credo ablegt.
4. ...
5. Bischof Lohse stimmt dem Beschluss des Ständigen Rates [der DBK] zu, dass auch die praktischen Fragen (Ökumenischer Gottesdienst am Sonntag, Mischehenpastoral, Interkommunion) erörtert werden sollen.
6. Ich habe im Hinblick auf die Frage der Interkommunion auf den Heidelberger Katechismus hingewiesen, der die katholische Messe einen ›fluchwürdigen Götzendienst‹ nennt und in der 1978 erschienenen Neuauflage erklärt, der Katechismus rede zwar die harte Sprache des Kampfes, jedoch bestehe ›der Gegensatz der Auffassungen über die römisch-katholische Messe und das evangelische Abendmahl auch heute noch‹. Bischof Lohse erklärte, über diesen Text müsse in der Gemeinsamen Kommission gesprochen werden.«[152]

Das Gespräch Höffner-Lohse nahm den Charakter einer dauerhaften Einrichtung an: Das nächste Gespräch zwischen beiden fand am 18. August 1982 im Erzbischöflichen Haus in Köln statt.[153]

Es mag eine Frucht dieser zunehmend unverkrampft geführten Gespräche zwischen den Vorsitzenden der DBK und EKD gewesen sein, dass Kardinal Höffner im Luther-Jahr 1983 zur Teilnahme an der Synodaltagung der EKD Ende Okto-

---

[150] Lohse an Höffner, 27.1.1981: Ebd.
[151] Dazu: Homeyer, Note für den Vorsitzenden, 20.2.1981 mit umfangreichen Vorschlägen zu den anstehenden Gesprächspunkten, Entwurf für eine Presseverlautbarung etc.: Ebd.; dort auch: Pressedienst des Sekretariats der DBK, 24.2.1981: Kommuniqué zum Abschluss des Gesprächs zwischen dem Ratsvorsitzenden der EKD, Landesbischof Eduard Lohse, und dem Vorsitzenden der DBK, Kardinal Joseph Höffner, am 22. Februar in Düsseldorf.
[152] Kardinal Joseph Höffner, Gespräch mit dem Vorsitzenden der EKD, Bischof Lohse, Düsseldorf, 22. Februar 1981 (Durchschlag): Ebd.
[153] Zur Vorbereitung erstellte Sekretär Homeyer wieder eine »Note für den Vorsitzenden«, 17.8.1982: Ebd.

ber in Worms eingeladen und um eine Ansprache gebeten wurde. Der Kardinal nahm sich dabei Papst Johannes Paul II. in Mainz 1980 zum Vorbild, wenn er sagte: »Der Einladung zu dieser Feier bin ich nicht aus bloßer Höflichkeit gefolgt. Mich erfüllen Dankbarkeit und Freude darüber, dass wir diesen Tag ohne Polemik, in ökumenischer Offenheit und gemeinsamer Sorge um das Erbe Jesu Christi begehen können. Person und Werk Martin Luthers gehen auch uns Katholiken an, nicht nur weil die Reformation zur Spaltung der Christenheit des Westens geführt hat, was wir mit Ihnen bedauern. Wir sind betroffen, weil der Ruf Martin Luthers zur Reform mitten in unserer Kirche laut wurde, aber von den Verantwortlichen nicht sofort und nicht in der rechten Gesinnung aufgegriffen worden ist. ›Als unser Herr Jesus Christus sagte: Tuet Buße!, da wollte er, dass das ganze Leben des Christen eine Buße sei.‹ Diese erste der 95 Ablassthesen Luthers steht am Anfang der Reformation. Sie war damals Aufruf an die noch nicht gespaltene Christenheit. Sie ist heute Anfrage an Katholiken und evangelische Christen ...«[154]

Der Kardinal blieb in seiner Ansprache in Worms bei der Gestalt Luthers, ohne zu harmonisieren: »Hier haben wir Fragen an Martin Luther, und er selbst hat sie sich hin und wieder gestellt: Ist er genügend bemüht gewesen, die sich anbahnende Spaltung der abendländischen Christenheit zu verhindern, – jene Spaltung, die im Zeitalter der Entdeckungen in alle Welt getragen worden ist? Diese kritische Anfrage an den Reformator bedeutet nicht, dass wir als katholische Christen nicht viel von Luther lernen können. Sie hindert uns nicht, in Luther den religiösen Menschen, den großen Beter, den charismatisch-prophetischen Geist zu sehen. Martin Luther wusste sich dazu aufgerufen, Gott und sein Heilswirken zu verkünden, Gottesliebe, Gottesfurcht und Gottvertrauen gingen ihm über alles. Er hat das personal Fordernde und Herausfordernde der Botschaft Christi deutlich gemacht ...«

Der Unterschied zwischen Remigius Bäumer und Kardinal Höffner im Umgang mit dem Reformator ist mehr als deutlich. Auch in seiner Haltung und seinen Äußerungen zur Ökumene neigte Joseph Höffner nicht zu oberflächlichen Kurzschlüssen, sondern eher zu gewissenhafter, wissenschaftlich fundierter Auseinandersetzung mit den historischen Fakten und den gegenwärtigen Problemen.

6. Problemfeld: Kirchliche Jugendarbeit[155]

In seinem Weihnachtsbrief 1947 an Papst Pius XII. konnte Kardinal Frings berichten: »In der Jugend ist keineswegs alles [durch den Nationalsozialismus] verdorben. Der ›Bund der katholischen Jugend‹ umfasst in den westlichen Zonen

---

[154] Originalredemanuskript mit handschriftlichen Bearbeitungsspuren Höffners: Festakt anlässlich der Synodaltagung der Evangelischen Kirche in Deutschland, Worms, 30. Oktober 1983, Ansprache des Kardinals Joseph Höffner: HAEK – NH 4028; dsgl. unbearbeitet: HAEK – NH 1345.
[155] Auch in diesem Abschnitt wird Höffners Wirksamkeit als Erzbischof von Köln und ab 1976 als Vorsitzender der Deutschen Bischofskonferenz nicht unterschieden bzw. getrennt dargestellt.

wieder ca. 750.000 Mitglieder. Zu einer Jugendwallfahrt nach Altenberg bei Köln waren im Mai d. J. allein aus der Kölner Erzdiözese 15.000 Jungmänner und 25.000 junge Mädchen zusammen geströmt.«[156] Der legendäre Jugend-Prälat Ludwig Wolker konnte ab 1946 von Altenberg aus die kirchliche Jugendarbeit in Deutschland noch einmal als Fortsetzung der Arbeit bis 1938 aufbauen. In jeder größeren Pfarrei gab es einen oder sogar zwei Kapläne, die sich neben dem Religionsunterricht in der Schule vor allem der Jugendarbeit in der Pfarrei widmen konnten.

Doch als Erzbischof Höffner 1969 nach Köln kam, war das bereits Geschichte. In den 1960er Jahren hatten sich die ehemals als Forum der Jugendseelsorge verstandenen Jugendverbände zu »Freizeitverbänden« und Aktionszentren zur Umgestaltung von Kirche und Gesellschaft entwickelt. Zu einer Tischvorlage »Jugendseelsorge« für die Herbstvollversammlung der Bischofskonferenz 1981 machte Kardinal Höffner eine Eingabe, in der es hieß: »›Freizeitverband‹ kennzeichnet das frühere Selbstverständnis der katholischen Jugendverbände nicht. Sie verstanden sich als Jugend der Kirche. Ziel war das tiefere Eindringen in das Christusgeheimnis und das Glaubenszeugnis im ganzen Leben, auch in der Freizeit.«[157]

Wie sich Selbstverständnis und Haltung zur Kirche im Bund der Deutschen Katholischen Jugend (BDKJ) und in seinen Verbänden seit der Nachkriegszeit gewandelt hatten, machte die im November 1970 in Altenberg beschlossene »Bundesordnung des BDKJ« deutlich.[158] In den »Erläuterungen« des Vorstandes für die Bischofskonferenz[159] wurde auf entscheidende Punkte hingewiesen:

»1. Die Bundesordnung von 1962 wurde der Bedeutung, die die Gliedgemeinschaften (jetzt: Mitgliedsverbände) im BDKJ haben, nicht mehr gerecht. Sie war in der Sprache veraltet ... Die von der Hauptversammlung des BDKJ im November 1970 verabschiedete neue Bundesordnung will diese Defizite beseitigen, vor allem die Arbeitsstrukturen verbessern, ohne die Zielsetzung des Verbandes zu ändern.

2. Gegenüber der Bundesordnung von 1962 fehlt der vorgelegten Bundesordnung ein Grundsatzteil. Die Präambel kann nur als kurze zusammenfassende Darstellung des BDKJ gelten. Die Hauptversammlung hat beschlossen, ein Grundsatzprogramm zu erarbeiten, das das Selbstverständnis des Verbandes, seine Programmatik, seine Stellung in Kirche und Gesellschaft, seine Kirchlichkeit und das Verständnis des Priesters im Verband näher klären soll ...

3. Die Stellung des Priesters im Verband ist der Entwicklung angepasst worden ... Eine ausführlichere Umschreibung hat die Hauptversammlung für das Grundsatzprogramm vorgesehen.

---

[156] Dazu: N. TRIPPEN, Frings I, S. 212.
[157] Kardinal Joseph Höffner, Tischvorlage »Jugendseelsorge«, 19.9.1981: HAEK – Zug. 1089/00 – 98.
[158] Bund der Deutschen Katholischen Jugend (BDKJ), Grundsatzprogramm – Bundesordnung – Geschäftsordnung (Fassung 1976): HAEK – Zug. 1089/00 – 86.
[159] Erläuterungen zur Vorlage Bundesordnung des BDKJ, 10.2.1971 (Bundesführung des BDKJ, vier Unterschriften): HAEK – Zug. 719/90 – 11.

6. Problemfeld: Kirchliche Jugendarbeit

Nach der neuen Bundesordnung sollen die in den Vorständen aller Ebenen tätigen Jugendseelsorger von den jeweiligen obersten Beschlussgremien des BDKJ gewählt werden ...«

Es ist bezeichnend, dass man sich zunächst mit Strukturfragen befasste und das »Grundsatzprogramm« einer späteren Beschlussfassung (1976) überließ. Wichtig schien vor allem die Emanzipation von den Priestern in der Leitung, die vor allem durch die Wahl seitens der Gremien, aber eigentlich kaum noch durch bischöflichen Auftrag legitimiert sein sollten.

Der damalige »Jugendbischof« Heinrich Tenhumberg von Münster hatte die Aufgabe, diese neue Bundesordnung bei der Frühjahrsvollversammlung der Bischofskonferenz Anfang März 1971 in Bad Honnef vorzustellen. Für das Protokoll der Konferenz schlug Tenhumberg die Formulierung vor: »Die Bischofskonferenz beschließt:
I. In die Präambel der Satzung sollen an geeigneter Stelle folgende Punkte aufgenommen werden:
   1. Die Einheit des BDKJ mit den Bischöfen bzw. mit der Gesamtkirche.
   2. Bei der Wahl von Jugendseelsorgern sollen die Wahlvorschläge vorher mit der zuständigen kirchlichen Leitung abgestimmt werden, die ebenfalls für die Beauftragung zuständig ist.
II. Die Bischofskonferenz bekundet ihr besonderes Interesse an dem nach der neuen Satzung vorgesehenen Grundsatzprogramm. Der Referent [der DBK] für Jugendfragen wird es – in ständigem Kontakt mit den Gremien des BDKJ – der Pastoralkommission und der Vollversammlung [der DBK] rechtzeitig zur Beratung und Beschlussfassung vorlegen.«[160]

In einem Brief an Weihbischof Luthe hielt Generalvikar Nettekoven am 1. Juni 1971 die Position Kardinal Höffners zu der neuen Bundesordnung fest: »Die von Kardinal Höffner unterschriebene Zusammenfassung zu der ersten Vorlage der Bundesordnung hatte folgenden Wortlaut:
1. Die Bundesordnung sollte erst dann die Zustimmung der Bischöfe erhalten, wenn der Grundsatzteil vorliegt und angenommen worden ist ...
2. Die Stellung des Priesters, des Geistlichen Amtes, insbesondere auch die Stellung des Bischofs im BDKJ muss in der Bundesordnung eindeutig geklärt sein.
3. Die Schwerpunkte der Jugendarbeit müssen sich orientieren an dem, was das Taufversprechen aussagt. Die Einübung in das christliche Leben und die Realisierung der Taufe sollten situations- und altersstufengerecht erstrebt und unterstützt werden. Darin ist die Weite der Aufgabe, aber auch die Eindeutigkeit der verpflichtenden Bindung an Christus und seine Kirche zum Ausdruck gebracht. Dadurch kann dann auch zur Verwirklichung der Menschenrechte geholfen werden. Bedenken sind anzumelden gegen das *und* in dem neuen

---
[160] Der Bischof von Münster, Vorlage für die Deutsche Bischofskonferenz vom 1.–4.3.1971, Zu TOP III, 7: Jugendseelsorge, 17.2.1971: Ebd.

Vorschlag, das Grundlage der Botschaft Christi *und* Grundrechte auf gleiche Stufe stellt, als ob sie miteinander konkurrieren könnten. Für unser Glaubensverständnis ist das nicht der richtige Ausdruck ...«[161]

Die Biographie Joseph Höffners ist nicht der Ort, um in Ausführlichkeit die Entwicklung des gespannten Verhältnisses zwischen den Jugendverbänden und der von ihnen so genannten »Amtskirche« in den 1970er und 1980er Jahren darzustellen. Nur einige Konfliktsituationen, in die Kardinal Höffner – vor allem als Vorsitzender der Bischofskonferenz – involviert war, sollen etwas eingehender beschrieben werden.

Wenige Tage nach seiner Wahl zum Vorsitzenden der Bischofskonferenz und der ersten Konferenz unter seiner Leitung in Fulda wandte sich Kardinal Höffner am 1. Oktober 1976 an den Bundesvorstand der Katholischen Jungen Gemeinde (KJG). Höffner schrieb u. a.: »Der neu gewählte Bundesleiter der KJG, Herr F., hat das gemeinsame Leben mit seiner festen Freundin aufgenommen, ohne kirchlich verheiratet zu sein. Für Christen beginnt das eheliche Leben aber erst mit der kirchlichen Eheschließung, d. h. mit dem Empfang des Ehesakramentes. Somit widerspricht das Verhalten von Herrn F. in einer wesentlichen Frage der kirchlichen Lehre und Ordnung. Dies können und werden die deutschen Bischöfe nicht hinnehmen. Es geht der Deutschen Bischofskonferenz keinesfalls darum, die Selbständigkeit eines katholischen Verbandes willkürlich zu beschränken und das Recht der freien Koalition in der Kirche zu unterlaufen. Ein Verband aber, der einen Vorsitzenden wählt bzw. an ihm festhält, dessen Verhalten im öffentlich bekannten Widerspruch zu elementaren Grundsätzen der Kirche steht, macht es von sich aus den Bischöfen unmöglich, ihn als kirchlichen Verband weiter anzuerkennen und zu fördern ...«[162]

Dieser Brief des Vorsitzenden der Bischofskonferenz war Anlass für eine außerordentliche Bundeskonferenz der KJG am 6. November 1976 in Adelsried bei Augsburg, an der von Seiten der Bischofskonferenz Weihbischof Brandenburg und Sekretär Homeyer als Beobachter teilnahmen. Homeyer hielt seine »Persönlichen Eindrücke« in einer ausführlichen Notiz fest: »Vor Eröffnung des ›Hearing‹ wollte man die Meinung der Deutschen Bischofskonferenz über ›Konfliktlösung‹ hören. In der Frage unterstellte man offenbar, dass 1. die Bischöfe ohne Begründung und ohne Anhören der ›Gegenargumente‹ eine Lösung dekretieren und dies 2. nicht hingenommen werden könne.«

Unter »Meinungen und Auffassungen, die in den Fragen erkennbar wurden« zählte Homeyer auf:

»1. Normen, z. B. bezüglich der Eheschließung, sind Zielvorstellungen, nicht aber Eingangsvoraussetzungen.

---

[161] Nettekoven an Luthe, 1.6.1971: Ebd.
[162] Der Vorsitzende der Deutschen Bischofskonferenz an den Bundesvorstand der KJG, 1.10.1976: HAEK – NH 3022.

2. Die ›Formpflicht‹ [für die kirchliche Eheschließung] ist eine formale Angelegenheit, die man durch ein Gespräch mit Herrn F. hätte klären können.
3. Die Absicht zu einer richtigen Ehe sei bei Herrn F. vorhanden gewesen, und das sei doch das Entscheidende.
4. Es müsse auch so etwas wie ein ehrliches ›Einüben‹ von Ehe geben.
5. Jesus würde einen solchen Fall mit Barmherzigkeit geregelt haben; daran sollten sich doch auch die Bischöfe orientieren (viel Beifall).
...
11. Herr F. habe doch seinerseits seine Schuld zugegeben und inzwischen geheiratet, so dass die harte Forderung auf Rücktritt unverständlich sei.«[163]

Diese Äußerungen bei einer Bundeskonferenz der KJG machten deutlich, welche Kluft sich zwischen den bis dahin nicht in Frage gestellten kirchlichen Ordnungsvorstellungen und der Einstellung zur Kirche innerhalb der Jugendverbände (vielleicht zuerst bei ihren Funktionären) aufgetan hatte. Herr F. trat vom Amt des Vorsitzenden auf der Bundeskonferenz in Adelsried zurück und wurde mit Duldung der Bischofskonferenz noch für ein Jahr als »Referent« weiterbeschäftigt. Doch hatte sich bereits der nächste Konflikt der Bischofskonferenz mit der KJG angebahnt. Der Verband hatte ein Ringbuch mit dem Titel »Nicht schweigen – handeln. Handbuch zur Aktion der KJG« herausgebracht.[164] Nach einer flüchtigen ersten Durchsicht schrieb Bischof Tenhumberg am 15. Dezember 1976 der Bundesleitung der KJG in Düsseldorf: »Dabei ist mir folgendes aufgefallen:
1. Der ichbezogene, sensitiv-emanzipatorische Ansatz scheint mir überzogen zu sein.
2. Sie haben darauf hingewiesen, dass der theologische Teil noch fehle. Aber kann man einen theologischen Teil dem Gesamten sozusagen aufkleben? Ich habe bei der Lektüre des Ganzen den Eindruck, dass die theologischen und kirchlich-pastoralen Perspektiven weitestgehend fehlen. Hätte nicht eine theologisch-pastorale Konzeption und eine damit im Zusammenhang stehende pädagogische Zielsetzung am Anfang der ganzen Arbeit stehen müssen? ...
3. Liegt die Gesamtanlage dieses Ringbuches nicht in der Linie anderer ideologisch bestimmter Veränderungsstrategien, die von einem transzendenzlosen Menschenbild her grundsätzlich von der Machbarkeit aller gesellschaftlichen Veränderungen überzeugt sind? Das ist noch keine Feststellung, sondern eine ehrliche Frage ...«[165]

Wiederum musste sich am 24. Januar 1977 der Ständige Rat der Bischofskonferenz in Kloster Langwaden bei Neuss mit dem »Handbuch« befassen. Nach vorausgehenden Gesprächen stellte Sekretär Homeyer in einer vorbereitenden »Note« für den Vorsitzenden« fest: »Das Handbuch legt Arbeitsmaterial zur Vorbereitung

---

[163] Betr.: A. o. Bundeskonferenz der Katholischen Jungen Gemeinde (KJG) am 6. November 1976 in Adelsried bei Augsburg, hier: Persönliche Eindrücke: Ebd.
[164] Material Höffners dazu (mit handschriftlicher Übersicht): Ebd.
[165] Tenhumberg an Bundesleitung KJG, 15.12.1976: Ebd.

der ›Großveranstaltung‹ der KJG im Juni 1977 in Aachen vor. Aber in der Publikation selbst wird gesagt, dass dieses Material über den Anlass in Aachen hinaus für die permanente Arbeit der KJG maßgeblich sein soll ... Methode, Taktik und Strategie, die in diesem Handbuch den Gruppen der KJG empfohlen werden, sind ein getreues Spiegelbild der Methode, Taktik und Strategie, die von den sozialistischen und kommunistischen Systemveränderern für das Vorgehen ihrer Basis- und Unterwanderungsgruppen entwickelt worden sind ... Das konsequent verfolgte Ziel der Verfasser des Handbuches ist es, die KJG-Mitglieder in den Bereichen Schule, berufliche Ausbildung und Gemeinde (politische Gemeinde) zu permanenten Aktivitäten zu veranlassen. In dieser vorprogrammierten Aktionshektik wird alles untergraben, was für eine gesunde Entwicklung des jungen Menschen unentbehrlich ist: Selbstbesinnung, Muße, Lernbereitschaft usw. ... Das Handbuch gibt die Regeln für ein totales und permanentes Kriegsspiel innerhalb von Schule, Berufsausbildung und Gemeinde. Mit einer grotesken Konsequenz werden die in diesen Bereichen angeblich herrschenden Zustände als negativ gekennzeichnet, und die Leser werden aufgefordert, noch mehr Negatives zu finden ... Mehrfach wird beteuert, die empfohlene Aktion müsse gewaltlos sein. Diese Beteuerung ist papierenes Gerede, wenn in der gleichen Publikation jungen Menschen systematisch Feindbilder eingeprägt, Zustände überzeichnet und ruhige Überlegungen erstickt werden. Und dass man es mit der Gewaltlosigkeit im Grunde nicht gar so ernst gemeint hat, wird auf Seite 514 deutlich. Da werden unter anderen Aktionsbeispielen genannt: ›Hausbesetzungen‹, ›Symbolisches Hängen, Verbrennen oder Vertreiben von verantwortlichen Persönlichkeiten‹. Dieser Katalog für Aktionsbeispiele endet mit dem Satz: ›Ihrer Phantasie sind keine Grenzen gesetzt‹.«[166]

Dem Ständigen Rat in Kloster Langwaden lagen eine Beschlussvorlage Bischof Tenhumbergs und eine Vorlage der Zentralstelle für Pastoral der Bischofskonferenz vor.[167] Zwei Tage nach der Sitzung des Ständigen Rates schrieb Kardinal Höffner der Bundesleitung der KJG: »Der Ständige Rat hat sich auf seiner Sitzung am 24. Januar dieses Jahres auch mit der geplanten Großveranstaltung der KJG vom 16. bis 19. Juni 1977 in Aachen befasst und nach ausführlicher Beratung einige Beschlüsse gefasst, die ich Ihnen mitteilen möchte:

1. Nach Kenntnisnahme des zur Aktion der KJG vorgelegten Handbuchs, das u. a. als Material zur Vorbereitung der geplanten Großveranstaltung dient, stellt der Ständige Rat zu dessen Inhalt folgendes fest:
   a) Das Handbuch versucht auf der Grundlage von Gemeinwesenarbeit methodische Handlungsanweisungen für gesellschaftliches Handeln der KJG zu geben. Die für ein solches Handeln eines katholischen Verbandes notwendige Wertorientierung wird jedoch in dieser Arbeitshilfe nicht deutlich. Das

---

[166] Note zum »Handbuch zur Aktion der KJG – Nicht schweigen – handeln«, 17.1.1977: Ebd.
[167] Texte: Ebd.

gilt insbesondere für die mangelnde Orientierung der gesamten Arbeitshilfe am christlichen Menschenbild. Außerdem ist ein falscher Glaube an die Machbarkeit aller gesellschaftlichen Veränderungen festzustellen.
b) Die Art und Weise, wie ausgewählte gesellschaftliche Lebensräume junger Menschen dargestellt werden, erweckt den Eindruck, als sei für junge Menschen alles negativ. Damit fehlt das Aufzeigen realistischer Möglichkeiten für junge Christen, sich am Glauben zu orientieren, sich so im eigenen Lebensbereich selbst wiederzufinden und diesen im Rahmen der eigenen Möglichkeiten mitzugestalten.
c) Die Arbeitshilfe lässt insgesamt eine pastorale und kirchliche Grundorientierung, wie sie von einem katholischen Jugendverband erwartet werden muss, vermissen.
2. Mit großer Besorgnis richtet der Ständige Rat daher an die KJG die Frage, ob unter Berücksichtigung des pastoralen Ansatzes und der Zielsetzung der KJG beim derzeitigen Stand der Vorbereitung die Großveranstaltung noch verantwortbar durchgeführt werden kann ...«[168]

Der Ständige Rat verpflichtete in seinem Beschluss die KJG, für die Großveranstaltung in Aachen – im Falle ihrer Durchführung – auf die Zusammenarbeit mit dem Bundesvorstand des BDKJ und für das gottesdienstliche Programm auf die Abstimmung mit dem Bischof von Aachen.

Schon am 17. April 1978 wies Sekretär Homeyer die Mitglieder der Bischofskonferenz auf das Schwerpunktthema »Jugendseelsorge« für die Herbstvollversammlung hin und berichtete über den Stand der Planungen.[169] Wenige Tage später übersandten der Bundespräses des BDKJ Walter Böcker und der Bundesvorstand den Bischöfen ein »Schreiben ..., in dem die Hauptversammlung des BDKJ ihr Verständnis von Eigenständigkeit kirchlicher Jugendverbände dargelegt hat«.[170]

Höffner antwortete darauf nach einer Sitzung des Ständigen Rates am 8. August 1978: »Vorab möchte ich die Dankbarkeit der Bischöfe dafür zum Ausdruck bringen, dass die Hauptversammlung des BDKJ sich mit der Diskussion über das Autonomieverständnis katholischer Jugendverbände befasst und ihre Meinung offen den Bischöfen mitgeteilt hat. Dass sie ihre Auffassung mit Recht zunächst den Bischöfen mitteilt, verstehen wir als Bekundung, diese Frage mit den Amtsträgern der Kirche zu diskutieren und abstimmen zu wollen. Dazu sind wir bereit. Wir sind auch dankbar für die eindeutige Feststellung, dass sich der BDKJ und seine Mitgliedsverbände bewusst als katholische Jugendverbände in der Kirche verstehen und damit Lehre und Ordnung der Kirche als für sie verbindlich anerkennen. Allerdings halten die Bischöfe Ihre Sprachregelung für ergänzungsbedürftig. Es geht dabei insbesondere um folgende Punkte:

---

[168] Höffner an Bundesleitung KJG, 26.1.1977: Ebd.
[169] Homeyer an die Mitglieder der DBK, 17.4.1977: HAEK – Zug. 1089/00 – 86.
[170] Auf dieses Schreiben bezieht sich Höffner in seinem nachfolgend zitierten Antwortbrief vom 8.8.1977: Ebd.

1. Die Feststellung, ›dass die geschichtliche Verfasstheit der Kirche wandelbar und veränderbar ist‹, bedarf auf jeden Fall der Präzisierung und Ergänzung: Es gibt ein *depositum fidei* und eine von Jesus Christus gestiftete und unter der Leitung des Hl. Geistes entfaltete Grundverfassung der Kirche, die bei aller geschichtlichen Wandelbarkeit und Änderung nicht in Frage gestellt werden kann.
2. Es ist nicht zutreffend, von ›Einschränkung‹ der Autonomie kirchlicher Verbände seitens der kirchlichen Lehre zu sprechen. Vielmehr erhält eine recht verstandene Autonomie ihren Inhalt und ihre Qualität durch die grundlegende Tatsache, ein kirchlicher Verband zu sein. Es ist zumindest verkürzt, dies als eine Einschränkung der Autonomie verstehen und bezeichnen zu wollen ...

Die Frage, inwieweit die Autonomie kirchlicher Verbände eingeschränkt ist, bestimmt sich sowohl danach, was von der Kirche als verbindliche Lehre für alle ihre Glieder festgelegt werden kann, als auch danach, wie das jeweilige Agieren eines Verbandes als solches im Einklang steht mit der Lehre und Grundordnung der Kirche ...«

Höffner schloss: »Die Bischöfe erwarten, dass der BDKJ und seine Mitgliedsverbände auf allen Ebenen die dargelegten Grundsätze anerkennen und danach handeln. Der Ständige Rat hat die Pastoralkommission beauftragt, die im Gang befindlichen Gespräche mit Ihnen unter Einbeziehung der in Ihrem Schreiben vom 22.4.1978 angegebenen Fragen weiterzuführen.«[171]

Im Gegensatz zu den Gremien der KJG bemühten sich die Verantwortlichen des Dachverbandes BDKJ um eine in Stil und Niveau angemessene Auseinandersetzung mit den Bischöfen. Zur Herbstvollversammlung in Fulda vom 18. bis 21. September 1978 wurden die Bundespräsides Walter Böcker und Karl Wuchterl, Prof. Dr. Roman Bleistein SJ und die beiden Vorsitzenden des BDKJ eingeladen. Wie Höffner selbst die ausführliche Diskussion über Jugendpastoral in Fulda erlebt und verstanden hat, ließ er in seinem abschließenden »Pressebericht« vom 26. September 1978 erkennen. Er fasste das Ergebnis der Beratungen zusammen:

»1. Die kirchliche Jugendarbeit ist kein isoliertes Aufgabengebiet, wie auch die Jugend selbst integrierender Bestandteil der Familien, der Gemeinden, der Diözesen und der Gesamtkirche ist. Kirchliche Jugendseelsorge und Jugendarbeit müssen daher auch integrierender Bestandteil der Gesamtpastoral in allen Gemeinden und Diözesen sein. Die Erfahrungen der letzten Jahre haben gezeigt, dass die Probleme der Jugendarbeit in der Regel Signale für entsprechende Mangelerscheinungen in der Welt der Erwachsenen und damit zugleich Imperative für die Gesamtpastoral sind ...

Als Beispiel sei hier nur das Problemfeld ›Jugend und Gemeindeliturgie‹ genannt. Kinder und Jugendliche nehmen immer weniger an unseren Sonntagsgottesdiensten teil, obwohl die Gemeindepastoral in Deutschland sich seit mehr als 60 Jahren um die Erneuerung der Liturgie bemüht hat. Die liturgischen Reformen der letzten Jahrzehnte haben einerseits neue Möglichkeiten

---

[171] Höffner an Hauptversammlung des BDKJ, 8.8.1977: Ebd.

für die Integration der Jugendlichen in den Gemeindegottesdienst eröffnet, andererseits gibt uns die starke Abwanderung der Jugendlichen aus unseren Gemeindegottesdiensten viele Fragen auf. Das zeigt sich auch in den Erfahrungen mit dem ›Gotteslob‹. In den sogenannten Jugendmessen bzw. Jugendgottesdiensten werden in der Regel Lieder und Texte nicht dem ›Gotteslob‹ entnommen. Man greift auf verschiedene, teils recht ungenügende ›Neuschöpfungen‹ zurück. Steht hinter allem nicht die Frage nach der Liturgiefähigkeit und Glaubensfähigkeit des heutigen Menschen? ...

2. Die kirchliche Jugendseelsorge und Jugendarbeit steht in engem Zusammenhang mit den gesellschaftlichen Entwicklungen. Diese sind teilweise revolutionär und von bestürzender Schnelligkeit, so dass Zusammenbrüche und Aufbrüche sich gegenseitig durchdringen. In dieser Situation bedarf die ganze Kirche, insbesondere aber auch die junge Generation, der Orientierung an den Grundprinzipien der Christlichen Gesellschaftslehre ...«[172]

Höffner kam zu dem Schluss: »Die Bischofskonferenz stellt mit Dankbarkeit fest, dass viele Verantwortliche in katholischen Verbänden und im BDKJ in den vergangenen Jahren in redlichem Dialog untereinander und mit den zuständigen kirchlichen Vertretern eine Reihe von kritischen Auseinandersetzungen fair bestanden und ideologische Überfremdungen wie theologische Verkürzungen abgewehrt haben. Die Bischofskonferenz begrüßt die kritische Auseinandersetzung der kirchlichen Öffentlichkeit mit den Problemen heutiger Jugendseelsorge und den Entwicklungen in einigen Jugendverbänden. Sie wünscht, dass diese in offenem Dialog weitergeführt und für die Entwicklung in der gesamten Jugendarbeit fruchtbar gemacht werden. Sie erhofft sich davon auch die rechtzeitige Feststellung und sachgerechte Analyse von möglichen Fehlentwicklungen, so dass sie selbst immer mehr auf unmittelbares Eingreifen in Konfliktsituationen verzichten kann.«

So konstruktiv und für einander offen sich das Gespräch zwischen den Bischöfen und dem BDKJ entwickelte, so gespannt blieben die Beziehungen zur KJG. Dafür sei als Beispiel aus den 1980er Jahren die Auseinandersetzung um das »song-buch 2« angeführt, das die KJG-Zentrale in Düsseldorf im Oktober 1983 veröffentlichte. Eine breitere kirchliche Öffentlichkeit wurde durch den Abdruck eines offenen Briefes von Oskar Neisinger an die Bundesleitung der KJG vom 15. Dezember 1983 in der »Deutschen Tagespost« vom 21. Dezember informiert.[173] Das Blatt gab dem Brief Neisingers die Überschrift: »Nicht nur der Umschlag ist rot.« Neisinger schrieb: »Als einer, der nach 1945 den Bund der Deutschen Ka-

---

[172] Pressedienst des Sekretariats der Deutschen Bischofskonferenz, Pressebericht des Vorsitzenden der Deutschen Bischofskonferenz ... über die Herbstvollversammlung der Deutschen Bischofskonferenz am Dienstag, 26.9.1978 ... im Karl-Josef-Haus Köln, 29.9.1978: HAEK – Zug. 1089/00 – 85 – An dieser Konferenz nahm zeitweilig die in Deutschland weilende Delegation der Polnischen Bischofskonferenz teil: Vgl. dazu oben S. 371 – Der Höffner als Sozialwissenschaftler sehr entgegenkommende Vorschlag der Einbeziehung der Christlichen Gesellschaftslehre ging auf Kardinal Wojtiła von Krakau zurück.

[173] Deutsche Tagespost, 21.12.1983, Nicht nur der Umschlag ist rot (HAEK – NH 2089).

tholischen Jugend und auch die Organisation mitbegründet hat, aus der sich die KJG entwickelt hat, möchte ich Ihnen hiermit ein Dankeswort sagen. Ich möchte mich dafür bedanken, dass die KJG jetzt in großer Offenheit dem Rätselraten über ihren politischen Standort ein Ende gesetzt hat. Das im Oktober 1983 ›auf original Umweltpapier‹ gedruckte Liederbuch ›song-buch 2‹ der Bundesleitung der katholischen jungen Gemeinde stellt ein Dokument dar, das keinen Zweifel mehr lässt über die Ziele dieser Organisation. Es beweist, dass die immer wieder auftauchenden Gerüchte über politische Unterwanderung der Katholischen Jugend falsch sind. Denn in diesem Liederbuch wird kommunistische Ideologie nicht klammheimlich, unterwandernd also, nahegebracht, sondern ungetarnt und ganz offen. Jetzt endlich werden der Katholischen Jugend Lieder angeboten, mit denen sie auf Katholikentagen und bei Gottesdiensten, bei Feiern und Teestunden im Klartext singen kann, wes Geistes Kind sie ist ...« Neisinger ließ als Beleg für sein hartes Urteil eine Zitatenlese aus den Texten des »song-buch 2« folgen.

Am 3. Januar 1984 forderte der »Jugendbischof«, inzwischen Weihbischof Wolfgang Rolly aus Mainz, die Bundesleitung der KJG zu einer Stellungnahme auf.[174] Für die am 23. Januar in Würzburg-Himmelspforten stattfindende Sitzung des Ständigen Rates der Bischofskonferenz erstellte das Sekretariat eine Vorlage zum »song-buch 2«, die die Vorgeschichte rekapitulierte:

»1. Die Bundesstelle der KJG ... hat im Jahre 1982 die erste Auflage und 1983 die zweite überarbeitete Auflage des song-buch 1 herausgebracht mit dem Untertitel ›Geistliche Lieder, Kinder- und Volkslieder, Songs ...‹. Der Vorsitzende der Deutschen Bischofskonferenz hat auf Grund kritischer Hinweise sich am 3. Juni 1983 an die Bundesleitung der KJG gewandt: ›Keineswegs erwarte ich, dass das Singbuch eines katholischen Verbandes eine Kirchenlied-Sammlung ist. Wohl erwarte ich, dass das Singbuch eines katholischen Verbandes pädagogisch verantwortbar und vom Geist und von den Impulsen des Evangeliums Jesu Christi geprägt ist. Dies aber vermag ich in Ihrem ›song-buch‹ – ausgenommen in einigen Liedern – nun wirklich nicht zu erkennen. Ich kann nicht glauben, dass die ganze geistige und geistliche Aufgabe der KJG in diesem Buch sich widerspiegelt.

Vermutlich werden Sie selbst die Notwendigkeit sehen, dieses Liederbuch gründlich zu überarbeiten. Ich würde mich freuen, in diesem Sinne bald von Ihnen zu hören.‹

Eine Reaktion auf den Brief des Vorsitzenden erfolgte bisher nicht.

2. Im Oktober 1983 wurde von der Bundesstelle der KJG das song-buch 2 mit dem Untertitel ›Friedenslieder, geistliche und Kinderlieder, Songs ...‹ (Auflage: 10.000 Exemplare) herausgegeben ...«

Nach einem Hinweis auf die kritische Beurteilung durch Oskar Neisinger hieß es in der Vorlage für den Ständigen Rat weiter:

---

[174] Weihbischof Wolfgang Rolly an Bundesleitung der KJG, 3.1.1984 (Kopie in den Unterlagen zur Sitzung des Ständigen Rates der DBK am 23.1.1984): HAEK – NH 2089.

»3. Der Vorsitzende hat den für die kirchliche Jugendarbeit verantwortlichen Weihbischof Wolfgang Rolly gebeten, die Vorwürfe zu überprüfen und geeignete Maßnahmen einzuleiten. Weihbischof Rolly hat sich an die Bundesleitung der Katholischen Jungen Gemeinde gewandt, in der bis zum 20. Januar 1984 eine ausführliche Stellungnahme angefordert wird.
4. Eine Erörterung im Ständigen Rat ist angezeigt. Weihbischof Wolfgang Rolly hat die Diözesanbischöfe in einem Brief gebeten, vor der Sitzung des Ständigen Rates am 23. Januar 1984 Gespräche mit der Diözesanleitung der KJG in den Bistümern zu führen. Die Ergebnisse dieser Gespräche dienen der Beratung im Hinblick auf zu ergreifende Maßnahmen.«[175]

Für Höffner persönlich bemerkte Sekretär Homeyer:
»Ergebnis der Beratung und Beschlussfassung sollte sein:
o Rücknahme des gesamten Liederbuches. Begründung: Wenn man nur einzelne Lieder zurücknimmt, dann begibt man sich in eine Diskussion um die Auswahl, welche Lieder noch tragbar und welche nicht tragbar sind. Hier verlagert sich die Beweispflicht zuungunsten der Bischöfe.
o Es ist auch kein Gespräch der KJG-Bundesleitung mit dem Vorsitzenden angebracht. Dies ist eine Frage, die von Seiten der Pastoralkommission bzw. von der Zentralstelle Pastoral mit der KJG diskutiert und geklärt werden muss.
o Ebenso sollte auch darauf gedrungen werden, dass eine außerordentliche Bundesversammlung der KJG einberufen wird, bei der eine neue Bundesleitung gewählt wird.«[176]

Das Ergebnis der Beratungen des Ständigen Rates am 23. Januar 1984 hielt eine Presseerklärung fest, die durch KNA am 25. Januar bekannt gemacht wurde: »Die Publikation des ›song-buch 2‹ der Bundesstelle der ›Katholischen Jungen Gemeinde‹ (= KJG) hat mit Recht zu heftiger öffentlicher Kritik geführt, auch aus Reihen der KJG. Der Ständige Rat bekräftigt die vom Vorsitzenden der Deutschen Bischofskonferenz, Joseph Kardinal Höffner, und dem zuständigen Jugendbischof, Weihbischof Wolfgang Rolly, abgegebenen Stellungnahmen.
1. Das ›song-buch 2‹ offenbart tieferliegende Probleme der KJG auf Bundesebene, die trotz jahrelanger Bemühungen und Korrekturversuche zu einer untragbaren Fehlentwicklung geführt haben.
2. Die Bundesleitung der KJG hat das Vertrauen der Bischöfe missbraucht.
3. Im Interesse der kirchlichen Jugendarbeit halten die Bischöfe eine fundamentale Neuorientierung auf Bundesebene der KJG für unerlässlich.«[177]

---

[175] 50. Sitzung des Ständigen Rates ... am 23. Januar 1984, Zu TOP III.4: Betr.: song-buch 2 der KJG, 9.1.1984: Ebd.
[176] Betr.: song-buch 2 der KJG (nur für die Hand des Vorsitzenden), 20.1.1984: Ebd.
[177] Maschinenschriftlicher Text: Presseerklärung des Ständigen Rates der Deutschen Bischofskonferenz, Würzburg 23.1.1984 sowie KNA, Aktueller Dienst Inland, Nr. 21, 25.1.1984: »KJG-Bundesleitung missbrauchte Vertrauen der Bischöfe«: Ebd.

Die Auseinandersetzungen der Bischöfe mit der Leitung der KJG sollen hier nicht weiter verfolgt werden. Leidtragende des Konflikts waren nicht zuletzt einige Diözesanpräsides, die zwischen den Erwartungen ihres Bischofs und dem Druck der Verbandsfunktionäre aufgerieben wurden, was in einigen Fällen bis zur Aufgabe des Priesteramtes führte.

7. Krisenerscheinungen in der Hochschulseelsorge

Zu den bitteren Erfahrungen des erfolgreichen Universitätsprofessors Joseph Höffner als Erzbischof von Köln gehörten die Entwicklungen in den Hochschulgemeinden des Erzbistums während der 1970er und 1980er Jahre, insbesondere in Bonn.

Die zunächst so genannten »Studentengemeinden« waren nach 1945 für ehemalige junge Soldaten, aber auch für junge Frauen, die im »Reichsarbeitsdienst« der NS-Zeit gestanden hatten, Orte des Gottesdienstes und der Orientierung am Glauben der Kirche gewesen. Vor allem der langjährige Bonner Studentenpfarrer Dr. Josef Steinberg[178] hatte es verstanden, Kreise von Orientierung suchenden Kriegsheimkehrern und von der NS-Ideologie desillusionierten Studentinnen und Studenten um sich zu sammeln und ihnen einen Zugang zu Liturgie und Glauben der Kirche zu vermitteln. Aus den Kreisen um Josef Steinberg wurden die früheren studentischen Korporationen des CV, KV und UV in Bonn wieder begründet. Nicht wenige aus dem Steinberg-Kreis der Bonner Studentengemeinde traten nach 1949 als Beamte in den Dienst der gerade gegründeten Bundesrepublik ein.

Doch ab 1960 erschien eine neue, unruhigere Generation von Studenten an den Universitäten und in den Studentengemeinden, voller Misstrauen gegen alle Traditionen und Autoritäten, vor allem aber gegen das Verhalten ihrer Eltern in den Jahren der NS-Zeit. Die »1968er Revolution« kündigte sich an. Für Studenten mit kirchlichem Hintergrund kamen die Auswirkungen des II. Vatikanischen Konzils hinzu, vor allem die Forderung nach Demokratisierung der Kirche auf allen Ebenen und in allen Bereichen. Der Dialog zwischen Studenten und der von ihnen so genannten »Amtskirche« litt außerdem auch darunter, dass das von den Studenten während der Schulzeit erworbene Glaubenswissen zurückging. Die Kirche wurde nicht mehr als die von Jesus Christus gestiftete Gemeinschaft zur Vermittlung von Erlösung und Heil der Menschen verstanden, sondern als Versammlung von mehr oder minder gläubigen Christen zur Veränderung der gesellschaftlichen und politischen Strukturen. Wichtigste Autorität der Studentengemeinde war nicht mehr der vom Bischof ernannte Pfarrer, sondern die »Gemeindevollversamm-

---

[178] Josef Steinberg (1904–1981), Priesterweihe in Köln 1929, 1935 Dr. theol., 1943 Studentenseelsorger in Köln, 1945 Studentenseelsorger in Bonn, ab 1957 Direktor der Thomas-Morus-Akademie in Bad Honnef bzw. in Bensberg, nichtres. Domkapitular in Köln: HANDBUCH DES ERZBISTUMS KÖLN, Bd. II, ²⁶1966, S. 836; ebd. ²⁷1985, Personaler Teil, S. 269.

lung«. Wieso ernannte der Bischof den Studentenpfarrer ohne vorherige Wahl durch die Studentengemeinde?

In den ersten Konflikt um die Kölner Hochschulgemeinde wurde Erzbischof Höffner bereits in den wenigen Wochen seiner Koadjutor-Zeit Anfang 1969 hineingezogen. Um die Querelen mit der »Vollversammlung« der Studentengemeinde Grenzen zu setzen, hatte Pfarrer Dr. Wilhelm Nyssen[179] – in Absprache mit den drei ihn unterstützenden Priestern und dem Kölner Generalvikariat – ein neues »Modell« für die Gemeinde entwickelt, dessen wesentlichen Punkt die Umwandlung von einer »Studentengemeinde« in eine »Hochschulgemeinde« (unter Einbeziehung der Professoren und Assistenten der Universität) darstellte. Einer der vier Hochschulpfarrer stellte dieses »Modell« bei einer Vollversammlung der Gemeinde am 5. Februar 1969 vor.[180] Der Ablauf dieser Versammlung ist wegen kaum verständlicher Formulierungen und eines sonderbaren sprachlichen Stils dem von zwei Student(inn)envertretern unterzeichneten Protokoll nur in Umrissen zu entnehmen: Die anwesenden Student(inn)en lehnten das »Modell« in ihrer Mehrheit ab und forderten ausreichend Zeit zu einer Umarbeitung. Pfarrer Nyssen verließ nach zwei Stunden die Versammlung und berichtete am folgenden Tage – zusammen mit seinen Mitbrüdern – an Kardinal Frings und Koadjutor Höffner von den Geschehnissen.[181] Beide antworteten gemeinsam am 22. Februar 1969 in einem – von Koadjutor Höffner entworfenen – Brief an Pfarrer Nyssen, einem der letzten Schriftstücke, die Kardinal Frings als Erzbischof von Köln noch unterschrieben hat: »Durch bischöfliche Sendung haben Sie und Ihre drei priesterlichen Mitarbeiter den Auftrag erhalten, unter den 10.000 katholischen Studentinnen, Studenten, Assistenten und Professoren der Universität Köln als Seelsorger zu wirken. Wir Bischöfe danken Ihnen für Ihre Arbeit in der Hochschulgemeinschaft, und wir beten zum Herrn, dass er Ihr Wirken auch fernerhin segnen möge. Ihr Dienst vollzieht sich vor allem in den Gottesdiensten, in den Arbeitsgemeinschaften und im persönlichen seelsorglichen Gespräch. Zur Teilnahme sind alle katholischen Studenten, Assistenten und Professoren eingeladen. Durch dieses Mittun wird die Kirche an der Universität gegenwärtig. Aus dem Kreis der sich aktiv Beteiligenden werden die Vertreter gewählt werden müssen.«[182]

Damit war das in den nächsten 15 Jahren von Kardinal Höffner vertretene, von den Studentenvertretern bekämpfte Modell der *Hochschulseelsorge* umschrieben: Sie sollte auch Assistenten und Professoren mit einbeziehen und sich nur an Ka-

---

[179] Wilhelm Nyssen (1925–1994), Priesterweihe 1956 in Köln, Dr. phil, Dr. theol h.c., 1957–1994 Studenten- bzw. Hochschulpfarrer in Köln, 1975 Msgr., Honorarprofessor: HANDBUCH DES ERZBISTUMS KÖLN. Personaler Teil [27]1985, S. 112; ebd. [28]1998. S. 225.
[180] Protokoll der Vollversammlung am 5.2.1969, 3 eng beschriebene maschinenschriftliche Seiten: HAEK – Zug. 829/96 – 7.
[181] Nyssen an Frings (Durchschrift an Koadjutor Höffner) 6.2.1969: HAEK – Zug. 829/96 – 7.
[182] Frings und Höffner an Nyssen, 22.2.1969: HAEK – NH 4080.

tholiken wenden; ihre Schwerpunkte sollten Gottesdienste, Arbeitsgemeinschaften und das persönliche seelsorgliche Gespräch sein.

Diese Botschaft wurde von den Kölner Studentensprechern durchaus verstanden. Am 27. Februar 1969 meldete KNA: »Zu einer Protestdemonstration gegen das nach ihrer Ansicht ›autoritäre Verhalten‹ der vier amtierenden Kölner Studentenseelsorger will eine Gruppe katholischer Studenten die Gelegenheit der offiziellen Amtseinführung des neuen Kölner Erzbischofs Dr. Joseph Höffner am Sonntag, 3. März, nutzen. Wie ein Sprecher der Studentengruppe ... mitteilte, ist die Demonstration mit voraussichtlich 150 Teilnehmern bereits bei der Polizei in Köln angemeldet worden. Man sei jedoch zum Verzicht auf die Protestaktion bereit, falls sich Erzbischof Höffner und der neu ernannte Generalvikar Prälat Peter Nettekoven noch vor Sonntag zu einem ›positiven Gespräch‹ mit den Studenten bereit erklärten ...«[183]

Offenbar hat Erzbischof Höffner zur Vermeidung eines öffentlichen Skandals ein Gespräch in Aussicht gestellt, über das Generalvikar Nettekoven am 14. März 1969 mit den vier »Studentenpfarrern« erste Absprachen traf. »Wenn auf der Einladung ein Gesprächsthema angegeben werden sollte, schlagen sie dafür vor: ›Theologische Streitfragen zum gegenwärtigen Gemeindeverständnis‹ ...«[184]

Der Kampf der nächsten Jahre zwischen den Mitarbeitern des Erzbischofs sowie den unter dem Druck ihrer Studentenvertreter stehenden Hochschulpfarrer einerseits und den bisweilen ideologisch unterwanderten Gemeindeparlamenten andererseits bedarf – nicht allein für das Erzbistum Köln – noch einer sorgfältigen Erforschung und umfassenderen Darstellung, die hier nicht zu leisten ist. Im Folgenden soll es vor allem um Kardinal Höffners Einsatz auf diesem Konfliktfeld gehen.

1969 war Wilhelm Nyssen bereits 12 Jahre Studenten- bzw. Hochschulpfarrer in Köln. In dieser Zeit war nicht nur das großzügige Gemeindezentrum an der Berrenrather Straße – in Universitätsnähe – samt der Papst-Johannes-Burse als Wohnheim für einige hundert Studenten gebaut worden. Durch eine anspruchsvolle Programmgestaltung hatte die Kölner Hochschulgemeinde unter Leitung von Pfarrer Nyssen Ansehen gewonnen. Andererseits gab es häufiger Spannungen zwischen Pfarrer Nyssen und seinen Mitarbeitern. Die Akten berichten, dass schon bei Erzbischof Höffners Amtsantritt an eine Ablösung Pfarrer Nyssens gedacht war, was diesem durch Indiskretionen bekannt wurde. Es mag damit zusammenhängen, dass Nyssen unaufgefordert regelmäßig Kardinal Höffner mit Zahlenangaben über seine Erfolge berichtete und seine sehr klaren, oft allerdings pessimistischen Überlegungen zur Entwicklung unter den Studenten mitteilte.[185] Doch diese Berichte für Kardinal Höffner sandte Nyssen auch an andere Bischöfe

---

[183] KNA Nr. 50, 27.2.1969 (HAEK – Zug. 829/96 – 7).
[184] Nettekoven an Höffner, 15.3.1969: Ebd.
[185] Als Beispiel sei genannt: Bericht über das WS 1972/73, 22.2.1973. Im Begleitschreiben an Kardinal Höffner vom 3.3.1973 schrieb Nyssen: »Auch möchte ich mir erlauben, den Bischöfen in Deutsch-

und vor allem an Professor bzw. später Kardinal Ratzinger nach Regensburg bzw. nach München oder Rom. In späteren Jahren hat Höffner auf solche Eingaben nicht mehr geantwortet, was Nyssen bemerkte und beklagte. Mehrere Anläufe des Generalvikars bzw. seiner Mitarbeiter in der Hauptabteilung Schule/Hochschule, Pfarrer Nyssen zu einem Verzicht auf sein Amt als Hochschulpfarrer zu bewegen, sollten bis zu Nyssens Tod 1994 ohne Erfolg bleiben.

Einen Einblick in die Probleme der damaligen Hochschulseelsorge gewährt der Bericht einer Teilnehmerin über einen Sonntagsgottesdienst der Bonner Studentengemeinde aus dem Sommersemester 1972: »Der Gesamt-Eindruck war nicht negativ: Der Studentenpfarrer begrüßte am Eingang jeden einzelnen. Beim Gottesdienst trug er einen dunklen Zivilanzug ohne jegliche Paramente. Die Gläubigen saßen mit dem Pfarrer an Tischen, die im Viereck geordnet waren. Ein Altar war nicht vorhanden. Dadurch wurde die Zusammengehörigkeit in der Gemeinde spürbar. Überwiegend waren Studenten anwesend, doch auch einige Familien mit heranwachsenden Kindern, insgesamt etwa 40 Personen. Der Gottesdienst wurde eröffnet mit einer Darstellung der Arbeiter-Situation, vor allem mit einer Schilderung der Erlebnisse eines Priesters aus dem Essener Seelsorgeamt, der für einige Wochen in einer Fabrik gearbeitet hat ... Es entstand der Eindruck, dass seitens der Kirche auf diesem Gebiet nichts getan werde. Darauf folgte die Lesung des Tages. Danach noch einige Stellen aus dem AT – Evangelium. Die Fürbitten wurden von den Teilnehmern frei gestaltet. Zum Abschluss des Wortgottesdienstes wurde eine Bachplatte angehört (Einzige Musik). Der Priester holte Kelch mit Wein und ein Körbchen mit Oblaten an seinen Platz. Jeder erhielt eine Textvorlage aus dem Holländischen mit den Kanongebeten. Wandlung – Pater noster – Das Körbchen ging herum, und jeder nahm sich eine Hostie. Den Kelch behielt der Priester für sich ...«[186]

Die Bonner Studentengemeinde hatte den Weggang des 1. Hochschulpfarrers Bernard Henrichs[187] 1970 als Pfarrer nach Düsseldorf noch nicht verkraftet. 1975 hofften die Berater Kardinal Höffners, mit der Berufung von Pfarrer Gottfried Weber[188] zum 1. Studentenpfarrer die Situation der Gemeinde zu stabilisieren. Doch mit Personalveränderungen war den immer stärker ins Politische abdriftenden Entwicklungen an den Hochschulgemeinden – weder in Bonn noch an-

---

land, die an unserem Semesterprogramm interessiert waren, die Durchschrift dieses Briefes und den Bericht zuzusenden.«

[186] 2 Seiten handschriftlicher Text ohne Unterschrift. Die Autorin benannte den Übersender, Pfarrer Wilhelm Heppekausen, Siegburg: Heppekausen an Nyssen, 6.6.1972: HAEK – Zug. 829/96 – 4.

[187] Bernard Henrichs (1928–2007), 1956 Priesterweihe in Köln, 1963–1970 Studentenpfarrer in Bonn, 1970–1985 Pfarrer an St. Paulus in Düsseldorf, ab 1972 Stadtdechant, 1977 nichtres. Domkapitular in Köln, 1985–2004 Dompropst und stellv. Generalvikar in Köln: HANDBUCH DES ERZBISTUMS KÖLN. Personaler Teil ²⁸1998, S. 64.

[188] Gottfried Weber (1936–2003), Priesterweihe 1962 in Köln, 1966–1975 Studentenpfarrer in Düsseldorf, 1975–1981 Studentenpfarrer in Bonn, 1981–1990 Pfarrer an St. Cäcilia in Düsseldorf-Benrath, 1985 Stadtdechant, 1987 nichtres. Domkapitular in Köln, 1990 Direktor des Kardinal-Schulte-Hauses in Bensberg: HANDBUCH DES ERZBISTUMS KÖLN. Personaler Teil ²⁸1998, S. 137.

derswo – beizukommen. Am 21. Oktober 1979 unterschrieb Kardinal Höffner nach mehrjährigen Vorarbeiten »Allgemeine Kriterien für Statuten der Hochschulgemeinden«[189], in denen er vor allem das kirchliche Gemeindeverständnis in Erinnerung rief. Es hieß da: »Die Hochschulgemeinde ist offen für alle katholischen Hochschulangehörigen. Der Hochschulpfarrer leitet unter der Autorität des Erzbischofs die Gemeinde. Sein Dienst kann nicht von der Gemeinde abgeleitet werden. Das priesterliche Amt hat Teil am Amt des Hohen Priesters Jesus Christus. Der Priester handelt in Christi Person und Auftrag. In der Ausübung ist er gebunden durch die Gemeinschaft mit dem Bischof ... Der Hochschulpfarrer wird durch den Erzbischof berufen. Vor der Berufung kann die Gemeinde den Erzbischof über die örtliche Situation und die besonderen Bedürfnisse der Gemeinde unterrichten. Weder wählt die Gemeinde den Hochschulpfarrer, noch bestätigt sie die erfolgte Ernennung.«

Ob man im Kölner Generalvikariat damit gerechnet hat, für diese »Kriterien« die Zustimmung der Studentengremien zu finden? Die drei Bonner Studentenpfarrer berichteten Kardinal Höffner am 8. November 1979 von der Aufnahme durch die Bonner Studenten.[190] Schon am 20. November antwortete Kardinal Höffner: »In der Stellungnahme der Studentengemeinde heißt es, dass die Gemeinde ›die Ernennung ihres Studentenpfarrers durch Wahl bestätigt‹. Dieser Satz ist nicht katholisch, sondern calvinistisch. Wenn eine Römische Kongregation ein Dokument erarbeitet hat, legt sie es dem Papst vor, der es bestätigt. Erst dadurch erhält es Rechtskraft. Derjenige, der das Recht der Bestätigung hat, ist der eigentliche Inhaber der Vollmacht. Nach der Ordnung unserer Kirche ist jedoch der Bischof derjenige, der einen Pfarrer ernennt und in die Gemeinde sendet und ihm die Vollmacht, Eucharistie zu feiern, das Wort Gottes zu verkünden und die Sakramente zu spenden, überträgt ... Als Bischof bin ich gehalten, die für die gesamte Kirche geltende Ordnung einzuhalten. Würde ich anders handeln, so wäre das Handeln nicht nur unerlaubt, sondern nichtig. Es wäre eine nichtige Entscheidung, wenn ich als Bischof dem Pfarrer zusammen mit einem Laiengremium die Leitung einer Pfarrei übertragen würde. Auch wäre es nichtig, wenn ich einem Laiengremium das Recht der Betätigung der Ernennung des Pfarrers übertragen würde. Noch mehr bestürzt bin ich darüber, dass ein evangelischer Pfarrer zur Inter-Zelebration und zur Interkommunion zugelassen worden ist. Pfarrer Dr. L. schreibt am 3. November 1979: ›Während der Messe habe ich die Texte des Messkanons begleitend mitgesprochen, wie auch Studenten den Kanon mitgesprochen haben. Wie an alle Gottesdienstteilnehmer wurden auch an meine Frau und mich, im Kreis sitzend, Brot und Wein weitergegeben.‹«

---

[189] Mitteilung von Prälat Sauer, Köln, 22.10.1979 (wohl für die Hochschulgemeinden des Erzbistums): HAEK – NH 539.
[190] Das ergibt sich aus der nachfolgend erwähnten Antwort Kardinal Höffners an die Pfarrer July, Weber und Huthmann, 20.11.1979: HAEK – Zug. 1529/08 – 274.

Kardinal Höffner fügte für die Studentenpfarrer, aber auch für die Laientheologen unter den Studenten eine Warnung hinzu: »Die Studenten, die daran teilgenommen haben, haben wohl zum Teil die Absicht, später als Pastoralreferenten oder Gemeindereferenten in der Kirche tätig zu werden. Kann das ein Bischof verantworten? Muss er nicht damit rechnen, dass diese Laientheologen den Ortspfarrer bedrängen, die Sonntagsgottesdienste in Interzelebration mit dem evangelischen Pfarrer zu halten? Werden damit die Gläubigen nicht massenhaft in die Lefebvre-Bewegung getrieben? Über diese und einige andere Fragen werden wir ein ernstes Gespräch führen müssen.«

Kardinal Höffner hat am 10. Januar 1980 ein Gespräch mit den Hochschulpfarrern des Erzbistums Köln über die »Kriterien« geführt.[191] Am 24. Januar 1980 stellte er sich auch dem Gespräch mit Bonner Studenten im dortigen Newman-Haus, an dem auch der Leiter der Hauptabteilung Schule/Hochschule im Kölner Generalvikariat, Prälat Carl Sauer, sich beteiligte. Auch bei diesem Gespräch waren die Mitwirkung der Gemeinde bei der Berufung eines neuen Hochschulpfarrers und die Grenzen der Ökumene die »heißen Eisen«. Der Berichterstatter in KNA konnte am 26. Januar 1980 feststellen: »In seinem Schlusswort betonte Studentenpfarrer Gottfried Weber, im Gespräch mit dem Kardinal sei ›in einigen Punkten Verständnis füreinander gefunden, in anderen Einigung in Aussicht‹. Während der jetzt anstehenden Bearbeitung der Statuten müsse der Kontakt gesucht und erhalten bleiben. Bei der Diskussion der anstehenden Fragen zur ›Pastoral der Kirche an der Hochschule‹ sei nicht taktisch operiert, sondern leidenschaftlich gerungen worden. ›Ein vielversprechendes Zwischenergebnis‹ kommentierte ein Student den Gesprächsverlauf, und auch die Studentenpfarrer zeigten zufriedene Gesichter ...«[192]

In die Situation ein Jahr später geben Arbeitsunterlagen von Prälat Sauer für eine Besprechung des Kardinals mit seinen engsten Mitarbeitern im Erzbischöflichen Haus am 6. März 1981 Einblick.[193] Unter der Überschrift »Bemerkung zur Arbeit der *KSG Bonn*« referierte Sauer stichwortartig:

»Schwerpunkte der Arbeit (in der Reihenfolge der Gewichtung):
Diakonie – politisches Engagement – Gottesdienste – Bildungsangebote
Neuerlich sehr betont: Kontakte zur Evangelischen Studentengemeinde (vgl. ›Menetekel‹ als gemeinsame Zeitschrift)
Die Bonner nennen sich bewusst Studentengemeinde, nicht Hochschulgemeinde.
Bemerkenswert für das Selbstverständnis sind Ausführungen in der Einleitung des Semesterprogramms (SS 1979):

---

[191] Entwurf einer Gesprächsvorlage für das Gespräch des Herrn Kardinals mit den Hochschulpfarrern des Erzbistums Köln am 10.1.1980 (Sauer): HAEK – NH 545.
[192] KNA Korrespondentenbericht Nr. 10, 26.1.1980 (HAEK – NH 544).
[193] Situation unserer Hochschul-/Studentengemeinden, hier: Konferenz am 6. März 1981 ... im Erzbischöflichen Haus (Sauer): HAEK – NH 541.

Die KSG will
o Strukturen von Gesellschaft und Kirche kritisch überprüfen,
o aus dem Auftrag des Evangeliums parteilich für die Selbstbestimmung des Menschen und gegen Unterdrückung und Gewalt durch Machthaber und Strukturen auftreten,
o Ort der Reflexion und Erprobung zukunftsträchtiger Formen der Lebens- und Glaubenspraxis sein,
o mehr Demokratie in Kirche und Gesellschaft initiieren.«

Sauers »Bemerkungen zur Arbeit der *KHG Köln*« machen den Unterschied zwischen den Gemeinden in Bonn und Köln deutlich:

»Schwerpunkte der Arbeit (in der Reihenfolge der Gewichtung):

Liturgie – der Glaube der Kirche in Theologie und Verkündigung – Diakonie (speziell Ausländern gegenüber) – Ökumene (spezieller Bezug zur Orthodoxie) – Bildungsangebot.

Als Defizit erweist sich das Fehlen eines Mentorats für Laientheologen.

Vom Selbstverständnis her ergibt sich die Spannung zwischen der ›Eucharistiegemeinde‹ und der ›Arbeitsgemeinde‹«.

Pfarrer Nyssen hatte versucht, seine kirchliche Linie durchzuhalten, musste dafür aber eine innere Spaltung seiner Gemeinde hinnehmen. Das in Bonn virulente Thema Ökumene hatte Nyssen dadurch entschärft, dass er ökumenische Kontakte auf die Orthodoxie beschränkte. Die erhaltenen Semesterprogramme der frühen 1980er Jahre weisen regelmäßige Vortragsveranstaltungen zur Heranführung an orthodoxe Theologie und Ikonenmalerei aus. Nyssen selbst zelebrierte gelegentlich Gottesdienste in der Gestalt der »Chrysostomus-Liturgie«.

Während also die Kölner »Hochschulgemeinde« auf zwei Ebenen lebte und arbeitete, wurde die Bonner »Studentengemeinde« von ihrem »Gemeinderat« eindeutig ideologisch-politisch gesteuert und der Konflikt mit dem Erzbischof und seinen Mitarbeitern gesucht. Die nächste Gelegenheit dazu bot sich, als der 1. Hochschulpfarrer in Bonn, Gottfried Weber, im Juli 1981 zum Pfarrer in Düsseldorf-Benrath ernannt wurde. Ohne dazu aufgefordert zu sein, schlug am 28. Oktober 1981 der Gemeinderat dem Erzbischof die Ernennung des Bonner Studentenpfarrers Martin Huthmann zum Nachfolger Webers vor.[194] Generalvikar Feldhoff antwortete am folgenden Tage: »In den vergangenen Jahren hat man Gespräche mit und über Priester, die für das Amt des Studentenpfarrers vorgesehen waren, seitens der Studentengemeinde fälschlicherweise als Wahl interpretiert, deshalb sehen wir uns nicht in der Lage, erneut vor Ernennung ein Gespräch über diesen Punkt mit der Gemeinde zu führen, damit keinerlei Missverständnisse darüber entstehen, wer die Entscheidung zu treffen hat.«[195]

---

[194] Dieses Datum und die nachfolgende Schilderung beruhen auf dem Schreiben »Leitungsteam der KSG-Bonn« an Höffner, 4.11.1981: HAEK – Zug. 1529/08 – 275.
[195] Ebd.

Am 4. November 1981 wandte sich der »Sprecher des Leitungsteams der KSG Bonn«, Joachim Keß, an Kardinal Höffner. In seiner Argumentation für eine Beteiligung seines Gremiums an der Auswahl des neuen Hochschulpfarrers stützte Keß sich auf den »von uns am 10.3.1981 vorgelegten Entwurf der ›Richtlinien für Gestalt und Arbeit der KSG Bonn‹«. Dann hieß es: »Sie, Herr Kardinal, haben uns die Möglichkeit einer gemeinsamen Suche und des vorherigen gemeinsamen Gesprächs bei Ihrem Besuch am 24.1.1980 in der KSG-Bonn als – so wörtlich: selbstverständlich – fest zugesagt (s. Gesprächsprotokoll). Unter Berufung auf dieses Versprechen von Ihnen, unserem Bischof, müssen wir darauf hinweisen, dass wir ein Gespräch über die Bestellung eines Studentenpfarrers nur dann als solches ansehen können, wenn es *vor* der abschließenden Ernennung des Kandidaten durch Sie stattfindet ... Wir haben den Eindruck, dass das Verfahren bei der Besetzung der Stelle eines Studentenpfarrers in unserer Gemeinde ein Mittel ist, um die neue Konzeption der Bischofskonferenz für die Hochschulpastoral in der KSG-Bonn durchzusetzen ...«

War der Stil solcher Gesprächsprotokolle wie etwa nach dem 24. Januar 1980 dem sprachlichen Unvermögen der Protokollanten zuzuschreiben; die wörtliche Unterstellung von Aussagen des Erzbischofs bzw. seiner Mitarbeiter bei solchen Gesprächen im Protokoll muss als gezielte Taktik interpretiert werden. Kardinal Höffner antwortete Herrn Keß am 9. November 1981: »Zahlreiche katholische Studenten der Universität Bonn haben mir in letzter Zeit erklärt, dass es ihnen nicht möglich sei, in der Katholischen Studentengemeinde mitzuarbeiten, und zwar vor allem aus zwei Gründen: Einmal weil es ihnen ihr Gewissen verbiete, an den Eucharistiefeiern der Gemeinde teilzunehmen. Sie hätten zunächst, in der Bereitschaft, in der Gemeinde mitzuarbeiten, an einer Eucharistiefeier teilgenommen, in der ein ihnen nicht bekanntes, privates Hochgebet verwandt und sogar von allen mitgesprochen worden sei. Mit Recht weisen sie mich darauf hin, dass ein katholischer Christ ein Recht darauf habe, dass die Eucharistie nach der liturgischen Ordnung der Katholischen Kirche zu feiern ist. Nur diese Form der Eucharistiefeier bildet Einheit und Gemeinschaft ... Dazu kommt ein Zweites: Viele Studenten – zum großen Teil dieselben, die sich gegen die Beliebigkeit in der Eucharistiefeier wenden – erklären, dass sie in der Bonner Gemeinde wegen der dort herrschenden politischen Auffassungen nicht mitarbeiten können. Diese Auffassungen seien extrem einseitig. Es sei unerhört, dass behauptet werde, die Bundeswehr bereite einen Angriffskrieg vor. Es gibt katholische Studenten, die bei der Bundeswehr gedient haben und sich durch solche Aussagen mit Recht beleidigt fühlen.«[196]

Inzwischen hatte Kardinal Höffner mit seinen Beratern entschieden, den Wuppertaler Hochschulpfarrer, P. Klaus Ising OFM, als Nachfolger für Pfarrer Weber

---

[196] Höffner an Studentengemeinde Bonn z. Hd. Herrn Joachim Keß, 9.11.1981: HAEK – Zug. 1529/08 – 275.

nach Bonn zu versetzen. P. Ising hatte – gewiss im Einverständnis mit Kardinal Höffner und Prälat Sauer – erste Kontaktgespräche in Bonn geführt, über die er am 9. Dezember 1981 Kardinal Höffner berichtete: »Nach dem Gespräch, das ich mit Ihnen führen durfte, habe ich mich meinerseits persönlich darum bemüht, sowohl mit den Bonner Pfarrern Huthmann und July als auch mit dem sogenannten Leitungsteam der Katholischen Studentengemeinde Bonn zu sprechen. In beiden Gesprächen konnte keine versöhnliche Lösung gefunden werden. Vielmehr sagten mir sowohl die Pfarrer als auch die Mitglieder des Leitungsteams, dass sie alles tun werden, um meinen Weg nach Bonn zu verhindern.

Insgesamt hat sich der Konflikt Bischof (Erzbistum Köln) und Bonn auf meine Person konzentriert. Indem gegen mich nicht nur unrichtig, sondern sogar unwahr und beleidigend polemisiert wird ..., sehe ich mich nicht mehr in der Lage, überhaupt noch ein Gespräch mit diesen beiden Pfarrern führen zu können. Nach den bisherigen Erfahrungen wird jedes Gespräch durch anschließende Protokolle in sein Gegenteil verwandelt. Beispielsweise wird Hochschulpastoral so ausgelegt, als ob die Studenten in die Pfarreien abgedrängt werden sollten und die Hochschulpfarrer nur noch für Professoren da seien ...«[197]

Nachdem der Kardial seinerseits mit den Bonner Studentenpfarrern gesprochen hatte, suchte er die Sorgen P. Isings zu zerstreuen und legte einen von ihm – Höffner – verfassten Text mit dem Titel »Die apostolische Sendung einer katholischen Hochschulgemeinde« bei.[198] Darin zeichnete der Kardinal die neueste Entwicklung in Bonn nach. Mit Berufung auf die Ansprache Papst Johannes Pauls II. am 15. November 1980 im Kölner Dom erklärte er, »dass es Aufgabe einer Gemeinde an der Hochschule ist, den Glauben der Kirche und die Botschaft von der Nachfolge Christi unverkürzt in allen Bereichen der Universität gegenwärtig zu machen: Bei Professoren und Studenten. Die Hochschulgemeinde feiert die Liturgie nach der in der Katholischen Kirche geltenden Ordnung. Alle katholischen Hochschulprofessoren, Dozenten und Assistenten sowie alle katholischen Studenten, die an der Universität immatrikuliert sind, haben das Recht, als Mitglieder der Hochschulgemeinde an ihrem Leben teilzunehmen. Die katholische Hochschulgemeinde ist in die Gesamtpastoral des Bistums eingefügt. Der Bischof ist dafür verantwortlich, dass Glaubensverkündigung, Liturgiefeier und Gemeindeverständnis mit der Lehre der Katholischen Kirche übereinstimmen ... In allen deutschen Bistümern ist eine Wahlordnung für die Wahlen zu den Pfarrgemeinderäten in Kraft gesetzt worden. Voraussetzung einer gültigen Wahl ist die klare Umschreibung des aktiven Wahlrechts. In einer katholischen Hochschulgemeinde können nur katholische Professoren, Dozenten und Assistenten sowie katholische Studenten, die an der Universität immatrikuliert sind, das aktive Wahlrecht

---

[197] Ising an Höffner (Briefbogen: Katholischer Hochschulpfarrer an der Universität Gesamthochschule Wuppertal), 9.12.1981: HAEK – Zug. 1529/08 – 274.
[198] Höffner an Ising, 21.12.1981: Ebd.; die Anlage: Kardinal Joseph Höffner, Die apostolische Sendung der Katholischen Hochschulgemeinde findet sich außerdem in: HAEK – NH 823.

7. Krisenerscheinungen in der Hochschulseelsorge

ausüben. Nicht wenige Studenten erklären, dass an der KSG Bonn keine Klarheit über das aktive Wahlrecht herrsche ...«

Für den 4. Februar 1982 hatte Kardinal Höffner ein Gespräch mit den Laientheologen in der Studentengemeinde bzw. mit dem Mentorat für Laientheologen zugesagt.[199] Es gehört zu den überraschenden Phänomenen der Krise um die Bonner Studentengemeinde, dass Laientheologen zu den Scharfmachern gegen »Köln« gehörten. Im Januar 1982 war ein neues Heft der »Kontakte« erschienen, die als »Zentralorgan der Katholischen Studentengemeinde Bonn« firmierten.[200] Auf dem Deckblatt waren unter der Überschrift »Eingriffe von oben nach dem Motto: nichts sehen, nichts hören« zwei Fratzen gezeichnet. Über einem Foto Kardinal Höffners stand darunter zu lesen: »aber dumm labern ?????« Auf der Rückseite des Heftes hieß es: »Der Button mit dem Motiv: Aus Liebe zur Kirche. KSG Bonn. Im Büro zum Preise von DM 2 erhältlich.« In der Mitte des Buttons zerbrachen zwei Hände einen Bischofsstab.

Am 1. Februar schrieb Generalvikar Feldhoff an das »Sprecherteam der Laientheologen«: »Im Auftrag unseres Erzbischofs muss ich Ihnen mitteilen, dass Herr Kardinal Höffner sich zur Zeit nicht in der Lage sieht, Ihrer Einladung zu folgen. Die Art und Weise, wie man sich in den Gremien und Veröffentlichungen der KSG Bonn zu den seit Monaten laufenden Auseinandersetzungen äußert, muss als bösartig und kirchenspaltend bezeichnet werden. Es ist ein Hohn, wenn Sie Ihre ›Liebe zur Kirche‹ durch den zerbrochenen Hirtenstab ausdrücken. Es ist eine Diffamierung der Person des Erzbischofs, wenn Sie sein Bemühen in dieser Auseinandersetzung als ›dummes Labern‹ bezeichnen und mit ›verrufensten Geheimdiensten‹ vergleichen.

In den ›Kontakten‹ (Nr. 3, WS 1981/82) heißt es: ›Wir müssen unsere Betroffenheit dem Bischof schreiben, dass Gemeindemitglieder nicht mehr Eucharistie feiern können, wenn es nur noch die römischen Kanones gibt.‹ Im übrigen gehe es nicht um Kanones, sondern um das ›Kirchenverständnis‹. Das ›allgemeine Priestertum‹ stehe der ›Kirchendiktatur‹ entgegen. Bis heute haben sich weder die Pfarrer noch die Laientheologen von diesen Äußerungen distanziert. Wie sollen dann die Feier der Eucharistie und ein sachliches Gespräch möglich sein?«

Inzwischen war in Köln entschieden worden, mit einem neuen Priesterteam den Versuch eines Neubeginns zu wagen. Außer P. Ising sollte auch der Wuppertaler Schulseelsorger Josef Sauerborn ab Herbst 1982 seinen Dienst an der Studentengemeinde in Bonn beginnen. Beide wurden am 1. August 1982 zu »Hochschulpfarrern« in Bonn ernannt. Parallel zu diesen Personalentscheidungen hielt man in Köln eine Neuwahl des Gemeinderates für notwendig in der Hoffnung, dadurch die destruktiven Mitglieder des bisherigen Gemeinderates los zu werden. Bereits am 6. Mai 1982 hatte Generalvikar Feldhoff in einem Brief an den amtierenden

---

[199] Dazu s. unten: Feldhoff an Sprecherteam der Laientheologen, 1.2.1982: HAEK – Zug. 1529/08 – 275.
[200] Kontakte, Nr. 3, WS 81/82: HAEK – NH 822.

Gemeinderat die Auseinandersetzung über eine Satzung für den Gemeinderat der Bonner Gemeinde als kurzfristig nicht zum Ziele führend abgebrochen. »Deshalb hat der Herr Kardinal entschieden, dass wir der KSG Bonn im wesentlichen die Satzung der Pfarrgemeinderäte im Erzbistum Köln zur Grundlage geben ...«[201] Dagegen demonstrierte allerdings nicht nur der Gemeinderat, sondern auch Pfarrer Ising, der sich mit Pfarrer Nyssen in Köln beraten hatte. Es zeichnete sich ab, dass man über eine Satzung des Gemeinderates für die Bonner Hochschulgemeinde nicht zu einer einvernehmlichen Lösung finden würde. Eine »Aktennotiz über den Gemeinderat der Katholischen Hochschulgemeinde Bonn«, die Kardinal Höffner am 21. Mai 1982 diktierte, kam zu dem Schluss: »Es dürfte misslich sein, nur eine vorläufige Satzung des Gemeinderates zu veröffentlichen. Im Ernennungsschreiben der neuen Hochschulpfarrer sollte umfassend der Aufgabenbereich des Hochschulpfarrers umschrieben werden. Dabei könnten die Gedanken, die Herr Pater Ising in der Grundordnung dargelegt hat, verwandt werden.«[202]

Am 8. November 1982 teilte Generalvikar Feldhoff dem »Hochschulpfarrer« Ising mit: »Herr Kardinal Höffner hat den Wunsch geäußert, dass Sie im Verlauf des Wintersemesters – spätestens im Januar 1983 – eine Gemeinderatswahl durchführen. Der dann gewählte Gemeinderat soll bis zum Schluss des akademischen Jahres 1982/83 amtieren. Diese Wahl ist nach den Grundsätzen der Wahlordnung für den Gemeinderat der Katholischen Hochschulgemeinde Bonn, die als Anlage diesem Schreiben beigefügt ist, durchzuführen.«[203]

Doch auf welche Widerstände die neu ernannten Hochschulpfarrer Ising und Sauerborn in der Gemeinde stießen, machte ein Bericht P. Isings über seine erste Eucharistiefeier im Newman-Haus deutlich: »Gestern, am Sonntag, dem 21.11.1982, habe ich zum ersten Mal hier im Newman-Haus die Eucharistie-Feier in liturgischer Kleidung gehalten, nachdem ich dies mehrmals vorher angekündigt und erklärt hatte. Bis zur Predigt war der Gottesdienst noch erträglich, als z. T. nur gelacht und Bemerkungen gemacht wurden. Nach der Predigt eskalierte die Situation derart, dass u. a. gesagt wurde, die Feier der Hl. Messe in liturgischer Kleidung sei eine Gewalttat, das Benutzen des Gotteslobes sei nicht zu verkraften; eine dreiviertel Stunde lang wurde diskutiert, ob und wie man mit mir Eucharistie feiern könne. Ich habe dann angeboten, mit denjenigen, die Eucharistie feiern möchten, dies zu tun. Etwa 2/3 der anwesenden Teilnehmer, ca. 80 Personen, verließen aus verschiedenen Gründen den Raum, so dass ich mit ca. 40 Personen die Eucharistie feiern konnte. Sie ersehen daraus, wie stark eine antikirchliche bzw. unkirchliche Gesinnung bei den meisten der Gottesdienstteilnehmer festzustellen ist. Da es gegen mein Gewissen und meine Überzeugung ist, die

---

[201] Feldhoff an Gemeinderat der Katholischen Studentengemeinde Bonn, 6.5.1982: HAEK – Zug. 1529/08 – 275.
[202] Aktennotiz über den Gemeinderat der Katholischen Hochschulgemeinde Bonn (Höffner), 21.5.1982: HAEK – Zug. 1529/08 – 274.
[203] Feldhoff an Ising, 8.11.1982: Ebd.

Eucharistie gegen die Ordnung der Kirche zu feiern, kann ich nicht verantworten, hier im Newman-Haus die Eucharistie zu feiern.«[204] P. Ising äußerte schließlich, der Generalvikar müsse wohl entscheiden, »ob es überhaupt noch möglich ist, bei der sonntäglichen Eucharistiefeier im Newman-Haus zu bleiben, da sowieso jeden Sonntag im Münster ein Hochschulgottesdienst gefeiert wird«.

Für die weitere Entwicklung um die Bonner Gemeinde gibt es einen zunächst nicht involvierten Zeugen: Den Anatomen Professor Dr. Kurt Fleischhauer, der von 1985 bis 1992 Rektor der Bonner Universität sein sollte und dem Verfasser seine aufgezeichneten Erinnerungen über Turbulenzen an der Bonner Hochschulgemeinde in jenen Jahren zur Verfügung gestellt hat.[205] Fleischhauer schildert: »Um einen Neuanfang zu versuchen, hatte der Erzbischof von Köln, Kardinal Höffner, im August 1982 zwei neue Hochschulpfarrer berufen und für Anfang 1983 eine Neuwahl des Gemeinderates angesetzt, weil die Wahl des amtierenden Gemeinderates ungültig und nicht bestätigt worden war. Gleichzeitig hatte das Bistum die Bezeichnung ›Studentengemeinde‹ dem inzwischen üblichen Sprachgebrauch entsprechend in ›Hochschulgemeinde‹ umgeändert. Alles dies war bei dem Gemeinderat auf Ablehnung gestoßen, und die beiden neuen Geistlichen hatten sich von Anfang an einer feindseligen Atmosphäre ausgesetzt gesehen. So hatte es in einem im Wesentlichen von Mitgliedern des amtierenden Gemeinderates getragenen Aufruf zu der für Ende Januar 1983 angesetzten Neuwahl unter anderem geheißen: ›Wir verstehen uns als Teil der Friedensbewegung und arbeiten als solcher aktiv an der Vorbereitung der Bonner Friedenswoche mit‹ und ›Als Gemeinschaft sozial und politisch engagierter Christen treten wir ein für neue Formen des Gottesdienstes. Durch Aufnahme gemeinschaftsbezogener Elemente durchbrechen wir die Anonymität der Vereinzelung.‹«

Die Gemeinderatswahl wurde vom 30. Januar bis 1. Februar 1983 durchgeführt. P. Ising teilte am 2. Februar der Kölner Schulabteilung mit: »Fast 1700 Hochschulangehörige haben gewählt. Ungefähr zwei Drittel wählten Kandidaten, die den Kurs der alten KSG beibehalten wollen. Auf Flugblättern und durch das Tragen des bekannten Buttons: Aus Liebe zur Kirche KSG (mit der Abbildung eines zerbrochenen Hirtenstabes) richteten sie sich direkt gegen unseren Herrn Kardinal und gegen das katholische Kirchenverständnis. Die Mehrzahl dieser Kandidaten … und ihrer Wähler gehört der Theologischen Fakultät an … Nach Abschluss der Wahl veranstalteten die Vertreter der Mehrheit eine ›Siegesfeier‹. Maximal 600 Wähler stimmten für Kandidaten, die den neuen Kurs der KHG [P. Isings] befürworten.«[206]

---

[204] Ising an Feldhoff, 22.11.1982: Ebd.
[205] Prof. Dr. Dr. h. c. Kurt Fleischhauer, Bonn, an den Verfasser, 20.5.2009; das Manuskript »Hochschulgemeinde« umfasst 7 Seiten. Herrn Prof. Fleischhauer sei für die Überlassung dieses Textes und der Erlaubnis zur Auswertung aufrichtig gedankt.
[206] Aktennotiz Dr. Albrecht (Hauptabteilung Schule/Hochschule), Betr.: Wahl des Gemeinderates der KHG Bonn (30.1.–1.2.1983): HAEK – Zug. 1529/08 – 274.

Am 28. Februar 1983 teilte Prälat Sauer dem »Gemeinderat der Katholischen Hochschulgemeinde« mit: »Die Hochschulpfarrer Ising und Sauerborn haben unseren Herrn Kardinal um Entpflichtung von ihrem Amt gebeten. Zu einer Erörterung der Situation der Katholischen Hochschulgemeinde Bonn lädt Sie der Herr Generalvikar ein für Dienstag, 8. März 1983 um 18.00 Uhr in das Maternushaus ...«[207]

Mit Ising und Sauerborn sprach Kardinal Höffner selbst am 3. März 1983, die unter dem 4. März die erbetenen Entpflichtungsurkunden erhielten. Inzwischen war von einer kleinen Kommission (Generalvikar, Offizial, Prälat Sauer) eine öffentliche Erklärung zur »Katholischen Hochschulgemeinde Bonn« entworfen worden: »Der Erzbischof hat die Hochschulpfarrer Ising und Sauerborn auf deren Bitte hin entpflichtet. Z. Zt. können die Stellen der Hochschulpfarrer nicht besetzt werden. Bis zur Wiederbesetzung der Stellen ruht die Arbeit der Hochschulgemeinde und des Gemeinderates. Der Erzbischof hat den Stadtdechanten von Bonn und die Pfarrer in den katholischen Kirchengemeinden in der Stadt Bonn gebeten, bei der pfarrlichen Seelsorgearbeit besonders auch die Studenten zu berücksichtigen. Der Erzbischof bittet die Studenten, dieses Seelsorgeangebot zu nutzen. Die bisher von der Hochschulgemeinde genutzten Räume bleiben vorerst geschlossen.«[208]

Diese Erklärung machte Generalvikar Feldhoff am 8. März 1983 einschließlich der praktischen Konsequenzen dem Bonner Gemeinderat bekannt. In dem anschließenden Gespräch wurden noch einmal alle bekannten Argumente ausgetauscht und Konsequenzen festgeschrieben. Zum Schluss der Gesprächsnotiz heißt es: »Für den 30.4./1.5.1983 wurde zwischen Generalvikar Feldhoff, Herrn Prälat Sauer und dem Gemeinderat ein gemeinsames Wochenende vereinbart, bei dem die unterschiedlichen Konzeptionen von Hochschulseelsorge diskutiert werden sollen.«[209]

Es kam ab Anfang März zu einer hitzigen Auseinandersetzung im Umfeld der Ereignisse um die Bonner Hochschulgemeinde, die auch in der Presse und in Korrespondenzen mit Kardinal Höffner aus unterschiedlichen Richtungen ihren Niederschlag fand und hier nicht näher behandelt werden kann. Die Klausurtagung am 30. April/1. Mai fand in Bad Honnef statt.[210] An ihr nahmen außer Generalvikar Feldhoff und Prälat Sauer sowie den Gemeinderatsmitgliedern als

---

[207] Sauer an Gemeinderat, 28.2.1983: Ebd.
[208] Betr.: Katholische Hochschulgemeinde Bonn, hier: Entwurf einer Erklärung, erarbeitet durch die Herren Generalvikar Feldhoff, Offizial Flatten, Prälat Sauer und Oberrechtsrat Mogge am 24.2.1983: Ebd.
[209] Gesprächsnotiz (Dr. Albrecht, 4 Seiten) Betr.: Gespräch des Herrn Generalvikars mit dem Gemeinderat der KHG Bonn am 8.3.1983 ... im Maternushaus (Weitere Teilnehmer: Herr Prälat Sauer, Herr Dr. Mies, Herr Pate, Herr Rechtsrat Kockler, Unterzeichner), 9.3.1983: Ebd.
[210] Prälat Sauer, Aktenvermerk Betr.: Klausurtagung mit Gemeinderatsvertretern der Hochschulgemeinde Bonn im Katholisch-Sozialen Institut in Bad Honnef – 30.4./1.5.1983 (3 Seiten): HAEK – Zug. 1529/08 – 275.

Moderator der vom Generalvikar eingeladene Vorsitzende der Hochschulpfarrerkonferenz, Dr. Maginot aus Augsburg, teil. Die Gemeinderatsmitglieder hatten den auf Zeit in Bonn tätigen Pastoraltheologen Prof. Dr. Peter Düsterfeld eingeladen. Ihm hatte Kardinal Höffner bereits am 4. Januar 1983 – also vor der Gemeinderatswahl und den ihr folgenden Zuspitzungen – geschrieben: »Freundlich danke ich Ihnen für den besonderen Dienst, den Sie seit einigen Monaten in der Katholischen Hochschulgemeinde an der Universität Bonn vollziehen. Ich bin mir bewusst, dass die damit verbundenen Anforderungen nur schwer mit Ihrer gewohnten Lehrtätigkeit innerhalb der Katholisch-Theologischen Fakultät zu verbinden sind. Ich hoffe aber, dass das Mühen und Sorgen schließlich zu einem guten Ergebnis führt ... Herzlich bitte ich Sie, lieber Herr Professor Düsterfeld, bis zur Übernahme des Amtes durch den zu ernennenden Hochschulpfarrer im Kontakt mit den verschiedenen Gruppen das Leben der Gemeinde weiterzuführen. Gerne bin ich damit einverstanden, dass Sie, wenn Sie es pastoral für richtig halten, dieses Schreiben in einem der nächsten Sonntagsgottesdienste der Gemeinde mitteilen.«[211]

Die Klausurtagung in Bad Honnef war durch ein sachliches und im Umgang miteinander freundliches Klima geprägt. »Die gemeinsame Feier der Heiligen Messe am Sonntagmorgen war in der Gemeinsamkeit würdig und ehrlich.« Am Schluss der Aktennotiz über die Tagung vermerkte Prälat Sauer: »Als Ergebnis einer Abschlussdiskussion über das weitere Vorgehen gab es schließlich zwei Vorschläge der Studenten, ausgehend von einer Anregung von Prof. Düsterfeld: Es sollte ein geistlicher Koordinator berufen werden. Dieser ist bis zur Ernennung eines Hochschulpfarrers der Ansprechpartner des Gemeinderates. Er übernimmt als ein Priester, der das Vertrauen des Erzbistums hat, die Vermittlerrolle zwischen Bonn und Köln. Bei Benennung des geistlichen Koordinators sollten alle Beteiligten strikt bemüht sein, Äußerungen in die Öffentlichkeit, wenn sie denn überhaupt gegeben werden, nur unter strenger Berücksichtigung des gemeinsamen Zieles abzugeben: Ermöglichung der Hochschulpfarrerernennung ... Generalvikar Feldhoff und ich [Sauer] schlugen vor, Herrn Prof. Düsterfeld zum geistlichen Koordinator zu berufen. Mit ihm wurde nicht ausdrücklich darüber gesprochen. Die Studenten signalisierten spontan, dass sie Herrn Prof. Düsterfeld akzeptieren würden. Er selbst hat nach Abschluss der Tagung Generalvikar Feldhoff gegenüber bemerkt, dass er zur Verfügung stehe.«

Am 3. Juni 1983 zog Kardinal Höffner aus dieser Klausurtagung und einem Gespräch mit Düsterfeld die Konsequenz, indem er diesem schrieb: »Die Hochschulpastoral an der Universität Bonn macht mir nach wie vor große Sorgen. Sie haben bei dem Gespräch, das mein Generalvikar und Prälat Sauer mit den Mitgliedern des Gemeinderates der Katholischen Hochschulgemeinde geführt haben, mitgewirkt. Ich danke Ihnen dafür. Heute bitte ich Sie, in den kommenden Mo-

---

[211] Höffner an Düsterfeld, 4.1.1983: HAEK – Zug. 1529/08 – 274.

naten vermittelnd für die Hochschulpastoral an der Universität Bonn tätig zu werden. Sie sollten vor allem zwei Aufgaben übernehmen.
1. Die erste Sorge gilt der regelmäßigen Feier von Hochschulgottesdiensten in einer der Bonner Innenstadtkirchen. Ich bitte Sie, nach Möglichkeit die Feier dieser Gottesdienste selbst zu übernehmen. Auf jeden Fall sollte die Auswahl der Zelebranten und die Gestaltung der Gottesdienste in Absprache mit Ihnen erfolgen. Die Feier der Sonntagsmesse in der Kapelle des Newman-Hauses entfällt.
2. Die wichtigste Aufgabe wird darin bestehen, die pastorale Präsenz und Begleitung den katholischen Gruppierungen und Initiativen gegenüber zu ermöglichen und Wege der Zusammenarbeit zu finden.

Alle Ihre Bemühungen dienen dazu, die Voraussetzungen zu schaffen, wieder einen neuen Hochschulpfarrer für die Hochschulgemeinde in Bonn zu berufen.«[212]

Die erste »Erfolgsmeldung« stellte eine Aktennotiz Prälat Sauers vom 23. Juni 1983 dar: »Inzwischen hat Professor Düsterfeld seine Tätigkeit in der Hochschulseelsorge aufgenommen. Am 21.6.1983 berichtete er Generalvikar Feldhoff und Prälat Sauer darüber. Professor Düsterfeld ist zuversichtlich, längerfristig einen guten Zugang zu den Studenten zu finden. Vor allem hofft er, den Sonntagsgottesdienst in der ›Namen-Jesu-Kirche‹ so feiern zu können, dass er in Wirklichkeit als Hochschulgottesdienst angenommen wird.«[213]

Eine erneute Gefährdung des mühsam erreichten Friedens stellte die in der zweiten Oktoberhälfte 1983 durchgeführte, seit langem vorbereitete »Bonner Friedenswoche« als Demonstration gegen den »Nato-Doppelbeschluss« dar. Düsterfeld konnte Prälat Sauer am 23. Oktober 1983 berichten: »Was die Friedensbewegung betrifft, so ist die KHG nicht in einem einzigen Fall mehr als Mitträger/-veranstalter bei kirchenfremden Organisationen oder Zusammenschlüssen aufgetreten (Im Gegensatz zu Pax-Christi u. v. a.). Es ist uns ebenfalls gelungen, die Räume [der Hochschulgemeinde] in dieser Zeit bis auf zwei unvermeidliche Ausnahmen der Friedensbewegung nicht zur Verfügung zu stellen. Der groß geplante und mit vielen Öffentlichkeitserwartungen befrachtete ›Blockadeabend‹ im großen Saal hatte lediglich eine Teilnehmerzahl von ca. 15–20 Insidern und endete bereits um 21 Uhr mit dem Nachtgebet. Insgesamt darf man sagen, dass ›die KHG‹ keine Basis *der* Friedensbewegung mehr ist. Zur Zeit wenigstens.«[214]

Am folgenden Tag tat Kardinal Höffner einen weiteren Schritt zur erhofften Konsolidierung der Verhältnisse in Bonn. Er schrieb an Prof. Düsterfeld: »Hiermit entspreche ich dem Wunsch des Gemeinderates vom 14.7.1983 und ernenne die von Ihnen mir benannten Personen als Mitglieder des Gemeinderates der Katholischen Hochschulgemeinde Bonn. Gleichzeitig verlängere ich die Amts-

---

[212] Höffner an Düsterfeld, 3.6.1983: Ebd.
[213] Direktor Sauer, Aktennotiz Betr.: Hochschulgemeinde Bonn, 23.6.1983: HAEK – Zug. 1529/08 – 275.
[214] Düsterfeld an Sauer, 23.10.1983: Ebd.

7. Krisenerscheinungen in der Hochschulseelsorge

zeit des Gemeinderates bis zum 10. Februar 1984. Ich hoffe, dass bis dahin im Kontakt mit dem Gemeinderat ein neuer Hochschulpfarrer gefunden werden kann.«[215]

Dass die Lage an der Hochschulgemeinde Bonn noch keineswegs ruhiger geworden war, lassen die Erinnerungen von Professor Fleischhauer erkennen. Fleischhauer hatte guten Kontakt zum Bonner Moraltheologen Franz Böckle, der in seiner Nachbarschaft in Bonn-Röttgen wohnte und in der dortigen Pfarrkirche regelmäßig Gottesdienste feierte. Böckle war für das Jahr 1983/84 erstmals zum Rektor der Universität Bonn gewählt worden. Fleischhauer schreibt in seinen Erinnerungen[216]: »Herr Böckle berichtete, dass die Kölner Kurie jetzt, nachdem ein weiteres halbes Jahr vergangen war, mit Hilfe der Bonner Fakultät nach einer neuen Lösung suchen wolle ... Er, Böckle, könne sich als zukünftiger Rektor in dieser Angelegenheit nicht engagieren und wolle deshalb fragen, ob ich bereit sei, Herrn Düsterfeld als berufenes Mitglied des Gemeinderates zur Seite zu stehen. Da ich wusste, wie wichtig eine vernünftige Lösung der Situation in der Bonner Hochschulgemeinde für die Universität und den Rektor sein würde, sagte ich zu und wurde mit Schreiben vom 3. Oktober 1983 [durch Kardinal Höffner] berufen. Am 17. Oktober 1983 fand die erste Sitzung des Gemeinderates statt, bei der ich schweigend zugehört habe. Es wurde mir schnell klar, dass dieses Gremium von militanten, taktisch geschickten und dialektisch versierten Anhängern der Friedensbewegung dominiert wurde, die in erster Linie an der Durchsetzung ihrer ideologisch fixierten und marxistisch geprägten Vorstellungen interessiert waren und hierfür die Hochschulgemeinde zu instrumentalisieren versuchten. Auch wurde deutlich, dass mit einer konstruktiven Zusammenarbeit des Gemeinderates mit einem Pfarrer, der nicht bereit ist, diesen Vorstellungen zu folgen, kaum zu rechnen sein würde.«

Fleischhauer schildert dann, dass der Gemeinderat eine weitere Sitzung anberaumte, obwohl bekannt war, dass die Professoren Düsterfeld und Fleischhauer an diesem Tage verhindert sein würden. Bei dieser Sitzung wurden entgegen anderslautender Absprachen auch grundsätzliche Dinge behandelt. »Die wenige Tage später, am 7. November 1983, stattfindende Gemeinderatssitzung war ausgesprochen unerfreulich und dauerte von 20 Uhr bis weit nach Mitternacht. Aus meinen Notizen geht hervor, dass zunächst ein Papier mit Überlegungen und Gedanken des Gemeinderates zu einem neuen Hochschulpfarrer verteilt wurde. Dieses Papier war auch bereits nach Köln geschickt worden. Dabei war den Verfassern offenbar gar nicht aufgefallen, dass in dem Papier zwar verlangt wird, das der neue Pfarrer ›lernbereit‹ und ›offen‹ sein müsse, um die Traditionen der Gemeinde zu übernehmen, dass die Gemeinde selbst aber sicher ist, dass sie so bleiben will, wie sie ist.

---

[215] Der Erzbischof von Köln, in Vertretung Feldhoff an Düsterfeld, 24.10.1983: Ebd.
[216] Vgl. oben Anm. 205.

Dann fand eine Diskussion über den Gottesdienst statt, der in die Namen-Jesu-Kirche[217] verlegt worden war. Dabei bemängelten die Mitglieder des Gemeinderates den Wegfall der bisherigen ›kuscheligen‹ Atmosphäre. Das Sitzen in Bänken und das Vortreten zum Empfang der Kommunion seien unbefriedigend; der Gottesdienst müsse geändert werden ... Anschließend folgt eine Diskussion über den Initiativkreis ›Gewaltfreier Widerstand‹, bei dem es sich offenbar um den Koordinierungsausschuss der Friedensbewegung zur Planung für die am 12.12.1983 und 30.01.1984 vorgesehenen Widerstandstage handelte. Der Gemeinderat ging wie selbstverständlich davon aus, dass es Aufgabe der Gemeinde sei, die Arbeit dieses Gremiums zu unterstützen. So sollte der Koordinierungsausschuss in den Räumen der KHG tagen. Ein entsprechender Antrag wurde mit 24 Ja-Stimmen unterstützt, und nur Herr Düsterfeld, ein Student und ich stimmten dagegen. Dies wurde mit Achselzucken zur Kenntnis genommen, und man merkte deutlich, dass der Pfarrer nur als lästige Beigabe empfunden wurde ...
Sodann folgte der schwierigste Punkt der Tagesordnung: Die Frage nach der Mitarbeit des Gemeinderates im Bonner Friedensplenum. Zu Beginn dieses Tagesordnungspunktes trug Herr Düsterfeld eine abgewogene Erklärung vor, in der er zunächst ganz allgemein auf die in einer Gemeinde erforderliche Toleranz und auf die Notwendigkeit hinwies, Raum für Personen mit unterschiedlichen politischen Einstellungen zu lassen. Dann ging er auf die konkrete Frage einer Mitwirkung des Gemeinderates im Bonner Friedensplenum ein und legte dar, dass hier eine absolute Grenze erreicht sei. Die Erklärung war so abgefasst, dass auch den militanten Mitgliedern des Gemeinderates die Möglichkeit zum Rückzug ohne Gesichtsverlust gelassen wurde. Davon wurde aber nicht Gebrauch gemacht. Die Erklärung von Herrn Düsterfeld wurde vielmehr mit Hohn und persönlichen Unterstellungen entgegengenommen. Es entspann sich eine lange Diskussion ... Schließlich platzte mir nach Mitternacht der Kragen, und ich sagte, was ich dachte ... Als sich weiterhin keine Kompromissbereitschaft zeigte und beschlossen wurde, auf einer nächsten Sitzung weiter zu diskutieren, schlug Herr Düsterfeld vor, die Angelegenheit dem Kardinal zur Entscheidung vorzulegen, und die Sitzung ging zu Ende. Ich war zutiefst entsetzt, denn mir war jetzt klar geworden, dass wegen des vollkommen unterschiedlichen Gemeindeverständnisses auch bei noch so langer Diskussion eine Verständigung zwischen dem Pfarrer und dem Gemeinderat nicht möglich sein würde.«
Professor Fleischhauer entschloss sich zwei Tage später zu einem Brief an Kardinal Höffner, in dem er in Grundzügen von der Entwicklung in der Hochschulgemeinde berichtete. Dann wies er darauf hin: »Die psychische Belastung für Herrn Prof. Düsterfeld durch das Verhalten des Gemeinderates ist groß. Er trägt sie mit bewundernswerter Ruhe und Entschiedenheit; denn er sieht, welches

---

[217] Die Namen-Jesu-Kirche in der Nachbarschaft des Bonner Rathauses ist die ehemalige Jesuitenkirche, im Besitz der Universität Bonn bzw. des Landes Nordrhein-Westfalen. Sie galt als »Katholische Universitätskirche«, wurde als solche aber selten benutzt.

Potential in der Gemeinde vorhanden ist, aber jetzt nicht zum Zuge kommen kann. Eine derartige Belastung kann man jedoch nur begrenzte Zeit aushalten. Ich frage mich deshalb, ob die Ihnen vorgelegte Entscheidung über die Mitarbeit im Friedensplenum nicht zugleich zu einer Entscheidung über das Fortbestehen des Gemeinderates gemacht werden könnte. Ohne Gemeinderat würde es Herrn Prof. Düsterfeld meiner Ansicht nach schnell gelingen, eine normale und lebendige Gemeinde entstehen zu lassen. Es wäre zu prüfen, ob die jetzige Satzung und die Wahlordnung nicht grundlegend geändert werden müssten, ehe ein neuer Gemeinderat ins Leben gerufen wird. Bestürzend ist für mich die Erfahrung, dass es sich bei der großen Mehrheit der militanten Gemeinderatsmitglieder um Studierende der Theologie handelt, und ich muss zu meinem Bedauern feststellen, dass die Situation in Bonn wohl nur dann langfristig in Ordnung gebracht werden kann, wenn auch im Hinblick auf die Betreuung der Laientheologen grundsätzliche Änderungen ins Auge gefasst werden.«[218]

Das von Fleischhauer abschließend erbetene Gespräch fand am 24. November im Erzbischöflichen Haus statt. Fleischhauer lobte in seinen Erinnerungen Gesprächsatmosphäre und sorgfältige Vorbereitung des Kardinals. An dem Gespräch nahmen auch Feldhoff und Düsterfeld teil. Es ging um die von Fleischhauer schriftlich vorgetragenen Vorschläge. »Der Kardinal und der Generalvikar hörten aufmerksam zu, stellten Zwischenfragen und machten sich Notizen. Am Ende des Abends hatte ich das Gefühl, dass Kardinal Höffner für das offene Gespräch dankbar war und dass Köln in absehbarer Zeit eine klare Entscheidung treffen würde.«

Die weitere Entwicklung an der KHG Bonn ab Ende 1983 soll nur in aller Kürze beschrieben werden. Nach weiteren Sitzungen des Gemeinderates am 28. November und 18. Dezember 1983 traten 19 Mitglieder[219] »wegen Differenzen mit dem kommissarischen Hochschulpfarrer zurück. Kardinal Höffner entließ daraufhin auch die verbliebenen Mitglieder und löste den Gemeinderat auf. Damit war für mich« – so Prof. Fleischhauer – »eine zwar unangenehme, aber überaus lehrreiche Tätigkeit beendet.«

Bereits am 15. März 1984 konnte mit Wirkung vom 1. August 1984 – also nach Abschluss des SS 1984 – Dr. Peter Frowein »zunächst für 6 Jahre«[220] und – wie Fleischhauer hervorhebt – »für zwei Jahre ohne Gemeinderat« zum 1. Hochschulpfarrer ernannt werden. Schon am 15. Februar 1984 war Pfarrer Robert Kramer zum »Geistlichen Berater für die Laientheologen« ernannt worden, der Dr. Frowein 1985 als 1. Hochschulpfarrer ablösen sollte.[221]

---

[218] Original: Fleischhauer an Höffner, 9.11.1983: HAEK – Zug. 1529/08 – 275; Abschrift in dem Manuskript Fleischhauers »Hochschulgemeinde« vgl. Anm. 205.
[219] Nach den Erinnerungen von Prof. Fleischhauer waren es 16, nach einer »Meldung« Düsterfelds an Kardinal Höffner vom 19.12.1983 (HAEK – Zug. 1529/08 – 275) 19 Vertreter, die ihren Rücktritt erklärt hatten.
[220] Zu Dr. theol. Peter Frowein: HANDBUCH DES ERZBISTUMS KÖLN. Personaler Teil ^{27}1985, S. 61.
[221] Zu Pfarrer Robert Kramer: Ebd. S. 92.

Prof. Düsterfeld konnte Kardinal Höffner am 21. April 1984 berichten: »Mit der Ernennung von Dr. Frowein zum Pfarrer der Hochschulgemeinde Bonn ist meine Aufgabe, die Sie mir vor nahezu einem Jahr übertragen haben, fast beendet. Die Erfahrungen, die ich in diesem Jahr gemacht habe, gehören sicherlich zu den schwierigsten, aber auch zu den wichtigsten meines Berufes ... Wenn ich heute rückblickend den neuralgischen Punkt der alten KSG bezeichnen sollte, so liegt er m. E. darin, dass die Gemeinde in allen Bereichen *benutzbar* geworden war. Die behauptete Entschiedenheit in diesen Bereichen war in Wirklichkeit einem intoleranten Monismus ähnlicher. Der erschreckendste Ausdruck dieser Benutzbarkeit war für mich der sog. Friedensgottesdienst der Gemeinde im vergangenen Oktober, in dem z. B. die Bergpredigt für eine parteipolitische Karikatur herhalten musste.

Schwieriger zu urteilen ist über die Zusammensetzung der alten KSG. Zweifellos war ein militanter Kern für die große Linie verantwortlich, ein Kern, der Prozesse des Nachdenkens und der Rechenschaft stets erfolgreich verhindert hat. Problematischer scheint mir allerdings eine Gruppe, ohne die dieser Kern nicht auskam und die man subjektiv eher als gutmütig bezeichnen müsste. Ihre Spiritualität lebt mehr aus Abstraktionen, neigt zu Geschichtslosigkeit und gibt sich emphatisch antiinstitutionell. Es ist nach meiner Beobachtung die Spiritualität vieler Laientheologen, die – zwar unter anderen Begründungszusammenhängen – aber dennoch mit dem ›strategischen Kern‹ vielfältige (auch liturgische) Bündnisse schließt, z. B. allgemein gegen ›die Amtskirche‹.«[222]

Nach dieser Rückschau konnte Düsterfeld die bereits erkennbaren Veränderungen beschreiben. »Die Zusammensetzung der KHG in diesem Semester ist glücklicherweise von großer Vielfalt geprägt: Die Jungakademiker, die kath. Verbindungen und viele neue Gruppen beginnen, die Gemeinde mitzutragen. Im Juni findet erstmalig ein Treffen aller katholischen Hochschullehrer statt, an dem dankenswerterweise Weihbischof Dr. Plöger teilnimmt. Die Gemeinde fährt mit zum Katholikentag nach München, die Liturgie in der Namen-Jesu-Kirche beginnt sich zu stabilisieren. Dennoch sind dies Neuanfänge, die mir keineswegs ungefährdet erscheinen. Viele, die sich jetzt bedeckt halten, glauben, dass sie mit Amtsbeginn von Dr. Frowein erneut ihren Kampf aufnehmen können, die Medien (v. a. der Generalanzeiger) haben nicht gerade ein wohlwollendes Verhältnis zur neuen Situation. Aber diese Gefahren können m. E. bestanden werden.«

Wie sich innerhalb eines Jahres nach der neuen Personalbesetzung die Lage an der KHG Bonn konsolidiert hatte, machte eine Vorlage aus Bonn Anfang Mai 1985 deutlich, als Pfarrer Dr. Frowein in den Schuldienst wechselte, aber der KHG Bonn als Subsidiar verbunden blieb, während Pfarrer Kramer die Stelle des 1. Hochschulpfarrers übernahm. In der Vorlage aus der KHG hieß es:

---

[222] Düsterfeld an Höffner, 21.4.1984: HAEK – Zug. 1529/08 – 277.

»Konzeption der KHG in 1984/85
1. Die Geistlichen der KHG, des Mentorats und der Stella Matutina (Ippendorf) arbeiten weitgehend als Team. Entsprechend wurde die Einführungsfeier am 28.10.1984 (mit dem Herrn Kardinal) als Einführung der *drei* neuen Geistlichen gefeiert.
2. Die Hauptamtlichen der KHG, Schilling, Becker und Frowein, arbeiteten ebenfalls als Team.
3. Mentorat und KHG rückten ein ganzes Stück aufeinander zu (s. gemeinsames Programm SS 85 ...)

Ein wichtiges Rückgrat der Gemeinde sind die Arbeitskreise (ca. 30), die im ... ›Mitarbeiterkreis‹ vertreten sind und hier eine Art Gemeinderat bilden. Stets waren zwei Geistliche, Osterwalder[223] und Frowein, anwesend.

In einer solchen Gemeindekonzeption ist es möglich, dass ein Geistlicher aus der ›1. Reihe‹ (vgl. ›1. Hochschulpfarrer‹) in die ›2. Reihe‹ tritt und ein anderer den Vorsitz übernimmt.«[224]

Die KHG Bonn wurde auch in den folgenden Jahren nicht zu einer kritiklosen Insel der Beschaulichkeit. Aber die Turbulenzen der zurückliegenden Jahre kehrten auch dann nicht zurück, als es wieder einen Gemeinderat gab.

---

[223] P. Alois Osterwalder SVD (*1933, Priester seit 1960) leitete das Studentenheim Stella Matutina in Bonn-Ippendorf und wirkte nebenamtlich an der KHG mit.
[224] Katholische Hochschulgemeinde Bonn, Betr.: Nachfolge für Pfr. Frowein in der KHG Bonn, o. D. und Unterschrift, Eingangsstempel 14.5.1985: HAEK – Zug. 1529/08 – 275.

XIV. KAPITEL

FESTLICHE HÖHEPUNKTE IM ERZBISTUM KÖLN WÄHREND DER BISCHOFSJAHRE KARDINAL HÖFFNERS

Im Rheinland und zumal in Köln wird kein Anlass zu einer Festfeier ausgelassen. In den 18 Jahren Kardinal Höffners als Erzbischof von Köln ergaben sich – vor allem ab 1980 – einige herausragende Gelegenheiten zu Festfeiern. Von ihnen sollen hier das Domjubiläum 1980, die Papstbesuche in Köln 1980 und 1987 und die Feier des 80. Geburtstages Kardinal Höffners eine Darstellung finden. Der 87. Deutsche Katholikentag in Düsseldorf im September 1982 ist in zwei umfangreichen Bänden dokumentiert, die hier nicht nachgeschrieben werden müssen.[1] Das »Jahr der romanischen Kirchen« 1985 war auf die Stadt Köln beschränkt und soll deshalb hier nicht ausführlicher beschrieben werden.

1. Das Kölner Domjubiläum 1980

1880 war es – überwiegend durch Spenden der Kölner Bürger, aber auch aus ganz Deutschland und der weiten Welt sowie mit Unterstützung des preußischen Staates – gelungen, die 1842 wiederaufgenommenen Arbeiten zur Vollendung des Kölner Domes abzuschließen. Da Erzbischof Paulus Melchers wegen der Zuspitzung des »Kulturkampfes« seit 1875 im Exil in Maastricht lebte, zog der preußische Staat die Entscheidungen über ein Fest zur Vollendung des Kölner Domes an sich.[2] Kaiser Wilhelm I. entschied, dass nicht am für die Dombaufeste der Vergangenheit gebräuchlichen 15. August (Tag der Grundsteinlegung des Domes 1248), sondern am 15. und 16. Oktober 1880 das Fest stattfinden sollte. Angela-Maria Corsten schildert: »Es (gelang) den staatlichen Stellen in Berlin, die Domherren planmäßig bei der Vorbereitung des Festes auszuschalten und zu übergehen, bis sie sich schließlich verärgert von der Feier ... zurückzogen. Es wurde nur ein feierliches Tedeum [in Anwesenheit des Kaisers und seines Gefolges] im Dom zelebriert. Der Dom als Wahrzeichen der Einigkeit und Größe des Deutschen Reiches wurde gefeiert, dass er auch und hauptsächlich Kathedralkirche der Kölner Erzdiözese ist, wurde vergessen. Dementsprechend stand im Mittelpunkt der Feierlichkeiten kein Vertreter der Kirche, sondern der deutsche Kaiser Wilhelm I. Außer dem Staat wirkten zwar der Zentraldombauverein und die Stadt Köln beim Dombaufest mit, aber nur weil und insoweit sie sich den staatlichen

---

[1] Kehrt um und glaubt – erneuert die Welt. 87. Deutscher Katholikentag Düsseldorf 1. bis 5. September 1982, Band I: Dokumentation, Band II: Die Vortragsreihen, Paderborn 1982.
[2] Kurzgefasste Darstellung des Festes 1880: A. M. Corsten, Das Dombaufest von 1880, S. 59–68.

Plänen anpassten. Die katholischen Bürger Kölns hielten sich – dem Beispiel des Domkapitels folgend – in ›würdiger Zurückhaltung‹[3] vom Dombaufest fern.«[4]

Nach dem Tedeum im Dom zog das kaiserliche Gefolge zum – evangelischen – »Dankgottesdienst« in die Trinitatiskirche am Filzengraben. »Superintendent Justus Bartelheim predigte ›in gewohnt schwungvoller Weise‹, wobei er eine allzu enge Verbindung zwischen dem Deutschen Reich und dem Reich Gottes knüpfte.« Die für farbenfrohe Prachtentfaltung empfänglichen Kölner kamen danach durch einen Festakt auf einem Platz am Dom auf ihre Kosten, vor allem aber durch den »Historischen Festzug« am folgenden Tag. Corsten berichtet: »Am 16. Oktober zog der große historische Festzug durch Kölns Straßen, der die Geschichte des Domes von der Grundsteinlegung im Jahr 1248 bis zur Vollendung veranschaulichen sollte. Die Initiative zur Veranstaltung des Zuges war von den Kölner Bürgern ausgegangen, und sie hatten viel Zeit, Mühe und Geld aufgewandt, um ihn schön und farbenprächtig zu gestalten. Wagen, die die verschiedenen Etappen des Dombaus vor Augen führen sollten, und Gruppen in mittelalterlichen Kostümen wechselten miteinander ab. Allerdings war der Zug von der herrschenden deutschnationalen Festauffassung geprägt. Die Darsteller der Kölner Erzbischöfe trugen weltliche Kleidung, und auf dem letzten Wagen stand die Germania und hielt einen Lorbeerkranz über die Türme des vollendeten Domes. Kaiser Wilhelm gefiel der Zug sehr gut, so dass er ihn ein zweites Mal an sich vorüberziehen ließ ...«[5]

In Kirchenkreisen blieb ein schaler Nachgeschmack wegen dieses »Preußenfestes«, der hundert Jahre später in kirchlichen Kreisen den Gedanken an eine Neuauflage nicht aufkommen ließ. Es war dieses Mal die Stadt Köln, die in den späten 1970er Jahren für 1980 ein »Domjubiläum« mit einer Fülle von Veranstaltungen, begleitenden Ausstellungen und Vorträgen plante. Man wollte bei der Stadt Köln durchaus nicht gegen die Kirche und das Domkapitel planen, sondern sie in die Überlegungen einbeziehen. Doch durch den altersbedingten Amtsverzicht von Dompropst Gielen und Domdechant Weihbischof Cleven war es zu der von der Stadt gesuchten Gemeinsamkeit der Festplanung noch nicht gekommen.

Die Lage veränderte sich, nachdem im Herbst 1978 der Neusser Stadtdechant Heinz-Werner Ketzer[6] zum Dompropst ernannt worden war. Generalvikar Feldhoff schrieb ihm am 25. Oktober 1978: »Eine der vordringlichsten Aufgaben, die vom Domkapitel und dabei auch in erster Linie vom Dompropst in Angriff genommen werden muss, ist die Vorbereitung des Domjubiläums 1980. Eigentlich hätte schon bisher mehr geschehen müssen ... Konkreter Anlass zu diesem Brief

---

3   Diese Verhaltensweise hatten die Gebrüder Reichensperger den Kölner Katholiken nahegelegt.
4   A.-M. Corsten, Das Dombaufest von 1880, S. 59f.
5   Ebd. S. 67f.
6   Heinz-Werner Ketzer (1914–1984), Priesterweihe 1939, 1960–1978 Pfarrer an Hl. Dreikönige in Neuss, ab 1976 Stadtdechant in Neuss, 1978–1984 Dompropst in Köln: Handbuch des Erzbistums Köln. Personaler Teil [27]1985, S. 86f.

ist der gestern in meinem Sekretariat angenommene Anruf von Herrn Große-Sende, Sekretär des Kölner Oberbürgermeisters. Er teilte u. a. mit, dass sich die Stadt Köln auf das Domjubiläum bereits vorbereite, und aus diesem Grund möchte[n] der Kölner Oberbürgermeister sowie der Oberstadtdirektor Vertreter des Erzbistums zu einem Gespräch einladen. Dabei sollen Einzelheiten des Jubiläums geklärt werden, damit es nicht zu Überschneidungen kommt.«[7]

Feldhoff umschrieb dem neuen Dompropst dann seine eigenen ersten Überlegungen zur Konzeption eines Domfestes 1980: Der Dom als Mutterkirche des Erzbistums, als Höhepunkt der Gotik und einer grenzüberschreitenden Architektur, als steingewordenes Glaubenszeugnis, als Kulturdenkmal.

Dompropst Ketzer berief dann bald eine unter seinem Vorsitz tagende Planungsgruppe, zu der mit Rücksicht auf die Kontakte zur Stadt Köln der ehemalige Stadtdirektor Dr. Baumann gehörte. Während diese Gruppe sich auf die kirchlichen Veranstaltungen des Domjubiläums konzentrierte, befasste sich eine parallele städtische Kommission mit dem von der Stadt Köln geplanten Programm für das Fest. Um die beiderseitigen Vorhaben zu koordinieren und abzustimmen, tagten 1979 mehrfach beide Kommissionen zusammen. Ein Ergebnis war das Logo des Domjubiläums, das durch die Stadt entwickelt wurde: Die Kreuzblume vor der Fassade der Domtürme. Die Stadt setzte darüber die Jahreszahlen 1880/1980. Die Kirche schrieb als Motto darunter: Zeugnis des Glaubens – Zeichen der Einheit.

Bereits am 25. April 1979 wandten sich Oberbürgermeister John van Nes Ziegler und Dompropst Ketzer in einem gemeinsamen Schreiben an Bundespräsident Walter Scheel und an Kardinal Höffner: »Die Stadt Köln und das Metropolitankapitel in Köln sind daher übereingekommen, das Jubiläum der Vollendung des Kölner Doms 1980 gemeinsam mit vielfältigen städtischen und kirchlichen Veranstaltungen zu begehen ... Die Veranstalter und Unterzeichner dieses Schreibens sind der Auffassung, dass ein lokal, national und international so bedeutsames Jubiläum des Patronats der allerhöchsten staatlichen und kirchlichen Stellen würdig ist. Wir tragen Ihnen daher hiermit die herzliche Bitte vor, dass Sie, verehrter Herr Bundespräsident, als höchster Repräsentant unseres Staates, und Sie, Eminenz, in Ihrer Eigenschaft als Vorsitzender der Deutschen Bischofskonferenz, das Patronat über das von der Stadt Köln und vom Kölner Domkapitel gemeinsam gestaltete Domjubiläum übernehmen.«[8]

Am 11. Mai 1979 wandte sich Kardinal Höffner an Papst Johannes Paul II. und lud ihn zu einem Besuch in Köln 1980 ein: »Der Hohe Dom zu Köln, der jährlich von vielen Millionen Menschen besucht wird, begeht die Jahrhundertfeier seiner Vollendung ... Diese Jahrhundertfeier nimmt das Erzbistum Köln zum Anlass, in

---

[7] Feldhoff an Ketzer, 25.10.1978: HAEK – Zug. 1116/00 – 120.
[8] Briefbogen des Oberbürgermeisters, van Nes Ziegler und Ketzer an Scheel und Höffner, 25.4.1979: Ebd. – Der Brief an den Bundespräsidenten ist noch an Walter Scheel gerichtet, zu dessen Nachfolger wenige Wochen später Prof. Dr. Karl Carstens gewählt wurde.

vielfältigen Veranstaltungen das religiöse Leben in der Erzdiözese und darüber hinaus in ganz Deutschland zu erneuern, zu beleben und zu vertiefen. Im gleichen Jahr 1980 jährt sich der siebenhundertste Todestag [sic!] des hl. Albertus Magnus, in dessen Grabeskirche Ew. Heiligkeit anlässlich Ihres Besuches am 22. September 1978 zum Gebet weilten. Die Bedeutung dieses für Kirche und Theologie universalen Lehrers ist Ew. Heiligkeit wohlbekannt. Es ist vorgesehen, das ganze Jahr 1980 unter das Zeichen dieser beiden Jubiläen, die von europäischer Dimension sind, zu stellen. Ich erlaube mir, im Namen der Deutschen Bischöfe, des Metropolitankapitels, des Konventes der Dominikaner an St. Andreas sowie aller Gläubigen Deutschlands, Ew. Heiligkeit zu bitten, das denkwürdige Jubiläumsjahr durch Ihren Besuch – zu einem Ihnen genehmen Zeitpunkt – besonders auszuzeichnen.«[9]

Pro-Staatssekretär Erzbischof Casaroli antwortete am 19. Juni 1979:»Der Heilige Vater gedenkt noch mit Freude seines vorjährigen Besuches in Ihrer altehrwürdigen und angesehenen Domstadt. Beide genannten Jubiläen verdienen eine besondere Beachtung, so dass sie in Ihrer Erzdiözese zu Recht in sehr feierlicher Weise begangen werden. Deshalb dankt der Heilige Vater Euer Eminenz, Ihren Mitbrüdern im Bischofsamt sowie dem Metropolitankapitel auch aufrichtig für die an ihn gerichtete Einladung, durch einen persönlichen Besuch an den Gedenkfeiern teilzunehmen. Seine Heiligkeit nimmt Ihre Einladung wohlwollend entgegen, ohne jedoch hiermit bereits eine feste Zusage verbinden zu können.«[10]

Zwischen den genannten Planungsgruppen war bald einvernehmlich abgesprochen worden, dass das Domjubiläum zwei Höhepunkte haben würde: einen kirchlichen um den 15. August 1980 mit einem Hochamt im Dom und einer Großkundgebung auf den Plätzen um den Dom, andererseits einen städtischen Höhepunkt mit zahlreichen Veranstaltungen um den 15. Oktober 1980, an dem in der Kunsthalle am Neumarkt in Gegenwart des Bundespräsidenten die Ausstellung »Der Kölner Dom im Jahrhundert seiner Vollendung« eröffnet werden sollte.[11]

Es ist hier nicht der Ort, die Vorbereitungen zum Domjubiläum 1980 auf kirchlicher und zumal auf städtischer Seite in allen Einzelheiten darzustellen. Eine Fülle von Ausstellungen und Vortragsreihen, von Wallfahrten und Pilgertagen für einzelne Zielgruppen und Regionen des Erzbistums wurde vorbereitet. Für den Silvesterabend 1979 empfahl Generalvikar Feldhoff im »Kirchlichen Anzeiger«, »das Jubiläumsjahr in der Zeit von 19.15 Uhr bis 19.30 Uhr ... in allen Gemeinden des Erzbistums einzuläuten. In der Stadt Köln wird das Einläuten mit der Peters-

---

[9] Höffner an Papst Johannes Paul II., 11.5.1979 (unterzeichnete Kopie): HAEK – Zug. 1116/00 – 120. Der Entwurf stammt von Dompropst Ketzer. Höffner überarbeitete den Entwurf handschriftlich: Ebd.
[10] *Segretaria di Stato*, Pro-Staatssekretär Agostino Casaroli, an Höffner, 19.6.1979: HAEK – Zug. 1116/00 – 121.
[11] Dazu weiter unten S. 472.

glocke des Kölner Doms beginnen.«[12] Der Erzbischof veröffentlichte am 6. Januar 1980 unter dem Titel »Zeugnis und Zeichen« ein Hirtenwort zur Einstimmung der Gläubigen.[13]

Die Stadt Köln hatte sich als werbenden Blickfang für das Domjubiläum eine Faksimile-Nachbildung der Kreuzblume auf den Domtürmen in Originalgröße ausgedacht, die vor den Stufen der Domplatte vor dem Westportal Aufstellung finden sollte. Oberbürgermeister van Nes Ziegler schrieb am 28. Februar 1980 an Kardinal Höffner: »Diese rund 9 Meter hohe Plastik soll den Bürgern und den Gästen Kölns einerseits einen überraschenden Größenvergleich bieten und andererseits als erkennbarer ›Schlussstein‹ auf die endgültige Vollendung der Kathedrale vor nunmehr hundert Jahren hinweisen. Damit wird ein für viele weithin sichtbares und imponierendes Merkzeichen für das Jubiläum gesetzt, das Kirche und Stadt gemeinsam feiern.«[14]

Der Akt der »Übergabe an die Öffentlichkeit« mit Ansprachen des Oberbürgermeisters und des Kardinals fand am 18. März 1980 statt.[15] Wenige Tage später wandte sich Kardinal Höffner erneut an Johannes Paul II., um den Papst noch einmal zu einem Besuch in Köln einzuladen. Darüber hinaus bat er den Papst um eine Grußbotschaft zum Domjubiläum.[16] Schon am 20. Februar 1980 hatte der Oberbürgermeister bei Kardinal Höffner einen »offiziellen Festakt« angeregt, »zu dem Stadt und Kirche gemeinsam einladen.[17] Er sollte Auftakt zu den vielfältigen Jubiläumsaktivitäten sein.« Van Nes Ziegler schlug dafür den 3. Juni 1980 im Gürzenich vor: »Ich stelle mir vor, dass der Festakt am Vormittag, vielleicht um 11 Uhr, im großen Saal des Gürzenich mit Grußworten von Ihnen und von mir beginnt, und dass dann ein Festredner von städtischer Seite (evtl. Museumsdirektor Prof. Dr. Hugo Borger) und einer von kirchlicher Seite (evtl. Dombaumeister Dr. Arnold Wolff) die historischen und baulichen Aspekte der Domvollendung im vorigen Jahrhundert mit ihren Auswirkungen auf unsere Zeit darstellen. Ein Spiel auf der Gürzenich-Orgel könnte den feierlichen Charakter der Veranstaltung betonen.

Im Anschluss an den Festakt würden die geladenen Gäste zu einem gemeinsamen Mittagessen gebeten. Einzuladen wären sicherlich der Rat der Stadt, die Spitze der Stadtverwaltung, der Ehrenausschuss, das Domkapitel, die Dechanten in Köln, der Erzbischöfliche Rat und der Kölner Spitzenkreis (soweit nicht ohnehin unter den Vorerwähnten) – insgesamt vielleicht um die 200 Personen.«

---

[12] Anordnung Feldhoffs vom 10.12.1979 im Original: HAEK – Zug. 1116/00 – 120; Druck: KA 119, 1979, Nr. 401.
[13] KA 120, 1980, Nr. 1, S. 1–3; Kardinal J. Höffner, Zeugnis und Zeichen. Hirtenwort zum Domfestjahr 1980. Im Anhang: Brief des Erzbischofs von Köln an die Leser der Kirchenzeitung für das Erzbistum Köln: Presseamt des Erzbistums Köln. Sonderdrucke 68, Köln 1980.
[14] Der Oberbürgermeister der Stadt Köln an Höffner, 28.2.1980: HAEK – Zug. 1116/00 – 122.
[15] Manuskript der Ansprache Höffners mit handschr. Bearbeitungen: HAEK – NH 254.
[16] Höffner an Johannes Paul II., 24.3.1980 (unterzeichnete Kopie): HAEK – Zug. 1116/00 – 120.
[17] Der Oberbürgermeister der Stadt Köln an Höffner, 20.2.1980: HAEK – Zug. 1116/00 – 122.

Kardinal Höffner war mit diesem Vorschlag einverstanden.[18] Der Festakt am 3. Juni 1980[19] verlief dann in einem Stil, wie er nur in einer Stadt mit der Tradition und der Festkultur wie Köln möglich ist. Im großen Saal des Gürzenich erschienen die festlich gekleideten Gäste – das Domkapitel in *àbito piano* mit Kapitelskette und Stern. Der Festakt hatte hohes Niveau und beanspruchte nicht zuviel Zeit. Zu dem anschließenden Festmahl waren die Tische mit dem Ratssilber der Stadt Köln eingedeckt, das bei dieser Gelegenheit – wohl zu einem der letzten Male – aus dem Stadtmuseum bereitgestellt wurde.

Am 28. Juni 1980 konnte Kardinal Höffner an Nuntius Del Mestri schreiben: »Die Mitteilung, dass der Heilige Vater Herrn Kardinal Joseph Schröffer als seinen besonderen Abgesandten zu den Feierlichkeiten anlässlich des Kölner Domjubiläums designiert hat, ist überall mit großer Freude aufgenommen worden.«[20] Gleichzeitig schlug Höffner dem Nuntius fünf Persönlichkeiten vor, die »als Mitglieder der Päpstlichen Mission ... den Päpstlichen Legaten begleiten« würden. Nach dem Bescheid der Nuntiatur vom 26. Juli sollten es sein:

Prälat Paul Fetten, Ehrendomherr,
Professor Dr. Theodor Schnitzler,
Prälat Dr. Peter Bernhard Kallen,
Dr. Franz-Heinz Pielmeyer, Vorsitzender des Diözesanrates der Katholiken im Erzbistum Köln und
Dr. Bernd Potthast, Kanzler des Erzbistums.[21]

Tags darauf teilte Kardinal Höffner den Pfarrern des Erzbistums das definitive Programm der festlichen Tage in den wichtigsten Punkten mit:

»Freitag, 15.8.1980
10.00 Uhr Empfang des ›Besonderen Abgesandten des Hl. Vaters‹, Sr. Eminenz Erzbischof Joseph Kardinal Schröffer, vor dem Westportal des Domes[22]; anschließend Pontifikalamt im Dom
Sonntag, 17.8.1980
9.30 Uhr Schreinsprozession von der Basilika St. Aposteln zum Dom
11.30 Uhr Pontifikalamt im Dom (Konzelebration der anwesenden Kardinäle)
15.00 Uhr Großkundgebung auf den Domplätzen mit Ansprache des Erzbischofs von Krakau, Sr. Eminenz Franciszek Kardinal Macharski
Freitag, 22.8.1980 – Tag der Weltkirche
Sonntag, 24.8.1980
9.00 Uhr Eucharistiefeier in der Liebfrauenkirche Köln-Mülheim
10.20 Uhr Beginn der Schiffsprozession in Köln-Mülheim

---

18   Höffner an van Nes Ziegler, 24.2.1980: Ebd.
19   Einladung an die Gäste (hier: an Domvikar Melzer, Geheimsekretär Höffners): Ebd.
20   Höffner an Nuntius Del Mestri, 28.6.1980: HAEK – Zug. 1116/00 – 121.
21   Geschäftsträger Msgr. Juliusz Janusz an Höffner, 26.7.1980: Ebd.
22   Abschrift des Päpstlichen Auftrags vom 29.7.1980: HAEK – NH 253.

11.20 Uhr Ankunft der Schiffe Nähe Deutzer Brücke; Prozession zum Dom
12.00 Uhr Sakramentaler Segen vor dem Südportal des Domes.«[23]

Das ausführliche Programm der Festwoche enthielt noch eine bunte Fülle von weiteren Veranstaltungen.[24] Der Oberbürgermeister empfing am 16. August den Päpstlichen Legaten in der Piazetta des Rathauses.[25] Bei der Schreinsprozession[26] gingen – in Nachahmung des Domfestes 1948, jedoch ohne die inzwischen abgeschaffte *cappa magna* – neun Kardinäle aus aller Welt mit. Kardinal Höffner trug den »Stab des hl. Petrus« aus der Domschatzkammer.

Die Großkundgebung am Nachmittag des 17. August[27] füllte außer dem Roncalliplatz auf der Südseite des Domes auch den südlichen Teil des Platzes vor der Westfassade. Ein Balkon auf der Ecke des Domhotels konnte von beiden Plätzen aus gesehen werden und wurde deshalb als Rednerpodium genutzt. Außer dem Festvortrag des Krakauer Kardinals Macharski[28] stand die Botschaft Papst Johannes Pauls II., verlesen vom Legaten, Kardinal Schröffer, im Mittelpunkt des Programms.[29] In sein Grußwort konnte Kardinal Höffner einfügen: »Eben trifft aus Erfurt folgendes Telegramm ein: ›Der Mariendom in Erfurt, der heute sein Patronatsfest feiert, grüßt den Kölner Dom zu seinem heutigen Festtag. In brüderlicher Verbundenheit Bischof Hugo Aufderbeck.‹«[30] Als Kardinal Höffner sich am nächsten Tag bei Bischof Aufderbeck bedankte, schrieb er: »Dein Telegramm, für das ich Dir herzlich danke, habe ich bei der Großkundgebung auf dem Platz vor dem Kölner Dom am 17. August verlesen. Es erhob sich freudiger, lang andauernder Beifall. Du hast uns allen eine große Freude gemacht.«[31] Die Papstbotschaft wurde auf Anweisung des Kardinals in deutscher Fassung im Amtsblatt des Erzbistums veröffentlicht.[32]

Von der Fülle der übrigen Veranstaltungen und Feiern der kirchlichen Festwoche im August 1980 sei nur noch die Vortragsreihe erwähnt, die das Katholische Bildungswerk Köln in der Jesuitenkirche St. Peter veranstaltete:

18. August: Bischof Klaus Hemmerle (Aachen), Erlösung – Grunderfahrung des Christen

---

[23] Der Erzbischof von Köln an die Pfarrer usw. des Erzbistums Köln, 29.7.1980: HAEK – Zug. 1116/00 – 121.
[24] Domjubiläum 1980. Kirchliche Festwoche (15.–24.8.1980), 3 Seiten: Ebd.
[25] Text der Begrüßungsansprache des Oberbürgermeisters: Ebd.
[26] Metropolitankapitel in Köln, Ordnung der Schreinsprozession am Sonntag, dem 17. August 1980 (25.7.1980): HAEK – NH 252.
[27] Programm der Großkundgebung am Sonntag, dem 17. August 1980, auf den Domplätzen: Ebd.
[28] Text: HAEK – Zug. 1116/00 – 121.
[29] Johannes Paul II. »An meinen verehrten Bruder im Bischofsamt, Joseph Kardinal Höffner, Erzbischof von Köln«, 29.6.1980 (deutsche Übersetzung): Ebd. u. HAEK – NH 252; Druck: KA 120, 1980, Nr. 193, S. 143f.
[30] Manuskript: Kardinal Joseph Höffner, Grußwort bei der Großkundgebung auf dem Domplatz mit Aufkleber (Telegramm Aufderbeck): HAEK – Zug. 1116/00 – 21.
[31] Höffner an Aufderbeck, 18.8.1980: HAEK – Zug. 1116/00 – 123.
[32] KA 120, 1980, Nr. 193.

19. August: Präses Joachim Beckmann: Ökumene – Mahnung zur Einheit

20. August: Oswald von Nell-Breuning SJ: Zukunft – Ängste des heutigen Menschen

21. August: Ministerpräsident Bernhard Vogel (Mainz): Menschenrechte – Leitlinie einer Politik aus christlicher Verantwortung

22. August: Pedro Arrupe SJ, General des Jesuitenordens: Kirche – Dienst und Herrschaft[33].

Den zweiten Höhepunkt des Domjubiläumsjahres bildeten die von der Stadt Köln im Oktober 1980 ausgerichteten Veranstaltungen. Am eigentlichen Jubiläumstag, dem 15. Oktober, wurde in Anwesenheit von Bundespräsident Karl Carstens die große Ausstellung »Der Dom im Jahrhundert seiner Vollendung« in der Kunsthalle am Neumarkt eröffnet.[34] Im Anschluss daran lud der Oberbürgermeister zu einem Abendessen im gotischen Hansesaal des Kölner Rathauses ein.[35]

War die Vollendung des Kölner Domes am 15. Oktober 1880 mit einem evangelischen Dankgottesdienst in der Trinitatiskirche begangen worden, so wurde zur Hundertjahrfeier für den Morgen des 15. Oktober 1980 ein ökumenischer Gottesdienst im Dom vorbereitet.[36] Dompropst Ketzer hatte sich dafür mit der Ökumenischen Kommission des Erzbistums Köln verständigt: »Der Gottesdienst möge von Herrn Kardinal Höffner gehalten werden zusammen mit einem Vertreter der evangelischen Kirche in Anwesenheit aller orthodoxen Bischöfe, Erzbischöfe und Metropoliten, die in der Bundesrepublik ihren Sitz haben. Ob der Vertreter der evangelischen Kirche der Präses der Rheinischen Landeskirche oder der Ratsvorsitzende der EKD sein soll, möge der Herr Kardinal entscheiden ... Der Gottesdienst (einschl. der Ansprachen) sollte vom Herrn Kardinal und dem Vertreter der evangelischen Kirche gehalten werden.

Die Bischöfe, Erzbischöfe und Metropoliten aus der Ökumene, die in der Bundesrepublik ihren Sitz haben, sollen in ihren liturgischen Gewändern im Altarraum (nicht Chorgestühl) Platz nehmen. Die Einladungen sind wegen möglicher innerorthodoxer Spannungen mit der griechisch-orthodoxen Metropolie in Bonn abzustimmen.«[37]

Außer diesem Gottesdienst am Vormittag des 15. Oktober 1980 gab es am Abend des 18. Oktober eine »Gedenkstunde an die Vollendung des Kölner Domes vor einhundert Jahren« in der Trinitatiskirche, zu der die Historischen Museen der Stadt Köln und der Evangelische Stadtkirchenverband Köln einluden.[38] Der Schauspieler

---

[33] Flyer des Katholischen Bildungswerks Köln: HAEK – Zug. 1116/00 – 122.
[34] H. BORGER (Hrsg.), Der Kölner Dom im Jahrhundert seiner Vollendung, Band 1: Katalog, Band II: Essays zur Ausstellung der Historischen Museen in der Josef-Haubrich-Kunsthalle Köln, Köln 1980.
[35] Exemplar der Einladung: HAEK – Zug. 1116/00 – 122.
[36] Korrespondenz dazu ab Juni 1979: Ebd. 120 und 122.
[37] Ketzer an Höffner, 5.6.1979: HAEK – Zug. 1116/00 – 120.
[38] Exemplar der Einladung: Ebd. 122.

Josef Meinerzhagen sprach über zeitgenössische Dichtung (des 19. Jahrhunderts), und Prof. Borgers Vortrag hatte das Thema »Der Kölner Dom und der Protestantismus im 19. Jahrhundert«. Die über die Festtage im Oktober hinaus geöffneten bzw. veranstalteten Ausstellungen in der Kunsthalle und in Kölner Museen[39], zumal die von Hugo Borger herausgegebenen Bände zur Ausstellung in der Kunsthalle, verschafften dem Fest eine Nachwirkung über das Jubiläumsjahr hinaus.

2. DER ERSTE BESUCH PAPST JOHANNES PAULS II. IN KÖLN UND BONN 1980

Das Jahr 1980 war für den im 74. Lebensjahr stehenden Kardinal Höffner ein dicht gefülltes und deshalb anstrengendes Jahr. Zu dem Domjubiläum im August und im Oktober – von dessen zahlreichen Terminen hier nur die wichtigsten genannt wurden – kam vom 26. September bis 25. Oktober 1980 die römische Bischofssynode zum Thema »Die christliche Familie«.[40] Kardinal Höffner musste die Synode Mitte Oktober für einige Tage verlassen, um an den Hauptterminen der städtischen Festwoche zum Domjubiläum teilzunehmen. Die letzte Großveranstaltung des Jahres 1980 sollte der erste Besuch Papst Johannes Pauls II. in Deutschland vom 15. bis 19. November sein.[41] An dieser Stelle soll zwar nur der Besuch des Papstes im Erzbistum Köln eine Darstellung finden; doch für Kardinal Höffner als Vorsitzenden der Deutschen Bischofskonferenz war der Papstbesuch in Deutschland insgesamt ein »Pflichtprogramm«.

Nachdem Johannes Paul II. schon im Januar 1979 nach Südamerika gereist war, um an der Lateinamerikanischen Bischofskonferenz in Puebla teilzunehmen, und im Frühjahr 1979 einen Besuch seiner polnischen Heimat zugesagt hatte, fühlte sich Kardinal Höffner bereits am 11. Mai 1979 ermutigt, den Papst zu einem Besuch in Köln aus Anlass des geplanten Domjubiläums und des 700. Todestages des hl. Alberts des Großen am 15. November 1980 einzuladen.[42] Doch ein Besuch ausschließlich in Köln kam für den Papst nicht in Betracht. Sein als »Pilgerreise« konzipierter Besuch verschiedener Städte Deutschlands sollte dann allerdings am 15. November 1980 in Köln beginnen.

---

[39] Z. B. Paramente des 19. Jahrhunderts aus Kirchenbesitz, Ausstellung vom 7.11.1980–11.1.1981 im Overstolzenhaus (Katalogbearbeitung Brigitte TIETZEL, Köln 1980); Goldschmiedearbeiten des Historismus in Köln. Kölnisches Stadtmuseum 22.11.1980–28.1.1981 (Katalog bearbeitet von Werner SCHÄFKE, Köln 1980).

[40] Vgl. oben S. 326–331.

[41] Predigten und Ansprachen von Papst Johannes Paul II. bei seinem Pastoralbesuch in Deutschland sowie Begrüßungsworte und Reden, die an den Heiligen Vater gerichtet wurden 15. bis 19. November 1980, in: Verlautbarungen des Apostolischen Stuhls 25, hrsg. v. Sekretariat der Deutschen Bischofskonferenz, Bonn 1980; O. NEISINGER, Mit dem Papst durch Deutschland; Deutsche Sendungen von Radio Vatikan, Nach dem Papstbesuch in Deutschland.

[42] S. oben S. 467f.

Die Entscheidung in Rom fiel im Juli 1980. Kardinal Höffner gab als Vorsitzender der Deutschen Bischofskonferenz am 24. Juli eine Erklärung an die Presse, in der es hieß: »Mit großer Freude begrüße ich den Entschluss des Hl. Vaters, vom 15.–19. November 1980 zu einem Pastoralbesuch nach Deutschland zu kommen. Ich bin sicher, dass die Bevölkerung unseres Landes ihm einen herzlichen Empfang bereiten wird.«[43]

Der Zeit seines Lebens historisch denkend und argumentierende Höffner begann dann mit einer Rückschau: »Der erste Papst, der deutschen Boden betreten hat, ist Leo III. gewesen, der im Jahre 799 Karl den Großen im Hoflager in Paderborn besuchte. Im Jahre 1049 weilte zum ersten Mal ein deutscher Papst, Leo IX., in Deutschland. In den dann folgenden Jahrhunderten sind mehrmals Päpste in deutschen Städten gewesen. Der letzte Papstbesuch fand vor fast 200 Jahren statt, als Papst Pius VI. 1782 auf seiner Rückreise vom Besuch beim österreichischen Kaiser in München, Altötting und Augsburg Station machte.«

Die Programmübersicht begann der Kardinal voller Stolz:

»Für die Reise des Papstes stehen vier [tatsächlich später: fünf] Tage zur Verfügung. Der Papst wird am 15. November 1980, dem 700. Todestag des hl. Albertus Magnus, in Deutschland eintreffen und die Stadt Köln, die ihr Domjubiläum feiert, besuchen ...« Das Programm für die weiteren Tage sollte in der Vorbereitungsphase noch Umstellungen erfahren.[44] Höffner stellte zum Schluss fest: »Aus Zeitgründen muss die Reise auf einige Stationen beschränkt bleiben. Dennoch gilt der Besuch unserem ganzen Volk, auch jenen, die von uns getrennt sind. Ausdrücklich hat der Hl. Vater gebeten, alle Bevölkerungsschichten einzuladen. Er wünscht die Begegnung mit den verschiedenen Gruppen, insbesondere auch mit Vertretern der übrigen christlichen Kirchen und der anderen religiösen Gemeinschaften.«

Die Reisen Papst Johannes Pauls II. waren noch nicht zur Routine geworden. Während bei späteren Reisen – auch nach Deutschland – der Reisetermin frühzeitig festgelegt wurde und damit für die Organisation eine angemessene Zeit zur Verfügung stand, musste die Vorbereitung des ersten Besuchs des Papstes in Deutschland 1980 innerhalb von vier Monaten gelingen.

Um seine Erzdiözese auf den Papstbesuch einzustimmen, lud der Kardinal kurzfristig für den 11. August 1980 die Dechanten des Erzbistums zu einer Konferenz ein und legte ihnen die Motive und Ziele des Papstes für seinen Besuch in Deutschland dar[45], der dann im September Gegenstand der Beratungen auf der Fuldaer Konferenz der Bischöfe war. Die Stimmung in Deutschland nach der

---

[43] Erklärung des Vorsitzenden der Deutschen Bischofskonferenz Joseph Kardinal Höffner zur Ankündigung des Besuches von Papst Johannes Paul II. in Deutschland, 24.7.1980: HAEK – NH 1474.
[44] Zusammenfassende Darstellung der Vorbereitung: O. Neisinger, Mit dem Papst durch Deutschland, S. 11–14.
[45] Joseph Kardinal Höffner, Papst-Besuch in Deutschland vom 15. bis 19. November 1980, auf der ersten Seite handschr. Vermerk Höffners »Dech.-Konf., 11.8.1980«: HAEK – NH 1474.

Ankündigung des Papstbesuches war sehr kritisch. Höffner notierte sich seine Beobachtungen zur »Stimmung vor dem Papstbesuch«:
»1. Deutsche Presse: ›des Papstes schwierigste Auslandsreise‹ – ungünstige Vorzeichen.
2. Im Vorfeld der Reise überstürzten sich die Ereignisse, die geeignet schienen, den Erfolg der Pilgerreise in Frage zu stellen:
   a) Diskussion über den Wahlhirtenbrief,
   b) die unwürdige, von einer kath. Theologin ausgelöste Diskussion über die Kosten,
   c) die ›Kleine deutsche Kirchengeschichte‹ mit dem Bäumer-Beitrag über Luther[46],
   d) die Verbreitung überhöhter Zahlen der zu den Massenveranstaltungen zu erwartenden Menschen.
3. Noch im September 1980 sagten 50% der Befragten: ›ist mir egal‹, 44% begrüßten den Papstbesuch ...«

Zu den protokollarischen Schwierigkeiten hat bereits Karl-Joseph Hummel ermittelt: »Die apostolische Reise beanspruchte, entsprechend der Ankündigung von Papst Johannes Paul II. selbst, ›einen ausschließlich pastoralen und religiösen Charakter‹. Erzbischof Marzinkus [der »Reisemarschall« des Papstes] hatte in einer Vorbesprechung ausdrücklich erklärt: ›Der Heilige Vater besucht die Kirche in Deutschland und macht einen Höflichkeitsbesuch beim Staatsoberhaupt. Im gesamten Programm muss deshalb deutlich werden, dass es sich um einen pastoralen Besuch handelt.‹

Sekretär Homeyer war im Unterschied dazu der Auffassung, der Papst müsse ›wohl auf jeden Fall als ›Staatsgast‹ behandelt werden, einmal wegen der Souveränität des Apostolischen Stuhls, aber auch wegen der Sicherheit (und der Kosten). M. W. war der Papst bisher in allen Ländern Staatsgast. Dies kann aber nur Rom entscheiden.‹«[47]

Wie bereits dargestellt, empfanden nicht wenige evangelische Christen und Präsides den Besuch eines Papstes im Land der Reformation als eine Provokation.[48] Kardinal Höffner hatte selbst ein gutes Verhältnis zum Präses der Evangelischen Kirche im Rheinland, Karl Immer. Dessen Einladung zur Teilnahme am Papstgottesdienst auf dem Butzweilerhof in Köln am 15. November mag Kardinal Höffner als selbstverständlich erscheinen sein. Doch die Reaktion von Präses Immer auf die Einladung machte deutlich, dass es tiefe Verletzungen gab. Am 28. Oktober 1980 schrieb Immer an Höffner: »Ich habe bei unseren letzten Begegnungen die frohe Erwartung gespürt, die Sie und die katholische Kirche bewegen angesichts des bevorstehenden Besuches des Oberhauptes Ihrer Kirche. Sie erwarten eine Tröstung und Stärkung des Glaubens durch diesen Besuch. Und ich

---

[46] Vgl. dazu oben S. 427f.
[47] K.-J. HUMMEL, Seelsorgepolitik für eine versöhnte Zukunft, S. 944.
[48] Vgl. oben S. 427.

wünsche Ihnen und Ihren Gläubigen, dass unser Herr Ihnen Erquickung zuteil werden lässt. Aber ich glaube, dass wir von der evangelischen Kirche nur von weitem zuschauen und beteiligt sein können. Zuviel ist in den letzten Wochen wieder hochgekommen aus vergangenen Zeiten, in denen wir uns gegenseitig beklagenswerte Dinge aus alten Geschichten vorhielten. Ich meinte, diese Zeiten seien vorbei. Aber nun bin ich mit vielen evangelischen Christen erschrocken und weiß auch von verletzten Gefühlen vieler, die mit Ernst Ökumene suchten. Auch die Berichte aus Polen und von den Waldensern [in Italien] sagen uns, dass seit dem Amtsbeginn dieses Papstes katholische Christen meinen, einen harten Kurs gegen alles, was von der evangelischen Kirche beigetragen wird zur Ökumene, steuern zu müssen. Das alles bedrückt mich sehr. Und darum bin ich gehindert zu kommen. Ich hoffe, dass wir bald Gelegenheit haben werden, in bewährter Liebe und Offenheit einander unsere Last zu sagen und nach einem Ausweg – und Weiterweg der ökumenischen Beziehungen zu suchen.«[49]

Bevor Kardinal Höffner diesen Brief beantwortete, ließ er durch Sekretär Homeyer in Bonn bei Bischof Nossol, dem Vorsitzenden der Ökumene-Kommission des polnischen Episkopats, den Polen betreffenden Vorwurf Präses Immers abklären. Homeyer schrieb Höffner am 3. November 1980: »Zu den Äußerungen von Präses Immer erklärte Bischof Nossol:

1. Es ist leider richtig, dass es in einigen wenigen Gemeinden im Bistum Allenstein Schwierigkeiten zwischen Katholiken und Protestanten gibt wegen der Benutzung der [früher evangelischen] Kirche. Die Gründe für diese Schwierigkeiten sind komplex und vom Ausland gewiss nicht zu beurteilen. Es gehe auch um politische Implikationen. Gewiss hätten beide Seiten Fehler gemacht. Das gegenseitige Bemühen um Verständigung lasse aber eine baldige Lösung erhoffen.
2. Dies in Zusammenhang mit dem Papst und seinem Amtsantritt zu bringen, sei eine traurige Unterstellung, die jeglicher Grundlage entbehre und die er nur mit Verwunderung und Enttäuschung zur Kenntnis nehmen könne.
3. Vielmehr habe sich – abgesehen von den Problemen in Allenstein – das Verhältnis zwischen Katholiken und Protestanten in Polen während der letzten Jahre eher verbessert, z. B. hinsichtlich der Regelung gemischter Ehen.«[50]

Als Kardinal Höffner dem Präses am 4. November 1980 antwortete, stellte er zunächst fest, »dass der Inhalt Ihres ausdrücklich als persönlich gekennzeichneten Schreibens an mich öffentlich bekannt gemacht worden ist, bevor ich Gelegenheit hatte, Ihnen zu antworten. Es ist doch unsere gemeinsame Überzeugung, dass die in den letzten Jahrzehnten gewachsene ökumenische Verbundenheit sich gerade dann bewähren muss, wenn es zu Missverständnissen kommt.«[51]

---

[49] Der Präses der Evangelischen Kirche im Rheinland, Karl Immer, an Höffner, 28.10.1980 (mit dem Vermerk: *pesönlich*): HAEK – NH 726.
[50] Homeyer »Note für den Vorsitzenden«, 3.11.1980: HAEK – NH 726.
[51] Höffner an Immer, 4.11.1980 (unterschriebene Kopie): Ebd.

Höffner ging dann auf Immers Klagen ein: »Sie deuten zwei Vorgänge an, die Sie sehr bedrücken. Es ist offenbar [zum einen] der Aufsatz von Remigius Bäumer.[52] Ich bedaure sehr, dass dieser Aufsatz Ausführungen enthält, die von evangelischen Christen als verletzend empfunden werden. Dies war weder vom Autor noch von der Bischofskonferenz beabsichtigt. Der Ständige Rat der Deutschen Bischofskonferenz hatte beschlossen, bewährte Autoren um die Erstellung des Manuskripts der drei Broschüren zu bitten und deren Verteilung zu veranlassen. Dabei lag uns eine Vorzensur fern. Keiner der deutschen Bischöfe kannte den Text, der in der Verantwortung der Verfasser steht. Der Autor [Bäumer] ist bereit, die als verletzend empfundenen Stellen bei der Neuauflage zu ändern. Die begrenzte Perspektive des Aufsatzes ist sowohl dem Autor als auch mir bewusst ... So bedauerlich jener Vorgang ist, verstehe ich manche Stellungnahmen in den Massenmedien nicht, die fast den Eindruck erwecken, die katholischen Bischöfe hätten diesen Aufsatz bestellt und verteilt, um die evangelische Kirche herauszufordern ...«

Zu den »Berichten aus Polen und von den Waldensern« gab der Kardinal dann seine Informationen aus Bonn wieder: »Eigens habe ich mich nach Eingang Ihres Briefes in Rom unter Hinweis auf Ihren Brief nach dem dortigen Verhältnis zwischen der katholischen Kirche und den Waldensern erkundigt. Mir wurde mitgeteilt, dass man keineswegs von einer Verschlechterung des Verhältnisses zwischen Waldensern und katholischer Kirche seit dem Amtsantritt des Papstes sprechen könne, und man verstehe nicht – auch nach neuerlicher Rücksprache mit den Waldensern – welche Berichte Sie in Ihrem Brief gemeint haben könnten.«

Kardinal Höffner ging dann noch auf die evangelischen Vorbehalte gegen die ökumenische Einstellung des Papstes ein: »Ich darf Sie daran erinnern, dass Papst Johannes Paul II. bereits auf seiner ersten Auslandsreise in einer Ansprache in Puebla am 28. Januar 1979 darauf hingewiesen hat, wie sehr Christus uns unablässig zur Einheit ermahnt. Der Papst sagt wörtlich: ›Meinerseits habe ich bereits seit dem Beginn meines Pontifikates gesagt, dass die ökumenische Sorge eine meiner ersten Aufgaben sein wird.‹ Auf allen seinen Auslandsreisen hat der Papst die Begegnung mit den Vertretern der anderen christlichen Kirchen und den anderen Religionen gesucht und sich ihnen in brüderlicher Liebe zugewandt. Er hat dabei auch nicht verschwiegen, dass es in der Vergangenheit jene beklagenswerten Dinge gegeben hat, auf die Sie in Ihrem Schreiben hinweisen.«

Nach einigen Beispielen von ökumenischen Äußerungen Johannes Pauls II. kam Kardinal Höffner zu dem Schluss: »Auf dem Hintergrund dieser eindeutigen Stellungnahmen des Papstes zur Ökumene bitte ich Sie herzlich zu verstehen, dass ich über Ihre Absage zur Teilnahme an der Eucharistiefeier mit dem Papst und insbesondere über Ihre Begründung betroffen bin. Haben Sie bitte Verständnis,

---

[52] R. BÄUMER, Das Zeitalter der Glaubensspaltung, in: B. KÖTTING (Hrsg.), Kleine deutsche Kirchengeschichte, Freiburg u. a. 1980, S. 53–79.

lieber Herr Präses, dass ich, nachdem Sie der Öffentlichkeit die Gründe Ihrer Absage mitteilen ließen, auch meine Antwort der Öffentlichkeit nicht vorenthalten kann.«

Inzwischen hatte Kardinal Höffner das Programm des Papstbesuches in Köln im Amtsblatt des Erzbistums veröffentlicht.[53] Nach dem Empfang des Gastes auf dem Flughafen Köln/Bonn durch Bundespräsident Carstens und Kardinal Höffner[54] war vorgesehen:

10.00 Uhr Heilige Messe auf dem Butzweilerhof
14.30 Uhr St. Andreas – Der Papst besucht das Grab des hl. Albertus Magnus
15.00 Uhr Dom – Begegnung mit Wissenschaftlern und Studenten
16.30 Uhr Minoritenkirche – Der Papst besucht die Gräber von Duns Scotus und Adolf Kolping.

Kardinal Höffner schloss die Veröffentlichung im Amtsblatt: »Zur hl. Messe auf dem Butzweilerhof lade ich alle Priester und Gläubigen herzlich ein. Die Pfarrer bitte ich, mit ihren Gemeinden zusammen an diesem Gottesdienst teilzunehmen und gemeinsame Fahrten zu organisieren.«

Am späten Nachmittag gab Bundespräsident Castens für den Papst einen Empfang auf Schloss Augustusburg in Brühl[55], an den sich die Weiterfahrt nach Bonn anschloss. Dort kam es zu einer Begegnung mit der Bevölkerung Bonns auf dem Münsterplatz, ehe der ausgefüllte Tag in der Nuntiatur in Bad Godesberg zuende ging.

Die Stimmung bei Beginn des Papstbesuches hat Oskar Neisinger zutreffend beschrieben: »Auf dem Flughafen Köln/Bonn war bei denen, die am Morgen des 15. November 1980 die Papstmaschine erwarteten, wenig festliche Stimmung zu spüren. Das kam nicht nur vom trostlosen Wetter, das ohne Rücksicht auf Rang und Namen alle gleichmäßig zerzauste und durchnässte. Im Ernst vieler Gesichter zeigte sich Nachdenklichkeit über das Trommelfeuer von Gehässigkeit, Krämergeist und Dummheit, das sich in den letzten Tagen gesteigert gegen das Kommen des Heiligen Vaters eingeschossen hatte. Auch die Züge des hohen Gastes waren ohne Lachen, als er die Maschine der ›Alitalia‹ verließ ... Der offizielle Empfang lief korrekt ab. Aber weder die liebenswürdigen Worte des Bundespräsidenten noch das militärische Zeremoniell, noch die Begrüßung durch das Diplomatische Corps brachten Wärme in die Szene. In den Hubschraubern, die den Papst und seine Begleitung zum Butzweilerhof brachten, herrschte eine gespannte Atmosphäre.«[56]

---

[53] Papst Johannes Paul II. besucht vom 15.–19. November 1980 die Bundesrepublik Deutschland. Am 15. November 1980 ist der Heilige Vater in Köln: KA 120, 1980, Nr. 251, S. 173.
[54] Begrüßungsansprachen von Bundespräsident Carstens und Papst Johannes Paul II.: Verlautbarungen des Apostolischen Stuhls 25, S. 11f. bzw. S. 12–15.
[55] Ansprache des Bundespräsidenten: Verlautbarungen des Apostolischen Stuhls 25, S. 36–38; Ansprache des Papstes: Ebd. S. 39–44.
[56] O. Neisinger, Mit dem Papst durch Deutschland, S. 17.

Doch die Stimmung schlug um, als der Papst auf dem Butzweilerhof gelandet war. Neisinger schildert: »Aber dann kam das frohe Aufatmen. Die durchnässten, seit Stunden wartenden 380.000 [Gläubigen] ließen mit ihrer jubelnden Begrüßung auf einen Schlag alle Zweifel und Bedenken vergessen. Sie und alle, die mit dem Nachfolger Petri [durch die Medien zugeschaltet] Eucharistie feierten, spürten wortlos, was für ein Ereignis diese Pilgerreise des Papstes nach Deutschland war. Die Vorwürfe, er habe nur reaktionäre, konservative, unvollziehbare Antworten auf die Fragen des modernen Menschen, wurden hinweg gewischt, als die atemlos lauschenden und immer wieder begeistert Beifall spendenden Zuhörer seine Antworten auf die Fragen um Ehe und Familie in unserer Zeit vernahmen.«[57]

Es war schon eine logistische Meisterleistung der Organisatoren, eine solche Menschenmenge, die aus allen Himmelsrichtungen zusammenströmte, über eine Straßenbahnlinie aus der Innenstadt, einen für diesen Zweck eingerichteten Haltepunkt der Bundesbahn sowie über ein solchem Ansturm nicht gewachsenes Straßennetz einschließlich des nahegelegenen Autobahnkreuzes Köln-Nord innerhalb weniger Stunden auf dem Butzweilerhof zusammenzuführen. Dieses Projekt wurde zusätzlich erschwert durch den strömenden Regen, der fast die ganze Reise des Papstes durch Deutschland begleiten sollte. Weihbischof Melzer erinnert sich eines zusätzlichen Missgeschicks: Von den Hubschraubern, die vom Flughafen den Transfer zum Butzweilerhof übernahmen, flog einer aus unerfindlichen Gründen zum »Flugfeld« Sankt Augustin-Hangelar. In ihm befand sich der Koffer mit den päpstlichen Pontifikalien. Um die im Regen wartende Menschenmenge nicht weiter ausharren zu lassen, begnügte sich Johannes Paul II. mit einer Mitra von Erzbischof Degenhardt aus Paderborn und schritt ohne seinen Kreuzstab an den Altar, seine leeren Hände in alle Richtungen zu den Menschen ausbreitend. Diese Geste hat ihm offensichtlich die Sympathien der Menschen erworben. Zum Schlusssegen waren dann päpstliche Mitra und der bescheidene Kreuzstab, den er von seinem Vorgänger Paul VI. übernommen hatte, zur Stelle.

Die Teilnehmer, einschließlich der liturgisch gewandeten Priester und der Ordensfrauen, suchten sich mit Schirmen und abenteuerlich anmutenden Plastik-Umhüllungen gegen den unerbittlich strömenden Regen zu schützen. Doch die Stimmung blieb fröhlich bis zur Heimkehr nach einigen Stunden. Zum Mittagessen waren der Papst und seine unmittelbaren Begleiter Gäste des Erzbischofs in dessen Haus, die über hundert Kardinäle und Bischöfe kehrten im benachbarten Priesterseminar ein. Angesichts ihres durchnässten Zustandes wurden die Bischöfe – etwas abweichend von einem stilvollen Protokoll – mit einem aufwärmenden Weinbrand empfangen, wofür sie sich ausdrücklich bedankten.

Der damals 59jährige Papst, der noch nicht durch den Attentatsversuch einige Monate später geschwächt war, ließ sich zumuten, schon um 14.30 Uhr das Grab

---

[57] Predigt des Papstes zum Thema Ehe und Familie auf dem Butzweilerhof: Verlautbarungen des Apostolischen Stuhls 25, S. 16–22; dazu: V. PLATZ, Ehe und Familie, in: Deutsche Sendungen von Radio Vatikan, S. 7–14.

des von ihm hochgeschätzten hl. Albert in St. Andreas zu besuchen und dort zu beten.[58] Für 15.00 Uhr war die Begegnung mit Wissenschaftlern und Studenten im Kölner Dom vorgesehen. Nach einer Begrüßung durch Prof. Dr. Heinz Maier-Leibnitz[59] hielt der Papst seine viel beachtete Rede, die er selbst mehr als Vorlesung, denn als Predigt bezeichnete und bei der er von Albert dem Großen ausging.[60] Beim Verlassen des Domes durch das Südportal wartete der Oberbürgermeister der Stadt Köln mit dem Golden Buch der Stadt, in das sich der Papst eintrug.

Der anschließende kurze Besuch des Papstes in der Minoritenkirche an den Gräbern des Gesellenvaters Adolf Kolping und des Minoriten-Gelehrten Duns Scotus war auf Kölner Wunsch in das Programm einbezogen worden. Der Prozess zur Seligsprechung Kolpings näherte sich dem Ende. Johannes Paul II. sollte 1991 die Seligsprechung vornehmen und die Verehrung des sel. Duns Scotus, die bis dahin auf die franziskanischen Orden beschränkt war, auf die Weltkirche ausdehnen.

Es hing mit der Situation des damals noch geteilten Deutschland zusammen, dass die von Bonn aus regierte Bundesrepublik höchste Staatsakte wie die Amtsübernahme eines Bundespräsidenten, aber auch den Empfang hoher ausländischer Gäste in das Schloss Augustusburg in Brühl verlegte, das Kurfürst Clemens August im 18. Jahrhundert nach Plänen von Johann Conrad Schlaun in Nachahmung des Schlosses Versailles hatte errichten lassen. Dem Empfang des Papstes durch Bundespräsident Carstens am späten Nachmittag des 15. November 1980 gab das Treppenhaus von Schloss Brühl, dem Meisterwerk des Balthasar Neumann, einen besonders festlichen Rahmen. Der Bundespräsident ging zu Beginn seiner Ansprache an den Papst auch darauf ein: »Ich begrüße Sie herzlich hier in Schloss Augustusburg, in dem früher die Erzbischöfe von Köln und Kurfürsten des Heiligen Römischen Reiches [während der Sommermonate] residiert haben; es repräsentiert zugleich eine Glanzzeit der europäischen Kultur.«[61] Der Bundespräsident ging dann nicht ungeschickt auf den Besuch Johannes Pauls II. in Polen 1979 ein: »All das Leid und das Unglück, das vor 40 Jahren die Welt und besonders Europa erlitten, haben aber in der Folge auch ein anderes bewirkt: Die Bereitschaft zur Versöhnung ... Zwischen uns und dem polnischen Volk ist die Aussöhnung in Gang gekommen. Die Kirchen beider Länder sind dabei beispielhaft vorangegangen.«

In seiner Erwiderung sagte der Papst: »Meine Begegnungen mit den höchsten staatlichen und zivilen Autoritäten während meiner apostolischen Reisen wollen nicht nur Gesten der Höflichkeit und der Wertschätzung sein, sie sind zugleich

---

[58] Gebet am Grab des hl. Albertus Magnus in St. Andreas in Köln: Verlautbarungen des Apostolischen Stuhls 25, S. 22–24.
[59] Ebd., S. 24f.
[60] Ebd. S. 26–34; dazu: H. J. KIEFER, Wissenschaft und Kultur, in: Deutsche Sendungen von Radio Vatikan, S. 15–23.
[61] Begrüßung des Hl. Vaters durch Bundespräsident Carstens in Schloss Brühl: Verlautbarungen des Apostolischen Stuhls 25, S. 36–38.

Ausdruck der Solidarität und Mitverantwortung, zu der die Kirche sich kraft ihrer Sendung – unter Achtung der jeweiligen Zuständigkeiten – zusammen mit dem Staat für das Gemeinwohl der Bürger verpflichtet weiß.«[62] Am Rande des Empfangs in Brühl kam es auch zu der von Karl-Joseph Hummel erwähnten Begegnung zwischen dem Papst und dem verspätet eintreffenden Bundeskanzler Schmidt. Schmidt trug dem Papst nach, dass er ihn bei einem Besuch auf dem Wawel als Erzbischof von Krakau nicht persönlich in der Kathedrale empfangen hatte, sondern sich durch einen Domherrn hatte vertreten lassen, obwohl der Bundeskanzler auf Empfehlung des Wiener Kardinals König den Kontakt mit Wojtiła gesucht hatte.[63]

Den Abschluss des festlichen, aber anstrengenden Tages im Erzbistum Köln bildete die Begegnung des Papstes mit den Bonner Bürgern auf dem Münsterplatz. Die weitere Reise führte Johannes Paul II. ab dem 16. November nach Osnabrück, Mainz, Fulda, Altötting und München.

Nicht nur im katholischen Volk war die Stimmung gegenüber dem Papstbesuch mit dem Beginn in Köln umgeschlagen. Das galt ebenso für die Medien. Eine in Mainz nach dem dortigen Besuchstag am 17. November gefertigte Notiz »Presse und Medienreaktion vom 17.11.1980«[64] berichtet:

»1. Rundfunk- und Fernsehberichterstattung ist sehr ausführlich, sehr gut vorbereitet mit sachkundigen Details, die benötigt werden durch die Länge der Übertragungen.
2. Zeitungspresse sehr gut, deren Qualität ungewöhnlich gut. Es macht sich jetzt das [zur Verfügung gestellte] reichhaltige Material bemerkbar, das zum Teil ausführlich zitiert wird. Besonders groß herausgestellt: Die Ansprache [des Papstes] an die Wissenschaftler und Empfang/Begegnung/Gespräche Augustusburg in Brühl. Zunehmend in Presse und Rundfunk wird auch das Problem aufgegriffen, dass der Papst am Butzweilerhof *nicht* auf die Probleme der Empfängnisverhütung eingegangen ist.
3. Am heutigen Tag [in Mainz] ist die Ökumene groß in Berichterstattung und Kommentierung, *nicht* aggressiv, aber ein kritischer Unterton gegen die deutsche Kirche und den Episkopat und gewisse Enttäuschung über das, was der Papst gesagt hat. Dies scheint aus einer überzogenen Erwartungshaltung [zu kommen], die offensichtlich vorlag. Den Papst hat man wohl in dieser Frage – etwas überspitzt gesagt – als *Deus ex machina* erwartet ...«

Über das Gespräch des Papstes mit den Vertretern der EKD in Mainz notierte sich Kardinal Höffner als Gesprächspunkte[65]: Seinen Briefwechsel mit Präses Immer, seine Erkundigungen über die »Besetzung« evangelischer Kirchen in Po-

---

[62] Ansprache des Papstes in Brühl: Ebd. 39–44.
[63] Dazu: K.-J. HUMMEL, Seelsorgepolitik für eine versöhnte Zukunft, S. 945f.
[64] Betr.: Papstbesuch in Deutschland, hier: Presse und Medienreaktion vom 17.11.1980, Mainz, 17.11.1980 pö: HAEK – NH 726.
[65] Handschr. Notiz Höffners »Mainz, Ökum. Gespräch, Mo. 17.11.80, 8.00«: Ebd.

len wie das Verhältnis der katholischen Kirche zu den Waldensern in Rom. Auf den »Fall Bäumer« folgten im Gespräch des Papstes mit den EKD-Vertretern – offensichtlich von Höffner vorbereitet – die Aussagen des »Heidelberger Katechismus« in der neuesten Auflage und der »Schmalkaldischen Artikel« über die Messe.[66] Die Notiz des Kardinals dokumentiert beispielhaft, wie er sich als Vorsitzender der Deutschen Bischofskonferenz auch auf den weiteren Stationen der Papstreise durch Deutschland eingebracht hat.

Der Papst sandte am 23. November 1980 ein Danktelegramm: »Nach dem glücklichen Abschluss meiner denkwürdigen Pastoralreise in die Bundesrepublik Deutschland, die ich in Ihrer Bischofsstadt beginnen durfte, möchte ich Ihnen, sehr verehrter Herr Kardinal, als dem Oberhirten dieser altehrwürdigen Stadt und als Vorsitzendem der Deutschen Bischofskonferenz sowie allen Gläubigen Ihrer Erzdiözese und Ihres ganzen Landes für die mir gewährte Gastfreundschaft und geistliche Gemeinschaft in Gebet und Opfer während dieser Gnadentage noch einmal von Herzen danken ...«[67]

Der »Systematiker« Joseph Höffner fertigte alsbald nach Abschluss des Papstbesuches – wahrscheinlich zunächst für die am 25./26. November 1980 tagende Kölner Dechantenkonferenz – einen »Bericht über die Pastoralreise Papst Johannes Pauls II. in Deutschland 15.–19. November 1980«.[68] In einem ersten Abschnitt wiederholte er die »ungünstigen Vorzeichen« des Besuches in der bereits geschilderten Reihenfolge und hob besonders hervor: »4. Gerangel über Ort und Dauer des Gespräches des Papstes mit dem Bundeskanzler und der EKD«. Wichtiger war für Kardinal Höffner:

»II. Umschlagen der öffentlichen Meinung

Gerade wegen der ungünstigen Vorzeichen ist das Umschlagen der öffentlichen Meinung während des Papstbesuches um so beachtlicher.
1. Die nörgelnden Stimmen verstummten.
2. 84 % der Bevölkerung hat [richtig: haben] die Papstreise im Fernsehen ganz oder zum Teil miterlebt.
3. Auf die Frage: ›Welches Ereignis hat Sie 1980 am meisten beeindruckt?‹ antworteten 11 % Iran, 27 % die Bundestagswahl, 32 % das Erdbeben in Italien, 41 % der Besuch des Papstes in Deutschland.

---

[66] Zu Höffner Notizen über das Gespräch mit dem EKD-Ratsvorsitzenden Lohse am 22.2.1981 siehe dazu auch oben S. 432.
[67] Fotokopie des Telegramms: HAEK – NH 726.
[68] Joseph Kardinal Höffner, Bericht über die Pastoralreise Papst Johannes Pauls II. in Deutschland 15. – 19. November 1980: Ebd sowie HAEK – Zug. 1089/00 – 95. – Im Protokoll der Dechantenkonferenz: Schwerpunktthema: Kindergärten – Arbeitstagung der Dechanten des Erzbistums Köln vom 25. bis 26. November 1980 im Katholisch-Sozialen Institut in Bad Honnef, ist der Wortlaut nicht abgedruckt, wohl ging Höffner in seinem Eröffnungsreferat auf die Bischofssynode zum Familienthema und auf die Predigt des Papstes auf dem Butzweilerhof ein. Doch er dürfte mit einiger Sicherheit die Gelegenheit auch benutzt haben, um seine Sicht des Papstbesuches und seiner Ergebnisse den Dechanten mitzuteilen.

4. Von den praktizierenden Katholiken erklärten 93 %: ›Es war gut, dass der Papst in Deutschland gewesen ist‹. Dasselbe erklärten 68 % der praktizierenden Protestanten. Es zeigt sich, dass der Papstbesuch einen tiefen Eindruck auch auf die Nicht-Katholiken gemacht hat, obwohl es sich um ein katholisches Ereignis handelte.
5. Der Papstbesuch hat zu folgenden Ergebnissen geführt: Die Anerkennung des Papstes als Persönlichkeit ist gestiegen. Die Institution des Papsttums fand größere Anerkennung. Auch das Ansehen der Katholischen Kirche ist gestiegen, was allerdings hohe Erwartungen an die Kirche mit sich bringt. Auch auf breite Schichten der jungen Generation hat der Papst einen starken Eindruck ausgeübt. Von den 16–29 jährigen Katholiken erklärten 43 %: Der Papst hatte auch uns etwas zu sagen.«

In weiteren Abschnitten äußerte sich Kardinal Höffner über die »Ursachen der positiven Auswirkungen des Papstbesuches« und fragte: »Was ist zu tun?« In den folgenden Wochen wurde der Kardinal in zahlreichen Gremien, angefangen mit dem Ständigen Rat der Bischofskonferenz, aber auch von Interview-Partnern der Medien immer wieder nach seiner Sicht des Verlaufs und seiner Bewertung des Papstbesuches gefragt. Grundlage dabei war ihm der kurz nach den Ereignissen erstellte »Bericht«.

3. Der zweite Papstbesuch in Köln 1987

Im Mittelpunkt des zweiten Besuchs Papst Johannes Pauls II. in Deutschland vom 30. April bis 4. Mai 1987[69] standen die Seligsprechungen der Karmelitin Theresia Benedicta a Cruce (Edith Stein) in Köln und des Jesuitenpaters Rupert Mayer in München. Das überladene Programm der kurzen Tage[70] suchte möglichst zahlreichen Wünschen aus den deutschen Bistümern gerecht zu werden, wobei immer noch andere offen blieben.

Von den Reisezielen außer Köln und München waren Speyer und Münster durch die Biographie von Edith Stein bestimmt, Münster zusätzlich durch das Grab des Bekennerbischofs Clemens August Kardinal von Galen. Der Besuch im Wallfahrtsort Kevelaer kam der Marienfrömmigkeit des Papstes entgegen und war zugleich ein Hinweis auf den Marianischen Kongress, der für September 1987 in

---

[69] Predigten und Ansprachen von Papst Johannes Paul II. bei seinem zweiten Pastoralbesuch in Deutschland sowie Begrüßungsworte und Reden, die an den Heiligen Vater gerichtet wurden 30. April bis 4. Mai 1987: Verlautbarungen des Apostolischen Stuhls 77, hrsg. v. Sekretariat der DBK, Bonn 1987; H. BURGER, Der Papst in Deutschland. Die Stationen seiner Reise 1987 zur Seligsprechung von Edith Stein in Köln und Pater Rupert Mayer in München. Mit Beiträgen von N. STAHL, München 1987; Der Papst in Deutschland. Authentische Dokumentation zur Erinnerung an den zweiten Besuch des Heiligen Vaters, Papst Johannes Paul II. vom 30. April bis 4. Mai 1987 in Deutschland, München 1987.
[70] Dokumentation, letzte Seite.

Kevelaer stattfinden sollte. Die wenigen Stunden in Bottrop, Essen und Gelsenkirchen galten der wichtigsten Industrieregion Deutschlands. In Augsburg schließlich konnte der Papst ein neues Priesterseminar einweihen; Augsburg war durch seine Geschichte auch der geeignete Ort für einen ökumenischen Gottesdienst.

Bei der Vorbereitung hatte es die in Deutschland offenbar unvermeidliche Kritik an den Kosten des Besuchs gegeben. Auch der Stellenwert der Ökumene innerhalb des Programms für den Papstbesuch bot wieder Diskussionsstoff. Am 27. April 1987 schrieb der EKD-Ratsvorsitzende, Bischof Dr. Martin Kruse (Berlin), an Kardinal Höffner: »In dem mir vom Sekretariat der Bischofskonferenz zugegangenen Schreiben vom 24. April d. J. ist nicht mehr die Rede davon, dass es vor dem ökumenischen Gottesdienst in [St. Ulrich und Afra] in Augsburg im St. Ulrichshaus zu einer kurzen Begegnung mit Papst Johannes Paul II. kommt. Ich bitte Sie herzlich und dringend, dass es bei der in Augsburg am 3. April getroffenen Entscheidung bleiben möge. Wenn schon kein ausführliches Gespräch zwischen dem Papst und dem Vorsitzenden des Rates der Evangelischen Kirche in Deutschland möglich ist, so erscheint wenigstens diese kurze Begegnung der Liturgen unerlässlich. Nicht nur gegenüber der Öffentlichkeit ist es ohnehin nicht einfach, die zeitlich und sachlich geringen ökumenischen Anteile dieser Deutschlandreise des Papstes verständlich zu machen. Deshalb liegt viel daran, dass die gemeinsamen Verabredungen auch eingehalten werden.«[71]

In einem Interview, das Kruse am gleichen Tag KNA gab, widersprach er der Feststellung des Interview-Partners nicht: »Sie, Herr Bischof Kruse, haben den inzwischen von beiden Kirchen mit großer Zustimmung aufgenommenen Vorschlag gemacht, anstelle des ursprünglich geplanten ökumenischen Gesprächs während des Papstbesuchs in Augsburg gemeinsam mit Johannes Paul II. einen ökumenischen Gottesdienst zu feiern.«[72] Eine Interview-Frage von KNA an Bischof Kruse lautete: »Der bayerische Landesbischof, Johannes Hanselmann, ist der Auffassung, in den wesentlichen Punkten habe das ökumenische Gespräch beim ersten Deutschland-Besuch des Papstes keine Ergebnisse gebracht. Sind Sie der gleichen Meinung?« Kruse antwortete: »Gemessen an der Erwartung, dass wenigstens in einem Teilbereich der damals vorgebrachten praktischen Fragen ein Fortschritt erzielt werden könne, besteht in der Tat Enttäuschung. Für die zahlreichen konfessionsverschiedenen Ehen in unserem Lande beispielsweise hat sich leider nach sieben Jahren nichts geändert ...«

Die kritischen Stimmen der Medien angesichts des Papstbesuches fielen 1987 nicht so ins Gewicht wie spektakuläre Aktionen von gesellschaftlichen Randgruppen: Während der Eucharistiefeier zur Seligsprechung Edith Steins im Köln-

---

[71] Bischof Kruse an Höffner, 27.4.1987: HAEK – NH 1267.
[72] Der Papst im Land der Reformation. Bischof Kruse formuliert die Erwartungen der evangelischen Kirche: KNA – Ökumenische Information Nr. 18, 29.4.1987; vgl. auch: KNA – Aktueller Dienst Inland Nr. 98, 28.4.1987.

Müngersdorfer Stadion gab es in der Nähe des Kölner Neumarkts eine »Flitzer-Demonstration«; in Hürth-Stotzheim, wenige Kilometer vom Stadion entfernt, wurde die Kirche St. Brictius »abgefackelt«. Die Auseinandersetzungen zwischen den staatlichen Stellen in Bonn und der Bischofskonferenz bzw. den römischen Reiseorganisatoren um das Protokoll des »Pastoralbesuchs« eines Papstes, der zugleich Staatsoberhaupt ist, blieben 1987 aus. Bundespräsident Richard von Weizsäcker empfing – zusammen mit Kardinal Höffner – den Papst auf dem Flughafen Köln/Bonn. Dabei unterließ er nicht den Hinweis des evangelischen Christen: »Ihr Besuch gilt auch dem Land, von dem die Reformation ausging. Jeweils ungefähr zur Hälfte sind die Christen bei uns katholisch und evangelisch. Die Christen hierzulande hoffen und wünschen, dass die Kirchen deutlicher aufeinander zugehen mögen und dass die Menschen und die Familien – zumal die gemischtkonfessionellen – dies stärker als bisher verspüren können.«[73]

Zur Eucharistiefeier im Müngersdorfer Stadion kamen als Ehrengäste Bundestagspräsident Jenninger, Bundesratspräsident Wallmann, Bundeskanzler Kohl, der nordrhein-westfälische Ministerpräsident Rau sowie zahlreiche Bundes- und Landesminister.[74] Nach der letzten Station des Besuchs in Speyer verabschiedete Bundeskanzler Kohl den Papst am Hubschrauber-Startplatz in Speyer[75], am Stuttgarter Flughafen Ministerpräsident Späth.

Johannes Paul II. landete am 30. April 1987 gegen 18 Uhr in Köln/Bonn. Der erste Termin war das Gespräch mit der Deutschen Bischofskonferenz im Kölner Maternushaus[76], an das sich eine kurze Andacht und Begegnung mit dem Zentralkomitee der Deutschen Katholiken[77] und dann ein Abendessen anschloss. Für die Nacht war der Papst Gast Kardinal Höffners in dessen Haus. Auf dem Weg dorthin durch den Erzbischöflichen bzw. Seminargarten wurde der Papst von den Kölner Priesterseminaristen begrüßt und vernahm sichtlich überrascht die von zwei Seminaristen auf Trompeten gespielte Papsthymne, die vor dem Segen *Urbi et Orbi* auf dem Petersplatz in Rom erklingt.

Den Beginn des 1. Mai 1987 bestimmte noch einmal das diplomatische Protokoll: Schon um 8 Uhr musste der Papst mit dem Hubschrauber nach Bonn aufbrechen, um dem Bundespräsidenten in dessen Residenz Villa Hammerschmidt seine Aufwartung zu machen. Der Gottesdienst im Müngersdorfer Stadion begann um 10.15 Uhr. Außer den bereits genannten Ehrengästen waren auf Einladung des Erzbistums Köln 25 überlebende Angehörige von Edith Stein, buchstäblich: aus aller Welt, angereist. Der Papst begrüßte sie vor der Feier. Abends waren sie zusammen mit den noch nicht abgereisten Kardinälen aus aller Welt und

---

[73] Ansprache zur Begrüßung von Papst Johannes Paul II. auf dem Flughafen Köln/Bonn: Verlautbarungen des Apostolischen Stuhls 77, S. 10.
[74] Liste der Ehrengäste: HAEK – NH 1267.
[75] Ansprache des Bundeskanzlers: Verlautbarungen des Apostolischen Stuhls 77, S. 136–138.
[76] Ansprachen Kardinal Höffners und des Papstes: Ebd., S. 13f. bzw. S. 14–21.
[77] Grußwort des Papstes an die Vertreter des ZdK: Ebd. S. 21f.

Kölner Domkapitularen zu einem festlichen Abendessen versammelt.[78] Der Verfasser kann aus eigener Anschauung berichten, dass sich bewegende Wiedersehensszenen abspielten zwischen Überlebenden, die sich nach der Flucht aus Breslau nicht mehr gesehen hatten, und deren Nachkommen, die sich erstmals kennen lernten.

Kardinal Höffners Bitte an den Papst um die Seligsprechung der Schwester Theresia Benedicta a Cruce am 1. Mai 1987 war seine letzte in großer Öffentlichkeit und klar formulierte Ansprache, bevor der Kardinal einen Monat später zum erstenmal durch einen Gehirntumor an öffentlichen Auftritten gehindert war.[79] Im Anschluss an den festlichen Gottesdienst im Stadion nahm Papst Johannes Paul II. die am 1. Mai jeden Jahres fällige Aussendung des »Altenberger Lichts« vor, das von der katholischen Jugend in einer Stafette durch ganz Deutschland getragen wird.[80]

Es war nach der Seligsprechung der am 9. August 1942 im Konzentrationslager Auschwitz-Birkenau ermordeten katholischen Ordensfrau jüdischer Herkunft Edith Stein ein wichtiger Akt des Papstes, dass er – wie schon 1980 – am Nachmittag des 1. Mai im Erzbischöflichen Haus die Vertreter des Zentralrates der Juden in Deutschland empfing.[81] Die Seligsprechung der Edith Stein war unter den Vertretern des Judentums nicht unumstritten gewesen. Sehr sensibel für seine Gesprächspartner sagte der Papst: »Heute ehrt die Kirche eine Tochter Israels, die während der nationalsozialistischen Verfolgung als Katholikin dem gekreuzigten Herrn Jesus Christus und als Jüdin ihrem Volk in Treue und Liebe verbunden geblieben ist. Zusammen mit Millionen von Brüdern und Schwestern hat sie die Erniedrigung und Leiden bis zum Letzten, bis zur unmenschlichen Vernichtung, der *Schoah*, erlitten. Mit heroischem Glaubensmut hat Edith Stein ihr Leben in die Hände Gottes, des Heiligen und Gerechten, zurückgegeben, dessen Geheimnis sie ihr ganzes Leben hindurch besser zu verstehen und zu lieben suchte. Möge der heutige Tag ihrer Seligsprechung für uns alle ein Tag des gemeinsamen Lobpreises und Dankes an Gott sein, der wunderbar ist in seinen Heiligen, wie er sich auch als herrlich und erhaben erwiesen hat in den großen Gestalten des Volkes Israel.«[82]

Johannes Paul II. hatte noch keine 24 Stunden in Köln verbracht, als er am 1. Mai 1987 um 16.30 Uhr zur zweiten Station seiner Reise, nach Münster, aufbrechen musste.

---

[78] Vorüberlegungen zu diesem Abend mit der Familie Stein: Aktennotiz Dr. Rudolf Solzbacher für Kardinal Höffner: Betr.: Betreuung der Familienangehörigen der Edith Stein am 30.4. und 1.5.: HAEK – NH 1267.
[79] Verlautbarungen des Apostolischen Stuhls 77, S. 24f.
[80] Ansprache des Papstes an die Jugendlichen: Ebd. S. 33.
[81] Teilnehmerliste: HAEK – NH 1267.
[82] Ansprache bei der Begegnung mit dem Zentralrat der Juden in Köln am 1. Mai 1987: Ebd. S. 35–37.

4. Der 80. Geburtstag Kardinal Höffners 1986

Es ist guter Brauch im Erzbistum Köln, die »runden« Geburtstage des Erzbischofs festlich zu begehen und dem Jubilar aus solchem Anlass eine Festschrift zu widmen. Die erste Gelegenheit dazu bot der 65. Geburtstag Höffners am 24. Dezember 1971. Der Kardinal war erst knapp drei Jahre Erzbischof von Köln und seine »Eingewöhnungsphase« noch nicht abgeschlossen. In der Widmung der umfangreichen Festschrift unter dem Titel »Die Kirche im Wandel der Zeit«[83] schrieb der damalige Dompropst Carl Gielen: »Aus diesem Anlass möchten Ihnen, Eminenz, ehemalige Universitätskollegen, Theologen im Erzbistum Köln und Freunde durch die vorliegenden Beiträge ein Geburtsstags- und Weihnachtsgeschenk bereiten.« Für ein großes Fest der Erzdiözese war der geeignete Zeitpunkt noch nicht gekommen.

Der 70. Geburtstag des Kardinals 1976 lag wenige Wochen vor dem 90. Geburtstag seines noch lebenden Vorgängers Josef Kardinal Frings am 6. Februar 1977. Die gemeinsame Geburtstagsfeier für beide Kardinäle bot sich an, musste aber auf den Gesundheitszustand von Kardinal Frings Rücksicht nehmen, der nach einer schweren Erkrankung nicht mehr öffentlich auftrat. Nach den Festschriften mit wissenschaftlichen Beiträgen für Kardinal Höffner 1966 und 1971 wurde 1976 beiden Kardinälen gemeinsam eine Festgabe mit Bildbeigaben für breitere Schichten der Gläubigen unter dem Titel »Ortskirche im Dienst der Weltkirche. Das Erzbistum Köln seit seiner Wiedererrichtung im Jahre 1825« gewidmet.[84] Unter den zahlreichen Beiträgen zur jüngeren Geschichte und zur Gegenwart des Erzbistums nahm der Beitrag Professor Joseph Ratzingers »Stimme der Vertrauens. Kardinal Josef Frings auf dem Zweiten Vaticanum« eine besondere Stellung ein.

Als Kardinal Höffner am 24. Dezember 1981 75 Jahre alt wurde, hatte er sein erstes Angebot des Amtsverzichts an Papst Johannes Paul II. gerichtet. Bevor die Bitte des Papstes, Kardinal Höffner möge vorerst sein Amt weiterführen, in Köln vorlag, musste sich das Erzbistum auf eine größere Feier vorbereiten, die gegebenenfalls ein Abschiedsfest für den scheidenden Erzbischof werden konnte.

So fand am 27. Dezember 1981 nach einem festlichen Pontifikalamt im Dom im »Börsensaal« der Industrie- und Handelskammer Köln ein Festakt in Anwesenheit des Bundespräsidenten, des Apostolischen Nuntius, des größeren Teils der Deutschen Bischofskonferenz, von Vertretern der anderen christlichen Kirchen und der Juden sowie der Landesregierungen in Düsseldorf und Mainz

---

[83] Die Kirche im Wandel der Zeit. Festgabe Seiner Eminenz ... Joseph Kardinal Höffner ... zur Vollendung des 65. Lebensjahres ..., Herausgegeben von Franz GRONER, Köln 1971 – Die nachfolgend zitierte Widmung von Dompropst Carl Gielen: Ebd. S. 7.

[84] Ortskirche im Dienst der Weltkirche. Das Erzbistum Köln seit seiner Wiedererrichtung im Jahre 1825, Festgabe für die Kölner Kardinäle Erzbischof Joseph Höffner und Alt-Erzbischof Josef Frings, hrsg. v. Norbert TRIPPEN und Wilhelm MOGGE, Köln 1976, ²1977 – Der nachfolgend erwähnte Beitrag von J. RATZINGER: Ebd. S. 183–190.

statt.[85] Doch die Dimensionen des »Börsensaales« zwangen zu einer Beschränkung der Teilnehmer auf geladene Ehrengäste aus ganz Deutschland und dem benachbarten Ausland. Wie das ZdK durch seinen Vorsitzenden, Prof. Dr. Hans Maier, vertreten war, so das Erzbistum Köln durch eine begrenzte Zahl von Spitzenvertretern des Diözesanrates der Katholiken, verschiedener Institutionen und Verbände. Klerus und Gläubige mussten sich als ausgeschlossen betrachten.

Als 1986 der 80. Geburtstag Kardinal Höffners anstand, hatte sich die Situation insofern verändert, als im Laufe des Jahres 1986 die Kölner Philharmonie mit 2.000 Sitzplätzen fertiggestellt wurde und die Möglichkeit eröffnete, bei einer Geburtstagsfeier für Kardinal Höffner Ende des Jahres aus jeder Pfarrei des Erzbistums eine/n Vertreter/in und den Pfarrer neben vielen prominenten Gästen einzuladen. Schon am 28. Januar 1986 traf sich ein Vorbereitungsausschuss – Generalvikar Feldhoff, seine Stellvertreter Dompropst Henrichs und Prälat Michel – mit dem Direktor der noch im Bau befindlichen Philharmonie, Franz Xaver Ohnesorg.[86] Dieser sammelte schon die ersten Termine für sein Haus nach dessen Fertigstellung und konnte den Nachmittag und Abend des 27. Dezember 1986 für die Geburtstagsfeier Kardinal Höffners reservieren.

Statt eines »Staatsakts« mit den unvermeidlich zahlreichen, sich gegenseitig überschneidenden Geburtstagsansprachen und »Grußworten«, eingerahmt von klassischer Musik, plante Generalvikar Feldhoff zusammen mit Joachim Zöller vom Medienreferat des Erzbistums und dem Schauspieler Josef Meinerzhagen eine durch die technischen Möglichkeiten der Philharmonie erleichterte szenische Darstellung der Lebensstationen Kardinal Höffners von seiner Kindheit im Westerwald bis zur Verlesung der Grußbotschaft Papst Johannes Pauls II. Dias, Filmausschnitte, Auftritte einzelner Zeitzeugen und Weggefährten sollten zu einem seriösen, aber durchaus auch heiteren Programm führen.[87]

Die Planung der Feier im Einzelnen bereitete den Beteiligten nicht nur Mühe, sondern ein bisweilen abwechslungsreiches Vergnügen. Schon im Mai 1986 fragte Feldhoff beim Vorsitzenden des Musikvereins »Herrlichkeit Lahr« in Oberlahr, der Heimat von Höffners früh verstorbener Mutter, an: »Bei den Vorüberlegungen hatte ich den Gedanken, ob die ›Herrlichkeit Lahr‹ an der Gestaltung des Festaktes mitwirken kann. Nach den derzeitigen Programmüberlegungen könnte Ihre Kapelle zu Beginn des Festaktes mit einem fröhlichen Musikstück in den Saal einziehen. Sie würden dann während des ganzen Festaktes mit dem Chor, der aus Köln kommt, auf der Bühne sein und in der Mitte des Festaktes das *Gaudeamus igitur* sowie am Schluss des Festaktes das Lied ›Großer Gott, wir loben dich‹

---

[85] PEK – Drei-Kronen-Reihe, Heft 14: Unerschrockener Mahner und Bekenner. Der 75. Geburtstag des Erzbischofs von Köln Kardinal Joseph Höffner ..., Neuss 1982; dort die Aufzählung der Gäste, S. 3f.

[86] Notiz Erzb. Notar Völlmecke, 19.2.1986: HAEK – Zug. 1116/00 – 11.

[87] Aktenmaterial und Korrespondenz zur Planung des Festaktes am 27.12.1986: Ebd.; die Redebeiträge anlässlich dieser Feier sind dokumentiert: 80. Geburtstag von Kardinal Joseph Höffner. Zeugnis des Glaubens, der Hoffnung und der Liebe.

gemeinsam mit der Orgel begleiten. Beide Lieder werden höchstwahrscheinlich im Wechsel von Chor und allen Anwesenden gesungen.«[88]

Für die Gymnasialzeit in Trier wurde der Oberstudiendirektor des Friedrich-Wilhelm-Gymansiums gewonnen, über den Gymnasiasten Höffner und seine Schule zu sprechen, an der fast hundert Jahre vorher auch Karl Marx sein Abitur bestanden hatte.[89] Für die Jahre des Professors Höffner in Trier und Münster wurden die jährlich einmal in seinem Hause sich versammelnden »Ehemaligen«, Höffners Schüler und Doktoranden, gewonnen. Nach einer kurzen Ansprache von Minister Werner Remmers[90] sollten die inzwischen in gehobenen Stellen tätigen Damen und Herren aus den höheren Rängen der Philharmonie auf die Bühne herabsteigen und dabei *Gaudeamus igitur* gemeinsam mit dem Chor singen. Dass nicht alle Ideen Feldhoffs begeistert aufgenommen wurden, sollte an diesem Studentenlied deutlich werden. Feldhoff rekapitulierte in einem Rundbrief an Höffners ehemalige Schüler, »dass Sie es nicht für angebracht halten, das Lied *Gaudeamus igitur* zu singen; es passe nicht in Ihre damalige Studienzeit, und wahrscheinlich könne sich keiner von Ihnen mit dem Kontext des Liedes identifizieren. Es wurde die Sorge zum Ausdruck gebracht, dass für manchen von Ihnen das Absingen dieses Liedes wie ein Verrat an Ihren damaligen Idealen verstanden werden könne.«[91] Feldhoff gab zu bedenken, ob Josef von Eichendorffs Lied »Nach Süden nun sich lenken die Vöglein allzumal« wohl unproblematisch sei.

Weihbischof Augustinus Frotz, mit Kardinal Höffner zusammen Student des *Collegium Germanicum* in Rom bis 1930 und mit Höffner einer der »jüngsten« Konzilsväter – Höffner war am 14. September, Frotz am 7. Oktober 1962 zum Bischof geweiht worden – sollte am 27. Dezember mit einigen Sätzen über Höffner als Konzilsvater sprechen.[92]

Im Verlaufe des Jahres 1986 entstand so ein detaillierter »Verlaufsplan« des Festaktes von 10 Seiten.[93] Das Gelingen der Durchführung hing sehr von der geschickten Moderation durch den Schauspieler Josef Meinerzhagen, vor allem aber vom Mitgehen und der Stimmung des Publikums in der Philharmonie ab. Die Stimmung der Gäste kam schon beim um 15 Uhr voraufgehenden Pontifikalamt im Dom zustande: Als der Erzbischof mit den zahlreichen bischöflichen Gästen und dem Domkapitel in den Dom einzog, brach die Stromversorgung der Kathedrale zusammen. Eilig wurden an die Gläubigen und Gäste Kerzen verteilt,

---

[88] Feldhoff an Edmund Reingen, Vors. des Musikvereins »Herrlichkeit Lahr« in Oberlahr, 28.5.1986: Ebd.
[89] Korrespondenz Feldhoffs mit Oberstudiendirektor Dr. Krapp, Trier, ab 3.10.1986: Ebd.; Text der Ansprache: 80. Geburtstag, S. 19–22.
[90] Zitat aus der Ansprache Remmers': N. TRIPPEN, Höffner I, S. 158f.; vollständiger Text: 80. Geburtstag von Kardinal Joseph Höffner, S. 23–25.
[91] Feldhoff an die ehemaligen Schüler von Herrn Kardinal Höffner, 7.11.1986: HAEK – Zug. 1116/00 – 11.
[92] Feldhoff an Frotz, 13.8.1986: Ebd.; Text der Ansprache des Weihbischofs Frotz: 80. Geburtstag von Kardinal Joseph Höffner, S. 26f.
[93] Exemplare aus mehreren Planungsphasen und Endfassung: Ebd.

die eine atmosphärische Stimmung der Wärme und Geborgenheit verbreiteten. Ein Notstromaggregat machte nach einiger Zeit Beleuchtung und Orgelspiel – nicht zuletzt die Mikrophonbeschallung – möglich, bis schließlich der Schaden behoben war. Generalvikar Feldhoff wehrte sich gegen die Unterstellung, er habe den »Stromausfall« bestellt, um die gute Feststimmung zu erzeugen.[94] Die Predigt hielt Weihbischof Dr. Klaus Dick[95]. Der persönliche Gesandte des Papstes, Kardinalstaatssekretär Agostino Casaroli, trug die Grußbotschaft des Papstes vor.[96] Johannes Paul II. schrieb Kardinal Höffner: »In brüderlicher Verbundenheit und herzlicher Mitfreude gedenke ich, sehr verehrter, lieber Herr Kardinal, zusammen mit der Erzdiözese Köln und der ganzen Kirche in Deutschland der glücklichen Vollendung Ihres 80. Lebensjahres. Gott sei Preis und Dank, der Sie mit solch reichen Gaben beschenkt und Sie in seinem treuen Dienst bis zu dem heutigen Tag geführt hat. Ihnen danken alle, denen Sie auf Ihren verschiedenen Lebensstationen und in Ihren vielfältigen Aufgaben und Ämtern von diesen Gaben so hochherzig mitgeteilt haben ...«

Die mehr als zweistündige Feier in der erst seit wenigen Monaten eröffneten Philharmonie war ein glanzvolles Fest mit zahlreichen Höhepunkten. Statt der Anstrengung, die eine längere Folge von Ansprachen zu erzeugen pflegt, erlebten die Teilnehmer ein durchaus seriöses, aber von fröhlicher Kurzweiligkeit geprägtes Programm. Der Kardinalstaatssekretär Agostino Casaroli als Delegat des Papstes hatte sich im Vorfeld damit einverstanden erklärt, in dieses Programm mit einem kurzen Beitrag eingebaut zu werden.[97] Das geschah ebenso mit der Laudatio des stellvertretenden Vorsitzenden der Deutschen Bischofskonferenz, Bischof Lehmann von Mainz.[98]

Die Feier endete nach einem Schlusswort Kardinal Höffners[99] mit dem Lied »Großer Gott, wir loben dich«. Sie war zehn Monate vor dem Tod des Kardinals ein Akt des Dankes der Erzdiözese, der Kirche in Deutschland und der Weltkirche an den verdienstvollen Erzbischof.

Die Feier des 80. Geburtstages erhielt für Kardinal Höffner noch einen besonderen Akzent dadurch, dass Bundespräsident Richard von Weizsäcker zu Höffners Ehren am 22. Januar 1987 ein festliches Mittagessen für gut 40 Personen in der Villa Hammerschmidt in Bonn gab.[100] Es ist aus den Akten nicht erkennbar, wer auf staatlicher Seite die Anregung zu dieser außerordentlichen Ehrung gegeben hat. Wusste man in Bonn noch, dass Professor Höffner in den 1950er Jahren

---

[94] So seine persönliche Aussage gegenüber dem Verfasser.
[95] Text: 80. Geburtstag von Kardinal Joseph Höffner, S. 9–12.
[96] Johannes Paul II. »Meinem verehrten Bruder Joseph Kardinal Höffner, Erzbischof von Köln«, 20.12.1986: PEK – Dokumente; KA 127, 1987, Nr. 35, S. 35 sowie 80. Geburtstag von Kardinal Joseph Höffner, S. 7f.
[97] Text: 80. Geburtstag von Kardinal Joseph Höffner, S. 41–46.
[98] Text: 80. Geburtstag von Kardinal Joseph Höffner, S. 49–59.
[99] Ebd. S. 60f.
[100] Schriftverkehr und Akten dazu: HAEK – Zug. 1116/00 – 14.

als Mitglied in wissenschaftlichen Beiräten von drei Bundesministerien gearbeitet hatte[101], dass er die Sozial- und Arbeitsgesetzgebung der jungen Bundesrepublik, vor allem die Rentenreform von 1957, mitgestaltet hatte?

Wie Geheimsekretär Melzer Kardinal Höffner berichtete, kam Herr Dr. Millecker vom Bundespräsidialamt bereits am 1. August 1986 zu Melzer, »um die derzeit wichtigen Vorentscheidungen für die Einladung des Herrn Bundespräsidenten anlässlich der Vollendung Ihres 80. Lebensjahres zu besprechen.«[102] Es ging vor allem um den Kreis der Einzuladenden, zu dem der Bundespräsident auch den Bischof von Berlin, Kardinal Meisner, zählte. Melzer schrieb Kardinal Höffner: »An dieser Einladung liegt dem Herrn Bundespräsidenten sehr viel. Er hofft auf Ihre [Höffners] Unterstützung. Die Vorabklärung sollte sowohl von Bonn als auch von hier [Köln] aus telefonisch etwa gleichzeitig vorgenommen werden.« Diese Vorabklärung ergab wohl, dass der Vorsitzende der Berliner Bischofskonferenz einer Einladung des Bundespräsidenten in dessen Residenz in Bonn aus politischen Rücksichten nicht folgen konnte.[103]

Die endgültige Teilnehmerliste[104] enthielt vom deutschen Episkopat die Namen der Kardinäle Wetter (München) und Volk (Mainz) sowie der Bischöfe Lehmann, Hengsbach, Lettmann und Homeyer. Vom ausländischen Episkopat bzw. aus dem Vatikan nahmen teil: die Kardinäle Macharski (Krakau), Lustiger (Paris), König (Wien) sowie Nuntius Uhać. Auf staatlicher Seite verzeichnet die Gästeliste außer dem Ehepaar von Weizsäcker und einigen leitenden Mitarbeitern des Präsidialamtes Bundeskanzler Kohl.

Neben einigen katholischen Theologen aus Höffners Umfeld, Vertretern des ZdK (Prof. Dr. Hans Maier), zwei Ordensleuten und Vertretern des Katholischen Büros wie des Sekretariats der DBK wurden prominente Vertreter der Evangelischen Kirche und sonstiger Religionsgemeinschaften in Deutschland eingeladen: Der EKD-Ratsvorsitzende Martin Kruse, sein Vorgänger Eduard Lohse, der Präses der rheinischen Landeskirche Gerhard Brandt, der ehemalige Präses der westfälischen Landeskirche Hans Thimme, Prof. Wilhelm Schneemelcher als ehemaliger Präsident der von Höffner so geschätzten Rheinisch-Westfälischen Akademie der Wissenschaften. Alexander Ginsburg wurde als Generalsekretär des Zentralrates der Juden eingeladen, Metropolit Augustinos Lambardakis repräsentierte die Griechisch-Orthodoxe Kirche in Deutschland. Kardinal Höffner selbst war von seiner Schwester Maria, von Generalvikar Feldhoff und Msgr. Melzer begleitet.

---

[101] Dazu: N. Trippen, Höffner I, S. 257–303.
[102] Aktennotiz Melzer für Höffner, 3 8.1986: HAEK – Zug. 1116/00 – 14
[103] Kardinal Meisner schrieb dem Verfasser dazu am 27.2.2012: »Von einer Einladung des damaligen Bundespräsidenten von Weizsäcker zu seinem Festessen anlässlich des 80. Geburtstages von Kardinal Höffner habe ich nichts gewusst, aber ich hätte diese Einladung aus politischen Gründen ablehnen müssen. Es kann aber durchaus sein, dass bei Generalvikar Tobei in Westberlin angefragt wurde, der dann aus seiner Kenntnis der kirchenpolitischen Situation *ad mentem episcopi* meine Ablehnung ausgesprochen hat.«
[104] Ebd.

Bei seiner Tischrede[105] ging der Bundespräsident nach der Begrüßung der Gäste auf Höffners Lebensleistung aus staatlicher Sicht ein: »Es gibt von Seiten des Staates reichen Grund zu Dankbarkeit und Glückwunsch an Sie. Ihr Einfluss auf die sittlich-ethischen Grundlagen unseres Gemeinwesens ist eminent. Als Wirtschafts- und Sozialwissenschaftler, als führender Vertreter der christlichen Soziallehre haben Sie immer wieder das politische Gewissen geschärft und auf die Achtung der Menschenwürde hingewirkt. Unermüdlich treten Sie für den Schutz des Lebens ein und warnen vor einer bagatellisierenden, hedonistischen Oberflächlichkeit im Umgang mit den Erschütterungen der Zeit und des sozialen Zusammenlebens. Sie haben in der Auseinandersetzung über Grundwerte und Menschenbild Stellung bezogen, die Gedankengänge vertieft und die Ihnen zentral wichtigen normativen Vorgaben eindrucksvoll vertreten. Unüberhörbar erheben Sie die Stimme der Kirche, um dem Frieden und der Versöhnung zu dienen. Im Inneren wirken Sie auf einen offenen und menschlichen Umgang mit den Ausländern hin. In der internationalen Politik stärken Sie die Sache der Verständigung, der Rüstungsverminderung und der Entspannung ... Sie scheuen nicht das eindeutige, unmissverständliche Wort. Sie entziehen sich nicht den damit verbundenen Strapazen und ganz gewiss nicht den Konflikten, die sich oft als unvermeidliche Folge einstellen. Sie tun es unerschrocken, geradlinig und mit innerer Gelassenheit ...«

Kardinal Höffner bedankte sich wenige Tage später in einem Brief an den Bundespräsidenten[106]: »Für die Ehre, die Sie mir am 22. Januar 1987 durch die Einladung zum Mittagessen inmitten einer so illustren und einzigartigen Tischgemeinschaft erwiesen haben, danke ich Ihnen sehr. Eine besondere Freude war es mir, dass auch Ihre Frau Gemahlin am Essen teilgenommen hat. Ihre Gäste haben mir immer wieder gesagt, wie sehr sie sich über diese einmalige Begegnung gefreut haben. Aus Anlass meines Geburtstages hat man einige Bücher herausgegeben: ›Begegnung und Erfahrung‹[107], ›Der Bischof in seiner Zeit‹[108], ›In der Kraft des Glaubens‹[109]. Ich lasse Ihnen die Bücher zuschicken ...« Von Weizsäcker dankte seinerseits am 5. Februar 1987 für Höffners Buchgaben: »Mit den ›In der Kraft des Glaubens‹ zusammengefassten Texten hoffe ich, mich bald eingehender vertraut machen zu können.«[110]

---

[105] Bulletin des Presse- und Informationsamts der Bundesregierung, Nr. 10, 28.1.1987, S. 69f. (HAEK – Zug. 1116/00 – 14).
[106] Höffner an von Weizsäcker, 26.1.1987: HAEK – Zug. 1116/00 – 14 – Die völlig untypisch krakelige Unterschrift auf der Briefdurchschrift – hier wie häufiger in den kommenden Monaten – lässt rückblickend erahnen, dass die zum Tode führende Erkrankung Höffners im Anzug war.
[107] W. MOGGE/G. ZELLEKENS (Hrsg.), Begegnung und Erfahrung. Beiträge zum achtzigsten Geburtstag des Erzbischofs von Köln, Kardinal Joseph Höffner, am 24. Dezember 1986, Kevelaer 1986.
[108] P. BERGLAR/O. ENGELS (Hrsg.), Der Bischof in seiner Zeit. Bischofstypus und Bischofsideal im Spiegel der Kölner Kirche. Festgabe für Joseph Kardinal Höffner, Erzbischof von Köln, Köln 1986.
[109] J. HÖFFNER, In der Kraft des Glaubens. Ansprachen, Aufsätze, Interviews, Referate, Hirtenbriefe, Predigten aus den Jahren 1969–1986. Ausgewählt und eingeleitet v. E. J. HECK, 2 Bände, Freiburg u. a. 1986.
[110] Der Bundespräsident an Höffner, 5.2.1987: HAEK – Zug. 1116/00 – 14.

XV. KAPITEL

DER MENSCH JOSEPH HÖFFNER UND DIE BEZIEHUNGEN ZU SEINER FAMILIE

Wenn man den lebenslang intensiven Arbeitseinsatz Joseph Höffners anhand der erhaltenen Terminkalender betrachtet, stellt sich die Frage nach dem Menschen Joseph Höffner: Aus welchen Quellen hat er geschöpft, welche Wurzeln haben ihn getragen? Man hat den Eindruck: Muße kam in seinem Vokabular und erst recht in seiner Lebensgestaltung nicht vor. Bei der Zeitzeugenanhörung anlässlich seines 100. Geburtstages am 20. Januar 2007[1] wurde der Kardinal mehrfach mit der Aussage zitiert, er erhole sich am Schreibtisch. Wahrscheinlich erschien die dem Wissenschaftler vertraute ruhige Beschäftigung mit Akten und Dokumenten weit weniger anstrengend und aufreibend als das sensible Eingehen auf Menschen im Gespräch und in Debatten. Insofern hat Höffner die Arbeit am Schreibtisch wohl als erholsam empfunden.

Aus seinem Elternhaus und seiner Westerwälder Heimat brachte der Wissenschaftler und spätere Bischof eine tiefe und unangefochtene Verwurzelung im Glauben der Kirche mit, dazu ein dem modernen Stadtmenschen kaum vermittelbares Verhältnis zur Natur. Man sei nicht arm gewesen, doch habe man für das Lebensnotwendige hart arbeiten müssen, versicherte der Kardinal in späteren Lebensjahren.[2] Joseph Höffner war von zu Hause an ein einfaches, ja, anspruchsloses Leben gewöhnt und wusste den Wert einer großen, zusammenhaltenden Familie zu schätzen.

Auskunft über konkrete Züge des Menschen Joseph Höffner und seine Lebensgestaltung gaben am 20. Januar 2007 seine Geheimsekretäre: Reinhard Lettmann für die bischöflichen Jahre in Münster[3], Norbert Feldhoff und Manfred Melzer für die Kölner Zeit.[4] Bischof Lettmann führte aus: »Er hat mich ... in all den vier Jahren, die ich in seinem Hause, in dem seine Schwester Maria der gute Geist war, durch seine Freundlichkeit und Schlichtheit tief beeindruckt. Einfachheit, Bescheidenheit, Schlichtheit: Es war damals im Bischofshaus nötig, die Zimmer ein wenig zu tauschen, weil der Lärm inzwischen vom Domplatz zu groß geworden war. Das hat der Bischof mit wenigen Mitteln getan. Ich habe mich damals ge-

---

[1] 100. Geburtstag von Joseph Kardinal Höffner (1906–1987). Eine Dokumentation.
[2] Dazu: N. TRIPPEN, Höffner I, S. 15–23, hier: S. 16.
[3] R. LETTMANN, Joseph Höffner als Bischof von Münster und als Konzilsteilnehmer – aus der Sicht seines Münsteraner Sekretärs und Generalvikars (1963–1967, 1967–1969), in: 100. Geburtstag von Joseph Kardinal Höffner, S. 13–20.
[4] M. MELZER, Joseph Kardinal Höffner als Erzbischof von Köln – aus der Beobachtung seines langjährigen Sekretärs und Hausgenossen (1975–1987), in: 100. Geburtstag von Joseph Kardinal Höffner, S. 48–63.

wundert, dass der Generalvikar nicht dazwischen gegangen ist und gesagt hat: Hier wird zuerst einmal ordentlich umgebaut.«

Lettmann ging dann auf Höffners Beziehungen zu seiner Familie ein: »Bischof Höffner war ein Mensch, der sehr stark auch von seiner Familie getragen wurde ... Wenn es ganz ›bunt‹ wurde im Bischofshaus, dann wurde Tante Dina gerufen: Schwester Katharina. Die brachte dann ein wenig Schneidigkeit in die ganze Sache herein. Aufregung gab es im Bischofshaus z. B., wenn der Hund von Bischof Höffner, mit Namen ›Orly‹, wieder einmal entlaufen war und am anderen Tag gegen Bezahlung in der Hundepension ausgelöst werden musste.«

Höffners Ausstrahlung auf die Gläubigen im Bistum Münster beschrieb Bischof Lettmann so: »Seine schlichte und herzliche Art half ihm, leicht Kontakt mit den Priestern und Laien in den Gemeinden zu finden. Die ungezwungene und natürliche Art des Auftretens des Bischofs führte dazu, dass auch seine Gesprächspartner jegliche unangemessene Scheu ablegten und unbefangen mit ihm sprachen. Das zeigte sich vor allem in den Gesprächen mit den Verantwortlichen aus Kirchenvorständen, Pfarrgemeinderäten und Verbänden, die anlässlich der Visitationsreisen besondere Bedeutung bekamen.« Bischof Lettmann fasste seine Erfahrungen mit Höffner in dem Satz zusammen: »Die vier Jahre als Kaplan und Sekretär von Bischof Höffner, der mit dem Bischof wie mit einer Familie im Hause wohnen durfte und sich dort wie in einer Familie geborgen fühlte, sowie die Zeit als Generalvikar haben mich nachhaltig geprägt.«

Für den heutigen Kölner Weihbischof Manfred Melzer waren es zwölf Jahre (1975–1987), die er mit Kardinal Höffner unter einem Dach wohnte. Unter der Überschrift »Persönlicher Lebensstil Höffners – Freizeit, Hobbys (Musik, Kultur, Literatur)«[5] führte Melzer am 20. Januar 2007 aus: »Der Kardinal war in der persönlichen Lebensführung wirklich bescheiden. Auch noch so klein gewordene Bleistifte hatten ihren Platz auf seinem Schreibtisch. Im Umgang mit den Dingen, die ihn umgaben, Bilder, Bücher etc. war er ausgesprochen sorgfältig. Diese Bescheidenheit war nicht aufgesetzt, sondern kam aus seinem innersten Wesen. Dem widerspricht nicht eine ausgesprochene Freude und Zuneigung zu einem geordneten Haushalt. Ich glaube, es hat ihm sehr viel daran gelegen, ein schön gestaltetes Zuhause zu haben. Geordnet und eingehalten wurden nach Möglichkeit auch die Zeiten: für das Breviergebet, für die Feier der heiligen Messe, die Zeiten aber auch für die Mahlzeiten. Nur ganz selten wurde von dieser Regel abgewichen. 8 Uhr, 12 Uhr, 16 Uhr, 19 Uhr. Die meisten Änderungen fielen auf den Abend, wenn die Personalkonferenz wieder einmal zu lange dauerte und das Warten kein Ende nahm. Aus diesem Grunde wurde mit der Zeit abends immer nur ›kalt‹ gegessen.«

Weihbischof Melzer gab dann auch aufschlussreiche Einblicke in die Freizeitgestaltung Höffners: »Die Frage nach dem Lebensstil im eigentlichen Sinne, den Hobbys, der Freizeitgestaltung und ob er sich Muße nahm, bringt mich in einige

---
[5] Ebd. S. 51–54.

Verlegenheit ... Nun, Kardinal Höffner hatte in seinem Haushalt viele Jahre lang einen Hund, später zusätzlich einen Kanarienvogel, um den er sich rührend kümmerte. Schließlich brachte er aus seinem Urlaubsort sogar höchstpersönlich Enten mit nach Köln. Wenn ich an die Hunde denke, erinnert mich der Umgang des Kardinals mit ›Orly‹ und später mit ›Hannibal‹ immer an den Umgang, wie er für Menschen üblich ist, die in der Landwirtschaft mit Tieren groß werden. Da wurde nicht gekuschelt und lange gespielt, aber man gehörte zusammen: Wenig kraulen, aber intensive kurze und häufige Zuwendung.

Nach der Musik ist gefragt worden. Ich weiß nicht, ob ich darauf die ganz richtige Antwort gebe. Ich glaube nicht, dass Höffner der Musik sehr zugetan war. Ich kenne nur ein Lied, das er einmal, oder besser: jedes Jahr einmal, gesungen hat, und zwar unter dem Weihnachtsbaum: ›Zu Bethlehem geboren‹. Nie habe ich ihn sonst außerhalb der Liturgie singen gehört, nicht ein einziges Mal. Wie es um den Bezug des Kardinals zur Musik steht, kann ich vielleicht anekdotisch beantworten ... Ich fand in einem besonderen Schrank im Arbeitszimmer des Kardinals ein Schallplatten-Koffergerät. Dazu gehörten zwei Boxen ... Alles befand sich ungenutzt und versteckt in diesem Platten- und Radioschrank. Ich machte dem Kardinal den Vorschlag, man könne doch das Gerät einmal richtig aufbauen ... Als besonderen Anreiz fügte ich noch hinzu: ›Sie brauchen auch gar nicht Ihren Platz zu wechseln. Hinter Ihrem Schreibtisch sitzen Sie genau richtig, um wirklich Stereo hören zu können.‹ Antwort: ›Hm‹«.

Melzer schloss seinen Bericht: »Das Gerät wurde niemals in Betrieb genommen« und ging dann auf den Bereich »Kultur« ein: »Auch hier möchte ich mit einer Begebenheit antworten. Es gab in meiner Sekretärszeit am Kölner Neumarkt eine Ausstellung über Werke von Käthe Kollwitz. Ich war sehr überrascht, als der Kardinal mir eröffnete: ›Sie müssen mal sehen, ob wir nicht eine Gelegenheit finden, diese Ausstellung zu besuchen‹ ... Über Jahre hatte hin hatte ich nie erlebt, dass der Kardinal den Wunsch äußerte, eine Ausstellung zu besuchen, die nicht unmittelbar etwas mit der Kirche zu tun hatte. In der Ausstellung selbst war er dann sehr interessiert, nahm sich ausnehmend Zeit, jedes einzelne ausgestellte Kunstwerk zu betrachten ... Der Kardinal war – so meine Interpretation – zutiefst davon überzeugt, Käthe Kollwitz müsse tief gläubig gewesen sein, denn solche Werke, eine solche Darstellung des Menschen, wie ihr dies gelungen war, das könne man nicht schaffen, ohne an einen letzten Sinn und damit an Gott zu glauben. Damit stieß Höffner auf harten Widerspruch bei der Ausstellungsleiterin. Sie sagte: ›Eminenz, Käthe Kollwitz war eine Sozialistin, es gibt kein Zeugnis darüber, dass sie gläubig gewesen ist, da kann ich Ihnen nicht helfen.‹ Nach meiner Erinnerung lautete die Antwort des Kardinals: ›Man sieht nicht immer bis in die letzte Tiefe einer Seele‹«.

Auch literarische Interessen lagen dem Bauernsohn aus dem Westerwald fern. Melzer sagte: »Was die Literatur angeht, muss ich zugeben, mit ihm nie über einen Roman gesprochen zu haben. Einmal sah ich auf seinem Schreibtisch einen Kriminalroman liegen. Ob er ihn wirklich gelesen hat, wage ich nicht zu behaupten.

Ganz anders war dies bei der Fachliteratur. Wenn ich irgendetwas gefunden hatte, von dem ich glaubte, das müsse ihn interessieren, hatte er es schon am nächsten Tag zumindest diagonal durchgelesen, konnte über den Inhalt sprechen und ließ sich auf spannende Diskussionen ein. Er bedankte sich stets besonders und gab mir das Buch dann zurück.«

Einen umfangreichen Abschnitt widmete Weihbischof Melzer am 20. Januar 2007 dem Verhältnis Höffners zu seiner Familie.[6] Melzers Darstellung kann im Folgenden ergänzt werden durch eine Schilderung, die drei Nichten Höffners dem Verfasser am 29. Januar 2012 zur Verfügung stellten.[7] Melzer sagte am 20. Januar 2007: »Welche Rolle die Familie für Kardinal Höffner Zeit seines Lebens bedeutete, erschließt sich wahrscheinlich nur dann, wenn man nicht vergisst, dass Höffner erst neun Jahre alt war, als seine geliebte Mutter starb ... Das hat ihn geprägt bis ins Innerste ... In Joseph Höffner erlebte ich ein Urvertrauen, im Kreis der Verwandtschaft wirklich von Menschen umgeben zu sein, die zueinander gehören. Im Laufe der vielen Jahre und angesichts der zahllosen Besuche kommt das Zusammengehörigkeitsgefühl nicht immer schwerblütig und bedeutungsvoll daher, sondern oft nahezu beiläufig und selbstverständlich. In der Summe aber ging von Ihnen allen« – Melzer sprach die anwesenden Verwandten Höffners an – »für unseren Kardinal ein Kraftstrom aus, der nicht versiegte ...

Mich hat auch sehr bewegt, mit welcher unermüdlichen Geduld, Sympathie und Zuwendung er die Lebenswege jedes einzelnen seiner Geschwister, Neffen und Nichten, begleitet hat. Stets war er besorgt, dass alle einen Weg fanden, sich schulisch und beruflich besser ausbilden zu lassen. Manches wäre ohne den Bruder Joseph und sein schmales, aber sicheres Pfarrergehalt [in Kail und Trier] damals nicht möglich gewesen. Er trat für jede und jeden in seiner Familie ein; er litt zutiefst, wenn Unglücke über einzelne Familienmitglieder hereinbrachen. Und wenn solches geschah, dann habe ich erlebt, wie Joseph Höffner ganz still wurde und sich gleichsam für Tage mit Gott zurückzog und betete.«

Was Weihbischof Melzer zutreffend, aber zusammenfassend dargestellt hat, wird in der Schilderung der drei Nichten anschaulich und konkret: »Er war ein Familienmensch! Kinder gehörten zu seinem Leben. Das war nur möglich, weil seine Schwester Maria ihn ihr ganzes Leben lang auf all seinen Wegen begleitete. Schon als Professor in Trier waren Nichten und Neffen über längere Zeit in seinem Haushalt, denn in Notfällen der kinderreichen Geschwister war es für ihn selbstverständlich zu helfen, z. B. Kinder zu sich aufzunehmen, bzw. sich mit darum zu kümmern. Dieses Verantwortungsgefühl für die Familie liegt sicher schon in seiner Kindheit begründet ... Der Kontakt zu seiner großen Familie (Schwestern, Brüder, Nichten, Neffen, Vettern, Cousinen sowie die jeweils dazugehörenden Partnerinnen/Partner und deren Kinder) waren für Onkel Joseph und Tante Ma-

---

[6] Kontakte zur Familie: 100. Geburtstag von Joseph Kardinal Höffner, S. 54f.
[7] Monika Schmies, Ursula Schmies, Elisabeth Wissel an den Verfasser, 29.1.2012; Anlage: Kardinal Höffner – unser Onkel – und was wir bis heute damit verbinden (4 Seiten).

ria selbstverständlich, aber auch sehr wichtig. Wir Nichten und Neffen erlebten, dass Onkel Joseph sehr aufmerksam an unserem Leben teilnahm. Bei seiner Arbeit erübrigte er auch bei spontanen Besuchen Zeit, um uns mit unseren vielfältigen Fragen und Erzählungen zuzuhören. Seine Tür war für uns stets offen ...«

Es ist nicht ohne Reiz, die Schilderung des Lebensstils von Höffner, die uns Weihbischof Melzer gab, bei seinen Nichten betätigt zu finden: »Wir erlebten Onkel Joseph als diszipliniert. Die Mahlzeiten wurden, wann immer möglich, zu festen Zeiten eingehalten. Jeder, der zu diesem Zeitpunkt im Haus als Gast war, fand auch seinen Platz am Esstisch. Bei Tisch war die Gelegenheit, persönliche Gespräche zu führen. Tante Maria sorgte dabei für ein sehr gepflegtes Ambiente, welches wir von zu Hause aus nicht unbedingt in diesem Ausmaß kannten, denn bei sechs bis acht Kindern und häufig auch deren Freunden ging es legerer zu. Ansonsten trafen wir ihn im Arbeitszimmer, wobei er dann jeweils seine Arbeit für eine kurze Zeit niederlegte, um sich mit uns in seine Sitzecke zu setzen und sich über alle aktuellen Themen zu informieren. Gespräche, die wir mit ihm führten, waren geprägt von Zuhören, Respekt und Wertschätzung den Menschen gegenüber, die mit ihm im Gespräch waren oder über die gesprochen wurde.«

Höffner bekam bei solchen Gesprächen mit der jüngeren Generation nicht nur Unproblematisches zu hören: »In den siebziger Jahren besuchte ihn Nichte Ursula, die als Grundschullehrerin im Oberbergischen tätig war. Beim Mittagessen erkundigte er sich lebhaft nach der Gestaltung des Religionsunterrichts in der Schule. Ursula erzählte von ihrer Enttäuschung über die Reaktion des damaligen Ortspfarrers: Für einen anstehenden Schulgottesdienst hatte sie mit den Schülerinnen und Schülern Lieder mit Orff'schen Instrumenten einstudiert. Dies wurde vom Ortspfarrer in dieser Form (Instrumentenbegleitung) nicht gewünscht. Onkel Joseph hörte ihr aufmerksam zu und reagierte mit seinen uns bekannten vielsagenden ›Hm, hm‹. Damit war das Gespräch an dieser Stelle zu Ende. Bei der Verabschiedung später sagte er jedoch zu Ursula: ›Die Instrumente nimmst du aber mit!‹« An diesem Beispiel aus dem familiären Umfeld kommt eine Lebenseinstellung Höffners zum Ausdruck, die auch in seinen amtlichen Beziehungen oft greifbar wurde: Er wich nicht von Grundsätzen und Ordnungen ab, ermöglichte jedoch eine Anwendung, die den Betroffenen sein Gesicht wahren ließ.

Die Nichten verschweigen auch nicht, dass sie ihren erzbischöflichen Onkel bisweilen in Verlegenheit brachten: »Nichte Elisabeth suchte zwecks Missio-Ausbildung die Schulabteilung des Erzbistums in einer jugendbetonten Kleidung auf. Die dortige Sekretärin meinte: ›Clochards müssen sich unten an der Pforte melden.‹ Elisabeth erzählte Onkel Joseph von dieser Begebenheit. Sein Kommentar: ›Du hast ja auch einen eigenartigen Kleiderstil. Mal kannst du dich als *Grande Dame* anziehen und mal, als ob du auf das Feld gingest.‹«

Einen besonderen Stellenwert hatten im Hause Erzbischof Höffners die Feste und die Familientage. Seine Nichten berichten darüber: »Ein Festtag war sein Geburtstag am 24. Dezember – Heiligabend. Der Morgen begann um 7 Uhr mit der

Eucharistiefeier in der Kapelle des bischöflichen Hauses. Hier waren dann meistens etliche seiner Geschwister, Nichten und Neffen dabei. Anschließend wurde gemeinsam gefrühstückt. Bis heute trifft sich immer noch eine Gruppe von Nichten und Neffen am Morgen des 24. Dezember in der Sakramentskapelle des Domes zur Eucharistiefeier im Gedenken seines Geburtstages. Die Tradition des gemeinsamen Frühstücks setzen wir auch heute noch in einem Café fort. Obwohl der 24. Dezember ein sehr arbeitsreicher Tag für unseren Onkel war, wünschte er sich, dass seine Nichte Elisabeth mit ihrem Mann und ihren Kindern um 18 Uhr zu einer kleinen Weihnachtsfeier ins Haus kamen. Erst las Onkel Joseph die Weihnachtsgeschichte vor, anschließend wurde gesungen. Die Großnichten und -neffen kennen noch heute alle Strophen seines Lieblingsliedes ›Zu Bethlehem geboren‹. Mit großer Freude schaute er dann den Kindern beim Auspacken der Geschenke zu.«

Der jährliche Höffner'sche Familientag war das »Fest der unschuldigen Kinder«, im Hause des Erzbischofs bereits am 27. Dezember begangen: »Seit Joseph Höffner als Erzbischof und Kardinal nach Köln berufen war, gab es eine feste Tradition: Unser Onkel Joseph und Tante Maria luden alle Nichten und Neffen zum ›Fest der Kinder‹ bei Kaffee und Kuchen ins bischöfliche Haus ein. Zu Beginn waren es 20 – später erweiterte sich der Kreis auf weit über 30, weil Partner, Großnichten und -neffen dazu kamen ... Wir begannen mit einer Familienmesse. Anschließend gab es Kaffee und Kuchen für alle. Onkel Joseph, den wir eigentlich vorwiegend im Arbeitszimmer besuchten, nahm sich an diesem Nachmittag immerhin zwei Stunden Zeit, um sich mit jedem zu unterhalten. So wurde er auch mit Fragen und Problemen der jungen Generation konfrontiert.« Das Besondere sei gewesen, dass die jungen Leute und Kinder von der älteren Generation und Bruder Hubert bedient wurden.

»Die Schwestern [Höffner] kannten sich im bischöflichen Haus gut aus, denn oft, wenn Gäste sich angemeldet hatten, wurden sie von Tante Maria um Hilfe gebeten ... (Das war nicht selten, um nicht zu sagen: sehr häufig!) ...« Vor allem das in Köln wohnende Ehepaar Schmies musste oft aushelfen.

Taufen und Trauungen in der großen Höffner-Familie wurden vom Erzbischof in dessen Hauskapelle vorgenommen.

Gelegentlich nahm sich der Kardinal auch die Zeit, einzelne Verwandte aus gegebenem Anlass zu besuchen: »Als Nichte Monika ihre erste eigene Wohnung bezog, ließ er es sich nicht nehmen, die Wohnung einzuweihen. Es war die Zeit des RAF-Terrorismus![8] Das bedeutete die ständige Überwachung seiner Person.

---

[8] Am 5. September 1977 hatten Mitglieder der »Rote Armee Fraktion« den Arbeitgebervereinspräsidenten Hanns Martin Schleyer entführt, um die Freilassung von Mitgliedern der RAF vom Staat zu erpressen. Als das nicht gelang, wurde Schleyer am 18. Oktober 1977 ermordet: Dokumentation der Bundesregierung zur Entführung von Hanns Martin Schleyer, 1977. – Bei den staatlichen Ermittlungen zum Fall Schleyer wurde eine Liste von weiteren Persönlichkeiten gefunden, die man zur Erpressung des Staates entführen bzw. umbringen wollte, darunter Kardinal Höffner, der dann bis 1978 unter »Personenschutz« gestellt wurde. Der Garten unmittelbar um sein Haus innerhalb des Parks um Priesterseminar und Erzbischöfliches Haus musste mit einem Sicherheitszaun umgeben werden. Bei Ausfahrten wurde Kardinal Höffner stets von Sicherheitsbeamten in Zivil begleitet.

Im Vorfeld seines Besuches wurde die ganze Wohnung inspiziert, der Personenschutz war kontinuierlich anwesend bei der Einweihung und beim Kaffeetrinken ...«

Die Nichten berichten über diese Zeit nach der Entführung und Ermordung des Arbeitgeberpräsidenten Schleyer 1977/78: »Diese Zeit war ohnehin eine sehr unruhige Zeit. Onkel Joseph fühlte sich sehr eingeschränkt – und wir auch. Wenn wir ihn besuchten, mussten auch wir erst die allgemeine Kontrolle über uns ergehen lassen, die wir bis dahin nicht gewohnt waren. Das war schon sehr befremdend.« Der »Personenschutz« für Kardinal Höffner in dieser Zeit hatte zum Teil groteske Auswirkungen: 1978 wurde der Erzbischof bei der Fronleichnamsprozession von Polizisten in Messdiener-Verkleidung bewacht. Einige Monate später wurde einer seiner Leibwächter bei einem Überfall auf einen Supermarkt in Köln-Godorf verhaftet. Als der Generalvikar auf Bitten des Kölner Polizeipräsidenten den Kardinal hierüber informierte, konnte dieser sich an diesen Leibwächter erinnern: »Vor einigen Wochen habe ich auf dem Frankfurter Flughafen mit ihm gesprochen. Er erzählte mir, dass er eine Surfschule in der Karibik eröffnen wolle. Davon habe ich ihm abgeraten.«[9]

---

[9] So Dompropst Feldhoff an den Verfasser am 15.5.2012.

XVI. KAPITEL

KRANKHEIT UND TOD JOSEPH HÖFFNERS 1987

Als Kardinal Höffners 75. Geburtstag 1981 nahte, entwarf er am 15. August 1981 das im Motuproprio *Ecclesiae Sanctae* vom 6. August 1966 vorgesehene Rücktrittsgesuch an Papst Johannes Paul II., das er dem Papst persönlich in einer Audienz am 23. Oktober 1981 überreichte.[1] Bereits am 7. November antwortete Kardinalstaatssekretär Casaroli: »Ich beehre mich, Euer Eminenz mitzuteilen, dass mir der Heilige Vater am vergangenen 24. Oktober in Audienz Ihr Schreiben überreichte und den Auftrag gab, Ihnen auszurichten, es sei Sein Wunsch, Sie möchten noch in der Verantwortung für das Erzbistum Köln bleiben, solange es Ihnen Ihre Gesundheit gestattet.«[2]

Bei der Zustellung des Schreibens exegesierte Nuntius Del Mestri am 13. November dieses »solange es Ihnen Ihre Gesundheit gestattet« durch die Erläuterung: »mit anderen Worten: ohne von sich aus [d. h. von Seiten des Papstes] Ihre weitere Amtsausübung zeitlich zu begrenzen«.[3] Der Nuntius fügte hinzu: »Dieser Wunsch des Papstes soll aber Eure Eminenz nicht daran hindern, zu gegebener Zeit – d. h. zum Zeitpunkt, den Sie selbst und Ihnen ergebene Ratgeber für gekommen erachten werden, den Hirtenstab in jüngere Hände zu legen – Ihr Rücktrittsgesuch zu wiederholen.« Höffner bedankte sich am 20. November 1981 beim Papst.[4] Generalvikar Feldhoff und Dompropst Ketzer teilten die päpstliche Entscheidung am 28. Dezember 1981 den Priestern und Diakonen des Erzbistums Köln mit.[5]

Dieses Rücktrittsgesuch an den Papst war für Joseph Höffner keine Routineangelegenheit, war nicht mit der Erwartung verbunden, dass dieses Gesuch ja wohl doch nicht angenommen würde. Bereits anderthalb Jahre vorher, am Aschermittwoch 1980 (20. Februar) hatte der Kardinal handschriftlich, auf seinem edelsten Briefbogen, ein »Abschiedswort« niedergeschrieben[6], in dem er seine Sicht des Sterbens und des Todes niedergelegt hatte: »Als Priester und Bischof habe ich oft die Frohbotschaft vom christlichen Sterben verkündigt. Je älter ich wurde, desto mehr ging die Botschaft mir persönlich nahe; denn ich wusste, ›dass mein Zelt bald abgebrochen wird‹ (2 Petr 1,14) und dass ›die Zeit meines Aufbruchs nahe ist‹ (2 Tim 4,6). Unser Glaube verharmlost das Sterben nicht. Erlebnisse, die wir nie zuvor gehabt, werden über uns kommen. Der Tod ist Gesetz

---

[1] Handschriftlicher Entwurf: 15. August 1981, unter dem Text der Vermerk, dass er dieses Gesuch bei einer Audienz am 23.10.81 dem Papst überreicht habe: HAEK – NH 2063.
[2] *Consiglio per gli Affari Publici della Chiesa*, Casaroli, an Höffner, 7.11.1981: HAEK – NH 2061.
[3] Del Mestri an Höffner, 13.11.1981: Ebd.
[4] Handschriftl. Entwurf, zum Teil in Stenographie: Höffner an Johannes Paul II., 20.11.1981: Ebd.
[5] Rundschreiben an alle Priester und Diakone im Erzbistum Köln, 28.12.1981: HAEK – NH 2079.
[6] Original, auf Wappenbogen: HAEK – NH 3168.

und Gericht. Aber er hat seinen Stachel verloren (vgl. 1 Kor 15,55). Er wird bei der Wiederkunft unseres Herrn endgültig ›als letzter Feind‹ vernichtet werden (1 Kor 15,26). Mit Christus hat unsere Auferstehung begonnen. ›Erster ist Christus; dann folgen, wenn Christus kommt, alle, die zu ihm gehören‹ (1 Kor 15,23).

Ich bin mir bewusst, dass es ein Leben gibt – mein irdisches Leben –, das nicht das volle Leben ist, und dass es einen Tod gibt – meinen menschlichen Tod –, der nicht in jeder Hinsicht tötet und trennt. Auf die Aussaat folgt die Ernte. Aus der Fremde ziehen wir in die Heimat, aus dem Zelt in das Vaterhaus, aus der irdischen Stadt in das himmlische Jerusalem. Was wir in den innerweltlichen Bereichen erstreben, sind immer nur vorläufige, vergängliche Werte. Unser eigentliches Ziel ist Gott ...«

Es sollten noch ausgefüllte, strapaziöse Jahre werden, die 1980/81 vor Joseph Höffner lagen. Beispielhaft sei nur an die Unruhen an der Bonner Hochschulgemeinde wie in der KJG[7] und an die Auseinandersetzungen um das ungeborene Leben 1986 erinnert.[8] Seine gesundheitlichen Grenzen wurden erstmals 1986 spürbar. Weihbischof Melzer berichtete darüber am 20. Januar 2007: »Die ersten Anzeichen einer Erkrankung hatte ich, ohne sie deuten zu können, bereits im Dezember 1986 auf der Rückkehr von einer weltumspannenden Reise[9] bemerkt, konkret auf dem Rückflug von Hongkong nach Köln. Der Kardinal befand sich in einem Zustand der Erschöpfung, wie ich ihn noch nie bei ihm bemerkt hatte. Im Januar [1987] kam es bei einer großen Abschiedsfeier für den Offizial unseres Erzbistums zu einem völlig unerwarteten Zusammenbruch. Ebenfalls im Januar entdeckten wir, die langjährige Sekretärin des Kardinals, Ilse Kriechel, und ich in Manuskripten, dass es dem Erzbischof immer schwerer fiel, handschriftliche Notizen anzufertigen. Dann kamen Tage, an denen er mir die Unterschriftsmappen nicht sofort zurückgab ...«[10]

Melzer hatte zuvor bemerkt: »Der Papstbesuch im Mai 1987 war schon davon gezeichnet, dass es Kardinal Höffner nicht gut ging. Ebenfalls im Mai 1987 hatte der Kardinal das weitläufige Dekanat Waldbröl visitiert. Täglich war spürbar, dass es ihm immer schwerer fiel, die Ausfälle, die er auf der rechten Seite an Hand, Arm und Bein hatte, zu verbergen.« Höffner sei dann auch noch allein zu einem Kolping-Fest nach Rom geflogen, nur betreut von den Theatinern seiner Titelkirche S. Andrea della Valle.

Am Vortag des Pfingstfestes (6. Juni) ließ sich Höffner mit viel Mühe von seinem Sekretär bewegen, sich im St. Hildegardis-Krankenhaus und dann auch in den Universitätskliniken einer eingehenden Untersuchung zu unterziehen. An ihr waren der Chefarzt des Hildegardiskrankenhauses Dr. Walter Ernst, der Neurochirurge der Universitätskliniken Prof. Dr. Reinhold Frowein, der Radiologe der

---

[7] Vgl. oben S. 447–463 bzw. 436–444.
[8] Vgl. oben S. 276–289.
[9] Es handelt sich um die Reise nach Mittelamerika und nach Manila 2.–15.12.1986. Auf dem Rückweg machte Kardinal Höffner in Hongkong Station: Vgl. oben S. 383–386.
[10] M. MELZER, Joseph Kardinal Höffner, in: 100. Geburtstag von Joseph Kardinal Höffner, S. 60.

Universitätskliniken Prof. Dr. Gerd Friedmann und der Chirurg Prof. Dr. Heinz Pichlmaier beteiligt. Prof. Frowein stellte einen inoperablen Gehirntumor fest. Nach Melzers Schilderungen 2007 gab Prof. Frowein schon am 6. Juni 1987 Melzer eine schonungslos offene Information über den Zustand des Patienten, die er im zweiten Anlauf auch diesem selbst in Umrissen vermittelte.[11] Nach weiteren Untersuchungen und dem Versuch einer medikamentösen Therapie kam Dr. Ernst am 19. Juni 1987 in einem »Epikritischen Bericht über den klinischen Aufenthalt vom 6.6.–15.6.1987« zu dem Schluss: »Ein operativer Eingriff käme nicht mehr ins Gespräch, und eine cytostatische Behandlung würde nicht wesentlich zur Besserung des Patienten beitragen. Eine Bestrahlungstherapie wäre womöglich der nächste Behandlungsschritt. Inzwischen hat man Seiner Eminenz, die über ihre Krankheit vollständig informiert worden ist, eine ab sofort zu beginnende dreiwöchige Erholung und anschließend (gegen den 4. bzw. 5. Juli) eine erneute cerebrale Computer-tomographische Kontrolluntersuchung angeraten.«[12] Eine Kopie dieses Berichtes erhielt auch Höffners Füssener »Hausarzt«, der Internist Dr. Baumgarten.

Nachdem der Kardinal das Krankenhaus verlassen hatte und bevor er sich am 18. Juni in das ihm vertraute Kurheim St. Ulrich in Füssen bringen ließ, entwarf er am 16. Juni 1987 ein weiteres Rücktrittsgesuch an den Papst.[13] Wenn man die als schön zu bezeichnende Handschrift des Kardinals noch in seinem »Abschiedswort« vom 20. Februar 1980 vor Augen hat, wirkt der Entwurf des Rücktrittsgesuchs vom 16. Juni 1987 erschütternd: Nach zwei Zeilen, die wie von einem Erstklässler in Schönschrift »gemalt« sind, folgt ein längerer Text in einer unlesbar geworden Schrift, durchsetzt von Kurzschriftpassagen, die ohnehin nicht zu entziffern sind.

Das Ende des »Erholungsaufenthalts« in Füssen ist kurz in dem abschließenden Bericht des St. Hildegardis-Krankenhauses vom 28. Dezember 1987 zusammengefasst: »Die für den 5. Juli aufgrund notwendiger CCT-Kontrolluntersuchung nach Köln vorgesehene Rückkehr musste jedoch am 04.07.1987 wegen akuter Verschlechterung erfolgen. An jenem Tag ereignete sich in Füssen in den Frühmorgenstunden ein schwerer Krampfanfall, so dass Seine Eminenz in das dortige Kreiskrankenhaus notfallmäßig eingewiesen werden musste ... Nach kurzer Sedierung ... erfolgte der notfallmäßige Transport des Patienten von Füssen nach München per Hubschrauber und von München nach Köln per Not-Jet.

Beim Eintreffen ... in Köln wurde noch am selben Tag, dem 04.07.1987, die CCT-Kontrolluntersuchung (Prof. Friedmann) durchgeführt. Der Befund war gekennzeichnet durch eine erhebliche Zunahme des schon am 06.06.1987 ... fest-

---

[11] Ebd. S. 61.
[12] St. Hildegardis-Krankenhaus, Chefarzt Dr. W. Ernst, Betr.: Herrn Kardinal-Erzbischof Prof. Dr. Dr. Joseph Höffner ..., Epikritischer Bericht über den klinischen Aufenthalt vom 6.6.–15.6.1987, 19.6.1987, hier: S. 6: HAEK – Zug. 1116/00 – 20.
[13] Handschriftlicher Entwurf, 16.6.1987: HAEK – NH 2064.

gestellten ... hirneigenen Tumors, der von einem Ödem umgeben war.«[14] Die Ärzte (Prof. Dr. Friedmann, Chefarzt Dr. Ernst, Prof. Dr. Frowein) entschlossen sich – in Absprache mit dem Generalvikar des Erzbistums – am 6. Juli 1987 zu einem »Ärztlichen Bericht« in Kurzform für die Presse: »Seine Eminenz, Joseph Kardinal Höffner, erkrankte mit Bewegungsstörungen des rechten Armes. Eingehende Untersuchungen stellten eine Hirngewebsveränderung im linken Scheitelgebiet fest. Der Herr Kardinal wird eine entsprechende Behandlung erhalten.«[15]

Am 7. Juli gab das Presseamt des Erzbistums Köln eine Information an die Presse.[16] Am gleichen Tage wandte sich Generalvikar Feldhoff an die Priester und Diakone des Erzbistums. Nach der Information über den medizinischen Befund schrieb er: »Täglich zelebriert der Herr Kardinal die Messe in seinem Zimmer. Am Nachmittag des 6. Juli hat er auf seinen Wunsch hin das Sakrament der Krankensalbung empfangen. Nachdem unser Erzbischof zur Vollendung des 75. sowie zur Vollendung des 80. Lebensjahres bereits auf sein Amt verzichtet hatte[17], hat er nun vor einigen Wochen erneut dem Heiligen Vater seinen Amtsverzicht angeboten. Der Papst wird nach Abwägung aller Umstände seine Entscheidung treffen.«[18]

Weihbischof Melzer fuhr am 20. Januar 2007 in seiner Schilderung der letzten Lebenswochen Kardinal Höffners fort: »In die bewegende Geschichte der letzten Monate gehört auch ein Blick auf den September 1987. Am 14. September ... jährte sich zum 25. Mal der Tag der Bischofsweihe des Kardinals. Weihbischof Dr. Augustinus Frotz, der im selben Jahr 1962 [am 7. Oktober] die Bischofsweihe empfangen hatte, sollte zusammen mit dem Kardinal dieses Fest im Dom feiern. Der Erzbischof von München und Freising, Kardinal Wetter, war gebeten, die Festpredigt zu halten.[19] Bis zum letzten Augenblick war unklar, ob der Kardinal in der Lage sein wird, vielleicht im Rollstuhl in den Dom zu kommen. Lange hat er mit sich gerungen, und ich habe seine Entscheidung, sich nicht in den Dom fahren zu lassen, zutiefst bedauert ... Viele Bischöfe waren angereist, um im Dom mitzufeiern. Nach dem Pontifikalamt kamen die Bischöfe dann ins Krankenhaus. Sie alle wollten nicht nach Köln gekommen sein, ohne den Kardinal gesehen zu haben ...«[20] Das Pontifikalamt hielt Weihbischof Frotz, umgeben von den Kardinälen Glemp und

---

[14] St. Hildegardis-Krankenhaus, Oberarzt Dr. Mario Laura, Betr.: Herrn Kardinal-Erzbischof Prof. Dr. Dr. Joseph Höffner ..., Epikritischer Bericht über den letzten Krankheitsverlauf ..., 28.12.1987: HAEK – Zug. 1116/00 – 20.
[15] St. Hildegardis-Krankenhaus, Ärztlicher Bericht, 6.7.1987 (Unterzeichnet: Prof. Dr. Friedmann, Direktor des Radiologischen Institutes der Universität zu Köln; Dr. Ernst, Chefarzt der Inneren Abteilung des St. Hildegardis-Krankenhauses; Prof. Dr. Frowein, Direktor der Neurochirurgischen Universitätskliniken zu Köln): Ebd.
[16] Exemplar in HAEK – Zug. 1116/00 – 20.
[17] Der Amtsverzicht aus Anlass des 80. Geburtstages 1986 hat in den Akten keine Spuren hinterlassen.
[18] Rundbrief an alle Priester und Diakone im Erzbistum Köln, 7.7.1987: Ebd.
[19] Text: Abschied von Joseph Kardinal Höffner, S. 12–14.
[20] 100. Geburtstag von Joseph Kardinal Höffner, S. 61f. – Zu den Besuchern im St. Hildegardis-Krankenhaus am 14.9.1987 gehörte auch Bundeskanzler Kohl.

Wetter. Der überaus zahlreich erschienene Kölner Klerus versammelte sich anschließend im »Börsensaal« der Industrie- und Handelskammer. Es herrschte eine wehmütige Stimmung unter dem Bewusstsein: Wenn wir das nächste Mal zusammenkommen, wird wohl die Beerdigung des Erzbischofs der Anlass sein.

Am 4. August 1987 hatte der Apostolische Nuntius Kardinal Höffner mitgeteilt, »dass der Heilige Vater Ihr Rücktrittsgesuch angenommen hat und dass, Ihrem Wunsch entsprechend [wegen der vorgesehenen Feier am 14. September], die Veröffentlichung im ›L'Osservatore Romano‹ am Nachmittag des 16. September d. J. erfolgen wird.«[21] Tatsächlich geschah die Veröffentlichung bereits am 14. September. Am gleichen 4. August richtete der Papst ein ausführliches Dankes- und Glückwunschschreiben an Kardinal Höffner zum 25. Jahrestag der Bischofsweihe.[22] Erst am 7. September 1987 teilte Kardinal Casaroli Höffner in aller Form mit, dass der Papst ihn zum 14. September entpflichtet habe.[23]

Der Erzbischof blieb bis in die letzten Lebenstage im Verstand klar. Melzer berichtet: »Als er mich im September bat, ihm den Abschiedshirtenbrief zu formulieren, habe ich drei Nächte daran gesessen und ihm schließlich den Text gebracht ... Am vierten Tag sagte er plötzlich: ›Da liegt noch der Text von Ihnen. Das Eingangszitat aus dem Philipperbrief können Sie kürzen und am Ende sollten Sie noch die Muttergottes hineinbringen. Nehmen Sie es mit und geben Sie es sobald wie möglich in Druck.«[24]

Im ärztlichen Abschlussbericht vom 28. Dezember 1987 heißt es: »In der zweiten Hälfte des Monats September und zunehmend in der ersten Dekade des Monats Oktober verschlechterte sich weiterhin der klinische Zustand des Patienten, der trotz weiterer medizinischer und pflegerischer Bemühungen zusehends bettlägerig und geschwächt in seiner Abwehrkraft wurde. In der Nacht zum 12.10.1987 geriet Seine Eminenz in ein terminales cerebrales Koma und verstarb nach einer fünftägigen Agonie am 16.10.1987 gegen 13.35 Uhr.«[25]

Die nun folgenden Tage des Abschieds und der Totenfeier für den verstorbenen Erzbischof Höffner hat der damalige Domzeremoniar Dr. Günter Assenmacher aus dem unmittelbaren Miterleben ausführlich dokumentiert und 2006 aus Anlass des 100. Geburtstages von Kardinal Höffner veröffentlicht.[26] Assenmacher begann seine Aufzeichnungen 1987 mit einem Verweis auf das Erinnerungsbildchen zum silbernen Bischofsweihejubiläum am 14. September. Höffner hatte in Vorahnung seines Todes eindrucken lassen: »Im Zeichen des Kreuzes habe ich meinen Dienst

---

[21] Nuntius Uhać an Höffner, 4.8.1987: HAEK – Zug. 1116/00 – 17.
[22] Johannes Paul II. an Höffner, 4.8.1987: KA 127, 1987, Nr. 222, S. 211f.; Abschied von Joseph Kardinal Höffner, S.8f.
[23] Schreiben des Herrn Kardinalstaatssekretärs über die Annahme des Rücktrittsgesuchs an Kardinal Höffner, 7.9.1987; KA 127, 1987, Nr. 223, S. 212.
[24] Abschiedswort unseres Herrn Kardinals, 14.9.1987: KA 127, 1987, Nr. 224, S. 212–214.
[25] Epikritischer Bericht, Dr. Laura, 28.12.1987: HAEK – Zug. 1116/00 – 20.
[26] G. ASSENMACHER, Krankheit, Tod und Begräbnis von Erzbischof Joseph Kardinal Höffner, in: ANALECTA COLONIENSIA 6, 2006, S. 71–88.

als Pfarrer in Heilig Kreuz in Trier begonnen. Im Zeichen des Kreuzes habe ich vor 25 Jahren am Fest Kreuzerhöhung die Bischofsweihe empfangen. Im Zeichen des Kreuzes habe ich mich bemüht, der Kirche von Münster und der Kirche von Köln als Bischof zu dienen. Im Zeichen des Kreuzes gebe ich den Hirtenstab des heiligen Maternus zurück. Im Zeichen des Kreuzes lege ich mein Leben in Gottes Hände, und Gottes Hände sind gute Hände. Ich bitte alle, mit mir Gott, dem Herrn, zu danken für seine gütige Führung. Helft mir beten, dass auch die letzte Spanne meines Lebens für mich zum Heil werde, denn man stirbt nicht an einem Leiden, sondern dann, wenn nach Gottes Willen ein irdisches Leben zu Ende geht.«

Vom Nachmittag des Sterbetages bis zum Abend des nächsten Tages, eines Samstags, wurde der Leichnam Kardinal Höffners in der Kapelle des St. Hildegardis-Krankenhauses aufgebahrt, wo Diözesanadministrator Luthe frühmorgens für die Ordensschwestern und Krankenhausmitarbeiter eine erste hl. Messe für den Verstorbenen feierte. Inzwischen wurde das Dekagon der Basilika St. Gereon – bis zu den Zerstörungen des II. Weltkrieges als »Wohnsitzpfarrkirche« der Erzbischöfe der Aufbahrungsort nach dem Tode – hergerichtet, wohin man den Toten am Samstagabend überführte. Ab dem folgenden Morgen sollten die Gläubigen des Erzbistums täglich zwischen 7 und 22 Uhr Gelegenheit haben, von dem verstorbenen Erzbischof Abschied zu nehmen. Assenmacher registrierte: »Das Defilee, das am Sonntagmorgen begann und bis zum Begräbnistag auch nach der am Mittwochabend notwendigen Einsargung nicht nachließ, übertraf an Zahl und Art alle Erwartungen. Allein ca. 18 000 Personen dürften sich in die ausgelegten Kondolenzlisten eingetragen haben. Die Zahl derer, die sich auf den Weg nach St. Gereon machten, ohne ihren Namen einzuschreiben, dürfte wenigstens drei-, wenn nicht viermal so hoch gewesen sein ... Kardinal Höffner wurde im Tod eine Sympathie und Nähe zuteil, die ihm im Leben in dieser Weise nicht vergönnt war. Vielleicht hängt es damit zusammen, dass die Menschen sich von ihm und seiner schlichten Lauterkeit nicht betrogen fühlten ›in der geheimen Hoffnung auf das Reine und das Große‹«[27].

In St. Gereon wurde viel still gebetet und täglich eine hl. Messe gefeiert. In den Abendstunden sangen die Domchöre und die Scholen des Collegium Albertinum in Bonn wie des Collegium Marianum in Neuss die Vesper. »Kurz vor dem Tod des Kardinals hatte sein Sekretär das wohl während eines Romaufenthaltes handschriftlich verfasste Testament vom Aschermittwoch 1980 gefunden, das faksimiliert fast jedem als Andenken und Vermächtnis mitgegeben werden konnte, der den Weg zur Gereonskirche fand.«[28] In den Nächten hielten Bonner Theologen und Gruppen von Gläubigen Nachtwache am Sarg des Erzbischofs.

---

[27] G. ASSENMACHER, Krankheit, Tod und Begräbnis; S. 76 u. 78 – Das Zitat ist der Predigt Kardinal Ratzingers bei den Exequien entnommen; Text der Predigt: Abschied von Joseph Kardinal Höffner, S. 31–35.

[28] Es handelt sich um das weiter oben bereits zitierte »Abschiedswort«: S. 501 mit Anm. 6; Faksimileabdruck: Abschied von Joseph Kardinal Höffner, S. 25–29.

Zum Begräbnistag war Samstag, der 24. Oktober 1987, ab 14 Uhr bestimmt worden. In den Mittagsstunden sammelten sich die bischöflichen Gäste aus aller Welt im Maternushaus, die Priester und Ordensleute im Priesterseminar neben dem Erzbischöflichen Haus, um von dort aus in Chorkleidung nach St. Gereon zu ziehen. Nach den Gebeten der 1. Statio an seinem Sarg wurde der tote Erzbischof auf dem alten Weg der Kölner Fronleichnamsprozession von St. Gereon zum Dom geleitet. Zu den Zahlen der Anteil Nehmenden am Rande des Weges hielt Assenmacher fest: »Die Zahlen wurden so geschätzt, dass ca. 20.000 Menschen am Weg standen, 10.000 auf der Domplatte, 5.000 im Dom selbst. Die Übertragung auf dem Weg bzw. vor dem Dom war besonders zu Anfang wichtig, weil nur ganz wenige an der Statio in St. Gereon unmittelbar teilnehmen konnten: Die Basilika bot nämlich nur Platz für die Mitglieder der Familie und die höchsten politischen Repräsentanten. Nur die Gäste aus der Ökumene, die Mitglieder des Kölner Domkapitels und die wirklichen Prälaten zogen aus der Prozession der Geistlichen in die Basilika ein, wo der Diözesanadministrator die Begräbnisfeier eröffnete, nachdem die Kardinäle einzeln den Sarg mit Weihwasser besprengt und unter Leitung von Kardinalstaatssekretär Casaroli ein besonderes Gebet für ihren verstorbenen Kollegen gesprochen hatten.«[29] Im Dom wurde der Sarg vor dem Vierungsaltar auf einem Katafalk aufgestellt und mit den priesterlichen und bischöflichen Insignien geschmückt. »Nachdem Kardinal Ratzinger und die 14 Konzelebranten in der Sakristei die Paramente für die Messfeier angelegt hatten, begann die 2. Station der Begräbnisfeier mit dem Introitus ... Nach der Eröffnung verlas dann Kardinal Casaroli eine persönliche Botschaft des Heiligen Vaters[30] ...

Dass Kardinal Ratzinger als Hauptzelebrant amtierte, ging auf einen ausdrücklichen Wunsch Kardinal Casarolis zurück. Die Zahl der Konzelebranten war auf die anwesenden Kardinäle, Bischof Lettmann als Vertreter der Suffraganbischöfe, die Kölner Weihbischöfe, den Dompropst, den früheren Generalvikar [Höffners] und Stellvertreter [des Diözesanadministrators] sowie den Sekretär beschränkt, um deutlich zu machen, dass der Verstorbene Erzbischof von Köln *und* Kardinal der Weltkirche war ...

Nach dem Schlussgebet folgte die Verabschiedung durch den Hauptzelebranten ... Nachdem Kardinal Ratzinger die vorgesehenen Gebete geleitet und den Sarg mit Weihwasser besprengt hatte, übernahm der Diözesanadministrator, Weihbischof Dr. Luthe, die Leitung der 3. Station, der Beisetzung selbst ... Während der Domchor ... sang, trugen sechs Arbeiter der Dombauhütte den Sarg zu jener Stelle im Chor, an der im Mittelgang eine der Grabplatten des 19. Jahrhunderts entfernt worden war, um ihn [den Sarg] auf jene Höhe absenken zu können, auf der in der Erzbischofsgruft über dem Platz von Kardinal Frings das Grab vorbereitet war. Noch einmal läutete die Petersglocke. Nach den vorgesehenen Riten

---

[29] G. Assenmacher, Krankheit, Tod und Begräbnis, S. 82.
[30] Text: Abschied von Joseph Kardinal Höffner, S. 30f.

und Gebeten sangen alle das *Salve Regina*. Währenddessen aspergierten die Konzelebranten noch einmal den Sarg und zogen dann zum Vierungsaltar, von wo der Diözesanadministrator ... die Feier mit dem Segen beendete ...

Nachdem die Gäste den Dom verlassen hatten, wurde der Sarg ... in die vorbereitete Nische geschoben. Diese wurde sofort zugemauert und mit dem Wappen provisorisch gekennzeichnet, so dass nach dem Abbau des Gerüstes schon am nächsten Tag Beter an das Gitter vor der Bischofsgruft in der Krypta des Domes herantreten konnten. Nach dem Sechswochenamt am 1. Advent begann der Steinmetz mit seiner Arbeit, die vor dem Weihnachtsfest beendet wurde. Neben dem Wappen liest man dort heute in der *nobilis simplicitas*, die nicht nur das Begräbnis, sondern den Gottesdienst der Kirche überhaupt und das Gotteshaus zieren soll:

JOSEPH CADRDINALIS HÖFFNER
NAT. XXIV. XII. MCMVI OBIIT XVI. X. MCMLXXXVII
ARCHIEPISCOPUS COLONIENSIS
XXIII. FEB. MCMLXIX EMER. XIV. SEP. MCMLXXXVII«[31]

---

[31] G. Assenmacher, Krankheit, Tod und Begräbnis, S. 85f.

QUELLEN- UND LITERATURVERZEICHNIS

I. Ungedruckte Quellen

1. Historisches Archiv des Erzbistums Köln (HAEK)

Nachlass Joseph Kardinal Höffner (NH)
Erzbistumsakten
Depositum Sekretariat der Deutschen Bischofskonferenz

2. Erzbischöfliches Generalvikariat Köln, Registratur (EGV)

3. Bistumsarchiv Münster (BAM)

Nachlass Heinrich Tenhumberg
Akten des Domarchivs
Generalvikariat Neues Archiv, Bischöfliches Sekretariat

II. Gedruckte Quellen und Literatur

(Titel, die lediglich einmal zitiert werden bzw. auf die nur einmal hingewiesen wird, finden sich am konkreten Ort belegt.)

Abschied von Joseph Kardinal Höffner, hrsg. v. Presseamt des Erzbistums Köln 1987.
Acta et Documenta concilio oecumenico Vaticano II apparando, Series II: Praeparatoria, Typis polyglottis Vaticanis 1964–1969 u. 1994.
Acta Synodalia sacrosancti concilii oecumenici Vaticani II, Typis polyglottis Vaticanis 1970–1980.
Alberigo, Giuseppe (Hrsg.), Geschichte des Zweiten Vatikanischen Konzils (1959–1965). Deutsche Ausgabe, Bd. 1–3, hrsg. v. Klaus Wittstadt, Bd. 4–5, hrsg. v. Günter Wassilowsky,
– Bd. 1: Die katholische Kirche auf dem Weg in ein neues Zeitalter. Die Ankündigung und Vorbereitung des Zweiten Vatikanischen Konzils (Januar 1959 – Oktober 1962), Mainz – Leuven 1997.
– Bd. 2: Das Konzil auf dem Weg zu sich selbst. Erste Sitzungsperiode und Intersessio. Oktober 1962 – September 1963, Mainz – Leuven 2000.
– Bd. 3: Das mündige Konzil. Zweite Sitzungsperiode und Intersessio. September 1963 – September 1964, Mainz – Leuven 2002.
– Bd. 4: Die Kirche als Gemeinschaft. September 1964 – September 1965, Mainz – Leuven 2006.
– Bd. 5: Ein Konzil des Übergangs. September – Dezember 1965, Mainz – Leuven 2008.
Althaus, Rüdiger, Die Rezeption des Codex Iuris Canonici von 1983 in der Bundesrepublik Deutschland unter besonderer Berücksichtigung der Voten der Gemeinsamen Synode der Bistümer in der Bundesrepublik Deutschland, Paderborn u. a. 2000.

ANNUARIO PONTIFICIO per l'anno 2006 bzw. 2011, CITTÀ DEL VATICANO 2006, 2011.

ASSENMACHER, Günter, Krankheit, Tod und Begräbnis von Erzbischof Joseph Kardinal Höffner, in: ANALECTA COLONIENSIA 6, 2006, S. 71–88.

AYMANS, Winfried, Kirchliches Verfassungsrecht und Vereinigungsrecht in der Kirche. Anmerkungen zu den revidierten Gesetzentwürfen des kanonischen Rechtes unter besonderer Berücksichtigung des Konzeptes der personalen Teilkirchen, in: ÖSTERREICHISCHES ARCHIV FÜR KIRCHENRECHT 32, 1981, S. 79–99.

AYMANS/MÖRSDORF, Kanonisches Recht. Lehrbuch aufgrund des Codex Iuris Canonici. Begründet von Eduard EICHMANN, fortgeführt von Klaus MÖRSDORF, neu bearbeitet von Winfried AYMANS, Bd. II: Verfassungs- und Vereinigungsrecht, Paderborn u. a. 1997.

BALTHASAR, Hans Urs von, Bischofssynode 1971. Eingeleitet von Joseph HÖFFNER. Mit einem kurzen Kommentar von Hans Urs von BALTHASAR, Einsiedeln 1972.

BENZ, Michael, Die Personalprälatur. Entstehung und Entwicklung einer neuen Rechtsfigur vom Zweiten Vatikanischen Konzil bis zum Codex von 1983, St. Ottilien 1988.

BIRKENMAIER, Reiner (Hrsg.), Werden und Wandel eines neuen kirchlichen Berufs. Sechzig Jahre Seelsorgehelferinnen/Gemeindereferent(inn)en, Freiburg 1989.

BORSCH, Karl/BÜNDGENS, Johannes (Hrsg.), Konzil und Bistum. Das II. Vatikanische Konzil und seine Wirkung im Bistum Aachen und bei den Nachbarn. Festgabe für Bischof Heinrich Mussinghoff zur Vollendung des 70. Geburtstages, Aachen 2010.

BURGER, Hannes, Der Papst in Deutschland. Die Stationen seiner Reise 1987 zur Seligsprechung von Edith Stein in Köln und Pater Rupert Mayer in München ..., München 1987.

CODEX IURIS CANONICI/Codex des kanonischen Rechtes. Lateinisch-deutsche Ausgabe, Kevelaer 1983.

CORSTEN, Angela-Maria, Das Dombaufest von 1880, in: Arnold WOLFF u. Toni DIEDERICH (Hrsg.), Das Kölner Dom Jubiläumsbuch 1980. Offizielle Festschrift der Hohen Domkirche Köln, Köln ²1980, S. 59-64

DAMBERG, Wilhelm, Abschied vom Milieu? Katholizismus im Bistum Münster und in den Niederlanden 1945–1980 (= Veröffentlichungen der Kommission für Zeitgeschichte, Reihe B: Forschungen, Bd. 79), Paderborn u. a. 1997.

DAMBERG, Wilhelm, Das Zweite Vatikanische Konzil und das Bistum Münster, in: K. BORSCH/J. BÜNDGENS (Hrsg.), Das Zweite Vatikanische Konzil und seine Wirkung im Bistum Aachen, S. 37–76.

DAMBERG, Wilhelm, Die Priesterbruderschaft St. Pius X. (FSSPX) und ihr politisch-geistesgeschichtlicher Hintergrund, in: P. HÜNERMANN (Hrsg.), Exkommunikation, S. 69–122.

DAMBERG, Wilhelm, Gesellschaftlicher Wandel und pastorale Planung. Das Bistum Münster und die Synoden von 1897, 1924, 1936 und 1958, in: W. THISSEN (Hrsg.), Das Bistum Münster, Bd. 2: Pastorale Entwicklung im 20. Jahrhundert, S. 13–57.

DAMBERG, Wilhelm, Heinrich Tenhumberg (1915–1979), in: ZEITGESCHICHTE IN LEBENSBILDERN, Bd. 9, S. 135–148 u. 341f.

DAMBERG, Wilhelm, Moderne und Milieu 1802–1998 (= A. ANGENENDT (Hrsg.), Geschichte des Bistums Münster, Bd. 5), Münster 1998.

DECKERS, Hans, 25 Jahre Pfarrgemeinderäte im Erzbistum Köln, hrsg. v. Diözesanrat der Katholiken im Erzbistum Köln, Köln 1993.

DE NIEUWE KATECHISMUS. Geloofsveerkondiging voor Vollwaassenen, Hilversum-Antwerpen 1966.

DER PAPST IN DEUTSCHLAND. Authentische Dokumentation zur Erinnerung an den zweiten Besuch des Heiligen Vaters, Papst Johannes Paul II., vom 30. April bis 4. Mai 1987 in Deutschland, München 1987.

DESCZYK, Andrej Nikolai, Joseph Kardinal Höffner. Sozialverkündigung im Bischofsamt, Berlin 2004.

DEUTSCHE BISCHOFSKONFERENZ (Hrsg.), Römische Bischofssynode 1971: Der priesterliche Dienst. Gerechtigkeit in der Welt. Eingeleitet von Klaus HEMMERLE und Wilhelm WEBER, Trier 1972.

DEUTSCHE SENDUNGEN VON RADIO VATIKAN. Nach dem Papstbesuch in Deutschland, Leutesdorf 1986.

DIE DEUTSCHEN BISCHÖFE, hrsg. v. Sekretariat der Deutschen Bischofskonferenz,
    Heft 11: Zur Ordnung der pastoralen Dienste 2. März 1977, Bonn 1977.
    Heft 22: Rahmenstatuten und -ordnungen für Diakone und Laien im pastoralen Dienst, Bonn 1978/1979.
    Heft 41: Rahmenstatuten und -ordnungen für Gemeinde- und Pastoral-Referenten/Referentinnen 10. März 1987, Bonn 1987.

DIEDERICH, Toni, Kirchliche Heraldik im 19. und 20. Jahrhundert. Bemerkungen zu den Wappen der Erzbischöfe von Ferdinand August von Spiegel bis zu Joseph Kardinal Höffner, in: KÖLNER DOMBLATT 51, 1986, S. 11–46.

VAN DIJK, Hubert, Hollands Kirche – wohin? Das Pastoralkonzil nüchtern betrachtet, Berlin 1970.

DIÖZESANRAT DER KATHOLIKEN im Erzbistum Köln (Hrsg.), 25 Jahre Mitverantwortung der Laien in der Kölner Kirche, Köln 1972.

DIÖZESANRATPUNKTDE, 60 Jahre Engagement für Kirche und Gesellschaft. Eine Chronik des »Kölner Modells« 1946–2006, hrsg. v. DIÖZESANRAT DER KATHOLIKEN im Erzbistum Köln, Köln 2007.

DREISSEN, Josef, Diagnose des Holländischen Katechismus. Über Struktur und Methode eines revolutionären Buches, Freiburg ²1968.

EIFF, August Wilhelm von, Schutz des Lebens und personale Würde des Menschen als Grundlage der Geburtenkontrolle, in: STIMMEN DER ZEIT 200, 1982, S. 507–520.

FELDHOFF, Norbert, Joseph Kardinal Höffner als Erzbischof von Köln – aus der Beobachtung seines langjährigen Sekretärs und Generalvikars (1969–1987), in: 100. GEBURTSTAG von Joseph Kardinal Höffner, S. 36–45.

FRINGS, Josef Kardinal, Für die Menschen bestellt. Erinnerungen des Alterzbischofs von Köln, Köln 1973.

FROITZHEIM, Dieter, Personalchronik des Kölner Priesterseminars 1951–1976 (= Studien zur Kölner Kirchengeschichte, Bd. 12), Siegburg 1976.

GATZ, Erwin (Hrsg.), Die Bischöfe der deutschsprachigen Länder 1785/1803 bis 1945. Ein biographisches Lexikon, Berlin 1983.

GATZ, Erwin (Hrsg.), Die Bischöfe der deutschsprachigen Länder 1945 bis 2001. Ein biographisches Lexikon, Berlin 2002.

80. GEBURTSTAG von Joseph Kardinal Höffner. Zeugnis des Glaubens, der Hoffnung und der Liebe, hrsg. v. Presseamt des Erzbistums Köln (= Drei-Kronen-Reihe, Heft 15), Köln 1987.

100. GEBURTSTAG von Joseph Kardinal Höffner (1906–1987). Eine Dokumentation der Jubiläumsfeierlichkeiten am 20. und 21. Januar 2007 (= Drei-Kronen-Reihe, Heft 22), Köln 2007.

GEMEINSAME SYNODE der Bistümer in der Bundesrepublik Deutschland. Beschlüsse der Vollversammlung, Offizielle Gesamtausgabe I, Freiburg u. a. 1976.

GODDIJN, Walter, Holland – die riskante Kirche, Freiburg 1969.

HANDBUCH DES ERZBISTUMS KÖLN,
- Köln ^{25}1958.
- 2 Bde., Köln ^{26}1966.
- Personaler Teil, Köln ^{27}1985.
- Personaler Teil, Köln ^{28}1998.

HARTMANN, Gerhard, Wählt die Bischöfe. Ein Vorschlag zur Güte und zur rechten Zeit, Kevelaer 2010.

HARTMANN, Maike, Bistumspresse während des II. Vatikanischen Konzils (= Junges Forum Geschichte 3), Münster 2009.

HELBACH, Ulrich, Wie alles begann. Vorgeschichte und Gründungsphase der Pfarrei Heilig Geist (1952–1961), in: 1957–2007. 50 Jahre Heilig Geist Kirche Bonn-Venusberg, Bonn 2007, S. 75–104.

HERMANNS, Manfred, Sozialethik im Wandel der Zeit. Geschichte des Lehrstuhls für Christliche Gesellschaftslehre in Münster 1893–1997, Paderborn 2006.

HOFMEISTER, Philipp. Von den Koadjutoren der Bischöfe und Äbte, in: Archiv für katholisches Kirchenrecht 112, 1932, S. 369–436.

HOMEYER, Josef, Joseph Kardinal Höffner als Vorsitzender der Deutschen Bischofskonferenz – Erfahrungen des langjährigen Sekretärs der Bischofskonferenz (1972–1983), in: 100. GEBURTSTAG von Joseph Kardinal Höffner, S. 23–33.

HUMMEL, Karl-Joseph, Der Heilige Stuhl, die katholische Kirche in Deutschland und die deutsche Einheit, in: Karl-Joseph HUMMEL (Hrsg.), Vatikanische Ostpolitik, S. 76–106.

HUMMEL, Karl-Joseph, Seelsorgepolitik für eine versöhnte Zukunft. Karol Wojtyla/Papst Johannes Paul II., Julius Döpfner und Joseph Höffner, in: HEINZ FINGER/REIMUND HAAS/ HERMANN-JOSEF SCHEIDGEN (Hrsg.), Ortskirche und Weltkirche in der Geschichte. Kölnische Kirchengeschichte zwischen Mittelalter und Zweitem Vatikanum. Festgabe für Norbert Trippen zum 75. Geburtstag (= Bonner Beiträge zur Kirchengeschichte, Bd. 28), Köln u. a. 2011, S. 917–960.

HUMMEL, Karl-Joseph (Hrsg.), Vatikanische Ostpolitik unter Johannes XXIII. und Paul VI. 1958–1978, Paderborn u. a. 1999.

HÜNERMANN, Peter (Hrsg.), Exkommunikation oder Kommunikation? Der Weg der Kirche nach dem II. Vatikanum und die Pius-Brüder (= Quaestiones disputatae 236), Freiburg u. a. 2009.

IM ZENTRUM DER EINHEIT. Arbeitstagung der Dechanten des Erzbistums Köln vom 12. bis 19. Juni 1973 in Rom, Köln 1973.

JANSSENS, Ben, Das Zweite Vatikanische Konzil und ein »trotziger Katholizismus« in den Niederlanden: Das Bistum Roermond, in: K. BORSCH/J. BÜNDGENS (Hrsg.), Konzil und Bistum, S. 261–303.

JENS, Walter (Hrsg.), Um nichts als die Wahrheit. Deutsche Bischofskonferenz contra Hans Küng. Eine Dokumentation, München 1978.

KOHL, Christoph, Amtsträger oder Laie? Die Diskussion um den ekklesiologischen Ort der Pastoralreferenten und Gemeindereferenten, Frankfurt a. M. u. a. 1987.

KÖTTING, Bernhard (Hrsg.), Kleine deutsche Kirchengeschichte, Freiburg u. a. 1980.

KÜNG, Hans, Umstrittene Wahrheit. Erinnerungen, München 2007.

KÜNZEL, Heike, Apostolatsrat und Diözesanpastoralrat (= Beihefte um Münsterischen Kommentar 36), Essen 2002.
KÜNZEL, Heike, Der Priesterrat. Theologische Grundlegung und rechtliche Ausgestaltung (= Beihefte zum Münsterischen Kommentar 27), Essen 2000.
KÜRSCHNERS DEUTSCHER GELEHRTEN-KALENDER. Bio-bibliographisches Verzeichnis deutschsprachiger Wissenschaftler der Gegenwart, hrsg. v. Werner Schuder, 15. Ausgabe, Berlin – New York 1987.
LEHMANN, Karl, Allgemeine Einleitung, in: GEMEINSAME SYNODE, S. 21–67.
LENICH, Hubert, Der Pfarrgemeinderat, in: W. THISSEN (Hrsg.), Das Bistum Münster, Bd. 2: Pastorale Entwicklung im 20. Jahrhundert, S. 75–79.
LETTMANN, Reinhard, Joseph Höffner als Bischof von Münster und als Konzilsteilnehmer – aus der Sicht seines Münsteraner Sekretärs und Generalvikars (1963–1967, 1967–1969), in: 100. GEBURTSTAG von Joseph Kardinal Höffner, S. 13–20.
LEXIKON FÜR THEOLOGIE UND KIRCHE, Bd. 1–10, hrsg. von Josef HÖFER/Karl RAHNER, Freiburg i. Br. ²1957–1965; Bd. 1–11, hrsg. v. Walter KASPER, Freiburg i. Br. ³1993–2001.
LEXIKON FÜR THEOLOGIE UND KIRCHE. DAS ZWEITE VATIKANISCHE KONZIL. Dokumente und Kommentare, hrsg. v. Heinrich Suso BRECHTER OSB u. a., Teil I–III, Freiburg i. Br. 1966–1968.
LISTL, Joseph/MÜLLER, Hubert/SCHMITZ, Heribert (Hrsg.), HANDBUCH DES KATHOLISCHEN KIRCHENRECHTS, Regensburg 1983
LISTL, Joseph/SCHMITZ, Heribert (Hrsg.), HANDBUCH DES KATHOLISCHEN KIRCHENRECHTS, Regensburg ²1999.
MAIER, Hans, Böse Jahre, gute Jahre. Ein Leben 1931 ff., München 2011.
MAIER, Hans, Was bleibt von 1968?, in: JAHRES- UND TAGUNGSBERICHTE DER GÖRRES-GESELLSCHAFT 2008, S. 45–60.
MEISNER, Joachim Kardinal, Joseph Höffner und die Bischöfe der Bundesrepublik – aus der Sicht des Weihbischofs von Erfurt (1975–1980), Bischofs von Berlin (1980–1989) und Vorsitzenden der Berliner Bischofskonferenz (seit 1982), in: 100. GEBURTSTAG von Joseph Kardinal Höffner, S. 77–84.
MOGGE, Wilhelm/ZELLEKENS, Gertrud (Hrsg.), Begegnung und Erfahrung. Beiträge zum achtzigsten Geburtstag des Erzbischofs von Köln, Kardinal Joseph Höffner, am 24. Dezember 1986, Kevelaer 1986.
MONNERJAHN, Engelbert, Pater Joseph Kentenich. Ein Leben für die Kirche, Vallendar-Schönstatt ³1990.
MUSSINGHOFF, Heinz, Das Zweite Vatikanische Konzil aus der Perspektive des Bistums Münster, in: W. THISSEN (Hrsg.), Das Bistum Münster, Bd. 2: Pastorale Entwicklung im 20. Jahrhundert, S. 59–63.
MUSSINGHOFF, Heinz, Die gemeinsame Synode der Bistümer der Bundesrepublik Deutschland aus der Perspektive des Bistums Münster, in: W. THISSEN (Hrsg.), Das Bistum Münster, Bd. 2: Pastorale Entwicklung im 20. Jahrhundert, S. 65–73.
NEISINGER, Oskar, Mit dem Papst durch Deutschland, Würzburg 1980.
OHLY, Christoph, Die Bischofssynode. Überlegungen zu ihrer Rechtsgestalt im Spiegel der Mitwirkung Kölner Erzbischöfe, in: Thomas MARSCHLER/Christoph OHLY (Hrsg.), Spes nostra firma. Festschrift für Joachim Kardinal Meisner zum 75. Geburtstag, Münster 2009, S. 373–394.

PASTORAAL CONCILIE van de Nederlandse Kerkprovincie, hrsg. v. Katholiek Archief, 7 Bde., Amersfoort 1968–1970.

PEIFER, Rudolf, Den Menschen ein Angebot. Erinnerungen eines Seelsorgers, Köln u. a. 1993.

PILVOUSEK, Josef, Die katholischen Bischöfe in der SBZ/DDR. Zentralisierte Kirchenführung im Horizont totalitärer Macht, in: HISTORISCHES JAHRBUCH 126, 2006, S. 439–463.

PILVOUSEK, Josef, Vatikanische Ostpolitik – Die Politik von Staat und Kirche in der DDR, in: K.-J. HUMMEL (Hrsg.), Vatikanische Ostpolitik, S. 113–134.

POTTMEYER, Hermann Josef, Ist die Nachkonzilszeit zu Ende?, in: STIMMEN DER ZEIT 203, 1985, S. 219–230.

RATIO FUNDAMENTALIS INSTITUTIONIS SACERDOTALIS/Grundordnung für die Ausbildung der Priester 6.1.1970 (= Nachkonziliare Dokumentation, Bd. 25), Trier 1974.

REGENBRECHT, Aloysius/DIKOW, Joachim (Hrsg.), Friedensschule – Programm einer Gesamtschule. Rahmenrichtlinien, Forschungsprogramm und Planungsbericht, München 1970.

RELIGION IN GESCHICHTE UND GEGENWART. Handwörterbuch für Theologie und Religionswissenschaft, Bd. 1–8, hrsg. v. Hans Dieter BETZ u. a., Tübingen ⁴1998–2005.

ROOS, Lothar, Befreiungstheologien und katholische Soziallehre I, in: KIRCHE UND GESELLSCHAFT, Nr. 119, Köln 1985.

ROOS, Lothar, Befreiungstheologien und katholische Soziallehre II, in: KIRCHE UND GESELLSCHAFT, Nr. 120, Köln 1985.

ROOS, Lothar, Freiheit und Befreiung im Lichte der Soziallehre der Kirche, in: KIRCHE UND GESELLSCHAFT, Nr. 133, Köln 1986.

RUCKMICH, Margarete, Die berufliche Mitarbeit der Frau in der kirchlichen Seelsorge, Freiburg 1950.

VAN SCHAIK, Ton H. M., Alfrink. Een biografie, Amsterdam 1997.

SCHIFFERLE, Alois, Bewahrt die Freiheit des Geistes. Zur kirchlichen Kontroverse um Tradition und Erneuerung, Freiburg 1990.

SCHIFFERLE, Alois, Die Pius-Bruderschaft. Informationen – Positionen – Perspektiven, Kevelaer 2009.

SCHIFFERLE, Alois, Marcel Lefebvre – Ärgernis und Besinnung. Fragen an das Traditionsverständnis der Kirche, Kevelaer 1983.

SCHMAUS, Michael/SCHEFFCZYK, Leo/GIERS, Joachim (Hrsg.), Exempel Holland. Theologische Analyse und Kritik des niederländischen Pastoralkonzils, Berlin 1972.

SCHMITT, Karl Heinz, Der Übergang zum Pastoralseminar nach 1965, in: Norbert TRIPPEN (Hrsg.), Das Kölner Priesterseminar im 19. und 20. Jahrhundert. Festschrift zur Feier des 250jährigen Bestehens am 29. Juni 1988, Siegburg 1988, S. 209–220.

SCHMITZ, Heribert, Der Bischof und die vielen Räte, in: TRIERER THEOLOGISCHE ZEITSCHRIFT 79, 1970, S. 321–344.

SCHÖNSTATT-LEXIKON. Fakten – Ideen – Leben, hrsg. v. Hubertus BRANTZEN u. a., Vallendar-Schönstatt 1996.

SCHÖPPE, Lothar, Konkordate seit 1800. Originaltext und deutsche Übersetzung der geltenden Konkordate, Frankfurt a. M. 1964.

SCHÖPPE, Lothar, Neue Konkordate und konkordatäre Vereinbarungen. Abschlüsse in den Jahren 1964 bis 1969 (= Veröffentlichungen des Instituts für internationales Recht an der Universität Kiel, 65), Hamburg 1970.

SCHRÖFFER, Joseph, Das Bild des Priesters von morgen, in: IM ZENTRUM DER EINHEIT, S. 61–74.
SCHUL- UND INTERNATSVERZEICHNIS für das Erzbistum Köln, hrsg. v. d. Hauptabteilung Schule/Hochschule – Abt. Schulen in kirchlicher Trägerschaft des Erzbistums Köln, Stand: August 1983.
STEINBERG, Josef/BOVENTER, Hermann, Aus der Freiheit des Dialogs. Vom Diözesanbildungsheim zur Thomas-Morus-Akademie, in: DIÖZESANRAT der Katholiken im Erzbistum Köln (Hrsg.), 25 Jahre Mitverantwortung der Laien, S. 19–22.
STÜMPER, Heinz, Ärger mit der christlichen Freiheit. Die Abendgottesdienste in St. Antonius zu Münster. Mit einem Nachwort von Heinrich Böll, Greven u. a. 1967.
SYNODE – Amtliches Mitteilungsorgan der Gemeinsamen Synode der Bistümer in der Bundesrepublik Deutschland, 46 Hefte, 1970–1976.
THISSEN, Werner (Hrsg.), Das Bistum Münster, 3 Bde., Münster 1993.
TRIPPEN, Norbert, Die Anfänge des »Kölner Modells« 1945–1947, in: DIÖZESANRATPUNKT-DE, S. 7–11.
TRIPPEN, Norbert, Die Erneuerung des Ständigen Diakonats im Gefolge des II. Vatikanischen Konzils, in: Josef G. PLÖGER/Hermann J. WEBER (Hrsg.), Der Diakon. Wiederentdeckung und Erneuerung seines Dienstes, Freiburg u. a. ²1981, S. 83–103.
TRIPPEN, Norbert, Josef Kardinal Frings (1887 – 1978), Bd. I: Sein Wirken für das Erzbistum Köln und für die Kirche in Deutschland; Bd. II: Sein Wirken für die Weltkirche und seine letzten Bischofsjahre (= Veröffentlichungen der Kommission für Zeitgeschichte, Reihe B: Forschungen, Bd. 94 u. Bd. 104), Paderborn u. a. 2003, 2005.
TRIPPEN, Norbert, Joseph Kardinal Höffner (1906 – 1987), Bd. I: Lebensweg und Wirken als christlicher Sozialwissenschaftler bis 1962 (= Veröffentlichungen der Kommission für Zeitgeschichte, Reihe B: Forschungen, Bd. 115), Paderborn u. a. 2009.
VERLAUTBARUNGEN DES APOSTOLISCHEN STUHLS, hrsg. v. Sekretariat der Deutschen Bischofskonferenz,
  Heft 25: Predigten und Ansprachen von Papst Johannes Paul II. bei seinem Pastoralbesuch in Deutschland sowie Begrüßungsworte und Reden, die an den Heiligen Vater gerichtet wurden 15. bis 19. November 1980, Bonn 1980.
  Heft 77: Predigten und Ansprachen von Papst Johannes Paul II. bei seinem zweiten Pastoralbesuch in Deutschland sowie Begrüßungsworte und Reden, die an den Heiligen Vater gerichtet wurden 30. April bis 4. Mai 1987, Bonn 1987.
VOGES, Stefan, Testfall Ökumene. Die Rezeption des II. Vatikanischen Konzils in der Vorbereitung der Gemeinsamen Synode der Bistümer in der Bundesrepublik Deutschland, in: Franz Xaver Bischof (Hrsg.), Das Zweite Vatikanische Konzil (1962–1965). Stand und Perspektiven der kirchenhistorischen Forschung im deutschsprachigen Raum, Stuttgart 2012, S. 201–221.
WEYAND, Schriftenverzeichnis Joseph Höffner 1933–1983, bzw. 1984–1988, hrsg. v. d. Erzbischöflichen Diözesan- und Dombibliothek, Köln 1986 u. 1989.
WOTHE, Franz-Josef, Von der Seelsorgehelferin zur Gemeindereferentin – über Ursprung und Entwicklung der Seminar- und Fachschulausbildung, in: Josef HOCHSTAFFL (Hrsg.), Von Beruf Gemeindereferent. Aufnahme eines Bestandes – Perspektive einer Zukunft, Paderborn 1985, S. 169–186.
ZEITGESCHICHTE IN LEBENSBILDERN, hrsg. v. Rudolf MORSEY (Bd. 1–2), Jürgen ARETZ/Rudolf MORSEY/Anton RAUSCHER (Bd. 3–12), Mainz bzw. Münster 1973–2007.

SUMMARY

Norbert TRIPPEN, *Joseph Kardinal Höffner (1906–1987), Volume II: Seine bischöflichen Jahre 1962–1987*

The social scientist Joseph Höffner was ordained Bishop of Münster on 14 September 1962. Before Höffner could learn the ropes in his new post, the Second Vatican Council, in which he participated from 1962 to 1965, got underway. As one of the youngest »Council Fathers,« he was only rarely able to make his voice heard. But the experience of the universal Church in search of its future and the diverse contacts he made at the Council helped prepare him for his future responsibilities.

From 1965, Bishop Höffner introduced the parish councils envisaged by Vatican II for promoting the participation of priests and laypeople in an apostolate of laity in the Münster diocese. He also had his first experiences with post-conciliar demands for democratization at all levels of the Church and with certain liturgical experiments.

In 1969, Bishop Höffner was appointed coadjutor with the right of succession to Cologne's Archbishop Cardinal Frings. Within a few months, the coadjutor had become both archbishop and cardinal in the universal Church. In 1976, following the sudden death of Munich's Archbishop Cardinal Döpfner, the German bishops elected Höffner as their chairman.

Through his various offices and responsibilities, Joseph Höffner became a decisive figure of the restless years that followed Vatican II, in the Archdiocese of Cologne, in the German Catholic Church, and, as a regular participant in the Roman bishops' synods initiated by Vatican II, at the global level.

In Cologne, as in many German dioceses, the seminary training of priests called out for reform, welcome new possibilities for the liturgy had to be separated from the proliferation of indiscriminate initiatives, and the traditional, self-confident pre-conciliar councils (Räte) of the archbishop needed to be supplemented by the new bodies required by Vatican II. The Council had reintroduced »permanent deacons«, while other forms of professional ministers, such as pastoral workers, were also added.

The Catholic Church Congress (Katholikentag) in Essen in September 1968, which had been roiled by controversy over the encyclical *Humanae vitae*, provided the impetus for a common synod of the dioceses in the Federal Republic, which met from 1971 to 1975 in Würzburg Cathedral (Würzburger Synode). The synod's members managed to avoid the errors of the Dutch pastoral council a few years before. In Würzburg, a frequently tense yet on the whole fruitful exchange emerged between West Germany's bishops, leading priests, and lay people.

As Chairman of the German Bishops' Conference, Höffner had to deal immediately, at papal request, with Archbishop Lefebvre and, soon after, with the *causa* Küng. The campaign on behalf of the unborn became a central theme during the years of Höffner's chairmanship. Bolstered by his background in the social sciences, Höffner was never shy about approaching politicians of all parties or the highest government bodies.

As a cardinal, Höffner took part in all Roman bishops' synods between 1971 and 1987 – initially as an elected member, after 1976 by birthright. His influence as *Relator* was decisive in the synod's 1971 commitment to the unqualified retention of priestly celibacy.

Höffner's workload saw him undertake not a few journeys throughout the world: as Archbishop of Cologne to the Holy Land and to the Japanese partner diocese in Tokyo; as Chairman of the German Bishops' Conference to Poland, Africa, Asia, and Latin America. Occasionally, Pope John Paul II sent the cardinal as his delegate or visitor to certain crisis points in the Church.

In the 1980s, Cardinal Höffner was discomfited by developments within Catholic youth and campus ministry organizations, in Cologne and throughout the rest of Germany. These organizations no longer saw their primary role in the Mass and pastoral care; instead, they sought to reconfigure themselves into political »cells«, in the spirit of grass-roots democracy and socialism, with the aim of effecting a thorough transformation of Church and society. Höffner accepted the challenge from the committees of Bonn's campus ministry. But an agreement between the contrasting conceptions was not possible at the time. The Bonn campus ministry had to be temporarily shut down, a fresh start with new faces in the leadership of the congregation and its members attempted.

Cardinal Höffner's agenda, which he managed only through a strict work ethic, was occasionally brightened by ceremonial highlights: a 1980 festival commemorating the construction of Cologne Cathedral, two visits by Pope John Paul II in 1980 and 1987, as well as the celebration of the cardinal's own 80th birthday in December 1986. At the ceremonial act in the Cologne Philharmonic, the respect and gratitude not only of the clergy and faithful of the archdiocese but also of the German public sphere came to the fore.

Joseph Höffner was deeply rooted in the faith of the Church. For him, loyalty to the pope came as naturally as toward associates whom he had called to difficult assignments. From his peasant origins, Höffner retained great humility and even a frugal lifestyle. In discussions and debates, he adhered to his own standpoint but always remained obliging and prepared to listen to his counterpart. He was never polarizing but instead frequently attempted to let differing viewpoints have their say.

PERSONEN-, ORTS- UND SACHREGISTER

Der Name Joseph Höffner wurde nicht aufgenommen. Fett gedruckte Seitenzahlen verweisen auf ein Biogramm in den Anmerkungen.

Aachen
- Kath. Fachhochschule NRW 196
- Großveranstaltung d. KJG (1977) 438 f.
- Katholikentag (1986) 240
- Priesterhaus 407
- Aachener Domchor 401

Abs, Hermann Josef, Bankier **353**, 354–359
ACK s. Arbeitsgemeinschaft christlicher Kirchen
Adalbert, hl. 370
Adam-Schwaetzer, Irmgard, FDP-Generalsekretärin 295
Adelsried (b. Augsburg), Bundeskonferenz d. KJG (1976) 436 f.
Adenauer
- Konrad, Oberbürgermeister von Köln, später Bundeskanzler 289
- Paul, Doktorand Höffners, Dechant 150

Ad-limina-Besuche 361
Adveniat, Bischöfliches Hilfswerk 361, 384
Aerssen, Jochen van, Landtags– bzw. Bundestagsabgeordneter 413
Aktionsgemeinschaft Synode, Frankfurt/Main 207 f.
Albers, P. Hilarius OP, Ordensprovinzial u. Delegat der Religiosenkongregation 48, 51
Albertinum s. Bonn, Collegium Albertinum
Alberto, Ramento, Vorsitzender d. philippinischen Bischofskonferenz 311
Albertus Magnus, hl. 468, 473 f., 478 f.
Albrecht, Barbara, Leiterin d. Seelsorgehelferinnen-Seminars Bottrop 195
Alfrink, Bernard Jan Kardinal, Erzbischof von Utrecht **132**, 136–138, 140–142, 199, 303
Allensbach, Demoskopisches Institut 206, 223
Allenstein, Bistum 476
Altenberg, Jugendbildungsstätte /Jugendwallfahrt 434
Altötting
- Besuch Johannes Pauls II. (1980) 481
- Frühjahrsvollversammlung der DBK (1985) 335

Andreatta, Beniamino, ital. Schatzminister 355
Angerhausen, Julius, Weihbischof in Essen 91, 320, 381
Antoniutti, Ildebrando Kardinal, Präfekt d. Religiosenkongregation 47–49, 51–56
Antwerpes, Franz-Josef, Regierungspräsident, Köln 401
Aquino, Corazon, Präsidentin d. Philippinen 386

Arbeitsgemeinschaft christlicher Kirchen (ACK) 420, 428
Arens, Anton, Regens des Priesterseminars in Trier **307**, 308 f.
Arndt, Claus, SPD-Abgeordneter 283
Arnolds, Klaus, Leiter d. Kölner Synodalbüros 207
Arns, P. Paulo Evaristo OFM, Kardinal, Erzbischof von Sao Paolo **383**, 388 f.
Arrupe, P. Pedro SJ, General d. Jesuiten-Ordens 472
Assenmacher, Günter, Domzeremoniar, später Offizial in Köln, Limburg u. Essen 156, 505 f.
Aufderbeck, Hugo, Apostol. Administrator in Erfurt-Meiningen 253, 471
Augsburg
- Besuch Johannes Pauls II. (1987) 484
- Priesterseminar 236, 484
- St. Ulrich und Afra 484

Auschwitz, Konzentrationslager 370, 375, 486
Averkamp, Ludwig, Seminar-Regens in Münster, später Erzbischof von Hamburg **70**, 71 f., 76–78, 332
Aymans, Winfried, Prof. f. Kirchenrecht, München 344–346, 348, **349**, 351

Baaken, Heinrich, Weihbischof in Münster 18, 27
Bad Honnef
- Frühjahrsvollversammlung d. DBK (1965) 264, (1971) 306
- Katholisch-Soziales Institut 407
- Klausurtagung Hochschulseelsorge 456 f.

Bafile, Corrado, Apostol. Nuntius 26, 88, 94–96, 101, 133, 218–220, 305
Baggio, Sebastiano, Kurienkardinal 251, 349
Balthasar, Hans Urs v., Theologe **313**, 317
Banco Ambrosiano, Mailand 353–358
Bartelheim, Justus, Superintendent, Köln 466
Bartoszewski, Wladysław, poln. Publizist u. Politiker 373
Bäumer, Remigius, Prof. f. Mittlere u. Neuere Kirchengeschichte, Freiburg 427 f., 433, 475, 477, 482
BDKJ s. Bund d. Deutschen Katholischen Jugend
Bea, Augustin, Kurienkardinal 66–68
Becher, Herbert, kath. Büro Bonn 416
Beckel, Albrecht, Oberbürgermeister von Münster, ZdK-Präsident **203**

Beckmann, Johannes, Präses d. Rheinischen Landeskirche 472
Benedikt XVI., Papst 389
Benelli, Giovanni Kardinalstaatssekretär 256
Bengsch, Alfred Kardinal, Erzbischof von Berlin 243–249, 252 f., 344
Beratungsstelle für Schwangere 284 f.
Berger, Hans, Staatssekretär, Bundespräsidialamt 104
Berlin
– Bistum 247
– Katholikentag (1980) 373
Berliner Ordinarienkonferenz s. Bischofskonferenzen
Bernards, Matthäus, Prof. f. Dogmatik am Kölner Priesterseminar 310, 311
Bierbaum, Max, Offizial, Münster 21
Bischofskonferenz
– Berliner 243–254, 426
– Deutsche 51, 84, 86, 88, 94, 101, 109, 126 f., 129, 138, 146, 159 f., 169 f., 175, 177–179, 181, 183, 192, 199, 202, 213, 231, 233–301, 307, 323, 327, 332, 335 f., 351 f., 381, 424, 431 f., 435–439, 441 f., 474, 477, 487
– – Auseinandersetzung mit KJG u. BDKJ 434–444
– – Königsteiner Erklärung (1968) 90 f., 260
– – Sondervollversammlungen: Königstein (1968) 89, 204–208; Frankfurt/Main (1971) 314
– Fuldaer 20, 23, 27, 33, 46, 72, 109, 183, 190 f., 235 f., 252, 268 f., 277, 299 f., 319 f., 323, 326 f., 331, 351, 371, 430, 436, 440
– Lateinamerikanische 473
– Niederländische 132
– Polnische 370 f., 375, 379
Bischofssynode s. Synode
Bismarck, Klaus v., WDR-Intendant u. Präsident d. Evangelischen Kirchentags 423
BKU s. Bund kath. Unternehmer
Blech, Klaus, Staatssekretär, Bundespräsidialamt 298
Bleistein, P. Roman SJ, Prof. f. Pädagogik, München 440
Blüm, Norbert Bundesminister f. Arbeit und Sozialordnung 296
Blumentrath, Johannes, Spiritual am Kölner Priesterseminar 175
Bluyssen, Johannes, Bischof von ,s-Hertogenbosch 137
Böckenförde, Werner, Universitäts-Assistent von Prof. Ratzinger, später Domkapitular, Limburg 61, 63–65, 167
Böcker, Walter, Bundespräses d. BDKJ 439 f.
Böckle, Franz, Prof. f. Moraltheologie, Bonn 208, 459

Bocklet, Paul, Prälat, Leiter d. Kath. Büros, Bonn 290–296, 298, 378
Boff
– Clodovis, Befreiungs-Theologe 390
– Leonardo, Befreiungs-Theologe 390
Böggering, Laurenz, Generalvikar in Münster 21
Böhler, Wilhelm, Prälat, Leiter d. Kath. Büros, Bonn 161 f., 289, 395
Bojaxhiu, Anjezë (Agnes) Gonxha s. Mutter Teresa
Bökmann, Johannes, Prof. f. Moraltheologie am Kölner Priesterseminar 277
Bolte, Adolf, Bischof von Fulda **47**, 53
Bonifatiusverein, Paderborn 194
Bonn
– Adelheidis-Gymnasium (Pützchen) 400
– Collegium Albertinum 110–115, 153, 407
– Collegium Josephinum der Redemptoristen 400 f.
– Collegium Leoninum 407
– Haus Venusberg 406
– Ippendorf, Stella Matutina (Studentenheim) 463
– Kardinal-Frings-Gymnasium 396
– Kath. Büro 277–279, 281, 289, 292, 297–299, 340, 383, 412, 416
– Kath. Hochschulgemeinde/Studentengemeinde 449–463
– Liebfrauenschule 399
– Minoritenkirche St. Remigius 409
– Münsterkirche 408
– Namen-Jesu-Kirche 458, 460
– Newman-Haus 449, 454 f., 458
– Seelsorgehelferinnen-Seminar 195
– Universität, Kath.-theol. Fakultät 405–409
Borger, Hugo, Generaldirektor d. Kölner Museen 469, 473
Bornewasser, Franz Rudolf, Erzbischof, Bischof von Trier 46
Bottrop
– Besuch Johannes Pauls II. (1987) 484
– Seelsorgehelferinnen-Seminar 195
Bours, Johannes, Spiritual, Münster 42, 76
Boventer, Hermann, Publizist, Direktor d. Thomas-Morus-Akademie 162
Brandt
– Gerhard, Präses d. Rheinischen Landeskirche 491
– Willy, Bundeskanzler 276, 369
Braunschweiger Erklärung (d. EKD-Synode 1976) 282 f.
Breit, Ernst, Vorsitzender d. DGB 286
Brems, Alois, Bischof von Eichstätt 309
Brennan, Joseph C., Bankier 354
Breslau 375, 486
– Erzdiözese 244, 370
Brisch, Ulrich, Diözesan-Caritasdirektor 208

Brotvermehrungs-Kirche (Tabgha, am See Genesareth) 363
Brüggemann, Wolfgang, Landtagsabgeordneter 409
Brühl
– NATO-Rats-Tagung (1982) 377 f.
– Papstbesuch (Schloss Augustusburg 1980) 478, 480 f.
– Ursulinen-Gymnasium u. -Realschule 396
Bühl/Baden, Kloster Maria Hilf 259 f.
Bund
– d. Deutschen Katholischen Jugend (BDKJ) 203, 434–444
– Evangelischer Kirchen in der DDR 426
– Katholischer Unternehmer 43 f., 361, 410
Burgbacher, Fritz, Prof. f. Energiewirtschaft, Köln 413

CAJ s. Christliche Arbeiterjugend
Calvi, Roberto, Bankier 353
Câmara, Helder, Erzbischof von Olinda und Recife 35
Caprio, Giuseppe, Kurienkardinal 230
Cardenal, Ernesto, Befreiungs-Theologe 388
Carstens, Karl, Bundespräsident 290, 472, 478, 480
Casaroli, Agostino, Kardinalstaatssekretär 168 f., 230, 243, 247–249, 254, 349, 352–356, 468, 490, 501, 505, 507
Cerutti, Carlo, Bankier 354
Chambésy, Ökumen. Zentrum 149
Christliche Arbeiterjugend (CAJ) 203
Christlich-soziale Arbeitervereine 225
Claß, Helmut, Landesbischof, EKD-Ratsvorsitzender 370, 372
Cleven, Wilhelm, Weihbischof in Köln 104, 163, 466
Cordes, Paul Josef, Weihbischof in Paderborn, später Kurienkardinal 326
Corocher, Graziella, Sekretärin von Bankier Roberto Calvi 353
Custodis, Gottfried, Diakon 175
Cyrek, Jozef, poln. Außenminister 378
Czaja, Herbert, Bundestagsabgeordneter 414

Dąbrowski, Bronislaw, Weihbischof in Warschau, Sekretär d. polnischen Bischofskonferenz 370 f., 374
Dąbrowsky, Jerzy, Studentenpfarrer, später Weihbischof in Gnesen und Warschau 121
Dachau, Konzentrationslager 45
Daniels, Hans, stv. Generalvikar in Köln **93**
DBK s. Bischofskonferenz, Deutsche
DDR s. Deutsche Demokratische Republik
Deckers, Hans, Geschäftsführer d. Diözesanrats d. Katholiken 164–166, 408

Degenhardt, Johannes Joachim Kardinal, Erzbischof von Paderborn 373
Del Mestri, Guido, Apostol. Nuntius 169, 179, 191, 250, 257, 323, 470, 501
Deutsche Demokratische Republik 243, 426 f.
– Anerkennung 244
– Apostol. Administratoren 243, 246 f.
– Bistums-Errichtung 244 f., 252–254, 370
– Grundlagenvertrag 246, 373
– Jurisdiktionsbezirke 247, 254
Deutscher Caritas-Verband 194, 377
Deutscher Verein vom Heiligen Lande 362
Diakonatskreis, Kölner 175
Diakoneninstitut, Erzbischöfliches 176–178, 182
Dick, Klaus, Konviktsdirektor am Collegium Albertinum, später Weihbischof in Köln 110, 294, 297, 365, 414, 490
Dicke, Gerd, Weihbischof in Aachen 381
Dietzfelbinger, Hermann, EKD-Ratsvorsitzender 277
Dikow, Joachim, Oberstudiendirektor, Münster 397 f.
Diözesanbildungsheim, Bad Honnef (vgl. auch Thomas-Morus-Akademie) 162
Diözesankomitee der Katholiken 81, 83–85, 87, 145
Diözesanrat d. Katholiken 161–165
Dissenmond, Paul, Sekretär d. Berliner Bischofskonferenz 426
Domizlaff, Hildegard, Künstlerin, Köln 363
Döpfner, Julius Kardinal, Erzbischof von München und Freising 32, 34, 41, 47, 89, 126 f., 133, 159, 183, 199 f., 203, 210, 217, 219 f., 229, 233 f., 243, 245–249, 257, 263, 265, 289 f., 301, 318, 323, 344, 369 f., 372, 380
Droste zu Vischering, Georg Graf, Propst in Recklinghausen 79
Duns Scotus 478
– Seligsprechung 480
Düsseldorf
– Kath. Büro 143 f., 302 f., 412, 415, 420
– Universität 408 f.
Düsseldorf-Kaiserswerth
– Rheinhaus (ehem. Kapuziner-Kloster) 400
– Suitbertus-Gymnasium 400
Düsterfeld, Peter, Prof. f. Pastoraltheologie, Bonn 457–462
Dyba, Johannes, Erzbischof, Bischof von Fulda 142, 181 f.

Echtegaray, Roger Kardinal, Erzbischof von Marseille 35, 328
Ecône/Wallis, Seminar der Pius-Bruderschaft 254 f., 260, 262
Eiff, August Wilhelm v., Prof. d. Medizin in Bonn 328, 409

EKD s. Evangelische Kirche in Deutschland
Elchinger, Léon Arthur, Koadjutor, später Bischof von Straßburg 37, 368
Elkeringhausen, Seelsorgehelferinnen-Seminar 194
Enrique y Taracon, Vicente Kardinal, Erzbischof von Toledo 311, 313 f.
Enzykliken
- Humanae vitae 89–91, 94, 148, 260, 327 f., 333, 335
- Laborem exercens 414, 416
- Mater et Magistra 43, 315
- Pacem in terris 315
- Populorum progressio 315
- Sacerdotalis coelibatus 77, 88, 92, 301
Erfurt, Apostol. Administrator 246
Erlemann, Edmund, Regionaldekan, Kommissionsvorsitzender auf d. Würzburger Synode 227
Ernst, Walter, Chefarzt Hildegardis-Krankenhaus, Köln 502–504
Erwachsenenbildung 415, 420
Essen
- Besuch Johannes Pauls II. (1987) 484
- Katholikentag (1968) 91, 199, 202
- Kohlebergbauleitung 410
Essener Grundsätze (1977) 184, 192
Essener Kurse 78
Essen-Heidhausen, Frühjahrsvollversammlung d. DBK (1977) 183, 266
Esser, Hans-Helmut, Prof. f. Reformierte Theologie, Münster 431
Evangelische Kirche in Deutschland (EKD) 38, 276 f., 370, 372, 426, 428–433, 481 f., 484, 491
- Braunschweiger Erklärung (1976) 282 f.
- i. d. DDR 426 f.
- Synode 282 f., 432 f.
Exeler, Adolf, Prof. f. Religionspädagogik u. Pastoraltheologie, Münster 323

Faber, Franz, Arzt, Neuenkirchen/Oldenburg 76
Feiertags-Gesetz 416
Feldhoff, Norbert, Geheimsekretär, später Generalvikar u. Dompropst, Köln 101, 105–108, 121, 151, 154 f., 157, 169 f., 183, 186–189, 206 f., 226, 233, 239 f., 296, 350, 365, 401 f., 418, 453 f., 456–458, 461, 466–468, 488–491, 493, 501, 504
Felici, Pericle, Kurienkardinal 29, 230, **344**, 345
Fetten, Paul, Pfarrer an St. Ursula, Köln 470
Fillbrandt, Paul, Prälat, Leiter d. Kath. Büro, Düsseldorf 303
Fischer, Ferdinand, Prälat 126, 140, 146, 410, 412 f., 417
Fischer, Heinrich, Msgr., Generalpräses d. Kolpingwerks 209

Fittkau, Gerhard, Prof. f. Dogmatik am Essener Priesterseminar **135**, 136, 142 f.
Flatten, Heinrich, Prof. f. Kirchenrecht, Bonn, Offizial d. Erzbistums Köln 116, 188, 203, 209, 211–213, 219 f., 222, 230, 343, 345 f., 348 f., 352
Fleischhauer, Kurt, Prof. f. Anatomie, später Rektor d. Universität Bonn 455, 459–461
Fokolar-Bewegung 347
Forster, Karl, Sekretär d. DBK 91, 126, 201, 206, 226, 277, 314
Fortaleza
- Partnerschaft mit Köln 383
- Reise Kard. Höffners 383
Fraling, Bernhard, Spiritual in Münster, später Prof. f. Moraltheologie in Würzburg **74**, 75, 97
Frankfurt/Main, Priesterseminar Sankt Georgen 115, 309
Franssen, Karl, Stadtdechant, Neuss 191
Freiburg
- Katholikentag (1978) 371
- Seelsorgehelferinnen-Seminar 194
Freud, Siegmund, Psychoanalytiker 333
Friedmann, Gerd, Prof. f. Radiologie, Universitätsklinik Köln 503 f.
Frings, Josef Kardinal, Erzbischof von Köln 18, 20, 22 f., 29 f., 32 f., 37, 43, 47, 90, 93–101, 110 f., 117, 122, 141, 145, 148, 151 f., 161 f., 165, 173–176, 182, 265, 289, 301 f., 344, 361, 363, 367, 392, 395 f., 433, 445, 487, 507
Frotz, Augustinus, Seminar-Regens, später Weihbischof in Köln **122**, 125 f., 174–176, 179, 489, 505
Frowein, Peter, Hochschulpfarrer in Bonn 461–463
Frowein, Reinhold, Prof. f. Neurochirurgie in Köln 502–504
Fulda, Besuch Johannes Pauls II. 481
Füssen-Bad Faulenbach, Kurheim St. Ulrich 236, 361, 503

Galen, Clemens August Kardinal von, Bischof von Münster 483
Garrone, Gabriel-Marie, Kurienkardinal 230, 305
Gatimu, Caesar, Bischof von Nyeri 320
Geisel, Ernesto, General, Staatspräsident von Brasilien 383
Geißler, Heiner, Bundesminister f. Familie, Jugend und Gesundheit 296
Gelsenkirchen, Besuch Johannes Pauls II. (1987) 484
Genf, Ökumen. Zentrum (Chambésy) 149
Genscher, Hans-Dietrich, FDP-Vorsitzender, später Bundesminister des Auswärtigen 295, 378
Gewaltfreier Widerstand (Initiativ-Kreis), Bonn 460

Gewerkschaften, Eintreten f. Schwangerschaftsabbruch 276, 285 f.
Geyer, Hans-Peter, Architekt, Leverkusen 404
Gielen, Carl, Dompropst, Köln 99, 104, 466, 487
Gierden, Karlheinz, Oberkreisdirektor, Köln 417
Gijsen, Johannes M., Bischof von Roermond 135, 142
Ginsburg, Alexander, Generalsekretär d. Zentralrats d. Juden 491
Glaubenskongregation, Rom (vgl. auch Küng, Entzug d. Lehrbefugnis) 263 f., 270 f., 284, 388
Glazik, P. Josef MSC **30**, 320
Glemp, Jozef Kardinal, Erzbischof von Warschau, Primas von Polen 376–378, 504
Göcke, Hermann, Rektor der Universität Münster 19 f.
Goddijn, Walter, Prof. f. Religionssoziologie in Tilburg 135
Görlitz, Apostol. Administratur 244, 370
Görres, Albert, Prof. Dr., Unterföhring 76
Graber, Rudolf, Bischof von Regensburg 20, 254 f.
Grafenhorst, Heinrich, Bischöfl. Offizial in Vechta 21
Greenpeace (Umwelt-Bewegung) 237
Greiß, Franz, BKU-Vorsitzender 18, 30, 43
Gruber, Gerhard, Generalvikar in München und Freising 183
Guadelupe, Wallfahrtsheiligtum in Mexiko 383
Gundlach, P. Gustav SJ, Rom 23
Gutiérrez, P. Gustavo OP, Befreiungs-Theologe 388
Gysi, Klaus, DDR-Staatssekretär 426

Haag, Herbert, Prof. f. Altes Testament, Tübingen 260
Habdank, Walter, Künstler 401
Haefner, Josef, Prof. f. Katechetik u. Pädagogik am Kölner Priesterseminar **118**
Hamer, Jean Jérôme, Titularerzbischof, Sekretär d. Glaubenskongregation 272
Hammer, Walter, Präsident d. Kirchenkanzlei d. EKD 428, 430 f.
Hammerschmidt, Rudolf, Pressesprecher d. DBK 424
Hanselmann, Johannes, Landesbischof 484
Harms, Hans-Heinrich, Landesbischof, Oldenburg 428, 431
Hasler, August 271, 273
Heck, Bruno, Bundesminister f. Familie und Jugend 412
Hegel, Eduard, Prof. f. Kirchengeschichte, Münster **68**
Heidelberger Katechismus 432, 482
Heim, Bruno, Apostol. Nuntius 19

Heinen, Wilhelm, Prof. f. Moraltheologie, Münster 76
Heintze, Gerhard, Landesbischof 431
Heinz, Hanspeter, Geistl. Assistent d. ZdK, Bonn 181
Hemmerle, Klaus, Bischof von Aachen 181, 184, 209, 237, 313, 317, 407, 471
Henckel v. Donnersmarck, Augustinus Graf, OPraem, Leiter d. Kath. Büros, Düsseldorf **143**, 144
Hengsbach, Franz Kardinal, Bischof von Essen 43 f., 91, 137, 142 f., 203, 209, 291 f., 297, 336, 373, 491
Henrichs, Bernard, Hochschulpfarrer, später Dompropst, Köln **447**, 488
Henze, Hubert, Hauptabteilungsleiter Seelsorge-Personal, Köln 185 f., 191
Herkenrath, Norbert, Diözesanjugendseelsorger, später Geschäftsführer von MISEREOR 422
Herz-Jesu-Freitag-Konveniat 78, 145
Herzog, Roman, Präsident d. Bundesverfassungsgerichts, später Bundespräsident 296
Hilden, Theresien-Schule 399
Himmelspforten (Würzburg), Exerzitienhaus, Tagungen d. Ständigen Rates d. DBK 217, 220, 269, 442
Hirschmann, P. Johannes SJ, Prof. f. Moral- u. Pastoraltheologie in Frankfurt/St. Georgen 91
Hirtenbriefe 392
– zur Bundestagswahl (1980) 290
Hoeres, Walter, Prof. f. Philosophie, Freiburg 115
Höffner
– Elisabeth, Schwester Kard. Höffners 194, 196
– Katharina, Schwester Kard. Höffners 20
– Maria, Schwester Kard. Höffners 365 f., 491, 493, 496 f.
Hoffmann, Paul, Prof. f. Neues Testament, Bamberg **61**, 63–65
Hofheim, Frühjahrsvollversammlung d. DBK (1964) 51
Hohenbalken, Kaspar de Carl ab, Koadjutor, Chur 100
Homeyer, Josef, Sekretär d. DBK, später Bischof von Hildesheim 184, 187 f., 233 f., 248, 250, 253, 259 f., 265, 272, 300, 323, 326 f., 332, 344, 351, 353, 369–371, 373 f., 380, 397, 423–425, 427 f., 430, 436 f., 439, 476, 491
Hürten
– Karl, Leiter Geschäftsstelle Diözesankomitee d. Katholiken in Münster 81
– Sepp, Bildhauer, Köln 19
Hürth-Stotzheim, St. Brictius 485
Hüsch, Heinz Günther, Abgeordneter, Neuss 158
Huthmacher, Martin, Studentenpfarrer 450
Hüttenbügel, Johannes, Ökumenereferent 420–422, 428 f.

Immer, Karl, Präses d. Rheinischen Landeskirche 283, 420 f., 428, 475–477, 481
IOR s. Istituto per le Opere di Religione
Ippendorf, Engelbert, Pfarrer, Düsseldorf 209
Iserloh, Erwin, Prof. f. Mittlere und Neuere Kirchengeschichte, Münster 66, 67, 143
Ising, P. Klaus OFM, Hochschulpfarrer 451–456
Istituto per le Opere di Religione 353–359

Jacobi
– Gerhard, Landesbischof in Oldenburg 38, 39, 88, 420, 426
– Maria, Bundestagsabgeordnete 412
Jacoby, Karl Heinz, Weihbischof in Trier 138–140
Jaeger, Lorenz Kardinal, Erzbischof von Paderborn 63 f., 245 f.
Jahn, Gerhard, Bundesminister der Justiz 279
Jansen
– Hermann, Generalvikar in Köln 93, 95, 97–99, 101 f., 302
– Josef, Vatikan-Botschafter 295
– Michael, Legationsrat 295
– Walter, Stadtdechant in Bonn, später Weihbischof in Köln 408
Jaruzelski, Wojciech, Staatspräsident von Polen 378
Jedin, Hubert, Prof. f. Mittlere und Neuere Kirchengeschichte, Bonn 116, 143, 203
Jenninger, Philipp, Bundestagspräsident 293, 485
Johannes Paul I., Papst 362
Johannes Paul II., Papst 156, 160, 254, 274, 284, 290, 299, 325, 328, 330 f., 335, 341, 343, 345, 348–350, 352 f., 355, 362, 374 f., 377, 387, 389, 413, 426–431, 433, 467, 471, 473–488, 501 f., 505
Johannes XXIII, Papst 17, 23–25, 27, 32, 43, 47, 49, 57, 67, 89, 315, 342, 362, 414, 416
– – Mater et Magistra 43, 315
Jugendseelsorge/Jugendarbeit, kirchliche 433–444
Jugendseelsorger (vgl. auch Jugendarbeit) 435
July, Paul, Hochschulpfarrer in Bonn 453

Kairo, Al-Azhar-Universität 380
Kalkutta, Reise Kard. Höffners 381
Kallen, Peter Bernhard, Prälat 470
Kamphaus, Franz, Prof. f. Pastoraltheologie u. Homiletik, Münster, später Bischof von Limburg 61, 64 f.
Kardinal-Höffner-Haus (Domsingschule) 404 f.
Karlic, Estanislao Esteban Kardinal, Erzbischof von Paraná 389
Kasper, Walter, Prof. f. Dogmatik in Tübingen, später Bischof u. Kurienkardinal 336 f., 340
Katechismus
– Heidelberger 432

– Niederländischer 132–134
Kath. Fachhochschule NRW 196
Katholikenausschüsse 145
– »Kölner Modell« 78
Katholische Arbeitsstelle Rhein-Ruhr 142–144
Keller, Michael, Bischof von Münster 17 f., 24–27, 78, 145
Kentenich, P. Joseph SAC, Begründer des Schönstatt-Werks 45, 46, 52, 350
– Inkardination in Münster u. Rückkehr nach Deutschland 54–56
Kernenergie 237–242, 409 f.
Keß, Joachim, KSG-Sprecher, Bonn 451
Kessler, Hans, Prof. f. Systematische Theologie, Frankfurt/Main 61, 64 f.
Ketteler, Paul, Offizialatsrat, später Domkapitular, Münster 61, 64 f.
Ketzer, Heinz-Werner, Dompropst, Köln 466, 467, 472, 501
Kevelaer 483
– Marianischer Kongress (1987) 379
Kim Sou-hwan, Kardinal Stephen, Erzbischof von Seoul 103, 380
Kinder, Ernst, Prof. f. Systematische Theologie, Münster 67
Kirchentag, Ökumenischer 423
Klausener, Erich, Prälat, Berlin 226
Klein, Alois, Prälat, Päpstl. Einheits-Sekretariat 431
Kleinermeilert, Alfred, Weihbischof in Trier 381
Klomps, Heinrich, Prof. f. Systematische Theologie, Köln u. Aachen 119
Kluxen, Wolfgang, Prof. f. Philosophie, Bonn 409
Knox, James Robert, Kurienkardinal 230
Kohl, Helmut, Bundeskanzler 240–242, 290, 292, 294, 296, 414, 485, 491
Kolbe, Maximilian 370, 374
– Heiligsprechung 375
Köln
– Börsensaal (d. Industrie- und Handelskammer) 487 f., 505
– Butzweilerhof 478 f.
– Dom 465, 507
– – Chöre (vgl. auch Köln, Domsingschule) 404 f., 506
– Domfest (1948) 361, 367
– Domjubiläum (1980) 466–473
– Domkapitel 145 f.
– Domsingschule 401–405
– Frühjahrsvollversammlung d. DBK (1985) 192
– Haus vom Guten Hirten 403 f.
– Hildegardis-Krankenhaus 502 f., 506
– Kath. Fachhochschule NRW 196
– Maternushaus 192, 412
– Papst-Johannes-Burse (Studentenwohnheim) 408, 446

- Partnerschaft
- – mit Fortaleza 383
- – mit Tokyo 361, 365 f.
- Philharmonie 488
- Priesterseminar 117–121, 319, 387, 412, 418 f.
- Schulen, Berufsbildende, am Sachsenring 399
- Trinitatiskirche 466, 472
- Universität 408 f.
- – Universitätskliniken 502
- Zentraldombauverein 465

Köln-Bayenthal, Irmgardis-Gymnasium 399 f.
Köln-Müngersdorf, Stadion 367, 485
Kolping, Adolf, Gesellenvater 478
Kominek, Bolesław Kardinal, Erzbischof von Breslau 371
Kommissar(iat), Bischöfl. 486
- f. d. Niederrhein 82, 86
Kommissariat d. dt. Bischöfe s. Bonn, Kath. Büro
Kongregation der Armen Schulschwestern U.L.F. (Kloster Brede) 400
König
- Franz Kardinal, Erzbischof von Wien 344, 491
- Manfred, Architekt, Leverkusen 404
- Resi, Realschullehrerin, Köln 209
Königsteiner Erklärung s. Bischofskonferenz, Deutsche
Konklave (1978) 362
Kontakte (Zentralorgan d. KSG Bonn) 453
Kraft, Wolfgang, Konviktsdirektor am Collegium Albertinum **112**, 113–115
Kramer, Robert, Hochschulpfarrer in Bonn 461 f.
Kredel, Elmar Maria, Erzbischof von Bamberg 381
Krol, John Joseph Kardinal, Erzbischof von Philadelphia 353, 356 f.
Kronenberg, Friedrich, Generalsekretär d. ZdK 203, 423
Kruse, Martin, EKD-Ratsvorsitzender 431, 484, 491
Kugelmeier, Gregor, Rektor d. Domsingschule 403
Kühn, Heinz, Ministerpräsident von Nordrhein-Westfalen 279
Küng, Hans, Prof. f. Dogmatik u. Ökumenische Theologie, Tübingen 107, 260, 262–276
Kunst, Hermann, ev. Militärbischof, EKD-Bevollmächtigter bei d. Bundesregierung 277

Lahnstein, Manfred, Staatssekretär, Bundeskanzleramt 291
Laien als Seelsorge-Mitarbeiter 173, 180–197
Lajolo, Giovanni, Kurienkardinal 170
Lambardakis, Augustinos, Metropolit 491
Lammers, Elisabeth, Münster 207
Landessynode, ev. (1974) 421; (1980) 426

Landgraf, Arthur Michael, Weihbischof in Bamberg 46
Langwaden (b. Grevenbroich), Kloster 316
- Ständiger Rat d. DBK (1977) 437 f.
Larrain, Juan Francisco Kardinal, Erzbischof von Copiapó, später von Santiago de Chile 35
Laurien, Hanna Renate, Oberstudiendirektorin in Köln, später Ministerin in Mainz u. Berlin 158, 164
Lauter, P. Hermann-Josef OFM, Subregens am Kölner Priesterseminar, Schriftleiter d. Pastoralblatts 153, 275, 304
Lefebvre, Marcel, Erzbischof, Begründer der Pius-Bruderschaft 254–262
- Bischofsweihen 262
- Priesterweihen 257
- Suspension 257
Lehmann, Karl Kardinal, Bischof von Mainz u. DBK-Vorsitzender 203, 210, 265, 326, 336 f., 490 f., 494
Lengeling, Emil, Prof. f. Liturgiewissenschaft, Münster **26**, 27, 30
Lenz, Carl Otto, Europa-Abgeordneter 413 f.
Lettmann, Reinhard, Bischofssekretär, später Generalvikar u. Bischof von Münster **28**, 29, 39, 59 f., 77, 87 f., 106, 128, 344, 491, 493 f., 507
Lewalter, Karl Walter, Diplomat, Brasilia 383
Liénart, Achille Kardinal, Erzbischof von Lille 29, 367
Lill, Rudolf, Prof. f. Neuere u. Neueste Geschichte 408
Limburg, Pallottiner-Provinzialat 55
Lobkowicz, Nikolaus, Präsident d. Katholischen Universität Eichstätt **151**
Lohse, Eduard, Landesbischof u. EKD-Ratsvorsitzender 291, **422**, 423–426, 431 f., 491
Lom, Walter v., Architekt, Köln 404
Lorscheider, P. Aloísio OFM, Kardinal, Erzbischof von Fortaleza **383**
Löwe, Hartmut, Vize- Präsident d. Kirchenkanzlei d. EKD 428
Ludwigshafen, Frühjahrsvollversammlung d. DBK (1978) 231
Ludwikowski, Hubert, Ausbildungsleiter f. Pastoralreferenten, Köln **190**
Lustiger, Jean Marie Kardinal, Erzbischof von Paris 491
Luthe, Hubert, Seminar-Regens, später Weihbischof in Köln, Bischof von Essen **117**, 119, 156, 163, 169, 408, 435, 506 f.
Luther-Jubiläum (1983) 291, 295, 426, 432

Macharski, Franziszek Kardinal, Erzbischof von Krakau 376, 470 f., 491
Magdeburg, Apostol. Administrator 246

Maginot, Norbert, Hochschulpfarrer, Augsburg 457
Maier, Hans, bayer. Kultusminister, ZdK-Präsident 373 f., 488, 491
Maier-Leibnitz, Heinz, Präsident der Deutschen Forschungsgemeinschaft 480
Mailand, Banco Ambrosiano 353–358
Mainz 428
– Besuch Johannes Pauls II. (1980) 481
– Ökumene-Gespräch 430 f.
Malula, Joseph Kardinal, Erzbischof von Kinshasa 320
Manila 366
March, P. Ralph S. OCist, Domkapellmeister in Köln 402
Marcinkus, Paul Casimir, Ttularerzbischof, Direktor d. Vatikanbank (Istituto per le Opere di Religione) 353, 359, 475
Maria Laach, deutsch-indisches Bischofstreffen 381
Marianischer Kongress in Kevelaer (1987) 483
Marienweihe (Deutschlands) 424
Martini, Carlo Maria Kardinal, Erzbischof von Mailand 337
Marxsen, Willi, Prof. f. Neues Testament (ev.), Münster 66, 67 f.
Mayer, P. Paul Augustin OSB, Abtpräses, später Kurienkardinal 341
Mayer, P. Rupert SJ, Seligsprechung 483
Medina, Jorge, Kurienkardinal 309
Meinerzhagen, Josef, Schauspieler 473, 488 f.
Meisner, Joachim Kardinal, Erzbischof von Köln 157, 243, 252 f., 341, 396, 405, 491
Melzer, Manfred, Domvikar, später Weihbischof in Köln 296, 365, 384, 388–390, 479, 491, 493–497, 502–505
Mende, Erich, Bundesminister f. gesamtdeutsche Fragen 413
Menze, Clemens, Prof. f. Pädagogik u. Universitätsrektor in Köln 408
Mertes
– Alois, Staatsminister im Auswärtigen Amt 209
– Michael, Staatssekretär in Nordrhein-Westfalen 241 f., 244
Messbuch, Römisches 261 f.
Metternich, Eberhard, Domkapellmeister in Köln 405
Meures, Martha, Leiterin d. Seelsorgehelferinnen-Seminars Bonn 195 f.
Meyers, Franz, Ministerpräsident von Nordrhein-Westfalen 21
Micara, Clemente, Kurienkardinal 361
Michel, Herbert, Prälat 381, 488
Mikat, Paul, Prof. f. Bürgerliches Recht, Präsident d. Görres-Gesellschaft 203, 209, 412, 414
MISEREOR, Bischöfliches Werk 380 f., 386

– Fasten-Aktion 100
MISSIO, Päpstliches Werk 381
Möhler, P. Wilhelm SAC, Generalrektor, Rom 55
Mohr, P. Franz-Josef SJ, Tokyo 363 f., 366
Möller, Bernard, Bischof von Groningen 137
Moors, Petrus, Bischof von Roermond 137
Mörsdorf, Klaus, Prof. f. Kirchenrecht, München 344, 352
Moser, Georg, Bischof von Rottenburg-Stuttgart 265, 272–275, 309, 373
Muench, Aloysius, Apostol. Nuntius, später Kardinal 19, 361
Mühlenbrock, P. Georg SJ, Rektor d. Priesterseminars Sankt Georgen 115
Müller
– Alois, Fribourg 76
– Hubert, Prof. f. Kirchenrecht, Bonn 188
– Manfred, Weihbischof in Augsburg, später Bischof von Regensburg 381
München, Besuche Johannes Pauls II. 481 f.
Münster
– Besuch Johannes Pauls II. (1987) 486
– Collegium Borromaeum 66, 68, 70–74, 109, 111
– Diakonatspraktikum 74–76
– Friedensschule 398
– Hermannstift (f. ev. Pfarramtskandidaten) 67
– Kath. Fachhochschule NRW 196
– Studentengemeinde, kath. 92
– Universität 407 f.
Münstereifel
– Collegium Josephinum 399
– St.-Angela-Gymnasium 399
Münz, P. Ludwig SAC, Provinzial, Limburg 55
Mutter Teresa, Kalkutta 371 f., 380

Nagoya, Nanzan-Universität (d. Steyler Missionare) 364
NATO
– Doppelbeschluss (1983) 458
– Rats-Tagung in Brühl (1982) 377 f.
Neisinger, Oskar, Journalist, Würzburg 441 f., 478
Nell-Breuning, P. Oswald v. SJ, Frankfurt/St. Georgen 223–225, 227 f., 472
Nettekoven, Peter, Generalvikar in Köln 101, 123, 126, 148, 166, 244, 304, 363 f., 406 f., 435, 446
– Ernennung zum Weihbischof 102
Neuber, P. Robert SAC 52
Neumann, Johannes, Prof. f. Kirchenrecht, Tübingen 265
Neuss
– Collegium Marianum 396
– Erzbischöfliches Abendgymnasium 395 f.
Niederrhein, Bischöfl. Kommissar(iat) 82, 86
Niedersachsen, Schulgesetz 88
Niehues, Bernhard, Seminar-Rektor u. Bischofssekretär 27, 42

Niemeyer, Johannes, stv. Leiter d. Kath. Büros, Bonn 295 f.
Niepokalanow, Minoriten-Kloster 370, 374
Nolte, Heinrich, Verwaltungsoberschulrat 402
Nordrhein-Westfalen
– Schulgesetzgebung 395
– Verfassung 395
Nordwijkerhout (b. Haarlem) 134, 139
Nossol, Alfons, Bischof von Oppeln 476
Nyssen, Wilhelm, Hochschulpfarrer, Köln 408, **445**, 446 f., 450, 454

Oelinger, Josef, Berichterstatter, Würzburger Synode 227
Ohnesorg, Franz Xaver, Philharmonie-Direktor, Köln 488
Ökumene 419–433, 448–450
Opus Dei, Personalprälatur 347, 349 f.
Ordensfrauen vom Heiligsten Herzen Jesu 400
Ortega, Daniel, Staatspräsident von Nicaragua 385
Osnabrück
– Besuch Johannes Pauls II. (1980) 481
– Bischöfl. Kommissar in Schwerin 246
Osterwalder, P. Alois SVD, Hochschulseelsorger 463
Ostpriesterhilfe 371
Ottaviani, Alfredo, Kurienkardinal Präfekt d. hl. Offiziums 47–49, 54

Paderborn, Kath. Fachhochschule NRW 196
Panzer, Karl, Jurist, Kath. Büro, Bonn 279, 287, 295–298, 411 f., 414–416, 418
Papandreou, Damaskinos, Metropolit in Chambésy b. Genf 149
Paschen, Wilfried, Dozent am Priesterseminar Rolduc **136**, 138–140, 310
PASTORALE (Handreichung f. d. pastoralen Dienst) 199–202
Pastoralkonzil, niederländisches 134–144
Paul VI., Papst 34, 44, 47, 49, 51–55, 94, 97, 99 f., 103, 133, 174 f., 230, 243–258, 260, 262 f., 301, 304, 306 f., 315, 317, 322, 330, 342 f., 346
– Enzykliken
– – Humanae vitae 89–91
– – Populorum progressio 315
– – Sacerdotalis coelibatus 77, 88, 301
– Missale 262
Pax-Christi-Bewegung 458
Peifer, Rudolf, Seminar-Regens in Köln **110**, 117
Petermann, Bernd Vorsitzender d. Diözesanrats d. Katholiken 163 f., 408, 416
Pichlmaier, Heinz, Prof. f. Chirurgie, Universitätsklinik Köln 414, 503
Pielmeyer, Franz-Heinz, Vorsitzender d. Diözesanrats d. Katholiken 470

Pieper, Josef, Prof. f. Philosophie, Münster 143
Pieschl, Gerhard, Weihbischof in Limburg 381
Pilgram, Willi, Arbeitersekretär, Opladen 209
Pius X., Papst 19
Pius XII., Papst 35, 238, 261, 361
Pius-Bruderschaft 254–256
Plaza, Antonio José, Erzbischof von La Plata 53
Plöger, Josef, Weihbischof in Köln 426
Pock, Josef, Prälat, Direktor d. Hauptabteilung Seelsorge in Köln 147
Pohl, Otmar, Politiker 416
Pohlschneider, Johannes, Bischof von Aachen 116
Polen 367–379
– Christianisierung, Milleniumsfeier (1966) 368 f.
– Werft-Arbeiter-Streik (1980) 372 f.
– Wirtschaftskrise (ab 1981) 291
Potter, Philipp, Generalsekretär d. Ökumenischen Rates d. Kirchen 149
Pötter, Wilhelm, Präsident d. Verfassungsgerichtshofes von Nordrhein-Westfalen 20, 168
Potthast, Bernd, Kanzler d. Erzbistums Köln 470
Pottmeyer, Hermann J., Prof. f. Fundamentaltheologie, Bochum 336 f.
PUBLIK (kath. Wochenzeitung) 93
Puebla, Lateinamerikanische Bischofskonferenz 473, 477

Radio catolica (Nicaragua) 385
Radio Veritas, Grundstein-Segnung durch Kard. Höffner 367
RAF-Terrorismus 498
Rahner, P. Karl SJ, Prof. f. Dogmatik, Münster 175, 211–213, 226, 265
Ratzinger, Joseph, Prof. f. Dogmatik u. Fundamentaltheologie, Münster, später Erzbischof von München und Freising, dann Präfekt d. Glaubenskongregation u. Papst 79, 179, 181 f., 191, 208, 273, 285, 341, 345, 348, 373, 375, 390, 431, 447, 487, 507
Rau, Johannes, Ministerpräsident von Nordrhein-Westfalen 283, 485
Rauscher, P. Anton SJ, Prof. f. Christl. Gesellschaftslehre, Augsburg, Leiter d. Kath. Sozialwissenschaftl. Zentralstelle 223
Reagan, Ronald, Präsident der USA 378
Recke, Fürstenberg-Schule 397
Regenbrecht, Aloysius, Oberstudiendirektor in Münster 397
Remmers, Werner, Landesumweltminister in Niedersachsen 489
Repgen, Konrad, Prof. f. Mittlere und Neuere Geschichte, Bonn 409
Riesenhuber, Heinz, Bundesminister f. Forschung 419
Roesen, Anton, Vorsitzender d. Diözesanrats d. Katholiken 163

Rolly, Wolfgang, Weihbischof in Mainz 442 f.
Rom
— Anima-Kolleg 37
— Collegium Germanicum et Hungaricum 69, 489
— Kolleg am Campo Santo Teutonico 103, 340, 362
— Kolping-Fest (1987) 502
— S. Andrea della Valle, Titelkirche Kardinal Höffners 103, 362, 402
— Santa Maria dell'Anima, »Montagskonferenzen« 368
— Theatiner-Orden 103 f., 362, 502
Rossi, Raffaele, Kardinal 19
Rubin, Ladislaus, Titularerzbischof u. Sekretär der Röm. Bischofssynode 306 f., 309 f., 315, 318, 323, 326
Rugambwa, Laurean Kardinal, Erzbischof von Daressalam 47

Sacré Cœur s. Ordensfrauen vom Heiligsten Herzen Jesu 400
Saier, Oskar, Weihbischof, später Erzbischof von Freiburg 218, 274, 294, 343
San Bonifacio, deutschsprachige Gemeinde, Sao Paolo 389
Santiago de Chile 52
Sao Paolo
— Erzbistum, Apostol. Visitation durch Kard. Höffner 387–389
— Reise Kard. Höffners 383
Sarto, Giuseppe s. Pius X.
Sauer, Carl, Leiter d. Hauptabteilung Schule-Hochschule in Köln 402, 422, 449, 452, 456–458
Sauerborn, Josef, Hochschulpfarrer, später Bischofsvikar 453, 456
Schaffran, Gerhard, Bischof von Dresden-Meißen 253
Scharf, Kurt, EKD-Ratsvorsitzender **38**
Schätzler, Wilhelm, Sekretär d. DBK 286, 298, 300, 384
Scheel, Walter, Bundespräsident 268, 276, 369, 467 f.
Scheele, Paul-Werner, Bischof von Würzburg 428, 431
Schick, Ludwig, Erzbischof von Bamberg 373, 424
Schleyer, Hanns Martin, Arbeitgeber-Präsident, Ermordung 498
Schlink, Edmund, Prof. f. Systematische Theologie, Heidelberg, ev. Konzilsbeobachter 38
Schlößer, Johannes, Sekretär d. Priesterrats 154 f.
Schmelz, Helmut, Finanzdirektor d. Erzbistums Köln 357
Schmidt, Helmut, Bundesminister der Finanzen, später Bundeskanzler 279, 290–292, 378 f., 481
Schmies

— Monika, Nichte Kard. Höffners 498
— Ursula, Nichte Kard. Höffners 497
Schmitt, Karl Heinz, Prof. f. Erziehungswissenschaft u. Gemeindekatechese, später Rektor d. Katholischen Hochschule NRW **117**
Schmitz, Heribert, Prof. f. Kirchenrecht, München 352
Schneemelcher, Wilhelm, Präsident der Rheinisch-Westfälischen Akademie d. Wissenschaften 491
Schnell, Peter, Seminar-Regens in Köln **119**
Schnitzler, Theodor, Prof. f. Liturgik, Ritus u. Rubrizistik am Kölner Priesterseminar 116, 470
Schönherr, Albrecht, Vors. d. Bundes d. evangelischen Kirchen i. d. DDR 291, 427
Schönstatt-Familie 45
Schönstatt-Patres/-Priester 45, 49, 51
Schönstatt-Werk 35, 45–56, 347, 350
— Apostol. Visitation 46
— Säkularinstitute 49, 51
— — Frauen von Schönstatt 45, 50
— — Marienbrüder 50
— — Marienschwestern 45 f., 50
— Statuten 52 f.
— 50-Jahr-Feier 52
Schreiber, Wilfrid, BKU-Geschäftsführer u. Universitäts-Prof. in Köln 18, 43
Schröffer, Joseph, Titularerzbischof, später Kurienkardinal 76, 104, 141, 255, 344, 470 f.
Schulte, P. Karl SAC 48
Schutz des ungeborenen menschlichen Lebens 276–289
— Leitsätze 283
Schütz, Abt Christian OSB, Schweiklberg 332
Schwerin, Apostol. Administrator 246
Schwestern U.L F.
— Mülhausen 399
— Rom, Generalat 26 f.
Schwestern vom Armen Kinde Jesus 400
Schwestern vom Guten Hirten, Köln-Lindenthal 403
Seelsorgehelferinnen 194 f.
— Seminare 194–196
Semmelroth, P. Otto SJ 265
Seper, Franjo, Kurienkardinal, Präfekt d. Glaubenskongregation 104, 263 f., 270–273, 284 f.
Shirayanagi, Peter Seiichi Kardinal, Erzbischof von Tokyo 364–366
Silva Henriquez, Raùl Kardinal, Erzbischof von Santiago de Chile **47**
Silvestrini, Achille, Kurienkardinal 170
Simmel, P. Oskar SJ 309
Simonis, Adrianus Johannes Kardinal, Erzbischof von Utrecht **139**

Sin, Jaime Lachica Kardinal, Erzbischof von Manila 380, 386
Späth, Lothar, Ministerpräsident von Baden-Württemberg 485
Speyer, Besuch Johannes Pauls II. (1987) 485
Spital, Hermann-Josef, Bischof von Trier 331, 381
Splett, Bruno, Diözesan-Caritasverband Köln 415
Stangl, Josef, Bischof von Würzburg 127 f.
Stapelfeld, Frühjahrsvollversammlung d. DBK (1987) 286
Stehle, Emil, Bischof von Santo Domingo de los Colorados 384
Stein, Bernhard, Weihbischof, später Bischof von Trier 46
Stein, Edith, Seligsprechung 483–486
Steinberg, Josef, Studentenpfarrer, Direktor d. Thomas-Morus-Akademie **122**, 162, 444
Stimpfle, Josef, Erzbischof, Bischof von Augsburg 137, 373, 381
Stockholm, Kathedrale, Einweihung 387
Stomma, Stanislaw, poln. Abgeordneter 373
Stoph, Willi, Präsident d. Ministerrats d. DDR 243 f.
Straaten, P. Werenfried Philipp van OPraem, Begründer d. Ostpriesterhilfe 371
Strafrechtsreform (§ 218) 276–289, 412
Strauß, Franz Josef, Ministerpräsident in Bayern 241
Stroessner, Alfredo, Staatspräsident von Paraguay 17
Stuttgart-Hohenheim 159, 205
– Frühjahrsvollversammlung d. DBK (1974) 159, 319
Suhard, Emmanuel Kardinal, Erzbischof von Paris 367
Synode
– Gemeinsame Synode der Bistümer in der Bundesrepublik Deutschland (Würzburger Synode) (1971–1975) 138, 151, 158, 181 f., 199–231, 328
– – Hildesheimer Diözesansynode 199
– – Meißener Diözesansynode 199
– – Römische Bischofssynoden (1974–1985) 317–342
– – Salzburger Diözesansynode 199
– – Wiener Diözesansynode 199
– Tabgha, Brotvermehrungs-Kirche 363
Tange, Kenzo, japan. Architekt 363
Tenhumberg, Heinrich, Leiter d. Kath. Büros, Bonn, Weihbischof, später Bischof von Münster **18**, 19, 27, 29, 35, 39, 45, 47, 54, 64, 78, 83, 137, 143, 145, 290, 398, 435, 437 f.
Teusch, Josef, Generalvikar in Köln **93**, 94–96, 101 f., 110, 121, 130, 147, 212, 254–257, 304 f., 318 f., 363–365

Tewes, Ernst, Weihbischof in München und Freising 137, 381
Theatiner-Orden 103 f., 362, 502
Theresia Benedicta a Cruce s. Stein, Edith
Thiel, Heinz-Dietrich, Caritasdirektor, Berlin 253
Thijssen, Franz, Prälat, Utrecht 136–138, 140
Thimme, Hans, Präses d. Westfälischen Landeskirche 282 f., 491
Thomas-Morus-Akademie, Bad Honnef, später Bensberg 122, 162 f., 165, 175, 183
Thurian, Max, Taizé 149
Tindemans, Leonard Clemence, Premierminister von Belgien 378
Tobei, Johannes, Generalvikar in Berlin 298
Töchter vom hl. Kreuz 399
Tokyo 364
– Kölner Tag (an Allerheiligen) 365
– Marien-Kathedrale 363 f.
– Partnerschaft mit Köln 361, 365 f.
– Sophia-Universität 363 f., 366
– Tokyo-Sonntag (im Erzbistum Köln) 365
Tomko, Josef, Kurienkardinal 331
Tömmers, Josef, Pfarrer von St. Antonius, Münster 63–65
Trier, Friedrich-Wilhelm-Gymnasium 489
Tromp, P. Sebastian SJ, Schönstatt-Visitator, Sekretär d. hl. Offiziums **46**
Tschentschochau, Kloster Jasna Gora 374–377, 379
Tschernobyl 240 f., 409
Turowicz, Jerzy, poln. Journalist (?) 373

Überherrn/Saar (»Bergarbeiterpfarrei«) 226
Uhać, Josip, Apostol. Nuntius 505
Ursulinen, Schulschwestern 396, 399

Vallendar-Schönstatt s. Schönstatt
van Nes Ziegler, John, Oberbürgermeister, Köln 467 f., 471, 480
Verband d. Diözesen Deutschlands (VDD) 93
Verein vom Heiligen Lande s. Deutscher Verein vom Heiligen Lande
Verhaag, Hermengild, Studentin, Köln 209
Villot, Jean-Marie, Kardinalstaatssekretär 230 f., 248 f., 256
Vogel, Bernhard, Ministerpräsident von Rheinland-Pfalz 288 f., 472
Vogel, Hans-Jochen, Bundesminister der Justiz 283, 292
Vogelsang, Karl, Baron v., Publizist, Wien 200
Volk, Hermann Kardinal, Bischof von Mainz 20, 91, 245 f., 265 f., 269, 273, 341, 373, 375, 428, 430 f., 491
Völker, Joseph, Direktor d. Diakoneninstituts **176**

Waldbröl, Dekanat, Visitation 502

Waldenfels, P. Hans SJ, Berater der DBK, später Prof. f. Fundamentaltheologie in Bonn 319 f.
Walesa, Lech, Arbeiterführer, später Staatspräsident von Polen 377
Wallmann, Walter, Bundesminister f. Umwelt, Naturschutz und Reaktorsicherheit 241 f., 485
Warschauer Vertrag (1970) 369, 373 f.
Weber, Gottfried, Studentenpfarrer, später Direktor d. Kardinal-Schulte-Hauses in Bensberg 209, 408, **447**, 448–451
Weber, Hermann, Studienleiter am Diakoneninstitut **178**, 180
Weber, Jean Julien, Bischof von Straßburg 37
Weber, Leonhard, München 76
Weber, Wilhelm, Prof. f. Christliche Sozialwissenschaften, Münster **315**
Weck, Philippe de, Bank-Aufsichtsrats-Vorsitzender in d. Schweiz 354 f.
Wehr, Matthias, Bischof von Trier 18 f.
Weibels, Franz, Kath. Büro Düsseldorf 415
Weizsäcker, Richard v., Bundespräsident 298 f., 485, 490–492
Wendel, Adolf, Domkapitular, Köln 100
Werhahn, Peter, stv. BKU-Vorsitzender 30, 43
Wesemann, Paul, Vize-Offizial, Münster 65, 86
Wetter, Friedrich Kardinal, Bischof von Speyer, später Erzbischof von München und Freising 218 f., 294, 341, 431, 491, 504 f.
Wiener Synode s. Synode
Wiesen, P. Wilhelm OSC, Leiter d. Seelsorgehelferinnen-Seminars in Freiburg 194
Wilkens, Erwin, Oberkirchenrat 277
Willeke, P. Bernward OFM 320
Wilms, Dorothee, Bundesministerin f. Bildung u. Wissenschaft 409
Wimmer, Hein, Goldschmied, Köln 19
Wischnewski, Hans-Jürgen, Bundesminister f. wirtschaftliche Zusammenarbeit 378, 386
Wissel, Elisabeth, Nichte Kard. Höffners 497 f.
Wissing, Wilhelm, Prälat, Leiter d. Kath. Büros, Bonn **48**, 51, 53, 320
– Apostol. Administrator d. Schönstatt-Werks 52
– Nachlass 45
Wittler, Helmut Hermann, Bischof von Osnabrück 137, 309
Wojtiła, Karol Kardinal, Erzbischof von Krakau, später Papst Johannes Paul II. 312, 328, 370, 372, 481
Wolff, Arnold, Dombaumeister, Köln 469
Wolker, Ludwig, Generalpräses d. Kath. Jungmännerverbandes Deutschlands 434

Worms, Bernhard, Landtagsabgeordneter 416
Worms, Synodaltagung d. EKD (1983) 432 f.
Wöste, Wilhelm, Leiter d. Kath. Büros, Bonn 209, 277, 279, 281
Wright, John Joseph, Kurienkardinal 141, 218 f.
Wuchterl, Karl, BDKJ-Präses 440
Wuppertal
– Schule Dönberg 400
– Universität 408 f.
Wuppertal-Elberfeld, St.-Anna-Schule 396
Würzburger Synode s. Synode
Wüstenberg, Bruno, Apostol. Pro-Nuntius in Tokyo, später in Den Haag 364
Wyszy ski, Stefan Kardinal, Erzbischof von Gnesen und Warschau, Primas von Polen 370–373, 375 f.

Zaitzkofen (b. Regensburg), Haus d. Piusbruderschaft (später Priesterseminar) 260 f.
ZdK s. Zentralkomitee d. Katholiken
Zeidler, Wolfgang, Präsident d. Bundesverfassungsgerichts 286–288, 296, 298
Zentralkomitee d. Katholiken 160, 168, 203, 209, 244, 374, 410, 491
Zierlein, Karl-Georg, Direktor am Bundesverfassungsgericht 297 f.
Zimmermann, Heinrich, Prof. f. Neues Testament, Bonn 406 f., 409, 414
Zöller, Joachim, Medienreferat Erzbistum Köln 488
Zweites Vatikanisches Konzil 22–44, 47, 56–58, 105, 124, 126, 130, 135, 145 f., 163, 173 f., 233, 257–262, 272, 301, 304, 333, 337–339, 341, 350, 361, 367 f., 381, 388, 419 f., 444
– Dekrete
– – Apostolicam actuositatem 83
– – Christus Dominus 84, 152
– – De apostolatu Laicorum 39 f.
– – De institutione sacerdotali 42
– – Optatam totius 69, 72, 74–76, 115
– – Presbyterum ordinis 84, 151
– – Unitatis redintegratio 419
– Erklärung Dignitatis humanae 261
– Konstitutionen
– – Lumen gentium 21, 90, 174
– – Pastoralkonstitution Gaudium et spes 40, 260, 314, 324
– Konzilskrise (1964) 42
– Ordo Concilii 36
Zurkuhlen, Ulrich, Bischofssekretär Kardinal Höffners 74

VERZEICHNIS DER BILDQUELLEN

Sämtliche Bildbeigaben wurden vom Historischen Archiv des Erzbistums Köln bereits veröffentlicht in:

100. Geburtstag von Joseph Kardinal Höffner (1906–1987). Eine Dokumentation der Jubiläumsfeierlichkeiten am 20. und 21. Januar 2007 (= Drei-Kronen-Reihe, Heft 22), Köln 2007 bzw.

Iustitia et Caritas. Gedenkausstellung des Historischen Archivs des Erzbistums Köln zum 100. Geburtstag von Joseph Kardinal Höffner ... Katalog, Köln 2007.

Die Bildbeigaben dieses Bandes wurden aus diesem Material ausgewählt. Als Quellen wurden – neben Eigenbeständen des Archivs und des Nachlasses Höffner – damals ermittelt:

Schutzumschlag: J. H. Darchinger, Bonn.

Rhein-RuhrDienst DPA Hub, Bildredaktion Düsseldorf: 1.

Heinz Vössing, Münster: 4.

Pontificia Fotografia Felici, Roma: 8, 10.

Br. Niketius Munkler FMMA, Koblenz: 12

KNA – Bild 13: 14, 19, 30, 33

d-e-w-foto: 17.

Foto-Present, Essen: 20.

Brigitte Stachowski, Köln: 28.

Poly-Press, Bonn: 29.

F. W. Holubowsky, Köln: 34.

Der Verlag war bestrebt, zu den verwendeten Abbildungsvorlagen die Urheberrechtsfragen zu klären. Nicht berücksichtigte Rechtsinhaber werden gebeten, sich an den Verlag F. Schöningh, Paderborn, zu wenden.